《韦卓民全集》编委会

湖北省学术著作出版专项资金资助项目

韋卓民全集

第七卷

黑格尔《小逻辑》讲稿 黑格尔《小逻辑》评注 精神哲学 等

刘明海 赵小芳 等整理

韦卓民 著译

華中師範大學出版社

图书在版编目(CIP)数据

韦卓民全集·第七卷/韦卓民著译;刘明海,赵小芳等整理.—武汉:华中师范大学出版社,2016.7

ISBN 978-7-5622-7224-3

Ⅰ.①韦… Ⅱ.①韦… ②刘… ③赵… Ⅲ.①韦卓民(1888—1976)—全集 Ⅳ.①C52

中国版本图书馆 CIP 数据核字(2015)第 315668 号

韦卓民全集·第七卷

责任编辑:郭志刚 **责任校对**:罗 艺

编辑室:学术出版中心 **电话**:027—67863220

出版发行:华中师范大学出版社 **社址**:湖北省武汉市珞喻路 152 号

电话:027—67863426/3280(发行) 027—67861321(邮购)

传真:027—67863291

网址:http://www.ccnupress.com **电子信箱**:press@mail.ccnu.edu.cn

印刷:湖北恒泰印务有限公司 **督印**:王兴平

字数:1030 千字 **封面设计**:甘 英

开本:710mm×1000mm 1/16 **印张**:69.25

版次:2016 年 7 月第 1 版 **印次**:2016 年 7 月第 1 次印刷

定价:207.00 元

欢迎上网查询、购书

总 序

历经20年以上两代华师相关学者曹方久、高新民诸教授的辛勤搜集、整理、校订、编辑,《韦卓民全集》终于出版问世。这是华中师范大学出版社的又一壮举,也是这位前辈大家给我们留下的一笔丰厚学术文化遗产。

韦卓民先生不仅是一位卓越的大学校长,还是一位学贯中西、博古通今的杰出学者,其重要业绩在于中西文化之沟通。他毕业于华大前身文华大学,并曾先后就读于哈佛、伦敦、牛津、柏林等世界著名大学。他以毕生精力营造中西文化交流的桥梁。正如年轻一代学者王宏维所描述的那样:"集翻译、研究、教学于一体,熔'三大批判'于一炉,风雨如磐,运动迭起。精译、深耕、勤教,始终无怨无悔。"1915年,韦先生以英文撰写《孟子之政治思想》,取得文华大学文学硕士学位,可以看作是其学术生涯的发端。随后陆续发表的《佛教净土宗以信得救的教义及其与基督教之比较》(1920)、《孔门伦理》(1929,博士论文)、《中国文化之精神》(1947)等论著,则是这一事业的继续发展。上个世纪50年代中期以后,他身处逆境,而沟通中西文化致力更勤,译著笔耕始终未辍,如《康德哲学介绍》(1956)、《亚里士多德逻辑》(1957)、《培根与其〈新工具〉》(1956)、《康德哲学浅说》(1972)、《黑格尔〈小逻辑〉讲稿》(年代不详)等。这些学术业绩多侧重于介绍西方传统文化的精华,特别是对亚里士多德、培根、康德、黑格尔等人哲学名著的翻译、阐释与导读。早在1928年他就说过:"有机体须从其环境吸收并同化一些要素,而且只有在吸收及同化的过程不断的情况下,才可能有生命。'综合'一词是很重要的。它意指我们须对我们要综合的文化有完整的分析,比较其优缺点,然后造成一个有机体的整体,以保存两种文化的优点。我们必须这样做,而且必须以母体系统为新结构的间架。这是精神创新的工作……又是多么伟大的工作。"(《东西文化之综合问题》,据台北韦卓民纪念馆译文)这些话陈义甚高。他是这样说的,也是这样做的,而且是以自己的全部生命投入这项伟大工作。或许可以说,不理解这一点就不懂得真正的韦卓民。

诚然，韦卓民是一个虔诚的基督徒，但他信仰而非偏执，更没有流于浅薄的迷信。其根本原因就在于他是一个真正的哲学家，在精神世界更着重于理性的超越，既超越世俗，也超越宗教。正如香港年轻一代学者陈广培所曾指出：韦卓民眼中的基督教与中国社会文化的关系，“隐含着‘他者’的伦理视野”，其终极探究乃是整个宇宙与人类文明的存在与变化。但他并非沉溺于幻想，而是立足现实，关切现实，理解现实。所以他在基督教对华传播问题上，极力主张必须根植于中华文化土壤。用我自己的话来表述，就是“主归中华应该先于中华归主”。作为基督徒，他当然希望“将远东拥有世界最悠久历史的这个国家的优良文化，带到主的神坛前，作为对主的奉献”。因此，他自己坦然承认：“我毕生研究，都在导致去发现怎样使中国文化基督教化。”但他毕竟又是一个经过长期科学训练的现代哲学家，他对基督教的信仰，虔诚而非迷信，从不认为任何经典就是绝对真理，而多数传教士与基督徒信奉与传播的也不一定就是真正的教义真谛。所以，他摒弃西方中心主义，特别是许多欧美差会在华传播基督教过程中所拘守的专断与偏执。我认为，他在学术上致力更多的还是对西方近代哲学名著的译介与诠释。即使是在神学方面，也是反复强调并致力于基督教的中国化，即根植于中华文化。

韦卓民一生最为辉煌的时期是 1945—1947 年。抗战胜利后，华中大学返回昙华林，重整家园，百废待兴，并且雄心勃勃制订十年发展计划。在此期间，他曾应邀赴美讲学，先是作为鲁斯世界基督教讲座教授(The Henry W. Luce Visiting Professorship of World Christianity)，发表题为“让基督教在中国土地上生长”(Rooting the Christian Church in Chinese Soil)的系统演讲。随后，又应 Hewell 基金会邀请，在 Andoer-Newton 以及波士顿的圣公会多次演讲，主题是“中国文化之精神”(The Spirit of Chinese Culture)。这些系列演讲，均于 1947 年在美国结集出版。

这次讲学，规格甚高，声誉颇隆。韦卓民以前在耶鲁大学的老同事，曾任美国历史学会与美国教会史学会会长的赖德烈教授(Kenneth Scott Latourette)，为其演讲文集撰写序言，高度评价说：“韦博士了解中国文化的精神，有同情而深度的睿智，同时他又是一位基督徒，在向英语世界里，阐述中国文化之深处，实在罕与其比。”赖德烈 1910—1917 年曾在中国雅礼学院任教，是上个世纪 30—40 年代美国中国史与教会史研究的领军人物，他对韦卓民的评价绝非礼仪性的客套，而是由衷的倾服。韦卓民虽然专攻西方哲学，但其中国文化根底甚深，长期教授逻辑学、代数与几何、政治学、哲学、神学等课程，早已具备中西跨文化研究(他自己称为“综合”)的坚实基础，即使对欧洲早期汉学大家也不盲目崇信。韦卓民曾指出：“由于不够严谨地解释中国文字中若干名词，或是无意地把若干我们自己的意见掺杂到中国哲学宗教文献之中，我们假中国文化之名，表达我们自己的思想。……如此我们犯了理解上的谬误，翻译上的谬误，这尤其是在引用上最恶劣的谬误，因为在翻译原著时，你等于有效地告诉读者，这是原作者的意思。……最著名的汉学家，往往是最大的罪人。但是谁肯带头来批评呢?”他只有自己带头来批判，并且指名道姓地以这些“饱学之士”为例，如“19 世纪的 Legge(理雅各)与 Ross(罗约翰)，20 世纪的 Bruce(卜道成)和 Rawlinson(乐灵生)”。他有意不提当时仍然在世的某些“饱学之士”的名字，算是给他们留点面子。

韦卓民在对外文化交流过程中显示出可贵的自觉与自信，他有足够的底气向西方学界挑战，因为他中文底子极好，熟读四书五经；又精通英、德、法、俄、希腊、拉丁等文字，不仅对西方相关经典著作钻研颇深，而且阅读涉猎甚广。例如，英国史学大师汤因比的巨著《历史研究》尚在陆续撰写出版之中，他就在演讲涉及人类文明兴衰时多次引用其论述，而当时中国史学界研究汤因比者还寥若晨星。韦卓民对西方“饱学之士”的批评，并非局限于经典中个别词语翻译的考订纠误。他特别强调：“我要指出的，不只是语言文字而已。整个的文化背景，必须也要加以考虑，诸如思想形式、思想规则、研究方法、哲学、宗教、艺术及社会结构等。”(以上引文均据老校友沈宝寰译文)因此，这种批评就不是口舌之争，更不是意气之争，而是力图实现层次更高而收效更为深远的东西文化高层交流。韦卓民的演讲不仅面对美国，而且面对世界；不仅面对基督徒，而且面对全人类。

韦卓民虽然是基督徒，但也是教育家与哲学家，他投入精力与思考更多的毕竟还是学校教育与哲学研究。教育使他进入世俗，哲学使他超越宗教;他追求美好的理想,但始终立足于现实,立足于中国的土地,厕身于中国的人民。因此,不像那些专业的神学家与偏执的布道者,他公开而真诚地履行现实社会的公民承担。抗战爆发后,他不断以英文撰写时评文章,向全世界介绍中国人民团结抗击日本疯狂侵略的真实情况,勇敢地表明反对法西斯主义的政治立场,比如 1938 年 6 月在美国《耶鲁评论》(Yale Reviews)上发表《抗战初期中国的若干问题》(Questions about China),1940 年于重庆发表的长篇英文通讯稿《抗战时期中国的教育》(Education in Wartime China), 1941 年春发表于《基督王国》(Christendom)杂志的《中国战争对中国文化的影响》(Cultural Effects of the Present War in China),1941 年 3 月在中国广播电台发表的广播词《学者在战争中的任务》(The Role of Scholars in the War)等。特别是这篇向美国人民发表的广播词,再次重申:"在中国所发生的战争,只是极权与民主间大战的先锋。过去一年半来的事实,证实了我的看法,中国正在作战,而且决心继续作战,直至正义和世界道德得到维护为止。"作为一所西迁云南大理的大学之校长,他还自豪地向世界宣布:"透过坚持不懈的努力,中国的高等教育,不仅在战时得以维持,而且在一些重要方面还获得了显著进步,特别是许多研究所和高等学府向大后方落后地区的转移,产生了很好的影响,使得过惯了沿海各地生活的师生们,有机会熟识内地的生活。这种情形本身就是一种具有深远意义的教育,文化得以广泛散布,现代思想得以传播,水准较低的学校,在和进步的省份迁来的大学接触后,也因此提高了程度和效能,其结果将是战后会出现一个更教育化的中国。"在这些平实而又恳挚的话语中,我们可以看到一个真正的爱国者,一个终生奉献教育的老校长,一个胸怀世界的卓越中国公民。

但是抗战结束以后,人们还没有从胜利的喜悦中醒悟过来,国民党反动派就发动了史无前例的大规模内战,而政府腐败与战祸绵延,迅速使广大民众再次陷入痛苦深渊。韦卓民与成千上万善良的知识精英一样,逐步放弃了对于国民党政府的幻想,同情民主运动,保护进步学生,并且毅然拒绝国民政府迁校台湾的指令。他与华中大学广大师生一起,迎接了新中国的诞生,并且接受人民政府的命令,断绝与外国差会的联系,把学校由私立改为公立,以后又顺应全国性院系调整,与中华大学、中原大学等校合并，改制建立华中师范学院。他确实自觉地努力适应新社会，新政府也确曾给予重视并委以领导建校的重任。但是由于朝鲜战争爆发，美国成为敌国，而中国选择“一面倒”的亲苏外交政策。在抗美援朝热潮中，教会大学被定位为“美帝侵华文化堡垒”，其校长也相应被定格为“帝国主义文化侵略代理人”。在肃清“亲美”、“崇美”、“恐美”思想运动的高潮中，韦卓民成为理所当然且火力集中的靶子，并且从此离开学校领导岗位，成为一般教师。1957 年他被错划为“右派”以后，在政治上更受歧视，“十年动乱”期间亦为当然的批斗对象，直至 1976 年以后才经过平反恢复名誉。但好景确实不长，不过两年，这一代学术宗师就溘然与世长辞。

应该承认，韦卓民 1949 年以后这将近 30 年之久的漫长岁月确实是一个悲剧，但悲剧并非个人原因造成。根据我个人亲自接触与文献检索两方面的了解，过去无论如何屈辱痛苦，俨然成为众矢之的，他都能以平和的心态、超脱的胸怀，似乎顺应而又有内在定力地坦然应对。他天性幽默，语言风趣。记得“文革”时期，他作为“批斗对象”每天都要挤公交车从昙华林到南湖校本部“集中学习”。吃中饭排长队时，有人好心提醒他的铝制饭盒已被挤扁，他微笑轻声回应：“人都扁了，何况饭盒?”这就是真实的韦卓民，一位伟大的哲学家、教育家。在那种是非颠倒、蒙冤受屈的岁月，仍然保持着学者的尊严与人格魅力，甚至在集中学习的“牛棚”里仍然照常写作不辍。

俱往矣，过往的岁月，已逝的往事！大江东去，浪淘尽千古风流人物。刘知几云：披沙拣金，时有获宝。评文如此，评人亦然，只要是真金，迟早总会闪耀炫目光芒。出版社领导嘱我作序，哲学与神学浅薄如我，何必贻佛头著粪之讥。但曾忝任后辈校长，毕竟有所相知，于公于私，义不容辞。感慨万端，直抒胸臆而已。不当之处，尚祈多界贤达不吝批评教正。

章开沅

乙未初冬 年方九十

于南湖实斋

韦卓民引领我们走向康德
——代出版前言

在中国,伟大哲学家康德的著作和思想正在被越来越多的人所熟悉、所掌握,他那博大精深的思想在中华民族精神进程中的魅力已逐步展现。

韦卓民先生对康德哲学在中国的传播起到了巨大的作用,他在康德哲学“东渐”过程中的关键性地位是不可磨灭的。

20世纪甫始,梁启超发表《近世第一大哲康德之学说》一文,首次向中国人系统地介绍了康德。

“五四”新文化运动前后,张颐先生率先将康德和黑格尔的哲学带进了中国大学的课堂,张铭鼎等许多老一辈的学者致力于康德哲学的介绍和传播,在文化理论界掀起了一个热潮。

20世纪30年代以后,国内陆续翻译出版了康德的一些原著,它们是:《纯粹理性批判》(胡仁源译,1931年,商务印书馆)、《实践理性批判》(张铭鼎译,1936年,商务印书馆)、《道德形而上学探本》(唐钺译,1937年,商务印书馆)。与此同时,也出现了一些有价值的研究专著和论文,如郑昕先生的《康德学述》(1946年,商务印书馆)。

从“五四”到中华人民共和国成立前,尽管康德哲学得到了一定传播,但正如贺麟先生所评论的:成效不大,深度不够,范围狭小,“以致最后谈康德的仅有学术界为数极少的几个人”①。这种情况之所以产生,恐怕与学术界对康德哲学原著的系统翻译和介绍工作做得不够有莫大关系。

20世纪60年代,这种情况得到了很大改善。康德的三大批判中译本陆续出版:《纯粹理性批判》(蓝公武译,1960年)、《实践理性批判》(关文运译,1960年)、《判断力批判》(宗白华、韦卓民译,1964年)。中国人终于可以用中文一窥康德批判哲学体系的全豹了。接着,商务印书馆又出

① 贺麟:《康德、黑格尔哲学在中国的传播》,见《贺麟选集》,吉林人民出版社,2005年,第461页。

版了三本解释康德原著的译作。即是韦卓民先生翻译的《康德〈纯粹理性批判〉解义》([英]斯密著,1964 年)、《康德哲学著作选译》([加拿大]华特生编选,1963 年)和《康德哲学讲解》([加拿大]华特生著,1963 年)。

《纯粹理性批判》是批判哲学的根基,是康德的扛鼎之作。尘封 20 多年的蓝译《纯粹理性批判》的问世,对想学习康德而又无条件直接阅读原文的莘莘学子,就像久旱后之甘露①,它成了哲学系学生和哲学研究者案头必备之书。读懂康德,特别是他的《纯粹理性批判》,是十分艰难之事。入门需要引领,康蒲·斯密的《康德〈纯粹理性批判〉解义》,像他英译的康德原著一样,是一本国际公认的权威著作,近一个世纪以来,广泛流传,经久不衰。这一著作汉译本的出版,对康德哲学的传播,无疑又是一场及时雨。试问,有志于研究康德的学者,有几位没有读过这本《解义》的呢? 这本书当时"内部"出版,印数很少,可谓洛阳纸贵,得之者将它作为珍品收藏。直到 20 世纪 90 年代,有的学校因难觅此书,为教学需要,不得不内部翻印,可见它的价值和作用。

同期出版的其他两本华特生讲解康德的译作,也是对学习、研究康德极具参考价值的读物。《康德哲学原著选读》(原书 1888 年出版)编选了"三大批判"和《道德形而上学基础》四本原著中的若干章节。作者认为这些包括了康德系统思想的一切要点,对初学康德哲学的人很有帮助,可以为进一步研究康德哲学作好充分准备。这本书曾作为加拿大的大学教材,美国的大学也采用过。《康德哲学讲解》(原书 1908 年出版)是作者用前书作为基本教材向大学生讲的讲稿,积 20 年的教学经验整理而成。作者认为把这两本书结合起来向学生传授康德哲学,是"比较成功的一种试验结果"。韦卓民教授也正是用过华特生的教本和经验讲授康德哲学的。

以《解义》为标志的上述三本讲解康德哲学的著作,对促进康德哲学的教学、研究的重要意义,是显而易见的。它们的翻译出版,在康德哲学东渐史中,如果不能说"不亚于",那也是"仅次于"康德原著翻译出版的一件大事。在短短的两三年内,韦卓民先生向世人贡献了包括《判断力批判》(下册)在内的四本有关康德的译作,这在当时无人能出其右,可以说,

① 20 世纪 30 年代出版的胡仁源的译本是公认读不懂的。

解放后国内引进康德哲学最早、最多、最有力者，实应首属韦卓民先生。这些事实已然可以确定：在康德哲学在中国传播的第三个阶段①中，韦先生起到了发端奠基的重要历史作用。

但韦卓民先生所从事的康德哲学的传播、研究工作远远不止于此，人们以前知道得太少了。

韦卓民先生是一位学贯中西、融汇古今的大学者。他在中外哲学史、逻辑、教育和宗教神学等领域中均有很深的造诣与丰硕的建树。在西方哲学史领域，韦先生着重研究了四个人，即亚里士多德、培根、康德和黑格尔。关于这四位哲人，他均有遗著留下，但花时间最长、耗精力最多的乃是康德。在他留下近百部(篇)达七八百万字的中英文遗稿中，关于康德哲学的竟占了二分之一左右。这些足以证明，20 世纪中期，国内关于康德哲学的传播和研究，韦先生确实是首屈一指的。

韦先生之所以花大力从事康德哲学的传播和研究，是因为，他把康德看作西方哲学思想发展中承前启后的最关键人物。他认为，研究西方近代哲学中的人不管谈什么哲学问题，都必须追踪到康德。在他讲授康德、黑格尔哲学时，讲到康德，不时会流露出一种激情，这是他讲黑格尔时所没有的。他曾向王元化先生讲过，他对康德的评价远远超过黑格尔。当然，在那极“左”的年代里，他在称颂康德的同时也不得不从政治角度斥责过康德几句，这是可以理解的。

韦先生在 1957 年突遭厄运后，从居住几十年的校长楼移居一间斗室，工资陡降，生活条件急剧变差，但他从容对待，一心扑到对康德等人的研究上，到“文革”前，数年内以惊人的速度译出有关康德的专著竟达 10 部，300 余万字(同一时期，韦先生还撰写和翻译了 4 本关于黑格尔哲学和逻辑学等方面的著作达 100 万字左右)。这个时期，是中国最需要理性和人性的时期，也是他在康德的研究中成就最多的时期，也许这并不是偶然的。商务印书馆慕其名向他约稿，由于“文革”爆发，只出版了 4 部，这可以说是学界的一大损失。此后 10 年，这位耄耋老人在蹲牛棚、下农村、

① 贺麟先生在《康德、黑格尔哲学在中国的传播》中把康德、黑格尔哲学在中国的传播分为三个时期：早期为从变法运动到五四运动，中期为从五四运动到全国解放，后期为中华人民共和国成立之后到现在。

挨批斗、受凌辱等更为恶劣的境遇中仍念念不忘康德、黑格尔，笔耕不辍。在那令知识分子濒于崩溃绝望的岁月，他鼓励难友说："要有信心，做学问不能停下来！"像其他中国学者一样，韦卓民先生也以自己的人格谱写了康德、黑格尔东渐史上悲壮的一幕。

我们看到，韦先生关于康德研究的遗著中，绝大部分是译著，是康德的原著和对原著解读的著作。他认为，要真正认识康德哲学一定要读原著，特别是他的"三大批判"，这是康德哲学思想的精髓。韦先生曾著文专门分析"三大批判"的前提、基础和背景，提出了独到的见解。他认为"三大批判"中的《纯粹理性批判》是重中之重，代表了康德在哲学史上的地位。五六十年代，他在"康德哲学讲座"上，主要讲的是《纯粹理性批判》。他着重分析了该书的主题思想"验前综合判断怎样成为可能的?"这一课题的理论来源、内容实质和解决途径。正是因为想要帮助国内学子更好、更深入地学习这部名著，才知难而进，重新翻译这本最难读的书，以克服当时已有译本中的缺陷。在此前后，他还翻译了两位英国学者讲解《纯粹理性批判》的两本专著(即《康德〈纯粹理性批判〉解义》和《康德的经验形而上学》)；特别在"文革"前夕，又翻译了康德为《纯粹理性批判》所撰的简写本《一切未来形而上学导论》。这些都说明了他对这一名著的异常重视。

但是韦先生并不是单纯为翻译而翻译，而是把研究寓于翻译之中，翻译的过程也就是他的研究过程。当年他讲康德、黑格尔哲学时，对一些重要概念、词语，总是反复地从结构、词根讲到语义，从英文、德文追溯到拉丁文，给人的感觉似乎有点"咬文嚼字"、"烦琐考证"，但只要用心体会，就会领略到其中的奥妙和深刻。

下面仅举两例：

例一，"a priori"一词，国内一般都译为"先天"，韦先生认为是错误的，因为"a priori"在拉丁文中并无"与生俱来"之意，康德用这个词更无此意。韦先生在译此词时，先译为"先验"，后一再琢磨，觉得也不妥当。因为在康德著作里多年来已用"先验"来译德文的"transzendental"，如果再用它来译"a priori"，就混淆不清了。于是他反复推敲，最后决定创造一个崭新的词语"验前"来译"a priori"。从字面上看，二者似无甚区别，实际上意思却大不相同，"验前"更符合康德的原意。韦先生在"文革"中还专为此写过一篇文稿。韦先生的这一翻译，目前已得到许多学者的认同。例如中国人民大学的钟宇人教授在来信中写道："康德所用'a priori'一词，蓝译本译为'先天的'，影响很大，其实是不确切的。韦先生根据原拉丁文与对康德用意的深入研究，创译为'验前的'，很符合康德所说'绝对不依赖于经验的'原意。"

例二，《纯粹理性批判》第二版序言中康德有一句名言：Ich musste also das Wissen aufheben，um zum Glauben Platz zu bekommen。20 世纪的五六十年代，国内都把它译成"我否定知识，以便给信仰扫清地盘"，并据此认定康德是个反对科学知识的信仰主义者。韦先生说，这根本不是康德的原意，是英译者错误地把"aufheben"译为"deny"，国内有人据英文而译为"否定"，是跟着别人犯错误。因此韦先生根据对德文"aufheben"与"Glaube"词义的考察，及对康德思想主旨的理解，把这句话译为"我要扬弃知识，以便替信念留有余地"。近年来，随着对康德哲学研究的深入，学术界对把"aufheben"译为"扬弃"，把"Glaube"译为"信念"尚有不同的意见。但若留意到当年韦先生这样译，至少表达了康德既未否定知识，又给信仰扫清地盘的意蕴，从而为康德在中国的"错案"平了反，也就不难体会他的苦心了。

对康德哲学中的概念、术语，乃至重要句子，像这样苦心推敲、决不含糊的例子还有很多很多。正如韦先生说的，他在翻译时"以信为主"，用尽心思忠实于原著，不能为了追求"达"、"雅"而损伤原著本意。为了更忠实于原著，他始终不断地修订自己的译文，刻苦钻研、精益求精，正如他所说的，做学问一定要有一种"主见不可无，成见不可有"的独立与创新精神。这种精神在当今弥漫着浮躁、浮夸气氛的学术界，尤其值得提倡，值得推崇。

韦卓民先生在康德哲学研究领域卓有成效的工作，辉煌的成就，是他一生事业的重要组成部分。韦卓民先生乃是为了一个宏伟的工程而奋斗终生的。这个工程就是营造一座宽广而坚实的融通中西文化的桥梁。早在 70 年前，他已明确了这一奋斗目标。1928 年他在伦敦所作的一篇演讲中声称，融合异质文化是各民族文化发展的规律，而在当时的我国，"融合中西文化则是中国走向现代化而必需的、富有挑战性的工作"。他还旗帜鲜明地申明：在吸收西方文化时，我们反对妄自尊大的“保守派”，也要反对崇洋媚外的“洋化派”。如果说，解放前他在融合中西文化方面所做的工作主要是通过在国内办教会大学、宣讲基督教神学和在国外讲解与介绍中国传统优秀文化的话，那么，解放后他就把主要精力放在西方哲学史的译介上来了。原来，他研究、译介康德哲学正是站在这个高度来进行的！他常说：我们要在学习西方哲学时做到取长补短，以便更好地发展中国的哲学。他在上世纪50年代就曾多次说过：在欧洲，有些小国都翻译、出版了柏拉图、亚里士多德、康德、黑格尔等哲学大师的“全集”，而我们至今还没有一套，这同我们这个文明古国的地位是极不相称的。他立志要弥补这一缺陷。本来他已具备优越的主观条件，既“通晓古今”，又“学贯中西”，仅外语就精通英、德、法、俄、拉丁文等七八种。可他并不满足，仍自谦说“差距很大”。其实，他是在鼓励我们努力奠定扎实的功底，以铺设他理想中的“桥梁”。他还认为，在介绍西方文化、西方哲学时，要避免把西方的观念“解说成中国的观念”，过分追求中国化、通俗化，以致把人家的文化变质变味。我们体会他的意思是，在学习康德这样的西方哲学时，一定要力争学到原汁原味的康德思想；要努力体验领会德国语言的特征及其文化背景；设法逐渐领会康德的思维方式从而弄懂其实质，真正做到沟通中西，优势互补。

在这方面，韦先生开了先河，做了榜样，引领我们走近了康德，也引领我们走上了民族文化复兴的宽广大道。

唐有伯　曹方久

2006年6月24日

总 目 录

黑格尔《小逻辑》讲稿

刘明海　整理

目　录

第一讲　从康德哲学到黑格尔哲学

(一)康德以后黑格尔以前德国的哲学

Ⅰ康德的信徒和他的反对者①

1.一个伟大的哲学思想体系在提出来之后是难免有两派人的看法的,一派是赞成的、欣赏的,另一派是批评的、反对的。尤其康德的哲学是这样。正如我们在结束康德的哲学初步研究时所提出,康德的哲学体系,其中有某些地方是很容易令人觉得不满意的,可是整个来说,他的思想又是叫人很是觉得兴奋的。

叫人感到兴奋的地方,就是他企图打破从前哲学陷入穷途不能大步前进的哲学局面。他企图从人类理性的探讨来解决一些哲学的基本问题,例如认识论的问题,自然科学的基础,道德的最后标准,感情是怎样不同于一般的知识,和人的行为有什么关系,应该怎样来看整个人生、整个宇宙这些重大问题。由于这些基本问题的提出,其提法的新颖,所以在康德以后,欧洲200年来,谈论哲学的人,赞成他的也好,反对他的也好,都不得不提到他,因之他的哲学思想影响所及是很大的。

赞成康德的主要是在于他对于人类理性,在其《纯粹理性批判》一书中的分析,在于他在《实践理性批判》一书里面对于道德律和自由这个观念的肯定,和他在《判断力批判》一书中对于感情、对于人生的重大意义和关于整个宇宙的看法。可是,即令是拥护他的信徒,对于他的某些看法还是觉得不满意的。不满意的地方,主要是在三个问题上面:(1)自在之物是否为他的哲学体系所必须的,可否取消了自在之物而依然维持康德的学说呢?(2)康德是否把人类的各种认识能力太过分裂

---

① 参考资料主要是看中译本(苏联)敦尼克·米丁等主编:《哲学史》(上册),北京:生活·读书·新知三联书店,1961年,第52～72页。

开来,以致破坏了心灵的整体呢?(3)他的两个世界,即感性世界和超感性世界,现象世界和本体世界,是否破坏了宇宙的整体性,而不能使我们有宇宙作为一个整体这个观念呢?而哲学总是要认识整个世界的。

这些对他不满的意见,当时在种种方式上是曾向康德提出过的,但是康德始终坚持他自己的观点。他的哲学体系是建筑在他自己关于这三个问题的看法上面的。他认为取消了自在之物,那就取消了现象与本体的分别,就使得人们的认识陷入二律背驰的困难中而不能解决,尤其是不能解决自由的问题。而两个世界的分别,也就是从自在之物的肯定而发生的,所以这两个问题在本质上是联系在一起的。关于认识能力的分别处理,是由于它们的功用有所不同,不是故意把感性、知性和理性割裂开来,在它们相辅相成这点上,康德认为它们还是一致的。所以拥护康德的人们是取其大者而在其小节上企图加以修改,而反对他的一些哲学家是从他的体系中矛盾成分的几点上进行批评而予以抨击的。

2. 忠实于康德的哲学观点的康德信徒主要是对他的论点加以说明阐述的,如约翰·叔尔兹(Johann Schultz)(著有《康德教授〈纯粹理性批判〉一书的说明》)①、斯密特(K. C. E. Schmidt)著有《〈纯粹理性批判〉一书的概要》②和《康德哲学名词字典》③,他们主要针对雅可比(Fridich Heinich Jacobi)④反对康德自在之物这个观念的批评而加以辩护的。斯密特说,自在之物影响我们的感官并不是通过空间的形式的,所以是和感性中发生的因果关系无关的。关于这点,康德本来是不能确定地说明,但是否认这种影响是能以知性的范畴来解释的。康德始终认为自在之物是一种理念,只能指导我们对现象的探讨而不能扩大我们的知识的。德国

---

① *Erläuterungen über des Herrn Professor Kant Critik der reinen Vernunft*, Königsberg: C. G. Dengel, 1784; 2nd ed.: 1791. Transl. by James C. Morrison (op cit.), pp. 3—141.

② *Schematisch der Kritik der reinen Vernunft.*

③ *Reinen vernunft ynun leielateren gebranch der kritik der kantidener schematisch.*

④ 又译为耶可比,1743 年生于杜塞尔多夫,1819 年卒于慕尼黑。德国哲学家,唯心主义者,形而上学者,有神论者;狄德罗的学生,和谢林、黑格尔私交很深。——整理者注

伟大的诗人席拉(Johann Christoph Fridrich Von Schiller)①也是一个康德信徒,尤其是在谈到美学这个方面。以上所举出的人是站在拥护康德这边的。

3. 雅可比是反对康德所用的间接说法来说明宗教信仰,而认为宗教信仰是内心直接的体会的。他并且极力主张取消康德的自在之物这个观念,认为这是康德哲学中多余的一种思想。他认为我们在思想中能够构成一个东西时,我们便完全理解这东西,只要我们在一个完全相互的系统中看到一个东西的地位,我们便理解这东西了。

雅可比又认为一切事实上的证明都是引向世界的作为一个整体,不能有所谓世界以外的一个创世主,因为所有证明都是从[一个]被条件限制的东西到另一个被条件限制的东西,绝不能达到一个不受条件限制的东西的。因为要证明上帝的存在,也就是证明上帝存在的根据,就是证明一个相关性的上帝,那就不是上帝。

因为雅可比不同意于康德的两个世界的说法,既然不承认两个世界的说法,所以雅可比也是不承认理论知识是有限度的。同时,雅可比并不认为他能证明影响我们感官的对象之存在,但是他说,我们得到知觉这个事实,就直接叫他相信对象是有其客观存在的,而且他认为感性认识的对象不单纯是现象,像康德所主张的那样,只是按照范畴而结合起来的表象,乃是实在的对象本身,虽然这些对象是限于我们的知性经验的范围的。

雅可比对于康德的《实践理性批判》也有他的不同意见。他主张对于道德,对于宗教,都有人的内心亮光作为指导,虽然这种亮光是不能扩大我们的知识,而只能作为我们行为的指导。其实他的这种说法,在本质上是和康德一致的。但是他特别强调知识和直感每每不能一致,也就是把人的心灵割裂了。

4. 在这个时期里,拥护康德和反对康德学说的德国哲学家还有可谈的,由于时间的限制,我们不多谈了。但是为了理解德国古典哲学从康德

① 又译席勒,1759年生于内卡河畔马尔伯赫,1805年卒于魏玛;德国启蒙运动时期作家和诗人,著有《强盗》《阴谋与爱情》《论悲剧艺术》《美育书简》等等。

到黑格尔的发展和过渡，不得不花点时间，简单地来谈谈两个比较重要的人，那就是费希特和谢林。

Ⅱ 费希特

1. 费希特(Johann Jottlieb Fichte)，生于1762年，卒于1814年，其生平的大半时间是和康德同时代而又和黑格尔同时代的。他出身于一个手工业者的家庭，父亲是个编丝带的工人。费希特幼年很聪明，一个贵族男爵密尔兹(Barón von Miltz)看中了他，给他教育的机会，念了中学和大学。他于1791年到哥尼斯堡(Koenigsberg)去见老教授康德，请康德看他的一部著作手稿，标题为“一切启示的批判的尝试”(*Versuch einer Critik aller Offenbarung*)，大大受到老教授的赞赏。这书是费希特研究康德哲学大约一年之后所写的。这书出版时，是没有署名的，很多人认为是康德的著作，后来发现是青年费希特的手笔(时年费希特只29岁)，于是他的名声就传播一时了。

费希特原来是服膺于斯宾诺莎哲学的，在他看到康德关于因果律只适用于现象，从而就体会到人的意志不受因果范畴的限制，就舍去斯宾诺莎的行为决定论(determinism)而皈依康德的批判哲学。

费希特的主要著作是：(1)《知识学基础》(*Grundlage der gesammten Wissenschaftslehre*，1794)，这是费希特系统著作中最早而影响最大的一本书；(2)《知识论特点概述》(*Grundriß des Eigenthümlichen der Wissenschaftslehre*，1795)；(3)《伦理学体系》(*Das System der Sittenlehre*，1798)；(4)《人的使命》(*Die Bestimmung des Menschen*，1800)；(5)《对德意志民族的演说》(*Reden an die deutsche Nation*，*1807—1808*)，这是费希特在法国侵略德国时对民众的爱国演说，最为德国人所传诵的。

2. 费希特的哲学体系是以康德的批判哲学为其出发点的，但是他觉得康德哲学最令他不满意之点，就是不从一独条原理演绎出来。费希特认为康德应该从他的统觉这个观念出发。

既从统觉出发，而统觉是主观意识，所以离开意识活动的主体就没有自在之物的存在，没有和“我思”的这个“我”相对立的“非我”。费希特认为这样推论才是符合批判哲学的基本精神。他认为所谓自在之物就是物的本身,也就是实在之物,而实在之物也就是有理性的"我"所必然要思想到的东西,不能离开人的意识而存在的,因此就取消了康德始终抓住的"自在之物",把康德的本体论二元论变为本体论的唯心一元论了。

这样一来,康德的组织性原理和限制性原理的分别也就被取消掉了,结果就是逻辑上说得圆满的东西也就是实在的东西了。这一点是后来为黑格尔所详尽发挥成为他的哲学体系的。

3. 费希特的所谓统觉并不同于康德的所谓统觉。他的统觉是包括着不只是狭义的理性,而且还包括着意志与感情的,是"自我"的统一。他认为思想总是要带有感情而成为行动的。

4. 费希特并且认为理性的活动是创造性的,不依赖外部世界以及外部世界固有的规律,而是能自行创造其对象的。这又把康德的理论即思辨理性与实践理性的不同作用取消掉了。

5. 费希特认为人类意识有三种相互联系着的原理:

(1)"自我"原来是设定它自己的"有"的,这就是A是A的同一性原理,这是不能证明而也不需要证明的。"自我"当然就是"自我",把自我的活动完全抽掉之后,剩下来的最抽象也就是最原始的"有"。最一般的存在就是"自我"。

(2)"自我"既然是行动的,它就必然有其行动的对象,那就是"非我"。用公式来说,"非我"不是"我",这是矛盾原理。

(3)"自我"以从而分出来的"我"来和"非我"对立起来,那就发生两重的意义:

(a)在理论方面,"自我"是设定它自身为"非我"所限制或确定的;

(b)在实践方面,"自我"是设定"非我"为"自我"所确定的。

这第三条原理就是理由或者说根据的原理。费希特认为从"自我是有"这个判断就可得出一切的范畴来。例如"我有"(I am)只作为心灵活动的方式来说,就是实在性的范畴,而从上面的"非我"不是"自我",就得出否定性的范畴,而从上面第三条原理就得出限制性的范畴,诸如此类。

6. 那么费希特的哲学是不是唯我论(Solipsismus)呢?他企图避免唯我论,就必须肯定他人的存在。

他认为“自我”如果是自由的行动者,就必须有外面某东西使它决定要自决的。没有自决就没有自由,而没有外面的东西的存在,“自我”就毋须自决,可是只有有理性的人才会要求自决的。“自我”的要求自决,绝不是因为在我以外有感性的世界,而是因为还有其他有理性的人可能会来决定我的行动。因之,我就要求自决。

所以费希特的道德哲学是以自由这个观念为基础的。他的哲学体系是纯然从人的行动作为出发点的。但是人既是自由的,那么又何必有道德的努力呢?努力是意味着斗争的,斗争是因为行动受到障碍。因之要有引起努力的斗争,“自我”就设定它自己行动的阻力,那就是“非我”。所以“自我”的世界总是受到限制的世界。我受到外界世界,即“非我”的阻力,而我要求自由发展,那就是我努力的责任所在。

7.费希特从道德学过渡到他的纯粹哲学。他认定我们最初意识到的不是什么事物,而是自己的行动。这种最初的行动,也就是“自我”最初的活动,在设定“非我”以前,在具体动作以前的“自我”活动,乃是还没有主体和客体之分的时候这种活动,是一种意识里更高级的活动原始形态,是一种不能以什么概念来说明的直观。由于有了这种“自我”原始活动的要求,“自我”才设定“非我”,从而产生“非我”出来的,然后才有“有限的我”和“有限的非我”相对立。这就表示费希特的一种由正到反的思维方法。首先有“自我”,而这个正题只是真理的一个方面,一个契机。自然是需要其对立面“非我”的有,才看出这正题的比较完整的真实性的。因之就有正反两面结合起来提高一步的合题。

但是这是由于不可分割的一种精神活动而来的,这种不可分割的精神活动,费希特认为是人人相同的,表示着一个“无限自我”的活动,潜在于每一个“有限自我”的心灵深处的,所以人类的知识乃是关于同一个世界的知识,所以人类的道德行动有其共同的标准。

“有限的我”的一切行动,一切知识,都是要导致它的精神上完全的圆满的发展,像这样,“无限的我”通过“有限的我”在经验世界中的发展,就表现其自身。在人的自然冲动和自由的要求圆满地得到满足时,我们人就有一种不同于情欲满足的快感,这就是人对自己尊重的感觉,也就是孔子所谓“七十而从心所欲不逾矩”的感觉,“天人一致”的感觉。所以费希特的道德律和康德的道德律也是一致的:“你要按照你的责任感而行动。”更高的一种提法就是:“你的每一种具体的行动都必须是成为一系列行动的一个项目,使你达到精神上完满的自由的。”

总的说来,人的职责,人的使命,是要实现为人的理想,即“自我”的理想,也就是“无限的我”这个理想。可是“我”要达到这个理想,就需要人人都有条件来达到同样的目的。换句话说,以我们现在的名词来说,必须全世界的人民得到解放,我才能真正得到解放①。

费希特认为每一个人必须取消其个人的性格才能达到他的圆满发展,但是要这样做,并不是靠个人的潜修,而是靠无止境的努力行动,一直到“有限的我”和“无限的我”成为完全一致。那时“无限的我”即大我,就冲破“有限的我”的一切限制,而使之成为“无限的我”的一个契机了。这也就是费希特的“无限的我”通过“有限的我”的矛盾,克服一切限制,而回到“无限的我”的圆满实现。

8. 关于费希特的政治思想,由于时间的关系,不能多谈,可参照苏联(苏联科学出版社)《哲学史》第二卷上册第 59—63 页。我可是不得不指出,费希特的民族主义思想,尤其是他强调的德国优秀民族思想,是德国资产阶级民族主义者所利用的。

Ⅲ 谢林的哲学

1. 谢林(Friedrich Wilhelm Joseph von Schelling,1775—1854)是德国十九世纪上半叶的一个浪漫主义哲学家。所谓浪漫主义哲学就是这样一派的哲学思想流派,它认为人的最高意识的表现不是在于思辨的理论思维间接地来认识自然,而是依靠人的直接同感与自然合而为一来体会自然的,因之强调自然与人类的理性本是一致的,所以人的最高理想是回到自然的境界去,和自然打成一片的,结果就是这一派的哲学每每是以诗意来表达其思想的。例如十八世纪法国的卢梭和十九世纪德国的伟大诗人歌德是属于这一派的。他们是以艺术来表现人生观与世界观的。谢林

① 韦先生引用的这句话是当时人们对马克思关于自由和解放的一种理解,我们还要注意马克思在另外地方所说的“每个人的自由发展是一切人的自由发展的条件”,从而对照理解。——编者注

也就是这一派的思想家，但是为要成立一个哲学体系，也不得不说明自然和人类的精神生活如何是一致的。谢林的哲学任务也就是在于此。

2. 谢林生于1775年，比费希特小13岁，而比黑格尔只小5岁，和黑格尔是在图平根学院的同学。他死在费希特之后40年，在黑格尔之后23年。他始初是研究康德、费希特和斯宾诺莎的哲学的。在其早年的著作中，他是推崇费希特的“知识学”的，大学毕业后当家庭教师时，还致力于自然科学的研究，于1797年发表了他的《自然哲学思想》，1799年又发表了他的《自然哲学体系草稿》（*Erster Entwurf eines Systems der Naturphilosophie*）。他的其他重要著作还有《先验唯心主义体系》（*System des transcendentalen Idealismus*，1800），《艺术哲学讲演》（*Vorlesungen über die Philosophie der Kunst*，1880）和《对一般的哲学，特别是自然哲学的一般思想的说明》（*System der gesammten Philosophie und der Naturphilosophie insbesondere*，*1804*）。

3. 谢林称他的哲学为“同一哲学”，他在1800年以后的著作是属于这个体系的，可是没有什么著作是用这个名称的。他宣称只有通过艺术性的直观才能看到人的心灵和大自然的内部的同一，看到主体和客体的内部的统一。所谓“同一哲学”就是指着这个观点说的。他认为从这个观点出发，生命中的种种对立，尤其是理论与实践的对立，就可消除了。

4. 谢林的思想大致可分为两个时期。其前一个时期是以自然哲学为中心的，而在后一个时期，他的注意力主要是转到宗教哲学、精神哲学方面去的。我们首先谈谈他的自然哲学。

5. 谢林的自然哲学。他认为我们必须能够了解自然，才能窥透精神世界的秘密的，因为两者是互相渗透的，不可分割的。我们不应把自然只作为了解精神世界的一种手段，或者作为一种精神生活研究的预备阶段。但是我们必不可以为谢林的这样看自然是表示他的一种自然世界观。正与之相反，他不是说要从自然来了解精神，乃是说要从精神来理解自然。虽然在他的理论中，有些体会是自然科学不可忽视的，在本质上，他的哲学是以精神生活为基础的。例如他说，当十八、十九世纪的自然科学企图把自然的一切现象归结为物质分子的运动，这只是从表面上看自然，没有深入到自然的本质。他要问：我们是怎样看构成世界的因果联系的整体？

这个整体,对我们来说,是怎样发生,怎样形成的? 他认为这些才真正是自然哲学的主要问题。

谢林认为,自然是要发展为精神的,物质不过是睡眠状态的精神。这一点当然是他受到莱布尼茨哲学的影响。但是他比莱布尼茨更进一步,认为我们应该从精神的能力出发,而把自然看作精神低级能力的表现,一直发展到高级的“自我”。可是他认为一开头便认定“自我”这个精神高级能力为一切发展过程的潜在能力,而在发展的各阶段上种种表现无非是“自我”的不同表现而已。

但是谢林在这点上虽与黑格尔的看法基本上是相同,然而黑格尔是根据逻辑思维的辩证演变,而谢林只以一种诗意来把这种论点表达出来,是一种类比的方式而不是辩证的逻辑方法。他深信用他的这种方法不但能够构成他的一套思辨的物理学,而且要用来代替自然科学依靠观察和计算而成立的物理学,因为他认为,为了真正了解物理,必须从他所谓自然的本质来看自然,必定要把自然看为是精神成为可以看见的东西。他认为,物理学家如十七世纪的波以耳(Robert Boyle,1627—1691,英国化学家和物理学家)和十七、十八世纪的牛顿,从自然的现象来看自然是没有深入到自然的本质的,是把物理学搞坏掉了的。他认为,我们在研究自然科学时,必须找到一切自然和人类精神统一起源的东西,然后才能看到整个自然的意义。这就是谢林的所谓自然哲学,也就是他的所谓同一哲学,在其哲学的精神上是和黑格尔一致,但是在思想的细微上是远远不及黑格尔的。

6. 谢林是怎么样企图在自然中显示精神的活动呢? 他认为一切不同的现象和能力都是要上升到精神而同时表现着精神的活动的。在每一个发展的阶段上,在推动发展的能力中,都含有矛盾这个契机,他称这种矛盾为两重性(Duplizität)或两极性(Polarität)即正反性。有“我”即同时也有“非我”(ego 和 non-ego),能力与两极性就是谢林的自然哲学的两个基本概念。

一切的东西的基础都是绝对的原理。这是一切东西所共同的。东西与东西之间的差别都是量的差别,由于量的差别才有质的不同的。可是任何东西都含有它的两极性,不是这一极的占优势,就是那一极的占优势,像中国的谈阴阳两极一样的。凡是事物都含有阴阳,但在任何一个事物中,不是阳胜于阴,就是阴胜于阳,但是阴阳不能彼此完全消灭掉的。在自然中,客观方面占优势,而在精神中则主观方面占优势。如果把 A 与 B 作为主观与客观的符号,那么用公式来表达,自然是:$A=B^{+}$,而精神是 $A^{+}=B$。

在自然中有三种不同的能力:

(1)最初的能力是引力和斥力。斥力是自然的第一种能力,而引力是限制斥力的力。由于这两种能力的相互作用就产生出空间中有限的自然物体。引力和斥力的统一就构成重力。谢林的这种思想是思辨的,但是在欧洲十八世纪形而上学方法为主导的时期,他的这种朴素的辩证思想就是普遍联系,对立面统一、发展的思想是值得我们注意的。可是他把物理的东西归结为精神的东西是荒谬的唯心主义企图。

(2)第二种能力就是光,包括着磁力、电力和化学[力]的过程。由于这种能力,分开的东西就因之而结合起来,表示着万物向统一发展的演进过程。

(3)第三种能力是有机生命力。在这种能力的阶段上,就有了互为目的与手段的过程组成一个体系了。而在有机体的感觉上,精神也就突破了自然的藩篱了。在有机体的阶段上,出现了知识、行动和艺术。在他写《先验唯心主义体系》这本书时,他是把艺术的直觉看作精神生命发展的最高形态的。他认为艺术乃是哲学的最真实而最能持久的表达工具。哲学家在思想上构成的宇宙观,一种统一一切、在其里面有着天衣无缝的体系的宇宙观原来也就是艺术的宇宙观,所以他认为哲学是面朝着艺术的方向发展的,一切都得要以诗意来表达,否则就是支离破碎的。

谢林和黑格尔的看法是不同的。他没有把宇宙的发展阶段像黑格尔那样,看为是从一个阶段通过斗争而发展到更高的一个阶段,而是由于绝对的同一的精神的创造活动的。自然界的多种多样性,生物界的各类各种只是绝对精神在创造完善的有机体,那都是人在这个过程中的一些不同的尝试。这是浪漫主义哲学的谢林的对自然界的目的论的解释,和达尔文的进化论是背道而驰的。

7. 谢林的艺术理论因之是在他的哲学中起着重大的作用的。他以他的艺术理论来完成他的先验唯心哲学的体系。据他看来，艺术是自我意识的一个最高的发展阶段，不依赖自然的、而且只有用艺术的类比方法才能理解自然，看出自然是睡眠着的精神。必须把科学和哲学都变成为在认识的发展各阶段上一种浪漫主义的诗，才能有助于整个宇宙的理解。这样一来，就把非理性的东西来代替理性的东西，用神话来代替科学的世界观了。所以他晚年的思想成为所谓"神话学的哲学"(Philosophie der Mythologie)和"启示哲学"(Philosophie der Offenbarung)。他在66岁时应普鲁士国王的聘[请]去柏林大学讲课，也就是讲这种神秘性的哲学。

8. 我在谈黑格尔的哲学以前，所介绍的几个德国十八世纪到十九世纪初叶的哲学家只限于这些。我谈到这几个人的思想，因为他们是和我们所要约略知道德国的古典哲学如何从康德过渡到黑格尔是有密切关系的。

以下我就要首先谈谈黑格尔的整个思想体系，概括地介绍黑格尔的范畴表，然后再来比较详细地来研究黑格尔的《小逻辑》，作为他的一部代表性的著作①。

(二) 黑格尔哲学

Ⅰ 黑格尔的生平与时代

1. 黑格尔生于1770年，死于1831年，享寿只61岁，他是死于虎烈拉症的。黑格尔生于康德之后36年，小于费希特只8岁，而长于谢林5岁，但谢林在15岁便入了图平根学院，而黑格尔18岁才升入这所学院，所以是和谢林同学了三年，先于谢林两年毕业于图平根。黑格尔不是很聪明的一个学生，但是从中学时代起便刻苦学习，成绩是优异的。他的思想也是比较晚熟的，而他由于苦学，多年在中学与大学学习积累的知识是极其多方面而且是很丰富的，尤其对于希腊拉丁的历史、文学与哲学是博览群

① 韦先生附页总结为："康德的两种原理即一元对二元、主观对客观；费[希特]是意识创造性，即自我开始到有意识自我，我需要非我；谢林是绝对自我与自然统一，即统一对同一。"——整理者注

书的。他所专研的是古典文学、历史、自然科学、哲学和神学,旁及各种有关的知识。

黑格尔出身于小官吏的家庭,大学毕业后,当过几年的家庭教师,而也就是在这个年代,即 1793—1800 年,他的哲学思想得到形成的;而且通过他和谢林的关系,在这个时代,他得以和当时的新思潮发生联系。

2. 我们应该记得,从 1793 年到 1816 年,黑格尔受聘为海德尔堡(Heidelberg)大学为哲学教授时,也就是他写成他的《大逻辑》的时候。(《大逻辑》的标题为"逻辑科学",篇幅两倍于他的《小逻辑》,这《小逻辑》是他的《哲学全书》第一部分,作为他的讲课大纲用。在 1817 年第一次印出的)。1818 年他受聘为柏林大学的哲学教授,在柏林大学讲学一直到 1831 年去世。在 1830 年,黑格尔曾任柏林大学校长,除这短期担任过很轻松的学校行政职务外,他一生致力于学术的研究,写作和讲课。

欧洲 1793 到 1818 这 25 年是变动剧烈的一个时期,不管黑格尔是怎样埋头讲学,还是受到当时的经济、政治的影响,因之他的思想大大不同于康德的思想,尽管在大体上,他的哲学体系总不能离开康德所形成的主要哲学范畴,而在这个轮廓里加以修改提高,可是在某些方面,我个人认为黑格尔似乎还是退后了的。例如,康德的思想像是向前推进的科学思想,而黑格尔的哲学,尽管看来是包罗万象,而本质上终究是在思辨概念里兜圈子,从绝对精神出发,最后还是回到绝对精神里来,周而复始,再不能发展下去了。

但是和康德的哲学体系比较,黑格尔的哲学体系广泛得多,磅礴得多,展开的局面是宏大无比的。原因就是,黑格尔[所处]的欧洲,[即]1793—1818 年的欧洲,不是康德思想形成的 1760—1790 年的欧洲了。我们记得,法国的大革命是发生于 1789 年,当时美国已在 1776 年宣布独立,摆脱了英国殖民政治的束缚,1783 年正式成立了民主独立的美[利坚]合众国,建立了世界上第一个共和国。法国大革命摧毁了封建的君主独裁统治,建立了巴黎人民公社,虽然寿命不长,但是已叫当时进步的人民看见了未来新社会的曙光,法国 1793—1795 年的混乱时期,叫某些眼光短小的知识分子感到失望,但是能向前看的人是没有觉得沮丧的,可是把欧洲的统治阶级吓坏了,进而千方百计地来扼杀这个新生的革命力量。

我们回忆这个时期,不可忘记拿破仑。拿破仑在他的初期像是有革命思想的,1795年崭露头角,很快取得了政权,成为法国的独裁者,暴露了他的反动本质。但是拿破仑对欧洲各国如意大利、法国、德国的最后统一是有他的功绩的。《拿破仑法典》在欧洲大陆各国的政治历史上是不可磨灭的,他无意识地引起的民族意识、国家统一的思想是有重要的影响的。

我们更不必提到法国大革命所谓"八月改革"的种种措施了。虽然这些当时很进步的措施,例如《人权宣言》等不能持久下去,为资产阶级联合封建的统治残余所摧毁了,但是在广大人民的心中是留下了深刻的痕迹的。黑格尔的哲学体系是在这种伟大的时代中形成的。

Ⅱ 黑格尔的主要著作

除上面提过的两部《逻辑》之外,还有以下的几种要提出来的:

第一,1807年:《精神现象学》(*Phänomenologie des Geistes*)

这本书是表示黑格尔的思想和谢林的思想分歧的,他们两人既是同学,所受的大学教育基本上又是相同,所以在一段时间内还能合作,共同办了一种杂志称为《哲学评论》(Kritiker Kictisches Journal der Philosophie)。但是,那个杂志只刊出过一年多,以后两人的思想裂痕日益剧烈。谢林于1803年离开耶拿大学时,分歧就更加明显了,原因就是虽然他们两人的思想都带有很大的神秘成分。就谢林来说,神秘主义不只是他的思想方法而且也是他的直觉内容和哲学结论,而黑格尔是要通过一步一步的逻辑推理而达到他的神秘结论的。1805年,黑格尔在他的哲学史讲课里便公开批评谢林,虽然在这个时候,他还肯定谢林对于哲学思想的贡献,但是在1807年《精神现象学》刊出时,在这书的导论中就表示他和谢林的彻底决裂了。

《精神现象学》一书是黑格尔准备作为他的哲学体系的一种导论的。在这本书里,他说明普通的人类意识是怎样逐步发展上升到思辨意识的。这种精神的发展逐步演变,不只个人的心理发展演变是这样,人类的文化历史也是这样的。这的确是大体上说明黑格尔的整个体系的轮廓的。

可是这本书是黑格尔未成熟之作。在他写信给谢林时,应许寄给谢林一本这书。信中说到书的最后一部分十分潦草,"是在耶拿战役前夕仓促写成的”。但这只是伟大哲学家的托辞,《精神现象学》原不是在耶拿沦陷于拿破仑的军队之前夕写成的,因为研究黑格尔的一位学者曾提出①,不但在书斋里的黑格尔在战役的前夕不知道拿破仑会要突击耶拿,就是守城的普鲁士将领也不知道。事实上,乃是黑格尔预先需要稿费,而预支的稿费是一个朋友借垫的,借款到期,不能不潦草把手稿完成,寄去出版,因之就没有长期润色而完成一部完整的著作。黑格尔一直想亲自加以修改,但是在他死前总没有做成这部分的工作。结果就是七百多页的这部著作是很难读的。而一般讲黑格尔哲学的人,多半是略过它的。我们现在已有贺麟先生的中译本,有时间便可以拿出看看。

第二,1812—1816 年:《逻辑科学》,俗称《大逻辑》(*Wissenschaft der Logik*)。这书是黑格尔在纽伦堡(Nürnberg)任中学校长时写的。

第三,1817 年:《哲学全书》(*Enzyklopädie der philosophischen Wissenschaften*,直译应为《哲学各部门的概要》)。本书第一部分就是“逻辑纲要”,俗名“小逻辑”。贺麟先生有很精确的中译本。这部《哲学全书》是他在海德尔堡大学任教授时所编的哲学课程纲要,一直到他死在柏林大学教授任内还在用。“小逻辑”的“附释”不是黑格尔写的,多半是学生的笔记。

第四,1821 年:《法哲学》(*Grundlinien der Philosophie des Rechts*,直译应为《法律哲学的纲要》)。

第五,黑格尔死后出版的著作有:

(1)1832 年:《宗教哲学讲演录》(*Vorlesungen über die Philosophie der Religion*,*Vorlesungen über die Beweise vom Dasein Gottes*,直译应为《关于宗教哲学的讲演录,附有关于上帝存在的证明一书》)。

(2)1833—1836 年:《哲学史讲演录》(*Vorlesungen über die History der Philosophie*,有三联书店中译本)。

(3)1835—1838 年:《美学讲演录》,又称《艺术哲学讲演录》(*Vorlesungen über die Ästhetik*)。

(4)1837 年:《历史哲学》(*Vorlesungen über die Philosophie der*

① J. B. Baillie. *Phenomenology of Mind*, New York: Harper and Row, 1967, pp. 17～18.

Geschichte，应译为《历史哲学讲演录》)。

黑格尔这些遗著，都不是他自己的手稿，而是他的学生的笔记汇集而成的。因之不能认为可以完全代表他的哲学体系的。

第六，英人 W. T. Stance 有《黑格尔哲学》①一书，简单扼要地阐述了黑格尔的全部哲学，共分四个部分，即：(1)基本原理，(2)逻辑，(3)自然哲学，(4)精神哲学。全书共 518 页，逻辑部分占 171 页，自然哲学部分占 20 页，精神哲学部分占 198 页，附有很详尽的范畴表(原文应直译为"黑格尔哲学体系图表")，我本打算翻译这书，但由于其他工作的关系，而且有某些见解是我不大同意的，所以没有把它翻译出来，而只译其"范畴表"，以供参考。

第七，关于黑格尔的"逻辑"，列宁的《哲学笔记》是最重要的一部经典著作②。

第八，另外，英文的著作有以下几种是可供参考的：

(1) H. S. Maeran, *Hegal's Doctrine of Formal logice*, Oxford, 1912;

(2) T. McT. E. McTaggart, *Studies in Hegalism Dialectic*, Cambridge, 1896;

A Commentary on Hegal's Logic, Cambridge, 1910;

(3) Benedatto Geoge, *What is leaving and what is dead of the philosophy of Hegal*, Essay in by Aindie;

(4) J. B. Baillie, *The Origin and Significance of Hegel's Logic*, Macmillan, New York and London, 1901;

(5) William Wallace, *Prolegomena to the study of Hegel's philosophy and especially of his logic*, Clarendon Press, 1894.

(三)略述黑格尔的哲学思想体系

Ⅰ 黑格尔思想的时代背景

如上所述，黑格尔的哲学思想体系是形成于欧洲的一个伟大时代的。

① W. T. Stace, *The Philosophy of Hegel: A systematic exposition*, Dover Publications, 1924。——整理者注

② 即列宁的《黑格尔〈小逻辑〉一书摘要》。

在十八世纪最后的25年，美国已经胜利地摆脱了英国殖民地政策的束缚，在卢梭的民主独立思想的影响下成立了世界上第一个共和国，那当然是资产阶级领导下的共和国，法国在人民觉悟大大提高的情况下发生了1789年的大革命，一度实现了巴黎人民公社这个社会主义的曙光。虽然在十八世纪九十年代，[即]1793—1795年，巴黎人民公社失败了，法国一时陷入一个混乱的局面，可是从拿破仑专政以后，欧洲从前四分五裂的国家，如意大利、德国已能开始成为比较统一的国家，例如德国已从几百个小侯邦联成了几十个侯邦，至少在形式上有了在普鲁士领导下的全国统一的局面，人民民主的意识有所提高，经济已有资本主义上升的样子。但是德国和其他的资本主义国家，眼见法国的人民力量是极端惧怕的，千方百计企图镇压革命的力量的。然而在这种崭新的力量之下，欧洲的整个局面已远远不是康德时代的局面，思想家的眼界当时是广大得多，而黑格尔的思想正是形成在这个时代，所以他是不满意于康德的有限知识那种看法，而力求人类知识的统一一切，不愿意有知识以外的东西之存在，因而就成立他的绝对客观唯心主义的哲学体系，认为一切都可以在人类的理性范围里统一起来的。我们不要认为黑格尔和康德在时代上只有36年的距离，不必谈我们解放后的14年，就是中国从戊戌变法(1898年)到1934年当中的变化也是很大的。

当然，时代背景虽然大体决定一个人的意识，但是某一个具体人的思想，其表达的方法，还有它的其他因素的，和这个人所受到的前人思想的影响每每是分不开的，而且每一个思想家在各种不同的因素的影响下而形成的哲学体系是有其个人的性格的。谢林和黑格尔的时代是相同的，家庭出身没有很大的分别的，所受的教育大体上是相同的，他们两人曾有过一度的合作，但很快就分歧了。所以要了解黑格尔的哲学思想，除了上面所提到的德国与欧洲的经济和政治社会崭新的局面之外，和他所受的学校教育的影响之外，我们还得要进一步来看形成他个人的思想的几个重要原因。

首先，我们当知道，黑格尔是致力于历史的研究的。在这点上，他大大不同于康德，康德不是不注意到人类社会历史的发展，但是他初期研究的重点却在于数学，自然科学和莱布尼茨一沃尔夫一派的哲学，而对于哲学史的研究是很肤浅的，例如他好像连贝克莱、休谟的原著都没有好好地读过，没有深刻地来研究前人的哲学体系。但是黑格尔就不同，他是十分重视哲学史的，这就使他有机会来看到，各个时代的哲学思想并不是互相隔绝的，而都是人类思想的不同时期不同阶段的表现，使他从发展上来看哲学史。同时，由于他不只注意哲学的历史演变，而且注意到人类的整个历史，所以在他讲课时不但是讲到哲学史，而且还讲到历史的哲学。这是黑格尔的不同于他的前辈哲学家和同时代的哲学家的。这点是大大地帮助他形成其思想体系的。

其次，黑格尔不同于康德的很重要的一点，那就是康德像是还没有完全脱离中世纪经院哲学的影响。康德是精通拉丁文的，而他的希腊文成就像是远不及他的拉丁文，因之我们在康德的著作里，很少看到希腊古典哲学家的影响。黑格尔就不同，古希腊哲学家如柏拉图、亚里士多德和新柏拉图派的思想在他的思想中的影响是显著的。柏拉图、亚里士多德、新柏拉图派的柏罗丁①都是想要从一条原理来理解整个宇宙与整个人生的，都是在西洋哲学史上影响很大的形而上学体系的形成者。

再次，康德的哲学经过费希特和谢林的解释和修改后，对黑格尔来说，是他的思想的直接来源。在黑格尔的思想形成时期，康德哲学是哲学界的主流，黑格尔致力于哲学的探讨，当然就不得不首先熟读康德的著作。他在他的哲学史讲课中对于康德曾有过许多的批评，主要是关于康德自在之物的思想和人类知识的有限性，因为黑格尔对于哲学这个概念根本上是和康德分歧的。他在他的《哲学史》中谈到康德时，首先是说“由于康德哲学思想的散漫冗长，尤其是他的术语是很特别的，就使得对它的研究是困难的。可是它的这种散漫冗长有一个好处，就是有着许多的重复，而不离它的主要论点，使人们不至于忘记”②。这种批评是我们十分赞同的。在总结康德的哲学时，黑格尔说：“康德的哲学是哲学的很好的一种导论。”③而且他认为费希特和谢林都是企图要补康德之不足的。黑

① 即 Plotinus（又译成普罗提埃——编者注），生活于公元 204—270 年，其著作为《九章集》（*Enneades*），由 Porphyry（特斐里）在公元 300—305 年编撰而成。

② 引自黑格尔《哲学史讲演录》第三卷，第 427 页。

③ 引自黑格尔《哲学史讲演录》第三卷，第 478 页。

格尔的这种论断是因为费希特和谢林都是同意于取消康德的自在之物而且是肯定人类知识没有什么限制的。

最后,我们还得要提到,黑格尔受到当时的神学思想影响是很严重的,比康德所受到的宗教影响严重得多。黑格尔和谢林受教育的学院原是一个神学院。黑格尔在学院学习时,本来是打算以牧师为职业的。当然,在那个年代,一般的知识分子,尤其是研究哲学的人,都是在思想上带着宗教色彩的。有的人后来思想有所转变,甚至变为反对宗教,可是黑格尔不是这样。他在他的思想上一直是对宗教与神学有很浓厚的兴趣的,在大学里还有他的宗教哲学讲演,现在留下来做为他的遗著之一。在他的哲学中,谈到许多问题,都是涉及宗教与哲学的关联的。人类经验的宗教方面乃是形成黑格尔哲学的形式与内容的重要因素之一。在这点上,黑格尔不同于谢林是在于谢林的哲学思想在其晚期特别侧重于神秘主义,于是成为一种以哲学为外衣的神学,甚至强调非理性的观点,而黑格尔则始终保持他的逻辑理性思维而以宗教为哲学的过渡阶段。

Ⅱ 黑格尔哲学的基本原理

1. 黑格尔和反对康德的思想家一样,认为康德哲学的最大缺点是在于它没有一个始终一贯的基本原理。那么黑格尔的基本原理,或者说基本概念是什么呢?

2. 黑格尔的哲学思想从而出发的基本概念乃是一个绝对的自我,一切有限的实在都是这个包罗万象的绝对自我的表现。

这个基本概念的论证就是他的《大逻辑》和《小逻辑》的主要内容,他的其他著作主要是他的遗著,如《历史哲学》《哲学史》《美学》《法哲学》《宗教哲学》等讲演录,都是要从人类经验和思维的方面用事实来说明而且证明这点的。

黑格尔认为绝对自我,以其是“自我”而又是“绝对”的,才能作为一个有效的出发点来说明一切,因为只有它是一个“自我”,不是一种什么的实体,不是一种僵死无生命的,不能发展的东西,才能在宇宙的一切发展过程的阶段上表现其自己,而且以其是“绝对的”,才能涵盖一切,而没有什么是在它之外的,并且是不依靠它以外的什么别的东西的。

怎样来说明这个道理,那就是他的辩证法,而用来说明一切不断演变的现象,一直发展到绝对的真理的种种范畴,也就是绝对自我在其发展过程中所采取的形式。

所以,如果我们要研究黑格尔的哲学,首先就要初步了解他所谓的"绝对自我",他所用的辩证法,和这个辩证过程中出现的各种范畴,以及一个范畴如何过渡到另一个范畴的道理。

我们现在就把这些观念初步地约略地予以说明,作为我们研究他的哲学的导论,而我们的研究是打算限于《小逻辑》一书的。

3. 首先,让我们看看黑格尔的所谓"绝对自我"是什么意思。如果我要详细地来谈,我就会从古希腊的巴门尼德(Parmenides,约生活在公元前六世纪)开始,一直谈到公元十七世纪的斯宾诺莎。可是这就谈得太远了,大家如果有时间来深入地追溯黑格尔的思想来源,是得要至少涉猎这两个人的思想的。为节省时间起见,现在我不去谈他们了。

总而言之,黑格尔认为分离的东西是不实在的。世界并不是一大堆东西的机械集合,形形色色表面上看来各自存在的东西都是幻相,佛家所谓"色即是空",只有绝对的整体才是真实的,这是他同意于巴门尼德和斯宾诺莎的。

但是黑格尔在这点上不同于那两位伟大的哲学家,就是由于他不把绝对的整体看为是一个单个的实体,而是把它看为一种像有机体似的体系,一切有限的东西,如果有其实在性而不是幻相的话,必须还在或多或少的程度上乃是这个绝对整体的一种表现,离开这个绝对整体,没有什么东西能有其意义,甚至能有其存在的。

其次,黑格尔强调绝对的整体(后来我才说明何以这个整体,依黑格尔看来,必须是个自我)是有理性的。黑格尔在《小逻辑》的"导言"第六节里写过这句话:

"在我的《法权哲学》的序言里,我曾经说了这样一句话:'凡是合理的就是实在的,凡是实在的就是合理的。'"①

这两句话是为人易于误解的,黑格尔也深深知道。他详细指出,这里

---

① 黑格尔著,贺麟译:《小逻辑》,北京:生活·读书·新知三联书店,1954年,第55页。

的所谓“实在”不是“限于一时一地的社会状况和典章制度等……理念到永远只是应该如此的。所以哲学研究的对象乃是实在，别的事物如社会状况、典章制度等，只可说是实在之表现于外罢了。”[①]可见黑格尔这里所说的“实在”乃是从整体看应该有的东西。一切实在的东西都是整体，“绝对自我”的表现是应该的，因而是合理的。

尤其要注意的黑格尔的“绝对自我”，以其是绝对的，就不是什么单一个孤立于其他东西的实在，不是许多实在的东西之中的一个实在，而且又不是互不关联的一些实在东西的集合体，因为如果“绝对自我”这个彻底的实在是不同于其他实在的话，它便是有它之所以不同的性质，那就是变成一个有限的实在了(这是斯宾诺莎所曾提出的一点)。有限的东西必是有所依靠的，因而就不是绝对的。

依黑格尔的说法，绝对的实在，必须是一个无所不包的个体，构成其各个部分的，就是说，各部分乃是因它而有的，所以它是独一无二的。它不是和它的各部分能够分开的，同时也不能和它的各部分区别开来的。它在它的各部分的每一部分中表现其自己，而不是各部分所构成的。例如一个正方形可以划分为四个三角形，但是它不是这四个三角形所构成的，因为这正方形也可能划分为其他的部分，而它本身是基本的存在，一切划分出来的各种各样的部分只是它的不同的表现，不同的划分，黑格尔称这些划分出来的部分为“更高实在的因素”。所以他说，“一乃是多的先决条件”，就是说，没有一，就没有多，而且不能有多，并且在想到一时就意味着多。一切都是绝对的个体的表现。

那么，可不可以说绝对的实在就是一个这样各部分相互联系着的整体呢？什么叫作整体？所谓整体是不是不同的可是互相联系着的各部分的关系之总和呢？

如果绝对实在是这样的一个整体，那么部分之间的关系就是各部分的性质，各部分的属性，因而得到其关系的。那么关系与关系之间又必须有联系，然后才联成一个关系的总体的。所以，整体中各部分之间的关系不是外在于这些部分的。它们的联系是由于它们都是唯一的实在的表

① 黑格尔著，贺麟译：《小逻辑》，北京：生活·读书·新知三联书店，1954年，第57页。

现,所以其相互联系是它们本性所固有的,不是由于什么另外一种关系使之联成的,这样,黑格尔就说明绝对实在是绝对的一。

最后,黑格尔又证明这个绝对的一是一个“自我”,他提出这个绝对的唯一实在是怎样的一个实在?

它可能是像意识那样的东西,也可能不是像意识那样的东西。如果不是像意识那样的东西,它可能是像自然界那样的,也可能是在心理现象和物理现象的基础上的一种我们不知道的东西。但是绝对的唯一实在如果是在其表现上为人所知的,它就不能是后一种可能的为人不知道的东西。可是这个绝对唯一的实在既然如上所说,不是一个各自相互外在而联成的东西之集合体,那么它就不能是自然界,因为自然界是种种各自互相外在的东西的总和。

可不可以像有些思想家所说的那样,如谢林所曾说过,十九世纪在黑格尔以后英国的斯宾塞尔(Spencer)和德国的生物学家赫克尔(E. Hackel)①也说过,绝对唯一实在,就是生命呢?说它是一种有机体呢?

固然一个有机体的各部分,各肢体是由于这有机体而且也是为着这有机体而存在的,并且一个有机体不仅是它的各肢体的集合体,而且在其各肢体里表现它自己的。但是黑格尔指出,不能把绝对唯一的实在等同于有机体。原因有二:(a)生物学家是把有机和无机区分开来的,如果绝对唯一的实在是有机体,它便与无机界对应而且为它所限制了,那它便是有限的了;(b)而且有机界不是绝对的个体,而是许多种种色色的有机体的总和。

黑格尔认为,只能以具有意识的自我,主动发展,不断发展的自我,才能表达他所说的绝对唯一的实在。换句话说,这个绝对唯一的实在乃是“绝对自我”。这是一个绝对唯一的理念,就是总念,就是Notion(德文就是Begriff)。这个理念自行发展为所有一切的实在,从无机到有机,从植物动物到人类,而且在人类社会历史上作为客观的精神表现为种种的社会典章制度,表现为家庭、公民社会、国家,通过艺术,宗教,而逐步上升而回复到绝对意识在哲学中表现出来。

---

① 又译成海克尔(1834—1919),波茨坦人,德国动物学家,进化论者,先后出版了《自然创造史》《人类的发生或人的进化史》等著作。——整理者注

4. 在发展的过程中，黑格尔提出四个不同的阶段而用四种很特别的哲学术语。

(1)所谓的“自在的(an sich)”，这是未发展的原始阶段。例如人在他的婴孩时期只是人的潜在，人的“自在”。

(2)“自为的(für sich)”，即强调自己的阶段，例如人的少壮期，孟子所谓“血气方刚”的时候。

(3)“为他的(für Anderes)”，认识到对方，有他人了，如人的学习时期，面向服务了。

(4)“自在而又为他”的阶段，人在这阶段上已到成熟的时候，选定了职业，而同时是认识到社会中人己权限的，有人认为“自在而又为他”这个名词不足以表达黑格尔的意思，应按其本意，用“自为而又为他”这个术语。

5. 可是“绝对自我”是怎样发展的呢?

这就谈到黑格尔的辩证法了。辩证法是在我们研究《小逻辑》时，才详细地来谈的，在这里只提出几个基本的概念，简单地加以初步的说明。

为了简洁起见，我节译我在英国的哲学老师罗素先生的很通俗的一段话来说明黑格尔的辩证法。这段话是节译自罗素著的《西方哲学史》关于黑格尔的那章，即第二十二章第 732 页起，大体是这样的：

罗素先生说，很粗鲁的一个比方：让我们说，绝对的实在是一个叔叔吧，这就是一个正题，可是叔叔必须有一个侄子的，所以侄子是存在的。而绝对实在只是一个，那么，绝对岂不是侄子吗? 这就是反题。但是我们开头是已经有了“绝对实在是一个叔叔”这个正题了，因之我们就不得不把正反两题统一起来，而成为“叔叔与侄子”这个整体，这就是合题了①。

但是这个合题还是不够的，侄子有一个叔叔，是因为叔叔是他的父亲的弟兄，所以就常连到上一代的人，而上一代又有其上一代，于是一代推上一代，辩证地发展，就把整个人类都包括进来，真是“凡属有情皆成眷属了”，到了无所不包的那个观念才是绝对的观念，绝对的实在，绝对的自我，简单地说，就是绝对。宇宙的事物都是这样“成为眷属”的，相互在同

① 罗素：《西方哲学史》，第 22 章，第 732 页。(此处引文是韦先生根据英文原文译出的，原稿未注明版本、版次。可参阅何兆武等译，商务印书馆 1982 年出版的《西方哲学史》下卷，第 278 页。——整理者注

一个整体里有机地联系着的。

罗素先生接着论证说:就是根据传统的形式逻辑来讲,不是每一个主谓命题都是有它的主词 S 和宾词 P 的吗? 那就是说,一切的东西既然都可以用一个宾词,就是述项来叙说它而后成为一个判断,也就是说,都是和别的东西有关系的,凡是对于一个东西作出一个判断,就是说出这东西的一种关系来,要完全知道一个东西,就是了解它所有的一切关系,而这也就是说,凡我们对于一个东西所知道的都是相对的,因为它的存在都是和一切其他的东西有机地联系着的,所以为了了解任何东西,我们必须了解一切的东西,否则我们的知识总是有限的、相对的。只有关于整体、关于绝对,才能有绝对的知识。

拿黑格尔的《逻辑科学》或者他的《小逻辑》来说明。首先我们说"绝对是纯有",那就是说不涉及它的任何其他的属性,只说它是"有的"。可是让我们思索一下,只知道有它,而对它并不知道任何的东西,它岂不是什么都不是? 那它就等于"无"。那么,从"绝对是有"这个正题不是就得出"绝对是无"这个反题吗? 正反统一起来,从"无到有"就是"变易(Das Werden —Becoming)"。

这个"变易"包含有"有",同时也包含有"无","有"与"无"是相反的,但同时又是不可分离而各自存在的,所以"变易"就是"有"和"无"的统一①。然而"变易"是包含着"变易的东西"的,像这样"绝对"是在"有"之中,也在"无"之中,提高一步,即向前发展一步,又在"变易"之中,因而可以说,"绝对是有,是无,是变易",是一切发展的各个范畴所指的东西。

辩证是一步一步地改正其发展中所出现的一切偏颇性、片面性、不足够性,而向前演进,向前发展。黑格尔指出,有限的东西,即除绝对以外的一切东西,其所有的限制都不是纯然从它以外而来的,它的本性就是它要受到废弃的原因,它的过渡到它的反面,而得到提高一步,乃是它自身的当然活动。辩证发展中的每一个阶段必然包含有前一个阶段的真理,前一个阶段的东西是发展过程所提高而使之发展了的,是被扬弃的(aufheben),却不是完全消灭了的,因为通过扬弃,它是得到了它在整体

① 黑格尔著,贺麟译:《小逻辑》,北京:生活·读书·新知三联书店,1954 年,第 207 页。

中应有的地位和意义的。因之,要达到真理只有按照辩证的各步骤一直发展到绝对。

按照黑格尔的辩证法说来,知识的发展是有三个阶段的过程的。开始只是意识本身,先是感性的意识,发展为感官的知觉,只觉知到有它的对象,然后再有智力的出现,通过智力就有对于感官知觉的批判,从而变为纯主观的观念,进而就是自我意识,而在这个阶段上,主体与客体,我与物就融合为一了。所以,以知识而论,自我意识就是知识的最高阶段。我们参看范畴表就更清楚了。

依黑格尔的辩证法说来,真实与虚伪也不能说是截然可以区分开来的,没有什么是完全真的,也没有什么我们知觉的是完全假的,我们只知道它在某方面某程度上是假的,因为它不是绝对的真理。这是指我们的零碎片段的知识说的,以哲学而言,只有绝对整体才是绝对真的,以某一片段的知识来说,在其片段上不能完全是真实的,其真实性只是在于它在绝对整体里所占的地位。因之,我们的知识越是和整个知识相结合而取得其意义,那它就越成为真实的。

这样,依黑格尔的辩证法来说,观念或者说理念发展到绝对,就得要停止了。因为绝对理念除它本身是没有,也不得有其对立面的,那么岂不是没有矛盾了吗?"绝对自我"所能有的对象只能是它的本身,因为它以外不能有别的东西之存在,否则它就不是绝对唯一的。所以它只能有自我的意识,这样说来,黑格尔的绝对无非是宗教所讲的上帝。黑格尔说,绝对的统一因而就是绝对的一切真理,思维其自己的理念。

黑格尔原德文关于绝对理念的定义是极端难懂的。原文是:"Der Begriff der Idee, dem die Idee als solche der Gegenstand, dem des Objekt sie ist。"①直译就是:"绝对总念、绝对理念,对它说来绝对理念的作为绝对理念也就是它的对象,其客观的东西也就是理念。"这确实不易懂。贺麟先生翻译的很好:"这总念是以理念的本身作为对象,而从这总念看来,

① 由于韦先生手稿中手写德文不易辨识,整理者主要依据以下德语版本而整理:Erster Teil ,Die Wissenschaft der Logik and Mit den mündlichen Zusätzen, *Georg Wilhelm Friedrich Hegel Enzyklopädie der philosophischen Wissenschaften im Grundrisse*, Suhrkamp,1830.

客观世界即是一理念。”①

但是，我们不必着急，慢慢看《小逻辑》是可以懂的。关于绝对理念，绝对自我，怎样异化为自然，从而又回复到绝对理念的自我意识来，这就涉及不只《小逻辑》，而且要谈到黑格尔的哲学史、历史哲学、宗教哲学等遗著了。在“范畴表”上可以看到一般的大意。我已翻译的是《哲学全书》范畴表，《大逻辑》的范畴表多少有出入，近日译出供参。

6.(1)上面谈到黑格尔的基本原理时，我曾分五个小点来用我们自己的语言通俗地说明什么叫作绝对理念，或者说，绝对自我，什么是他的辩证法。

从这种简单的说明，我们首先要看到他的辩证法是唯心的，不同于马克思主义的唯物辩证法。他的辩证法是从绝对理念出发，通过迂回的复杂过程，主观的和客观的过程，最后还是回到绝对理念来的。一切形形色色都是绝对理念的表现，不是物质的各种不同逐步发展提高的形态。我们尤其是要注意到黑格尔虽然说发展是由于事物对立面的矛盾而来的，但是到了绝对理念的发展阶段，矛盾就没有了，因之发展也就停止了，这是完全不同于马克思的辩证法的。

黑格尔的辩证法固然有它的局限性，而且是和唯心主义结合的，但是它还有它的合理核心。马克思拿过来加以改造之后和唯物主义结合起来，便是唯物辩证法。从这点来看，黑格尔的哲学也可以说是马克思辩证唯物主义的一个来源，在人类哲学史上是有很大的贡献的。

(2)现在我继续补充上面关于黑格尔哲学的基本原理，还打算谈谈两个问题：一个是黑格尔的所谓“范畴”是什么意思；其次，他的范畴作为一个体系来说是怎样，诸范畴之间具体上是怎样相互联系，相互转化的。

首先是“范畴”本身这个问题②。简单地说，古希腊亚里士多德是第一个提出“范畴”这个名称的人，他的范畴说除在他的逻辑六篇(后一般称为《工具论》)的《范畴篇》之外(《范畴篇》有三联书店 1957 年的中译本)，

① 黑格尔著，贺麟译：《小逻辑》，北京：生活 ·读书·新知三联书店，1954 年，第 420～421 页。在 1996 年版贺翻译为“这概念是以理念本身作为对象，对概念来说，理念即是客体”(第 421 页)。——整理者注

② 上海人民出版社 1961 年有《黑格尔范畴论批判》一书的出版，这书共 132 页，是可以拿来作参考的。

还见于他的《形而上学》一书(北京商务印书馆有1959年的中译本)。《形而上学》一书在亚里士多德的著作中比较晚出,谈到"范畴"是和《范畴篇》谈的"范畴"在意义上有分别的。主要是:《范畴篇》的"范畴"是指名称之分别,而《形而上学》的"范畴"是事物的区分为大类,他的十种范畴就是:(1)实体,(2)量,(3)质,(4)关系,(5)主动,(6)被动,(7)时间,(8)地方,(9)姿势,(10)位置情态。例如:某甲是一个人(实体),其肤色是白的(质),身体是重的(量),是某乙的儿子(关系),正在(时间)公园里(地方)坐着(姿势),安稳地(情态)地朗诵诗(主动),而为许多人所欣赏(被动)。

这就是亚里士多德的所谓范畴,是从语言的分析得出来的。康德的范畴就不同,他的范畴,如我们研究《纯粹理性批判》时所看到,是限于知性所使用的,是从传统形式逻辑的判断表现出来的,是作为事物联系的形式,知性用来理解直观所提出的现象的,只对于经验中出现的对象才是有效的。

我们并记得康德的范畴分为四类:从量来说,有单一性,多数性,总体性;从质来说,有实在性,否定性,限制性;从关系来说,有实体及属性,原因与结果,相互性(即能动与受动之间的交互作用);从模型来说有可能性—不可能性,存在性—非存在性,必然性—不必然性。黑格尔的范畴在本质上既是不同于亚里士多德的范畴,又不同于康德的范畴的,我们不可因为三人都用同一个名词,而把他们的所谓范畴混同起来。

黑格尔的范畴这个观念不是得之于亚里士多德而是得之于柏拉图的。何以我们这样说呢? 因为黑格尔对于逻辑的概念是完全不同于亚里士多德的所谓逻辑的。依黑格尔的看法,亚里士多德说的形式逻辑无非是知性在其初步反思作用的产物,而黑格尔是把逻辑与哲学等同起来的。依黑格尔说来,所有的形形色色,不论在宇宙发展的哪个阶段上都是绝对理念的表现,只是其表现的程度与方式有所不同。所以,范畴就是绝对理念自我表现的种种方式。黑格尔所采用的一个德文术语不是来自希腊文的kategorie,而是Denkbestimmung(思维的型式)这个德文名词,意思是"思想的规定",换句话说,范畴乃是绝对理念,绝对精神的表现形式。

依黑格尔的看法,亚里士多德的范畴只是关于感性认识的对象的,这些对象是杂多的,互不相联系的,如白雪、白马、白玉,显然同是具有白的色泽的,但是不因为雪、马、玉都是白的,而因之就彼此间有什么必然的联系的。那就是说,亚里士多德的质这个范畴(“白”是其一例)是不和宇宙间的事物之相互联系有什么关系的。康德的范畴固然是知性用来联系事物,使得人可以理解事物的。但是依黑格尔说来,康德的范畴只能把一个事物和另一个事物综合起来,但是不能把所有事物在整个世界中,在weltgange中联系起来。

其次,黑格尔是不满意于康德的范畴作为只是知性认识的形式,不带有丝毫的感性内容的,感性内容只有直观才能提供出来。黑格尔自己的范畴是绝对精神在发展的各个阶段自我表现的形式,而且也就是绝对精神的自我表现。而这些表现是在不断的演变,不断的发展,不断的提高过程中的。所以,每一个范畴都是比它前一个范畴含有并且表现着更圆满的真理。依黑格尔的哲学体系说来,范畴就是绝对精神的一步一步显得更圆满的定义,也就是绝对精神替它自己下的定义。

上面所说的是关于黑格尔的范畴是什么,和他的所谓范畴是怎样不同于亚里士多德和康德的所谓范畴的。总的来说,黑格尔的范畴说要从他对于逻辑的概念来理解的。逻辑是关于理性的科学,一方面,逻辑是我们用来进行对宇宙形形色色的事物进行思维的主观范畴的整个体系;而另一方面,逻辑也就是客观范畴,即绝对精神自我表现的体系。主观范畴和客观范畴是同一的①。作为客观范畴的体系来讲,逻辑就是本体论,而作为主观范畴的体系来说,逻辑就是认识论。所以说,逻辑、认识论、本体论是同一的,不但[只]是一致的。

(3)其次,我们要看看黑格尔的范畴表也就是黑格尔的哲学体系的各部分。整个哲学体系分为三大段,即自在的理念(即逻辑理念),外在的理念(即自然界),自在而自为的理念(即精神本身)。参看“范畴表”便可明白这三段的详细节目。

逻辑部分也是分三段,即“有”“本质”和“总念”。黑格尔的范畴都是三个一组的,大段是这样,小段也这样。

首先要注意:“有”是逻辑的一个大的范畴,而“有”和“无”对立又是一

① 黑格尔著,贺麟译:《小逻辑》,北京:生活·读书·新知三联书店,1954年,第140页。

个在“有”大段之下的较低级的范畴。“有”的大段是包含着“质”、“量”和“尺度”的，而“质”又包含“有”、“限有”和“有的本身”（自为的有）。

“有”的一大段的范畴，如有、无、变易（应译“成为”更妥）、质、量等等。其特征是“直接的”①。所谓直接是说每一种范畴都有自己存在的一个概念，不是在表面上明白地和另一个概念有关联的，如“有”就是“有”，“质”就是“质”，一见而知的。当然，“有”与“无”是相对的又相关联的，但是说“有”时，不必联系到“无”。“质”与“量”亦是如此。不像第二大段“本质”的“同”与“异”，“质料”与“形式”等范畴，必须相对来看才有其意义。这后一类范畴是要相互推论的，从“同”而推出“异”来，从“质料”而推出“形式”来。没有“质料”就没有“形式”等等。

“有”与“无”的联系是隐藏着的，不是明显的，这就是“直接”的意思。“本质”一段里的范畴是“间接的”，因为它们都是一对一对联系着的，所以是以一对一对的形式出现的，如“原因与结果”、“作用与反作用”、“整体与部分”等等。因为所谓间接乃是由一个起点而进展到第二点的，所以第二点的达到乃基于从一个与它正相反对的事物出发②。

这些范畴称为“本质”的范畴，因为在每一对的范畴之中，其一个是其他一个的“本质”或者说“根据”，没有这一个就不能有其他那一个。“原因”是结果的根据，在“结果”中显出原因来。其他各对“本质”的范畴亦复如是，在这些范畴中对立面是明显的，相互依存的。“有”与“无”也是对立面，但不是在表面上一见而知的，故称“本质”的范畴为“间接”的。

第三大段的范畴是“总念”的范畴，它们也是间接的，但和“本质”的间接有所不同，譬如“普遍”固然间接联系到“特殊”，没有“特殊”就无所谓“普遍”，但是“普遍”与“特殊”就立刻统一起来成为“单个”，而在“单个”中有“普遍”也有“特殊”，否则不能成为“单个”，可是一有了单个，如华中师院③是单个的，但“华中”是特殊的，与“师院”的普遍结合在一起，立刻就又有提高的“普遍”和“特殊”。所以，“有”是直接的，“本质”是间接的，而“总念”是直接与间接的统一。

---

① 黑格尔著，贺麟译：《小逻辑》，北京：生活·读书·新知三联书店，1954年，第64页。

② 黑格尔著，贺麟译：《小逻辑》，北京：生活·读书·新知三联书店，1954年，第64页。

③ 华中师范大学的前身。——整理者注

再看:在每三个一组的(黑格尔称为 Triade,原是一个希腊语)范畴里都有正、反、合。

其作为"正"的范畴是表示着单纯的领会的,可以说等于形式逻辑的名词(概念)。名词是表达我们单纯领会的东西的,如树等。其作为"反"的范畴是表示知性的,可以说等于形式逻辑的判断,有"有"就有"无",有"进步"就有"落后",所以进步不是落后(判断)。其作为"合"的范畴是表示理性的,可以说等于形式逻辑的三段论式,即正反的结合,如大小前提的结合而产生结论。固然黑格尔在《小逻辑》的第 141 节里像是有另一种说法,可参考。但是那种说法不与上面所说的相冲突,因为,三个一组中的第一个范畴孤立来看是自同一的,"有"就是"有",这不是领会吗? 其第一个范畴又是不同于第二个的,这是差异的原理、辨别的原理,就是知性的原理。

这是怎样说的呢? 在三个一组中的第一个范畴,"有"就是"有",在其结合到"无"之前,它是自同一的,A 是 A 而已。一结合到"无"时,"有"是不同于"无"的,那时"有"就不只是"有"的,同时又不同于"无"。以 B 来表示不同于"无"这个性质,A 就是 B,这就是判断了。

其第三个范畴,变易(成为)乃是第一个范畴和第二个范畴的统一,乃是异中之同。正如三段论式中的大前提与小前提的结合在中词上面。这就是推理的形式:

M—P

S—M

再看范畴表:所有的范畴都是适用于宇宙中各种各样的事物的,我们是通过范畴才能理解宇宙中的事物的。凡事物都是实体,有其原因、质、量,等等的,离开这些范畴,我们就不能对事物说什么,不能理解它们。所以黑格尔说,宇宙的事物无非是理念的表现。物质世界无非是绝对理念的外化,无非是理念。这是表现黑格尔的彻底唯心主义的。他的逻辑学是要说明这点的。

我们用一定的范畴来理解某一具体事物,但是这事物是和其他事物普遍联系的,因之它必然是在更大更广的范围中才有其真正的意义,所以就成为有更大更广意义的一个东西,所以就在范畴体系中更是提高一步,而且不断向上提高，一直要到它和所有一切事物联系起来，表现着它是绝对理念的一种表现，也就是绝对理念在一定阶段的异化。

范畴的这样一直不断向上提高，是黑格尔的辩证法的很重要的一点。凡是早出的范畴比诸后出的范畴，其所含的真理，就绝对真理来说，总是不够的，比较差些的。范畴的每一步转化为另一个更高级的范畴，都是对象的一个新的确定，都是更充分、更丰富的知识，事物更丰富的发展。后出的范畴不是消灭了前面的范畴，而是提高了它原来应有的意义，发展了这个意义，所以说是提高，也就是保存，是寓于取消的保存，德文用 aufheben 表示，一般有取消的意思，但是又有提高而保存的意思，所以中译为“扬弃”，后出的范畴较前面的范畴来说，总是前面范畴的意思加上一种发展了的新意思，是经过与前面范畴的斗争，把它改造了之后而提高的。所以，只有最后的范畴，依黑格尔说来，绝对理念这个范畴才能表达全面完整的最后的绝对的真理。当然，如果我们到了全面掌握绝对真理，知识也再毋须，也不能发展了。这是黑格尔的说法。

最后，依黑格尔说来，逻辑“有”的一段的范畴，以其是关于直接领会的，乃是常识所用的范畴，人们未经过反思而用来认识事物的范畴。“本质”的范畴是科学所用的范畴，而“总念”的范畴是哲学用的。常识每每是直观看事物的，事物是直接呈现于感官的，事物是有或无的，是有质有量的，其量是有一定尺度的，我们看见面前有一把椅，一座楼房，椅与楼房是多么大，多么高，是两尺半或三丈高(尺度)，是红的或灰色的，这些都是直接看见的、感觉到的。

我们直接看不见关系，看不见因果，看不见作用与反作用，要通过反思的思维才能看到。这是科学的认识，是由根据而看出结果来的。科学是要确定事物的属性，事物所从而发生的原因，事物的发生发展是根据什么力量的作用的，事物是如何对其他事物有其作用与反作用的，所以是用“本质”一类的范畴的。科学并不取消了常识的那些比较低级的范畴，只是把它们更提高一步，深化下去，发现更丰富，联系更广的知识，更高的真理。最丰富最全面的知识，一直到绝对的真理，是在哲学中才得到的，是通过“总念”的范畴的。哲学的范畴所以就要用思维的、有机体的、有生命的、理念的范畴。可是哲学并不取消科学，正如科学并不取消常识那样。

科学提高、深化常识。同样地，哲学只提高、深化科学。三者是有机联系着的知识的，三个逐渐提高的发展阶段。在这三个阶段上，依黑格尔看来，都是绝对理念，绝对精神的不同程度不同方式的表现。因之都是一致的、一贯的。

在人类社会的发展史中，在世界哲学史中，同样是看出这种逐步通过正反合范畴的发展、提高、丰富化，都是绝对精神在时间过程中按照发展的范畴逐步地、不断地表现其自己。发展后一个阶段的社会、文物制度、哲学思想体系并不和前一阶段的这些东西完全冲突，完全不相容，而是发展了它们，提高了它们，使之越来越变为完善，一直要圆满地表现绝对理念，表现绝对的真理，这是一个长远的历史过程。哲学就是要发现这个发展过程的规律，也就是发现绝对理念自我表现的规律。那么，依黑格尔的说法，哲学都是真理。但是其表现的真理有程度高低的不同。他认为他自己的哲学才是哲学史发展的最高峰，不只是最高峰，而且是表现绝对真理的最圆满的哲学体系。可是，我们知道黑格尔在这点上是完全错误的。

预习《小逻辑》第八十四节至八十七节末[①]，“导言”以及“概论逻辑学性质”[②]暂可不读。

讨论题：

1. 费希特、谢林和黑格尔不满意于康德的哲学体系，其不满意的共同点何在？

2. 黑格尔的绝对理念和他的辩证法有无必然的联系？

---

① 黑格尔著，贺麟译：《小逻辑》，北京：生活·读书·新知三联书店，1954年，第197～204页。

② 黑格尔著，贺麟译：《小逻辑》，北京：生活·读书·新知三联书店，1954年，第49～196页。

第二讲 《小逻辑》各范畴简释[①]

(一)质[②]

1. 范畴表上首先分三大段,而逻辑所讲的只是其第一大段,即"自在的理念"这一大段。

2. 这一大段又可以分为三段,即"有"、"本质"与"总念",我们先看看这儿的第一段,即"有"这一段。

3. 首先注意到"有"出现了三次:

(1)作为第一大段的范畴;

(2)作为"有"这一大段的第一个范畴,即"质"这个范畴的第一个范畴,而和"限有"和"自有"并列的;

(3)作为"有"这个范畴的三个小范畴的第一个,即"纯有",其实原文也只是"有"。

我们得要把这三个不同阶段的"有"区别开来,否则我们的思想会混乱的。范畴表上作为开始的,也就是黑格尔的逻辑学的开端的"有"乃是"纯有"("纯有"只是翻译的名词,为方便起见的)。

4. 中间的"有",即与"限有"和"自有"并列的那个"有"是包括在"质"这个范畴之下的。那么,"有"、"限有"和"自有"以及未属于这三个范畴之下的一切分离出来的许多小范畴,如"纯有""纯无""成为""质""限度""真""无限""一""多"等,都是包括在大范畴"质"之下的。(注意:大范畴"质"与"限有"之下的小范畴"质"有别,其分别是怎样,容后细谈。)

5. 何以从这个"有"开始呢?

这是根据黑格尔的辩证法的。依他说来,这是自然发展和思维发展

---

① 以下根据贺译《小逻辑》(黑格尔著,贺麟译:《小逻辑》,北京:生活·读书·新知三联书店,1954年)第197页即第84节开始。

② 标题为整理者加。

所决定的，就是说，是绝对理念表现过程所决定的。我们要记得，黑格尔的范畴在本质上是不同于康德的知性范畴的。黑格尔的范畴是从比较意义贫乏的、比较内容简单的、也就是比较抽象的，即比较不全面的，向着深化、丰富化发展的，向着更具体发展的。

试拿形式逻辑的所谓“薄斐略树”来说明：

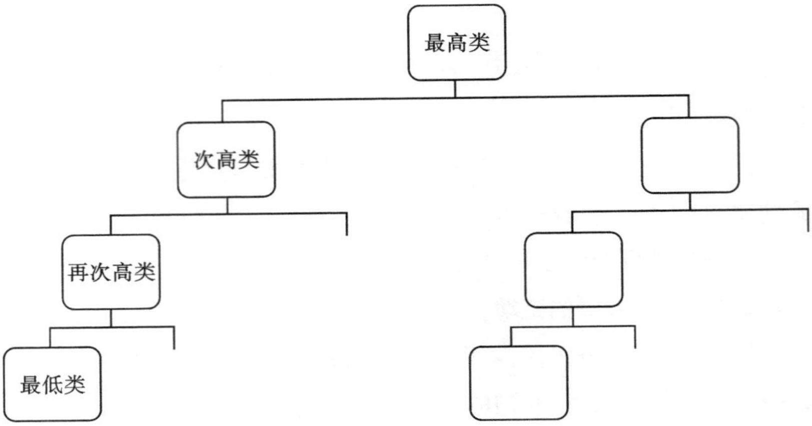

其更普遍的比少些普遍的，即更高的比更低的是更抽象些，因为越低的就是越增加其属性的，更多所谓“种差”的，如几何形＋多边＝多边形，多边形＋三边＝三角形，三角形＋直角＝直角三角形，那就到了最低种了，其下只是个体，不属于分类的(或说划分的)了。所以最高类是最抽象的。形式逻辑是从个体抽出概念来的，故概念比个体更抽象，但是辩证逻辑是关于发展的，所以是从较抽象到较具体的。最抽象的是最贫乏的，最少属性的，内容最不丰富的，即最缺乏内容的，因之对它最不能说什么的。

试拿S是P这个判断的形式来说：

S是主体，是对象，即思维的出发点，而P是S的发展，即是对于S的思想内容。P越丰富，则所含的述项，所包括的内容更多，更丰富，那也就是发展的越高、越后的阶段。最贫乏的范畴所以必是最初的范畴。如果我们只能说S是——，就完了，那就是不能有比这更贫乏的了。

“纯有”就是S是——的意思，所以是最初的，是思维从而开始的。依黑格尔的说法，思维和存在是同一的(不只是一致的)，所以存在也是从“纯有”开始的。所以“纯有”就是逻辑的开端，因它是最抽象的。“纯有”

乃是一切的性质都抽掉之后的意思。

6.“纯有”既是没有任何属性,没有任何内容可言的,所以它是完全空洞的。由于它是完全空洞的,所以它也就是等于“无”。

如果问到“纯有”的定义是什么,我的答复形就是:纯有就是一无所有,所以它也就是“无”。欧洲语言最能表达“纯有”的就只有俄语。如果要说“这是一本书”,我所知道的古希腊语、拉丁语、英、法、德、西班牙、意大利语都要用“是”这个系词,唯有俄语不必用。古汉语也不用,如说“仁者人也”“彼我子也”等。那么,“仁者……”的意思就是仁者,并不能说仁者是存在的。存在是较高级的一个范畴,看范畴表便知。它是属于“本质”那个大范畴的,要有本质作为其根据,才有存在的。没有本质,则不能说什么是存在的。因为没有本质,它是作为什么而存在呢? 这是易明的,可见“纯有”=“纯无”。

这就是从“有”到“无”的过渡。可是这种过渡不是真的过渡,因为“有”就是“无”,因为“有”和“无”是同一的,中间可以划一个等号的。有=无,所以无=有,无异无别。如果“有”是不同于“无”,那么,“有”必须具有一种性质是“无”所不具有的。可是“有”是毫无性质之可言的,因为我们只能是说“S——”,所以“有”就是“无”,而“无”也就是“有”。

可见这里所说的“过渡”是易于引起误会的,因为“过渡”是带有时间性,但是“有”之为“无”并不带有任何时间性;“有”就是“无”,严格说来,无过渡之可言。这里说的“过渡”是逻辑上的过渡,是说“有”在思维上也就是“无”。但是“有”与“无”的同一是隐晦的,不是明显的。这里所说的隐晦是“同一”的隐晦,不是说要有“无”才能有“有”。“有”与“无”之为“有”或“无”是一望而知的,毋须通过“无”才见得有“有”,也毋须通过“有”才见得有“无”,“有”“无”都是直接性的。

7. 从“有”到“无”,或从“无”到“有”就是“成为”。从“无”到“有”就是“发生”,从“有”到“无”就是“前移”“衰退”“减少”,“衰退”与“发生”可看作是“成为”的副范畴。

8.“成为”乃是“有”“无”两者的统一。

两者原是同一的,所以,统一是以其同一性为基础的,在两者的同一中,其差异就消失了。差异消失就仍旧同一,但这个同一不同于原来的,因为在这个统一后的同一是包含着两者的差异的，所以是提高了的同一。这种辩证的同一在本质上不同于形式逻辑所讲的概念的同一。形式逻辑中概念也是同一的，但是将个体事物一类的相同的东西抽象出来而丢弃它们相异的东西，然后形成这个概念，所以是抽象的概念。在“有”与“无”的统一在“成为”之中，在“成为”的形成时，其本质上不同与相同之处，都是提出而保存的，因之这个新的“成为”是具体的，意思是说更丰富更全面的。“有”不能成为“有”，因为还没有“成为”的活动。要成为什么，它只得成为与它原来不同的东西。

9. 那么，既是“有”就是“无”，难道“有人在这里”和“没有人在这里”是同一的吗？但是“有人在这里”和“无人在这里”是属于“限有”的范畴的，而“纯有”和“纯无”是“未限定”的，与“限有的东西”即“限定的东西”、“具有确定性的东西”不同的。“有人”和“无人”是各有不同的“确定性”，即确定其为“有人”，和确定其为“没有人”。确定性不同的东西怎能是同一的？细读《小逻辑》第209—210页，来体会这点的意义。

10. 读了这一段原文之后，我们还要指出：

(1)不能认为在“成为”(Das Werden)中有时间的成分在其里面。“有”所谓“过渡”到“无”，不是先有了“有”再到“无”。“有”中原是有了“无”，“无”中也原就有了“有”。其所谓“过渡”不是事实上具体的从这到那，有着时间的意义的，而只是逻辑意义上的从这到那。

这种从这到那是一个逻辑的过程，“有”中有“无”，正如说“量”中有“空间”一样，可是在我们谈到“量”时是没有联系到“空间”这个思想的。同样地，在谈到“成为”时，我们是不会联系到“时间”的。

(2)“纯有”不等于“存在”，上面已经略略提到过了。“存在”这个是较高级的范畴，在第123节《小逻辑》，即贺译第274页才开始谈的，是属于本质论的范畴。在这里却有指出“存在”与“纯有”的主要分别。说“有”是用S——来表达，而说“存在”是用S——P来表达，这里P代替“存在”，“有某”是不完整的命题，而有“某存在”是一个意义完整的命题，是有“谓词”的命题。所谓“存在”者，其意思是说“存在的东西”，是属于现实世界的，和那个世界别的存在东西有关系的。桌子板凳是存在的，是我们所经验的实在东西的一部分。梦是否存在？在我们的心理经验中是存在的，但是和我们醒时所经验的东西是没有直接的经验性联系的。庄周梦为蝴蝶,而梦中的蝴蝶又梦为庄周。哪是真?哪是梦或哪是假?是庄周或是蝴蝶呢?可见,存在是比较丰富而复杂的一个范畴。以下就要分析"限有"了①。

11. 原来以之开始的"纯有"是没有确定性的。现在我们所要谈的"限有"是有确定性的。可是它的确定性是什么?这个问题在"限有"(Dasein)还没有解答的。如果翻翻一本德华字典(我用的是上海科学技术出版社的《德华标准大字典》),Dasein 是"存在"、"生存"、"生活"。我又常用一本德英字典,那里 Dasein 解释为"存在"、"现在"、"生存";我又常用德美字典,那里 Dasein 作名词用的意思是:existence,presence,life。

这些解释都不符合黑格尔用这词的意思。所以有待于看《小逻辑》的原文。但是 Dasein 这个德语的词是由 da 和 sein 这两个词构成的。sein 原是"是"的意用(做动词用),做名词用是中性,是"存在""生存"的意思。da 是个副词,指时间,就是"那时",指空间,就是"那里",又有"在这种情况之下"的意思。

黑格尔是采用最后的 da 的意思,而与 sein(存在)联合起来,就是指"在某情况下存在"这个意思。所以译为英文的 determinate being,"有确定性的存在",而中译据以成为"限有"即"有限制性的有"。但是"限有"虽是有限制性的,有确定性的,然而用以限制或确定它的性质是什么,还未说出来。例如,我们说"有色金属",但是这金属是什么颜色,是黑、白、红、黄,还未说出。"限有"也就是这种纯然抽象的有性质的东西。

12. 在"限有"一段的译文中,有些词句要先加以说明的:

(1)第 210 页:"变易(即"成为",Das Werden)由于自身的矛盾而过渡到有与无皆被扬弃于其中的统一"这一句。"过渡"是怎样进行的呢?看第 211 页最后四行半的"附释"。

(2)第 211 页:芝诺指出运动的矛盾②:芝诺有"阿基利斯追乌龟"的谜,用来证明运动的不可能,其错误是在于忽视了运动的不间断性,而把

① 黑格尔著,贺麟译:《小逻辑》,北京:生活·读书·新知三联书店,1954 年,第 210~220 页。

② 参看苏联编的《哲学史》第一卷上册,第 88~91 页,主要是第 88~89 页。

运动的间断性绝对化了。

(3)古代哲学家根据太一或太极为不生不灭之说①,主要是指巴门尼德说,参看上引著②。

(4)第 211 页第六行的“环节”和后前还发现过一次的这个名词③都是 moment 之译,一般译为“契机”。

(5)第 211 页最后倒数四行的“不安息中”是“不稳定”的意思。

(6)第 212 页第四行“不相干”是“可有可无”的意思。这句话的意思就是“量”是“有”的,为“有”,可有可无的,即没有量而只有质,就成为“有”。

(7)第 212 页第七行:“精神之质可以穷尽精神之某一特定方面”,应和上一子句结合着看,意思是“精神的某一个质只占一个次要的地位,每每是和其他的质结合着的”。看这段及狂人的例子便明。

(8)第 213 页“潜在之有”按原德文 Sein-für-sich,应直译为“就其自身来说的有”。

(9)第 213 页“实在”也可以用“真理的表现”来表达。

(10)第 214 页第五行“其性质与有为一”便是“限有”。

(11)同上,附释第一行第一句的意思是“否定是有的”。

(12)同一小段最后一句“消沉暗淡以终其身”应该是“一样东西都看不见”。

(13)第 215 页两个拉丁语的字 aliud-aliud 是由原词的 alius 变格而来的。原词的意思是“另一个”,aliud-aliud 就是第四格,意思是“从另一个变为另一个”。

(14)第 216 页第九十三节第一行最后两字是拉丁文 ad infinition 之译,不应译“无限”,而应译“无穷”。

(15)第 216 页第九十四节的“坏的无限”应译为“假的无限”。

(16)第 218 页第三行的“不幸的”当是“可恶的”“讨厌的”。

(17)第 220 页第一行“有限化无限或无限化有限”等于把有限变为无

---

① 黑格尔著,贺麟译:《小逻辑》,北京:生活·读书·新知三联书店,1954 年,第 211 页。

② 黑格尔著,贺麟译:《小逻辑》,北京:生活·读书·新知三联书店,1954 年,第 87~88 页。

③ 黑格尔著,贺麟译:《小逻辑》,北京:生活·读书·新知三联书店,1954 年,第 214 页。后数第三行。

限。(似是而非的)

(18)同页,第八行,最后一句里“中性”即“中和”。

13.“成为”是依靠“有”与“无”的不同,而更是依靠它们的同一的。A不能变成为A;A是不同于B的,而A与B统一才有了“成为”。但是在“成为”中,A与B的不同却消失了,因为A与B是同一的,因而“成为”也消失了。但是这个统一的成为“成为”不是无意义的。因为还有了“有”与“无”的统一。“有”、“无”的统一稳定下来了。这就是某一种的“有”,不同于前面的“纯有”了,这时再不能说经过“有”“无”的统一之后之“有”还可以说是“无”的,它现在已是“确有”了。

这个确定性就是“限有”的特性。它是这样的“有”,不能同时说它又是另一样的“有”;它已不是“纯有”,而是一定的“有”。

14.可是要懂得,这个有确定性的“限有”的确定性还没有具体确定的,而只是一般的确定。例如说,这是“有色金属”,但所有的色是什么颜色还没有确定,即一定有色,但未确定是什么色。这确定性就是“限有”范围内第一个范畴“质”。

15.“质”是一种确定性,但不是唯一的确定性;还有别的确定性,如“量”。可是一个东西的成为那东西,主要是靠它的“质”,而不是靠它的“量”;它不能离开它的“质”而依然是这东西。“质”是内在的。例如氧是助燃的,氮是没有这个性质的,离开了这个性质,氧就不能成为氧了。可是,我们可以增加或减少其“量”,而氧依然是氧。所以,对于氧来说,量是可有可无的;所以,说“量”这种确定性是外在的。

16.“质”之下应该还有两个小范畴:(1)实在性,(2)否定性。所谓“实在性”,就是说“某质在那里”,是积极的。“实在性”的反面就是“否定性”,但是所否定的是所指的某一种质。

17.质就是确定一个东西的,但是确定也就是限制。所以质也就是限度,“限度”是内在的,不是可有可无的,例如是“白的”就限制了它不是“黑的”。这里不同于谈到量时的限度。

这教学楼之外就是空地,空地限制着这楼。这是量的限度,是外在的,不是构成这楼所必要的。这楼本就已是这楼,无须有空地在周围。空地可以作为这楼的界限,其他东西也可以作为这楼的界限。至少可以说这楼因在空间才有界限,但这种空间的界限不是构成这楼所必须的。这楼的概念里没有任何像周围的空地这种量的界限的。

18.“限度”这范畴下有:(1)有限性,(2)变易(这里才是“变易”,贺译为“变化”不妥,而且不解决 Das Werden 译为“变易”所产生的问题),(3)假无限。

(1)有限性是易明的;既是“限有”当然就是“有限制的有”,所以它是有限制的。

(2)可是既有了一定的“质”,它就不能有“别的质”,即不同于这质的质。所以既有“一个质”就必然有“另外”或“其他不同”的质。“质”是确定性,但确定就同时是否定,确定这,也就是否定与这不同的质。既白则非黑,既此则非彼。但是从此到彼就是“变易”。可是“彼”“此”是可互易的。对此则彼为彼,但对彼,则彼为此,而原来的“此”反为“彼”。由于在范畴演变的这个阶段上,一切范畴还是抽象的,这点须牢记的。

抽象的“彼”“此”是可互易的,不可和举例中的具体“黑”“白”混为一谈。

(3)抽象中的“彼”“此”既可互换,那么“此”变为“彼”,而“彼”又变为“此”,一直互变以至无穷。可是,一变为“彼”,“此”就已消灭为“彼”而生出了“此”来,而又变为“彼”,以至无穷。错认这为“无限”,于是就有了“假无限”,其实是把副词的“无穷”看作是形容词的“无限”。换句话说,是把互易过程一直转化看作是过程本身的一种无限性。互易的一直下去,并非无限。只是我们不耐烦下去罢了。“假无限”是这样来的。

19.其实抽象“彼此”的互易是抽象的同一,“彼”并不限制“此”,而只是不同角度看“此”。就算用“彼”来限制“此”,而“彼此”同是有限的,还总没有超出“有限”的范围。如果东西自身,由于是自身原是这样,所以才是其自身,那它就是自限制的。但是东西的自身这个具体的东西是有无限(真无限)的性质的,而每一种成为这东西的确定性都是自己限制了自己。所以就有了真正的无限,这里无限是和有限是统一的,“无限”融化“有限”在自己里面。

20.补充说明从“限有”到“自有”的几点。

首先注意油印的范畴表里面印错了两字:(1)“质”下的“限度”,错为

“度”；(2)“限有”下的“自有”错“自”为“有”。

《小逻辑》讲从“限有”到“自有”一大段确是不够明白了。现在按《大逻辑》加以补充，其中有些是我个人的体会。

21. 首先看“限有”的含义：

“某东西”和“别的东西”原来是互不相干的两个东西，别的东西在其本身来说，原是一个东西，像“某东西”一样。所以，一个并不能否定另一个；“某东西”原来并不否定“别东西”然后成为“某东西”的；别东西在其本身来说也是这样。

可是“某东西”之为某，是因为它是某，即“有确定的”，这“有确定”的性质本来就是属于“某东西”的自己的，所以可以说就是“某东西”的“确定性”。

由于“某东西”是有“确定性”的，所以它在这个确定性说来，是否定“为它”的。但是因为某东西的“确定性”否定“某东西”的“为它性”，而坚执“它是某确定性的某东西”，因之，“自为”的“某东西”就显出了它这个“对它而言”的一面。

这就是变化。

但是在这个变化中，“自为的某东西”(坚持着它的确定性的某东西)和“面对别的东西”(即为它的某东西)之间就有了分别，有了“限度”来限定某东西之为“某”而不是“别”。

然而这个“限度”就是“某个东西”的“确定性”所原有的；因为是确定的，所以是有别于“它的”，而这个“有别”也就是“限定”，限定某之为“某”而不是“它”。像这样才确定“限有”为“有限”的。

《大逻辑》是这样说明“限有”的。

应该注意的一点：在“质”的从“纯有”发展成为“某东西”时，“质”与某东西都是发展中的两个契机。它们两者都是本身有确定性潜伏在里面的。但是“有确定的有”里面是有“确定性”的，这个确定性是确定了它的，所以是否定的。但是这个“否定”只是消极的否定，否定它是不同于其他一般的东西的。这是第一个否定。

但是，同时，这“某东西”也正是确定为“某东西在其自身是某东西”(是“自在的某东西”)，而成为这个某东西的。在这里，既是先否定了它不是同于一般的其他东西(第一个否定),而同时又确定“这某东西”有它之所以是某东西,即不是别东西(第二个否定,即否定之否定)。因之,这某东西就是具有一定的,而不只一般地不同于其他的东西的,这就是某东西的确定性,使它成为实在的某东西了。这是一般的说明。

现在详细地再来说。

22.“某东西”和“他东西”(即“某物”与“别物”——贺译),“某物”与“别物”同是有确定性的物,同是“某物”,“某物”与“别物”同是“别物”。

先说出来的是“某物”,由“某物”而有“别物”。拿A与B来说,先说出A来,A就是“某物”,而B就是“别物”。可是先说A或是先说B是没有关系的,所以A与B同是可以为某物,又同是可以为“别物”的。以A来说,B是“其他”,以B来说,A是“其他”,拉丁文的“其他”是aliuo变第四格,就是aliud,两者即“某物”与“别物”都变为第四格,这个彼此的关系就以aliud-aliud来表达。

但是既称为“某物”,也就是“此物”。“此”是表达它不同于彼,也就是强调它是“此”,这是肯定的强调,也是“此”(某物的在这里的特性)。但是这是说话的人言语中主观的说法,本不属于“某物”的本身的,所以称这特性为外在于“某物”的。

其实,所谓“此”也可以是“彼”,“某物”也照样可以是“别物”,所以,“此”,“彼”,“某”,“别”,原与所说的“物”(东西)不相干的,是外在于它的。

可是“别物”的“别”是与“有确定性的物”不相干的。在其本身来说,无所谓“别”,“别”不是它的一种确定性。

因之“某物”与“别物”是同一的。所谓“同一”不是具体的同一,而是一般的同一,就是说,说一个东西是“某”或“别”,对那东西的本身说来,是无可无不可的。然而又不可抹煞这一点:某确是对“别”说的,不能说这不是有关系的意思的。

可是还有一点,如柏拉图在《菲里浦斯》这篇对话所说明(《小逻辑》第219页上引过),“别”也是整体中的一个契机,和“一”相对的。这样说来,“别”也有它的为“别”的性格的。“别”在其一般说来,是“某”之别,但是就它本身说来,乃是原是一个“别”。例如,自然是有别于精神的,其所以有别于精神,是因为它本来具有一定是精神所没有的属性的,如自然的时、空、物质性等。

“别物”从它的自身来看，从它看到它的自身时，是一个一定的东西，所以是“某物”。这样一来，它就扬弃了它之所谓“别”，以它是“某物”来说，它就与“别”无关，“别”并不属于它作为“某物”的。

但是这就谈到另一个重要问题了。

“限有”原是直接性的，不和另一东西有关系才是“限有”的。但是“限有”是包含着“无”在其自身之内的，因为既是限于某一定的性质，它就是包含着没有其他性质的意思的。

以其是限于某一定的性质，它就不是具有其他的性质的，它就面对“别物”，但是它坚执自己所有的，而它就保持它原来的状态，而只对于“别物”，即它的对立面，坚持这原有状态，于是它之为“某物”是“为他的有”，为着“别物”(它的对立面)而成为它自己本身。然而从“某物”之为“某物”来说，它又是“自在之物”。所以“某物”有两个契机：(1)某物之为“为他之物”(面对其对立面之物)；(2)某物之为“自为之物”。

这两者本是不可分离的。如果把它们孤立起来，两者都不是真实的；要把两者结合起来看，才看到它们的真理。两者之任何一个，都需要其他一个来揭露它的真实面貌的。

回头看看“纯有”与“纯无”吧。

“纯有”与“纯无”统一而成为一体。这个统一是“有无”的相互转变，是不稳定的，所以就是一生便一灭的，生灭无已时的，时而有，时而无。时而有成为无，无又成为有。

到了从“有”看时，有是“自在”的“有”，就是否定了“无”的关系上的“有”。在这时，“无”即“有”的“别物”，是外在于“有”，但是与之对立的，它是和“别”这性质分开的，也就是和“为他的有”分开的。然而同时，它这个“自在的有”是包含着“无”在它里面的，因为它就是“为他的有”之“无”。

“纯有”对自己的关系，即就其自身来说，是“某物”，而否定了这个“对自己的关系”，而对“无”来说，就是“某物”之成为有确定的，而稳定下来作为“限有”。在这点上，它的“自在之有”就变为“为他的有”了。可见，所谓“自在”只是抽象的，因而对某物来说是一种外在的确定性，不需要它来确定“某物”的。黑格尔是这样说明康德的“自在之物”，只是可以说为无确定性之物,等于"无物",因为所谓"自在"就是对任何都没有关系的,所以是没有确定性的,因之如果问"自在之物"是什么,这是毫无意思的,其答复要就是不可能的,要就是自相矛盾的。

23. 下一步,我们分析确定性,变化和限度这三个范畴。

首先,我们上面看到黑格尔的"自在"不同于康德之所谓"自在"。黑格尔的"自在"是从"某物"的"为他之有"反思到它自己的"某物"的,不是抽象的"自在",因为它的否定"为他"的"自在",所以,"自在"如上所说,是"某物"的一个契机。某物原有"为他"(对它的对立面)的这个契机在它自身里面。它之成为"自在"的是由于它扬弃了"为他",但是仍然暗含着"为他"才是"自在"的,因之就是"有确定的"。

这是发展的过程。在"自在的有"的有确定拒绝和别物纠缠起来而坚持着它自己的东西时,它就有了确定性了。这是"限有"的第一个小范畴,"质"。这个"质"就是"某物"的就其自身而言的东西。

24. 在"某物"里,有成为这"某物"的确定东西,即它的确定性,"质",但同时潜在着还有它对于"为他"即对"别物"而言的确定的东西,这东西在某物的质来说,对这某物是外在的,即在这里不需要来确定它为"某物"的。

于是在"某物"里就有这两种确定的东西分别开来。这样一来,"确定的东西"既分为两种,这就是"变化",在这"变化"中某物就有外来的影响。

25. "为他"是有"自在之有"而又有对这个"有"的"他"的。我们注意到"他"时,就把这"他"和原来的"自在的有"分开了,"限度"就显出来了,在"限度"里不是为他就越发明显了,这"限度"不只限制了"某物"而且同时也限制"他物"。

26. 可是要注意:"某物"在"别物"的影响下受到限制,它总是不安定的,总想超出这限度的,例如一点,总是望着另一点而不安定,于是就成为线,但是这线又不安定,而向另一线发展,就成为面,而又有另一面,发展为立体。所以,"限有"总是趋于超出限制它的"限度"的。

所以,"限有"的本性就是要变,用黑格尔的话来说,"变化"是"限有"的真理,是它的目标。因之,"限有"总是要变为不是限有。"受限制的有",总是注定要消灭,死亡的。有"限有"中藏有"消灭"为其本质的。凡限有都是有其本身的矛盾的，一定要变化的。它是注定要否定自己的，“限有”否定自己就是“无限”。

27.可是从知性来说，稳定的东西才是实在可靠的，抓得住的。因为知性的本性就是要抓住(佛学的“执着”)。所以从知性来说，“限有”是抗拒向“无限”发展的，而且抗拒和“无限”发生关系的。但是“限有”必须向“无限”发展，在“无限”中丧失其自身，才不消灭(雷锋的体会)。雷锋1959年11月2日的笔记说：“一个人只有当他把自己(限有)和集体事业(无限)融合一起的时候，才能有力量。”(否则就灭亡)。但是这个限有自消灭的过程是无穷的，只有“无限”才是不消灭，才是永恒的。

28.“限有”，无论在什么发展阶段上的“限有”，总是有它的“限度”限制着它，使之与它的“别物”对立起来。但是，既是“限度”是一个“界限”，而“限有”注定是要超过这个界限的。所以，“界限”是含有被超过的意思的。这里就有“应该”的意思。换句话说，“限有”的真理是消灭自己，它是应该消灭，而只有超过它的限制(界限)，它才能消灭自己。但是一个“限有”在越出其一个界限，消灭了原来的自己，它又成为另一个“限有”，“限有”变为“限有”，总是“限有”。只有它的一切限制都被越过了，再没有限制了，它融合在无限中，才是不再消灭，为永恒的了。

29.所以无限并不是像“假无限”那样只是“有限”的对立面，只是“限有”的否定，这只是知性的(形而上学)的看法。“真无限”不是单纯“有限”的否定，而是超出一切限制的无限，不是从某一方面否定限制的作为这个受限制的东西之否定这种“无限”，不是这种“假无限”，而是超脱一切限制的真无限。

当一切“限有”都在“无限”中消灭而融合在无限之中，当所有“限有”都在无限中获得其真理的时候，那时我们才体会到“真无限”。换句话说，在我们从一个片面看到另一个片面而否定它，这个否定是不彻底的，只有从全面来看任何一个片面而否定这个片面，这种否定之否定才是彻底的，也就是全面的。

须知“有限”(限有)与“无限”是不能孤立地来看的，孤立起来(形而上学地看)，把“有限”作为“无限”的对立面，那么，“无限”既和“有限”对立，它便成为又一个“有限”，不是“真无限”。只有我们看“有限”与“无限”是不可分的。把“无限”已是在“有限”里面作为“有限”的真理,作为任何“有限”所要发展到而且必须发展到的目标,因而是推动“有限”的向前发展的究竟,把“无限”看为任何“有限”的理想,我们才看清楚任何“有限”的“实在性”,从而也就看清楚“无限”的真正意义。把“无限”和“有限”这样结合起来看,把“无限”看为是最具体的,涵盖一切的,把任何“有限”看为,而且它实在也是“无限”的一个契机。离开“无限”它就毫无意义的,然后我们才认识到“真无限”。

“假无限”是知性的“无限”,形而上学的抽象的“无限”。“真无限”是理性的“无限”,不是和什么“有限”离开而在一切“有限”中作为它们的发展最后目的的。

30. 今天在讲《小逻辑》之前,我想附带谈到一点课外的话。我讲《小逻辑》是吸取了讲康德哲学的经验教训的。我这次讲课,概括的少些,结合原著的多些。结合原著来讲,听来是不像概括地讲那样易于接受的。可是,有些同志认为我讲得太慢了,而又有些同志认为我讲快了,各人的要求是不同的。

我认为读康德也好,读黑格尔也好,读原著是必要的。但是,读原著每每是有点困难的,读一次是不能完全理解的,必须读一次,两次,三次。

所以,我打算宁可讲慢些,而求大家能够真的读懂原著。我每次要把《小逻辑》译文中比较难懂的地方,还有我认为翻译不大妥的地方,尽量给大家指出、说明,以便易于阅读。如果同志们同意我的看法的话,尽可以在译本上注明,以供日后参考。我并未武断说我的看法都是正确的,尤其我手边没有《小逻辑》的德文原文,只有一些德文的名词,但是我知道我所用的华莱士①(William Wallace)的英文译本是比较有权威的,也是贺麟先生译《小逻辑》时,主要的参考书之一。况且根据黑格尔的思想体系,有时就不看德文原文,也可知道译文的妥帖确切与否的。

31. 上次我提出过“有论”一段的译文某些修改并说明的十几处,现在我再提第 96—102 节中的几点:

(1)第 221 页,正文第二行:“一就是自身无别之物”,意思是:“一是自

① 贺麟译为瓦拉士(William Wallace)。

身内无区别的东西。”

(2)同第221页,第一行:“就其为……”一句,删“性”字,“自身”改“对它的”。

(3)第221页,第二行三行:“理想的环节”改“非实体的要素”。

(4)第四行:“自身关系”改“自身对自己来说的关系”。

(5)第六行:删“的确定性”四字。

(6)第九行:“表示无限的”之下加“这个自我关系的”,删下面的“自我关系”。

(7)第十一行:改“或”为“即”。

(8)同行:“限有的价值”改“当时当地的有”。

(9)同行:“为他物”,删“物”字。

(10)第222页,第七行:“包含”改“具有”。

(11)同页最后一行:改“玄思”为“思辨”。

(12)第223页,第一行:删“性的”两字。

(13)同页,附释第三行:“前提”改“所预先假定的”。

(14)同行下面:“建立其自身”改“把其自身成”。

(15)附释第七行:“建立老”改“使自己成为的”。

(16)附释第十行:“并自己建立起自己为多”改“使自己成为多”。

(17)第224页,第五行:“多数的”即“许多的”(“多数”可能是“大多数”)。

(18)同行上面“绝对”是名词。

(19)第225页,这里面,“形而上学”不是第119页所说的“知性形而上学”;“玄学”=“形而上学”。

(20)这一面上引用康德,是指他的1755年《自然史及天体论》的。

(21)第226页,第十行:“矛盾进展”即古希腊的“辩证”,也就是康德的所谓“辩证”。

(22)这面上主要的意思可以用公式来表达:

有→限有→(变化)自有(抗力,引力)→量。

(23)同页最后一行:“有”是名词。

(24)前一行:“中立于”=不管。

(25)第 227 页,第 99 节可标题为“量的范畴”。

(26)同页第 99 节第一行,最后一句,在“而乃”下加“质”。

(27)这节主要是说:在量中质被扬弃了,体积有大小;所以说是确定的。有大小,所以是定量,而非纯量,确定的量就是体积。

(28)第 99 节第三行:“体积”改“大小”。

(29)同页(三)的“绝对”是名词,“一绝对的无别”即“一个绝对没有区别的东西”。

(30)第 227—228 页最后一句,改为“如果我们认实在为充满空间或时间的东西,不管这东西是什么”。

(31)第 229 页上半页所讲的是:极端数学观点,即外在、分离的观点,形成唯物主义,这是十八世纪的机械唯物主义,是过分简化了世界的。下半页是说明自然世界的研究和精神世界的研究所着重面有所不同。

(32)第 230 页,说明物质的不同形态。

(33)第 231 页第五行:“矛盾理论”即“二律背驰”。

(34)第 232 页,“纯量,限量,等级”是与“纯有,限有,自由”相应的。纯量到限量是由连续与分离所致的。

(35)第 102 节,“总数”应译为“倍”,这整节的“总数”亦然。试读第 223 页第二、第三两小段,把“总数”改为“倍”,“第二”下:“不论以那一数为倍,或以那一数为单位,其结果都是一样”,如 ab=ba。第 223 页,倒数第二行:“方根”的“根”删去。

(36)第 234 页,第二行:复有三种消极的计算方法,即减、除、开方。

32. 概括地说明第 96—102 节。

我们在上次最后讲到的是“真无限”这个范畴。“真无限”不是“限有”,即“有限”的对立,而是“限有”,一切限有融合在其中的无限。由于一切“有限”都消失在其中,在其中被扬弃的,所以它不是什么“有限”,因而是无限的。扬弃的解释看第 222 页。

这“无限”不是为“有限”所限制,而是自己确定其自身的,它不是什么其他的东西,什么“别物”所限制的,因为一切“别物”都为它所扬弃而吸收了。所以,“无限”也就是“自有”。“自有”是“从自己看自己的东西(Sein-für-sich)”。

33. 让我们再看，大范畴“质”的三个范畴，即“有”、“限有”、“自有”。

“有”是以“纯有”开始的，无确定性的，没有限制的，所以是等于“纯无”，与“无”是同一的。

“纯有”的否定（第一个否定）加入“有”中去。这个否定就是“有”的一种确定性，也就是说，“有”经过否定之后，再不是无确定的“有”了；所以“有”就成为有确定的，“有限的有”，即“限有”了。从这个“否定”，即“确定性”，就发展出质（确定东西的确定性），再则看到“限度”，而“纯有”加上“限度”，“有”也就“变化”了。“限度”是从“有”之外来限制着“有”的，因之结果是“有限的有”，即“限有”（被确定下来的有）。

这个“限有”是它的“别物”所限制，所否定的。但是“无限”不是什么“有限”，什么为他的“别物”所限制的，因一切“别物”都融合在它里面去了，所以，在“无限”之中，“别物”为它吸收了，否定了（第二个否定），即否定之否定。

请注意：否定之否定，不是一个范畴，而是范畴转化中的一个步骤。在任何范畴之转变过程中，都有否定，即从正到反，然后又有否定之否定（第二个否定），即从反到合。

再注意：在任何范畴的转化中，正（这里的“有”）是直接性的。不依靠“别物”而有的，到了“限有”的反，就是间接性的，有“别物”与之对立，才是“限有”的，但是这是第一个否定；到了否定之否定时，便是合（这里就是“自有”），而“自有”是从自己看自己的（für-sich），即英文的 for itself（“以其自己说来”的意思），那又是直接性的了，可是是上升了、丰富了的一个范畴。黑格尔称否定之否定为“绝对否定性”，由自己来限制自己的“无限”也就是“绝对否定性”的表现。“绝对理念”是无限的，因为没有“别物”能与之对立的。“自我意识”也是“自有”的一例：我（主体）本是和客体（别物）对立的；但是客体只是“自我”时，与“我”对立的还只是“我”，所以，就是“自我意识”。

黑格尔拿木石和“我”对比，木石总是“为他”的，而只有“我”才是“自为”的，即“自有”。

34. 在“自有”之下的小范畴，第一个就是“一”。所谓“一”就是“没有其他”，和任何其他没有关系。它是自存在的，是一个，是一个单位。这不也就是“自有”吗？不是在“一”之中，“某物”与“别物”的分别消失了吗？

35.“单位”必须是自存在的。所谓“自存在”是独立于他物的，黑格尔以原子为一个例子①。原子说是德谟克利特(Democritus，公元前四世纪的古希腊哲学家)首先提出的(参看苏联编《哲学史》第一卷上册，第97—98页)。所以黑格尔说，“原子论……将绝对界说为自有”②，“为许多的一”。

原子不是从另一东西出来的，是终究的不可分割的(这当然是在电子说之前的说法)。每一个原子都是绝对的，是自存在的，是真正一个单位，是“一”，是“纯一”。因为“一”不是有“多”的，所以它是抽象的“一”，不与“多”相对的“一”。

这个“纯一”是直接性的。

但是这个“一”既是“自有”的“一”，所以它的关系是没有的，只是对自己的关系，也就是它的直接性，不靠“别物”的。对“别物”的关系，已消失在它自身里面而成“自有”了。但是，“一”作为“自有”的一个范畴，因为有“别物”已经融合在它里面，可是它的“别物”却还在它里面作为又是外在于它的。这就是说，“一”的为“一”乃是“一”的对于自己，即对于“一”。可是这里有两个“一”：“一”对于“一”，“一”这个“一”，和它所对于的那个“一”。

“对于”这个关系，黑格尔称为“抗力”。

由于“抗力”，“一”就不同于所对于的那个“一”，于是就有两个“一”，而每一个又是有抗力的，就分而为四，四分为八，如此类推，不是“多”吗？

36.每一个“一”要由抗力而维持其“一”；但是“一”与“一”是同一的，同一就是不同的反面。既然“一”是靠“抗力”维持它的为“一”，所以，“一”与“一”为“同一”，是必然靠“抗力”的反面，即“引力”。

可是黑格尔说明③这里的“抗力”与“引力”，只是借用于物理的名词，其意义在第223页说明。这里“抗力”不过是许多的“一”互相排斥的意

① 黑格尔著，贺麟译：《小逻辑》，北京：生活·读书·新知三联书店，1954年，第224页。
② 黑格尔著，贺麟译：《小逻辑》，北京：生活·读书·新知三联书店，1954年，第224页。
③ 黑格尔著，贺麟译：《小逻辑》，北京：生活·读书·新知三联书店，1954年，第223页。

思，而“引力”是同一的意思。

“抗力”强调不同性，而“引力”强调同一性。

37.许多的“一”是同一的“一”。“抗力”是一个“一”对另一个“一”的关系，而一个“一”是和另一个“一”同一的，这同一的关系就是“引力”。所以，“抗力”与“引力”是同一的(不要想到物理的“抗力”与“引力”，那些是不能同一的，这里只谈两种“关系”)，“引力”与“抗力”只是说明，或者说描述，两个“一”彼此有两种关系；就是它们既是不同(抗力)，而同时又是相同(同一)的(引力)。

当然“自有”乃是“对自己来说的有”，是“自己对自己的有”。一个“一”对另一个“一”(抗力)只是“一”对“一”(引力)，所以“抗力”与“引力”在这个“自有的一”里也就没有分别而同一了，就是说消失了。这点是说明“质”到“量”的很重要的一点。

38.“抗力”是分离与分别的原理，即是“多”的原理；“引力”是自己对自己的关系的原理，是同一的原理，也就是“一”的原理。

“抗力”与“引力”的统一也就是“一”与“多”的统一，也就是“量”，因为所谓“量”不是抽象的“一”，也不是抽象的“多”，而是“一”中的“多”。

例如一尺是十寸，一条线是一尺，而在一尺之中有十寸，量的意思就是许多单位的堆垒。必须有相互的“抗力”，才有相互的排斥，否则量中不能有“多”；又必须有“引力”来把“多”合在一起，否则不能有“一”个量。“量”必须是有它的组成部分，而这些部分又必须是同一的。一尺里的十寸，每寸必须是同一的。我们不能把十张椅和两张桌一起算是一个量，因桌椅是不同的；但是作为家具看，它们是同一的，那就成为十二件家具。

(二)量

39.但是从“质”怎样到“量“呢?

质的最后两个范畴乃是“抗力”与“引力”，而“抗力”与“引力”是包含着上面所有“质”的范畴在它们里面的。上面已经说过，“抗力”与“引力”从质来说(不是物理的“抗力”与“引力”)，只是两个“一”彼此的两种关系。说明两个“一”的不同，而同时又是同一的，所以这种关系是统一的，而又是同一的，因之就互相吸收，互相扬弃的，因为“抗力”也就是“引力”。

"抗力"与"引力"被扬弃了，所以"质"也就被扬弃了，结果就是"无质的量"，这就是说，"量"可以不去管"质"的。

例如说，这里有十个人，那就把"男""女"扬弃了；说有十件家具，就把"桌""椅"扬弃了；说有二十个东西，就把"人"，"家具"也都扬弃了，而只想到"量"而不去管"质"了。同时，我们把"量"减少或增多，那不会影响到它的"质"的。一杯水是水，一河水也是水。

40. 可是"量"只是谈到"有"的一种形态，也是"绝对理念"的一种形态。

所以，黑格尔在第228—229页说，不应用"量"来概括一切。这样来概括，他称为过分夸大了量，结果是极端的数学观点，把"量"过分强调而忘记了其他。他认为十八世纪的机械唯物主义就是犯了这种毛病，而黑格尔在马克思主义之前(他的《小逻辑》是写成于1818—1820年的)，只能够知道机械唯物主义。可是甚至许多资本主义国家里的哲学家批评唯物主义也是从这点着手的，所以是错误的。他们主张自然界的研究和精神界的研究在观点上应该是不同的，不知辩证唯物主义也没有把物质简单化为是占空间的物质。黑格尔把物质限制于量的一个范畴是错误的。

41. 在"量"之下有三个范畴，即"纯量""限量""等级"。

我们先谈"纯量"。"纯量"之下又有三个小范畴：(1)"纯量"，"连续与分离量"，"量的限制"。首先看什么叫作"纯量"。"纯量"是和"限量"区分的，"限量"是有"限定的量"，如一丈，十里，十张椅，二十个人，温度78°。"纯量"是还没有限定出来的几多的量，例如空间是纯量。"纯量"是还未确定的量，如"人们"，如果说50个人，那就是"限量"了。

42. 如上所说，"量"有两个来源，即同一(引力)与不同(抗力)。从同一(引力)上看，"量"是"连续的"，而从不同(抗力)上看，"量"是"分离的"。

"量"是一系列的"一"，一系列的单位。它是这，这，这……未定多少的"这"。由于都是同一的"这"，所以能从这个"这"到另一个"这"，因之就有了"连续"，即"在一起"的意思，否则不能成为"量"。但是我们能够说"这"，"这"……也就是因为一个"这"不同于另一个"这"，由于它们的不同，所以它们也就是"分离的"。每一个"量"，乃至"纯量"，都是连续的而又是分离的。不是有两种的量，一种是连续的，一种是分离的。连续性与分离性是不可互相分开的。

当然水是比较连续的，米是比较分离的，但米与一堆桔子比较又是连续的，一群人与一堆桔子比较又是分离的，我们在这课室里与在十五路公共汽车上的乘客比较是更分离的。所谓连续总是分离的东西的连续。

黑格尔在第231页批评芝诺是孤立了量的一方面。

43.“限量”不同于“纯量”是因为“限量”是“有限的量”。要有“限量”就得要有“量”的“限度”，“量”的“限制”。但是量的“限制”是从何而来的？不能从“量”的外面来的，应该是从“量”本身发展出来的。“纯量”不是有连续一面，而又有分离一面吗？虽然连续和分离是不可分割的，但是二者也是不同的。

可是不同这个观念，是含有“限制”在其里面的，所以在“纯量”中就已经含有“限制”的范畴。那么，从纯量(正)到“量的限制”(反)就是第一个否定，再把二者合起来，即否定之否定，便有了“限量”的合。

这种从纯量→限制→限量的转变，正相应于(但不等于)纯有→成为→限有。

44.在“限量”的范围里，“分离”和“连续”也就变为“单位”和“总数”。一个“限量”不是一堆吗？许多在一起吗？作为一堆看，限量是连续的，就是总数，而作为许多的一堆看，这许多就是“单位”。但是，怎样由许多单位变为一堆的“限量”呢？通过计数，一个，一个，一个……这也就有数了(number)。

所以黑格尔说，“数”是“限量”最好的表达。我们是以“数”来衡量“限量”的。“衡量”这词是德文的messen，即英文的measure，而都是从拉丁文的mete这动词来的，mete就是“收割”，“割下来”的意思，即从田里的庄稼割下来，那就从未确定的庄稼割下一定的收获，这就是“数”了，即几多担。

45.下一个范畴就是“等级”。

“限量”乃是广量。所谓广量，就是说，构成它的单位是相互外在的，例如十尺的长度是“限量”，其中每一尺都是外在于其他各尺的。

现在要谈的一种量就是其中没有这种外在的关系的。我们记得“限量”就是“纯量”加上“限度”；有限度的量就是“限量”。

"限量"的"限度"就是确定这个"限量"的特性的。例如第100的"限度"就是那最后的第100个,可是这第100个和其他的各每一个是同一的,亦是从第一个到第99个都和这个"限度"没有分别。因之都融合在这第100个之中,使它成为第100个;少了一个,它就不成其为第100个,而变为第99个了。

可见这个"限度"即这第100个是和整体100个同一的。这也就说明一种"限量",其中的各单位不是相互外在,而是都在那"限度"里面的,融合在"限度"里面变成一个统一体的。

这就是"深量",不同于"广量"的。"深量"也就是"等级",例如摄氏表100°就是深量,我们说今日的温度是70°,这就是"等级"。颜色有深蓝,浅蓝,深红,桃红,浅红,淡红;这些都是"等级"的例子,声音,光等都有其"等级"。

寒暑表的100度和一条绳的100尺长,这两个100是不同其意义的。100度是表示深量(等级)的,而100尺是表示广量的,一个是内在的,另一个是外在的。谈到100尺时,其中每尺都是外在于其他各尺的;但是谈到100度时,其他99度都连带在它里面的。所以说100度这个"限度"是个深量同一的。"广量"的性质是杂多的性质,其本身是多的;但是"深量"是一种成分没有分离的统一体,是黑格尔说的"单纯未确定性"。

我们上面曾说过连续的量和分离的量不是两种量,分别存在着的,而是相互含蕴的,就是说,有连续量就有了分离量的,每一个限量都是同时有这两个方面的。广量与深量也是这样的关系。每一个"限量"都是同时是广量而又是深量。我们也说明了"深量"(等级)是和它的"限度"同一的,因为100度的第100度是带着有其他99度在它的里面的。但是那99度并没有因之就消失了。还是存在着的,否则那100度就不能还是100度。100度中的每一度是不同于这100度的"限度"的,都是这第100度的别物,也就是说,都是外在于它的。

可是这外在性是在思想中而已,其实都是为那"限度"所带着,融化在其中的。

可是"深量"与"广量"是同一的。依黑格尔说来,重量,热,冷,光,声,颜色等都是深量与广量同一的例子。谈到重量,说它有100公斤重,这

100 个公斤是量(公斤)的数目,是“广量”;但是 100 公斤重,是指压力说的,那就是“深量”了,因为压力是指压到多么重说的,是一个“等级”,“多少重”和“重到多少”是两回事,但是也是一回事,是不同而又是同一,“多少重”增减,“重到多少”亦随之而增减,上面是说明“等级”。

46.“等级”的范围里有三个小范畴:“等级”、“无限的量的进展”与“量的比例”。

其第一个,即“等级”,已如上述。兹说第二个小范畴,即“量的无限进展”(也就是无限的量的进展),意思本是“属于量的无限进展”。我们已说过,所谓“限量”就是由连续的不定量加以限制而成的,例如长度的 10 尺。

可是“等级”也是一种限量,上面已说明了。温度的 70°,其第 70 度就是一个有一定的限量,所以是“限量”。但是度这个概念是由于一种连续性,因之其中的所有各个单位都和限制的单位,即表示“等级”的单位同一的。但是在这限度之内(如 70°之内)的 1,2,3,4……等一直到 70 也都是和限度以外的单位,71°,72°,73°等同一的。这样一来,限度就打破了,因之“限量”(如 70°)就越出它的限度而到了以外的不定的量那里去了。但是这个不定的量又必然是变成一个“限量”的。这是辩证发展必然的趋势。

而这个新的限量又是超出它的限度,过渡到它以外的不定量那里去,而又变为第三个“限量”,如此类推,以至无穷。这样就有了一个无穷的系列,这就是“量的无限进展”。

这个“量的无限进展”是和“质”的范围的“假无限”类似的。但是在“假无限”那里,某物过渡到“别物”,“别物”又过渡到另一“别物”,以至无穷,而这里是一个“限量”过渡到另一个“限量”,以至无穷,在“假无限”那里,某物是有限的,所以,看来它的别物是“无限的”,但是这个所谓“无限”又变为“有限”。可是在“量的无限进展”这里,“限量”变为无限的无限制的量。然而这里的所谓“无限”也是假的,它也是再变为有限的,因为它是为第一个限量所限制的,因之由于它是对于有限才是无限,它是为那个有限所限制的,而且在这个所谓无限制的量里面,总是有一个新的限度发生起来的。

由此可见,这个“量的无限进展”的无限也是一个假的无限,不过是一个超出限度随着又是一个新的限度起来，以至无穷而已。像这样永远达不到无限，就是说，它应该达到无限，但是总不是无限。原因就是在这里，如在“假无限”那里一样只是无底止的反复，而没有真正的扬弃。可见凡“限量”都是注定必须是超出它的限度的。在经验上，我们也知道量也是不能有其限度的。在任何限度之外总是还有量。而在这里，黑格尔证明，不但在经验上是如此，在逻辑上也是如此。因为在量的观念里就含有超出这量的意思。量总是必然超出它的限度以外的，量的意思本来就是这样的。

岂不是又来一个“假无限”吗？黑格尔的辩证法也不容许有重复的，发展总是向前推进的。那么，推进到哪里？前一个“假无限”是“质”的，属于“质”的，而这个“假无限”是属于“量”的。前一个“假无限”是说某物的“质”为“别物”的“质”所限定，而这别物的“质”又为另一别物的“质”所限定，因之第一个某物的质之被限定总是不能达到完全的限定，而在“量的无限进展”里，摆脱了“质”的“量”无限地扩张自己。

47. 我们已经达到了反复过渡到一个又一个“限量”的一个“限量”，因而产生了一个无限的系列。可是这个“无限”又是假的无限，这个无限是消极的。不过是非有限而已，非有限是“有限”所限定的，因而还是有限的。

怎样才到真的量的无限呢？

在“真无限”里，自限定才是真无限。

怎样才能达到“量”的“真无限”呢？黑格尔提出“比例”这个范畴来说明。它在《大逻辑》里（列宁的《哲学笔记》是根据《大逻辑》做他的笔记的），列宁说“是非常晦涩的”①。而列宁所指出“关于符号的意见”，在《小逻辑》里没有好好地谈到，所以我们不去研究它。只解释一下，如何“比例”是由“等级”的正，通过“量的无限进展”的反，而到两者的合。

试看 6∶3＝2 这个比例。6 与 3 都是“限量”（数），都是直接性的。6 就是 6，3 就是 3，都是对他数有抗力的，都是外在于“质”的，不管“质”是什么，总是 6 和 3，是“自为性”，就其自身来说的 6 和 3。但是 6∶3＝

① 列宁：《哲学笔记》，北京：人民出版社，1956 年，第 96 页。

2 这里的 2 是比例的指数，这是间接性的，是从 6∶3 而看出来的，所以是间接的。可是 6 与 3 在这里不是作为直接性的限量来考虑而有其价值，乃是在它们的关系上得到它们的意义，而这个意义就是 2，因为 6∶3＝2。

所以到了得到 2 这个数时，这个 2 是有"质"的，即它为 6∶3 所规定的，是有确定性的，所以也就是"质"了。如果 2 变 3，比例也就变了，不是 6∶3 的比例 3，但是 8∶4 又不是 2 吗？所以比例的两项可变，如变为 10∶5，12∶6 等等，而 2 不变，所以 2 是"质"，而 6∶3 是"量"，量可在一定范围里变，而"质"不变。但是，再看 6∶3＝2 这个比例，6∶3 是一种关系，而 2 是一个限量，为 6 和 3 融合在这关系上而形成的。然而 6∶3 和 2 中间画一等号（＝），所以两者是统一的。这就是算术的比例。

在比例中，"量"就回到"质"来了。但是，这通过量而发展成为的"质"不是"有"的第一个范畴那个"质"，乃是"有量"的"质"，也就是"有质的量"，而"有质的量"也就是"尺度"这个范畴。（从第 107 节起）

48. 我们再看看第 103—106 节的译文：

（1）第 103 节正文第四至第五行①："其一绝没有包含其他的特性"一句是说明两者不是不同的，不是相互排斥的，应照原文译为"其一包含着其他所不具有的特性"，否则读不通。

（2）第 235 页是批评当时物理学只注重外延之量而忽视了内含之量，当然现代物理学不是认为外延之量是唯一之量。

（3）第 236 页说明温度是内含之量，因为有一定的感觉与之相应的。

（4）第 104 节正文第一行②："限量（即多少、大小）就是独自中立而单纯的量"一句里，"独自中立"是"以自身而论而不管其他"的意思。

（5）第 104 节第一段说明"限量"是由别量而有它的限制才有它的特性，所以是和"独自"（不管其他）是矛盾的，不能不管其他的。限制"限量"的就是限度，可是限度之外又有限度，如此类推，以至无穷，所以"限量"的本质就是向外不断超出其自身发展的。可是每一次发展又是成为一个限

① 即第 234 页。——整理者注

② 即第 236 页。——整理者注

量,以至永远是一个限量,为“量的无穷进展”。

(6)第237页第二行的“级量”也就是“等级”。

(7)第238页上的一首诗,用佛学的话来说,就是:“恒河沙数,恒河沙大千世界”①,但是依然是个限量,不过我们难以数尽而已。

(8)注意第239页数的定义。

(9)同页:埃翁里亚(尼亚)和伊里亚,两个在柏拉图以前的古希腊哲学派别。

(10)同页:黑格尔批评毕达哥拉斯(Pythagoras)偏于唯心,即不够唯物,是说他没有提高到抽象的思维水平,不够扬弃感性的东西。

(11)第242页第二段第一行第三子句,删“的”字。

(12)同页那一段黑格尔用音调(tone)依据振动的弦的长短而定,化学依据各种元素的分量以定化合物的质,如H_2O,统计用数字而定,比方死亡率而定人口健康的情况,都是用来说明尺度是有“质的量”,所以量的回到“质”来,不是纯质,而是量所形成的质。

(13)第243页,第107节正文第一行,最后一句:“或”字改“即具有”三字。同页第二行:“完成的有”改“有的完成”。

(14)第245页第四行:“机巧”,意思是“好像无关重要,而到了某种情况,关系便重大起来了”。

(15)第248页第一到二行:“被建立起来作为它潜伏的性质”这句译反了意思,应译为“明显地成为它原来潜伏着那样”。

(16)同页第三行:“而形成的自我调解和自我关系”改为“而形成以自我作间接性而与自我有关系的”。

【请预习第243—249页并复习前面读过的53页作一小结,以便转入“本质论”,即第二个大范畴。】

---

① 查看韦先生在贺麟译黑格尔《小逻辑》第238页眉批为“恒河沙数,恒河沙三千大千世界,比此处多了“三千”。恒河沙数,本为佛经用语。恒河,南亚大河,比喻数量多到像恒河里的沙子那样无法计算。《金刚经·无为福胜分第十一》:“以七宝满尔所恒河沙数三千大世界,以用布施。”(补充:在《金刚经》中,佛陀用了双重比喻来说明数量之多:假设恒河两岸的每一粒小沙子都代表一条恒河,所有恒河两岸的沙子的总数,就叫作“恒河沙数”。现在一般词典都简化为一重比喻(只说恒河两岸的沙子),其实数量已经大大减少了。——整理者注

(三)尺度

49. 我们再来看看“尺度”这个范畴。

依范畴表看来,显然“尺度”是“有”大范畴之下的“质”与“量”的合。

上面谈到“量”这个范畴时,我们是说,“量”是完全外在于“质”,不去管“质”的,“十尺”是不管什么的十尺,而只是说十尺作为一个“量”,可能是任何十尺的东西,只要它是有广量的,十尺布又可增加为十五尺,三十尺,而其为布的“质”不变。所以量是没有计及“质”的,是无质的。

但是在“量”的最后一个小范畴“比例”里,“质”又出来了。这是在上面说明过的(见 47 最后一点),这就表示着我们已经离开了“量”的范围了。“质”是怎样在“比例”里又出来的? 怎样可以说“比例”是有“质”的?

首先注意,“量”是一种确定性,但它是外在于它所确定的东西的。当我们说这是十尺长的,这时我们确定这为十尺,但是没有去管十尺的是什么,也许是布,也许是绳子,也许是一条大蛇。“质”就不同;“质”是和它所确定的东西同其性质的。白布一定是白的布,不能离开布而有意义,白雪是白的雪,是指雪说的。

那么自确定就是有“质”的性格,而不是有“量”的性格的。自确定是从内部确定的,是内在的确定,而不是由外来的东西而确定的,变成“比例”的,也就是自确定这个观念,即出现在“量的无限进展”这个范畴的观念。

在这个范畴里,一个限量过渡到别一个限量,但是这别一个限量是和第一个限量同一的,所以第一个限量对于第二个限量的关系乃是自我关系,它只对自己有关系,所以它是自确定的。

自确定在“比例”再出现,所以就是“质”的再出现。在“比例”里,我们已经在上面指出过,“质”是在比例的右边的,如 6∶3=2,在 2 里面。在 6∶3=2 里,6∶3 这边是两限量外在的关系,所以是属于量的,但是 2 这边是自确定的,是自我关系的量,因为是由 6 与 3 融合在一起而形成的。

自我关系的东西也就是“自有”的东西,即从自身来看的东西,而“自有”乃是“质”的小范畴,所以我们在“比例”中就有了“质的确定”。

再看看 6∶3。6∶3=2,但是 8∶4=2;16∶8=2;100∶50=2,可能

改变了“比例”的一边，即左边；而右边的(这里的2)不变。左边是属于“量”的，而右边是属于“质”的。“质”变即“量”变，但是在一定限度内，“量”变，“质”不变。如2变为3，那就不是6∶3,8∶4等了。可是在“比例”里，我们是有一个“量”与“质”相结合的东西，是“质”的正，“量”的反，这两者的合。在“质”里面有“抗力”又有“引力”，当“抗力”与“引力”充分发展就变成“量”，上面讲过的。而在这里，当“量”充分发展到“比例”时，“量”又回到“质”来了。结果依然还是“量”，但是“有质的量”，是“质”“量”的统一，“质”“量”的合一。这就是“尺度。”

“尺度”是“有”之下的第三个大范畴，是“质”这个正和“量”这个反两者之合。

“尺度”这个名词是有点模糊的。黑格尔的德文 Maßstab 译为英文的 Measure 是讲不清楚的。原意是平衡。我们现代汉语“有分寸”，就是这意思。失掉分寸，“毫无分寸”不是“乱来”的意思吗?

“分寸”里有“量”的意思，也含有“质”的意思，即一切都相称，都平衡的意思。“毫无分寸”是某部分过火的意思。如果 H_2O 的一部分失去“比例”就不是水了。

黑格尔在《小逻辑》里还举了古希腊城市国家的人口定额的例子，瑞士小国的例子，等等，说明“质”在某情况下是以“量”为转移的。这是从“质”到“量”，又从“量”回到“质”的辩证。

到了“尺度”，“质”与“量”是相互依存的。所以黑格尔下“尺度”的定义为“有质的限量”(第107节)。在全节里黑格尔又引用古犹太人和古希腊人的宗教信仰来说明“尺度”的意思。古代许多神①又是以形象的思想在宗教信仰中表达出来的。“凡事适可则已”、“鬼神之嫉”都是我国表达“尺度”的民间说法。

50. 我们关于“尺度”这个范畴的解释说的很多了。先是说明这个范畴是怎样从“量”转化过来的，然后反复说明它的意义以及它的用途。

现在谈谈“尺度”之下的三个小范畴，即(a)特殊的限量，(b)无尺度，(c)尺度的无限。其第三个范畴是黑格尔没有明白说出来的，但是依他的

① 神，原手稿误作“精”。——整理者注

范畴体系应该加入和上面的"假无限","量的无限进展"相应的这一个范畴。

(a)"特殊的限量"在第108节里说明。

"尺度"是"质"与"量"的统一,两者之合,而这个统一首先是直接性的,其统一是潜伏的,不明显的。"质"的从"量"来看,"量"的从"质"来看,这种相互相关性是不清楚的。我们还看不清楚,谈到"质"就有"量",谈到"量"就有"质",像后面"本质"的范畴那样,如"同"与"异","多样性"与"同样性",等等。

"质"与"量"既是相互依存,而又是相互独立的,因之黑格尔说它们的统一是直接性的,潜伏的。如果这统一是完全的,明显的,则质变便量变,量变就质变了。可是在辩证发展的"尺度"阶段上,在某限度之内,"质"是依存于"量"的,但是在某限度之内,"量"可能随便改变,而"质"不变,例如水的形态与温度的关系。黑格尔称这为机巧①。"质"与"量"的联系像不是很严格的。

因之我们就有了这个观念,即某一定的限量,"特殊的限量"构成一个限度,在这限度之外才有"质"变。例如温度的摄氏100度就是这种"特殊的限量"(因上面讲过"等级",100度也是一个"限量")。在100度以外水才从流动性变为"蒸汽",又在0度下,才变为冰,而在限度(等级)之内,水的温度变而质不变,即量变不影响"质",这就是"特殊的限量"。在这个范畴里,"量"又像是不管"质"的,独立于"质"的,与"质"不相干的。

(b)既是这"特殊的限量"像是与"质"不相干,而"尺度"是"有质的量"②,岂不是又出来了一个"无尺度"吗?"无尺度"是"限度"的否定,即"特殊限量"的否定,在"尺度"范围内第一个否定,由直接性到了间接性来了。因为"无尺度"是从"质"来看,它才是"无尺度"的,这样"无尺度"就是脱离了"质"的"量"(因我们还在"量"的范围里)。

可是"尺度"毕竟不能真正脱离"质"的。说"无尺度"脱离质,是片面的、抽象的说法。既是片面,它就一定向全面发展,既是抽象,它就向具体

---

① 黑格尔著,贺麟译:《小逻辑》,北京:生活·读书·新知三联书店,1954年,第245页。

② 黑格尔著,贺麟译:《小逻辑》,北京:生活·读书·新知三联书店,1954年,第107页。

发展。上面已经有了量的“限量”向“有质的量”转化,即向“质”的回复,所以这“无尺度”也自然要转变为有质的。但是“无质的量”(无尺度)转变为“有质的量”,岂不是又转回“尺度”这里来,“无尺度”转变为“尺度”了。在100度上水是蒸汽,但是蒸汽不能在100度下,所以100度下是蒸汽的限度,这又是一个“尺度”。“无尺度”这样是回复为“尺度”,但是另一个“尺度”,是100度下,而不是100度上。如此互变,在变化中是无穷的,所以是“尺度的无限”。而这个无限也是一个假无限,因为它是为一个“有限”所限制的,如上面两个“假无限”一样。

但是在“限量”(“尺度”)回到“限量”(即“尺度”)来,实即回到自身来,所以这种归回乃是自我关系的运动。自我限制乃是“真的无限”,因我自我限制自我,不是受外来的限制,即无限制,所以是“真无限”,这是在“尺度”范围内的“真无限”。

这个“尺度”的“真无限”乃是“质”与“量”的绝对统一,那就到了“本质”来了,关于“本质”这个范畴,且听下回分解,因为已到了第二个大范畴了,即与“有”这个大范畴系列的“本质”范畴,再往下发展就是“总念”了。

(四)本质

51.“本质”是《小逻辑》第112—114节所谈的①,“本质”的第一个大范畴是“本质作为存在的根据”,而这个大范畴之中的第一个小范畴是“同一”。这都是在《小逻辑》的第115节里②,这三个大小范畴是相当难懂的,所以只能一次讲这三个范畴。

52.先看译文几点需修正或说明的:

(1)第250页:第112节第一行:“相对的”应改为“成对的”。

(2)第250页:第112节第二行:“自我调解”改“成为以自然为间接性”。

(3)第250页:第112节第三行:“建立起来”改“设定”。

(4)第250页:第112节第二段第三行:“调解”改“间接性”。

---

① 黑格尔著,贺麟译:《小逻辑》,北京:生活·读书·新知三联书店,1954年,第250～255页。

② 黑格尔著,贺麟译:《小逻辑》,北京:生活·读书·新知三联书店,1954年,第256～258页。

(5)第 250 页:最后一行最后一句:"没有前提的"就是"凭空的"意思。

(6)第 251 页第一行:"矛盾进展"="辩证发展"。

(7)第 256 页(A)标题:"纯反映范畴"应译"反映的纯范畴"。因为 Die reine Reflexions Bestimmungen 的 reine。其实是形容 Bestimmungen 而不是形容 Reflexions 的。

(8)第 256 页(1)标题"同或同一"应译"同性或即同一性"。

(9)第 115 节正文第一句应译为"本质是在自身的反映"。

(10)看这几节时,应参改形式逻辑所谈的"本质属性"和同一律究竟是什么意思,又参看苏联编中译本《简明哲学辞典》"同一性"条①。

(11)第 112 节的主要论点:(1)本质是反思中的范畴,但不是绝对反映其自身的,所以总念还没有出现。(2)"本质"与"有"的关系。(3)反映是什么意思。(4)从欧洲语说明本质的意义,如 gewesen, been;(5)能否说"有限本质"或"最高本质"乃至"唯一本质"。

(12)第 113 节:"同一性"是从"自我反映自我"而来的。

(13)第 114 节:"同一性"与"有"的关系,其同其异。

何以本质论是逻辑学中最难的一部分?

(14)第 115 节说明抽象同一与具体同一的分别。模糊了这个分别,所以"本质"和"同一"都混淆了。

在这节里,黑格尔是否对形式逻辑所谓同一律这条基本思维规律予以否认? 何以他说是"笨拙可笑的"?

注意"同一"是"有"的理想性②。

人何以说是在这方面异于禽兽?

53. 现在我们来说明"本质"的意思。

首先,我要从形式逻辑的谈"本质"说起,因为不然的话,看黑格尔这段的理论是有困难的。形式逻辑一般是讲什么本质属性,非本质的固有属性和偶性的,连同概念的类和种就是形式的所谓"五公"。"种"原来不是亚里士多德所有而是公元第三世纪的薄斐略加上去,并且加的是没有

① 罗森塔尔·尤金编:《简明哲学辞典》,北京:人民出版社,1959 年,第 155～156 页。

② 黑格尔著,贺麟译:《小逻辑》,北京:生活·读书·新知三联书店,1954 年,第 253 页。

充分的理由的，但是沿用了一千六百年，传统的形式逻辑通常就有“五公”：类、种、本质属性、固有非本质属性、偶性。例如，等边三角形：三角形是类，等边三角形是种，等边是本质属性之一种，三个角都相等是固有非本质属性，这一个等边三角形每边六寸长，这六寸长是一个偶性。

这“五公”是形式逻辑所必须用的名词，比如在下定义时，最通常的公式乃是：定义为类概念＋种差。例如，等边三角形就是（等于）三角形（类）有三边相等的（种差）。但是问题就发生了。何以称三边等为本质属性，而称三个角相等，或每角等于60°等等为固有非本质属性呢？传统形式逻辑家大都是教条主义的，他们一般是说因为等边三角形之称为等边三角形是由于它的三边是相等的。岂不是所谓“本质”是由于名称而来的吗？如果我们研究过形式逻辑史的话，当然是知道形式逻辑里面许多东西是从公元前五世纪亚里士多德的《逻辑六篇》（俗称《工具论》）传下来的。

亚氏逻辑的研究原是从语言，特别是从古希腊语入手的。语言乃是思维的表达，而最初的当然是名词，所以婴孩最初用的语言是“妈”“那”“这”“爸爸”“狗”等等。何以叫这为狗，那为猫？必有其道理，不是因为这个道理，就不能称狗为狗，猫为猫。这个理由也就是形式逻辑称为本质属性的，称为事物的本质的。

根据事物一类的本质而用公式表达就成为定义。例如，等边三角形之定义是三角形有三边相等的（类概念＋种差）。类概念、种差等不过是名称、术语、范畴而已，现实里没有这种东西的，乃是抽象的名称。于是，中世纪就有唯名唯实之争了。但那不是无聊的，将来我们谈到中世纪的哲学时，我们是要指出其时代历史背景的，对当时的人来说，是非常重要的。现在我不去讨论它。

可是，暑天到了，我们爱喝菊花茶，因为菊花是清心明目的。这是中药对菊花下的定义，然而这不是植物学家所用的定义。中药菊花的本质不同于植物学菊花的本质。可能“清心明目”是植物学家承认为菊花的固有非本质属性，但不是菊花的本质。

于是“本质属性”或“本质”就不是确定的东西了。那么形式逻辑老师们如何答复这问题的呢？

依我个人的见解，本质或非本质在形式逻辑来说，是概念系统所决定的。形式逻辑传统的概念系统许多人可能不知道，事实上是薄斐略在公元第三世纪传留下来的，不是不能变更的。

大家也许知道形式逻辑之所谓"薄斐略树"，至少，我是向大家介绍过不止一次的。这"树"就是：

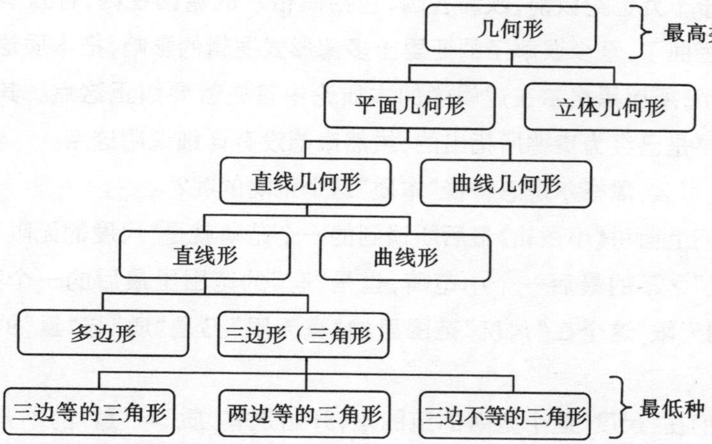

"五公"都是这样决定的。

当然我是简单化了概念系统这个观念。应该引用更具体的一种概念系统，但是为了说明问题，这是足够的。这里三边等的三角形的本质就是决定于这个薄斐略树所表示的概念体系的。

一般讲形式逻辑的忽略了两点：

(a)总是先讲逻辑的定义，后讲逻辑的划分，而逻辑定义的公式就是：定义＝类概念＋种差。而类概念与种差都是由薄斐略树形式的逻辑划分确定其意义的。那么，不先讲划分，怎能讲清楚定义，不是逻辑的先后倒置吗？这是一点。

(b)本质属性只根据一个概念，而离开了整个概念来讲是讲不通的。例如，等边三角形的本质属性，即本质，当然不只是要从等边三角形这一个概念来决定，它乃是：等边三角形的种差＋这个概念的一切上类概念的种差＋最高类概念。上面的几何形概念体系不过是按边的曲直和边的多少而定的，还有其他可能划分的体系。这才是它的本质。

换句话说，等边三角形的本质是等边三角形由它所属的整个概念体系所决定的它在这个体系中的地位，决定它和其他概念的同异，即决定它和其他概念的关系，以及它和整个体系的关系。用黑格尔的话来说，等边三角形的本质乃是以它所属的整个概念体系为其根据的。

这样来说，宇宙间任何事物既是普遍联系的，那么任何一个事物都不能离开最大的整体，即整个宇宙，而得到它的本质的明确确定。

由于十九世纪以前，欧洲各国，包括黑格尔的德国在内，都没有摆脱中世纪歪曲了，至少误解了的亚里士多德形式逻辑的影响，把本质这个概念讲错了，所以黑格尔在逻辑学的本质论中首先就要纠正这点。其实这种纠正早是已经为康德所指出的，虽然康德没有详细说明这点。

54. 那么，黑格尔是怎样谈“本质”这个范畴的呢？

我们上面讲《小逻辑》最后所谈到的一个范畴就是“尺度的无限”。这是“尺度”之下的最后一个小范畴，也是“有”的范围里最后的一个范畴。“尺度的无限”这个在“尺度”范围里的“真无限”乃是“质”与“量”的绝对统一。

我们在“尺度”这个范畴的范围里，开始是有“质”与“量”的不紧密的联系，“质”与“量”只是相对性的联系，所以就有量变质不变的现象。黑格尔称这种联系为直接性的。结果就是，发展下去就有“无尺度”，在这里质与量就好像相互脱离了。

但是，由于“无尺度”本身也是尺度，未离开“尺度”的范围，所以从“量”来看，这种脱离是一种假相。毕竟，“质”与“量”是不能相互脱离的，所以再发展下去，“无尺度”也就会回到“尺度”来，而尺度总是有质的量。最后，质、量还是结合在一起。

这里就到了“质”与“量”的绝对统一。但是，我们上面的“质”是怎样转化为“量”的？那是由于“质”里面的“抗力”与“引力”原是可以同一的，因为确定性是决定“质”的，而确定性的“抗力”与“引力”是同一的，因之就有不去管“质”的“量”。

然而，无质的量到了它的最后“比例”这个范畴，“质”又在“量”中出现了。因之“量”又回到“质”来了。这样“质”转化为“量”，而发展下去，“量”又转化为“质”。既然可以相互转化，它们就可以相互调换，因之就是同一的。

但是，相互转化，是意味着它们是不同的，否则不会有转化。所以，我们就有(a)质与量的同一,(b)质与量的不同。这就有了“有”的两属性,在下面一层“有”是自同一的,自我关系的,不变的统一性,一个永恒未分化的“有”。这是“质”与“量”同一性所形成的。上面一层是分化了的“有”,是质与量的不同性所构成的。这上面一层不是不变的统一,而是质转化为量,量转化为质的分歧性。这个“有”的两重性的形式就是“本质”。在“本质”的范围里总是有内与外这两重性的。这里的外层是“异性”的范围,内层就是支持“异性”的“同一”的。

在前面“有”的范围里是“质”“量”与“尺度”的范畴。到了现在“本质”的范围,就有了内层的“本质”和外层的“现象”。现象也就是非本质的。凡是看什么东西,都不能只照它的现象来看,须看到它的“本质”。就是说,不能把任何东西孤立地来看,要从它所属的整体来看,不能只看等边三角形是什么,要看到它在整个几何形的体系里所占的地位。它的意义是由那整个几何形体系来决定的,只说等边三角形是三角形有三边相等的,这是不够的,要从这个整体看,才看到等边三角形的本质。

55.“逻辑理念”的三个大范畴就是“有”、“本质”和“总念”。

“有”是直接性的;“本质”是间接性的;所谓直接性的意思,就是说“有”的各个小范畴都是可以独立去看而有它的某种意义的,不必涉及另外一个范畴的,“质”可以不去管“量”,“量”也可以不去管“质”而有它的意义。但是这种独立性,直接性是表面的,是假相。我们在谈到“有”的各范畴时,已经说明这些范畴实际上不是独立的,是一个从前面一个发展出来的。

但是,这种范畴的相互相关性是潜在的,需要解释才变为明白的。范畴之间的联系是需要说明的,不是一见而知的。为这个缘故,我们才说“有”的各范畴是直接性的。到了“本质”的范围里来,“范畴”都是“成对的”①。所以这些范畴的间接性,相互相关性,是明显的。例如有“因”就有“果”,有“事物”就有“特质”,有“同”就有“异”,有“多样性”就有“同样性”,有“质料”就有“形式”,等等。

我们在“有”的范围里,是把直接接触到的东西看为是实在的,而到了

① 黑格尔著,贺麟译:《小逻辑》,北京:生活·读书·新知三联书店,1954年,第250页。

"本质"的范围里，我们就追求事物的"根据"，追求其所以然之理。这个所以然不是摆在我们面前的，一看而知的，得要深入到事物的本质才看见的，所以是间接性的。我们看见红，闻见香，看见大，就是红、是香、是大，但是谁看见事物的"原因"，谁看见一种"积极"或"消极"的事物？需要经过思维才看见的是间接的，思想是间接性的。

我们可以这样用公式来说明：

概念：判断　　感性：理性　　有：本质

也可以说，"有"是直观的，而"本质"是通过知性的。英语有两个词是从拉丁语来的，各欧洲语都通用的，即：apprehension（apprehudere）和comprehension（comprehudere）。拉丁语的 Rehudere＝抓，ad＝住，com＝一起。所以应译"抓住"与"把握"或"领会"与"理解"。抓住（领会）是直接的，但"把握"（理解）是间接的。"本质"的范畴是成对的范畴，是在一定关系上的范畴。如果片面强调这个一定关系，而忘记了事物的普遍联系，多方面的关系，以及关系的关系，思想就受到限制，成为片面的、错误的。

所以"本质"也得要被扬弃，发展到"总念"，那才是真理。所以也可以说，"本质"还是在具体各门科学的阶段上（如等边三角形在几何学上），必须让事物的认识再发展到"总念"才能达到哲学的真理，普遍联系的真理。

再看：

"本质"是第二个大范畴，是"有"的否定。"有"的范畴是一个一个的，"本质"的范畴是一对一对的。"有"的范畴是直接性的，"本质"的范畴是间接性的。"本质"的范畴既是间接性的，所以是对它的别物才有实效的。"有"的范畴是当下的东西，红、黑、大、小，等等。"本质"的范畴不是当下的东西而是要通过知性的思维，即佛家所说的分别识的。因为是通过分别识的，所以是易于成为抓住的，也就是佛家所谓执著，所谓迷，知其一而不知其二，知其偏而不知其全的。

所以"本质"要达到真理，必须再向前发展而到"总念"，但是"本质"正当的理解，已是"有"的发展，它所见的已是潜伏的，不是表面的，乃是事物的依据，事物的成为事物的根源。从这点来看，"本质"是"绝对理念"更深入的一个表现，是"绝对理念"的一个定义，比"有"之为"绝对理性"的定义更为正确，但是还不够全面，易于流为片面。

“本质”的表现“绝对理念”(黑格尔的“上帝”)在这阶段上是表现为多种多样的现象的。亚里士多德以最初因来说明绝对理念。斯宾诺莎以唯一实体来说明绝对理念，等等，都是绝对理念不完整的定义。黑格尔坚持绝对理念是“绝对”的，包括一切，为一切的根源，而一切也都是在它里面才能存在的①。

由于“本质”(即“本质”第二个大范畴)是有它的两层的，一层是内在的真实，不是一见而知的，另一层是在表面上的，所以也就有“现象”(即康德所谓“出现的东西”)和“实在”这两个相互关连着的范畴。“实在”(第三个范畴)是本质的，而“现象”是非本质的，但是深入一层来看，这种分别是不正确的。“现象”固然是依靠“实在”，而“现象”却不能说是非本质的，因为没有实在的东西当然不能有作为它的现象而出现的东西，可是如果没有能出现的东西，也就没有本质。

例如没有原因当然不能有结果，但是没有结果，那么，原因也就不能成其为原因；所谓消极是联系到积极说的，否则没有意义，然而如果没有消极的，我们也不会说有积极的。原因与结果，消极与积极，等等，都是相互关联着的，相互依存的。

黑格尔的所谓“反映”就是这个意思②。所以他说“事物不应遗留在它的直接性里，而须指出它是间接地以别的事物为根据……事物的背后蕴藏着本质”③。

56. 照上面的解释，所以本质论分三大段：(a)本质作为存在的根据，(b)现象，(c)实在(即现实)。

第一大段有三个方面：(a)“反映的纯粹原理即反映的纯粹范畴”，(b)“存在”，(c)“事物”。先谈“反映的纯粹范畴”。这些范畴就是：(a)“同性”，(b)“异性”，(c)“根据”。

同者谓之同，异者谓之异，这是知性的看法，因为别同异是分别识，即知性的任务，而“根据”就是同异的统一。如何是同异的统一？先讲明“同”。

---

① 黑格尔著，贺麟译：《小逻辑》，北京：生活·读书·新知三联书店，1954年，第252～254页。

② 黑格尔著，贺麟译：《小逻辑》，北京：生活·读书·新知三联书店，1954年，第251页。

③ 黑格尔著，贺麟译：《小逻辑》，北京：生活·读书·新知三联书店，1954页，第251页。

什么叫做“同”？

上面我们已经说过，“现象”依存于“本质”，可是“本质”也依存于“现象”，不能说现象是非本质的。

A 依存于 B，而 B 也同样依存于 A，所以 A 对 B 的关系和 B 对 A 的关系是同一的。

$aRb \cdot bRa \supset a=b$

所以任何一边，a 或 b 都可称为“本质”。

表现的就是本质，而不是别的东西，所以表现（现象）就是本质。

由此，黑格尔就得到“同一”这个范畴。

现代数理逻辑说明“相等”这个关系也是用这种公式的：

$aRb \cdot bRa \supset a=b$

所以本质乃是一种自我关系；自我关系性就是“同一性”。

只对于自我才有其关系的东西，也就是自我同一的东西。

用公式表达就成为：A 是 A。

这就是形式逻辑的同一律。

同一律，依黑格尔来说，就是矛盾律，因为“A 是 A”也可以写成“A 不是非 A”，即 A 不能同时是 A 而又是非 A。

问题就是：黑格尔是否不承认同一律或矛盾律（毋矛盾律）呢？

首先，毋矛盾律不是说不能有矛盾，乃是在思维和表述思维的语言里不应有自相矛盾，因为如果思维自相矛盾，思维就混乱；语言自相矛盾，语言就失去功用。但是黑格尔说：“专倡导这种抽象的定律，并热心表扬形式逻辑的经院哲学，久已在人类的健康常识和理性哲学里失掉信用了。”①

可见黑格尔反对的不是形式逻辑的思维规律，而是抽象的同一，不承认思维发展的形而上学（恩格斯所批判的形而上学），即只知同一性而不顾到差异性的思维。“人是动物”“人是能说话的”，等等，都是同中有异的。人是动物的一种，人是能说话的动物，等等。

具体的同一总是同异统一的同一。同异统一就是根据。

---

① 黑格尔著，贺麟译：《小逻辑》，北京：生活·读书·新知三联书店，1954 年，第 257 页。

怎样同异统一是根据？在解答这个问题之先，我们必须先要看黑格尔怎样从“同”而得到“异”的。

57．“异”是怎样从“同”转化出来的？

这是《小逻辑》的第116—120节所讨论的。

我们先看看译文①的修正条。上面已经说过，“同一”是从本质的自我关系得出来的，a R a。但是a既和自己(a)有关系，则前一个a和后一个a是不同的，因为必须有两个项才能说有关系。所以a和自己(a)有关系，是意味着a对自己是抗力的作用，才与自己不同而与之建立关系。如果不是这样，那就不能甚至有自我关系。所以就得出“异”来。这是和上面从“一”得出“多”来的过程是一样的，都是从“自我关系”推论出来的。

58．“异”这个范畴又包含有三个小范畴：(1)多样性(贺译为“杂多”)，(2)同样性与不同样性(贺译为“相似”与“不相似”，以贺译较妥)，(3)对立性(包括“积极”与“消极”)。

[我们]先讲“多样性”。“多样性”既是“异”的第一个小范畴，所以按黑格尔的公式来说，它必定是直接性的，即“多样性”乃是直接的“异”，即一见而知的“异”。

这就是说，多样性的东西，即一见而知它们是不同的东西，如一支笔不同于一头骆驼，等等②。但是一支笔和一头骆驼是“彼此不相干的”，其间的联系不能说没有，但是很薄弱的，并不是有特别的关系的，只是不相同而已，比方不同于光明与黑暗的不同，光明与黑暗是相互对立的。这就是“异”发展到它的第三个小范畴了。对立的东西是相互为间接的，可是多样性的东西，它们的不同是直接看到的。每一个就是不同的一个，毋须联系到另一个来说的。所以说“多样性”的东西是不同的，但是它们是互不相干的，不能联系起来的。

因之，我们说“多样性”的东西彼此之间只有是不相同(异)的这个关系，但是这个关系不是在东西里面的，而是外在的。比方不同于“积极”与“消极”这两个不同的东西的关系。这个关系只是内在的，在“积极”与“消

① 黑格尔著，贺麟译：《小逻辑》，北京：生活·读书·新知三联书店，1954年，第259～267页。

② 黑格尔著，贺麟译：《小逻辑》，北京：生活·读书·新知三联书店，1954年，第262页。

极”里面的，因为没有这个不同的关系，“积极”就不能称为积极，“消极”也不能称为消极。

外在的不同关系就是“同样”(相似)与“不同样”(不相似)。如我们说A与B是同样的或相似的，这所谓“同样”或“相似”不是早在A里面或是早在B里面，而是在它们的比较里面。

可是到了“相似”与“不相似”就已经是“多样性”的发展深入一步了，因为已是有了反映的关系了，所以成为“异”的第二个小范畴[①]，是间接性的范畴了。

但是在“相似”“不相似”的范畴里面，它们的关系还是外在的，虽然是反映的。所谓“相似”不过是不同事物中的同一，即异中之同，而“不相似”只是相同中之异，即同中之异。

从“相似”与“不相似”，“异”这个范畴就再发展到“积极”与“消极”。这就是“对立”的关系了。

在“多样性”里，一个东西可能对许多任何东西都不同，如笔不同于牛，不同于屋，等等。这一些都是各种各样的，互不相干的。

到了“对立”的关系，一个东西只有它特别的不同的东西，与之相对立的东西，是“积极”与“消极”的对立，也就是“正”与“反”的对立，如光与暗、进步与落后，等等，(南北、冷暖、上下……)。

但是这“对立”是怎样转化过去的？是从“相似”与“不相似”转化过来的。“相似”不是“同”，“不相似”不是“异”吗？即异中之同与同中之异。但是同中有异，而异中也有同，两者是结合在一起，相互依存的，“相似”与“不相似”是反映的关系。

可是毕竟相似的是不同于不相似的。然而相似的不单纯是同的，不相似的不单纯是异的。相似的是同中有异，不相似的是异中有同的，否则就不能比较而说相似，例如豺狼是狗类，称为豺狗，但不是狗，只相似于狗。

如果只看到相似是同，而不看到是同中之异，不相似只看到是异，而不看到异中之同，那么，“相似”与“不相似”只是原来的“同”与“异”，没有

① 黑格尔著，贺麟译:《小逻辑》，北京:生活·读书·新知三联书店，1954年，第262页。

发展了。

上面已说过,“同”与“异”不应孤立地看,是相互依存的。无“同”何得有“异”? 无“异”又何必说“同”?

既是相互依存,这相互相关性变为明朗化,也就是特种的“异”,也就是“对立”。

“多样性”是正,通过“相似”与“不相似”的反,(所谓反,是指互不相干到了互相依存),而发展到“合”(“对立”)。到了这合,发展一个小阶段就结束,再向上发展,从“异”到“纯反映原理”的“同”通过“异”到其第三个小范畴,即“根据”。

59. “根据”是怎样转化过来的? 从“对立”发展出来的。对立又是从“积极”与“消极”发展出来的,“积极”与“消极”是完全相互依存的。

但是“积极”与“消极”是可以互换的。如说南是正,则北是负,但也可称北是正,而南是负。我们原来只有指南针,而国际上是用指北针。光是正,暗是负,但是在试验室的暗室里,光反而是负。一张支票,对我来讲是正,但银行却认为是负。

正负是绝对相互依存的。绝对相互依存也就是根据。

如贺麟先生正确指出,德文的 grund 与英文的 ground 都可译为“根据”,又可译为“理由”。所谓“理由”就是一个事物从而产生的东西,是它的“根据”。但是完全的根据必须涉及总体,涉及绝对理念。

60. 让我们看看译文的大意。

(第)115 节主要说明:

(1)本质是自身的反映,即以自身来看自身(通过反映),所以,本质是自我关系,如 aRa。

从 aRa 看出 a 的同一于 a,所以,得出“同”这个小范畴来。

(2)但知性方面看“同”,以为既“同”就不是“异”,所以把“同”与“异”孤立起来。

可是具体的东西总是同中有异、异中有同的,何以见得?

(3)如果说“绝对是自身同一的”(即自我关系的,即“本质”),但这所谓“同一”是抽象的“同一”,和“异”隔开的“同一”,或具体的同一,同中有异的“同一”。

如果以“同一”来称“绝对”，那么任何东西都是自我同一，即“甲是甲”。

这是“同一律”。

如果同一律只是甲＝甲，人就是人，不能更多说，那么这是无意义的，没有判断是S是S，必是S是P，S是P是根据同一律，但是S不等于P，否则没有思维的发展，没有判断，只停留在概念上了。

(4)黑格尔在《小逻辑》第258页说，“同一”可以说是作为理想性的“有”，这是什么意思？

意思是说：“有”(第一个大范畴)必须发展为“本质”(第二个大范畴)，而“同一”乃是“本质”的第一个小范畴，所以“有”是向“同一”发展，所以是它的理想(目的)。

但是从“有”发展首先到“同一”，这个“同一的有”不能是比“有”的内容更贫乏，必须是更丰富、更具体。

例如说“上帝是同一”，(即“绝对是同一”)，意思是说，一切都是“上帝”(绝对)的反映，由一切就可见到上帝，并不是说“上帝等于上帝”这种无意义的话。说自我意识，即“我认识我”，不是说能认识的我不过就是被认识的我。aRa，这里R是认识关系，前一a不同于后一a，不是没有分别的。

所以，在自我意识里又看出同中之异来。思想活动，如判断，S是P，不是独立在“抽象的同一”上面，否则就没有思想活动可言，思想活动就无意义了。

上面《小逻辑》第256页—第258页说明“同”或“同一”。

61. 什么叫做“异”？如何从“同”转化到异？看第116节。

(1)本质是自身反映：aRa(这里R是反映关系)。因为a能反映自身(a)，那么前a必不就是后a，如上面已说过，否则就没有关系可言，也没有反映可言。

所以前a对后a有抗力，即我不是你，某不是别。

所以在自我关系中，在自身反映中，即在本质中，就有“异”，而本质既是同一关系，如上所说。

所以从“同”得出“异”，“异”是由“同”转化的。“异”即“区别”，即特性，这是第116节第一小段。

(2)aRa 的后 a 乃是前 a 的别物,“别有”。这个“别有”是在“本质”范围内的,是“同”的否定,即不是前 a,是相对于前 a 而为后 a 的,既是后 a,则有“后”这种特性,这个区别,说它(后 a)是间接性的,因是与前 a 相对而有其意义的。

(3)附释是答疑:“同”如何发展为“异”?

答:没有“异”,何得有“同”? 同异是相互依存的。

62.“异”的三个小范畴:(a)多样性(杂多);(b)相似与不相似;(c)对立(即积极与消极)。

(1)这三个小范畴是在第 117 节说明“多样性”的,上次已经讲过了。

(2)附释:说明分门别类的科学如物理、化学、生物等,每一门科学的近代发展都是通过多样性的分析、比较,而求同中之异和异中之同的。

比较之先有分析,而比较之后又有综合。

分析是同中求异,综合是异中求同。

可见生物学的分类学只是生物学知识的最初步。

63.第 118 节说明“相似与不相似”。

(1)正文:多样性的东西是互不相干的,如笔和骆驼等。

“相似”是异中之同,“不相似”是同中之异。

所以是同异的相互反映,即由异而见同与由同而见异。

所以是多样性(不相干)的发展。

(2)但附释说明这个小范畴是由“多样性”发展到“对立”的过程,是“多样性”(正)的反而到“对立”(合)。

64.“对立”在第 119 节说明:

(1)“异”是本质上的异。

如说甲异于乙,首先甲必是肯定自己是甲,所以是自我关系,但是既是异,即甲异于乙,所以乙也是自我关系,肯定它是乙。

所以甲与乙都是借着对方而反映其自身的同一。

所以本质上的同异是对立的。

在“多样性”中,每一东西都不同于任何其他东西,是一与多关系。在“对立”中,一个东西只和特别另一东西不同而对立,是一一关系。

(2)第 264 页第一段是斯宾诺莎的话:“在两个相反的谓词中只能适

用一个谓词以规定一物,不能有第三个谓词",这称为对立律。

这和同一律矛盾,因同一律依黑格尔是A=A。

可是黑格尔认为对立律,如上说的,是和同一律相矛盾,我的解释是这样:

因对立律是说,设A是一物,而($^{+}$b、$^{-}$b)($^{+}$c、$^{-}$c)($^{+}$d、$^{-}$d)……那么,只能以$^{+}$b或$^{-}$b,$^{+}$c或$^{-}$c,$^{+}$d或$^{-}$d……来规定A。

所以A是有(或说必有)许多不同的谓词的。

故与同一律(A=A)相矛盾。

(3)排中律,即非此即彼,是这对立律所使用的。但事实上$^{+}$甲与$^{-}$甲之间有既非$^{+}$甲亦非$^{-}$甲,即第三者的可能。这种既非甲又非非甲是现代修正主义所利用的,不是资本主义(剥削的)又非社会主义(无剥削的)。排中律是在一定的情况下才能使用的,不可泛用。

黑格尔的译例:这蓝的对方(即甲的非甲)不是一肯定的颜色,不是黄、红、黑,等等。这是正确的。但我们据对立律也可说心灵不是白的就是非白的,要看什么叫做非白,因为非白可能不指颜色,而指非白和一切非颜色的东西。

黑格尔未知现代逻辑所说"论域"(universe),所以才弄不清楚这点。

(4)第256页第一段是诡辩。

(5)第256页的附注一说明肯定性与同一的区别。

贺译的"肯定性"就是我译的"积极的",他的"否定性"就是我译的"消极",也就是"正"与"负"。

(6)"肯定性"(积极)是"同一"(即"同")的较高真理,因为是更发展的更高的一个范畴,是第二个小范畴里的,而"同"是第一个小范畴。"同"与"异"的关系是等待证明的,而"积极"(肯定性)与"消极"(否定性)是互相联系的,所以说"否定性"(消极)是异中之异,是间接性,通过"积极"而得来的。

"肯定与否定是相同的"①,因为正与负是相同的,例如可称北为正,称南为负,亦可称南为正,而称北为负,财产与债务亦复如是②。

---

① 黑格尔著,贺麟译:《小逻辑》,北京:生活·读书·新知三联书店,1954年,第265页。

② 黑格尔著,贺麟译:《小逻辑》,北京:生活·读书·新知三联书店,1954年,第265页。

其实正负是不可相互独立的，是相关联的。

(7)第266页：“当我们在思想中停止说，‘此外还有别的东西的可能’一类的话时，我们的思想便算得前进了一重大步骤。”何解？

因为如果说“还有别的东西的可能”，那就承认还有不必然的东西，当知“一切真的思想是必然性的思想”，没有什么不必然的思想。

黑格尔认为不只某些两种颜色是补充颜色，如红与蓝，其实一切颜色都是相互关联，不只是量的差别，如深浅。

(8)第266页附释二：“一切都是相反的。”何解？

这是说矛盾是为其本质的，不能说“非此即彼”。天上地下一切都必定是具体的东西，包含有区别如对立(即矛盾)及其自身，矛盾是一切的推动力，“矛盾是推动整个世界的原则”[①]这点很重要。

(9)第120节：从“肯定”与“否定”(即“积极”与“消极”，正与负)转化到“根据”(理由)。

“异”是自我同一，因它是自我关系，aRa。

无同则无异，无异则无同，无否定则无肯定，无肯定亦无否定。

在“本质”的范畴里都是一对一对的相关联的范畴。

a之所以为a是因有其相关联的b，所以b就是a的根据。

65. 第121节说明“根据”的含义。

(1)第268页第一段是正文，说“根据”的含义乃是“一物之存在乃基于他物”，“此他物即是它的本质”，“本质乃是反映他物”，所以“根据即是内在的本质，而本质实质上即是根据”。

这都是易明的。

(2)附释说明：

(a)统一不是抽象的同一，不是说根据就是同与异在一起而已，必须同时看见同的两方面和异的两方面，即直接性一方面，是同或是异；另一方面，同或异的根据，这是间接性的一方面。

但形式逻辑只说什么是根据，什么是理由，而不进一步说明根据是什么，理由是什么。

---

① 黑格尔著，贺麟译：《小逻辑》，北京：生活·读书·新知三联书店，1954年，第267页。

什么是什么,椅是椅,桌是桌,在日常生活里是够了,但科学必须说明何以椅是椅,桌是桌,即我的根据,即追求理由。

(3)第270页第二段,“再则……”。

不只找到独立的一个根据,一种理由。所谓“充分的根据”(理由),必须联系到整体,总而言之,必须联系到总念(绝对)。

必须认识整体,才能认识其中的某一事物,就是康德所谓追到无因之因,即总念、绝对。

(4)第272页说明诡辩。

根据不是各人自行抉择,这是实用主义的歪曲真理,是现代修正主义的荒谬,只求自圆其说,而不顾事物所必须依据的整体,只看偏不看全,故苏格拉底与柏拉图予以驳斥,称之为诡辩。

(5)第122节说明如何从“根据”过渡到本质的第二个大范畴,“存在”。

①注意“存在”(有人用德文译,是德文的sein,英文的being不妥。),这里“存在”是德文的Existenz,即英文的existence,都是从拉丁文的siste(sistere)加前缀ex而来的,ex(出)+sistence(站)即站出来的意思,不是像sein,或being的单纯“是”,而是“是”的一定形态,“站出来”。有“出现”,如“出现于法庭”,有“使之站得住”,又有“使一个变动的东西停止下来”的意思,还有“建立”的意思。所以把这“存在”和“有”或“是”混淆是不妥的,用“实存”亦不够清楚,而且生硬,并不能说明后面的“东西”这个更高范畴。①

②“存在”是“本质”的第一个大范畴的第二个小范畴。其第一个小范畴是“纯反映原理”,这是“正”,是直接性的,现在第二个小范畴,“存在”,是“反”,是间接性的。

这是第122节第一段的内容。

③第二段的“好”这词是“能达到一定目的”的意思。这是苏格拉底的所谓“作为手段的好”②。

① “to exist=to have living in a difficult conditions”(Oxford English Dictionary).

② “or to have a please in that”.

66. “存在”这个范畴，看第 123—124 两节，即第 274 页到第 276 页。

(1)首先，让我们看看“存在”这个范畴是怎样从上面的“根据”这个小范畴发展出来的。

上面已经说过，“根据”是一种统一，在这统一里面是有两种东西的，就是根据和所根据的。凡是说“根据”就必有“所根据的”。例如说到“积极”就必定有“消极”作为所根据的。但是“积极”与“消极”是相对的名词，如“正”与“负”，＋与－，是可以互换的，所以是“同一”的，无分别的。所以又可以说“根据”也就是“自身的根据”。因为，如果 A 是 B 的根据，B 也是 A 的根据：A 与 B 是相互依存的。

可是这样说的含义又是什么？

“A 是 A 的根据”，这岂非毫无意义？例如说，“闪电是由于电的作用”。这说明了什么？“电由于电”，不是毫无意义吗？又如“何以这个人是这样行动，乃是由于他的品质”，但是“品质”也不过是他的行为，所以无意义。

这样是说明“根据”乃是单纯直接性的。从“根据”的直接性来看“根据”，“根据”就是“存在”所依据的，即由根据而来的，乃是存在的东西。但是上面不是说“根据”与“所根据的”是同一吗？所以“根据”也就是存在的东西。

因之，由“根据”这个范畴，得出两个存在的东西。所以黑格尔在第 274 页说：“因此存在即是无量多的存在的事物”，因为“存在是自身反映与他物反映的直接统一”①。

注意：“自身反映”、“他物反映”，即“自己为根据”与“以别物为根据”的意思，也就是说“根据”与“所根据的”是相互联系的，在第 264 页附释里已说明：“无论什么可以说得上存在的东西，必定是具体的，包含有区别和对立于其自身。”②

(2)初看起来，好像“存在”就是“有”，所以有人译“有”为“存在”。

黑格尔所谓“存在”是有根据的东西，但是我们若要知道什么是等边

① 黑格尔著，贺麟译：《小逻辑》，北京：生活·读书·新知三联书店，1954 年，第 274 页。
② 黑格尔著，贺麟译：《小逻辑》，北京：生活·读书·新知三联书店，1954 年，第 264 页。

三角形的根据，就要涉及整个几何概念体系，从而涉及整个宇宙。“有”是没有确定性的，而“存在”是“根据”所确定的，所以是发展很高的一个范畴。

上面说明“存在”的意义，并且如何从“根据”转化。

(3)现在看看译文：

(a)第123节的正文是容易明白的。其主要意思是：“根据”与“所根据的”(即后果)相互依存就形成一个无限联系的世界。“存在”是在这个世界里才有意义的。

(b)附释：不难理解，主要是抓住“自身反映”与“反映他物”这两个概念。只有倒数第三行的“反省”还是译“反思”为更妥。同句“调解”似是“调查”之误。

(4)第124节：“反映他物”与“反映自身”不可分而得出“东西”，因为“根据”是“同”与“异”的统一(如上说明)，因之，“存在”包含有相对性，即“根据”与“后果”，而又包含与别的存在多方面的关系，即它在整个世界的地位。

“东西”也就是这样性质的“存在”。换句话说，在整个相互联系的世界里，一切都是“存在”，而每一个具体的存在就是“东西”(das Ding)。

在这节里，黑格尔批判康德的“物自身”(自在之物)，我们要注意两点是黑格尔和康德的哲学观点不同的：⑴何以康德说自在之物不可知？当看康德所谓“知”是什么意思？是要有直观经验为基础的。⑵黑格尔的认识论和本体论都是一元论，因为没有两个世界。而康德坚持自在之物是不能进入人类意识的东西，因之不可知，而黑格尔不承认这点。黑格尔的所谓“自身”不过是“潜在”的意思，而潜在的是可以发展为实在的，但康德自在的是不能变为经验性的。

康德反对费希特，说他的思想体系只是形式的、逻辑的、概念的东西，不能说明实在，这也可用于黑格尔。

67.“事物”(即东西)是大范畴“本质”的第一个小范畴“存在”的“根据”。

(1)三个小范畴。

其第一个小范畴就是“纯反映原理”(正)，直接性的；第二个小范畴就是"存在"(反),间接性的;按黑格尔的体系,第三个小范畴是合,必然又是直接性的,因为否定之否定,这就是"东西"(事物)。

(2)在"本质"的范围里,各个大小范畴都是相互含蕴着的范畴,总是有(a)自我关系和(b)对他关系这两种意思的,所以"本质"的范畴都是成对的。

例如自我关系就含着"同"的意思,"同"是从自我关系 aRa 发展出来的。但是 aRa 又含有"异",因一个 a 不能成关系 R。"相似"是异中之同,"不相似"是同中之异。从而又发展为"积极"与"消极"。"积极"与"消极"又一次通过自我关系成为"根据"。"根据"与所根据的"后果"统一为"存在"。所以"存在"包含自我关系的两面。

黑格尔称自我对于自我为"反映自身",称对他物的关系为"反映他物"。所以第 123 节第一句就说"存在是自身反映与他物反映的直接统一"①。

每一个存在的东西都有这两个因素。第一个因素(反映自身)是说存在之物是以自身为基础的,是稳定的自我同一的,不依靠别物的。第二个因素是"反映他物",即依存于他物的,与他物相互联系的。具有这两个因素的存在就是"东西"(事物),即具体的存在。

可见以"实存"来译 existing 就又和 Ding(东西)的意义混淆不清了。

(3)"东西"(Ding 事物)有三个小范畴:

(a)事物与其特性;(第 125 节)

(b)事物与其质料;(第 126—127 节)

(c)质料与型式;(第 128 节)

第 129 节说明物即是质料与型式两者的统一。

第 130 节说明由"东西"(事物)转变到"现象"。这一大段是第 276—282 页,共 6 页。

(注意:"现象"按德文 Die Erscheinung 应译"出现")。

(4)上面说明所谓"事物"就是一方面它是以它的自身为基础的,是稳

① 黑格尔著,贺麟译:《小逻辑》,北京:生活·读书·新知三联书店,1954 年,第 274 页。

定的自我同一,不依靠别物的;但是另一方面,它是依存于他物的,与他物相互联系的。所以,事物都是相互联系构成可以说一个事物网的。

可是一般人认为一个事物,一个东西,是离开和他物的关系而单独存在的,这是片面的看法,只看见事物本质的一方面,而没看见它的第二方面。

(5)我们常常谈到事物的属性与关系。当知没有事物也就没有属性,也不能有关系。关系和属性一样,是不能单独存在的。

68."事物与其特性"(贺译)

特性通常称为属性(德文的 Eigenschaft,英文的 property),原意就是某事物特别具有的性质。那么,特质(属性)就是桌子之所以为桌子的特质,和上面"有"论的"质"有什么分别?

黑格尔在第 125 节说明这个分别。"物与特质便由'是'(sein)的关系进为'具有'(Haben)的关系。"[①]意思是说,某物有性质,但是这里的"有"即"就是"的意思。例如说,桌子的性质(quality)是桌,那就是说"桌子"是"桌性",因为"有论"里所说的乃是"质"是确定性,而确定性也就是所确定的。这两者是同一的。

但是"特质"不是和具有这特质的"东西"同一的。

"东西"是具有"特质"(属性)的,而"具有"就表示"东西"的第一个因素、第一个方面,某物必须是稳定的自我同一,才能作为这稳定同一的物来具有"特质"。"某物之所以为某物即由于其'质',反之,物之存在诚然由于其特质(第二个因素),但它之存在却不与此一确定的特质或彼一特质有不可分离的关系,因此,即或失掉了某一特质并不失掉其存在。"[②]这句的意思是说明"特质"乃是"东西"的第二个因素,即"反映他物",与他物相关系的方面,也就是说明某物对他物的影响,以及他物对它的影响。

例如水使铁生锈。"使铁生锈"固然是水的一种"特质",但是即使水没有使铁生锈,水亦不失其为水。水能使铁生锈,铁因水而生锈,这两者是水与铁的相互关系,黑格尔称为"反映",即由此而见彼的意思,所以说

① 黑格尔著,贺麟译:《小逻辑》,北京:生活·读书·新知三联书店,1954 年,第 277 页。

② 黑格尔著,贺麟译:《小逻辑》,北京:生活·读书·新知三联书店,1954 年,第 277~278 页。

是相互依存。所谓“特质”就是这个意思。可是“特质”只能在“本质”的范围里才能有，不能像“质”之在“有”的范围里能有的，因此“特质”是比“质”为更复杂、更高的范畴。但是可以问：“白粉条是白的”。白是“质”，是白粉条的确定性，不是白的就不是白粉条。那么“白”这个“特质”与“白”这个“质”有什么分别？答案是：固然可以把“白”看作一种特质，一种对他物的影响，对他物的关系，如白色能影响我的眼。但是这里已经从一个新的角度来看“白”这个“质”，而使它在这个新的角度下发展为“特质”而为白粉条所具有的了。

当知辩证的观点不是把任何东西，如“白”这个东西看作僵化的，而总是看它可以发展变化，由简单变为更复杂的。一个范畴，如“质”是可以发展为，而且必须发展为另一个更高的范畴，如“特质”的。“有”的范畴当然是要发展为“本质”的范畴的。“质”发展为“特质”便是一例，但是未发展的不就等同于已发展的，不能把两者混淆起来。上面说明“特质”(属性)这第一个小范畴。

69. 现在要讲“事物与其质料”——第二个小范畴。(第 126 节)上一个范畴是“事物与特质”：

(1)谈到“事物”时，最要紧的是记住它的两个不同的，可是相互联系的因素(或者说方面)，一个是以自身为基础的，是“反映自身”的，另一个是依存于他物的，是“反映他物”的。如果抽象地只看一方面，就是“事物”(东西)，只看另一方面，就是“特质”(属性)。

但是这样片面地，抽象地看是不应该的，因为这两方面、这两个因素，即“事物”与“特质”是相互依存的，乃是此即彼、彼即此的关系。

何以见得？因为“事物”是反映自身，就是“自同一”、“我对我”、aRa，而上面已屡次说过，aRa 包含着“同”而又含着“异”，而前面的 a 可以转为后面的 a(就自我关系来说)。所以“事物”对于“特质”的关系也是可互换的。

那就是说，可以把“事物”看为独立存在而具有“特质”的，但是关系换过来，把“特质”看为独自存在的而“事物”是依靠它才成为“事物”的，那么“特质”就是“事物”了。

这样作为独立存在而不是作为依附于事物的“特质”就成为(转化为)

“质料”(材料)了。这是第126节正文所说明的。

(2)在附释里举例如化合分解、地质分解,说明这点,但是也可能有知性的虚构,如热素,而且机械混合物,乃至化学的化合物,不同于有机体的各部分、各肢体。H_2O分解为氢与氧,氢与氧还是独立为H与O,但是如果把一个人的四肢百骸分解为手、脚等等,手就不成其为手,脚不成其为脚了。

所以,第127节就得出结论说,“质料乃是一抽象的不确定的‘反映他物’,同时是确定性的反映自身”(自我同一),“因此质料就是潜在的物性(Dingheit)”①。所以在第126节正文第二段说,“质料是达到直接性的性质,是存在”②。

可见黑格尔这里所说的“质料”不是我们所理解的“物质”,他所举的化学与地质的分解可能引起这种误会的。真正“物质”这个范畴,黑格尔在自然哲学中,而不在逻辑中得出与讨论。

这点在第128节表现得更加清楚。现在我们提到谈“质料与型式”的第128节。“质料与型式”(即形式),形式是不同于型式的,这里应是形式。

70.上面讲到“质料”是多种的。有多少“特质”就有多少种的“质料”,因为所谓“质料”只是“特质”的作为“东西”看。

可是“特质”就是“反映他物”,而“反映他物”变为“反映自身”,“特质”才转化为“质料”的。因之,每一种“质料”也就是一种抽象的“反映自身”,而“反映自身”也就是aRa,即没有“异”的“同”。

因之,“异”就排除于“质料”之外了,因“质料”是笼统的“特质”。既然一种“质料”里没有任何“异”,所以它就是(不同特质的)没有确定性的,因为必须通过“异”才有确定性的。

这样一来,在“东西”和“质料”对比起来,“质料”就是“同”的,没有确定性的,而“东西”就是有“异”的了,因东西是不同别的东西的。这样一来,“东西”就变为“型式”,因为所谓“型式”就是确定某物是什么的,使无

① 黑格尔著,贺麟译:《小逻辑》,北京:生活·读书·新知三联书店,1954年,第279页。

② 黑格尔著,贺麟译:《小逻辑》,北京:生活·读书·新知三联书店,1954年,第278页。

确定性的“质料”成为有确定的。这样就有了“质料和型式”了。

换句话说，“型式”也就是“东西”，一切确定性的总和，就是亚里士多德质料与型式的对比。到了“质料与型式”这个范畴，“本质”这个大范畴的第一个小范畴，即“本质作为存在的根据”这个范畴也就发展到极点了。进一步就要向更高的范畴发展，而这更高的范畴就是“出现”(现象)，作为“本质为存在的根据”之“反”。其所以说有了“出现”，因为“特质”乃是“质料”的表现。

71. 再让我们看：第125—130节的译文：

(1)第125节第一段：此物与彼物不同，故是反映他物的，与他物不同，故有确定性，有特质。特质从属于物。

(2)第二段的两个“有”字，应译“具有”(不是范畴的“有”)，这段第四行的“存在”应译为“有”。物的“特质”是由无确定的“有”发展出来的，变为有确定性的。

(3)附释第二、五、六行的“有”也应译“具有”，附释主要说明一物与其“质”是同一的，所以失去其“质”就不成其为此物，但不是和“特质”同一的，是具有“特质”的，所以失去“特质”也不失为此物，“质”与“物”是内在关系，“特质”与“物”是外在关系。

(4)第126节：

第一段“在根据里，反映他物亦立即反映自身”这一句。我们记得“根据”是某物所属的整个体系，其中每物都是相互联系的，所以在反映他物时，即从他物看自身时，也就是从自身看自身，因之就有下一句。

“特质”是彼此相等的，否则不是“特质”，但是它们不是具体的，即不是从整体看的，而是从本身看而不同于他质的，如果联系起来、不是一个一个地看，就是“质料”。“质料”这词原是十九世纪物理学的名词，特用于心理学，如官能合而为意识等用法。附释说明的就是，“质料”这词在各种联系上用，其意义各有不同的，H_2O分解为H、O，两元素是可独存在而不失其为H为O，但有机体比方手、脚分解出来，就不成其为手或脚了。

(5)第127节主要的意思是，“质料”的意义是从“物”看才是“质料”，所以说它是“潜在的物性”，即构成物的东西，所以说“物之成为物(存在)”不由于自身，而是由于“质料”构成它，而且“质料”不过是物之各质素表面上的联系,或外在的结合。

72.“质料与型式”。“型式”,“形式”一般可互换,是同义词,但“型式”应比“形式”更具体些,即德文的 Art,英文的 mode,而“形式”是德文与英文的 Form(form),另是拉丁文的(Forma)。

(1)“质料”既是抽象的,所以是不管具体的“特质”的,各种不同的质素都可结合为“质料”。

各种不同的质素,在一定的关系上如 H_2O 结合为水,这里必有 2 个 H 和 1 个 O 结合才成水,这种一定的关系就是形式(Form)。

这节第二小段第一句,“于是这一个没有特质的质料(因为任何构成物的都称“质料”)也就是与物自身(不是康德的“自在之物”,而是黑格尔所谓“潜在之物”的)(看上节)是一样的了”。

下一句易明:

附释批驳认为“质料”不变,从外面给予形式就成一个物,如大理石有了不同的形式就成为不同的物。黑格尔指出,没有任何东西,任何“质料”,是绝对无形式的,只是形式是有简单与复杂之不同,随着物之发展而变化的。

这段里黑格尔说在神秘主义(宗教)里的“混沌说”。北大《小逻辑浅释》说是指 Anarchische 的“混沌”,这是错误的。黑格尔原是指《创世记》,第一章“起初上帝创造天地,天地是空虚混沌”这句说的。他要批驳的乃是天地作为现存世界的无形式的基础,不能是空虚混沌的,他认为当认上帝从“无”,不是从“混沌”创造世界。但是黑格尔这里也误解了《创世记》。《创世记》原是说最初创造的天地(世界)其形式是未清楚的,是黑暗的。附释最后一行,“无限的形式”是指“包括一切形式的形式”。

73.第 129 节说明凡物都有两方面,“质料”与“形式”,两者是统一于物(事物、东西)的。

74.第 130 节:

(1)物既有“质料”而又有“形式”,而两者是不同的,故物是矛盾的统一。

第三行的“同时是被否定的”是说质素的被否定的,意谓质素,即“特质”不是无确定的“质料”,所以是质料的否定。

质素对“质料”而言，乃是“质料”的出现，即“质料”出现而为质素，所以是出现的东西（即现象）。德文的 Erscheinung 应译“出现”。

（2）第二小段：“多孔性”（Porosität）是十九世纪的名词，这里用作能相互渗透，即兼容的意思。一物可有多种质素存在，故兼容。

黑格尔这里误把质素作为占空间的东西，故须有多孔，如水在某限度里加盐或糖，而不多占空间。他认为质素既独立，就不能相互渗透。这是十九世纪旧物理的看法。

第三讲 “有论”释义[①]

我们首先对上一学期的内容进行总结[②]。黑格尔的《哲学科学大全概要》(俗称《百科全书》)是黑格尔生前出版的著作之第三种。在它之先出版的有《精神现象学》(1807),《逻辑科学》(俗称《大逻辑》)两册(1812—1816),而在《大全概要》之后的有《法学概要》(1820),此外还有些论文、谈话与评论。《大全概要》是黑格尔哲学体系的唯一完整、成熟的可靠的陈述。此书原是作为学生的手册的,是在教室里使用的。

黑格尔的《历史哲学讲义》《美学讲义》《宗教哲学讲义》《哲学史讲义》这四种讲义和《法哲学》只构成黑格尔思想体系的第三部分。他的体系包括(1)逻辑(2)自然哲学(3)精神哲学。这里的第三部分是黑格尔讲得最多的而且是最引起人们的注意的。这是关于客观精神和绝对精神的。其第二部分——自然哲学——现有的材料比较少,只是限于他1804—1830年的自然哲学讲演的笔记。

黑格尔对于传统的逻辑曾在复尼特哈默尔[③]的信中写道:“传统逻辑有的是教本,但是不能老是那样:它是没有人能把它弄成什么东西的:好像嫁时衣那样,只因为没有新衣来替换它,才一直拖着的。大家都承认有一种新的逻辑,而这种新的逻辑还没出现。传统逻辑的一切规则,全都写出来,只占两页的篇幅,其余不过是干燥乏味的经院哲学的细微区别,如果想要多说一点,那就是心理学中无价值的东西。”

《哲学科学大全概要》是黑格尔就任海登堡大学哲学教授的第二年,在1817年第一版出现的,他生前有过第二、第三版(1827年和1830年)。

① 德文为Die Hehre vom Wesen。

② 黑格尔著,贺麟译:《小逻辑》,北京:生活·读书·新知三联书店,1954年,第197～282页。本节是对上一学期的总结。——整理者注

③ 尼特哈默尔(Friedrich Philipp Immanuel Niethammer,1776—1848),德国神学家、宗教哲学家。——整理者注

第一版篇幅不大，只有序言 26 页，正文 286 页，其中逻辑占了 126 页；自然哲学 77 页；精神哲学 83 页。第二版是黑格尔在柏林大学任哲学教授时出版的，其中逻辑占了 214 页，自然哲学 139 页，精神哲学 179 页；比例增加最多的是自然哲学。第三版出版在黑格尔死的前一年（1830），全书篇幅由序言 26 页正文 286 页增加到序言 58 页正文 600 页，多于原版的两倍了，其中逻辑增加了 8 页，自然哲学增加了 23 页，精神哲学增加了 34 页。这里具体的题目分量就增加多些。

根据《小逻辑》的第 79—83 节，即导论的最后一段，逻辑的学说分为三个方面：(1)抽象的或知性的方面，(2)辩证的或消极理性的方面，(3)玄思（又译思辨）的或积极理性的方面。

注意：(1)这里“抽象”一词是黑格尔用来表示片面的和比较全面的具体相对比的。知性的性质是佛学的所谓“分别识”，把甲和其他的乙、丙……分别开来，使之孤立，成为非此即彼，所以是偏而不全，片面不是假，可是强调一面而忽略，乃至否认其他，所以是不真，真必须是全面的，和别的方面联系的。(2)黑格尔把辩证说成消极的理性，因为辩证的第一个效果就是发现事物的对方，这对方是它的消极一面，玄思（思辨）的逻辑是看到对立面的统一的。用我们的名词来说，黑格尔的辩证逻辑和玄思逻辑一起才是辩证逻辑的两个阶段。

黑格尔并不否认知性的作用。他指出知识的开始是由于看到存在对象的各有不同的，在自然研究里，我们首先就分辨出来物质，力量，种类等等。但是知性却把它们呆板化了，孤立起来了。因为知性的原理乃是同一律，这是思想在分析方面起作用的。

这种作用是必需的。如果数学不把量单独提出来加以研究，就不能进展。集中注意力在某一东西，某一个方面，是科学研究的一种必需的条件。我们若要了解某一事物，也得要首先掌握住它的一定的性格，而暂且不问其他。

知性的任务是要把一切事物，各别弄清楚，不是所谓“头发胡子一把抓”。一把抓的思想是模糊不清的。可是分别事物，不是研究的终极，而只是一种手段。把这手段变为最后的目的是片面知性逻辑的偏差。我们不应把知性的“非此即彼”用于一切事物上。思维必须从知性进展到辩证

(以上看第79、89节[①])。在辩证的阶段上,思维就看出一切的一切都有其对立面,而且必须和其对立面融合在一起来在统一中找到更全面,更真实的东西。

但是当辩证的原理为知性把它分开而单独地使用时,辩证论就变为怀疑论了,只看见消极的一面。庸俗的思想家又每每把辩证法(如苏格拉底所用的辩证法)看作辩来辩去,得不到结论的。殊不知辩证乃是知性所肯定的一切事物的本质,事物和有限东西作为整体看的规律。

如果彻底地来了解事物,知性所肯定的东西都有其片面性与限制性。这些片面性与限制性的否定(反面)也就是辩证的从里面的发展到外面。像这样看,才知道辩证就是科学进展的生命与灵魂,使科学知识联成一体的动力(以上第81节[②])。

"凡是有运动的地方,有生命的地方,在世上任何东西发展到有结果的地方,就是辩证法在起作用的地方"(第81节注)。

仔细看来,有限东西的限制不是外来的,而是出自它的本性的。由于它自己的活动,它就过渡到它的对方,例如有生必有灭,因为灭是在生的里面,生是含有灭的种子的。所谓有限,本来是矛盾的,所以必然要自行毁灭的。

黑格尔又在第81节里的第二段指出:必须把诡辩和辩证区别开来。诡辩是抬高一种偏而不全的抽象原理,在其孤立的地位上来迎合当下个人的利益与特殊情况。例如人是要有生存的物资的,如果孤立地抬高这原则而不惜偷盗,甚至卖国,以求生存,那就是诡辩。辩证正是要研究事物的本质与发展以揭露知性的偏而不全的范畴,从而戳穿诡辩的虚名。(同上第三段)

黑格尔赞扬柏拉图是"辩证"这词的创作者。柏拉图用辩证法来驳斥当时的哲人(即诡辩者)。黑格尔又认为康德是在近代哲学中重新启用辩证法的,例如在其二律背驰的讨论里。(这里黑氏的说法常为近人所错引)"在辩证的面前,没有什么东西能够不变的,无论它自己认为是如何稳

① 黑格尔著,贺麟译:《小逻辑》,北京:生活·读书·新知三联书店,1954年。

② 黑格尔著,贺麟译:《小逻辑》,北京:生活·读书·新知三联书店,1954年。

当”。(第 81 节注一,第四段)①黑格尔在这第 81 节注一里写了许多例证,如天体的运动,物理的元素,法律的变更,(最公道的可变为最有害的,Summum jus Summa injuria)——抽象的对到了尽头可能是错的,又如俗语的“乐极生悲”“强笑为容”等等。

黑格尔指出(第 81 节注二),怀疑主义不但是怀疑的学说,它并且是认为知性可靠的东西都是完全没希望的。后期的怀疑论是认为不可信关于超感性的东西的,而只得死死抓住感官的事实和当前的感觉。但是怀疑本身却是哲学态度的一部分。然而真正的哲学——辩证的哲学——并不停留在辩证的消极阶段上的。辩证哲学的结果总是积极的,因为它总是对立面的统一。辩证的逻辑并不排斥知性的逻辑。从辩证的逻辑抽出了其辩证的成分,也就是普通逻辑了,只是一些思想的形式与规则。(第 82 节②)

逻辑分为三个部分(第 83 节③):1. 有论;2. 本质论;3. 总念和理念论。

1. 在有论上,“总念”是不明显的,在萌芽阶段:“总念”的直接性。

2. 在本质论上,“有”是自为的(意即从自己着想的),是总念的影子,总念的间接性(通过别物而见此物)。

3. 在总念论上,“总念”按其自身来说又是从自己着想的,即“总念”已经发展了其一直在那里的自身(回复到自身)

“在哲学中,所谓的证明也就是说明(指出)一个对象之所以如此,是如何地由其自身的本性而有以使然的。”④

逻辑的三个部分,即思想的三个阶段,其彼此的关系就是:“总念”才是“有”与“本质”的真理。这两者如果分开地维持在其孤立的地位上,只能是不真实的,因为“有”是完全直接的,而“本质”是完全间接的。但直接与间接需要联合起来,统一地看。

① 黑格尔著,贺麟译:《小逻辑》,北京:生活·读书·新知三联书店,1954 年。

② 黑格尔著,贺麟译:《小逻辑》,北京:生活·读书·新知三联书店,1954 年。

③ 黑格尔著,贺麟译:《小逻辑》,北京:生活·读书·新知三联书店,1954 年。

④ 黑格尔著,贺麟译:《小逻辑》,北京:生活·读书·新知三联书店,1954 年,第 196 页。

逻辑之所以从“有”开始，除实际需要外，在理论上，真理必须证明自己的真实，“总念”必须证实它自己是自己的间接物，由之而显出自己的，无待于他，因而同时也就是直接的。

[以下是《小逻辑》的“有论”的简释。]

(甲)质

第 84 节起：

“有”就是“最贫乏”的范畴，即含义最少的，如我知道有物理学的中子，但由于我不研究物理，我对于中子是什么，一点都说不出来，所以我对中子，只知道其“有”，因而我的观念在思想上是最贫乏的。

第 84 节的“潜在”，据原文是“不明显”的意思。

“上帝”是黑格尔借用当时的神学名词来表示“总念”，或“绝对”；“直接性”的原文是“不通过媒介的”，如对我当下来说，同志们在我面前是直接的，但是楼上有人，因我闻人声，那是通过人声为其媒介，所以是间接的。

凡是现在我意识中作为有的，都是直接的，所以当前是间接的，是可以发展为直接的。可是贫乏的直接，又可通过别物而间接丰富其内容，这间接得来的意义，吸收入，即统一了，在观念里，这又变为直接的。

例，a 是直接的“有”。由于 b，a 就变为 ab；这 ab 是间接的，但是以发展成为了 ab 而论，ab 又是直接的。

黑格尔的范畴发展过程可公式化为：直接→间接→直接，其第二个直接不等于第一个直接，但以直接来讲，仍是直接的。可以说直接、间接是相对名词，韩愈称为“虚位”①。

“有”的三个范畴：“质”“量”“尺度”。“质”“量”比较易明；“尺度”在原德文是 Mass，即英文的 measure；“质”是英文的 what(什么)，故物失其是什么，则不是这物；“量”是外在的(external)，不是决定物的是什么的，是决定它之是什么到多少的程度。但“量”的不影响“质”是有限度的；过此

① （唐）韩愈《原道》：“仁与义为定名，道与德为虚位。故道有君子小人，而德有凶有吉。”虚位为“空名号”。——整理者注

则量变而质变。

第 86 节："有"(sein,is)。

"纯有"是开始的范畴,因是绝对直接的,不假于别物的。"纯有"无确定性,只是"有",即在那儿。"确定性中包含有'其一'与'其他'",即"能确定的"与"所确定的"。

开始时只有'有',尚无其他,那么以什么来确定"有"呢? 在哲学史上没有推翻,只有扬弃,只有"理念在矛盾发展中依次出现的各阶段"①。

黑格尔在这里所假定的太概括了。他假定一切哲学史中的现象都是合乎发展规律的。但他是主张"凡是实在的就是合理的"②。

第 202 页："有之为有并非固定之物,亦非究竟至极之物,而乃是有矛盾性,要过渡到它的对方。"③又"有"之对方,亦(sich)就其直接性而言,即是"无"。这里的"无",如果又从本身直接而言,即不联系"有"来说的,即是"无"。从"有"来说(间接地说)"无"="非有"。

第 87 节

何以第 87 节④说"纯有"是绝对否定?

所谓"纯"是单纯(mere)的意思,只是的意思。

只是=是这而已,"而已"则否定一切,所以绝对否定。

"有"是"绝对理念"的第一个定义,即"绝对理念是有",但"有"是无确定性的,所以是"无"。所以"绝对理念"在开始时是无确定性的,所以是"无"。

只肯定"绝对"是无确定性的有,所有这定义只是形式,而无内容的,即没有说它是什么(佛教徒的"不可言说")。

因之这里的"有"="无"(因两者都无确定性)。

第 88 节何以"有"与"无"的统一为"变易"(兹译"成为"Becoming, Das Werden)?

黑格尔说"有无统一"是"有"与"无"的总念。什么叫作总念? 总念就

① 黑格尔著,贺麟译:《小逻辑》,北京:生活·读书·新知三联书店,1954 年,第 201 页。
② 见黑格尔《法权哲学序言》里,引自第 55 页,参看第六节。
③ 黑格尔著,贺麟译:《小逻辑》,北京:生活·读书·新知三联书店,1954 年,第 202 页。
④ 黑格尔著,贺麟译:《小逻辑》,北京:生活·读书·新知三联书店,1954 年,第 202 页。

是比片面性东西更全面的,是这东西从而得到更丰富的意义的,是更具体的思想①。

黑格尔举"开始"为"有无统一"的例。当一物开始时,尚没有现实,但亦不是纯全的"无",而乃已有其"有"②。意思是"成为"乃由"无"成为"有",故"有无统一"在同一观念里。"统一"与"统一体"——两物的统一之可能,必是因这两物原理是殊异的(不同的)。两物统一,是因两物在单独的状态,均有"内在的不安"③,即"自己反对自己"④。

"有不能变无,无不能生有"这原则是知性地把"有"与"无"看死板了,"执着"了。何以"变易"(成为)是第一个总念?(应说总念的第一个表现。)总念是更具体的思想⑤,所以绝对总念才是最具体最全面的。

"有"与"无"同是无确定性的,空洞的,所以必须在其"成为"这个比较初步、具体的思想里才见到,"无"中保持其自身之"有"⑥。

注意不把抽象的范畴等同于具体之物。

以上只说明"有"的三个小范畴,即(1)"纯有",(2)"纯无",(3)"变易"(成为)。

从第 89 节起转变到另一个而更发展的范畴,即"限有"。如何从"纯有"到"限有"?

限有(Dasein)——"有"就是 Sein——"在""是";Dasein 就是"在那里","那里有"。

第 89 节:"限有就是有无的统一"⑦,但上面已说"有"与"无"的统一是"成为",那么"成为"与"限有"何别?

"成为"(Das Werden)是过程,其结果就是"限有"(Dasein)。

细看第 211 页的最后一段,"变易是包含有与无……变易之意"。"变易"是要消失的,因是过程,其留下的结果是"限有"。"限有"具有直接存

---

① 参见黑格尔著,贺麟译:《小逻辑》,北京:生活·读书·新知三联书店,1954 年,第 209 页,第一段。

② 黑格尔著,贺麟译:《小逻辑》,北京:生活·读书·新知三联书店,1954 年,第 207 页。

③ 黑格尔著,贺麟译:《小逻辑》,北京:生活·读书·新知三联书店,1954 年,第 208 页。

④ 黑格尔著,贺麟译:《小逻辑》,北京:生活·读书·新知三联书店,1954 年,第 208 页。

⑤ 黑格尔著,贺麟译:《小逻辑》,北京:生活·读书·新知三联书店,1954 年,第 209 页。

⑥ 黑格尔著,贺麟译:《小逻辑》,北京:生活·读书·新知三联书店,1954 年,第 209 页。

⑦ 黑格尔著,贺麟译:《小逻辑》,北京:生活·读书·新知三联书店,1954 年,第 211 页。

在着的性格,即"质"①。"质"者就是"某物"。所谓"某物",也就是"有物于此"。既于此,即非彼,限定了它于此,是有确定性的开始,故是"质"。"质"是直接的,和"有"是直接一样。

何以黑格尔说,"质只在自然界中有适当的地位,而在精神界中无何地位"②?"在精神界中只占次要地位",次要地位不是地位吗?

当知黑格尔之所谓"质"是有限性的(确定性的),如说湿、干等是把某湿或干的某物与别物不是湿或干的区别开来的。在自然界中易有这种区别,而在精神界中,这种区别不突出,除非到一个人的人格为某一特种征象所控制,变为变态的人格,例如爱笑,发怒,如成为突出的,就是变态了。

解释第91节的"否定性","别有"(Anderssein),"为他之有"(Sein－für－anderes)和"潜在之有"(Ansichsein)这四个名词③。

"否定性"——凡物之为物,必有其是此物的确定性,但是它既确定为此物,则必然不是别物。这"必然不是"也就是它的否定性。因此,斯宾诺莎的名言"一切确定都是否定"是对的(Omnis determination est negatio)。可是注意,并不是"确定"等于"否定",而是一方面确定了,同时自然在另一方面否定。凡是某物必非别物。

"别有"(Anderssein)也就是别物,是某物之所以从而分别开来的。何以说"质是为他之有"(Sein－für－anderes)?因为"质"是以别于他物的确定,是为着他物,以别于他物而言的。

什么是"潜在之有"(Ansichsein)?原德文的Ansichsein是三个词的联合:an(在),sich(自身)和sein(有);直译为"在自身之有"。而费解的是"在"。什么是"在"的意思?在自身而言,也就是就其自身而言,不联系到他物而言的。

所以贺译为"潜在之有"是译解释这词所用的implicit一词。implicit乃explicit的反面,不明显之意,实即未明显的有。习惯以"潜在"来译potential,原意是可能而未实能,不应与"未明显"混淆。

---

① 黑格尔著,贺麟译:《小逻辑》,北京:生活·读书·新知三联书店,1954年,第212页,第90节。

② 黑格尔著,贺麟译:《小逻辑》,北京:生活·读书·新知三联书店,1954年,第212页。

③ 黑格尔著,贺麟译:《小逻辑》,北京:生活·读书·新知三联书店,1954年,第212页～213页。

第 91 节还在结尾用上一词,“自为之有”(Fürsichsein),有待解释。这词的关键也是在“为”(Für)这词。原德文“自为之有”是 Fürsichsein,即“就自身而言的有”。那么和“自在之有”何别?自在之有的意思是由其自身来看的,“自为之有”是对其自身而言的,自在之有不涉及别物,而自为之有,是别物之对某物本身的。

第 92 节[①]:说明“限有”里其性质与“有”为一,但这性质既与“有”为一,而性质乃是某种确定性,其中必含有别物从而由确定与这“限有”区别的,所以这别物(别有)不是这“限有”之可有可无的(贺译“中立的”)而是限有的固有成分。

限有既含有确定性与否定性,也就是矛盾,故必变化。何以变化?因这否定是“限有”的限度,限制(Limit, Fürsich)有限度则必有越出限度的倾向,必有变化。

黑格尔[②]说“某物与别物是同一的”,而且用拉丁文的 aliud-aliud 来表明,即说,在范畴上说,某物与别物为彼此,某物可作为比,别物也可作为此,因彼此只是对待的名词。

第 93 节无须解释。

第 94 节:互相转变而没有扬弃,乃是重复发生毫无提高发展的意思。

这节里的进展(progressim)乃是前进而不是发展为更全面,意义更丰富的东西,所以是假的(表面上的)无限,亦即消极的无限,因为彼此转变而没有发展成更高的东西。例如 a 外有 b,b 外有 c……以至于无穷,而每一推进都不离有限,决不能到无限,所以是假的(表面上无限,不是能达到真无限的观念的),那么能否达到真无限?

黑格尔在第 95 节的答复是:达到自我关系。有限如作为无限的对立,即无限也变成了有限。这是知性的分别识作祟。当知要达到真无限,则有限须变化其性质,同时无限也变为不单纯是“尖锐化的”否定性。“勿将凡本身性质为特殊或有限之物,当做无限。”[③]

第 96 节谈“自有”。

---

① 黑格尔著,贺麟译:《小逻辑》,北京:生活·读书·新知三联书店,1954 年,第 214 页。
② 黑格尔著,贺麟译:《小逻辑》,北京:生活·读书·新知三联书店,1954 年,第 215 页。
③ 黑格尔著,贺麟译:《小逻辑》,北京:生活·读书·新知三联书店,1954 年,第 220 页。

“自有”的意思就是 Fürsichsein，在第 91 节里译为“自为之有”①。那么“自有”或“自为之有”是什么意思？

“自有”的“有”是对自身说的，也就是，就其自身而言是“有”，所以这里的“为”是“就”或“从”的意思②。

但是“自有”也是“限有”。黑格尔说“自有”是完成的质，既是完成的质，故包含“有”与“限有”于其自身③。就“自有”之为“限有”言，亦是有确定性的。理由是“限有”是有确定性的，有质的。

这是易明的，但是第 96 节④附释的第一小段最后一句：“但这种确定性并不是有限的确定性，有如某物之与别物有区别那样的确定性，而乃是包含有区别并扬弃区别的无限的确定性”，这是难明的。这句应如何解释？

黑格尔以“我”做例证⑤。“我”是人，异于禽兽，异于整个自然的一种意识。因为自然没有意识到它是“我”，永远不意识到“我”，就是不为自己而存在，只就“他物”才有其存在，只就他物而存在，其存在是当时当地的有，只有“自有”（即“我”）的存在不限于当时当地，因之这个“我”表示无限的自我关系，但同时又是否定的自我关系，因“我”不是他物⑥。

这里，黑格尔就说明上一节所未说清楚的真无限。在“我”的自我关系里，“我”是有限的存在，但是这有限的“我”只是就当时当地的“我”来说的，可是“我”不限于当时当地，而在其理想性上看，是无限的。但是这无限的“我”不与有限的“我”对立而成为又一个有限的“我”，乃是包含那个或任何一个有限的“我”的。这个无限既不为有限所限制，故是无限的，是真无限。

从这就是见得，“自有”这个范畴是前面两个范畴“纯有”与“限有”之合；“纯有”是正，“限有”是反。这是正、反、合的过程，第一次明显地在《小逻辑》里表现。

因此，这第 96 节是个重要的，关键的一节，并且在这节里，黑格尔⑦

---

① 黑格尔著，贺麟译：《小逻辑》，北京：生活·读书·新知三联书店，1954 年，第 214 页

② 黑格尔著，贺麟译：《小逻辑》，北京：生活·读书·新知三联书店，1954 年，第 221 页。

③ 黑格尔著，贺麟译：《小逻辑》，北京：生活·读书·新知三联书店，1954 年，第 221 页。

④ 黑格尔著，贺麟译：《小逻辑》，北京：生活·读书·新知三联书店，1954 年，第 221 页。

⑤ 黑格尔著，贺麟译：《小逻辑》，北京：生活·读书·新知三联书店，1954 年，第 221 页，第 3 小段。

⑥ 黑格尔著，贺麟译：《小逻辑》，北京：生活·读书·新知三联书店，1954 年，第 221 页。

⑦ 黑格尔著，贺麟译：《小逻辑》，北京：生活·读书·新知三联书店，1954 年，第 222 页。

附带说明“扬弃”(aufheben)是什么意思,要格外注意。

第 96 节并提出“自身存在之物,亦即一”,这点在第 97 节说明。一般人以为一是从多来的,但是黑格尔却从一到多①。

黑格尔在这里说②“一”自己排斥自己,并使自己成为多。但多中每一单位本身都是一。而且在这里对提出“抗力”与“引力”这两个重要的观念来。这两个观念是范畴转化所在后面常用的,故应弄清楚。这里在第 98 节里才弄清楚的。

第 98 节:

“多是一的对方,每一方都是一……因此一与多是同一的”③。不是说多是一,而是说多也是一个,以其是一个而言,是和一只为一个同一的。在“多”里,每一个“一”不是个别一,所以是否定别个的。可是否定也是一种关系,绝不会否定与之无关系的东西。

“不是别个”就是排斥,就是“抗力”的表现。否定是一种关系,而关系是“引力”的形态,“因此抗力本质上亦同样是引力。”④所以说“这个本来是排斥性的一,也就是 Fürsichsein 的一(自为的一),扬弃了其自身”(同句)即不是排斥的了。但排斥(即有别于他物)就是“质”,“质”扬弃了自身,那只有“量”留下来,这也就是从“质”过渡到“量”了。“量”是有论的第二个范畴,从第 99 节起(从第 227 页起)。

(乙)量

第 99 节说明什么是“量”:“量是纯粹的有,但这个纯粹的有在性质上不是与有之本身为一,而是质被扬弃了,认为无关轻重的那种的有。”⑤

注意这里的“有”的意思。

这里所谓的“量”,不是数学里的体积(大小,Magnitude)。体积是有

---

① 黑格尔著,贺麟译:《小逻辑》,北京:生活·读书·新知三联书店,1954 年,第 233 页附释。

② 黑格尔著,贺麟译:《小逻辑》,北京:生活·读书·新知三联书店,1954 年,第 223 页。

③ 黑格尔著,贺麟译:《小逻辑》,北京:生活·读书·新知三联书店,1954 年,第 223 页。

④ 黑格尔著,贺麟译:《小逻辑》,北京:生活·读书·新知三联书店,1954 年,第 224 页。

⑤ 黑格尔著,贺麟译:《小逻辑》,北京:生活·读书·新知三联书店,1954 年,第 227 页。经与原译文比较,个别词语有所不同,现依原手稿为准。——整理者注

确定性的，所以不是“纯量”。“纯量”乃是“无论它向增的方面或向减的方面变化，即具有量的事物仍保持它原来的那样性格”，例如一所房子的大小不失其为房子，红色的深浅不失其为红色。

黑格尔在第229页上认为极端数学观点，即外在、分离的观点，导致十八世纪中叶的法国的机械唯物论。数学的这种观点是认为凡存在的都是的要能计算的，有限量的①。

黑格尔②又指出量是理念之一个阶段，是应该注意的。但量的概念在自然界对象里与在精神界对象里，并不具有同等的重要性。这是具体问题，应就其具体的性质加以研究，不能一概而论。

第100节："量"的两个方面。这是说"量"是由两种看法构成的，一种是看构成量的单位，一种是看量里面的单位是相同的或者等同的。例如，三尺布是一个量，在它里面有一尺作为单位来衡量这块布，而说它三尺。但同时在它里面的三尺中每一尺(单位)是等于任何另一尺的。

从单位方面看这个量，既说它是有三尺，所以这量是分离的，每一尺都排斥(有别于)别的一尺，否则它就不能算作一尺(一个单位)。因之这三尺布的量是拒力的表现，是分离的性质的。从三尺来看，这块布一共有三尺，所以是把三个单位(一尺)作为一起看，而这三尺便是连续的，是引力的表现，故是连续的量。

连续与分离不是不相容的性质。比如一个体积，一方面是连续的，另一方面是分离的，如三尺布。康德的二律背驰只是把空间、时间、物质的连续性与分离性孤立来看而已。物之连续性与分离性，这两种成分，其中之一必包含其他。分开来看只是知性反思的结果。

第101节"限量"本质上是有限的量。

"纯量"相当于"纯有"，"限量"相当于"限有"，"等级"相当于"自有"。"限量"里也有连续性与分离性；因每一限量之中都可以区别出(分离性)许多的限量，而这限量乃是这许多分出来的限量的聚积体(连续性)，如三尺布中有三尺，而每尺布亦是一个限量(单位的分离)，但这块布(限量)乃

---

① 黑格尔著，贺麟译：《小逻辑》，北京：生活·读书·新知三联书店，1954年，第228～229页。

② 黑格尔著，贺麟译：《小逻辑》，北京：生活·读书·新知三联书店，1954年，第229页。

是三尺布(限量的连续)。

第102节“数”。

数是限量的最发达最完善的形式,因为每一个数有其用来计算的单位(拒力,分离的),而又有单位的总数(倍数)的成为这个数,如五是五个一(单位)的总数,即一的五倍。

1. 只说“数目”,是不确定的。随便来计算一个数目,就是加法。

2. 乘法里,不管以哪成分为单位,结果都是一样的,如 ab=ba。

3. 单位如等于倍,便是自乘法,以求其方,如a的平方是a的二次方,a的立方等于a的三次方等等;在这里倍与单位的区别相等。

此三方法外还有其反面的(消极的)计算方法,即减、除、开方(求方根)。

“等级”(Grad)即英文的 Degree,故亦可以翻译为“程度”。

第103节:“限度”与“限量”的全体是同一的①,如温度60度,这个60度就是限度,而这温度就是限量的全体。60度是1度……到60度,这是外延之量(广量),而以60度本度来说是内包之量(深量)。深量就是“等级”(程度);温度到了60度这个温度的程度。

分离量和连接量不同于内包量和外延量,但内包量和外延量也不是两种不同之量,两者同在一个量里。

“限度”是无穷的进展,因每一个限度之外总是有另一个限度,以至无穷,但这是无意义的重复。

这又是假无限。即说“恒河沙数恒河沙”。亦不过是表示难以计算,不是真无限,须放弃无限进展,才能得真的无限②。

第105节比较难明,正文比较隐晦,须加解释:

“限量之外在化”是说限量的对他而言,限量对他而言,是不同于他的,是有其从自己的(自为的)的特性来形成它的质的,“在限量里外在性亦即量”,因它是一定的量,不同于其他的量,所以是限量,是先由抗力(排他)而成为限量的。但它的自为性(即从自身说)是有一定的质的,是以引

① 黑格尔著,贺麟译:《小逻辑》,北京:生活·读书·新知三联书店,1954年,第234页。

② 黑格尔著,贺麟译:《小逻辑》,北京:生活·读书·新知三联书店,1954年,第238页。

力而形成这质的，先拒后引，量与质得到联合。

这是第 105 节的正文头两行，是很抽象难明的。而又加上“限量这样地建立其自身，便是量的比例”这一句就更难懂了。试解释之如下：

接着有“比例的指数，亦是一间接性，即某一限量与另一限量的关系，形成比例的两端，虽其直接的价值未经公认，但是其价值仅在于这比例的关系中”①。

这译文的“公认”是“明白”或者“直接”的意思。

兹拿 6∶3=2 为例；比例是 6∶3，其指数是 2，6 与 3 的关系是 2 倍，因而形成 6∶3=2 这两端。这两端的价值不是表面上明白的，但是就在比例的关系里，即 2。这是以数来规定数的方法。6∶3=2，4∶2=2，8∶4=2……等等，故两项变而比例不变。若 2 变（指数变）则两项的比例必须变了。

第 106 节量回复到质，就是“尺度”，如何转化的呢？

第一可说 6∶3=2 这两边，即 6∶3 和 2 都是直接的限量。既是直接的，不依靠别物的，所以 6∶3 的量和 2 的质是外在的，原来彼此不相干的。

但就“质”和“量”的真正意义来说，“量”既不联系到他物（外在性），它就是自为的，从自身来看的，不依别物的，所以是自我关系。自我关系是不依他的，故独立，而又不管他的，故中立的（“中立”是不管 indifferent）。独立的就是质，不管他的“中立”也就是量。在这里量中有质了，但原来量是不涉及质，是离质而言的，而在这里又带上质，故说又回复到质。有质的量，如 H_2O 成为水，必须有 2 个 H 和 1 个 O 的配合才成水（质），这二氢一氧就是成水的“尺度”。

（丙）尺度

“尺度”（Das mass, measure）

第 107 节“尺度”的定义：“尺度是有质的量”。

原来 6∶3 是“限量”，但有 2 为其指数（“质”），所以是“具有一确定的

① 黑格尔著，贺麟译：《小逻辑》，北京：生活·读书·新知三联书店，1954 年，第 241 页。

限有,或质的限量"①。所以"尺度"乃是质与量的统一。

上面有"纯有"到"限有",到"自有"而转化为"量",再由"纯量"到"限量",而到"等级",然后到"尺度",可见"尺度"是"质"(正)与"量"(反)之合,因之可说"尺度"是"完成的有"②。任何东西都有其"质",而这"质"是依靠所包含的原素之"量",有比例的关系,如 H_2O。

第 108 节:"限量变则质变。"

"质"与"量"的关系有两种:(1)在一定限度内,量变而质不变;(2)限量变则质变:如 100 度以上水变成汽,超出限度则质变。语云,最后一根草压得驴子倒下来;奢侈,浪费也就是超出尺度的(无节制的)用费。

无尺度:"由质到限量,由限量复回到质,可以表象无限进展,为尺度之扬弃其自身,成为无尺度,又回复到其自身成为尺度的无限进展。"③

但注意黑格尔的这句话的不够小心:前半句不是表象着无限进展,只后半句才是,由质到限量是发展的过程。

第 110 节易明,毋须解释。

如 100 度以上水变蒸汽。这 100 度就是"无尺度"。

第 111 节过渡到"本质"。

"本质"就是"有"或是直接性,由于自身的否定而形成以自我作间接性而与自我发生关系。而这种直接性或自我关系亦系间接性之经过自身的扬弃而回复到的自我关系或直接性④。

注意:正总是直接性,反是间接性(第一个否定),而合(第二个否定,即否定之否定)又是直接性的。

初看起来,"尺度"的历程只是无穷进展式的假无限,但是"质"潜伏地就是"量","量"潜伏地就是"质",两者在"尺度"里相互过渡,实即只是两者之间每一种只是回复它潜在地本来是如此的状态……这也就是本质,尺度潜在地即是本质⑤。

---

① 黑格尔著,贺麟译:《小逻辑》,北京:生活·读书·新知三联书店,1954 年,第 243 页。

② 黑格尔著,贺麟译:《小逻辑》,北京:生活·读书·新知三联书店,1954 年,第 243 页附释第一小段。

③ 黑格尔著,贺麟译:《小逻辑》,北京:生活·读书·新知三联书店,1954 年,第 246 页。

④ 黑格尔著,贺麟译:《小逻辑》,北京:生活·读书·新知三联书店,1954 年,第 248 页。

⑤ 黑格尔著,贺麟译:《小逻辑》,北京:生活·读书·新知三联书店,1954 年,第 248 页。

又"尺度的发展过程即在于将它的潜在的性质实现出来"①。"直接的范畴证实其自身不是固定的,而乃是过渡的,而它们矛盾进展(Dialektik)的结果便是本质。"②

注意:"在'本质'的阶段里的各范畴已不复过渡,而只是互相联系。在'有'的阶段里联系的形式只是我们的反思;反之,在'本质'的阶段里,联系的形式乃是本质自身的特性。在'有'的范畴里,当某物成为别物时,则某物便消逝了。但在'本质'的范畴里,便不是如此。在这里,我们没有真正的别物,而只有殊异,一个范畴与他的对方联系。……在本质里一切都是一对一对的。"③

在最后一句里"相对的"(英译为 related)意义是"成对的",说是"相对"易引起误解。

① 黑格尔著,贺麟译:《小逻辑》,北京:生活·读书·新知三联书店,1954年,第248页。
② 黑格尔著,贺麟译:《小逻辑》,北京:生活·读书·新知三联书店,1954年,第248页。
③ 黑格尔著,贺麟译:《小逻辑》,北京:生活·读书·新知三联书店,1954年,第248~249页。

第四讲 “本质论”释义

第 112 节①:

注意本节正文第一小段:“反思”应译“反映”,“相对”应译“成对”。由于“本质”的范畴是反映的,所以必是成对的。

“本质”是由自我否定而成为以自我的间接性,所以“本质”是自我关系。以公式表示,a Rā 即从 ā 看 a,所以,a 成为有中介的间接性。

但是这 ā 不是直接有,而是由 a 设定的(贺译“建立”),所以是间接的,是抽象的概念。

在“本质”中,“有”没有消逝,但是其“有”是在“本质”的自我关系之中。但是这“有”是片面的直接性,因之变为消极的假相(Schein,贺译“映像”)。

要明白这段,应先看后一页谈到反思(即“反映”作用)。在那里黑格尔说:“当光(a)直线式射出,碰在一个镜面上时,又从这镜面折回来,便叫做反映。在这现象里有两方面,一方面一个直接的存在(a),第二方面同一存在成为间接建立起来的事实(ā)。”②

谈到“本质”时是意味着,“事实真正地不是他们直接当下所表现那样”,这是变动不居的“映像”、假相,其本质才是永久不变的。

黑氏③用德文的 Sein(是,即“有”)和 Gewesen(英文 have been,过去有过)而认为 Gewesen 是 Wesen(本质)转变的,未免牵强,但可以用来说明过去已消逝,或行将消逝的过程为上层表面的现象,而以“永久不变”,或相对不变的“是”(Sein)为下层潜在的“本质”,未尝不可④。

第 252—253 页几个例子可以不用去管。但第 253 页结尾有“本质”的定义:“本质正即是一切直接事物之摒弃”。通常我们说,不要看现象,

① 黑格尔著,贺麟译:《小逻辑》,北京:生活·读书·新知三联书店,1954 年,第 250 页。

② 黑格尔著,贺麟译:《小逻辑》,北京:生活·读书·新知三联书店,1954 年,第 251 页。

③ 黑格尔著,贺麟译:《小逻辑》,北京:生活·读书·新知三联书店,1954 年,第 251～252 页。

④ 黑格尔著,贺麟译:《小逻辑》,北京:生活·读书·新知三联书店,1954 年,第 252 页。

要看本质，就是说不看表面上的东西，要看它们是怎样表现出来的。但不能离开“现象”谈“本质”，孤立“本质”是抽象。

第 113 节：我反映我，所以自我关系是同一性，a 即 ā。

第 114 节：本质如何从“有”演变出来？

“有”不是离开“本质”的，与本质分离的就是非本质的，无关重要的[①]。

本质是“自有”（Ansichsein），在其自身之有，但是“本质”又是反映的，具有和被反映（他物）的关系，即具有间接性的，即以 ā（非本质成分）来反映其自身（a）的。

在“本质”范畴里，a 与 ā 的联系尚不明显。“本质”的每一范畴都明显地具有自我关系的性质，（因都是反映关系的 aRā）。但又超出这自我关系，（因这自我关系的 ā 是被设定的，是变动不居的，而 a[本质]是不变的）所以在本质里有矛盾，在“有”中亦有矛盾，但是潜伏的，而在本质里矛盾就明显地建立起来了。

在“有”里有“无”，而“无”不是明显与“有”对立，但在本质里有 a 与 ā 这明显的肯定与否定的对立。

在“有论”里，“变易”（Das Werden，成为）是“有”转变为“限有”的根据，而“限有”（“本质”也是一个限有）反映其根据时就转变为“存在”。

本质里的 a（肯定）与 ā（否定）是同一的自我关系，但又是 a 与其假相（ā）的同与异的关系，以公式表示：

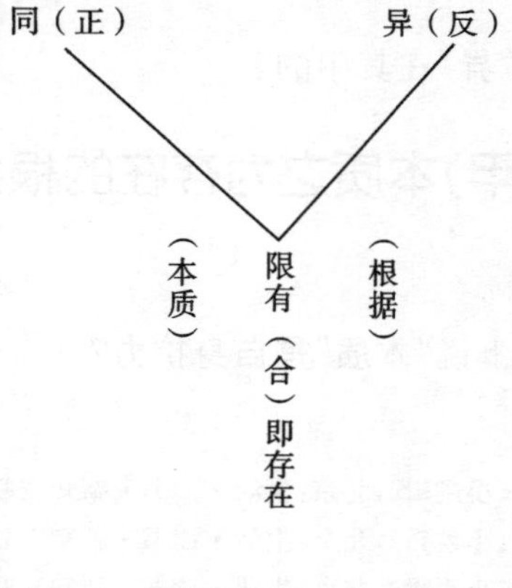

① 黑格尔著，贺麟译：《小逻辑》，北京：生活·读书·新知三联书店，1954 年，第 254 页。

知性的分别识是不能看到同异的统一而转变为更高更全面的范畴的。

“本质”如何是“存在”的根据？先看反映的纯范畴（“纯”的是指范畴，不指反映）。

1. 这种纯范畴就是“同一性”与“相异性”——这对范畴。有知性的只形式上的同一。这是由于知性的分析作用丢掉了具体事物所具有的多种特性，而得出一种孤立的抽象的同一性，形式逻辑的概念就是这样得来的。

2. 但同一是一个在“本质”阶段的第一个小范畴，故是可用来称谓绝对的。如果说“绝对是同一的”，这“同一的”是抽象的同一或是其本身具体的同一？如是抽象的同一，绝对是和什么同一呢？这是无意义的，因只有一个绝对。所以必是具体的同一。

3. 这是什么意思？即“绝对”亦即一切的真正根据，就是一切也就是“绝对”的表现，即“绝对”是一切的“本质”。所谓“根据”就是事物所以然之理，但是彻底的所以然之理乃是“总念”，即真理的整体。并要在“总念”（即第三阶段上）才显出，故在现阶段上，这事物之所以然之理，只作为其根据而提出。①

在第 257 页②，黑格尔批判形式逻辑的思维规律，特别是同一律。黑格尔是否不承认同一律？看他如何解释“同一”。（参看第 258 页）

世上一切都同是上帝（绝对）的表现，故是与上帝同一的。以上帝（绝对真理）为根据的。

但这同一是包含“异”在其中的。

（甲）本质之为存在的根据

第 116 节“异”③。

1. 何以第 259 页上说“本质”是自身抗力？④

① 黑格尔著，贺麟译：《小逻辑》，北京：生活·读书·新知三联书店，1954 年，第 257 页。
② 黑格尔著，贺麟译：《小逻辑》，北京：生活·读书·新知三联书店，1954 年，第 257 页。
③ 黑格尔著，贺麟译：《小逻辑》，北京：生活·读书·新知三联书店，1954 年，第 259 页。
④ 黑格尔著，贺麟译：《小逻辑》，北京：生活·读书·新知三联书店，1954 年，第 259 页。

因“本质”是自我关系，aRā(第 113 节)。ā 是设定来反映 a 的，所以是自身关系的否定，即否定 a Rā 这个自身关系，即由直接性转变为间接性(第 112 节)，由正至反。所以本质必有非本质在它里面作为现象(假相，映像)。

但是这个映像作为“本质”的“别有”(ā)，作为其对立物，所以这映像是异于本质的，是相对于本质的。

2. 问：“同”如何发展为“异”?

这种疑问是首先把“同”认为不同于“异”? 即“异”于“异”的，并非只能有“异”，故不能由“同”转到“异”。没有异，何同之有?

第 117 节[①]说明“异”的三个小范畴：(1)“多样性”(Die Verschiedenheit，贺译杂多)；(2)“同样性(相似)”与“与不同样性(不相似)”；(3)“对立性”(积极的对立与消极的对立)。

“多样性”是对象的彼此毫不相干，乱杂无章，不能分类的。如果加以比较，发现“相似”与“不相似”；这就是分部门的各科学研究，把事物分成类了。这就是科学的初步，即分类学，但只是知识之预备工作。

可是在比较之先，须有分析，比较之后，作出综合(归类)。

第 118 节[②]：说明“相似”与“不相似”是一对密切联系的范畴，须先有相似，才能有异。

笔与骆驼只是多样性的，而橡树与槐树，在同是树这方面，却是相似的。这是异中看出同来，也是同中看出异来。哲学与科学都在多因中求一因，以多因归结为一因。

第 119 节[③]说明“异”有对立两方。

aRb：a、b 均借其对方反映其自身，以示其异。

在“对立”中相异者不是任何一物，而是与之正相反的别物。因之不可把凡相异的都当作相对立的。两个对立物必须在同一个系统里。

“在两个相反的谓词(述项)中，只适用其中一个述项以规定一物，不能有第三个述项。”这就是排中律，非此即彼[④]。

---

① 黑格尔著，贺麟译：《小逻辑》，北京：生活·读书·新知三联书店，1954 年，第 260 页。

② 黑格尔著，贺麟译：《小逻辑》，北京：生活·读书·新知三联书店，1954 年，第 262 页。

③ 黑格尔著，贺麟译：《小逻辑》，北京：生活·读书·新知三联书店，1954 年，第 263 页。

④ 黑格尔著，贺麟译：《小逻辑》，北京：生活·读书·新知三联书店，1954 年，第 264 页。

排中律,非此即彼,是知性的原则,意在于分别,在于排异(摒除矛盾)。

"非蓝"不是一定的颜色。

"正负须在同一论域"(region of discourse)即上所说的系统里,才有其意义,故不能说□不是白就是非白。"

在第265页里,黑格尔把几何学家将圆形当作许多直线构成的一个多角形去处理,算作对立的同一,未免是近于诡辩,因为圆形毕竟不是多角形,只在计算中这多角形接近于圆形,而非等同于圆形。

附释一:何以说"否定乃是异中之异"?

因为说A不是B,这个否定乃是A,B各具有不相同的特质(异)的异(否定其为同),肯定和否定是可以互换的,正如+,-。从一个角度,一笔存款对银行是债务(-)而从存户的角度,这却是财产(+)。

附释二里(第266页最后一句),"一切都是相反的"是什么意思?

这是说,一切都是事物本身,即其本质,与其非本质的东西联系而成具体的事物的。

"存在乃是在于与其对立者相关联"①,即有矛盾的存在于其中。"矛盾是推动整个世界的原则"②。但当知矛盾是推动力,发生作用之后,它便统一,故说会扬弃其自己③。可是在根据(最后是在总念)里,同与异的对立皆被扬弃(即统一)而降为包含在它里面的两个抽象的环节④。

第120节过渡到"根据"。

"肯定是一种殊异"。如肯定这是A,即不是B(故为异),但说A不是B,则B必与A有相似处,否则不会在肯定A时即否定B这个对方,故与这对方无非不相干,因此,肯定是自我关系aRa。同时否定是消极的自我关系,即aRā;可是只有在ā里,a才有其自我关系。所以,肯定和否定在自我关系上而言是同一的。

两者都是对方的扬弃(自为,从自身言)和自身的扬弃(自在),故

① 黑格尔著,贺麟译:《小逻辑》,北京:生活·读书·新知三联书店,1954年,第267页。
② 黑格尔著,贺麟译:《小逻辑》,北京:生活·读书·新知三联书店,1954年,第267页。
③ 黑格尔著,贺麟译:《小逻辑》,北京:生活·读书·新知三联书店,1954年,第267页。
④ 黑格尔著,贺麟译:《小逻辑》,北京:生活·读书·新知三联书店,1954年,第267页。

同一。

在本质的自在自为的异中包含有同(a 是 a)及异(a 非 b)。

这样解释“本质”,就是说到“根据”,即同异均在同一的系统(总念)中。

第 121 节说反映的第三个纯范畴——“根据”

根据是什么意思?

“反映自身即反映对方,反映对方亦即反映自身”①。

自身与对方不能分离而成整个具体事实,这就是事物所以然之理,即其理由(Das Grund,又译“根据”)。

任何事物都有其充分的根据(理由),都是其基于它事的根据,这就是事物的本质,所以“根据即是内在的本质”②。

本质是事物所以然之理,所以本质即是根据。

附释说明统一不是同一。

当知“根据”(所以然之理)不仅是同与异之统一,而且是异于这同与异的。因之在所以然之理,即一物由于他物而存在,又在统一了一个对立的两方时,不产生一新的矛盾但又力求排除这新矛盾以求统一。

总之,事物本质上是间接的,由别物而知其所以然之理的。什么才是充分的根据(理由)? 总念,即全面的真理,整个事物之系统,才是充分的根据,不能仅以一事一物,孤立地为根据,不滞留于致动因(effect cause),须进到目的因(final cause),最后所以然之理,这就述及整个体系③,只有“总念”,全面真理,才是充分的理由。

这就须用辩证法,如苏格拉底之用辩证法以求得全面真理来驳斥诡辩家的各人固执这片面真理而导致对真理的怀疑④。

第 122 节由本质转化为“存在”(die Existenz,英文的 existence)。

1. 本质原是 aRb 亦即 aRa,因 b 是 a 的反映(假相),以 aRb 言,a 的自身关系是间接的(通过 b 的),但在其自身的统一中,b 却成为 a(a 的反

① 黑格尔著,贺麟译:《小逻辑》,北京:生活·读书·新知三联书店,1954 年,第 268 页。
② 黑格尔著,贺麟译:《小逻辑》,北京:生活·读书·新知三联书店,1954 年,第 268 页。
③ 黑格尔著,贺麟译:《小逻辑》,北京:生活·读书·新知三联书店,1954 年,第 271 页。
④ 黑格尔著,贺麟译:《小逻辑》,北京:生活·读书·新知三联书店,1954 年,第 272 页。

映,故同一)b(a 的异)却被扬弃了,所以 aRb 的间接性又被扬弃而回复到其原来的直接性(第二个否定,即否定之否定,其第一个否定是由直接性变为间接性)。

这样的“有”称为“存在”。

2. 这存在有何依据?

根据本是没有自身自决的内容,是他物所根据的,所以是被动的(不主动)而又不产生什么的。

存在是从根据出发,其根据只是形式的,根据就是理由。所谓“好的”理由乃是发生实效的理由。有实效便是主动的,那就是理由(某物的必然之理)成为原因,原因必有结果。

上述本质的转变为“存在”。

第 123 节说明“根据”之不同于“存在”。

“存在”一般说来“乃是无量多的存在的事物”①。即无限联系的世界②(同上),即是一个因果相联系的大体系。反映的纯范畴原来有三种,即“同”“异”与“根据”(看范畴表)。同(正),异(反)而根据是同异的统一(合)(看第 121 节)。

而“根据”是自我关系 aRā(ā 是反映)。

由“根据”而产生的结果便是“存在”(第 122 节),是含有“根据”在其里面的。

在存在的世界里,反映他物互为对方的根据和后果(即相互依存),所以一切是相对的,即对他物而言的,不是单独存在的。

总而言之,“存在”乃是普遍联系,普遍相互制约的总体③。

反思的知性但求最近的根据,而理性却要求超出这种单纯相对的观点,进而求逻辑理念之较高的发展。

第 124 节——“东西”即“物”。

上节所讲的两个总体里的一些存在都称为“东西”或“物”。

黑格尔认为,康德的自在之物是抽象的自身反映(aRā),而不把它作

① 黑格尔著,贺麟译:《小逻辑》,北京:生活·读书·新知三联书店,1954 年,第 274 页。
② 黑格尔著,贺麟译:《小逻辑》,北京:生活·读书·新知三联书店,1954 年,第 274 页。
③ 黑格尔著,贺麟译:《小逻辑》,北京:生活·读书·新知三联书店,1954 年,第 275 页。

为通过间接性而有“异”的 aRā，因而是一个空的基础[1]。

黑格尔说：“如果是指把握对象的具体性质而言，则物自身仅是极端抽象观念性质的东西，当然不可知。……单就范畴的抽象的直接性而言，而不过问其发展历程和内在性质……但自身一词又常用来指谓自然界和精神界的事物，如‘电自身’……等等。这里所谓自身，指本身固有的性质而言，……当我们滞留在对象单纯的自身时，则我们便没有认识对象的真理，而仅看见它片面的单纯的抽象形式……种子即可认为植物自身（或潜在的植物）……一切事物最初都是其自身（或潜在）的，但那并不是它们的终极。”[2]

这里黑格尔曲解了康德的“自在之物”，更不理解何以康德的“自在之物”是不可知的，因为（1）黑格尔不明白康德之所谓知是什么（有感性基础，有别于思的）；（2）又不明康德所谓范畴的作用（限于人类思想的性质的）。

第 125 节：说明事物（das Ding，英文的 thing）。

“事物乃是‘根据’与‘存在’两范畴之合”，“是一个有特性的具体的物”，“这些特性是彼此不同的”[3]。

物与物质的关系是由“是”（Sein）进而为具有（Haben）。即说，某物不是只是白的，而是具有白这特质的。

特质是德语的 Eigenschaft，即特别有的性质，而性质（Qualität）是物之为此在的性质。

一物失其性质，即失其为此物，但失其某特质，仍不失其为此物。这是说，性质是内在的，而特质是外在（附加）的。

第 126 节：“特质”是“质料”。

“特质”既是在物里彼此相异的抽象的特质，所以它们不是具体之物，只能在具体之物里存在的，所以就是“质料”。

当知砖瓦作为“质料”言，是不具体的，不独立存在，而只存在于屋宇等的，但作为砖瓦本身言，是具体物，其泥土才是“质料”（Materien，英文

① 黑格尔著，贺麟译：《小逻辑》，北京：生活·读书·新知三联书店，1954 年，第 275 页。
② 黑格尔著，贺麟译：《小逻辑》，北京：生活·读书·新知三联书店，1954 年，第 275 页。
③ 黑格尔著，贺麟译：《小逻辑》，北京：生活·读书·新知三联书店，1954 年，第 276 页。

的 material)。

第 127 节:质料与物性(Dingheit)。

“物只是各质素之表面联系或外在之结合。”①这是与上面说(第 125 节)性质是内在的相反的。

理由是:在这里,质料是作为潜在的物看,而所构成之物作为质料之结合,但在第 125 节所谈的是物原有作为此物的性质。

质料与质素不可混为一谈。

第 128 节:“质料”与“形式”

构成一物的各种质料,就其为质料言,同是质料,因言是同一的,不管其各自的特别性格的,所以就都成为质料(抽象同一)。

与此质料对应的是“形式”。“形式”乃是一些彼此不同的特质和它们在物里面的外在关系所形成的。

第 128 节里正文最后的“物自身”不是康德的自在之物,乃是指“没有特质的质料”,即第 127 节里“物之潜在”,“潜在的物性”,有待发展的。

附释:“质料是有永久性的,在一切变换中同样维持其不变”,“质料中立于一切确定的型式”,这种意思可在大理石的案例看出。

当知“质料”一概念是彻底的包括有型式一原则在内(亚里士多德学说),而且在经验中也没有无型式的质料。

无无形式的质料,亦无无质料的形式,只有在总念里才有自由的无限的型式。

第 129 节:过渡到“现象”(Erscheinung 出现之物)。

在物的形式里,质料是确定的,便被降低到它的特质的地位(质料确定就是特质了),而质素(即特质)不是无确定性的质料(故说否定),而却被认为物自身(即物反映在其自身),即独立的而同时又被否定的。

就是说,一方面有确定性的质料,而又一方面有其待发展的潜在物,是则潜在物表现为有确定性的质料,则后者仅为前者的出现(Erscheinung,现象)。

---

① 黑格尔著,贺麟译:《小逻辑》,北京:生活·读书·新知三联书店,1954 年,第 279 页。

以质料只是潜在物之出现,故附释说建立的质料之独立性的否定①。

物理学的"多孔性"是指物的能相互渗透的性质,是相容性,以这表否定物的质素之独立性。

(乙)现象

第 131 节:我们还是先说明本节和跟着的两节的大意,然后分析并说明其正文。

根据第 131 节所讲的大意来说,首先是要说明"现象"是怎样从"本质"作为"存在的依据"而转变出来的。

如第 125 节所说明的,事物(东西 das Ding,英文 thing)像是分成两截似的,即"质料"与"形式",而看来好像每一截都是整体而包含其他一截的:"形式"包含着整个"质料";而"质料"又包含着整个"形式"。

其理由就是这样的:以质料来说,它乃是一种空洞的自我同一,aRa,乃是东西的自身反映,即东西的从其自身来看。但是形式是东西的反映他物,即从他物来看其自身。

可是在上面在谈到"东西"与"质料"时曾说过,从抽象看,"东西"是自身反映,aRa,而这个自身反映乃是空洞的自我同一,因第一个 a 同一于第二个 a,但是反映的第一个 a 毕竟不同于那被反映的第二个 a,否则就不能说有 R 这个关系。这样一来,在空洞的自我同一里,自身反映 aRa,也就是反映他物,aRā,这里 ā 既是被 a 反映的,所以就 a 而言,便成为 a 的他物了。

结果就是在空洞的自我同一的关系里,自身反映(aRa)是和反映他物(aRā)可以互换的,因此,"形式"原是反映他物的,同时也可看作自身反映,而"质料"原来,如上所说,乃是"东西"的自身反映(即"东西"从其自身来看,本是"质料")。这样一来,"形式"的成为自身反映,岂不变成"质料"吗?

同样,"质料"原是"东西"的自身反映,但是自身反映既可和反映他物互换,"质料"的从另一角度看,作为构成"东西"的来看,又是"形式"。

① 黑格尔著,贺麟译:《小逻辑》,北京:生活·读书·新知三联书店,1954 年,第 281 页。

所以,“形式”是包含“质料”,就是整个“东西”;而“质料”亦然。

可见一方面,“东西”全是“质料”,即自身反映,是独立于一切其他的,是完全自己存在的。另一方面,它又是反映他物的,而既是反映他物,从他物来看的,就完全依靠他物的。既独立而又依靠他物,岂不是矛盾的东西?

存在的“东西”这样来看,就是“现象”(Erscheinung,出现)。

一般不是说感官世界是一种出现的东西(一个现象)吗?可是感官所接触的世界,从未曾反思的看法说来,乃是完全有实质的。难道屹然独立的岩石不是绝对实质的东西吗?但是在哲学思想发展之后,人们认识到独立自存的东西都是同时完全依存于他物的,依存于绝对的实在的,只是那绝对实在的表现,即现象而已。

作为出现(“现象”)看的东西,都是矛盾的,黑格尔说“扬弃其自身的”,在我们说一个东西完全依存于他物时,并不是说它自相矛盾,本身没有实在性的,本身是空无的,只是一种假相。这不是黑格尔的现象的意思。“现象”,依黑格尔说来,虽是反映他物,而同时又是自身反映,它仍是扬弃其独立性而使自己成为依存的。

这就是说把世界看作一种现象,也就是说它有内部矛盾的。芝诺、康德等哲学家,依黑格尔说来,都是这样看世界的。

可是,既然现象同时是自身反映,而又是反映他物,所以“现象”也就是“本质”。和“本质”一致的,因而不是空洞的,非实在的,不是一种虚构。表现的亦即所表现的。不能说表现(“现象”)是表面的。而“本质”是内面的。表面的是虚伪的,内面的才是实在的,像印度哲学家那样认为的。依黑格尔的说法,“现象”(出现的东西)并不比“本质”为非本质的。“本质”的本性是要表现为“现象”的。不能把“本质”与“现象”拆开来看,两者是不同,但是不可分的。

现在让我们看:这第 131 节的译文。

开章明义便是:“本质必然表现出来。”这是本节的概述。“本质的映现”,也就是“本质的表现”(德文的 Schein),本质表现于其自身之内,乃是扬弃其自身,即把自身变为一种直接性。这直接性一方面是自我反映,作为质料,而另一方面,是反映他物,作为形式。本质是间接性的(可参见第

112 节),必须扬弃其自身以达到直接性。

上面第 115 节已说过,“本质是在自身的反映(贺译“本质是映现于自身之内”)。在反映(映现)这点上“本质”不同于“有”。所以说“本质必然表现出来”。表现出来的就是现象。因此,表现出现象来的就是本质,所以,本质不是离开现象的另一东西,所以存在就是现象。

附释有三小段:其第一小段说明存在中的矛盾得到明朗化(即贺译的“存在之被认作在自身的矛盾里”)就是现象。这一句引起这一小段前半所叙述的如何由存在(即本质作为存在的根据的第二个范畴)通过其第三个范畴(事物)而演变为“现象”,其第一个范畴的最后一个小范畴是“根据”(看表),“本质”最初进展到“根据”,而有根据的存在(第二个范畴)其根据必是另一东西,那就是“现象”。这点是难明的,试按黑格尔的文字解释之如下:

谈到“现象”时,具有多样性而存在着的东西,其存在都是相对的,没有其自身的基础的,所以是过渡的阶段,要达到实在的。可是“本质”却让现象界的东西,宽大地直接显现作为存在的东西。正如作为自存的本质之上帝(也就是绝对理念)让其自身显现于事物的存在之各个阶段。本来这些显现的东西都只是“现象”(映现之物)。而让它们看来像是直接性的存在,不依靠绝对理念的。但是同时,这绝对理念(上帝)又不同于这些现象界的东西,超出它们作为真实(即应是如此)的标准,所以,称为正我,而就这个标准来说,现象界的一切存在只是单纯的现象(即映像)。这里黑格尔复述了柏拉图理念与事物的学说,贺麟先生的“译者按”也是这个意思,而只根据黑格尔的神学话语表述,还未指出具有唯心主义的根源是柏拉图。

附释的第二小段[①]指出通常意识(即常识)以现象为独立自存之物,而哲学才看出它们是现象,黑格尔指出“现象”不是比直接性的“有”这个范畴较低,而是更丰富、更高级的一个范畴。

只是现象中有矛盾,故总不能稳定,因而必须发展到“本质”的三个范畴,即“实在”(Wriklichkeit)原德文这词,其意思是“实在性”,即英文的

① 黑格尔著,贺麟译:《小逻辑》,北京:生活·读书·新知三联书店,1954 年,第 284 页。

reality。

第三小段[1]黑格尔批评康德只把握住现象之主观的意义,而在现象之外去执着一个抽象的本质(自在之物)。康德认为"知识不能到达物自身"(自在之物)乃是"走到半路就停下来了"[2]。这是因为黑格尔是认识论的一元论的唯心论者。不理解康德继承笛卡尔心物二元论的认识论之困难。所以,他就很容易认为"当我们认识了现象[是现象]时,我们因而同时即认识了本质"[3]。但是黑格尔认定现象必是所表现的本质之表现,而本质是必须表现的,这点确是高出康德一筹。

在表上可看到,"本质"这个大范畴的第二个范畴,即"现象"(出现)又分为三个小范畴,即(1)"现象的世界";(2)"内容与形式";(3)"关系与相互关系"。

我们先讲现象界的大意,然后看黑格尔的正文。

在"现象"这个阶段上,紧接在其前面的"事物"(看表)就已经变成为"现象",而"现象"如上节附释所说明乃是存在中的矛盾得到明朗化,却把其反映他物的存在由于自身矛盾而为其彻底的依存而扬弃,所以现象就成为普通相互依存的现象界。就是说,每一现象不但是依存(映现)作为其本质一个事物而是映现整个映现的(现象)世界的。

事物都是质料与形式两者构成的。"质料"乃是自身反映 aRa,是内部的存在,事物的本质,而"形式"乃是反映他物的 aRb,外部的存在。构成事物的现象的,乃是反映他物的这方,变为现象的是形式,而"质料"就被看作"本质"了。

但是前面已说过,"形式"包括"质料",而"质料"又包括"形式",因而,得要把现象的本质或"根据"同样看为是"形式",至少是"形式"之一部分。

然而,"形式"原是"现象",所以,"现象"在其所表现的存在里有其根据,而这个存在却又是一现象,这现象又有其根据。如此类推,这样一来,我们就有了许许多多的现象,都是联系在一起,相互依存的。这一切现象的总和也就是"现象世界"。

① 黑格尔著,贺麟译:《小逻辑》,北京:生活·读书·新知三联书店,1954 年,第 284~285 页。
② 黑格尔著,贺麟译:《小逻辑》,北京:生活·读书·新知三联书店,1954 年,第 284 页。
③ 黑格尔著,贺麟译:《小逻辑》,北京:生活·读书·新知三联书店,1954 年,第 284 页。

当记得在讨论“质料与形式”这个范畴时，我们指出过，所说的“质料”，虽然在德文和英文里是用一个也可作为“物质”讲的词（德文的 Materien，英文的 matter），可是这里是指“质料”而不是指物质说的。

另外，这里的“界”或“世界”不是指外面的物质世界。黑格尔在他的逻辑里只限于纯思想，所以在这里演变出来的“现象界”也不是指我们接触的世界，而是指世界的“现象性”。

在“现象界”这个范畴里有两种要素：(1)现象的现象性；(2)现象的有系统的相互联系。

其现象的有系统的相互联系就是关系，或关系体系的这个观念。这是一个观念，因为它不是一种感性上的事实，而是一种纯思想。所以在现象界这个范畴上，我们不是谈到我们五官所接触的世界，而是谈我们把这个世界看作一个出现的东西这个纯粹范畴。范畴不是我们五官能接触的东西，至少是和这种东西不相同的。

以上是《小逻辑》的 132 节的大意。

第 133 节是谈“内容与形式”这个范畴的，其大意如下：

现象有其“质料”又有其“形式”。但是，如上所说，“质料”变为形式的一部分，而“形式”又变为质料的一部分，这样来看，质料与形式就成为“内容与形式”了。

一物的“内容与形式”每每是难分辨的，尤其是在艺术范围里，不限于艺术，因为使内容成为它实在那样的，正是它的形式，而内容也确定其形式。例如，一首诗的形式改变了，这诗也就改变了，即其内容也变了。内容与形式两者不是毫不相干的，有一定的内容就必定有其一定的形式的。

这就提出“质料与形式”和“内容与形式”的分别这个问题。贺麟先生译前一个“形式”为“型式”。但是我曾指出“型式”在德文与英文都在词上不同于“形式”。而这里却是用同一个词，即 Form（德文和英文是一样的）况且译词的更改并不解决所提出的问题。

两者必须有分别的，否则黑格尔的范畴从“事物”的“质料与型式”演变到“现象”的“内容与形式”（看表）就不是有进展的演变了。

其实，在前的“质料与形式”里，两者是互不相干的，其质料是无形式的，形式是无质料的。两者只是在外部联系着的。但是在“内容与形式”

里，两者乃是完全相互依存，相互确定的。没有无形式的内容，乃至赤裸裸的质料也有其形式，但是这样来看质料，它也就不只是质料而是内容了。随着思想的变，质料的范畴亦变。

以上是“现象”这个范畴之下的第二个小范畴的“内容与形式”的大意，这是《小逻辑》第133、134两节所谈的。

下面谈第三个小范畴，即“关系与相互关系”的大意。

关于这个小范畴，黑格尔在《小逻辑》里反复讨论的篇幅比较长，从第135节到第141节，中译本有14页之多。但是它的大意可约略地分总说和三段分说，概括如下：

总说关系（德文的das Verhältins，英文的relative）。

所谓关系就是两物之间的一定联系（第135节）[①]。关系的意义是比联系的意义更确定的。例如：上面的“质料与内容”也有外部的联系，但是在内容与形式之间就不只有其联系，而且还有相互依存、相互确定这种关系。在内容与形式之间的关系并且是使关系的两方同一的，虽然它们还是不同的，因为如果这两者只是同一而不是依然不同，那就只有一物，无关系，且无联系之可言了。

这就开始了范畴的一个新的境界。关系有两个方面，而这两方是完全等同，相互同一的，一方只是他方的不同方面。

这类的范畴就是(1)“全与分”，即整体与部分的关系；(2)“力与其表现”的关系；(3)“内与外”的关系。

黑格尔称这类范畴为关系或相互关系的范畴。

可能有人认为我们在本质论里一直就是谈到关系的范畴，而且反映的观念也就含有相互关系的意思，如aRb，a反映b，即b反映a，bRa。那么又何必另外辟出一类相互关系的范畴来呢？不可不弄清楚这个问题。

当知，范畴的发展现在到了每一个范畴有两个方面，而这两方是同一的。黑格尔用“相互关系”来表达这个意思。黑格尔在这里的用词确是有点牵强，可是我们不必深追，只记得“相互关系”在这里有其特别的意义就够了。

---

① 黑格尔著，贺麟译：《小逻辑》，北京：生活·读书·新知三联书店，1954年，第289页。

（1）“全与分”（整体与部分）的关系[①]：

我们可回忆一下上面谈到同与异的“异”时（第117节）。“异”有三种：即（1）多样性；（2）相似与不相似；（3）对立性，如积极与消极，正与负（＋、－）。

多样性的事物是相互不同的，但不是一个的不同乃通过另一个作为它的间接中介来比较或对比的。多样性的多样是直接性的，如笔之不同于骆驼，一看而知的。黑格尔说：“它们是互不相干的。”这是第一种的“异”，直接性的。

我们知道黑格尔的辩证法总是先有正的直接性的一个范畴，发展为间接性的反，然后再由正反之合而又成为一个直接性的正。

“多样性”这个第一个小范畴里的多样东西是直接的多样，毋须相互比较的。

同样地，在“相互关系”的范围里，第一个小范畴是“全与分”的关系。

“全与分”是等同的，可是互不相干的，只有这全与分（整与零）才具有这两种特性。怎样说明呢？难道全与分，即整体与部分，是等同的，而又互不相干的吗？

黑格尔却能自圆其说的，他说全乃是分的总和，各部分的总和等于其整体。例如一堆糖都有十二块。其一堆就是整体，就是“全”，其十二块就是部分。这一堆等于这十二块。

其次，整体与部分又如何是互不相干呢？

当知正因为它们是互不相干，才说它们的关系是直接性的，这就更奇怪难明了！所谓部分定不是其整体所分出来的部分吗？何以说“互不相干”？

黑格尔认为，每一部分的本身原来是不管它是否那个整体的一部分的，其整体也不管那些作为它的部分的原来是不是它的部分。一堆十二块的糖，其每一块糖并不注定是要在这一堆里的，这一堆也并没有去管哪些块糖构成它成为一堆，糖只是糖，没有一定要成为一堆，或成为一堆的十二块的。

① 黑格尔著，贺麟译：《小逻辑》，北京：生活·读书·新知三联书店，1954年，第290页。

其意思不过是说,“分”的成为“全”,其成为只是机械性的,其部分不是有机地联合为这个整体的。因为各部分不是有机的联系,不是按其本性要这样联合的,所以其偶然凑合不是通过什么原有的关系,而是事实上碰见是这样,所以说是直接性的,不通过任何关系的。

有机的联系就与此不同,固然我们一般也说手和脚是人身的部分,但是手注定为人身的手,脚是注定为人身的脚的。人身与其手脚不是原来不相干的,如果把一堆的十二块糖的一块分出来,它依然还是一块糖,但是把人身的一只手割切出来,它再不是一只手,只是一块骨与肉与血而已;它已失了它做手的本性。人身不是四肢百骸的单纯集合体,而一堆糖不过是那偶然机械碰在一起的十二块。两者是有本质上的分别的。黑格尔说“全与分”是互不相干的,因而其直接性的意思乃是这样的。要记得的是直接性的意义,即不通过其他东西为其中介的。我在上面曾指出过,所谓“直接的”在拉丁文和现代欧语都是非间接的意思。如英文的immediate 的“im”即“非的”意义,而 mediate 是从 medium(中间)这名词变为形容词的。

(2)相互关系的第二个小范畴乃是“力与力的表现”(第 136—137 节)[①]:

在“全与分”的关系里,其全之与其部分的关系只是对自身的关系,因为如上所说,全是等于其部分的总和的。同样地,既然在全与分的关系里两方是等同的,所以“分”对“全”的关系也是对其自身的关系。可是在这个关系里,我们有自我关系 aRa,也就是自身反映关系。

但是一个自我关系总是否定的,因为这里的 a 必须否定其自身为 a 而成的 aRā 这个关系。如果 a 只是 a,两个完全同一的东西,就没有关系之可言,反映的必不完全是被反映的,所以,自身反映是包含有反映他物的。

但是自身反映乃是同一性或是单一性的形式。因只有自身而反映他物是“异”或多数性的形式,因为有了某物而又有所反映的他物。

因此,“事物”“质料”“内容”等范畴之每一个都是自身反映,如上所说

① 黑格尔著,贺麟译:《小逻辑》,北京:生活·读书·新知三联书店,1954 年,第 292~296 页。

明，因而都是一，所以也就是个别的一，而特性（属性）与形式，既是反映他物的，所以就是多数的。

这样一来，就有了自身反映的直接使其自己成为反映他物，因为一中必是有多的，如上所说明（见第97节）。这也就是说，我们在这里有了一，而这一立即（直接地）分化为多。但是由于自我关系aRa，亦即自身反映，这个一，乃是本质方面的，潜在内面的，而反映他物，即多，是在外边的一方，是表现，所以，我们也就有了一，而这一作为许多的表现呈现出来。

可是，如前所说，自身反映aRa，必须是立刻变为反映他物的$aR\bar{a}$，由于a与a不能成为一种关系，所以自身反映里能反映的a，必须变为所反映的$\bar{a}$。

然而既是a与$\bar{a}$原是在自我关系中，所以是同一的。因之这是自身反映的结果的反映他物又反转来变为自身反映，结果就是，不但一表现为多，而多又必然回复到一中来。这样一与这样的多的关系就是“力与力之表现”的关系。

可是力与其表现是一种经验上的事例，还有同类型的其他经验上的事例，那么，怎能以一种具体的事例来称呼有抽象意义的普遍性范畴？

有一位黑格尔逻辑的研究者Dr. J. McT. E. McTaggant①认为黑格尔不是不知道这种传统，而以力这个经验上的实例来说明这个一的表现为多。这是一种暗喻的说法。如果Mc. Taggant的解释是对的，那也就是黑格尔借用物理学的抗力与引力来说明一与多的同样例子。

那么，何以力与力的表现是这类现象的典型例子呢？

黑格尔认为，凡是力一类的东西都有许多不同的表现的，例如电力的表现为闪电，为阴阳电等等的现象。热亦复如是，即令一个人的人格亦复表现为种种的行为。

其实，凡力都必然表现出来的，力必须有其表现才为人所知。没有表现，也就没有力之可言。力与其表现这样说来是一而二，二而一的。闪电也就是电。我们打开电灯时，不见有光，就说没有电，而我们找不到的只

① 著有《黑格尔的范畴》一文（刊载于Mind杂志新号第六卷），与1896年出版的*Studies in Hegelian Dialectics*《黑格尔辩证法研究》。

是电的光，而把这说成是电。

所以，以力来说明力的表现简直是同语反复：a 是 a。由此可见，没有表现的力是不可想象的。

那么，常有人说，我们只知电的表现而不知电是什么。这种说法是合理的吗？可见离开它的表现，力就成为一个空洞的名词，毫无意义的抽象概念。这也就说明没有异在其中的同一性是空虚的，不可能的，至少是无意义的。自身反映 aRa 而不成为反映他的 aRā 也是如此。

黑格尔因之认为，所谓“自在的东西”就是与别物无关的纯粹自我关系，aRa，纯粹自身反映，顾名思义，即能有自我关系或自身反映，如果 a 只是 a，如果只是一个我，何谓有自我关系，何谓有反映？足见自我关系中的是两个不同的，不是同一的我，反映的和被反映的必须两个东西，但是实质上也是同一个东西。

同样地，力必须有其表现，正如自身反映必须发展为反映他物，必须由潜在而发展为公开。

可是，表现又必须追溯到所表现的，那就是反映他物这个关系，必须回到自身反映这个关系来，于是我们又是有正→反→合的过程。这是思想运动的逻辑性必然过程。

上面是“力与力的表现”的大意。

(3)“关系与相互关系”的第三个小范畴是“内与外”(第 138—141 节)①。

上面的两个小范畴，即“全与分”和“力与力的表现”是由正到反的，由互不相干的机械的同一，到互相联系，不可分的力与力的表现这种有机的必然联系，即反对第一个小范畴的第二个小范畴。由空洞的同一到同中有异的同一，由自我关系在自身反映的形式上到反映他物，由 aRa 到 aRā。

在“力与力的表现”这个范畴的阶段上，我们看到力与其各种表现是同一的，是异中之同，也就是同中有异。空洞的自身反映是无意义的，贫乏的观念必须发展为更丰富、更有意义的反映他物的。

① 黑格尔著，贺麟译：《小逻辑》，北京：生活·读书·新知三联书店，1954 年，第 296～302 页。

但是自身反映和反映他物是相互含蕴的关系。以数理逻辑的公式来表达就是 $aRa \supset aR\bar{a}$。$aR\bar{a} \supset aRa$ 等于说 $aRa = aRa$。那就是如果 a 完全的包含着 b,而 b 又完全包含 a,岂不是 a=b 吗? 所以力也就同一于力的表现,闪电,电光,电力也就是电。

但是毕竟电是看不见的,潜伏的,在内的唯一的本质,而它是 aRa 的第一个 a,电光等是外面可见的表现,是许多表现之一,是反映他物(电,a)的 $\bar{a}$。

但是以内容来说,两者(a,$\bar{a}$)是同一的,其不同只在形式上。这就是由同到异,而又由异到同了,由正到反,而又回到合这个正来了,这又是一个否定之否定。

所发展到现阶段的就是"内与外"这个范畴。毕竟力是内,而力的表现是外的。

但是,无内则无外,无外亦则无内。所谓内只是从自身来看,只是自身反映,而所谓外是从内(他物)来看,只是反映他物。

然而反过来说内外也是这样。

所以两者(内外)是同一的。

但是不可把内外看作是空间所说的内外,而要认识它为"本质"与"现象"这种内在的与表现在外的内外,例如印度宗教与哲学认为婆罗门是内的,世界是外的。我们一般也认为人格是内的,表现人格的言行是外的。

然而既然内外是相对的名词,在形式上两者是同一的。只有机械看事物的分别识,形而上学的知识,才把两者生硬地对立起来。其实一个人的本质也就是他们所表现出来的言行。"从树的果实来看树是什么。"

黑格尔反复用种种例证来说明这点①。

他曾谈道:"近来特别有所谓之现实的历史写法,即由于错误的内外之分。"②那种看法认为历史的伟大人物有其功业的秘密动机,而以为愈揭发那些人的假面具就愈是现实的历史写法,于是大大鼓励心理学的研究。当知人是很难隐蔽其本心的,在言行中一定表现出来的。把内外隔

① 黑格尔著,贺麟译:《小逻辑》,北京:生活·读书·新知三联书店,1954 年,第 296~300 页。

② 黑格尔著,贺麟译:《小逻辑》,北京:生活·读书·新知三联书店,1954 年,第 301 页。

开是错误的。

“内与外”的范畴就是“相互关系”的最后一个小范畴。在“全与分”的第一个范畴里,其间的中介联系是看不清楚的,而在“内与外”里,这种联系表面化了,彼此是像积极与消极那样相互包含着的,其相互关系是完全发展出来的。在内面的必然要成为外面的。

现在让我们回头来从第135节看看《小逻辑》的译文。

(1)“全”与“分”是直接的关系,“内容”是全,而这全是它的相对物(贺译“对立者”)这个形式所构成的,这是因为“全”是内容,“分”是形式,“内容”与“形式”相对的。

原来“全”里面的“分”是不同的,各个独立的,只在其结合为“全”时,如十二块糖成为一堆时,才是叫做“分”。

附释说明一切事物都是在相互关系中,不是抽象地各有其自己的存在的,而是由于他物(他在)而有其存在的。自己存在就是自我关系,aRa,他在就是aRb,而“相互关系”是两者的统一,即aRa是说不通的,要a的有其存在,必须与b有关系①。

附释第二小段说的是:不真不是没有存在,只是名不符其实。

第三小段说明,仅以肢体为全身的部分来说是不真的。因为各肢体是和全身有机地联系着的,所以“全与分”的关系是一种机械凑合的关系。这是关系的第一种直接的关系。

(2)第二种关系是“力与其表现”的关系,在第136节说明。译文的第一小段很难令人明白,意思是说:在同一的相互关系aRa里面有自我关系,而这个自我关系是立即否定其自身的,因为a对a有关系是矛盾的,如要成为一个关系,a就必须是否定其自身,就是说我和我的关系中的第一个“我”必须不同于其第二个“我”,即是aRā。

在aRa的关系中,a与a起初是相同的,与“异”不相干的,但是要成为一种关系,就必须是aRā,那么就否定了aRa,于是自我反映(aRa)就成为反映他物(aRā)。

如果由aRa到aRā是第一个否定,那么两者(正反)之合就是第二个

① 黑格尔著,贺麟译:《小逻辑》,北京:生活·读书·新知三联书店,1954年,第289页。

否定,即否定之否定,那就由关系的与异无关的抽象同一关系,即自我关系(aRa)转变为有异的,即同中有异的反映他物关系了。这是“力与力的表现”的关系,只是第一个否定的形式,要到“内与外”的关系时才是否定之否定。

“全与分”的关系是直接的。这一小段很明显,毋须解释。

在下一小段里,黑格尔又重复他的循环往复的抽象关系递推至无穷的假无限。譬如,一分为半,而又拿这一半作为全体而再分为半,即是1/4,复拿这1/4作为全体再分为1/8……以至无穷,这种无穷的过程既是无穷,也就是否定的,就是相互关系的第一个否定,即“全与分”的否定,这样就得出“力与力的表现”这个范畴来。

我认为这一段的推理是多余的,在上段里已经得出了“力与力的表现”作为相互关系的第二个范畴,又何必在这里为了拉进来无穷递推的关系而重说一遍。黑格尔的牵强推理每每都是这样的。这里不过是要用这种方式说明力是其无穷表现的全体,而以各种表现为其“分”,可是黑格尔没有进一步说明力的表现是力的当然表现,与力是有机联系着,而不像前一个小范畴的“分”是机械地和“全”联系的。

第292页的第一小段比较难明,所以黑格尔说要等到以后讨论目的论时(第204—212节)才细密地阐述。而在这里只说力与其表现两者的关系还是有限的关系。力还是无目的地、盲目地有其各种表现,所以他说不应误认上帝为力。

这页的第二小段易明,无须解释。

附释一说明力需要有推动力才能发挥作用,而这推动力又需要另一推动力,那就又是无穷的递推。所以“得不到运动的绝对的开始,是因为力不像目的因,尚没有内在的自决力……所以说它的效力是盲目的……和有目的的行动区别”①。

附释二:“力之本身不可知……是无根据的,因为力之所以为力,只在它的向外发挥,而我们从力的全部发挥里所求得的定律,同时就是对于力之本身的认识。”这是重要的说明。

---

① 黑格尔著,贺麟译:《小逻辑》,北京:生活·读书·新知三联书店,1954年,第293页。

还有下一句:"但从认力之本身不可知的说法里,却已正确地预示着力与力之发挥的关系仅是有限的关系罢了。"其所以为有限的关系,实因我们只孤立地考虑一种力而未能和别的力普遍地联系着来看。

在附释二的最后一段,黑格尔牵涉到当时的神学与科学之争,我们无须去详细考虑。但是应指出一点就是黑格尔在这里的立场完全是康德在《判断力批判》里目的论的立场,而提出世上万有存在的为什么? 这个问题作为"科学,经验科学以为哲学科学的职责"①来解决它。

第 137 节是由"力与力的表现"这第二个"相互关系"的小范畴过渡到其第三个小范畴,即"内与外"的说明。

第一个小范畴,"全与分"原是 aRa 的自我关系,"全与分"原是互不相干的,而转变为其否定的反映他物的关系,aRā 其中是有矛盾的,因 a 与 ā 怎能存在于同一个关系之中,所以就有回复到其为力的过程,即如何力是力这个过程,这样来扬弃其存在的对立,就是要认为力的表现也就是力,不是不同于力的,即就是回复到一个自我关系的 aRa,这是说,第一个 a(力)是内面的,而第二个 a(表现)是外面的,这样就演变到"内与外"这第三个"相互关系"的小范畴了。

第 138 节"内是根据……是自身反映的空洞形式。与内相对的为外……外仅代表反映他物的空洞范畴……但内与外是同一的,(因为是可以互相调换的,如以 a 为内,则 b 为外,以 b 为内,则 a 为外)只在'力与其表现'里,认力为内,表现为外,内外才'得到充实的内容'"。

第 139 节:"凡物内面如何,外面亦见得如何"(有于中必形于外),反之亦然。"凡现象所表现的没有不在本质内的",反之亦然。其实现象乃是表现他物(称为"本质"的物)的。

第 140 节:总结在②歌德的诗句:"自然没有核心,也没有外表,一切的一切都是一个不可分的整体。"

附释第一小段指出,"须得避免认内为本质,为根本所系。认为外无关重要,为不相干的这种错误"③。

---

① 此处原稿漫漶不清。

② 黑格尔著,贺麟译:《小逻辑》,北京:生活·读书·新知三联书店,1954 年,第 298 页。

③ 黑格尔著,贺麟译:《小逻辑》,北京:生活·读书·新知三联书店,1954 年,第 298 页。

在第二小段里，注意黑格尔使用“自在”“自为”“为他”的几个名词，他以“自在”作“潜在”的解，不是康德的“自在之物”的“自在”；“自为”乃是英文的“for oneself”①；“为他”就是对他人来说的意思。“自为”也就是自身反映，而“为他”乃是反映他物。

第三小段里②引用拉斐尔（Raffaello）和莫扎特（Mozart）这两个名字，拉斐尔是意大利十五六世纪的名画家。莫扎特是奥地利十八世纪的伟大音乐作曲家。

这小段和最后一段③不难了解，毋须另加说明。

第141节说明了“全与分”的关系。“此面过渡到彼面。”其两面的内容（一堆糖与十二块糖）是对立两面的同一。是两面都可作为貌似的本质。而以他面为反映（映像），在第二个小范畴“力与力的表现”里，内面的力使之有了它的存在。

但是这个存在的建立起来，是通过空虚的抽象的，因为毕竟力的存在只是在它的表现里，离开力的表现，就没有所谓力。这个从表现到力的间接过程立即就消逝了，因为表现固然是反映所表现的，而所表现的其本性是要表现的，所以一谈到表现时，立即就是有了所表现的。如说b反映a，因之说a是由于b反映它，然后它才有其存在之可言，但是既然b是反映它的，所以必然是要映现出来的，因之它的存在也就是直接性的，本无待于b的反映作为它的间接性的。

在这种直接性的内（a）与外（b）的关系里，就得到真实的同一，这种同一就是实在，像这样就通过现象的从“全与分”发展到“内与外”，也就转变到下一个范畴，即“实在”，也就是“本质”的第三个范畴。

（丙）实在④

“实在”按原文应译为“现实”。

实在论是本质论的第三大段，即最后过渡到总念论的一大段。

---

① 为自己，即以自己的境地或利益来看的。

② 黑格尔著，贺麟译：《小逻辑》，北京：生活·读书·新知三联书店，1954年，第300页。

③ 黑格尔著，贺麟译：《小逻辑》，北京：生活·读书·新知三联书店，1954年，第300～302页。

④ 德文为Wriklichkeit，英文为actually。

这大段分为三个主要范畴来讨论,即(1)“实体关系”,(2)“因果关系”,(3)“交互关系”。从第 142 至 159 节,即译文的第 302—332 页。

现在先讲这段的大意,然后看译文。

前一大段是现象论,从“现象”到“实在”的过渡是很简单的,“现象”的三个范畴,“全与分”,“力与力的表现”和“内和外”都是成对的,因为“现象”是由反映的关系而来的。凡反映必是有所反映的,出现的必有其自身未出现的。

在这两个成对的范畴里,似乎一边是主,一边是从似的,好像“全”“力”“内”是本质,而“分”“力之表现”“外”是映现,或者说出现、现象。

这样一来,“本质”就成为内的,而“现象”成为外的了。

但是在“内与外”的范畴里,我们看到内即是外,外即是内,两者的分别消逝了。内与外变成同一的,结果就是内与外的统一,也就是本质与现象的统一,这就是“实在”(现实)。

上面在本质论里,我们首先讨论“本质”(第 115—130 节),然后讨论“现象”(第 131—141 节)。“本质”是正,“现象”是反,现在就是正反之合,“实在”“本质”是肯定的、直接性的,“现象”是否定的、间接性的,现在“实在”又回复到肯定的直接性来,作为否定之否定,黑格尔的辩证法总是这样进行的。

“实在”不是单纯在内或在外的,而是在内而又在外,因为实在的东西是内外的统一,在它里面不能把内外分开,因而两者是统一的。

但是要注意,在实在里虽然内外统一,而且是同一的,但是这个同一又不是抽象的同一,不是知性的同一,而是同中有异的,所以同一的两方还是不同的,有区别的,这种区别还保持在实在里被升华了。

在“实在”里“本质”是完全表现出来的,这样的表现就是“本质”,与本质无异无别。

黑格尔认为常识,即朴素的实在论,把我们眼见的世界看为实在的,是一种片面的错误看法,正如印度哲学与古希腊的埃利亚学派,如巴曼尼德的学派把眼见的世界看成是虚空的一样是片面的错误。黑格尔认为眼见的世界固然是现象,但不是虚无,它是本质的必然表现,像本质一样是“本质”的,“本质”是按其本性必须表现为“现象”的。不然的话,就会不可能理解何以“本质”要表现其本身。“本质”没有表现，它本身就会是不实在的，可见“实在”（或说现实）不单是“本质”，又不单是表现，而是表现其自身的“本质”。因之可以说知道外面的表现也就是知道内面的本质，因为外面的表现乃正是内面本质的显示，它也就是内面的。

如果我们现在要问，像这样的讲述，现实的是什么？其答案便是：只有有理性的才是现实的。

这就是说，不是所有存在的都是现实的。因为有些存在的东西，例如罪恶，是没有道理的，即不合道理的，也就是没有理性的。这种东西是存在的，但只是假相，佛家所谓空，迷，不显示世界内在的理性的外表上的空虚。黑格尔的企图乃是用现实是内外统一这个定义来论证这个定义含有必然性的，而必然性是含有合乎道理的这个意思的。因为凡是我们认为没有道理的东西都是我们想不出它的必然性的东西，何以它必然是这样的，如果它必然是这样的，它也就是可理解的，有道理的了。但是须知这里所说的必然性不是机械的表面上的必然性，而是逻辑上的必然性。墨水是黑的，这只是单纯一个事实。墨水也可能是红的。墨水之为黑为红，是不必然的，通常说是偶然的。但是 2＋2＝4 是必然的，逻辑上必是如此的。所以就说是现实的，实在的，是合乎道理的，是理性的表现，因之才有黑格尔的名句：

“凡是合理的都是现实的，而凡是现实的都是合理的。”①

这就是说，只有在外面世界是有道理的才是世界内面实质的真正表现。

问题就是：是否一切世上的东西都是合理的？例如罪恶，剥削，帝国主义，美帝国主义的好战政策等等，都是现实的东西，难道黑格尔能说明这些都是合理的吗？

这个问题是更尖锐地在黑格尔的自然哲学里提出来的。在这个问题上，黑格尔是觉得很为难的。在他的逻辑体系里，我们在现阶段上只能指出，黑格尔的哲学是绝对观念论，一切都是绝对的表现，只是在不同的程度上而已。由于在某阶段上，绝对还没有完全表现出来，所以就有我们认为不合理的东西。但是何以在绝对未很完全表现出来时，就有这些不合

① 见黑格尔《法权哲学》序言原文第 27 页，又见《小逻辑》贺译本第 55 页。

理的东西呢？其不合理的成分要么就是从绝对本身来的，要么就是从绝对以外来的。两种可能都说明绝对不是绝对的。这是最使黑格尔以及一切观念一元论者感觉为难的。

可是在他的《小逻辑》的“实在”这个范畴上，黑格尔所用的论证，其关键所在就是现实的(实在的)必须是必然的这个定义，从而推论出必然的必是有道理的。

他怎样说明实在的是必然的呢？

实在性有其内外两个因素，内外统一就是实在的。

内的单独来讲是可能的，因为内就是自身反映，抽象的自我关系，抽象的同一。

既是同一，那它就不得不服从同一律，没有内部矛盾的。我们一般是说，实在的东西里面是没有矛盾的。这是知性形而上学的看法。凡是不自相矛盾的，都是可能的。但是外部条件是能使内部没有矛盾的事情变为不可能的。例如黑格尔的例子，“土耳其的皇帝会成为教皇也是可能的”①，“因为他是一个人，他可能转而皈依基督教，可能成为天主教的僧侣等等”就有可能，纵然很小的可能成为教皇，这只是说，这种说法并没有内部的自相矛盾，但是种种外部条件可能使之成为不可能。

可是这种情况是这样，乃是由于我们考虑到外部的条件，如果我们只考虑事物的内部条件，那么凡不是自相矛盾的东西都是有其可能的。

考虑外部的条件也就是反映他物，即从他物来看某物。如果只从这某物的本身来看，它是可能的。

像这样说，某物就它的本身来说是可能的，而从他物来看是不可能的，那就是说，其内部是可能，而其外部是不一定可能的，即不必然的。

那么同一事物，即同一存在的东西，其存在是如此，但不能指出其存在何以必是如此，那就是说，它也可能不是这样存在的，就是不必然的。譬如说，这墨水是黑的，但是如果我们说不出来它之是黑的理由，那么它之是黑的乃是不必然的，也就是说，它可能不是黑的，而是红的。

只是其必然的根据不在他物而在自身，才是合乎理性的必然性，凡是

① 黑格尔著，贺麟译：《小逻辑》，北京：生活·读书·新知三联书店，1954年，第306页。

不必然的东西都是因为其根据不在其自身而在他物的。

所以不必然的东西(有人称为偶然的东西)不是没有理由,没有必然之理,而是它的必然之理不在其自身,而在他物。

甲的根据在乙,而乙的根据又在丙,如此类推,这也是必然性,但这种必然性乃是机械的必然性,而不是逻辑的必然性。

现实东西的必然性就是机械的必然性。

那么,这是说明了何以这墨水(这个实体)是黑的(偶性),但是如何从这个"实在"(现实)的第一个范畴过渡到"因与果"的这个第二个范畴,即过渡到"必然性"的范畴呢?

在这点上,黑格尔的论证似乎是不甚清楚的。

看来只有说一物的必然性是它所属的整体所确定的,其必然性才是逻辑的必然性而不是机械的必然性,因为是它自己的整体所决定,而不求之于外的。但是这样一来,在整体里又含有机械的必然性,因为在这整体里每一个部分同时也是其他部分所决定的,如果整体A里有b、c、d……b、c或d等固然是A所决定,因之每部分的必然性是它所属之整体所决定,而不是它以外的东西所决定的,但是这整体是它(b)和c、d等构成的,所以b也是c、d……等所决定的,因而b的必然性也是由于他物的,所以它的必然性从这点来看也是机械的。所以我们说,黑格尔的从机械的必然性,墨水是黑的,过渡到墨水必然是黑的这个"因与果"的范畴是不清楚的。

然而黑格尔是说明了,凡事合乎道理的都是现实的,而从这点,黑格尔就从"现实"(实在)发展为现实的三个小范畴,即(1)"实体与偶然性",(2)"因与果",(3)"互为因果"(主动与反动)。

以上是总论"实在"(现实)的大意。在《小逻辑》里包括第142—149节,这几节的文字不易懂,所以我们先看这几节的译文,初步掌握其内容,然后进而考虑那三个小范畴。

让我们首先看看第142节的正文。这正文比较难懂,而附释是比较易读的。

在这正文里[1],黑格尔首先的一句是全段的总说:"实在(现实)是本

---

① 黑格尔著,贺麟译:《小逻辑》,北京:生活·读书·新知三联书店,1954年,第302~303页。

质与存在,或说内(即本质)与外(即存在)的统一之成为直接性的。”

我们要记得在第122节里,“存在”乃是先有了“本质”的自身关系的间接性被扬弃而回复到直接性的,即回复到“有”这种直接性来的,而这样的“有”才叫做“存在”①。

所以从“本质”到“存在”是一种从间接性的转变到直接性。而实在的表现出来成为现实的,是表现什么呢?

“实在”原是“本质”的第三个大范畴,这是“本质作为存在的根据”(正)和“现象”(反)的合,而成为这三个大范畴的,所以它本是“本质”与“现象”的统一。可是“现象”也是“存在”,因之可以说它就是“本质”与“存在”的统一,而“本质”转变到“存在”时,已经由间接性转变为直接性的了,所以“实在”就是“本质”与“存在”的直接性统一。既是直接性的,“实在”在它的表现里就依然保持其本质,而不仅仅是本质的表现,这是正文的第一小段。

正文的第二小段说明“实在”和“有”与“存在”的不同,“有”是没有反映性的直接性,因为反映性是要到“本质”阶段才有的,而反映的东西总是间接性的,但是“有”不能老停在其本来的地位上的,即“纯有”也必须过渡到“无”,而“有”这个大范畴也必须发展到“本质”这第二大范畴。

“存在”这个范畴乃是“有”这个范畴和反映性(即“本质”所有范畴所同具的反映性)的直接统一,因此“存在”是由根据(纯反映范畴的第三个小范畴)转变出来的,并“回到根据”。

怎样是“回到根据”? 贺麟先生照德文的 Grunde 直译为“死亡”这仍然不能说明这句话的意思,按 geht zu Grunde 可译为“回到根据作为基础”。

这样“实在”也就是和它原来所依的根据(间接的关系)建立了一种统一,成为直接的统一,即所依的根据现在成为它本身的所有物,然后和原来所依的统一起来变为在它所表现的里面有了它的自身,即表现其自身,也就是上一段所说的“实在的表现乃是实在的本身”了。

“实在”(现实)既是和它原来表现的“本质”得到了这样的直接统一,

---

① 黑格尔著,贺麟译:《小逻辑》,北京:生活·读书·新知三联书店,1954年,第273页。

所以就是与其对方统一了，于是不必像“有”的要过渡到其对方，其表现就是它内里所蕴藏的力量（本质）之外在化，这里的外在化也就是它自己反映自己，aRa，而不是反映和它不同的“本质”，不是 aRb 这种反映，所以如上一小段所说，“实在在它的表现里仍同样保持其本质”，也就是说它的表现不是反映他物的关系而是自身反映的关系，不是 aRb，而是 aRa，不是间接性的，而是直接性的。

附释说明(1)思想不是只是主观的，与实在对立的。思想如果是理念的一种形式，它就有力量来实现在外的，同时实在的东西不是和理性对立的，而必须和理性相符合的，是合理的。不合理的“不得认作实在”，不是真正应该如此的。

在附释的第二小段里，黑格尔附带地说明柏拉图与亚里士多德同是“认理念为唯一真理”。亚里士多德不同于柏拉图是在于亚里士多德认为理念本质上是一种动力，完全发扬于外的，即是名副其实的实在。

这里黑格尔把柏拉图和亚里士多德在这点上的分歧夸大了，其实亚里士多德的理念（即它的形式）是不断推动其质料来表现它的，但到了最后，只有最高的，没有质料的形式，也可以说无待于质料来表现它的形式，才是完全真实的，也就是柏拉图的理念，黑格尔牵强地认为亚里士多德的谈到理念（即形式）是和他自己同调的。

第 143 节到第 149 节在黑格尔谈到“实在”的三个小范畴，先花了比较长的篇幅来谈“可能性”（又译或然性）、“实然性”（即实在性）和“必然性”。

怎样从“实在”这个范畴得出“可能性”来呢?

首先黑格尔在第 143 节里指出，“实在”是一个比较高而丰富的范畴，通过前面的各范畴演变而来的，所以就是更全面的更具体的范畴，包含前面的那些范畴的①。

前面的那些范畴，以其是“实在”这个范畴的过渡，看来就像是虚而不实的东西，与“实在”对比起来像是一种假象，一种影子（德文的 Schein），像是为了“实在”而建立起来，假定着的。（参看上文第 141 节）

① 黑格尔著，贺麟译：《小逻辑》，北京：生活·读书·新知三联书店，1954 年，第 304 页。

我们在上面不是说过,“实在在它的表现里仍同样保持其本质”,所以它的表现不是反映他物,而是自身反映吗? 所以“实在”不是 aRb 而是 aRa,不是间接性的,而是直接性的。

现在我们又看到“实在”是包含着前面的一切范畴的,aRa 是同一性的形式,a 是 a,而“实在”又是包含着前面的范畴的,所以就说它是一种概括的(包含一切的)同一性。

从前面(即“实在”所包含的)范畴来说,“实在”只是一种潜在的,未发展出来的可能性。

既是从那些范畴来看“实在”,“实在”才是一种“可能性”,所以作为“可能性”来看的“实在”便是间接性的了,而它原本是直接性的,所以说“与实在的具体统一性相反”①。

可是这是从前面的范畴来看“实在”所得的结果。因之说“实在”的作为“可能性”不是它“重要的本质”,但是从这点来看,“实在”毕竟包含着“可能性”之一面,这是联系着它的发展过程来说的,因之是重要的。

黑格尔认为,因为这个缘故,康德才把“可能性”连同“必然性”和“实在性”认作样式的三个范畴②(见《纯粹理性批判》的范畴表)。

第 304 页上面引号内的“因为这些范畴并不能些微增加概念的作为对象(注意:贺译颠倒了这句,因而失去原文的原意,即康德的原意,故改正),但只是表示概念与知识能力的关系”? 这一句没有确切说明康德的意思,康德原来是说:“判断的样式完全是一种特殊的机能。其特质是在于它对于判断的内容毫无贡献而仅与一般思维有关的系词相关而已。”意思是说,判断的样式,即或然性、实然性和必然性,并不影响判断的主项或宾项,而所谓或然等是和判断的系词有关的,例如说 S 或者是 P,这“或者”与 S 和 P 无关,而只和“是”有关(参看康德的《纯粹理性批判》第一编,第一卷,第一章第二节最后一段)。

黑格尔在这里引用康德的这一句,只是要说明“可能性”(即或然性)对于“实在”来说是重要的。但是黑格尔把“可能性”不作为判断的样式来

---

① 黑格尔著,贺麟译:《小逻辑》,北京:生活·读书·新知三联书店,1954 年,第 304 页。

② 黑格尔著,贺麟译:《小逻辑》,北京:生活·读书·新知三联书店,1954 年,第 304 页。

看,而把它作为"实在"这个尚没有发展为实在的潜在性来看,所以他说,"可能性乃是一种自身反映的空虚抽象"①。"实在",如上所说,是一种自身反映,"它的表现仍是实在的自身"(第 142 节)②,而说"可能性"是"空洞抽象",乃是因为抽象地把"实在"看作还没有发展为"实在"的这个阶段,即潜在的阶段,从这点看来,"实在"是表现它的这个可能性的,那么在 aRā 的公式里,"实在"就是 ā,而它的可能性便是 a,所以"可能性"是内,而"实在"反成为外,而这种"内""外"显然是"主观思想内,主观建立起来的"。

黑格尔在这段文字里总把康德的"实在性"和他自己的"实在"等同起来,而说"必然性"和"实在性"不是主观建立起来像"可能性"那样,而是"自身完成的具体的整合"③。贺译的这句也是难懂的,原意是说"实在性"是具体的,不是假设的,而且不像可能性的要有"实在"作为其表现的,乃是本身就已经完整,无待于外的,因它是自身反映的,不是反映他物。

贺译的下一段中第一句,"具体的实在"应是"实在的具体"。"可能性"和"实在性",依上段所说,其关系是同一关系。因"实在"是表现其自身的作为可能性的,所以"可能性"也就是"实在"的潜在性,而"实在"既是同一关系的一种形式,所以它的规律是:凡不自相矛盾的就是实在的,也就是可能的。

可是何以黑格尔又说,"一切的事物皆同样的不可能"④呢?他在下一句加以说明,但是不易懂,意思是说,内容是具体的,而按知性的形式逻辑来说,具体的东西的内容是随意变动的。如果其内容是含有对立的成分,那它就是矛盾的。这样来说"可能性"是"无意义"的⑤,这种形式上含有矛盾的可能性是不能作为一个真正范畴的,它只是抽象的知性的玩弄。当知"可能性"是不可任意揣想的。关于这点,看附释的第二段更明白。

附释说明:(1)"可能性"不是较广的范畴,如有人说一切都是可能的,

① 黑格尔著,贺麟译:《小逻辑》,北京:生活·读书·新知三联书店,1954 年,第 305 页。
② 黑格尔著,贺麟译:《小逻辑》,北京:生活·读书·新知三联书店,1954 年,第 302 页。
③ 黑格尔著,贺麟译:《小逻辑》,北京:生活·读书·新知三联书店,1954 年,第 305 页。
④ 黑格尔著,贺麟译:《小逻辑》,北京:生活·读书·新知三联书店,1954 年,第 305 页。
⑤ 黑格尔著,贺麟译:《小逻辑》,北京:生活·读书·新知三联书店,1954 年,第 305 页。

但不是可能的都是实在的那样。其实,依黑格尔来说,“实在性”才是较广的范畴①,因为作为具体的思想来说,“实在性”是包括作为它的潜在性的可能性的,所以“可能性”只是“实在性”的一个在主观设想里的环节。我们有时把“可思议的”作为可能的,这是随意设想任何一个内容,乃是使用抽象的、不问条件的同一形式,是导致荒谬的说法的。如设想“土耳其的皇帝会成为天主教的教皇”那样。

附释第二段还说明:(2)“凡是可能的也可以是不可能的”,这种说法是空虚无内容的,我们得要看“实在的各环节各阶段的全体”,“实在在它的发展过程里证明它自身的必然性”②。

黑格尔在第143节里是这样把康德的或然性、实然性、必然性这三个范畴联系在一起的。

第144节说,如果把“实在性”看为“只是一种外面(贺译“外在”)的具体东西(贺译“性”),非本质的直接性的东西(贺译“直接性”),那么,它既是直接性的,那它就是不反映他物的,没有他物为其所依的,所以是非本质的,没有根据的,只是单纯在外面存在着,而既无所依,它也就是它自己的内,只是一种抽象的自身反映了。既然它是它自己的内,而内是作为可能性发展为外的,那么,“实在”也就变成一种单纯的“可能性”了,但是单纯的“可能性”,而且又是无根据的“可能性”,岂不是没有理由它是它那样的吗? 凡我们不知道其理由的东西,都称为不必然的,就是说“可以不是这样的”。拉丁文是用contingent这词的,应译为“不必然的”,而一般译为“偶然的”是不正确的。

第145节正文说明“可能性”与“不必然性”(俗译“偶然”)是“实在性”的两个环节,两个因素,是“实在性”的内与外。

何以见得?

依上面所说,“可能性”是未发展的“实在性”,而“实在性”之为具体的直接性的,是似乎不必然的,无根据,无所依的。这样说来,“可能性”便是“实在性”的内容,而“必然性”只是“实在性”的表现形式,是“实在性”的形

① 黑格尔著,贺麟译:《小逻辑》,北京:生活·读书·新知三联书店,1954年,第306页。
② 黑格尔著,贺麟译:《小逻辑》,北京:生活·读书·新知三联书店,1954年,第307页。

式。这内容与这形式的统一结合是为“实在”。只把两者分开来看，才是可能的与不必然的。从“实在”的本身来看，“可能性”是它的内容，“不必然性”是它的表现形式之直接性。

附释中应注意的几点：(1)偶然性是指“一物存在之依据不在其自身而在他物”；(2)“实在之表现”于吾人意识前面，最初大都是采取偶然性的形式；(3)科学的目的就在克服这种偶然性；(4)真正的自由包括了并扬弃了任性在内①……明了它的内容是彻底地属于它的，“……因为任性去作的内容乃是外界给予的，即并不建筑在意志本身，而乃建筑在外在(外面)的环境上的”；(5)但黑格尔在这附释的最后一段里②，认为“偶然性”在客观的世界里仍有其相当的地位，在哲学里亦复如是③。这反映黑格尔和他的时代在德国的科学还没有发达，以致承认有不必然(即偶然)的东西。

第146节的正文不易看懂，兹说明如次：

“实在性”是含有这种意义，即“偶然性”既是如上所说指一物的存在，只是它的根据不在其自身，而在他物，但是它仍然是存在之物。既是存在的，它也就是一种直接性的实在，因为它是实在，所以照上面的第142节所说，它是表现其自身的，所以是自身同一的aRa。

何以说偶然性的直接的实在性是“一种假设的东西”呢？

因为，如上所说，实在性之为具体的直接性，表面上看来似乎是无所依的根据的，所以才是“不必然”的，不必然性(即偶然性)既是似乎无根据的，所以“只是一个假设出来的东西”。可是它又是一种存在的东西，那么它的假设就不是假设，这种假设被他的存在性扬弃了，于是它就是“一个存在着的外在性”④。

这样来看“偶然性”，它便是为着它成为存在着的外在性才有它的假设性的，因之它的假设性只是它的存在着的外在性的一种先决条件，一种预先假定(贺译为“先在的条件”)，作为先决条件来说，它就是一种可能

① 黑格尔著，贺麟译：《小逻辑》，北京：生活·读书·新知三联书店，1954年，第309页。
② 黑格尔著，贺麟译：《小逻辑》，北京：生活·读书·新知三联书店，1954年，第310页。
③ 黑格尔著，贺麟译：《小逻辑》，北京：生活·读书·新知三联书店，1954年，第310页。
④ 黑格尔著，贺麟译：《小逻辑》，北京：生活·读书·新知三联书店，1954年，第311页。

性,即从而发展为别的东西的,所以说它"成为他物可能的条件"①。

附释说明(1)条件的意义有两种:(a)条件也是"限有",也是"存在",是直接性的事物;(b)是注定要被扬弃而去使他物得以实现的。(2)直接的实在性(即当前之物)都是不应有的,是注定在发展的过程中被扬弃的。(3)可见没有永恒不变的东西(直接性的,当前的事物),旧的总是死亡,新的必然兴起,而"这些在前的被牺牲了,被推翻了,被利用了的条件只有在这新兴的实在性里达到自身的统一。——实在矛盾发展的过程大致如此"②。

第 147 节说明什么才是真实的"可能性"。

首先,黑格尔说明"实在性"发展为"可能性"与直接"实在性"两个范畴互为间接性(中介,贺译"调解"不妥)的圆圈时,才是真实"可能性"。

其次,这是很重要的,这两个范畴在统一中区别来看,则这个真实的可能性的形式(外)的具体总体,成为由内到外、由外对内的直接自身转变③。形式是能动的,所以有其自身的运动(这是受亚里士多德的思想影响),将它的实质实现成为一个实在的根据,而这根据复扬弃其自身而进为实在性,并将偶然的实在性,或那些在前的条件,亦即将偶然的实在性或条件实现为实在性,像这样,这个形式的自身运动乃是上述的偶然实在性与条件的自身反映,自身扬弃而成为另一个"实在性",即实质的"实在性"。

"在条件都齐备时,这个实质必会实现,而这个实质本身亦是条件之一,因为这实质就其最初是在内的(未发展)的学说,亦仅是一个假定的东西。发展了的实在性作为内外相互为一的转换,作为它们相反的运动的转换而联合成为一个运动,则这种发展了的'实在性'就是'必然性'。所以'必然性'的定义就是:必然性乃是可能性与实在性的统一。"④

黑格尔说:"必然性是一个很难的总念,实因'必然性'即是总念的自

① 黑格尔著,贺麟译:《小逻辑》,北京:生活·读书·新知三联书店,1954 年,第 310 页。
② 黑格尔著,贺麟译:《小逻辑》,北京:生活·读书·新知三联书店,1954 年,第 311 页。
③ 黑格尔著,贺麟译:《小逻辑》,北京:生活·读书·新知三联书店,1954 年,第 312 页。
④ 黑格尔著,贺麟译:《小逻辑》,北京:生活·读书·新知三联书店,1954 年,第 312 页。

身。”[①]这是什么意思？我认为其意思是说，总念是必然发展的，但是在其发展的过程之各个阶段上，它都出现为直接的实在性，然而这个实在性既是总念的表现，其表现的形式乃是总念在发展过程这个阶段上所规定的，因而是必然的，所以就说“必然性即是总念的自身”。

这段里在第 312 页最后一行的“破碎的”译为“崩溃的”更易明。

构成“必然性”的两个环节将在第 148、149 两节里说明。

这节的附释篇幅比较长[②]，下面是应注意的几个要点。

本节附释说明：(1)如果以为必然的事物是有前提而被建立起来的间接的事物，那么它的存在便是由于依他物，而不是自依的，而既然是依靠他物的，它仍然是不必然的(即偶然的)。必然性的事物乃是由于其自身的，虽然仍是说是间接的、派生的，因是依他物的。但它同时能扬弃其所自派生的前提而把它包含于其自身之内作为一个成分，从而成为自我关系，aRa，那它就摆脱了它的依他性，因为既是 aRa，就不再是 aRb 了。

这样说来，只有自依的“必然性”，即其存在是由于自身的，才是真正的“必然性”。如果它的存在是依他物的，那则无那他物，它就不存在，故其存在是不必然的(偶然的)，即有他物才有它的存在的。

(2)在必然的历程里，如果目的或目的性的原因还没有明显地出现，就可以说这种必然性是盲目的、无目的的。这就是说，如果由 x 而有 y，由 y 而有 z，而在 z 有了时，y 便不存在，在 y 有了时，x 又不存在，即失去其直接的实在性，只留下新兴的实在，y 或 z，那就是说 x 或 y 是有双重形式的内容，一方面 x 或 y 是已经实现的实质这种内容，而另一方面是作为使 y 或 z 存在的环境的内容，一经 y 或 z 出现，它便消失的，因之作为前一种内容，它是肯定的，即实现的实质，而作为后一种内容，它只是促进他物(y 或 z)的出现的，等到那他物一出现，它便消失的，自身否定的，可是在其消失时，又被保留住作为新发生的较高实质的内容。这种新陈代谢的过程，看来像是一种盲目的必然性。必须早就意识到一个目的作为这种过程的内容，这种新陈代谢的活动才不是盲目的，才是有眼睛的(贺译

① 黑格尔著，贺麟译：《小逻辑》，北京：生活·读书·新知三联书店，1954 年，第 312 页。

② 黑格尔著，贺麟译：《小逻辑》，北京：生活·读书·新知三联书店，1954 年，第 313～317 页。

“光明的”)。

(3)黑格尔认为所谓“天意”(贺译“天道”)是含有目的的意思的,而且认为天意也是一个总念①,“必然性”也就是还未明显化的总念(贺译“潜在的总念”)。只有我们不理解何以必然的东西是必然的,它才像是盲目的②。

其实历史哲学就是要了解历史的事情是何以这样的,所以是认为世事都是符合天意,势所必至,理所必然的。“天道不爽”就是说上帝的意志“不会受外来的或内在的任何偶然事变所左右的”③。

黑格尔认为古希腊的哲学家和著名的悲剧家相信命运并不是感到不自由,而是达观的态度,如儒家所谓“顺受其命”,无须追求安慰的。

(4)人们每每从主观性看事物,这种主观态度是含有个人利益和个别爱恶(贺译“嗜好”),这种不必然的随各人的情欲的这种内容的,所以是有限的,每每与事实相违的。如果主观上认识到事实是必然的,是当然的,不能为个人的好恶所变更的,那么这种主观的看法,这主观性就寓于客观的事实之中(“内在于客观实在”),那就不能与事实相违,而与客观的事实统一起来,不为客观事实所限制,而成为无限的主观性了。

(5)这样来看命运,把它看作必然之理,所以古希腊人认为不但是人,而且甚至神也同样受命运的支配。

这就是宗教哲学④。从另一角度看,这也是“凡人莫不自作自受”的意思,也就是我国古籍所谓“自作孽不可活”的意思,是说“人力可以胜天”,不可推诸客观事实。人是能掌握他自己的命运的,“偶然的遭遇亦基于人的是一个人”(贺译“人的自然性”)。以上是本节附释的摘要。

第148节说明“必然性的三个环节”,即(a)条件、(b)事实(贺译“实质”)、(c)活动。

这节分为三个小段说明(a)条件、(b)事实、(c)活动。三段的文字比较易明,毋须详解。只有几个小点应予注意:

---

① 黑格尔著,贺麟译:《小逻辑》,北京:生活·读书·新知三联书店,1954年,第314页。
② 黑格尔著,贺麟译:《小逻辑》,北京:生活·读书·新知三联书店,1954年,第314页。
③ 黑格尔著,贺麟译:《小逻辑》,北京:生活·读书·新知三联书店,1954年,第314页。
④ 黑格尔著,贺麟译:《小逻辑》,北京:生活·读书·新知三联书店,1954年,第316页。

(a)条件与假定在先的条件不同。假定在先的条件是被利用作为事实的材料,进入事实的内容里去的,因而先就具有“这内容的全部性格的”①。并注意,这小段的第一行里译文的“相对”不是“相对应”的意思,而是“相互有关系”的意思。

(b)事实(或说“实事”,德文的 Sache,可译为“物事”,参见《隋书·张衡传》、《朱子全书》等。)

物事或说实事,在其条件未备时,也可说是在先假定的,因而也是和条件一样独立的。有了条件,它便实现与条件相符合,所以一方面是决定于其条件,而另一方面是它本来的内容所决定的。

(c)活动乃是物事通过条件而成为实事的活动。在这个活动里,条件变为实事,而物事又使条件促成实事而同时进入这实事里面消失了。

第 149 节的文字,尤其是译文比较难懂,兹按我个人初步的了解,可惜手边没有德文原本借以校正,以英译本作参考,改译如下,并在方括号内加以必要的解释:

“因此必然性潜在地即是唯一的自身同一的而且内容丰富的本质。就这必然性作为潜在的本质来看,它的各种成分,或说区别,是具有独立实在性的形式的。而它的这种自身同一(看第 146 节正文),同时作为绝对的形式(即作为 aRa 看)即是扬弃直接性使成间接性,扬弃间接性使成直接性的活动(看上节 c)。

凡是必然的事物均是由他物的(通过他物为其根据才存在的),而这他物被分裂作为中介的根据(即实事和活动)(见上节),和一个直接的实在(即该他物),或一个偶然的环境(贺译‘事物’),这个环境同时就是一个条件。

必然的事物既是由于他物而存在(所以是反映他物的),故不是自在自为的(不是在其自身来看而且因其自身的)存在,而仅是一个由假定而来的结果。(如上所说,从潜在的必然性来看,它的成分是有独立实在性的形式的,是因这潜在的必然性作为中介,才有这些成分的独立存在的,而这个必然性又是通过他物作为其根据才存在的,所以两者是相互为中

① 黑格尔著,贺麟译:《小逻辑》,北京:生活·读书·新知三联书店,1954 年,第 317 页。

介的,相互变为间接性的)。但是这种(相互的)间接性正是(贺译'正所以'不妥)直接地(改贺译的'的'为'地')扬弃其自身。(这节正文在这以后可依贺译,只最后一句改译'因为这物原是这样'似更确切)。"

第150节至第159节说明"实在"的三个小范畴,我们先看这大段的大意,然后看这几节的译文。

(A)"实体关系"(Das Substantialitäts—Verhältnis),应译为"实体性的关系")——参看第150—152节。

如上所说,内面的是外面的根据。但是我们已经看到,在"实在"里,外面的是和内面的一样的;"实在是……内与外之成为直接的统一。实在的表现仍是实在的自身",aRa,即自身反映①。可见"实在"是以自身为根据的,是自己确定自己,而不是靠他物而得到确定的。这就是"实体"的意思。所谓"实体",在哲学上,就是一种独立存在的东西。如果某东西是依赖另一东西才有其存在的,它就是一种依附的东西,就是实体的偶性。所以"实在"的第一个相乃是"实体"。黑格尔是这样从"实在"的范畴得出"实体"的范畴的。

由上所说"实体"乃是一种自我同一关系,aRa。它是一种同一,一种自我同一,也是一种统一。

但是我们从前不止一次指出,如果aRa的第一个a还完全和第二个a一样的,抽象同一的,不含有同中的异的,那么两个a实是一个a,而只一个a就不能有关系之可言,所以第二个a必须不同于第一个a,即第一个a必须分化其自身,使得aRa成为aRā而形成一个有意义的关系。

这样,"实体"就分化其自身而表现于外,作为不同于其自身的。可是"实体"向外所表现的,由于它本来是一个"实在",所以必须只能表现其自身(见上文),而且这种表现是消失于自我关系之内而只作为"实体"的一个相,虽然表面上由于aRa读为aRā,这里的似乎是ā和a分开而成为一种关系的。ā这种出现而就消逝的相就是称为偶性的东西,于是就有了aRā即"实体与偶然"的关系。

我们在上面谈到"实在"时曾看到,本质的内与外最后是消逝的。那

① 黑格尔著、贺麟译:《小逻辑》,北京:生活·读书·新知三联书店,1954年,第302页。

么，黑格尔在实体与偶性的这个关系上是否又是旧事重提，重复自己的话呢？后面所谈的“实在”的第二第三那两种关系，即“原因与结果”和“互为因果”，也同样会引起这同样的问题的。

其总的答复似乎是这样的：在“全与分”的关系上，同一事物如所举例的一堆十二块糖，既可以从全（一堆）来看，又可从分（十二块）来看。在“力与力的表现”的关系上亦复如是，但是在“实体的关系”上，那就有所不同。“全与分”是分别来看那关系，但是在“实体与偶性”这个关系里，你看实体同时也就是看偶性，看偶性也就是看实体，这两者是不可分的。在“因与果”的关系上也是这样。

依黑格尔的总念演变过程，每一个演变成的范畴，如“有”的各个范畴，“本质”的各个范畴，都可以拿来作为绝对理念的定义。所以我们可以正确地说，“绝对理念就是实体”，而这恰恰就是斯宾诺莎的哲学总纲，他也是说宇宙乃是一个实体。那么黑格尔和斯宾诺莎在这点上有什么分别呢？答复就是斯宾诺莎的哲学全部就是在于这个定义，而黑格尔的哲学只是以这个定义为其辩证的一个阶段，从此还要向前演变的。

(B)“因果关系”(Das Kausalitäts—Verhältnis，直译为“因果性关系”)。参看第153，154节。

在“实体与偶性”的关系里，实体原是表现为其偶性的。对于“实体”而言，“偶性”在这个关系上是“实体”的对立面，是否定“实体”的，偶性毕竟不是实体。但是实体乃是它的一切偶性的总体，吸收偶性回到其自身的。这就是有了正，反，合，即始而肯定（实体），继而否定（偶性不是实体），终而否定的否定（实体吸收了一切偶性）这个三步曲的过程的。

这个过程里的两个否定乃是辩证过程里的推动力量。“实体”由于要发展，故自我否定，自身表现为“偶性”，而进一步再发展，就吸收其一切偶性回到其自己中来，作为表现了的、充分发展出来的“实体”。实体表现为偶性，实即表现其自身，而表现出来的又有它的存在，也就是一个实体对另一个实体的作用，使这第二个东西产生出来作为一个存在的东西。这就是原因产生结果了。能动的实体就是原因，被动的偶性就是结果。

(C)交互关系(Die Wechselwirkung，又可译为“交互作用”)。参看第155—159节。

所谓因与果是把原因看为主动的而把结果看为被动的。这结果的被动性是抽象的，只作为被原因产生出来的结果之被动性。其实结果也是能动的。

从纯思想来看，结果既被产生之后，它也是独立存在的东西，而独立存在的东西在某种意义上也是一个实体。既是实体，它当然也是能动的，因为它也是必须发展的。

这样一来，原因产生其结果之后，如果和这结果是并存的，它必然受到这结果的影响。原因是能动的，产生结果，而这结果在产生出来之后，又是能动的，就回头来影响原来是它的原因。这就称为交互作用，即作用与反作用。

在经验上，我们冬天看到太阳的热使到处铺着的雪融化了。这里太阳的热就是能动的原因，使雪的融化作为结果产生出来。但是如果雪是完全被动的，毫无能动性的，它就即令有太阳的热，也不会融化。所以雪的能融化之为它的原因，正如太阳的热之为雪的融化之原因一样。这就是相互作用，而且这相互作用还表现在雪的融化同时也减低了地面上太阳的热，是雪的融化对于融化雪的太阳的热之明显的反作用。

不坚定的分子受到外诱的腐蚀，外诱确是能动的因，可是“物必自腐，然后虫生之”，如果立场坚定，外诱是不能发生其结果的。

到了范畴发展到“交互作用”，这个“实在”的第三个范畴的这个很高级的阶段，也就是发展到“本质”的最后一个阶段了。再向前发展就是越出“本质”的范畴而到了“总念”这个第三个，亦即最后一个而且最高的一个大范畴了。那就是演变到人类的精神生命与社会生命的一些范畴来了。

在人类的精神与社会生命里，每每是“交互作用”这个范畴的现象，因而在分析历史与社会的种种条件时，很不容易明确地说，所研究的两种现象之中，哪是原因，哪是结果，因为它们每每是交互作用的，不能用直线式的因果作用来了解它们。

但是“交互作用”这个范畴是不限于人类精神与社会生命的范围里的，其实整个宇宙到处都表现着它。整个宇宙的各个部分都是相互联系着，相互影响着，互相有密切的交互作用的。黑格尔哲学的精神最为表现在他的总念论里。下面就开始来谈《小逻辑》最后一大段,即总念论。

在进入这最后的一大段以前,我们还得要回到第150节起看看:“本质论”的最后一段的译文,比较更详细地在上面所谈的大意的基础上来了解“实在”的三种关系。

(A)实体性的关系

第150节[①]的正文和第151节的正文一样[②]都比较难读。兹分别加以简化和解释如下:

“必然性”是绝对的相互关系,这是因为在第142节里[③]说明过“实在是……内与外之成为直接的统一”,而且“实在的表现仍是实在的自身”,而“必然性”乃是“实在”的一种形式。所以在“必然性”里就有aRa的自身相互关系,而这个关系的成为一个关系,就不能老是aRa,而必须扬弃第二个a的绝对同一于第一个a,以变成ā,于是绝对的同一性(即同中没有异的同一性)就变为同中有异的同一性,即aRā。

“必然性”在aRā的公式上所表现的,就是实体(a)表现为表面上异于a,而实质上也就是a自身的东西。这些东西就是实体表现于外的偶性。所以实体与偶性的关系可以用aRā来公式化。

但是当实体看作为必然性时,它就必然要发展而表现为偶性于外面,这就是否定了它的内面性(贺译为“内在性”不妥,因“内在性”是另一个哲学术语)。这是辩证发展的第一个否定,由正到反。

可是这样一来,实体在表现为偶性时,还是像实在的表现一样,依然是表现其自身,所以这种表现依然是一个自我关系,这样就由原来的aRa演变为aRā(第一个否定)而现在又复演变为aRa,即否定了aRā(第二个否定),但是偶性初出现时,是作为实体的表现,是依靠实体的。经过否定之否定之后,偶性的依赖性被否定了,偶性便不是依附于实体的,而变为另一个实在了。

以上说的是一种形式上的活动(即实体演变)的过程,由实体的偶性

① 黑格尔著,贺麟译:《小逻辑》,北京:生活·读书·新知三联书店,1954年,第319页。

② 黑格尔著,贺麟译:《小逻辑》,北京:生活·读书·新知三联书店,1954年,第319～320页。

③ 黑格尔著,贺麟译:《小逻辑》,北京:生活·读书·新知三联书店,1954年,第302页。

而又由偶性复为另一实体,实即作为实体同一性的形式上的活动。

这是第150页的正文。

第151节①

各个偶然都是实体的表现,而实体作为实在的一种形式是表现其自身的,所以实体表现在它的各个偶性中。但是偶性是根据他物(实体)的,所以不是根据自身的实体。实体也不是偶性,所以实体为各偶性的绝对否定,即绝不是偶性之作为偶性,可是偶性是由于实体的主动性表现出来的。因之就其表现为偶性来说,实体是一个绝对的力量,即能表现为各偶性的,而通过这种表现,实体的内容同时也丰富了,其全部的表现出来的偶性内容也就是实体。不过这只是实体的自身反映,而是实体的发展中一个在形式上的环节,这个环节,即实体表现出来的偶性,也要演变,过渡为另一个实体的(否定之否定)。

在这节的附释中黑格尔只说明一点,就是斯宾诺莎的实体不是绝对理念。而按黑格尔的范畴发展来说,只是"理念之尚在被限制的必然性的形式里"②。

注意:贺译这附释里的"实体"与"本体"同是原德文的Substanz,即英文的substance。黑格尔的实体(die Substanz)原是不同于斯宾诺莎的"本体"(拉丁文的substantia,即"基本实质"的意思)。

黑格尔就他的基督教的教义来说,认为上帝是一个绝对的人格,而斯宾诺莎不是这样来描述他的基本实质,即他的"上帝",所以说他没有达到认识上帝是个人格。但是黑格尔武断地说,因为斯宾诺莎是个从血统来讲的东方人,因斯氏本是犹太人血统的,而说"东方人的观点多认一切有限的事物尽是奄忽消逝,不能长存的"③。可见黑格尔对于东方人的看法是错误的,局限于可能是印度人这部分的东方人的。

并且黑格尔在这附释中(如果这附释是他自己的话语)认为斯宾诺莎是无世界论者,即世界是没有独立存在的,而只是基本实质表现的一个方式。这还可勉强讲得通,但是黑格尔说"斯宾诺莎的哲学确定地是

---

① 黑格尔著,贺麟译:《小逻辑》,北京:生活·读书·新知三联书店,1954年,第319~320页。

② 黑格尔著,贺麟译:《小逻辑》,北京:生活·读书·新知三联书店,1954年,第320页。

③ 黑格尔著,贺麟译:《小逻辑》,北京:生活·读书·新知三联书店,1954年,第320页。

泛神论者"[1],他又更加武断了。虽然在哲学史上有人是这样判斯宾诺莎,然而"细察一下"(黑氏语),斯氏的哲学却是无神论。我们不可"以辞害义",把斯氏的"上帝"作基督教或回教,甚至作为黑格尔的"上帝"来理解。

这节附释的最后一段[2]说明斯宾诺莎所用的数学方法。这是读西洋哲学史的人都知道的,一看他的《伦理学》(实则形而上学)便可见到。然而黑格尔判定"斯氏的本体只是直观的洞见,未经过矛盾发展的历程,所以他的本体只是一普遍否定力量……产生出来的没有一个有积极自存的事物"[3],这是正确的。斯氏的本体只是一种普遍否定力量,因为拿一切来与这本体比较,只有这本体是积极靠自己而存在的,其余一切都是它的表现方式。那么,黑格尔的绝对理念不也是这样吗? 一切按黑格尔说来,不是这绝对理念在发展各阶段上的表现吗? 黑格尔的哲学体系在一定方面上是类似斯宾诺莎的哲学体系,而且是深受其影响的。可是一个哲学家所极力批判的,每每是和他自己的思想最相近的哲学。

第 152 节说明真正的必然性的相互关系也就是"因果关系"。像这样就从"实体关系"过渡到"因果关系"了。其推理就是:本体(即实体)是一个能动的力量,而由于表现而决定其自身,就产生偶性出来,这是真正的相互关系,即实体表现为偶性,则实体是能动的原因,而偶性是被动的结果,所以就是因果关系。

在这节里,括号里的一句话"必然性的体用关系"是指第 147 节[4]里所说的"必然性(是体)是可能性与实在性的统一",即"实在"潜在为"可能性"而发展(用)为必然的"实在性"这种关系。

(B)"因果关系"(Das Kausalitäts-Verhältnis,即英文的 relating causation,因果性的关系)

第 153 节正文:实体(即本体)是原因,这是就本体就其过渡到偶性时

---

① 黑格尔著,贺麟译:《小逻辑》,北京:生活·读书·新知三联书店,1954 年,第 321 页。

② 黑格尔著,贺麟译:《小逻辑》,北京:生活·读书·新知三联书店,1954 年,第 321～322 页。

③ 黑格尔著,贺麟译:《小逻辑》,北京:生活·读书·新知三联书店,1954 年,第 322 页。

④ 黑格尔著,贺麟译:《小逻辑》,北京:生活·读书·新知三联书店,1954 年,第 312 页。

反映其自身,因而是作为一个原始的(即以之为第一个的)物事而言的。(这是因为在本体表现为偶性的过程中,开始本体还只是表现其自身,不知所谓偶性,因而它是第一个物事,)但是,(在这表现的过程中,为要变为偶性而表现,本体就不能还是本体,而必须表现为偶性,这偶性当然不是本体的形式,所以本体就再不是在自身反映 aRa 的形式上,所以就说)它同样地扬弃它的自身反应(而成为表现为偶性的本体,即 $aR\bar{b}$。)(同时在本体尚未表现为偶性时,它是能表现为偶性的一种可能性,而在其过渡到偶性时,他便扬弃了)他的单纯的可能性,并且自己建立为自身的否定(即不作为本体而作为偶性出现,所以就是否定了其自身,)因而产生出一种效果(即结果),一种实在性或实效性(即结果的现实性)。这种(结果的)实在性虽然还只是假定的,(假定有其原因)才建立为效果的,但是通过产生效果的过程,这种实在性(是本体作为原因所必然产生的,因之它)同时却是必然的。原因(即所说的本体)作为第一个物事,是具有绝对独立的,并且(在产生结果之后不是消失掉,而是)保持其自存性这种特性在所产生的结果里的。但是(注意跟着来的译文是不易了解的,故我按其原意改写之如下。)必然性的同一性(即必然性是必然如它那样的,所以是同一性,aRa)乃是构成原因的原始性(作为第一个物事出现的),而(由于原因在结果里保持其自存性),所以它的这必然性的(同一性)也过渡到效果去了。并且当我们说到一种确定的内容时,我们找不到一种只在效果而不在原因里的内容(因为在产生结果的过程中,如上所说,原因完全过渡到效果里去。并在结果里保持其自存性这种特性,所以因果间的内容是同一的)。黑格尔说这种因果间的内容之同一性就是绝对内容的自身,但是这个同一性乃是一种形式上的特性(而在实质上,原因毕竟不是结果,所以在其产生了结果之后),原因的原始性便在结果里被扬弃了,而原因之为原因是要假定有结果才存在作为原因的(否则它只是原始的独立自存的本体而已),(所以说原因是依他的,即依其结果存在的)。但原因并不因此而消逝……(以下几句易明,可照原译)。因此原因真正讲来即是自因(Causa sui,即自己是自己的原因)。但是自己为自己的原因是怎样的意思? 自己怎能产生自己? 这是抽象的思想,不从辩证看的,所以才认为自己不能产生自己。耶柯比(F. H. Jacobi,1743—1819)[①]是这样想的,所以认为 a 产生 a 仅是一种在形式上才这样说的,其实说不通的。当知自因才是原因的绝对真理。例如说雨使地湿,这里雨是原因,而地湿是结果,但雨和湿同是存在的水,就形式讲来,原因(雨)是消失在结果(湿)里面。但这样一来,结果亦随之消失了。(这作何解?因为如果没有原因,就无结果之可言,所以黑格尔说)效果是空无(应译为"无效果可说")而只剩下为非因非果的湿了(这是如果不以为雨为湿之因,则无所谓因果关系,而无因复无果,而只有独立存在的湿罢了)。

(下一段的译文比较易明,毋须改写,只要注意)我们在相对性的抽象思想里(即在知性的思想里),我们总是停滞于两个范畴在相对的关系中的区别里,因而就颠倒过来,我们复将原因界说为假定的依他的东西或效果。(这样原来的)原因变成了结果,而这个原来的原因又有另一个原因,依此递进(这里应说"递退"),由果到因,以至无穷,同样亦可有一递退(应说"递进")的历程(即由因到果)。这是递进的由因到果,以至无穷。

附注[②]:如前面在"大意"关于"因果关系"所述,因果关系是必然性的发展过程的一个方面。必然性在这个过程里的间接性,即它必由实体的表现为偶性才见得实体是必然产生偶性的,因此是依这个表现才见得它的必然性的。但是这是第一个否定,由 aRa 到 aRā 而这个 aRā 又须进一步发展而否定(扬弃)其这个间接性,而在否定的否定中又成为又是一个合的 aRa,即一个单纯的自身关系。这才是因果关系所要发展到的真相,或说真理。当知因即果,果即因,两者是同一的内容,而因果的区别乃原只是假定其一(即原因),则为一(结果)相随(这种)的区别。这种只是形式的区别亦复扬弃其自身,因为原因不仅是他物的原因,而又是自身的原因,(因为如果它不是必然使其自身成为原因的,它就不能为他物的原因,不能产生结果);结果亦复如是。(然而因果虽在形式上是同一的,)但是因是自身同一的,故因不是果;果亦复如是,所以因是限于为因,果限于为果,于是就有事物的有限性。

① 和康德同时代的哲学家。——整理者注

② 黑格尔著,贺麟译:《小逻辑》,北京:生活·读书·新知三联书店,1954 年,第 324 页。

第154节说明“因果关系”如何原是包含有“交互关系”而是如何明白地转变为“交互关系”的。黑格尔的论证是这样的：

“果与因是有区别的：果之为果是依靠它的因，但是这依赖性是（为了作为果才是依赖因的，所以它）同样是自身反映，（而既是aRa，所以它也是）直接性。原因的主动（贺译“效果”）在其产生结果时（原因所建立的），结果同时亦是原因的必要条件（贺译“前提”）。这样一来，结果反产生另一实体（即作为结果的原因）。（这个实体就其本身来说是直接性的），既然这实体是直接的，便不是（要产生结果的那个原来的）自我关系的否定性，不是主动的（要产生结果的）而是被动（为其所已经产生的结果所反生出来的）。但是，它既是一个实体，它同样亦是主动的，（是要表现其自己的，故）扬弃那个假定在前的直接性（即那个作为实体而必然预先假定的直接性），和那（作为原因而）被强加给它的效果（结果），而这样就有它对于它的结果给它的主动而反动（贺译“反击”），而扬弃那第一个实体的主动（贺译“活动”），但是第一个实体亦同样扬弃它的直接性和（作为原因而被）强加给它的效果，这样它便扬弃了另一实体的主动而反动了，于是“因果关系”便过渡为“主动与反动的关系”或说“交互关系”（贺译德语的Wechselwirkung为“互为因果关系”，实则“交互作用”的意思）。

附释的第二段易明，无须改写或解释了。

（C）“交互关系”（Die Wechselwirkung，即“交互作用”）

第155节译文易明，不必再加解释。可参看上两节的内容。这里黑格尔说因与果的区别是“虚空的区别”，意思是说这种区别是形式上而无实质的区别。

第156节主要说明因果的所谓虚空的区别不仅是“我们思想的反映”，乃是说在“交互作用”里，每一被假定（作为主动）的一面复加以扬弃（其主动性），而转为对方（即被动性），“因此那潜在的每一环节（作为主动或被动）的虚空性也就表明了。这节正文的其余部分易明。

本节的附释[①]：在这附释里第六行起的一句，“原因即因其在这关系里是原因……”比较难懂，兹参考英译本删改如下：“原因在这关系里是原

① 黑格尔著，贺麟译：《小逻辑》，北京：生活·读书·新知三联书店，1954年，第327～328页。

因,同时也是效果,效果在这关系里是效果,同时也是原因。”这就易明了,这就是由于因果的交互作用。

下面还有一句:“交互关系无疑地是由因果关系直接发展出来的真理”,亦可说是因果关系之切近的真理,且亦可说是快走进总念的门”。这是什么意思?

这里所说的“真理”就是指因果关系所要发展到的圆满意义说的,“因果关系”只是一个过渡的范畴。凡是说 b 是由于 a 的,a 为因,而 b 为其果,这只是一个事物就其与另一个事物的关系而言的,但是一个事物之成为这个事物,不仅是因它和另一个事物的关系。而实质上是因为和许多事物的关系,可以说是因它和与它处在同一个体系之中的其他一切事物的关系,而且是因它和那些一切事物的交互关系的。所以黑格尔说,“可说因果关系是快走进总念的门”。总念也就是”交互关系“的一切事物的总体这个概念。

但是“交互关系“不等于总念,只是快走进总念的门,因为如范畴表所指出,“交互关系”只是“本质”这个大范畴的最后一个小范畴,从而过渡到“总念”这个大范畴来,正在跨进“总念”的范围里来的。

细看“交互关系”,它不是一个很简单的关系,而是复杂的。例如说一个民俗的性格和礼俗是这个民族的宪法与法律(黑格尔的举例)是有“交互关系”的。但是,不只是这两方面的交互关系,因为这两方面都不得看为“直接的给予的事实”,我们得要“认这两个成分以及一切其他方面,凡足以代表斯巴达民族的生活和历史的事实,均认为以斯巴达民族这个总念为根据”①。

第 157 节是说明如何从“本质”过渡到“总念”的,即如何从“自在的理念”,即“逻辑理念”的第二个大范畴“本质”过渡到其第三个范畴“总念”去的。

我们得要回忆一下,“本质”的最后一个中级范畴乃是“实在”(看表),而“实在”的最高性格是“必然性”(第 143—149 节)。所以这节一开始就说:“这种纯粹的自身交互历程(如上节所述),因此就是发扬了(即显出

① 黑格尔著,贺麟译:《小逻辑》,北京:生活·读书·新知三联书店,1954 年,第 328 页。

了)或(说)实现了的'必然性',(而)'必然性'的连锁就是'同一性'(参看第149节)。""实体通过因果关系和交互关系发展的程途也只是明白提出一原则,即独立性(即自存性)乃是一种无限的否定的自我关系——一般的否定关系,在这种关系里区别和区别的调解(应译为'互相为间接性')成为独立的(即'现实'或'实在的')事物,彼此独立的(可删原译的'相对')原始性——(而且是无限的自我关系,因为实在事物的独立事物的独立自存性亦便是它们的同一性。"

何以这里说"独立性(即自存性)乃是一种无限的否定的自我关系"呢?

因为既是独立自存的,那就是否定一切依他的,而只是自依的,以自身为根据的,因之就是自我关系,自己依靠自己,自身反映的关系,即aRa。这也就是说,实体的一切表现都是表现其自身[1],也就是第142节所说,"实在的表现仍是实在的自身"[2],而也就是第150节所说的(可参看第150、151两节)。

第158节[3]只是这节的两句话:"必然性的真理即是自由,而实体的真理即总念。"

"实体的真理即是总念"这一句就是本节正文其余的部分所简短地说明的,而"必然性的真理即是自由"是在本节的附释里说明的。

这两段文字比较易明,毋须加以解释,只有附释的第一句里贺译"坚硬的"应改为"难忍受的"。"直接的(即从表面上看的)或抽象的(即从片面来看的)'必然性'(不得不如此的对象或内容)包含着难忍受的和悲惨的成分。"[4]

自由是自我的完成,斯宾诺莎的"在理智上对神的爱(Amor intellectualis)"[5]。

① 黑格尔著,贺麟译:《小逻辑》,北京:生活·读书·新知三联书店,1954年,第302页。
② 黑格尔著,贺麟译:《小逻辑》,北京:生活·读书·新知三联书店,1954年,第302页。
③ 黑格尔著,贺麟译:《小逻辑》,北京:生活·读书·新知三联书店,1954年,第328页。
④ 黑格尔著,贺麟译:《小逻辑》,北京:生活·读书·新知三联书店,1954年,第329页。
⑤ 黑格尔著,贺麟译:《小逻辑》,北京:生活·读书·新知三联书店,1954年,第330页。

第159节[1]说明"总念"这个范畴,如何就是前两大范畴上"有"与"本质"所要发展到的最高阶段,黑格尔称之为这两大范畴的真理,就是说,在"总念"里,"有"和"本质"找到其充分的意义。因为"有"是一个自身的反映,即a就是a这种表现,而它又是不依赖他物的直接性。(注意:作为第一个大范畴,"有"当然依黑格尔的公式,必是直接性的)"而这种不同的实在性的有(或存在),直接地只是一自身的映现",这就是说"有"本不能说是实在的,因为"实在"是更高的,在"本质"阶段上才出现的一个范畴,但是"有"也毕竟是实在的,因而说它是一种不同的实在性之有(即存在),而这个实在性的"有"毕竟不同于"本质"阶段的"实在",因它不是表现什么东西,而只是它自身的映现(还说不上是表现)。这是本节正文的第一段。

第二段:既如上说明"总念"是"有"与"本质"的真理,而这两者皆在总念里回复到(它们的)根据,(因总念也就是它们的根据),而反过来,"总念"又是从"有"(这第一个大范畴)中发展出来,而以"有"为它的根据的。就前一方面的进展(即从"有"到"总念")可认作"有"之深入其自身(即充实自己的意义),亦即借着进展的过程以揭示它的内部(贺译"内在"不妥)的本性。后一方面的进展(即总念自"有"中发展出来)可认作完满的(即总念)的自不完满的(即"有")的走出来(贺译"提高出来"不妥,因不能自完满的或"总念"提高到不完满的或"有")。

(接着一句易明,只须改原译的"调解自身矛盾的"为"以自身为其间接性即为中介的"便行。)(再下一句)总念本是自我反映(aRa)而且是依靠发展而来的间接性,而在它扬弃了这两者时,它便成为直接性的先决条件。(现在许多人每每以"先决条件"说成"前提"是哲学术语的混乱,不可为范)。"这一先决条件回复到自身是同一的"这句不清楚,原意是说"这个先决条件(即总念复成为直接性)是和回复到其自身同一意义的,因为总念原是直接性的。而在这种同一性里,便有自由和总念(贺译"这种同一性便构成自由和总念")。接着一句也易明,只须改"前提"为"先决条件",这段最后一句亦毋须加以解释,只改"前提"为"先决条件"便行。

本节正文的第二段:"总念界说为回复到单纯直接之'有'的本质",这

---

① 黑格尔著,贺麟译:《小逻辑》,北京:生活·读书·新知三联书店,1954年,第330页。

一句要联系上面的第 86 节和第 112 节来看才是清楚的。在第 86 节里是说："纯有是不确定的单纯的直接性"而在第 112 节里是说："本质是在反映中(贺译"反思中")建立起来的总念……在本质中'有'并没有消逝……'本质'乃是'有'之自我映现"，而在本句里说总念就是回复到那单纯直接之"有"的"本质"，那就是说，第一个大范畴"有"是直接性的正，第二个大范畴"本质"是间接性的，反映的反，而到了这第三个大范畴"总念"，便又是否定之否定的直接性的，自我关系，自身反映的合，而完成逻辑理念演变的历程了。

在谈"有"时，一切还没有实在性的，因为"实在"乃是本质阶段上的一个范畴。通过从"有"到"本质"发展起来的"总念"才有实在性，而在"总念"阶段上的实在，不同于靠反映他物的；在"本质"阶段上的实在，它乃是否定之否定的实在，即否定了反映他物的自身反映的实在，所以才有"照这样总念便以'有'作为它(总念)的单纯的自我关系，或作它的自身统一的直接性"。

由此可以见得，总念是如何高度发展的内容丰富的一个范畴，而"有"却依然在它里面，相形之下，便见得"有"是怎么贫乏的一组范畴了。

本节正文最后一段的意思要分两层来看：

(1)"实在"到"总念"的过渡也就是必然性到自由的过渡，这是怎样说的?

让我们回头来看在第 150 页是怎样说到"实体"的。在那里是说："必然性是绝对的相互关系……那相互关系，在发展的历程里扬弃其自身成为绝对的同一性……这种关系的绝对同一性就是实体。"①

"必然性"发展到"实体"是这样的。而如上所说，"实体"就是"实在"的范畴，从而发展到"总念"的，因之就可见得从"实在"到"总念"的过渡。

(2)但是何以这也就是从必然性到自由的过渡呢?

首先我们要看到"实体"(即本体)是不依赖他物而独立自存的，是一种这样能动的独立自存的原因，而既是一种原因，它就必然要表现为结果，所以就受了必然性的支配，不得不过渡到其对方(这就是命运，命运是

① 黑格尔著，贺麟译：《小逻辑》，北京：生活 · 读书 · 新知三联书店，1954 年，第 319 页。

不能逃避的)。

可是我们能够思想到必然性。在思想里我们看到必然性不过是,就能动的原因而表现为结果而言,原因的必然表现为结果,而结果也就是原因的表现,所以说是“在对方里(即结果)自己(原因本身)与自己(原因的表现)结合一起”。既是自己与自己的结合,便是自己自由地表现为他物,而既是由自己表现的,那就虽说是必然的,其实不是为他物所强迫的,而乃是自由的。

“必然性”过渡到“自由”是这样的,而“实在”到“总念”的过渡也是这样的,即“实在”必然是由它的本性而发展到“总念”的。虽说是必然的,其实是出于其本性的,所以是自由的。

黑格尔说,能通过思想而见到这点也就是解放。所谓解放,不是逃避现实,而是“一个实在借必然性的力量(由于发展的必然历程)与别的实在联合在一起”(而形成一个新的局面),而“这别的实在又不是外在的他物”(外来的东西),而是原本之实在所必须“通过它以得到其自身的建立(自身的完成)的”,这也就是“总念”的表现。“就其为独立自存的主体而言,便叫做自我”(总念即一个“我”,不是机械集合的东西);就其发展成一个全体而言,便叫做自由精神(即不依赖别的,而能自动的一个精神存在);就其为纯洁的情感而言,便叫做“爱”;就其为高尚的享受而言,便叫做福祉(即可享乐而为人羡慕的)。

这就是黑格尔的“总念”,也就是他“解放”的这个观念。他认为斯宾诺莎的实体只是这个观念的直观体会到的“孤立个体之消极的”一面,“唯有总念的观点才积极地实现了必然性的力量和真实的自由”。

本节的附释是加强并说明上面第86节正文的第二段的,可参考那段的论证。

这附释的内容易明,毋须另加解释。

到这里我们就结束了“本质论”,下面就是“总念论”,即《小逻辑》的最后一大段了。

第五讲 “总念论”释义①

根据原德文又应译为“概念的学说”。很奇怪，黑格尔的 Begriff（原译为“概念”）是有不同的意义的。这词是由原德文“抓住”（Begreifen）这个动词来的，把一切抓在一起的一个观念，一般译为“概念”。但是在黑格尔来说，它是把一切总在一起的意思，译为“概念”是适当的。由于概念在流行的用法上，其意义较狭窄，所以就用“总念”这个译词，是取其更广泛的意义的。

总念论乃是《小逻辑》的第三篇，也是最后的一篇。我们记得，第一篇是有论，第二篇是本质论，这第三篇是从“有”通过“本质”的发展到“总念”的讨论，也是结束整个逻辑思想过程的。

我们看看范畴表，总念论分为三大部分，即：

甲　主观的总念；

乙　客体，即客观的总念；

丙　理念。

主观的总念表现为：

(A)总念本身；

(B)判断；

(C)推论。

我们先谈“总念本身”。这是从第 160—162 节谈总念的大意起，然后到 163—165 节才谈“总念本身”这个范畴的。现在我们仍然先谈第 160—162 节“总念”的大意，然后再去看这三节的译文。

黑格尔是怎样从“本质”过渡到“总念”的呢？本质的最后一个范畴不是“互为因果”吗？我们看看怎样从“互为因果”过渡到“总念”的。

首先，让我们回到本质论的最后一个大范畴那里去。这是“实在”这个大范畴，而这个范畴的第三个，即最后一个范畴是“互为因果”，然而这

① 德文为 Die Lehre Vom Begriff。

个范畴乃是从那第一个范畴，即“实体”演变出来的。所以我们为了去了解本质如何演变为“总念”就要从“实体”讲起。

我们记得“实体”是表现为偶性的，既然偶性乃是实体的表现其自身，所以偶性也是一个实体。由实体这第一个实体产生偶性是第二个实体，岂不是就有了原因与结果吗？产生偶性的实体是能动的，而被产生的结果是被动的。

可是，所产生的结果既然又是实体，则它又是能动的。因而这结果对于原来产生它的原因是有其反作用的。这就是“互相作用”，即“互为因果”的关系了，而这样我们就由“实体”这个范畴演变到“互为因果”这个本质论的最后的范畴。

让我们再看看实体怎样表现其自身为其对方的偶性，又怎样作为能动的原因而产生与之对立的结果，而又作为主动的实体而有它的对方的反作用实体。

但是我们在谈上面“互为因果”这个范畴时，曾看到“实体”与其对方是同一的，这样一来“原因”和“结果”的分别也就消逝了。因为由于相互为因果，原因就变为结果，而结果成为原因了，两者是同一的。这是难懂的，因为我们每每想到实际经验上的东西，无疑太阳和地球乃是互相影响的，互为因果的，可是太阳与地球怎能是成为同一的呢？我们要记住，黑格尔所谈的乃是原因与结果这两个范畴，作用与反作用这两个范畴，而我们所想到互为因果的乃是太阳与地球。但要太阳的影响地球和地球的影响太阳，固然是可作为原因与结果来看，然而太阳不单是原因，地球也不单是结果，它们都各自包含着许多其他的经验性的成分，是在逻辑思维里所不去管的。正如在“摩擦产生热”这个命题里，我们说“摩擦”是原因，“热”是结果，但是实际上摩擦是某种运动，不只是一个原因而已；热是物质的一种形态，也不只是一个结果而已。

在考虑这个问题时，最要紧的一点是要弄清楚一个事物必须是通过别的事物作为媒介而成的。读到“总念”这个范畴，亦复如是。

“总念”是通过什么为媒介而成的呢？有什么是在总念之外的呢？我们在上面谈到每一个范畴时，都曾说过这个范畴只是总念在那个阶段上的表现，而且曾说它就是总念在那阶段上的一种形式。那么，总念是不靠什么东西为媒介而就有的，总念是以其自身为媒介的。

谈到“总念”时，还有三点是重要的。(1)在我们谈到“有”时，我们是谈目前的东西。我们能领会的东西，如质与量等，属于感性的。在我们谈到“本质”时，我们是谈到知性范围里的东西。在我们谈到“总念”的各范畴时，我们是谈到理性范围里的东西。在我们运用知性而谈到本质时，我们注意的是事物的分别，事物的如何区分，事物如何以另一事物为媒介而成立。但是在我们谈到“总念”时，我们的总念乃是以消逝其媒介物，消逝其一切的分别为其特性的。“总念”的原理乃是在它的绝对统一性里吸收了一切分别，取消了这一切的分别，然而却在其绝对的统一性里保存着这一切分别的。换句话说，“总念”的原理乃是对立的同一。在总念里，对立像是绝对不同而同时又像是绝对相同的。这不是知性所能理解的，因为知性乃是“分别识”。只有理性才能理解它。这是谈到“总念”时的第一个重要点。

第二个重要点就是：在我们谈到“本质”时，我们是在必然性的范围里的，而谈到“总念”时，我们是在自由的范围里的。自由的意思是什么呢？我们将在第162节里(译本第336页倒数第二行)读到“每一范畴在它的对方里得到同一，得到它的自由”。又在第163节里正文第一行(译本第337页)我们将读到“总念在它的特性里与它自身有自由的同等性”。在这两个地方，一个“自由”用作一个名词，而另一个“自由”用作一个形容词，而同是指“自身发展”的意思说的。总念既是以其自身而不以别物为媒介，所以它是自己确定自己的，所以它就是自由的。和这相对点的东西就是为别物所确定的，就是不自由的，也就是不得不如此的，所以是必然的。

在“本质”里，事物都有其对立面的，这对立面当然是与它不同的。但是在“总念”里，所有的不同，所有的分别都融化在同一里面了。总念是自确定的，它是自由的。我们在上面的第158节里[①]曾读过，“必然性的真理即是自由，而实体的真理即是总念”。意思是说：必然性的本质一定要发展为自由的“总念”的，而实体是必须发展为“总念”的，以别物来确定其

① 黑格尔著，贺麟译：《小逻辑》，北京：生活·读书·新知三联书店，1954年，第328页。

自身的东西必须发展为其确定的东西的。这是谈到"总念"时的第二个重要点。

第三个重要点就是：在"总念"里，思想变为无限的这又是什么意思呢？总念既是自确定的，没有别物来确定它的，所以它就没有与之对应的东西。既然没有与之对应的东西，它就不会有限制它的东西。既是在"总念"里，一切分别都融化在同一里，那就没有什么东西是在它之外的。因而它就是无限的了。在"总念"发展为"绝对理念"这个最后的阶段时，"总念"的无限性便显得更清楚了。

上面是第160节和第161节的大意。第162节说明"总念的学说"怎样分为三部分，即：(1)主观的或形式的总念；(2)具有直接性的总念或客观性的总念；(3)主客统一的理念，即绝对的真理。

在本节里，黑格尔指出普通逻辑，即传统的形式逻辑仅仅包括他的逻辑所提出的全系统的第三部分的一部分。在应用逻辑里还有一些关于认识论的材料，掺杂有许多心理学的、形而上学的以及各种经验性的材料，于是，逻辑学便失掉它的"坚固立场"。这就是说，传统的形式逻辑大都是讨论一些经验性的东西，而黑格尔的逻辑是以理性的东西为其研究的对象的。传统的形式逻辑有如此等等的命题，若干三段论式，但是并没有谈到何以有这些东西的理由。这样，形式逻辑虽是到处谈到思想必须有根据，而它自己所提出的东西都只是从经验得来，并没有理性的根据的。

反之，黑格尔的逻辑是按照辩证法的。所有的各种判断和各种的三段论式都是按照辩证法的程序演变出来的。这样，逻辑就提高到理性科学的水平了。

现在让我们看看中译本各节的译文吧。

第160节①(从译本的第333页起)，这节的正文首先是说明总念是什么：

(1)"总念是自由的原则。"意思是说，总念之为总念不是依靠别物，而完全是由于它自身的，没有什么东西是从它的外边限定它的，所以是自由的。凡是这样发展的东西都是这样发展的，因之就说"总念是自由的原则"。

① 黑格尔著，贺麟译：《小逻辑》，北京：生活·读书·新知三联书店，1954年，第333页。

(2)“总念是本体(即实体)实现其自身的力量。”上面曾说过(见第151节[①]),“实体就是它的各个偶性的全体,它表现在它的各个偶性中,为它的绝对否定性(即不同于它),……为一个绝对的力量”(即主动表现为那些偶性的),而又“即是这种表现的自身”,所以既然“总念”是自身发展为上面从“有”一直通过“本质”的各范畴而到现阶段,即总念的阶段的。总念也就是“本体”(实体)实现其自身的力量。

(3)“总念是一个全体。其中每一个环节都是构成总念之为总念的一个整体,而且与总念不可分离的结合。”这里比较难懂的乃是构成总念的每一个环节都是像总念一样成为一个整体。其理由就是总念反映其自身在构成它的每一个环节里,而总念既然是一个全体,所以它的每一个环节也同样是一个整体。

因此,“总念在它的自身同一里有独立完整的自决性”。总念是自身反映的,是 aRa 这个公式,所以就是自身同一的,而如上(1)所说明,总念是自确定的,不依靠别物的,所以是“自决的”。而在总念之外无别物,所以它就是“独立完整的自决”的。

附释[②]:第一句指出“总念的观点大体上就是绝对的唯心论的观点”。以绝对的唯心论这个名词来描述黑格尔的哲学体系,在西洋哲学史上由来已久,而这个名词的来源也就是在这里。黑格尔的哲学体系是唯心论(其实应该译为“观念论”,因为 Idealismus 这词是从 Idee 而来的,而 Idee 就是“观念”,而不是“心”,只以观念不是物而是心,才把它说成是心,但这样把物与心对立起来是源自柏拉图而为笛卡尔在现代哲学中特别提出的),因为他在其哲学里,尤其明显地在其《逻辑》里,是把整个宇宙说成是从理念发展出来,因而理念这个属心的东西是第一性的,而他的哲学体系又是绝对的唯心论,因为一切所从出的理念是包括一切的,它之外绝对没有别的东西的,所以就是绝对。

“哲学是把握总念的知识,因为哲学把别的意识所当作存在(即当为“有”)……当作独立自存的事物,仅认为系构成总念的一个环节。”[③]这句

① 黑格尔著,贺麟译:《小逻辑》,北京:生活·读书·新知三联书店,1954年,第319页。
② 黑格尔著,贺麟译:《小逻辑》,北京:生活·读书·新知三联书店,1954年,第333~334页。
③ 黑格尔著,贺麟译:《小逻辑》,北京:生活·读书·新知三联书店,1954年,第333页。

话更说明何以黑格尔的哲学体系是绝对唯心论了。

下面从“在知性逻辑”里起到“大概都是指这种低视总念的看法而言”①为止这两句是有待解释的，而且不应略略读过以为是易明的。

首先，黑格尔的总念也就是德文的“Begriff”通常是译为“概念”的，而由于以示区别，有人英译为 Notion，而贺麟先生中译为“总念”。

在知性逻辑（沿用康德的术语以描述形式逻辑）里总念（即概念）常被认作思想的一个仅仅（即单纯）的形式，甚或认为一个概括的（即一般的）观念，为情感和心情辩护的立场（即以思维和情感对立的立场）即谓概念（亦即总念，因是同一词之译）为死的、空的抽象的东西，大概都是指这种低视（看不起）总念（即概念）而言。其实晚近许多欧西②的哲学家如法国的柏克森（Henni Beigonc，生于 1859 年）也是这样看概念性的思想的。

当知总念不是空洞的概念，不是只是思想的一种形式，像形式逻辑里所谈的概念那样（要记住在德文里，“总念”和“概念”是同一个词）而是“一切生命的原则”，即一切发展的原则，“因之同时亦是彻底具体的东西”。从前的整体逻辑运动都是从总念发展而来，即从前的一切范畴都是从总念发展出来，为总念在逻辑发展的各阶段上的表现。其所以认为总念（概念）只是形式，乃是由于知性逻辑把内容与形式对立起来看的。岂知“总念集前此一切范畴之大成”，就是说，前此一切范畴都溶合在总念里面，因而“总念并予以摒弃而包含之”③。

黑格尔又在这附释里说：“总念仍可以说是抽象的。”④其意思就是，总念是“不能用手去把捉的”，是听之而不闻，视之而不见的，是无色无声无形，像老子的“道”那样的。但“同时亦可说是真正具体的……是包含‘有’与‘本质’这两个范畴的范围中全部丰富的内容在内的”，也就是老子之所谓“道论”⑤。

---

① 黑格尔著，贺麟译：《小逻辑》，北京：生活·读书·新知三联书店，1954 年，第 333 页。

② 即西欧。——整理者注

③ 黑格尔著，贺麟译：《小逻辑》，北京：生活·读书·新知三联书店，1954 年，第 334 页。

④ 黑格尔著，贺麟译：《小逻辑》，北京：生活·读书·新知三联书店，1954 年，第 334 页。

⑤ 原稿模糊，根据上下文推测为“论”。——整理者注

从此黑格尔得出结论说："绝对就是总念。"[1]但是何以不用另一名词来称谓这个总念，而仍旧用 Begriff(概念)这个名词，以致引起"误会和混乱呢"？我在研究黑格尔的逻辑时，也常常这样问。因为黑格尔是喜欢创作新名词的，何以在这里不另造一词，而必须用 Begriff 这个久已通用而且有一定意义的词呢？他的答复是说："我们常说从总念(即概念)以推演出内容……由此可看出，总念(即概念)不仅是本身没有内容的形式。"那么他的意思是要叫人认识到概念(即总念)自身并不是没有内容的。这是黑格尔为概念正名的一点苦衷吧。

第 161 节：正文首先说明"总念"里的范畴不是像"有"里面的范畴那样，一个过渡到跟着的一个，又不像"本质"里面的范畴是由映现而变化出来的，乃是从发展而来的。在"总念"的阶段上，其所有的各成分都是"直接地同时被认作彼此同一的"(因为都是同一个总念的表现)。"是与全体(即总念)同一的"[2]，而"每一成分之特性乃是整个总念之一自由的存在"。意思就是，"每一个成分之特性都是整个总念在其发展上所具有的实质"。

附释的头两句就是说明正文的第一句的。其本段的余下几句是解释总念是怎么样发展的。其所谓发展并非是说总念发展出来的东西原始"真实的存在"于总念里，而是在"理想方式内"存在着。但是"总念在它的发展里仍保持其自身，且就内容来说，并未增加'总念的'任何东西，但只是产生了一种形式的改变而已"[3]。既然黑格尔在这类所谈的"从总念发展出来的东西"是指思想范畴说的，所以就不能据此而认为他的哲学是唯心主义(但是他自己在第 160 页附释里承认的[4])，然而他引用柏拉图的"追忆的说法"[5](就是说我们从经验得来的知识都是原来我们知道的，只是由于经验的提醒使我们回忆起来罢了)。就证明他的认识论是完全唯心的了，而且这种话并证明黑格尔是相信早已被推翻的先天观念的。这

① 黑格尔著，贺麟译：《小逻辑》，北京：生活·读书·新知三联书店，1954 年，第 334 页。
② 黑格尔著，贺麟译：《小逻辑》，北京：生活·读书·新知三联书店，1954 年，第 335 页。
③ 黑格尔著，贺麟译：《小逻辑》，北京：生活·读书·新知三联书店，1954 年，第 335 页。
④ 黑格尔著，贺麟译：《小逻辑》，北京：生活·读书·新知三联书店，1954 年，第 333 页。
⑤ 即"回忆说"。——整理者注

是令人诧异的。

附释的最后一段是说明"总念"所适应的对方并非是对方，而只是总念本身，因为是与总念同一的。黑格尔的说明是假借基督教的神学话语的。基督教的神学是说，上帝创造了与他作为对方的世界，但是他又产生了一个儿子，而这个儿子，即基督，他是在上帝的自身里的。这样以神学的玄秘来说明哲学的道路，未免是一种遁词，这又是黑格尔哲学的神秘主义的明证，令人不能接受的。

第 162 节的主要内容是：

(1)黑格尔认为形式逻辑掺入一些经验性的材料，"便失掉它的坚固的立场了"①。因为它失去其纯洁性，变为一种不伦不类的科学。这种见解是同康德一样的。

(2)"有"和"本质"的诸范畴，"实质不仅是思想的范畴，它们在它们的过渡，矛盾发展，和回复自身为一全体的历程里却能证明其自身为总念，但它们只在某种特殊意义下是总念，是潜在的总念(应译为"未发展的总念")，相对于我们的总念(应译为"对我们来说的总念"，即还不是总念的本体)。

(3)本段以下几句更难理解。我用我的话语来说明，是这样的(因手边没有德文原本，只能参照英译本揣摩其大意)：在"有"的阶段上，每一个范畴所过渡到的对方和在"本质"的阶段上所反映的对方，只是作为与原范畴相关联的，但不是作为一个特殊的范畴的，而且从每一个范畴作为正，而过渡到或反映出的另一范畴作为反，而两者之统一作为合。又不是一个主体有其个别的存在的，而且没有明白表明，每一个范畴在其对方里是得到同一的，换言之，没有明白表明在这种过渡或反映中，所说的范畴是自由发展的，即从其本性发展出来，并非依靠外来的条件的。其原因就是这些前此过渡或反映的范畴，不是普通性的范畴，像现阶段的"总念"那样，而只是作为思想的有限制的方式的。

(4)"总念(更好是说"概念性")的逻辑通常被认作仅是形式的科学——研究的概念、判断、推论的形式，而绝不涉及内容方面究竟有没有

① 黑格尔著，贺麟译：《小逻辑》，北京：生活·读书·新知三联书店，1954 年，第 336 页。

东西是真的,例如康德是这样看形式(即普通)逻辑的。"但其实正与此相反,"总念(概念)的形式乃是实在世界的有生命的精神"[①]。这就表示黑格尔的绝对唯心论的本质了。

第162节的正文大概是如上所述。现在我们转到主观总念来。这一大段是从第163节到第193节的[②],分为三段,即(A)总念本身,(B)判断,(C)推论。照形式来看,这三段是相应于形式逻辑的概念、判断与推理的划分的。

我们先谈谈"主观总念"和"总念本身"的大意。

(甲)主观总念

(A)总念本身(Der Begriff als Solcher,应译为"概念的作为概念"看)。

总念作为总念而言,包括三个环节,即三个契机:(1)普遍性,(2)特殊性,(3)个体性。

(1)总念的普遍性

总念乃是对立的同一(见上节160节)。既然它是aRa的关系,所以是直接和自身同一的,因而是绝对同一的关系。一切类概念如房屋,桌子,人等都是有这种性格的,即这个那个人都是人,所以作为类的人是同一于特殊的这人或任何一个人的。这也就是普遍性的意思,所以类概念的自身同一性就是他的普遍性。就是说,它(总念或类概念)是和它的特殊实例同一的,例如人的和这个或那个人同一。

重点就是说,类概念,或说总念,是以其自身为媒介而表现,并不依靠别物来表现它的。但是,我们得要注意我们在这里的总念。虽说是类概念,然而总念又不同于抽象的类概念。这是一点,是后来还须另加说明的。

还有第二点得要注意的。那就是,这里总念的自身同一不是"本质"阶段上第一个小范畴那个"同一"。那个"同一"乃是抽象的同一,和跟着

① 黑格尔著,贺麟译:《小逻辑》,北京:生活·读书·新知三联书店,1954年,第337页。

② 黑格尔著,贺麟译:《小逻辑》,北京:生活·读书·新知三联书店,1954年,第337~339页。

出现的“异”这个抽象的“异”对应的。我们现在讨论的总念自身同一乃是包含着其对立面的同一。总念在其对立里面依然保持其同一性的，因而它的同一性乃是具体的同一性。诚然，如已上述，“本质”阶段的“同一性”也是包含有“异”的，但是那是需要证明的，是依别物才表示出来的，而现在总念的同一性之包含着其对方是明显的，总念的普遍性是直接地而且明显地就是它的对方，就是特殊性。

(2)总念的特殊性

正如上述，总念是以其自身为对方的，是 aRa，因而总念必然否定其自身，而且确定其自身。

总念的这样否定其自身，确定其自身，就是它的特殊性。我们可以这样来说明这点。总念否定其自身，正如人而不单纯指这个人或那个人，或者说四足兽不单纯就是牛或马，而牛马乃是四足兽的两个属而四足兽乃是牛与马的种。四足兽与牛马的关系乃是种与属的关系。

什么东西使牛马不同于四足兽呢？形式逻辑告诉我们，这乃是“属差”(拉丁文的 differentia)。有了属差就有了特殊了。

总念乃是自身在其对方保持着同一。这里含有两个因素，即“对方”和“同一”。同一性因素是总念的普遍性因素，而对方这因素是总念的特殊性因素。

(3)总念的个体性

总念作为类概念看是普遍性的。总念在其对方是自身同一就是它的特殊性。这样一来，总念的普遍性是正，而否定这普遍性的特殊性就是反，而总念(正)在其对方(反)保持其自身同一。这岂不是有反面而回复到自身，即否定的否定吗？

就总念的这种发展来说，这种否定的态度就是普遍性与特殊性的统一，也就是个体性了。什么是一个个体？这所房屋是一个个体。“房屋”是普遍性，而“这所”是特殊性，两者的结合就是这个个别的房屋，即个体性。这种绝对自确定的统一性就是个体性。

以上是关于总念本身的第 163 节正文的大意。

现在让我们看看这节正文的中译(参见中译本第 337—338 页)，再来谈这节的两种附释(参见中译本第 338—340 页)。

第163节的正文：

第一行中译文有"总念在它的特性里与它自身有自由的同等性"。这是什么意思？"自由的"这词已在上面说明过，其乃是依事物的本性而并不依别物发展出来的意思。总念在它的特性里，虽然是发展为特性了，但是仍然是它的自身。所以是和其特性同等的。因之，总念在它任何一个特性里都仍然是它自身。这就是它的普遍性。

特殊性"是指普遍性纯静地(沉着地)继续与其自身保持同等的特性。意思是说，虽然总念的普遍性发展为特殊性，然而不因此而改变其本性，依然在这特殊性里保持其普遍性。但是却与这特殊性统一起来，结果就是个体性。

个体性因之就是"普遍性与特殊性两特性的自身反映"(即反映在个体性里面)，这里消极的自身统一，因为乃是由否定的否定而来的。但是"有其完全独立的确定性"，因为个体虽然是总念的否定的否定的结果，然而每一个体毕竟是个体，有其完全独立而不同于别的个体的性质的。故无确定性，但是虽然是这样确定而成为个体的，然而没有失去其总念的自身同一性或说普遍性。

这是本节正文的第一段，解释如上。

其第二段："个体事物与实在事物是相同的"，这是常识所肯定的。因为它的房屋是实在的一所房屋，可是个体事物的含义不同于实在事物的意思。实在事物只是在"本质"阶段的"存在"与"本质"的潜在的或直接的统一(见上第142节，可参考)，而不像这里个体性之为总念的普遍性与特殊性的结合，而且在这种结合中保持着其普遍性。实在的一所房屋乃是房屋(本质)的潜在性直接表现为有其存在的一所房屋。但是这所房屋乃是房屋的普遍性和这所的特殊性统一起来的。然而不失其为完完全全的房屋这个普遍性。"实在的事物……能够发生效果"但是他之能发生效果乃是因为它现在还是一个个体的房屋，故说"总念的个体性即是有效果的本源"，然而它又不像原因那样对另一事物(即它的结果)产生效果，如摩擦生热那样，而是对它自己产生效果，即表现为一个个体的事物。同时又得注意到，所说的个体性乃是一个逻辑范畴，不应和个体的事物，如个体的房屋(这所房屋)或个体的人(张三李四)等同起来。在下面谈到判断时，我们将更弄清楚个体性的意思。我们更不可以为个体性只是总念的一种表现而已。个体性诚然是总念的一个环节，但是总念是整个存在于它的每一个环节的。一个个体或一个主体都是作为一个全体的总念表示出来的(这是这段最后一句的意思)。

现在我们先谈附释的大意，然后看其译文①。

(1)首先让我们再一次弄清楚总念的三个契机(贺译"环节"，似不甚妥)，即普遍性、特殊性与个体性的相互关系。因为这点是说明"总念"的本质的。

普遍性等三个契机不是范畴，而是"总念"这个范畴的三个因素，可是这三个因素的每一个都是一方面和总念同一，而另一方面和其他两个因素同一的，就是说，在每一这样的因素里都是"总念"的全体，因而每一个因素都是和其他两个因素同一的。可见，说它们为"环节"，乃至说它们为"因素"都是不十分妥当的。

(2)为了明白这节的意思，让我们再次强调"总念"这个名称是黑格尔《逻辑》的译者所制造的，原不是黑格尔所用的。对黑格尔来说，"总念"就是 Der Begriff(即概念)。我们在解释第 160 节时已经交代过，他的"概念"(一般译为"总念")乃是具体的，包含有它的对方在内的，不像一般形式逻辑的概念那样是抽象的，排斥其对方的。比方"人"这个形式逻辑所用作类概念的这个概念是排斥任何某一个具体人里面所包括的特性的。但是所谓特性就是一种确定性，也就是特殊性，而"总念"里面不但含有普遍性(如"人"这个类概念的普遍性)而且同时又含有任何一种人(如黄色人，黑色人，白色人等等的特殊性)即特殊性，并且同时又含有每一个人(如张三、李四)的个体性。

可是我们能举出什么具体的实例来说明这个总念的性质呢?

当知黑格尔在逻辑里所谈的"总念"乃是一个范畴。我们不能拿具体的经验性的东西来作"总念"的实例。"总念"之下的实例应该是范畴而不是经验上所碰见的东西，如这所房屋，张三，李四等。要问"总念"的实例是什么，我们可答应说，上面从"有"到"本质"所谈到的一切范畴都是"总

① 黑格尔著，贺麟译：《小逻辑》，北京：生活·读书·新知三联书店，1954 年，第 338～340 页。

念"的实体。其实黑格尔在他的《小逻辑》的第84节[①]里开章明义便说:"有只是潜在的总念。"在第86节[②]说:"纯有是不确定的单纯的直接性(正,即普遍性)。""有"的对方即是"无"[③],而"'无'与'有'正是同一的东西",而"两者的统一……就是'变易'(即'成为')"[④]。以第163节的话语来说,"总念"的普遍性等于"有",其特殊性等于"无",而其个体性则等于"成为"。这样就是"总念"的一个实例,即范畴一般正、反、合这个演变的实例。其他一切的范畴的演变都是这样的,所以也都是"总念"的实例,说明"总念"的意义的。即拿黑格尔的整个哲学体系来说,从"逻辑理念"(正)通过"外在的理念"即自然(反)到"自在与自为的理念,即精神"(合),也是总念的演变实例。我们要这样来理解"总念"才能看到他的精神与实质。这样来看"总念",我们也就能看到"总念"如何是黑格尔的全套逻辑的骨髓了。

但是我们要注意以前的范畴只是"潜在的总念",即还没有发展出来的"总念",而在"总念"的阶段上的"总念"乃是表现出来的"总念",即"总念"的作为"总念"了。

(3)还有一点是要弄清的。那就是什么叫做"主观总念"?难道概念有不是在心里面的吗?这里"主观"是作为"思想"讲的意思。在逻辑里,宇宙是作为主观性的东西看的,作为思想看的,不是作为感官所接触的,或作为从外边给予感官的,而是作为被给予于我们的感官的东西的形式看的,因而是"我的",所以是主观的。"总念"乃是具体的普遍。这普遍自分解为特殊性,然而仍旧是普遍的。作为具体的普遍,它就含有一切的范畴,而且也就是一切的范畴。

根据上面所说,第163节的正文就容易懂了,不必再加解释。

现在我们看看本节的附释吧。

附释一[⑤]:

---

① 黑格尔著,贺麟译:《小逻辑》,北京:生活·读书·新知三联书店,1954年,第197页。

② 黑格尔著,贺麟译:《小逻辑》,北京:生活·读书·新知三联书店,1954年,第199页。

③ 黑格尔著,贺麟译:《小逻辑》,北京:生活·读书·新知三联书店,1954年,第202页。

④ 黑格尔著,贺麟译:《小逻辑》,北京:生活·读书·新知三联书店,1954年,第205页。

⑤ 黑格尔著,贺麟译:《小逻辑》,北京:生活·读书·新知三联书店,1954年,第338~339页。

(1)“知性概念之形成是由于排除足以区别各种颜色、植物动物等的特殊部分,而坚持其共同之点,这就是知性所了解的概念。”这种概念确是空疏的,很少内容的。只是“抽象的格式与幻影”①。但是“总念”和这种知性的概念不同,它不是和特殊事物相对应的共同性。它所包含的特殊性乃是它自身的特殊化。“总念”在它的特殊事物里,即其对方里“仍明朗地保持它自身”。所以总念的真正普遍性不能看作只是知性概念的为特殊事物的共同点。

(2)在附释一的第二段里,黑格尔说“总念”的所涵括的(即无所不包含的)意义“最早在基督教里方达到充分认识”②。这点的说明是本段后面的几句话:“只有对于基督教,人方成其为人,有其无限性和普遍性……人格的原则就是普遍性。”意思是说,把每个人都看作人,这就是普遍性。这里的意思是对的,但是黑格尔认为从基督教才起头的,未免太过局限于人类的一小部分的历史了。

黑格尔在这附释一的最后一段里③遂以卢梭的《民约论》④来证明他的普遍性的意思。卢梭在他的《民约论》里认为普遍的意志(法语的Volouté générale)一定是全体人民的意志(Volouté de tous,一切人的意志)。黑格尔于是认为所谓普遍的乃是指其质而言的,不一定指其量而说的,即形式逻辑的“一切人”也并不是说曾经数过每一个人的一切,而是说凡是人都是如此的一切。

附释二⑤:

概念(即知性的概念,形式逻辑的概念)是由抽象过程形成的。但是“总念”不是形成的,不靠什么其他东西作为其间接性而发生的。我们可以说“总念”也有其间接性,但是它的间接性是在其自身之内的。这点已在上面说明了。“总念”是以其自身为其间接性的。(这是贺译“总念即是它自身矛盾的调解”的原意,而这样的译文乃是错误的。)不是先有各种对

① 黑格尔著,贺麟译:《小逻辑》,北京:生活·读书·新知三联书店,1954年,第338页。

② 参见黑格尔著,贺麟译:《小逻辑》,北京:生活·读书·新知三联书店,1954年,第338页第后一行。

③ 黑格尔著,贺麟译:《小逻辑》,北京:生活·读书·新知三联书店,1954年,第339页。

④ 即《社会契约论》。——整理者注

⑤ 黑格尔著,贺麟译:《小逻辑》,北京:生活·读书·新知三联书店,1954年,第339~340页。

象才有“总念”的形成，乃是先有“总念”才有各种的对象①。这就证明黑格尔的逻辑完全是唯心的，而且是绝对唯心论。这附释二的最后几句就完全说明这点了。

第164、165两节是继续说明“总念”的普遍性、特殊性和个体性这三个契机的。

在第164节的正文第一行里有“总念与它自身消极的统一”一句，何以说这统一是“消极的”呢？我认为它的意思是说，总念与其自身统一时，是没有扬弃其自身，故云“消极的”，因为“总念”与其自身统一时，依然保持其自身。

下句“那些反映的或相对的范畴”是否指“本质”的范畴说的。“总念”的范畴（这里不是谈到“总念”的普遍性等说的，因为普遍性等不是范畴，而是构成总念的契机）是不同于本质的范畴那样各个独立，离开其对方可以孤立了解的。

“总念”的普遍性、特殊性、个体性有点像上面在“本质”阶段上所讲的“同”、“异”和“根据”（参考范畴表）。但是“在总念的普遍性里同时复包含其特殊的和个体的在内，再则特殊的即是相异的……不过须了解为，它自身是普遍的并且具有个体性。同样，个体性亦须了解为本体或基本，包含有种和类（即特殊性与普遍性）于其自身”。“这就表明了‘总念’的各环节（各契机）有其异中之同，有其区别（即异）的不可分离性（即统一），这也可叫做‘总念’的明晰性。”何以说是“明晰性”？因为虽然普遍性、特殊性、个体性是不同的，明白区分开来的，但是三者结合在一起并不使“总念”变为模糊或者受到打断，而“仍是同样透明的（即令人看得明白的）”。

有人说，“总念”是抽象的东西②。“但是‘总念’却是具体的……一切别的具体事物，无论如何丰富，皆无‘总念’那样内在的（应是‘极度的’，贺译像是把英语的 intensely 和 internally 混淆了）自身同一，因而其自身亦不如“总念”的那样具体。”③我们不应把形式的类概念，“如人，房子，动物等，只是单纯的名词和抽象的观念”和“总念”混淆起来，或等量齐观。

---

① 黑格尔著，贺麟译：《小逻辑》，北京：生活·读书·新知三联书店，1954年，第340页。
② 黑格尔著，贺麟译：《小逻辑》，北京：生活·读书·新知三联书店，1954年，第341页。
③ 黑格尔著，贺麟译：《小逻辑》，北京：生活·读书·新知三联书店，1954年，第341页。

第165节：正文比较难懂，兹解释如下：

(1)个体性是“总念”的三个契机个别分化出来的意思，因为普遍性、特殊性和个体性这三个契机明明是三个，是彼此区分开来的，所以是个体性的，是“总念”由其本性发展出来的，故说是“总念的自由区别”①。这样也就成立了各个契机的彼此之不同，这也就是特殊性。

但是何以说，“各环节(契机)间的同一性建立起来的总念的特殊性就是判断呢?”②试看这节正文的第二段③：这段是黑格尔批评在他以前及其当代的形式逻辑的谈到观念或概念时，认为一个观念，其清楚性(即看得明白)、明晰性(不与其他观念混淆而分别开来)与正确性(应译相称性，即与其对象相称)这些性质均与总念无涉。从属的观念与对等(即递列)的观念，以及相反(即对立)的观念和矛盾的观念等等，这都是形式逻辑谈到概念的分类时所谈的划分，也是“与总念的特有性格本身毫不相干”的。总念的真正的区别为普遍的、特殊的、个体的三环节(契机)，这是构成总念的三种区别。可是“只有用外表(即外在)的抽象思维将它们彼此分开后……就是判断”④。

怎样讲呢? 黑格尔是比较牵强的。他要从“总念”的三个契机过渡到“判断”，而这种过渡是很勉强的，所以他就用词源的手法来说明。

普遍性、特殊性与个体性在“总念”里，如上所说，原是不能分开而彼此结合在一起的，但是抽象的思想，即知性，便把它们分开，而德语的“判断”这词是urteil。按其词源来说，就是ur＋teil，而ur的意思原是“原始的”，作“突然”解，(动词)就是“拆开”。这正合普遍性等三个契机“突然为知性把它们拆开”这个意思，也就是urteil(判断)了。这不是牵强的说法吗? 黑格尔的范畴过渡每每是有这种牵强的现象的。

现在我们就往下谈“判断”了。我们仍是先谈“判断”的大意(第166—171节，中译本是第342—349页⑤)，然后再逐节地解释译文。

---

① 黑格尔著，贺麟译：《小逻辑》，北京：生活·读书·新知三联书店，1954年，第341页。
② 黑格尔著，贺麟译：《小逻辑》，北京：生活·读书·新知三联书店，1954年，第341页。
③ 黑格尔著，贺麟译：《小逻辑》，北京：生活·读书·新知三联书店，1954年，第342页。
④ 黑格尔著，贺麟译：《小逻辑》，北京：生活·读书·新知三联书店，1954年，第342页。
⑤ 黑格尔著，贺麟译：《小逻辑》，北京：生活·读书·新知三联书店，1954年，第342～349页。

黑格尔的“总念”如上所说，原文就是概念，所以他的总念论就是等于形式逻辑的概念论。形式逻辑谈完了概念便马上转到判断来，好像有了概念就自然应该有判断似的，不像黑格尔那样要把判断从概念演变出来。再则形式逻辑的判断分类，其原则也像是仅仅在判断的主题(即命题的主词)上和判断的系词上着想，而没有深入去分析判断的本质再划分判断的。黑格尔则不同，他是按判断的本质把各类的判断演变出来的。在他谈到推理时，也是根据辩证法的。判断也好，推理也好，都是“总念”的自身演变，自身发展，有其一定的程序的。

“总念”的三个契机原是结合在一起的，上面已说明了。如果把这三个契机突然分开，即是德文的 urteil(突然分开)，即是判断了。这种演变虽很牵强，但是不失为一种文字上的解释。

但是，细看起来，也不能说这种解释完全没有道理。在每个判断里都有其统一的一面而又有其区分的一面。例如，“这所房屋是教学楼”。这个判断的“这所”是个体性，“房屋”是普遍性，而“教学楼”是“房屋”的特殊性，那么“总念”(概念)的三个契机在判断里就明白地摆出来了。

在这个判断里，“这所房屋”又可说是个体性的一个实例，而“教学楼”是一个类概念，因而是普遍性的一个实例。这样一来，在这个判断里，个体的东西和普遍的东西就分开了，区别开来了。它们成了这个判断的主体和述项(即命题的主词和宾词)。主体和述项是不同的，但是在判断里是统一的。如果以 S 是 P 的公式来表达这个判断，就可看出，由于“是”这个系词，S 和 P 就结合为判断的统一体了。

在这里我们可以附带地指出，黑格尔所想到的判断还是局限于我们称为主谓判断的。这是很自然的，因为在十九世纪的初叶，人们还未想到其他的判断型式，而黑格尔不是例外。

在第 171 节里，黑格尔才谈到判断的种类。他声明“不同的判断”须认作从一种必然进展而来，并认作“总念”自身的继续进展。因为判断不是别的，既是特殊化的“总念”①。附释里②是说明“各种不同的判断并不

① 黑格尔著，贺麟译：《小逻辑》，北京：生活·读书·新知三联书店，1954 年，第 348 页。

② 黑格尔著，贺麟译：《小逻辑》，北京：生活·读书·新知三联书店，1954 年，第 349 页。

列在同一水平,具有同等价值,而须认作构成有阶段性的次序。而各种判断的区别乃建筑在谓词的逻辑意义上”①。

黑格尔把判断分为:

(1)质的判断

(2)反映的判断

(3)必然的判断

(4)总念的判断

我们可以注意,黑格尔的范畴,一般说来,都是正、反、合三个的,而在这里却有四种判断。其理由容后再说。先要看看何以他从“质的判断”开始。这是在第171节的附释里说明的。在那里黑格尔说(如果附释都是黑格尔自己的话语的话):“第一种判断其内容只涉及一抽象的质,要决定是否这质,只消当下的知觉即可足用。”②那就是说“质的判断”是容易做出的,直接的知觉便足可使用。例如,谁不知道“这墙是绿色的”或“这火炉是热的”呢?

在质的判断里,主体和述项像是彼此独立的,没有必然的关系的,像是偶然碰在一起的。这墙不一定是绿色的,可以是白的,等等;这火炉可以没有火,因而不是热的。做出上面那种质的判断所需要的,只是当下直接的知觉,所以“质的判断”也可以称为直接性的判断。我们记得黑格尔每一个阶段的范畴,其第一个总是直接性的。质的判断就是直接性的。

谈了“判断”的大意以及判断的划分之后。现在让我们看看从第166节起那几节的译文。

(B)“判断”(Das Urteil)

原德文“判断”(Das Urteil)这词已在上面解释过,在这里不重述了。

第166节正文③:

正文的第一段经过上面所说的大意,是容易了解的,只是译文的最后一句应该为“……同时各成分与其自身同一而不与别的成分同一”加上“各成分”比较清楚些而且切合原文。这也就是说,在判断时起初有“主

① 黑格尔著,贺麟译:《小逻辑》,北京:生活·读书·新知三联书店,1954年,第349页。

② 黑格尔著,贺麟译:《小逻辑》,北京:生活·读书·新知三联书店,1954年,第349页。

③ 黑格尔著,贺麟译:《小逻辑》,北京:生活·读书·新知三联书店,1954年,第342~344页。

体”(贺译“主词”)与“述项”(贺译“谓词”)的独立性①。我们便把主词和谓词(主体与述项)联接起来而下一“判断”。这是判断的活动(参见第二段)。

这第二段接着就说明这种主观的判断活动怎样变为客观对象的规定的。这种转变是由于“那外在的(应译‘外来的’)主观的(以原词‘是’表达的)联系便又被扬弃了(暂时搁置了),而判断便被认作对象自己的确定(‘确定’比贺译的‘规定’为更妥,因确定是客观的,而规定是主观的)”。

本节正文的第三段②(p. 343):抽象地说,判断可表示为个体的就是普遍的,如“这墙(个体的)是绿色的(普遍的)”。这是一个质的判断,其“主体(这墙)与述项(绿色的)最初彼此对立的两项,即当总念的各环节(契机)”被认作直接的性格和初次抽象的时候。

“‘个体的即是特殊的’和‘特殊的即是普遍的’等命题属于判断之更进一步的特殊化。”我们在上面解释第163节正文的第一段时已说清楚了这点,现在不必再说了。

我们要顺便指出的就是黑格尔在第166—190节里所谈到的判断与推论,其内容应结合康德所谈的各种逻辑的学说。这是后来德国的哲学家与逻辑(学)家,主要是西格华儿德③(Sigwart)和陆牢(Lange)④,以及英国的哲学家与逻辑家勃拉德莱(Bradley)⑤和鲍山归(Basanquet)⑥据以发展近代的认识论逻辑的。如果真要研究近代逻辑,我们必不可局限于传统的形式逻辑,那只是逻辑的极小的一部分,必须除以辩证逻辑为指导以外,还须研究这派的认识论逻辑,否则所谈的形式逻辑就会空虚到极点,而又须涉及数理逻辑,否则就看不见传统形式逻辑发展的前途。这是

---

① 黑格尔著,贺麟译:《小逻辑》,北京:生活·读书·新知三联书店,1954年,第343页。

② 黑格尔著,贺麟译:《小逻辑》,北京:生活·读书·新知三联书店,1954年,第343页。

③ 全名为Christoph Sigwart,现翻译为西格瓦特,著有《逻辑》。——整理者注

④ 疑为朗格(Friedrich Albert Lange, 1828—1875)德国唯心主义哲学,早期新康德主义者。

⑤ 现译为布拉德利。——整理者注

⑥ 全名为Bernard Basanquet(现翻译为鲍桑葵,1848—1923),英国哲学家、美学家,表现主义美学代表之一。主要著作有《美学史》(1892)、《道德自我心理学》(1897)、《国家的哲学理论》(1899)、《美学三讲》(1915)、《当代英国哲学》(1924)等。——整理者注

题外的话，但对认真研究逻辑的人是需要知道的。现在且看黑格尔是怎样在第 166 节正文的第三段[①]解释判断的系词吧。

黑格尔的判断是限于主谓判断的，即 S—P 这个一般的判断形式。在这类的判断里，"是"这个系词是十分重要的。

在"个体的就是普遍的"这个判断里，黑格尔提出这个系词"是"是从总念的性质里产生出来的。意思是说，在总念里，"个体性和普遍性皆是构成总念环节"(契机)的，"因此亦是不可彼此孤立的"，即原是彼此相属的，不同于在前一阶段里，即"本质"阶段的反映式的范畴，在它们(即范畴)的体系的相互关系里它们的关系是"有"的关系那样的。如果在"本质"阶段上，我们说 S 是 P，意思乃是说 S 有 P 的属性，但是在"总念"阶段上，我们说 S 是 P 时，意思乃是说 S 就是 P，而这里说的"是"是作"等于"解的，即 S 虽然是 p，然而它既是 P，却又仍然是 S。在本节附释的解释里，就是更详细地说明这点的。判断 S 是 P 的两项即 S 与 P 的联络不是像传统形式逻辑那样，认为先是有独立的 S 与 P，而后方把它们联络起来，而构成一个判断，乃是原有 S 与 P 在总念里面作为不可分的契机，可是判断只是明白地把其通过判断的联络形式建立起的统一性而已。附释说得好："当我们说'这里的玫瑰花是红的'时……我们宣称的，并不是说我们从外面去把红加给玫瑰花……而乃是说红乃这对象(玫瑰花)自身固有的性质。"换句话说"这里的玫瑰花是红的"这个判断不是别的，而只是"玫瑰花"这个概念(即总念)自身在思想中发展过程的结果，"由于总念的自身活动(即自由)而起的作用，将各自己区别为它的各环节(契机)"，以形成一个判断。

这是附释解释判断的意义。但在附释的最后几句里，黑格尔提一个十分重要的原理，那就是"无论总念也好，判断也好，均不仅仅在我们脑子里发现，并且不仅是由我们造成的。总念乃是内蕴于事物深处的本质；事物之所以是事物即由于总念"。这显然是黑格尔透顶唯心论的原理，但是他又说："当我们去判断或评判一个对象时，那并不是根据我们的主观活动去加给对象以这个谓词(述项)或那个谓词(述项)。反之，我们乃在观

① 黑格尔著，贺麟译：《小逻辑》，北京：生活·读书·新知三联书店，1954 年，第 343 页。

察由那对象的总念所自身发挥出来的特殊性格。"这第一句像是照顾到判断的客观性,而第二句又证明黑格尔的判断论是完全唯心的了。

第167节的第一段第二行据英译是"在纯粹的逻辑原理上是不存在的",代替贺译的"尚没有出现在逻辑课本里"像是比较好些,因为它与下一句联系得更紧密些。

这段的意思是说,"判断是极为普遍的意识形式",因为"一切事物都是一种判断",由于"一切事物都是个体的,而个体事物又具有普遍性,具有内面的性质于其自身"。何以内面的性质是普遍性呢?因为内面的性质是事物本有的性质,而不是来自别物的,因而就是普遍的。例如"这所房屋是建筑物"。在这个判断里,"这所房屋"是个体的,但同时它的性质原本就是普遍性的"建筑物"。所以在这个判断里,个体性(这所房屋)和普遍性(建筑物)是有区别的,但是"这所房屋是建筑物",因而二者同时又是同一的。

这节的第二段说明命题与判断的不同。不但命题是语言的形式而判断是思想的形式,语言与思想是有联系的,然而又是不同的。同时在命题来说,谓词是我们加在主词之上的,而就判断来说,述项是从主体里发展出来的。许多命题,如感叹句"昨晚我睡得很好",命令句"举枪",都不是判断。只有当我们的目的在决定一个尚没有确定或特殊化的概念时,才可说是在下判断。

第168节的文字比较不易懂,主要是要明白黑格尔所谓判断的"身与心"是什么意思。身,据黑格尔来说,只是尚未发展到有意义的心。心是给身以其意义的,身只是一种存在,而心才给予其普遍性。身与心虽是联合为一的,但身与心是可以分离的,然而又必须在它们的联系形式上,它们才构成一个有意义的东西的。个体是无意义的,必须看到它的普遍性,即把它归于一类,才有其意义的。

第169节里的第一句"个体即是普遍的"。这是判断的一个抽象的形式。"这所房屋乃是一种建筑物"才是一个具体的判断。在这判断里,其主体作为一个具体的东西来看是"否定的自我关系",因为说"这所"本是自我关系,而说"这所房屋"就已是否定了"这所",而把它作为"房屋"看了。其述项(谓词)即"建筑物"是作为抽象看的,即不是这个或那个建筑物，没有确定的建筑物，而是一般的、普遍的建筑物。这两个成分，即“这所房屋”与“建筑物”被“是”字联系在一起成为一个判断，这样一来，这里的“建筑物”就已经不是一般的建筑物而是作为房屋的建筑物，因而就是特殊性的建筑物了。可见在这里这个特殊性是个体性（主体，“主词”）与普遍性（述项，“谓词”）的同一性的实现。

这节的第二段是说明何以所说的特殊性是判断的内容。

附释里的“共相”就是上面所说的“普遍性”。形式逻辑把谓词（p）生硬地加在主词（s）的上面，当知谓词（即判断的述项）乃是从主词（判断的主体）发展出来的。

第170节说明如何判断的主体（主词）是更为丰富更为广大的。但是述项（谓词）是一个普遍性，不只适用于这里的一个主体，如“建筑物”不仅适用于“这所房屋”，还适用于高塔、城墙、牌楼等等，所以是“超出”这主词的，并且把这主词隶属于它的下面，作为它这个类的一个实例的，所以谓词也可说是较主体更为广大。

第171节表面上看来①，判断的主体（主词）、述项（谓词）和主体与述项中的关系，即判断的特殊内容，都是“彼此相外”，即原没有关系的，而只碰见是那样的。“但是就其本质来说，即依总念的观念来看，它们是同一的（即原是一起的）”……因为“这主体不是无确定性的杂多，而乃是一个‘个体’（在它里面）特殊性与普遍性得到了同一的”。……表示“主体与述项的联系字（即形式逻辑称为联系词或系词的）最初亦只是用一个抽象（像是无内容）的‘是’字去表示”。其实这“是”字所表示的亦是“主词（主体）须认作具有谓词（述项）的特性……谓词（述项）亦具有主词（主体）的特性”，否则就不能由“是”把它们联成一个有内容的判断，因而这系词“是”就不能发挥其作用。

这样就可见得“最初判断的进展只是给予那抽象的感觉的普遍性以全（全体性）、类（通常译为“种”）、种（通常译为“类”）等特殊性格，更进而发展到总念的普遍性”②。那就是说，原来那抽象的普遍性在判断的发展

① 黑格尔著，贺麟译：《小逻辑》，北京：生活·读书·新知三联书店，1954年，第348页。

② 黑格尔著，贺麟译：《小逻辑》，北京：生活·读书·新知三联书店，1954年，第348页。

中就越来越进入到更广泛的范围了。

从我们的认识到判断的不断特殊化，我们就见得平常称为判断种类的意义与其相互的联系。在传统的形式逻辑里，所谓肯定判断、直言判断、确然(必然)判断(即形式逻辑的判断按质、量、样式等划分)好像是没有根据，没有一定原则的，"捕风捉影，没有确切区别的"。但是，"真正讲来，不同的判断(即判断的划分)须认作一个从一个必然进展而来的，即认作总念自身的继续进展。因为判断不是别的，即是特殊化的总念"(参见第171节正文第二段)。

"从前面的'有'和'本质'两个范围来看，总念之特殊化为判断，也可以说是这两个范围的重演。"这是什么意思呢？因为判断的种类如肯定、否定、直言、假言、选言、实然、必然等形式早已出现在'有'与'本质'的范围里，而列在这里，重新予以叙述而已。

在本节的附释里黑格尔主要是批评康德的判断表，他认为康德的判断分类只依据当时的传统形式逻辑，所以是不能令人满意的，这点批评是正确的，但是康德分批判为三类是对的，因为判断的按质、量与关系来划分(康德也认为"样式"是不影响判断的内容的)，恰好相当于"有"、"本质"和"总念"三个阶段，其中的第二种判断恰好相当于本质的性格。在这点上黑格尔又未免强解康德的批判学说了

在本节的附释的最后一段①里，黑格尔指出"各种不同的判断并不列在一个水平，具有同等的价值，而须认作是构成有阶段性的次序，而各种判断的区别乃建筑在谓词的逻辑意义上"。这点是黑格尔判断学说的要义，应好好地联系以下几节好好思考的。各种判断的区别是怎样建筑在谓词的逻辑意义的基础上的呢？下面我们来看第172节(质的判断)、第174节(反映的判断)、第177节(必然的判断)和第178节(总念的判断)这四节的每一节的第一段便知黑格尔的意思是什么了。兹留待该四种判断再加以详细的说明。

(1)"质的判断"(Qualitatives Urtail)

第172节："什么是质的判断"？其定义在本节的第一段里说明。首

① 黑格尔著，贺麟译：《小逻辑》，北京：生活·读书·新知三联书店，1954年，第349页。

先，“质的判断”乃是一个直接判断，这里的“直接”是“当下感觉到”的意思，直接判断的主词(主体)是赋予一种普遍性(贺译“共性”)的，而以这普遍性作为判断的“谓词”(选项)的，如“这玫瑰是红的”这里，“这玫瑰花(主体)”有“红的”这个普遍性赋予它。这“红的”是人直接感觉到的质，所以这个判断是一个直接判断，也就是一个质的判断。

质的判断可以(1)是一个肯定的判断，如“这玫瑰花是红的”。但是如何黑格尔接着便说，“则个体是特殊的呢”？不能说S是P这个肯定判断的主体必须是像“这玫瑰花”那样的一个个体，但是当记得黑格尔乃是谈到“质的判断”这种直接判断。直接判断必须是直接感觉到的，那么就不能是“凡人必死”的肯定判断，因为“凡人”不是我们所能直接感觉到的。因此，直接判断的质的判断，其主体必须是一个具体的个体，如“这玫瑰花”。

这玫瑰花(个体)是“红的”(特殊，因是红，而不是白、黄等)。何以这段里又说，“这样一种单纯的质(红)并不能符合主体(这玫瑰花)的具体的性质呢？因为“红”只是“这玫瑰花”的具体性质的一部分，这玫瑰花除了是红的以外还有其他的性质，比如大的或者小的，香的或是不香的，等等。

质的判断又可以(2)是否定的判断，比如“这房子不是新的”。本节正文的第二段只是说明“不错”(即“对”)与“真理”(应译“真”)的分别。这点在附释里解释了，主要的意思是“对”与“不对”，是逻辑上的名词，即所说的话是否符合于我们当下所感觉到的，而“真”与“不真”乃是根据判断的主体之本性说的，如说“某人偷东西”，这里的“某人”，在其总念即本性来说，不是必须偷窃的，偷窃只是这人偶然做的事情。可是有人发觉这人偷东西是事实，所以说他偷东西是不错的，而这只是一个质的判断，直接觉知到的。

质的判断的系词“是”不等于在S与P之间划一等号(＝)。我们不能说“这玫瑰花＝红的”，而且黑格尔又说“谓词不仅单独适用于这一主词”①。这是凡知形式逻辑的人都明白的，S是P的P不是周延的，因此S是P乃是不一定的，非必然的。但何以说这个行为是善的是一个总念的

① 黑格尔著，贺麟译：《小逻辑》，北京：生活·读书·新知三联书店，1954年，第351页。

判断而不是一个质的判断，所以“这个行为”与“善”的关系“不是松懈的”，也就是说“更密切的”，因为善不只是一时感觉的那样，“这个行为是善的”，那就是说“善”决定了“这个行为”，因“这个行为”是要表现“善”的，如身体主要表现灵魂那样。

本节（第172节）是说明什么是质的判断，并且说明这种质的判断的谓词对于其主词是什么关系，因而也就决定质的判断的性质。

第173节说明否定判断可能有两种分裂的形式。即（a）空的同一关系这种形式与（b）主体与述项本来是不相干的形式。第一种形式的一个例子就是“这玫瑰花不是红的”，而第二种形式的一个例子就是“狮子不是桌子”。何以说“这玫瑰不是红的”是一种空的同一关系的判断形式呢？

因为按黑格尔的说法（这是很牵强的说法），说“这玫瑰花不是红的”，而这“玫瑰花”这个本体是具体的感性东西，“红的”也是感觉得到的一种质。这是不错的。但是在说“这花不是红的”时意思还含有“这花是有颜色的”，而这是一个肯定的判断并且不是质的判断，因为“有颜色的”不是当下感觉到的，而是推论出来比较抽象的普遍性的东西。所以这判断仍是以“这花”这个个体的东西用肯定的形式来同一于一种普遍性“有颜色的”这个东西，而个体事物并不是有普遍性的。因此这种判断就是一种空的同一关系的判断。这是否定判断的第一种分裂的形式。所以说它是分裂的，是因为它把判断的主体从述项分裂开来，即不能以普遍性的东西来说一个个体的东西（这玫瑰花），所以剩下来的只有那个体的东西存在那里，成为仅个体就是个体，而不能另有所说的了。

第二种否定判断的分裂形式，如“狮子不是桌子”乃是其主体（狮子）和其所谓述项（桌子）“完全不相干的”，虽然在命题的形式上（S不是P），但其内容是不错的。可是这种判断是“毫无意识的”，因之就不是判断。这第二种否定判断的分裂形式的判断黑格尔命名为“无限判断”。

何以称为“无限判断”呢？本节的附释[①]说明这点。但是要注意，在这里黑格尔说无限判断是毫无意识的这点却是没有看到这种无限判断的实在意义的。无限判断可用S是¬P（S是非P）来表示，这里的非P不是

① 黑格尔著，贺麟译：《小逻辑》，北京：生活·读书·新知三联书店，1954年，第352页。

无意识的。如果以一切的东西作为一个论域(上面说明过了的 universe of discourse,即所谈的整个范围),“心灵”①是这个论域的一部分,而在“心灵”以外的东西都是心灵所不归属的一部分,如心灵属于 a 部分,而凡不是心灵一类的东西都属于 b 部分,所以说“心灵不是象”并不是毫无意识。可见在这点上,黑格尔的说法据逻辑来说,是不正确的。说“心灵”与“象”完全不相干只是从上面所讲的“多样性”观点来看事物。如果从总念来看,这种说法是错误的。其实这点在反映判断里便可说明。

(2) 反映的判断

第 174 节说明“反映的判断”(Das Reflexions－Urteil)。读这节时,其正文相当抽象,而且不甚清楚。我们初读时,应首先读这节的附释,便明白什么叫做反映的判断,并且明白反映的判断是如何不同于上面所讲的质的判断的?

“反映的判断”的谓词(述项)不复是一个直接的抽象的(即与其他的质孤立开来的)值,而(且)在反映判断里,主词(即主体)透过谓词(即述项,如实例的‘可疗疾的’)被表明为与另一事物相联系。”黑格尔在附释里所举的实例“这植物是可疗疾的”便说明。“可疗疾的”这个为述项所表示的质,虽不是直接感觉到的,但是却在其判断里的主体(这植物)的意念里存在着。因为“可疗疾的”这质毕竟按这植物的意念来说,原是存在于这植物里的,不过在直接感觉里“仍未揭示出来”而已。反映的思想不只能揭示出“可疗疾的”这个反映性的(即通过反思才看出的)质,而且一个具体的“这植物”是有无限多性质的,因此反映的思想决不能穷尽对象(如这植物)的性质或意念的②。这附释不是把反映的判断说得很清楚吗?

我们现在回头来看这节的正文罢。但首先我得要讲:这节所谈的“反映的判断”是怎样从“质的判断”转变过来的。在谈到“质的判断”时,我们不是说“质的判断”的一般形式乃是“个体的(这玫瑰花)是特殊的(红的)”吗? 到了空③的同一的判断时,“这玫瑰花不是红的”这个形式里,主体是一个个体概念,而述项是普遍概念,两者乃是完全不能一致的,于是主体

① 贺麟原译为“心灵”,后译为“精神”。——整理者注

② 黑格尔著,贺麟译:《小逻辑》,北京:生活·读书·新知三联书店,1954 年,第 354 页。

③ 原稿模糊,根据上下文推测为“空”。——整理者注

和述项就互相对立,判断也就被分裂了,就不成为判断了,结果就是主体独自在那里存在着,而没有关于它说了什么。

空的同一的判断的这种自相矛盾就使我们不得不前进到一个新的范围里去,譬如在"这玫瑰花不是红的"这个假的判断里,其主体是排斥其述项的,但是排斥毕竟也是一种关系。"这玫瑰花绝非一般的颜色的"就是普遍的东西,而只有反思才看出普遍的东西来的,看出一般的质即普遍的质的,这种一般的东西不是单凭直接感觉能看出来的。

因此第 174 节的正文说:在空的同一关系的判断里,个体就是个体,这是自我反映的形式,而形成一个判断时,主体(主词)仍保持着其作为物的地位,因为 aRa 第一个 a 对于第二个 a 是作为别物的,否则就甚至不会有这个自我的关系,可是这个别物总不是某一别物,而是一般的别物,所以就成为一种普遍性的东西,所以在这种空的同一关系的判断里,其"主体(主词)不复是一直接的质的东西,而乃是与另一事物,或外在世界,有了相互的关系和联系的"。"这样一来,正确的普遍性便得到相对的意义"。意思是说,表示这种相对性(例如有用的或危险的,重量或酸性、本能,等等)。这里的所谓"相对性"乃是一种性质,如"有用的"等都是在某一定的范围里才有其意义的,故说是相对的,即对于某一定的范围而言的。

第 175 节说明如何从个体(即单称)判断发展为特殊(即特称)判断。

这节正文的第一句:"第一,主词,个体之为个体(在单一判断里),乃是一共相。"这句需要解释。在上面谈到直接感觉到的质的判断时,不是说过像"这玫瑰花不是红的",即"这玫瑰花是有颜色的"这种判断,其主词(即主体)变为一般的东西,即普遍性的东西,所以这节就说"主词(这玫瑰花)",它原是一个个体,但在这种单一(即单称)的判断里,这个"个体之为个体乃是一个共相(即普遍的东西)"。

正文第二句:"第二,在这种关系里,主词便提高并超出了它的单一性。"这句在附释[①]中说明:"这植物是可疗疾的,这不只是说,仅这一单独的植物是可疗疾的,而是指一些或几个这样的植物有如此效能",所以"这

① 黑格尔著,贺麟译:《小逻辑》,北京:生活·读书·新知三联书店,1954 年,第 354 页。

词便提高并超出了它的单一性”，“于是我们便进而得到特殊判断(有一些植物是可疗疾的……)”，可是由于主词的这种扩大(即由单一性扩大到特殊性)乃是外在的，基于主观反映的(即在主观上认识到所说的不‘仅仅一单独的植物……而是指一些或几个这样的植物’的)”，因之“那直接的个体性透过特殊性便失掉独立性”(见附释)，但是“最初(在其失掉独立性而成为特殊性[有几个事实]，只是一不确定的特殊性”(见正文)。怎样是一种不确定的特殊性？关于这点，正文在括号里是一般地说：“在直接的既否定又肯定的特殊判断里，个体自身分别为二，一方面为自我相关，另一方面为与他物相关。”而在附释里这样解释：“人就其为这一个人而言(肯定)其为自我相关”(即与自我有关系，成为这一个人)，但又“不复仅是这一个别的人(否定其为仅是一个人)”，“而与别的人站在一起”(见附释)，“它并且因此而提高了”，因此“特殊判断既是肯定的也是否定的”(附释[①])。

让我们看看黑格尔是怎样得出这个结论的。从形式逻辑的判断分析来看，如果说“有几个S是P”这一个特称判断时，这里的“有几个”是什么意思？“有几个”这短语可能是有限制性的，又可能是没有限制性的。例如，我们说，这进修班里的同志有些是懂英文的，意思可能是说，有些是懂英文的，而又有些人不懂，也就是说不是全都懂英文的。这是日常语言通常的意思，但是一般形式逻辑是理解“有些”为限制性的。所以在逻辑正方形[②]里，如果I命题(有些同志懂英文)是真，O命题(有些同志不懂英文)是不定的。如果要从“有些同志懂英文”而得出“有些同志不懂英文”这个结论来，就必须说“只有些同志懂英文”，加上限制词“只”，这原来的单纯判断便成为一个复杂判断，即在一个判断里含有实际上两个判断了，即“有些同志懂英文”又“有些同志不懂英文”。这里是有限制的“有些”(即特殊性)的用法。黑格尔在这节里是采取这种用法的，所以他说“特殊判断既是肯定的(SIP)，亦是否定的(SOP)”(附释)[③]。

---

① 黑格尔著，贺麟译：《小逻辑》，北京：生活・读书・新知三联书店，1954年，第355页。

② 指形式逻辑四种命题所构成的正方形。——整理者注

③ 黑格尔著，贺麟译：《小逻辑》，北京：生活・读书・新知三联书店，1954年，第355页。

附释的第二段[1]所谈的是说明本节正文的“第三，有一些是普遍的，于是特殊性便扩大为普遍性，或普遍性为主词的个体性所决定，而成为全体性”[2]。这是很抽象的概括，意思是说，有些关于个体的判断是能扩大为普遍性的，如说“张三、李四、王五（黑格尔在附释所说的伽意斯、梯突斯、孙普隆里斯这三个别的人）都是人”，推广到“一切都是人”如张三等是人那样，那也不是单称（单一）判断变为特称判断（“有几个人是人”），而又扩大为全称判断（“一切人都是人”）吗？如果这“普遍性为主词的个体性所决定”，（如“全人类都是追求幸福的”），这里“全人类就是主词的个体性，于是这判断便成为全体性”的了[3]。

注意：“全人类”的“全”这个全体性是反映式的思想，首先在于想到一种普遍性，以个体为基础（张三、李四等），我们主观的反映式的思想动作，将个别的（这人、那人，等等）综括起来，而称之为“全体”。这是解释全体的意思，我们一般是以“一切”、“凡”等字眼来表示全体性的。可是“一切”等全称字样有两种极不相同的意思，是在这节的附释里说明，而且在逻辑上是极其重要的。

在我们说“在座的都是中华人民共和国的人民”时，这个“都是”乃是简单枚举的结果。这判断的主体与其述项“只表现一外在的联结……将独立的毫不相干的（只凭简单枚举得出）的个体事物总括起来”而已（附释句）。当知“普遍性乃是个体事物的基础、根本和本质”，这才是真正的普遍性，不单靠简单枚举得出表面上形式的普遍性，即“表面的形式的概括性”，这是和“类或共相大不相同”。“……个体的人之所以是一特殊的人，即由于先于一切事物（即验前），他是一个人，具有人的普遍性的人。而这种普遍性不是（像由简单枚举得来的普遍性那样）外在于或外加于人的别的抽象性质或单纯的反映（即主观发现的）性格。这种普遍性即贯穿于一切特殊性之内，并包括一切特殊性于其中。”[4]参看上文第 163 节正文第

---

① 黑格尔著，贺麟译：《小逻辑》，北京：生活·读书·新知三联书店，1954 年，第 355 页。

② 黑格尔著，贺麟译：《小逻辑》，北京：生活·读书·新知三联书店，1954 年，第 354 页。

③ 黑格尔著，贺麟译：《小逻辑》，北京：生活·读书·新知三联书店，1954 年，第 354 页。

④ 黑格尔著，贺麟译：《小逻辑》，北京：生活·读书·新知三联书店，1954 年，第 355 页。

一段①。

第 176 节是说明怎样从“反映的判断”这第二类判断转变到第三类判断，即“必然判断”去的。

反映的判断最后发展到上节所讲的全体性的全称判断来，如“全人类都是能制造工具的”这种判断，在这种判断里，“主词(即主体)亦同样(如述项)具有普遍性(即‘全’所表示的普遍性)，而主词与谓词便显然有了同一性(因同是普遍性)”。这样“同时亦见得判断形式的分类便无关紧要了”。意思是说，如本节附释所解释的那样，无论你是说“所有植物，所有的人等等”，或说这植物等，完全是一样的，“因为无论如何，如上节所说，这种普遍性并不是外在于或外加于人的别的抽象性质或单纯的反映性格”的，而是人或植物的总合所决定的，所以就是必然如此的，可是说“所有人”或说“这人”，即全体性的全称判断或单称判断，表面上虽是两种不同的判断，其实是一样为必然的判断的，因而“主词谓词间的这种内容的统一使得判断关系成为一种必然关系”(本节正文)。

但是正文的括号内“内容即是与主词的消极的自身反映相同一的普遍性”这句是什么意思呢?

试看这种判断，如“全人类都是能制造工具的”，其主体(主词)在形式上是单称的，那么其自身反映即应是 aRa 的形式。今说“全人类(单称)是能制造工具的”(全称，即普遍的)，岂不是 aRa 吗? 所以 aRa 乃是“主词的消极的自身反映”，而这判断的内容就是主词与谓词的同是普遍性的这种同一性，所以就说“内容即是与主词的消极的自身反映相同一的普遍性”。从上面所说的看，附释就易明了。

现在已是从“反映的判断”转变到“必然的判断”来了。“必然的判断”是在下节说明的。

(3)必然的判断

第 177 节:“必然的判断”(Urteil der Notwendigkeit 直译原德文应为“必然性的判断”)。

让我们先看:“质的判断”和“反映的判断”这两种判断是如何与“必然

① 黑格尔著，贺麟译:《小逻辑》，北京:生活·读书·新知三联书店，1954 年，第 337 页。

的判断”在本质上不同的。在“质的判断”里，甚至在“反映的判断”里，其述项与主体是没有必然的关系的，其联系只是偶然在事实上碰见的，即不必然的，知其然而不知其所以然之理的。“这玫瑰花是红的”是个“质的判断”是我们实际上直接感觉到的，但是“这玫瑰”可能不是红的，而是白的，或其他颜色的。“这所房屋是有用的”这个判断是个“反映的判断”，是我们主观上经过反思才看到的，但是“这所房屋”不一定是有用的，可能从另一角度来看是无用的，其主体与述项的联系乃是偶然是这样的，而没有必然之理的。但是如果说“这玫瑰花是一种植物”，则这判断属于植物(类)的，否则它就不能成为玫瑰花了。

“这玫瑰花是红的”这个判断只是实际上如此，而“这玫瑰花是植物”这个判断乃是必然的。在这后一个判断里，判断的形式已大大地发展了，更接近判断的本质，即更接近判断的总念了。依黑格尔说来，判断应该是判定其主体与其述项的同一性的。在“质的判断”里，如“这玫瑰花是红的”，虽然系词“是”肯定了主体与述项的联系，但是这里在主体与述项之间没有同一性，所以依黑格尔的看法，这种联系不是同一性的联系，所以不是真正的判断应有的关系。从总念的角度看，“这玫瑰花”不能等同于“红的”。“这玫瑰花”和“红的”可以说是没有关系的。可是在“这玫瑰花是植物”里，其主体“这玫瑰花”与其述项“植物”，是一种“必然的判断”。

现在让我们看看第177节的正文。

“必然的判断，作为内容的异中之同(因为“这玫瑰花”和“植物”是异，但因玫瑰花也是植物，故同类，所以就是异中之同)。这说明“必然的判断”的性质，“必然的判断”有三种(看表)：

①直言判断

②假言判断

③选言判断

本节分三段来说明这三种“必然的判断”。

首先第一段说：(一)“在谓词(‘植物’)里，部分地包含有主词(‘玫瑰花’)的实质(玫瑰花实是一种植物)或性质(如玫瑰花有开有谢的等等)，(这样就)包含有具体共相(即普遍性，如‘有开有谢’)，或类(即这里的‘植物’乃是玫瑰花的类)。部分地由于共相里亦包含有特性作为它(主词)的否定('有开有谢'是一种特性,不是玫瑰花本身,故说是它的否定),于是这谓词便表示纯粹的本质的特性('有开有谢'),亦即表示'种'(因共相,即普遍性加上一种特性,即形式逻辑的'种差',就是种了)",这是 S 是 P 的形式,所以"这就是直言判断"①。依这节所说,黑格尔的直言判断是以性质或类作为述项,而讲到主体的一种 S—P 的形式。

第二段说:(二)"依照它们,即主体与述项或说主词与谓词的实质(即实体性),主词和谓词两方面取得一独立实在的形态,(因为它们同是实体,所以是独立存在,而不至相依赖的,但是既不相互依赖,怎样表现黑格尔要求于判断的同一性呢?)它们的同一性只是内在的(应译'在内边的')或潜在的(即还未表明出来的)。因此一方面的实现同时并不是它自身的实现,而乃是它的对方的存在(意思是说,B 的实现为 A,不是 B 自身本来就是实现的,而是由于有它的对方 A 的存在的,就是说,如 B 是 A,则必须有 A,所以用公式来表明,就是:"如果有 A,则有 B。"),这就是假言的判断。

第三段正文说:(三)"在总念的这种外在化(即表现在外面)或发挥的历程里,它的内在(在内面)的同一性亦建立起来(成为外面可见的)了。(即有总念的发挥为表现在外面的种种形态。如 A(总念)发挥为 a,b,c,岂不是 A 是类而 a,b,c 是这类的三个种吗?)所以共相(A)就是一'类'"。下面一句我改写如下,或者更易懂些:"这类(A)是在它里面相互排斥的一些个体性(a,b,c)里有其自身同一的(即 A=a+b+c)。这种判断,它的主词(A)和谓词(a+b+c)两方面都是共相(普遍性),而这共相有时(即 A 的一方)作为一个共相(A),有时(即另一方 a,b,c)又作为它(互相)排斥的特殊性的圆圈(即 a,b,c 在一起)。在这个圆圈(范围)里,不是这样(a),就是那样(b 或 c),或者既是这样,复是那样,(前者是 A 的各肢,后者是 A 的全体)所以后者,就代表类。这样的判断就是选言的判断。例如,三角形(主体或主词 A,即类)或是直角的(a),或钝角的(b),或锐角的(c),谓词 a,b,c 就是主词 A 所外化或发挥出来的,而 A=a+b+c,所以判断的同一性同时亦建立起来了。"

① 黑格尔著,贺麟译:《小逻辑》,北京:生活·读书·新知三联书店,1954 年,第 356 页。

这段最后一句："普遍性最初是类(A)，继又成为它(这类)的种的循环(即范围)。这样的普遍性便称为全体性"，从上面所说明，这句是不难懂的。

这样就由直言判断发展为假言判断，而又发展为选言判断了。

本节的附释是易明的，但有两点要指出并加以说明：

①首先在其第二行里的"体用"应改为"实体"。

②附释第二段里"直言判断在某种意义下仍然有缺点的：在直言判断里特殊性那一方面(即'黄金是金属'里的'黄金')便没有得到应有的地位(即没有说出'黄金'必须是'金属'，不只是主观观察到它是'金属')"，因为银铜铁等亦同样是金属，而金属之为金属，对于它里面的特殊的一种(黄金、银，等等)是不重要的(即毫无考虑偏重一种的)。为补救这种缺点，便由直言判断进展到假言判断(为要表现主词与谓词之间的必然关系，如 A 则 B)，这样就进展到因果关系了。而因果关系是必然性的表现，所以就到了"必然判断"的形式了。

但是在选言判断里一种(a，b，c)的全体就是类(A)，这种共相(A)与殊相(a，b，c)的统一就是总念，于是就有了"总念的判断"。

(4)"总念的判断"(Das Urteil des Begriffs 直译应为"概念的判断")

第 178 节说明什么是"总念的判断"，而在第 179 节里说明"总念判断"的三种，即(1)确然(或称断然)判断、(2)盖然(或称或然)判断，(3)必然判断。在我们研究"总念判断"以前，还得先要谈谈上面留下来的一个问题，就是在我们讲到黑格尔在第 171 节里的判断种类时，我们曾指出黑格尔的范畴，一般说来，都是正、反、合三个的，而在判断的分类里却有四种，即(1)质的判断，(2)反映的判断，(3)必然的判断和(4)总念的判断。其理由何在？黑格尔在《小逻辑》里没有说出。

看第 171 节的附释，他好像是不满意于康德按质、量、关系和样式划分判断的，但是他自己的判断划分又不能脱离这种划分法。虽然他指出"主要的三种判断恰好相当于'有'、'本质'和'总念'三阶段，其中的第二种判断恰好相当于'本质'的性格，亦即相当于'异'的阶段，自身却有双重的性格"①。依我

① 黑格尔著，贺麟译：《小逻辑》，北京：生活·读书·新知三联书店，1954 年，第 349 页。

初步的分析，他的判断划分为四种而不是三种，就是由于这“双重的性格”。“质的判断”固然是关于性质的，而量的判断也是关于性质的，黑格尔却从量的判断中划分出“反映判断”，故多出一种来。

其实他的判断划分应该根据感性、反思与理性，“质的判断”是感性的，“反映判断”与“必然判断”都是反思性的，而“总念判断”才是理性的。

还有一点要注意的：在判断分类里出现两个“必然判断”，一种是主体与述项必然联系着的判断，这是客观的必然性；另一种不是“或然的”，而是不容置疑的必然，是主观性的必然。如果我们译“总念的判断”的第一种为“断然的”，则其第三种可译为“确然的”，以避免名词的重复，而且这两个“必然的判断”，其意义不是相同的，如上述。

现在再让我们看看：“总念的判断”是怎样从“必然的判断”的“选言判断”演变出来的。

我们不是在谈“必然的判断”时，最后看见“选言判断”为其发展到的第三种形式吗？

在这种“选言判断”里，有 A 不是 a，就是 b，或是 c 的形式。依我们上面的分析，A 是类，是普遍性的，而 a，b，c 是种，是特殊性的。于是，就有了“普遍性的东西是特殊性的东西之总和”，即类包含着一些种这个形式。可是在这个形式里，有普遍性，而又有特殊性，但没有单一性的，或个体性的出现。可是依第 163 节①所说，“总念本身包括下面三个环节”（即契机）：第一为普遍性，第二为特殊性，第三为个体性。所以在这种“选言判断”里只看见普遍性的东西（类）表现为特殊性的（种），但是我们还应该要看见普遍性的东西深入到个体性的东西里去，然后才有总念的完全发展的。

那么，怎能有一个普遍性的述项和一个个体性的主体同一的形式，即如“这个人（个体的）是有理性的（普遍的）”这种判断呢？如果有的话，它就是一种“总念的判断”了。“总念的判断”，一般说来，即在其本质上说，是以个体性的为其主体（S），以普遍性的为其述项（P），而其系词必须是表示同一性的。这就是说，述项必须是其主体的本质属性，因而就是普遍

① 黑格尔著，贺麟译：《小逻辑》，北京：生活·读书·新知三联书店，1954 年，第 337 页。

的属性,即主体所属的全类所有的一种属性。换句话说,“总念判断”所表示的乃是主体是否与其自身的本质属性相一致或不一致。譬如,S 是一个个体的主体(主词),而这个主体应有其本质属性,那么总念判断就必须采取 S 是 P 或 S 不是 P 的形式。可是在这种判断里,P 必是一种理想,是其主体 S 所应达到的,如果 S 真是 S,它就必须是 P,否则它就不成其为 S。例如人是应该有理性的。这里“有理性”就是“人”的一种理想。如果“张三”这个人没有理性,即“张三不是有理性的”,则张三简直不是一个人。又如“社会主义国家的人民都是热爱劳动的”,这里“热爱劳动的”是“社会主义国家的人民”的一种理想。如果我不热爱劳动,我就不成其为一个社会主义国家的人民,可是熟悉英文或任何一种外国语不是一个社会主义国家的人民所必具的本质属性,不是社会主义国家的人民的一种“理想”,所以不熟悉英文或任何一种外国语不会使任何一个社会主义国家的人民不成为社会主义国家的一个人民。又如,说“这个人是人”,这里“这个人”(S,个体性的)是“人”(P,普遍性的),S 是个体性的,而 P 是普遍性的,两者本是不同的,可是在这判断里它们却是同一的,因为“人”既在 S 里,而又在 P 里,如果我们说“这所教学楼是合用的”,这里的“合用的”(P)乃是“教学楼”所应有的本质属性,所以这个判断是一种“总念的判断”。

“总念的判断”的性质乃是这样的。

现在让我们看看第 178 页的正文①。我在译文里加上一些解释的话以便易于理解:

“总念的判断以总念,以[即]在[其]单纯[即简单的]形式下(应说‘上’)的全体,如张三(总念,因他是一个‘人’)在其简单的形式上的全体(‘人’)作为它的内容(即‘张三是人’),亦即以普遍性(张三这个人)和它(这普遍性)的全部特征(‘人’)为内容(‘张三这个人是人’)。”这是说明“总念的判断”是什么。

本节正文其余部分是谈到“总念的判断的第一种,即“确然判断”的。

(一)最初总念判断里的主词是一个体事物(如“张三”),而以特殊存

① 黑格尔著,贺麟译:《小逻辑》,北京:生活·读书·新知三联书店,1954 年,第 358 页。

在(有理性的)对其(暗含在张三里的"人"的)普遍性的反映(即以"有理性的"来反映,即表现出其为"人")为谓词。(这就是"张三是有理性的"这个判断了)。换言之,即以普遍性与特殊性之是否一致("有理性的"或"没有理性的")为谓词,如是否善、真、正当等(或"有理性的")。这就是确然判断(英文的 Necessarily judgment)。

正文的第二段是易懂的①,只须说明一下,"红的"不是玫瑰花的,或画的本质属性,所以"这玫瑰花是红的"、"这幅画是陈旧的"不是"总念的判断",虽然它们是"确然的判断",当知我们在这里谈的乃是"总念的判断"里的"确然判断"。

正文第三段②是说明确然判断本身是没有多大的权威或号召力的,这里黑格尔像是指一般的确然判断说,而不是指"总念的判断"的确然判断说的,因为他是谈到"直接知识和直接信仰"的,而直接知识应该是属于"质的判断"范围,而直接信仰至多是属于"反映的判断"范围的。

这段反映的是黑格尔时代的一种侧重感情而忽视理智的流派,与所谈的总念的判断无直接关系的,可不去多注意它。

第 179 节正文说明"总念的判断"的第二和第三种形式,即(2)"或然判断"和(3)"必然判断"。

"确然判断"只断言其主体(S,如"这幅画")是美的,或不是美的(P),即 S 是 P,或 S 不是 P。但是没有举出其是美或不是美的根据来,这种判断可能是表示个人的看法而已,因而尽可以有另一与之相反的看法表示出来,如对"这幅画是美的",很可能有与之相反的看法,说"这幅画是丑的",这也是一种个人的意见,没有根据的,两种看法都可能是对的,也可能是错的,于是谁对谁错就有问题了。有问题的判断就是"或然的判断",即"这幅画可能是美的"这种判断。

第 179 节的正文,我用上面的方法来整理如下:"确然判断在它最初直接的主词里(例如'这幅画'里),尚没有含有谓词所表示的殊相(如'美'或'丑')与共相(即普遍性,如此画才是美或丑的)的统一。因此确然判断

① 黑格尔著,贺麟译:《小逻辑》,北京:生活·读书·新知三联书店,1954 年,第 358 页。

② 黑格尔著,贺麟译:《小逻辑》,北京:生活·读书·新知三联书店,1954 年,第 358~359 页。

最初只是一主观的殊相(即主观认为是美或丑的),为(被)另一具有同样理由,或没有理由(即主观地)的另一说法所反对(与原来的确然判断相反)。因此它(这判断)成为(二)一种或然判断(这幅画可能是美的或丑的)。"

上面是说明"或然判断"的性质。这段正文接着便说到"必然判断"了。

我们试看看"或然判断"如"这幅画可能是美的",其主体,即"这幅画",是不一定如此的,就是说,它,比方"这幅画",可能符合于画的理想,成为美的,也可能不符合于画的理想,成为丑的。如果在判断的主体(S,比方"这幅画"里,带有这幅画之为这幅画的某种根据,如说它是按照一定的原则画出来的),把客观地成为这幅画是美的"殊相"联系在主体(这幅画)上面(如说"这幅画"是按照绘画的基本原则而且结合实际画出来的),而这样使"殊相"(美的)成为主体("这幅画")存在的构成条件,则(三)这主词(主体)便表示客观的殊相(应该是美的)与它的共相(凡这样画的画都是美的),即与它的(类)(属于这类的)的联系,因而亦即表示构成谓词的内容的总念了(即凡这样画的画都是美的)。这就是"必然判断"①,这种判断的一例便是:"这幅画是这样画的所以是美的",而作为直言判断来表示就是"这样的画必然是美的"有了一定的理由(这样的)在判断的主体(画)里表示出来,则是其"共相"("美的")的必然性了。

第180节说如何由"必然判断"发展为"推论"②,其正文是易明的,只须改变译文的几个字如下:"这样主词(这样的画)与谓词(美的)皆各自代表全判断('这样的画当然是美的'与'这画是有理由的美')。主词的直接结构('这样的画'是直接构成的主体)最初显得为实际事物(这画)的个体性(这)及其普遍性('这样的')间之媒介(贺译'调解'不妥)的根据。亦即判断的根据('这样'也就是'这画之为美的根据')。事实上这样……乃是主词与谓词的统一,亦即总念(总念是统一性的本质)。总念即是空虚(表面无内容)的联系字'是'字之实化(使之有内容了)。当(原来包含着主体

① 黑格尔著,贺麟译:《小逻辑》,北京:生活·读书·新知三联书店,1954年,第359页。

② 黑格尔著,贺麟译:《小逻辑》,北京:生活·读书·新知三联书店,1954年,第359～360页。

与述项即 S 与 P 的）总念被这分为主词与谓词两个方面，而总念乃二者的统一，并为二者的对立关系之媒介（贺译‘调解’，原文是‘间接性’）时，——这就是推论。”如“这样的画是美的”，可表达为：“这样的画必然是美的（大前提），这幅画是这样的，所以这幅画就是美的。”这不是推论吗？

现在我们已经谈完了判断与其发展出来的各种形式，一直从“质的判断”到“总念的判断”的“必然的判断”（看范畴表），而又发展到推论了，下一大段就讨论“推论”了。

（C）推论（Der Schluss）

首先我想附带提出推论的德文字是 Der Schluss，这词的意思原是“结论”。因为它本来是作“关闭”或“完毕”讲的，转义为“结论”，但是在《逻辑》里，它又作“推断”解，而黑格尔沿当时传统形式的惯例，并作为形式逻辑的“三段论式”讲的。我们指出这点，因这两义有时是被混淆的，例如在《小逻辑》第 187 节的第一行里的“结论”便应译为“推论”的。

我们先谈第 181 节和第 182 节的大意，然后再去看这两节的译文。

在谈到“总念的判断”的第三种，即“必然判断”时，我们已经看到，如“这样的画当然是美的”这种判断是“这画”的个体性通过“这样的”这个特殊性和“美的”这个普遍性同一的，以其主体 S（“这画”）与其述项是必然联系的，所以说是同一的，即说“有这样的画”就等于有“美的东西”了。

这样就有了特殊的作为个体的与普遍的两者之间的媒介，这就是形式逻辑三段论式的第一格，如果我们以 E（德文的 Einzelnheit）来代表个体性，B（德文的 Besonderheit）来代表特殊性，以 A（德文的 Allgemeinheit）来代表普遍性，我们就有这样一种形式的推论：E—A

B——U
E——U
∴S——U

在我们讲形式逻辑时，是以 P 来表示大名词，以 M 来表示中名词，以 S 来表示小名词的，所以，和上述的公式相应的就是：

M——B
B——M
∴S——P

例如“凡努力工作的都是有成绩的,先进工作者是努力工作的,所以先进工作者是有成绩的”。这里的A(普遍的)是“有成绩的”,B(特殊的)是“努力工作的”,而E(个体的)是“先进工作者”,即“有成绩的”是大名词,“努力工作的”是中名词,而“先进工作者”是小名词,在上面的三段论式的推论里是以“努力工作者”来作“先进工作者”与“有成绩的”之间的媒介,即中名词的,通过这媒介,“先进工作者”便与“有成绩的”联系起来而得结论“先进工作者是有成绩的”。黑格尔简单地说这种推论是以E—B—A这个公式来表示的,这也就是形式逻辑三段论式的第一格。

我们记得在上面第163节里①,我们曾看到,“总念本身已含有普遍性、特殊性与个体性”。在总念的作为总念里,这三个因素是紧密地结合在一起的,在判断里,“判断对总念的各因素(贺译‘环节’)予以区别(即予以分化),……使建立为独立的”②,即成为异样的,而现在到了推论的阶段,这三个分化出来的异样的因素(E—B—A)作为大名词,中名词和小名词出现为不同的,但是通过三段论式的推论,中名词作为联系而使大名词与小名词(E—B—A)又统一起来了,我们在这里又看到,总念(亦即概念)以黑格尔的公式来说就是正(结合的),判断就是反(分化为不同的因素),而推论就是两者(总念即概念与判断)亦即正与反之合,就是说总念(概念)与判断综合了,统一了。

另一方面我们又看到知性是分别识,它是强调事物的不同的,所以就到产生判断,说“这是这,那是那”,而理性是追求统一的,因而势必把不同的东西通过各种的媒介来联系起来,统一起来。但是理性在推论里的这种表现不是单纯主观的,而是像判断一样有其客观根据的,原也是客观的,因事物本是普遍联系的,只是主观的分别识抽象地,即片面地把它们这分开来,虽然为了研究起见,区别在一定的限度内是必要的,理性即是合理的,则推论是必然有合理的根据的,理性既以联系为其职责,所以从理性说来,宇宙间无一不是相互联系着而且与整体联系着,因此我们又可以说理性即推论乃是在宇宙中表现出来,即凡是合乎理性的,即合理的,

① 黑格尔著,贺麟译:《小逻辑》,北京:生活·读书·新知三联书店,1954年,第337页。

② 黑格尔著,贺麟译:《小逻辑》,北京:生活·读书·新知三联书店,1954年,第342～343页。

即现实的。依黑格尔说来，都是三段论式（即推论）的表现。

说了第 181 节和第 182 节的大意后，现在让我们看这两节关于推论的性质的译文[①]。第 181 节的正文不难理解，只须指出它各段的要义便可读了。

其第一段是说明推论乃是总念（须记得黑格尔的“总念”也就是概念）和判断的统一。推论是总念，这是就推论里判断所分化出来的区别又消退了（或译“收回去了”）而言的，推论又是判断，因为它在其实在的形式上是将总念里各因素作为各名词摆出来加以区别的。推论是理性的表现，所以是合理的，合乎理性的，而且事物都是照道理相互联系的，所以是合理的。

正文第二段，黑格尔批评一般未能看见种种合理的事物之相互联系而且不知道理性是什么，理性的特质是什么，更不知道理性和推论的关系，得要看出三段论式，即推论的形式如何表现出来，从而看出“绝对即是推论”[②]，即“一切事物皆是一种推论”（同上），因一切的一切都是总念的表现。

正文第二段到此为止是易明的，这段的后半部分须加解释。

让我们再拿“这样的画是美的”这个总念的判断来作一个例子说明[③]最后一个例句。“所以总念的普遍性”的那部分修改如下：

“所以总念（‘画’）的性质由于自身的特殊化（成为‘这样的画’）而达到它的外在实在（‘这样的画’），并且因此作为消极的（即否定的）自身反映（因为这样的画不是单纯的画，所以是画的否定的自身反映），而使自身（‘画’）成为个体（即‘这样的一幅画’）——或反过来说实在事物乃是个体事物（一个一个的事物），个体事物由于特殊化其自身（如‘这幅画’变为‘这样的画’）提高为普遍性（因为‘这样的’是‘这画’的特殊化，而‘这样的画’是普遍性的，不限于‘这幅画’的），且使其自身与其自身同一（即‘这幅画’同一于‘这样的一幅画了’），实在事物是一（如‘这幅画’只是一幅，所以是一），但是它的总念（即‘画’）的各环节（总念的普遍性，如‘这样的一

---

① 黑格尔著，贺麟译：《小逻辑》，北京：生活·读书·新知三联书店，1954 年，第 360～363 页。

② 黑格尔著，贺麟译：《小逻辑》，北京：生活·读书·新知三联书店，1954 年，第 360 页。

③ 黑格尔著，贺麟译：《小逻辑》，北京：生活·读书·新知三联书店，1954 年，第 360 页。

幅画'，特殊性，如'这样的'，以及个体性，如'这样的一幅画'，一共三个）之多，而推论便表示它的各环节（即各因素，如普遍性等）的调解（即相互为间接性的媒介，如由特殊性到普遍性，由普遍性到个体性）与循环（由此及彼，复由彼及此），借此而总念实现其统一（即普遍性等因素，如第337页所说，原是潜在上统一的）。"

本节的附释①比较易明，只须略说其要点：（1）总念，如上所说，必发展为判断，而判断必发展为推论的，（2）而且要，如本节正文所说，在推论里回复到总念的统一的，（3）这整个过程不是由于我们主观的活动，而是由于总念和判断自身的发展的，所以是客观的，附释的其余部分是解释上面第（3）点的，说明上面例子的特殊性（即"这样的画"）是个体性（"这幅画"）与普遍性（"这样的画"亦即"必然是美的"）之间居调解（即媒介）的中项（三段论式的中名词），如：

这样的画必然是美的　　——大前提　　M——P
（特殊性）（普遍性）
这幅画是这样的画　　——小前提　　S——M
（个体性）（特殊性）

所以这幅画必然是美的　　——结论　　S——P
（个体性）（普遍性）

这就是推论的基本形式，即三段论式的第一节。

在这种推论的形式里，是特殊性作为媒介，即中名词的，但个体性（S）和普遍性（P）亦可取得这种居中调解（即媒介，M）的地位，那么就有如下两种推论的形式：

个体性——普遍性　　　　这幅画是美的
特殊性——个体性　　　　这样的画是这幅画
所以 特殊性——普遍性　　所以 这样的画是美的

普遍性——特殊性　　　　美的是这样的画

---

① 黑格尔著，贺麟译：《小逻辑》，北京：生活 · 读书 · 新知三联书店，1954年，第361页。

个体性——普遍性　　　　　　这幅画是美的

所以 个体性——特殊性　　　　这幅画是这样的画

何以附释有最后一句，说“便形成由主观性到客观性的过渡”呢？意思是说，推论不是限于一种主观的形式，而是由于总念的发展，所以是客观的，因总念的任何一个因素都可作为推论的中名词而得到其他两个因素的联系的。

第182节指出，在真正的推论里，其主体，述项与中项（即命题里的S、P、M）原不是彼此外在的，分开的，乃是相互结合着，只是因为知性这个分别识把它们分开，而理性却在推论里把它们统一起来。

我们读本节的正文与附释时，“理智的推论”都应改为“知性的推论”才符合原文的意思。

本节正文的第一段上半部分是容易读的，而下半部分，只须记住知性是看重分别的，而理性是要求统一的，就也易明了。

正文的第二段[①]表示黑格尔并不完全否认知性推论（指上文第160节附释里所说的知性逻辑的推论）的客观意义，因为他说“但这种推论仍有其客观的意义”。这段的以后所说的乃是说明这点的意思的。

这节的附释批评两种黑格尔所认为是错误的看法：(1)认为理性是推论的能力，而知性是总念（即概念）的能力，这是根据肤浅的心理学的。(2)认为有两种总念（即概念），一种是知性的概念（康德称为“范畴”），另一种是理性的概念（康德称为“理念”），这又是错误的，是黑格尔暗指康德的学说，而加以批评的。

对于这节二点，黑格尔以“自由”这个哲学观念来作一个实例。如果我们将“自由”认作与“必然”居于抽象的对立地位，我们便仅仅得到了自由的知性概念（即总念）。反之，那真正的理性的“自由”的概念（即总念）便包括了并摒弃了“必然在内”。[②]

我们可以不去管他涉及当时宗教问题的“自然神论者所提出的对于上帝的界说”这个例子，因这是我们现在的思想无视的。

---

① 黑格尔著，贺麟译：《小逻辑》，北京：生活·读书·新知三联书店，1954年，第362页。

② 黑格尔著，贺麟译：《小逻辑》，北京：生活·读书·新知三联书店，1954年，第363页。

(1)质的推论

第183节说明“推论”的第一种,即“质的推论”①。“质的推论”是“限有的推论”,因为“限有”是一定的质的“有”,即“有确定性的有”②,也就是我们在上面所举的一例“这幅画是这样的画,而这样的画是美的,所以这幅画是美的”这一类的推理,即形式逻辑三段论式第一格的推论,就是S—M—P(黑格尔用德文的三个词,如上述E—B—A)的形式;“就是说一个个体的主词(‘这幅画’)凭借一种特性(‘这样的’)与一种普遍性(‘美的’)相结合”③。这是本节正文的第一段。

其正文的第二段是易明的,例如“这幅画”这个主词除“这样的”这特性之外,尚有别的特性(如大小,新旧等等),而大名词P(“美的”),除单纯的普遍性之外,亦尚有别的特性(如既美,而为人所喜悦的等等),但这里所要看的,乃是它们(S与P)所借以推论的那些特征或形式。

附释说明通常逻辑教本所讨论的大都是“限有的推论这类形式的推论”,而且指出一般人从前认为这种推论为一切知识的绝对规律,岂知现在,即黑格尔的时代“三段论式”的各种形式,“除了在逻辑教材书外已不易遇见……对于实践的生活以及科学的研究均不复有何用处”④,这不但是在黑格尔的时代是如此,即我们现在也是如此的。

但是附释接着说明,这并不是说推论的各种形式在生活里和在认识的活动里不存在,而“力求明白意识在这类推论形式当属不无兴趣……但我们无需……得先研究逻辑,然后方可作正确的推论”⑤,这里,黑格尔指出我们能言语的人,一般是具有“自发”逻辑的。

第184节指出三段论式的推论中“各项(即S、M、P)是完全偶然的”⑥,即不一定要碰在一起的,例如M可以是S的任何一种特性,不一定是玫瑰花的红,也可能是香味等,而且S可以和许多其他的M相联系

---

① 黑格尔著,贺麟译:《小逻辑》,北京:生活·读书·新知三联书店,1954年,第363页。
② 黑格尔著,贺麟译:《小逻辑》,北京:生活·读书·新知三联书店,1954年,第211页。
③ 黑格尔著,贺麟译:《小逻辑》,北京:生活·读书·新知三联书店,1954年,第363页。
④ 黑格尔著,贺麟译:《小逻辑》,北京:生活·读书·新知三联书店,1954年,第364页。
⑤ 黑格尔著,贺麟译:《小逻辑》,北京:生活·读书·新知三联书店,1954年,第364页。
⑥ 黑格尔著,贺麟译:《小逻辑》,北京:生活·读书·新知三联书店,1954年,第365页。

而形成这种推论。

黑格尔并说明在这184节和第185节里“即在指明这类的推论(即三段论式)对于求真之空疏无用”①。

附释指出,三段论式的推论形式虽是有许多缺点,主要是它的三项S、M、P全属偶然的,“随便拾取”的,但是在法庭的判断里和在外交的争论里,每每是引用法律或国际法的条文作为大前提(普遍性),结合当前的事件(属于主体的一种特殊性),而得出类于当前的问题(个体性)的结论(即S与P的联系)。

第185节说明“不仅这种推论中的各项是偶然的,而且它所具有的关联的形式,也同样是偶然的”②。就是说,“在三段论式里实不啻一种直接的联系,换言之,它们(即大前提与小前提)中间并没有真正的中项予以联系”,像在推论的总念或本质看来,真理在于凭借中项以联系起两个不同的事物,而这中项是两者的统一③。

本节并说明“三段论式里的这种矛盾(中项所联系的两个不同的事物不是本质上由中项必须统一的)表示出一种新的无限进展,因为每一前提,均各要求一新的三段论式(即带证式推论)予以证明,而这新的三段论式又同样有两个直接的(即未经证明的)前提,于是又需要两个新的三段论式予以证明,于是永远有这种双重的需要,直至无穷”④。

那么如何解决这种在三段论式中的矛盾呢?这是在第186节说明的。

第186节说明三段论式的缺点,即矛盾,在其推论的演进中(即上面在第183节的附释中——参看中译本第364页第一行所说的“从主词挑出任何一特殊方面”)必须(让这种缺点,即矛盾)扬弃其自己⑤。

怎样使三段论式的矛盾扬弃其自己呢?得要认识到总念的范围里“相反的特征不仅是潜在的,而且是明白发挥出来的”,所以推论是矛盾的

① 黑格尔著,贺麟译:《小逻辑》,北京:生活·读书·新知三联书店,1954年,第365页。
② 黑格尔著,贺麟译:《小逻辑》,北京:生活·读书·新知三联书店,1954年,第366页。
③ 黑格尔著,贺麟译:《小逻辑》,北京:生活·读书·新知三联书店,1954年,第366页。
④ 黑格尔著,贺麟译:《小逻辑》,北京:生活·读书·新知三联书店,1954年,第366页。
⑤ 黑格尔著,贺麟译:《小逻辑》,北京:生活·读书·新知三联书店,1954年,第366页。

当然推动出来的。

从推论即三段论式的第一格S—M—P(个体性,通过特殊性与普遍性相结合),我们就看到"那个体的主词,本身虽是一普遍性(S是P),于是便成为两极端(三段论式的大名词与小名词)的统一者,而形成它们之间的媒介,结果就是如下的形式;

M—P

M—S

———

S—P

这不是三段论式的第三格,而是黑格尔的第二格,在这格里是以主词的一种普遍性作为大小两名词的媒介而联系的,例如:这幅画是美的,这幅画是这样画出的画,所以这样画出的画是美的。

这里"美的"和"这样画出的画"是"这幅画"里面的两种普遍性,作为大小名词为"这幅画"(主词)所联系,其结论必是特称的。同时,这里的结论也即是第一格里的前提,所以就把那直接性的前提证明了,清除原来三段论中的缺点了。

其缺点,如我们在上面所看到,乃是直接性的"真的推论里的两个前提都没有证明而须用带证式的三段论式来无穷地企图把它们加以证明的。在黑格尔的第二种形式即第二格里,等于形式逻辑的第三格里的大前提已得到从三段论式的自身里证明了,但是其小前提还没有得到证明,问题是如何照样证明这小前提呢?

原来第一格的形式乃是:

M—P	这样的画是美的	大前提
S—M	这幅画是这样的画	小前提
———	——————	
S—P	所以这幅画是美的	结论

在上面的第二格里原来的大前提已得到证明了,现在要看如何从这三段论式的本身,而不靠外加的前提来证明这个小前提,那就是如何通过M而把S与P(即通过黑格尔的普遍性而把个体性与特殊性)联系起来,譬如在上面的例子里,通过"美"而把"这幅画"与"这样的画"联系起来,即

证明其小前提，这里所要得到的推论形式是特殊——普遍——个体，用符号来表示就是 B—A—E。

证明这点乃是第 187 节的内容。第 187 的正文说："第二式将普遍性和特殊性（即'美的'和'这样画的'）结合起来，这普遍性是目前一式，即第一格的推论（或译为英译的'结论'均不妥，因德文的 Schluss 有时是'结论'，而有时是'推论'的意思，而在这里应是'推论'而不能是'结论'）为个体性所特殊化（即'这幅画'特殊化为'这样画出的画'）而过渡到第二式（如上所说明），于是（'这样画出的画'）便取得直接主词的地位，因此这普遍性（即'美的'）便透过这结论而明白发挥成特殊性（即这样画的是'美的'，当知黑格尔的推论中的联系词'是'是'等于'的意思，故'这样画的'等于'美的'）亦即成为两极端的调解者（应译为'媒介'），而且两极端的地位便为别的两项（即特殊性与个体性）所占据。"

这样一来，我们就有了下面的推论形式：

特殊—普遍	这幅画的是美的	大前提
个体—普遍	这幅画是美的	小前提
个体——特殊	所以这幅画是这样画的结论	

这是特殊——普遍——个体（即 B—A—E）的形式，就是黑格尔的第三格，也就是形式逻辑三段论式的第二格。

以上是第 187 节正文的第一段。其第二段从"所谓推论（即三段论式）的诸式"这句起，首先说明（1）亚里士多德原只有三式，第四式是多余的，"甚至可说"是（历史证明不只如此，而确是）后人的无聊的附加。这点早为康德在其 1762 年出版的《三段论式四格之诡辩性》一文里证明了。（2）通常的形式逻辑没有想到指出这些格式的必然性，更少指出它们的意义与价值，"但是它们却有一很真实的意义，这意义建筑在总念发展的每一个环节（即个体性、特殊性与普遍性）均有成为全体并且成为媒介（即中名词）的基础的必然性上面，如上两节所说明的那样。（3）黑格尔认为甚至在亚里士多德的哲学里，其中心原则仍是玄思的总念而并不依靠三段论式的推论"。

在本节的附释里[①]黑格尔以三段论式的总念发展的形式来说明他自己的哲学体系，即逻辑理念，自然和精神这三个部门，都是可以从任何一个推论出其他两个的。

第 188 节是说黑格尔之所谓量的或说“数学的推论”的。

在前七节里，黑格尔说明“质的推论”怎样应该演变三种不同的格来，而且赞成亚里士多德的只三个格而不列入后人所加的第四格，因为这格只是从第一格变过来，只形式改变了一下，而且无多的用处，意义又不大。

黑格尔的“数学的推论”或说“量的推论”是怎样的，如何从上面的推论形式演变出来的呢?

在上面，我们也曾看到总念的三个因素(或译“环节”)即个体性、特殊性和普遍性都可以用作推论的媒介，即中名词，而形成三种“质的推论”的三种不同的形式的，这三种形式就是三个格。

在这三个不同的格里，其结论都原是其他一个格的前提之一，因而就说明那个前提是可以从总念本身的性质予以证明的，可是每一个格都是以其他两个格为其先决条件的，这就可算是取消了上面所指出“质的推论”的缺点，但是其本质上的缺点依然存在，那就是，让我们随便拿哪一个格的推论来看，其三个名词都仍然是互不相干的，而且既然这三个名词，随便哪一个都可用作中名词，那就是说，它们是可以互换地位的，从黑格尔说来，在逻辑的作用上，它们是等同的，即：

$$\begin{array}{l} M=S \\ P=M \\ \hline \therefore P=S \end{array}$$

如果两物各与第三物相等，这两物亦相等。这是一条数学的公理，因此我们就有了“数学的推论”。但是“相等”是一个量的概念，所以我们就到了量的范围，有了“量的推论”了。

“量的推论”的一般形式乃是 A—A—A，即由普遍性通过普遍性而到普遍性。

① 黑格尔著，贺麟译：《小逻辑》，北京：生活 · 读书 · 新知三联书店，1954 年，第 368 页。

有时黑格尔称这种推论形式为第四格，其实这种称号是不适当的，因为量究竟不是属于值的范围的，只可说量和值一样同是直接性的，属于感性的范围的。可是，即使称“量的推论”为第四格，它显然是不同于形式逻辑三段式的第四格的。在等同的关系上是没有所谓中名词的，因之严格说来，“量的推论”并不是三段论式的推论。有时，有的人讲形式逻辑三段论式时，把命题的“是”说成“等同”(＝)，这是错误的。当记住等同关系不是三段论式所依据的含蕴关系，譬如 A＝B，则 B＝A，但是 A 是 B，不能就说 B 是 A，如“凡人都是动物”，不能就说“凡动物都是人”，谈逻辑而不弄清楚关系的概念，每每是闹笑话的。这又一次说明传统形式逻辑的局限性。

我们在上面说过，“质的推论”本质上的缺点，即使在演变出三种格来，甚至演变出“量的推论”来，仍然是存在的，因为 A＝B＝C，其实 A、B、C 依然是互不相干的，只碰见是相等的而已。

困难究竟在哪里呢？就是存在于推论的三个项，即个体性、特殊性和普遍性是从抽象来考虑的。要解除这种缺点，消灭其本质上的困难，就应从三个项的具体方面，即从它们的总念方面，也就是从它们原有的全面联系方面来考虑，从而看出它们三者是相互联系作为总念的不可分割的三个因素的。这就推进到黑格尔之所谓“反映的推论”而离开“质的推论”范围了。

现在让我们先看第 188 节和第 189 节的译文，然后再讨论“反映的推论”。

第 188 节的正文经过上面的解释后是容易读的了，毋须再加说明。主要是说，怎样从“质的推论”演变为“量的推论”。

其附释说明“量的推论亦可以作质的推论的最切近的(即最接近的)结果”[①]，这点也在上面解释了。就是说，“量的推论”乃是直接从“质的推论”的三个名词可以互换地位而得出“相等”的关系来的。

但是这附释后半的“量的推论是完全没有形式的推论”这句应作何解释？难道“量的推论”完全没有形式的吗？难道 A＝B 不是一种形式吗？

① 黑格尔著，贺麟译：《小逻辑》，北京：生活·读书·新知三联书店，1954 年，第 369 页。

接着的下一句又解释得不明白。但是再下一句,“究竟哪些命题作考虑的推论里的前提乃是外在的环境所决定”。那就是说,如果A=B,B=C,所以A=C,而A、B、C都是互相等同的,那么拿哪两个的相等而证明其与第三个的相等呢?这要看你的需要。

再下一句的“先在的假定……在别的地方……证明了”,这个“先在的假定”是什么?我认为就是“两物各与第三物相等,则这两物亦相等”这个假定,它是“量的推论”的先决条件。

第189节的正文比较难懂,兹先说明其大意,然后解释这节的译文。

推论里的总念要尽量发展,然后才能推进推论的形式的,但是到此为止,只到了数学以“相等”为媒介的这种形式,而这种推论的形式,以总念而言,其内容是空洞的,可说是“质的推论”的辩证发展的一种消极的结果。可是还有发展的积极一面的。

从消极方面来讲,推论的三个名词都轮流作为媒介,作为中名词,而仍旧不能真正除去“质的推论”的缺点,所以说是消极的,结果只是“数学的推论”而已。

其积极的结果就是我们看到,要消除“质的推论”的本质上的缺点,必须不把它的名词,即其第一格的作为中名词的特殊性,如“这样画的画”,看作一种抽象的概念,离开总念里的个体性与普遍性的特殊性,而看为是个体性与普遍性具体统一起来的特殊性,然后总念才在推论中充分表现出来。这样,“质的推论”就发展为进一步的“反映的推论”了,因为只是通过反映才看出这点的。

现在我们就可以了解这189节的译文了①。

“这样一来(即‘质的推论’演变到‘量的推论’)就形式说,产生两个结果,第一,每一环节(即个体性、特殊性和普遍性)既经取得中项(即中名词)的性格和地位,亦即取得全体(因就数学推论来说,M=P,S=M,故S,M,P都是等于全体)的性格和地位。因此便潜在地失掉其抽象的片面性了。第二,调解(即媒介)业经完成了(已互为媒介了),同样亦仅是潜在地完成了,换言之,仅是循环式的(轮流的)彼此互相假定的调解(下为媒

① 黑格尔著,贺麟译:《小逻辑》,北京:生活·读书·新知三联书店,1954年,第369~370页。

介)。在第一式的个体一特殊一普遍里,两个前提(如上已说明,‘个体是特殊’‘特殊是普遍’),尚没有得到调节(即经过媒介,或说中名词而证明)。前一前提要在第三式,后一前提要在第二式里才可得到调解(经过中名词而证明,如上已说明)。但这两式中的每一式,为求它的前提之调解(证明),同样须先假定其他的两式(来作它的前提)。”

“依此看来,总念的调解(媒介)的统一不复被认作抽象的特殊性(因是互为媒介而得到证明的),而B被认作个体性与普遍性之发展的统一。也可说是这两个成分之反映的统一,亦即个体性同时亦可以被理解(反映为)普遍性。这种的中项便发展出反映的推论。”这就是从“质的推论”演变为“反映的推论”。

(2)反映的推论(Reflexions—Schluss)

“反映的推论”不像“质的推论”那样是直接的,而是以一个全称判断为前提作为它的根据的。有根据,所以就是反映的。

“反映的推论”主要有三种形式(看表)如下:

①全称(全体性)的推论(三段论式)

②归纳式的推论(三段论式)

③类推(类推的三段论式)

什么叫做全体性的推论?

例如:凡人都是会死的;

张三是一个人;

所以张三是会死的。

这里“人”是从属于上位概念“会死的”,因“会死的”不只是人,而还有其他,如鸟、犬、虫、鱼、蛇、草、树木等,所以从“会死的”来看,“人”是特殊的。可是这个推论的一般形式是个体(张三)—人(特殊)—会死的(普遍)。

如果我们有这样一个“质的判断”,如:

凡香的是可喜的;

玫瑰花是香的;

所以玫瑰花是可喜的。

这是一个全体性的推论，以一个全称判断，“凡香的是可喜的”，作为其大前提的。但是这里的中名词是“香的”，而“香的”乃是一个具体对象的一单个属性。可是一个具体对象是有许许多多数不尽的其他属性的。每一个这样的属性都可作为推理的中名词而得出许许多多的结论来。譬如：一个对象可能是香的，而又是有毒的，于是就可能得出结论说“可喜的是有毒的”了，而这是矛盾的。

如要避免这种矛盾的结论，就必须在前提的总念里看出“香的”是联系着“玫瑰花”而言的，然后才不会把这个具体的“香”脱离“玫瑰花”而与“有毒的”联系在一起，而得出不合理的结论。

但是这样一来，岂不是在“凡香的是可喜的”这个大前提里已经包含着“玫瑰花”吗？岂不是结论已是在大前提里面吗？这样，又何必去推论呢？

这确是三段论式推论的一个大问题。在：

凡人都是会死的；

张三是人；

所以张三是会死的。

这个三段论式里，“凡人”不是包括“张三”在内吗？既知张三是会死的，又何必去推论才知他会死呢？

问题乃是你如何知道“凡人都是会死的”？用枚举的方法吗？那就必须包括张三，然后结论才有根据，然而结论说“张三会死”又不是推论出来，而是早就包括在大前提里的，这是一种三段论式自身里面的矛盾。

如果要通过枚举才成立“全体性的推论”，就要用归纳法，而枚举的归纳法总是不能是完全的枚举，如是完全的枚举，推论又不是推论，这是明显的。那么，我们只能说“全体性的推论”不是以归纳法作为依据，不是说我们知道这人，那人，其他一切的人都是会死的，这是不可能的，而是我们知道过去一切人都死了，而现在活着的人，和过去已死的人有许多相同的情况与属性，所以才由此而类推现在活着的人也都会死，这是类推的推论了。可见由“全体性的推论”到“归纳法的推论”，再到“类推的推论”是很自然的发展。

第190节的正文第一段[1]：

我们按照下列的形式逻辑三段论式的第一格的公式来看这段的译文：

MAP　　　凡人都是会死的；中项＝人

SIP　　　张三是人；　　主词＝张三

———

∴SIP　　　所以张三是会死的。

如果中项（“人”）不仅是主词“张三”之一抽象的特殊的性格（“人”就不是的），而同时一切个体的具体的（如“人”那样的）主词，与别的（李四等）一样，也皆同具有此种（“人”的）性格，于是我们便得到（一）全称的推论（如上式“凡人都是会死的”等），但这种推论的大前提（如“凡人都是会死的”），以特殊性格，中项（如“人”），即全体性（如“凡人”）作为主词（如凡人），却先假定了结论（如“凡人都是会死的”这个大前提是先假定了“张三是会死的”这个结论），殊不知结论本应先假定大前提才对（因为结论是要根据大前提的）。

可是，这种全称的推论的结论是早就包含在其大前提里的，这就是形式逻辑所称为“论点窃取”，即结论的论点，要证明“张三是会死的”，早就在大前提“凡人都是会死的”里面偷偷取得了。

继续看正文的第一段译文：

“因此（二）全称推论便建筑在归纳（应说‘完全归纳’）上面。在这种归纳式的推论里，中项（人）就是所有个体完全的罗列（即这人，那人……一切人都列出来），甲乙丙丁等，（然后说‘凡人’）。但由于直接经验中的个体（即所能看见而指出的一切‘人’）与普遍性（如‘凡人’，包括古今中外，过去与未来的人）总有距离（能指出的人总不是‘凡人’），则对于所有个体的罗列（即枚举）永远不能完全（数尽）。于是归纳的推论又建筑在（三）类推论上面。”

这最后一句何解？

例如上面例子的大前提不是“凡人都是会死的”吗？我们靠枚举这

---

[1] 黑格尔著，贺麟译：《小逻辑》，北京：生活·读书·新知三联书店，1954年，第370页。

人、那人……，总不能得到“凡人”这个普遍性的概念所表示的一切人，所以只能根据这人、那人等具体人之死了，而类推到像这些人的人，也是会死的，这种推论就是类推，即以同一类而推断。

现在再接下去看正文：

“类推的中项是一个体”这句又如何解释？

让我们先看看类推的一段形式：

A这对象有a、b、c、d的属性，另一对象B有a、b、c的属性，而a、b、c都是本质的或主要的属性，但A还有d而我们尚不知道B是否有d，而既然B在具有a、b、c这些本质的或重要的属性上是和A一样的，那么我们就认定在这点上B是和A同类的，因此就推断B也是具有d这个属性。

例如地球是一个行星，具有空气、水分，受到太阳的光等，而火星亦然。我们知道地球上有人，但是却不知道火星上是否有人，从类推我们就推测火星上大概亦有人。这就叫做类推的推论。这人、那人和我们知道的过去，许多人都死了，而现在的和未来的人在本质上是和过去已死的人同类的，因而就推论现在和未来的人也会死。于是就有“凡人都会死”这个结论。可是“凡人都会死”这个“归纳式的结论”是建筑在类推上面的，所以译文说：

“类推的中项是一个体（地球、火星所具有的相同属性）被了解为它的本质的普遍性（即这类行星所具有的属性），它的类或本质的性格。”

可见“由第一种全称（即全体性）推论过渡到第二种归纳推论，由归纳推论而过渡到第三种推论，即类推”。

这段最后一句也不易懂。兹解释之如下：

“但类推仍同样要自身决定的普遍性作为类的（如上面地球与火星之有空气、水分等作为一切行星所具有的属性）个体性（即一切行星所具有的具体的东西，（这是）当个体性与普遍性两个外在关系的形式，都（如在下面那样）轮流通过了反映推论中的各式之后（才看得更清楚）。”

这第190节正文的第二段①，有了上面的解释之后是易明的，可不再加以说明了。

---

① 黑格尔著，贺麟译：《小逻辑》，北京：生活·读书·新知三联书店，1954年，第371页。

且看看这节的附释[①]。

这里释文更容易读的，毋须再加解释，根据我们上面的加注便可理解了，只须指出几点大意，以飨读者。如下：

(1)特殊——个体——普遍，即：

B—E—A　　会死的——这人——凡人

E　　那人

E　　别人

E　　等等

于是就得出全称命题来："凡人都是会死的。"

(2)这种"不完全的归纳法"是不应得出真正的全称命题的。我们不应以简单枚举和不完全的而且不能完全的归纳法混淆起来。

(3)所以只能依靠类推而得到"凡人都会死"这种全称命题。

(4)类推在科学上有"很高的地位"，但只能作为进一步科学研究的暗示，不能作为最后的定论。有些由类推所得的结论是肤浅的，可笑的，完全靠不住的，不是科学的。类推只是一种"预感"[②]，这种说法是正确的。

黑格尔到了"类推"之后就要转变到下一个范畴，即"必然的推论"了。这是如何转变的？且看第 191 节。

让我们先看看类推的缺点，即它的内在矛盾，而看这个缺点如何才能纠正，即它的内在矛盾如何能得到统一，而且向前发展。

看看范畴表，便知道推论有三种形式，即

(1)质的推论，

(2)反映的推论，

(3)必然的推论。

现在的问题是如何由"反映的推论"过渡到"必然的推论"。

"反映的推论"最后发展到"类推"[③]，而类推的一般形式，如上述，是特殊——个体——普遍[④]。

---

① 黑格尔著，贺麟译：《小逻辑》，北京：生活·读书·新知三联书店，1954 年，第 371 页。
② 黑格尔著，贺麟译：《小逻辑》，北京：生活·读书·新知三联书店，1954 年，第 371 页。
③ 黑格尔著，贺麟译：《小逻辑》，北京：生活·读书·新知三联书店，1954 年，第 370～373 页。
④ 黑格尔著，贺麟译：《小逻辑》，北京：生活·读书·新知三联书店，1954 年，第 371 页。

这种类推的缺点，即它的内在矛盾，乃是在于作为中项的个体性是当作普遍性的，而实际上却不一定是普遍性的。如果以三段论式列出来，这点便明白了；兹以上面的例子来看。

地球是有空气、水分等而又有生命在其上的。火星是有空气、水分等的，但不一定有生命在其上。可见"有空气、水分等"不必是有生命的。但是如果这个中项的确是必然的，即有空气等便一定有生命的，那么就可得出结论说，"火星必有生命在其上"了。这样，这作为中项的"有空气等就有生命在其上"就成为一个必然的普遍性，而结论也就是必然的了。这就由"反映的推论"过渡到，亦即演变为"必然的推论"了。现在我们看看第191节的译文。

(3) 必然的推论

第191节，推论的第三种，即(3)必然的推论(Schluss der Notwendigkeit，直译为"必然性的推论")。

"必然的推论，就它的单纯的抽象的特性看来，以共相(即普遍性)为中项，犹如反映的推论(的最后形式，即推论)以个体为中项一样，(如上的说明)——后者(即'反映的推论')属于推论的第二式(看表)，前者(即必然的推论)属于推论的第三式(参见第187节)。在这里(即'必然的推论'里)共相明白假定为本质上有确定性的(如'地球有空气等则必定有生命在其上的')。"

这是说明"必然的推论"的性质。正文后半部分是说明"必然的推论"有三种。

但是先让我们看看形式逻辑的三种推论，即(1)直言三段论式、(2)假言三段论式与(3)选言三段论式的一般形式，然后根据这三种形式来了解这节正文的后半部分。

(一)直言三段论式的最一般的形式乃是第一格：

M — P

S — M

———

∴S — M

这是M的特殊，如"人"，而"人"是用来作两端(即S与P)的中项的，所以是调解(即介于)两端(S与P)之间的。

“凡人皆会死;

张三是人;

所以张三必会死。”

这里“人”是作为“张三”与“会死”的媒介(即中项)而得出结论的,这就是“直言的推论”。

(二)假言三段论式一般的形式乃是:

如A是B,则C是D;

今A是B,所以C是D。

我们不必去考虑假言三段论式的其他各种不同的形式了。这里“A是B”是直接存在的现象,可感觉到的事情,而这“A是B”是作为介于前提与小前提(两端)之间的,“是有调解(即联系两端的)功用的”,而又“是被调解(联系)的两端之一的”(贺译脱落了“之一”便不通)。“假言推论就是这样”。

(三)选言三段论式最一般的形式乃是:

A是C或D;	张三是医生或是工程师;
今A是C(或不是C);	今张三是医生;
∴A不是D(或是D)。	所以张三不是工程师。

将有调解(作为中介)作用的共相(如例子中的职业)假定为它(职业)的特殊分子(医生,工程师等)之全体(这例子中除医生与工程师外没有别的可能的职业),并假定为个体(即一个)特殊(如是医生)或排斥他的个体(不是医生),则得出结论,“A是D(或不是D)”。“选言推论就是这样”。

正文最后一句,“在选言推论的两项(大小两前提)之内的乃是同一的共相(即例子中的‘职业’)。这两项只是表示同一共相(职业)之不同形式罢了”。

“主观的总念”乃是“有”和“本质”之后的“逻辑理念”的第三个大范畴,“总念”的第一个范畴(看范畴)。现在“主观的总念”这个范畴已从“总念”本身开始,通过“判断”而达到其第三个小范畴的“推论”的“选言推论”或说“选言三段论式”这最后的形式了。这就是“主观的总念”通过矛盾而发展到极点了。到了这里,“主观的总念”由于其自身矛盾又必须向前发展到"总念"本身的下一个,亦即更高的一个大范畴。这就是"客体",即"客观的总念"(看范畴)。

这是如何演变的呢? 我们先谈谈其大意,然后再读译文。

从"主观的总念"发展到"客观的总念",即"客体"的进程概述:

(1)我们必须不可认为从"主观的总念"过渡到"客观的总念"即"客体"时,我们便是离开了思想的范围而到达客观世界了。这是不可能的,按黑格尔来说,即使我们到达了客观世界的范围,我们固然是到达了自然哲学的范围,可是这不过是"外在的理念"而"自然"在黑格尔的哲学体系里仍是在理念,即在思想的范围里,只是外在的,关于自然的理念(思想)而已。在"客体"的范围里,即在"客观的总念"里,我们所研究的依然是思想的范畴。

(2)那么,所谓的"主观的总念"与"客观的总念"之间有什么分别呢? 换言之,"主观"与"客观",依黑格尔说来,有什么分别呢? 对于黑格尔的哲学的研究,这是十分重要的一个问题,是我们必须弄清楚的。

我们首先应该记得,依黑格尔说来,"一切都是三段论式"的性质,从总念来看,宇宙间无一不是思想。如果我们把"逻辑理念",即理念从它自身来考虑的理念,亦即黑格尔所谓"自在之理念"(尚未发展为"自然")即"外在的理念"的第一和第二个大范畴,即"总念"与"客体"抽象地,即彼此孤立地来看,那就错了。这两者原是联系着的,不可分割的,要统一为"理念"这个大范畴的(看范畴表)。

可是在"主观的总念"的范围里一切都是主体,而在"客观的总念"的范围里,一切都是客体,后来到了"理念"的范围,就得到了这个真理,一切都同时是主体而又是客体了,其实,离开客体就没有所谓主体,离开了主体,也没有客体之可言,这是明显的。

(3)那么,是不是说,我们又回到前面更早的范畴如"有"或"限有",或者稍高级的范畴,如"本质"阶段的"实在"或"事物"(东西)上去呢? "客体"和譬如说"东西"有什么分别呢?

简单的答复就是:"东西"或说"事实"可能作为不与任何主体有关系而存在的,那就是说,在我们谈到东西时,我们尽可以不联系到任何一个主体的,但是我们不能想到一个客体而不想到一个主体。在德文说来,

“客体”是(das Objekt),即英文的 object,而主体就是(das Subjekt),即英文的 subject。这两个观念必然是相互联系的,在思想上不可分割的。在思想里必然有两方面,一方面是主体,另一方面是客体。在我们说一个东西是客体时,意思是说,它为一个主体而存在的客体,那就是说,它乃是一个思想,在思想范围里有其存在,就是说,它是“客观的概念”。从“主观的总念”是这样过渡到“客观的总念”或说“客体”的。

现在让我们看看如何从“主观的总念”的最后一个范畴,即“选言推论”发展到”客体”的。首先在第 163 节①里,总念的三个因素(普遍性、特殊性与客体性)是结合在一起,在统一里面的,尚未分化的。在第 166 节②里,“判断对总念的各环节(因素)予以区别了,即分化了。但是在第 181 节③里,我们又看到“推论”是“总念”(即概念)与“判断”的统一,即通过中项的媒介(贺译的“调解”)而又回到统一来了。

选言推论显示这种统一最清楚,显示出这种从分化而回复到统一的完成。在选言推论里作为媒介的不是什么孤立的普遍性,特殊性,或个体性,如在前面的推论那样(看第 183—187 节),而是总念的全体性。试再看选言推论的一般公式:

A 或是 b,或是 c 或是 d;今 A 是 b;所以 A 不是 c 又不是 d。

这里 A 乃是类,而 b,c,d 是这类所分出来的各种。b,c,d 是相互排斥的,而 A 是它们的总体,在其里面相互矛盾完全统一了,而且它们不需要任何中介,而在 A 里面直接统一起来。

在选言推论里,两个前提和结论的主词都是 A,但是在大前提里,A 是普遍性(贺译“共相”),是类,是和它的一切种(特殊性)同一的(“A 是 b+c+d”)。在小前提里,A 是 b,是其一个种,一个特殊性。在结论里,A 因为是某一个特殊性,所以它就当然排斥其他的特殊性,而成为个体性了。因此选言推论表示 A 作为总念的整体。

在选言推论里,三段论式所必需的中项(即媒介)被否定了,所以就是没有中介的,变为直接的了。推论的真理是间接的(通过中项的)。而这

① 黑格尔著,贺麟译:《小逻辑》,北京:生活·读书·新知三联书店,1954 年,第 337 页。
② 黑格尔著,贺麟译:《小逻辑》,北京:生活·读书·新知三联书店,1954 年,第 342 页。
③ 黑格尔著,贺麟译:《小逻辑》,北京:生活·读书·新知三联书店,1954 年,第 360 页。

里,选言推论的真理是直接的。我们就从间接性的范围发展到又是一种直接性的范围了。推论的结论总是依靠其前提的,而既然在选言推论里,我们否定了中项,推论的相关性也被取消了。那么,我们就有了一个直接性的而且独立性的东西了。这就是客体。

“客体”是这样从”选言推论”发展出来的。

现在我们再来看看译文的第192和193两节①。

首先是第192节的正文。这是比较难读的,兹用括号加以解释和补充如下:

从上面关于推论的几节(第181—191节)看来“推论是依照它包含的区别(即每种不同推论的特征)而异其性质的。这些区别的发展过程(由一种推论演变为另一种推论的过程)所得到的普遍(即一般的)结果,即在于表明这些区别自己扬弃自己(即其特征发展为另一不同形式的特征,如以个体性为中项这个推论特征发展为以普遍性为中项的特征),并扬弃总念的自在性(如总念本是包含普遍性、特殊性与个体性的,所以抽象的个体性等都是总念的自在性,而到了推论的最后一个形式,即选言推论,便以总念自身为媒介而扬弃个体性等作为中项或说媒介了)。因此我们见的(一)每一环节(如个体性等)皆表明其自身为各环节(个体性、特殊性与普遍性)的全体(即总念),或为一完全的推论(应说‘整个推论’),所以(即从上所说便见得它们(即个体性等)彼此是潜在地(即不表面上)同一的。(二)各环节(个体性等)之间的区别的否定(既同一则没有区别,故说否定)和彼此间调解(间接性或说依靠媒介)的否定(因彼此同一),构成它们的独立自存(既不依靠媒介,故是独立自存的)。所以那存在于这些区别的形式之中的,以及构成它们的同一的,皆是那同一的共相(普遍性)。在各环节(个体性等)的这种理想性(要发展为总念的这个目的)里,推论的活动(即过程)可以说是本质上具有否定它在推论过程的建立(应说‘凭借’)的特性(如以个体性为中项的这种特性),换言之,推论的活动(即过程)亦可说是扬弃间接性(变为如选言推理的直接性)的间接过程(仍是间接性,因那直接性是通过推论才看出的)——亦可认为作使主词(如选言

① 黑格尔著,贺麟译:《小逻辑》,北京:生活·读书·新知三联书店,1954年,第373~379页。

推论的 A)不与他物(不同与 A 的东西)相结合(因为 A 所与之结合的如 b,c,d 都是 A 的种,不是 A 的他物),而与扬弃了的他物(他物既被扬弃,既被否定,则非他物,而是自身)相结合,亦即与其自身相结合的历程(如在选言推论里便是如此)。”

这节的正文主要是说明推论原来是间接性的一个范畴,通过各种形式的演变,最后变为自我同一的直接性了。这是指向“主观的总念”发展为“客观的总念”,即“客体”的。

本节的附释[①]:主要是说明客观性和主观性一样同是思想,不应以为主观性的才是原属于思想的范围,而将客观性的与之对立起来。

但是普通逻辑教本不能明了这点,所以先就有逻辑的理论,然后才有方法论,即思想形式(主观的)如何可以应用于当前的对象(客观的),而不知“这种二元论(思想与对象的对立)并不是真理”[②],因为对象不能脱离思想而存在。黑格尔的彻底唯心论(即彻底的观念论)必须站在这种立场的,本质上不同于康德的哲学体系而与贝克莱的哲学体系相类似。

这附释的译文根据这节的说明与上面的大意的概述后,就不难理解了,可不另加解释。

现在让我们转到第 193 节的正文。

这节正文的第一段[③],如果我们联系选言推论的一般形式来看是很明白的。

“在总念的这种实现(凡是 b 或 c 或 d)的历程里,共相(即普遍性,A 这个类)就是这一个(整个类)自己回复到自己的全体(A 是 b+c+d),而这全体(A)中不同的成分(b,c,d)仍然同样是这全体(A 可能是 b,或 c,或 d),并且这全体(A)由于扬弃间接性而取得直接统一性(A 是 b+c+d)的特征。”

“总念的这样实现(成为直接性的)便是对象或客体(因为德文的 das Objekt,可理解为‘对象’,又可理解为‘客体’)。”

问题乃是:如何由“主观的推论”发展为“客体”,即“客观的总念”? 这

① 黑格尔著,贺麟译:《小逻辑》,北京:生活·读书·新知三联书店,1954 年,第 374~375 页。

② 黑格尔著,贺麟译:《小逻辑》,北京:生活·读书·新知三联书店,1954 年,第 374 页。

③ 黑格尔著,贺麟译:《小逻辑》,北京:生活·读书·新知三联书店,1954 年,第 375 页。

节正文的第二段所以说:“初看起来,好像很奇怪。”①

当知一般人认为的所谓“客体”乃是“一个具体的自身完备(无待于他的)独立之物”。这种完备性(只有)总念才能具有。人们把客体当作是一个直接的朴素(并不是其他)的客体,同时又把总念和客体对立起来而称为主体。这样就把总念作为主观的,而把客体作为客观的,于是就认为从主观一跃而成为客观的,就是奇怪的了。

让我们把这节正文的第三段读下去:

“再则,概括地讲来,客体乃是一个尚未经化分(特殊化)的总体,(即)整个客观的世界、上帝、(即)绝对客体。但客体本身亦具有区别,亦可分裂为无数不确定的杂多(因如果确定了,便是特殊化的),作为(应说‘形成’)一个客观的世界,而(且)它的每一个个体化的部分亦仍是一个客体,(即)一个本身(应该‘本来是’)具体的、完备的,而且独立的存在。”

第四段②:“客体性可(‘持’字删)与‘有’、‘存在’、和‘实在’(即上面曾出现过的各低级范畴)相比较,而同样(又把从前)到存在和实在过渡(不说到‘有’的过渡,因为‘有’是最初的最抽象的直接范畴)(所以就没有过渡之可言),(‘亦可持’三字删)与到客观性的过渡相比较,(由这种比较来看)那‘存在’所自出的根据,和那在‘实在’被扬弃的反映式的相对关系不是别的,只是那些尚未实现的观念罢了,或换言之,它们只是总念的抽象的(即片面的)方面罢了——(就是说)根据只是总念由本质(而来)的统一,相对关系只是那被认作仅仅自身反映的真实(两)方面的关系,观念就是这两方面的统一,而客体不仅仅是(像)本质的统一(那样),而(‘乃复’二字删)是自身普遍的统一,不仅是包含真实的区别,乃复包含这些区别在(其)自身内作为许多整体。”

以下是第五段③:“在所有这些过渡里,其目的很明显不仅在于一般地指出‘总念’或‘思想’与‘有’之不可分。常常有人说‘有’除了是单纯的自我关系外,不是别的,而是这一个贫乏的范畴自然包括在总念里,甚或包括在思想里了。(就是说‘总念’和‘思想’里都应该有了‘有’。)(‘有’如

---

① 黑格尔著,贺麟译:《小逻辑》,北京:生活·读书·新知三联书店,1954年,第375页。

② 黑格尔著,贺麟译:《小逻辑》,北京:生活·读书·新知三联书店,1954年,第376页。

③ 黑格尔著,贺麟译:《小逻辑》,北京:生活·读书·新知三联书店,1954年,第376页。

对于上帝存在之本体论证明,认为‘有’只是许多实在中之一,即‘有’或‘存在’是‘上帝’这个概念里的属性之一。)(所以)这些过渡或发展过程的意义,还不是仅将那包括在(其)里边的范畴予以接受便算了事。这些过渡的目的乃在于承认(‘取’字删)总念之为总念,(照着它主要应该是的那样来看),对于这样的总念(而言),那遥远的抽象的‘有’,甚或客观性,是(仍然)不相干,单就总念本身应有的性质来看它的特性,来看它如何过渡到这种形式,(而)这形式是异于那属于总念并表现在观念中的性格的。”

这是本节正文的译文。虽然适当地加以修改和在括号里加上解释,但是读起来还是不易抓住其大意。因为黑格尔的行文以及思想的路线,在这里是过分复杂的,其实这两段的大意不过是要说:(1)前边的“有”、“存在”、“实在”等涉及客观性的一些范畴以及要得到除了“有”的那些范畴所需要的过渡,都原是存在于总念里,未充分实现出来为总念而已。(2)“有”(即原是在那里的意思)这个观念是一个极其贫乏、无丰富内容的范畴,等到逐渐过渡到“总念”来,这个范畴仍然是在那里,可是它的含义就大大不同了,我们几乎不认识它了。

现在再来看同样难读的正文第六段的译文,我照样加以适当的修改,并在括号内加上必要的简单解释来透出黑格尔原来的意思。兹从中译本第376页最后一行起。

“当我们将这种(从‘有’逐渐)过渡的产物,(即)客体与总念(这总念,就它特有的形式,即含有个体性这个形式而)言,是消失在客体中(即形成一个直接性的独立客体了)——(将这个客体与总念)置于关系之中(来看)时,对于所得的结果,我们可以很正确地这样表达说:总念(或亦可说主观性【注意黑格尔是把总念与客体性等同起来的】)(是)潜在地(即不在表面上)与客体是同一的。(那就是说,总念原是客观的,具有客观性的,不像一般人认为的那样,总念【亦即概念】,只是主观的一种思想形式,没有客观存在的)。但是同样我们亦可以很正确地说,总念与客体是不同的,这两种说法皆同样的正确,也同样的不正确。(何以呢?)总之,这类的说法是不能表达(两者)真实的关系的。(其原因就是)所谓‘潜在’乃是一种抽象,比起总念自身(看起来)还更为片面,(其实不能说总念是片面的,只因一般人把总念即概念只看作一种思想的形式,所以觉得它是片面的,以为是抽象的)，而这种(所谓)片面性，当总念扬弃其自身而发展(实则发展才扬弃其自身，即以另一种形式出现)为客体(即上面所说，“消失在客体中”)，即(发展为与之)正相反对的片面性时(总念的所谓片面性即不足够性)，一般说来，亦已被扬弃了(消失了)。因此(总念的)这种潜在性，由于否定其自身(成为客观性的客体)，便成为实在性了(即表面化了)。无论如何，玄思的(形而上学的)同一决不是刚才所说的那一种琐屑的主体与客体之潜在的同一——这个意思我们已经重说过多少遍，但如果意欲根本消除对这种玄思(形而上学思辨)的同一之陈旧的完全恶意的(应译为“有害的”)误解，无论重说多少遍，也不能说是太多，因为要想消除这种误解很难有合理的希望的。”

本节下一段，即第七段的文字比较易懂[①]，而内容亦简单，所以我们就不详细地来修正或加以解释，而只说明大意，并附带地指出一两处的异译。

(1)第三行 Anselmus 有译为安瑟伦的，第 378 页第二行的“当下确定性”似应译为“直接确定性”。

(2)这段引用安瑟伦的上帝存在，按本体论的证明，其大前提乃是，最实在的东西是具备一切的属性的，而存在是一种属性，所以上帝作为最实在者(ens realissimum)[②]是必然存在的，否则他就有了缺陷而不能是最实在的了。

(3)直接确定性或信仰的主张，是依照安瑟伦的主观方式，认为上帝的观念(主观的)与他的(客观的)存在在我们的意识里有不可分离的联系，和笛卡儿和斯宾诺莎等人的通过其他的存在来证明上帝的存在这种间接的论证是不同的。我们当记得康德虽然不认为这种证明是靠得住的，但是也认为是证明中最基本的。黑格尔是赞成安瑟伦的，但是指出有限事物与上帝的这个无限存在者是有分别的，而认为总念的存在之证明可以与最完满者，即最实在者的存在之证明一样地进行的。

本节正文的最后一段[③]亦甚易明。在这段里，黑格尔指出安瑟伦等

① 黑格尔著，贺麟译：《小逻辑》，北京：生活·读书·新知三联书店，1954 年，第 377～378 页。

② 韦先生手稿不清，经与蓝公武译康德《纯粹理性批判》对比，辨识为此。——整理者注

③ 黑格尔著，贺麟译：《小逻辑》，北京：生活·读书·新知三联书店，1954 年，第 378～379 页。

以及直接知识的理论有一个共同的缺点,即他们的“真知识的统一体只是假定的”,这就是说,只认作是潜在的,结果就是思想与存在这两个范畴的对立。当知“有限事物具有这样的一种客观性:即它本身与它的目的、本质和总念并不立刻相符合(因还有待于发展,过渡到总念),而有了区别(即与总念有了区别)”,(所以)“其本身并不包含存在”(而不同于总念本身,它是有存在的)。等到有限的事物发展为总念时,主观与客观便统一了。那就是客体了,我们这样就进入客观的总念,即客体这个大范畴的范围里来了。

(乙)客体

在这个大范畴之下有三个范畴(看范畴表),即:

(1)机械性(第195—199节,参见中译本第382—386页);

(2)化学性(第200—203节,参见中译本第386—389页);

(3)目的性(第204—212节,参见中译本第389—398页)。

现在我们先回忆一下,康德在他的《纯粹理性批判》一书里的学说,然后与黑格尔的主体与客体的学说进行比较,康德的本体论是二元论,但是从某一方面,即他自己的哲学体系来看,他的认识论都是一元论,和黑格尔的本体论一元论以及认识论的一元论是不同的。在本体论上,康德是严格区别开我们所知道的现象和我们不能以直观为基础而知道的自在之物,即在其本身那样的物的,虽然我们是可以想到它们的,然而主观想到的东西和客观认识的东西是根本不同的。

康德把知识的形式与知识的质料分开。知识的形式,就直观来说,乃是空间与时间,而就思想来说,乃是纯粹范畴,如实体与偶性、原因与结果等。

知识的形式是从主体来的,是“主观的”,而知识的质料,例如某物是红,而不是白,是大而不是小,是从客体,他称为自在之物来的。知识形式的来源乃是我,即主体自身,康德称它为“统觉的先验统一性”。康德把这个“统觉的先验统一性分化为十二个范畴”,这些知识的形式,范畴本是判断的知识的形式,但是康德认为知性的知识都是以判断的形式出现的。

黑格尔的总念也就是康德的纯粹的“我”,但是黑格尔却认为他知道

(虽然有些地方,如我们所指出,是很牵强地知道)总念的作为总念是如何逐步地分化为判断而又为推论的。然而,黑格尔也是把知识的形式成分和主观性同一起来的。可是在康德来说,知识的形式与知识的质料是有不同的来源的,虽然质料到了意识中来时又成为人类经验的部分,因而又是属于心的。所以说他的认识论是一元的,即知识与其对象同是属于心的,尽管他的本体论是二元的。黑格尔则不同,他认为知识的质料是从知识的形式而来的,发生于知识的形式的,因而也就能从主观过渡到客观的,从推论这个范畴(即知识的形式)过渡到客体的。

再则,客体也是黑格尔的一个范畴,也是知识(主体)的一种形式。因此他就能够说,因为客体是一个范畴,而且很高的,在总念阶段的一个范畴,我们就能拿"客体"来说明世界,来作为绝对理念的一个定义,就是一切都是客体。这也就是说,没有什么是不与思想有关系的,没有什么是能与主体脱离而存在的,所以就不可能有像康德的自在之物那样的不可知的东西。康德的认识论与黑格尔的认识论主要的分别就在于此,其余大都是属于方法的问题。

依黑格尔的一套公式,也可以说是他的逻辑思维进行所依的路线,思想首先是"有",直接性的,发展为间接性的"本质",然后再发展为又是直接性的"总念"。这是一个比较大的三部曲,拿小的一个三部曲来看也是这样。在"主观的总念"这个范畴的阶段上,也是首先有"总念本身"是直接性的,演变为间接性的"判断",再演变为又是直接性的"选言推论"。A是b或c或d,而A是b,所以A不是c又不是d。这里两前提与结论都是直接看到的,都是直接性的,所以"选言推论"就是直接性的一个范畴,那就给我们又一个独立的直接性的范畴。这是客观性,黑格尔称之为"客体"。

可是何以前面的直接性的"有",和其他直接性的范畴,甚至很高级的直接性的"总念本身"这个范畴不给我们客观性,不给我们得到"客体"这个范畴而要等到"选言推论"到了才得出它呢?

如果照康德来说,这是简单明了的。凡是在经验里,即在思维里,直接被给予出来的成分,即在直观里被给予出来的成分,亦即直观的质料,其来源乃是自在之物,即独立于主观经验、主观思维的对象,这就是"客体”，即严格意义上的“客体”。

但是黑格尔是在本体论上不同于康德的二元论的，他是不承认有独立于主观思维的客体的，他的“客体”必须仍然是起源于主观的思维的，得自思维本身的，从他的总念得来的。

在“有”的阶段上，甚至在“总念本身”的更高级的阶段上，思想的客观性还是“潜在的”，还没有表面化的。等到“选言推论”的阶段，通过思维的迂回发展之后，那在思想里的直接成分才显示出来而明白是思想里的直接性了，也就是思想的客观性了。

依黑格尔的逻辑思想发展的路线来说，“主观的总念”的三个范畴，即“总念本身”（实即“概念”）、“判断”与“推论”，都是主体，即主观的活动、主观的成分。从“主观的总念”的最后一个范畴，即“选言推论”过渡到“客体”这个范畴，才明显地从思想的间接成分过渡到思想的直接成分，简言之，从主体过渡到客体来了。

但是，依照黑格尔的逻辑思想发展的总路线来说，这个直接性的“客体”又必须回到主体来，从客观性回到主观性来，最后通过主观与客观的统一，回到“理念”来的（看范畴表）。这种从客观复回到主观，从客体又回到主体来的历程有三个阶段。这三个阶段便是：

(1)机械性；

(2)化学性；

(3)目的性。

很明显，“机械性”是抽象客观的，而通过比较间接性的“化学性”，又回到很明显是主观性的直接性的“目的性”来了。这又是一个三部曲，明白了黑格尔的一套公式，他的逻辑是很简单的，只是他的话语复杂罢了。

现在让我们看看谈到“客体”本身的第194节的正文与附释一，然后再看附释二如何指出客观性的三种形式，即(1)“机械性”、(2)“化学性”与(3)“目的性”。

这节的正文与两个附释的译文都比较易读，毋须多加解释，而且意思经过上面的大意说明，亦比较明了，所以我们只概括上面各段的要文如下，大家可自己去阅读其译文了。

(1)“客体是直接的有……它(的内部)是无区别的。客体又是一个全体……是无别于(即不理会)它的直接统一"的(即没理会它的直接统一性)。"于是使分裂为许多不同的部分,而每一部分又是一个全体(客体世界表面上看来是这样的)。可是这里杂多的(即客观世界形形色色的)各自像是独立的,和其实质上的完全不独立(即相互在同一世界里相依存)是矛盾的。"

(2)黑格尔以这种客观世界里表面上(即直接看来的)形形色色各自独立的"客体"比诸莱布尼茨的"单元"(一般译为"单子")。依莱布尼茨来说,每一个单子都是一个客体,而表象(即反映出全个)世界。"单子是没有窗户的",互不沟通的,完全独立的,只是反映全世界,亦即它们的发展每有不同而已,但是彼此之间有预定的和谐的(Pre-established Harmony)。

附释一:黑格尔又拿古代的宗教观和他所崇奉的基督教的上帝观来比较。他认为由于别的宗教,上帝是绝对的客体,外在于人们的主体的,所以两者之间,即人与神之间就有隔膜,不明上帝是什么,以为是漆黑一团,对人是敌意的,因而便生恐怖。基督教是相信人神合一的,主观与客观统一的(即"得救"的意思),所以"证悟到上帝即是我们真实的本质的自我"①。所以黑格尔说,"科学,特别哲学,没有别的职责,除了想借思想以克服这种(主观与客观、人与神的)对立。……排除那与我们对立的客观世界之生疏性……由客观的世界回溯到总念……两者全是统一的"②。

附释二指出"客观性包含有机械性、化学性和目的性三个形式"。我们从"机械"、"化学"和"目的"这三个名词便可体会到这三种客观性的在性质上如何不同了。"目的性是机械性与化学性的统一……所以目的性的实现便形成到理念的过渡"③。

(A) 机械性

第195—199节是讲"客体"第一个范畴"机械性"的,但是"机械性"这个范畴又有三个小范畴(看范畴表),即

(1)"形式的机械性"(第195节)

---

① 黑格尔著,贺麟译:《小逻辑》,北京:生活·读书·新知三联书店,1954年,第380页。

② 黑格尔著,贺麟译:《小逻辑》,北京:生活·读书·新知三联书店,1954年,第380页。

③ 黑格尔著,贺麟译:《小逻辑》,北京:生活·读书·新知三联书店,1954年,第381页。

(2)“偏向的机械性”(第196节)

(3)“绝对的机械性”(第197节)

我们先谈整个“机械性”的大意,然后分说它的三个小范畴,并且看它们是怎样演变出来的。

对象的始初摆在我们的面前乃是作为一个一个的单一的对象的。在这种单一的对象里,我们是看不见原来总念的各个因素,如个体性、特殊性、普遍性的。正如在前面所讲过的“选言推论”里:

A是b或c或d;

而A是b;

所以A就不是c又不是d。

这里b或c或d这三个种(即总念的三个因素)都是与总念在一定条件之下同一的,如在小前提里A是b。

所以说,A这个客体,或说对象,是独分为几个对象b、c、d……,其中每一个都可能是A,因而也就是总体(或说总念),而且是一个独立的对象,这就是“客体”的直接性。这就是说,每一个对象b、c、d……都是独立存在、完全不同于其他的对象,即排斥它们的、不受它们的影响,如上面所引用莱布尼茨的单子那样的。它们彼此间独有的关系乃是外在的关系,与其内在的性质毫不相干的。因此,它们彼此间的关系乃是机械的。

当我们看宇宙间的事物作为这样的偶然碰在一起,彼此没有内在的关系的,彼此毫不相干的,我们的看法所用的范畴就是“机械性”的范畴。

“机械性”这个范畴的本质就是它的外在性。譬如“由死记得来的知识亦可说是机械的……当一个人自己的精神和意志并不贯注在他的行为里,则这样的行为对于他便是外在的”①。

这就是“形式的机械性”。

这个范畴主要是用来描写无机界的现象,例如光热磁电等现象的。“把机械的范畴转用到有机的自然里,将显得不充分了。”试拿“精神界之各种形态而论,机械观的应用亦常常超出它应有的效准”。我们不能说“心灵和身体乃是两个各个自存之物,只有一种外在的联系”,也不应该说

① 黑格尔著,贺麟译:《小逻辑》,北京:生活·读书·新知三联书店,1954年,第382页。

“心灵仅仅是各个独立自存的力量和性能杂凑在一起”①(看第195节的附释第一段)。

可是,甚至在无机界的领域里,机械定律也不是决定的原则,而仅居于从属的地位,虽然在较高级的或说有机的功能之正常的行使遭受到任何方式的扰乱或妨碍时,则原来属于从属地位的机械性便会立刻占优势。

这是第195节②的大意,说明了这几点大意之后,这节的全部译文是不难读的。

第196节是谈“机械性”的第二种形式,即(2)“偏向的机械性”这个范畴③。

“客体”的表现其“机械性”为“形式的机械性”时,乃是“由于它有其相当的独立性”的。但是“客体”还是“总念”自身发展到的一个阶段,而作为“客体”,它“决不能排除它的对方(不独立性),那么它的内部性质的不独立性就否定它自身的外部独立性,于是就仍然与它自身相结合”④。所以即令它外表上是独立的,作为机械的东西与其它的东西并不相干的,自己独自作为一个“中心的”。但是由于它内在的不独立性,它也只得被动地让它自身为外力所影响,这是它的内在性质所决定的。因此,它就“与别的中心(即别的机械性东西)相关联,亦在别的事物里有其中心性”⑤(意思是说,它的是它乃是由于别的事物所决定的)。

这就是“偏向的机械性”,即一种机械性。它是倾向于和别的事物相关联的,就是说,不像从“形式的机械性”来看的那样像是和别的事物完全不相属,或不相干的。黑格尔以引力、意识、社会本能等为例。

这是第196节的大意,其译文也是容易读的。

第197节是说明“机械性”的第三个范畴,即(3)“绝对的机械性”的⑥。

---

① 黑格尔著,贺麟译:《小逻辑》,北京:生活·读书·新知三联书店,1954年,第382～383页。
② 黑格尔著,贺麟译:《小逻辑》,北京:生活·读书·新知三联书店,1954年,第382～384页。
③ 黑格尔著,贺麟译:《小逻辑》,北京:生活·读书·新知三联书店,1954年,第384～385页。
④ 黑格尔著,贺麟译:《小逻辑》,北京:生活·读书·新知三联书店,1954年,第384页。
⑤ 黑格尔著,贺麟译:《小逻辑》,北京:生活·读书·新知三联书店,1954年,第384页。
⑥ 黑格尔著,贺麟译:《小逻辑》,北京:生活·读书·新知三联书店,1954年,第385页。

这节的正文是比较难懂的，尤其是其第一句里的“推论”这词，可参考贺译附加的“译者按”，但是这按语还是不易懂的。

当记得黑格尔的所谓“推论”一般是指三段论式这种形式的推论而言的，而三段论式乃是通过一个中名词(M)作为中介，而把其小名词(S)和大名词(P)在结论里联系起来的，如：

M—P

S—M

S—P

所以，这节的正文说“上面所说的这种关系(即一个客体与另一个客体的关系)的充分发展便形成一种‘推论’(即一种三段论式)。在这种推论里内在的否定性(即否定其所说的客体的独立性)，作为一个客体(这个抽象的中心)的中心个体性，(因而就)凭借一个中介(M)与一些作为另一个极端(即另一个名词，这里是大名词)的不独立的客体相联系，而(这样)这中介(M)(就)联合起客体的中心性(即以其自身为独立的、不与他物相干的，即形成的机械性的东西)和它自身里的不独立性，亦即上节所说的‘偏向’于其他事物的性格的不独立性于其自身，成为(如S和P的这种)一个相对的中心(也就是S是P的这种中心)，这就是绝对的机械性”①。

这里所说的大意就是：不但任何从形式的机械性来看的任何某一个客体，从其表面上来看像是作为一个像“单子”那样的中心的，而且这样来看的客体，即其他事物也是这样的中心，互不相干的。可是如上节所说，任何一个客体就其内部的性质来看，是要与一切其他客体相联系的，所以是否定其表面上的独立性，而其他客体亦复如是。所以任何一个客体，从表面上看都是独立的，与其他客体毫不相干的(即“形式的机械性”的)，然而从其内部的性格来看，却偏向于与其他客体相联系的(即“偏向机械性”的)。于是宇宙间的一切客体都无例外是相对的中心，而不是绝对的中心，由此我们就有了普遍的“绝对的机械性”了。

下一节，即第198节是比较详细地说明第197节的意思，而且在这第198节的正文的第二段用个人与公民社会的实例来说明。我们现在就看

① 黑格尔著，贺麟译：《小逻辑》，北京：生活·读书·新知三联书店，1954年，第385页。

这第198节的译文,在括号内加上必要的说明,以便理解:

第198节的译文[①]:"刚才所提到的推论(个体——特殊——普遍,即某一个客体——其不独立性——一切不独立的客体)乃是三个推论(即'形式的机械性'、'偏向的机械性'与'绝对的机械性')的总结。那不独立的客体之坏的(即假的、只表面上的)个体性,亦即在'形式的机械性'的阶段的个体性,个体由于它的不独立性(特殊),亦同样是普遍的(都是不独立的),而偏向于其他客体的普遍性,不过只是外在的普遍性罢了。因此这些(不独立性的)客体亦是绝对中心('绝对的机械性')和相对的中心('偏向的机械性')的中介(M),其推论形式是以这些不独立的客体为中介的:普遍(都是不独立的)——个体(某个客体)——特殊(不独立的客体);因为由于无独立性,这两者(即都是不独立的客体与某一些不独立的客体,亦即所说的'普遍'与'特殊')才分离为二,并形成两极端(如上面的公式里的两头),但同时又(通过以个体的不独立的客体为中介,如上所说明)彼此互相联系。同样,绝对中心(性)(即整个宇宙的作为一个本身是独立而不受他物影响的)作为那永久自存在的普遍实体(例如那保持同一性的重力),就其为纯粹的否定(即非不独立的)性而言,同样包括有个体性(即独立性)在内,它就是相对的中立(即一些表面上是独立的客体)和无独立性的客体间的媒介,其推论形式为:特殊(表面上独立的)——普遍(绝对独立的)——个体(不独立的)。就它的内在个体性而言,它同样地是一个分离的力量,一如就它的普遍性而言,它又是一个同一的结合力和无打扰的(即宁静的)自在性(即独立自足的存在)。"

这段正文的意思,概括地说,就是:(1)宇宙间每一个客体都可看为是一个独立的中心,以其他的客体为偏向于它的;(2)整个宇宙又是这些独立客体的一个整的体系;(3)所以这整个宇宙,就其内在的个体性来说,是分化为一些独立的个别客体的,然而就其普遍性来说,却是一个独立自足的存在。

这节正文的第二段以个人与国家来说明第一段的意思,是不难理解的,不必再加说明了。

---

① 黑格尔著,贺麟译:《小逻辑》,北京:生活·读书·新知三联书店,1954年,第385~386页。

第199节是重申上节的大意的:"客体在绝对机械性里所具有的存在的直接性(注意:绝对机械性是机械性的第三形式,所以按黑格尔的思想发展路线来说,一定是从正到反而又到合的直接性的),也就潜在地(不在表面上)被否定了(即貌似独立自足,但实在还是依赖其他客体的),这是由于它们(这些各个客体)的独立性是建筑在它们的彼此的(在一个体系里的)关系上,(而既然是彼此有关系,所以)就建筑于它们的无独立性上。所以我们必须明白(即公开)承认客体的存在与它的对方(即他物)是有力(即化学的所谓亲和力)的,有偏向的,或者说,不是不相干的。"①

由此可见,"机械性"通过它的三个范畴是逐步发展为非机械性的,即发展为它的对立面的,它的对立面也就是"化学性"。

何以见得呢?机械性是从"形式的机械性"这个范畴开始的。所谓"机械性"就是客体之间的绝对外在关系,因为客体乃是彼此独立、互不相干的。到了"偏向的机械性"来,一个客体是偏向于另一个客体的,由于客体的内在性质是必然为其他客体所影响的,因此我们就不能说客体的内在性质是与其他的客体不相干的,反之,是偏向于它们的。换句话说,一个客体之为一个客体,其实是由于它和其他客体的关系的。那就是说,客体A之为客体A是由于客体B之为客体B。因此,在关系上来说,即以范畴来说,A就同一于B了,这样客体间的差异也就冶之于一炉了。这个范畴,黑格尔称之为"化学性"。就是说,在一个统一体中,其各个因素溶同在一个不分解的,即不分化的复合物里,也就如下面第202节里②所说,"沉陷于原来的直接性"了。化学里的几个元素结合为化合物就是一个实例。这样就由"机械性"发展为"化学性"了。

(B)化学性(Der Chemismus)

"化学性"是从第200节到203节③。首先第200节说明作为总念的发展,上述的"化学性"的客体与其特质是矛盾的。所以这节的正文就说:"因此客体不断地扬弃这矛盾,并使得它的限在(即有限的存在)符合它的总念。"

① 黑格尔著,贺麟译:《小逻辑》,北京:生活·读书·新知三联书店,1954年,第386页。
② 黑格尔著,贺麟译:《小逻辑》,北京:生活·读书·新知三联书店,1954年,第388页。
③ 黑格尔著,贺麟译:《小逻辑》,北京:生活·读书·新知三联书店,1954年,第386~389页。

矛盾是什么呢？这节正文的第一、第二两句说明，那就是彼此并非不相干的客体，由于它仍是在“机械性”的阶段上的客体，所以是有其构成其为这个客体的特质的，有其作为一个中心的特质的。然而它又是总念发展的一个形式，而作为观念来说，它不能停留在这种有限的形式上面的，因此就必然向前发展以突破这种内在矛盾。

这节的附释只说明(1)“化学性”是客观性的一个范畴，但是每每被合并于“机械性”而与“目的性”相对立。因为在“化学性”与“机械性”里，总念同是没有明显地表达出来，而在“目的性”里，总念是“自觉地存在的”，即“目的性”是指事物之朝着一定的方向发展的。(2)但是“化学性”不同于“机械性”，因为在“机械性”的阶段上，客体尚保留着独立的假象，而在“化学性”的阶段上，有偏向的客体其所以如此，显然地仅由于它们的偏向(即亲合性)，例如某化学元素是有一定的偏向要和某其他元素结合的。

这第200节的正文与附释都是易读的，毋须解释。

第201节[①]的正文比较简短，但不易懂。为了理解这节正文，我们先回忆一下前节所讲的内容。

机械性的客体发展到有偏向的客体时，是和它的全体性，即它的总念相矛盾，因而这客体就不断努力去扬弃这种矛盾[②]。在这客体努力于扬弃其矛盾时，其矛盾的两个对立面，即其“两端”就是机械性的客体，即与其他客体不相干而独立的个体，和潜在这个体里面的必然发展的总念，亦即其潜在的全体性。在机械性的客体里发生矛盾，就是这本身里的个体性与全体性的矛盾，这种内在的矛盾是很繁杂的，因而“这客体就不断在努力扬弃这矛盾，并使得它的存在符合他的总念”。

但是客体的偏向性也就是它的化学性。例如氢是偏向于氧的，要和氧结合的，一有条件，它便和氧化合为水的。“这种化学历程的产物就是两个紧张的极端(H，O)之中和性(既非H亦非O)的东西。而这两端(H，O)就是潜在的(准备要成为的)中和物(水)。”这就是化学历程与其结果。

---

① 黑格尔著，贺麟译：《小逻辑》，北京：生活·读书·新知三联书店，1954年，第387～388页。

② 黑格尔著，贺麟译：《小逻辑》，北京：生活·读书·新知三联书店，1954年，第386页。

可是“总念或说具体的共相（即普遍性，亦即宇宙中普遍并非不相干的客体），凭借对象（即客体）的偏向即特殊性，便与个体性（即化合的产物，水）相结合，但是这样正是它（总念）与它自身相结合”。这是在理论上说明上面所讲的化学历程。

“同样在这种历程里亦包含有别的推论或结合的方式”，因为所说过的推论方式只是普遍——特殊——个体，是以特殊为中项、为媒介的。可是，在这种化学历程里，个体与普遍也同是活动的，所以也同样可作为中项，作为媒介的。那么改变中项也就有了别的推论方式了。

这是第201节的内容，经过这番解释，这节的译文就易懂了。

现在让我们读第202节和第203节①。这两节是说明从化学性到目的性的过渡的，且先看第202节。

但是在细读这第202节之先，让我们回忆一下从“机械性”发展到“化学性”所经过的历程，然后第202节所说的才是清楚的。

从本质上来说，“机械性”乃是“客体”即“客观的总念”第一个小型范畴。“客观的总念”也就是客观性，而客观性乃是“总念”这个大范畴的第二个中型范畴（看范畴表）。它乃是“总念”发展进程中从“主观的总念”这个范畴的正到了反的阶段，因它是“总念”这个大范畴的第二个中型范畴，所以从“主观的总念”来说，它是主观总念的他物。如果我们严格来说，总念乃是思想，那么表面上看来，“客观的总念”，就其是“客体”而言，即就其客观性而言，它就不是思想，不是总念，因之才称它为客观性的。这就是说，在总念过渡到客观性时，它的作为思想、作为主观性的东西，便好像消失了。这样一来，“客观的总念”一方面本质上原是“总念”，而说起来另一方面却是“客体”，而不是主观的，所以也可说不是“总念”。这是表面上总念的消失，而突出为外在性，这也就是“形式的机械性”的特征。我们记得，在“形式的机械性”的范围里，每一个对象都是和别的对象不相干的，所以在那范围里，只见有多数形形色色的东西，而不见其相互间联系的。这种散漫的现象本与总念的意义又相违的，因而“形式的机械性”看来像是毫无主观的意味的。

① 黑格尔著，贺麟译：《小逻辑》，北京：生活·读书·新知三联书店，1954年，第388～389页。

到了“偏向的机械性”，尤其是再发展到“绝对的机械性”时，情况就改变了。一切对象是相互有联系的了，至少，也有相互联系的偏向了。异中又出现有同了，散漫中又有统一性了，回复到主观性来了，即回复到思想性来了，也就是总念的意味逐渐又加强了。发展到“化学性”来，各个独立的成分，貌似互不相干的成立，其彼此间的差异在其化合物中像是消失了，异中之同便占优势了，“总念”又明白地出现了，从“形式的机械性”到“化学性”的发展过程是这样兜了一个圈子的。可是在这里，“总念”只是又一次冒出来，要等到“目的性”的阶段，它才是明白地出现的。关于这最后一点，我们在下面再详细解释，兹先看第202节的正文[①]。

“就化学性之为客观性(当记得‘化学性’乃是‘客观的总念’之第二个范畴)的反映式(因‘机械性’是直接的正，而‘化学性’是反，所以必是反映式的，即间接性的)相互关系(化合诸元素在化合物里的相互关系)而言，不仅预先假定(在上面的范畴上的)对象之偏向的(如H偏向于O)或并不相干的性质(如H与O原来是互相独立的)，同时又须假定这些对象(如H与O)之直接的独立性。化学的历程(由于譬如H与O之成为水，而水又分化为H与O)即是从这一形式(H与O)到另一形式(水)变来变去的历程，而这些形式(H与O，水)仍然继续彼此外在”(看不出其必然的联系)——黑格尔认为自然界和精神界中的一切过程都可看作三段论式推理的形式，所以就把譬如H_2与O作为两极端，即三段论式的大小两个名词，而把水作为结论，即他所称为中和的产物。所以他便说：‘在中和的产物(如水)里，那两极端(H与O)所保有的彼此不同的确定特质(即异)便被扬弃了。’(异中有同了)‘这产物(譬如水)虽说符合总念(异中之同)，但因为它(总念)沉陷于原来的直接性(水是直接的)，便没有辩证的(由本性发动出来的)分化或发展的诱导原则在其中了。’(水虽是异中之同，但像是再不能往前发展的。)‘因此这中合体(如水)仍是(只)可以分解(还原为H与O，而不是向前发展)的。但那能分解中合体(如水)还原到偏向的紧张的两极端(如H与O总是偏向的而紧张地要化合为水的)，与那能使得不相干的对象(譬如H与O)彼此有

① 黑格尔著，贺麟译：《小逻辑》，北京：生活·读书·新知三联书店，1954年，第388页。

偏向力（如 H 与 O 的亲合力）和诱导力（彼此急于要合起来成水的倾向）的判断原则（即分化原则），以及那有紧张性的分解（如水之分解为 H 与 O）历程，均不存在于（译文的'所'字删）最初的化学历程之内。'"（即不在原来的化学性看出来的）

附释只说明正文的最后一句，并不难读，所以不再加以说明了。

第 203 节说明由"化学性"怎样过渡到"目的性"①。

这节的正文和附释的译文还易读，只加上一两点的解释便够了。

（1）如 H 与 O 的两极端化合为水的中合体以及水之分解为 H 与 O 的这个历程，都像是没有内在关系的，所以说是外在的，好像各自独立的，因而就说它们是有限的，而在如水这个中合产物里，便不见了那两种历程了。

（2）在由譬如 H 与 O 过渡到水的历程里，原来认为 H 与 O 的这两种东西的直接性在水里也没有了，不是我们直接看得见的了。

（3）既然譬如 H 与 O 的直接性即独立性不再存在了，而且它们的相互外在性也被扬弃了，于是在它们的异中就显出了同，而异中之同就是"总念"的特征，所以"总念"便得到解放，又重新现出来了，回复其独立性了。

（4）"总念"既是显示出来，化学的过程亦显得是要为在异中表示同的。在这里面便看见化学历程的目的，所以就是"目的性"。

这节的附释是重说正文的大意的，可不加解释的。现在我们便进入"目的性"这个范畴的阶段了。

（C）目的性（Die Teleologie）

Teleos 原是古希腊文"目的"的意思。"目的性"这个范畴是和"机械性"与"化学性"平行为"客观的总念"的第三个范畴的，这一大段有九节，从第 204 到 212 节②。

"目的性"这个范畴之下又有三个小范畴，即：

（1）主观的目的性（第 204—205 节）③；

---

① 黑格尔著，贺麟译：《小逻辑》，北京：生活・读书・新知三联书店，1954 年，第 388～389 页。

② 黑格尔著，贺麟译：《小逻辑》，北京：生活・读书・新知三联书店，1954 年，第 389～398 页。

③ 黑格尔著，贺麟译：《小逻辑》，北京：生活・读书・新知三联书店，1954 年，第 389～393 页。

(2)中介(第206—209节)[1];

(3)实现了的目的(第210—211节)[2]。

第212节说明由“目的性”亦即由“客观的总念”过渡到“理念”,而“理念”也就是逻辑的结束了。

兹先概括地谈谈“目的性”的大意:

首先黑格尔认为有外在的目的与内在的目的的分别,外在的目的又称为有限的,有限的外在目的与其用作手段的东西是完全不相同的东西。例如我们用笔作为写字的工具,即作为写字的手段,而写字与笔本来是两种不相同的东西。又如用币来买米,买米是目的,而币只是一种手段,这两者也是原来不相干的。这称为有限的外在目的,因为它的手段之为手段只限于这个目的而言的。

内在的目的对于其所用的手段是有着一种自然的关系的。目的与手段原来就是相互依存的,不是偶然碰在一起的。例如生命与身体就是处在这种关系之上的,身体是生命的手段,是为着生命这个目的而存在的,因而是可以把生命作为身体的“形式”的。这里“形式”就是亚里士多德之所谓“形式”,是一个东西所要达到的理想,也就是这东西发展的依据,而依据来发展的也正是黑格尔的所谓“总念”。所以亚里士多德的“形式”正是黑格尔的“总念”,也就是目的。和“形式”相对的乃是“质料”,而和“目的”相对的就是“手段”,和“总念”相对的就是“客体”或说“对象”。因此,形式:质料　目的:手段　总念:对象。

有生命的机体,如人,是真正目的性的一个最好的实例。在人的里面不能说有生命与身体这两个不同的东西而称生命为目的,身体为手段。在人来说,生命与身体乃是同一个人的两个方面,或称两个相。人的四肢百骸都是为着整个人而存在的,为着这个人的身体而存在,也就是为着这个人的生命而存在。人是为人自己而存在,而他的四肢百骸则无一而不是为着这个人而存在,所以这个人的生命乃是四肢百骸存在的目的,但是这个人也就是他的四肢百骸,而四肢百骸也就是这个人。二者是一而二,

---

① 黑格尔著,贺麟译:《小逻辑》,北京:生活·读书·新知三联书店,1954年,第393～396页。

② 黑格尔著,贺麟译:《小逻辑》,北京:生活·读书·新知三联书店,1954年,第396～397页。

二而一的。从整的来说就是人，而从分的来说就是四肢百骸。目的与手段同是一个东西，不是两个不相同的东西。

一个人与他的四肢百骸是这样，而依黑格尔说来，一国的人民与那个国家也是这样，不能说人民是目的而国家是手段，也不能说国家是目的，而人民是手段，由此也可见到目的性是从化学性推论出来的。但是在化学性的阶段上，我们只见其溶合或说化合的结果而不见其成分，而在目的性的阶段上，我们看见目的而同时又看见达到这目的的手段。可是要看见目的与手段的统一还有待于目的性的发展。

起初的时候，目的与手段还是分开的。在目的性的第一个范畴的阶段上，在“主观的目的”这个阶段上，总念仅仅被解放出来，如上面所曾说过，它是和它的作为客体的对象的相对立的。总念是发展过程的目的，而客体是发展的手段，通过客体才能达到总念的。这就是说，目的还没有实现。可是先是有“主观的目的”和“手段”(贺译为“中介”)相对立，通过“手段”才能有“实现的目的”。这三者显然是目的发展的三个阶段，所以就是“目的性”的三个范畴。而且亦可看到，“主观目的”是正，手段与主观目的对立，所以是反，而目的与手段统一，即正与反统一，便有“实现的目的”了。

当然，我们要知道，从主观的目的到实现的目的的过程不是在时间里的一种过程，它是在逻辑思想发展上的一种过程。因之我们达到“目的性”这个范畴的阶段上的宇宙观并不是意味着目的是必须在时间上才完全表现出来的。依黑格尔来说，“在有限事物的范围内，我们不能看见或体察出目的业已真正地达到了这一事实。无限目的之实现的说法，其好处只在于丢掉一种错觉：即人们总以为目的好像老没有实现似的。……善或至善用不着等待我们去实现它，它已经潜在地并正在地实现它自身于世界里。……理念的工作即在于扬弃这种错觉，只有由于这种错觉或错误，真理才会出现”①。这样黑格尔便从“目的性”过渡到“理念”这个逻辑思想上最后的一个大范畴以结束其逻辑学说。这种过渡的详细情形，在下面才加以说明，在这里只顺便指出黑格尔的浪漫主义作为他的哲学

① 黑格尔著，贺麟译：《小逻辑》，北京：生活·读书·新知三联书店，1954年，第398页。

的一个重要因素，据他看来，罪恶、错误与种种的不完善只是发展过程的实在，不仅是主观的错觉，然而究竟是要被克服的，所以不是和绝对的善不兼容的，无碍于宇宙之为完善的。后面在谈到“绝对理念”时将有更详尽的说明的。那便最后结束他的逻辑学说了。

现在我们回头来看看第204节①，“目的是由于否定了(当前客体)的客观性(指出那客体还要达到其发展的一个目的)而达到独立自为的(即自己所有的)存在的总念。目的的性质(本来)是主观的(即存在于总念里的)，因为它对于客观性的否定(即认为当前的客体还需要自我扬弃以便向前发展的)最初乃是抽象的(即尚未实现为具体的)，因此它(即目的)与客观性(即当前的实际)最初仍只是处于对立的地位(因而是矛盾的，所以还有待于向前发展的)。但它这种主观的性质与总念的全体比照起来却只是片面的，并且就目的本身而言(因它是要向前发展以求实现的)一切片面的(暂时的)特质均(作为从属于发展的前途)而被消融并扬弃于其中。那(时)在先假定的客体(当前的要到达的实际)对于目的(来说)只是一种空想的(即被假定的，本身不实在)的东西。目的虽说有了它的自同一(即现在的主观目的与所要实现的目的的同一)与它所引起的否定(即这目的在其实现时就不是现在的主观目的)或对立(即主观目的与实现目的的对立)间的矛盾，但是它自身(因为是必须发展而为实现的)即是一种扬弃(其自身)或主动的力量，能够(由发展而实现以致)否定(当前)这种(主观目的与实现目的)的对立，而赢得它与它的对立(面)的统一，这就是目的的实现。在这历程里，目的(即‘主观的目的性’)转入它的主观性之对方(即‘实现的目的’)而客观化它自身(实现的目的将又是客观性的)，进而(主观目的与客观目的在实现的目的里统一起来)就扬弃主观客观的区别，只是自己保持自己(原来的目的不变)，自己(主观目的)与自己(客观目的在实现的目的里)相结合。”

这是本节正文的第一段，比较难懂，故加以括号内的解释如上，其下一段比较易读，所以只概括其大意如次：

(1)目的不同于形式逻辑所说的原因，因为目的乃是目的因，而原因

① 黑格尔著，贺麟译：《小逻辑》，北京：生活·读书·新知三联书店，1954年，第389～392页。

只是致动因(即能发生结果的原因)。

(2)原因只是尚未显示的盲目的(由于因果作用而然,而不知其所要达到的目的的)必然性,而且原因须依赖它的对方(即结果)的,否则无所谓原因的。而目的是指向着它们要实现的情况而成为实现的目的的),所以原来就包含其效果(即实现)于其自身之内的,因此在目的的实现时,并不过渡到它的外面,而保持其自身,所以它的终点(即实现的目的)和它的起点(即原来的主观目的)或原始性,是同一个目的,故是一样的。

(3)所以如果我们不只从实际,而又从思辨(玄思)的观点来理解目的,我们就将目的理解为总念,因为总念是包含了主观与客观的对立(因为是辩证的统一),包含了否定和对立(在统一里)的扬弃的。

在下一段①里,提出内在的目的与有限的外在目的的区别。

在下一段②里,说明在人生的需要与欲求里,都证明主观性和客观性同是片面的,它们同要在需要和欲求之达到满足时消失其片面性于统一里的。

(4)在本节正文的最后一段里③,黑格尔又用推论的形式来说明目的的实现。在目的的实现过程中,目的的活动是通过一种手段(即贺译的"中介")。目的在其未得到实现以前,它的主观性是直接的,而手段这个客体也是直接性的。譬如我们的目的是要到达北京,火车就是到达北京的手段。要到达北京这个目的,和作为到达北京的手段这个火车,同是直接性的,即摆在我们的面前的。在到达了北京时,目的便实现了,而原来的直接性的主观目的和作为手段的火车已不是主观的目的,又不是作为我们的手段的火车了,所以是被否定的了。黑格尔拿这个过程来比诸精神生活的提高,就他们信仰的基督教来说,精神的生活是要提高到所谓"人神合一"的。到了这种境界时,作为精神提高的手段的精神修养和原来想要与神合一的主观目的,都被超过了,被否定了。

以上是第204节正文的大意。经过这样概括性的说明,译文是易读的了。

---

① 黑格尔著,贺麟译:《小逻辑》,北京:生活·读书·新知三联书店,1954年,第390～391页。

② 黑格尔著,贺麟译:《小逻辑》,北京:生活·读书·新知三联书店,1954年,第391页。

③ 黑格尔著,贺麟译:《小逻辑》,北京:生活·读书·新知三联书店,1954年,第391～392页。

比较难懂的还是第205节，而这节又是黑格尔用来说明“目的性”的关键的一节，所以要好好地来理解它，我们现在读这节的正文[①]，而括号内加上必要的解释如下：

“直接的目的的关系（即主观的未实现的目的与其作为手段的东西这个客体的关系，如要到北京这个目的与火车的关系）最初只是一种外在的（原来没有关联，如到北京与火车原来是没有关联的）目的之适应（又可说‘目的之企图’），在这（最初的）阶段里，总念（即包含手段在其里面的目的）与那假定在先的客体（如要到北京与预先假定作为手段的火车这个客体）是相对立的（并非同一的）。因此（这种）目的是有限的（为其手段所限，因为要依靠那手段的），这一部分（是）由于它的内容‘是主观的’（即未实现的），一部分（是）由于有一现成的先在的（作为手段的）客体（如火车）作为目的之实现的材料或外在的条件。在这情形下，它（即主观目的）的自决性仅是形式的（因为它原来不包含手段在其里面，如要到北京并没有包含火车在内的），表面的（不是由其本身的）。直接性的目的（即主观的目的是当前的，所以是直接性的）还有一特点，即它的特殊性或内容（如要到北京）（即形成目的之主观性的那些特质或内容（如我们要到北京））是自身反映的（从其自身来看的），因而显得异于它的型式的整体（不是一般的普遍性的目的），异于它潜在的（原来的）主观性（即一般的欲求这种主观性），或（即是）总念（包含手段在内的目的）。这种自身的乖异（说目的，而又说特殊的目的，如要做某事而又说要到北京这种乖异）构成目的自身之内的有限性（即限于一定的形式，如要到北京）。这样，目的的内容便是受限制的（不是一般的）、偶然的（不是目的这个概念所决定的）、给予的（自外来的），一如目的的对象（如要到北京）之是特殊的，现成的（即摆在当前的）。”

以上是本节的正文，加上解释便易明白了。主要是说明在这阶段上，目的本身还没有包含其手段在内，像总念那样。

现在往下看看这节的附释[②]，译文比较易读，只须指出其要点如下：

---

① 黑格尔著，贺麟译：《小逻辑》，北京：生活·读书·新知三联书店，1954年，第392页。

② 黑格尔著，贺麟译：《小逻辑》，北京：生活·读书·新知三联书店，1954年，第392～393页。

(1)目的不一定是外在的目的,即一种要完成的计划。事物原来是没有一定的用途的,所以不具有自身的“使命”或说天职的,只是可作为工具被利用的。这是实用的观点,或说事物是可利用的这个观点。

但是事物不是要用来达到其自身以外的一个目的的,虽然有限的事物不是究竟的,而是要向前发展的。既然要向前发展,它就不能停止其活动,所以就有内在的矛盾。

(2)以事物作为只是一种工具看,乃是当时神学的说法,旨在显出上帝的智慧,如说葡萄树是为着人来研究葡萄树这种用途,等等。

(3)这种外在的目的性接近理念的意思,但是还没有达到对理念的真正理解,如葡萄树本身是含有一种目的,但是还不是它自身所要发展到的目的,而是外在的目的,为人用的这个目的。

第 206 节说明目的的关系,主要是说明中介即手段的作用。

这节的正文可以大概这样来说:目的的关系也是推论的一种形式,因为它是三个成分的有机统一体。当知原来亚里士多德的三段论式是当时他们所谓推论的唯一形式,而在直至今日的传统形式逻辑里几乎也是这样说的,而三段论式的原文本是 sullogistikos,这词变为现在英文的 syllogism,其原本古希腊文的意思不过就是“联系在一起”的意思,后来在柏拉图的著作里才有从前提得出结论的意义。而在亚里士多德的手上才变为从两个前提得出结论是通过一个中名词来推论两极端,即大小名词。黑格尔所说的推论也就是源于这个原来推论的意义的。

在目的的关系上,先是有主观的目的,这是推论的一个极端(即英文沿原来古希腊与拉丁文的词而演变为 teimo),而 teimo 是从拉丁文的 teiminus 即“极限”这个词来的,中译为“名词”。主观的目的是要成为实现的,这就是说要与客观性相结合的,这客观性原是外在于它的,这客观性又是一个极端。这两个极端(大小名词)是通过一个中介(即媒介,亦即逻辑的中名词)才得联系起的,这个中介,在目的关系上来说,也就是达到目的的手段。黑格尔说:“这个中介,就是两者(即两极端)的统一,一方面是一目的性的活动,一方面……又是工具。”①

① 黑格尔著,贺麟译:《小逻辑》,北京:生活·读书·新知三联书店,1954 年,第 393 页。

可见这个中介，一方面是目的性的活动，即通过中介而得到实现，一方面是工具，在英文里可用 means 这个词来表达，而在德文里“中介”是 Mitte，而工具(或手段是 Mittel，但是 Mittel 原是 Mitte 变出来的一个形容词，再变为作为“手段”讲的 Mittel。可是贺麟先生在下面第 208 节[①]的译文按语里说“瓦拉士英译本译作 means 手段，显系误认 Mitte 为 Mittel，因而译错了”，这是贺先生对德文还没有深入理解的缘故。我却认为瓦拉士是对的，兹顺便注出。

第 206 页的附释很清楚地说明：

(1)由目的到理念的发展(即到实现的目的的发展)需经过三个阶段：第一，主观的目的；第二，正在完成过程中的目的；第三，已完成的目的[②]。

(2)在主观目的的阶段上，目的作为总念而言，乃是包含着总念的原始作用的全体的。其中一个作用就是目的之自同一的普遍性(贺译“共相”)，即包含着一切，因尚未分化出来。第二个作用(贺译“环节”)就是目的变为特殊化(如“要到北京”)。这样，目的就有了内容(“要到北京”，而不是一般目的)。可是目的是有推动性的，要求实现的，这是“共相(一般目的)的活动”。通过适当的手段，这种活动就“充实”了，而特殊化的目的通过适当的手段就变为实现的，即具体的目的，而不再是主观的目的了。但是实现的目的在内容上也就是原来主观的目的，所以说是“回复到它自己，并且自己与自己相结合”[③]。

附释的其余所说的只是更具体地说明上面的，所以就不再加解释了，可以读译文[④]。

下面第 207—209 节[⑤]只是更详细地说明第 206 节的含义，但是黑格尔在说明作为总念的目的，即具有由于内在的矛盾而表现其向外推动，向外发展的力量与其所起的作用的目的，是说得很生动，很具体的，是含有极大的实际意义的。我们应该好好地分析它，深入地体会它和理解它。

---

① 黑格尔著，贺麟译：《小逻辑》，北京：生活·读书·新知三联书店，1954 年，第 394 页。

② 黑格尔著，贺麟译：《小逻辑》，北京：生活·读书·新知三联书店，1954 年，第 393 页。

③ 黑格尔著，贺麟译：《小逻辑》，北京：生活·读书·新知三联书店，1954 年，第 393 页。

④ 黑格尔著，贺麟译：《小逻辑》，北京：生活·读书·新知三联书店，1954 年，第 393～394 页。

⑤ 黑格尔著，贺麟译：《小逻辑》，北京：生活·读书·新知三联书店，1954 年，第 394～396 页。

译文比较易懂，兹仅概括大意如下：

第 207 节[①]："(1)在主观目的这个推论的形式里，即矛盾发展的有机统一体里，首先有①具有自我决定力的个体性，即一般的目的（如'要到某地方'）特殊化为一定的、特殊的目的（如'要到北京'）。它确定了方向，便向外推动了，也就'变成'一个能下判断的主体，如'要到北京'了。这就是有了斗争的方向，建立起主观性（主观目的）与客体（要达到的一定目的）的对立（因主观与客观尚未统一，即目的尚未实现），而同时它（原来的目的）自己又回复到它自己 。因为它（原来的目的）分析出那与客观性（如'要到北京'）对立的主观的总念（如果有了一定的具体的目的，而又有了到达这目的的手段，可是还未利用这手段来达到那要达到的一定目的），与那自身合一的全体（手段与目的完全结合的全体，即实现的目的）比较起来是有缺陷的（因尚未实现的），因此它自身同时须转向外面'以求实现'。"[②]这岂不是很明白的吗？

这就是第 207 节。

现在再看第 208 节的内容[③]，这节的正文又是有点难读的。我们首先要理解，主观的目的要求有其实现，它就必须看到它所要达到的目标。这个目标既是主观所看得见的，它就是一个黑格尔在这里所称为"个体性"的东西。主观的目的之为目的是泛然的，但是到了它看清楚它究竟要达到什么目标（如"要到北京"），目的就要变为"特殊性"的了。这种特殊性是有内容的（如"要到北京"），而且这个内容是包括在外在的客观性之内（如"要到北京"是包括在那具体的而外在于原来的主观目的之内的）。所以这个有推动力的目标，即这个个体性，首先就直接指向如"要到北京"的这个对象或称客体（我们要记得"对象"与"客体"同是德文的 Objekt，即英文的 Object 之译），把捉住对象作为自己的工具（即达到目标的手段或说中介）。总念是这种直接的力量，因为总念由于含有内在矛盾，是必然要求得发展而统一这个矛盾的，所以是否定其自身同一的。但是在这种否定性里，对象即目标的存在只是理想 ，即还在前面还未达到的。于是

① 黑格尔著，贺麟译：《小逻辑》，北京：生活·读书·新知三联书店，1954 年，第 394 页。

② 黑格尔著，贺麟译：《小逻辑》，北京：生活·读书·新知三联书店，1954 年，第 394 页。

③ 黑格尔著，贺麟译：《小逻辑》，北京：生活·读书·新知三联书店，1954 年，第 394 页。

整个中介(即把握住目标而向前发展)乃是总念的这种内在的活动力量,即一种推动力。由于这种活动力量,这种推动力,对象即“要到北京”这个对象才作为工具,即达到目标的中介,直接与总念,即整个目的作用相结合,并以这个总念为指导,即从属于总念。

以上是第208节正文的一节段的意思,其第二段是说明第一段里“把捉住对象作为自己的工具”这句话的。捉住对象为自己的工具如何起目的性的作用呢?

主观的目的是有限的目的,因为它的手段是外在的,在这种有限的目的性里,主观目的必须捉住其目标才发生力量,而捉住了目标,这个活动便成为它的工具来达到转向的目标。这个工具即中介“分裂为两个彼此外在的成分,即(a)活动(即推动力)与(b)那用作工具的对象”(如“要到北京”这个目标)。于是就有目的作为力量来指导目的的推动力向着目标(对象)前进,这个过程是整个推论的第一个前提。在这个过程中,目标是一个理想,所以它作为目的活动的对象而言是不存在的。由于这目标的不存在(尚未实现)而只作为理想,所以就“成为中介”,即达到目标的手段,而“这个中介本身即同时包含辩证发展的历程”①,即内在矛盾统一的过程。“目的透过这种自己的主导的关系或活动,便与对象结合起来”,而矛盾就统一了,目的便达到了,实现了。

这是本节正文的第二段,详说第一段的。

附释有两点得要说明:

(1)“目的里即包含有特殊性,而特殊性里即包含有客观性。”何解?仍然以要去北京为例来说明,目的不过是要到一个地方,是泛指的主观目的。但是它包含有要到一定的地方去,如要到北京去,这是特殊性,而在这特殊性里有北京作为目标,这是客观性,因北京这个目标是客观的。

(2)生命、灵魂、身体的比喻。其实“生命”与“灵魂”是同一的,灵魂是身体的形式(用亚里士多德的名词)而是身体的所要达到的目标,因之黑格尔就说“人的灵魂有许多工作可做,为使得它的身体作为它的工具”②。

① 黑格尔著,贺麟译:《小逻辑》,北京:生活·读书·新知三联书店,1954年,第395页。

② 黑格尔著,贺麟译:《小逻辑》,北京:生活·读书·新知三联书店,1954年,第395页。

如果我们了解亚里士多德的质料与形式的意思,黑格尔这里的思想就清楚了。亚里士多德的形式就是质料所要发展到的目标。

接着的第 209 节是黑格尔用他的基督教的神学思想来说明第 207 节和第 208 节的意思的,对于当时的德国人是有意义的,其大意不过是说:

(1)目的性的活动和它的工具仍是转向外面的,即向前发展以求主观目的的内在矛盾的统一的。

(2)目的支配所要达到的目标是辩证发展即所谓推论的第一个前提,而这里目的与对象即具体的目标合而为一是第二个前提。在这个第二个前提,或说过程中,这个目标(即作为对象的工具)便与客观性有了直接的关系,就是说变为客观的了。这种关系里,即在目标的客观化里,是一种机械性与化学性的作用,故说是"机械性与化学性的范围"①,可见目的性就是机械性与化学性"两者的真理",即它们所要发展到的更高阶段,也就是"自由的总念"(即总念的由自身发展而来,不依靠别物所起的作用)。

(3)黑格尔说(见附释)这里"理性的机巧"犹如"上帝放任人们纵其特殊情欲,谋其个别利益……而完成神的目的"似的②。

以上三节是说明"主观的目的"与"中介"这两个范畴的。

下面在第 210 节里就谈到"目的性"的第三个范畴,即"实现了的目的"了。

第 210 节的文字是不难懂的,它主要说明(1)实现了的目的乃是主观性(即主观的目的)与客观性(所要达到的具体目标)明朗化的统一。但是(2)这种的统一之特殊性乃是因为那原来的主观目的(主观性)和具体的目标(客观性)都是片面的(即总念的片面性)而在实现中被中和了,而且被摒弃了,而同时那客观具体的目标被克服而遵循原来主观的目的的指导了,而且以目的为它的总念的从自身的发展了。(3)可是在这种目的发展的过程中,目的仍然维持与客观目标的对立的地位,然而却存在于这个目标的里面了。(4)其所以然之理,就是这目的原是总念,要向前发展的,因之是具有它的共相(即不受某一形式的限制的),所以就是原来主观目

---

① 黑格尔著,贺麟译:《小逻辑》,北京:生活·读书·新知三联书店,1954 年,第 395 页。

② 黑格尔著,贺麟译:《小逻辑》,北京:生活·读书·新知三联书店,1954 年,第 396 页。

的与客观目标的同一，因此(5)这目的的总念的普遍性乃是一种自身反映，而不是通过别物才是如此的，而且是透过推论(即联系)的三个成分(即主观目的、手段和目标)与它们的辩证运动(即内在矛盾的发展的)，但是整个目的依然未变，故说是“保持它自身的同一性的内容”的[①]，因为不然的话，就是整个目的如果变动了的话，就不能说明目的的实现。

第210节是这样说明“实现了的目的”的意义的。

下面的第211节更说明黑格尔如何受到亚里士多德的思想的深刻影响。

亚里士多德的形式(贺译为“型式”，其实原来本是同样一个词，即Form)与材料(一般译为“质料”)是相对的概念。质料以形式为其发展的目标，或说对象达到了一个形式之后，这个实现了的形式，又作为更高级，或说更远的形式之一个质料，而还要向上发展以追求实现这个形式，这样向前发展，一直上升。但是依亚里士多德来说，发展到了最后就是一个无质料的最高形式，那就是柏拉图的理念。按黑格尔的体系来说，每一个有限的目的，到其被实现时，“仍是残缺不完的”[②]，还要向前发展的，一直要到理念的实现，但是很难理解，何以黑格尔在这节的结尾反说“如此递进，以至无穷”？难道到了绝对理念的实现时，依他的理论，还能够再有发展吗？我个人认为这句话(“如此递进，以至无穷”)不过是黑格尔套他的公式的口头禅而已，其实是与他的思想体系相违的。这点在下面第212节里一开头便说得更明显。第一，如贺译所指出“无穷的递进”这段话在《小逻辑》的第三版里，亦即在黑格尔自己修订的最后一版里，是删去的，大概他是觉得这种说法是和他这里的思想体系相违的；第二，这种说法本来是无补于他在这里的思想的逻辑性的。所以我们在读第212节时，可将贺译这节的这一段省去。

现在看第212节的正文。译文易读，故只指出其大意。

这节正文的大意就是：(1)“在实现了的目的”里面，原来的“主观目的”与具体的目的都被统一了，被扬弃了，而这总念就建立其自身为对象

① 黑格尔著，贺麟译：《小逻辑》，北京：生活·读书·新知三联书店，1954年，第396页。

② 黑格尔著，贺麟译：《小逻辑》，北京：生活·读书·新知三联书店，1954年，第396页。

(即主观目的的对象)之潜在的本质。(2)其实在机械和化学的过程里,原来对象,即机械性合并或化学性溶合的组成部分的独立性已经是“潜在的”,即暗中消逝了。所以在“目的性”的阶段上,主观目的所追求的对象(即目标,如“到北京”),在其目的实现时,“只可认作本身是无有的,空想的”①,即只是在理性中存在的,于是在“实现了的目的”之阶段上,“形式与内容的对立亦随之而消散了”。这时,只有“总念以它自身为内容”,就是“客观的总念”向“理念”的过渡,也就是“总念”这个大范畴从它的第二个范畴过渡到它的第三个范畴了(看范畴表)。这就说明了这 212 节正文的大意了。

剩下来的就是这节的附释,其大意也可以概括地这样说:(1)表面上,实现目的过程中的工具好像是外在于目的的,其实在它里面也有总念的存在,所以实现目的也就是实现了工具,因为原来目的与工具同是总念的两个方面、两种因素。(2)但是一般人只看见工具的外在于目的的这种性质,其实这是一种错觉,不是真理。(3)可是这种错觉反成了实现目的的推进力量。(4)黑格尔认为这个错觉乃是理念的创造,从而实现目的,即实现总念,也就是实现真理。

这样就结束了“目的性”的讨论,也就结束了“客观的总念”即“客体”,而进入“理念”的阶段来了,以下就谈“理念”。

(丙)理念

理念(die Idee,即英文的 Idea)。“理念”乃是“总念”的第三个而且最后的一个范畴(看范畴表)。“总念”的第一个大范畴是“主观的总念”,即“总念”的主观性。从总念的主观性来说,万物都可说是主体。这就是“总念”发展过程中的正。“总念”的第二大个范畴是“客观的总念”,即“总念的”客观性。从总念的客观性来说,万物都可能是客体,客观是主体的反,所以如说主体是“总念”发展过程中的正,则客体便是反了。可是所谓“主体”与“客体”是互相依赖的,因为离开了主体,何得有客体,而离开了客体又何得有主体? 所以主体与客体必须是要统一起来的。这样的主客统一

① 黑格尔著,贺麟译:《小逻辑》,北京:生活·读书·新知三联书店,1954 年,第 397 页。

便是“理念”，这是当然的。

我们曾看到，从“主观的总念”是如何过渡到“客观的总念”，并且又看到如何从“客观的总念”又过渡到“理念”的，那就是从“目的性”过渡的。

目的是要通过手段(中介)才能实现为“实现了的目的”的。例如，黑格尔所举出的生命与身体的实例，生命是单一的，而身体是有四肢百骸的，是多数的。可是生命也就是在四肢百骸里表现出来，而四肢百骸也就是实现作为其目的的生命的。作为多数看，生命也就是它的四肢百骸，而作为全体看，生命就是四肢百骸所要表现的。这样一来，作为目的的生命就同一于作为手段的四肢百骸了。目的与手段同一起来了。

可是，生命是主观方面的，而四肢百骸是客观方面的，摆在我们面前的。如果离开生命来看四肢百骸，四肢百骸便是机械地集合的东西，是“机械性”的。所以离开主观，客观的东西是机械地堆砌在一起的。等到我们看到四肢百骸是必然在有生命的身体里互相结合起来、相互有偏向地联合起来成为一个表现生命的身体，我们就看见“化学性”的一种表现了。所以在“目的性”的实现里，我们是看到“机械性”与“化学性”的统一表现的，看见主观与客观的统一的。这就是“理念”的出现。

我们是否可以说在黑格尔的逻辑思想里，从“机械性”与“化学性”的过渡到“目的性”，而又从“目的性”过渡到“理念”乃是从客观性又回到主观来了呢？可以这样说，但是当记得“总念”还总是主观性的，属于思想方面的，而思想却有其两个方面，即主观方面与客观方面，亦即“主体”与“客体”。主体与客体，从思想说来，同是片面性的。整个说来，绝无脱离主体的客体，也绝无脱离客体的主体，两者是相互依存的。主体与客体必须在思想里统一起来，甚至同一起来，才有其意义的。这也就是“理念”的意思，但是这个意思需要在“绝对理念”里才完全表现出来的。

我们在谈到主体与客体的同一时，必须避免认为这种同一性是同中无异的同一性，只见其同而不见其同中之异的这种同一性乃是黑格尔所谓空洞的同一性，即没有内容的，没有意义的。主体与客体同一起来，其同一性不是这种同一性。我们说主体与客体在理念里同一，并不是说，同一之后主体便等于客体，而客体简直就等于主体了。意思是说，在理念里主体与客体都被扬弃了，提高了，升华了，就是说得到其圆满的意义了。

关于这点，黑格尔在《小逻辑》第 215 节里说，“在理念的否定统一里，无限统摄了有限，思想统摄了有，主观性统摄了客观性”①。从这句话我们又可看出，依黑格尔来说，思想是等于主观的意思，有是等于客观的意思，而且主体是等于无限的，客体是等于有限的。但是我们必不可认为理念也就是既非主体而非客体，既非思想而又非有，等等，成为一种中和的东西。

上面所说的就是所谓“客体”不但是“主体”的对立，不是单纯的非思想。它其实就是思想，因为在理念里，“思想统摄了有”，而有就是客体，客体只是主体的以别物出现。在总念从主观性过渡到客观性时，它并没有脱离主观性，而依然是主观性的产物，虽然在过渡到客观性时，它是以客观性出现，而且主观性变为潜伏的。到了总念发展为理念时，它便又回到主观性里来，但是在这样回来之后，它再不是原来的主观性，不是抽象的层面的主观性，而是升华了的主观性，把客观性吸收到它自己里面来的更丰富的提高了的主观性了。用黑格尔的话来说，它现在乃是具体的主观性了。可见在黑格尔的逻辑来说，同一与对立是同等重要的，真理乃是在异之同里的，只有知性才见同而不见同中之异，见异而不见异中之同，因为知性是分别识，其任务是把事物分辨开来而不能看到它们在本质上的必然联系，在异中有同的，而且以同来领导异的。

现在让我们看看第 213 节的正文。

正文的第一句便有点不容易了解。何以说“理念乃是自在自为的真理”呢？

“自在”与“自为”这两个词，我是早就解释过的，所谓“自在”就是“就它自身来说”的意思，而“自为”就是“因着它自身，而不因着别的缘故”的意思。“理念乃是自在自为的真理”就是说，理念之为真实的，不必从别的地方来看它，它就是真理了，而且它的为真理不是为别的缘故，而是其本来就是那样的。

“理念是总念(主观性)和客观性的绝对统一”这句已在上面解释过了，兹不重复。

再下一句：“理念的理想的内容”是什么意思？“理想的”就是还没有

① 黑格尔著，贺麟译：《小逻辑》，北京：生活·读书·新知三联书店，1954 年，第 404 页。

实现的。所以理念的理想内容乃是"总念和总念的各个范畴之全",就是说构成总念的各个组成部分的整体。因此,在总念得到"它的真实的内容"时,"只是它自身的显现",即从未实现到实现,"有如总念于外在的形态里所表现的那样",就是说,在总念的理想内容变为它的实在内容时,它不过是自身表现在外部的形态而已。"理念包括这种外在存在于它的理想性,使受它的支配,并保持它自身于其中",就是说,这种在理念得到实现时所表现的外在存在,并不是外加于它的东西,而原来就是潜在于它的自身里面的,而现在它在其这种外部的形态表现其自身出来时,它的作为总念,仍然是存在于这个外部的形态里的,并没有消失掉。

正文第二段①:"宣称'绝对是一种理念'这一界说,本身即是绝对的。"什么叫做"绝对"或"绝对的"?"绝对"也就是庄子所谓"至大无外",即它以外没有其他的意思。"绝对的"就是毫无例外,不容有任何条件的意思。所以说"绝对是一理念"这个对于绝对所下的定义(界说)本身即是绝对的,就是说,包括一切的,所以"前此的一切界说",即关于绝对这个观念的种种界说,如"绝对是有","绝对是本质"等等,"皆须归结到这一界说"。"理念即是真理,因为真理即是客观性对于总念之符合。"这句话很重要,是彻底表示黑格尔的观念论,即唯心论。我们一般是说,所谓真理,乃是我们的主观思想或说概念(亦即这里的总念,当记得"总念"就是"概念")对于客观存在之符合,而黑格尔倒过来,像康德和一切唯心论者所说的那样"真理乃是客观性对于总念之符合",这就是说,真理的标准不是客观的存在,而是主观的意识,这是反科学的。

当然黑格尔对于他的这种说法,根据他的哲学体系是有所说明的。且看本段的下一半。

他说②:"理念所处理的对象不是当下的个人,亦不是主观的观念,亦不是外界事物。但一切真实的事物,就它们之为真理而言,即是理念。"可是黑格尔之所谓"客观性对于总念之符合"不过是理念里的一部分与其整体的符合而已。因此,他就接着在本段说:"唯有在这些个别的实在(即我

① 黑格尔著,贺麟译:《小逻辑》,北京:生活·读书·新知三联书店,1954年,第339页。

② 黑格尔著,贺麟译:《小逻辑》,北京:生活·读书·新知三联书店,1954年,第399页。

们之所谓'事物')之结合里和关系里,总念方实现其自身,那孤立的个体事物是不能符合它的总念的,它们存在之局限,构成它的有限性和它的毁灭。"[①]因为凡是有限的东西,即未完成发展的东西,必须继续发展,而在发展中就摒弃其自身,毁灭其原来所具有的形式而变动。

在本节正文的第三段里(即译文的从"理念本身"起的这一段)里,黑格尔说明"绝对乃是一个普遍性(翻译'共相'),并且是一理念(即唯一的理念),这理念由于判断的活动,被分辨成一特定理念的(即一个一个理念的)系统"。这一段文字原有解释的,当然绝对乃是唯一的理念,何以它变成形形色色的理念呢? 黑格尔认为这是由于"判断的活动"。"判断的活动"这词是不大清楚的。我们记得"判断"这词在德文里是 Urteil,即"分裂"的意思。那未唯一的理念是自身分裂为形形色色的一些理念呢? 抑或是由于人的分别识的判断力把它看成为各种各样的理念呢? 在这点上,"判断的活动"这词的意思是不清楚的。

总之,黑格尔接着说:"这些特定理念之所以成为特定的理念(重点应在'理念'上)仅由于它们能回复到那唯一的理念(否则它们就不是理念,因为理念总是要完全发展的),回复到它们的真理(即圆满的意义)。"接着:"从判断的立场去看理念(意思像是说,'从绝对分裂出来的理念')最后仅是一个普遍性的本体(应译'实体')。"可是所谓"实体",即 substance 这个观念在逻辑上,自从亚里士多德以来到黑格尔的时代,依然是"只能作为判断的主体"的意思讲的。所以"理念乃是主体(即实体),因而即是心灵"[②]。这是从柏拉图到康德的观念论的说法,即作为主体的实体必然是心,即能思维有意识的心。

这节正文的最后一段[③]是批判了认为理念仅是抽象的这种误解,但认知"理念的自身本质上不再是具体的,因为它是自身决定自己(即上面所说的'自在'),自己实现自己(即上面所说的'自为')的自由(不依赖别物)的总念"。其余几句是易明的,不必加以解释。

本节的附释说明(1)"真"是什么意思,"好"又是什么意思。这是看一

---

① 黑格尔著,贺麟译:《小逻辑》,北京:生活·读书·新知三联书店,1954年,第399页。
② 黑格尔著,贺麟译:《小逻辑》,北京:生活·读书·新知三联书店,1954年,第399页。
③ 黑格尔著,贺麟译:《小逻辑》,北京:生活·读书·新知三联书店,1954年,第399~400页。

个东西是否与其总念相符合,即它是否是如它本质上应该如此,这完全是柏拉图的思想。(2)形形色色的个别东西都是从统一出来而且必回复到统一去的。其所以为形形色色的东西"只有在知识性里才被分离为多"①。这是绝对观念论必然的看法,也是黑格尔哲学的本质,与佛学反具有相近之点。(3)"所有前此('有'、'本质'、'总念',以及总念的'客观性')这些阶段乃证明为矛盾发展的,它们的真理只在于它们是构成理念的有机成分。"这是黑格尔的辩证法的真谛。

下面第214节的内容与意义是易明的,可直接阅读译文便得,其大意只是说:(1)理念就是理性。理性之不同于知性,是在于知性乃是一种分别识(佛家语),总是把事物形而上学地分别开来,如有限就是与无限毫不相干,等等。而理性是追求统一的,如有限与无限终究是要统一起来的。理性并不排斥知性。在理念里"理念包含有知性的一切关系在内,但包含它们于它们的无限的自我回复和自我同一里(即圆满的发展里)"。

(2)知性只见事物的不同,乃至矛盾,即只见事物之异,而不见其异中之同,而不是看见事物里矛盾通过其发展的统一。

(3)所以不能用知性的分别识来了解理念,如果这样去了解的话,则看不见理性的本质,即其具体的统一,以为这统一是从外面硬加在事物之上,而不知理性所统一的两端(即对立面)原是同处在其本质的共相里面的,而且知性不能看到理性的反映不是通过别物的,而是其自身的反映,也就是理性的矛盾当然的发展。理性总是在异中求同的。

(4)从理性来看,一切"有限的性质和其产物的独立性都是假相",所以必须回复到统一求圆满的发展。

(5)要紧的是要看到"这双层的辩证法运动(即分化为异,而又复归于同的这种双层的辩证运动)既不是时间性的,亦不是在某种方式下为分离的和区别的",而是原来就在理念里面的。所以说,这种辩证的运动"是具有内在的目的性和本质的主观性的对象"(即实在的东西)。

(6)在这种辩证法的发展里"总念才具有它自身的全部的内容或性格。"

---

① 黑格尔著,贺麟译:《小逻辑》,北京:生活·读书·新知三联书店,1954年,第401页。

以上第213节和第214节是总说“理念”这个大范畴。下面的第215节复说“理念”的分化。

第215节正文主要是提出理念本质上乃是一种过程。在理念的这个过程里，总念是绝对的自由的发展，因为它含有绝对的否定性，而由于这否定性就必然要求有其辩证的统一，于是就由矛盾而回复到其原有的同一性来。所以总念既是普遍性（包含各种不同的因素）的，亦是个体性的（即一个整个总念），它客观化它自己（过渡到对方），因而就表面化它自身的个体性和普遍性的对立（反），而这种以总念为其矛盾的外在化复由于它自身内在的矛盾发展而回复到主观性（即由客观性回归原来的主观性——合）。

有人认为，有限与无限这两者的矛盾之统一是错误的。不知理念不是“一种静止的抽象的呆滞的同一”，而本质上是一种运动的，辩证的发展的过程。

同时我们必须注意在理念里，无限与有限，主观与客观，思与有，不是“属于中和或平衡的地位”，而是“无限统摄了（即超出其自身而抓住）有限”等，所以这个理念应与知性的作为一个实体的这种理念区别开来，辩证法的理念不同于知性的理念，乃是具体的、全面的包含矛盾统一的理念。

以上是第215节正文的内容。

这节的附释指出，理念作为过程来说，其发展是通过三个阶段的[①]。其第一个阶段是“生命”，生命是直接性的，当下便直观到的。这是正的一种形式。第二阶段当然是反，是间接性的“认识”，认识和生命一样同是一种过程，可是在认识的过程里，是主观与客观的统一，即心认识到物，于是就有了正反之合，这就是“绝对理念”了。所以“理念”有：

(1)生命——正[②]（第216—222节）；

(2)认识——反[③]（第223—235节）；

---

① 黑格尔著，贺麟译：《小逻辑》，北京：生活·读书·新知三联书店，1954年，第404页。

② 黑格尔著，贺麟译：《小逻辑》，北京：生活·读书·新知三联书店，1954年，第404～409页。

③ 黑格尔著，贺麟译：《小逻辑》，北京：生活·读书·新知三联书店，1954年，第409～420页。

(3)绝对理念——合[①](第236—244节)。

到了“绝对理念”,黑格尔的逻辑学说便结束了,也就是他的哲学体系的第一部分,即“自在的理念”结束了(看范畴表);其次就发展到“外在的理念”,即“自然”,这是黑格尔的“自然哲学”;再发展下去就是第三部分,即“自在与自为的理念”,亦即“精神”,而这也就是黑格尔的“精神哲学”。我们谈《小逻辑》只限于黑格尔哲学的第一部分,所以在读完了“绝对理念”时,也就结束了。

现在让我们来看下何以“理念”的第一个范畴乃是“生命”这个范畴。

在“理念”前面的而且从而发展出来的一个范畴乃是“实现了的目的”这个范畴。所谓实现了的目的,如我们在上面所曾看到,就是手段(或说中介)与主观目的的同一。手段是作为多数的出现的。要达到某一定的目的,是可以通过许多的手段的,例如要到北京是有许多的交通方法的,而目的是一定的,所以是单一的,个体性的。

可是手段之为手段是因为有某一定的目的的,然而这两者,即手段与目的,乃是相互依存的。无目的固无所谓手段,但是无手段,也无目的之可言的,因此我们可以说,两者不是独立的两个东西,而是一个东西的从两个方面来看,然而两者都是显然不同的。

这就是说,这种统一性的性质乃是在于它之分化为统摄在它下面的多数性,而同时这种多数性的性质乃是在于它之形成那个统一性,这种统一性与多数性的统一就是黑格尔的所谓“生命”这个范畴。

显然生命不是唯一的东西,其统一性与多数性是这样相互依存着的,而黑格尔以“生命”来称呼这个范畴。正如他在前面“本质”底下“关系与相互关系”的“力与力之表现”[②]里以“力”这个经验性的东西来概括一个普遍性的范畴一样,只是因为“力”与“生命”虽然不能等于它们所属的范畴,但是很形象地表示其范畴的意义的。一种有机的生命确是一种多数性的统一。譬如人的身体有四肢百骸,而这些四肢百骸之成为四肢百骸,完全是由于它们对于整个身体的关系,例如,若我们把一只手切下来,它

① 黑格尔著,贺麟译:《小逻辑》,北京:生活·读书·新知三联书店,1954年,第420～426页。

② 黑格尔著,贺麟译:《小逻辑》,北京:生活·读书·新知三联书店,1954年,第136页。

便再不是一只手，而只是一块骨与肉而已，离开了与身体的关系，它就不成其为一只手了。反过来说也是一样，离开了四肢百骸，哪得还有身体呢？然而我们得要留意，这种的比喻不能完全表达黑格尔的“生命”这个范畴的正确意义。这个范畴确切的意义是说，一个统一体的各部分，在其脱离相互依存的关系时，是没有他们的存在的。可是切割下来的一只手还是有它的某种意义上的存在。它不是消灭了，那一块骨与肉还是在那里，但是它也不是一只手了，这点是重要的。还有一层，在“生命”这个范畴的下面更高级的一个范畴是“认识”，认识是有意识的，可是黑格尔的“生命”这个范畴所指的乃是单纯的生命。如植物的生命，而不是动物的生命，尤其不是高等动物的生命。

最后，还得注意，在开始谈到生命这个范畴的第 216 节里便有“总念以灵魂的形态实现在身体里”①，进而这又是一种比喻，不能机械地去了解它，我们总得要以灵魂与身体和身体与其各部分的关系作为比喻看。记住这点，我们就可以看第 216 节的译文了，加上几点的解释，这节的正文不是那么难读的。

(A)生命(Das Leben)

Das Leben 即英文的 life。

第 216 节正文：“直接性的(即直接可看到的)理念就是生命(即以生命为其典型的例子这个范畴)，总念以灵魂的形态实现于身体里(就是说，灵魂是身体的总念)，灵魂是身体的外在性(即在外面表示出来的性格)之直接的自我相关(即不与别物相关)的普遍性(即不是有限制的性格，因灵魂不是有限的存在的物)。灵魂特殊化其自身于身体内(灵魂本不是有限的，而特殊化为身体，身体是有限的特殊物)，所以身体除了表示它的(灵魂这个)总念的特殊性外，不表示任何别的区别。最后身体的个体性，就其为无限的否定性言，(意思是说，身体不是手，亦不是脚，不是它的这部分，也不是它的那部分)乃是并列杂陈(四肢百骸等等都一齐并列在身体里)，彼此外在的客观性(各个客体如手脚等)的矛盾发展(即互不相同的

① 黑格尔著，贺麟译：《小逻辑》，北京：生活·读书·新知三联书店，1954 年，第 404 页。

发展),这客观性(原是彼此不同的四肢百骸)由独立存在的假相(因四肢百骸之独立性只是表面上的)回复到主观性(即从总念或说身体的概念来看,究竟四肢百骸的真正意义是什么)。所以(即由身体这个概念来看),身体内一切官(即器官)肢(即肢体),均彼此一时互为目的,互为工具。所以生命既是起始的(作为开始的)特殊化作用。故复达到否定的(即不以身体就是灵魂这种否定的)自为存在(即灵魂不为身体或别物而存在,而乃是为它自身而存在)的统一之结果,换言之,生命在它的形体性(即身体)的矛盾发展(即既是一个统一的身体,而又分化为四肢百骸等)里是和它自身相结合,(或说'接合',即生命在这种矛盾的或说辩证的发展中就与它自己相接合而复表现为生命)。"

这节正文的其余部分并不难读,毋须再加解释,只注意贺译关于"灵魂"与"心灵"的分别,这在康德哲学和黑格尔哲学里都同是重要的。

本节的附释[①]指出(1)生命不是不可思议的一个观念,只是一种直接的理念。在我们里面作为总念的形态存在着向我们呈现出来。(2)但是在生命里"总念和实在尚没有达到真正彼此的符合……",在灵魂有感觉时,才达到自由自觉的存在。(3)所以在"生命的进展过程里,灵魂得要克服束缚其自身的直接性,而这种过程本身又是三级的发展,其发展的结果为采取判断形式的理念,即作为认识的理念"[②]。

上述的"三级的发展"就是(1)"有生命的个体"、(2)"生命过程"和(3)"族类"这三个小范畴(看表)。

第 217 节说明"有生命的个体"(贺译"有生命之物")的一般形式乃是一种推论。

这是什么意思呢? 我们记得,黑格尔"推论"也就是形式逻辑的三段论式,而三段论式就是从三个名词的某一种形式的结合而得出结论或者结果的。

在这种推论作为一个统一体里,各环节,即各个成分本身又各成一个系统和推论,这些推论乃是主动的,即能动的推论,就是有机发展的过程。

① 黑格尔著,贺麟译:《小逻辑》,北京:生活·读书·新知三联书店,1954 年,第 405～406 页。

② 黑格尔著,贺麟译:《小逻辑》,北京:生活·读书·新知三联书店,1954 年,第 406 页。

因为它们是有生命的过程,而有生命之物的主观统一性不过是其中的一个过程,所以有生命之物乃是一个自己与自己结合的过程,而这个过程又通过三个过程。

这是应该联系着第 215 节所说的“理念本质上是一个过程”来看,生命既是理念的一种形式,因为“直接性的理念就是生命”①,所以生命无论发展到任何阶段,它总是一种过程,而在第 217 节里,就说生命这过程是采取三个成分的矛盾统一的这种特殊形式的。

第 218 节说明“有生命的个体”如何有其内在的从分化到回归的过程。

上面所说的种种生命的过程之中,“(1)第一就是有生命之物在它自身内的过程”。在这个过程里,先就有其自身的分裂或矛盾,这有生命之物以它的自己的身体为它的对象(即对立面)。这身体是无机的,而又分化为四肢百骸的各环节(更好是说“各成分”),各个相区别,相对立,彼此互相斗争,互相吸取,而且由于不断地自身产生(我们所谓新陈代谢)而保持其自身。但是这种活动原是有生命的主体(即有生之物)的一个活动,而其各部分的新陈代谢的不断自身产生,也就是要回复到这个主体的活动里去的。(这里贺译说是“回复到那有生命的主体”是错看了一个代名词,故改正。)所以“总结起来说,有生命之物的内在过程或它的各官肢的一切活动仅产生了有生命的主体(即有生命之物)”,通过这种激应性(贺译“反感”),表面上各部分是分裂的“亦即仅是那主体自身之再生”。(因为这有生之物就是其各官肢,而不是什么别的东西。)

本节的附释②说明在有生命之物的自身内在过程里有三种形式,即敏感(译为“感受性”更好),反感(即心理学的“激应性”,就是有机体对刺激的反应),身体受到外物的刺激,“弥漫流行于身体内的灵魂”(即生命)就有反应,因而表面上是彼此外在,互不相干的各部分,也就是所谓“牵一发动全身”了。独立的,而通过再生,整个身体又回复其自身作为一个统一体了。有生命之物是这样保持其存在的。

① 黑格尔著,贺麟译:《小逻辑》,北京:生活・读书・新知三联书店,1954 年,第 216 节。

② 黑格尔著,贺麟译:《小逻辑》,北京:生活・读书・新知三联书店,1954 年,第 407 页。

第219节的正文又是比较难读的，虽然在附释里有些说明，但仍需某些加上的解释，然后读者才能理解它的大意的，兹顺着译文而加以在括号内的解释如下：

"(2)但总念的判断(即分开性的力量)自由地(即靠其自身)进行以取消(译为'卸下'更妥)那客观的身体，作为一个独立的全体，而(这样)有生命之物的自我否定的过程(即否定了原与之结合的身体的这个过程就)造成一个预先假定为与它自身对立的无机性质，作为一种直接的个体性。(这样一来，在无机性作为脱离了【而不是'被取消'了，只是'被卸下'了】灵魂的直接的个体时，有生命之物就否定了自身，就是说，无机性的身体不属于它的。)有生命之物的(这种)自我否定既是生物的总念本身的第一阶段(即第一个否定)，这就表示它与它的总念(这总念同时就是一个具体的共相，【即具有灵魂与身体这两方面的总念了】)，相(比)较(起来)便有了缺陷，(因为现在缺少了原是包含在生命这个总念里的身体)。扬弃了那本身(是)带有虚幻性的对象(即生命的对立面)的(这种)矛盾进展(即辩证发展的第一个否定的)历程乃是一种自身规定(即自由)的有生命之物的活动，这有生命之物于反抗(即否认)它这种无机性的历程里，因而保持，发展并客观化(第二个否定)其自身(那就是由反而到合了)。"

附释所指出的：(1)在有生命之物吸收其对立面的无机的自然以充实其自身这个过程里，并不像在前面的化学历程里那样只是有一种中和平衡的产物，因为那有机体(即有生命之物)表明其自身为统摄了它的对方(即无机的自然)，之所以能这样做，因为一方面，无机的自然原是"潜在的生命"(这表现黑格尔的物活论思想)，而另一方面生命就是实现的无机"自然"①。黑格尔在附释里还接着说(2)：当灵魂离开了身体时，于是那些客观性的原始力量才开始发挥它的作用。这些力量可说是不断地在准备着跳跃，以求在有机的身体里开始其过程，而生命便不断地在那里与无机力量作斗争，这样一来，又显示黑格尔的内在矛盾思想，又比那朴素的物活论进步多了，以上是说明"生命过程"的这个范畴的。

下面第220节是从"生命过程"到"生命"的第三个小范畴"族类"的

① 黑格尔著，贺麟译：《小逻辑》，北京：生活·读书·新知三联书店，1954年，第407页。

过渡。

正文:“(3)这有生命的个体,在第一过程里属于主体和总念的地位(即主观的),在第二过程里,它吸收它的外在的客观性(从正到反)因而它自身便取得一种真实的性格(合),于是它本身现今就成为一族类。”

那么“族类”是什么意思呢?族类原是种类的意思,例如达尔文《物种起源》里所讲的“种”,如牛、马、猿、人类。种是有实体性的,而且又含有共相,即普遍性的,而“特殊化就是一个有生命的主体与另一个同类的主观间的关系(没有这种关系就无所谓‘族类’),判断的作用就在于得出‘族类’与这些彼此互相对立的确定的‘个体’之间的相互关系”。(意思是说,种里面的各个体是对立的,各别的,但是要维持物种,它们就是必须结合起来,而种里最基本的结合乃是两性的结合)性的差异,(异的分离)就是两性的亲近(结合),这是辩证的。

说明“族类”如何是“生命”的前两个范畴即“有生命的个体”与“生命过程”之合。

如上所说,“族类”之矛盾发展的历程就会促成它的自为存在(即不依别物而存在)。由于生命尚只是直接的理念(不依他的),族类的矛盾发展过程便分化成两方面。一方面那最初被假定为直接性的有生命的个体(不依他的),现在发展成为一间接的,被产生的东西(即由两性结合而产生的后代)。但另一方面,那最初由于它的直接性,(就是)与“普遍性”只有否定关系(因有生命的个体是个体性的,所以就否定普遍性)的有生命的个体是个体性的,便沉没(及消失)在有较高力量的普遍性里,这是说,个体的有生命之物融合在普遍性的族类里了。

本节的附释进一步发挥正文最后一句的意思,而同时过渡到下一个“认识”范畴。其大意是:

(1)有机体(即有生命的个体)之要死亡,是因为它包含有矛盾,原因是“它潜在地是族类,但直接地(即当下)仅作为个体而存在”。

(2)在死亡里,族类继续存在就表示它优越于个体。在族类里禽兽不能达到自觉的存在,而完全为族类不自觉地而生存,这样黑格尔又在这里看到坏的无限进展的过程,因为就禽兽来说,个体总是不断得到以其自身为媒介以提高自身而超出其直接性,但是还不断地回复到它的自身。可是从总念的观点来看,生命的过程所得到的结果就是扬弃了并克服了尚未缚着在生命形态下的理念之直接性而得到了族类。

第 222 节就继续说明生命的理念如何从直接性被解放出来,得到“作为自由自觉的族类,而那单纯的直接的个体的生命之死亡就表示了精神的向前进展”①。精神向前的进展就发展为认识。

(B)认识

“认识”的德文为 Das Erkennen,英文的 cognition。

第 223 节说明“一般的认识”。

“理念有了自由自觉的存在,因为它以普遍性(不限于个体性)作为它的存在的凭借(即如果一个人认识到他是作为一个人而存在的),或换句话说,客观性(个体)本身就是(这个个体所属的)总念(即概念),或理念以它自身为对象(理念认识自己)。理念的经过(被)普遍化的主观性(即认识到理念自身这个主观性是属于一类的),乃是它自身之内的纯粹区别(即理念一方面作为能认识的主体,而另一方面又作为被认识的对象),而(这个理念)乃是一个直观(即直接认识到的),这直观在这种同一的普遍性(类)之内保持其自身(即仍然是主观性的理念)。但是就理念之为确定的(区分为能认识的主体与被认识的对象的特种的)区别而言,它是那另外(贺译‘进一步’)的判断,在这判断里,将自身的全体性分裂为二,而首先就是假定其自身为一种外在的普遍性(譬如说‘人’)。于是就有了两个判断,(譬如说‘我是我’和‘我是人’这两个不同的判断),这两个判断虽本来是同一的(因我作为个体原是属于人这一类的),但尚未明白发挥为同一(尚未真正认识到我就是人)。”

第 224 节详说“一般认识”的过程。

“这两个理念(即譬如‘我是我’与‘我是人’)就其本身言,或就其为生命言,乃是同一的,但两者在阶段的关系(即在发展的阶段上)却是相对的(应译‘相互关系的’),这种相互关联性使构成它们在这范围内的有限性(因既有相互关系,则必然相互限制),这乃是一种反映的关系(即由一

① 黑格尔著,贺麟译:《小逻辑》,北京:生活·读书·新知三联书店,1954 年,第 409 页。

方看到另一方的关系)，在反映关系里，理念自身的区别只是那第一个判断，即建立了或先假定了对方(即外在的普遍性)，但尚不自觉这乃是出于它自身的起点(意思是说，由于它自身所构成的)。因此就主观理念看来，客观性(即那外在的普遍性)就是那直接出现在面前的世界，或在生命形态下的理念(即作为生命出现的理念)就是具体存在着(这种形式)的现象。"这一段是黑格尔说明现象界是怎样被认识为外在于主观的理念的，接着的几句是十分重要的，可说是黑格尔哲学的关键之一。

"同时这个判断既是理念自身之内的纯粹区别(如上第 223 节所说)，则理念实现其自身与实现其对方乃是一回事。所以理念深信(即理性深信)它能实现那潜在(是黑格尔认为潜在于主观总念里的)客观世界和它的自身的同一性——理性出现在世界上，具有绝对信念以建立主观性和客观世界的同一(即使客观符合于主观，或达到主观的理想)，并有能力以提高这种确信使成为真理，理性复具有一种内在的动力，将那据它看来未来是空无的对立(即主观与客观的对立本不存在的)复证实其为空无(实际上主观与客观统一后，那对立便消失了)，可是黑格尔深信理性的思想必定会见于实行，而且理性的思想有动力使之实现的。这是十分重要的。"

第 225 节是进一步说明上节的含义的。

这节的前几句是重述上节的内容的，接着是说："认识过程的本身直接地带有这一阶段(即理念尚未实现的阶段)所不免的有限性(即为客观所限的性质)，而分化为理性之本能之两面的(或说双重的)不同的运动。"一方面认识过程扬弃了理念之片面主观性，而另一方面又扬弃了客观世界的片面性，并"将客观世界仅当作一假相，仅当作一堆偶然的(应译'不必然的')事实虚幻的形状之聚集而已，并凭借主观的内在本性……以决定并整理这个聚集体(这是科学的工作)"。

这节正文的最后两句是接着所说的来引起下面关于"知识"与"意志"的几节的，理性的认识扬弃了理念之片面主观性，追求对于客观世界的知识，扬弃了客观世界的片面性，就努力于客观世界的创造，这就是意志的表现。

(1)知识

第 226 节到第 232 节，一共七节，共有七页多是讨论"知识"的，而只有第232节至235节，一共三节译文，共两页多是讨论“意志”的，其原因就是在谈到“知识”时，黑格尔批判知性的形式逻辑关于知识的地方较多，而在谈到“意志”时，这种批判就很少。

还有一层值得在这里指出的就是，一般黑格尔的范畴都是用三分法的，而这里只有“知识”与“意志”这两个范畴。我们勉强把“一般的认识”和这两个范畴配合起来，才成为三个，而这并不像是黑格尔的意思，何以在这里黑格尔不墨守他的惯用的三分法，他并没有说出其理由来，爱套公式的黑格尔在这里也有他的例外。

第226节说明(1)认识的普遍有限性，(2)这是由于理性作为知性的活动之缘故。

认识的普遍有限性是因为在一个判断里预先假定有一个对象和认识的主体相对立，而这种对立是认识自身的活动予以否定的，因而就在其自己的理念面前特别地特殊化其自身成为认识的两方面，而这两个方面彼此便成为反映的关系，即彼此映现出来的关系，而不是总念的关系，即同在一个总念里的关系。结果就是认识自身把这种与之对立的材料当作外界给予的来予以同化，即吸收入它的自身里去，而用来这样吸收这外来的材料的种种范畴又像是彼此各不相同的。黑格尔认为这是理性所用的一种知性形式，因而所得到的真理是有限的，而总念阶段所应达到的无限真理还没有得到，所以说“只是一种潜在的目的，超越在他界，永远非认识所能达到”①。这像是黑格尔批评康德的认识论。

但是这节正文在结尾时还说，“但即在认识的这种外在(即向外)的活动里，它仍然爱总念的指导，而总念的原则(即综合统一的原则)构成认识进展的内在线索”。

以上是改编的第226节的正文，为了帮助读译文的。其附释没有什么难懂的地方，只有一点有助于理解正文的，就是“一般人总以为这种认识历程是被动的”(如主体是一张白纸的那种洛克的比喻)，殊不知事实上却是主动的(这是康德的学说)。

接着第227节说明知性的认识论是用形式的同一性这个原理而且是

---

① 黑格尔著，贺麟译：《小逻辑》，北京：生活·读书·新知三联书店，1954年，第411页。

用抽掉了认识里面原有的普遍性的这种方法的(贺译"或抽象的共相"不妥)。结果就是这种知性的知识把当前给予的具体内容分解开来,区别开来,而且孤立此中的区别,而只给这些分解出来的成分以一种抽象的普遍性这种形式,或者就是只把类这个具体的普遍性,或力量和定律这种具体的普遍性揭示出来,这是一种分析的方法。

这节的附释正确地指出分析的方法和综合的方法在科学研究里不应随便乱用而是应该按照总念的指导的,就是说应有一定的原则的,认识过程最初是用分析的方法在不同的对象中经过分析而求其相同之处,化学家与心理学家每每是只求分析而不顾综合,他们"好像剥葱一样,将葱皮一层又一层地剥掉,但原葱已不在了"①。

下面接着在第228节里说明综合的方法。

正文说:上节正文所说到的类、力量、定律"这种普遍性又是一种特殊的普遍性。在这里(即在类、力量和定律里)认识的活动随着总念的三个契机(贺译为'时段'甚当,兹沿习惯用'契机'即原拉丁文的 momentum,法、英、德文的 moment)而进展,这个总念在有限的认识里来达到它的无限性(而只作为有限的知识出现),这就是经过知性所规定的总念(即经过知性所规定的概念)。(由于这种总念或说概念是片面的,缺乏对象在它里面,因而是不完全的)将对象接受在这种形式的总念里,便是综合方法"②。

这节的附释说明:"分析方法从个体出发以进至普遍(即由实例到概念)。反之,综合方法以普遍性(作为界说,即定义)为出发,经过特殊化(分类,应译'划分')而达到个体(定理)。(譬如形式逻辑的划分是旨在求得事物的定理的。)于是综合方法便表示其自身(应译'变现')为总念各契机在对象内的发展"③。

下面第229节、第230节与第231节分别说明界说、分类(划分)与定理。

(一)界说:"当对象在认识历程里首先被规定为特定的总念(即概

① 黑格尔著,贺麟译:《小逻辑》,北京:生活·读书·新知三联书店,1954年,第413页。
② 黑格尔著,贺麟译:《小逻辑》,北京:生活·读书·新知三联书店,1954年,第413页。
③ 黑格尔著,贺麟译:《小逻辑》,北京:生活·读书·新知三联书店,1954年,第418页。

念），而这对象的类（应该最近类）和它的普遍的特性（即种类）得到明白的陈述时，于是我们便有了界说。"这不过是传统形式逻辑的所谓界说，是有其严重的局限性的。"但这界说里所陈述的普遍特性（即种差如等边三角形的'三边等'）大都仍仅是一个标志……对于对象仅说出其外在（可识别的）标志，而所得的仍仅是主观的知识（即主观识别对象的知识）。"

这节的附释说明：(1)界说里有三个要素，即最近类（如等边三角形的"三角形"），特殊性或类（应说种）之特殊性质（即种差，如等边三角形的"三边皆相等"）和被界说的这个个体对象本身（如等边三角形）。

(2)但是界说从何而来？一般是说从分析的方法得来。但是如何知道界说的正确与否？是根据什么观点来决定？形式逻辑没有能够确定一种标准来判定一个界说如何以必然是如此而不如彼。所以用分析方法或综合方法都不能替哲学的一个概念下定义。但是斯宾诺莎是从定义（界说）开始的，可是他所用的是一种独断的方式，没有必然性的理由的，谢林亦然。

第230节说分类（划分）：分类（或说划分）"即将普遍性的特质予以特殊化，即根据某一外在的观点（或说考虑）予以分类"。

这是很模糊的一种说法。所以在附释里就说，"分类必须完备"，因而须有分类的根据，而这种根据必须使"分类可以涵盖界说所包含的全部范围"①。这种根据必须是得自被分类的对象。黑格尔举出关于哺乳动物的分类这个实例，说明"真正的分类必须以总念为准则"。黑格尔赞成三分法的分类。

第231节说定理：这节正文的第一段比较难懂，须先读下面的三段，弄清楚其主旨和有些名词之后，再回头来看这比较短而难明的第一段。

首先，我们的所谓定理（即德文的Das Theorem以及英文的theorem，一同是从古希腊文来的），在数学里，尤其是在几何学里，意思是可以证明为真或者为大家承认真的一个命题。

其次，在第二段里所说的毕达哥拉斯的定理就是指直角三角形的斜边的平方等于其他两边的平方之和，即欧氏几何第47条命题的定理

① 黑格尔著，贺麟译：《小逻辑》，北京：生活·读书·新知三联书店，1954年，第414页。

说的。

再次，在第三段里"康德曾经使得下面这句话异常流行，即：数学构造它的概念"，这句里的"构造概念"确是康德在他不止一种著作里所使用的。据康德的《未来一切形而上学导论》第七节里所说的就是，数学的特性乃是它必须验前在一个知觉里首先把它的概念显示出来，而这种知觉于是乃是一种纯粹的知觉，即不是在经验里的知觉。例如要知道一个等腰三角形的各种属性，我们就必须按照我们所想的而照着这种三角形的概念所验前显示出来的东西用作图来把三角形产生出来。谢林也说过，"一般说来，构造乃是把普通的东西与特殊的东西在单一的东西里显示出来"，又说"在知性的直观里的表现就是哲学的构造"。所以，黑格尔就说，"流行的数学构造的概念"。

解释了这几个名词之后，现在让我们读这第 231 节的第二至第四段。其大意是说：

(1)我们好像可以随意选择用分析方法或者综合方法似的，但是我们从综合方法，即从概念出发的方法出发。这种方法，所得到的结果，我们可分析出许多抽象的命题作为结论，而这些命题便形成(贺译"构成"，兹改译"形成"以免与"构造"混淆)证明的前提和材料。黑格尔举出代数关于曲线的定义在几何学方法里生成为定理，从毕达哥拉斯的定理亦可以得出几何学靠分析证明的一些命题。可是"就总念的性质看来，分析方法是在先的"。

(2)但是[①]黑格尔说分析方法与综合方法对于哲学知识都无用处，虽然斯宾诺莎和乌尔夫是用过几何学方法，而"在近代又有所谓的'构造'之滥用代之而起，康德曾经使得下面这句话异常流行，即：数学构造它的概念"。黑格尔认为在这些做法里，无疑地提示了关于理念(即关于总念)与客观性的统一……但所谓构造这种名词的玩弄(贺译为'把戏'是体会了原文的意思的)实远未能正确地表达出统一性(即概念或说总念与客观的统一)，唯有总念(即具体的概念)才是这样的统一性，而且那知觉的感觉具体性(即直观)也不能表出那理性的具体性以及理性。

① 黑格尔著，贺麟译：《小逻辑》，北京：生活·读书·新知三联书店，1954 年，第 416 页。

(3)第四段指出,几何学与哲学有不同的性质。几何学的对象是感性的然而又是抽象的空间的直观,所以就能利用有限的综合方法,即从概念开始,但是"当它一遇见不可衡量的和不合理的(irrational)情况时,便碰了壁,再不能前进了,因为如果想要再前进一步,便超出了知性的原则的范围。这也是便是'理性'和'不合理'这两个名词多次颠倒使用的一个例子"。其实在知性范围里谈不上合理与不合理。这是要超出知性的范围而到了理性的范围才是适用的。可是许多科学家不知道这一点,只"凭借某种意见、表象知觉或别的外在东西以作假定",以济其所用方法之穷,殊不知即使"在界说分类等历程中这种方法已是必然改变了总念(即具体概念)范围的领导……当它超越了新的限度(即知性方法的限度)时,它便已经进入一个新的范围,而在这里知性的范畴已不复有效准,但却仍在那里粗疏地独断地被使用着"①。

这完全是康德《纯粹理性批判》的学说,但是黑格尔没有把现象界和本体界分开,所以所得的结论就不同于康德的结论。这是批判哲学与绝对观念论之间的分别。

现在我们就可以回头来看这第231节正文的第一段了。

"(三)在具体的个体里(如在等腰三角形里),当界说中单纯的性质(如什么性质才形成一个等腰三角形这些性质)被认作许多成分的关系时,这对象(如等腰三角形)便显出许多不同的特性之综合关系(即构成一个等腰三角形)。这就是一个定理。(这就是数学所用的综合方法,从界说开始的。)这些特性因为是不相同的,故只具有间接的统一性(即需要证明其同一性)。需供给材料,以形成中介子(即证明所用的中名词),那就是(如以上说明的,譬如通过作图来把等腰三角形产生出来)的任务,而认识所须达到那种关系之必然性的这种间接过程的本身就是证明。

下面的第232节是黑格尔说明如何从理性的知识过渡到实践的意志的,读来像是康德所说的分析判断与综合判断的分别,而且是从分析判断到综合判断的过渡。但是如果这样看,黑格尔又是太过牵强了。他的过

① 黑格尔著,贺麟译:《小逻辑》,北京:生活·读书·新知三联书店,1954年,第417页。

渡是在这一句里:“这样那主观的理念便潜在地达到了那独立自决,非外界给予的,因之亦即内在于主体的东西了。”①既是内在的,由主体的自决,当然就可说是“过渡到意志的理念了”②。

这节的附释也就是说明这种过渡的。文字尚易懂,毋须再加解释。

下面就谈“意志”这个范畴了。

(2)意志

首先让我们看看意志的意义与其怎样从认识过渡过来的。

上节所谈的不是知识吗? 而知识不是靠综合方法证明的吗? 可是所证明的是必然性的,证明的结论是必然从证据或前提得出来的。其实所谓证明就是说明结论的必然性。然而必然性就已经超出知性认识的范围了,因为知性乃是认识,而认识的性质就是心或说意识的被动地接受外界作为从外面给予出来的东西。可是必然性不能从外面被给予出来。因为单纯被给予出来的东西都只是一种事实,没有与其理由在一起被给予出来的,因而在它里面不能看见什么所谓必然性的。关于所给予的这种东西,我们只能说它是如此,而不能说它必然是如此。所以它是不必然的。因此黑格尔和康德完全一样认为这种必然性不是从外面给予于认识的主体而是由于主体的主动作用而来的。这样我们就离开了单纯接受世界的被动性而进入改造世界的能动主体这个观念的范围里来了。而作为能动的按照思维而改造世界的主体也就是意志。这样,我们就从理论知识过渡到实践的理念来了。理论知识所要达到的目的乃是真的东西,而意志的目的乃是善的东西。

同知识本身一样,意志是有限的,而且它的有限性的理由也是和知识的为有限是一样的。虽然意志的活动是要改造世界,但是它依然把所要改造的世界看作已经是存在着的,从外面给予的,而且限制着这能动的主体的。可见,意志作为其目的的善还是没有达到的一种目的,于是主体与客体、手段与目的、原是那样的与应该是那样的,其两者之间还有距离。原是那样的乃是客观对象的一个因素,而应该是那样的是主观的总念(即

① 黑格尔著,贺麟译:《小逻辑》,北京:生活·读书·新知三联书店,1954年,第417页。

② 黑格尔著,贺麟译:《小逻辑》,北京:生活·读书·新知三联书店,1954年,第417页。

概念）的一个因素。意志和知识一样还没有达到主观与客观完全统一，这是要等到“绝对理念”这个阶段才达到的。可是依黑格尔看来，这只是有限知识的看法，但是慧眼却已看见“世界的是如此与它的应如此是相符合的”（见 234 节）[①]，亦即黑格尔《法权哲学》的序言里的话：

凡是合理的就是实在的，

凡是实在的就是合理的。[②]

现在看第 233 节就易明了。

“主观的理念，就其为独立自决的和单纯自身一致的内容而言，就是善。由于善有自我实现的冲力（即主观能动性），它的关系与真理的理念（的关系）便恰好相反，故善趋向于改造当前的世界而使之符合它自己的目的——这种意识一方面具有否定那假定在先的对象之确定性（认为那对象即客观世界，是可以不必如此的）。但另一方面，它（意志）又是有限的（因为为客观世界所限制的），同时它又假定那善的目的仅是主观的理念（尚未实现的），外在的对象（即要改造的世界）乃是独立的。”

第 234 节是很重要的，但译文与内容都容易了解，故只须指出其大意如下，而读者可自己阅读译文：

（1）意志的活动之有限性乃是一种矛盾。这种矛盾在主观的想象里便呈现着有善这个目的之实现为无止境的不断向前的（贺译“无限的”不甚确切）递进[③]，只当做一种“应该”。（2）这种矛盾的消除是在于意志的主观性，从而也是它的客观性，以及这两者皆成为有限的这种对立，都被扬弃，而且扬弃的乃是意志的整个主观性，这就是回复到自身（即从分化与外在性回复到原来的单纯性与内在性），即回复到它是善和主客两方面潜在的同一，即客观世界原来是意志的真理和实质。

这节的附释只是对于正文加以详述。在这附释里，贺译的“调解”这词是正确的，不同于前面许多地方的把“作为中介”译作“调解”。

还有本节第 420 页第一行的“自在自为”的意思乃是“在可能上与实际上”的意思。

---

① 黑格尔著，贺麟译：《小逻辑》，北京：生活·读书·新知三联书店，1954 年，第 420 页。

② 黑格尔著：《法权哲学》，第 55 页。

③ 黑格尔著，贺麟译：《小逻辑》，北京：生活·读书·新知三联书店，1954 年，第 418 页。

第 235 节是说明如何从善到“绝对理念”的过渡。这是由于理论的理念(主观)与实践的理念(客观)的统一,但是这种统一如上节附释①所说,不是一成不变的,而是发展的,“因为善世界的究竟目的之所以存在,即由于它在不断地创造其自身”。这就是“总念的活动,而与它自身同一的生命就是玄思(即思辨)的理念或说绝对理念”。

下面是谈“绝对理念”这最后一个范畴了。

(C)绝对理念

第 236 节说明绝对理念的性质:“就理念之为主观的和客观的统一言,就是理念的总念(即理念的概念,故是主客观的统一)……从总念看来,客观世界即是理念……在这客观世界里,一切的特性均统一起来了。因此这种统一乃是绝对和全部的真理。(而既是全部的实在,此外无别物,所以是)自己(作为能思的主体)思想自己(作为对象的这样的)理念,而在这里作为思想的或说逻辑的理念。”

在这节的附释里,主要是(1)在认识里,我们的理念是支离区分的,即康德所谓杂多的,而认识则把它们统一起来。这统一在它的直接性里就是生命的理念。(2)生命最初是不自觉的理念,而在认识里,理念也仅是片面自觉的,对自身而言的理念,还不是真正的统一的。(3)要到绝对理念时,认识与其对象统一起来,理念才是自为的存在(即不依别物的)。这就是纯思或说思想之思想,即亚里士多德称为最高形式的理念,没有对象的理念。

第 237 节说明作为纯思的绝对理念是没有过渡,因为过渡到什么呢?亦没有前提,因它需要依靠什么呢? 一切都是相互渗透所以是流通的特性,而这些特性又是透明的,即一见而知的。因此绝对理念是它自己的内容,自己就是自己的意义。但是绝对理念在理想里自己与自己区别出来,一方面就是自身的同一性,所谓自在;而另一方面作为范畴内容的系统来说明它自己的内容,这就是所谓自为,即不依别物。因此,绝对理性发展的方法就是自行认识到其各契机的矛盾发展之价值与效准。

① 黑格尔著,贺麟译:《小逻辑》,北京:生活·读书·新知三联书店,1954 年,第 420 页。

附释说明(1)理念的真正内容只是在逻辑思想演变里逐步发展的整个系统。(2)一切范畴和所建立全部充实的内容最后均须回复到一个绝对的绝对形式(Form),黑格尔在这里以人的整个生活与构成他的生活的内容的个别事物之回忆为例以说明这个道理。所以(3)"真正的哲学的识见即在于见得:任何事物,一孤立起来看,便显得狭隘而无意义,其取得意义与价值即由于它是隶属于全体的,并是理念的一有机的环节(即契机)……因此每一个阶段尚须努力向前进展以求达到全体,全体的揭示或开展就是我们的所谓方法"①。

下面第238至243这六节都是谈这种方法的。

这方法主要有三个环节或阶段,即(a)开始,(b)进展,(c)目的。

在第238节说明其第一个环节,即开始。

"开始是'有'或直接性。它是自为的,即不依他的;其单纯的理由就是因为它只是开始。但是它乃是理念的自我规定(或说特定化)。这种特定化的活动,发展成为一个判断,并以自己作为其自身的否定。但是'有'实在是有前提的,是间接性的,可是这还是潜在的,未表明出来的,所以只是没有分化或特殊化的总念,即仅是潜在的直接的总念——可说是一个普遍性(共相)。"

作为直接的开始来说,开始是从直观与知觉开始的。这就是有限认识的分析方法的出发点,从个体开始的。同时也可说这方法是从普遍性(总念)开始的,所以是综合方法。

附释指出哲学的方法既是分析的复是综合的,但这并不是说"这两种有限认识的方法是仅仅并列的,或交换使用的。而是摈弃了而又包含了这两个方法的。"

第239节至241节说明(b)进展这第二个环节。

什么叫做进展?"进展即是将潜在于理念中的判断,明白发挥出来。"上面不是说过作为开始的"'有'是尚没有建立为总念的总念,即潜在的总念"吗?潜在的东西"是一种矛盾进展的力量",但它只"将它自己的直接性和普遍性降低,为它自身的一个环节",即为开始。然而由于它自身的

① 黑格尔著,贺麟译:《小逻辑》,北京:生活·读书·新知三联书店,1954年,第422~423页。

矛盾发展，亦即辩证的力量，它必定“对‘开始’予以否定。……这样它就不仍然是上节所说的‘自为的’了，于是它就有了相异的方面，进而为反映的阶段”，即本质的阶段了。这是理念发展的第二个大阶段（看范畴表）。

“这种进展（所依据的方法）亦同样是分析的，由于它的内在的矛盾进展仅发挥出那包含在直接的总念（即‘有’）内之成分；复是综合的，因为在这总念里这些区别尚未明白发挥出来。”所以仍然是从总念本身出发，从抽象到具体，因而是综合方法。

这节的附释指出，“朴素的直接意识看自然是开始的，直接性的”，当知“精神才是把自然建立起来的”。这里黑格尔又一次坚持精神是第一性的、自然是第二性的，足见他不放松他的唯心的立场。

第 240 节主要是说明：理念的进展，在“有”的范围内，其抽象的形式“是它的对方（此即彼，彼即此）并过渡到它的对方；在‘本质’的范围内，其抽象的形式”是映现在对方里，或借对方而反映自己；在“总念”范畴内，“与个体相区别的普遍性，即保持其普遍性于那个体事物之中，并达到与个体性的同一”。

所以这节是概述全部范畴的在三个大阶段里发展的不同形式的。“有”的范畴是过渡的；“本质”的范畴是反映的；“总念”的范畴是统一的。

第 241 节概括说明理念在“本质”这个第二范围里已发展为潜在的理念，因一方总是反映另一方的；而这范围又回复到第一个范围，即否定之否定。于是借着“这种双重的运动，事物的”区别才取得它应有的地位，即被区别的双方之每一方面，就它本身看来，才可完成到全体，（因不脱离其对方）并且（这样就）在全体里实现其自身与对方的统一。唯有双方各自摒弃其片面性，即它们的统一不至偏于一向”①。

第 242 节总结理念的发展过程而以达到发展的(c)目的为结束。

总的说来，“唯有在目的里，那些相区别的事物才发挥到它们在总念里（应有）的性质”。目的不是开始的东西，所以当然“目的是最初或起始的否定”，但是在目的之达到时，它是和开始同一的，否则就不是目的之达到，所以“目的也可说是对于它自身的否定。因此目的即是一种统一体”。

---

① 黑格尔著，贺麟译：《小逻辑》，北京：生活·读书·新知三联书店，1954 年，第 425 页。

这节以后所说的很易明白，只是说明理念在三个大阶段上的不断发展，所以“理念是一全体”而这种认识也就是关于全体理念的知识①。

第243节再次说明“总念的一些特性或内容，采取一种回复到理念的形式，于是理念便发挥成为一系统的全体（即全部范畴），而这系统的全体就是那唯一的理念”。

第244节，亦逻辑理念的最后一节，原是黑格尔的从他的哲学体系的第一部分，即“自在的理念”或说“逻辑理念”转到其第二部分，即“外在的理念”或说“自然”去的一种过渡。正文与附释都比较易明，毋须再加解释，可以自读。这也就结束了我们《小逻辑》一书的研究了。

（丁）附批注②

（一）本章“引言”中：“本质”如何演变为“总念”？还不太清楚。

（二）本章“引言”中：太阳和地球可否作为“互为因果”的例子？可否另换为一个较恰当的例子？

（三）本章160节评注：黑格尔是说应用逻辑里还有一些经验材料。他似乎并没有说，传统的形式逻辑讨论的大都是经验性的东西。根据黑格尔，形式逻辑只是讨论思想的形式，无内容的空洞形式，这些东西似乎也不是什么经验性的东西。

（四）本章第160节评注：贺麟中译本第333页中有“为情感和心情辩护的立场”一语，韦先生改为“思想和情感对立的立场”，为什么？英文为“urged on behalf of the heart and sentiment”，文中并无“对立”之意，且联系上下文，“对立”一词不太合适。

（五）本章“(A) 概念本身”前：(1)总念的普遍性：“总念乃是对立的同一”（第166节），但中译本第166节并无这句话，何故？

又，总念的自身同一和“本质”中的“同一”的区别，还不太清楚，希望能进一步解释。

---

① 黑格尔著，贺麟译：《小逻辑》，北京：生活·读书·新知三联书店，1954年，第426页。

② 本部分是对韦先生讲稿中的第三篇《总念论》的评语，它附在手稿之后，作者不详（或曹方久先生）。疑还有其他章节的评语，但没有发现。考虑到整理后的页码变化，对于原作者标明的位置做了一些调整。——整理者注

(六)本章第163节正文中:“实在的事物……能够产生效果”是什么意思?什么效果?“实在的事物”、“个体事物”、“个体性”三者的区别还须再加以解释。

(七)本章第163节正文中:所解释的普遍性(如人),特别性(如黄种人),个体性(如张三),似与前面所解释的有出入,个体性不是普遍性与特殊性的统一吗?这样,有了两种解释:

1.张三这个个体的人本身包含有普遍性(人)与特殊性(张三的特性)是普遍与特殊的统一。

2.人(普遍性)中汉人(特殊性)雷锋(个体性)。

以上两种解释有无区别?如有区别,哪一个合乎黑格尔的本意?

(八)本章第163节附释中又说,“有”是普遍性,“无”是特殊性,“成为”是个体性,这同上面的问题联系起来,更费解。那么是不是可以说,所有的“正”(肯定)都是普遍性,所有的“反”(否定)都是特殊性,所有的“合”(否定的否定)都是个体性?

(九)本章第165节评注后部分中:“这所(个体性)房屋(普遍性)是教学楼(特殊性)”一例。

黑格尔在本书中仅提到判断是“个体是普遍”,或“个体是特殊”“特殊是普遍”,并没有提到“个体是特殊”这个公式,为什么?

(十)本章第169节评注中:主词被认作“否定的自我关系”,可否按第164节译为“消极的自我关系”?这样,判断的主项本身消极的自我否定。“张三是人”,“张三”作为主项和“这所房屋”作为主项,应当无区别。“张三”为何是否定的自我关系?它并不作“这所”与“房屋”,所以否定了前者(第170页,贺译 negative self-negation 为消极的自我关系)。

(十一)本章第171节评注中:即对第171节最后两行(中译本第348页)的说明,仍然不懂。

(十二)本章第172节评注中:对第172节开始一大段,是不是可以这样理解:质的判断分为两种:(1)如果“个体是特殊的”,则是肯定判断;(2)如果“个体不是特殊的”,另一种单纯的质并不能符合主词的具体性质,则即是否定判断。英译本似乎也是这样说的。这和韦先生讲稿中的解释不同,请指出我的错误。

(十三)本章第173节评注中:对第173节第一段的解释,是否可能作为如下解释:否定有两种类型:第一,"个体不是特殊的",即对"各种特殊性质的否定",如"玫瑰花不是红的",谓词仍有相对的普遍性,是说某一性质(红)被否定了。所以,"不啻是一种肯定"(仍有其它颜色);第二,"个体的事物不是有普遍性的",其中又分两个型式:(1)空的同一关系,个体就是个体,不是普遍性;(2)无限判断(狮子不是桌子)。二者实际是一样的。

我反复读这一段的意思,觉得似乎应如上述的解释,不知对不对?而这个解释和讲稿中的说法不同,大胆提出,请指正。

(十四)本章第174节评注中:第174节正文说明中aRa,为什么第二个a不是某一别物而是一般的另物?

(十五)本章第175节评注中:黑格尔既然把特称判断解为限制判断性的特称,为什么他又说是一种不确实的特殊性?岂不自相矛盾?

(十六)本章"(C)推论"中:

B —— U		B —— A	
E —— B		E —— B	
S —— M	按原意不是应等于	E —— A	吗?

何谓"直接推论"?(中译本第361页,第182节第一句)

(十七)本章第186—187节评注:黑格尔三段式第一格到第二格又到第三格的过渡,希望再解释一次。

(十八)本章第188节评注:关于A=B与A是B的区别可以不讲或少讲。这样可以节省时间,因为这一类的基本常识是人人皆知了。

(十九)本章第190节最后一段,中译本第370页最后一段的解释,仍不太清楚。

(二十)本章第193节各段实在难懂,可否再通俗地解释一下,光加几个字似乎不能解决问题。

(二十一)本章第197节评注,中译本第385页:既是相对的中心,为什么是"绝对的机械性"?讲稿198节评注中却又把"相对的中心"说是"偏向的机械性",何故?

黑格尔《小逻辑》评注

韦卓民 著
吴胜锋 刘明海 胡子政 赵小芳 整理

目　录

一、引言

我们编写的《黑格尔〈小逻辑〉评注》是为了帮助一般读者更好地阅读和理解这部著名的《小逻辑》的。

本编者认为无论阅读古今中外的书籍，都是和作者的对话，就是和作者的交谈，如果不采取这种态度来读书，就是被动地读书，呆板地在读书，所读到的东西不会是很多，很深入，受益是有限的。读书要主动，就必须把作者作为交谈的对象，首先了解作者是何许人，生活在什么地方，什么时代，社会背景是怎样的，政治思想立场是什么，思想来源是什么，其所写的当前一本书是他为什么写的，想要起什么作用，达到什么目的，关于上述前几点，最好是有某些参照的资料。如果在本书上没有这种现成的资料，就得要在参照书刊里不厌其烦地寻找。本编者编写《黑格尔〈小逻辑〉评注》是旨在适当地替《小逻辑》的读者提供一点点这种参照的资料，希望能做到对于读者较难理解的词句或者段落，对于作者较复杂的观点或理论，尽力之所逮予以说明。可是任何注解或参照资料都是不能而且不应代替读者去读原书，越俎代庖地替读者思考的。

本编者冒昧地认为，读者首先得要具有自己的政治思想立场、学术的一定看法，从而去和作者进行对话，大胆而慎重地和作者交谈、讨论、辩驳。想要做到这点，读者除了通过参照资料而知此知彼之外，还得要在读当前那本书的时候，首先把该书的目录浏览一遍，注意书中将要提出的问题与其所涉及的知识范围，根据边看边读边向作者提出问题，看看作者在本书下文如何作答。如果读者对作者的解答觉得不够满足，则继续读下去，试看下文是否更能解决问题，如果读者对作者的解答持不同的意见，就有权利来通过写读书笔记对作者进行反驳，这就是读者的一种极宝贵的心得。

本《评注》的编者又冒昧地认为，大凡读书，读者不可有先入为主的偏见，但必须有其关于学术的主见。偏见不可有，而主见则不可无，若无主见，则读书是被动的。偏见是妨碍接受真理的，而主见是读者对真理的理解：一定之阶段，从而再接受更大更高的真理而提高自己的政治觉悟、路线的灼见以及业务的水平。编者所见如此，容有未当，读者谅察是幸！

二、黑格尔的生平

黑格尔是德国杰出的客观唯心主义哲学家和辩证论者。他的原名是弗里德里希·黑格尔(Georg Wilhelm Friedrich Hegel),于1770年8月27日生于德国瓦德堡(Wachtenburg)的首邑司图加特(Stuttgart)这个不大不小的城市。瓦德堡是德国当时四分五裂时代的一个大公爵领地,其政治地位等于一个侯邦,黑格尔的父亲就是在这个公爵底下当一个财政官吏的。有人说①:"黑格尔诞生在斯图加特城一个高级官员的家庭里。"这是无根据的。根据德国哲学教授宇伯威希②(Friedrich Überweg)的考证,黑格尔的父亲也不过是大公爵政府的财部秘书,后来也曾当过公文参赞,看来家境不太宽裕。黑格尔作为一家的长子,在等于小学程度的所谓拉丁文学校念书后,七岁时便进普通中学(Gymnasium),主要是攻读欧洲古典文学,即古拉丁和古希腊文学。据一般记载,黑格尔的智力发育不算太快,在学校获得的成绩是由苦学而来的,口齿笨拙,词不达意,姿势又不生动,难于使听者了解他的思想。这是影响他后来教学的,而在他任大学教授的时代,他的讲授受到欢迎,不是因为他的口才,而是因为他的博学。

黑格尔十八岁从普通中学毕业后,作为公爵政府的一个津贴生进瓦德堡的杜平根(Tübingen)这城的大学神学院攻读神学,为时五年,与小他5岁的谢林(Friedrich Wilhelm Joseph Schelling,1775—1854)同学。前二年是以哲学为主课的预科,而后三年是神学本科。预科学习期满,经过考试,提出论文,取得"硕士"学位,准备专攻神学。在这期间也读过康德、耶可比(Jacobi)等的哲学著作以及德国哲学评论家赫尔德(J. G. von Herder,1744—1803)、德国文学家勒新(Gotthold Ephraim Lessing,1729—1781)和诗人席勒(Johann Christoph Friedrich von Schiller,

① [苏联]敦尼克,米丁等主编:《哲学史(第二卷上)》,北京:生活·读书·新知三联书店,1961年,第73页。

② 又译为司徒嘉德。

1759—1805)等人的著述。他对于希腊哲学和掌故深感兴趣,公元前四世纪的伟大哲学家亚里士多德的思想奠定了他的哲学轮廓。可是,在这个时期里,适逢法国大革命爆发,黑格尔和他的同学,如谢林等,是极表同情的,使得他们多少放下书本来讨论法国的政局,然而黑格尔毕竟是富于保守思想的,法国大革命的暴风骤雨不久也就冲淡了他对革命的同情,这也就是德国人在这时期对于法国大革命的发生与其直接后果的一般态度①。

黑格尔在神学本科学习了三年,于1793年毕业。毕业时,杜平根大学给他的证书里只称赞他的才能而不赞赏他的哲学或神学的造诣,足见他对他的老师是没有留下深刻的良好的印象的,比诸康德,在这点上,他是逊色的,这也许是他智力发育迟慢所导致。

大学毕业后,黑格尔虽是神学专业,但并从未从事宗教工作。之所以如此,是因他对于当时基督教教会深感不满,然而他对于神学是未曾一日忘怀的,我们在读他的《小逻辑》和其他著作时将要发现这点。

自从大学毕业后,黑格尔曾于1793年到1800年任家庭教师,在瑞士呆了三年,即1793—1796年;在德国法兰克福城(Frankfurt)又待了三年。他在这六年当中,教课之余,苦心攻读他的哲学和神学,收获颇丰,因而他的哲学生涯可说是以这六个年头为真正的形成时期。在这个时期里,他经常和他大学的老同学谢林书信来往,当时谢林还在杜平根大学继续研究哲学,对于黑格尔的哲学思想是有其深刻的影响的,正如他的传记作者卡尔·鲁生克蓝斯(Karl Rosenkrans)②和海姆(R. Haym)③所说的那样。由于这时欧洲的政局在动荡不稳之际,而且黑格尔在十八世纪末年是在一个大商人家里任教师的,他就一时由哲学转向政治经济的研究。可能在这世纪之末或在十九世纪之初,他在一篇论文里曾有这样的一句

① 参看恩格斯的《德国状况》之第一封信,《马克思恩格斯全集》第二卷,北京:人民出版社,1957年,第635页。

② Rosenkranz, Karl, 1844. *Georg Wilhelm Friedrich Hegels Leben.* ——整理者注,摘自维基百科。

③ Plant, Raymond, 1983. *Hegel: An Introduction.* Oxford: Blackwell. ——整理者注,摘自维基百科。

话:“德国再也不成其为一个国家了”,表示了对德国政府的不满。

即在这个时期,根据他的遗文所表现,他似乎认为哲学处于次于宗教的地位,但是不久,他就改变了这个观点而认为掌握无限的哲学作为一种意识形态却高出宗教之上。这又是他自己思想的摇摆不定。在这个时期当中黑格尔博览哲学群书,通过谢林这个渠道,交接当时新哲学的巨子,而在法兰克福任家庭教师,不免有独学无友之感,于是在 1801 年 1 月间,他就迁居到德国中部图林根(Thüringen)地区耶拿(Jena)这个小城市,而同年 10 月间就取得哲学讲师的地位,并且一跃而成为哲学界的重要人物了。

就是在这个短促的几年内,黑格尔的哲学也就逐渐形成了。始初,他是主张费希特(Johann Jottlieb Fichte,1762—1814)的哲学观点的,可是很快就转移到谢林的立场上来,然而不久他就有了自己的独立主张。在耶拿不久,于 1801 年他刊出了一篇哲学论文,标题为《费希特与谢林在哲学体系上的不同》。他认为费希特的哲学体系是主观唯心主义而谢林的哲学体系却是主客观的统一,也就是绝对唯心主义。他并且说,在谢林的体系中,其基本思想乃是主观和客观的绝对同一,而在其自然哲学与先验哲学中绝对就解释为绝对存在的两个必然的形式。在这个时候,即 1801 年,黑格尔是公开赞成谢林的哲学观点的,所以他就和谢林合作。在他作为耶拿大学的哲学讲师时,他是宣传谢林的哲学思想的,而且在 1802—1803 年间,他又和谢林共同编辑一种杂志,名为《哲学评论》,而且这杂志的论文大都是他投稿的。与此同时,黑格尔正在从事于他自己的哲学系统第三部分关于道德哲学的写作,作为他在课堂上的讲义。于是他就逐渐感觉到他在哲学思想上和谢林的分歧,特别在 1803 年夏天,谢林离开了耶拿,二人不能经常会晤,这种思想上的分歧也就越来越明显了。大约在这时,他写成了他的《精神现象学》初稿,而于 1806 年定稿,这时两人哲学意见的分歧就再不能掩盖下去了,于是他和谢林也就不得不分道扬镳了。

在此时,黑格尔又觉得耶拿的局面太过窄狭,想到更大的城市海德尔堡(Heidelberg)那里去,但一时还没有机会,然而由于德法战争发生,耶拿告急,他就仓促离去耶拿,而在 1807 年接受班堡(Bamberg)的报纸编辑。在1808年11月又离开班堡去纽伦堡(Nuremberg)担任中学(Gymnasium)校长,一直到1816年,历时八载。纽伦堡地属巴威利亚州(Bavazia),这州的教育局长是黑格尔的旧友,他叫这位新中学校长编写中学适用的一本逻辑教科书,而当时黑格尔正在写他的《大逻辑》,即《逻辑科学》,所以对此感兴趣,然而他却回信这位教育局长,写道:“传统形式逻辑的教本有的是,何必另写,但是传统形式逻辑再也不能不修改了,没有人知道他是说些什么的。它好像一件祖传的旧家具似的,搬来搬去,丢掉又不忍,而它的好处却没有,早就应该有代替它的,可是还没有找到。现时的传统形式逻辑的一切规条在两面纸上便可以写完了。此外无非是一些毫无用处的繁琐技巧。”①作为一个中学校长,他是日无暇晷的,但他每周还替学生亲自讲四小时的哲学课,这是他的违心之作。他原本认为古典文学是锻炼思维的最好方法。其次,在实践的作用上就应该先教学生以法律、道德和宗教的原理,而把逻辑和高级的哲学留待高级班才教。但他自己却独自潜心于《大逻辑》的写作,其第一卷于1812、1813年分两册刊出,而第二卷则在1816年刊出,却是在他的中学校长任内作的。这书在欧洲哲学史上的特色就是黑格尔显著地把逻辑和纯哲学(当时称为“形而上学”metaphysics)结合在一起而标题为“逻辑科学”(*Wissenschaft der Logik*)。其第一卷曾在他死后为别人所校正,出版于1841年,列入《黑格尔全集》第三至五卷。

1816年秋,黑格尔改任为海德尔堡②大学教授。在海德尔堡任教时,他编订了《哲学全书纲要》。这是在他调任柏林大学哲学教授的前一年。

黑格尔是于1818年10月22日开始在柏林大学讲课的,其《对听众的致辞》见《小逻辑》,可参见贺麟中译本(1954年版)第44～48页。

黑格尔任柏林大学哲学教授,不只是他哲学思想影响最大的时期之开始,而且又是他作为普鲁士政府的御用哲学家的活动之开始,这是在他以后的言论中到处表现出来的。但是在柏林大学任内,黑格尔只刊出过一部著作,即《法律哲学》(德文标题为“*Grundlinien der Philosophie des*

① 摘录自《黑格尔书信(第一集)》第141件。

② 又中译为海岱山。

Rechts”，直译为“法律哲学原理”），于 1820 年出版，论述：(1)一般权利，在其主要形式是为财产权；(2)道德，即个人对于职责的意识；(3)社会道德（德文的 Die Sittlichkeit），可借用严复一个翻译来表达为“人我权得”，即个人对于家庭、国家和人类的道德关系，概括了黑格尔社会哲学的观念。在此期间黑格尔并替《科学评论年鉴》写文章，这《年鉴》实是黑格尔学派的机关刊物，而且他的大学讲演在他于 1831 年 11 月 14 日染霍乱病死后，由他的生前友好和门弟子编成各种《讲演录》于 1832 至 1837 年分别刊出，其《年鉴》的文章也收集在他的《全集》第十六、十七两卷里。

三、黑格尔的思想来源

全面统观黑格尔的哲学思想与其体系，我们可以概括地说，他的思想主要有三个来源。第一，从他的社会环境、家庭出身来说，十八世纪德国的宗教乃是马丁·路德宗教改革后的基督教新派，而黑格尔个人对于这派的基督教教义又是坚信不疑的，我们在他的著述中到处都可以觉察得到。其在哲学思想上最为突出的，是基督教的"三位一体"这条基本教义。让我们在他的第一本系统性著作里，即从 1807 年他三十八岁时刊出的《精神现象学》一书，摘录几段的大意作为证明吧。

在这本名著的英译本[①]第 251～253 页上所谈到的"永恒性"就是指基督教的"上帝"说的，而"特殊性"是指"基督"说的。"特殊性和永恒性联系着的三重方式"是指基督教的"三位一体"说的。所谓"三位一体"中的"三位"是指基督教所称"上帝"为"圣父"，"基督"即耶稣为"圣子"，而所谓"圣灵"就是第三位，即"圣父"与"圣子"两者结合的精神，而且黑格尔在上引书英译本的第 253 页上写道："在这第三位，就是'圣灵'，于是就有其在这里面找到自己的快乐[基督教教义里的一种特殊意识形态]，而且觉知到在其自身里面它的特殊性和普遍性[指基督教教会本体]变为和解了。"[②]"和解"是基督教教里常用的一个宗教名词，又为黑格尔所经常使用的。

可见黑格尔在《精神现象学》里谈到永恒性与特殊性这两个极其重要的概念时是含有基督教教义的特别意义的，而且是从基督教教义那里得来的。

从上引书英译本的第 554～555 页上，黑格尔又这样写道："在文化的

---

① 截止目前，黑格尔的《精神现象学》有三种英译本：*Phenomenology of Mind*, tr. J. B. Baillie, 1910; 2nd ed. 1931; *Hegel's Phenomenology of Spirit*, tr. A. V. Miller, 1977; *Phenomenology of Spirit*, translated by Terry Pinkard, 2012。韦先生参考穆尔版本。——整理者注。

② 英译本《精神现象学》第 251～253 页。

领域里，国家权力，也就是善，是根本的东西，所以在这里，其第一个契机就是绝对的存在，绝对自足的精神，这是就其是简单的永恒本体说的[英译者脚注：指超越的，作为本体，作为圣父的上帝说的]。但是在其是精神而实现为构成性的概念这个过程中，那本体就过渡到它的它在这种形式上[指基督——英译者注]，这个本体的自我同一性就变为现实的绝对存在者而在舍身的行动里[指耶稣基督的被钉在十字架上为赎人类的罪而牺牲自己的生命]实现其自身；它[指上帝作为现身的耶稣基督]变成一个自我，可是这个自我[耶稣基督]是暂时的，而且是要瞬息即逝的。因之其第三个阶段就是回复到自身[即圣灵]……只有这样时，精神才出现而且显示为精神。"①

这不是黑格尔在宣扬基督教的教义吗？在《精神现象学》一书里，他是比较明显地这样宣扬，而在后出的著述里，他就采用较为隐蔽的方式，然而他的主导思想之受基督教的渲染是无可否认的。他的"正""反""合"这种发展的三部曲，他的"自在"、"自为"、和"自在与自为"的三种联系着的存在形式，以及他的"逻辑学"、"自然哲学"和"精神哲学"的演变等等，都是可以追溯到他所信奉的基督教的"三位一体"这条基本教义的。一般人称这是他的哲学中神秘主义成分，而所谓"神秘"者实非是基督教所称的"三位一体"。"三位一体"这条基督教教义原是神秘的。

这就是黑格尔的哲学思想的第一种来源。其第二种来源乃是古希腊哲学，特别是亚里斯多德的思想。关于这点，英国牛津大学导师谬尔(G. R. Mure)在其 1940 年刊出的《黑格尔导论》(*An Introduction to Hegel*)②有详细的论述，可供参考。

黑格尔的受到古希腊哲学的深刻影响是无可讳言的。在他的中学时代，他认真学习过古希腊的经典著作，曾着重钻研过这些著作中的悲剧，而引起他对于人生和历史中的种种矛盾的注意，从而翻译了《安提干尼》(*Antigone*)这本剧本，而特别在古希腊的哲学上注意到柏拉图和亚里斯多德的学说。在他后来编写《哲学全书纲要》第三部分，即《精神哲学》时，

① 英译本《精神现象学》第 554～555 页。

② Mure, G. R. G. *An Introduction to Hegel*, Oxford, 1940.

他写道："亚里斯多德关于灵魂的书[指 De Anima 说]与其谈到灵魂的各种特殊方面与情况，一直是关于这个主题的饶有思辨兴趣的最杰出或说唯一的著作。"[①]黑格尔的推崇亚里斯多德是如此备至的，乃至在他编完《哲学全书纲要》时，引用亚里斯多德的《形而上学》X1. 7 的一段作为这《纲要》的结束。至于他对于自然，对于精神，对于辩证，对于辩证逻辑，对于真理等观念，无一不可追踪到亚里斯多德的思想作为滥觞，我们一读英国近代哲学著述家 G. R. 谬尔(Mure)的《黑格尔导论》一书便知。

黑格尔哲学思想的第三种来源就是康德、费希特与谢林。

首先，我们在黑格尔的范畴发展中注意到，范畴的发展全都是采取正反合这个三部曲的形式的，而这是反乎在他以前的二分法而为其概念辩证法的演变基本形式的，这也就是他的前辈康德对他的哲学思想发展之一种重要的启示。康德在其第一部"批判"，即《纯粹理性批判》中列出的范畴表[②]，与其把人类认识的机能三分为感性、知性和理性以及他的《批判》之分为三部写出，对于黑格尔的哲学思想都是有重要的影响的。虽然康德的哲学体系是形而上学二元论，而黑格尔的哲学体系是绝对唯心论的一元论，然而黑格尔批判康德的论述还是相当温和的，其主要原因就是他所受康德的影响十分严重，而他自己的思想和康德的思想终究是异中存同的。

其次，我们不得不指出，在德国古典哲学的发展中，费希特的哲学思想原是康德哲学某方面的继续。而其与康德的分歧主要是在于康德之承认"自在之物"之存在的这一点，于是他便在他的《知识学基础》[*Wissenschaftslehre nova methodo*, 1794]一书里提出他的中心哲学观念，而这个观念就是"自我意识"，这个"自我意识"也就是从康德的"统觉"而来的，他认为统觉的先验统一性无非是"自我意识"，从这"自我意识"就得出"自我"这个主题，其反题就是"非我"。可是在理论上说来，这样"自我"就为"非我"所限制(因两者对立起来)，然而实际上，"非我"却是为"自

---

① 见黑格尔《哲学全书纲要》，第三部分《精神哲学》，第 378 节，第 329 页。即 Georg Wilhelm Friedrich Hegel. *Phänomenologie des Geistes*, *bamberg/wÜrbzburg*, *1807*. ——整理者注

② 参见中译本康德著，蓝公武译：《纯粹理性批判》，北京：生活·读书·新知三联书店，1957 年，第 87 页。

我”所建立的，这样一来，就有了“自我”作为“实在”的范畴，“非我”作为“否定”的范畴，而两者的相互关系作为“限定”的范畴，通过“自我”的活动，一切其它的知识范畴也就演变出来了。这是从理论方面立论的。另一方面，从实践行动来说，“自我”是有理智的，而理智是包含着“合理”这个观念，但是“合理的”也就是“道德”，因而道德学的各个范畴也就演绎出来，费希特的辩证法就是这样的①。把费希特的哲学体系与其演变和黑格尔的哲学体系与其演变对照一下，就不难看出前者对后者的影响与联系了。

且看谢林的哲学与其对黑格尔的哲学的影响吧。费希特的生卒年代是 1762—1814 年，谢林的年代是 1775—1854 年，而黑格尔的年代是 1770—1831 年。他们是同时代的三位德国古典哲学家，费希特稍长于谢林与黑格尔，而谢林则小于黑格尔五岁，且是同校同学，在杜平根国立大学共同学习哲学与神学，毕业后，黑格尔离校去瑞士的伯尔尼(Berne)市任家庭教师，而谢林则留在母校继续研究哲学，但黑格尔由于亲密同窗的关系，还不断与谢林通信，讨论哲学等问题，因而他们两人的哲学思想和神学在一较长的时期内是有很多相同之点的，并且在 1801 年黑格尔刊出他的第一部著作，标题为《费希特与谢林的哲学体系的差别》。在这本著作中，黑格尔指出，费希特的哲学实质上是主观唯心主义，而谢林的哲学则为绝对唯心主义，因为谢林认为客体与主体，实在与理想，自然与精神是在绝对里同一的，而且谢林这种同一的原理叫做宇宙的灵魂，这不也就是黑格尔“绝对精神”的滥觞吗?② 在这里我们至少可以看到谢林对他的同学黑格尔的影响了。所以我们认为宇伯威希对于黑格尔的论断大致上是正确的。宇伯威希在上引书第 231 页上写道:“黑格尔发展了谢林所主张而自认为当然的同一原理，而且按照费希特的辩证法使之受到了论证的形式，从而创立了他自己的绝对唯心主义哲学体系。依这种哲学说来，有限性的事物(不是像在主观唯心主义体系里那样)单纯是，对我们来说，

① 参看费希特 1798 年刊出的《根据知识学原理的伦理学体系》。

② Friedrich Überweg, *Grundriß der Geschichte der Philosophie*, Basel, 1883, George Sylvester Morris (trans.), *history of philosophy*: *From Thales to the Present Time*, New York: Charles Scribner's Sons, *1909*. ——整理者注

一些现象，只在人们意识里有其存在，而按其本性，乃是自在（拉丁语的 per se）现象。也就是说：它们作为事物的根据（或说理由）不是在其自身，而是在普遍的神圣理念里面。"[①]所以，我们认为黑格尔思想的第三种来源就是他的前辈康德的思想与其同时代人费希特和谢林的思想。

当然，黑格尔是个博闻强记、伟大的哲学家，其思想的来源不限于本文上述的三种，还应该提到法国大革命以及卢梭的著作。在他潜心钻研哲学与神学时，他一直是关心着西欧的政治局势而且也是对历史饶有兴趣的。读他的第一部系统著作《精神现象学》便可见得。在他的《美学讲演录》里，我们看到浪漫主义在黑格尔的思想中所发生的影响，而这种影响是和他的同时代德国两个"狂飙运动"名人歌德（1749—1832）与席勒（1759—1805）分不开的。黑格尔是博览群书，兴趣广泛的哲学家，想要追溯到对他的思想有过影响的人，并统统指出，是不可能的。

---

① Friedrich Überweg, *Grundriß der Geschichte der Philosophie*, Basel, 1883, George Sylvester Morris (trans.), *history of philosophy: From Thales to the Present Time*, New York: Charles Scribner's Sons, *1909*. ——整理者注

四 黑格尔的主要著作

《小逻辑》是黑格尔生前刊出的第三部系统著作《哲学全书纲要》的第一部分。其生前刊出的第一部系统著作乃是1807年问世的《精神现象学》(*Phänomenologie des Geistes*)。第二部是《逻辑科学》(*Wissenschaft der Logik*)于1812—16年间出版,一般人简称为《大逻辑》。这三部系统著作,连同于1820年出版的《法哲学基础》(*Grundlinien der Philosophie des Rechts*),构成黑格尔生前刊出的四大部著作。此外,只有他的一些论文、讲演和书评是他在生前刊出的。其余如他的《宗教哲学讲演录》(*Vorlesungen über die Philosophie der Religion*)是在他死后于1832刊出的,《哲学史讲演录》(*Vorlesungen über die History der Philosophie*)是他死后于1833—36年刊出的,《美学讲演录》(*Vorlesungen über die Ästhetik*)是他死后于1835—38年刊出的,《历史哲学演讲录》(*Vorlesungen über die Philosophie der Geschichte*)是他死后于1837年刊出的。

《哲学全书纲要》一书是黑格尔的哲学体系的唯一完整而成熟的,而且可以说是信而有征的著述。全书划分为三个组成部分,即《逻辑学》、《自然哲学》和《精神哲学》。其大纲就是这三个部分的纲要,正如他在本书第二版的序言里所说,是发给在课堂里听他的哲学演讲的人作为一种提纲用的。

这《纲要》前后刊出过三次,所以就有三次的序言。其第一次是黑格尔在海得尔堡(Heideberg)大学任哲学教授时于1816年刊出,仅仅有八开本的序言16页,正文288页,其中《逻辑学》部分则占了128页,《自然哲学》占了77页,《精神哲学》占了53页。可见在《纲要》里,逻辑学部分的篇幅为最长。《纲要》的第二次刊出是在黑格尔当柏林大学哲学教授任内,于1827年刊出。这第二版有序言42页,正文534页,比第一版的篇幅多至几乎两倍,其中逻辑部分占214页,自然哲学部分占140页,精神哲学部分占180页。虽然三部分都各有增加,但依然以逻辑部分的篇幅为最长。《纲要》的第三版是于黑格尔死的前一年，即 1830 年刊出的，共有序言 58 页，正文 600 页，均比第二版略有增加，其逻辑部分占 222 页，自然哲学部分占 163 页，精神哲学部分占 214 页，以逻辑学部分领先，足见黑格尔一直是最关注《逻辑学》这部分的，其《全书纲要》每次重新增刊均有篇幅的增加，这是为了适应课堂上讲授的需要。

《哲学全书纲要》的逻辑学部分为人称为《小逻辑》，是因为要和上面提到 1812—1816 年出版的《逻辑科学》区别开来，于是这两卷的《逻辑科学》就为一般人称为《大逻辑》，英译八开本共有 890 页，列宁的《哲学笔记》之《黑格尔〈逻辑学〉一书摘要》就是从这《大逻辑》摘录而来的，但是偶尔也涉及《小逻辑》。

关于《小逻辑》这书的编写与其内容，我们大致同意贺麟先生在该书中译本的《译者引言》里所说的几句话："《小逻辑》是黑格尔于最后十余年内随时留心增删，最足以代表他晚年成熟的逻辑系统的著作。这书可说是《大逻辑》的提要钩玄和补充发挥。它的好处在于把握住全系统的轮廓和重点，材料分配均匀，文字简奥紧凑，而义蕴深厚。初看似颇难解，及细加咀嚼，愈觉意味无穷，启发人深思。"①一般说来，贺先生这种意见是正确的。曾阅读过黑格尔的《大逻辑》与《精神现象学》的人大都也有同样的感觉。可是，想要认真理解黑格尔的逻辑体系还得要细读《大逻辑》。黑格尔在其包含《小逻辑》在内的《哲学全书纲要》的第一版序言里也曾写道："本书因限于纲要的性质，不仅未能依照理念的内容予以详尽发挥，且复特别未能充分发挥对于理念之系统的推演……《哲学全书纲要》这个书名意在一部分表示全系统的轮廓，一部分表示关于个别节目的发挥，尚需留待口头讲述。"②因此之故，在《哲学全书纲要》第三版，《黑格尔全集》在 1840—1845 年柏林版刊出时翻印的时候，他的门人于他逝世后一再附加以学生的笔记作为附释，于是使得这书[即《小逻辑》]"具有了明白晓畅，亲切感人的特点"③。所说的附释就是贺译本自第十九节起所载的附释。

《哲学全书纲要》的《逻辑学》部分，在本《评注》中将有较详尽的叙述，

---

① 黑格尔著，贺麟译：《小逻辑》，北京：生活·读书·新知三联书店，1954 年，第 2 页。
② 黑格尔著，贺麟译：《小逻辑》，北京：生活·读书·新知三联书店，1954 年，第 17 页。
③ 黑格尔著，贺麟译：《小逻辑》，北京：生活·读书·新知三联书店，1954 年，第 2 页。

在这里毋须多说。但是为了了解黑格尔的整个哲学思想体系起见，我们还得要约略地分别谈谈他的《自然哲学》和《精神哲学》那两部分。

首先，我们谈谈黑格尔的《自然哲学》。这是黑格尔哲学的第二主要部分。但是这还是和其它两部分紧密联系起来的。列宁在《哲学笔记》一书第 82 页上，栏外记着："整个世界的必然联系……一切事物的相互规定的联系"①，并在这之后又写道"注意"两字以表示黑格尔这个思想的重要性。

那么，黑格尔的《自然哲学》是说些什么的呢？其梗概是怎样的？德国歌尼斯堡大学哲学教授宇伯威希很概括地写道：[黑格尔在《自然哲学》一书里的]"的自然就是理念在其它在的形式上，也就是理念的异化。自然乃是精神的反映，绝对之在其'限有'的直接性里。[在自然里]，理念走过一系列的阶段，从它在空间与时间的抽象自外性达到它在动物有机体的个性的自在性，其这种前后相继的各阶段是依靠着一种不断向前发展的实现而指向到自为性，即指向到主体性的。这种向前发展的主要契机(momenta)就是机械性的过程，物理性的过程和有机性的过程。……这种前后相继性并不为黑格尔想作是一种有时间性的前后相继的东西，因为他说只有精神才是有历史的，可是在自然中一切形式都是同时并存的；在辩证发展中其更高级的形式乃是较晚的，然而却是较低的形式的理想上在前的，只在精神生命里才是时序上较晚的。"(译自宇伯威希：《哲学史》，英译本 1909 年版，第二卷第 241 页。)

宇伯威希所写的这段文字是非常抽象的。让我们摘录英国近人斯蒂士(W. T. Stace)1924 年刊出的《黑格尔哲学》一书里的几段话予以较浅显的说明。他写道："[黑格尔的]《自然哲学》所考虑的不是单纯抽象的东西，如有原因或实体，而是在事实上存在着的事物，如物质、植物、动物等等……有人有时说，在《自然哲学》这里有着一种不可能的跳跃，即从思想跳到事物那里去。"②"然而《自然哲学》所关心的却不是事物之在其粗糙的特殊性上，而只是思想……如果黑格尔在自然哲学里，看来像是从植物

① 列宁：《哲学笔记》，北京：人民出版社，1956 年，第 82 页。

② W. T. Stace, *The Philosophy of Hegel: A systematic exposition*, Dover Publications, 1924. ——整理者注

把动物演绎出来，他实在所做的只是从'植物'这个思想把'动物'这个思想演绎出来罢了……他明显地而且反复地告诉我们，自然哲学只演绎出一些普遍性的东西。"①"'植物'、'动物'、'无机物'都是一种普遍性的东西，和范畴完全不相同的，所以它们就在逻辑范围的外边。"②

这就较为易懂了，然而我们的问题还没有完全解决。正如马克思、恩格斯在《神圣家族》这本名著里写道："这个自然是思想的另样存在，就是说，这个自然是现实的直观着的，和抽象思维区别了的自然——仅仅从自己里面发放出来的自然的思想构成物而已……所以整个自然仅仅在一个感性的外表的形式中对它重复着逻辑的诸抽象而已。"③可是黑格尔是怎样从《逻辑学》转到《自然哲学》上来的呢？

荷夫丁(Harald Høffding)在他的《近代哲学史》一书英译本第二卷第183页上有这句很有趣的话："有人正确地说过，《自然哲学》是黑格尔哲学系统的羞羞答答的部分。"④(原用的词组是法文的 parties、privées，即阴部)

人们这样描写黑格尔的自然哲学从逻辑学转变过来的方式，确是有其道理的。这种转化，是使这位抽象的思维者黑格尔觉得那样难于处理，因而就由他那样冒险地描写，由抽象的绝对理念到直观的自然之转化，说什么是理念的"外化"(Aussersichsein)或说"异化"(Ander sein)。这种神秘的说法，只是反映着他对于空洞思想的厌倦，而向着一个实际性的渴求。

黑格尔在《逻辑学》里不外是谈些纯然抽象的普遍性的思想，即范畴。这也就是他的三步法中的"正"。由"正"即必有"反"，"反"就是"正"的对立物。从普遍性的思想来说，就是自然的特殊性的事物，而从"正"到"反"，其进一步，依黑格尔的说法，就是"合"。那就是单个的具体的，即全

---

① W. T. Stace, *The Philosophy of Hegel: A systematic exposition*, Dover Publications, 1924. ——整理者注

② W. T. Stace, *The Philosophy of Hegel: A systematic exposition*, Dover Publications, 1924. ——整理者注

③ 《马克思、恩格斯、列宁、斯大林论德国古典哲学》，北京：商务印书馆，1962年，第136页。

④ Harald Høffding, *History of Modern Philosophy*, Vol. 2. Tr. B. E. Meyer. Reprint. London: Macmillan, 1908. ——整理者注

面的个体，就是绝对的精神，于是也就达到正、反、合的“圆圈”了。可见自然是精神的产物，正如马克思、恩格斯在《神圣家族》里所说，是“儿子生出母亲来”①。

从唯物主义的观点看，这确是荒谬的，正如说儿子生出母亲一样。但是黑格尔是从唯心主义的观点看自然，并且看一切事物的。关于这点，恩格斯在他的《费尔巴哈与德国古典哲学的终结》这部名著里写道：“……唯物主义把自然界看做唯一的现实，而在黑格尔的体系中，自然界不过是绝对观念的‘异化’，好像是绝对观念的退化；无论如何，思维及其思想产物，即观念，在这个体系中是第一性的东西，而自然界则是从生的，只是由于观念下降到这种地步，才存在的。”②这是唯物主义对于黑格尔自然观的唯一而正确的看法，和这比较起来，黑格尔的说法就显得十分牵强而令人不解了。让我们预先看看黑格尔在他的《小逻辑》最后的即第244节里是怎样由逻辑的范畴推演到自然这个观念的，“这自为的或独立的理念，从它与它自身的统一看来，它就是直观，而那直观着的理念就是自然”③。读者乍看起来怎能理解这种话呢？贺译本的这段译文除加上了“或独立的”字样来解释“自为的”之外，是完全正确的，可是整句话依然是晦涩难解。这最后一节的唯一附释的最后一句话，依贺译本是：“但这存在着的[具有‘有’的特性的]理念就是自然。”④这附释便比所解释的正文更难懂了。姜丕之的《黑格尔〈小逻辑〉浅释》也只能说：“这存在着的理念就是自然。”足见黑格尔之自然地从《逻辑学》的理念转化过来，确是“羞羞答答”不可见人的！关于这点的困难，还有待于解决，否则不但我们不能理解在黑格尔的思想上如何从逻辑的理念转化为自然，并且又不能理解为什么从自然最后发展为精神是黑格尔的理论之必然的，而且在现实上这第二个转化是有其深刻的现实意义的。让我们试试作出我们自己的一种尝试性的解释吧。

---

① 《马克思恩格斯全集》第二卷，北京：人民出版社，1957年，第244页。

② 黑格尔著，贺麟译：《费尔巴哈与德国古典哲学的终结》，北京：人民出版社，1959年，第11页。

③ 黑格尔著，贺麟译：《小逻辑》，北京：生活·读书·新知三联书店，1954年，第426页。

④ 黑格尔著，贺麟译：《小逻辑》，北京：生活·读书·新知三联书店，1954年，第426页。

困难是在于《小逻辑》贺译本第244节开头一句话里"自为"这个形容词。什么是"自为的理念"？贺译加上"独立的"这个形容词是不能解决问题的，附释的最后一句，贺译在方括号里的"具有'有'的特性的"这个词组也是如此，两处都不能说明理念是如何转变为自然，如何依黑格尔的哲学体系必须有这种转变，而且在这个转变发展之后，终之又必须有向着精神的转变。

查上面所谈的"自为"是黑格尔原德文所用的"Fürsich"这个词组，如我们在上文已曾解释过那样，是对"自在"(原德文的 an sich)而言的。所谓"自在"是就其自身作为独立的、且是潜在的这种意识形态而言的，其中含有的矛盾因是潜在的，所以就还没有在意识上起作用。然而事物是在发展着的，"自在"的理念也必然是在不断地发展着的，因为它"享有绝对的自由。"(《小逻辑》贺译本第244节正文的第三句。)在其发展到了意识到自己与他物的区别，而且又意识到他物是构成其自身(此物)的不可分割的环节或说契机(moment)，而把这他物包括在此物即其自身之中从而构成为一的这个时候，"自在"的理念便发展到"自为"的形态了。在这个"自为"的形态的理念里就当然有其对立物，也就是有了"自然"与之面对面了。这样，我们就可依英人瓦拉士(William Wallace)的英译本第379页上所写的直译出来："然而享有一种绝对自由[即不受任何拘束的发展]的理念不是单纯地过渡到生命[这个阶段上]去，也就是说[这里英译的'or'不应中译为'或']，不仅作为有限的认识而让生命在其里面只显现出来；这种[自为的]理念在其自己的绝对究竟的意义[原德文的 der Wahrheit，直译为"真理"]上，决意让它的特殊性或说它的最初[显出矛盾的苗头]的特性这个契机(原德文的 moment)与其他物，也就是直接性的[即附释的具有'有'的性格的]理念，作为自己反映出来的影像[原德文的 das Bild]自由地表现为自然。"①(上面具有"有"的性格的这个词组是原德文的 sein 这个动词或谓词的现在分词 seinerd 的中译，有如英文的 Being 不应中译为"存在着"，因为这里的 sein 不是"存在"的意思，而是

① *The Logic of Hegel*, Translated by William Wallace, Oxford: Oxford University Press, 1892. ——整理者注

“仅仅有”的意思。)

有人认为黑格尔在自然界里边是没有“时间”这个观念的。而且一般还引用恩格斯《反杜林论》的话为证据。这样的引证是误解了恩格斯的原意的。恩格斯在这里所写的不是说在黑格尔的自然界里没有时间，这显然是不可能的。难道包括有机体，连同人类都在内的自然界就没有时间，因之就没有生出、长成、衰老和死亡的过程吗？如果有，则必然有时间这个观念了。其实在这里，恩格斯所写的，据完全正确的上述中译本来说，乃是：“旧的自然哲学，特别是当它处于黑格尔形式中的时候，具有这样的缺陷：它不承认自然界有任何时间上的发展，任何‘前后’，只承认‘同时’。”

请注意，在这里，恩格斯并不是说黑格尔在自然界里没有时间的观念，而是说“旧的自然哲学，特别是当它处于黑格尔形式中的时候，不承认自然界有任何时间上的发展”。诚然，黑格尔认为自然界在时间上是没有发展的，这是黑格尔沿袭古希腊时代伟大的哲学家和自然科学家亚里斯多德的观点的。亚里斯多德认为自然界中的品种，尤其是动植物的种类是一成不变的，虽然他是最主张事物发展这个观点的，而黑格尔也是一样的。但是我们得要注意，自然界中的品种，动植物的种类，因而整个自然界在时间上没有发展是一回事，而自然界的个别事物有发展、变化，动植物界的成员有生有灭，有时间的性质，又是另一回事。亚里斯多德关于自然界的品种是从形而上学的观点看的，因而是看成为不变的，而黑格尔也是这样看，所以是他的辩证法不够彻底之处，但是我们却不能说，他不承认在自然界里有时间。

在自然界里有没有时间这个问题搞清楚之后，黑格尔的从逻辑范畴，即从纯思想转变到自然这个问题还没有完全弄清楚。依黑格尔的看法，似乎是很清楚的了。“直观着的理念就是自然”、“具有‘有’的性格的理念就是自然”[①]。那么“直观着的”之“直观”、“具有‘有’的”之“有”显然是指同样的东西说的，而这东西是什么？不能是纯思想，不能是理念里面原有的本质性的东西，而似是不同于理念、不同于纯思想的东西，似是不能从

① 《小逻辑》贺译本最后第244节。

纯思想演绎出来的东西，因而就不知是什么东西。那岂不是康德的不可知的“自在之物”吗？岂不是在黑格尔的思想里有意识地或无意识地还存留着康德的“自在之物”的残余影响吗？那么，不止于黑格尔的概念辩证法不够彻底，而且他的哲学基本原则，他的哲学立场，还没有完全清洗掉康德的二元论残余呢！当然，唯心主义，无论是主观唯心主义或者是黑格尔式的客观唯心主义，总是不彻底的，毕竟不能自圆其说的。唯心主义的纯思想，无论怎样发展，怎样演变，都是不能转变为物质性的自然的。所以，黑格尔的思想中从逻辑范畴转化为自然，其转变是“羞羞答答的”，是见不得人的，至少是十分勉强的。

转变为自然的理念，当然就同样依照黑格尔的辩证发展从低级的形式逐渐过渡到更高级的形式了，可是依黑格尔的概念辩证法，“自然得要被看作一种等级的系统，其中之一个等级是必然地从另一个等级发生出来，而且是其所从而发生的那个最近等级的究竟意义。可是这一个等级不是为那最近等级所自然地产生出来的”①。“从而发生”，可不是“自然地产生”。这就难懂了！黑格尔可能是要说，他只是在于把自然界的等级这种现象按逻辑的次序予以说明。至于在现实上这些等级的发生是否按照逻辑的次序，是不必计较的。意大利的现代资产阶级哲学家克罗齐(Benedetto Croce，1866—1952)在他所著的《黑格尔哲学中的活东西和死东西》一书里关于这点提出很尖锐的批评②。

根据黑格尔的《自然哲学》上述的等级论，自然存在为三个阶段，即机械性、物理性和有机性。③

“机械性”是什么意思？所谓“机械性”就是外在于逻辑理念的空间、时间和物质这种东西对逻辑思想而言的外在性。在时空里的物质性的东西看起来是杂多的、相互不同的、互不相关的、没有内在的联系，没有统一

---

① 黑格尔《哲学全书大纲》1870 年 L. Heimanne 的柏林版，第 208 页。(参见 Karl Rosenkranz(ed.), *Encyklopädie der philosophischen Wissenschaften im Grundrisse*, Berlin: L. Heimann, 1870. ——整理者注)

② 克罗齐著，王衍孔译:《黑格尔哲学中的活东西和死东西》，北京:商务印书馆，1959 年，第 108～110 页。

③ 黑格尔《哲学全书大纲》1870 年版，第 211 页。

性,并不显出任何理性的迹象,虽然在其本质上不是如此的。在万有引力的系统里,还是好像是向着统一努力着的,这也就是理性的表现。

这种向前推动的表现,也就是"物理性"。在物理性的东西里,自然就已经是从抽象的即缺乏全体性的自然对象上升到无机界的品种了。

更进一步的发展,物理性的东西通过化学的过程,就达到有机性了。

"机械性"、"物理性"和"有机性"又一次构成黑格尔的正、反、合。而有机界又有矿物、植物和动物的三个阶段,这又是另一套的正、反、合。

动物一直向上发展就有人类的出现,而人是不但有意识,而且是有自我意识的。自我意识,依黑格尔的说法,也就是人之意识到自己和自己在一起的特殊意识①,从而也就有"自由",而在自由里面,理念就从它的外在性回复到它的自身上来,这就是精神了,于是绝对观念就从自然通过种种正、反、合的向前发展,而过渡到精神上来。这也就极其扼要地说明黑格尔的《逻辑学》中的各种范畴,通过《自然哲学》的自然发展阶段而演变到《精神哲学》上来。《精神哲学》叙述了精神的种种现象,包括着法律与道德、宗教与艺术,以及哲学本身发展的各种形态和这些形态所表现出来的各种哲学系统,是上面提到的黑格尔各种《讲演录》的丰富内容。我们只须看看《精神哲学》的子目就能见得这个黑格尔的哲学体系部分是多么的富丽多彩的。依英人瓦拉士所列的"黑格尔哲学体系图表"的关于精神哲学部,只抄录其荦荦大者,就是下面那样的:

- 自在与自为的理念即精神
  - 主观精神
    - 人类学—灵魂
    - 现象学—意识
    - 心理学—心灵
  - 客观精神
    - 抽象—公正
    - 道德
    - 社会伦理学
  - 绝对精神
    - 艺术
    - 宗教
    - 哲学

由此可见,在《哲学全书》这第三部分,即《精神哲学》这部分,是最能

① 原德文的 das Bei sich Seinder idee。

引起西欧十九世纪的文化界去注意的，而且又是对于那个时代的哲学历史和历史哲学的进展有其难于估计的巨大影响的，所以对于我们来说也是饶有兴趣的。想要了解黑格尔这一方面思想的人得要阅读上述他的各种《讲演录》，这些《讲演录》如上面所曾指出，都是在他死后于 1832—1838 年之间为他生前友好和门弟子所编纂刊出的，而且大都已有中译本了。

黑格尔哲学思想的发展和演变过程全是按他所认为的理念的辩证进展形式，采取正、反、合的三个连续的阶段形式的。《哲学全书纲要》的《逻辑学》便是正，《自然哲学》是反，而《精神哲学》就是合。在这三部分之中，所分出的子目，也无不按照正、反、合的程序。如果我们在阅读《小逻辑》之前，掌握了“正”、“反”、“合”这三个观念，而又理解他的“自在”、“自为”和“自在与自为”的事物存在的形态的意思，我们对于他的哲学思想之探讨就有其线索了。

黑格尔《小逻辑》目次

(第一一五至一三〇节)

(A)纯反映范畴(Die reine Reflexionsbestimmungen)……(第一一五节)

(1)同或同一(Identität)……(第一一五节)

(2)异(Der Unterschied)……(第一一六节)

(3)根据(Grund)……(第一二一节)

(B)存在(Die Existenz)……(第一二三节)

(C)事物(Das Ding)……(第一二五节)

乙　现象(Die Erscheinung)……(第一三一节至一四一节)

(A)现象界(Die Welt der Erscheinung)……(第一三二节)

(B)内容与形式(Inhalt und Form)……(第一三二节)

(C)关系(Das Verhältnis)……(第一三五节)

丙　实在(Die Wirklichkeit)……(第一四二至一五九节)

(A)实体关系(Das Substantialitäts-Verhältnis)……(第一五〇节)

(B)因果关系(Das Kausalitäts-Verhältnis)……(第一五三节)

(C)交互关系(Die Wechselwirkung)……(第一五五节)

第三篇　总念篇(Die Lehre Vom Begriff)……(第一六〇至二四四节)

甲　主观总念(Der Subjektive Begriff)……(第一六三至一九三节)

(A)总念本身(Der Begriff als Solcher)……(第一六三节)

(B)判断(Das Urteil)……(第一六六节)

(1)质的判断(Qualitatives Urteil)……(第一七二节)

(2)反映的判断(Das Reflexions-Urteil)……(第一七四节)

(3)必然的判断(Urteil der Notwendigkeit)……(第一七七节)

(4)总念判断(Das Urteil des Begriffs)……(第一七八节)

(C)推论(Der Schluss)……(第一八一节)

(1)质的推论(Qualitativer Schluss)……(第一八三节)

(2)反映的推论(Reflexions Schluss)……(第一九〇节)

(3)必然的推论(Schluss der Notwendigkeit)……(第一九一节)

乙　客体(Das Objekt)……(第一九四至二一二节)

　　(A)机械性(Der Mechanismus)……(第一九五节)

　　(B)化学性(Der Chemismus)……(第二〇〇节)

　　(C)目的性(Die Teleologie)……(第二〇四节)

丙　理念(Die Idee)……(第二一三至二四四节)

　　(A)生命(Das Leben)……(第二一六节)

　　(B)认识(Das Erkennen)……(第二二三节)

　　(C)绝对理念(Die absolute Idee)……(第二三六节)

序言、开讲辞及其评注[①]

一、第一版序言[②]

为适应我的哲学讲演的听众对一种教本的需要起见，我愿意让这个对于哲学全部轮廓的提纲[③]，比我原来所预计的更早一些出版问世。

本书因限于纲要的性质，不仅未能依照理念的内容予以详尽发挥，而且又特别紧缩了关于理念的系统推演的发挥。而系统的推演必定包含有我们在别的科学里所了解的证明，而且这种证明是一个够得上称为科学的哲学[④]所必不可缺少的。《哲学全书纲要》[⑤]这个书名意在一方面表示全体系的轮廓，一方面表示关于个别节目的发挥，尚须留待口头讲述[⑥]。

但一个纲要并不仅是为了适应一个外在的目的而加以（机械的）[⑦]编纂排列，像对于已有的现成的熟知的材料，依据某种特殊用意加以缩短或撮要那样。本书的陈述却不是这样，而是要揭示出如何根据一个新的方法去给予哲学以一种新的处理，这方法，我希望，将会公认为唯一的真正的与内容相一致的方法。所以也许这样对于公众或可更为有益：如果客观情况容许我将哲学的别的部门[自然哲学及精神哲学]先行有了详尽的著作发表，有如我对于《哲学全书》的第一部门——《逻辑学》，曾贡献给公众那样（译者按：黑氏意谓《哲学全书》中的《小逻辑》作底本先有业已出版

---

① 黑格尔著，贺麟译：《小逻辑》，北京：生活·读书·新知三联书店，1954年；以下凡出现"中译本"而未特别标注的均为此本。——整理者注

② 中译本第17—19页。

③ 这里的"哲学全部轮廓"是指《哲学全书纲要》说的。

④ 这里说的"科学的哲学"并不是指论述科学的哲学，而是说有科学性质的哲学。原德文是 Wissenschaftliehen Philosophie.

⑤ 这里的《哲学全书纲要》是原中译者为了明白起见而加上的。

⑥ 请读者注意这句。这就说明何以《小逻辑》本文往往不易理解而须有"附释"的补充。附释是黑格尔逝世后，后人重刊此书时才增加的。

⑦ 括号内的字句是本编者为了使中译本更易了解起见而加上的。后仿此。

的较详尽的《大逻辑》作底本，而《全书》中的自然哲学及精神哲学，如果先有较详尽的《大自然哲学》《大精神哲学》出版，于公众或读者了解本书当更有裨益）。但无论如何我相信，在目前的陈述里，接近表象和熟习的经验内容那一方面的材料虽说受了限制，但就诸过渡关键——这些过渡关键只能是通过总念[1][的矛盾发展]而产生的媒介——看来，至少可以使人明白注意到，[矛盾]发展的方法从两方面说都是充分足用的，即第一，它异于别的科学所寻求的那种仅仅外在排比；第二，它异于通常处理哲学对象的办法，即先假定一套格式，根据这些格式范畴，与前一办法一样，外在地武断地将所有的材料平行排列，再加以由于最奇特的误会，硬要使总念发展的必然性满足于偶然的主观任性的联系。

这种任性的作风，我们看见，也占据哲学的内容，并且走向思想上的冒险。有一时期，这种作风颇令笃实平正的哲学工作者表示敬佩，但在别的时候也被人看成是一种狂妄到了甚至于发疯的程度。尽管使人敬佩，尽管疯狂，而它的内容却充满了人所熟知的支离琐屑的事实，同样它的形式亦仅不过是一点有用意的有方法的容易得到的聪明智巧，加之以奇异的拼凑成篇和勉强的主观成见，但它那表面上忠于学术的外貌却掩盖不住自欺欺人的实情。另一方面，我们又看见，一种浅薄的作风，本身缺乏深思，却以自作聪明的怀疑主义和自谦理性不能认识物自身的批导主义[2]的招牌出现，愈是空疏缺乏理念，他们的夸大虚骄的程度反而愈益增高。学术界的这两种趋势在某一段时间内曾经愚弄了德国人对学术的忠忱，使得他们深挚的哲学要求为之疲缓松懈，且引起了世人对于哲学这门科学的不理会甚或轻视的态度，直至后来这种自命为理智上谦虚的态度，对于哲学上高深的问题，反而勇敢地大放厥词，声称理性的知识[3]——即我们认为采取证明作为形式的知识，没有权利涉及哲学上高深的问题。

刚才所提及的第一种现象可以部分地被视作新时代中青年人的

---

① 关于“总念”这个中译词，请参看中译本第 8 页。

② 指康德哲学；一般中译德文的 Kriticism 为“批判主义”，但也有像本中译本那样译为“批导主义”的。

③ 这里“理性的知识”是原德文的 die vernünftige Erkenntnis 的中译，是“合乎理性的知识”的意思。

热忱[①]。(这运动以自由精力、自然等相标榜,反抗法则及一切人为的文化,于社会制度多所非难,歌德、席勒尔是这时代的代表作家。虽然这些作家是黑格尔钦佩的,但和他的保守主义是不相容的。)这热忱兴起于学术领域内,一如它兴起于政治领域内的情形。当这种热忱以狂欢的情绪迎接那精神的新生之朝霞,不经过深沉的劳作,立刻就想直接走去欣赏理念的美妙,在某一时期内陶醉于这种热忱所激起的种种希望和远景时,则对于这种过分的不羁的狂热,我们尚易于予以理解,因为基本上它的核心是健全的,至于它散播出来的围绕着这核心的浮泛的云雾,不久自身必会消逝的。但那另一种的现象却更为讨厌,因为它使人认出一种理性的衰竭与无能,并努力以一种自欺欺人的,压倒千古大哲的虚骄之气来掩蔽这种弱点。

但另有一令人感得愉快的事值得注意并提出来说的,就是反对这两个趋势的一种哲学兴趣,以及对于高深知识的挚爱,却仍朴素地纯真地保持着。这种兴趣诚不免大都以直观或情感的形式表现出来,但这亦足以证明寻求理性的洞见之内在的、深入的冲力了。——唯有这种理性的洞见才能够给予人以人的尊严。对于这种兴趣,理性的洞见至多只能作为哲学知识的成果,所以它最初好像表示轻视的理智论证,却至少被它承认为一种[达到较高级知识的预备]条件,为满足这种认识真理的兴趣,我奉献这种尝试作为一个导言或绪论。希望这样一个目的可以获致顺利的接受。

渔岱山[②],一八一七年五月

① 这里指的大概是十八世纪末叶发生于德国1767—1780年的狂飙运动(Sturm und Drang)。——整理者注

② 今译海德堡。——整理者注

二、第二版序言①

敬爱的读者，在本书的这一新版里，将可发现有许多部分业经重新改写，且有许多节目曾加以较细密的发挥。我尽力想要和缓并减轻讲演的形式，并附加详尽而较通俗的注释以使得抽象的概念更接近通常的了解和具体的表象。既是一本纲要，须得将本来很艰深晦涩的材料，弄得紧凑简短，这第二版仍与第一版相同。只能作为讲义，尚须由口头的讲述予以必要的说明。单就《哲学全书》这书名看来，哲学方法似乎可以不必太谨严，也可有容许外在编排的余地，但本书的内容实质使得我们必须以逻辑的联系作为基础。

也许有不少的机缘和激励似乎使我须得说明我的哲学思想在时代文化的精神工作和无精神工作②上的外在地位③。这只是写通俗方式的序言所须作的事。因为这些工作，不论它与哲学的关系如何，总不是科学的，因此一般地也与哲学不相干，而是从外面引进的，且对外面说了许多话。真正讲来，一个著者走入这种与科学疏远的基地上是不好的，也是不对的。因为这样的说明和讨论并不需要为求真知所不可少的理解力。不过提说一些现象也许不无用处，不无需要。

我的哲学的劳作一般地所曾趋赴和所欲趋赴的目的就是对于真理之科学的知识。这是一条极艰难的道路，但是唯有这条道路才可对精神有价值、有兴趣。当精神一走上思想的道路，不陷入虚幻，而保持着追求真理的意志和勇气时，它立即可以发现，只有[正确的]方法才能够规范思想，指导思想去把握实质，且保持其自身于实质中，这样的进展过程表示其自身不是别的，而是回复到绝对的实质，我们的思想最初向外离开并超

① 参见中译本第20—36页。

② “精神工作和无精神工作”是原稿 geistigen und geistlosen Betrieben 的中译，颇费解，毋宁译为“用脑筋的工作和不用脑筋的工作”。

③ “外在地位”是 äußere Stellung 的中译，意思是“不重要的地位”，即下句的“哲学不相干的而乃是从外面引进的”。

越这实质，但正所以回复到精神最特有的最自由的素质①。

有一种自然的、表面上看来好像很幸运的状况，恰好才过去不久。在这状况中哲学与别的科学和文化携手同行，一种温和的理智启蒙，同时满足于理智的需要和宗教的信仰。同样，天赋人权说与现存的国家和政治相安无事，而经验的物理学采取了自然哲学的名称②。但这种和平实在是表面极了，特别是理智与宗教，以及天赋人权和国家事实上都有内在矛盾。由于分开的结果，矛盾便发展出来了。但在哲学里，精神曾恬然自安于这种矛盾。所以这种哲学只是与上述这些矛盾本身相矛盾，并矛盾地粉饰这些矛盾而已。以为哲学好像与感官经验知识，与法律之合理的实在性，与纯粹的宗教和虔诚，皆处于对立的地位，这乃是一种很坏的成见。哲学不仅要求承认这些形态，甚且要说明它们。心灵深入于这些内容，借它们而得到教训，增进力量，一如思想之在自然历史和艺术的伟大直观里得到教训，增进力量一样，因为这些丰富的内容，一经思想的把握，便是玄思③理念的自身了。它们与哲学的冲突在于哲学这片土地脱离了它的固有的性质，它的内容在范畴中被认识，因而弄成依赖于范畴，而不把这些范畴进而发挥到总念并完成到理念。

一般科学教育的“理解力”（或知性）④揭示出一种重要的消极结果，认为采取有限概念间接的方式无法达到真理。但这结果常会引起另一正相反对的后果，即误以为真理乃在于直接的情感或信仰里。这就是说“理解力”的信念与兴趣在于研究范畴，因而不惟未能注意并留心去应用范畴，反而使得有限的概念和关系愈益与知识有了距离，而对于范畴之应

① 请读者注意这一段话，在谈到“正确的方法”时［即辩证法］，指出“回复到精神最特有最自由的素质”，这一点是黑格尔哲学的特点。

② “物理学”是原德文的 Physik 这词的中译。这词是源于古希腊词的 Φυσική，而这词又是源于 φυσις，即“自然”的意思，从而转变为拉丁语的音译为 physica，于是就有现代德语的 Physik，法语的 physique 和英语的 physics，而英语一直到几乎现在还称物理学为 natural philosophy（自然哲学）。

③ 这里玄思是德文 spekulativ 的中译，即“推论的”的意思。“玄思”这中译词是企图借《老子》“玄”之一字来表达原德文 spekulativ 这个形容词所包含的思辨的意思的，但“玄而又玄”的“玄”字太晦涩，又全属于道家意义，故似不宜用。

④ 这个原来贺译“理解力”是原德文的 der Verstand 这词之中译。一般中译为“悟性”，但不如“知性”之妥贴，且解释这词为“理解力”毋宁解释为“分别识”。

用，好像在一绝望的状况下，便成为愈益无保留的、不自觉的、未经过批判的了。由于误解有限范畴之不足以达到真理而引起了客观知识之不可能。结果当然是依据情感和主观意见来作肯定或否定。且在本来须得加以科学证明的地方，便提出一些主观的论断和事实的叙述来代替。而这些事实，在意识前面越是未经过批判，便越是被认作纯粹的事实。对于一个这样空泛的范畴，如直接性，并不加以进一步的研究与发展，就想寄托并借以决定精神上最高的需要！特别在讨论宗教对象时，我们可以见得，许多人很显明地将哲学搁在一边，好像这样一来，便祛除了一切的恶，获得了抵制错误和幻想的保证似的。于是真理的探讨便可从任何一个假定的前提开始，而用支离抽象的理论予以证明[①]。这就是说，应用通常的思想范畴，如本质与现象，根据与后果，原因与结果等，从这一有限关系到另一有限关系，以予以惯常的推论。“他们丢掉了诸恶，那恶仍旧保持着。”[②]但这恶比原先的更要坏十倍，因为它[指后一种恶]毫不怀疑毫不批判地相信了自己。哲学就像那被认为祛除了的恶似的，可以是任何别的东西，独不是真理的探讨，只不过是有意识地研究那综合并规定一切内容的思想范畴，看看它们有些什么性质和价值罢了。

这样一来，于是哲学在这些人手里遇着了最恶劣的命运，当他们装模作样要研究哲学，一部分要认识它，一部分要批判它时，许多物理[③]方面、精神方面，特别是宗教方面活泼泼的事实，由于这些反映式的抽象思想之不能把握，因而遭受歪曲了。这种认识方式本身亦有它的意义，即将事实提到意识前面，但它的困难在于从实质到知识的过渡，这过渡是透过反思造成的。这个困难在科学里面却不存在。因为哲学的事实已经是一种现成的知识，而哲学的认识方式仅是一种反思——意指随在后面的反复思考的思想。且首先批判即需要一种普通意义的反思。但那无批判的知性、证实它自身，既不忠实于对确定[地]说出的理念之赤裸裸的认识，而它对于它所包含的固定的前提很少怀疑，所以它更不能述说哲学理念的

① 把那从整体着眼的哲学搁在一边，其结果就必然是支离抽象的了。注意：在黑格尔说来，抽象就是和整体对立的。

② 引的是基督教《圣经》的《新约》的一句话。

③ 这里的“物理[的]”是系德文的 physischen，应中译为“自然的”。

单纯事实。这知性很奇异地联合两方面于它自身,一方面,知性显得不能充分而不歪曲地把握理念,甚且它应用它的范畴去把握理念即会陷于显明的矛盾①;但另一方面,它同时又毫未揣想到尚存在着别的较高的思想方式,可以应用得更妥当有效,因此它必须采取一种异于原有的思想态度去对待它。在这种方式下,玄思哲学的理念自将固执在抽象的定义里。人们总以为一个定义必然是自身明白的、固定的,并且只有根据它的前提②才可以规定和证明的。至少也由于没有人知道,一个定义的意义和它的必然证明只在于它的发展里,这就是说,定义只是从发展过程里产生出来的结果。今我们既已见到,理念一般的乃是具体的精神的统一体。但知性的特点仅在于认识到范畴或概念之抽象性,亦即片面性和有限性。因此知性便将具体的精神的统一性当作一抽象的无精神的同一性,在这同一性里,**一切是一**,没有区别,在别的范畴内即善与恶也是一个东西③。所以在玄思哲学里"同一系统"、"同一哲学"的名称已经成了一个大家共同接受的名词了。假如一个人自述他的宗教信仰说:"我相信天父上帝,这[位]天与地的创造主",而另一个人把他这句话的第一部分,孤立地抽出来加以推论,因而说这自述者④,只相信上帝为天的创造主,所以他相信地不是上帝创造的,物质是永恒的⑤,那么,我们一定会感到很奇怪。那人在他的自述里所说他相信上帝是天的创造主,事实是不错的。但这事实如另一人所了解那样,便完全错了⑥。这个例子也许会被认作不可信且琐屑不足道。但对于哲学理念的看法,情形确是如此。许多人对于这种勉强的二截化(为的是不要引起误会),以及那同一性(确认为玄思哲学的原则)之相反中的联系,便不能了解。他们会了解为主体与对象是有区别的,同样有限与无限也是有区别的,好像那具体的精神的统一体本身

① 因此知性范畴就不适用于思辨哲学。

② 这里的"前提"是原德文的 vorausgesetzten Vorstellungen 的译词,应译为"预先假定"。

③ 这里"一个东西"是原德文的 einerlei 之中译,应译为"同样的东西"。

④ 这里的"自述者"是德文的 der Bekenner 这词之中译,指的是声明根据一个宗教的信条,例如基督教的"使徒信经",自述其信仰的人。

⑤ 如说地不是创造的,则物当然是永恒的。

⑥ 何以有这种误会之可能呢? 原因是,德语与汉语的句子结构不同;在德语上"天"与"地"看来可以分开,而在汉语上两者是相连的,而分开便发生误会了。

是无性格的，并没有包括区别于自身之内，又好像谁都不知道主体与对象，有限与无限是有区别似的。或者充满了学院智慧的哲学应该可以深奥得能够记着在学院以外，尚有智慧，在它看来，那些区别乃是熟知的东西。

由于哲学在它所不应当熟悉的区别方面，受到相当确定的诋毁，甚至说哲学因此便抹煞了善恶的区别。于是便有人自告奋勇以宽大而富正义感的态度，出来代为排解说："哲学家在他们的阐述里并没有常常发挥与他们的原则结合在一起的危险结论。"（也许他们之所以没有发挥出来即因为他们根本没有想到这些结论。）（注一）哲学必须轻蔑人们愿意施惠于它的怜悯，因为哲学既缺乏对它的原则之实际后果的洞见，又那样缺乏显明的后果，则它更不需要怜悯作它的道德辩护了。我愿意对将善恶的区别仅当作一幻象的这种看法的后果加以简略的指明，为的是对这种哲学看法的空洞举一个例子，并不是要替它作辩护。为适应这个目的起见，我们愿意提出斯宾诺莎[①]哲学来作例子。在他的哲学里，神仅被界说为本体而不是主体或精神。这一区别牵涉到统一性的定义。不过斯氏的学说并不同于那常称哲学为"同一系统"的学说，且亦未用"同一哲学"的名称，根据这个哲学"一切是一，一切同一"，即善与恶亦是同等——这可说是最坏方式的统一，这种同一完全为玄思哲学所不齿，唯有粗野的思想才会应用这类观念。今试即就这种说法而论，即在那种哲学里善恶的区别本来或真正讲来是没有效准的。但我们须得问：这所谓"本来"是什么意思？如果说这是指神的性质而言，但神的性质又是无法达到的，且恶在神性里又是已经转化了的，由此足见实质的统一即是善的自身，恶是一种二元化[②]。因此实质的统一实即是善恶之融化为一，而恶已经被排除了。所以神的本质并不是善恶的区别，因为这种区别乃是二元化，而恶的本身就

① 斯宾诺莎·巴鲁赫(1632—1677)是伟大的荷兰哲学家，唯物主义者和无神论者。他的哲学体系应当成为资产阶级自由的理论根据。他否认神是自然界的创造主，认为自然界本身就是神，自然界是自身的原因(causa sui)，所以从世界本身就可以说明世界。他的最重要的著作是《神学政治论文》(*Tractatus Theologico-Politicus 1670*)和《伦理学》(*Ethica*，1662—1675)。

② 这里"二元化"是原德文 Entzweiung 的中译。但 Entzweiung 的意思原是"分开为二"或"分为两截"，有"互相脱离"之意。所以依黑格尔的说法，恶只是与善分离而不能与之一致，因而纯是消极的。

在二元化里。

再则斯宾诺莎哲学还有一种区别，即人区别于神。他的系统从这方面看来，理论上也是不令人满足的。因为人及一般的有限事物尽管后来被降低为一样式[①]，在他的学说里仍然处于与本体接近的地位。当人与神的区别存在时，本质上亦即是善与恶的区别存在之时。因为人本来就是这样，有善恶的区别就是人所特有的命运。假如我们仅着眼于斯宾诺莎哲学里的本体，则我们在里面便找不出善与恶的区别。因为恶亦如有限事物和一般的世界(参看第五十节说明)从他的观点看来简直是空无。但假如我们注意斯氏系统中论及人和人与本体的关系时，如论到恶及恶与善的区别之处，则我们必须细心研读斯氏《伦理学》中讨论到善恶、情感、人的奴役和人的自由各部分，我们才能够说出他的系统的道德后果。无疑的我们会钦敬他这从纯粹对神的爱为原则的高尚纯洁的道德观，且会深信高尚纯洁的道德就是他的系统的后果。莱新[②]在他的时代曾说过："人们对待斯宾诺莎如对待死狗。"即在现代我们也很难说人们对于斯宾诺莎哲学及一般的玄思哲学有了较好的待遇，当我们看见一些人提到或批判到它们时，并不想多费点力气去正确地认识事实，并予以正确的阐述。对得起斯宾诺莎哲学和玄思哲学，这是我们所须要有的最低限度的"公正"。

哲学的历史就是发现关于绝对[或太极][③]的思想的历史。绝对就是哲学研究的对象。譬如苏格拉底[④]，我们可以说曾经发现了目的这一范

① "样式"是斯宾诺莎的哲学术语 modus 的中译。实体(substantia)的属性为人们所认识的只有两种，即"广延"与"思维"，这两者斯氏称为"样式"(modus)，它们是实体的变形。

② 哥特霍尔德·埃夫拉依姆·莱新(又音译为莱辛，Lessing，gotthold Ephraim，1729—1781)是德国和欧洲启蒙运动中著名的活动家之一，艺术理论家，政治家，剧作家，是个民主主义者，反对封建农奴制及其思想体系的战士，在美学和哲学上是十八世纪革命的资产阶级现实主义的理论家。

③ 中译者在方括号里以"太极"这词来表示黑格尔的"绝对"。按"太极"作为一个哲学术语，源出于《易经·系辞》的"易有太极，是生两仪"，而宋人周敦颐(号濂溪，公元 1017—1073)，著有《太极图说》阐明太极本是无极，为宇宙万物最高最根本的范畴，不无类似黑格尔的"绝对"或说"绝对观念"，然而两者的意义是各不相同的，读《小逻辑》便知。

④ 苏格拉底(Socrates，公元前 469—前 399)是古希腊时代唯心主义哲学家，没有留下什么著作，但他的门徒柏拉图等在他们的著作中记载了他的言论，其中最著名的是："我知道我一无所知。"他用问答式的方法来发现"真理"，后世称为苏格拉底的辩论方式。

畴,这一范畴经过柏拉图①特别是经过亚里士多德②予以发挥和规定。布鲁克尔(J. J. Brucker)著的哲学史③其所以太缺乏批评能力,不仅是从外在的史实看来,太缺乏批评精神,即从他对于思想的陈述看来亦失之武断。即我们发现他从古代希腊哲学家们提出了二十、三十或更多一些命题作为他们的哲学思想,但在这些命题里却没有任何一个命题是真正属于他们的,有许多结论是布鲁克尔据他当时坏的形而上学的方式做成的,而硬当作是某些希腊哲学家的论断。结论有两种:一部分仅是一个原则之更详细的发挥,一部分却是回复到一个更深的原则。一个像样的哲学史即在于指出某些个别哲学家对于某些思想有了更深的发展,并将这些更深发展的过程揭示出来。但这种方法也有其不适宜之处,不仅是因为那些哲学家对于应该包含在他们的原则内的结论没有推演出来,因此仅仅没有明白畅说出来(所以作哲学史的人不应替他们发挥出来),而不是因为在哲学史家的这些推论或发挥里,他们总是武断地揣想,以为古代哲学家所应用的并认为有效准的是有限的思想方式,而有限方式的推论(即形式的推论)乃是直接违反有玄思想精神的哲学家之意义的,且亦可说是玷污了和歪曲了哲学的理念。像布鲁克尔这样对古代哲学仅告诉我们一些孤立的命题,如果有人用古代哲学中一些揣想的正确结论来替这种歪曲辩护,而这些结论中只有少数是我们所认可的命题,那么这些辩护的理论便陷入某一种哲学的窠臼。这种哲学一方面在一定的思想中认识了它自身的理念,一方面明白地研究其规定范畴的价值。但哲学理念如果仅得到片面的认识,则在阐述里便仅能揭示出一个片段,并将这片段或部分

---

① 柏拉图(Platon,公元前427—前347)是古希腊时代唯心主义哲学家,著有多种关于哲学的《对话》,其最闻名的是《共和国》这长篇《对话》,又译为《理想国》。

② 亚里士多德(Aristotle,又音译为亚里斯多德,公元前384—322)古希腊时代哲学家,马克思称之为"古代极伟大的思想家"。他是柏拉图的学生,批评过柏拉图,然而始终动摇于唯物主义和唯心主义之间,归根到底还是倾向于唯心主义。他是形式逻辑的创造者,留下多种著作,为后人编纂后刊出问世。

③ 布鲁克尔,德国十八世纪的哲学史作家,著有《哲学史问题》(原德文标题为:Kurge Fragen aus der Philosophischan Historie)七册,1731—1736;又著有《批评的哲学史》(原拉丁文标题为:Historia Crictica Philosophiae a mundi insunatulis ad nostram uoque actatem deducta)五册,1742—1744。(参见 J. J. Brucker, *Historia Critica Philosophice*, 5vols, Leips. 1742ff; *Institutiones Hisorice Philosophice*, Leips. 1747. ——整理者注)

当做全体(如将同一性当做全体性那样),并且在这样情形下,这些范畴如果全依最方便最接近的方式去贯串(有如贯串日常意识那样),便会弄成片面虚妄的地步。对于思想方式①之更进一步②的认识,乃是正确地把握哲学的事实之第一条件。但直接知识的原则不仅予粗疏的思想以保证③且认之为定律。思想的认识以及主观思想的形式绝少是直接的知识,一如任何一种科学或艺术和技能不是直接的知识一样。

宗教是意识的一种形态,而真理是为了所有的人,各种不同教化的人的。但对于真理之科学的认识乃是这种意识之一特殊形态,寻求这种知识的工作不是所有的人,而是少数的人所可胜任的。但两者的内容实质却是一样的,有如荷马④所说,有一些事物具有两个名字,一个在神灵的语言里,另一个在普通人的语言里。所以真理的那种实质亦可说是表现在两种语言里,一为情感的、表象的、知性的,蕴宿在有限范畴和片面抽象思想里的语言,另一为具体总念的语言。假如我们从宗教出发,想要讨论和批评哲学的话,则尚且有比仅仅具有日常意识所习惯的语言更为重要的东西,科学知识的基础乃是核心的实质,内蕴[于万物]的理念。和它们之在精神内激励起来的生命力,一如宗教之是一种有陶养的心灵,一种唤醒了觉性⑤的精神,一种经过发展教育的内容。在最近时期,宗教不断地愈益扩张并充实其教化内容,且常将一个内容显得贫乏枯燥的情感回复到深厚的虔敬或情感。但只要宗教有一个信仰,一个教义,一个信条,则它便具有哲学所须从事寻求的东西——真理,在这里面,哲学和宗教便可结合起来。但这也并不是依照那支配近代宗教观念,专事分离的坏的知性来说,因为照坏的知性看来,宗教与哲学两者是彼此相互排斥的,或者两者一般地是如此分离的,只可以外在地予以联合。而且即就刚才所提

① 这里的"思想方式"是原德文 Gedankenverhältnisse 之中译,按:这德文词应中译为"思想关系"方妥。

② 这里的"进一步的"是原德文 gebildete 之中译,按这德文过去分词在这里应译为"经过锻炼的"才合。

③ 这里的"保证"是原德文 berechtigt 这个过去分词之译,毋宁中译为"成为有理由的"。

④ 荷马,古希腊的伟大诗人,约生在公元前 9 世纪。

⑤ 这里"觉性"是德文中的 Besinnung 之译,而"觉性"是佛学的一个中译词,为避免误会,中译 Besinnung 为"知觉"较妥。

及的看法而论，亦包含有这样的意思。即宗教很可以不要哲学，但哲学却不可没有宗教，亦可说哲学即包含有宗教在内。真正的宗教，精神的宗教，必须具有一种信仰，一种内容。因为精神本质上即是意识，而意识是具有充满了对象的内容[或为对象所做成的内容]的。单就精神之为情感而言，它尚是一个没有对象的内容，或用波墨(J. Böhme)的话来说，仅有某种“苦恼”或“情调”①而只是意识最低的一阶段，其且在一种与禽兽相共同的灵魂里②。思想使得灵魂(禽兽也赋有灵魂的)首先成为精神，哲学只是对于这种内容，精神和精神的真理的意识，不过只是意识着精神之在使人异于禽兽并使宗教可能的本质的形态里，那消沉的令人心情严酷的宗教意识，必须扬弃它的悲观苦闷、颓丧绝望之情，使之转变为构成它的再生的主要成分，但它同时必须仅记着：它是与精神内的“心情”(Herz)相关的。精神是足以制裁“心情”的力量，而这种力量只有依赖精神自身之再生才能发动起来。精神之所以能达到这种从自然的无知状态和自然的迷失错误里的再生，是由于教育并由于对客观真理，对内容的信仰，而这信仰又是经过精神的实证而产生的结果③，这种精神的再生也是心情从片面的抽象理智之虚妄里解脱出来的再生，这种抽象的理智每自夸它知道有限如何与无限有区别，哲学如何不陷于多神论必(在理智较敏锐的人)陷于泛神论等等，——亦即从一些可怜的见解里解脱出来的再生。这些见解，虔诚谦卑的人多误据以出发来反对哲学并反对神学知识。如果宗教意识老滞留在这样内容狭隘而缺乏精神的纵深里，则它实际上将会只知道这种最狭隘的或愈狭隘的宗教与真正的宗教教义和哲学学说

① 马克思曾引用过波墨所谓自然的或“物质的苦恼(Qual)”一语。恩格斯注释说：“Qual是哲学中的游戏文字，Qual原意是一种促使作某种行动的痛苦，而波墨则以拉丁语Qualitas(质)底某些意义加进于这个德文的Qual之中。波墨的Qual乃是与外来的痛苦相反的能动的本原，它产生于从属于它的事物关系或人的独立的发展中，而同时反过来唤起生命，唤起发展。”(参见恩格斯的《社会主义从空想到科学的发展》)

② 请注意“灵魂”一名词在此处的用法，黑格尔认灵魂为最低级的意识、潜伏的不自觉的心灵。当人病重失掉知觉，只有灵魂尚潜在支持。灵魂是人与禽兽共有的低级意识，是自然的普遍的非物质性。有一部分的意思接近“本能”；又有一部分意思接近“下意识”。但与这两个心理学上的概念皆不相同。参看黑格尔“精神哲学”主观精神一章中论灵魂部分。

③ 在这里，黑格尔已在预示着“精神哲学”是怎样从“自然哲学”转变过来的。

之精神的扩大是对立的。(注二)但以思想为本质的精神不仅不会以这种纯粹素朴的宗教意识为满足,反之,这种纯粹素朴的宗教观点,就精神看来,本身即是由抽象的理智或理论产生的结果。借助于肤浅的理智,精神获得这种从一切学说,优越地解放出来的自由,于是精神便应用它所染有的思想,热烈地反对哲学,并继续保持其自身于一抽象的情感状态之淡薄的无内容的顶点。——说到这里我不禁要从巴德尔先生(Fr. von Bader)①《知识的酝酿》②一书第五卷序言里选引一段关于这一形态的虔诚之切当的批评。

他说:“只要宗教和它的教义,没有从科学方面获得基于自由研究和因而达到的真正信念之尊重,则不论虔诚与不虔诚,无论如何参以你一切的命令与禁令,你一切的言论与行为,你皆无法使宗教避免邪恶,而且这种不受尊重的宗教将不会成为受人爱的宗教,因为我们只能衷心地正当地爱我们所看见的真诚地曾受人尊重,并明白无疑地确知为值得尊重的东西。所以只有这样一种“仁爱”才会对宗教有裨益。换言之,你要想宗教的实践再行兴盛的话,你须得留心使得我们重新对宗教获得一理性的理论,切不要用一些无理性的和亵渎神明的论断,替你的反对者(无神论者)多留地位。如说,建立理性的宗教理论乃不可能之事,不可思议之事。又如说,宗教仅只是心情方面之事,对于这方面我们的脑子最好不去过问,并且不可去过问。”(注三)

就宗教之缺乏内容看来,尚有一点须得注意的,即只能就宗教在某一时期之外在情况或现象可以如此说。如果有这样的需要的话,我们也许可以责难像现在这样一个时期,仅只提出对上帝之单纯的信仰,如高贵的耶可比(Jacobi)③所急切需要的,此外也只唤醒了一种集中的基督徒的情绪;同时我们却不要错认了即在单纯信仰和集中情绪里面亦透露出有较

---

① 巴德尔,原德文为 Franz von Baader,有写为 Bader,他生于 1765 年,卒于 1841 年,研究医学和采矿兼研究哲学与数学,熟读康德、费希特、谢林等人的著作,并研讨波墨的理论,对谢林哲学和通神学(Theosophie)的发展发生过很大的影响,其《知识的酝酿》(拉文标题为 Fermenta Cognitionis,刊发于 1822—1825 年)是旨在抨击当时的哲学流派,从而提出波墨的理论的。——整理者注

② 参看 Franz von Bader, *Eermentis Cognitionis*。——整理者注

③ 耶可比(Fricdrich Heinrich Jacobi),生于公元 1743 年,卒于 1819 年,是著名的信仰哲学家,企图建立所谓自然的和直接的信仰的权威来反对用哲学去构成系统的思想。

高的原则(参见《小逻辑》第六十四节)。但在科学以前即有百年千年的知识活动所提供的丰富的内容,且这些丰富的内容在科学以前并不仅是一些历史的陈迹,仅为别人所有,在我们已成过去,或仅为记诵之学所从事,徒供头脑敏锐者考证批评的书本古董的知识,好像不足供精神的真知和求真的兴趣似的。那最崇高、最深邃和最内在的东西已经透露在各式各样的宗教、哲学和艺术品里,取纯粹的或不纯粹的,清楚的或模糊的,且常取暗示或预感的形态透露出来。我们必须视作那是巴德尔先生的特殊功绩,即他能继续指出这些形态不仅是在回忆里,而且能以深刻玄思的精神,将它们的内容明白提高到科学的尊荣,因为他能够根据这些形态来发挥并证实哲学的理念,波墨的深邃的精神经验特别足以提供此种工作以机会和样式。他这强有力的精神实应享受"条顿民族的哲学家"的荣名。一方面,他曾经把宗教的内容本身扩充为普遍的理念,在宗教内容里他设想到理性的最高问题,并力求在其中认识到精神和自然之更确定的范围和形式。因为他的基本出发点在于认上帝依照他的模型①(实际上没有别的,除了三位一体的模形②)。创造了人的精神以及一切事物,唯有在现世的生活里那失掉了上帝原型的缺陷才可以得到回复或补偿。反之,另一方面,他又竭力将自然事物的形式(如硫磺、盐硝等质,苦酸等味),归结到精神的和思想的形式。巴德尔先生的重知主义③,认每一宗教形态皆有知识成分与之相连,乃是激励并促进哲学兴趣之一奇特的方式。他的重知主义既然强烈地反对启蒙主义之自安于毫无内容的空疏理智,又反对那仅停留在单纯浓深的虔诚里的宗教热忱。巴德尔先生在他所有的著作里表明他与认这种宗教上的主知主义为唯一的知识方式的说法,有很远的距离。这种主知主义本身诚有其困难,它的形而上学迫使它不能不去考察范畴的自身,并不能进而去给予宗教的内容以辩证法的发展。它的困难在于理智的概念之不适合于把握那样狂放的或者富于精神内容

① 这里"模型"是原德文 dao Ebenbilde 之译,应译为"肖像"较妥。

② "三位一体"是基督教的基本教义,宣称创造天地万物的天父上帝、救世的耶稣基督圣子和在教会里表现的圣灵三者在本质上是同一个实体。

③ "重知主义"是原德文 Die Gnösis,原是古希腊文的 ηγνωσίs(知识),为公元一世纪基督教徒的秘密派所主张的"秘密智慧"的用词。

的形式或者形态。一般讲来亦可说它的困难仍在于它以它的绝对内容作为一种假定,并根据这假定来解释、论证并辩驳。(注四)

关于纯粹的和模糊的种种形态的真理,我们可以说,我们已经有了很多,甚至有了多余,——在宗教和神话里,在主知的和神秘的哲学里,古代和近代。我们可以感到愉快,由于在这些形态里可发现理念,我们也可以赢得一种满意,由于见到哲学的真理并不是孤寂的东西,它的效力至少可以出现在热忱里。但假如一个人为一种不成熟的虚骄自大之气所鼓舞起来的,这类的热忱,则由于他的惰性和没有作科学思考的能力,他会把热忱中所包含的这种知识提高作唯一的知识方式。因为沉陷于这类的幻想里并附会一些独断的哲学意见在上面,较之将总念发展成系统的工作,并将思想和精神依逻辑的必然性予以发挥,实在太不费力气了。又一个人如果把从别人那里学来的东西装作自己的发现,亦甚接近虚骄。他愈是容易相信从他人学来的东西,他愈要反对或贬斥他们。或者宁可说,他是被刺激起来反对他们的,因为他的见解是从他们那里创造来出来的。

思想的冲力无论如何表现其自身(虽然不免歪曲)于时代意识形态里,如我们在这篇序言里所讨论过的,但它总是自在自为①地向着精神所形成的思想本身的至高处而努力,并为着时代需要的满足,因此只有我们的科学②才配得上处理这种思想。凡从前当做是启示出来的神秘(在纯粹的和更多的模糊形态下启示出来的,虽对形式思想仍然是神奇奥妙的),都是启示出来为着作思想的材料或内容的,而思想在它自由的绝对权利内肯定其顽强性,目的只在于与它的丰富的内容相调解③。在这样情形下,内容采取最能配得上它自身的形式,总念的形式,必然性的形式,这形式能结合内容与思想,并解放内容和思想④。如果一个旧的思想——亦即指旧的形式而言,因为内容实质本身是万古长新的,须得复兴

① “自在自为”是黑格尔常用的一个哲学术语,原是德文的 an und für sich 的中译,这直译的意思是:“从其自身而言,同时又从其觉知到与别的关系而言。”简言之,即从其整个真正的性质而言。

② 这里的“科学”是黑格尔指他自己的辩证哲学说的。

③ 这里“调解”这词是原德文 sich nur zu versöhnen 这词组之译。按:这词组原是一个宗教术语,含有获得神之赦免的意思,中译为“和解”较妥,须结合紧接着的下句才能体会其含义。

④ 意思是说透露出内容与思想的意义而毫无束缚。

的话，则理念这一形式的思想，如柏拉图或较深一点如亚里士多德所提出的那样，比较最值得我们回忆。又因为理念的揭示，由于吸收进我们自己的思想学养里，不仅是对于理念的了解，而乃是哲学这门科学本身的进步。但是想了解这种形式的理念，并不在于从表面上像了解耶稣教的重知主义者和犹太教中的神秘主义者的幻想和臆说那样，而且要发挥理念更不是只是提到或暗示理念的一些声响就可完事。

正如关于真理有一句很正确的话，谓："真理是它自身的标准，又是辨别错误的标准。"但从错误的观点出发便不知道什么是真理。同样我们可以说总念了解它自身又了解无总念的形式，但后者从它自以为真的言论却不能了解前者。科学能了解情感和信仰；但科学仅能从它所依据的总念予以判断。因为科学乃是总念的自身发展，所以从总念的观点以判断科学便不仅是对于科学加以判断，而乃是一种共同的进展①。这类的判断就是我在本书里所想要提出来的，也只有这类的判断才是我们能注意和重视的。

柏林，一八二七年 五月廿五日②

(注一) 这是托鲁克(Thaluck)先生的话，见于《东方神秘主义选集》第十三页。这样锐感的托鲁克也被世俗大众对于哲学的看法所误引。他说，知性仅能在下列两种方式下进行推论：或者有一个制约一切的原始根据，而我自己的最后本源亦包含在内，因之我的存在和自由行为皆仅是幻象。或者我是一个真实地区别于这原始根据的本质，我的行为并不受这原始根据的制约和影响，于是这原始根据便不是绝对地制约一切的本质。因此便没有无限上帝的存在，而仅有一群神灵等等。前一句话所有的哲学家应当承认其较为深刻，较为锐敏。(我真不知道为什么第一句片面的话较之

---

① 我们想要了解这两句话，就必须首先弄清楚"判断"这词。黑格尔用词大都是从词源着想的。按：德文的"判断"，这个动词是 Urteilen，而这词的前缀 ur 是"原始"的意思，其词根 teilen 是"分成部分"的意思。"总念"亦即一般中译为"概念"的原德文之 Begriff，作为知性的一种意识形态中译为"概念"，而作为理智一个整体性的意识形态，则中译为"总念"以示区别。科学(这里指辩证科学言)是以全部意识为其对象的，而情感与信仰是两种特殊的意识形态，所以科学能够了解它们，即通过剖解而明白它们的意义，但是辩证科学却是研究总念的发展的，所以用总念的观点来判断辩证科学，无非是看这门科学的发展，也就是总念的发展。因之这种研究是与总念共同进展的。

② 这篇序言是黑格尔任柏林大学教授的第十年写的。

第二句更为深刻锐敏!)次一句话尚没有依上面提及的方式予以发挥,意思是说:“人的道德标准也没有绝对真的,真正讲来,善与恶是同等的。只有依照现象看来才是不同的。”一个人最好是完全勿谈哲学,如果他有了下面情形,即他在一切情感的深处仍陷于抽象理智的片面性,只知道原始根据的“非此即彼”的看法,依这看法不是个人的存在的他的自由仅是一幻象,即是个人有了绝对的独立性,并且对这各偏一面,如托鲁克所叫做危险的两难之“非此即彼”的看法,又毫无所知。虽说他在该书第十四页提到了一些真正地算作哲学家的人,他们接受那第二节命题(这亦即前面所说的第一命题),但复提出消融一切相对的对立物之一无别的原始存在以扬弃无限和有限存在的对立。但我们察出托鲁克先生没有说,那无差别的足以消融对立的原始存在与那须得扬弃其片面性的无限存在即是同一之物。反之,他一口气说出了对于片面性的扬弃仍陷于恰好同样的片面性,于是不唯未扬弃反而保持了片面性。当我们要说有精神的人所作之事时,我们必须能够用精神去把握事实。不然则那事实落到人手里便会成为错误的了。再则,我说几句多余的话,凡这里以及别处我说及托鲁克先生对哲学的观念,可以说并不是个别地仅关于他本人,我们可以在千百本书籍里读到同样的话,特别在神学家的序言里。我们之所以引用托鲁克的说法,一部分因为碰巧我最近读了他的书,一部分因为他具有深邃的情感,这种情感好像把他的著作整个放在那知性神学的反面,这实具最深邃的意义。因为深遂意义的基本特征,对立的调解,并不是无限的原始存在和类似的抽象的东西,而乃是内容实质的本身,这实质就是玄思的理念,而理念就是用思想表达出来的实质。——这实质,深邃的思想在理念里绝不会错认的。

但托鲁克诸种著作在这里和别处复把他的说法叫做通常所谓泛神论。关于泛神论我在《哲学全书》最后的几段文字里曾有较详细的讨论①。在这里我只说一说托鲁克先生陷于如何特有的不适宜和颠倒错误。当他把原始根据列入他所悬想的哲学的两难之一边时,他后来于第 33 页及第 38 页称之为泛神论,于是他复将两难之一另一边形容为梭西尼派(Socinianer,否认三位一体及基督乃天主舍身赎罪,以及原始罪恶诸信条者),裴拉几派(Pelagianer,持性善自救之论者)及通俗的哲学家。所以依这边的说法“便没有无限的上帝,而只有一很大数目的神灵。这数目包含所有区别于所谓原始根据而有其固有的存在和行为的本质,再加上那个所谓原始根据”。事实上这边不仅有一很大数目的神灵,而且一切的一切(一切有限事物皆被认作有其固有的存

① 这里“《哲学全书》最后的几段文字”指的是《全书》之第三大部分。《精神哲学》即《全书》第 573 节。主要是该节的第三大段里说:“称为泛神论(Pantheiomus)是说一切,即所有经验性的东西,毫不加以区别,不论是较为重要的或是一般的,都具有实体性而且世上的东西其存在就是神(Gott)。”

在)都是神灵了。因此只有后面这一边,照他一切都是神灵的说法,才可以明白说是泛神论,而不是前面那一边。因为在前一边,他既明白认上帝为唯一的原始根据,则这只能说是一神论。

(注二)让我们再一次回到托鲁克先生。他可以认作宗教上虔诚派最有灵感的代表。从他的《论罪恶的学说》一书(第二版我刚好读到这书),最足以表示他缺乏"学说"。最令人注意的是他著作中讨论三位一体说关于"晚近东方人之玄思的三位一体说"部分,对于他所辛勤搜集来的历史报导,我应表诚挚的谢忱。他称这一学说为经院的学说,但无论如何这学说也远比我们叫做经院哲学的为早。不过他仅从一个揣想的历史的起源之外在方面去观察它,即仅去琢磨这学说之如何出于某些《圣经》章节,如何受了柏拉图和亚里士多德哲学的影响方面(第41页)。但在《论罪恶的学说》一书里,我们可以说,他勇敢地讨论这一信条①,他说这信条只可认作一个架格让关于信仰的学说(什么信仰学说?)可以安排进去(第220页),是的,我们甚且必须应用那名词(第219页)来说这一信条,说它显得以站立在海岸上(是否多少有点像站立在精神的沙滩上?)有如一海市蜃楼。但托鲁克在同书第221页提到三位一体说,便说这一信条绝不复是信仰所须依据的基础。试问:三位一体说,一如上帝,不是自来就构成信仰的主要内容,甚且作为信条,而这信条早已为主观信仰的基础了吗? (假如不是自来如此,请问究有多久不是如此?)如果没有三位一体说,则托鲁克先生在所提到的那书中那样费气力以求动人情感所发挥的"调解说",如何会具有比道德的或异教的较高的基督教意义呢? 又关于别的特殊信条此书均没有讨论。托鲁克先生老是引导他的读者到基督之受难与死,但没有说到他的复活和升到天国。调解说的主要特点在于罪恶的惩罚。罪恶的惩罚在托鲁克看来(第119页以下)是一种有重负的自我意识,和与之相联结的为离开上帝而生活的一切人所难免的不幸。上帝才是幸福和圣洁的唯一泉源。所以罪恶,犯罪的意识和不幸是彼此不能分开来思想的(说到这里于是他又考虑到,如第120页所昭示,甚至人的命运亦是自上帝的性质流出的)。这种罪恶惩罚的命运即是人们所谓罪恶的自然惩罚,而且这种看法(一如他之不理会三位一体说)也就是托鲁克先生在别处所很厌恶的理性和启蒙所产生的结果和学说。——前些时候,英国国会上议院否决了一个处罚"单一宗"②的法案,这件事情给予英国报纸一个机会揭示出欧洲和美

---

① 这里的"信条"是原德文的das Dogma之中译,但这德文词虽一般词典有注为"信条"的,但在宗教上有信条与教条的严格区别,而在这里的前后文里须中译为"教条"方妥。名词和概念决不可混淆,故不可不指出。

② 这里的"单一宗"是德文的die Sekte der Unitarier这个词组之中译,这词组亦即英文的Unitanianism,应中译为"神的唯一位教派"。基督教中相信唯一上帝,不信三位一体说之宗派,后成为一宗。

洲单一宗的信徒数目之多,并附带评论道:"在欧洲大陆上新教和单一宗现在大体上是同义的。"神学家们应能决定,托鲁克先生所持的信条是否仅有一两点与通常启蒙的学说有区别。或甚至细看起来,连这一两点的区别也没有。

(注三)托鲁克先生有几个地方引用安斯兰①"神人论"的话,并于第127页称赞之为:"这个伟大思想家深邃的谦卑。"但何以他没有考虑到并引用同书另一地方(《哲学全书》第七七节曾引用过)即:"依我看来,这乃是由于懈怠,如果当我们业已承认一个信仰之后,而不努力去理解我们所信仰的对象。"——如果信条②仅缩减为一些少数的条款,则须得理解的材料已所余无几,并且很少是从知识里出来的。

(注四)我很高兴,我看出巴德尔先生新近几种著作的内容,与他书中所提及的许多我说过的话,两者间甚是相契合。关于他所争辩的大部分甚或全部,我不难得到他的谅解,因为我可以指出,事实上我的思想同他的见解并没有什么出入。仅有一点小疵,在《论现时(1842)一些反宗教的哲学思想》一书(第5页并比较第56页以下)里出现,我愿意说几句:在那里面他说到的一种哲学,这哲学"是从自然哲学派里产生出来的,它提出一种错误的物质观念,因为它对于这个世界的本质,对于本身含有堕落和无常的本质有一种说法,认为这种直接地永恒地从上帝产生和消逝的过程,即是上帝之永恒的外出(外在化)永远制约着他的永恒的回复(作为精神)"。就这个观念之第一部分,就物质之自上帝产生出来("产生"一般地是一个我不太喜欢应用的范畴,因为它只是一图画式的名词,而不是一哲学的范畴)而论,我以为这一命题没有别的意思,只是含有上帝即是世界的创造者之意。但就另一部分而论,即上帝永恒的外在制约着上帝之永恒的回复(作为精神),则巴德尔先生便在这地方建立一个条件,一个在这里本身不配合且我绝少在这方面应用过的范畴。这就使我记起了我上面所说的关于思想范畴之无批判地交换使用了。要讨论物质之直接的或间接的产生或起源,只会引起一些完全形式的定义。巴德尔先生在第54页以下提出物质观念,据我看来与我的说法并无出入,且恰好相合。所以我实在不知道,用什么方法可以完成那绝对的课题,将世界的创造认作总念,在总念里即包含有巴德尔先生(第58页)所指出的"物质并非统一体之直接产物,而乃是它的一些原则(钦命全权的)叫做"爱乐衡"(Elohim,希伯来圣经中多数的造物主之称)③的产物。他这话的意思是不是说(因为

---

① "安斯兰"指的是基督教十一至十二世纪的英国大主教ST. Anoelm(1033—1109),原名Anoelm应音译为"安谌",因这里的L是无音的,他所著的著名《神人论》,原拉丁文标题为Cur Deus Homo,直译为"何以神成为人",写成于1098年,这书中译为"神人论"是不妥的。

② 这里的"信条"又是一错译,其原德文为das Credo(即英文的Creed),与上文的dao Dogma(教条)不同,因这里指的不是一条信条或教条,而是一整套的信条,通常中译为"信经"。

③ Elohim,希伯来语的词,泛指神的意思,希伯来人对其本族的神则称为"耶和华"(Yahowah)。

就文法的构造来看,他的话意思并不很清楚)物质是这些原则的产物,或者说,物质是这些“爱乐衡”创造的。而“爱乐衡”自身又是由这些原则产生的,所以那些爱乐衡(或上帝→爱乐衡→物质这一整个圈子)必须认作对上帝一起在一个关系内,这关系由于加进了爱乐衡便没有弄明白(译者按:黑格尔这段话的意思本身似欠清楚。根据编者拉松的注释,巴德尔之意显然认为统一性——即上帝——产生这些原则——即这些爱乐衡,而这些原则又产生物质)。

三、第三版序言[①]

在这第三版里许多地方都有了改进,特别是力求陈述的清楚和确定。不过因这书既是一教本,目的在于撮要,文字仍不免紧凑,形式而且抽象。为完成它的使命,尚须于口头的演讲里予以必要的解释和说明。

自本书第二版以后,有了许多对于我的哲学思想的批评出现。这些批评大部分表示他们对于哲学这一行道很少作专门研究。对于一个经过多年的透彻思想,而且以郑重认真的态度、以谨严的科学方法加以透彻发挥的著作,予以这样轻心的讨论,是不会给人以任何愉快的印象的。而且透过充满了傲慢、虚骄、妒忌、嘲讽等坏情绪的眼光来读书,也更不会产生什么有教益的东西的。西塞禄[②]说过:“真正的哲学是满足于少数评判者的,它有意地避免群众,因为对于群众,哲学是可厌的,可疑的。所以假如任何人想要攻击哲学,他是很能够得到群众赞许的。”(Cicero: *Tuscul. Quaest.* Ⅰ. Ⅱ)所以对哲学的攻击,见解愈稀少理论,愈不彻底,使愈可得到大众的赞扬。在他人的反响中,常常遇见一种狭隘的敌意的激情,似懂非懂地夹杂在一起,其所以会有这种激情,是不难了解的。至于别的对象呈现在感官前面,或者以整个的直观印象呈现在表象前面。若一个人想

---

① 中译本第37—43页。

② 西塞禄又中译为“西塞罗”,全名 Marcus Tullius Cicero,生于公元前106年,死于公元前43年。古罗马作家,雄辩家,政客;出身于罗马贵族家庭,是厌恶群众、轻蔑群众的一个政客。黑格尔这里的引文出自西塞禄的名著《突斯可仑的问题五书》(现译为《图斯库勒的问题五书》——整理者注)(原拉丁文标题为 Tusculanarum Quertionum Libri quinque)卷一,二,其卷一的内容是:怕死,卷二的内容是:痛苦是坏事吗?

要讨论到这些对象时，他总感觉到对它们有先具备某种程度——不管如何低微——的知识之必要。同时这些对象也较为容易令人念及健康的常识，因为它们都熟知地确定地即在眼前。但人们缺乏这一切[既无些微知识，亦不依据健康常识]，便可大胆地反对哲学，并反对任何一个关于哲学的妄诞的空虚的意象，这意象是由于他对哲学无知而想象出来，杜撰出来的。他们没有凭借作为讨论出发的根据，于是他们只能徘徊于模糊空疏以及毫无意义的情况中。——我在别处曾做了这件不愉快而又无收获的事，将类似这种由无知和激情交织起来的现象，给予赤裸裸地暴露出来①。

不久以前，从科学甚至从宗教意识②的基地出发对于上帝、神圣事物和理性，好像在较广范围内曾激励起一个科学的认真的探讨（译者按：自此以下黑格尔是指当时德国报章杂志上关于宗教问题的一场热烈争辩而言。教会方面代表虔诚信仰一边，哈勒大学有几位教授代表启蒙派的一边）。但这个运动一开始就阻碍了这种希望③，因为这个论辩涉及了人身攻击。无论那控诉的虔诚信仰者一边，或那被控诉的自由理性一边，所持的论据都没有涉及内容实质，更很少意识到为正确地讨论内容实质起见，双方均必须走进哲学的领域。基于宗教上很特殊的外在小节而作人身的攻击，显示出一种重大的侵侮，对于个人的基督教信仰想要从自己武断的权威来判决，且因而对个人盖上一个世间的或永恒的定罪之印章。但丁④在圣灵的圣意的灵魂里，敢于使用彼得的锁匙⑤，对他许多同时的人——当然全都业已死去——甚至连教皇和皇帝均包括在内，都判决在地狱去受罪⑥。近代哲学曾受到一个不名誉的攻击，说哲学把个体的人推崇到上帝的地位。但正与这个基于错误推论的攻击相反，却另有一个完全真实的侮慢的作风，即自己以世界的裁判官自居，来判断个人对于基

---

① 参看《科学批判年报》，1829 年，两篇评论。收在《黑格尔全集》第十七册第 149 页以下。

② 这里的“宗教意识”是原德文 Religiosität 之译，似中译为“宗教感情”较切。

③ 这里的“希望”指的是正文上句“在较广范围内激励一个科学的认真的探讨。”

④ 但丁（Alighieni Dante，1265—1321），意大利伟大诗人，《神曲》（*Divine Comedy*）的作者。

⑤ “彼得的锁匙”是引用《圣经・新约・马太福音》十六章十九节“我（耶稣）要把天国的锁匙（象征特权）给你（彼得）”的话。

⑥ 这里是《神曲》的描写。

督教的信仰，并对个人宣判最内在的罪名①。这种绝对权威的口头禅就是假借我主基督的名字，并武断地说，主居住在这些裁判官的心里。基督说(《马太福音》7.20)："汝须凭他们的果实去认识他们。"像这种夸大的侮慢的定罪与判决，却并不是好的果实。他(基督)继续说道："并不是凡向我说主呀主呀的人都可以进到天国。那天②有许多人向我说主呀主呀，我们不是用你的名字宣道吗？我们不是用你的名字驱走魔鬼吗？我们不是用你的名字做了许多奇迹吗？我须得明白告诉你们，我还不认识你们，全离开我吧，你们这些作恶的人！"那些自诩并自信其独占有基督教，并要求他人接受他的这种信仰的人，并不比那些假基督之名驱逐魔鬼的人高明多少。反之，宁可说，他们这样的人，如像相信 Prevorst 之女巫的人一样，自矜其善于听取流浪的鬼魂的意旨，并敬畏它们，而不知驱逐并排斥这些反基督教的，奴性的迷信之谎言。同样，他们也很少有充分能力可以说出几句有智慧的话，且完全不能够做出增进知识和科学的伟大的行为来，而增进知识和科学才是他们的使命和义务。学博识广尚不能算是科学。他们以一大堆不相干的宗教信仰的外在节目作为他们的繁琐工作，但就信仰的内容和实质看来，他们反而仅枯燥地崇奉我主基督的名字，只凭成见去轻蔑并讥嘲学理的发挥，殊不知学理才是基督教教会的信仰的基础③。因为精神的、充满了思想和科学的扩大，扰乱了甚至阻止了、廓清了他们主观自负的夸大狂，亦即他们对于无精神的、无良好果实的和富于恶果的武断自信，自信他们把握住了基督教，并独家包办了基督教。这种精神的扩大在圣经里最明确地区别于单纯的信仰，而且后者唯有透过前者才可成为真理。耶稣说(《约翰福音》7.38)："任便谁人相信我，将会有富有生命的水流自他腹内流出来。"这话下面第三十九节立即有解释和说明，意谓并不是相信那种暂时的、肉体的、现世的基督的人身就可以有这种效果，他尚不是真理的本身。在第三十九节里，信仰是这样解释的，

① 这里中译本的"最内在的"，这译词不易理解。这词的原德文是 innerste，中译为"内心最深处的"似较易明。

② 这里的"那天"是指世界末日说的，据基督教的信念，那时基督将要降临审判一切人的。

③ 这句话是明显地表明黑格尔是基督教神学方面的一个理性主义者。

即这话是对那些相信他并将要接受圣灵的人说的①。因为圣灵尚未下降，因为耶稣尚未得到光荣②——那尚未得到光荣的基督的形象即是那时尚以肉身出现在时间里的，或者(同样的内容)，即是后来所想象的作为信仰的直接对象之人身。在现世，基督曾亲身口头启示给青年们③以他的永恒的本性和使命，在于促使他自身与上帝得到调解④，世人与他得到调解，并启示人以解救之道和道德教训。而青年们对他所抱的信仰即包括有这一切在内。无论如何，这个绝不缺乏最坚强的确定性的信仰，只能解释为一种开始，为一种有条件的基础，为尚未完成的东西。那些具有这样的信仰的人，尚没有得到圣灵，虽说他们最初即应接受圣灵，——这圣灵就是真理自身。及至这圣灵后来成为一种信仰，便足以引导人达到一切真理。但有那种信仰的人总是停留在那种确定性和有限的条件里。但确定性本身仅是主观的，仅能导致主观的形式的确信之果实，因而随即引起虚骄傲慢，诋毁并责罚他人的后果。他们违反了圣经的教训，只是固执着主观的确定性以反对圣灵。而圣灵或精神即是知识的扩大，也才是真理。

宗教上的虔诚派与它所直接作为攻击和排斥的对象的启蒙派，都同样缺乏科学的和一般精神的内容。注重抽象理智的启蒙派凭借它的形式的抽象的无内容的思想已把宗教的一切内容都排除净尽了，与那将信仰归结为念主呀主呀的口头禅的虔诚派之空无内容，实并无二致。谁也不比谁较胜一筹。当他们争辩在一起时，也没有任何使他们可以接触的材料或共同基础，因此也不可能达到学理的探讨，并进而获得知识和真理。启蒙派的神学一方面坚执着它的形式主义，只知高叫良心的自由，思想的自由，教学的自由，甚至高叫理性和科学。这种自由诚然是精神之无限权利的范畴，并且是真理对于那第一条件——信仰之另一特殊的条件。但

① 按基督教的教义，所谓圣灵乃是在耶稣的生命里表现出来的上帝的精神。

② “耶稣得到光荣”指的是信徒在耶稣逝世后所了解的耶稣真谛。

③ 这里和下两句里的“青年们”是原德文 Jüngern 之译，但应译为“门徒”才对。

④ 这里的“调解”是排除隔阂的意思，原德文所用的词组是 zur Versöhnung Gottes，应译为“得到上帝的饶恕”。在本段文字里黑格尔宣扬了不少他所信奉的基督教教义，但为了忠实于原文，我们也不得不如实译出，以还其本来面目加以批判，可是他在这里是讨论基督教的教义，对其当时的读者是有需要的。

什么是真实的自由的良心所包含的理性的原则和律令，什么是自由信仰和自由思想所具有和所教导的内容，诸如此类涉及内容实质之处，他们皆不能切实说明，而只停留在一种消极的形式主义和一种自由任性和自由乱发表意见的“自由”里面。因此内容本身便成为不相干的了。再则，他们之不能达到真理的内容，乃因为基督教的社团①必须为一个教义一个信仰之结所联合起来的一个社团。而那淡薄无味的无生命的理智主义之概括的抽象的思想是不能容许那本身确定的，有了发展的特殊内容和教义的基督教的。与此相反，另一方面，那虔诚派自豪于主呀主呀的名字，直率地公开地轻蔑那将信仰发展或扩充为精神、实质和真理的工作。

所以这一场关于宗教的争辩，虽说引起了虚骄、愤恨、人身攻击以及空疏概括的议论，弄得甚嚣尘上，然而却没有结出果实来。他们这场争辩不能把握实质，不能引导到实在和知识。——哲学只得满意于被遗在这场把戏之外，哲学乐得逍遥于那种人身攻击以及抽象概括的议论所侵侮的地盘之外，假使它也被牵扯进了这种场合，那么，它只能碰见些不愉快和无益处的东西。

由于人性中最伟大的无条件的兴趣一旦缺乏了深邃和丰富的实质，就成为没有内容的最高满足了，而宗教感情，虔诚派的和理智派同是如此，于是哲学也就只成为一种偶然的主观的需要了②。那无条件的兴趣，在这两种宗教感情里③，特别在抽象理论派的宗教感情里④，是这样处理的，即它并不需要哲学来满足那种兴趣，它甚至以为，并且很正当地以为这种新创的通过哲学的满足将会扰乱了那原来的狭义的宗教满足。这样一来，哲学便完全归之于个人主观的自由的需要。但对于主观的个人，哲学并不是什么少不了的东西。只有当他遇到了怀疑和讥评之时，他才会感到需要哲学去支持自己反驳对方罢了。哲学仅作为一个内心的必然

① 这里“基督教的社团”原德文的 die christliche Gemeinschaft，就是“教会”的意思，按教会原是一种宗教社团。

② 中译本从“人性中”到“主观的需要了”这一小段译文较为难懂，兹谨按原德文重译如上，请读者比对参阅。

③ 参看上注引。

④ 参看上注引。

性[①]而存在，这必然性强于主体自身。当人的精神被这必然性不安息地驱迫着时，它便努力克服，并且为理性的冲力寻找有价值的享受。所以没有任何一种刺激，甚至没有宗教权威的刺激，则哲学便可认作一种多余的事物和危险的，或者至少可以说是一种可虑的奢侈品，而这门科学的工作也就更自由地单独放在寻求实质和真理的兴趣上面。假如像亚里士多德所说，"理论"是能给人以最高福祉者，是有价值事物中之最好者。则凡曾经分享过这种幸福的人，就可以知道，凡他们所享有的，亦即他们精神本性所必需的满足，他们都可以不要勉强向别人要求，而能够听任他们自己的需要和满足在自己的范围之内得到实现。上面所想到的，乃是一种自然地踏入哲学范围的作风。当这种风气闹得愈响亮，则我们之深切从事哲学研究便愈少。所以愈透彻愈深邃地从事哲学研究，自身即愈孤寂，对外愈沉默。哲学界浅薄无聊的风气快要完结，而且很快就会遇着打击。但以谨严认真的态度从事于一个伟大的唯有经过长时间和艰苦工作之完成的发展，方能引为满足的哲学使命，须长期埋首于潜沉静默的工作里方可望完成。

此册全书式的纲要，是我依据上面所提及的哲学使命而辛苦完成的工作。本书第二版之很快地销售完毕，使我感到欣慰，觉得除了浅薄无聊的叫嚣之外，尚有许多人在那里从事沉默的可嘉许的哲学研究，而这也就是我刊行本书的第三版所企望的。

柏林，一八三〇年九月十九日[②]

四、柏林大学开讲辞[③]

诸位先生：

今天我是奉了国王殿下的召命[④]，初次到本大学履行哲学教师的职务。请让我先说几句话，就是我能有机会在这个时候承担这有广大学院

① 这里"必然性"是原德文 Notwendigkeit 之译。

② 这是黑格尔死的前一年。

③ 1818 年 10 月 22 日在柏林大学开讲辞。

④ 德国的教授一向是政府任命的，都可说是御用学者，尤其是柏林大学哲学教授是如此。

效用的职位,我感得异常的荣幸和欣愉。就时间来说,似乎这样的情况已经到来,即哲学已有了引人注意和美好的展望,而这几乎很消沉的科学也许可以重新提起它的呼声。因为在短期前,一方面由于时代的艰苦,使人对于日常生活的小事予以太大的重视,另一方面,现实上最高的兴趣,乃在于努力奋斗,首先去复兴并拯救那国家民族生活上政治上的整个局势。这些工作占据了精神上的一切能力,各阶层人民的一切力量,以及外在的①工具,致使得我们精神上的内心生活不能赢得宁静。世界精神太忙碌于现实,太驰骛于外界,而不遑回到内心,转回自身,以徜徉自怡②于自己原有的家园中。现在现实潮流的重负已渐减轻,日尔曼民族已经把他们的国家,一切有生命有意义之根源,拯救过来了,于是时间已经到来,在国家内,除了现实世界的治理外,那思想的自由世界亦会独立繁荣起来。一般讲来,精神的力量在时间里已有了如此广大的效准,即凡现时尚能保存的东西,可以说只是理念和符合理念的东西,且凡能有效准的东西必然可以在理智和思想的前面得到证明③。特别是我们现在所托庇的这个国家,由于精神力量的高度发皇,而提高其力量于现实中于政治中,就权力和独立性言,已与那些在外在工具上曾经胜过我国的那些国家居于同等地位了。由此足见教育和学术所开的花本身即是国家生活中一个主要的环节。我们这个大学既是大学的中心,对于一切精神教育,一切学术和真理的中心——哲学——必须尊重其地位,优予培植。

不仅是说一般的精神生活构成国家存在之一基本的成分,而乃是进一步说,人民与贵族阶级的联合,为独立,为自由,为消灭外来的无情的暴君统治的伟大斗争,其最高的发动是自精神内开始④。精神上的道德力量发挥了它的潜能,揭起了它的旗帜,于是我们的爱国热情⑤、正义感在现实中均得施展其威力和实效。我们必须重视这种无价的热情,我们这

---

① 这里“外在的”是属于“外界”的意思,与精神相对的。

② 即自由自在地来回走着之意。

③ 注意:这是黑格尔启蒙思想的表现。黑格尔认为他所处的时代是德国精神再生的时代,因而就有他在哲学思想中的启蒙情绪,而且在这方面他是和十八世纪法国启蒙运动同调的。

④ 这就透露了黑格尔的政治立场。

⑤ 原贺麟 1954 年版中译本“热”后少“情”字,与后来的版本对照加上了“情”,或者是“心”亦可。——整理者注

一代的人均生活于、行动于、并发挥其效能于这种热情之中。而且一切正义的、道德的、宗教的情绪皆集中在这种热情之中。——在这种深邃周至的效用里,精神提高了它的尊严,而生活的浮泛无根,兴趣的浅薄无聊,因而得到彻底的推翻。而浅薄表面的理智和意见均被暴露出来,因而也就烟消云散了。这种精神上情绪上[①]深挚的真忱也复是哲学的真实的基础。哲学所要反对的,一方面是精神之沉陷于日常迫切的兴趣,一方面是空疏浅薄的意见。精神一为这些空疏浅薄的意见所占据,理性便不能追寻它自身的目的,因而没有活动的余地。这种空疏浅薄的意见必会消逝到无有,当人们必然要努力以求充实的内容时,或当人们转而认为惟充实而有内容的东西方有效准时[②]。但在这种充实的内容里我们看见了时代,我们复看见了核心的形式,此核心向政治、伦理、宗教、学术各方面广大的发展,皆寄托在我们的时代里。

我们的使命和任务就是在这清新有力的充实基础上培养起哲学的发展。这充实内容之清新有力即表示它在政治现实里最直接的效果和表现方面,同时复表现在更伟大的伦理的和宗教的真忱方面,以及一切生活关系之要求坚实与彻底方面。最纯挚的真忱本身就是认识真理的真忱,这种要求——由于这要求使得人的灵性区别于他的单纯感觉和享受的生活——亦即是精神最深邃的要求,它本身即是一普遍的要求。一方面可说是时代的真忱激动起这种深邃的要求,一方面也可说这种要求乃是日尔曼精神之固有财产。就日尔曼人在哲学这一部门文化之特长而论,哲学研究的状况,哲学这名词的意义即可表示出来。在别的民族里哲学的名词尚保存着,但意义已经改变了,而且哲学的实质亦已败坏了消失了,竟至几乎对于它的记忆和观念一点儿也都无有存留了。哲学这门科学曾经托庇在我们日尔曼人里面,并且继续生活于日尔曼人之中。保存这神圣的光明的责任已经付托给我们了,我们的使命就在于培养它、接近它,并小心护持不要使得那人类所具有的最高的光明,对于自己的本质之自

① 注意:黑格尔的哲学是不忘情于情绪之对思想的影响的,因此人们往往把他列入哲学的浪漫派。

② 中译本这句的两子句应放在主句的前面才符合中文的句法。

我意识熄灭了,沦落了①。

但即在德国在她再生前一些时候,哲学已空疏浅薄到了这样的程度,即:哲学自己以为并确信它曾经发现并证明没有对于真理的知识。上帝、世界和心灵的本质,乃是一不可把握不可认知的东西。精神必须停留在宗教里,宗教必须停留在信仰、情感和揣测里,而没有理性的知识之可能。知识不能涉及绝对或上帝的性质,不能涉及自然界和精神界的真理和绝对本质,但一部分仅能认识那消极的,换言之,真理不可知,唯有那不真的,有时间性的和变幻不居的东西才能够享受被知的权利。——一部分属于知识范围的,仅是那些外在的,历史的偶然的情况,据说只有在这里面才会得到他们所意想的或假想的知识。并且这种知识也只能当作一种历史性的,须得从它的外在方面搜集广博的材料予以批判的研究,从它的内容我们得不到真诚严肃的东西。他们的态度很有些像拜拉特(Pilatus②,罗马总督,审讯耶稣基督的官长——译者)③。当他从耶稣口里听得真理这名词时,他反问道:"真理是什么东西?"④他的意思是说,他已经看透了真理是什么东西,他已经不愿再理会这名词,并且知道天地间并没有关于真理的知识,所以否认真理的知识自古就被认作可轻视的无价值的,却被我们的时代推崇为精神上最高的成功。

这时代之走到对于理性的绝望,最初尚带有一些痛苦和伤感的心情。但不久宗教上和伦理上的漫不经心,继之以知识上的庸俗浅薄——这就是所谓启蒙——便坦然自得地自认其无能,并自矜其根本忘记了较高兴趣。最后所谓批导哲学曾经把这种对永恒和神圣对象之无知弄成了良知,因为它确信曾证明了对永恒,神圣,真理我们不能有所知⑤。这种臆

---

① 注意:黑格尔把"自我意识"看作是人的本质,这也就是他的《精神现象学》一书的主要观念。

② 原贺中译本为 Pilatus,经查找比对为 Pilātos,应为贺误。——整理者注

③ 这里的"拜拉特"是 Pontius Pilātos 这名字的音译。按:这个名字是指耶稣时代由罗马皇帝派到巴勒斯坦驻耶路撒冷当总督的,一贯音译为"彼拉多"。

④ 见基督教《圣经》的《新约·约翰福音》第十八章三十八节:"耶稣回答说:'凡属真理的人,就听我的话。'彼拉多说:'真理是什么呢?'说了这话,又出来到犹太人那里。"

⑤ 黑格尔的所谓"知"和他在这篇序言的这最后几段里大力批评的康德之所谓"知"是具有不同含义的,康德的知是需要感性直观作为基础的,而黑格尔的知是思辨的,以原则为出发点,从理念开始并以理念为归宿的。

想的知识甚至自诩为哲学。对于知识肤浅、性格浮薄的人最受欢迎，最易接受的也莫过于这样的学说了。因为根据这学说看来，即使这种无知，这种浅薄空疏皆宣称为最优良的，为一切理智努力的目的和结果。

不去认识真理，只去认识那表面的有时间性的偶然的东西，——只去认识虚幻的东西，这种虚浮空气在哲学里已经广泛地造成，在我们的时代里更为流行，甚且还在夸耀了。我们很可以说，自从哲学在德国开始出现以来，这门科学似乎从来没有这样恶劣过，竟会达到这样的看法，这样对于理性知识的蔑视，这样的自夸自诩，这样的流行广远。——这种看法仍然是从前一时期拖引过来的，但与那真诚的情感和新的充实的精神却极为矛盾。对于这种真诚的精神之黎明，我致敬，我欢呼。对于这精神我们所能作的，仅在于此。因为我曾经主张哲学必须有实质或真实内容，我即打算将这个内容在诸君前面发挥出来。

但我要特别号召青年的精神，因为青春是生命中最美好的一段时间，尚没有受到迫切需要之狭隘目的系统的束缚，且尚有从事于无关自己利益的学术工作的自由。同样，青年人也尚没有受过虚妄性的否定精神，和一种只是批导劳作的无内容的哲学之沾染。一个尚有健全心情的青年尚有勇气以追求真理。真理的王国是哲学所最熟悉的领域，也是哲学所缔造的，通过哲学的研究我们是可以分享的。凡生活中真实的伟大的神圣的事物，其所以真实伟大神圣均由于理念。哲学的目的即在于把握理念的普遍性和真形相。自然是注定了只有用必然性去完成理性。但精神的世界乃是自由的世界。举凡一切维系人类生活的、有价值的、有效准的，都是精神性的，而精神世界之存在惟有凭借真理和正义的意识，凭借理念的把握①。

我愿望并且希望，在我们所走的途径上，我可以获得并值得诸君的信赖。但我首先要求诸君信赖学术，相信理性，信赖自己并相信自己追求真理的勇气，相信精神的力量乃是哲学研究的第一条件。人应尊敬他自己，并应自视能配得上最高尚的东西。精神的伟大和力量是不可以低估和小

① 这自然段的后半截是黑格尔在这篇序言里对他当时的听众和后来的读者的开场白，揭露出他的整个哲学立场，端出了他的哲学体系的核心，即精神的理念。

视的。那隐闭着的宇宙本质自身并没有力量足以抵抗求知的勇气。对于勇毅的求知者它只能揭开它的秘密，将它的财富和奥妙公开给他，让他享受。

五、评注①

黑格尔是怎样看德国在《小逻辑》出版时的情况的。《小逻辑》作为《哲言全书纲学》的一部分第一次出版是在1817年黑格尔任海岱山（又音译为海德尔堡）大学哲学教授的时期中，其第二第三版是分别刊出于1827年和1830年在黑格尔调任柏林大学哲学教授的时期中，而1830年就是黑格尔死的前一年了。

黑格尔在柏林大学任教授职为时十三年，是当时德国普鲁士国王的御用哲学家，声望轰动一时，其思想与言论是有着极大的影响的。因此，我们得要看看他在《小逻辑》前后三版的序言里，特别是在他于1818年10月22日在柏林大学作为哲学教授就职时的开讲辞里除学术的表白外，对于当时德国的状况和西欧的政治形势是怎样做出他的估计和反映的。

在1817年《小逻辑》第一次刊出时，黑格尔的序言只有简短的一段话是涉及当时的政治形势与问题的。在这段里，他提到"新时代中青年人的热忱"与其"不羁的狂想"，并写道："基本上它（这种狂想）的核心是健全的，但是它散播出来围绕着这核心的浮泛的云雾，不久自身必会消逝的"，而且"另一种的现象却更为讨厌，因为它使人想到一种理智上的衰弱无能"。依黑格尔这段话来看，除了他作为一位中年哲学教授对于当时的"青年人的热忱"和"不羁的狂想"认为是"讨厌"的情况之外，并没有表示任何其他的政治态度，而在《小逻辑》1827年第二版的序言和1830年第三版的序言里，则并无一语涉及其时德国与西欧的政治形势，所以就更是无从窥见黑格尔的政治思想。然而在他1818年10月22日在柏林大学就哲学教授职的开讲辞里，却有他的政治思想较为深刻地透露了出来。

① 此标题为整理者所加。

例如他在这篇就职辞中谈到“时代的艰苦”过去了，普鲁士王国的大学知识青年得要“奋斗，首先去复兴并拯救国家民族生活上、政治上的整个局势”，谈到什么“日尔曼民族已经把他们的国家……拯救过来了”。黑格尔的这种豪迈的话是在1815年拿破仑战败而第二次被流放之后，德意志联邦得到成立而神圣同盟也建立起来的时候说的，而且是在普鲁士学术中心柏林大学那里对大学的知识青年说的。他并说到什么“那思想自由世界亦会独立繁荣起来”。这种关于“思想自由世界独立繁荣起来”的话表示着何等的自信！他是相信“特别是我们现在所托庇的(普鲁士)这个国家，由于精神力量的高度发皇而提高其力量于现实中于政治中，就权利和独立性言，已与那些在外在工具上(也就是在物质设备上)曾经胜过我国的那些国家居于同等地位了”。在德意志联邦和神圣同盟在同一个年头里建立起来的时候，黑格尔表示着对普鲁士这个国家外号是“公正大王”的弗里德里希·威廉三世[1]的统治下公开这样吹嘘普鲁士王国的强大只是尽到他作为御用教授之职责而已。至于他在这开讲辞中还说到了什么“人民与贵族阶级的联合，为独立，为自由，为消灭外来的无情的暴君统治的伟大斗争，其最高的发动是自精神内开始”，什么“我们的爱国热情、正义感在现实中均得施展其威力和实效”，什么“一切正义的、道德的、宗教的情绪皆集中在这种热情之中”，这些说法，依恩格斯的《德国状况》的第一，第二两封信所叙述的事实，乃是没有根据的。

且看恩格斯在其《德国状况》里谈到德意志联邦的普鲁士王国之第一第二两信中怎样写的。恩格斯在他的第一封信中关于德国首先是这样写道的：

> 拿破仑摧毁了神圣罗马帝国，并以并小邦为大邦的办法减少了德国小邦的数目。他把他的法典(著名的拿破仑法典)带到被他征服的国家里。这个法典比历来的法典都优越得多，它在原则上承认平等。拿破仑强迫一向只为私人利益而生活的德国人去努力实现伟大的理想，为更崇高的公共利益服务。但是，正是这一点弄得德国人都

① 弗里德里希·威廉三世(Friedrich Wilhelm Ⅲ)是1770—1840年普鲁士国王，而普鲁士国王是首先向拿破仑宣战的。恩格斯在《德国状况》的第二封信中说弗里德里希·威廉三世“只有两种感觉：恐惧和伍长式的狂妄自大”。可见“公正大王”的称号是讥讽的。

起来反对他。[①]

可是黑格尔在他的柏林大学哲学教授就职辞中却用上“无情的暴君统治”这种恨恶的词句来表示他对拿破仑的态度,不过是顺应一般缺乏历史眼光的德国人反对拿破仑这位伟大的历史人物而已,由此可见黑格尔教授是缺乏历史唯物主义的观点的。不知他曾一度对法国大革命的热情如今往哪里去了?

让我再来阅读恩格斯特别写到关于德国人在十九世纪初叶是怎样用反动的民族主义观点来看拿破仑战争的:

> 被称为“德国历史上最光荣的时期”等等的 1813—1814 年和 1815 年的“光荣的解放战争”,是一种疯狂的表现,每一个正直的和有理智的德国人在今后相当长的时期内都会为它感到惭愧。[②]

在这段文字里,恩格斯是提到当时的“大学生和一般的年轻人”的,说“他们认为这次战争是捍卫原则的战争,甚至是宗教战争……”[③]

其实,这次战争是什么样的战争呢?恩格斯在我们上面的引文里已做出定论,而且这次战争的后果也说明它的性质的。在拿破仑战败后,欧洲各战胜国在维也纳召开了一次国际会议,其主要目的是恢复和巩固欧洲大陆的封建统治,企图从而堵塞新的革命运动的发生。这次会议就是在欧洲史上所称的维也纳会议。近来国内刊出的一部《世界近代史》[④]关于维也纳会议是这样写的:

> 维也纳会议后,欧洲各国反革命派都掌握了政权,从伦敦到那不勒斯,从里斯本到圣彼得堡[⑤]。各国的内阁都由贵族统治着。他们为了维护维也纳会议所建立的“秩序”,阻止新的革命发生,于一八一五年九月,在俄皇亚历山大一世的倡议下,俄、奥、普三国的统治者在巴黎共同发表了宣言,缔结所谓“神圣同盟”,声称他们之间相互援助,以保卫君主政体和基督教义。稍后,几乎所有的欧洲各国的君主

---

① 引恩格斯的《德国状况》的第一封信,见《马克思恩格斯全集》卷 2 第 636 页。

② 引恩格斯的《德国状况》的第一封信,见《马克思恩格斯全集》卷 2 第 637 页。

③ 引恩格斯的《德国状况》的第一封信,见《马克思恩格斯全集》卷 2 第 637 页。

④ 上海师范大学《世界近代史》编写组编的《世界近代史》,1973 年上海人民出版社出版。

⑤ 即从欧洲西部的英国到偏东南的意大利,从西南方的葡萄牙到极西的俄罗斯。

都参加了这个同盟。“神圣同盟”便成为国际性的反革命的联合组织，起了镇压各国革命的国际宪兵的作用。①

同年(即一八一五年)十一月，俄、英、奥、普在巴黎又签订四国同盟条约，条约规定四国以武力维护维也纳会议的各项决议，期限为二十年。……四国同盟实际上是神圣同盟的补充。②

而黑格尔的普鲁士王国在“公正大王”弗里德里希·威廉三世的统治下却是镇压各国革命的国际宪兵的头目之一，所以恩格斯就很正确而痛心地写道：“每一个正直的和有理智的德国人在今后相当长的时期内都会为它(那称为‘德国历史上最光荣的时期’)感到惭愧。”然而黑格尔恰恰与此相反而说什么“那思想自由世界亦会独立繁荣起来”，并且又说，“特别是我们现在(即1818年)所托庇的(普鲁士国际反革命宪兵)这个国家，由于精神力量的高度发皇，而提高其力量于现实中于政治中”，这只能理解为普鲁士之作为反革命国际宪兵的力量之提高罢了！黑格尔的哲学教授就职辞，整篇看来，是否就是表现出了这种反动的精神？何“自由”之有？又何“正义感”之有？

① 引自上引的《世界近代史》上册第169页。

② 引自上引的《世界近代史》上册第169页。

“导言”评注[①]

49.2 第一节

摘要:在这节内容里,黑格尔首先对哲学和别的科学作了一番比较,意在表示他对哲学的看法,从而引申展开他的哲学研究方法。这是《小逻辑》一书开宗明义地提示读者所务须特别注意的。且分小段看这节的中译文。

49.3(1)哲学缺乏别的科学所享有的一种便利:哲学不似别的科学可以假定表象所直接接受的为其对象。

意思是说,哲学的对象和别的科学的对象不同:别的科学的对象是人们由具体事物的感性表象所直接提供的一般意识上的东西,因而其研究方法也就是属于感性的,这就比较利便,是别的科学的一种有利条件(原德文中的 Vorteil)而不为哲学所能拥有的。这只谈到对象。

49.3(2)或可以假定于认识的开端和进程里有一种方法。

这里的“假定”是结合上述子句的“假定”的,就是说,别的科学可以假定其对象,而又可以假定其认识方法,因之贺译的“或”字似难解,按原德文是 so wie 这个连接短语,应中译为“同样”或“又”。

别的科学的对象是由感性表象所直接提供的,是关于具体事物的,所以比较简单,容易把握。而哲学的对象比较复杂,而且又是属于意识范围的,看不见、摸不着的,所以就在认识的起头时以及在其进程中,不能有一种人们日常惯用的感性认识的方法,像别的科学那样。

那么,哲学的对象究竟是什么呢? 黑格尔的答复是迎合他当时听课的德国学生的心理,而又从而输入基督教的教义的,这种输入是他一贯的手法。

49.3(3)哲学的对象与宗教的对象诚然大体上是相同的,两者皆以真理为对象——就真理最高对象言,上帝即是真理,且唯有上帝才

① 下面段前提到的数字是指贺译本的页码和段落,如 49.1 是指该本的第 49 页第一段。

是真理。

这里黑格尔在把哲学的对象和宗教的对象相比较时，所说的宗教是指他自己所信仰的基督教，在这句里他用上了“诚然……大体上”的字样[①]。是退一步说法，已包含有：即使哲学就其所追求的目的来讲，还是够不上基督教所宣扬的神的[②]；同子句里中译的“大体上”（原德文的 zunächst）则加强了退一步说的意味。

这里有两个问题是我们在目前不便解释的：第一，“真理”深邃含义。暂时姑且把“真理”作为黑格尔哲学的一个术语来看；第二，黑格尔究竟是把哲学和宗教并排起来，或者哲学高于宗教，这个问题我们得要留待下文讨论。

> 49.3(4)同样两者皆研究有限事物的世界，研究自然和人心，研究自然和人心彼此间的关系，及它们与上帝（即两者的真理）的关系。

在这句话里，黑格尔提到哲学与宗教（即基督教）所共同感兴趣的东西，即有限事物的世界，包括自然界的有限事物和人类意识的各种形态，自然与意识的关系，以及自然与神和人类，心灵与神的关系，这就已经涉及他的哲学的三大部分，即《逻辑学》《自然哲学》和《精神哲学》了。

可是，中译的“研究”是原德文的 handeln 这词，而说宗教研究上述的各种事物，似嫌勉强，毋宁翻译原德文这词为“对待”或“原理”。

> 49.3(5)所以哲学当能熟知其对象（译者按：熟知与真知有别，熟知只是对于眼前事物熟视无见，未加深思。黑格尔在《精神现象学》序言里，有“熟知非真知”的名言）。且也必能熟知其对象，——因为哲学不仅对于这些对象本来就有兴趣，而且即依时间的次序，人的意识对于对象已经先形成表象，后方形成总念，而且唯有经过表象凭借表象，人的能思的心灵方进而达到对于事物之思维的认识与把握。

这段译文里有“哲学当然熟知其对象，且也必能熟知其对象”这句话。贺译在括号里说明“熟知与真知”的分别，是对读者有帮助的。因在德文

---

① “诚然”是原德文 zwar 之意，有固然的意思。

② 首先要注意：欧洲各国的语言 Gott 这词，是指各国信基督教的人们所信奉的神说的，“上帝”、“天主”都是汉语的译词，而且不是原欧洲语文的直译，如果严格地直译，只可中译为“神”。

里，Bekannt 和 Wissen 这两词的含义不同。正如原译所注明，但是因此则似乎把“熟知”改译为“认知”较妥，而所谓“真知”，就是“理解”、“掌握”，所以这段之末有“认识”（原德文的 Erkennen）与“把握”（原德文的 Begreifen）之语，也就是英语的 apperception 与 comprehension（应译为“领悟”与“理解”或“掌握”。）

这里，黑格尔说到“哲学……依时间的次序，人的意识对于对象已经先形成表象，后方形成总念”时，是有积极和进步意义的，因为表象是感性的，从客观事物而来的，而总念[①]是知性的，依时间次序，是应在表象之后而且应该以客观的表象为其基础的，在他继续说到“而且唯有经过表象，凭借表象，人的能思的心灵（即心灵的思维活动）方进而达到对于事物之思维地[副词]认识与把握”，是加强了他的思想的客观成分的，还没有表现其思想第一性的唯心主义哲言观点，这种观点是在接下来的后一段里才透漏出来的。

49.4(1)但是既然要想对于事物作思想的观察，很明显的，对于思想的内容必须指出其必然性，对于思想的对象之存在及其性质，必须加以证明，方足以满足思想的考察之要求。

首先，我们要在这句话里，说明“对象之存在及其性质”的“存在”与“性质”是指什么说的[②]。

思想的内容当然是有其必然性的，这必然性是由什么决定的？思想的对象之“有”，即它之所以为这样的一个对象，和它之为这样一个对象的种种确定性又是从何而来的，必须有其证明，然后才足以满足思想考察的需求。这是有关存在与意识的关系问题，客观与主观的问题，是黑格尔作为一个哲学家的立场问题，这是在正文中紧接着的下一段，即本节的最后三句（原德文只是两句）表示出来的。让我们仔细解释并加以分析吧！

49.4(2)于是我们原来对于事物的熟知便显得不够充分，而我们原来所提出的或认为有效准的假定和论断便显得不可接受了。

我们原来对于事物所熟知的是什么？按本节第一段所说，不是哲学的对象吗？不是人们关于哲学对象所先后形成的感性表象和知性概念吗？可是

① 这里原德文的 Begriff 应中译为“概念”而尚不能作为“总念”理解。

② 查原德文的“存在”是 Sein 这词，不该中译为“存在”（这是后来才发展到的一个范畴），而应译为“有”；“性质”是原德文 die Bestimmungen 之译，是指事物的种种确定性说的。

经过思想的考察，这些熟知的东西显得模糊了，至少可说“不够充分”，而原来像别的科学那样所假定为可靠的、有保证的、为感性表象所直接提出的对象和知性所保证为确实的概念，也显得为不可轻率地予以接受了。这是黑格尔以怀疑论的形式提出其存在与意识这个重要问题的。究竟什么才是确定真实的，才是可以作为哲学体系的可靠开端的？且看下去吧！

50.说到这里就足见要寻得一个哲学的开端的困难了。因为如果以一当下直接的事物作为开端，即提出一个假定，或不啻说，哲学的开端即是一个假定。

这是黑格尔提出作为答复前小段的问题的。他首先肯定，过去的哲学，若要解决这个问题是有困难的，因为，比如洛克的经验论是“以一当下直接的事物(即感性直接接触到的事物)作为开端”的，可是黑格尔已在本节前段里指出，这是不能满足思想考察的要求的，因为感性不能保证其表象的对象是确实有的，知性也不能保证其概念是确实符合思想的对象的，结果就是休谟的怀疑论。另一方面，理性派的哲学家，即就近代的哲学家来说，笛卡尔的“我思，故我在”[即有我]，斯宾诺莎的“唯一实体”和康德的“自在之物”，依黑格尔的看法，都无非是一种假定，而哲学是不能而且不应从一种假定为开端的。这样推论下去，依黑格尔所主张而打算要建立的客观唯心主义的哲学体系，就必不能以客观事物这种感性东西为基础，而又不由理性所规定的或所要求的主观观念为出发点，而是任何思想所必然蕴含着的一种无所不在的，离开它就不能有思想的观念，那就是他之所谓绝对理念了。至于绝对理念是什么，这是他的整套哲学所要说明从而确立的，他的导言的第一节就是旨在说明这点。

50.1 第二节

50.2(1)概括讲来，哲学可以定义为对于事物之思想的考察。

这句里的“可以定义为”这词组，按原德文不是形式逻辑下定义的意思，而是“形容一个词的意义”的意思，而“对于事物之思想的考察”，按原德文是：“对于事物进行着的思维的考察”，所以上述的整句话就是：“哲学的意义，一般来说，首先(这个副词贺译漏掉了)可以形容为对于事物进行着思维的考察。”

这就是说，哲学乃是人们对于事物的思维的一种活动方式。

50.2(2)若果说，人之所以异于禽兽在于有思想，这话是对的(这话当然是对的)，则人之所以为人，全凭他有思想，有以使然。

这是黑格尔引用时人惯用的一句话，来说明人的本质在于能够运用思想。因而哲学就从而发生，作为人类的一种特殊的思想形态，即对于事物的进行思维的一种活动方式与结果。

50.2(3)不过哲学乃是一种特殊的思想形态——在哲学的思想形态中，思想成为知识，成为由把握对象而得的总念式的知识。

这句是对上句进一步的说明，所以用"不过"这个连接词，导出"哲学乃是一种特殊的思想形态，一种特殊的思维方式"①。

在破折号的子句里，黑格尔提出"在哲学的思想形态中，思想成为知识，成为由把握对象而得的总念式的知识"，这个是对他的哲学体系的关键性观点，是说明哲学不是一般的思想，而是形成为知识的思想，是一种特殊的思想，一种了解而通达事物、把握住②对象的思想，并且从而成为一种特殊的知识的思想③。

50.2(4)所以哲学思想无论与一般的思想如何相同，无论本质上如何与一般思想同是一个思想，但究与活动于人类一切行为里的思想，与使人类的一切活动具有人性的思想有了区别。

这句话只重申哲学思想与一般思想，虽然作为思想来说是相同的，可是作为哲学的思想来说，却是有区别的。句里的"人性"这词不是指人的天性说，而是指人之作为人的这个性质说的，其含义看下一句便明。

50.2(5)两者间的区别复与这一事实相联系，即：基于思想表现人性的意识内容，每每不借思想的形式以出现，而表现为情感、直觉或表象等形态——凡此种种形态必须与思想的本身辨别清楚。

"两者"是指哲学思想与人类的一般意识活动说的，人之作为人，其意

① 瓦拉士英译本[后简称"英译本"]用"mode of thinking"是更切合原德文的"Weise des Denkens"的。

② 原德文的 begreifende。

③ 贺译的"总念式"的这个形容词是英译的"through notions"之意译，乃是从原德文的 begreifende 引申出来的，本编者认为英译这里的用词似嫌草率，毋宁按原德文直译为"把握住对象"较确切。

识的表现之内容，每每不借思想的形式出现，而是表现为情感、直觉、表象等的，这些意识的表现，其内容当然是和哲学思想不相同的。

> 50.3(1)说人之所以异于禽兽由于人有思想，已经是一个古老的成见，一句无关轻重的旧话。这话虽说是无关轻重，但在特殊情形下，似乎也有记起的需要。即如在我们现在的时代，便流行一种成见，令人感觉有记起这句话的必要。这种成见将情绪和思想截然分开，认为二者彼此对立，甚至于认为二者彼此对敌，以为情绪，特别宗教情绪，可以为思想所玷污，所矫揉，甚或可以为思想所消灭。

黑格尔指出，人之所以异于禽兽是由于人有思想这句话，已是一种古老的先入的偏见，一句成为无足轻重的惯用的话。但是虽然如此，然而在特殊情况下，似乎还有需要来记起这句话的，因为在目前还有人保持着这种成见，竟然把情绪和思想彼此划分开来，使之成为对立，甚至成为互相敌对的，以致认为情绪，特别是宗教情绪，是可以为思想所污染而成为不洁的，而且为思想所颠倒①的，甚或为思想所消弭的。黑格尔之认为需要保持人之所以异于禽兽是由于人有思想的这句老话，乃是因为他认为有思想是人类的特征，而不懂得人之所以异于禽兽是由于人开始生产工具和使用工具来生产自己所需的生活资料，而在这个长期发展的过程中，在人类大脑形成的时候，人才能运用他的思想的。但是黑格尔认定运用思想是人类的一种特征，这仍是正确的。同时，他却提出下面的那种唯心主义的观点。且让我们继续看下去并予以分析和批判。

> 50.3(2)依这种（认为思想和情绪是对立的、敌对的）成见，[认为]宗教和宗教热忱②在本质上不植根于思想，在思想中毫无位置。[在]作这种分离的人[那里]，忘记了只有人才能有宗教，禽兽没有宗教，亦说不上有法律和道德。

这段话是易懂的，无须解释③。本节下一大段是：

> 51.1(1)彼坚持宗教和思想分离的人，心目中所谓思想大约是指一种"后思"（原德文的 Nachdenken）。此种"后思"亦即"反思"。反

---

① 原德文 verkehrt。

② 原德文的 Religiosität。

③ 方括号里的"在……那里"是原德文 Bei 的直译。

思以思想的本身为内容，力求思想自觉其为思想。忽视了哲学对于思想所划分的这种区别，以致引起对于哲学许多粗陋的误解和非难。须知只有人有宗教、法律和道德。也唯有因为人是能思想的存在[者]①。他才有宗教、法律和道德。所以在这些领域里，思想化身为情绪、信仰或观念，亦未尝不在那里活动。思的活动，思想成果，可以说是都表现在[那]里面，都包含在[那]里面。（两"那"字不应漏译，因原文是 darin）

这段里的"后思"（原德文的 des Nachdenken）有"深思熟虑"之义，而"反思"（原德文的 das reflektierende Denken）是"回想"的意思，为紧跟着在后面的一句所说明："反思以思想的本身为内容，力求思想自觉其为思想。"②忽视了哲学对于思想的本身和思想的反思的这种区别，就引起对于哲学的许多粗陋的（按原德文是"最粗糙的"）想象和非难。

紧跟着的下一句说，"唯有因为人是能思想的存在者，他才有宗教"等等，这是黑格尔对宗教等起源的唯心主义说法，应予以批判的。更后一句里的"思想化身为情绪、信仰或观念"的"化身"这个字样是原德文的假设形态动词 sei 的意译所引申的中译，原意只是"思想"假设为情绪等等，所以英译为"under the guise of"，即在情绪等的装扮下，两个"那里面"就是在情绪等的里面。

51.1(2)但须知具有为思想所决定所浸透的情绪和观念是一事，而对于这些情绪和观念加以思想又是一事。由于对于这些意识形态加以"后思"或"反思"所产生的思想，或包含在反省的思想，抽象的理论等等之内，亦包含在哲学之内。③

---

① 原德文的 das Wesen 应中译为"存在之物"或"存在者"。

② 这是依贺译的，按原德文，应中译为"反思把思想之作为思想为其内容而且把这带到意识中来"。

③ 这一小段，从文字方面着眼，应该指出，贺译主要是从英译重译为中文，而不是从黑格尔的原德文中译出来的，原因是经过瓦拉士的较灵活地意译成英文，原来较晦涩的语句就易懂了。但是应该指出，贺译在上文曾把原德文的 das reflektierende Denken 中译为"反思"，而在本小段里的英译词 reflection 却中译为"反省"，不免使中译的读者觉得好像是两个不同的名词，似应仍中译为"反思"较当，虽然这后出的一词没有 Denken 这个德文的"思想"明白，然而其含义是包括"思想"在内的。

黑格尔在这第二节里，主要是要依他自己的观点，把情绪和信仰都说成是一些思想的形态，这样来把艺术和宗教包括在哲学的领域中去，这是与事实不符合的，是牵强附会的，是艺术家和宗教信仰者所不能同意的。当然，艺术家和宗教信仰者不能说艺术和宗教绝不包含有思想。可是艺术中的思想并不是艺术所主要要表现的，其主要要表现的是艺术工作者当下所感觉到的情绪，而宗教信仰者所信仰的也不是宗教的教义，即宗教的思想，而是宗教的对象，即所谓“神”。其思想是后出的，亦即由反思所产生的。恐怕黑格尔也会把这种看法说成是一种成见吧！可是，这正是把“一般的思想与哲学上反思的(反省的)思想的区别”忽视了！且看下一段。

51.2 忽略了一般的思想与哲学上反省的思想的区别，复引起另一种常有的误会：误以为这类反省的思想为我们达到永恒或达到真理的观念和确定性的主要条件，甚或唯一证明。例如现在已经过时的对于上帝存在之玄学的证明，曾经被尊崇以为欲获得上帝存在的信仰或信心，好像除非知道这些证明，除非深信这些证明的真理，别无他道的样子。这种说法，无异于认为在没有得知食物之化学的、植物学的或动物学的性质以前，我们不能饮食，或是等到我们完成了解剖学和生理学的研究之后，再去从事消化一样。如果真是这样，则这些科学在他们各自的范围里，与夫哲学在思想的范围里将赢得极大的实用价值。而且他们的实用将升到一绝对的普遍不可少的程度。或则，毋宁若是，所有这些科学，不是不可少，将简直不会存在了。

这也就说明人们是先有行动，先有艺术的制作、宗教的信仰，然后才有对行动，对艺术作品和对宗教信仰的反思，而不是靠思想来进行艺术的工作，靠思想来决定信仰的。革命导师马克思在他的名著《哲学的贫困》里曾写道：“黑格尔认为，世界上过去发生的一切和现在还在发生的一切，就是他自己的思维中发生的一切……他认为他是在通过思想的运动建设世界；其实，他只是根据自己的绝对方法把所有人们头脑中的思想加以系统的改组和排列而已。”①马克思在这里一语便道破黑格尔唯心主义的思

① 姜丕之编著：《黑格尔〈小逻辑〉浅释》，上海：上海人民出版社，1963年，第27～28页。

想体系，而他之把思想绝对化则更是错误的了。黑格尔是信奉基督教的，并且在他的著作和讲演中无不在宣扬基督教，而在《小逻辑》中也是这样，虽然我们不应因此而格外贬低这书的价值，但是在适当的地方，我们应该指出，加以批判，以免青年读者不自觉中受到渲染。

52.1 第三节

在这第三节里，黑格尔进一步进行他所要说明的总念在思想中的重要性。这是他全部《小逻辑》的关键，而这节只是其开端而已。其重要的两句就是第三段的"一般人所谓哲学之难懂性"与其原因，和"普通总是竭力寻求一个熟悉的流行的观念或表象来表达"总念。

52.2(1)充满了吾人意识的内容，无论是哪一种的内容，都是构成情绪、直观、意象、表象与夫目的、责任心等等，以及思想和总念的性格之要素。

这句话不过说明人们意识的内容是什么心理形态，无非是感性的情绪和直观，想象力的意象和表象，以及理性的目的、责任心、思想和概念等等的性格之要素，这是黑格尔对于人类意识内容的分析，是沿袭当时的心理学的。

在译文方面，为了理解后文方便，我们觉得要提出两点加以解释：第一，贺译本在这里的总念，似乎不十分正确。黑格尔的原德文是用 der Begriffe 这词，而英译是用 notion 这词。在中译黑格尔《逻辑学》里 der Begriffe 这词是比较麻烦的，因为在黑格尔谈到知性的概念时，他是用这词的，而谈到辩证法的理性概念时，显然是比知性的抽象概念含义更多更具体，而他却仍然使用同一个德文词，即 der Begriffe，所以贺译在翻译前者是用"概念"这词，而后者则用"总念"这词，这是完全正确的，但是，在本句里，黑格尔所用的 der Begriffe 是和 der Gedanken(思想)并排的，那就不宜用"总念"这词来中译。英译是用 notion 而不用 concept，可能贺译受到这词的错觉而使用"总念"这词的，然而英语 notion 这词是从古拉丁语 nōtiō 这词而来的，原没有"总念"的意思，一般只中译为"概念"或"想法"，译为"概念"时，则与 concept 同义，而在本句中是应中译为"概念"的。

第二，在本句中贺译有"性格之要素"这个词组。查黑格尔原德文所用的是 die Bestimmtheit 这词(确定性)，而英译是 qualitative character，中译为“性格之要素”似不妥，仍以直译原德文的用词为“决定性”较确切而不会引起误解。

52.2(2)依此看来，情绪、直观、意象等，乃是这个内容所表现的诸形体。这个内容，无论它仅是单纯被感觉着(如情绪、直观)①，或参杂有思想在内而被感觉着(如目的、责任心)、直观着(如意象、表象)等等，甚或完全单纯地被思想着(如思想、概念)，它(指意识的内容)仍保持其为同一的东西(即意识这个内容)。在任何一种形态里，或在多种混合的形态里，这个内容就是意识的对象(意思是说，无论是情绪、直观、目的、责任心、意象、表象、思想、概念等都是意识形态，同时也是意识的对象，为意识所意识到的，因此，就是同一的东西)。但当内容成为意识的对象时，这些不同性质的形态(即情绪、直观、目的、意象、思想、概念等等)也就归在内容一边，而(作为意识的对象)呈现在意识前面②。因此每一形态便好像又成为一个特殊的对象。于是本来是同一的东西③，看来便好似许多不同的内容了。

在这段文字里，黑格尔牵强地把不同内容的意识形态，因为同是意识的对象，就说成是同一的东西，这是我们不能苟同的。我们根据列宁的教导，当然知道感觉是能按辩证的演变转化为思想的④。但是，在转化之前，感觉还不是思想而仍然是感觉，二者是不可混淆的。伟大领袖毛主席教导我们说：“概念同感觉，不但是数量上的差别，而且有了性质上的差别。”⑤而黑格尔在上面一段里却硬说感觉、概念、思想等等是同一的东西，这能为人们所接受吗？所以瓦拉士在英译这句时，也不得不把原德文的 an sich dasselbe(在其自身来说，或在本质上是同一的)翻译为 the same at bottom (到底还是同一的)来缓和其语气，足见黑格尔原文的牵强而且不符合实际。但是黑格尔的这段文字是为他的后文作注本的。让

---

① 本大段中放括号内的字句都是编者加上的，为的是举例说明或解释。

② 原德文“对象”这词是 der Gegenstand，即对立物，所以从词义说，对象是呈现在前面的东西，说意识对象呈现在意识前面，不啻同语反复。

③ 同是意识形态，意识对象。

④ 见《列宁全集》第 38 卷，北京：人民出版社，第 318 页。

⑤ 《实践论》，《毛泽东选集》第一卷，北京：人民出版社，1951 年，第 284 页。

我们看下去吧。

> 52.3(1)我们所意识着的情绪、直观、欲望、意志诸形态概括地讲来,便被称为表象①。大体上我们可以说,哲学是以思想、范畴,或更确切点说总念去代替表象。像这样的表象,一般地讲来可认作思想和总念的譬喻。

这样,黑格尔便运用其偷换概念的手法,通过“概括地讲来”和“一般地来讲”的字样,把“总念去代替表象”,把极端抽象的东西代替了感性的表象了。但为了缓和起见,他又补充地说,“像这样的表象,一般地讲来,可认作思想和总念的譬喻”。在这里,黑格尔显然没有说,感性的表象是辩证地转化为思想、总念,而硬是说总念代替了表象,而为了缓和起见,说表象可认作思想和总念的譬喻。他这样便偷偷地丢掉了反映客观事物的感性表象而输入他的唯心主义的总念了。

> 52.3(2)但一个人具有表象,却未必能理解这些表象在思想方面的意义,亦未必能深一层理解这些表象所表现的思想和总念。反之,具有思想与总念是一回事,知道符合这些思想和总念的表象、直观、情绪又是一回事。

这两句话就露骨地表现着黑格尔的唯心主义哲学的思想了。表象究竟是一种什么意识形态?依黑格尔的看法,表象不是反映客观事物,而是表现思想和总念的,是要和思想与总念相符合的。依黑格尔的看法,每个人都当然具有思想和总念的(关于这层,他在上面第二节里已曾反复说过),但不知道表象等意识形态是要符合思想和总念的,于是就产生下段所读得的问题。

> 52.4 此种区别在一方面,足以解释一般人所谓哲学之难懂性。他们的困难,一部分由于他们不能够,实即不惯于作抽象的思想,亦即不能够或不惯于把握住纯粹的思想,并习于运思于纯粹的思想之中。在平常意识状态里,思想每每穿上当时感觉的和精神的材料的衣服,混合在这些材料里面难于分辨。在后思、反思和理论里,我们往往把思想掺杂在情绪、直观和表象里(譬如在一个纯粹感觉材料的

① 原德文的 Vorstellungen,贺译在括号加注:亦可译作观念。

命题里,“这片叶子是绿的”,已经掺杂有“存在”和“个体性”的范畴在里面)。但将思想本身,单纯不杂地,作为思考的对象,却又是另一回事。至于哲学之难懂的另一部分困难,乃由于求知者没有耐心,亟欲将在意识中的思想和总念,用表象的方式表达出来。所以假如有一个意思,要叫人用总念去把握,他每每不知道如何用总念去思想。因为对于一个总念,除了思想那个总念的本身外,更没有别的可以思想。但是要想表示那个意思,普通总是竭力寻求一个熟习的流行的观念或表象来表达。假如摒绝熟习流行的观念不用,则我们的意识就会感觉得原来所依据坚定自如的基础,好像是根本动摇了。及当意识一经提升到总念的纯思的领域,它将不知道究竟走进世界的什么地方了。因此最易懂得的,莫过于著作家、传教师和演说家等人们说的话,他们对于读者和听众所说的,都是后者已经知道烂熟的事物,或是觉得甚为流行,而用不着理解的事物。

这较长的一段话并不难读,主要是说明一般人何以觉得哲学难以理解,其原因不外两种:第一是人们不习惯于把握纯粹的思想;第二是不够耐烦,总想用感性的表象来表达思想和较抽象的概念,否则就像是掉入云雾中去,糊里糊涂,感性的坚定自在的基础好像根本被动摇了。殊不知“对于一个概念[①]除了思想那个概念的本身外,更没有别的可以思想”了。按原德文的意思是说,在一个概念那里,除这个概念本身以外,更没有别的可思想的了。我们要问:是这样的吗? 究竟概念是什么? 不是从客观感性事物概括出来反映客观事物的吗? 何以在一个概念那里,除这概念以外,就不能思想到其所反映的客观事物呢? 黑格尔不是舍本务末,见林不见树吗? 他的这段话,说明一般人觉得哲学难以理解,尚属近理,但插入这样的一句,只又一次暴露他的唯心主义观点而已[②]。

---

① 贺译在这整段里,全以“总念”来译原德文的 der Begriff,大概也是为英译用 notion 这词而不用 concept 这词所错引,本编者觉得用“概念”较为适当。

② 关于译文方面,为了方便读者起见,除应该用“概念”而不在这段文字里用“总念”之外,还有两点得要提出:(1)在后思、反思之后贺译的“理论”易生误会,因理论常是与实践对用的,原德文所用的是 Raionieren 这个动名词,含有过程的意思,应中译为“理论或推论的过程”。(2)在括号里的“存在”是原德文的 Sein 之译,译为“有”较正确,因“存在”是更高的一个范畴,二者在黑格尔逻辑学里不应混淆,但中译常有这个毛病,不可不注意。

53.1 第四节

这节比较简短而且易懂。其内容是为当时的一般思想情况所引起的。

53.2 对于一般人的普通意识，哲学须证明其特殊知识方式的[这种]需要，甚或须得唤起一般人认识哲学的特殊知识方式的[这种]需要。对于宗教的对象，对于真理的全体，哲学须得指出，从哲学自身出发，即有能力加以把握。假如哲学的看法与宗教的观念[之]间发现有何不同，哲学须得说明它何以异于宗教之道的理由①。

这节的文字与内容比较易懂，毋须解释②。

54.1 第五节

在这节里，黑格尔引申上节的内容，虽然"从哲学的自身出发，即有能力加以把握，并能说明哲学所以不同于宗教的理由"，但是宗教的对象和一般说来的真理这两个不是那么简单的观念，还得要说明，读者于是就不应把哲学看得太容易了。

54.2 为对于上面所指出的区别和与这区别相关联的见解(即是认为意识的其实内容，一经被翻译成为思想和总念的形式时，反而更能保持其真相，甚且反而能得更正确的认识的见解)，有一初步的了解起见，尚可记起一个旧信念。这信念认为要想真知道外界对象和事变，以及内心的情绪、直观、意见、表象等的真理必须加以"反复思索"(nachdenken)。而对于情绪表象等加以反复思索，无论如何，至少可以说是将情绪表象等转化为思想了。

这第五节一开头所提到"上面所指出的区别"乃是指第三节里所讲到的区别，即表象这种感性的意识形态和思想、概念等另一类意识形态是知性的意识形态，从而发展上升到总念的意识形态。这两类的意识形态，一方面是不同的，感性的意识形态是直接呈现在人们的意识面前的，是可直

---

① 方括号内的字样是本编者加的，后本此。

② 关于译文，本编者认为在第一句中加上方括号内的"这种"两字，似更易读而且确切。第二句"真理的全体"是原德文 die Wahrheit überhaupt 之译，似应中译为"真理的大概说来"。最后一个子句中的"说明"是原德文的"rechtfertigen"之译，这动词的含义是"剖白"，比"说明"更深刻。

观的，直接感觉到的，而思想、概念、总念是间接的，不能直观到的，如我们一般说的那样，是不可摸到，不可看到，而必须通过反复思索的，但是感性的东西是能发展而转化为知性和理性的东西的，也就是说，意识形态不是一成不变的，虽然在起初被感觉到时是各种各样的，然而是在发展变化的，加之我们的思维也是能对之加工制造，起变化的作用，使情绪、表象等经过反复思索的过程"转化为思想的"。这是黑格尔以辩证法看意识形态的正确方面，由于情绪和表象等感情意识形态和思想这种理性的意识形态之同存在于人类意识之中，相互矛盾而起变化，就由较低级的表象、情绪等升华为思想这个较高级的而起推进作用的意识形态，正如列宁在《哲学笔记》里写道："内部的矛盾使旧的内容为新的内容所代替。"(黑格尔的话)并在本页(见中译本)上方括号里写道："非常重要！据我看来，这就是下面的意思：1. 某个现象领域的一切方面，力量、趋向等等的联系，客观联系是必然的；2. 差别的内在的发生，是两极性差别的进展和斗争的内部客观逻辑。"①

54.3 哲学的职责，既以研究思想为其特殊领域，而且既然人皆有天赋的思想能力，因此忽视了上面第三节所指出的区别，又会引起另一种错误观念。这种观念与认哲学为难懂的看法，恰好正相反对。常有人将哲学这一门学问看得太轻易，他们虽从来没有致力过哲学，然而他们可以高谈哲学，好像非常内行的样子。他们对于哲学的常识尚未准备充分，然而他们可以毫不迟疑地，特别当他们为宗教的情绪所鼓动时，走出来讨论哲学，批评哲学。他们承认要知道别的科学，必须先加以专门的研究，且必须有了对于该科学专门的知识后，方有资格去下判断。人人承认要想制成一双鞋子，必须学有鞋匠的技术，虽说每人都有他自己的脚做模型，且也都有学习制鞋的天赋能力，然而他非学习之后，不敢妄事制作。唯有对于哲学，大家都觉得似乎没有研究学习和费力从事的必要。——这种便易的说法，最近哲学上又有一派直觉学说主张当下直接的知识，凭直观去求知识的学说，去加以理论的赞助。

① 列宁著：《哲学笔记》，北京：人民出版社，1956 年，第 72 页。

上面曾指出过，常有人认为哲学难懂的那种错误的观念，然而由于人都有天然的思想能力，于是又会引起另一种错误的观念，把哲学这门学问看得太容易了，乃至从来没有在哲学上致力过的人，都好像是哲学的内行一样，高谈起哲学来，特别是在为宗教情绪所鼓动时，走出来讨论哲学，并且批评哲学。这是咄咄怪事。他们承认，要知道别的科学，必须先加以专门的研究，不是一般的草草的研究，而是在取得对这门科学的专门知识之后，才有资格去下判断。可是对于哲学却不是这样看，这不是奇怪吗？黑格尔道出制鞋子这个生动显浅的例子，来说明非经过专业的学习，不能轻易制出鞋子来的。唯有对于哲学则作为一种例外看，这是反乎常情的。黑格尔之所以这样说，并非无的放矢的，因为在当时出现了一个哲学派别，是以耶柯比为代表的，耶柯比就是"为宗教的情绪所鼓动，走出来讨论哲学，批评哲学的"一个典型人物，轰动一时。黑格尔对这派的批判详见《小逻辑》第六十一至七十八节，我们在这里暂不赘述。

可是在这里我们有一点不得不提到并加以阐明的，那就是，我们认为，黑格尔关于意识形态之辩证地从低级演变成为高级的说法，如上述，是正确的，但是不能因之就硬说情绪就是思想，而且说宗教的情绪就是哲学的思想，宗教的对象就是哲学的对象。原因是：严格说来，信宗教的人，其信仰正确与否不是我们当前的问题，姑且勿论，然而还须再次指出，他的信仰对象不是什么以思想形式出现的信条或教义，而是他所信奉的神，而由于对他的神的热烈信仰而发为宗教的情绪，甚至表现为宗教的狂热，这种狂热每每不可以理喻，不能光讲道理，尤其是不能以哲学思想的理论来说服他，转变他的态度，改造他的世界观的。不错，在宗教碰见哲学思想的抨击时，宗教的拥护者（我们在宗教历史上往往看到）就从而在哲学思想战线上以宗教的思想来应战，旨在说明其宗教信仰之不无有理，这种人在宗教历史上称为"护教论者"（apologists），其理论在宗教方面，列为一种专门研究，称为"护教论"（apologists）。在犹太教的历史中有法洛（Philo，公元前 25 年至公元 50 年）这个犹太教信奉者，是在埃及亚历山大里亚这个文化中心城市学得当时盛行的希腊化哲学，从而企图把哲学融化到犹太教中来，硬说犹太教的经典（即后来基督教的《旧约》），又称犹太族的《法律》，是神（耶和华）的启示，是一切智慧的总汇。因之就硬说希腊哲学也就全部包含在《旧约》里面[①]。又在初期基督教历史中有信徒诸士丁[②],原是希腊人,接受了基督教,认为基督教是哲学的大乘,基督就是"逻各斯"(Logos),即理性的神秘精神实质之化身,唯有在基督里才有真理的全体[③]。当然这无非是宗教狂热的呓语,可是也就说明,以其本身来说,宗教情绪,虽从心理形态来说,是常有思想的薄弱成分的,然而毕竟还不是思想形态,和思想是有区别的,在其发展到宗教思想时,已经不是属于情绪的范畴的了,不可笼统合而为一。黑格尔把宗教统摄在哲学的下面,是宗教的极端唯理派,一直为宗教家所否认的,正如他正确地否认宗教倾向的直观派哲学不得认为是纯哲学一样。他在下面第六节便进一步阐明哲学知识的范围以及哲学知识和实在性的关系。

55.1 第六节

哲学知识的范围以及哲学知识与实在性

55.2(1)以上所说似重在说明哲学知识之属于纯思和总念的范围。就另一方面看来,同时亦须得注重之点,即应将哲学的内容认作属于活泼的精神的范围,属于原始创造和自身产生的精神所形成的世界,亦即属于意识的形成的外在和内心的世界。简言之,哲学的内容就是实在[④]。

这段话含有两个意思:第一,哲学知识是属于纯思和概念[⑤]的范围的,而另一方面,哲学知识的内容就是具有实在性(原德文的Wirklichkeit)的东西;第二,具有实在性的东西是活泼的精神,即原始隐藏而毕竟显露出来[⑥]并且是产生其自身的[⑦]精神所形成的世界,这个意思是神秘的。究竟什么是这种精神呢? 初看起来,这就是黑格尔自己所信奉的上帝,但是在跟着在后面的修饰语里,这个精神也就是意识。那么,依黑格尔的说法,具有实在性的东西,即外在的世界和内心的世界,都是

① 参看德人弗里德里希·宇伯威希:《哲学史》,英译本第一卷,第228~231、224~225页。

② Justin Master,原名 Flarius Justinus,公元100—166年。

③ 参看上弗里德里希·宇伯威希:《哲学史》,英译本第一卷,第290~294页。

④ 德文的 Wirklichkeit。

⑤ 贺译为"总念"。

⑥ 德文的 Ursprunglich hervorgebracht。

⑦ 德文的 sich hervorbringende。

"活泼的"意识所形成的。这又是黑格尔唯心主义的表现。意识是生气勃勃(德文 lebendigen)的精神,自生而又能生出为内外世界来的。在这里黑格尔没有在原德文里用上"创造"这个字眼,而是用了 hervorbringende(使之发生)这个较隐蔽的动词,其实也就是"创造"的意思。

接着的下一段是:

> 55.2(2)对于这种内容之切近的觉察便叫做**经验**。只是就对于世界之经验的观察来看,亦已是辨别在广大的外在和内心存在的世界中,什么东西只是飘忽即逝,无有意义的**现象**①。什么东西是本身真实够得上冠以实在的名义。对于此同一内容的觉察,哲学与别的认识方式,既然仅有形式上的区别,故哲学必然须与实在和经验谐和一致。

这里,黑格尔替哲学中常用的"经验"这个名词下了他的定义:哲学知识的内容之最切近的(德文 nächste)觉察②便叫做**经验**(Erfahrung)。那就是说,经验就是对于具有实在性的东西之最切近的觉察。这种觉察是谁的觉察呢? 依黑格尔的说法,当然是意识的觉察,所以哲学知识乃是自我意识的结果。于是他的哲学之唯心主义的性质就彻底暴露了。内外世界无非是意识活动的结果,但是在这世界里,竟"辨别"出现象和实在东西的区别,其区别何在? 这是在黑格尔的哲学中一个十分复杂的问题,须在《小逻辑》后文里才能说个明白,在这个阶段上,只说"哲学与经验谐和一致就是实在的东西"。

> 55.2(3)我们还可以说,哲学与经验的一致至少可以认作考验哲学真理之外在的试金石。同样也可以说,哲学的最高目的就在于确认思想与经验的一致,并达到自觉的理性与存在于事物中的理性的调解,亦即达到理性与实在的调解。

这一小段包括着仅仅两句,每句各含有重要的,而意思不够明朗的涵蕴,让我们分析一下,来弄个明白。

第一句说,哲学与经验的一致是考验哲学真理的外在试金石。何以

① 原德文的 Erscheinung。

② 惯译为"意识",即原德文的 Bewußtsein。

黑格尔在“试金石”这词上加上“外在”这个修饰词？显然是含有另一试金石是内在的这个意思。所以，这句话乍看起来，好像在这里黑格尔的认识论是采用洛克的经验论的，可是，细看起来，却不尽然如此；哲学与经验之一致只是外在的①考验标准，还得要有一个更确切的更可靠的标准，且看下句怎样说：“哲学的最高目的就在于确认思想与经验的一致，并达到自觉的理性与存在于事物中的理性的调解。”

怎样才叫做调解？调解和一致又有什么分别？“调解”是原德文 die Versöhnung 的中译，原是一个宗教术语，“神的原宥”即“神赦免了人的罪过，消除神人间隔阂”的意思，而一致是原德文 die Übereinstimmung 的中译，是“协调”的意思，是一般的用语。

“自觉的理性”就是合乎理性的思想，而“存在于事物中的理性”是原德文的 seienden Vernunft（在目前的理性），就是使实在东西出现的（der Wirklichkeit herausbringen）理性。哲学的最高目的就是要确认思想与经验的一致，并要使那在目前事物中而不够完全合理的东西，经过思想中的理性清洗之后接近于理性从而和思想接合起来。这样来解释黑格尔的原文不免烦琐，但黑格尔的原意是复杂的，不详细分析是容易草率读过去而失其精微微妙的原意的。

在接着的下一段里，黑格尔并谈到，实在的就是合理的这个观点，这是更微妙的了。

55.3(1)在我的《法权哲学》的序言里，我曾经说了这样一句话：

凡是合理的就是实在的，

凡是实在的就是合理的。

我们能够承认凡是实在的都是合理的，凡是合理的，不问条件，都能成为实在的吗？黑格尔在下文里有他的解释，且继续读下去。

55.3(2)这两句简单的话，曾经引起许多人的诧异和反对，甚至有些以没有哲学，特别没有宗教的修养为耻辱的人，也对此说持异议。

意思是说，这两句话本是很简单的，却引起许多人的诧异和反对，乃

① 原德文 äußeren，即“外在的”，可说是“外表的”。

至哲学界和宗教界都对之不满。黑格尔接着便加以解释了。他写道：

55.3(3)这里，我们无须引用宗教来作例证，因为宗教上的天道观(贺译按：直译“天道观”应作宗教上关于神圣的世界统治的学说)，实在太确定地道出我这两句话的意旨了。就此说的哲学意义而言，稍有学养的人，当不仅应该知道上帝是真实的，上帝是无上的实在，上帝是唯一的实在。

我们先解释这还没说完的一段话，在这段话里，黑格尔认为宗教是相信有个神统治世界一切的，按照这种宗教的信仰，按照这种宗教上的“天道观”，一切的一切都是神旨所决定的，那会有现实的东西是不合理的呢?当知稍为受过教育的人(即受过当时宗教教育的人)从宗教教育的观点出发，都知道上帝是真实的①，是真实无妄的，是真实无妄的极点，只有上帝才真正是真实无妄的。

55.3(4)且当可知道从逻辑②的观点看来，就存在的总体而论，一部分是现象，仅有一部分是实在。

依这句看，黑格尔是说，我们当可知道，从形式逻辑的观点看来，即从知性看来，当前的东西，即限有③。一般说来，部分是消极的现象，是无的，仅有一部分是积极的，是有的，正如在第八十九节里谈到限有时，说“限有乃是变易所得的结果”那样，是“有”“无”的统一④。

55.3(5)在日常生活中，任何幻想、错误、罪恶以及一切坏东西，与夫一切腐败幻灭的存在，虽常有人随便叫做实在。

这段话，按黑格尔的意思，是要指出，任何幻想、错误、罪恶、腐败的东西与夫瞬息即逝的东西，都是属于坏的一类的，是消极的存在，都是不必然的，即没理由的，虽为人在日常生活中称为实在的东西，其实并无实在性之可言的。

55.3(6)但是，即在平常的感觉里，也会觉得一个偶然的存在，不

---

① 原德文的 wirklich。

② 原德文的 Foimell，应中译为形式逻辑。

③ 原德文的 das Dasein，即《小逻辑》后面第八十九节的“限有”，而在这里贺译却中译为“存在的总体”。

④ 见贺译本 pp210，211。

能享受实在的美名。因为所谓偶然的存在，只是一个没有什么价值的，可能的存在，亦即可有可无的东西。

这句话说得很明白，无须解释①。

55.3(7)但当我提到“实在”时，希望读者能够注意我用这个名词的意义，因为我曾经在一个系统的《逻辑学》里，详细讨论实在的性质。我不仅将实在与偶然的事物加以区别，且进而对于“实在”与“限有”(译者按：原文作 Dasein，亦可译作限有，即接受时间空间限制的存在，受“无”限制的“有”，简言之，即是有限的存在。限在或限有为黑格尔《逻辑学》中之重要范畴，参看下面八十九节至九十五节)，“存在”以及其它范畴，亦加以确切的区别。

从这段文字看，我们可以见得黑格尔的“实在”或“实在性”这词是有深邃的哲学意义的，他曾在他的《逻辑学》里详细讨论过这词的意义，我们将在下面第八十九至九十五节里，特别又在第一四二至一五九节里读到它的详文，在这里就毋须赘述了。

现在我们转到他的“合理的即是现实的”这种说法上来，这是他的哲学体系的一个关键性问题。

56.1(1)认为合理的即是现实的这种说法颇与一般的观念相违反。因为一般的观念，一方面大都认理念和理想为幻想，认哲学仅不过脑中的幻想系统而已。另一方面，又认理念和理想的太高尚纯洁，不会成为实在，或太薄弱无力，不易实现其自身。

在这段里，黑格尔指出，合理的即是现实的这种说法是和一般的观念相违反的，就是说，一般人不会接受这种说法的。另一方面，又有人认为合理的东西不过是理念，即理性的概念，高出常用的知性概念的，属于理想的范围，可望而不可即的，是一种幻想，一种不切合实际的空虚的想法，是“哲学”的东西，而所谓哲学不过是头脑中的一套幻想而已。这是把理念和理想看成是虚无缥缈，若有若无的东西。另一方面则反之，认为理念和理想太高超太纯洁了，不会成为事实的，或者太过无力了，不易实现的。

---

① 只在译名里，“偶然的”这词组是原德文 Zufällige 这词的中译，一般中译为“偶然的”，但按其原义，是与“必然”相对的，似中译为“不必然的”较确切。

56.1(2)惯于用分析的理智的人,他们常常喜欢作这种理念与实在的分离,他们认理智的抽象作用所产生的幻境,为真实可靠。以命令式的"应当"自夸,且特别喜欢在政治领域里去规定"应当"。这世界好像是在静候他们的睿智,以便向他们学习什么是应当的,而又是这世界所未曾企及的。因为,如果这世界已经达到了"应当如此"的程度,哪里还有他们表现其老成深虑的余地呢?若果理智所提出的"应当",被用来反对外表的琐屑的变幻事物,以及限于一时一地的社会状况和典章制度等,倒还每每可收针对时弊之效。而且在这种情形下,他们不难发现许多不正当不合理想的现状。因为谁没有一些聪明,去发现在他们周围的事物中,有许多东西事实上没有达到应该如此的地步呢?若果将能指出周围琐屑事物的不满处与应当处的这一点聪明,误以为在讨论哲学这门科学上的问题,那就错了。哲学所研究的对象是理念,而理念并不会薄弱无力到永远只是应当如此,而不是真实如此的程度。所以哲学研究的对象乃是实在,别的事物如社会状况、典章制度等,只可说是实在之表现于外罢了。

这个较冗长的一大段可细分为三小段去看。其第一小段到"可收针对时弊之效"为止,是说惯用分析性的理智的人,即惯用形而上学方法的分别性的人,是喜欢把理念和实在生硬地区分开来的。由于他们对于现实不满,这是有其正确的理由的,于是就退回到内心的理智抽象,即不是具体的作用,不看全面的这种作用。把这种理智所产生的幻境,这种不顾实际的片面性看法,作为是可靠的,误以为这种幻境和令人不满的现实相对起来,才是应有的东西,才是"应当的",那么就洋洋自得,以为发现了真理,并以命令的方式,对别人号召去照着这种"真理"行动,特别在政治领域里是这样,好像他们自己是"先知先觉",全世界的人静悄悄地等候着来接受他们的智慧,等待着向他们学习什么才是应该做的,而且他们还认为,他们所幻想到的"真理"是世界上的人从没想到,即使想到了也做不到,"未曾企及"似的。惯用分析性的理智的人之所以这样想象,是因为,如果世上的人已经达到了他们所想到的"应当",那又何必要他们那样深思熟虑,才有这种"应当"的高深理想呢?这是黑格尔对这种以"应当"来自夸的人的一种讥笑。他又退一步比较接近现实地说,那些人提出他们的“应当”，用以批评并反对当时极为琐屑的现象，以及一些时常变更，毫无实效的社会状况和典章制度，也还有针对时弊的功用，而且这些受到批评和反对的东西是到处可看到的，却是不正当不合理想的，只要有点聪明的人都可发现的。这是第一小段的内容。第二小段的内容是黑格尔严肃地指出，误以为这样的一点聪明就足以解决所讨论的哲学的问题，那就错了。那么哲学研究对象是什么呢？其答案就是第三小段的内容。这第三小段是从“哲学所研究的对象是理念”这句起的。黑格尔在这小段里指出了哲学所研究的对象是理念的这一点之后，还引申地指出，理念并不是像前面所曾说过的那样薄弱无力，只是空洞的思想，永远不会成为事实的，而是实在的东西。目前的社会状况和典章制度，不过是实在东西的一种在一时一地中的表现而已，这些东西是随着时间地点而变动的，而理念却有其相对的稳定性的。

这番讨论是“凡是合理的就是实在的，凡是实在的就是合理的”这两句所引起的。那么，黑格尔的这书在第六节下半节的议论究竟是怎样解释这两句话的呢？让我们引用恩格斯的话来说明吧。

恩格斯在他的一部著名的杰作《费尔巴哈与德国古典哲学的终结》里写道：“不论哪一个哲学原理都没有像黑格尔的‘凡是现实的都是合理的，凡是合理的都是现实的’这个有名的原理那样引起近视的政府方面如此地感激和同样近视的自由派方面如此地愤怒。这个原理，显然是替现存的一切作辩护，是在哲学上替专制政体祝福……弗里德里希·威廉三世就这样想过，他的臣民也这样想过。但是，黑格尔的意思根本不是说，凡现存的一切无条件地都是现实的。在他看来，现实的属性[事物的必要的、本质的、不可缺少的标志]仅属于那同时是必然的东西。‘现实性在其展开过程中自己表明为必然性’。所以他并没有直截了当地承认政府的任一措施——都是现实的东西，归根到底，也是合理的东西。所以黑格尔的这一原理，在应用于当时的普鲁士国家时，意思只是说：这个国家在它是必然的这个限度内，才是合理的，才是符合于理性的。如果说，在我们看来，它终究是不中用的，而且尽管不中用，仍旧继续存在，那么，政府的不中用，就可用国民那相当的不中用来辩护和说明。当时的普鲁士人有着他们所应该有的政府。”

“但是，根据黑格尔的意见，现实性根本不是某种社会制度或政治制度在一切环境和一切时代所固有的属性，恰恰相反……在发展的进程中，凡从前是现实的一切，都会成为不现实的，都会失掉自己的必然性，失掉自己存在的权利，失掉自己的合理性。于是一种新的、富有生命力的现实就会代替衰亡的现实——如果旧的东西充分理智，不加抵抗即行死亡，那便和平地代替；如果旧的东西抵抗这种必然性，那便用暴力代替。这样一来，黑格尔的这个原理，由于黑格尔的辩证法本身，就转化为自己的反面：凡人类历史领域的一切现实的东西，随着时间的推移，都会变成不合理的东西。因而，它按其本性就已是不合理的，老早就包含着不合理性；凡在人们头脑中是合理的一切，一定要变成现实的东西，不管它和现存的，表面上的现实性如何相抵触。按照黑格尔思想方法的各种条规，凡是现实的东西都合乎理性这个原理，就变为另一个原理；凡是现存的一切，都是应当灭亡的。”①

57.1 第七节

这节的内容主要是讲近代哲学是怎样一开始就是和经验密切联系的，是和当下的现实有关系的。

57.2(1) 由此足见反思或后思——对于事物的反复思索——概括地讲来，包含了哲学的原则(原则在此须兼有原始或起始的意义在内)或开端。而当反省式的思想，得到独立，在近代(即路德的宗教改革之后)重新发苞时，其起始就不是仅仅抽象的思想。如像希腊哲学之初起时那样，与现实缺乏联系，而乃于初起之时，立即转向着现象界的无限量的材料方面用力。

这一小段说明反思或后思②是包含了哲学的原则的。在原文的括号里，并说明“原则”这词兼有“原始”或“起始”的意思。其实“原则”这词是从古拉丁文 principium 这词翻译成西欧各国的“原则”这个词的③。

黑格尔在这里说“反省式的思想得到独立”，这是什么意思？“反省式

① 见上引书，人民出版社，1962 年北京版第 4～5 页。

② 这两个名词我们在注释上面第二节的第三自然段时已经加以从词源和词义上的说明。

③ 按古拉丁文 principio 这词的原义来说，是“起始”的意思，principio 作为“原则”用，是个转义，指原始原理说的。

的思想”也就是反思，反思是个人对于事物进行反复思索，寻求客观事物的意义与其普遍性和其为普遍的标准，以及事物发生的必然性与其规律。这是科学的精神，这种精神在欧洲中世纪，一切思想都为其时控制人们思想的基督教教会和罗马天主教教皇所领导的经院僧侣所统治，不能有任何个人思想的自由，更谈不上科学的研究，例如英国十三世纪的罗吉尔·培根和波兰十五世纪末时至十六世纪中叶的伟大天文学家、宇宙太阳中心说的创立者哥白尼等杰出科学家，都是受到教皇的迫害的，一直要等到欧洲文艺复兴之后，欧洲人们的思想才有一线的曙光，而且在德国马丁·路德在一五一七年发动反对教皇的出售所谓赦罪符的腐朽骗人的恶习，并企图改革天主教的某些恶劣的主张，于是就开始了抗击德国天主教和教皇权力的公开斗争，人们的思想才有独立的希望，才重新萌芽发苞。在黑格尔看来，这种在欧洲“重新发苞”的“独立反省式思想”，其一种令人欣庆的特征，就是一开头已不是仅仅抽象的冥想，而立即就朝向现象界的大量客观材料，在客观对象研究方面下功夫的。

阐述了欧洲的独立思想“重新发苞”的可喜现象之后，黑格尔进而说明“哲学”这词的来源与意义，他写道：

> 57.2(2)哲学一名词已用来指称许多不同部门的知识。举凡在无限量的经验的个体事物之海洋中，寻求普遍与确定的标准与夫在无穷的偶然事物表面上显得无秩序的繁杂体中，寻求定律与必然性的得来的知识，都被称为哲学或爱智了。

这是黑格尔阐明哲学在十六世纪后在欧洲使用这词的范围，而这范围是包括一些具体事物的研究的，并不是上节所讲的某些人的误解，以为“哲学仅不过脑中虚构的幻想系统而已”。哲学的范围乃是“许多不同部门的知识”。例如从前在英国就称我们现在所叫做物理学的为“自然哲学”(natural philosophy)，一直到现在在英国所出版的有一种物理学报还依然使用这个名称，致使有些不太懂英语的或不知道科学史的人，竟错认为这一定期刊物是谈关于大自然的哲学的①。由于直至十九世纪末叶，

① 其实“自然”这个词原是古希腊文的 φύσις，即古拉丁文的 *physis*，变形为英文的 physics，其后缀的 ics 原是古希腊语的后缀 ikos，表示名词的，因之就有“物理学”这个中译词。

哲学这一名词所指的范围如此广泛,所以黑格尔在十九世纪初就自然而然地把哲学包括着"举凡寻求普遍与确定的标准与夫寻求定律与必然性所得来的知识",而且并使用"爱智"作为"哲学"的同义词,这是由来已久的用法①。

我们解释的那个自然段的最后一句是这段的小结:

57.2(3)所以现代哲学思想的内容,乃取材于人类对于外界和内心,对于当前的外界自然和当下的心灵或心情之亲身的直观与知觉。

在这句里,读者须注意"当前"、"当下"和"亲身的"这些字样。这句的意思是易明的,毋须编者赘述,接着的下一自然段其前一小段就是:

58.1(1)这种(也就是上句所说的:人类对于当前的外界自然和当下的心灵或心情之亲身的直观与知觉,即经验的)经验的原则,含有一种无限重要的条规,就是吾人想接受或承认任何事物为真,必须与那一事物有亲密的(即亲身的)接触,或质言之,我们必须发现那一事物与我们自身的确定性合而为一。我们必须与对象有亲密的接触,只是用我们的外在的感受也好,或是用我们较深邃的心灵和本性的自我意识也好(译者按:黑格尔素认为近代经验主义之发生,有两大潮流,一注重自然或感受的经验,此为经验科学的倾向,以培根为代表。二注重精神经验,此为重精神生活或文化陶养的倾向,以德国的神秘主义者波墨为代表。前者即此派所谓自"外在的感受"出发,后者即此派所谓自"较深邃的心灵,或本性的自我意识出发",两者皆同样注重对事物有亲密的接触,而反对中古空疏抽象的哲学)。——这个原则也就是今日许多哲学家所谓信仰当下的知识、外界和内示②的启示(译者按:此指当时谢林及耶柯比等人之思想言,下面对客观性的第三态度,即讨论此派思想)。

这小段的第一句话似是黑格尔赞成并采用经验论的,但是在"质言

---

① 德文的 philosophie 这词原是由古希腊文的 φιλοσοφία(拉丁文的 philosophia)这词而来的。古希腊文的这词有两截,其前截是 philo,"爱好"的意思,后截是 sophie,"智慧"的意思,故 philosophie(哲学)就是"爱智"。黑格尔是精通古希腊文的而且往往是喜欢谈哲学名词的词源的。

② 内示,贺麟译本作"内心"。——整理者

之"之后便暴露其唯心主义了。他写道:"我们必须发现,那一事物与我们的自身的确定性(即内心的确定性)统一而结合起来了。"(贺译为"合而为一")那么,客观经验还得以内心的确定性为标准的,客观的要以主观为标准的。这又一次暴露黑格尔的唯心主义。

关于第二句,贺译在括号内有其阐述。但我们仍要提出两点的补充。第一,经验科学以培根为代表,毋宁说以培根,即英国十六世纪后半叶至十七世纪初叶的弗兰西斯·培根为提倡人,因为培根只有他的名著《新工具论》来提倡自然科学的实验研究,而他自己并没亲自动过手,虽然曾有过一次,且仅只一次,用盐加在雪上塞入死了的鸡子里面来看看能否延迟鸡肉的腐坏,从而他便受了感冒,转为肺炎而死。第二,波墨①在关于基督教的原罪,罪恶与自由意志等问题的争论中,想到上帝里面的一种"莫名其妙的"消极性原素,于是就把在他以前三百年厄克哈特②的神秘"绝对"作为这种原来的解释;而取得它的哲学与神学的意义,后来为谢林和黑格尔的"绝对"之滥觞。

58.1(2)这些科学虽被称为哲学,实应称为经验科学,因为它们是以经验为出发点。但是这些科学所欲达到的主要目标,所欲创获的主要成绩,乃是求得定律,普遍命题,或一种理论,简言之,求得关于当前事物的思想。所以牛顿的物理学便又叫做自然哲学。又如修戈·格罗特斯(Hugo Grotius)③搜集许多历史上国家对国家的行为加以比较,助以通常的理论,因而提出一些普遍的原则,构成一个学说,可以叫做国际公法的哲学④。在英国,直至现在,哲学一名词大体上都是指这一类学问而言。牛顿至今仍继续享受最伟大的哲学家的声誉。甚至于科学仪器制造家也用哲学一名词,将凡不能用电磁包括的种种仪器如寒暑表、风雨表之类,皆叫做哲学的仪器。不用说,木头铁片之类集合起来,是不应称为哲学的仪器的。真正讲来,

---

① Jakob Behme,(1575—1624年),是个制鞋工人。

② Eckhait。

③ 一般音译为格老秀斯(1583—1645年),荷兰的著名法学家,有闻名的《战争与和平法规》。

④ 从没有人称格氏的名著《战争与和平法规》为哲学。

只有思想才配称为哲学的仪器或工具(注一)。又如新近成立的政治经济学,在德国称为理性的国家财政学或理智的国家经济学,在英国亦常称被为哲学(注二)。

58.2 黑氏原注一:又有一为汤姆生所发行的刊物,叫做《哲学年报或研究化学、矿学、机械学、自然历史、农村财政艺术的杂志》,只消从这个刊物的名称,我们便不难揣想此处所谓哲学是指什么材料而言,最近在一英文报纸上我发现一新出版的书的广告示下:"保护头发的艺术,根据哲学原则,整洁地印成八开本,定价八先令。"此处所谓根据哲学的原则以保护头发,其实大概是根据化学或生理学的原则而言。

58.3 黑氏原注二:关于普遍的财政学原理之一点,即在英国政治家公开的演说中,亦常这样说。在英国国会一八二五年二月二日的集会时,布劳汉(Brougham)在一篇回答英王致辞的演说里,提到"有政治家风度并且有哲学原则的自由贸易——因为无疑的这些原则是哲学的——对于自由贸易政策之接受,今日英王陛下曾对议会表示欣慰"。哲学一名词的这种用法,则不仅限于议会中反对派的分子,在英国船主公会每年举行的宴席上,主席为首相利物浦公爵,同党的有外相甘宁及陆军军需官朗格勋爵。甘宁于其答复主席的祝辞中说:"一个新时期业已开始,在此时期中,国务员于治理国家时,可以应用深邃哲学的正确通则。"英国哲学与德国哲学尽管不同,但当别的地方,常常把哲学的名称用来作绰号或嘲笑人的名词,甚或认作令人生厌的名词时,而看见哲学在英国政府要员的口里这样受尊重,倒是一件可喜的事。

这第七节的最后一段和两条黑格尔的原注,从内容与文字上看,都不难理解,毋须多作注释。我们只提出黑格尔关于自然哲学的这个观念,聊加阐述,不只是因为这个观念表示黑格尔对当时的自然科学,看来似还赶不上时代,并且对他的整个哲学体系来说是有颇大的影响,并且是不可或缺的一个组成部分的。

我们知道,自然哲学这个观念和与之适应的这个名词,是反映着欧洲在十七世纪和十八世纪还没能有实验自然科学的按真正的科学方法来解释自然界的许多现象以及它们的客观联系和相互依赖，因而就有人在思想上企图超出实践科学的素材而以抽象的思辨原则为基础以求获得关于自然界的知识。这是从思想原则到自然对象的思想方法，在本质上属于唯心主义的哲学范畴的，即就当时欧洲自然科学的发展来说，是退化的，反动的，而黑格尔根据古希腊哲学家亚里士多德的发展这个哲学观点在他自己的历史研究中猜测到思想概念的辩证法，却是一个伟大的成就，是不可磨灭的功绩，成为了马克思主义思想上的来源之一，为马克思所予以颠倒过来加以改造而成为马克思唯物辩证法之组成部分，从而成为对近代哲学之一个伟大的贡献，这又是我们应该肯定的。

但是，黑格尔又何以有他思想中自然哲学的残余，而且是个严重的残余呢？早在康德1781年出版的《纯粹理性批判》第一版序文的第三段里就已有对哲学(当时叫做“形而上学”)衰落情况的道歉：“形而上学曾被尊称为各门科学①的女王……而今这年老的女王却被遗弃，有如古希腊文学的悲剧中海枯拉(Hecula)在她的自悼中说：从前我是最有权力者，因为有了无数的子婿儿女与支配的地位，而今就成为流离颠沛的人了。”②这就反映了十八世纪在欧洲的哲学为各门专业科学所逐渐代替，特别是物理学、化学、生物学等——从自然哲学分离出来而剩下那越来越空虚的自然哲学。但是，黑格尔由于受到谢林的直接影响，和他自己的绝对观念的要求，就对自然哲学有其留恋并且把自然哲学作为他自己的哲学体系的一个组成部分，以完成他的哲学体系三步曲的承上启下之一个主要环节。他引用了牛顿和修戈·格老秀斯那两个杰出的科学家。牛顿是在十七世纪下半叶到十八世纪初叶的一个英国的数学家、物理学家和天文学家，力学的创始人，万有引力定律的发现者，并根据力学的基本定律来创立了天体运行的理论的，而修戈·格老秀斯(Hugo Gnotius)是十六世纪末到十七世纪上半叶荷兰的历史学家和法学家，其最著名的著作是《战争与和平的法规》，在巴黎于1624年出版，为国际公法的第一部重要著作。牛顿和修戈·格老秀斯在其著作的标题中亦没有用过“哲学”这个名词，只有格

① 按“科学”原是“知识”的称谓。

② 见蓝公武中译本，正文第1页，译文经本编者摘录并改译。

老秀斯在上述的著作中谈到“人道法”(jus humanum)时，说是由人的本性而来，才是涉及哲学的问题的，而黑格尔在本节所说的“可以叫做国际公法的哲学”，是他的引申，不免有牵强附会之嫌，至于当时在英国和德国之滥用“哲学”这个名词，只能作为笑谈，并不解决任何哲学或哲学史的问题。

概括起来，我们也可以说，这导言的第七节，鲜明地暴露出黑格尔对哲学的唯心主义的看法，其唯心主义有别于主观唯心主义，而是客观唯心主义，这是另一问题，我们留待下文加以辨别①。且看下节黑格尔是怎样理解经验的。

59.1 第八节

黑格尔认为经验的内容得要以思想为基础。

59.2 这种经验的知识，在它本身范围内，初看似觉甚为满意，但亦有两方面不能满足理智的要求的地方。第一，在另一范围内，有许多对象为经验的知识所无法把握的，这就是：自由，精神和上帝。这些对象之所以不能在经验科学的基础上寻得，这不是由于它们绝对与经验无涉。因为它们诚然不是感官所能经验到的，但亦可以说，凡是在意识内的都是可以经验的。这些对象之所以属于另一范围，乃是它们的内容是无限的。

黑格尔在第八节里一开头所说的“这种经验的知识”是指从现实观察和科学实验中所取得的知识说的。他认为这种知识在经验科学的范围内，初看起来，还似觉甚为令人满意，但是从理智的要求来说，却在两方面是不足够。在本节里，黑格尔只谈其第一方面，把第二方面的留待下面的第九节。

从第一方面来看，在经验科学以外的另一范围内，有许多对象，例如自由，精神和上帝，是不能在经验科学的基础上寻得，所以就是知识，即经验性的知识所不能把握的，这是黑格尔同意康德在《纯粹理性批判》所谈到的经验性的知识的说法。但是与此同时，黑格尔又和康德的说法不相

① 关于这点，可参看姜丕之编著《黑格尔〈小逻辑〉浅释》，上海人民出版社 1963 年版第 40 页最后一段。

同:(1)依康德的说法,自由等不是感性所能获得的对象,且不能为知性所理解,所以就是在人类认识能力范围以外,是超验的,即是不可知的"自在之物",无言可说而又不可言说的,而(2)黑格尔却认为不是"绝对与经验无涉的",足见他的所谓"经验",其范围是比康德的理论范围更广泛,比洛克的经验范围也更广泛,他认定,凡是在意识内的都是可以经验的;(3)然而黑格尔认为自由等之所以属于经验以外的另一范围,乃是因它们的内容是无限的,但是康德却认为因为它们是无限的,就是理性所不断追求的对象,因而既是不能为感性所能接触,所以就不能为理论知性所把握,而只在实践理性中被认定为道德行动的公设。在这三点上,其第二点较为重要,因为黑格尔认为凡是在意识内的都是可经验的,这就引起本节第二段的议论。这第二段是这样写的:

> 60.1 有一句话,曾被错认为是亚里士多德所说,且以为足以表示亚氏哲学的立场:"无有在思想中的事物,不是曾经在感官中的事物。"①如果思辨的哲学不承认这句话,那必是基于一种误解。但反思之,亦同样可说:"无有在感官中的事物,不是也曾在思想中的事物。"这句话可以由两种解释:就广义讲来,这话是说,心灵或精神(精神代表心灵之较深刻的意义)是世界的原因。就狭义讲来(参看上面第二节),这话是说,法律的道德的和宗教的情绪——这种情绪也就是经验,其内容的根本与中心皆基于思想。

不管在这段里所引的那句用拉丁文表达的话,是否古希腊伟大哲学家亚里士多德的原话,且为表示亚氏的哲学立场的,黑格尔本来是熟读亚氏著作的人,而且他的哲学思想是以亚里士多德的哲学思想为滥觞的,就应该知道,而认定这话是被错认为亚氏的话,当是有他的根据的,关于这个考证的问题,无关本题的大旨,姑且勿论,但据我们所知,这话是德国哲学家莱布尼兹所用而使之在德国古典哲学中通过康德而为人所讨论的,并且为康德哲学的一个重要的主张。认定知性的知识是必须有其感性直观的基础的。我们并要指出玄思,即思辨哲学,并没有不承认这话,康德

① 原引的拉丁文是 Nihil est in intellectu, quod non fuerit in seusu,直译应为"没有什么在知性中的东西不是早就已经在感性中的"。

的哲学就是依据这话进行其思维的。可是,恰恰黑格尔却要把这话颠倒过来,变为“没有在感官①中的东西不是[早就]曾经②在思想中的东西”。这就把意识中的一切,包括感觉和知觉在内,都说成是思想了,于是感性与知性以及理性都没有区别了,洛克的经验论也就是柏拉图,笛卡尔等人的理性论了,这样一来当然精神在其作为心灵③的深刻意义讲(这又更进一步的精神化)也就是世界的原因了,“法律的,道德的和宗教的情绪,在其内容的根本与中心皆基于思想”了,一切的一切都是由绝对的观念而来了。这就是黑格尔在本段的意思,这是上面所讲的经验科学从理智的要求之不足之处的第一方面而为黑格尔的说法所补充所纠正的,此种黑格尔的说法,唯理主义的说法不无所本,完全是渊源于莱布尼兹的思想的。英国洛曼·康蒲·斯密是专研康德的《纯粹理性批判》而旁及莱布尼兹的,在他的《康德〈纯粹理性批判〉解义》一书中《附录乙〈详述康德与其哲学诸前辈的关系〉》里写道:“莱布尼兹以其感官经验是自发地从个别心里面发生的这种理论来支持这个学说,他只是以这种理论来重复地说,纯粹思维是从自身里面产生其全部内容的。感官经验在其原来的性质上,不过是纯粹思维。这种思维,由于它的概念上的意义是这么无穷地丰富,就使产生他的心变为模糊,因而只有靠长期的分析,它的日益增长的部分才能解释为一直原是构成其唯一内容的那些概念性的判断。而在这个过程中,空间、时间和运动就失去一切感性的性格,而在其真正的性质出现为关系的种种秩序,这些秩序只在概念的话语上才能充分地被领悟的,作为思想的对象而论,它们仍然是绝对实在的。虽然作为感性的存在,就贬到只是表现的水平上去了。这就是在莱布尼兹的著述中所揭示的思维的见解,和他苏格兰的论敌之自然主义学说作惊人的对立的。”④这不也就是黑格尔在本节所提出的“经验的内容的根本与中心皆基于思想”的这个唯心主义的哲学立场吗?

---

① 应译为感性。

② 拉丁文的过去完成式之 fuerit。

③ 古希腊文 νους。

④ 引自康蒲·斯密著:《康德〈纯粹理性批判〉解义》中译本,北京:商务印书馆,1961 年,第 619 页。

这个立场在这里还没尽情透露出来，有待于下面第九节才说明白。

60.2 第九节

这节的主要内容是说，经验的素材缺乏必然性，只有反思才能达到哲学所要求的必然性，达到总念。这是上节的继续。

60.3(1)第二，吾人主观的理性，在形式方面，总要求更进一步的满足。此种足以令理性自身满足的形式，就是较深广意义的必然性(参看上面第一节)。然而在一般经验科学的范围里，一方面其中包含的共相或类等，其本身是空泛的，不确定的，且与殊相没有内在联系的。两者间彼此的关系，纯是外在的和偶然的。同样，殊相间彼此相互的关系亦是外在的和偶然的。另一方面，一切科学方法总是基于当下的事实给予的材料，或权便的假设。

在上节里黑格尔已曾阐述过，有些是他认为是人们经验的对象，如自由、精神和上帝等。由于它们的内容是无限的，所以就不能为经验的知识所把握，而且还有世界的原因，这是经验所不能达到而是通过思想才能推论出来的。况且即以某些是经验所能达到的东西，如法律的、道德的和宗教的情绪，乃是我们内心的感觉，然而根本上是由思想而来的。由此可见，依黑格尔的论证，以感性为基础的经验是不能完全满足我们理智的要求的。这是一方面，即第八节所谈的“第二”。

黑格尔的这番话，乍听起来，像是康德的翻版，尤其是在上节的第二段，他引用莱布尼兹的那句拉丁文的名言，更是使我们有这样的感觉。但是细加考虑，在这番话里，黑格尔是个理性派者，一切从理性的思想出发并以理性为根据，而康德是个二元论者，其坚持的主张是没有感性的基础(没有“自在之物”，即没有客观存在，尽管这种客观存在是人类知识所不能达到而只可思想得到的)，也就不能有知性的认识。虽然理性有其冲动，为求追索其所能想象得到，甚或是不得不承认其是有的东西，如自由、上帝等，然而这些东西毕竟是可望而不可企及的，是“仰之弥高，钻之弥坚”，属于人类理论知识的“彼岸”的。这是黑格尔的“绝对”哲学体系所不能容许的，“绝对观念”是不容许有其“彼岸”的。这是就经验对象的性质而言，而在第九节里，黑格尔则更进一步，从经验科学所遵循的方法来立论。欧洲十八世纪以前的哲学思想方法是被中世纪为了宗教的利益而歪曲了的亚里士多德的形式逻辑，是局限性十分严重的所谓传统形式逻辑，与其说是亚里士多德逻辑，毋宁说是十七世纪包尔耶尔(Port Royal)逻辑，其浅薄是极为可笑的，是黑格尔本人所亟力予以革新的。黑格尔在我们面前的《小逻辑》第九节里一开始就谈到“第二”，即经验知识不能令人满意的第二方面。

谈到这第二方面时，黑格尔首先提出，“吾人主观的理性[即在主观方面活动的理性这种能力]，在知识的形式方面，要求有其必然性的。这种必然性，黑格尔同意康德的理论片面说法，是不可从以感性知觉和直观为基础的经验知识而来，因为经验性的知识总是关于所予的个别的特殊的感性对象的，结果是限于所予的这个或那个，这些或那些当前的对象绝不能包括一切而无遗漏的对象的，所以所获得的知识，充其量，在概括起来之后，不过是事物的共相，即其普遍共同的表现，从而在经验科学上得到一些以这种共相为基础的类与种，如矿物、植物、动物等等，这些所谓类等，依黑格尔的说法，都是抽象的，片面的，不具体的，只看其统摄的各项之同而丢掉其互相差别之异的，因而是“空泛的”，不具体的，而且由于所丢掉的相异之性质，是任意丢掉的，因之就是“不确定的”，缺乏必然性的。这个“普遍性”就是欧洲中世纪经院哲学中所经常使用的一个哲学术语，原拉丁文的 universitas，中译为“普遍性”，今译为“共相”，表示一般的概念，如种概念，类概念，亦即德文的 Begriff 这个名词，从 begrifen 这个动词而来，有“抓住”的意思，但是如果所抓住的东西或属性，是不够全面，则所得的概念便是去异存同，片面的了。形式逻辑每每犯这种毛病，所以黑格尔就在这里予以完全正确的批评，认为是经验知识令人不满的一点，为理性所要进一步追索以求纠正的。这是黑格尔对一般经验科学的思想进程第一步的批评。其第二步，是指出这种共相，亦即概念，和殊相，即当前具体的事物没有内在的联系。也就是说，何以某一当前的事物，必须统摄在某一定的概念之下，譬如何以一定要照中药的说法，把菊花统摄在“清心明目的药物”这个概念(共相)之下，这是共相与殊相没有内在的，即必然的联系的。所以黑格尔就说，共相与殊相，依形式逻辑的看法，这两者间彼此的关系(即统属的关系)纯是外在的和偶然的(即不必然的)。

此外，黑格尔又指出，“同样，殊相(即具体事物)间彼此相互的关系亦是外在的和偶然的"，例如何以鲸和其他的鱼类同称为"鱼"，从前并以鲸为鱼，只因它生活在水中，而"生活在水中"只是外表的现象，不是鲸的本质属性而是一种偶性。

况且这种形式逻辑的局限性严重的分类法"总是基于当下的[有限数量的]事物[面前被]给予[出来的特殊]材料，未能包括无遗的，或者甚至是以"权便的假设"，即所谓"公设"为根据的。这种分类的科学方法或从属的方法，都是不能导致必然性的[①]。

60.3(2)在这两种情形下，均未能满足必然性的形式。所以，凡是志在弥补这种缺陷以达到真正的必然性的知识之思想，必是一种反思，一种玄理式的思想[简称玄思]，亦即真正的哲学思想。

在这小段里，黑格尔提出了他的"玄理式的思想"[按贺译，简称为"玄思"]。这就是真正的哲学思想。什么是"玄理式的思想"呢？在德文是 Spekulativ，中译为"玄思式"，意即推理形式的这种思想，其实也就是反思，即对事物的反复推究，含有全面考虑的意思。黑格尔在这里提出他对哲学思维一个意义极深，贡献最大的思想方法，也就是，凡事须从全面周详考虑，找出事物的相互间普遍联系，才能掌握事物的全貌，以把握事物和事物间全体的真正必然性，从而弥补简单用旧时形而上学的研究方法所导致的缺陷，这也就是根据事物的普遍联系不断发展的辩证法，即令在黑格尔那里只是概念的辩证法，可是它是以事物为根据的，亦不失其为客观的唯心主义辩证法，在欧洲哲学的发展言，就马克思辩证唯物主义建立以前，乃是划时代的，发展了古希腊哲学家亚里士多德的伟大发展观念的，确是哲学思维所不可或缺的。

黑格尔在第九节里，继续写道：

60.3(3)这种足以达到真正的必然性的反思，就其为一种反思而言，与上面所讲的那种抽象的反思，有共同点，但同时复有区别。此种玄思式的思想所特有的普遍形式就是总念。

这里黑格尔表示他在哲学史上，一如在所有对事物的思致中那样，运

① 关于这种分类法，恩格斯在《自然辩证法》里有尖锐而正确的批评，可参看该书中译本人民出版社 1955 年北京版第 189 页第二段。

用着他特出的思想方法，即他的“扬弃”这个思想①。在这里，他也就运用这个思想。在他看来，大凡两个事物，既有其共同点，也有其区别。别的科学，在从特殊到一般的思想过程中，用抽象的方式，得出某类事物的概念[德文的 Begriff，即“抓住”义]，但这种概念是形而上学的、抽象的，去异存同的观念，是片面的，而在他的能真正达到必然性的思想过程中所得到的，所运用的普遍形式是辩证的、发展的、能动的、具体的概念，把事物全面抓住的概念，亦即德文的 Begriff 对我们来说意思。不幸的是：黑格尔在上述的两种情况下都是在德文里用同一的 Begriff 这词，同是“抓住”的意思，这是那两种概念的共同点，但抓法有不同，一个是只抓其异中之同，而另一个是抓其全面的本质而扬弃其糟粕，这是其区别。后一种概念中译为“总念”是完全正确的，主要是表示它和一般概念的分别，如果根据原德文的名词，呆板地同样中译为“概念”，那就错误了，虽然对中译者来说是需要仔细看其前后文，才能把两者分别开来的。

在第九节的第二小段里，黑格尔指出思辨性的科学，即玄思的科学与别的一般科学的关系。

> 61.1 玄思的科学与别的科学的关系，可以说是这样的：玄思科学对于经验科学的内容并不是置之不理，而乃加以承认与利用，将经验科学中之普遍原则、定律和分类等加以承认和应用，以充实其自身的内容。此外并援引别的哲学上的范畴以入于科学上的范畴，而使之有效率。由此看来，哲学与科学的区别乃在于范畴的变换。故玄思的逻辑包含有前此的逻辑与形而上学，保存有同样的思想的形式、定律和对象，但同时复用较深广的范畴以发挥之，改造之。

黑格尔在这段文字里初步说明玄思科学，即他自己在《小逻辑》里所将阐述的哲学体系，对于经验科学的态度和处理的方法，各种经验科学是有其各自不同的领域而按其研究对象的性质之不同来划定其领域的。在各自的领域范围之不同，首先广泛地搜集具体的材料，并根据这种素材的

① 按中译为“扬弃”的这词，其原德文是 aufheben，其词根 heben 原有“消除”的意思，其前缀亦即“升起”义，有“向上”的含义，整个动词于是就有“把某种东西提高，扬弃其无用的部分，从而保持并提高其有用的部分”这个复杂的意义，而对黑格尔的哲学不断发展演变的思想，是异常适合的。

性质,复对各自本门的对象加以分类,经过分析研究后从而规定一些各门的普遍原则,概括出一些定律。这些工作都是按照着各门科学的基本概念即所谓范畴的,可见这些各门经验科学的内容,即上面所说的研究对象,对象的分类,研究所得出的定律等等,都是有其现实的根据,一定的规则,而不是胡乱思想出来的,所以是玄思科学所不能置之不理而必须加以承认和作为自己的素材来利用的,作为其自己的部分内容,加以思考的,这又说明黑格尔的哲学体系是注重客观而成为客观的唯心主义的。但是他并不纯粹以这些为经验科学所提供的客观存在作为他自己的哲学体系的基础进行加工的研究以形成他的哲学体系,而是"援引别的哲学上(即思想上)的范畴以入于科学的范畴,而使之有效率",这就无异于康德的"先验原则",虽然必须在经验上才有其作用以构成经验,因而必须是在经验之先,但不是在形成了的经验之前的。这也就确定黑格尔哲学如同康德的哲学一样是唯心的了。跟着,黑格尔便又写道:"由此看来,哲学[即他自己的玄思哲学]与科学[即经验科学]的区别乃在于范畴的变换。"可是这个变换就大了!这个变换决定了黑格尔哲学之为唯心的,因为"玄思的逻辑,它含有前此的逻辑[即形式逻辑]与形而上学,保存有同样的思想的形式、定律和对象"。诚然,我们查一查黑格尔《小逻辑》的范畴表,就看到本质论里面的"存在"(die Einleitung),比"有"(Sein)更高的范畴"事物"(das Ding)等和"总念论"里面的"总念"(der Begriff),"判断"(das Urteil),"推论"(der Schluss),等等。"但同时复用较深广的范畴如本质与现象(die Wesen und die Erscheinung),客体与理念(das Objekte und die Idee)以发挥之,改造之。"这样一来,黑格尔的哲学便成为以"绝对观念"为出发点并为一切的归宿的"绝对唯心主义"的哲学了,于是经验科学就由唯物的基础通过"发挥"而"改造"为唯心主义的东西了!康德的薄弱不可由理论理性所知的唯物成分——所谓"自在之物",当然是黑格尔绝对唯心主义所不可容许而予以取消掉的①了,而其"自然"不过是绝对观念之外在形式。

第九节最后一小段是本节的小结,着重说明总念与一般概念在意义

① Die idee in der form der Audersein 或说 auseensicheein(见黑格尔《哲学全书》第 24 节)。

上的分别。

> 61.2 玄思意义的总念与通常所谓概念的区别必须加以划分。认概念永不能把握无限[的这种]说法，这说法已经被人们重述了千百次，竟至成为一个深印入人心的成见，便是由于只知狭义的概念，而不知玄思意义的总念。

这两句话，经过我们上面对于原德文的 Begriff 有广义和狭义的两种用法，两个意义之分，就没有什么难解之处了①。从其狭义讲，概念是属于知性范围的，如上所说，是不能把握无限的东西，如自由、精神和上帝的。这种"说法已成为了一个深印入人心的成见"，其原因乃是人们习惯于从概念的狭义来理解这个名词，而不知道它还有其广义，即玄思的或说辩证思想的广义，在这广义上，就是总念的意思，所以总念和一般的概念是必须加以划分的，不可相互混淆的。

可是总念究竟是什么，其正确的含义是什么，还得要说明。黑格尔在下面第十节里首先是对这个问题的说明。

61.3 第十节

这节的内容是说明总念的意义，从而谈到康德的批导哲学，即批判哲学，并加以批判，且看这节本文的中译。

> 61.3 上面所说的足以求得哲学知识的总念式的思想，既自诩为足以认识绝对对象(指上帝、精神、自由而言)，则其必然性何在，其能力如何，乃是须得加以考察并加以证实的。但考察证实这种思想的努力，已经属于哲学知识本身之事，故只有在哲学范围之内才能执行这种工作。若只是加以初步的解释，未免有失哲学的本色，结果所得恐仅不过一些无凭的假说，主观的肯定，形式的推理，换言之，仅不过是些偶然的武断而已。与此种片面的武断正相对立的反面，亦未尝不可以同样有理。

这段话是黑格尔概括上文从而指出作为足以认识绝对对象(如上帝、精神、自由等)总念式的思想，亦即总念本身(因总念也是一个思想)，是求得哲学知识的工具或说手段，其在哲学的探讨中是十分重要的，可说是个

---

① 参看本书第 368 页。

关键。可是它的必然性何在，其能力如何，必须加以考察并加以说明和证实的。但是黑格尔认为这种考察总念，加以说明和证实的工作，本是哲学本身的事情，在哲学范围里面的，如果只加以初步的解释，就会是有失哲学的本色，成为不是哲学的东西，其结果不是一些无根据的空谈，就是主观的肯定，或是形式上的推理，只是一种不能说服人的武断，其与之相反对的另一种同样的武断也可能为别人提出的。

如果黑格尔是说，总念这个思想是他的绝对唯心主义体系的出发点，同时也是它的归宿，是他整个哲学体系的基本原理①，不能在开始时就替它下定义的，这是完全正确的。因为在科学看来，定义是在彻底研究终结之后才能作出，而不能在研究之前无端提出来的，但是说，连对总念这样一个关键性的概念都不能有初步解释（初步解释并不是下定义），那就是我们不敢苟同的说法了。既然总念，如黑格尔所说，是用来认识乃至绝对的对象的，那么它也就是认识事物的一种中介物，一种工具，而“工欲善其事，必先利其器”，我们能够在工作之前不去检查一下我们将要使用的工具吗？这就导致本节第二大段的议论了，这第二大段的本文据贺译是：

61.4 康德的批导哲学的主要观点，即在于教人进行探究上帝以及事物的本质等问题之前，先对于认识能力本身，作一番考察功夫，看人是否有达到此种知识的能力，他指出，吾人在进行工作以前，必须对于用来工作的工具，先行认识，假如工具不完善，则一切工作，将归徒劳。——康德这种思想看来异常可取，曾经引起很大的惊讶与赞同。但结果使得认识活动将探讨对象、把握对象的兴趣，转向其自身，转向着知识之形式方面的努力。如果不为文字所骗的话，则我们不难看出，对于别的工作的工具，我们诚然能够在别种方式下加以考察，加以批判，不必一定限于该工具所适用的特殊工作内。但要想执行考察知识的工作，却仅能在认识的活动历程里方可实施，考察所谓知识的工具，与认识知识的工具，乃系一回事。但求知识于吾人得到知识之前，其可笑实无异于某学究的聪明办法，在没有学会游泳以前，切勿冒险下水。

① 拉丁文的 principium。

在这段里，黑格尔首先提出康德的批导哲学(一般中译为“批判哲学”)的主要观点，即在探讨上帝以及事物的本质等问题之前，先要对于人们的认识能力本身作一番考察的工夫，看看人是否有达到此种关于所谓绝对存在者如上帝等的知识之能力，否则是徒劳无功的，因为人们的认识能力，包括感性、知性和理性在内，是用来进行认识事物的工作的工具的，如果工具不够完善，一切工作就归于徒劳，白费气力。这是黑格尔扼要地概括了康德认识论的主要部分而且说“这种思想看来是异常可取的”。但是他实质上并不认为是可取的。跟着，他便对康德批判哲学这一点将了一军。我们不同意黑格尔前一句的说法，说康德在这里把探讨对象的兴趣转向到认识对象的能力那里去了，只向知识之形式方面去努力。其实，大凡仔细研究过康德谈认识论的《纯粹理性批判》这部名著的人都知道康德即在这书里也并没有完全把人们研讨对象的兴趣转向到认识对象的能力那里去，至于康德的第二和第三部《批判》是明显有特别的客观对象而不限于对认识那些对象的能力的。当然在研讨道德的问题和美学的问题，以及宇宙本质的问题时，康德不能不首先谈到人们认识那些对象的能力之问题，因为黑格尔也承认，认识能力是认识对象的工具，“工欲善其事，必先利其器”，如果在谈到认识对象之先不去检查用作工具的认识能力，岂不是草率从事的一种毛病吗？所以黑格尔也认为康德的这种做法不无可取，但是还有缺陷，还有其关键性的一种缺陷。黑格尔是对着康德的这种缺陷将康德的军的。

黑格尔指出，“对于别的工作的工具，我们可以在别的方式下加以考察，加以批判，不必一定限于该工作的工具所适用的特殊工作之内”，例如我们写字是用笔作为工具的，在我们要考察笔之好坏时，不一定要拿写字的这种工作来检查笔的好坏，可以看笔的材料和笔的构造方法作为标准。“但要执行考察知识的工作，却仅能在认识的活动历程里实施我们的考察。”考察所谓知识的工具就是考察认识的能力，来获得关于这种能力的知识，“与[考察]认识知识的工具，乃系一回事”，同是考察“知识”。一切“知识”的正确与否之标准是涵蕴着考察认识知识的工具的标准的，如果想在获得任何知识之前，得到关于知识能力之知识，其荒谬就无异于经院学究[①]的所谓聪明的

① 原德文亦即拉丁文的 scholasticus。

办法——在没有学会游泳以前，切勿冒险下水。

这是黑格尔对康德批判哲学的打中要害，对批判哲学的将军。但是康德如果死而有知，就会反问黑格尔说："难道在学会游泳以前，为了不冒游泳的危险，不去问水是什么性格，自己对于游泳毫无所知，而又不自量力，便闭着眼睛跳进水里去吗?"这样，黑格尔就也会感觉到哲学上开端的困难了！他在本节的最后一段，也就批判莱茵哈特①。这段的正文是：

> 62.1 莱茵哈特见到了哲学上这种开端的困难，特提出一种初步的假说和试探式的哲学思考，以作哲学的开端，借以救治康德的困难。他以为这样就可以循序进行(其实谁也不知道如何进行)，直至我们到达基本真理为止。试细查他的方法，并无殊于普通求知的办法，即是，自分析经验的基础开始，或自分析一初步假定的概念之界说开始。不庸否认，就他将普通求知过程中的肯定或前提解释作假设的或试探的步骤而言，确是正确的见解。但是他这种看法，并未改变他的哲学方法的素质，且适足以表明他的方法之不完善。

在这段里，黑格尔以当时的莱茵哈特这位德国耶拿大学的哲学教授为例，说明哲学开端的困难。这位教授见到了这种困难，尤其是关于康德哲学体系开端的困难，于是就在本编者上一脚注里面所引的那部"试作"里提出他的一种初步的假说，作为哲学的试探性的思想，从而开始其对康德哲学的阐述，以补救康德的困难。这样他就认为可以循序进行了。黑格尔说，这是无济于事的，因为没有找到哲学上的基本真理，即绝对观念之按其本性的辩证发展程序，从一个阶段发展到更高的阶段，从一个可能性的"自在"(an sich)转变为其"自为"(für sich)而升华到合的阶段之"自在自为"(an und für sich)，一直通过各种应有的范畴而外化为自然，到了自然界的最高形式，即人类，就出现了自我意识这个最高形式，因而绝对观念就意识到其自身，回复到精神了。这就是黑格尔哲学的基本真理，而到此，哲学的发展便终止其进程了！按着这个哲学体系来看莱茵哈特的哲学尝试，其方法并没突出普通求知的办法，仍然是从分析经验开始，或

① 即 Karl Leonhard Reinhold，(1758—1833 年)[贺译误判为 L. K. Reinhold]，1787 年起任耶那大学哲学教授，著有《关于人类思想能力新论的尝试》，于 1789 年出版，是企图替康德哲学找到一种新的基础的。

者甚至从分析一个初步、假定的概念之界说(即定义)开始。这种做法,无庸否认,是将普通求知的过程中的一种肯定,或前提解释,作为假设的或试探的步骤来说,的确是一种正确的见解。可是莱茵哈特的这种办法,并没改变他的哲学方法的素质,依然是普通求知办法的老一套,只可以表明他的方法还是不妥当的。

黑格尔批判了莱茵哈特的哲学方法之后,又有什么他自己的积极方法呢? 这就是下面紧跟着的第十一节所开始谈到的。

62.2 第十一节

本节主要是阐明思想是辩证的为黑格尔哲学的主要观点和对哲学与心理学的重要贡献。

62.2(1)更切近一点,哲学的要求可以说是这样的,为人的心灵,作为感觉和直观,以感性事物为对象,作为想象,以意象为对象,作为意志,以目标为对象。

这里,黑格尔把意识的形态,按一般的作法,分别为感觉和直观、想象、意象、意志等,而不统统归结为思想了。参看上面第五节和本编者的注释①。

62.2(2)但就心灵之相反于或仅是相异于它自身的这些存在形态与它的对象而言,复要求它自身之最高的内在的满足于思想中,而以思想为它的对象。如是,则心灵在最深的意义下,便可说是回复它的自身了。因为思想才是它的原则,它的真纯的自身。

在这段文字里,黑格尔的思想是迂回的,其含义是深邃的,而且又是很重要的,看接着的下文便可见得。仔细读来,其意思可以说是这样的:感官和直观这两种在内心或说精神里的形式和它们作为对象的感性事物,想象这种内心或精神活动的形式和作为其对象的意象,以及意志这种精神表现的形式与其作为对象的目标,都是和心灵或说精神是相反的,因为那些精神的表现或活动的形式与它们的对象都是有限的,而精神本身是无限的;或者至少是可以说是不相同的。那些表现或活动的形式与其

① 关于本复合句的译文,我们认为像英译本那样,其同位子句均用分号(;),则意义更为清楚。

对象是不能满足精神的最高的、内在的要求的，这种要求只能在思想中得到满足而且是以思想为其对象。这样，在心灵或说精神的最深的意义下，便可说思想把心灵或说精神应有的原物归还给精神，也就是精神回复了它的自身，因思想才是心灵或说精神的[基本]原则或说真谛(拉丁文的principium)，才是心灵的真纯的自身或说真相。所以心灵是必然要进行思想的。

62.2(3)但当心灵在进行它的思想的本务时，思想却不免陷于自身的矛盾，这就是说，思想消失它自身于生硬的“不同一”之中，因而不惟未能达到它自身的回复与实现，反而老受它的反面的束缚。

这段文字表现着黑格尔对心灵和思想的辩证看法，点出心灵和思想中的矛盾和斗争。心灵是必然由于它的本性，而进行思想的，即执行其本务的，这样思想便陷于它自身的矛盾了。原因就是，心灵是无限的，而每个思想与其对象都是有一定的形式，因而是有限的。执行思想任务的能力是知性，但知性乃是分辨的认识能力，而分辨识的范畴是同中之异，所以知性思想便消失其自身于生硬的形而上学的“不同一”，即异之中，因而作为无限性的心灵的思想不但没能达到它自身的回复到心灵的无限境地而表现其真相，反而总是受到它的反面，即它的有限性对象的束缚，从而总在挣扎斗争的矛盾当中。另一方面，如上段最后一句所说，思想是心灵的基本原则，即心灵活动的开端，还不是心灵活动的全部，这又引起心灵的不宁静，而矛盾便推动心灵活动的发展以冲破其束缚。

我们继续看本大段的下文，就看得更清楚了。

62.2(4)对于这种仅是抽象理智的思想所达到的结果，思想复有其较高的要求，以超出它。

这也就点出矛盾进展，即辩证的发展了。上一小段所说的，只是对于这种(知性，即分别识的)抽象理智的，也就不是从全面着想的知性的思想所达到的自身矛盾，使心灵不能宁静下去的结果，思想由于其自身里面的矛盾所推动，复有其发展中较高的要求，以超出它(即挣脱其束缚)。这是向前发展的要求。

62.2(5)此种要求表示思想的坚毅性，即在此种意识到的丧失它的固有存在的过程中，亦复忠于其自身，力求征服它的对方，即在思想自身中以完成解除它自身矛盾的工作。

这一小段说明思想即令在其意识到的失去其原有的存在,依然保持其发展的方向,以求克服其不能宁静下来的状态,从而完成解除其自身矛盾的工作。

本节第二大段是继续发挥上段的含义并且给出,如果忽略思想之辩证性质,则会导致对于思想的消极态度,这是不幸的。

> 63.1 认识思想本身的性质即是矛盾进展的[或是辩证的],认识就思想之为知性言,必陷于矛盾,必自己否定其自身,乃是极根本的逻辑见解,对于此种见解的发挥,构成逻辑学上一个主要的课题。当思想对于凭借自身的能力以解除它自身所引起矛盾表示失望时,每退而借助于别的方式或形态(如情感、信仰、想象等)以求解决或满足。但不幸,思想的这种消极态度,每每会引起一种不必要的"理性恨",有如柏拉图所指陈,而对于思想自身的努力取一种仇视的态度,有如认所谓直接知识为认识真理之唯一方式的人所取的态度。

这一大段的意思有两点:第一点,认识到思想本身的性质乃是矛盾进展的,也就是辩证的[①]。认识到思想在知性的阶段上,即抽象的阶段上,形而上学的路线上,必然陷于自身矛盾,从辩证上必然否定其自身,才能进展。这种认识是极根本的一种逻辑见解,对于这种见解的发挥,就是辩证逻辑的一个主要课题,是辩证思想的开端。第二点:但是,如果在思想的辩证发展过程中不能有坚定的毅力,保持其发展的方向,排除障碍,解除其自身引起的矛盾,反而表示失望,退而企图凭借其他的方式或者其他的意识形态(如情感、信仰、想象等)以求解决或满足,那么这种消极的思想态度,就每每会引起一种不必要的"理性恨",即厌恶理性,有如柏拉图对于其当时的对理性发生厌恶的人所指陈的那样。这里,黑格尔并非说柏拉图有丝毫"理性恨"的表现,而是说这种"理性恨"由来已久,在古希腊柏拉图的时代就已出现而为他指出并加以斥责的。黑格尔并指出,对于思想自身的努力采取这种仇视态度的,有如在下面七十九至八十二节里所批判的人,即认为直接知识,如情感、信仰、想象等,为认识真理的唯一

① 贺译在方括号里的"或"字是"或说"的意思,而不是"或者"的意思。

方式的人所采取的态度那样。所谓直接的知识，就是片面强调直接感知到的经验知识，这种知识，正如恩格斯在《自然辩证法》里所指出，“必然要走到和它的出发点恰恰相反的地方去，所以，经验论[即片面的经验论]轻视辩证法[轻视知识的发展]便受到这样的惩罚：连某些是清醒的经验论者也陷入最荒唐的迷信中去，陷入现代唯灵论中去了”①。这种反动的反科学“理论”，宣传自然界中有某种神秘的而不可理解的超自然力量，似乎一些特殊的人是能够和这种力量直接交往的，其实是中世纪对术士与魔法师信仰的残余而为资产阶级的利益，来蒙蔽人民群众的意识的。这种迷信当然是陷入唯灵论中去的。所谓唯灵论的这种荒唐的谬论，是认为精神统治着自然界的一种极端唯心主义学说，承认灵魂、精神是唯一的实体，而肉体只是灵魂的产物，摈弃一切关于物质的知识而代之以对精神的直接信仰。

63.2 第十二节

在这节里，黑格尔承上节后段所提到的直接知识而谈到思想进展的次序，并且进而说到直接性和间接性以及这两者的关系，从而阐明经验科学与哲学的关系。

63.2(1)从上面所说的那种要求而产生的哲学是以经验为出发点，所谓经验系指直接的意识和抽象推论的意识而言。所以，这种要求就成为鼓励思想进展的刺激，而思想进展的次序，总是超出那自然的，感觉的意识，和自感觉材料而推论的意识，而提高到思想自身纯真不杂的成分，因此渐对经验开始的状态取一种疏远的否定的关系。这样，由否定当下的感觉，由现象的普遍本质之理念里，思想才得到自身的满足。这理念(绝对或上帝)多少总是抽象的。

这是第十二节第一大段的前半截。在这截的文字里，有几点是我们首先要说明的：(1)第一句里所说“上面的那种要求”是指前面第十一节第一大段中所提出的“要求它[即心灵]自身之最高的、内在的满足于思想中，而以思想为它的对象”这种要求的。(见贺译本第63页第一行)(2)所

① 恩格斯著：《自然辩证法》，人民出版社，1955年北京版，第38页。恩格斯在这里大抵是指其时流行在欧洲的所谓“玄秘主义”(德文的 der Okkultismus)。参看《自然辩证法》中的“精神世界中的自然科学”中译本第29～38页。

谓经验原指直接的意识和抽象推论的意识而言。这就是黑格尔替经验所下的定义,按其外延,即概念的范围来说,是比一般经验论者的对于经验的说法较为宽泛的。我们得要记住这个定义。(3)接着"经验"的定义,黑格尔便开始谈到思想进展的次序,直至思想的提高到"纯真不杂的成分"。(4)这种"纯真不杂的成分"就使思想逐渐对"经验开始的状态,"即经验朴素的状态取"一种疏远的、否定的关系"。(5)什么叫做"疏远的",因而是"否定的"关系呢? 所谓"否定"者,就是"否定当下[直接]的感觉,从而"由[即通过]对于现象的普遍性的本质的否定,也就是对于作为知性的现象所抽象出来的普遍性[共相]的本质之否定的理念,便在这理念里思想就得到其自身的满足。黑格尔并加上一句,说明这理念(即绝对或说上帝)多少可能是抽象的,即从知性说来是抽象,但从辩证的观点来说,却是最全面而最具体的,并非是抽象的。如果读者把这段文字按我们所分析的五点看,其意义是不难理解的。

试继续把本大段看下去,我们就会看到黑格尔是怎样根据上截的阐明,从而说明思想之如何从经验科学的素材和一般的内容这些"偶然的"知识形式,经过思想的加工与" 锻炼 ",而使之成为"必然性"的知识以达到哲学的程度。黑格尔的本文是:

> 63.2(2)反之,经验科学也给思想一种激励,使之克服将丰富的经验内容仅当作直接现成散漫杂多,偶然而无条理的材料的知识形式,而将此种内容提高成必然性——这种激励使得思想从抽象的普遍性与仅是可能的满足里超拔出来,进而从自身去求发展。这种发展一面可以说是思想将经验科学的内容及其所提供的范畴加以吸取和锻炼,一方面,使同样内容与原始创造的思想一致,以一种依实质自身的必然性自由发展出来。

这里的"反之"有"同时另一方面"的意思。黑格尔认为经验科学是纯以经验上直接取得的材料为其内容的,而这种材料,在其自身来说,是"散漫杂多"、"无条理的"、"偶然性的",可是很丰富的。由于经验科学把这种材料看作它的直接的现成的内容,而成为知识的形式,那就是思想发展的一种障碍,得要予以克服的。这是对思想的一种激励,使之把经验科学从单纯感性得来的偶然性知识提高到有内在联系的必然性的知识。要做到这点，哲学的思想就得要把自己从抽象知性的普遍性(共相)和仅是可能的满足那种情况超拔出来，进而从它的自身去求发展，这是暴露了黑格尔无视人类经验的发展性能，只片面强调思想的主观能动性的这种唯心主义观点，所以他就认为“思想的这种发展，一面可以说是思想将经验科学[所不能发展的]内容及其所提供的[知性]范畴加以吸取和[受思想的]锻炼，一方面又使同样的内容[即经验性的内容]与原始的有创造性能的思想一致”，这里的“一致”是“所向相同”的意思，而不是“完全一样”的意思，按“致”训为“至”，因而就是目的，《易·系辞》有“百虑而一致”，是此意。因为黑格尔虽然是唯心主义的，但他仍保持它的客观唯心主义的立场，而不把经验性的客观内容和主观的思想作为完全一样看，只是使之采取思想的形式而已，所以他说，以一种依实质自身的必然性(即依客观事实的必然性)自由地发展出来，这又是他的绝对唯心主义的表现：一切事实都是绝对观念的表现形式，其自由发展是必定达到必然性的，因而感性的“散漫杂多”，“无条理的”表面上“偶然的”东西，都在其自由发展当中，通过思想的改造“锻炼”而成为必然性的。由于这是有关黑格尔的微妙辩证的思想，我们在即令是注释中，也不得不把原文的委婉迂回的含义申述如上，以备读者的参考。

黑格尔在上段文字里阐述了哲学思想的发展次序之后，就在下一大段讨论直接性和间接性以及两者的关系了。

64.1 关于直接性与间接性在意识中的关系，下面将加以明白详细的讨论。不过这里须得首先促使注意的，即是直接性与间接性两环节表面上虽属有区别，但两者实际上不可缺一，而且有不可分离的关系——所以关于上帝以及其他一切超感官的实在的知识，本质上都包含有对感官的感觉或直观之一种提高。此种超感官的知识，因此对于前阶段的感觉具有一种否定的态度，也可以说是包含有间接性。因为所谓间接乃是由一个起点而进展到第二点，所以第二点的达到乃基于从一个与它正相反对的事物出发。但却不能因此便谓上帝的知识并非独立于经验意识方面。其实关于上帝的知识的独立性，本质上即由其否定感官经验与超脱感官经验而得到。——但假如对于知识的间接性加以片面地看重，把它认作知识可能的条件，那么，我们便可以说(但须知这种说法并无什么意义)，哲学起源于后天的成分，即是凭借经验而产生的(其实，就本质言，思想乃即是当前的直接经验的否定)，一如人的饮食，凭借食物，因为，无有食物，人即无法饮食。就这种关系而论，饮食对于食物，可以说是太不知感恩了。因为饮食动作之所以成立，全凭有食物，且全凭消灭掉食物。同样，思想之对于感官经验也可以说是一样的不知感恩(因为思想之所以为思想，全凭有感官材料，且全凭消化或否定感官材料)。

这一大段是阐明意识中的直接性与间接性的意义，与两者的相互关系。我们首先要注意到，所谓直接性和间接性同是在人们的意识中才有的，在意识之外，依黑格尔的说法，就没有什么直接性和间接性。其次，黑格尔着重指出在意识中，人们是直接意识到某事物或是间接意识到它，这当然对于意识来说是有区别的，两者是不可混淆的，这对于黑格尔范畴的发展和过渡是有重要性的，例如“有”与“无”是人们直接感觉到的，但是“变易”或说“变”，“同”，“异”，“关系”，判断和推论的类别，以至“理念”，都是间接为人所意识到的。再次，虽然如此，在我们的反思中，事物的直接性与其间接性是相互联系着的，没有直接性的意识，就没有间接性被显示在我们的意识之中，反之亦然，可见两者在实际上，即在意识里，是不可缺一而又不可分离的。所以，即以关于上帝之类超感官的这种实在(即实在存在于人们意识中的观念)之知识，本质上(即以意识而言)都是对感官的感觉或直观之一种提高，而所谓“提高”，不过是在人们意识中的一种升级，而升级是含有否定的意味的，就是说，不是原来的地位，已和原来的地位有别，因此就是间接的，是通过原来的观念而得到现在的提升了的观念的。在这点上，黑格尔并加以解释：“所谓间接，乃是由一个起点而进展到第二点，所以第二点的达到乃基于从一个与它正相反对的事物出发。”然而黑格尔又恐怕这种说法会引起人们错认为关于上帝的知识并不是独立于经验性的意识方面的，即错认为关于上帝的知识是直接从经验意识而来的，于是他便着重说，关于上帝的知识确是有其独立性的，不是依靠关于别的事物的知识的，但是这种独立性主要是由于否定感官的经验和从感官经验的提升以超脱感官的经验的。这样，黑格尔便把关于上帝的知识说成是一种异于平凡的知识，从而介入其宗教信仰的这种唯心的传播了。黑格尔的这种说法,还有另一种用意,即为他论证他的绝对观念在这里作一种伏笔的。他写道:假如对于知识的间接性[如上的所说]加以片面地着重,把它[即知识间接性]认作知识的可能条件[竟谓认作知识之成为可能的一种条件],那么,我们便可以说[但须知这种说法并无什么意义,只是一种不正确的推理而已],哲学起源于[一种]后天的成分,即凭借经验而产生的[①][其实,就本质言,思想乃即是当前的直接经验的否定]。何以黑格尔说,"就本质言,思想乃即是当前的直接经验的否定呢?"当前的直接经验都是一些感性的感觉以及这些感觉在人们脑子中所引起的许多印象,而思想是通过概念来进行的,但概念在意识中乃是间接形成的,所以思想乃是直接经验的否定,正如毛主席在《实践论》里所教导我们:"社会实践的继续,使人们在实践中引起感觉和印象的东西反复了多次。于是在人们的脑子里生起了一个认识过程中的突变[即飞跃],产生了概念。"[②]突变就是否定。黑格尔为了说明这种突变,这种否定,还举出人的饮食和食物这个人所皆知的实例来。没有食物,则人无法饮食。可是人在饮食的过程中必须消化食物,亦即消灭掉食物,这当不是饮食之对于食物太不客气,太不感恩吗? 思想对于感官经验也是这样,要有思想就必须先有感官经验所提供的材料,而思想在其思维的过程中,也是要消化,即否定感官材料而使之以概念的形式出现而不同于感觉与印象的。

这里最后一句,是黑格尔本着上面所引的饮食和食物的实例来说明思想的实质,那就是,思想者,是对感官经验所提供的具体材料加以思索而概括为概念,这正是我们在上面注释本节第一大段里所曾引用过《易经·系辞》的一句话,"天下同归而殊途,一致而百虑"的意思:思想是综合概括性的活动,对于感性的材料之考虑时,是要得到同一的意绪的,即所谓"所向相同"而成概念这种普遍性,即共相。

可是黑格尔在接着的下一段,即本节的最后一大段里,又指出本节的

---

① 这里中译为"后天的",按原文的 a posteriori 应译为"验后的",因"后天的"是与"先天的"相对立,而这里的 a posteriori 是和 a priori 相对立的,但 a priori 却不能中译为"先天的",而应译为"验前的",参看《列宁〈唯物主义和经验批判主义〉》,人民出版社 1964 年第四版,1971 年 5 月北京第 11 次印刷(后称 1971 年版),第 150 页脚注。

② 见《毛泽东选集》第一卷,北京:人民出版社,1951 年,第 284 页。

结论，说明思想还有一种从自身反映所得的直接性，其本文是：

65.1(1)但思想亦有因自身反映，自身间接(或[说]媒介)而得到的直接性，是为共相，是为思想的先天①的成分，亦为思想的自在。在共相里，思想自得满足，但假如思想对于殊相取漠视态度，从而思想对于它自身的发展，也就取漠视态度了。

在解释这一小段之前，文字上有几个词得要说明一下，以便利于理解：(1)“反映”的原德文是 reflexion，物理学上译“反射”，也译“反映”。而转义为“思想”，或“反思”，即“反复思索”的意思。(2)“自身间接”是原德文的 selbst nachdenken 词的转变为 selbstVermittlung，其 Vermittlung 是“媒介”的意思，所以“自身反映”也就是“自身为媒介”。(3)不靠别物为媒介的反思当然是直接的活动，其结果是直接得出的一种普遍性的概念，这就是共相，即或多或少的特殊形态所共有的属性。(4)黑格尔认为这种概念，这种共相是思想在具体事物呈现在思想面前之先，即在经验之前(简译为“验前”)所得到的思想中之一种成分。对于这种不是从异于思想的方面得来的，思想是觉得安适的，因而是自在的②，自得满足的。这是思想自身发展的形态，是特殊的形态，如果思想对于这种特殊的形态取漠视态度，也就是对它自身的发展取漠视态度了。

下面一小段是黑格尔指出在宗教里或在哲学里，漠视自身发展的形态，便形成一种抽象的共相，抽象的知性概念，这就是一种形式主义。

65.1(2)一如宗教里，无论高度发展的或草昧未开的宗教，无论经过科学意识的训练的或单纯内心信仰的宗教，亦具有同样内在性的满足和福祉。若果思想停留在观念之普遍性的阶段，有如古代哲学思想的情形(例如伊利亚学派所谓有，和赫拉克利图所谓变等)，自应被指斥为形式主义。

这一小段的意思是说，像宗教那里，无论是高度发展的或者是未开化而形式粗糙的宗教，无论在信仰内容上是经过科学意识的训练的或者是只限于单纯朴素的内心信仰的宗教，都各自具有其同样的内在性的满足

① 验前的，即原文的 a priori。

② 不是“自在之物”的“自在”，那“自在”是德文 an sich 之译。

和自认为是庆幸的事。这是各种宗教所共同具有的普遍性，思想得要从发展上去看这种观念性的普遍性，如果不是这样去看，而在思想上停留在上述的普遍性那个阶段，那就正像在古希腊时代的哲学思想之那种情形，例如公元前六世纪伊利亚学派(Eleäten)塞诺芬(Xenophanes)，芝诺(Zeno)和巴门尼德(Parmenides)等人的所谓“有”(das Sein)，即“无”的对立面，和赫拉克利图(Heraclitus)的所谓“变”(der flüss)，即“流动”，这确是只看事物的形式，而不深入到其实质，所以就应该被斥为形式主义。

不但如此。

65.1(3)即在一种比较发展的哲学思想里，我们亦可以找到一些抽象的命题或公式，例如，“在绝对中一切是一”、“主客同一”等话，遇着特殊事物时，亦只有重复抬出这千篇一律的公式去解释。

这一小段是黑格尔指出，即使在一种比较发展的哲学思想里，也犯了形式主义的毛病，只把捉住，牢牢不肯放的一些抽象的而无多大内容的命题或公式，例如谢林[①]在他的著作如《先验唯心主义体系》(1800)，《对一般的哲学，特别是自然哲学的一般思想的说明》(1802)等书中都阐明了他的“同一哲学”，说什么“在绝对中一切是一”，什么“主客同一”等话，但一遇到特殊事物时，也只有重复抬出这千篇一律的公式去企图作出解释，其实无济于事，依然停留在知性的普遍性里。

65.1(4)为补救思想的这一种抽象的共相起见，我们可以在正确有据的意义下说，哲学之发展实凭经验。因为，一方面，经验科学亦不停留于个别性的现象的感觉，亦复对于材料，加以思考整理，发现普遍的特质，类别和定律，以供哲学的驱使。特殊的内容，经过经验科学这番整理预备功夫后，亦可以吸收到哲学领域里去。另一方面，这些经验科学亦包含有思想之自趋于进展到这些具体的各门的真理之必然性。对于这些科学的具体内容之被吸收到哲学里，因为这些内容已经经过思想一度整理而取消其顽固的直接性和与料性了，同时亦是思想自身发展的必然过程。由此足见一方面哲学的发展，实

① F. W. J. Schelling(1775—1854)，与黑格尔同时代，同学，又在早期同工作的一个著名的德国哲学家。

> 凭借于经验科学，一方面，哲学赋予科学内容以最主要的成分：思想的自由，也可以说是先天的性质。哲学复能予科学以必然性的保证，使此种内容不复仅是对于经验中所发现的事实之信念而已。反之，哲学乃能将经验中的事实认作原始的完全自主的思想活动的说明和表现。

这一较长的大段，其说明经验科学之直接性与哲学之间接性的关系是十分重要的，又一次说明黑格尔哲学之为客观唯心主义的。我们可以把这一大段分为三截来解释，其第一截首先点出哲学思想的陷入抽象的普遍性里的毛病，例如像谢林的哲学思想那样，只能由哲学凭借经验，才能补救其发展的弊病。当知经验科学也不是停留在对于个别性的现象的感觉的。它对于这种感性的材料是加以思考和整理，以发现这种个别性的感性材料之普遍性的特质与其类别和定律的这一些属于思想范围的东西，而为哲学做准备的。经过这一番整理之后，经验科学的原来是直接性的感性内容就可以被吸收到哲学领域里去，来促进哲学的发展了。这是一方面，即从经验到思维，从经验科学到哲学，从直接性到间接性的辩证进展的一面。另一方面是思想的正确的应有的辩证进程是迫使思想之不得不进展到经验科学所包含着思想本身所趋向的具体的各门科学的真理之必然性的。在哲学吸取了这些科学的具体内容时，吸取了这些经过思想在经验科学里一度整理过而去掉其顽固的形而上学的直接性，也就是其直观的单纯所予性（即原文的 data 的性格）时，其经过的进程也就是思想的过程，也就是思想自身发展的必然过程。黑格尔在这里关于经验科学的发展的分析是十分深刻的，其对于经验科学的看法，到此为止，是尖锐而正确的。哲学与经验科学的关系应该是如此的，哲学的发展，为了防止像谢林哲学的那种空虚的抽象性，是必须凭借于经验科学所提供的材料的。可是接着，黑格尔又暴露出他的唯心主义观点了，他写道："一方面，哲学赋予科学内容以最主要的成分，即思想的自由，也可以说是其（即科学的）验前（原文的 a priori）的性质。哲学复能予科学以必然性的保证，使此种内容不复仅是对于经验中所发现的事实之信念而已。"这不是康德的先验主义（Transcendentalismus），又是什么呢？黑格尔还加上一句说："反之，哲学乃能将经验中的事实认作原始的完全自主的思想活动的说明和表现。”且看:思想的活动不是反映客观现实,不是第二性的,而是原始的,即第一性的,完全自主的,不依赖他物的,而经验中的事实只是思想的说明,只是思想的实例,思想,即绝对理念的表现而已。

这是黑格尔谈到哲学的起源是从经验科学之提高深化而来的。这是一种看法。从下节起,他并谈到哲学从其自身发展的过程。

66.1 第十三节

从本节起到第十六节是黑格尔阐述哲学史如何从历史起源和发展的。

66.2(1)上面所讨论的可以说是纯从逻辑方面去说明哲学的起源和发展。另外我们亦可从哲学史,从外在历史特有的形态里去揭示哲学的起源和发展。从外在的历史观点来看,便会见得理念发展的阶段似只是偶然的彼此相承,而根本原则的分歧,以及各哲学系统对其根本原则的发挥,亦好似纷然杂陈,无有联系,但须知几千年来,这哲学工程之建筑师,乃即那唯一的活跃精神,它的本性即是思想,即在于使它自己意识到它自身的本质。当它(精神)自身这样成为思想的对象时,同时即是它自己超出自己,即达到它自身存在之一较高的阶段。

这是本节第一大段的上截。在这截里,黑格尔叙述哲学的起源和发展如何可以从两个方面看。第一,可以从逻辑方面看。逻辑是讲思想内在的必然性的,如我们在上节所看到的那样。第二,我们又可以从哲学史看,“从外在历史特有的形态去揭示哲学的起源和发展”。何以说这是外在的历史呢? 因为哲学史是哲学的历史,但毕竟哲学史本身不是哲学,所以说是哲学以外的。从哲学本身严格说来,哲学史是在哲学以外的。这样来看哲学,就会见得理念发展的各阶段似乎只是偶然的彼此相承,偶然的一个阶段跟着一个阶段的,而且各个阶段的哲学,其根本的原则是分歧的,以及各个哲学系统之各对其根本原则的发挥,也似乎没有一定的道理,而是纷然杂陈,没有彼此间的内在联系的,好像其中没有内在的逻辑必然性的。但是我们当知道,几千年来,哲学的工程之建筑师,乃是那唯一的活跃的精神,它的本性即是思想,即在于使它自己意识到它自己的本质。当它(精神)自身这样意识到自己,那就成为思想的对象了。在这个时候，精神自己便超出自己了，否则它怎能把自己作为思想的对象呢？在这时，精神也就达到它自身存在的一个较高的阶段。黑格尔在这里所讲的精神，就是作为他的哲学体系的中心的绝对精神、绝对观念。这是他的哲学神秘主义之所在，可是离开这种神秘主义，黑格尔又无从说明他的哲学体系，只要我们略读他的第一部大著作，即1807年出版的《精神现象学》，就会更加体会到这点了。

> 66.2(2)哲学史上所表现的种种不同的系统，一方面我们可以说，乃是一个哲学系统，不过只是发展长成的阶段不同罢了。一方面我们可以说，那些作为各个哲学系统的基础的特殊原则，仅不过是同一思想的整体之一些分枝罢了。在那时间上最晚出的哲学系统，乃是前此一切系统之总结，故必包括有前此各系统的原则在内；所以一个真正名副其实的哲学系统，将必是最丰富最赅括最具体的哲学系统。

黑格尔在这段文字里是说明哲学在历史上发展的形式。哲学史上所出现的每一个哲学系统，都可说是在一定发展长成的阶段上的一个应有的哲学系统，并不是偶然如此的，在其基础上的特殊原则，也是有其渊源所自的，是同一个思想的整体[黑格尔暗指绝对观念]之一个分支而已，从发展的观点来看，在时间上较后出现一个哲学系统应是其较早的系统之一个继续，然而又必是比那较早的系统更丰富，因它是从那较早的系统按辩证进展的规律发展出来的。所以那在时间上最晚出的哲学系统，也就是前此一切系统的总结，把前此各系统的积极原则都包括在内，因而一个真正名副其实的哲学系统，既是总结了前此的一切哲学系统，就必须是最丰富最赅括最具体的哲学系统了。

这是黑格尔关于哲学发展的最精辟的历史观之阐述。他曾说过：……在科学里，特别在哲学里，我们必须感谢过去的传统，这传统有如赫尔德(Herder，1744—1803)所说，通过一切变化的，因而过去了的东西，结成一条神圣的链子，把前代的创获给我们保存下来，并付给我们①。他并说明这种传统不是机械的堆积，而是辩证的发展："但这种传统并不仅

① 引黑格尔：《哲学史讲演录》第一卷，北京：生活·读书·新知三联书店，1956年，第8页。

仅是一个管家婆，只是把她所接受过来的，忠实保存着，然后毫不改变地保持着并付给后代。它也不像自然的过程那样，在它的形态和形式的无限变化与活动里，仍然永远保持其原始的规律，没有进步。这种传统并不是一尊不动的石像，而是生命洋溢的，有如一股洪流，离开它的源头愈远，它就膨胀得愈大。"①

虽然如此，黑格尔在本节下一大段里以生动的语言指出，我们又须了解各种不同的哲学系统与哲学本身的关系，他写道：

67.1 鉴于有如此多表面上不同的哲学系统，我们实有将共相与殊相的特有性质加以区别的必要。如果只就形式方面去看共相，并将共相与殊相并列起来，则共相自身也就会降为殊相了。这种并列的办法，即使应用在日常生活的事物中，亦属不适宜，不可通。譬如，在日常生活里，哪会有人只愿意有水果，而拒绝樱桃、梨子和葡萄，因为它们只是樱桃、梨子、葡萄，而不是水果呢？但是，一提到哲学，许多人便借口说，因为哲学有许多不同的系统，故每一系统只是一种哲学，而不是哲学本身（或每一哲学系统只是一种特殊的哲学，而不是普遍的哲学），以作轻蔑哲学的根据。依此种说法，就好像樱桃不是水果似的。有时常有人拿一个以普遍为原则的哲学系统与一个以特殊为原则，甚至与一个根本否认哲学的学说并列起来，他们认为二者只是对于哲学不同的看法。这多少有些像认光明与黑暗皆只是两种不同的光一样。

中译的"共相"就是"普遍性"，即形式逻辑之从一类事务所抽象出来的共同的属性，而"殊相"就是"特殊性"，为其类之分出来的一小类或说种的特有的性质。可见共相与殊相是有其区别的，每一类或说种都有其与同类的种所具有的共相而又各具有其各种为各种的殊相。如果不在这点上注意，就会在有意无意中把共相与殊相混为一谈，这样，共相就与殊相并列起来，而共相也就降为殊相了。这是最容易在思想中犯的逻辑错误，即在日常生活中也是常见的。例如"水果"是一个类词，就这类来说，"水果"是个共相，"水果"这一类中有其各种，如樱桃是一种，梨子又是一种，

① 引黑格尔：《哲学史讲演录》第一卷，北京：生活·读书·新知三联书店，1956年，第8页。

葡萄也是一种，这些种都归于水果之类，都有“水果”这个共相，但又各有其各种的特殊性，即各为樱桃或梨子或葡萄的特殊性，即各自的殊相，可是不可因此就说它们不是水果。我们一般是说，共相在殊相之中，而殊相是共相的一种表现形式，这样，殊相与共相便辩证地统一起来了。即同中有异，异中有同的辩证说法。黑格尔在本段中是强调这点，来说明哲学的许多不同的系统各是哲学本身的一种因时因地且因各种特殊不同的情况而各异的表现状态，不可以每一系统只是一种哲学而不是哲学为借口来轻蔑这一种哲学系统。每一哲学系统所依据的原则各有不同，可能是一种普遍性（简称为“普遍”），可能是一种特殊性（简称为“特殊”），甚至可能有所依据的原则是否认哲学之存在的，这当然是评论，而假如把这些各种各样的哲学并列起来，认为他们不过是对于哲学的各种各样的看法，那就多少有些像认光明与黑暗同是不同的光而无视黑暗之与光明为对立的之谬论了。

黑格尔在本节书中阐述了各个哲学系统之异中有同，同中有异的这个重要观点之后，便在下面第十四节里继续阐述在哲学史中所揭示的思想进展是如何在哲学的体系中同样表示出来的。

67.2 第十四节

主要是说明历史的进展和逻辑思想的进展之一致，以及真理是一个整体。

> 67.3(1)在哲学历史上所表现的思想进程与在哲学系统里所发挥的思想进展的历程，原是相同的，不过在哲学系统里，解脱了历史的外在性或偶然性，而纯从思想的本质去发挥思想进展的逻辑历程罢了。凡真正的自由的思想本身必是具体的，而且必定是理念，并且就思想的整体性普遍性而言，它就是最高的理念或绝对。

这是本节第一大段的前截，一共只有中译本的两句话。这两句话，读起来还似觉不难明白，但是深思一下，其含义是深邃的。何以哲学在历史上所表现的思想进程与哲学在哲学系统里所发挥的思想进展的历程原是相同的呢？其关键在于“哲学”和“原是”这两个词。这两个词是用在第一句里，而其含义则须看第二句才能理解。在第一句所讲的“哲学”，乃是第二句的“真正的自由的思想”之有机联系着的系统，而“真正的自由的”就是纯净不杂而不依赖别物的自由自在的；这样的思想就是理念，即最高理性的纯正概念，也就是具体的，即不是抽象的、片面的，而是按其为理念的本质来说，必定是整体的、普遍性的，所以是最高的理念，在黑格尔的哲学体系里称为“绝对”。按照黑格尔在上面第十三节第一段里所说，“一个真正名副其实的哲学系统，将必是最丰富最赅括最具体的哲学系统”，所以这样的哲学之所表现的思想进程必然是按照理念，按照“绝对”的辩证进程进展的，而这也就是哲学的应有的历史发展的进程，就是在任何哲学系统里所发挥出来的应有的正当的历程，因之在哲学的历史上和其在任何一个够得上的称为哲学的系统里所发挥出来的思想进展历程应该是相同的，即原是相同的。但是为何黑格尔又说“在哲学系统里，解脱了历史的外在性或[说]偶然性”呢？他的意思是说：在哲学历史上我们是从历史的发展观点上看一个哲学系统的，而在一个哲学系统里，我们是从这个系统本身来看它所发挥的哲学思想的，而就后一观点言，其历史上的关系便不是这个哲学系统本身的主要问题，而是它的外在的次要问题了。就这点来说，其历史上的关系既不是主要的，所以就可说是偶然的，而不是属于该系统的本质性的了。其本质的问题乃是思想进展的，即逻辑历程的问题。我们在这里附带地谈一谈逻辑历程是什么。有人问到，逻辑是否就是摆事实，讲道理？当然这种说法是一种极其庸俗的说法，形式逻辑的最肤浅而又不正确的说法。乱摆一番的“事实”，乱说一通的“道理”，不能是逻辑，虽然“逻辑”这词的本意是“道理’，但摆事实，讲道理必须按照其摆与说的科学规律，离开规律则无所谓逻辑。我们是应该摆事实、讲道理的，这是天经地义，但应用即令是天经地义，也必须按照思维的规律，否则便是错用了它。关于这点，黑格尔在本段的后截便讲到，其正文中译文是：

> 67.3(2)关于理念或绝对的科学本质应是一系统，因为真理即是具体的，必是自身发挥其自身，而且必然是联系的谐和的统一体，换言之，真理必是一全体。全体思想系统的自由性，与各分节的必然性，乃建筑在对于思想之各节的区别与规定上。

这里的第一句是黑格尔哲学思想的关键性说法，我们必须好好地体会。第一个子句：“关于理念或绝对的科学，本质应是一系统。”是由下面的五个子句说明的。首先，我们看到，黑格尔的“理念”和“绝对”是作同义词用的，理念也就是绝对，什么是理念？“理念”这词是黑格尔的原德文die Idee之中译，通常中译为“观念”，“理念”含有从整体看观念的深义，德文Idee是从古希腊的ιδέα这个第二人称的动词而来的，是“你看！”的意思。叫人看的，总是当前现实具体的东西，依黑格尔的说法，具体事物必是能自行发展的，而且是和其他事物联系在一起、谐和地，即暂时谐和地成为一个统一体，但内部全有矛盾，因而必须由斗争而推动其向前发展，亦即发挥为一个更大的全体的。这就是思想的必然性与其规定性，并非偶然的，所以关于理念或说绝对的科学，就其本质而言，即如上所说，应该是一个系统，其原因就是真理之为真理，是因为它是具体的，而不是片面抽象，脱离整体的。黑格尔又写道：“全体思想系统的自由性。”何以全体思想系统是自由的呢？这里的意义不免有些模糊。黑格尔在这里的“自由”，其意思是不受限制，与全体各节之必然受全体和其它各节的限制相对应，故说是自由的，因而全体的自由性与各分节的必然性，都是建筑在对于思想之各节皆有受到一定的不同限制而有其区别和有其规定之上的。这就说明全体的自由性与其各分节的必然性了。然而还有一点是模糊的，那就是：难道全体不为其各分节所制约吗？黑格尔在这里只强调所谓全体是无其它的意思，这只能是指绝对理念说。可是，绝对理念果能绝对到如此程度而不受其内部各分节的限制吗？无限本身当然是一个矛盾①。但是黑格尔在这里却略而未言，使读者感到模糊，作注的人又未可越俎代庖，让读者继续读下去，在适当的地方，黑格尔自有补充说明的。

> 68.1 哲学若没有系统，绝不能成为科学。没有系统的哲学理论，只能表示个人的主观的特殊心情，它的内容必是偶然而乏理则的。哲学的内容，只有为全体思想系统中的有机分子，方有其效准，外此，便只能认作无根据的假设或个人主观的确信而已。但许多哲学著作大都不外是这种表示著者个人的意见与情绪的一些方式。所谓系统常被误解为狭隘的排斥别的不同原则的哲学。反之，真正的哲学乃以包括其它特殊原则于自身内为原则。

① 见恩格斯：《反杜林论》，北京：人民出版社，1970年，第43页。

在这段文字里，黑格尔首先用第一句，确定什么才能称为哲学的科学。他断定成为科学的哲学必须是有系统的。所谓科学就是在一定范围内系统化的正确知识，是原来拉丁文是 scio(知道)这个动词的过去分词 sciens 的“知识”之意义，这种知识不加以系统化，则不成其为科学。没有系统而只在表面上采取一种哲学形式的理论，只能是表示某个人的主观特殊心情的形式，其内容是偶然拼凑在一起的东西，毫无理论的规则之可言的。惟有作为正确思想系统中的有机分子的这种思想方能有效地成为哲学的，则便只能认作无根据的假设。或者作为某个人的主观上之确信，和严格说来的哲学不可同日而语的。黑格尔认为许多哲学著作大都不过是这种可看作著者个人的意见[①]与情绪的表达方式而已。黑格尔又在这段的最后两句话里指出，所谓系统常被人误解为狭隘的而排斥别的不同原则的哲学。其实并不是这样的。真正的哲学其原则是包括其它正确的特殊原则的。这是黑格尔关于哲学在历史上的进展和在哲学系统里的思想进展两者所取的历程相一致的正确观点，为恩格斯与列宁所批判吸取的[②]。

根据本节最后一句话，就有下面紧跟着的第十五节的说法。

68.2 第十五节

用小圆圈大圆圈来说明哲学史

68.3 哲学的每一部分都是一哲学的全体，一个自身完整的圆圈。但哲学的理念在每一部分里只表达出一特殊的性质或成分。每一单独的圆圈，因它自身亦是整体，就要打破那特殊的性质所给它的限制，而形成一较大的圆圈。这样，哲学的全体便有如许多圆圈所构成的大圆圈。这里面每一圆圈皆是一必然的环节，这些特殊成分的系统构成了整个理念，理念表现在每一个别成分之中。

这个圆圈的比喻是黑格尔著名的关于每一哲学系统与哲学全体即理念的关系之说法。这种说法是比较生动的，其行文亦十分浅显，因之，我们毋需对于正文有多少注释。可是，哲学的全体即理念是怎样有如许多

① 这里黑格尔是用古希腊柏拉图在其《理想国》这篇有名的对话里的 dsxa(古希腊文的 Δσξä)，即关于事物的可真可假的意见，是与真知有别的这词。

② 参看姜丕之编著：《黑格尔〈小逻辑〉浅释》，上海：上海人民出版社，1963 年，第 53 页。

圆圈所构成的大圆圈呢？试以绘图来说明，则这图是难绘成的。是一个大圆圈里有着许多小圆圈呢，还是一连串的小圆圈构成大圆圈的圆周呢？如是前者，则包括的关系是机械凑合的，而不是有机构成的关系；如是后者，则大圆圈的内边便空虚了。所以这比喻是带勉强性的。打破特殊性的限制，而形成的一个较大的圆圈，则这较大的圆圈就必须和和一切小圆圈有机地联合在一起，才能成其为总体的大圆圈。其详见下节。

68.4 第十六节

说明上节第十五节所未尽之意，并指出《哲学全书》与一般全书的不同。

68.4 本书既是全书式的，则我们对逻辑学这一特殊部门将不能加以详细的发挥。但仅将限于对这门特殊科学的端绪及基本概念加以阐述。

这节第一段只有一句长话，所说的"本书"原来不但是指《小逻辑》这一部分说的，而是指作者的《哲学科学全书纲要》这部于1817年刊出的书说的。这部《纲要》在黑格尔生前共刊出了三次，即1817年的第一版，1827年的第二版和1830年的第三版。全书包含三部分，其第一部分是《逻辑学》(Die Wissenschaft der Logik)，从第19节至第224节；第二部分是《自然哲学》(Die Philosophie der Natur)，从第245节至第376节；第三部分是《精神哲学》(Die Philosophie des Geistes)，从第377至第577节为止。

所谓"全书式"是指采取"全书"的形式，而"全书"这词是原德文的Encyklopädie①。所以"全书式"的一本书，尤其是全书的纲要，对于《逻辑学》这一特殊部门，势必不能加以详细的发挥，即关于其他部门，也是有关于这种的限制。其实，《逻辑学》是三部分中占最大的篇幅的，然而也只是作为一种大纲，谈些端绪以及一些基本概念而已。

何以黑格尔竟然把逻辑学、自然哲学和精神哲学仅仅三个部分就看作圆满教育呢？其答案见本节的第二段，而这段是比较长的。

① 欧西各语言多用这词，只拼法略有出入，原出自拟古希腊文一词，用拉丁字母拼出为egkuklopaideia以代替egkuklios(在一圆圈里)和paideia(教育)这两词，简而言之，就是"圆满教育"的意思。依"全书"这词原文的意思，"全书"就是圆满的教育。

这一长段可以划分为三个小段加以解释。其第一小段比较短，说明怎样构成一特殊科学，第二小段说明哲学全书与一般别的百科全书之不同，而第三的最长一小段说明实证科学的类别。总结起来，说明黑格尔在欧洲十九世纪初叶的科学观与科学分类。当然这不是完全正确的。

68.4(1)究竟要若干部分，才可构成一特殊科学，远未确定。但所可确知者，每一部分不仅是一个孤立的成分，而必须是一个有机的全体。不然，即不成为一真实的部分。故哲学的所有各部门，真正地构成一个科学，但同时亦可认作许多特殊科学所组成的全体。

黑格尔的《哲学百科全书纲要》如上所指出，只有三个部分，只三个部分就能构成像哲学科学那样一种特殊科学吗？黑格尔说，这是不一定的。重要的还是看每一部分是不是一个有机的全体而不仅是一个孤立的成分生硬拼凑起来的，不然的话，就不成为一个真实的有机部分了。所以哲学所有各部门之全体，一方面真正构成一个科学，因为这些各部门都是相互有机联系着的，而另一方面，这个哲学全体也可认作许多自成系统的特殊科学，如逻辑学等所组成的全体。

黑格尔在这里的哲学科学，显然是指他自己的以绝对观念为基础并以之为归宿的思辨哲学体系说的。这也就是本节下文的根本。

68.4 (2)哲学全书与一般别的百科全书有别，其区别之处，在于一般百科全书只是许多科学的凑合体，而这些科学大都只是由于经验事实，为方便起见，排列在一起，甚至里面有的科学虽是具有科学之名，其实只是一些支离零碎的知识的聚集而已。这些科学聚合在一起，只是外在的统一，故只能算是一种外在的集合，外在的排列[而不是一个系统]。由于同样的原因，特别因为这些材料具有偶然的性质，这种排列总是一种尝试，而且各部门总难排列得均匀适当。而哲学全书则不然。第一，哲学全书排斥只是支离零碎的聚集，例如，文字学方面的考证，似属于此类的知识。第二，哲学全书复排斥基于武断任意而成立的科学，例如纹印学，这类科学可以说是纯全是实证的。第三，别的号称为实证科学，但亦有理性的根据和理性的开端的。像这类科学则理性部分属于哲学，而实证方面，则属于该学科特有范围。

在这小段里，黑格尔只说明他的哲学全书和一般的百科全书的不同。他的哲学全书，如上一小段所说，其组成的各部分是各自成为一个整体，而又有机地组成一个完整的、天衣无缝的全体的。可是一般别的百科全书，虽然也用 Encyklopädie(百科全书)的名称，但如大家所熟悉的那样，是像字典那样把许多不相干的科学材料凑合在一起，以便于翻阅的，而且其中有的所谓科学，虽然号称科学，但只是一些支离零碎的知识聚集在一起而已，其实没有内在的统一性，不成其为系统，因而就不是科学，不过是一种尝试，把一些偶然性的材料排列在一道，又很难排列得均匀适当，不像哲学全书那样的。

阐述了《哲学全书》与一般别的百科全书之不同之后，黑格尔举例指出，《哲学全书》只排斥三类所谓科学：第一类是像文字学那样，徒然是讲究文字的表面东西，当然这是欧洲十九世纪初叶黑格尔所知道的，还没成为科学的文字学，只是零零碎碎的一种知识。第二类是像其时的所谓纹印①，这种知识无非是武断任意成立称为科学的，其实是纯粹关于表面的经验性事物的东西，而黑格尔却称之为实证的，我们不能说在这里黑格尔是有意贬低经验性的事实，他只是要说明这一类纹印之聚集在一起是毫无内在的联系的。第三，还有别的号称实证科学的学科，是有理性的根据并是从理性开头的，那么，其理性部分则属于哲学，而实证方面，即只关于事实的方面，则因归于该学科的范围，这不能说不是合理的。

本节第二大段的第三小段的译文如下：

68.4(3)这类科学的实证成分又可大致为下列各种：

(一)有的科学开端本身是理性的，但它一应用普遍原则到经验中个别的和现实的事物时，便陷于偶然而失掉了理性准则。像在这种变化和偶然的领域里，我们无法形成正确的总念，最多只能对变化的偶然事实的根据或原由加以解释而已。譬如法律科学，或直接税和间接税的系统，首先必须有许多确切决定的条款，此种条款的设定，乃在总念的纯理决定之范围以外。因此颇有视实际情形而自由

① 原德文的 die Wappenkunde，日人译为纹印学，所谓纹印者，即其时封建社会的门阀之徽章。

伸缩的余地,有时,根据此点,可以如此决定,根据彼点,又可以另作决定,而无最后确定的准则。同样,像“自然”这个理念,及予以个别研究时,亦转为偶然的事实。如自然历史,地理学和医学等限于存在的叙述,分类与区别,皆为外在的偶然事实和主观的特殊兴趣所决定,而非理性所决定。历史一科亦属此类,虽说理念构成历史的本质,但理念之表现却入于偶然与主观任性的范围。(二)有许多科学亦可说是实证的,由于它们不认识它们所未用的范畴为有限,亦不能指示出这些有限为范畴和它们的整个阶段进展到一个较高阶段的过渡,而乃执着于这些有限的范畴,当做绝对有效准。此种实证科学的缺陷在于型式的有限,一如前一种实证科学的缺陷乃在于质料的有限。(三)与此相关联,另有一种实证科学,其缺陷乃在于它的结论所本的根据欠充分。这类的实证知识大都一部分基于形式的推理,一部分基于情感、信仰和别的人的权威,一般说来,基于外界的感觉和内心的直观的权威。即如许多建筑在人类学,意识的事实(心理学),内心直观和外在经验上面的哲学,便属于这类实证科学之列。此外另有一种科学,它的性质是这样的,即仅仅这门科学的叙述的形式是经验的,而依据直观睿智将仅仅是现象的材料加以排列整理,使符合总念的内在法则。[译者按:总念的内在法则即指辩证法则或矛盾进展的规律而言。]像这样的经验科学,将聚集在一起的复多现象,加以对立化,而扬弃它们诸条件之外在的偶然的情况,因而使得有普遍性的理则(共相),明白显现出来。——依这种方法,实验物理学和历史学将可发展成为足以反映总念自身发展之过程的科学,前者为认识自然的理性科学,后者为理解人事以及人类行为的科学。[译者按:前者即为黑氏“自然哲学”所取的途径,后者即黑氏的“历史哲学”和“精神现象学”所取的途径。]

通看这一较长而多举实例的小段时,我们看出黑格尔之所谓“实证的”和“实证科学”的意义十分像在他为时稍后而在哲学立场极为反动的法国资产阶级思想家孔德[1]在其一部标题为“实证哲学教程”的著作里

① 即 Auguste Comte(1798—1837)。

(*Cours de philosophie Positive*)所用的法文 Positive 的意义。依这意义，则所谓“实证”是纯粹以现象性的事实为哲学的依据的，完全不沾理性的边际的。那么，实证科学只问感性，即五官所提供的材料是什么而不依靠任何普遍性的原理来联系这种素材以了解其意义的了。这就当然是和黑格尔的哲学基本原理对立的，虽然我们不能说黑格尔在我们当前的一段文字里是针对着孔德的“实证”思想的，因为孔德的那部“教程”是在黑格尔逝去后于 1830—1842 年间分卷刊出的。

黑格尔在我们面前的一段文字里写道：“这类科学”［即以提出经验事实为依据的科学］的实证成分可分为三种；(一)其开始时虽然也谈到什么原理，但是一把这种普遍性的原理用到经验性的个别现实事物时，便失去理性的准则而陷入偶然性的五里云雾中去了，原因是那种原理不是根据总念之按照辩证思想的发展而来，而乃是纯然对偶然事实的解释，不能彻底求得其根据与原由的，例如法律科学①，直接税和间接税系统等，其所据的条款纯是从经验得来而在总念(即理性的最高概念)范围之外的，因此其依据就是游移不定的了。又如“自然”这个理念，在实证科学里，也作为一种偶然性的事实来看，例如在自然历史［今称博物学］，地理学和医学等，都是限于事物的叙述、分类与区别，为理性以外的偶然事实和个人主观的一时兴趣所决定，而不是由理性决定的。历史也是这样，这是第一类的实证科学。(二)第二类的实证科学的缺陷是由于它们的型式之为有限性的，而不能知道并指出这些有限性的型式是属于科学思想发展过程中的一定阶段，其所用的范畴以及这些范畴所属的整个阶段都是进展到一个较高阶段的过渡，如果执着这些有限性的范畴当作是绝对有效的，则这种科学便停滞在实证的阶段，不能发展了。(三)还有和上面第二类相关联的第三类实证科学，其缺陷是在于它们的结论所本的根据不够充分，其所得出的知识虽然是由推理而来，像是根据理性的，但是所用的推理形式是形而上学的机械形式，而且在理性方面又是杂而不纯的，交杂着对于外界的感觉、内心的直观，如情感、信仰以及别的人的权威，这一切都是与理性相悖的。这种实证科学之外而属于第三类，还有一种科学，其叙述的

① 德文为 die Rechtswissenschaft。

形式是理性的，但是却把一些富有直观意义的现象按照总念的次序加以排列整理[①]，像这样的经验科学，将聚集在一起的现象的那些杂多性，通过其对立化而扬弃其各种条件的外在的不必然的情况，从而使得有普遍性的东西(共相)明白显现出来。——依这种方法，实验物理学和历史学将可以发展成为足以反映总念自身发展之过程的科学，那么实验物理学就成为关于自然的合乎理性的科学，而历史就成为关于人事以及人类行为的合乎理性的科学了。这就说明黑格尔并不蔑视经验科学，且不蔑视实证科学，只指出其限制性而停留在直观经验的水平上不向辩证进程的方向发展的这种缺陷，如果是按照辩证程序向前进展，是能反映辩证事物的本质的，在译文中两“译者按”毋须解释了。

黑格尔在上面第十六节为止说明他的《哲学全书纲要》的性质之后，在下面第十七节里又回到哲学本身的问题来了。

70.1 第十七节

关于哲学的起点与终点的问题，以哲学的本质言，终点也就是起点，故其发展过程可以用一个圆圈来表示。

70.2(1)谈到哲学的开端，似乎哲学也与别的科学一样，也源自一主观的假定开始。每一科学均需各自假定它所研究的对象，如空间、数等，而哲学似乎亦须先假定思想的存在，作为思想的对象。不过哲学基于思想的自由活动，自己制造自己的对象，自己给予自己的对象，而且哲学开端所采取的当下直接的观点，必须在哲学系统发挥的过程里转变成为终点，亦即成为最后的结论。及哲学达到此终点时，即是哲学重新达到其起点而回复到它自身之时。这样一来，哲学就俨然一自成起结的圆圈，因而哲学便没有与别的科学同样意义的起点。所以哲学上的起点，只是就研究哲学的主体的方便而言，方可以这样说，至于哲学本身却无所谓起点。

这是第十七节的整整一大段的前大半截，其内容又是黑格尔一气呵成的，因为这样才能道出他自己的哲学系统的性质与结构。他首先谈到别的科学的结构，这是伏笔。他说每一科学都必须各自假定它所研究的

① 本编者按黑格尔的原德文对贺译略加修改。

对象。例如几何学的空间是几何学的研究对象，数就是数学研究对象，其他科学也是这样有其对象的，而且都是假定其对象是有的，不是虚构的，因为科学是从知识之发展而成其为系统的，而知识是来自实践的，所以就当然有其科学所研究的对象。可是黑格尔在这节里一口咬定"每一科学均须各自假定它所研究的对象"，这就暴露了他的唯心主义立场，为他的下文作一个伏笔，为他的以绝对观念做基础之哲学体系的论证作根本。这样，他就有他的理由说"哲学[他自己的哲学]似亦须先假设思想的存在，作为思想的对象"。在这句话里，黑格尔用上"似亦须"这种字样，是退一步的语气，其实他自己的哲学是以事前而不知来自何处的绝对观念作为思想的对象而且还作为一切思想的归宿的，所以他便接着说"不过哲学[也是他自己的哲学]乃基于思想的自由活动，自己创造①自己的对象，自己给予②自己的对象"。只有唯心主义才能肯定人们的思想的自由活动，不知自由到如何程度才产生(更不必说创造)其自己的对象而把这种对象给予其自己。黑格尔紧跟着又说，"而且哲学开端所采取的当下直接的观点，必须在哲学系统发挥的过程里，转变成为终点，亦即成为最后的结论③。及哲学达到此终点时，即是哲学重新达到其起点而回复到它自身之时"④。当然，我们知道，一般说来，按科学理论的论证，无不是提出一个观点，表述为其论证的大前提，通过人们的一般同意，便进行其论证，而所得的结论是包含在其大前提里面的，这就是演绎科学的论证方法。但是黑格尔的哲学，其起点是绝对观念，认为一切都是从这绝对观念演变出来而又以之为归宿的，所以这套哲学的起点也就是它的终点。然而黑格尔的绝对观念，是否确为人们所接受，至少是同意的呢？他的"俨然自成起结的圆圈"，黑格尔也承认是"没有与别的科学同样意义的起点，所以哲学上的起点"是与众不同的，"只是就研究哲学的主体[即研究哲学的人]的方便而言，方可以这样说[是起点]，至于哲学本身却无所谓起点"。按

① 依原德文 erzeugt 应中译为"产生"。

② 原德文的 gibt。

③ 原德文的 das Resultät，贺译为"最后的结论"。

④ 这是贺译灵活地表达出黑格尔的原文，表达出黑格尔哲学的起点是怎样在其发展的过程里转变成为其终点，转变成为其最后的结局的。

原德文的直译乃是:"这个起点即开端(der Anfang)只是对于本体的关系而言的,原因是由于这个主体,即这个人,决意要研究哲学,而不是就这种哲学作为科学之本身而言的。"黑格尔并继续写道:"换句话说,哲学的总念[黑格尔提出他的总念来了!],我们据以开始的总念[即因其为哲学的出发点,即包含作为对象的思想与哲学思考的主体(i)之间的分离①]的,而且认为后者[即对象]为外在于前者[即主体]的,所以就得要由哲学身[把这对象]加以把握。简言之,达到总念的总念,自己回复自己,自己满足自己,便是哲学唯一的目标,工作和鹄的。"这就是黑格尔的所谓"思想的自由活动",就是黑格尔论到总念时的神秘主义,对我们发生莫明其妙的感想的。这也就是本节的终结,至于"译者按",我们就不必赘注了。

下面第十八节是《小逻辑》一书"导言"部分的终结。

71.2 第十八节

论哲学的划分须从全个哲学系统出发,其初步的划分只是一种预告。

71.3(1)对于哲学无法只给一初步的概括的观念,因为只有全哲学系统才是理念的表达。对于哲学内各部门的划分,亦须从全哲学系统出发,方可理解。故哲学各部门之初步划分,亦如初步的对于理念之概念一样,只能是一种预告。

黑格尔在这节的起头便很正确地指出,关于哲学,是不可能给予一个初步的、概括的观念的,因为只有全部哲学系统才是理念的表达。因之对于哲学之内的各部门的划分,亦须从全部哲学系统出发,方可以理解。所以哲学的各部门之初步划分,也像初步对于理念的概念一样,只能是一种预告。

71.3(2)但是理念乃纯是自己与自己同一的思想,并且理念同时又为,借自己与自己对立以实现自己,而且借投入对方以回复到自己的活动。

在这一段话里,黑格尔扼要地但是很抽象地描述了理念的本质以及理念的内部运动。理念本来纯然是一个自己与自己同一的思想,那就是

① 因为"对象"的原德文是 Gegenstand,即"对立物"的意思,故与主体有其分离(die Trennung)。

说理念作为主体来对它自己作为对象进行思想，然而虽是如此，理念对它自己是借着其对立面来实现它自己的，也就是借着和它自身对立的东西来表现它自己的，而且它的活动是投身到其对方，从而回复到自身去的。具体一点说，首先，理念之为理念是绝对自身同一的，纯是理念，纯是观念性的东西，但是为了表现它自己，它就以和它对立的一种表面上不是观念性的东西[暗指自然]来出现，而又通过这种异化的疏远过程，逐步按辩证的演变，又回复到它原来观念性的形式上来。那就是黑格尔在上面第十七节里所谓"一自成起结的圆圈"了，那是起头是观念性的，继而是非观念性的，终之又回复到观念性来的，始终一致是观念性的。

然后，黑格尔才指出他的哲学系统之三个组成部分。

71.3(3)因此哲学可以分为三部分：

1.逻辑学，为研究理念自在自为的科学。

什么叫做自作自为？按原德文"自在"和"自为"是两个词组，即 an sich 和 für sich"自在"可说是"就其自身来说"，就是理念的自身同一的形态，内部差异尚潜伏着的形态，有像汉语的"自若"、"自得"等字样，有安静貌的意味，今中译为"自在"本是采用一个旧词，唐人曾用过，佛典的翻译使之流通，但意义却变了，如《法华经》之"尽诸有结，心得自在"。

"自为"是原德文的 für sich，即"为着自身"。这是新译，意义难懂。应作理念里的内部分别，内部差异开始显出它的苗头了的这个意思，开始有了内部矛盾在起着作用了。逻辑学就是详尽地把这种矛盾作用，由微到显地展示出来，所以就说是研究理念自在自为的科学。可是"自在自为"联在一起用，又和"自在"、"自为"分开来用，是有不同的意义的。原德文是 an und für sich，即自在与自为的联合为一在一种单个具有关节的整体之中的这个意思。"自为"是矛盾开始显出它的苗头，而"自在自为"便是这苗头实现了。因之"自在"，"自为"和"自在自为"是黑格尔论述理念的三步法，而"三"是黑格尔继承康德的重点之一。

71.3(4)2.自然哲学，研究理念的他在或外在化的科学。

这里的"他在"是原德文的 die Anderssein①。什么叫做"他在"？就

① ander(他)+sein(在、即有)，构成 Anderssein(他在)。

是存在于他物。何以称“他物”？自然之对理念来说，就是理念的“他物”，与理念之“此”对立的，理念是观念性的，而表面上看来，自然是非观念性的，是和理念相对立的[①]。简言之，依黑格尔的哲学来说，自然不过是理念的外在化，即理念的外在形式。

71.3(5)3.精神哲学，研究理念由它的异在而回复到它自己的科学。

这一句在下文有其解释。且看下文罢！

72.1(6)上面第十五节里说过，哲学各特殊部门间的区别，只是一个理念的特殊发挥，亦即此一个理念表现在不同的各方面里。在自然中所察见者仍无非是理念，不过仅是理念之在外在化的形式中罢了。同样，在精神中所察见者，乃理念的自为存在面向理念的自在与自为途中发展的过程。每一这样理念显现的形式，同时亦仅系理念显现之一过渡的流逝的时段。故在下面所划分的哲学各部门里，须知每一部门的内容皆是具有存在性的对象，同时又须认识这些内容之过渡到其较高的范围。所以这种划分部门的观念，实易滋误会，因为这样划分未免将各部门或各学科并列在一起，彼此间好像是静止的关系，而各部门学问也好像是根本不同类，有了本质上的区别似的。

这最后一段文字较为浅显，无庸多作注释。只须对几个名词和几句话的含义略加说明便够了。首先，在“理念的自为存在面向理念的自在与自为途中发展的过程”这短语的“自为存在”就是上面名词解释中的“自为”这个第二阶段，其“面向”的“自在与自为”就是发展的第三个亦即最后的阶段。所谓“最后”是指正、反、合三个阶段的“合”说的。什么叫做“过渡的流逝的时段”？一个阶段向其较高的阶段发展时，它就是过渡的，即转变为他的，而由于是过渡的，所以是流逝的，而不是固定的。“时段”是什么意思？这词是黑格尔常用的一个名词，原德文是 der Moment，本是从拉丁文来的，一般中译为“顷刻”，但黑格尔却专用为作“主要因素”解，

① 这里贺译在原德文“他在”之后加上“或外在化”，是根据黑格尔的《自然哲学》的第 247 节最后一句所说的原德文 i die Aeusserlichkeit 这词的，而这词是 aeusser(外在)+lich(表示形容词的后缀)+keit(性，又可中译为“化”)而成的。

有中译为"契机"的,中译为"时段"亦可,但易滋误会。"在下面所划分的哲学部门"之"哲学部门"是指本段所说的逻辑学、自然科学和精神哲学说的。"存在性的对象"之"存在性"是原德文的 seineden 这个形容词之中译,这词原是德文的 sein 的现在分词,而 sein 不应中译为"存在",因"存在"是"本质论"里的一个较高且其含义较丰富的范畴,如下面第一二三节所说,是从"根据"发展出来的"有",经过间接历程才达到的"有",从拉丁文的 enioto 这个动词转变为动名词的,而 sein 只是感性最初接触到,却尚没有分辨意识的感觉,应依贺译第八十六节中译为"有"才确切。再则原译的"实易滋误会"是译意,且不确切,行文亦不顺,应按原德文直译为"有其不准确性"(das Unrichtige)。

这就结束了"导言"部分的最后一节了。

查黑格尔的《哲学全书纲要》,本编者手边的柏林 1870 年德人 L. Heimann 刊出的,而为卡尔·罗生克苓茨(Karl Rosenkranz)所出版的德文本,一共有 492 页,除三版的序言以及原著的导言,计第一至第十八节外,其本论共有 559 节,其中第一部《逻辑学》是从第十九节至第二百四十四节,占该版本的 156 页;第二部《自然哲学》是从第二百四十五节至第三百七十六节,占该版本的 113 页;第三部《精神哲学》是从第三百七十七节至第五百七十七节,占该版本的 165 页。可见,据该版本的《哲学全书纲要》,其三部分,以篇幅计,是《精神哲学》稍微领先,《逻辑学》次之,《自然哲学》则最小,少于其他两部分计有四五十页,也可以说明黑格尔对这三部分所掌握的材料之多寡吧!

第一部　逻辑学及评注

概论逻辑学性质

甲、思想对客观性之第一态度:形而上学

74.2 第十九节

74.3 逻辑学是研究纯粹理念的科学,所谓纯粹理念即是思想的抽象成分所形成的理念。

74.4 在这部分概论逻辑学性质的讨论里,所包含对于逻辑学以及其他概念的界说,也同样适用于哲学上许多基本概念。这些界说都是由于并对于全体有了综观而据以创立出来的。

在本节的开头两小段里黑格尔首先谈到逻辑学的定义和意义。第一,“逻辑学是研究纯粹理念的科学”,这就指出了逻辑学的对象,并说明什么叫做“纯粹的”。第二,请读者注意,“界说”和“定义”是同一术语(德文的 Bestimmung)的两个不同的中译。第三,而且最重要的一点,就是在黑格尔看来而且很正当地看来,所有界说或说定义都是应该从事物全体的综观概括出来的,而绝不是在一门科学的开头任意决定下来的。

74.5 我们可以说逻辑学是研究思想、思想的型式和法则的科学。但思想的本身仅构成使得理念成为逻辑理念之普遍的特质①或成分。理念并不是形式的思想②所构成,而乃是思想的特有型式或法则自身发展而成的全体,这些型式和法则,乃是思想自身建立的,决不是独立外在于思想的现成的事物。

---

① 这里中译本的“普遍的特质”原是原德文的 allgemeine Bestimmtheit 之译,这德文词组中译为“一般的决定性”似较确切。

② 这里中译本的“形式的思想”是原德文的 formales Denken 之译,但似以中译为“呆板的思想”较妥。

这一段的主要的内容是:(1)逻辑学的一般内容,即思想的性质,思想的型式(形式)和正确思维的法则(规则、规律);(2)上小段里说逻辑学的研究对象是纯粹理念,而纯粹理念就是思想的抽象成分所形成的,因之问题便是理念对思想的区别是什么,两者的关系又是什么。依黑格尔的分析,首先,思想只是构成理念的一种一般的决定性(或说成分),而且构成理念的不是呆板的思想而是自身发展着的思想全体所具有的特定型式与法则,况且这些型式与法则,对思想来说,不是外来的独立的现成的东西而是思想自身所建立起来的。

> 74.6 在某种意义下,逻辑学可以说是最难的科学,因为它所处理的题材,不是直观,亦不是像几何学的题材,是抽象的感觉表象,而乃是纯粹抽象的东西。而且复因为需要一种特殊能力和技巧,才能够回溯到纯粹思想,把握住纯粹思想,并活动于纯粹思想之中。但在另一意义下,亦可以把逻辑学看作最易的科学。因为它的内容不是别的,而是我们自己的思想和思想的熟习的型式,而这些型式同时又是最简单最初步的,而且也是人人所最熟知的,例如:有与无,质与量,自在与自为,一与多,等等。但是,这种熟知反而加重了逻辑研究的困难。因为,一方面我们总以为不值得费力去研究这样熟习的东西。另一方面,对于这些观念,逻辑学去研究,去理解所采取的方式,却又与普通人所采取的方式不相同,甚或正相反。

这一较长的分段,第一是补充说明前一段黑格尔所叙述的逻辑学之唯心主义观点,认为逻辑学研究的无非是主观理念(亦即思想)的自身,思想的形式和思想的规律那些并不由人的大脑所反映的客观事物,而是思想自身建立起来的东西,虽然黑格尔在那前一段里所说明的逻辑学在本质上是不同于欧洲中世纪以来一直传播到乃至我们解放前甚至解放后一段时期教学中的形式逻辑的,然而其极端唯心主义的性质是须要特别指出而加以批判的。在本小段里的文字比较浅显,无须格外解释,而其内容是前一段的继续,不管所说的逻辑学是难是易,其研究所需要的能力和技巧是怎样特殊,但是这种新型的逻辑学总是不能脱离唯心主义哲学的樊篱,而必须用马克思主义的唯物辨证观点把它头足颠倒过来才能作为认识客观事物,分辨是非的一种工具的。

且看黑格尔在下一分段里是怎样谈到逻辑学的功用的。

75.1 逻辑学的有用与否的问题在于其对学者能给予多少训练以达到别的目的。学者借逻辑学所能得到的训练，在于练习思想，使人脑筋中得到真正纯粹的思想，因为这门科学乃是思想的思想。——但就逻辑学之为真理的绝对型式言，尤其就逻辑学之为纯粹真理的本身言，它绝对不仅是有用的东西。但凡是最高尚的，最自由的，或最独立的亦即最有用的那种说法，则逻辑学亦未尝不可认为是有用的，不过它的用处，却不仅是对于思想的形式的练习，而须另外加以估价。

本节的最后一分段是说逻辑学的用途的。依黑格尔的说法，逻辑不过是给人们的思想以一种训练的，只是“思想的思想”，即以思想为其对象的思想，谈不上作为阶级斗争，对自然的斗争和科学研究的武器，徒然是“使人脑筋中得到真正纯粹的思想”的一门科学。至于什么叫做“真正纯粹的思想”，黑格尔在这概论中还没详述，更不能详细说明何以“逻辑学之为纯粹真理的本身”，何以逻辑又是“最高尚的、最自由的、最独立的”，因而也就是“最有用的”。关于这些问题，当然对于逻辑学在黑格尔的整个哲学体系中当然“须另外加以估价”，而不能在仅仅一个概论中详细加以说明的。

75.2(1)附释一：第一问题是：什么是逻辑学的对象？对于这个问题的最简单最明了的答复为，真理就是逻辑学的对象。真理是一个高尚的名词，而它的实质尤为高尚。只要人的精神和心灵是健康的，则真理的追求必会引起他心坎中高度的热忱。但一说到这里立刻就会有人提出反问道：“究竟我们是否有能力认识真理呢？”在我们这些有限的人与自在自为的(或无限的)真理之间，似乎有一种不协调(或鸿沟)，自然会引起寻求有限与无限间的桥梁的问题。上帝诚是真理，但我们如何才能认识它呢？这种知天求真的企图似乎与谦逊和谦卑的美德相违反。但因此又有许多人发出我们是否能够认识真理的疑问，其用意在借以为他们留恋于平庸的有限目的的生活作辩解。类似这种的谦卑却毫无可取之处。类似这种的说法，如谓“像我这种尘世的可怜虫，如何能认识真理呢”？可以说是已成过去了。

这是本节附释[①]的第一分段,在本附释一里提出了对待真理追求的四种错误的态度并加以批判,而在目前的分段里只提出并批判其第一种。但是在批判这第一种错误态度之前,本分段还讨论了逻辑学的对象这个问题与其答复,从而讨论了真理的实质。在这里,黑格尔关于真理的实质的提法是过于简单而且武断的:“真理是一个高尚的名词,而它的实质尤为高尚。只要人的精神和心灵是健康的,则真理的追求必会引起他心坎中高度的热忱。”这种提法在形式逻辑里称为“以假定为论据的狡辩”,即Beg to question。在着论的开头,诚然不能阐明其主要概念的实质,然而不应没有一种扼要的说明,更不应有任何武断的论断。

对待真理追求的第一种错误的态度是一种怀疑的态度,从这种态度提出来的疑问是:“究竟我们人是否有能力认识真理?”黑格尔写道:“在我们这些有限的人与自在自为的(或说无限的)真理之间,似乎有一种不协调(或鸿沟)。”在这里我们得要解释一下何以“自在自为的”就是无限的?按“自在”是原德文 an sich 之译,意思是“依其自身而言”,而“自为”是原德文 für sich 之译,意思是“意识到他物,从而意识到自身”,所以可说“自在”是从主观着想而“自为”是从客观着想的,因而“自在自为”就是主客观的统一,也就是“自在”是正,“自为”是反,而“自在自为”是正与反之合,所以就是无限,就是“绝对”。这是黑格尔对于他的术语的说明。

黑格尔以人追求知道上帝,即“知天”,追求真理,即“求真”为例,并认为“这种知天求真的企图似乎与谦逊和谦卑的美德相违反”,似乎是僭妄的,于是就“又有许多人发出我们是否能够认识真理的疑问”,而黑格尔便认为这种疑问,“其用意乃在借以为他们留恋于平庸的有限目的的生活作辩解”。我们是不否认真理是可以认识的,但不能因而同意黑格尔的说法,认为提出人们是否能够认识真理的问题就是“为留恋于平庸的有限目的的生活作辩解”,并认为黑格尔的这种提法又一次犯了“以假定的或未决定的问题为论据”的狡辩。这是本节附释一所提出的对待真理之追求的第一种错误态度之批判与其批判的批评。其在本附释一所提出的第二

① 《小逻辑》的“附释”是该书正文之外所附加的一种解释性的文字,为黑格尔在1831年逝世后于《黑格尔全集》在1840—1845年出版《小逻辑》时才由其门生从听讲的笔记中选出加入的,于是就标出作为“附释”列在各节正文之后。

种错误态度是这样的:

75.2(2)代之而起的乃是一种诞妄和虚骄,大都自诩以为当下即呼吸于真理之中,而青年人也多为这种空气所鼓舞,竟相信他们一生下来现成地便具有宗教和道德上的真理。自同样的观点,更复有人说,所有那些成年人大都堕落、麻木、僵化于虚妄谬误之中。青年人所见的有似朝霞的辉映,而老辈的人则陷于白日①的沼泽与泥淖之中。他们承认特殊部门的科学无论如何是应该探讨的,但亦认之为达到生活的外在的实用目的的工具。这样一来,则妨碍对于真理的认识与研究的,却不是上面所说的那种卑谦,而乃是认为已经完全得到真理的自诩与自信了。老辈的人寄托其希望于青年的人,因为青年人应能够促使世界,促使科学进展。但老辈所展望于青年人的不是望他停滞不进,自满自诩,而是望他们担负起精神上的严肃的艰苦工作。

在这分段里,黑格尔描述当时在青年人当中存在着的又一种对待真理追求的错误态度,乃是青年人的诞妄狂大,自信为生来就具有宗教和道德上的真理,并毋须去追求的,而且认为老辈的人都是堕落僵化不足道的,并且对于某些特殊部门科学的看法,是认为这些科学仅是用作生活中实用的工具而无补于真理的发现的,这样就辜负了老辈人对青年的展望了。这是充分表现了黑格尔对当代青年人的告诫的。

76.1此外还有一种反对真理的谦逊②。这乃是一种贵族式的③对于真理的漠视,有如我们所见得,拜拉特(Pilatus)④对于基督所表示的态度。拜拉特问道:“真理是什么东西?”意思是说,一切还不是那么一回事,没有什么东西是有意义的。他的意思颇似梭罗门⑤所说的:一切都是虚幻的⑥——这样一来,便只剩下主观的虚

① 中译本这里的“白日”似译为“日常”较合原著。

② 这里的“谦逊”两字应放在引语的号内,表示反语。

③ 所谓“贵族式的”是“装腔作势”的意思。

④ “拜拉特”一般音译为“彼拉多”。

⑤ “梭罗门”古以色列文 Solomon(公元前 977—937)的音译,一般音译为“所罗门”。

⑥ 基督教《圣经·旧约·传道书》第一章第二节:“凡事都是虚空。”

幻了。

这分段所写的是对待真理追求的第三种错误的态度，认为追求真理是毫无意义的。

76.2 更有一种“理智的”畏缩也足以阻碍对于真理的认知。大凡心灵懒惰的人每易于这样说：不要那样想，以为我们对于哲学研究是很认真的。我们自然也乐意学一学逻辑，但是学了逻辑之后，我们还不是那样。他们以为当思维超出了日常表象的范围，便会走上魔窟；那就好像任他们自身飘浮在思想的海洋上，为思想自身之浪所抛来抛去，末了又复回到这无常无界的沙岸，与最初离开此沙岸时一样地毫无所谓，毫无所得。这种看法的后果如何，我们在世界中便可看得出来。我们可以学习得许多知识和技能，可以成为循例办公的人员，也可以养成为达到特殊目的的专门技术人员。但须知修养精神，努力从事于高尚神圣的事业，完全是另外一回事。而且我们可以希望，我们这个时代的青年，内心中似乎激励起有一种对于更高尚神圣事物的渴求，而不会满足于外在知识的草芥了。①

附释二：认思想为逻辑学的对象这一点，是人人所赞同的。但是我们对于思想的估价，可以很低，也可以很高。一方面我们说，这不过是一个思想罢了。——这里的意思是说，思想仅是主观的，任意的，偶然的，而并非实质，并非真理或实在。另一方面，我们对于思想，也可以有很高的估价，认为只有思想才能达到至高无上的存在，上帝的性质②，而用感官则对上帝毫无所知。我们说，上帝是精神，我们不可离开精神和真理去崇拜上帝③。我们承认，可感的或可见的并不是精神的，而精神的内在核心乃是思想，并且只有精神方能认知精神。精神诚然亦可表现其自身为感觉（例如在宗教里），但感觉

① 这是黑格尔所指出的第四种对待真理追求的错误态度，持这种态度的人误以为研究哲学无论怎样认真，终归是毫无所得的，例如“学了逻辑之后，还不是那样”。于是黑格尔便认为努力于哲学的研究这种“高尚神圣的事业”是和学习“外在的知识”完全不相同的并且好像是不能共存的，这不过是黑氏从欧洲中世纪经院思想所继承下来的一种残余，是为哲学史所否定的。

② 我们应该注意，把“至高无上的存在”和“上帝”即“神”等同起来，是黑格尔哲学中的一种偏见，可也是他的哲学之中心思想。

③ 这句话是引起基督教《圣经·新约·约翰福音》第四章第二十四节的。

的本身，或感觉的形式为一事，而感觉的内容又是另一事。就感觉的本身言，乃是一切可感觉的事物的形式，这乃人类与禽兽所同有的。这种感觉的形式也许可用以把握具体内容，但具体内容却非此种形式所能切当把握。感觉的形式乃是达到精神内容的最低级形式。精神的内容，上帝本身，只有在思想中，或作为思维时，方有其真正存在。在这种意义下，思想不只是仅仅的思想，而乃是把握永恒和绝对实在的最高形式，严格来说，亦可说是唯一形式。①

78.1 对于以思想为对象的科学，也是与思想一样，有很高或很低的估价。有人说，每个人无须用逻辑皆能思想，一如无须研究生理学，每个人皆能消化。即使人研究逻辑以后，而他的思想仍不过与前此一样，也许更有方法一些，但也不会有多大的变化。如果逻辑除了使人仅仅熟习于形式思想的活动外，没有别的任务，则逻辑对于吾人所已能的思想活动，将不会有任何新的贡献。其实旧日的形式逻辑也只有这种地位②。但须知，即对于仅属人类主观活动的思想，得到相当知识，亦系人的光荣而有兴趣的事。因为人之所以异于禽兽即在于人能知道他是什么，他做什么。而且即就逻辑之为研究思想的科学而言(思想既为唯一足以体会真理和最高实在的活动)，则逻辑自亦占有很高的地位。所以，如果逻辑学研究思想的活动与创造(而思想并不是有内容的活动，因为思想产生思想，而且唯有思想方能产生思想)，则逻辑科学的内容一般讲来，乃是超感官的世界，而探讨这超感官的世界亦即游于超感官的世界。数学研究数和空间的抽象对象。数学上的抽象仍然是感性的，不过是没有存在的抽象的感性对

① 在这段文字里，黑格尔谈到形式与内容的互相联系一点，是有其正当的意义的，而且认为感觉的形式是认识事物的最低级的形式，在一定意义上，也是正确的，因为对于事物的感觉毕竟是片面的，有待于理性的较全面地认识。可是黑格尔在这里强调精神的内容就是“上帝的本身”，把精神等同于“上帝”，才是“真正的存在”，“唯一的形式”，那便是他唯心主义的认识论的表现，是柏拉图观念论的翻版，须给予指出并加以批判。

② 黑格尔在这里对其当时之形式逻辑的估价是完全正确的，即在“但须知”以后的一段文字里，也不能替传统的形式逻辑提高其价值。但他认为形式逻辑是“超感官世界”的，不过是更暴露其对形式逻辑之唯心主义的歪曲而已。黑格尔好像从没读过亚里士多德的逻辑遗著，因而不知道亚氏的逻辑原来并非关于“超感官世界”的，而是从当时的活生生的语言现象概括出来，所以是唯物的，具体的，由感官认识而来的。

象罢了①。思想甚至于进一步超这种感性的抽象对象，而自由不依，扫除外的和内的感觉，排斥一切特殊的兴趣和倾向。对于有了这样基础的逻辑学，则我们对于它的估价，自当远较一般人通常对于逻辑的看法为高了。

78.2 附释三：认识比较那仅仅是形式思想的科学具有更深一层意义的逻辑学的需要，乃由于宗教、政治、法律、道德各方面的兴趣而加强了。从前大家皆以为思想是无足重轻，不能为害的，所以人人皆不妨放任于新鲜大胆的思想，他们驰骋其思想及于上帝、自然和国家，他们深信凭借思想可以得到对于真理的知识，而非凭借感官，或凭借偶然的观念或意见所能达到。当他们这样思想时，而其结果便渐渐严重地影响到生活的最高律例。而传统的典章制度，皆因思想的行使而失去了权威。国家的宪章成为思想的牺牲品，宗教受了思想的打击；许多素来被认作天启的坚固的宗教观念也被思想摧毁了，在许多人心中，传统的宗教信仰根本动摇了。这情况，譬如在希腊，哲学家起来反对旧式宗教，因而摧毁了旧式宗教的信仰。因此便有哲学家由于摧毁宗教，动摇政治，而被驱逐被处死的事，盖因为宗教与政治总是联系在一起的。这样，思想便在现实世界里成为一种力量，产生异常之大的影响。于是人们才开始注意到思想的力量，进而仔细考察思想的权能，欲借以发现，思想自诩过甚，未能完成其所担负的工作。思想未能认识上帝的本质，也未能认识自然与精神的本质。总而言之，未能认识真理，反而推翻了政府和宗教。因此亟须对于思想的效果或效准，加以辩护，所以考察思想的性质，维护思想的权能，便构成了近代哲学的主要兴趣。②

---

① 黑格尔在这里所谈到的“没有存在的抽象的感官对象”究竟是什么怪物？而他还要“进一步超出这种莫须有的感性的抽象对象，而自由不依，扫除外的和内的感觉”，那就进入了不可想象的神秘“非非”境界，然后对于逻辑学的估价，才是较一般人对于逻辑的看法为高，那就不是我们所敢思议的了。何以黑格尔在这里不就端出他以绝对理念为基础的概念辩证法作为他的逻辑科学呢？

② 黑格尔在这段里着重指出思想研究和思想教育对于现实生活的影响，是十分正确的，可是他似乎把真理的认识和政府与宗教的推翻对立起来，完全是他作为御用教授的说法，不免失掉了哲学家的风度。他应该说在任何时代任何社会里，哲学思想的研究和思想教育都是为其当时当地的统治阶级的利益服务的，这才符合唯物主义的历史观。

79.1 第二十节

在本节里黑格尔论述“我”这个范畴，而附释则说明思想本身的意义和思想的抽象作用。

79.2 若从思维的表面意义看来，则(α)首先就思想的通常主观的意义言，思想似即心灵的许多活动或能力之一，与感觉、直观、想象、欲望、意志等并列杂陈。不过思想活动的产物，亦即思想的形式或特征为普遍的，或抽象的。就思想之被认作主动言，便可称为主动的普遍。而且既然思想的活动的产物，仍然是有普遍性的，则思想便可称为自身实现的普遍了。就思想之被认作为主观言，便是能思者，对于能思的主体的简单的称谓便用“我”以表示之。

这一段第一句话，依黑格尔原德文的中译，应是“照思想这个活动初次给我们的印象看来，(α)在其一贯的主观意义上，首先就像是和心灵的许多活动或能力如感觉、直观、想象等以及欲望、意志等并列的”。

在这一句里黑格尔指出思想之一方面，那就是它不过是心灵活动之一种，与感觉、欲望等无异。但另一方面，它又有其特异之处，那就是思想所产生的特性(Bestimmtheit)和形式(Form)乃是一种普遍性的东西，一般的抽象。所以作为活动言，思想就是能动的普遍，而且因是主动的，所以也就是事实，就是产物，正是普遍性的东西。思想之就其为被想象的主体来说，它就是能思想者，而那存在着的主体作为能思想者来说，其简单的称呼就是“我”。

这样按原德文把这段改译一下，其意思是较明显的，可不另加解释。

80.1 这里和下面几节的一些说法，决不可认为是我个人对于思想的主张或意见。但在这些初步的讨论里，既不能说是有严格的推论或证明，只可算作事实的陈述。换言之，在每个人的意识里，只要他有思想，并考虑他的思想，他便可经验地发现他的思想具有普遍性和下面即将指出的种种性格。当然，要正确地观察他的意识和他的表象中的事实，他事先对于注意力和抽象力须得有相当的训练。

这段的文字，无非是对上段的后半截所谈到的思想作为能动的普遍性的东西这个事实之重述，而这事实是人人都可在他的意识里作为一种经验来发现，不能有什么推理的证明的，但是要有这种经验性的发现，人们也得要事先对于注意力和抽象力加以相当的训练。

下一长段可分为三个小段来理解:(1)泛提感觉和表象与思想的区别;(2)关于感觉的说明;(3)关于表象的说明。

80.2(1)即在这初步的陈述里已经提到感觉、表象与思想的区别。这区别对于了解知识的性质和种类最关紧要。所以这里先将这种区别提出来促使注意,当可有补于吾人的了解。

这分段很简短,只泛泛地提出,为了了解知识的性质和知识的种类,我们必须首先认清感觉和思想,表象和思想是在什么地方不相同的。

80.2(2)对于感觉[①]的说明,自当首先追溯其外在的来源,感官[②]或感觉的官能[③]。但是,只是指出感觉官能不能说明感官之所感到的内容[④]。感觉与思想的区别,在于感觉的特点是个别性的。既然个别之物(最抽象的个别之物即是原子)也是彼此互有联系的,所以凡是感觉之物,都是彼此相外(Aussereinander)的单位合成,再确切抽象地说来,这些单位都是彼此相同(Nebeneinander)和彼此相续(Nacheinander)的。

这第二分段说明感觉是从外在的感官或说感官的官能所产生的,其与思想的区别就是感觉是个别性的,是彼此互有联系,但是由彼此相外的单位,彼此在空间上相间而在时间上是相续的单位所合成的。

80.2(3)至于表象[⑤]便以感觉的材料为内容,而以此内容为在我之内,而具有我的[⑥]特性,并且,一方面表象亦具有普遍性,自我关联性[⑦],或单纯性。除了以感觉为材料外,表象又能以出自自我意识的思想为内容,如像关于法律的、道德的和宗教的表象[⑧],甚至于有关

---

① 这里原德文的“感觉”是 das Sinnliche,直译应是有感觉性的东西,即感觉之物。

② 这里感官是原德文复数的 Sinne——感官。

③ 这里官能是原德文复数的 Sinneswerkzeuge——五官。

④ 这里的“内容”是原德文的 Bestimmung 之译,似应中译为“规定性”较切合,因“内容”嫌太泛了。

⑤ 这里“表象”是德文的 Vorstellung 之译。

⑥ 这里“具有我的”是原德文的 des Meinigen 之译,但这译法不够明晰,应译为“具有属于我的”。

⑦ “自我联系性”是原德文的 der Beziehung－auf－sich 之译,应译为“与自我的关系”。

⑧ 这里的“表象”在原德文里是复数,表示法律的、道德的和宗教的表象,是三种不同的东西,而不是同一个东西。

于思想自身的表象。要划分这些表象与对于这些表象的思想间的区别，却并非易事。因为表象一方面表示思想的内容，一方面又具有普遍性的形式，而普遍性为在我之内的任何内容所必具，亦为任何表象所不可少。但表象的特性，一般讲来，又必须于内容的个别性或孤立性中求之。诚然，法律或法律条文等不存在于空间内的感觉之彼此相外的情况下。即就时间而言，这些条文虽好似彼此相续，但其内容亦不受时间的影响，亦不能认作在时间中消逝或变迁。然而这些表象的个别性与孤立性乃别有所在。不在空间的相同，不在时间的相续，而乃在于一般表象之内在的抽象的概括性上面，致使一些本来具有机联系的表象皆个别化，不相干涉了。在这种个别性的情形下，凡表象都是简单的，不相联系的，例如说，权利、义务、上帝。在这种情形下的表象，不是表面上执着权利就是权利，上帝就是上帝等说法，即是稍进而指陈出一些特性，如谓，上帝是世界的造物主，是全知的、万能的等等。像这样，多种孤立的简单的属性或宾词勉强连缀在一起，这些宾词虽说是以主词为联系，但它们彼此之间仍然是相外而不相涉的。就这点而论，表象和知性相同，其唯一的区别，在于知性尚能建立普遍与特殊，原因与结果的关系，藉以使表象中的孤立观念有了必然的连系。反之，表象则只能让这些孤立观念在模糊的意识背景里彼此相同地排列着，仅仅凭一个“与”字去联系。——表象和思想的区别，具有极大的重要性，因为概括地讲来，哲学的工作没有别的，即在于把表象转变成思想。——当然，更进一步，哲学还要将仅仅抽象的思想转变成观念。（译者按：本节常用的“表象”一词，德文本原作 Vorstellung，下仿此。瓦拉士英译本译作 Conception 概念，有时又译作 Picture－thinking 图画式的思想，有时又译作 Image 意象。兹盖译作表象，请注意黑格尔此处对于表象的解释。）

这一较长的分段，读来像是复杂，但略加分析，并不难懂。

第一，表象是以感觉的材料为其内容的，因而就是属于感性的，但是凡感性的东西，都是某一个个人的感性的东西，都是存在于某一具体的个人之内的，都是在某一个“我”之内的，以属于某一“我”为其特性的，这是表象的一个方面。表象又有另一方面，那就是表象虽是具体的，某时某地在某一个人的意识中表现出来，作为一种意识形态的，然而它毕竟是一种意识形态，而就这点来说，它就是一种普遍的东西，具有普遍性，即“与自我的关系”这种性格，而这种关系是某一表象与自我的关系，因而就是单纯的（德文 einfach 英文 simple），与复合对立的。

第二，“表象又能以出自自我意识的思想为内容的”，也就是说，表象是带有思想的性质的，虽然它原是属于感性的范畴的，但是黑格尔指出，不容易划分出“这些表象和对于它们的思想两者之间的区别”，所以黑格尔便认为表象具有潜在的思想。

第三，这样一来，究竟表象在意识形态当中，其特性是什么呢？黑格尔认为，表象的特性是在于它的简单性，不相联属性。那就是说，表象都是简单的。有如古希腊自然哲学家所想象的原子那样，可以把它们勉强地连缀在一起，但它们彼此之间仍然是互相外在而不相涉的，仅仅处在被排列着的形势，凭一个“与”字去联系。所以，以联系为其作用的哲学就是要“把表象[通过某种联系的方式]转变成思想”[因为思想的性质就是在于联系]，而且“更进一步，还要将仅仅抽象的[即片面性的]思想变成总念”，总念是具体的、有内容的、普遍性的。

关于贺译之中译，黑格尔原用 Vorstellen [注意：黑氏在这节里所原用的德文词不是 Vorstellung 这个动名词，而是 Vorstellen 这个作为名词用的不定式动词，这与 Vorstellung 在意义上是有分别的，但在中译中可不去分析]之中译为“表象”，是符合德文这词的原义的，本编者完全赞成。

> 81.1 我们在上面曾指，陈凡感觉事物都具有个别性[①]和相外性[②]，这里我们还可补说一句，即个别性和相外性亦是思想，亦是有普遍性的共相[③]。在逻辑学[④]中将指出思想（或共相）[⑤]的性质，思想是思想的自身又是思想的对方（感觉），思想统摄其对方，绝不让对方

① “个别性”是原德文 Einzelheit 之译，即“成为各个的性质”。

② “相外性”是原德文 Aussereinauder 之译，是“互相外在的性质”。

③ “共相”是原德文 das Allgemeine 之译，即“普遍的东西”。

④ 这里的“逻辑学”是特指黑氏的《哲学全书》称为“逻辑学”的那第一部分。

⑤ 注意中译本中的“或”字常常不是“非此即彼”的意思，而是“即”的意思，这里是依后者说的。

逃出其范围。今语言既是思想的产物，则凡语言所道及的，绝没有不是具有普遍性的。凡我自己所意谓的，便只是我的，亦即属于我这个特殊个人的。今语言既只能表示共同的意谓，所以我不能说出我仅仅意谓着的。而凡不可言说的，如情绪、感觉之类，绝非最优良最真实之物，而乃是最无意义、最不真实之物。当我说"这个体"、"这一个体"、"此地"、"此时"时，我所说的这些都是共同名词。一切东西和任何东西都是"个体"、"这个"，而任何一切的感性事物都是"此地"、"此时"。(译者按：黑格尔于《精神现象学》开端时，有论感官确定性一节，其中分析"这个"和"意谓"之为共同性和普遍性甚详。请读者参考。)同样，当我说"我"时，我的意思是指这个排斥一切别的事物的"我"，但是我所说的"我"，亦即是每一个排斥一切别的事物的"我"。(译者按：据本书第二版，此下尚有"我的普遍性不仅是一共同性，而其本身乃是一内在的普遍性"一语，于第三版时删去。兹特附译于此。)康德曾用很笨拙的话来表示这个意思，他说，"我"伴随着一切我的表象，以及我的情感、欲望、行为等等。"我"是一个本身的(内在的)普遍性，共同性亦是一种普遍性，不过只是一种外在的普遍性罢了。一切别人皆与我共同地有"我"，是"我"，一如一切我的情感，我的表象，皆共同有我"伴随"，而属于我有。就抽象的"我"言，"我"乃是纯粹的自身关系。(译者按：自身关系 Beziehung auf sich selbst 是黑格尔常用来表示形式的抽象概念的说法。如甲是甲，我是我，与非甲非我关涉的纯甲或纯我，是即黑格尔所谓自身关系。瓦拉士英译本以意译作"自我集中"Self-concentration 似欠确切)。在"我"的自身关系里，"我"从我的表象、情感，从每一心理状态，从每一性情、才能和经验里抽离出来。"我"，在这个意义下，只是一个完全抽象的有普遍性的存在，一个抽象的自由的主体。因此足见"我"乃是指作为主体的思想而言，"我"既然同时在我的一切表象、情感、心理状态等之内，则思想亦即无所不在，是一个贯穿于这一切形态之中的范畴。

这一分段比较冗长，但暴露黑格尔的绝对唯心主义的思想，是十分明显的，因而我们不可不仔细地予以分为小段来考虑并批判。

第一，在这较长分段里的第一句话乃是整个分段的总纲："即个别性和相外性亦是思想，亦是有普遍性的共相。"如果我们承认了黑格尔在这里所提出的大前提，则整分段的论证也就是必然的了。问题是：何以个别性和相外性亦是思想？乍看起来，个别的东西互相外在的东西，不是普遍的东西，所以黑格尔的那句话作为论证的大前提好像是矛盾的。当然个别的东西，一般来说，在具体的事物当中，是相外的，所以就不能是普遍的。可是个别的东西，也有其共同性，而这共同性便可发展出来成为普遍性，成为一类事物的共相。但黑格尔在这里并没有明确地指出。

第二，黑格尔在接着的第二句话中(据中译本)便指出在《逻辑学》中，即在本《哲学全书》的第一部分中将要指出"思想的性质"，那就是凡思想都有其两个方面：一方面是思想的本身，而另一方面是思想的对象，那就是感觉，因为思想所思想的东西大都是具体的事物，而这种具体的事物都是人们作为感觉而认识到的。因此，黑格尔便写道："思想统摄其对方，绝不让对方跳出其范围。"①用通俗点的话说，就是：思想不单只是当前在意识中出现的某一思想这个形态。而且又是它所涉及的对象，即它的对方，绝不会遗漏任何一点的，所以就说统摄这一切。

第三，黑格尔进而指出语言的性质，这是十分重要的一点："凡语言所道及的，绝没有不是具有普遍性的。"例如在语言中说到"这个"、"这时"、"那个"、"那时"、"白的"、"黑的"、"大的"、"小的"等等，无一不是普遍性的，因为只有通过普遍性的语句，才能表达当前个别性的事物和事物间的关系和连系，这是语言的性质和功用。黑格尔于是就从而得出一条在哲学上至关重要的结论，说："凡我自己所意谓的，便只是我的。"②而且，同样得要注意的是："凡不可言说的，如情绪、感觉之类，绝非最优良最真实之物，而乃是最无意义最不真实之物。"

第四，根据黑格尔从语言的研究所得出的两条结论，说什么"凡我自

---

① 这句话是黑格尔原德文 er er selbst und sein Anderes ist, über dies es übergreift und daβ nichts ihm entflieht 之中译，直译为汉语当是："思想把它自身和它的彼方一起抓住，而没有什么东西从它逃走。"

② 这句话的原德文是 so kann ich nicht sagen, was ich nur meine. 直译成汉语应是："只有是我的我才能说出。"

己所意谓的，便只是我的"和"凡不可言说的，如情绪、感觉之类，是最无意义又最不真实之物"是最唯心的，乃至是唯我主义的。如果情绪和感觉之类的东西都是不可言说的，那么，劳动人民所受剥削压迫的痛苦，所从而引起对反动剥削压迫阶级和统治者的愤恨便都是"最无意又最不真实的东西了"，而且"只有是我的，才能说出来"，反过来，也就是"凡我能说出来的都只是我的了"，结果，所形成的宇宙便都在"我"的意识里面，这不是唯我主义的哲学，又是什么呢？奇怪的是，古希腊时代伟大哲学家亚里士多德用当时的希腊语作为研究材料而得出较为唯物的《分析论前后两篇》从而作为后世形式逻辑的奠基，只是欧洲中世纪经院哲学才把它歪曲为传统的形式逻辑。而黑格尔这位原是服膺亚里士多德的十九世纪初叶的德国哲学家，却同样从语言的研究出发，竟然得出了上述的反动唯我主义的哲学结论！这是否误解了黑格尔呢？而看他在这第 20 节的最后一截关于"我"这个观念是怎么写的：

第五，黑格尔之谈到"我"，他写道："当我说'我'时，我的意思是指这个排斥一切别的事物的'我'，但是我们说的'我'，亦即是每一个排斥一切别的事物的'我'。"

这上面的复合句，其在连接词"但是"的前后两个子句有什么意思呢？依本编者按黑格尔的原德文看来，"我"是排斥一切别的事物的，但是在我说到"我"时，这里的"我"乃是意味着每一个排斥一切别的事物的"我"的。所以中译本的译者贺麟先生在"译者按"里指出"据本书第二版，此下尚有'我的普遍性不仅是一共同性，而其本身乃是一内在的普遍性'一语，于第三版删去"。这个按语是极重要的。如果黑格尔肯定"我"是有其"内在"的普遍性的，那么我们在上面所指出他的唯我主义的观点也就变为客观唯心主义的了。可是，黑格尔紧接着又提到康德的话，说"'我'伴随着一切我的表象，以及我的情绪、愿望、行为等等"①。而且批评康德的话是"很笨拙的"，这表示黑格尔对于他的前辈康德的话还有不够理解之处。康德之谈到这点时，是引用笛卡尔的名言来说明他所要说明的"一般所谓

① 见康德《纯粹理性批判》蓝公武中译本，第 100 页等处。请读者注意，康德这里的"我思"之有引号是指笛卡尔的名言"我思，故我有"说的。

联结之所以可能”这个为他所最注重的问题，并从而产生的“统觉的原始综合统一”这另一个却是从属的问题的①。诚然如笛卡尔自己所主张的那样，统觉乃是人们心中的一种直观，既不可证明而又不可否认的，而乃是从外面进入人们的心灵里面来的，那么就是黑格尔自己所说的“只是一种外在的普遍性”，而普遍的便是必然的了。

第六，黑格尔写道：“就抽象的‘我’言，‘我’乃是纯粹的自身关系。”

什么叫做自身关系？依黑格尔的原德文②来讲，自身关系，或说自我关系，乃是“我对我自己的关系”，也就是从我自己来看我是什么。关于这点在紧跟着的后文里有其说明。那里黑格尔写道：

> 82.1 在“我”的自身关系里，“我”从我的表象、情感，从每一个心理状态，从每一个性情、才能③和经验里抽象出来“我”，在这意义下，只是一个完全抽象的④普遍性之存在，一个抽象的自由⑤的主体，因此足见“我”乃是指作为主体的思想而言，“我”既然同时在我的一切表象、情感、心理状态等之内，则思想亦即无所不在，是一个贯穿于这一切形态之中的范畴。

这是本长分段的最后一小段了。这一小段的内容并不多，但是其意义是最关重要的，因为在这小段里，黑格尔使用偷换概念的手法来建立他的彻底的唯心主义哲学立场。首先他把“我”这个观念从一切其他的心理状态和心理活动抽象出来，使之成为一种十足(德文的 gang)抽象的普遍性的东西，一个抽象的毫无牵赘的即自由的主体。然后进一步把这样的一个“普遍性的存在”，这样一个“自由的主体”，即康德的那个“伴随着”一切心理状态的“我”说成是思想，并把它和思想等同起来，从而得出“思想亦即无所不在，是一个贯穿于这一切形态之中的范畴的”这个彻底唯心主义的结论。正如马克思和恩格斯在《神圣家族》一书里所说：“思辨哲学，

---

① 康德认为笛卡尔的“我思故我有”(原拉丁文的 Cogito, ergo sum，亦即他的法文 Je pense, donc je suis,)直译成汉语是“我思，故我是”，这里的“是”是“存在”的意思。

② 黑格尔的原德文是 die Beziehung auf sich selbst。

③ 这里的“才能”是个名词，即“能干”的意思。

④ 这里的“抽象”是“不具体不全面”的意思。

⑤ 这里的“自由”是“脱离一切牵连束缚”的意思。

特别是黑格尔哲学认为：一切问题，要能够给以回答，就必须把它们[问题]从正常的人类理智的形式变为思辨理性的形式，并把现实的问题变为思辨的问题。"①

83.1(1)附释：当我们一提到思想，总觉得是指一种主观的活动，或我们所有的多种能力，如记忆力、表象力、意志力等中之一种。如果思想仅是一种主观的活动，因而便成为逻辑的对象，则逻辑亦将会与别的科学一样有了确定的对象了。但这又未免有些武断，何以我们单将思想列为一种特殊科学研究的对象，而不另外成立些专门科学来研究意志、想象等活动呢？思想之所以有作为特殊科学研究的对象的权利，其理由也许是基于一件事实，即我们承认思想有某种权威，承认思想可以表示人的真性，为划分人与禽兽的区别的关键。且即仅就思想之为主观的活动言，加以研究，亦并非毫无兴趣之事。对思想的主观活动的细密研究，将可揭示其规律与法则，而对其规律与法则的知识，我们可以自经验中得来。从这种观点来研究思想的法则，也就构成从前一般所谓逻辑的职务。亚里士多德就是这门科学的创造人。他把思想本来具有的力量，都揭示出来了。我们的思想本来是很具体的，但是在思想的复杂的内容里，我们必须划分出什么是属于思想本身的或属于思想的抽象作用的。思想的作用，一种微妙的理智的联系，综合起思想所有的内容，亚里士多德把这种理智的联系，这种思想活动的纯形式，特别提出来加以辨别。亚氏这种逻辑一直到现在还是大家所公认的逻辑，经过中世纪的经院哲学虽有所推衍，却并没有增加什么材料，只是于小节上更加细微的发挥罢了。近代人对于逻辑方面的工作，可以说主要的一部分放弃了一些自亚里士多德及经院哲学家所传承下来的逻辑思想，一部分又渗进去许多心理学的材料。

这是本节附释的前半段文字。由于这附释的内容不太复杂，只是讨论思想的，但是作为一个附释又比较长，所以我们先只考虑这前半，而把

① 见《马克思恩格斯全集》第二卷，北京：人民出版社，1957年，第115页，转引自姜丕之《黑格尔〈小逻辑〉浅释》第73页。

后半暂时搁置一下。

这前半段的附释，首先把思想作为一种主观的活动提示出来，那就是作为人们意识的一种活动提示出来，然后说这思想就是逻辑的对象。在这里黑格尔不过是沿袭逻辑一向的说法，说逻辑所研究的对象就是思想。

可是，第二，黑格尔又提出一个问题，即何以没有另外成立别的一些科学把想象、记忆力、意志等之每种意识形态作为特定的研究对象呢？黑格尔在其当时当然不知道心理学后来是发展到有记忆力的心理学，意志的心理学等等，特别是德人迈农（Meinong）所研究而倡导的“想象力的科学”的。他的答复只是说，思想之有逻辑学把它作为所研究的对象，是因“它有某种权威”，那就是思想表示人的真性，是把人与禽兽区别开来的关键，而且更为重要的是他指出有了逻辑之把思想作为其特殊的对象加以研究，于是在经验中便揭示出一些关于思维的规律与法则，结果就是逻辑蔚然成为一门科学了，古希腊时代哲学家亚里士多德（公元前 384—322）就是这门科学的创始人①，把凡属于思想的东西作为理智的联系提出来加以研究。

第三，黑格尔对于其当时的形式逻辑一方面极力推崇，亚里士多德的创作，说什么除了中世纪经院哲学有所推衍外，后世并没有增加什么材料，而另一方面，他对于这种传统的逻辑方式是极其蔑视的。在他的《通信集》第一卷 141 信里他写道：“关于传统逻辑的教本有的是，然而传统形式逻辑这门科学决不可丝毫不改，长此下去了，谁也不知道它究竟谈的是什么，它的之所以像一件嫁时衣那样被穿着，只是因为还没有替换的新衣，而不是不想把它丢掉。传统形式逻辑的目前还在使用的规则可以全部写在两页纸上，其余的小节完全是些毫无用处的经院哲学莫名其妙的东西；要是想叫这种逻辑的教本变成厚一点，其扩充的材料也只得来自心

---

① 亚里士多德在其遗著中有关于后世称为“逻辑”这门科学的作品有六种：曰范畴篇，曰解释篇，曰分析论前篇，曰分析论后篇，曰辩论常识篇，曰辩谬篇。此六篇初无总称，在亚氏死后近 900 年始有以“工具论”（Organon）来统称此六篇的。所谓“工具”是指思维的工具说的，有译为“机关”的 。例如日本人速水滉，见其《伦理学》一书，日本东京 25 版 10 页，这是误解拉丁文 Organon 这词的缘故。关于亚氏的《六篇》可参看拙著《亚里士多德逻辑》一书，北京科学出版社 1957 年版，第 13～21 页。

理学的一些毫无可取的东西。"这也就是这节附释里所写上的那句话"一部分又渗进去许多心理学的材料"。

本节附释的后半是这样在中译本里写着的:

84 这门科学的主旨在于认识有限思想[①]的活动过程,只要这门科学所采取的方法能够适合于处理其所设定的题材,则这门学科就算是正确的。对于此种形式的逻辑的研究,无疑地有其用处,可以藉此使人头脑清楚,有如一般人所常说,亦可以教人练习集中思想,练习作抽象的思考,而在日常的意识里,我们所应付的大都是些混淆错综的感觉的表象。但当作抽象思考时,我们必须集中心灵于一点,其可养成一种注意于内心活动的习惯。吾人可以利用对于有限思想的形式的知识,作为研究经验科学的工具,因为经验科学是依照这些形式进行的,所以,在这意义下,亦有人称形式逻辑为工具逻辑。诚然,我们尚可超出狭隘的实用观点来说,研究逻辑并不是为了实用,而是为了学术的自身,因为凡是寻求最优良之物,均不能仅是为了实用的目的。这话一方面固是不错,但从另一方面看来,最优良之物,亦是最有用之物。因为唯有那[最]有实质的、[最]能坚定不移的,才可为特殊目的的负荷者,并可以促进并实现这些特殊目的。吾人必不可将特殊目的认作第一,须知那最优良之物自能促进特殊目的的实现。譬如,宗教自有其本身绝对的价值,但同时许多别的目的亦藉宗教而促进了,完成了。基督说过:先去寻求天国,则别的事物亦会加上给你[②]。只有当达到了自在自为的存在时,才可以达到特殊的目的。

在本节附释这后段,我们可分两分段来理解:其第一分段到"为工具逻辑"为止,是首先谈到形式逻辑在以认识有限思想的活动过程中其采取的方法适合于其处理的题材时,它便是正确的,那就是说,形式逻辑的正确性是局限于有限思想的。在有限思想的范围内,人们运用形式逻辑,如果运用得法的话,是能"使人头脑清楚,集中思想,作抽象的思考"的。所以在经验性的科学研究里,形式逻辑是一种"工具逻辑",为实用起见,是

① "有限思想"是以有限事物为对象的思想。

② 部分引基督教《圣经·新约·马太福音》第六章第三十三节。

有其用处的，而且它的功用也可以推广到经验范围的实用以外，这是这附释依照黑格尔的思想谈到的第二点，且是其更重要的一点，即"研究逻辑并不是为了实用，而是为了学术的自身"。这样一来，在黑格尔的思想里，学术与实用也就相互脱离了！依他说来，超出实用范围以外的学术才是他的"天国"，这在他所引的"基督的话"里便可看出；达到特殊的实用目的是"加上[即附带]给你的"。据此，则黑格尔的逻辑是出世的哲学！

84.1 第二十一节

本节说明共相(das Allgemeine)乃是思想活动的产物，由反思得来的。

85.1(b)在前面我们既认思想对于对象是主动的，是对于一物的反思(das Nachdenken)，则思想活动的产物，共相，包含有该物的价值，亦是包含有物的实质、本性、内在核心、真理。

85.2 在第五节里曾提及一种旧信念，认为举凡对象、情境、事变的真实性，与夫内在性、本质及一切所系的实质，均不是当下直接即呈现在意识的前面，亦不是随对象之最初表现或最初投入意识而同时呈现出来，反之，要想得到对象的真实性质，我们必须加以反思。(译者按：反思德文作 Nachdenken，英文作 Reflection，直译应作后思，实即反复思索，作反省回溯的思想之意。人对感觉所得的表象材料，加以反思而得共相，犹如反刍动物将初步吃进胃中的食物加以反刍作用，便可消化。参考前第二节第五节及下节。)唯有凭借反思方能达到这种知识。

请读者注意这节的开头有 b 这个符号，这是表明第二段，用 a 表示的第一段是上面第二十节的正文。

本节的内容，如我们所已经指出，是说明由反思得来的共相，而这共相乃是思想活动的产物。那就很明显，这里的两个重要的名词与其所表达的观念乃是反思与共相。本中译本的译者在"译者按"中已较详细地说明了"反思"这词的含义，可毋须赘述。至于"共相"是德文 das Allgemecine 的恰当译词，也甚明了，不必再加以解释，唯有一点须在这里提出请读者注意的，那就是"思想对于对象是主动的，是对于一物的反思"

这一句话的含义。问题是：按原德文，既然思想(Denken)[①]这种活动是被认为主动的(thätig)，那么思想本身又是以什么为主体而主动起来的呢？这并不是多余的问话，因为其答案是有关黑格尔的整个哲学体系的性质的。如说人们的思想对于人们以外的客观事物主动地活动着而有所反思从而产生关于那些事物的共相，则这种说法便是唯物主义的反映论了，可是按黑格尔的哲学体系来说，并不是而且不能是这样的，因为按这个哲学体系来说，一切的一切包括思想在内，无非是“绝对观念”或说“绝对精神”的种种不同的状态，那么，就毋须问，有没有人们之外的客观事物，为什么人和怎样得出反思的思想活动的产物这个共相来，简直就可以说，思想就是“绝对精神”的思想，就是“绝对精神”的状态之一种，所以说是当然主动而有反思，从而产生共相，换句话说，反思也好，共相也好，都是思想的种类，都是精神的表现，因之归根到底，一切都是总念在其自身发展各阶段上的不同形式、不同状态，这也就形成了黑格尔的“绝对唯心主义的哲学体系”了。

其次在本节正文的第一段里中译文有“一物”“该物”“物”等字样，究竟这里译文的“物”字是指什么说的？按原德文，其“一物”原是 Etwas 之译，从 etwas 这个不定代名词而来的，中译“不知是什么”才妥，而“该物”是 die Sache 之译，其原德文这词之含义是很不确定的，其实就是指上面“不知是什么”说的，而译文最后的“物的”之“物”字只是前面 die Sache 的在行文中的重复，都不是指客观的存在的。

至于本节正文的第二段是请读者回忆一下前面第五节所谈的内容，即说明对象的真实性质并不是当下直接地呈现在意识前面，而是必须加以反思才能得到的。

> 85.3 附释：即儿童，亦已多少学习到一些反思的能力。例如，儿童首须学习如何把形容词和实物名词联接起来。这里他须得注意观察，和区别异同。他须得紧记一条规律，并把它应用于特殊事物。这规律不是别的，即是一共相。这儿童必须使特殊之物遵循这共相。

① 这里的“思想”是德文 Denken 的译词，而这里的 Denken 是个不定式动词之作为名词用的，意味着无须另有其主体而自行活动的。

再如在生活中我们有了目的，于是我们便反复思索达到这个目的的种种方法。在这里目的便是共相，或主宰的原则。以此目的为准，我们规定我们所有达到此目的的手段或工具。同样，反思在道德生活里亦占主动的地位。在这里反思即是回忆[固有的]正义观念或义务观念，亦即回忆我们须要当作固定的规律去遵循以指导我们在当前特殊情形下的行为的共相。这共相必须包含在我们的特殊行为里，且可借此特殊行为以认识这共相。（译者按：此处的意思可分两层说明：第一，道德方面的共相必包含在特殊行为里，如仁是一共相，必包含在救将入井的孺子的特殊行为里，以及其他特殊的仁行里。第二，用反思或回忆的方法，可以在特殊的行为里认识这共相。例如从反思救将入井的孺子的特殊行为，以及其他博施济众的特殊行为里，可以认识这具有普遍性的仁。）又如在我们对于自然现象的研究里，亦有反思作用在活动。例如我们观察雷和电，这是我们所极熟习的现象，也是我们常常经验到的事实。但我们对于只是表面上的熟习，只是感觉的现象，总觉不能满意，而欲进一步追寻到它的后面，欲知道那究竟是怎样一回事，欲把握它的本质。于是我们便加以反思，要想知道有以异于只是现象的原因所在，且要想知道以异于只是外面的内面所在。这样一来，我们便把现象析成两面，分之为内面和外面，力量与表现，原因与结果了。这现象的内面的力量，亦仍是一共相，有永久性的，非此一电闪或彼一电闪，非此一植物或彼一植物，而乃是在一切特殊现象中长住不变的共相。

本节的附释篇幅比较长，我们姑且分为三小段去考虑。其第一第二两段是从原来第一自然段划分出来，而第三小段即是原附释中译本的第二自然段，上面抄录的是第二小段。

在这一小段里，作者主要是要说明本节正文里第一段开头一句话里所说的共相乃是思想活动通过反思得出来的产物这一要点，并以(1)儿童的学习和观察，(2)人们在日常生活中之由手段达到某一目的，(3)在道德生活里怎样由回忆正义与义务而指导当前特殊情形下的行为，(4)在自然科学的研究里如何通过反思的作用而追寻到熟习的现象之后面的长住不变的规律，亦即自然现象的规律。上述的四种现象，即儿童学习语言的词之联接,日常生活中的目的与其达到这些目的的作为手段的行为,道德生活里正义和义务与其履行正义和主持义务所必须遵循的道德律,以及在自然科学研究中的自然现象与为了了解这些现象而在分析研究中所得出的自然规律。在这四种不同的范围里,都是通过不同程度的反思活动把当前的特殊现象加以观察、分析、比较、分类、研究、综合而在特殊当中或说在特殊后面寻找出有普遍性的东西,即所有特殊现象发生发展的规律,而这些规律也就是那些特殊现象的共同表现,故称为它们的共相。因此,附释说:"这共相必须包含在我们的特殊行为[或现象]里,且可借此特殊行为为[或现象]以认识[识出]①这共相。"

附释的第二小段是:

86 感官事物是个别的,是变灭的,而其中的永久素质,则我们须藉反思才能知道。自然所表现给我们的乃是个别形态和个别现象之无限多的复合体,我们有在此很多中寻求统一的要求。因此,我们加以比较研究,力求认知每一事物的共相。个体生灭无常,而类则常住不变②,且重现在每一个体中,类的存在只有借反思方能认识。自然规律与自然事变的关系亦复如是,例如关于星球运行的定律。天上的星球,今夜我们看见在这里,明夜我们看见在那里,这种不规则的情形,我们心中总觉得不对,而不敢置信,因为我们的心灵总相信一种秩序,一种简单恒常而有普遍性的法则。心中存着这种信念,于是乃对于这凌乱的现象,加以反思,而认识其定律,确定了星球运动的普遍法则,依据这定律,可以了解并测算星球位置的每一变动。同样的方式,可以用来研究支配复杂万分的人类行为的种种力量。在这一方面,我们还是同样相信有一普遍性的主宰原则。从上面所有这些例子里,可以见得反思作用是如何的专去寻求那固定的、长住的、自身确定的、统摄特殊的普遍原则了。这种普遍原则或共相即是事物的本质和真理所在,不是感官所能把握的。例如义务或正义就是

---

① 查中译本这里的"认识"一词是瓦拉士(英人 William Wallace)在其《小逻辑》英译本伦敦1931年版所用的 Recognize 这词(本编者手边的《小逻辑》德文版是没有加入附释的,就不能按原德文查对)而这英文词原是拉丁文的 recoguosco,有"再认识"的意思,应中译为"认出"。

② "类则长住不变"是黑格尔在达尔文之前所坚信的古希腊亚里士多德的生物学说。

［道德］行为的本质，而道德行为之所以成为真正的道德行为，即在于能符合这有普遍性的法则。

在这一小分段里，黑格尔精辟地谈到科学研究的方法与其步骤。第一，他指出举凡感官的事物，都是个体的、变灭的，而其中的永久素质，即科学所追求的素质，是必须通过反思才能知道的，那就是说，科学研究乃是在“自然所表现的个别形态和个别现象之无限多的复合体中寻求其统一”。这里值得注意的是黑格尔所强调提出的在“无限多的复合体”中，在康德所常用的“杂多中”，寻求统一，也就是建立一个共相，建立一个多中之一，异中之同，纷纭错杂中的统一，确定事物中的类。当然我们现在是知道这里所说的类，即统一现象的类，乃至动植物的类，都无不是在变动发展中的，不是像古代的而现在已成为陈旧过时的观念所说的“长住不变”的，“各从其类”①，“重现在每一个体中”的。这是黑格尔在达尔文进化论时代之前所保持的古希腊亚里士多德的旧思想，然而他沿袭亚氏另一方面的正确科学思想，强调“自然律与自然事变中的关系”，即在一定程度上不变的关系，亦复是像多中之一，纷纭错杂中之统一那样，这却是正确的。只有人们在错杂的现象中，感觉到那些表面上看来是纷纭错杂的，像是“不规则”似的而“觉得不对”，不能置信，而总认为有一种当然的秩序，“一种简单恒常［尽管是相对地恒常］而有普遍性的法则”，于是就在科学研究中不断斗争，克服困难，突出一点，带动全面，把人类对于大自然的知识向前推进一步，这是人类进展中科学的发展史的素描。黑格尔在这里指出，乃是他的贡献，特别是他点出，这种科学研究的成就乃是“可以用来研究支配复杂万分的人类行为的种种力量”，其对人类意识形态的提高，是不可磨灭的思想贡献。

这一小段的结束乃是接近末尾的一句话：“从上面所有这些例子里，可以见得反思作用是如何专去寻求那固定的、长住的、自身确定、统摄特殊的普遍原则了。这种普遍原则或［说］共相，即是事物的本质和真理所在，不是感官所能把握的。”虽然这种普遍原则之固定性和长住性是相对的，因为事物是在不断地变化发展着的。

---

① 这话是基督教《圣经·旧约·创世记》第一章第二十至二十五节一再重复的话。

本节附释的最后一小段是：

87.1 当我们像这样阐明普遍性(或[说]共相)的性质时，我们便发现共相与它的对方形成对立。它的对方即是那纯粹直接的、外在的和个别的，与间接的、内在的和普遍的相对立。须知共相之为共相并不是存在于外面可供肉眼察见的。类之为类是不能察见的，星球运动的法则并不是写在天上的。故共相是人所不见不闻，而只是心灵之所可知的。宗教指引吾人达到一囊括一切，为一切所自出的共相或绝对，此绝对亦非感官所能察见，而只是心灵和思想所能理会的。

这最后一小段，首先说明上面所阐明的事物之普遍性，即事物的共相，也就是事物的类，乃是和事物相对立的，因为事物是由感官直接向着人们的意识呈现出来作为外在的个别的东西，而普遍性、共相、类是通过反思间接地在思想中表现出来，不为五官所见所闻，而只为人们心灵之所察觉得到的，是属于意识形态的东西。这段的最后一长句也是传达黑格尔思想的附释在宣传宗教，这就是黑格尔在他著作里一贯的作风。

87.2 第二十二节

本节正文很简短，在中译本中只两句话，其第一句话说明通过反思而改变了感觉的内容，而在第二句中指出，这种改变并没变更了对象的真正性质。因此，附释便点出，只有近代才有人，特别是康德，提出不同的意见，认为思想的产物是和思想所从出发的具体事物本身有其区别的。

首先让我们看看本节的正文：

87.3(c)经过反思的历程后，最初在感觉、直观，或表象中的内容，必有所改变。因此唯有凭借改变，对象的真性质方可呈现于意识前面。

这里在本节正文的前面有c这个符号，是说明本节乃是接着上面的第二十节和第二十一节继续阐明思想和感觉的密切关系的。

在本节里，黑格尔首先指出感觉作为直观以表象的形式出现于人们的感官面前，而通过反思这种思维活动就有其初步的改变，而且唯有凭借这种改变，最初出现于感觉的对象其真正的性质才能呈现于意识前面。

黑格尔这里很简短的原文中只一句话是认识论的一个重要的关键问

题的内容,即感性的认识是如何与理性的认识不同,而且这种不同,即黑格尔在这里之所谓改变,会不会影响人们关于对象的认识的。关于这个问题,黑格尔本节的正文没有阐述,有待于附释的补充。

87.4(1)附释:凡是经反思作用而演绎出来的就是思想的产物。例如,梭伦①为雅典人所立的法律,可说是从他个人的头脑里产生出来的。但反之,另一方面。我们所必须将共相[如梭伦所立的]这些法律②,认作仅仅的主观观念的反面,且要能从这里面认识到事物之本质的真实的和客观的存在。善于发现事物的真理,单凭注意力或观察力并不济事,但必须发挥主观的[思维]活动,借以将呈现在当前的材料加以形式的改变。这点初看起来似乎有些颠倒③,且好像违反寻求知识的目的。但同样我们可以说认为唯有凭借反思作用以改造当下的[感觉材料],方能达到[事物的]实质,乃是一切时代共有的信念。

这一分段说明由反思得出的共相并不是主观的观念而是表现事物本质的客观存在,可是一类事物的共相不是单靠感官的注意力或观察力就可观察出来,而必须发挥主观的思维活动把当前的感性材料在形式上加以改变才能得出的。黑格尔认为这是人类历来共有的信念,也就是说,人们一向就是认为这样就可以形成事物的共相,从而达到事物的实质了。

接着的下一分段是:

87.4(2)在近代有人曾经初次对于此点提出疑问,而坚执着思想的产物和事物本身间的区别。据说,事物自身与我们对于事物自身的认识,乃完全是两回事。这种将思想与事物自身截然分开的观点,乃特别是康德的批判哲学所发挥出来的④与前些时代认为事物与思想的符合乃是不成问题的信心,正相反对。

---

① 梭伦是古希腊雅典的著名法学家,约生于公元前600年。

② 法律是一般的原则,所以是有普遍性的共相。

③ 在人们的认识过程中,一般是从感性的个别事物开始,然后才在思想上加以考虑,所以这句话似乎有些前后颠倒。

④ 参看康德的《纯粹理性批判》中“先验感性论”“先验感性论之全部要点”一段,蓝公武中译本,第62~69页。

这一分段的内容只是提出意识与存在这个十分重要的认识论问题，并提出，认为思想的产物和事物本身之间是有区别的这个观点，主要是康德的批判哲学所发挥出来的，而这种观点是和前些时代还认为事物与思想是符合的这并不成问题的信念正相反对的。

黑格尔在下一分段里对这种新近提出的事物与思想对立的观点加以分析和批判如下：

> 这种思想与事物的对立乃是近代哲学兴趣的转折点①。但人类的自然信念却不以这种对立为真实的。在日常生活中，我们亦常常反思，但并未特别意识到单凭反思即可达到真理，我们进行思想不顾其他，只是坚确相信思想与事物是符合的②。而这种信念确是异常重要。但我们这时代有一种不健康的态度，足以引起怀疑与失望，认为我们的知识只是一种主观的知识，且误认这种主观性为最后而无法超越的③。

这里黑格尔点出把思想与事物对立，乃是近代哲学的转折点，这一般是符合哲学史的事实的，因为在康德以前，朴素的实在论在一般人的心里确是占统治地位的，而康德的“先验感性论”首先把这个问题提出来，在《纯粹理性批判》一书里加以认识论的分析，而对朴素的实在论作出严重的批判。黑格尔却认为“人类的自然信念不以这种思想与事物在认识中的对立为真实的”，这种批判未免有武断的嫌疑，况且他的门生接着在附释中写道（如果这附释是按他的原话记下来的）：“我们进行思想，不顾其他，只是坚确相信，思想与事实是符合的。”我们并不在这里否定认识论的实在论，而只是要求持实在论的思想家提出足以说服人的理由，只说朴素实在论这种信念（注意：只是一种信念）“是异常重要的”，而认为不接受这种“信念”是“一种不健康的态度”，这不能是哲学家所应有的作风，不应出自黑格尔之口。

可是让我们继续把本章第二十二节的解释看下去吧。

---

① 中译本这里的“转捩点”就是转折点的意思，指康德的批判哲学在西欧的认识论所起的重要作用。

② 这在哲学史中称为“朴素的实在论”。

③ 请读者注意，黑格尔在这里所用的“主观性”是指纯由个人主观的内心判定的东西之性质，若果认为这是“最后而无法超过”的，那当然是错误的了，但谁是这样认为的呢？

88.但须知真理应是客观的,应是规定一切信念的标准,只要个人的信念不符合这标准,则这信念便是错误的。反之,据近来这种看法,主观信念的本身,单就其仅为主观形式的信念而言,不管其内容如何,本身便是好的,这样便无有评判它的真伪的标准了。——前面我们曾说过,"人心的使命便在于认识真理"乃是人类的一个旧信念,这话还包含有一层道理,任何对象,外在的自然和内心的本性,举凡一切事物,其自身的真相,必然是思想所思的那样,所以思想即在于揭示出对象的真理。(译者按:此句直译应作"故思想为任何对象的真理"。)哲学的任务仅在于使人类自古以来所相信于思想的性质,能得到显明的自觉而已。所以,哲学并无新的发明,我们这里经反思作用所提出的说法,已经是人人所当下固有的信念。

解释这段文字,必须记住黑格尔的哲学体系的特殊性质,不然的话,就犯望文生义的毛病。我们知道,黑格尔的哲学体系,其最基本的中心观念乃是"绝对观念"。在他看来,绝对观念是客观的不以任何一个人的意志为转移的,而人的意志是以它为转移才是正确的,并且"任何对象外在的自然和内心的本性,举凡一切事物,其自身的真相,必然是思想所思的那样",那就是必然是绝对观念之所决定的那样,所以思想[即绝对观念]即是决定对象的真理的。根据黑格尔的体系,则本段附释的中间几句就是容易理解的了。至于其开头的几句,按上面的解释,也是十分正确的,而且就常理来说,也是正确的。谁都不能否认真理是客观的,应该是规定一切信念的标准的,只要个人的[主观]信念不符合这标准,则这信念便是错误的。如果"近来的看法",主观的[即纯属个人的]信念,其本身,单就其仅只为主观形式的信念而言,不管其内容如何,本身便是好的,这样便无有评判它的真伪的标准了,便不是客观的而且不符合客观的真理的了。

"人心的使命即在于认识真理"这句话是根据黑格尔在上面第二十节附释(中译本页83上)的一句话说的:"思想可以表示人的真性,为划分人与禽兽的区别的关键。"所以,"哲学的任务就在于使人类自古以来所相信于思想的性质能得到显明的自觉",这里"显明的自觉"一语是含有深邃的意思的,那是说,人类自古以来所相信的思想的性质,原是应该"自觉的",只是要有哲学,这种自觉性才变为"显明的"而已。于是当然的结论便是:"所以,哲学并无新的发明,我们这里经反思作用所提出的说法,已经是人人所当下固有的信念。"这结论是旨在抨击康德的批导[即批判]哲学所发挥出来的,与前些时代认为事物与思想的符合乃是不成问题的信心正相反对的"近来的看法"的。这就比较详尽地结束了第二十二节正文所提出的主题,即"唯有凭借改变对象的真性方可呈现于意识前面"。可是犹有未尽之辞,有待于下面第二十三节之加以补述黑格尔的关于思想这个概念的原意。

89.1 第二十三节

在本节里黑格尔用很抽象的思辨话语来阐述思想与思想主体的性质,是关系到他的整个哲学思想体系的,是总结了从上面第二十节到第二十二节所涉及的内容的,因而是十分重要的一节,请读者格外注意。

查本节分为两段,其第一段以 d 开始,是表示作为自第二十节开始的第四大段的,在这第四大段的里,主要是阐明思想是"我"的活动,可是"我"在黑格尔的哲学思想体系里是有其特别的含义的,而这种含义在本节的第二段里才加以详述。

89.2(d)反思既能揭示出事物的真性质,而此种思想亦即我的活动,如是则事物的真性质亦可说是我的心灵的产物,就我之为能思的主体,就我之为我的单纯共相①而言的产物,亦可认作纯粹自在的我或②我的自由③的产物。

这第一段是说明揭示出事物的真性质的反思乃是我的思想活动,因而就可说,事物的真性质乃是我的心灵的产物,那么,单按这句话来说,事物的真性质乃是我的心灵的产物,所以心灵是第一性而事物的真性质反而是第二性的,这就决定了黑格尔的哲学是唯心主义的。但是,他接着说明,我之为能思的主体也就是一个单纯的共相,其所谓共相,就是原德文的 Allgemeinheit[普遍性]的意思。所以这里作为能思的主体并不是单就指某一个能思的人说的,而是指"能思的主体"这个普遍性的存在说的,指"绝对观念"说的,所以黑格尔的唯心主义是客观的唯心主义,绝不是从这段话的表面上看来是主观唯心主义的。这段的最后一句话更是说明这点:"事物的

---

① 请读者注意:按原文"能思的主体"与"我的单纯共相"这两个作为名词的词组是同位词。
② 这里中译本的"或"是"即"的意思,"纯粹自在的我"就是"我的自由"。
③ 请读者注意,这里的"自由"是个名词,是原德文的 Freiheit 这个名词的中译。

真性质亦可认作纯粹[德文的 schlechthin 即简单明了的]自在的我,即我的自由之产物。""纯粹自在的我"就是"我的自由",其含义详见下面一段:

89.3 我们常常听见"为自己的思想"①的说法,好像这话含有重大的意义似的。其实,没有人能够替别人思想,一如没有人能够替别人饮食一样,所以这话乃是重复的。在思想之内即直接包含有自由,因为思想是共相的活动,是一抽象的自身关系,换言之,就思想的主观性而言,乃是一无有性质的自在体,但就思想的内容言,却同时包含有事实及事实的性质。因此如果说到哲学研究上的谦逊或卑谦与骄傲,则谦逊或卑谦在于不加些个别的特质或行动给主观性,所以当其就内容来说,只有思想深入事物的实质,方能算得真思想。就其形式来说,思想不是主体的私有的特殊状态或行动,而乃是摆脱了一切特殊性质情况等的抽象自我的意识,只限于普遍性的活动,在这活动里,思想与一切个体相同一,则在这种情形下,我们至少可以说哲学是摆脱骄傲了。所以当亚里士多德要求思想保持一种高贵态度时,则他所说的高贵性应即在于摆脱一切特殊的意见和揣测,而让事物的实质当权。

这第二段是对上段的某些观点加以说明的。首先,黑格尔指出思想总是能思的主体在活动,所以细想起来,这话是同语的重复(Pleonasmus)因为能思的主体在活动着也就是思想。

第二,何以黑格尔说,在思想之内即直接地包含有自由呢?接着的下一句话,作为这个问题的答复,像是晦涩难明的。把这句话加以分析,可以这样说:既然思想是共相的活动,也就是能思的主体这个共相的活动,更明白地说,是绝对观念的活动,而绝对观念也就是思想,所以思想就是"一抽象的自身关系"。什么叫做自身关系?凡关系都至少有两个方面,譬如以 R 来表示一种关系,而 a 与 b 是在 R 关系上的,我们为了简单明了起见,就可用 aRb 这个公式来表示 a 与 b 的关系。那么,思想的活动这种自身关系就是 aRa 了,这里的 a 是思想的代号。

a 之在这种关系里,它(即能思的主体)只是作为思想活动者言,毫不

① 这里的"为自己的思想"是原德文的 Selbstdenken,直译应是"自我在思想",其含义不是"为自己去思想",而是"自行思想着"。

涉及其他的，因而才是抽象的，所以乃是“无有性质的自在体”[1]，而其所以是自在体，是因为它没有别的性质在牵累它的，可是就其内容来说，“却又同时包含有事实及事实的性质”，那么这种事实和事实的性质会不会影响这自在体的自在性与其普遍性呢？黑格尔的答复就是：(1)在哲学研究上有所谓谦逊或说卑谦与骄傲，而谦逊或说卑谦是在于不加些个别的特质或行动给主观性，所以当就其内容来说，只以思想深入事物的实质，方能算得真思想。就形式来说，思想不是主体的[私有的]特殊状态或行动，而乃是摆脱了原有一切特殊性质情况下之作为我的抽象意识自身[2]，且只限于普遍性的活动，在这活动里，思想与一切个体相同一，[那就是说，在这活动里，一切能思的个别主体都是完全相等的，因为都是绝对观念形式上在个体的主体里活动着。]那么在这种情形下，我们至少可以说哲学是摆脱得骄傲了，因为骄傲是属于个体的人的。——所以当亚里士多德要求思想保持一种高贵的态度，那就是不加以个人的意见和揣测，而“让事物的实质当权”，也就是完全让事实说话。

90.1 第二十四节

这第二十四节主要是说明逻辑学与形而上学的合流。

90.2 照这种[3]解释的思想自可说是客观[4]的思想了，而且即那些在普通形式逻辑里惯于只认作意识着的思想形式，亦可算作客观的形式了。因此逻辑学便与形而上[5]学合流了。形而上学乃是研究

---

① 这里的“无有性质的自在体”乃是原德文 bestimmungsloses Bei-sich-sein 的中译，其直译应该是“没有确定性而在自己的处所的存在者”。

② 这句的译文从“摆脱了”到此为止，是本编者按黑格尔《哲学全书》Karl Rosenkranz 柏林 1870 年版第 24 页上的原德文重译的。

③ 这里的“这种”是指上面四节所阐明的那样的。

④ 详见下面附释一。

⑤ “形而上学”本是古希腊文 Metaphysik 这词的中译，译词之“形而上学”采自《易经·系辞》“形而上者谓之道，形而下者谓之器”，道与器对立来说，才有形而上与形而下之分，近人还有以“玄学”来中译 die Metaphysik 这词的，但这种译词不是妥当的。在亚里士多德那里，形而上学就是第一哲学，其所研究的是最基本的东西，而在这意义上，形而上学这门学术就应该是普遍性的，并且所研究的乃是实是之所以为实是。(见亚里士多德：《形而上学》吴寿彭中译本，北京：商务印书馆，1959 年，第 120 页。)请读者注意：在欧洲十八世纪末叶以前，“形而上学”是一种哲学的名称，而在十八世纪以后，“形而上学”有另一意义，即和唯物主义辩证法相反，把事物和现象看作彼此隔绝，一成不变的世界观和思想的方法。

思想所把握住的事物的科学,而思想乃是足以表示事物的本质的。

这第一段的内容,乍看起来,似是容易理解,但细看,还有复杂之处,得要细读下面三个较长的附释才能初步明了的。

第一,如果我们理解到思想是客观的,则逻辑学便与形而上学(die Metaphysik)合流了,其详见下文,尤其是见附释。但让我们首先看看本节正文的第二段。

> 90.3(1)关于思想的某些形式,如概念、判断和推论与其他的形式,如因果律等的关系,只有在逻辑本身内才能加以讨论[①]但现时至少有这样多是可以先行确见的,就是当思想对于事物欲求得到一个总念时,则这总念及其最直接的形式,判断与推论,决不会是由一些外在的生疏的界说和关系所形成[②]的。反思,有如上面所说,能深入[③]于事物的共相,而共相本身即是总念之一环节。说知性或理性[弥漫]在世界内,实无异于说客观的思想构成世界的核心[④]。

这第二段主要是要说明:(1)思想总是要关于事物求得其总念的,而总念不是一些外在的互不相干的(生疏的,德文的 Fremdl)界说和关系所形成。而必须通过反思,首先导致[原德文的 führt]事物的共相,这共相就是总念的一个环节。(2)其次又要说明知性,更确切地说,理念是在世界之内,那就是说,世界是客观的思想。

本节正文最后还有一句如下,然后才结束。

> 90.3(2)这种说法[即说世界是客观的思想]仍不免有些不便,因为一般的习惯总以为思想只是属于心灵和意识的,而客观一词也总是用来指谓非心灵的事物。

这句话较易明了,毋须解释,我们现在看看附释。

> 90.4(1)附释一:当我们说思想或客观思想是世界的内在本质

---

① 请读者注意,我们在这里所谈的还是“概论逻辑学性质”而不是逻辑学本身。

② 总念是具体的有内容的普遍性的观念,那就决不会是由一些外在的互不相干的界说和关系所形成的。

③ 这里依黑格尔的原德文是 führt,应中译为“导致”,而不是“深入”之意。

④ 这里中译本的“构成世界的核心”是原德文 objektiven Gedanke enthalten 的意译,直译为“世界是客观的思想”较为确切而明了。

时，似乎这样就会认为自然事物也有意识了①，而且我们会感觉一种矛盾，一方面认思想为事物的内在功能，一方面又说人与自然事物的区别在于有思想。因此我们必须说自然是一个没有意识的思想系统，或如谢林所说，认自然为一顽冥化的理智。而且为免除误会起见，最好用思想范畴或思想形式以代替思想二字。

这是本节附释一的第一大段的第一分段，是解释"世界是客观思想"这种说法的。这种说法本不易理解，原因是：一般认为世界是指自然事物说的，而自然事物大都是指人类以外的事物说的，既然我们习惯于认为自然事物是没有意识的，那么怎能说世界是客观的思想呢？因为思想乃是意识的一种表现。

说世界是客观思想，还有另一种困难，是令人不易接受的，似乎是一种矛盾。因为说世界是客观思想，那就是认为世界事物的内在功能是思想，然而人与自然事物的区别是在于人的有思想，那上一句岂不是否认了这种区别吗？所以我们只得说自然是一个没有意识的思想系统，因为思想系统本身不是能思想的。不然的话，就像谢林那样说，自然乃是"顽冥化了的理智"，而这又有困难，因为这样一来，还是认为自然是一度有过思想的，所以最好还是用思想范畴或思想形式来代替思想这个词。

这是第一分段，接着的第二分段是继续详解"世界是客观思想"这种主张的。

90.4(2)——据前面所说，逻辑的成分，概须于思想范畴的系统中求之。在这思想范畴的系统里，普遍意义下的主观与客观的对立是泯除了的。这里所说的思想和思想范畴的意义，可以较确切地用古代哲学家所谓[νους，即在拉丁字母写成的 Nous，指统治这世界的"理性"]的话来表示②——或则，用我们的说法，理性是在世界中，我

---

① 思想乃是一种意识形态，所以无意识，也就不能有思想。

② 这关于 νους(音译为"奴斯"，意即"理性")是古希腊大约公元前 500—前 428 年自然哲学多元学派阿那克萨戈拉(Anaxagoras)所提出的一个观念。据他来说，奴斯是元素之一种，乃是"思想一类的东西"，和物质性的元素相对立的，但是这奴斯，即心灵，"确乎现在也存在于其他一切事物存在的地方，以及周围的物质中"(可参看北京大学哲学系编译：《古希腊罗马哲学》，第 68～71 页)。

们所了解的意思是说，理性是世界的灵魂，理性居住在世界中，理性构成世界之内在的固有的深邃的本质，理性是世界的共相①。

这一分段的内容，首先说明，如果把思想范畴来代替了思想这个观念，那么一般所谓的客观与主观的对立便没有了，因为范畴只是主观系统里的区别，在其本身来说，并无所谓主客观之分。这就叫人联想起古希腊的一位名叫做阿那克萨戈拉的哲学家，他认为世界是为“奴斯”（理性）所统治的，我们也可以用“我们自己的说法”，那就是理性是在世界中，换句话说，理性是世界的灵魂，居住在世界中而构成世界之内在的固有的本质，因而理性就是世界的共相。我们现在读到黑格尔的这种话，感到很奇怪，于是就称之为“神秘主义”，其实，在他的当时，他和听他讲演的德国人，尤其是柏林大学的学生，都是熟悉基督教的“圣经”的，而在那部《圣经》的《新约·约翰福音》之第一章里就有“太初有道……这道太初与神同在，万物是藉着他（道）造的”等等②。这种宗教神话式的语言和阿那克萨戈拉的“奴斯”这个朴素哲学观念拼和起来，也就使得黑格尔的“世界是客观思想”和“理性是世界的共相”以及绝对观念是在一切事物里发展着的这些说法不难理解了。

关于上一分段所说的“理性是世界的共相”这种说法，可以举例说明。

90.4(3)举一个切近的例子，当我们指着某一确定的动物说，这是一动物。我们只能指出一确定的动物，动物之所以为动物的性或理是不能指出的，动物之性乃是个别动物的普遍性质，并不存在③，而每一存在的动物乃是一具体的特殊的确定的动物。但既是一动物，则此一动物必隶属于其类，于其共相之下，而此类或共相即构成其确定的本性。譬如，将狗的动物性去掉，则[狗便失其为狗]，我们亦无法说出它是什么了。举凡任何事物莫不有一长住的内在的性质和一外在的存在。万物生死兴灭；其本性，其共相即其类[长住不变]，而类不仅是可认作各物共同之类而已。

---

① 这里“我们的说法”这句话，是黑格尔从基督教的“λνους”（logos）即理性，发展为他自己的绝对观念的扼要说法。

② 见《新约·约翰福音》第一章一至四节。

③ 这里“不存在”是指下面所说的“外面的存在”说的，并不是“没有”的意思。

这一分段是举例说明举凡一事物都有其内在的不为感性所能察觉到的性质和它的外在的而属于感性的存在。所说的类，共相，性，理等，都是抽象的，存在于思想里面的。这是容易理解的。

接着下面便有一较长的自然段，得要分开为几个小段来考虑。

第一小段或说分段的本文是：

91.1(1)思想不唯构成外界事物的实质(德文的 die Substanz)[①]，而且又构成精神现象的普遍实质。在人类一切的直观中皆有思想［的活动］。同样，思想是［弥漫］在一切表象、记忆，概言之，在每一精神活动，在一切意志欲望等等之中的共相，凡此一切皆不过是思想较细的分化或形态而已。这种理解下的思想便与平常仅将思想的能力与别的能力等量齐观，或只认作直观、表象、意志等能力中之一能力的看法，有不同的意义了。当我们认思想为一切自然和精神事物的真实共相时，则思想便统摄这一切而为这一切的基础了。

这一分段主要是说明思想是构成外界事物和精神现象的普遍实质(德文的 Substanz)的。思想是在一切表象、记忆、意志、欲望等之中而为其共相。依黑格尔的说法，“凡此一切皆不过是思想较细的分化或形态而已”。这显然是古希腊哲学家阿那克萨戈拉思想的影响[②]，其对于思想这个观念确是和平常的思想之理解有不同的意义而是我们所要注意的。按这种意义来说，思想就成为“一切自然和精神现象的真实共相”，于是就“统摄一切而为这一切的基础了”。这种观点的关键是在于黑格尔强调自然和精神的形态之共相乃是思想活动所构成的，因而是属于思想一类的东西，这是一切唯心主义哲学的看法。

接着的第二分段，其主要论断是发挥第一分段的论点的。

---

① 德文的 substanz，是从拉丁文的 substantia 来的，而拉丁文这个名词又是从拉丁文的 substare 这个动词来的，这动词的前缀 sub 是“在下”的意思，而词根 stare 是“站住”的意思，所以合成词为“站稳，而作为基础”的意思。

② 这关于 νους(音译为“奴斯”。意即“理性”)是古希腊大约公元前 500—428 年自然哲学多元学派阿那克萨戈拉(Anaxagoras)所提出的一个观念。据他来说，奴斯是元素之一种，乃是“思想一类的东西”，和物质性的元素相对立的，但是这奴斯，即心灵，“确乎现在也存在于其他一切事物存在的地方，以及周围的物质中”(可参看北京大学哲学系编译：《古希腊罗马哲学》，第 68～71 页)。

91.1(2)从这种认思想为“奴斯”(阿那克萨戈拉 νους[即 nous]的音译。)对于思想的客观意义的看法,我们进而去考察思想的主观意义。我们首先说,人是有思想的。但同时我们又说人是有直观有意志的。就人之有思想言,他是一共相,但只有当他意识到他自身的普遍性时,他才算是有思想的。动物亦是一潜在的共相,但动物是并不能意识着其自身的普遍性,而仅感觉其个别性。动物看见一个别之物,例如他的食物或一个人。这一切就他看来,皆是个别之物。同样,感觉所涉及的亦仅是个别事物。如此处的痛苦,此时感得的美味等,自然不能令其所含蕴的理性(nous)自觉。唯有人方具有双重的性能,一个能意识着共相的共相。人的这种性能的最初发动,即在于当他知道他是“自我”的时候。当我说“我”时,我意指我自己,一个个别的完全确定的人。其实我这里所说的,并无特别关于我自己的地方。因为任何别人还不是仍然是一个“自我”,当我自己称我为“我”时,虽我无疑地亦指这个别的我自己,但我亦表示了一个彻头彻尾的共相。

这第二分段首先是要再一次强调“人是有思想的”,但人同时也有直观和意志,这些不是在表面上属于思想类型的精神状态。可是黑格尔单独提出思想来考虑,而说:“就人之有思想言,他是一共相。”这里人是一共相,是黑格尔所要成立的一个重要的观点。他怎样论证这点呢? 他说:“只有在人意识到他自身是有而且就是一种普遍性时,他才能算是有思想的。”何以见得呢? 以下等动物为证。黑格尔认为“动物亦是一潜在的共相”。这也可说他受古希腊初期哲学思想“物活论”(Hylozoismus)的影响之残余吧。但他可是肯定“动物并不能意识着[重点是中译本原有的]其自身的普遍性,而仅感觉其个别性。动物看见一个别之物,例如他的食物或一个人。这一切就他看来,皆是个别之物。同样,感觉[指凡是感觉]所涉及的亦仅是个别之物。如此处的痛苦[不是一般的痛苦],此时感得的美味[不是任何一般的美味]等,自然[1]不能令其所含蕴的理性(νους)自觉,(因为如上所说,动物是潜在的共相)“唯有人方具有双重的性能”,就

① 这里的“自然”是指“大自然”说的,而不是一个副词词组。

是说,能感觉到个别事物,而又能意识到事物的普遍性,即既有感性而又有理性。因此黑格尔称人类为"能意识着共相的共相",就是说人是作为共相而意识到事物之共相的。"人之这种性能的最初发动,即在于当他知道他是'自我'的时候。"这就是黑格尔哲学中的"自我意识",这个极为重要的观念,是在他的《精神现象学》一书特别强调作为人类的实质的。他在这里还继续阐明这观点,说,"当我说'我'时,我意指我自己,一个个别的完全确定的人。其实我这里所说的,并无特别关于我的地方",[只说"我",没说"我"是什么。]"因为任何别人还不是[像我一样]仍然是一个'自我'①,当我自己称我为'我'时,虽我无疑地系指这个别的我自己,但我亦表示了一个彻头彻尾的共相"。可是这最后一句话是什么意思,且看下一分段。

91.1(3)故自我乃是一纯粹的自为的存在(sein für sich),在自为的存在阶段之中,任何特殊的成分标识(性质)皆被否定或扬弃了。这种自为的我,乃是意识中究竟的单纯的纯粹的成分。我们可以说,自我与思想乃是同一之物,或更确定点说,自我是指思想之为能思者而言。凡是在我的意识中的,即是为我而有的。自我是接受任何事物或一切事物的空旷的收容器,一切皆为自我而存在,一切皆蕴藏在自我中。每一人皆是一个表象所构成的整个世界,而所有这些表象皆埋葬在这自我之黑夜中。由此足见自我是一个抽掉了一切个别事物的共相,但同时一切事物又潜伏于其中。所以自我不仅是纯粹抽象的共相,而乃是含蕴一切的共相。

在这第三分段里,第一句话便是;"故[即根据上一段的说法与其论证],自我乃是一纯粹的自为的存在。"

这是什么意思?首先,"自为"乃是任何一个范畴发生过程中的第二个阶段,其第一个阶段是"自在"(德文的 an sich)的阶段,在这第一个阶段上,发展初期的事物之性质,都是从事物的自身看的,即"在其自身而言的"(an sich),还没有看到它的对立面的,但是发展到更高的而更深刻的"自为"(für sich)这个第二个阶段,事物的性质就要和其对立面联系起来

① 请读者注意:在西欧各种语文里,"自我"和"我"在文字与语气上有形式上的区别。

看,因而也就有"自为"的一面了,因为在"自在"的阶段上,只有"自"而还没有"他",所以是朴素单纯的,像是一切都是"无"似的,而在当前的"自为"阶段上,"他"便出现而和"自"对立起来,于是"自"就因"他"而"自为"了,即看到其自身了。无"他"是无"自"的,有了"他"才有关于"自"的意识,从而才有"自为"。"纯粹的自为"乃是只有"自为"而扬弃了其他,所以"任何特殊的[亦即不是'自为的']成分标识(性质)皆被否定或扬弃了",因而"纯粹自为的我,乃是意识中究竟的[即最高程度的]单纯的成分"。

紧跟着的下一句便是:"我们可以说,自我与思想乃是同一之物或更确定点说,自我是指思想之为能思者而言。"

这话确实不好懂,用公式来表达,这句话便有这样的形式:自我=思想=能思者。

为了理解这个公式与其所表达的上面那句话,我们首先要回头看看黑格尔在本自然段的第二分段里所曾讲过的话以及他是在什么场合里那样讲的。

黑格尔讲这句话时,是他在分析并研讨人类思想的过程。他首先肯定"人是有思想的",其次,他论证到一个结论,说:"只有当人意识到他自身的普遍性时,他才是有思想的。"再次,他还论证道:"当我自己称我为'我'时,我就表示了一个彻头彻尾的共相。"但普遍性=共相,而且"有思想的我"也就是"能思者"。

今试把这些话以另一形式重说一遍:说人是有思想的,就等于承认人的自身是一个共相,并且自我是个共相。但是在上面第一分段里的最后一段话,黑格尔证明:思想是一切自然和精神事物的真实共相。那么只要能肯定凡是共相都是相同的,结论便是:自我=思想=能思者。

当然这是论据不足而论证缺乏说服力的一个公式与其所表达的思想内容,可是这个公式也就是一切唯心主义思想家的立场之具体表现,也可以说是他们所犯的通病。伟大的领袖毛主席教导我们说:"世界上只有唯心论和形而上学最省力,因为它可以由人们瞎说一气,不要根据客观实际,也不受客观实际检查的。"①

---

① 《关于胡风反革命集团的材料》按语(1955年5月),北京:人民出版社,1955年,第70页。

可是在这第三分段里，还有更唯心的说法呢！请看："凡是我的意识中的，即是为我而有的。"

这句话是什么意思呢？按照唯物主义的反映论来讲，在人的意识中的都是反映客观事物的，然而却不就是客观的事物。在意识中反映客观事物的意识形态确实是反映者所有的，但是所反映的客观事物却不是他所有的。如果把反映者所反映的对象和他意识中反映出来的意识形态混为一谈，那就可以像黑格尔在这里说的那样："一起皆为自我而存在，一切皆蕴藏在自我中"，因为预先肯定了"自我是接受任何事物或说一切事物的空旷的收容器"。但要说明所说的"事物"是什么东西，是客观的事物，还是这些事物在意识中的表象？在唯心主义者看来，是毋须有这种分别的，那便是歪曲事实。于是就又可以说："每一人皆是一个表象所构成的整个世界，而所有这些表象皆埋葬在这自我之黑夜中。"这会叫人认为是与黑格尔同时代的德国另一个唯心主义者，或更正确地说一个唯意志论者叔本华(1788—1860)的《世界作为意志和观念者》①那本书的话语了。

至于这第三分段的"由此足见"以后的一句话，无非是上文的复述，可以不必再加解释了。

我们分析和解释并批判这第三分段所用的篇幅比较冗长，是因为在这分段里含有黑格尔的一些重要观点与论述，不应略过。

现在让我们看：本第二十四节附释一第二自然段的最后一个分段吧：

> 91.1(4)平常我们用这个"我"字，大都未觉其重要，只有在哲学的反思里，方将"我"当做一察识的对象。唯当有我时，我们才有完全纯粹的思想出现，动物就不能说出一个"我"字。只有人才能说"我"，因为只有人才有思想。在我的，具有各式样起于内感于外②的内容，由于此种内容的性质不同，则我亦因之或为能感觉的我，能表象的我，有意志的我等。但在这一切活动中均有我，或亦可说在这一切活动中均有思想。故人总是在思想的，即当他在感觉时，他亦是在思

① 那本书德文标题为 *Die Welt als Wille und Vorstellung*，出版于 1819 年，有中译为"意志和表象的世界"，又有中译为"意志与观念的世界"的。

② 注意这里起于内感于外的，在"内"字后应有顿号。

想。假如他观察一物,他总是将那物当做一共相。着重其一点,特别提出来,忽略其他部分,而认为抽象的和共同的,即使仅是形式的共相。

这分段里有几句话得要解释的,"将'我'作为研究[察识]的对象"的活动,乃是心理学或哲学的活动,要在哲学的反思里才是进行的,而在这时候,才有完全纯粹的思想出现,因为在别的时候,别的情况下,可能还有感觉的杂质交错在意识之中,而不是集中思想在"我"的上面,可见在思想到"我"时,思想是完全纯粹的。

第一点,"在我的"是说已经不纯是关于"我"的思想,不仅想到"我",而是兼想到属于我的东西,其中有些可能是起因于内感觉,而又有些是从外界引起的,所以在这种思想情况下,能有感觉的我,表象的我等等,可是都有我在其中。这是康德的"伴随着的我"这种说法,然而黑格尔之认为在这一切内心的活动中均有思想,是因为如上文所说,他是把"我"和"思想"等同起来的。

这分段的剩余几句并不难懂,毋须再加解释。

附释一还有其最后的一自然段如下:

93.1 在我的表象的作用里,大约不外两途:一是内容虽是一经过思想的内容,而形式却未经过思想,不然则正与此相反,形式虽属于思想,而内容则与思想不相干。譬如,当我说忿怒,玫瑰,希望等字时,则这些字所包含的内容,都是我的感觉之所熟习的,但我用普遍的方式思想的形式①,把这些内容说出来。这样一来,我便已排斥了许多个别的情状,只用共相[如"忿怒""玫瑰""希望"都是共相]来说出那内容[即我当下所感觉的],而那内容却仍是感性的。反之,当我有上帝的表象时,[例如把上帝想象为一位尊严的老人],则内容[信仰中的上帝]诚属于纯思的,但其[表象的]形式却是感性的,一如我当下所亲自感觉到上帝那样。故在表象作用里,表象的内容不仅是感性的,有如亲眼所见那样,而乃是不出下列两途:或是内容是感性的,而形式却属于思想,或是正与此相反,内容是纯思的,而形式却又

① 这句译文应在"方式"后加"这种"两字才是易懂的。

是感性的。在前种情形下，材料是外界给予的，而形式乃属于思想；在第二种情形下，思想是内容的源泉，但藉感觉的形式把这内容呈现出来，俨如是自外界所给予似的。

这段的文字浅显，内容也简单，主要说明表象的作用。如果我们记住表象是感性的，因而总是个别的形象，而思想在表达为语言时，必须是用某一定的概念的，但概念在性质上是普遍性的，是共相，如用来表达表象所包含的个别性的内容，则普遍性形式的概念便不适合个别的表象之内容了。

93.2 附释二：逻辑学是以纯思想或纯思想型为研究的对象。就思想的通常意义言，我们总以为不仅是指纯粹的思想，因为我们总以为经过思想之物，它的内容或材料必是经验的①。而逻辑学中所承认的思想则不然，除了属于思想自身，由于思想自己所产生的思想外，它不能另以别的意义的思想为内容，所以逻辑学中所说的思想是指纯思想而言。所以逻辑学中所说的精神也是纯粹自在②的精神，亦即自由的精神，因为自由乃是他物中发现自己的存在，自己依赖自己，自己决定自己的意思。所以思想与冲动不同，在一切冲动行为中，我乃是自一他物，自一个外在于我的事物③开始。在这里，我们只能说是依赖，不能说是自由。只有当没有外在于我与我不相干的他物时，方能说是自由。那只是为他物冲动所决定的自然人并未能自由自主。即使他为冲动驱使，表现一些癖性，而他的意志和意见的内容仍然不是他自己的，他的自由亦仅是一形式的自由。但当我思想时，我放弃我的主观的个别性，我深入于事物之中，让思想[依理则而]自由行使。倘若我参杂一些主观意思于其中，便把思想弄坏了。

本附释二的篇幅比诸附释一的篇幅差不多一样长。附释一的主要内容是阐明本节二十四节正文之第一段所提出的“客观思想”这个在黑格尔

① 自从康德以来，德国的古典哲学家往往是以“经验的”或说“经验性”的（德文的 empirisch）这个形容词和“纯粹的”（德文的 rein）对立的。（参看康德《纯粹理性批判》蓝公武中译本，第 27～28 页）“纯粹”往往省略为“纯”。

② 这里的“自在”不是“自在”与“自为”的“自在”，而是舒适自在的自在。

③ “他物”也就是外在于我的事物，所以在本句中，“他物”之后不应用逗号而应用顿号。

各体系中非常重要的观念，而附释二乃是继续说明这个观念，并引申出“客观思想”之为客观的，其含义是什么，从而推论出黑格尔体系中逻辑学的内容之梗概。

我们现在首先看看附释一的第一自然段是讲些什么的。

第一，这段首先声明“逻辑学是以纯思想或纯思想型式①为研究的对象”。这里的“纯思想”的“纯”字是表示不带有经验性的杂质的意思②。纯思想和纯思想形式都是由于思想所产生。而思想也就是绝对观念，而纯思想和纯思想型式都是绝对观念种种不同的表现，这种表现纯是精神的表现而且是自在的精神之自由的表现。自在的精神，依黑格尔说的，是自由的精神。何以在这里说精神是自由的呢？要明白这点，我们得要记住，在黑格尔这里谈到逻辑学的，绝对观念或说绝对精神还在其中演变发展的第一大阶段，其跟着发展而来的第二第三两大阶段是“自然哲学”和“精神哲学”，而在这第一大阶段逻辑学里，其一切纯思想形式，也就是一切范畴，都是自己按照绝对观念的发展规律，即自在、自为和自在自为这三个正反合的规律，依赖自己的演变而决定其自己的形式与型式的。正因为是依赖自己的演变而决定其自己的形式与型式的，所以就说这种演变着的精神是自由的，并不依赖他物的。

为了进一步说明精神在这第一大阶段之为自由的，黑格尔以冲动的行为作为对比说，“在一切冲动行为中，我是自一他物，而自一外在于我的事物开始我的动作的，在这种行动中，我们只能说是依赖他物，而不能说是自由的”。那就是说，在这种情况下，人“只是为他的冲动所决定的自然人，并未能自由自主”。“他的意志和意见的内容仍然不是他自己的，他的自由亦只是一种形式上的自由”，而不是实质上的自由。但当人思想时，情况就不同了。这时，他“放弃了他的主观的个别性，深入于事物之中”，有如在上面第二十三节末尾那里所说的那样，“摆脱一切特殊的意见和揣

① 这里的“型式”和“形式”有分别，“形式”指事物“外表”说，而与内容相对立，而“型式”是指事物的“样式”或“类别”说的。

② 自从康德以来，德国的古典哲学家往往是以“经验的”或说“经验性”的（德文的 empirisch）这个形容词和“纯粹的”（德文的 rein）对立的。（参看康德著，蓝公武译：《纯粹理性批判》，第 27～28 页）“纯粹”往往省略为“纯”。

测而让事物的实质当权”①。“倘若参杂一些主观意见于[思想]之中,便把思想弄坏了”,就是说歪曲了“客观的思想”了。黑格尔是这样补充而更具体地说明“自由的精神”和“客观的思想”这两个极为重要的观念。

接着在附释二的第二个自然段里,扼要而概括地阐述逻辑学之为“纯粹思想型式的系统”,而自然哲学和精神哲学就“似乎是居于应用的逻辑学的地位了”。

现在让我们接着看附释二的第二自然段吧!

94.1(1) 如依前此所说,认逻辑学为纯粹思想型式的系统,如是则别的部门的哲学,如自然哲学和精神哲学,似乎就是居于应用的逻辑学的地位了,因为逻辑学乃是自然哲学和精神哲学中之推动的灵魂。其余部门的哲学兴趣,都仅可谓在于理解逻辑学的型式之表现于自然或精神里的情状,而自然或精神的情状[或现象]乃仅是纯思想的型式之特殊的表现罢了。譬如,我们试取推论来说(非指旧式的形式逻辑之三段论法,乃指真正的[理性]推论而言),我们便可见得推论所以表示一个法则,即特殊的乃是普遍的单一的两个极端综合在一起的中项。此种推论的型式乃是一切事物的普遍型式,因为一切事物都是将普遍与单一的综合起来的特殊事物。但自然薄弱无力,它自身不能够纯粹表示出逻辑的型式。自然所表示的薄弱无力的推论,可以磁力为例说明之。在磁力中间或中立点,将其两极端综合起来,这两极端虽说彼此别异,但立即为此磁针综合为一。物理学亦可教我们在自然中认识到共相或本质,物理学与自然哲学的唯一区别,即在于自然哲学能使我们在自然事物里察觉到总念的真实型式。——由此足见逻辑学乃是一切科学的推动精神,逻辑学中的思想型式乃是一些纯粹的精神力量。这些思想的型式或[说]范畴乃是事物内在的核心,但是它们同时又是我们常常挂在口边的[名词],因此又显得是异常熟知的东西。但须知这类熟知之物往往又是我们最无所知之物。譬如,“有”就是一纯思想范畴,但我们平时决难想到将

① 原德文是:das besondere Meinen und Dafürhalten fahrenzulassen uud die Sache in sich walten zu lassen.

“有”或“是”作为思考的对象。大家平时总以为，绝对必远在世外，殊不知绝对乃即在目前，为我们凡有思之伦所日用而不自知的。举凡这类的思想范畴大都包含在语言里面，所以儿童学习文法的用处之一，即在于使儿童不自觉地注意与弄清楚他们平日思想中的种种区别。

这一较长的自然段可划分为五个小段进行考虑，(1)其第一小段提出逻辑学在《哲学全书》是纯粹思想型式的系统，而自然哲学和精神哲学则是应用的逻辑学，有如其他部门的哲学那样。黑格尔的这种提出不是没有客观的根据的，西欧的各语言的科学名称，凡是用希腊语作词根的，其表示科学的部分大都是“logic”或英语的“logy”，例如法语和德语的geologic，Psychologic和英语的geology，psychology，其geo与psycho[1]是词根，而共同的后缀-logic[2]今汉译为“学”，也就是今之音译为“逻辑”。因而就可以说大凡学问是逻辑学之应用于事物的某部门之内吧，而黑格尔的说法就是“逻辑学乃是自然哲学和精神哲学中之推动的灵魂，其余部门的哲学兴趣[即当前的问题]，都仅可谓为在于理解逻辑学的型式[即范畴]之表现于自然或精神里的情状，而自然或精神的情状[或现象]乃仅是纯思想的型式[即范畴]之特殊的表现罢了”。不管是哪门学问都可说是应用逻辑之说法，黑格尔在这里是明白不过地提出来了，只要我们记住，在他那时代的思想里，科学和哲学的分野还是不十分清楚的。

关于逻辑和其他学科的关系，黑格尔在这里并用“推论”这个思想型式做例子来说明。他首先附带在括号里说明，他之所谓推论不是指旧式的形式逻辑之三段论法说的，而是指“真正的[理性]”推论而言的。他认为推论是表示一个法则的，那就是“特殊乃是将普遍的与单一的两个极端综合在一起的中项”。这条为黑格尔在这里所提出来的推论的法则，用公式来表达不过就是：MaP，SaM，故Sap[3]，也就是旧式的形式逻辑之三段

① 原古希腊语的Τεω与Ψνχη，今写为geo与psyche，即“地”与“心”。

② 原古希腊语的λονια，今后为logia，原是“言”义，转为“理”，又转为“学”义。

③ 在这大家熟悉的传统形式逻辑的三段论式里，M即黑格尔的“特殊”，P即他的“普遍”，而S是他的“单一”，a表示普遍(或说全称)肯定，因之按三段论式的推论，如大前提是MaP，小前提是SaM，则结论必是SaP。

论法，那他的“真正的[理性]推论”和“旧式的形式逻辑三段论法”又有什么分别呢？所以，我们认为这是黑格尔之对传统形式逻辑所知道的很有限，而他关于亚里士多德本来的逻辑所知道的，按其在《小逻辑》里所透露的，则更是有限了。因之，在他提到“旧逻辑”的地方，我们是要批判接受的，而不应为他的一偏之见所迷惑。

(2)紧接着在这段里我们还读到：“此种推论的型式乃是一切事物的普遍型式。因为一切事物都是将普遍的与单一的综合起来的特殊事物。”

这里所谈的乃是推论的型式，而黑格尔认为这种把普遍的与单一的综合起来成为特殊事物的，亦即由具体个别的情况和普遍性的原理结合起来而成为一种特殊事物的这个类型也就是事物的普遍型式。这是正确的，因为所谈的不是推论的过程，可不涉及到什么“旧式的形式逻辑之三段论式”或者任何其他推论的过程，以免复杂化了当前的问题，而着重注意到由普遍的与单一的结合而成特殊的这种型式也就够了。

(3)至于“自然薄弱无力”这句以下，说到什么“它[自然]自身不能够纯粹[①]表示出逻辑的型式”，好像自然自身本应是要表示逻辑的型式似的而只没能纯粹地或说完全地这样做而已，这只是十九世纪初叶黑格尔时代西欧“自然哲学”思想的残余罢了，我们可不必去理会它，而跟着“磁力”那个例子则更为无关我们当前的“纯粹思想型式”的问题，也是可以略过的，毋须深论。

(4)接着，黑格尔便谈到物理学与自然哲学的区别，是旨在说明黑格尔所要说明的“自然哲学能使我们在自然事物里觉察到总念的真实型式”。作为“概论逻辑学的性质”而导致“自然哲学”作为《哲学全书》的第二部分来说，这句话是有其深刻的意义的。理由就是：逻辑学是研讨总念在思想中的表现出来的种种范畴与其怎样由一个过渡到接着的另一个的，而自然哲学(即黑格尔《哲学全书》的第二大部分《自然哲学》)是能使我们在自然事物里察觉到“总念的真实型式”即总念的在自然界的种种范畴的。所以这句话可说是黑格尔在这里关于《自然哲学》的内容的预告，因而其意义是深邃的。这是当前所考虑的附释二之第二自然段的第四分段。

① 重点号是编者加上的。

(5)从“由此足见”起的本自然段的最后一分段，是把逻辑学(即《哲学全书》的第一大部分)作为“一切科学的推动精神”这种提法来结束逻辑学怎样和其他学科关系着的这个问题之讨论，然后在接着的下一个自然段里去探讨逻辑中形式与内容这另一个大问题。

当前的自然段的最后一分段之正文如下：

94.1(2)由此足见逻辑学乃是一切科学的推动精神，逻辑学中的思想型式乃是一些纯粹精神力量。这些思想的型式或[说]范畴乃是事物内在的核心，但是它们同时又是我们常常挂在口边的[名词]，因此又显得是异常熟知的东西。但须知这类熟知之物往往又是我们最无所知之物。譬如，“有”，就是一纯思想范畴①，但我们平时决难想到将“有”，或“是”②，作为思考的对象。大家平时总以为，绝对③必远在世外，殊不知绝对乃即在目前，为我们凡有思之伦所日用而不自知的。举凡这类的思想范畴大都包含在语言里面，所以儿童学习文法的用处之一，即在于使儿童不自觉地注意于弄清楚他们平日思想中的种种区别。

在这分段里，黑格尔提出了“逻辑学乃是一切科学的推动精神”的这种异常大胆的概括说法之后，还加上“逻辑学中的思想型式[即范畴]乃是一些纯粹的精神力量”这句惊人的话。其前一句话还可在上文里摸捉着一点意思，但后一句话则我们是不得不求理解的，那就是：范畴怎样乃是一些纯粹的精神力量？范畴当然是一些精神形态，是我们一般理解为在人们的意识中作为思想的形式的，可是它们之为“力量”是颇为费解的。这是关于黑格尔整套哲学的一个问题，我们在这里虽然不能彻底予以解答，然而还是不可不初步弄个明白，黑格尔拿“有”这个最初而含义最为贫乏的范畴和最高而含义最为丰富而圆满的范畴那个“绝对”来作例证，当

① 请读者注意，“有”是黑格尔的逻辑学之第一个范畴。(见下文第八十六节，中译本第199页。)

② 在欧印语系的各语言里，如在希腊语的 Φῦναι，古拉丁语的 esse，梵语的 bhū，德语的 sein，法语的 être，英语的 be 等有“存在”的意思，亦即汉语的“有”这个意思，故“有”与“是”在这情况下是同意义的。

③ “绝对”是黑格尔逻辑学里最高而意义最圆满的范畴。

然是不可以一下子说明当前的问题的，要我们像儿童学语法那样，不自觉地去弄清楚，那是不容易做到的，所以还有待于看下文的研讨，才能明白范畴之为力量是否真实的。

接着的下一自然段是这样写着的：

95.1 我们常听说逻辑只是研究形式，它的内容乃来自别处，其实，我们可以说，逻辑的思想与一切别的内容相较，倒不只是形式，反之，一切别的内容与逻辑的思想相较，却反而只是[缺乏实质]的形式了。逻辑的思想乃是一切事物之绝对真实的基础。必须要学养达到相当高度的水准的人，才能够集中他的兴趣去研究这种逻辑的纯形式。研究这些逻辑型式的自身，认之为自身目的，还有一层较深远的意义，即表示我们乃是即从思想的本身将思想的型式推演出来，即从这些思想型式的本身来看它们是否是真的。这些逻辑的型式，我们并不是从外面袭取得来而生硬地予以定义。我们亦并非将他们拿来与他们之表现于我们意识中的形态漫加比较，而指出其价值和标准。因为如果这样一来，则我们将会从观察与经验出发，而须得这样说，例如，我们惯于用“力量”一名词于如是的情形下并如是的意义下。这样的定义我们亦可说是正确的，只要这定义与我们对于通常呈现在我们意识中的对象之表象相符合。如此，则一个总念的形成，非基于其自在自为①的本质，而乃基于一[外在的](前提)，此前提将会为判断此总念正确与否的标准。但在逻辑学范围内，我们用不着这类外在的标准，我们只消让那本身活泼自如的思想型式去自由发展好了。

这一自然段首先破除一般人对于逻辑的错误想法，以为逻辑只是研究形式的科学，而不知“逻辑的思想乃是一切事物之绝对真实的基础”。当然黑格尔在这里所说的不是“旧式的形式逻辑”，而是他以总念为基础的纵然是概念的辩证逻辑。如要研究这种逻辑的纯形式，即纯范畴，人们就必须首先具有相当高度的文化水平，才能集中其兴趣去做这种意识形态里的研究并且去达到这种高深研究的目的，就是“从思想的本身把思想

① 关于“自在自为”这个词组的意义和解释，请参看上文第十九节附释一第一分段的解释。

的型式推演出来，从而又在这些思想型式的本身来看它们是否是真的”。这是黑格尔替他的新型逻辑指定其一项主要的任务。

其次，黑格尔并指出，这些逻辑的型式并不是人们可以从外面取得而生硬予以定义的，也就是说以从外面拿来的东西作为这些逻辑型式与它们之表现在人们意识中的形态在表面上的比较而确定其价值之标准的。因为如果这样做，逻辑形式之为真正的与否，就是从观察与经验来确定的，是以感性的外在标准来衡量的，正如我们使用“力量”这个名词时，是说要在这某种情形下和在这某种意义下使用它才是对的那样，这就是“力量”这个词的正确的定义，即观念与表象的相符合。如果总念之形成也是按照这样的方法，则总念就不是由于它自身发展原有的演变那种自在自为的本质而形成的，而是由于一种在其自身以外的先决条件①而判定当前的总念是正确与否的了。这后一种作法，按黑格尔的新型逻辑来说，是错误的，因它是不符合事物发展的规律的。在新型的逻辑范围内，这种外在的标准是不能用的，而必须“让其本身是活泼自如的思想型式[即范畴]去自由发展”才是对的。

可是，这只初步答复了总念之正确与否是以什么为标准，因而涉及总念之形成的问题，然而在前所提出关于逻辑型式即范畴从其本身来看是否是真的这个问题还没答复，黑格尔是看到而且承认这问题之重要性而不能不予以解答的。其解答如何，且看下面一段文字。

> 96.1 要问思想范畴的真与不真的问题，一般心理必以为是很奇怪的。因为思想范畴之真与不真，须视其应用在某种对象上之当否以为定，离开范畴之应用于对象，而单问范畴本身之真与不真，似无意义可言。但须知此问题之提出，乃是解答其他一切问题的关键。说到这里，我们首先必须知道，我们所了解的真理究竟是什么意义。通常我们称一个对象与我们对此对象的表象相符合为真理。这说法先假定有一个对象，我们的表象须与此对象相符合。但反之，从哲学的立场看，概括抽象地讲来，真理乃是思想的内容与其自身的符合。所以这与前面所说的，对于真理的意义，乃完全是另一种看法。但同

① 这里“先决条件”是原中译本“前提”的改译。

时，即在平常习用的言语中，亦可以部分地寻得着真理之较深的哲学的意义。譬如，我们常说到一个真朋友，所谓一个真朋友，就是指一个朋友的言行态度能够符合友道的总念。同样，我们也常说一件真的艺术品。在这意义下，不真即可说是相当于不好，或自身不符合。一个不好的政府即是不真的政府，一般说来，凡不好与不真皆由于自身矛盾，即由于一对象的型式或总念与其实际存在间有了矛盾。对于这样一种不好的对象，我们当然能够得着一个正确的观念或表象，但这个观念的内容本身却是不真的，像这类正确的同时又是不真的观念，我们脑子里面可以有很多。——唯有上帝才是总念与实在的真实符合。举凡一切有限事物，皆本身具有一种不真实性，因为凡物莫不皆有其总念，有其存在，而其存在总不能与总念相符合。因此，所有有限事物皆必不免于毁灭，而其总念与存在之不符合，遂由此表露出来了。个别的动物以类为其总念，由于个别动物的死亡[或毁灭]。而类便从其个别性里解脱出来了（译者按：类与个体的关系在本书下面第二二〇至二二二诸节里，尚有详细说明，请参看）。

在这段里，黑格尔是解答上述的问题的，并且在其解答中表露了他的真理观乃是唯心主义的。

首先，他指出，“离开范畴之应用于对象，而单问范畴本身之真与不真，似无意义可言”。这是他的真理观的第一条原则，那就是范畴是一种观念，而观念之真与不真，首先要看它和其他在同一论域里的观念是否一致。一般认为只要“一个对象与我们对此对象的表象相符合”，这就是真理。这是称为朴素符合论①的真理观，只要求主观的表象和客观的表象相符合，譬如，在我的心里面对某一对象有着一定的表象，那就是一定的模型，如果这模型是和外界的对象相符合，则那表象便是正确的了。这种真理观称为认识论的“符合论”，这符合论天真地认为在外界是有一个定形的对象存在着，而且是我们预先认识的，然后再拿我们心里面当前的表象和它比较从而检查这表象的真实与否，这显然是不适合哲学的认识论的要求的，因为哲学必须进一步深入地追问，你又从哪里认识到那个定形

① 即以英语来表达的 naive correspondence theory，说详下文。

的对象存在于外界而作为衡量你的表象真与不真的标准呢？这个问题确是朴素符合论所无法解答的。黑格尔于是提出他自己的在认识论历史中叫做的“融通一致论”，那就是说，“真理乃是思想的内容与其自身相符合”。这是黑格尔哲学体系里的一张王牌，在他谈到所谓“真无限”和“坏无限”时，也是打出这张王牌，说“真无限”是由其自身决定而不决定于外界限界之有无的①。这种真理观确是“完全是另一种对真理的看法”，不是以客观的存在来决定主观观念之正确与否，而是以“思想的内容与其自身相符合”为标准的。这不是黑格尔逻辑学之对真理的客观性之否定吗？且看在这“逻辑学性质的概论”里黑格尔是怎样答复这个问题的。他说：“即在平常习用的言语中，亦可以部分地寻得着真理之较深的哲学的意义。”这就叫我们怀着很大的希望来看他是如何克服面临的困难的，可是他只用“真朋友”、“真的艺术品”之类的比喻来说明他关于真理之所谓“真”，而且说，“不真即可说是相当于不好，或是自身不符合”。“真朋友”和“真艺术品”的比喻是含有极好的意义的。按他的说法，“一个真朋友就是指一个朋友的言行态度能符合友道的总念”。这是融通一致论②的一个很好的例子，但是接受这种观点的人必须首先接受有什么一种所谓“友道”这个总念的在客观世界里存在着而且是人们所预先认识的。至少，黑格尔在这里表露了他之“总念”的含义，即包含着某一事物全部内容的意思。但是拿这个概念来看他的所谓“真的艺术品”，也就叫我们又碰到困难了，他说，“我们[在习用的言语中]常说一件真的艺术品，在这[即上面的]意义下，不真可说是相当于不好，或自身不符合”。我们读到这句话时，不由不要问：“不好就是自身不符合吗？”黑格尔说，“一个不好的政府即是不真的政府”。这并没有解答问题，而只是以“不好”等于“不真”。但是接着说，“凡不好与不真皆由于自身矛盾，即由于一对象的型式或总念[注意：型式＝总念！]与其实际存在间有了矛盾”。这种说法，这种真理观又是认定我们是认识了对象的型式或说它的总念，然后在客观实际上看到这对象之存在是和它的总念有矛盾的。这种对象黑格尔便称为“不好

---

① 请读者参看下文第 94 节，即中译本第 216 页。

② “融通一致论”是 Consistentency Theory 的中译，其中心论点是思想与思想的统通一致。

的对象”,也就是不实在的对象,这不禁叫我们回忆到古希腊柏拉图的观念论,只有观念才是真实的存在,而现世界的事物无非是观念的影子,所以就不是真实的。这样说来当然“唯有上帝才是总念与实在的真实符合”。这里,黑格尔又在宣扬他所崇奉的基督教了。不但如此,他还在不自觉中在宣扬佛教所从出的印度教而说:“举凡一切有限事物,皆本身具有一种不真实性,因为凡物莫不皆有其总念,有其存在,而其存在总不能与总念相符合。因此,所有有限事物皆必不免于毁灭。”这里在字句的表面叙述全是印度教的话语,然而其包含的意义核心,也可说是符合唯物辩证法的,然而这段的最后一句话,“个别的动物以类为其总念,由于个别动物的死亡[或说毁灭],而类便从其个别性里解脱出来了”,这又不过是亚里士多德的动物观罢了。

本节即第二十四节的附释二还有最后一段,其正文是:

97.1 在刚才所解释的意义下,将其真理认作自身的符合,构成逻辑学的特有兴趣。因为在通常意识里,关于思想型式的真理问题就从来不会发生。据此,逻辑学的职务,亦可以说是在于研究思想的型式,以察其把握真理的能力和限度。这问题于是归结到这里,什么是[把握]无限事物的型式,什么是[把握]有限事物的型式,在通常意识里,我们对于有限的思想型式从来没有质疑过,而任其无条件地通行有效。但依据有限的型式以作思想和行为的准则,乃是引起一切幻觉及错误的来源。

附释二最后这一段是结束上面关于真理的讨论,重提“真理是自身的符合”这个说法,并提醒大家,真理的问题一向是在通常意识里不会发生的,而现在便成为了逻辑学研究的任务,而且把这问题归结为:什么是[把握]无限事物的型式?什么是[把握]有限事物的型式?对这问题之这样提出不去加以注意,就是引起一切幻觉和错误的来源。因之在下面附释三就对这个问题加以研讨。

97.2 附释三:我们可以用种种不同的方法去认识真理,而每一种认识的方法,只可认作一思想的型式。我们总是首先凭借经验以认识真理,但经验亦不过是一型式。一说到经验,一切均系于用什么样的精神去把握实在。一个伟大的精神创造伟大的经验,能够于纷然杂陈的现象中洞见事物的枢机。理念是现在的,也是现实的,并非远在天外隐在物后之物。伟大的精神,譬如像歌德这类的精神,静观自然,透视历史,能创造伟大的经验,能洞见到理性法则,而发抒出来。此外还有一种认识真理的方法就是反思,反思的方法用思想的关系以表明真理。但这两种方式中绝对真理尚没有露显其特有形相。认识真理最完善的方法,乃在于思想的纯型式里。在纯思想活动里,人亦最为自由。

在这自然段里,所谈的不过是三种认识真理的方法,而黑格尔认为每种方法无非是一种思想的型式。

其第一种思想的型式就是经验。凭借经验去认识真理,就要看是用什么样的精神去把握实在,一个伟大的精神才能创造伟大的经验,才能在杂多的现象中看出事物的真正意义[枢机]。这就是从杂多现象中抽出一个观念来,找到其中的理念。所以,理念是当前的现实,而并非遥远的东西。但要有伟大的精神,像歌德的那种精神,才能在观察自然和历史而得到伟大的经验,即洞见理性的法则,并且把这些法则表达出来。这是认识真理的第一种方法,就是凭借经验的方法。

第二种方法就是反思,反思的方法是用思想的关系来表明真理的,所说的思想的关系是指条件与受条件限制的知识关系说的①。但是这第二种方法和上述的第一种方法都没能显示绝对真理的特有形相,而第三种则又是最完善的方法,乃是通过思想的纯型式的方法,在纯思想活动里,人是最自由的。

何以这第三种方法是最完善的而且在纯思想的活动里,人又是最为自由的,要在下一段里才予以说明。

98.1 认思想的型式为最高的型式,认思想的型式可以把握绝对真理的本来面目,乃是一切哲学通有的信念。要想证明这信念,其着手之处,乃在于昭示思想的其他型式皆只是有限的型式。那高超的古代的怀疑主义,当它指出所有这些有限的思想型式均含有矛盾时,

① 这最后一子句是根据英人瓦拉士(William Wallace)《小逻辑》英译本在这里的译文加上以说明“思想的关系”的。

亦曾完成了这项工作。但当古代怀疑主义者于攻击理性时，也须采取一些理性的型式，且他必首先渗入些有限成分于理性的型式之中，以便把捉，[因而便仍陷于自相矛盾了]。有限思想的一切型式将在逻辑发展的过程中依次出现，而且依必然的次序而出现。这里在导言部分，只得权宜以非科学的方式接受这些型式当作给予的材料。在逻辑学本身，不仅要指出这些型式的消极方面，而且要指示出它们的积极方面。

在这段里，主要是谈上述的第三种认识真理的方法，即上面称为最完善的方法。黑格尔指出，这第三种方法所通过的思想型式之被认为是最高，即最完美的，而且又被认为是能把握绝对真理的本来面目的，不过是因为一切哲学都具有这种信念，而要想证明这种信念，其着手之处，乃在于昭示思想的其他型式都不过是有限的型式而已，别无他法来证明。可是，那被认为是高超的古代怀疑主义，当它指出的所有这些有限的思想型式都是含有矛盾时，也同样曾经完成了这项工作。但是有一点，那就是古代怀疑主义者在攻击理性时，也须采用一些理性的型式，就是以理性的型式来攻击理性的活动的，而且又在所采用的理性型式里先就渗入一些有限的成分，以便于把握，因而就仍然陷于自相矛盾。由此可见，要想证明上面所说的为一切哲学共有的信念，即认思想的型式为最完善的型式，认思想的型式可以把握绝对真理的本来面目的这种信念，是不能一下子予以证明的。因此之故，黑格尔指出，“有限思想的一切型式将在逻辑[从‘有’一直到‘绝对理念’]发展的过程中[即在《逻辑学》本文第 84 到 236 节之中]依次出现，而且依[一个按演变规律过渡到接着的下一个]必然的次序[作为种种范畴]出现，[但是在]这里导言部分，只得权且以非科学的方式接受这些型式当作给予的材料[而不是证明的结果]。[后面]在逻辑学本身，不仅要指出这些型式[也就是各范畴]的消极的方面，而且要指示出它们的积极方面。这样做的原因就是思想的型式即范畴都是有限的，而凡是有限的东西都有其消极方面和积极方面”。这样做的原因就是：思想的型式即范畴，都是有限的，而凡是有限的东西都有其消极方面和积极方面，缺一则不成其为有限的。

黑格尔在本节附释三概述了认识真理的三种方法之后，还在下一段里把这三种方法互相比较，从而提出一个极为重要的哲学问题来，即人类能否全凭固有的自然力量来认识真理的这个问题。

98.2 当我们把认识的各种型式加以互相比较时，则第一种型式，亦即当下直接知识的型式甚易显得为最适宜，最美和最高的一种型式。在这种型式里包括有道德观点上所谓天真①，以及宗教的情绪，纯朴的信赖，忠爱和自然的信仰。其他的两种型式，第一，反思的认识，其次，哲学的认识，必须超出这种直接的天籁②的和谐，就这两种型式彼此间有这种共同点而言，则凭借思想以把握真理的方法最易显得代表人类一种骄傲，一种全凭自己固有的力量以认识真理的骄傲。但这种观点表示一种普遍的隔绝，这种[天人内外]隔绝的观点亦可认为是一切罪恶的根源，或最原始的犯罪，因此要想回复本真，达到调解，似乎非放弃思想、摒绝知识不可。这里所说的离开了自然的谐和，自古以来，各民族的先哲，即早已在那里追寻这种精神上的奇妙的隔绝之意义。在大自然里，我们看不见这种内心的隔绝，自然事物亦不知道作恶。

在这段里，黑格尔把上段所提出的认识真理的三种方法加以互相比较。其第一种是通过直接知识的型式的这种方法，显然是最美好，最崇高而又是最适宜的方法，我们并可以加上一句插话，这就是佛家之所谓“证”的方法，其知识的型式是所谓“现量”的，是当下即得且无乖谬的，较诸“比量”更为可靠的，因之黑格尔就以道德上的“天真”，宗教的情绪，纯朴的信赖等为例，来说明这种直接知识是为最令人觉得可靠的。其他两种认识真理的方法，即通过反思和通过纯思想，也就是所谓“思辨”的哲学方法，都是凭借思想来把握真理的，因而是间接知识的方法。由于这两种方法是全凭智力来认识真理的，所以黑格尔就说它们似乎是表示能思的人之一种骄傲，而从基督教的宗教立场上说，是导致天人的隔绝的，破坏了人

① “天真”这词在这里是“像儿童一样纯洁”的意思，乃是德语的 der Unschuld 和英语的 innocence 最确切的中译，因 innocence 是从拉丁语的 innocens 而来，有“无罪”的意思。可是在现代汉语中易滋误会，而在这里用于“纯洁无瑕”的意义上才合。由于这个观念引起下文的“天人隔绝”“原罪”等摩西神话之议论，所以不嫌词费地予以详细地说明。

② 这里“天籁”这词原出于庄子的《齐物论》，有不假思索，出于自然的意思。

之对于创造他的上帝的天然信赖，因而就是一切罪恶的根源，作为“原罪”了，就是最初出现的罪，不通过天人之间的调解去消除这种隔绝，就不能回复人类的本真，所以就似乎不放弃导致原罪的思想，摒绝那隔绝的知识不可。黑格尔在这里并指出，自古以来，各民族的先哲，早就觉得这种原始的自然谐和之破坏与其导致的天人隔绝，是人类精神生活上的一种难于理解的现象，而且从大自然方面来说是没有缘由的，于是就追溯到人的行为上以求其原因，这就引起摩西关于“人的堕落”的那段神话了。

在叙述这种“摩西的神话”之先，黑格尔（编附释的门生）还首先在两段附释的文字里谈到宗教与哲学的关系以及知识与精神生活之间的普遍关系。

现在，先看看附释关于这第一种关系是怎样说的。

99.1 关于人的堕落的摩西神话，对于这种隔绝的原始与结果曾经给了我们一个旧观念。这个神话的内容形成了宗教信仰的理论基础，即是关于人的原始罪恶及人有赖于神力的解救之必要的学说。在逻辑学的开端，对这个人的堕落的神话加以考察，也许是很适宜的事，因为逻辑学以知识为研究的对象。而这个神话亦牵涉到知识的起源与意义的问题。而且哲学不应该躲避宗教的问题，亦不应放弃自身批评的职守，好像只要宗教对哲学取容忍态度，哲学便自觉满意，一切可不闻不问似的；哲学更不可以为这类神话和宗教观念，既已受了各民族数千年的尊敬，似乎已经陈腐不堪，可以置之不论。

这段是接着上一段最后说到的天人隔绝那个难于理解的问题而引起其原始与结果的旧观念作为基督教的信条之理论基础的。这个隔绝是由于人的堕落而来的，但这只说明隔绝的原始就是人的堕落。何以有这堕落，那就是人的原始犯罪，如果要补救这个堕落的窘境，就必须依赖神力的解救，因为堕落的人类是不能自拔的。这种种的一切就形成了基督教这种宗教的信条与其理论的基础，所以就称为学说。可是，这些宗教的呓语何以在逻辑学的起头便提出来加以考察呢？黑格尔当时在柏林大学讲逻辑学时，这对于他自己和听他讲演的人都是不成问题的。逻辑学是以知识为研究对象的，而知识的起源与其意义又不可不问，但是哲学只涉及知识的来源而往往不去追溯到它的开始，即知识是怎样第一次出现的，以及知识对于人类的归宿是有什么意义的。哲学还没有把这些问题摆到它的研究日程上来时,宗教便早以神话的方式把它们提出来了,摩西的神话就是一个例子。

哲学应不应该考虑这些问题呢?黑格尔认为,这些问题在实际上已经成为了宗教的问题,而哲学首先不应躲避宗教的问题,而且以思想这个意识形态为其探讨的对象的哲学也不应该放弃其自身批评的职责,把宗教的这些问题予以批判,决不能因为一时宗教对于哲学采取让步而容忍的态度就心满意足,一切都可以不闻不问了。尤其是哲学更不可以为像摩西关于人类堕落和天人隔绝的这一类神话和宗教从而形成的观念,既已受了各民族数千年的尊敬,似乎已经陈腐不堪,无足轻重,可以置之不论了。这是黑格尔对于哲学和宗教的关系所持的见解。至于知识与精神生活两者之间的关系乃是下一段的课题。

99.2 试就人类堕落的神话加以仔细考察,便可见出,有如上面所说,这神话却表明了知识和精神生活间的普遍关系。精神生活在其素朴的本能的阶段,表现为无邪的天真和淳朴的信赖。但精神的本质即在于扬弃这自然素朴的情境,因为精神生活之所以异于自然的,特别异于禽兽的生活,即在于不停滞于本来潜能的阶段,而力求实现发展其自身。但这种隔绝分离的情境,亦同样该加以扬弃,而精神终该凭借自力以回复它原来的统一。这样赢得的统一乃是精神的统一。而回复到这种统一的根本动力,乃即在于思想的自身,这就是《圣经》所谓的"击伤的是他的手,医伤的亦是他的手"的意思。(译者按:此语见《旧约全书·约伯记》第五章,中译本此句,全文如下:"你不可轻看全能者的管教。因为他打破又缠裹;他击伤,用手医治。")

在这段里黑格尔处理知识和精神生活之间的普遍关系的问题时是说,精神生活在其原始朴素的、本能的阶段上是表现为一种天真的和淳朴的信赖态度,但是,精神的本质是发展,不能停滞在这种素朴的情态上而必须扬弃它以实现和发展其本质,否则就无异于禽兽的那种老是自然的生活了。可是由于原罪而产生的那种天人隔绝的后果乃是发展的障碍,因之也得要予以扬弃以回复其原来的统一,这种统一才是精神的实质,而要达到回复这统一的目的,则唯有通过思想之一途作为它回复原有统一的动力，这动力是来自最高精神那里的，那就是《圣经》上《旧约》的《约伯记》里所说："击伤的是他的手，医伤的亦是他的手。"①

这也就解决了知识与生活之间的关系这个疑难问题，然而这解答之具体意义还有待于摩西的神话之复述如下：

100.1 神话②中曾经这样说：亚当和夏娃③，最初的人，或[说]典型的人，在一个果园里面，园中有一棵生命之树，有一棵善恶知识之树。据说，上帝曾告诫过他们，勿得摘食知识之树的果子。关于生命之树暂且不提。这里所表示的意思，显然是说人不应寻求知识，而须长保持天真的境界。即在其他较有深思的民族里，我们亦发现有同样的观念，认人类最初的境界为天真无邪的境界。这种看法，就其认为这是所有人类皆不能免的隔绝境界，非最后安息之所而言，显然是对的。但如果认为这自然朴素的境界为至善境界，那就不对了。精神不只是直接的朴素的，而本质上包含有曲折的发展的阶段。婴儿式的天真，无疑地，有其可欣可羡之处，但其可欣羡处，乃在于促起我们注意，使我们知道这天真谐和的境界须凭精神自身的努力才可以回复。在儿童生活里所看见的谐和乃是自然的赐予，而我们所须回复的谐和应是精神的修养和努力的收获。基督曾说过，"如果你不变成同小孩一样"等语，足见他并不是说我们应该长作小孩。

这段里首先提到摩西的神话，但只从原文略略说到几点，如最初的人亚当和夏娃④在一个果园里，其中有一棵生命之树和一颗分辨善恶之树等等，而最关重要的乃是那棵分辨善恶的树，因为分辨善恶就是知识的形

① 这里的两个"他"字都是指犹太人所信奉的最高的神耶和华说的，所引的《圣经》这句话是意味着调解天人隔绝的创伤之动力必须来自神的一方，即来自精神。

② 这里的神话是指上面所说的"摩西的神话"。犹太人经典提到最初的人的是《圣经·创世记》的开头三章。黑格尔称《创世记》为摩西神话，是因为《创世记》按传说是认为摩西这人编写的五部犹太经典之一，而其内容虽说是历史，然而大都是一些神话。

③ 按《创世记》古希伯来语原本，"亚当"是"第一个人"的意思，于是便流传为那第一个人的名字，而第一个女人的名字按《创世记》第三章 20 节所载是亚当所给他的妻的，叫做"夏娃"，这是希伯来语 Hawwāh 之音译。

④ "亚当"和"夏娃"都是我国对于原希伯来语的"adhām"("生产"义)和"Hawwāh"这两个词按唐韵的音译。还得注意 Hawwāh 这词在英文《圣经》里写成为 Eve，而且往往在发音时不把 e 读成 ə 而读成 i，这是错的发音。

态，也就是思想的活动。据这里摩西的神话所说，耶和华上帝曾告诫亚当与夏娃切不可摘食知识树的果实，如摘食了，他们就会失去其原有的天真境界而死亡的。于是黑格尔就很正确的提出这个哲学的问题，也是人类学的问题：难道人类应该永久安于那原始浑浑噩噩的状态而不求进展吗？精神虽于最初时期有其像婴孩那样的可爱的朴素阶段，但精神的本质是要走上迂回曲折的日益复杂而高尚的发展道路的。因此原始的天真谐和不是人类最后的安息之所，而必须停顿精神自身的努力以恢复其应有的谐和而清除其隔绝。最后，作为熟谙基督教的《圣经》，而崇奉耶稣的黑格尔还引用耶稣的话说“如果你不要变成同小孩一样”等语①。由此可见，耶稣并不是说，我们应该安于原始的天真境界而长远做小孩子。黑格尔在这里是抓住耶稣那一句话里的“变”字来强调其发展这个观念的。

这一段的主要内容，叙述摩西神话中的人类天真阶段略如上所述和分析。接着下一段是分析自我意识对善恶的分别这一问题的，其中译文如下：

> 100.2　再则，在摩西的神话里，使人离开那原始的谐和的机缘，乃是一外在的诱力（即由于蛇的引诱）。其实，走向对方，[产生矛盾]，实即自身意识的唤醒，乃系出于人的本性。所以受外力引诱乃系每个人所不断重演的故事。所以蛇之似神是在于善恶分别的知识方面，而正在人和他的素朴的生活隔绝了而吃了禁果的时候，他就恰恰分享了这种知识②。人的觉醒意识的初次反省，即发现他们自身是裸体的。赤裸可以说是人的很朴素而基本的特性。在他的认裸体为可羞耻的心理里，表现出他已经离开他的自然的肉体的生活了。禽兽便没有进化到有了这种分离，因此也就不知道羞耻。所以在人的羞耻的情绪里复可以寻出穿衣服的精神的和道德的起源，而衣服之适应物质上的需要，倒反而居于次要地位。

---

① 编者按：这是引自基督教《圣经·新约·马太福音》第十八章第三节，其全文是：“我实在告诉你们，你们若不回转，变成小孩子的样式，断不得进天国。”这里所说的“天国”就是基督教最高的境界。

② 这个复杂句是本编者根据英人W.瓦拉士《小逻辑》的英译本改译的，其所以根据英译本，是因为手边所有的《小逻辑》原德文本是没有附释，而只有正文的。

黑格尔在这一段里，首先指出，虽然人们一般认为摩西的神话中，如《创世记》第三章所载，使人离开那原始谐和的机缘，乃是蛇的引诱这种外在的原因，殊不知这种情况实乃事物之走向对方，由天真淳朴而变为复杂的矛盾发展，也就是自身意识的唤醒，依黑格尔看来，是出于人的本性的。所以受外力引诱乃系每个人所不断重演的，并非由于什么原罪的使每个人那样去做。其次，黑格尔并指出蛇之能分别善恶，正是它之像神那样具有出类拔萃之处。于是人，首先是夏娃受了蛇的诱惑，违背耶和华上帝的告诫，破坏了朴素的信仰而隔绝了其原始的生活，便吃了禁树的果子①，于是就分享着分辨善恶的而属神的知识，从而唤醒了人的自我意识，在其初次反顾其自身时，即发现他们自身是裸体的②，而感到羞耻，结果受到耶和华上帝的谴责并受到夫妇的被逐出伊甸这个原始的乐园，开始人类劳苦的生活③。一般认为这是人类的大损失，乃是十七世纪英国伟大诗人密尔顿有其著名的长诗，标题为《失乐园》(Paradise Lost)的用意。可是黑格尔却认为这是人类进化的第一幕，禽兽是没有进化到这境界的，这就表示黑格尔不但对于《圣经》的传统看法的批判而且又是他的发展观点的表示④。

101.1 其次，尚须提示一下，上帝加诸世人的所谓谴责或灾难。天谴观念所看重之点，即在于指出天谴主要的乃涉及人与自然的对立。男子应出血汗去劳作，女子应忍痛苦以生育。此种劳作，细究起来，一方面固是与自然隔绝的惩罚，一方面亦是征服自然的努力。禽兽对于足以满足其需要之物，俯拾即是，不假劳力。反之，人对于足以满足其需要之物，须加制造培植，方可应用。所以，即就其对于外界事物的态度而言，人总是在借外物而求发展，自求实现之中。

---

① 见《圣经·旧约·创世记》第三章四至六节。

② 见同上引书第三章七节。

③ 见同上引书第三章十六至二十四节。这是古犹太民族的宗教经典被基督教采为《旧约》的一种神话，反映着古希腊神话中神对人的态度而为柏拉图在其《对话》中多次反映出来的。

④ 关于亚当和夏娃的神话，正如黑格尔在《小逻辑》这第二十四节注释里所说，自古以来，各民族的先哲，早就在追询其意义，而古犹太《创世记》这段神话来源很古，总在史前多少年，其内容是反映着女人的社会地位次于男人，则其在母权社会时代之后是可以肯定的。

这一段的附释文字是接着前一段夏娃受蛇的诱惑而吃了禁果所得的惩罚写的。“亚当必须终身劳苦,才能从地里得吃的”,而“夏娃必多多受到怀胎的苦楚,生产儿女必多受苦楚”①。这是记载在《创世记》的话,至少是公元前一千年古犹太民族传下来的旧思想和古老过时的观念,但是黑格尔提出,这都是反映着人对自然的对立,从宗教神话方面说,是自然隔绝的惩罚,但从人类的进化说,是人类征服自然的努力,是人类社会对自然界加以培植和加工的起头,是人类文明的开始,乃是可荣庆的人类进化史的第一页,说明人类总是在借外物以求发展而实现其自身的。这是黑格尔反映着西欧十八九世纪资本主义生产方式蓬勃发展的思想。

黑格尔在这节的附释三表示了他的进步思想之后,在下面一段便又回到哲学问题上来,说明知识是神圣的,并且唯有借着求知的活动,人是上帝的肖影之原始的使命方得实现。

> 101.2 摩西的神话,并不以亚当夏娃之被逐出乐园便结束了。复进一步说道:“上帝说,看呀,亚当也成为我们当中的一分子了,因为他知道什么是善和恶。”②在这里便指明知识是神圣的了,不似前此认知识为须得排斥的邪恶了。在这里还包含有对于认哲学仅属有限心灵之事的说法之一种显明的反驳。哲学是求知的活动③,亦唯藉求知的活动,人为上帝的肖影④之原始的使命方得实现。那神话又复说道:上帝把人从伊甸园⑤里驱逐出去,为要防止他吃那生命之树⑥的果子。这话之真义乃在于指出就人的自然方面而言,他确是

① 见《创世记》的第三章第十六节。

② 见《创世记》的第三章第二十二节。

③ 在古希腊语里“哲学”是 φιλοσοφία(拉丁语里的 Philosophia)的中译,其希腊语与拉丁语(后者是前者的直译)的 philo 是爱,亦即“求”的意思,而 sophia 是“智”,即“知”的意思。

④ 见《创世记》第一章第二十六节:“神说我们[形式上复数,但是(帝王)的名称,实是单数]要照着我们的形象,按着我们的样式造人。”这里“形象”和“样式”是同义词,中译为“肖像”,根据这点来说,则基督教应该认为人本来是像神那样不会死的,其有死是由于“原罪”。(见同上引书第三章第十九节:“你(指人)本是尘土,仍要归于尘土。”)

⑤ “伊甸”是古希伯来语“edhen”这词的音译,原是“喜乐”的意思。

⑥ 在古希伯来民族中是长寿的象征,而且在古代民族的神话里人类总是有限生命的,而神是寿命无穷的,神人之间以这为界限,往往且引起神对人的疑忌,尤其是在古希腊人中是如此相信的。

有限的，同时也是有死的[①]，但就其有知而言，他却是无限的。[②]

这段是按摩西的神话说明第一个人亚当与其妻夏娃何以被上帝从乐园里驱逐出来，而同时又说明，根据这种传统的神话来说，知识本是神圣的，因为人之被惩罚而失去其原始的乐园，是由于他有了能分别善恶的这种属于神的本质的知识，因而就成为神了。黑格尔于是指出，这种说法是明显反驳了哲学仅只是属于有限心灵的事的这种错误的观点，因为“哲学”这词原是“求知”的意思，而且唯有通过求知，人才能具有分辨善恶的这种属于神的本质的知识，从而实现人是神的肖像这个使命。可是这种论证只证明知识之为神圣的，而人之何以有死这个问题还有待于解决。且继续看本节附释三的最后两个自然段以及接着的第二十五节。

101.3 教会上有一熟知的信条，认人生性是恶的，并称生性之恶为原始的罪恶。依此说，我们必须放弃一种肤浅的观念，认原始罪恶仅基于那最初的人的偶然行为里。其实从精神的本质里即可表明人生性是恶的，我们是无法想象除认人性为恶的之外尚有别种看法。就人之为自然人，其行为之为自然人的人而言，则他所有一切活动，都是他所不应有的。而精神便正与自然相反，精神应是自由的，应凭自身的活动而实现其自身。自然只是人须得加以改造的出发点。与这个有深刻意义的教会信条原始罪恶说正相反对的，便产生了近代开明时期的一个学说，这学说认人性是善的，故人应忠于他的本性。

由于上段有哲学是仅仅属于有限心灵之事的这个为黑格尔要予以驳斥的问题，就导致人性是善或恶这个更为复杂而且为古今思想家争论不休的另一问题。但是黑格尔在本段里却先讨论人的属于自然界而又属于精神界的问题。

基督教是根据摩西的神话在《创世记》一书里记载着亚当吃了禁果而犯了违背耶和华的告诫这个原始罪恶，使得他的历代子孙都出生于原罪之中而本性是恶的这种宗教说法而列为宗教的信条，为崇信基督教的人所必须承认的。结果就是，依这个人性本恶的信条，所谓原始罪恶并不是

① 参看上注和《创世记》第三章十九节。

② 这句话是由于黑格尔对于哲学所持有的态度，在他来说，哲学的知识是一切知识的标准，是知识的理念，一切知识的归宿，是无穷发展下去的，所以能思的人就是无限的。

由于亚当这第一个人偶然失足而吃了禁果之所致，因为从精神的本质来说，人性原本也就是恶的，人之一切行为从有始以来就是注定要是那样而不可能是别样的，所以我们必须承认人性是恶的，而任何别的看法都是不可想象的。人既是大自然的一部分，所以人之作为自然人，从起头就是那样行动，但是从精神的那一方面去看，却不应是这样。精神是自由的，应该靠自身的活动来实现其自身，而人不是只有自然的一面而是还有精神的另一面。为了达到精神所提示的远大目标，自然只是他的发展的出发点，须得在发展的过程中加以改造的。依黑格尔的看法，这才是基督教教会所立足的人性本恶这个信条的深刻意义，可是原罪说正与此相反，于是在西欧近代开明时期①里便产生了另一个人性的学说，而这个学说是认人性本来是善的，而且认为人是应该忠于他的这个本性的。

接着在下一自然段里，人性论便进一步演变为人类是如何从自然阶段向前发展而超出自然了。

> 102.1 人能超出他的自然存在，即是人之所以是一个有自我意识的存在，而有以异于外在的自然界之处。但这种属于精神本质的人与自然分离的观点，亦不是人类须得长久停留的立场。因为人的思想和意志的有限性，皆属于此种分离的观点。在这有限的阶段里，人各追求自己的目的，其行为亦出于自身的气质。当他寻求自己的目的超出限度，而且只知自己，只知满足于自己特殊的意欲，而离开共相，则他便陷于罪恶，而此恶即是他的主观性。在这里，初看我们似乎有一双重的恶②，但二者实际上又是一回事。就人之为精神言，他不是一自然之物。但当他作自然之行，顺从其私欲的要求时，则他便志在做一自然之物。所以，人的自然过恶与动物的自然生存并不相同。因此自然性可以更确切地说是这样的，自然人即是个别人，因

① 在这里的“近代开明时期”是指法国十八世纪卢梭所倡议的资产阶级启蒙运动，而后来在德国十八世纪末至十九世纪初的开明运动演变为狂飙运动说的。

② 这里“双重的恶”是指在一人的身上，既有自然和精神的矛盾，而又有个人和集体（即个相与共相）的矛盾，也就是十八世纪法国的卢梭早就在其政治思想里所尖锐提出的个人意志和公共意志的冲突，因为以个人的意志去服从法律所表现的公共意志，岂不是个人意志之为公共意志所压下去而取消了吗？这是卢梭的问题而在其《社会契约论》里解决的。

为一般说来自然即是个别事物的联结体。故就人的志在作一自然人来说,则不啻说他志在作一个个别的人。与这出于冲动和嗜欲属于自然的个别性的行为正相反对的,便是规律或普遍的原则。这规律也许是一外在的权力,或具有神圣权威的形式。如是,则只要人老是滞留在自然生活的阶段,他就会成为这种权威的奴隶。在自然的本能和情感里,人诚然亦有超出小己的个别性之善意的、社会的倾向,同情心,爱情等等。但只要这些倾向仍然是出于素朴的本能,则这些本来具有普遍内容的情欲,仍不能摆脱其主观性,因而总仍不免受私心和偶然任性的行动的支配。

黑格尔在这段里讨论了人是怎样能够作为一个自然人,作为一个属于大自然之物而能与其本质上的精神协调的。他在本段中还没能完全解决这个问题而只尖锐地把它提出来而已。

他首先便干脆地指出,“人之能超出他的自然存在[即作为自然之物],即是人之所以是一个有自我意识的存在[也就是上面所说的‘精神终须凭借自力以回复它原来的统一’,见 99.2]而有以异于外在的自然界之处”。有了人的“自我意识”才知道自然界是“外在的”,可见“自我”原是在自在的正的阶段上的,有了与之对立的“自然界”,才有“意识”去反映它,这是自为的反的阶段,这两者的对立而在意识中才有“自我意识”这个自在自为的第三个合的阶段。

其次,黑格尔指出,“这种[虽是自我意识所反映出来的]属于精神本质的人,与作为外在的自然分离所反映出来的观点,亦不是人类须得长久停留的立场”,[因为人类作为精神的存在是必须发展的],而人的思想和意志[这些属于精神范畴的形态]的有限性[注意:“有限”],皆属于此种分离的观点,[由于“分离”,才是“有限”]。

再次,黑格尔发挥“有限”这个极其重要的观点而强调指出,“在这有限的阶段里,人各追求自己的目的”,也就是英国的霍布士(1588—1679)与洛克(1632—1704)和法国的卢梭(1712—1778)在先后不同的时候在其各自的所设想的“群众公约”里作为开幕的“一切都在混战中”(war of all against all)的状态,但其这种“行为亦出于自身[作为有限存在]的气质”。所以“当人寻求其自己的目的超出限度,而且只知自己,只知满足于自己的特殊的意欲[这些有限存在的状态],而离开共相,则他便陷于罪恶,(其实,也不应称为罪恶,因这时人之离开共相,乃是在共相还没出现的时候),而此[称为]恶即是他的主观性[即还在自在阶段的性质]。在这里,初看[起来],我们似乎有一双重的恶[即自然与精神的矛盾是第一重的恶,而又加上个人与集体即个相与共相的矛盾是第二重的恶],但[这两种矛盾]二者实际上又是一回事。"何以是一回事?黑格尔加以说明,说:"就人之为精神言,他不是一自然之物。但当他作自然之行,顺从其私欲的要求时,则他便志在作一自然之物。"这里是有一个待解决的问题的。黑格尔说,人不是一自然之物,但当人顺从其私欲的要求时,他就做了自然的行为,那他就志在作一自然之物,意思是不是说也就成了自然之物呢?那么,我们就要问:人既不是自然之物,何以他会有属于自然的私欲之要求,而且又顺从这种要求呢?这原是我国宋儒理学家程朱等人乃至勉强却没能使人满意所作出的解答之理欲,即天理与人欲的道德二元论的说法,而在这里,黑格尔却犯了与宋儒同样的毛病,可是他在基督教的原罪与其结束原始天人隔绝的宗教信条面前,提出"人不是自然之物而只顺从其私欲的要求做了属于自然的事",在其当时可说是反潮流而起了开明的作用的。而且他还说道:"人的自然过恶与动物的自然生存并不相同。"怎样不相同呢?他的解答是:"自然人即是个别人",而"一般说来,自然即是个别事物的联结体",那就是说,自然的每一部分,无不是为个性所浸透的,因而就可以说,在人之志在作为一个个别的,而离开集体生活的人来说,他就是一个自然人了。这时,他的嗜欲是为其个性所冲动而其意志也是为个性所驱使,但是黑格尔指出,即在人的这种属于自然的个性的一些个别性的行为中,却有其对立面的东西在发展过程中出现,那就是道德的规律,这些规律就是普遍性的原则,也就是共相。在实际上来说,"这些规律也许是一外在的权力[如社会的习俗,或集体的权力],或者是具有神圣权威的形式"[如宗教团体的教条等等]。"如是,则只要人[不能向前发展]老是滞留在自然生活[如上述的]阶段,他就会[不能得着其精神方面所应有的自由]而成为[上面所讲的]这种权威的奴隶。"固然即"在自然的[原有]本能和情感里,人诚然亦有超出[个人]小己的个别性之善意的、社会[性]的倾向,同情心、爱情等等。但只要这些倾向仍然是出于素朴的本能[而不是经过社会生活中的改造和提高],则这些本来具有的普遍[性]内容的情欲,仍[是属于个别性的]而不能摆脱其主观性,因为[那些情欲]总仍不免受[到个人的]私心和偶然任性的行动所支配"。黑格尔是这样说明人类道德之由其自然的个人个性的形态而发展到其对立面,即社会道德形态的。这一较长段的文字,加上编者在方括号内的补充,还是易读,毋须再有别的解释的,但是还得要指出黑格尔的这一段理论,关于从自然的必然王国到思想的自由王国的道德之演变不无某种程度的辩证思想,并且在宗教的立场上持有主知主义的启蒙运动色彩的主张,在其十九世纪德国因为直观信仰笼罩下的柏林大学的气氛里,是有其积极的作用的,可是为了说明人类之如何从摩西《创世记》的神话所形成的人类原罪这种谬论,通过发展而逐渐摆脱迷信、偏见和权威的束缚而成为全凭精神在社会生活活动中实现其自身的有社会性的人,只搬出什么个人私欲的要求之为道德规律所克制的这种唯心主义的二元论来作为哲学论证的根据,也可见哲学的理论,即在黑格尔那里,还是不能超出其阶级性和其时代背景的局限性的。到了这里,第二十四节一开头所提出的逻辑学与形而上学即纯哲学的合流问题,通过摩西神话作为起点来说明自我意识的如何辩证地发展起来,使得人类从必然王国发展成为以道德为一例的自由王国,全部的逻辑过程就是纯思想发展的过程,从而说明了逻辑学之与形而上学的合流了。

本编者按:据黑格尔《哲学全书》德文原本,开始是三篇序言,接着就是本《哲学全书》的导言,然后才有《哲学全书》的三个部分:即第一部分为"逻辑学",第二部分为"自然哲学",而第三部分为"精神哲学",通常称为《小逻辑》的就是这里的《哲学全书》之第一部分。请读者回顾一下并且再次注意,本《评注》上面的"导言"(第一至一八节)乃是《哲学全书》的导言而不单只是《逻辑学》的导言,其《逻辑学》本身的导言是从上面的"概论逻辑学性质"开始而一共有 69 节,即从第十九至八三节的,包括着可说是"泛论逻辑学以及有关逻辑学的种种问题",从第十九至二十四节,而第二十五节却是承上接下的一节,从这节就导致"思想对客观性的三种不同的态度"。黑格尔是对这三种态度分别予以批判之后才提出他自己的"逻辑学性质的详究及其部门的区分”的。这部分占有五节,即从第七十九至八十三节。此后便是《逻辑学》的本论,共分三篇,即第一篇“有论”,第二篇“本质论”和第三篇“总念论”。

现在我们按贺译的中译本从第二十五节继续看下去,并按上面的方式作出解释和必要的脚注。

103.1 第二十五节

这节的内容是接着上面从第十九节一直到第二十四节所研讨过的思想,客观思想和真理等题目并提出“客观思想”一词是最足表示真理从而又提示出思想与客观对立,亦即意识与存在对立以及这两者的关系这些问题,因而就导致下面所研讨并批判的“思想对客观性的三种不同的态度”(第二十六至七十八节),并以此来引出黑格尔自己的逻辑学体系的。所以我们认为本节是一承先启后的节。

本节按中译本有两个自然段,完全是依照原德文文本的次序的,兹为了理解起见,其第一自然段分为两个分段加以考虑,而其第一分段的中译本原文如下:

103.2(1)故根据上节所说,“客观思想”一辞最足表示真理,——真理不仅应是哲学所追求的目标,而且应是哲学研究的绝对对象。但客观思想四字立即提示出一种对立,甚至可以说,现时哲学态度的主要兴趣,均在于说明思想与客观对立的性质和效准,而且关于真理的问题,以及关于认识真理是否可能的问题,也均以思想与客观的对立为中心。如果所有的思想的型式都受一坚硬的对立之限制,这就是说,这些思想型式的性质都只是有限的,如是思想便没有能力足以把握真理,认识绝对,而真理也不能显现在思想中。

这一节首先根据上节所说,指出“客观思想”这词是最足以表示真理的含义的。这种肯定的关键乃是在于“客观”这词在黑格尔哲学体系里的含义,而这含义在前面各节里是已经研讨过并阐明了的,即所谓“客观”乃是具体的而又全面的意思,据此,则客观思想也就是真理了,所以客观思想是最足表示真理的。

据此,则真理就不但是如一般所说,是哲学所应追求的目标,而且还应该是哲学研究的绝对对象。可是，按德文“对象”[①]这词原是站在对方的意思，所以是立刻暗示着一种对立，乃至可以说，依现时(指欧西十九世纪初叶)的哲学态度之主要兴趣都是在于说明思想与客观，即意识与存在的对立是怎样的，而且这样或那样去理解那对立是不是正确的，这也就是关于真理的问题以及关于认识真理是否可能的问题，就是认识论的主要问题。在这里黑格尔并尖锐地提出，如果所有思想型式[②]都受一坚硬而毫无活动余地的对立的这种限制，也就是说，这些思想型式的性质都只是有限的，那时，思想便和真理不相适合了[③]。因为“真理乃是绝对自在自为的”[④]，是正反合的发展过程中达到“合”的“自在自为”这个相对圆满阶段而按着进一步向纵深发展的，假使思想型式全都是有限的的话，则真理就不能在思想中出现了。

接着在下一分段里，黑格尔为了解决上面所提出的难题，便对于思想型式的有限性加以解释。

103.2(2)但须知，那只能产生有限型式，且只能在有限型式中活动的思想，乃叫做“知性”(就知性二字之严格的意思言)。而且思想型式的有限性可以有两层看法。第一，认思想型式只是主观的，永有一客观的[对象]与之对立。第二，认各思想型式的内容为有限，因此各型式间既彼此对立，且更与绝对对立。为说明并发挥这里所提示的逻辑学的意义和观点起见，对于各种关于思想对客观性的态度将加以考察，藉以作为逻辑学更详密的导言。

这一分段是第一自然段的后半截，由于它的内容与前半截可以分开来考虑，故把那第一自然段分为两个分段。

这第二分段说明只能产生有限型式而且只能在有限型式中活动的思

① 这德文词是der Gegenstand，其前缀gegen是“相对”或“反对”的意思，而其词根stand是“站”的意思，因此全词便立即提示出一种对立。

② 这里的“思想型式”是黑格尔原德文die Denken Bestimmungen的中译，直译当是“思想的规定性”。

③ 这句贺译为“如是思想便没有能力足以把握真理”，但原德文是Und die[die Denken Bestimmungen]der Wahrheit unangemessen，编者的改译似较确切而且易懂。

④ 在引号下的一子句是原德文修饰“真理”(Wahrheit)的Die absolute an und für sich ist这个子句，直接改译如此，并加以解释，才能透出原德文这整句的意思，并和下句联系起来。

想,乃是叫做在其严格意义上的知性①,或者更确切地说,乃是叫做在其特殊意义上的知性。

其次,黑格尔在本分段里又指出思想型式的有限性的两层看法。其第一层是把思想型式看成只是主观的,永远有一客观的对象与之对立的,这是普通人的见解,而黑格尔又看出另一层更深刻的意思,那就是各个思想型式的内容是有限的,由于其内容的有限,所以就是彼此对立的,而且又是与绝对对立的,这是一种重要的提示。

再次,黑格尔在本分段的末尾,指出当时的各种哲学派别对于思想对客观性的态度持有各别的看法,将要对于这些看法加以考察和批判,作为他自己的逻辑学的更详密的导言,这就是对于下文第二十六至七十八节的讨论之一种预告。

接着就是本节的第二个自然段。在这个第二个自然段里黑格尔预先提出,他的哲学观点是最丰富而最具体的,"乃是[经他的《精神现象学》一书所曾阐述的那样]经过许多历程而达到的结果",但是他最后又指出,"本书[即《哲学全书》]主要的乃在发挥一种根本见解",即说明知识、信仰等等的性质的观念都可回溯到一些简单的思想范畴那里,而这些思想范畴,只有在逻辑学里才得到真正透彻的处理。由此可见,依黑格尔自己的想法,《逻辑学》是他的《哲学全书》的枢纽,是在他的哲学思想体系里占极其重要的地位的。

现在,我们先看看这一自然段的译文吧!

103.3　在我的《精神现象学》一书里,我是采取这样的进程,我从最初是简单的精神现象,直接意识开首,进而从直接意识的矛盾进展逐步发展以达到哲学的观点,完全从意识矛盾进展的历程以指示哲学观点的必然性(也就因为这个缘故,当那书出版的时候,我把它认作哲学系统的第一部分)。因此哲学的探讨,不能仅滞留在抽象②

① "知性"是心灵的一种性能而不是一种思想,我们可以说知性产生思想而且产生思想的型式,并在某些思想型式中活动,但不能说知性是一种思想。但是中译为"知性"的德文名或许是 der Verstand,原是 verstehend 这个动词,这个动词的过去式或便是 verstands,因而 der Verstand 这个名词也有"解释"这个不常用的意义,于是黑格尔便把"知性"作为思想看了。

② 请读者注意,黑格尔所用的"抽象"(经常是德文的 abstrakt,但在这里是 blosz 这词,)是指与具体相反的,而特别是含有"片面"的意思的,而在这里是强调其"单纯"的这个含义的。

意识的阶段里。因为哲学的观点本身即是最丰富最具体的观点，乃是经过许多历程而达到的结果。所以哲学知识须以意识的许多具体形态，如道德、伦理、艺术、宗教等为前提①。意识发展的历程，初看似乎仅限于形式，但同时既包含有内容发展的历程于其中，这些内容构成哲学各特殊部门的对象。但内容发展的历程[逻辑上]必须跟随在意识发展的历程之后，因为这些内容与意识的关系，乃是潜在[与型式]的关系（译者按：黑格尔此段意谓意识发展的历程，即包含有意识的内容或意识着的外界事物发展的历程。换言之，意识发展历程与意识对象或内容发展历程乃是平行并进的，不过意识历程为型式，内容历程为潜在而已。客观对象或内容是潜在，而意识的历程乃使客观对象真实，得以实现为型式。换言之，客观对象有似亚里士多德所谓潜能的材料，而意识则为真实的型式。瓦拉士英译本将此意表达出来）。因此对于思想型式的阐明，愈形烦难，因为有许多属于哲学各特殊部门[如道德哲学、自然哲学、宗教哲学等]的具体材料，均部分的先归在那作为哲学系统的导言里，加以讨论了。本书的探讨，如果只限于用历史的和形式推理的方式，那就会有更多的不方便之处。但本书主要的乃在于发挥一种根本见解，即指出，一般人对于知识、信仰等等的性质的观念，以为完全是具体事实，与抽象②思想无关者，其实均可回溯到简单的思想范畴，这些思想范畴，只有在逻辑学里才得到真正透彻的处理。

这一长段的内容是十分重要的，因为在这段里，黑格尔谈到了他的哲学观点并予以初步的说明，特别是说明在他自己的哲学体系里形式与内容的关系，一改前人所说的而发挥了他所皈依的古希腊亚里斯多德关于这点的思想，并且约略提到他的《哲学全书》的“一种根本的见解”，认为知识、信仰等的观念[且可更概括地说一切学科的观念]，按他的思想体系

① 这里的译文所用“前提”这词是不妥当的，虽然现时语文每每犯这种违反逻辑用语的毛病，查这里的原德文是 Voraussetzen，应中译为“为预先的假定”，因为“前提”乃是结论所从而得出的命题，而尤其在这里是不妥的。

② 这里的“抽象”这个形容词是用在中译者自行加上的一个句子里，是为了解释并强调上句的“具体”这词的语气，而和黑格尔常用的“抽象”这词，如前文注所说到之含义不相同的。

“都可回溯到简单的思想范畴”,而这些范畴只有在他的《逻辑学》才得到真正透彻的处理”,这也就证明本编者一向对于黑格尔哲学的一种看法,那就是黑格尔对于事物的根本见解不是 satio essendi(存在的理由)而是 satio cognsscendi(认识的理由),换句话说,黑格尔的哲学不是追求事物之所以然之理,而是人们按什么原理去认识事物的,因而他的哲学是客观唯心主义一元论的哲学,这种哲学的精神,即黑格尔在这里所谈的“根本见解”,是完全在他的《逻辑学》里表现出来的。他的这种根本见解,首先如在我们正在考虑的第二十五节第二自然段里第一句话所说的那样,早在 1807 年当他还是 37 岁时刊出他的第一部杰作《精神现象学》的时候,他便已形成了从“意识”的矛盾进展逐步发展而达到的哲学观点,而这个观点是有其必然性的。而且,由于这个哲学观点是经过许多历程而达到的结果,所以它是“最丰富最具体的而又是必然的”。它之所以是这样,是由于按黑格尔的哲学思想体系,一切思想的形式都是和它们各自的内容相一致的,可是“在逻辑上,内容发展的历程却必须跟随在意识发展的历程之后的”,绝非而且绝不能如“译者按”所说的那样是“平行并进的”,因为如果是平行并进的话,则无先后之可言了。这是意识与存在的关系,亦即主观与客观的关系的一个认识论的极其重要而烦复的问题。虽然经过黑格尔据他的概念辩证法和马克思据他的唯物反映论分别作出了结论,然而在十九世纪末到二十世纪初,这个问题依然在资产阶级唯心主义的哲学派别中纷纷争辩,因之我们就特别注意黑格尔在这里所提出关于“思想对客观性的三种态度”,并他所加上的批判,然后才看他所谈到他自己的看法。

105.1 甲　思想对客观性之第一态度

105.2 第二十六节

这第二十六节是提出思想对客观性的第一种态度的,而这种态度乃是一种素朴的态度,认为只凭反思的作用便可认识真理的。

这简短一节的中译文是:

105.3 思想对客观性的第一种态度为一种素朴的态度[①],尚没有

① 这里在主句中有两个“态度”作为译词,但原德文内的一个“态度”是 die Stellung,原又是“姿态”,“态度”,而第二个“态度”是 das Verfahren,应中译为“办法”。

意识到思想中的矛盾，和思想自身与自身的对立，而深信凭借反思作用即可认识真理，即可使对象的真实性质呈现在意识前面。具了这种信心，思想进而直接去把握对象，再造感觉和直观内容，当作思想自身的内容，这样自以为得到真理，而引为满意了。一切初期的哲学，一切科学，甚至一切日常生活和意识活动，皆可说是全凭此种信心而进行着。

这节的文字浅易而内容也简单，只须抓住一两点便可完全理解的。

第一，这种态度之为素朴是因为它还没有意识到思想是主观的，而其对象是客观的，两者之间必须有一种联系，而这种联系必须通过一种媒介才能建立起来的。这种媒介是什么还没弄清楚，怎能谈到思想与其对象的联系。

第二，要解决思想与其对象的关系问题，就必须意识到两者之间的矛盾，意识到思想在其自身的对立以及对其自身的对立①，不能遽然相信通过反思可以认识真理，可以叫对象的真实性质如实地呈现在意识的前面，更进而去对付那些对象②，再造感觉的内容和直观，成为从其自身出来的思想内容，而自以为得到真理，且引为满意。可是，一切初期的哲学，一切科学，乃至一切日常生活和意识的活动，都是凭着这种信心去进行的。

105.4 第二十七节

这一节主要是谈到思想对客观性的第一种态度，或更确切地说，处理的办法，这种办法在本质上是形而上学③的办法。

105.5 这种态度的思想，因其尚未自觉其矛盾所在，就其内容言，即可成为玄思的哲学的学说，同样亦可老停滞在有限的思想形式里，亦即老停滞在尚未解除的对立里。现在在这导言④里，我们的兴

① 这里的“思想在其自身的对立以及对其自身的对立”是重译原德文的“des Gegensatzes des Denkens in und gegen sich 的。

② 这里的“就进而去对付那些对象”是重译原德文的“geht an die Gegenstände”的，这句并不含有任何“把握”的意思，而且“把握”并不引起下文。

③ 这里的“形而上学”所指的是黑格尔在本节正文里所说“用抽象理智的观点”(即康德以前的纯哲学的观点)去了解理性的对象的那种纯哲学。

④ 请读者再次注意，我们依然是在读《小逻辑》的，且更确切点说是《哲学全书》的导言，而还没读到《小逻辑》的本文。

趣只在于观察这种思想态度的极端的形式，并进而首先考察代表这种思想态度的最近的哲学系统。最显著而且距我们最近[①]的例证，当推过去的形而上学，如康德以前的那些形而上学。但这种形而上学只有就哲学史来说才可以说是过去的，而就其本身言，即是仅用抽象[②]理智的观点去把握理性的对象，却仍是普遍现在的[③]。因此，对于此种思想态度的外表形态和主要内容加以细密的考察，亦有其亲切适时的兴趣。

黑格尔在本节的开头便十分尖锐而正确地指出，"这[思想对客观性的第一]种态度的思想是"尚未自觉其矛盾所在"的思想，即思想发展过程中处在"自在"的这个第一阶段的思想，其潜在的内容是朴素的、完整的，还没展开的，因而就是"可成为玄思的哲学的学说"的，然而由于它是有待于发展而展开的，所以它仍是"有限的"，如果它停滞在这样"有限的思想形式里"，它之尚待发展的实质也就是还有其"尚未解除的对立"的了。

关于这种"尚未自觉其矛盾所在"的朴素思想型式，黑格尔说，现在还在导言的阶段上，不能详细地加以讨论，首先还得要"观察这种思想态度的极端的形式"，然后"进而考察代表这种思想态度的最新近[百年来的一些]哲学系统"，其最显著而最新的例证，当算是"过去的形而上学，例如康德以前的那些形而上学"，其所以称为"过去的"，只就哲学史而言，其实，就其"仅用单纯理智的观点去了解理性的对象"这点来说，这种形而上学却仍可以说是一般总是存在的，"因此对于此种思想态度的外表形态和主要内容加以细密的考察亦有其亲切适时的兴趣"，而并不是不切实际的哲学史研究。

作出了这点指示之后，黑格尔就在紧接着的下面第二十八节里对于康德以前的形而上学之各种表现加以分析和批判，其实只集中地抓住康

---

① 这里的"最近"是指时间说的。

② 这里的"抽象"是原德文的 Blosz 之中译，似译为"单纯"较确切，而且不会和那与具体相反的另一中译为"抽象"的 abstrakt 混淆起来，英人瓦拉士在其英译本却是用 abstract(抽象)这不确切的译词。

③ 这里的"普遍现在"是原德文 überhaupt immer vorhanden，应译为"一般总是存在的现在"。

德在《纯粹理性批判》一书里所提出的旧形而上学的几个问题进行分析批判，指出其第一个缺点。

106.1 第二十八节

本节的内容主要是批判旧形而上学的第一个缺点，那就是用有限性的概念来叙述无限性的真理，并且在篇幅较长的附释里指出这种缺点主要是在于使用知性的概念来叙述理性的对象。

106.2 康德以前的形而上学认为思想的法则即是事物的基本法则，并且假定凭借思想可以认识事物的本身性质，因此其立脚点好像比后此的批导哲学更要高深一些。但是，第一，这种形而上学[1]认为抽象的、孤立的思想概念即本身自足，可以用来表达真理而有效准。这种形而上学大都以为只消用一些名词概念[谓词]，便可得到关于绝对[2]的知识，既未考察知性概念的特殊内容与价值，亦未考察纯用名言[3][谓词]以说明关于绝对的[这种][4]方法是否妥当。

上面是第二十八节正文的第一自然段之中译文。在这段里，黑格尔首先指出，康德以前的形而上学认为思想的法则即是事物的基本法则。这是旧形而上学的基本原理，所以它就假定只凭思想就可以认识事物本来的(an sich即如实的)性质。因此他的立场就像是高于后来的批导哲学[5]的立场了，但是第一，这种形而上学认为抽象的、孤立的思想概念就是本身自足，可以用来表达真理而有效的，只消用一些谓词，便可得到关于绝对观念的知识，而并没有预先弄清楚知性概念的特殊内容与价值，并且又没有弄清楚用谓词来说明绝对概念的这种方法是否妥当，试举例来说明吧。

106.3 用以说明绝对[观念的那些]概念或说谓词，例如"存在"之在"上帝有存在"[这]一命题里。又如"有限"或"无限"之用在"此

① "这种形而上学"在贺译本里是"它们"两字，但是这里的"它们"不知是指什么说的，故按原德文的被动句改译为"这种形而上学"，作为主动句的主词。

② 这里的"绝对"是个名词。

③ 这里的"名言"和本句上面的"名词概念"同是原德文的 Prädikate(复数)之译，应中译为两处方括号里的"谓词"。

④ 加上方括号里的"这种"两字以表明"绝对"是个名词。

⑤ "批导哲学"是原德文的 Kritische Philosophie 之中译，一般译为"批判哲学"，即康德所倡导的哲学。

世界究系有限或无限”[这]一问题里，再如“简单”或“复杂”之在“灵魂是简单的”[这]一命题里。又如物是“单一”的或是一“全体”等等。他们[用这些谓词的人]并没有考究这些谓词是否有独立自存的真理①，亦没有考察一下，究竟命题的方式是否表达真理的正确方式。

这一自然段无非是举例说明使用这些谓词如“存在”、“有限”、“无限”、“单一”等等时，那些人是没有考虑到这些谓词本身是否相对地而在某种程度上是真理，而且也没有考察一下，究竟这种判断②（德文的 Urteil）的方式能否是（德文的 ob sein könne）真理的方式。

上面是第二十八节正文内容的解释，其附释比较长，我们分段来解释如下：

106.4 附释：旧形而上学所假定的与一般的素朴信仰相同，即是认为思想可以把握③事物的本身，且认为事物的真实性质就是思想所认识的那样④。人的心灵和自然是变幻莫测的精怪，须要一种切近的反思，才可以发见呈现在当前的事物并非事物⑤的本身。——这里所提到的旧形而上学的观点，恰好与康德的批导哲学所达到的结果相反。这结果，我们很可以说，乃是教人单凭秕糠去充食物。

附释的这个第一分段是指出旧形而上学认为思想是能理解事物的本身的，而且又认为需要有思想，然后事物才成为它们的真实性那样的。黑格尔认为人的心灵和大自然是变幻莫测不易把握得住⑥，所以就得要通

---

① 这里的有“独立自存的真理”是按瓦拉士的英译而重译如此的，按原德文是 an und für sich etwas Wahres seine，中译应是“相对地在其本身来说在某程度上是真理的”，“独立自存”不是黑格尔的哲学用语。

② 原德文的“Urteils”不应中译为“命题的”，而应译为“判断的”。

③ 这里用“把握”这词之要求太高了，似中译为“理解”较妥。瓦拉士英译为 apprehend 而不用 comprehend 是对的，ap(ad)与 com 不同。

④ 按瓦拉士英译（因手边没有加上附释的德文本）改译此句，似乎更能表达的黑格尔的哲学思想，即“内容发展的历程逻辑上必须跟随在意识发展的历程之后”（见上面第二十五节）。

⑤ 这里的“非事物”的“非”是“不是”的意思，不与“并”连。

⑥ 瓦拉士的英译本在这里有“正如普罗丢斯那样”，但贺译只用“精怪”这词来代替。当然“精怪”对我国读者来说是可读懂，但不如普罗丢斯对西欧大学生的描绘生动。按“普罗丢斯”在荷马的《奥德赛》(Odyssey)里是个海神，这海神是像我国《西游记》的孙悟空那样，能变化成为种种形象的，而且这海神被紧紧捉住时，就现出原形，也就能答复对他所提出的种种问题。这样，普罗丢斯(Proteüs)当比“精怪”更能说明紧接着的下文。

过一种切近的反思才能发现当前的主观事物并非事物的本身，这是说明上句的意义的。

接着黑格尔在附释这段话的末尾还指出，旧形而上学之假定是认为思想能够理解事物的本身的，而康德的批判哲学所达到的结果却恰恰与此相反，认为知性所对于自在之物的理解不过是一些现象，这岂不就会是叫人满足于客观对象的秕糠而不去追求其实质吗？黑格尔的绝对唯心主义一元论的认识论当然是这样看康德的批判哲学的二元论的认识的，详见本节附释后面的几段。首先看紧跟着的附释第二分段的中译文：

106.5 今试进而细察旧形而上学的方法，便可见得，此种形而上学并未能超出仅仅形式的、支离分析的思想，徒知直接采取抽象的思想概念，以为只消运用这种抽象概念便可表达真理而有效准，须知一说到思想，我们必须将有限的，仅是理智的[支离分析的]思想与无限的理性的思想划分清楚。凡是直接地个别地得来的思想概念，都是有限的概念。且真理本身是无限的，是不能用有限的概念或范畴所能认知，所能表达的。无限思想一词，对于那坚执着新近一种看法，认思想总是有限制的那些人，也许显得惊异。但须知，思想的本质其实是无限的。就形式上讲来，有限之物是指一物有它的终点，它的存在到某种限度为止，当它与它的对方接触，因而受对方的限制时，它的存在便告终止。所以有限之物的存在与它的对方有关联，这对方就是它的否定，也表示它的限度。但思想却是自己在自己的范围内，自己与自己相关联，自己以自己为对象。当我以一思想作为思考的对象时，我便是在我自己的范围内。因此，我、思想，是无限的。因为当我思想时，我与对象的关系，即是我与我自己的关系。一般讲来，对象即是我的对方，我的否定者。但当思想思想它自身时，则思想的对象已不是对象。换言之，此对象之客观外在性已变成被扬弃的理想的对象了。故纯粹思想的本身是没有限制的，思想是有限制的。惟有当思想停留在有限的范畴里，且认这些有限范畴为究竟至极。反之，无限的或玄思的思想一方面在下界说，但一方面即在下界说和规定限制之中超越界说和限制的缺陷。所以无限并不似通常所想象那样，被认作抽象的往外伸张，无穷的往外伸张，而乃是即如上面所说这样简单的意义。

这一比较长的自然段,其中的思想是紧密地形成一片,不易分为几个小段去考虑的,虽然我们为了简单化起见,也指出其中思路的某些顿挫,但须记住,在这个自然段里,黑格尔较为扼要地说出他之所谓有限与无限的问题之关节所在,从而阐述并规定他自己的无限的这个独特而贯彻着他的整个思想体系的这个观点。这是我们必须格外注意的,而他的论证中有令人不易接受的地方,我们也不得不在这导言阶段上予以提出并作出我们认为应有的批判。

黑格尔的这番十分重要的议论是在他谈到旧形而上学的方法时所引起的。他首先指出,旧的形而上学,即康德以前欧洲哲学界十八世纪中叶以前盛行的形而上学,是习惯于直接采取抽象的思想概念,以为只消运用这种概念就可有效地表达真理了,殊不知我们必须在使用思想这个名词时,要把支离散漫的有限的知性思想和无限的合乎理性要求的思想区分开。什么是有限的思想呢? 黑格尔认为,凡是由初次的印象得来的个别思想概念,乃至乍看起来的知性范畴,这种思想概念,都是一般人常用的有限的概念,而真理本身,由于它是不断在发展的,因而就总是无限的,所以就不能用有限性的概念或知性的范畴来认知或表达真理。

可是"无限思想"一词,对于那些坚执十八世纪中叶以来的一种新的看法,就是那些认为思想总是有限制的那种看法的人,可能是显得惊异的。其实,思想本身,就其本质来说,是无限的。那么"无限思想"这词又何足令人惊异呢?

问题在于"无限"这个观念,在严肃的哲学里究竟是应作何解释? 顾名思义地说来,大凡说一个有限的东西,是指谓一个有它的终点的东西的,这种东西之存在,只能到某种限度为止,其限度就是它与其对方的接触,因为它的对方是限制它的,所以它与其对方接触的这种关系是改变它的性质的,一经性质的改变,它就已不是前此的它了,那前此的它就已告终止,其存在便消失了,因而黑格尔便认为大凡事物的对方就是该事物的否定,又可说是该事物的限度。这也就说明"有限性"这个观念。换句话说 ,一物之为有限的,是因为它有其对方。依这种说法,则一切都应该是有限的,因为按黑格尔的哲学思想,一切都必定有其对立面,否则就没有矛盾，于是发展就没有了。这岂不是令人不解的一个难题吗？黑格尔是有他的解答的。

他认为“思想是自己在自己的范围内的，自己与自己相关联的，自己以自己为对象的……因此，我，思想，是无限的”。

这些是非常重要的一系列彼此结合着的命题。这些命题表达着黑格尔的哲学思想体系，我们必须仔细地加以分析、研究，并作出对它应有的评价。

关于思想是以自己为对象的这个命题，如果我们认真要分析它的含义，我们就必须首先弄清楚“对象”这词的本义。我们在上面已曾指出过，德文“对象”这词是der Gegenstand 。这德文词的前缀 gegen-是“对着”的意思，而其词根 stand 原是名词，是“直立”的意思，所以 Gegenstand 这全词就是“对立面”或“对立者”的意思由此就可看到，“思想是以自己为对象的”这命题，便可用符号表达为这样的一个关系的公式：a R a，这里 a 代表思想，而 R 是代表思想与其对象的关系，那么“思想的对象是自己”。那就是 a R a 了。

然而思想是一种意识形态，又是能动的一种意识形态，是属于心灵的，而一般人却认为思想或说心灵所及的东西在日常生活上大都是属于客观外界的东西，于是在欧洲思想界来说，从法国的伟大思想家、数学家和物理学家笛卡尔以来，人们大都是根据朴素的认识论的二元论，认为心灵的特征是“能思”或说“有思想”，而外界作为思想对象的东西是有“广延的”，称为“物”的东西。这样一来，问题就产生了：心与物是不相属的，心又怎能关于外界的物产生不属于物而属于心的思想呢？一般认为心的感性与外界有着接触，其结果之在心里面就称为感觉，那么这感觉显然是属于心的，而又是关于物的，这种“关系”是怎样构成的呢？这是欧洲三百年来哲学家作为一个严重的认识论问题争论不休的。

问题的重点在于“能知的心”和“所知的物”两者之间的关系之性质与乎其中“能”与“所”两者的原本性质，从而所引出“能”、“所”在发生认识的关系之后，是否仍然是原来的“能”、“所”。或者通过“认识”这个关系而有所改变，而且这种改变是什么，是从何而来，对于“认识”有何影响？这些不只是烦琐的问题，而是有其深邃意义的问题，稍稍读过哲学史的人都曾接触过这些问题，而其答案是必然影响到各人的世界观，且可必须说是从各人的世界观而来的。

通过感觉这样的主观意识形态，能知的心从而认识所知的客观事物，这不是一个简单的而是一个复杂烦难的命题。不假思索去分析而只凭朴素的说法，当然就说，知识是关于事物的，被知的东西。即所“知”的对象也就是外界的事物，而主观怎样达到这种客观的这个问题也就被忽略过去了。英人休谟是在十八世纪中叶严肃地提出这个问题，而陷入他的不可知论的泥沼中不能自拔的。从“外界的物”把主观的心灵所知的关于“物”的种种属性逐一抽去了。剩下之“物”，按贝克莱和休谟的“推理”，不也就是不可知的了吗？这就导致“知识的性质”这个问题。

关于这个问题的解答，在欧洲认识论里大致可概括为两派：(1)认为知识是可以积累的，称为“可外加的”(addive)，即点滴加上去的。那么，其总和是否受到每个加上的点滴的影响，从而一直改变其总和的性质？主张这种见解的一些哲学家不去分析、理解这个问题，便形成他们各式各样的多元论，而争论不休，莫衷一是。(2)另外一种见解是认为“认识”这种关系是概括一切，通统全局，并且从而联系着所通统概括的一切各项作为整体来掌握住的。它之所以能这样做，乃是凭借一条这派哲学家所叫做的“综合同一原理”。什么是“综合同一原理”，这是非常抽象难于把握的东西，而黑格尔是属于这一派的。

这一派的哲学一般称为“理智的唯心主义一元论”①，而黑格尔是其典型的代表。他的综合同一原理就是他的绝对观念。

关于作为综合统一原理的绝对观念是怎样起其绝对综合同一的作用，我们得要研讨过至少全部《小逻辑》之后，才可以知其梗概，现在只能再以符号的公式方式来对黑格尔的绝对观念这副“万灵药”提出几个较为抽象的问题。

我们在上面曾引用过黑格尔的“思想是自己在自己的范围内，自己与自己相关联，自己以自己为对象的”这一系列命题来证明“思想的本质是无限的”这个主题的。他的论证是怎样的呢？他的论证就在紧接着的下

① 英语的 Intellectualistic idealist monism。

面一段的文字里。现在就让我们用形式逻辑的方式予以阐述。

这段论证的话语之第一句话乃是:“当我以一思想作为思考的对象时,我便是在我自己的范围内。”请注意这里是谈到“一思想作为思考的对象”的,其论证的范围就已经不止限于思想,而且并限于“一思想”的,即限于“直接地个别地得来的思想这个概念的”,那么依黑格尔在本段前面的说法就当然是有限的。可是由于“是在我自己的范围内”(可理解为因为“这一直接个别的思想”是我的思想,而并不是别人的思想),“因此”,“我”和这里所说的“一直接个别的思想”(当然不能突然又谈到别的思想)“是无限的”。真奇怪!这是什么逻辑的论证从而得出这个结论的?

黑格尔在这个附释里(如附释是忠实地记载了他自己的原话),再次论证说:“因为,当我思想时,我与对象的关系,即是我与我自己的关系。”这又是奇谈!凡是当我思想时,我和我所思想的对象之关系都是我和我自己的关系吗?这是绝对不可能的。让我们查看一下瓦拉士的这段英译吧①。把这段英译重译为汉语时便是:“可是思想总是在它自己的范围内;它的种种关系都是和它自己的关系,而且它乃是它自己的对象。”然后就来到我们所碰到的疑惑的两句,据英译是:“在我有一思想作为对象时,我便是在我自己的范围内。”这个能思的能力②,这个“我”,因而便是无限的,因为,在这个能思的能力进行思想时,它是处在与原是它自己的那个对象之关系而进行的。

这样加以对译文仔细考虑过之后,我们可以理解到黑格尔的意思是说:在思想的活动时,这活动乃是在意识里或说心灵里进行的。而思想原是一种意识形态,因而是在其自己的范围内的;思想在自己的范围内,所有的种种关系都是思想与思想的关系,就是自己与自己的关系;[这还是有问题的一个命题,因为 a 思想与 b 思想的关系,也就不是自己与自己的关系。不能偷换概念来证明任何命题。]下一同位句,即“思想乃是它自己的对象”这句,也是有上句的毛病的。

“对象”(德文 Gegenstand)即是“我的对方”。这一句接着上面的“当

① 如上声明过,本编者手边唯一的德文本是没有加上附释的。

② 这是中译本译为“思想”而令人不解的地方,应查对原文。但本编者手边没有附释的原德文,故无法查对。

我以一思想作为思考的对象"和"当我思想时"这两句,而又记住黑格尔是把"我"和"我作为能思的我"说的。因而两者是同义的,那么"对象是我的对方,既是对方,便是我的否定者,这也是当然的了。

然而下面"但当思想思想它自身时,则思想的对象,已不是对象"。这句是得要解释的。其解释是在紧跟在下面的一句:"换言之,此对象之客观外在性已变成被扬弃的理想的对象了。"意思是说:原来的思想对象是和思想对立的,可是在思想进行对其自身思想时,它自己作为对象的这个对象,已不是和思想对立的,因是同一的,是有了 aRa 的公式所表达的关系的,这时,原来的对象之客观外在性已变成纯是一个思想了,就是说,变成为理想的和主观一致的对象了。一切"回复"到观念的境界就是黑格尔哲学的"理想"。

在结束附释这段议论时,当时附释的编者还引上了大概是黑格尔的话说:"故纯粹[不杂]的思想本身[亦即'理想'的思想]是没有限制的。""只有当思想[不按它原本的性质不断向前发展而]停留在有限的范畴里,且认这些有限范畴为究竟至极,则思想才是有限的。反之,无限的思想,或说玄思的[即辩证发展的]思想,一方面在下界说[好像是限定了],可是同时在下界说和规定限制之中[却辩证地]超越界说和限制的缺陷。所以,无限并不似[旧形而上学]通常所想象那样,被认作一抽象地往外伸张,无穷地往外伸张,而乃是即如上面所说这样简单的意义。"这种"无限"是黑格尔在下面第九十四节里所谈的"坏的或说消极的无限"①。

我们在这一段里读到黑格尔关于纯哲学(即所谓"形而上学"的本来意义)的一些观念和论证,对于不习惯于纯理论的东西的读者是不无多少"头痛"之感的。有如"跳到形而上学的深渊里去",什么都摸捉不到似的。例如黑格尔惯于把具体的人当做"自我意识"来讲。无疑人是有自我意识的,而自我意识是人所意识到的一种意识形态,不但在思想活动中有这样的意识形态,而且在人的情感里,在意志作用里,也是同样有这样或多或少的意识形态,而也可称为自我意识的。这些意识形态不过是英国近代哲学家罗素所说的"认知感性材料的我"的整个材料之中的"我"这一组成部分②,而为康德认为"伴随

① 见中译本第 216 页。

② 见罗素的《哲学问题》(*The problem of Philosophy*),1912 年版。

着"心理活动的"我"。可是黑格尔偏偏要把整个"自我意识"和"我"等同起来,不免有混淆概念的嫌疑,而且导致一些模糊的概念,同样,我们在上面谈到黑格尔关于"思想与思想的关系就是自己和自己的关系"时,也曾指出过概念模糊或概念混淆的毛病,当然概念同事物一样是不断在发展变化着的,可是在变化着的概念就已经不是在这里变化以前的概念或以后的概念。同样,知识也是不断在发展变化着的。我们在上面曾提到"外加的"或说"积累的"知识,以符号来说明:关于 a+b 的知识是关于 a 的知识加上关于 b 的知识呢?还是关于 a 加上 b 的知识呢?关于 a+b 的这种综合的知识,其中 a 这成分是怎样在综合过程中受到 b 那成分的影响的,而且 a 和 b 是怎样分别受到综合过程的影响而改变的,这一些都没见到黑格尔有详细的说明。黑格尔看来是主张关系"透入论"的,因为他的哲学体系的统一综合原理乃是他的绝对观念,而一切关系都是通过绝对观念,按自在、自为和自在自为这三个正反合的发展形式,而表现出来并影响其关系中之两项,所以说在黑格尔的哲学系统中每一个关系都并非偶然的或说外在的,而是以其所联系的各项之性质而定的。

上面所说的一切都是旨在说明黑格尔的纯哲学思想是非常抽象而纷繁复杂的,正如马克思、恩格斯在其合著的《神圣家族》里所说的那样,"黑格尔在'现象学'中用自我意识来代替人,因此最纷繁复杂的人类现实在这里只是自我意识的特定的形式,只是自我意识的规定性。现象学最后完全合乎逻辑地用'绝对知识'来代替全部人类现实——之所以用知识来代替,是因为知识是自我意识的唯一存在方式,而自我意识则被看做人的唯一存在方式;之所以用绝对知识来代替,是因为自我意识只知道它自己,并且不再受任何实物世界的拘束。黑格尔把人变成自我意识的人,而不是把自我意识变成人的自我意识,变成现实的人即生活在现实的实物世界中并受这一世界制约的人的自我意识。……全部'现象学'的目的就是要证明自我意识是唯一的,无所不在的实在"。因此,据马克思、恩格斯的论证,黑格尔的自我意识也就是他的绝对观念或说宇宙观念这条综合统一原理,而且马克思、恩格斯在刚才我们所引用的一段话之紧接着的后面还说:"黑格尔把世界头足倒置起来,因此,他也就能够在头脑中消灭一切界限……全部'现象学'的目的就是要证明自我意识是唯一的,无所不包的实在。"①

这就是马克思、恩格斯对黑格尔这里第二十八节附释的第二自然段里的主要内容的批判,也可以说是对黑格尔整个哲学思想体系的批判。我们就此结束这自然段的解释。我们的解释之所以这样冗长,乃是因为这段内容的重要性。但是黑格尔关于旧形而上学的思想是有限的思想之说明并没有在本段结束,所以我们还得要继续看下去。下面的两段,其第一段的译文如下:

> 107.1 旧形而上学的思想是有限的思想,因为此种思想老是活动于其所坚执的限制之内,而不知对它所执着的限制,再加以否定或扬弃②。譬如,就[上帝存在吗?]一问题而言,旧形而上学家便认这里的存在为一纯粹肯定,究竟至极的概念。但以后我们便可见得③,存在并不仅是一肯定的概念,而乃是一太低级的概念,不足以表达理念,且亦不配表达上帝。又如再就世界之为有限或无限一问题而言,他们亦以为这里的有限与无限是坚硬对立的。但这却容易看出,当有限与无限两者互相对立时,而这本应认作代表全体的无限,仅表现为偏于一面,被有限所限制着的一面。但被限制的无限仍不过仅是一有限之物而已。在同样情况下,当我们问及:[灵魂是简单的或复杂的]一问题时,他们还是认为[简单]是一个足以表示真理的最后概念。但须知简单一如存在都是一异常贫乏、抽象、片面的概念,我们往后便可看出,本身并不真实,不足以把握真理。若果将灵魂认作仅是简单的,则灵魂将会被这种抽象看法说得仅是片面的和有限的了。

黑格尔在这段里主要是说明旧形而上学乃是用知性的范畴,即具有有限性的概念来表达理性的一些具有无限性的存在者,如上帝、灵魂等,其结果便是不能把握"上帝"、"灵魂"等理念所代表的真理。当知知性的范畴与概念都是具有其有限性的,是可以用形式逻辑的传统界说或说定

---

① 见马克思、恩格斯:《神圣家族》,《马克思恩格斯全集》第2卷,北京:人民出版社,第244～246页,转载在《马克思恩格斯列宁斯大林论德国古典哲学》,北京:商务印书馆,1962年,第116～117页之摘录。

② 这里用"再加以否定或扬弃",因为前面的"限制"已是否定。

③ 见第一二三节论"存在"(德文的die Existenz),在中译本第274页上。

义来规定的，因而就明显地不适用于不可以有限的谓词来言说的理性所想象的“上帝”或“神”或“灵魂”等理念的。顾名思义，界说是一种界限的说明，而定义是一种意义的规定[①]，那么，能用界说(定义)来说明的范畴或概念就显然不可用来表达理性所想象或推测而不可言说的无限性之存在者了。在这点上，黑格尔十分正确地指出，“当有限与无限两者互相对立时[像旧形而上学的思想家以及一般好谈哲学的人所常作出来的那样]，而这本应认作代表全体的无限，就仅表现为偏于一面，即被有限所限制着的一面”，因为把有限与无限互相对立起来，则有限站着一边，而无限就被压低和它同等地站着另一边，两相对立，等量齐观起来。无限之这样受限制着，不仅仅就是一有限之物吗？可见说什么上帝的存在，什么灵魂是简单的时候，其“存在”与“简单”这种名词都全不足以形容“上帝”与“灵魂”所代表的真理的，因为这些名词的含义，在黑格尔的逻辑里，是非常贫乏片面，因而是抽象的。

当前附释的最后一自然段的中译文如下：

> 108.1 由此足见旧形而上学的主要兴趣，即在于研究刚才所提到的那些谓词或概念是否应该用来加给它的对象，但这些谓词都是有限制的知性概念，只能表示一种限制，而不能表达真理。尤须注意的，这个方法的特点乃在于加给名字或谓词于被认知的对象，如上帝。但这只对于对象的外在的思考，因为用来称谓对象的概念或名词，乃是我自己的现成的表象，只是外在地加给那对象罢了。反之，要想得到对于一个对象的真知，必须由这对象自己去规定自己，不可自外面采取些名词来加上给它。如果我们试用云谓的方式以表达真理，则我们的心思便不禁感觉到这些名言之无法穷尽对象的意义。由于这种观点，东方的哲人[②]每每称神为多名的或无尽名的，确不无至理，举凡有限的名言，决不能令心灵满足。于是那东方的哲人不得

① “界说”和“定义”同是在德语里的 die Begriff bestimmung 和英语的 definition 之中译词。Die Begriff estimmung 是“概念的规定性”的意思，而 definition 是 de—(完全)fini[拉丁语的 finis(终极)转为(限定)从而转为动词 finize]－ion(从动词形成动作名词的表示)，是则 definition 就是“完全限定”的意思，故称“定义”。

② 黑格尔在这里主要是指印度的哲人说的。

不尽量搜求更多的名言[而又一一摭驳之]。无疑地,对有限的事物须得用有限的名言以称谓之,这正是知性施展其功能的处所。知性本身是有限的,亦只能认识有限事物的性质。譬如,当我称某种行为为偷窃时,则偷窃一名词已足够描述那行为的主要内容,对于一个审判官,这样的知识已算充分。同样,有限事物彼此有因与果,力量与表现的关系,如果用这些范畴去把握它们,则就其有限性而言,它们便算被认识了。但理性的对象却非此种有限的范畴所能规定,然而,企图用有限的名言或范畴以规定理性的对象,便是旧形而上学的缺陷。

这最后一段的内容,主要是说明,如果在我们想用言语或文字来表达真理时,我们所用的名言就必须和我们思想的对象相适应,否则就不能表达真理。旧形而上学原是要研究这个问题的,那就是,一般在哲学上使用的谓词或概念是否对于所想到的对象完全适合。但是,原来在旧形而上学里所用的谓词都是有限制的知性概念,而像下文所指出那样,知性本身是有限性的,所以这些知性概念只能表示一些限制,而不能表达本是无限制的真理。

其次,我们尤须注意,旧形而上学的方法,其特点乃是把某些谓词划归所要认知的对象,例如上帝。但是这样做,不过是对于对象从外面加以思考。因为所用来称谓对象的概念或名词,无非是我们自己的现成表象,外加于那对象就是。其实,想要得到对于一个对象的真知,就必须让这对象自行规定自己,而不可从外面采取一些名词来加上去给它,如果我们不是这样做,反而试用云谓的方式去表达真理,其结果总是叫我们不禁感觉到这些名言是无法穷尽对象的意义的。由于这种观点,东方的哲人每每称神为多名的或无尽名的。这样的做法,的确是有道理的。凡是有限的名言,都是不能叫心灵满足的。(正如中国的《老子》一书所说"名可名,非常名"),于是那东方哲人[1]就只有尽量搜求更多的名言,而总是觉得没有一种是适当的。当然,对于有限性的事物,是必须用有限定意义的名言来叙述它们的,这正是知性所能发生作用的地方。知性的功能本是有限的。

---

① 黑格尔在这里主要是指印度的哲人说的。

知识只能认识有限性事物的性质。譬如当我称某种行为为偷窃时,“偷窃”这个名词是足够来描述那行为当下的主要内容的,而对于一个法院的法官来说,“偷窃”这个名词所表达的知识就算是充分的了。同样,有限性事物的原因与结果,力量与力量的表现这些关系的名词,作为范畴在思想中来理解事物,而就当下事物之为有限的来说,这些关系的名词所表达的知识就可算是有意思的了。可是这种名言却是知性范围内的范畴,对于有限性的事物之了解是适用的,然而理性的对象,如上帝、灵魂、整个自然界等,就不是知性的有限性范畴所能规定,所能表达的。由此可见,旧形而上学企图用知性的范畴或有限性的名言,即一般的谓词,来叙述理性的对象,这就是它的缺陷。说到这里,第二十八节连带附释也就完了。

但是,旧形而上学的缺陷还没说完,还得要在下面第二十九节至三十二节里继续讲下去。

109.1 第二十九节

本节主要是讲有限性概念的两种缺陷,分为两个自然段,其第一段的中译文如下:

109.2 类似这样①的名言,其内容义蕴都是②有限的,其不适宜于表达如上帝、自然、精神等内容丰富的观念,且决不是以穷尽其意蕴,自属显然。再则,因为这些谓词既是称谓同一主词的宾词,彼此间似有联系③,但就它们的内容言,它们又复悬殊,所以,它们都是从外面拾取而来的,彼此间缺乏有机关系。

像上节所讲到的那些有限性的名言,即那些有限性的知性范畴和概念,其内容,从个别单独地讲来,都是有限的,且其自身作为名言来说,是不适宜于用来表达如上帝、大自然、精神等这类内容丰富的观念的,因为它们显然是决不能穷尽这类观念的含义的。还有一点,那就是,纵然由于它们同是同一个主词的宾语,于是就使它们互相联系着,可是由于它们的内容,它们又彼此悬殊,因之它们都是从外面彼此像是陌生似的拉进来的。

① 这里的“这样”是指上节附释所讨论的有限性名言的。

② 按原德文在这里还有 für sich 一词组,应作“单独讲”的。

③ 这里中译本的“似有”这个不定语气是不符合其整句的意思的,故在解释中予以改译。

这是本节的第一段，其下段是接着讲知性范畴和概念的缺陷的。

109.3 对于第一种缺陷，东方的哲人则用多名的说法以补救之，譬如，当他们称谓神时，便加给以许多名字。但同时他们也得承认，名字的数目应该多至无限。（译者按：黑格尔此处讨论不能用支离的名言或知性的有限范畴以探究本体的问题。他指出用有限的名言或范畴以称谓理性的对象有两种缺点：第一，理性的对象如自然、精神等，内容丰富，有限的名言，不足以穷尽之，故东方哲人用多名之说以补救之。第二，外来的、孤立的、支离散漫的名言，不足以表达理性对象的有机联系性，此种缺陷则为黑氏自己的辩证逻辑学所补救者。黑氏的辩证法，力主由对象自己规定自己，亦即力求放弃主观成见，则归于客观，并力求从全体、从内在联系去发挥思想范畴的有机性与系统性，以救孤立片面的思想之弊。这是黑格尔反对形而上学的思想方法的重要论证。）

本段所论述的无非是上面第二十八节附释的最后一自然段的内容之重复，加上"译者按"就可省去本编者的赘述，只想指出"译者按"用词的一小点，即"主观的成见"的"成见"这名词似乎改用"偏见"较妥，因为大凡科学研究者或思想家在其研究或思考的过程中决不是且不应完全没有自己的主见而只像英哲洛克的用语"白板"①那常为人误解的比喻所提示的一种思想情况去和客观对象或事物接触，而是抱着某一定的主观的初步看法或说见解去研究当前的对象，我们可称这种见解为主见，也就是一种初步的成见，而这种所谓成见是不可无的，而与偏见是有区别的，一般说来，在科学研究者或考虑任何问题的人，在其考虑问题之初，偏见是不应有的，因为偏见是阻碍思想的进展的，而主见则不可无，因为既成的主见，也可成为"成见"，乃是人们思想发展的出发点，如果没有这种出发点，则思想彷徨无定，莫知所从了。

下面接着的第三十节是继续讨论形而上学的第二个缺点的，其中译文如下：

① 这里的"白板"（意指没有写过字的画板），是拉丁语 tabula rasa 的中译，为洛克的一个名言，但常为人所误解，兹不赘述。

110.1 第三十节

本节的文字和内容都很简单，只把问题提出而把关于问题的讨论，留待下面的两节，兹先阅读本节的中译文。

110.2 第二，形而上学的对象诚然是大全①，如灵魂，世界、上帝，本身②皆属于理性，属于具体共相式的思想范围的对象。但形而上学家把这些对象从（通常的）表象中接受过来，当作给予的现成的题材，而应用知性的范畴去处理他们。这些对象既来自（通常的）表象，故只得以表象为标准去评判那些谓词是否切当和是否充分足以表达理性的对象。

这段开头有“第二”这短语，是表明接着上文所叙述的而作为第二点说的。作为谈到旧形而上学的缺陷来说，其第二点就是应当指出那旧形而上学所思想着的对象，都是一些特殊全体性的存在者，如灵魂、世界、上帝。这些全体性的存在者在其与对方结合而发展的阶段上是属于理性的，而在其本身单独地来说③，是属于思想范围的具体共相④的。但是形而上学家把这些对象从一般表象中拿过来，而在应用知性的范畴时，就把它们作为现成所予的主体，而成为使用这些范畴的基础，因此那些用作这种主体的谓词⑤是否适合，是否足以表达原是理性的对象，那就只得以一般的表象为标准了。

以下便是下一节的中译文。

110.3 第三十一节

这节的正文说明“上帝”这类理念其含义又是较宽泛的，也可说是较笼统的，因而是不适宜作为主谓而联系着知性的范畴来构成命题或判断

① 这里的“大全”是原德文的 Totalitaten 这词之中译，似译为“特殊全体性的存在者”较确切，虽觉累赘，但可免误解。

② 这里中译本用“本身”这词组，不足以表达原德文的 an und für sich，这个在黑格尔辩证逻辑中十分重要而含义很深的一术语，如评注在上文已指出乃是事物与思想的发展之“正反合”之“合”这个阶段，故在解释中用“与其对象结合而发展的阶段”。

③ 这一子句是原德文 in sich 的中译。

④ 这里的“共相”从贺译，为原德文的 Allgemein 之中译。

⑤ 这里的“谓词”是指知性范畴之作为那些特殊全体性的存在者之为主体（即主词）的宾语说的。

的,可是这样形成的判断是不适合于表达具体的真理的。附释并说明旧形而上学不是自由的和客观的思想。

第三十一节的正文中译文如下:

110.4 灵魂、世界、上帝诸表象初看似乎给予思想以坚实的据点,但其实不然。不惟掺杂有特殊的主观的性格于这些表象之中,因此它们可以各有异常分歧的意义,所以它们尚须经过思想的考察后,才会具有确定的界说。试从任何一个需凭借谓词(即哲学上的所谓思想范畴)以说明什么是主词或什么是最初的表象的命题里,均可见得思想的活动,使表象的意思更为明确的事实。

这节开头的一句是联系着上面第三十节为本编者按照黑格尔原德文所改译的,"形而上学家把这些[属于理性的]对象从一般表象中拿过来,而在应用知性的范畴时,就把它们作为现成的主体而成为使用这些范畴的基础"这句话说的。这里的"基础"也就是本节第一句话里的"据点",亦即理性对象之以表象形式为旧形而上学家拿过来的。可是作为表象的理性对象,是"掺杂有特殊的主观的性格"的,譬如以"上帝"[原只是"神"]这个表象来说,在各种宗教中就有各个不同的特殊主观的性格掺杂进去,因而就是"可以各有异常纷纭异别的意义",必须"经过[比较宗教学家]思想的考察后,才会[即不一定]具有确定的界说。"任何[这种意义分歧的]命题[譬如'上帝是存在的']都表示出在一个命题里得要首先在谓词里(正如哲学之在思想范畴里)指定其主词或说其最初提出的表象是什么。"①

紧跟在后面的一段的中译文是:

110.5 在这样一个命题里,如"上帝是永恒的"里面,我们从上帝的表象开始,尚不知道上帝究竟是什么,只得用一个谓词,才把上帝是什么说了出来。因此,在逻辑学里,其内容须纯全为思想的形式所决定,若将这些范畴用来作为像上帝或以较宽泛的②绝对为主词的

① 这里从"任何"到本段的一整句是本编者按黑格尔的原德文版改译以代替贺译本段的最后一长句的。原德文是:Dies drückt jeder Satz aus,als in welchem erst durch das Prädikat (d. i. in der Philosophie durch die Denkbestimmung)angegeben werden soll,was das Subjekt, d. i,die anfänglich Vorstellung sei. 谨照抄,以备读者参考,读下段第一句话便更清楚。

② 这里的"较宽泛的"是德文的 vagere 之中译,似译为"较笼统的"为更通俗而且确切。

谓词，不惟是多余的①，而且还有一种弱点，就是会令人误以为除了思想本身的性质之外，尚另有别的标准。不仅如此，命题的形式或确切点说，判断的形式②不适宜于表达具体的和玄思③的真理（真理必是具体的）。因为判断的形式总是片面的④，就其片面而言，所以便是不真的。

黑格尔在这段里正确地指出，譬如在"上帝是永恒的"这个判断里，在开始时如上文所指出，我们是从上帝的表象入手的，那时还不知道上帝究竟是什么，只得用一个谓词来把上帝是什么，姑且说了出来。因此就可见得，在逻辑上说，凡是（判断的）内容是全为思想的型式所决定的，那么把这些（知性的）范畴用作像上帝或者以更笼统的绝对作主词的谓词，那就不但是不必要的，而且还有一种弱点，是会令人误会，以为除了思想本身的性质之外，还另有别的标准的。不但是这样，命题的形式，更确切地说，判断的形式是不适合于用来表达具体的和思辨的真理的，而真理必定是具体的。因此判断的形式总是片面的，就判断是片面的来说，它便不能充分表达具体的即全面的思辨的真理。

跟着附释应对这点加以发挥如下：

111.1 附释：这种形而上学并不是自由的和客观的思想，因为它不让对象自由地自发地表达其自身，而认对象为现成的呆板的。——说到自由思想，我们必须承认希腊哲学代表典型的自由思想，而经院哲学则否，因为经院哲学一如这种形而上学，接受一种现成给予的东西，亦即由教会给予的信条为其内容。我们近代的人，由于整个的文化环境，已经被许多具有丰富深邃内容的观念所熏陶，要想超出其笼罩，乃属至难之事。而古代希腊的哲学家，大都自觉他们是人，完全生活于活泼具体的感觉的直观世界中，除了上天下地之

① 这里的"多余的"是德文的 überflüssig 之中译，应译为"不必要的"。

② 黑格尔正确地强调命题和判断的分别，因为命题是言语的形式，而判断是思维的形式，两者应符合，但不相同。

③ "玄思"是指"思辨"说的。

④ 黑格尔每每是从词的结构来看它们所表达的思想的，本此，他便以德语 urteil（判断）这词的原义是"原始"（ur-）"部分"（teil）用来解释"判断"（urteil）为片面的，因是部分的。

外,别无其他假定,因为神话中的一些观点已早被他们抛开了。在这种有真实内容的环境中,思想是自由的,且能回复其自身的,纯粹自在,不受一切材料的限制。这种纯粹自在的思想就是翱翔于海阔天空的自由思想,在我们的上面,或在我们的下面都空无一物。我们孤寂地独自在那儿沉思冥想。

这段附释的文字与其内容是非常丰富的,透露了黑格尔作为一个哲学家的思想感情,与其对于当时西欧十九世纪的文化和古代的希腊文化之对比,虽不无夸大之处,可是一般来说,是相当现实的。

首先,他在这段话开头的两句话当中,道破了旧形而上学的思想和自由思想的分别。自由思想是让客观对象自由自发地表达其自身,而旧形而上学的思想则认为对象是呆板的一成不变的,不能发展的。

由于谈到自由思想,黑格尔就联想到他所醉心的古希腊时代的哲学思想,且认为古希腊时代的哲学是代表典型的自由思想的,而欧洲中世纪的经院哲学思想则是呆板的,一成不变的,不能发展的,有如旧形而上学的思想一样的。经院哲学思想之所以是这样,正如黑格尔所指出,是由于中世纪当时的基督教教会,更确切点说,是由于中世纪天主教的梵蒂冈教会权威的教义给予并规定其内容的。可是,黑格尔又认为他的当代人(即十九世纪前后的人),由于整个文化环境所具有的许多观念熏陶着,致使他们不得越其雷池一步,远不如古希腊时代的哲学家们那样觉得自己是完全生活于活泼具体的自然世界之中,破除了更早时代遗传下来的神话(在这里黑格尔当然不忘记《创世记》的摩西神话)之后,顶天立地,毫无阻碍,所以他们的思想是自由的,纯粹自由的,没有任何限制的,翱翔于海阔天空之中的,何等令人羡慕的孤寂沉思冥想的古希腊哲学家!这是黑格尔在其当时的想象,未免透露出他所受到的欧洲而特别是他本国的开明时代的影响,从而过分夸大了古希腊哲学家的思想之自由而忘记了他们应该熟知的苏格拉底的死刑,柏拉图、亚里斯多德的政治迫害,然而大体上他的两相对比的经院哲学顽固的思想和古希腊比较上百家争鸣的自由思想是人们所不禁发生感慨的。

在这附释之后,上面第三十一节还有没说完的,关于旧形而上学的话,有待下文予以详述。

111.2 第三十二节

本节主要是谈旧形而上学的独断论而在附释中并比较详细地讨论这种独断论的片面性。

兹先看本节的正文。

111.3 第三，这种形而上学便成为独断论①，因为依照有限范畴的性质，这种形而上学的思想，于两个相反的论断之中，如上面那类命题所代表的，必须肯定其一必真，而其他必错。

请读者注意，这节一开头便有“第三”这个字样，是表示在上面第二十八节的“第一，认为抽象的孤立的思想概念可以用来表达真理”，和第三十节的“第二，形而上学的对象诚是‘大全’”这两种形而上学的说法之后，才有本节的“第三，这种形而上学的独断论”的。

何以会有独断论，而且独断论是怎样形成的？黑格尔认为“这种（认对象为现成的呆板的）形而上学便成为独断论，因为依照有限性的范畴的性质，这种形而上学的思想，于两个相反的论断之中，（其所依的对象既是呆板的）如上面那类命题（‘上帝是存在的’，‘灵魂是简单的’等）所代表的（既是呆板的相反的论断），则必须肯定其一为必真，而其他为必错”，二者必居其一，非此则彼，这是传统形式逻辑之称为排中律。

跟着的附释有较详细的说明。

112.1 附释：与独断论恰好对立的为怀疑论。古代的怀疑论者，对于只要持有确定学说的任何哲学，都称其为独断论，在这样广义下，则怀疑论者对于真正的玄思哲学，亦可加以独断论的徽号。至于狭义的独断论，则仅在于坚执片面的知性的范畴，而排斥其反面。独断论坚执着严格的“非此即彼”的方式，譬如说，世界不是有限的，则必是无限的，两者之中，只有一种说法是真的。殊不知，具体的玄思

① 按“独断论”这个哲学术语，是德语 der Dogmatisch 这个名词之中译，而原词是从 das Dogma 这词而来的。查 Dogma 是从古希腊语转成古拉丁语，复成欧西各国语的 dogma（法语 dogme 亦音词义同），原是“思维”的意思，转义作为“一种被坚持的意见”，一般中译为“教义”，因而 der Dogmatisch 便是“教义式的主见”，一般中译为“独断论”，其所以称为“独断论”者，是因为这种见解不是经过反复思考，细心抉择而确定下来的，而只是从一种预先假定的原则出发武断地决定的。

的真理，正好不是这样，正好没有这种一偏的坚执，正此亦非片面的范畴所能穷尽。玄思的真理乃包括有这些片面的范畴之联合的全体，而独断论则执着各分离的范畴，以为坚定的真理。

黑格尔在本节的第一自然段里有两层的意思。第一，广义的独断论和狭义的独断论；第二，玄思的真理和独断论之所谓真理之区别。

黑格尔在这里首先指出，“与独断论恰好对立的为怀疑论[①]，然后从而略论广义和狭义的怀疑论，并指出古代[②]的怀疑论者是对于凡是持有确定学说的哲学都抱怀疑态度而称之为独断论，这是广义的怀疑论，这派的怀疑论者，即对于真正的思辨哲学[③]，也同样加以讥笑的独断论称号。至于狭义的怀疑论就不是这样的，它对于狭义的独断论，由于这种独断论只坚执片面的知性范畴而排斥其反面的这种立场，仅指出其片面性而怀疑其所得出的结论之正确性而已，这是广义怀疑论和狭义怀疑论的区别。

至于独断论的缺点，就是黑格尔在这段中提出的第二层的意见。

在这点上，黑格尔指出，虽然狭义的怀疑论不像广义的怀疑论那样，任何持有确定学说的哲学都加以怀疑而不予以肯定，但由于它仅坚执着片面的知性范畴而排斥其反面的，因而是形式逻辑的“非此必彼”的那种方式，那就必然导致一偏之见的这种流弊。于是黑格尔指出“具体的[而不是抽象、片面的][考虑到事物发展的]思辨的真理，正好不是那样的，正好没有那样一偏的坚执的，因此就不是片面性的范畴所能穷尽的”。这就是思辨的真理的本质。这种思辨的真理乃是包含着一些片面性的范畴使其片面性和其反面联合起来成为一个整体的真理。这也就是黑格尔的哲学思想发展的进程。这种对立面，通过斗争而发展的统一，依黑格尔的思想程序是有其正、反、合这个三步曲的。一个片面性的范畴，譬如“有”是指事物之某一定的形态说的，从传统的形式逻辑之旧形而上学看来，这种事物是呆板的、不变的，于是就老呆在这种形态上，殊不知，具体的客观事

① “怀疑论”是德语的 der Skeptizismus 这词之译，其含义见本节的前截。

② 这里黑格尔的“古代”是指大约公元前 300—270 年古希腊哲学家比罗(Pyrrōn)所倡的怀疑论。

③ “玄思哲学”是 die Spekulation philosophie 之译，黑格尔使用这词来指他自己的哲学体系，应中译为“思辨哲学”。

物并非这样，它必定是向它的对方转变，而由其正的形态之“有”这个范畴通过斗争所导致之发展而转变为其对立面之“无”，这就是“反”，这“反”是对“有”之“正”而言的。可是事物发展的过程不能停滞乃至这个“反”的情况上而必须继续向前按着客观事物发展的规律，再由这“反”与“正”之统一而演变为“合”，但这“合”就其自身言也是进一级的“正”，而在不断斗争、不断发展的进程中，这个进级的“正”又有其“反”，再由“反”而“合”，演变无穷，导致事物之不断进展。这才是思辨的真理。但旧形而上学不能懂得这个道理，老是“执着”①便成为一种独断论，“执着各分离[而不能由正到反到合]的范畴，总是以坚定为真理”②。这是反动的哲学。黑格尔作为本段的第二层见解提出来是有其伟大的思想贡献的，表现着他的概念辩证法的。

接着下一自然段的中译文是：

> 112.2 在哲学中常有这种情形，将片面见解提出来与全体的真理并列，而执着一特殊的、坚定的③真理，以与全体对立。但其实，那一偏之见并不是坚定的自存不依的，而乃是被扬弃而包括于全体中④。知性的形而上学的独断论，在于坚执着孤立化的片面的思想范畴，反之，那玄思哲学的唯心论则具有全体的原则，表明其自身足以统括那抽象的知性范畴的片面性。所以从唯心论的立场便可说，灵魂既非仅是有限，亦非仅是无限。但本质上灵魂既是有限，亦是无限，因此既非有限，亦非无限。换言之，单是这类孤立的范畴只是应加扬弃的一偏之见，而不适用于表达灵魂的性质。即在我们通常的意识里，亦已随处表现着这种唯心论，譬如对于感觉事物，我们说它们是变化的。所谓变化的，即不啻说它们是“有”，也同时是“非有”；但对于知性的范畴，我们似乎是比较固执一些，我们总把它们当做坚

① “执着”，又写作“执著”，是一个佛学翻译名，详见《大般若经》，意谓固执事物而不能超脱以达智慧。

② 这里的“坚定”意义不够准确，似应中译为“不变”较妥。

③ 这里的“坚定”这词之含义可参看前面的脚注。

④ 请注意这子句中“扬弃”这个字样，这是黑格尔常用的一个十分重要的字样，如我们已在上文曾指出过的那样，是德文的 aufheben 这词的中译，含有“提高而吸取其合理部分，但弃去其不合理部分”的意思，有 “去粗取精，去伪存真”之意，在消极形式中含有积极的意义。

定，甚至当做绝对坚定的思想范畴。我们认为有一无限深的鸿沟把它们分隔开，所以那些彼此对立的范畴永不能得到调解。理性的斗争即在于努力将知性所执着的分别加以克服。

这一段是十分重要的。黑格尔在这段的前截里指出，过去的哲学，每每把片面的见解和全体的真理并列，并且执着一特殊的、被认为不变的真理和全体的真理对立起来。他批判这种哲学说，人们不懂得，其实这种一偏之见并不是坚硬不变的、自存不依他物的，而乃是在事物正反两面对立斗争之演变中被扬弃，即被提高发展了之后包括于升华的全体之中的。那种形而上学的知性独断论是坚执着被孤立的片面的思想范畴而构成的。与此相反，思辨哲学的唯心论则具有全体性的原则，表明其自身是能够统括那抽象而不全面的知性范畴之片面性的。所以从这种唯心论的立场便可以这样说：灵魂既非仅是有限的，也不仅是无限的，而在本质上，灵魂既是有限的，但也是无限的，因此，它既非有限的也不是无限的。换句话说，单是孤立的这类范畴只是应予以扬弃的一偏之见，而并不适用于表达灵魂这一理性对象的性质。不但在哲学的理论上是这样，即在我们通常的意识里，也是随处表现着这种唯心论。譬如拿感觉的事物来说，我们可说它们是变化的。所谓变化的，不过就是说它们是“有”，同是也是“非有”。但是在我们谈到知性的范畴时，我们未免过于固执，总是把它们当做是没有变动的，甚至作为绝对不变的思想范畴，认为有一道无限深的鸿沟把它们彼此分开，所以那些彼此对立的范畴就永远不能得到调达①。理性的斗争即在于努力将知性所执着的分别加以克服。

黑格尔在上面第三十二节里批判了从前面几节所提出的有限的知性概念，即知性的范畴而导致的独断论之后，便在下面的第三十三节，开始检查旧形而上学的传统各个部门并予以分析批判。

113.1 第三十三节

黑格尔在本节里主要是批判旧形而上学的本体论。其中译文如下：

---

① 我们所用的中译本每每使用“调解”这个原是法律上的名词而为宗教，特别是基督教所采用的。这词含有两造争执而由调解的中间人进行调停使之互相让步，从而止息争讼的这种意思。但这样易生误会，不如改用阮籍在《乐论》中所写的“阴阳调达，和气均通”的“调达”这词，似乎反与这里的原文更切合。

113.2 形而上学的第一部分为本体论[①]或(说)关于存在的抽象性质的学说。对于这些范畴[②]的数目及其应用的限度与效准，亦缺乏一根本原则。所以这些范畴必须凭借经验偶然而漫无次序地列举出来，而它们的详细内容，只能基于表象去说明，甚或基于用字根去说明，宣称某些字有某种含义，故用来表示某种内容。因此这部门的形而上学[③]只求经验特质的完备的列举，字面的正确分析之符合语言的习惯，而并未考虑到这些范畴本身的真理性和必然性。

这一段首先提出形而上学本体论这个部门作为旧形而上学传统的第一部分，并说明本体论之从其词源来说就是关于“存在的抽象性质的学说”。可是对于上面所讲的性质，其数目以及其应用的限度与效准，是没有一条根本的原则来决定的。所以，这些性质只有靠一种经验上得来而毫无次序地列举出来，而它们的详细内容只能依赖当下的表象去说明，甚或依赖人们用来思维的字眼去说明什么字按语源是有某种意义的。在这种情况下，人们只求语言的习惯与分析的正确性和经验的完整性相符合而并不去管这些性质的真实性和必然性了[④]。

接着的第二段的中译文如下：

113.3 关于有、限有[⑤]或有限、单纯性、复合性等在其发展到自在自为[⑥]的阶段上来说是否真的概念这个问题[⑦]，那些相信只有一个命

① 查“本体论”这词是原德文的 die Ontologie 的中译，德语这词是从古希腊语的 ὄντος(存在)＋logy(学说)而来的。

② 这里“这些”和“范畴”两词都有待于说明，“这些”是指当前的事物的形容词，在这里大概是黑格尔的听众所知道其所指是什么的。“范畴”的原文不见于黑格尔的德文原本，而是 Bestimmungen 这词，虽然黑格尔也把它与 Begriffs 连接起来用，而为人中译为“范畴”，但这是勉强不可为训的，应把 Bestimmungen 在这里中译为“性质”方妥。如果译为“性质”，则本句的“这些”便有着落了。

③ 这个词组不是原德文所有，瓦拉士加上去的是“形而上学家”。

④ 这最后两长句是本编者按黑格尔的原德文改译的。

⑤ 这里的“存在”是原德文的 Dasein 之中译，似应仍用贺译本第八十九节的“限有”较妥，且与“有限”一致。这句的“或”应读“或说”。

⑥ 原译“本身”不能表达黑格尔的 an und für sich 这个极为重要而复杂的术语词组，兹改译为“在其发展到自在自为的阶段上”。

⑦ 由于前文所注的改译，故本句不得不略加调整。

题才有真错，只能问一个概念加在一个主词上①是真是错的问题的人，定会觉得奇异，因为他们认为错误基于我们对于主词的表象与用来称谓主词的概念②间有了矛盾。但今概念既是具体的，则概念的自身，及其每一性质，本质上概是不同范畴的统一体。因此如果真理除了没有矛盾外别无其他性质，则对于每一概念首先必须考察其是否本身含有此种内在的矛盾。

本段主要的问题是所谓真与错究竟是在什么地方才看出来的。单独一个概念或一个范畴是无真假之可言的，一定要有一个判断或者用语言表达这判断的一个命题，然后才有真假这个问题的。这是传统形式逻辑或旧形而上学的说法，这种说法因之就人为错误是基于我们对于"判断的主体"(das Subjekt)的表象与用来称谓主体的概念(这两者之)间的矛盾"。"但是概念既是反映客观具体事物的，因而就是具体的，则这概念的自身，及其所包含的每一个性质，在本质上都是不同性质③之统一体。因此如果真理除了没有矛盾外别无其他性质，则对于每一概念首先(就)必须考察它是否本身含有此种内在的矛盾。"这里我们要注意到，从"认为错误……"至"称谓主体的概念两者之间的矛盾"是旧形而上学和传统形式逻辑的说法，为黑格尔在其紧跟在下面的一个长的复句所驳斥的，从而并指出即令概念不是判断，但是由于它是个不同的几个性质之统一体，所以也可能在其本身，或者按原文更确切地说，在其本身来说(für sich，而不是 an sich)是含有上述的矛盾的。这里的"上述"是本编者加上来指谓"如果真理"等字样那句说的，而这句是错误的，因为"真理不能说只是没

① 这里的"主词"作为原德文的 Subjekt 之中译固无不可，但要注意，"概念"应在"主体"上才能构成"判断"，而本复句是谈"命题"的，则"概念"(Begriff)须中译为"谓词"才能和"主词"搭配，否则是逻辑错误。但按下文则须把本复句的德文 satz 这词作为"判断"解才合，而 Begriff 仍译"概念"。

② 这里仍保持"概念"为 Begriff 的中译。

③ 这里中译本把原德文的 Bestimmungen 译为"范畴"似乎牵强，按照后文应中译为"性质"这个名词。"范畴"的原文不见于黑格尔的德文原本，而是 Bestimmungen 这词，虽然黑格尔也把它与 Begriffs 连接起来用，而为人中译为"范畴"，但这是勉强不可为训的，应把 Bestimmungen 在这里中译为"性质"方妥。如果译为"性质"，则本句的"这些"便有着落了。

有矛盾而无其他性质”①，而黑格尔在这里的原德文是用假设句，所以是不同意这句的关于真理的说法，因而才有跟着在后面的“对于每一概念”的最后一句那种退一步的和缓说法。

现在我们结束了本体论的批判，就进而研究旧形而上学的第二部分了。

113.4 第三十四节

这节的正文连同较长的附释都是在研讨当时盛行的所谓理性心理学，或说灵魂学的。

我们先看看正文的中译文：

113.5 形而上学的第二部分为理性心理学②，或[说]灵魂学③，研究灵魂的形而上的性质，亦即把心灵[的性质]④当作一个事物或东西去研究，此种研究想在复合性、时间性、质的变化，量的增减的定律支配⑤的范围内去寻求灵魂不灭。

黑格尔在本节的正文里（正文按原德文分为两小段，其第一段断于“去研究”，贺译大概是依自瓦拉士的英译本合成一整段的）指出旧形而上学的第二部分是合理的心理学，又称灵魂学。这门科学是研究灵魂的属于纯思想的性质的，那就是把心灵的性质当做一种东西去研究。在这种研究中，是想在心灵的复合性、时间性、质的变化和量的增减这个范围内去寻找灵魂不灭的原理的。

关于这种复杂的问题，在附释里有较多的叙述和讨论。

113.6 附释：这部分的心理学之所以称为理性的，用意在表示不是对灵魂现象的经验的研究。理性心理学凭借抽象思想的范畴去研究灵魂的形而上的性质。这门学问的目的在认识灵魂的内在性质，灵魂的自身，灵魂之被思想所把握的真面目。——现时，哲学里很少

---

① 按原德文这子句有 die wahrheit also weiter nichts wäre als der Mangel des widerspruchs.

② 这里的“理性[的]”是德文的 rationelle 之中译，即“合乎理性”的意思。

③ “灵魂”是古希腊语的 Pneuma 之中译，与古希腊语的 Psukhe（中译为“心”）有别，请参看本节附释。

④ 这里方括号的“性质”为贺译，没看清楚德文的格而无视了。

⑤ 这里的“的定律支配”在德文原本不见其原文，而是瓦拉士英译本加上的 Dominateed by the Laws of 的翻译，其实是多余的。

谈到灵魂了①,而主要的乃在谈精神。精神和灵魂有区别,灵魂好像是肉体与精神间的中介,或两者间的联系。精神之沉浸于全身为灵魂,灵魂是身体的生机原则。

附释这第一自然段主要是谈两个问题:第一,何以心理学在这里是称为理性的;第二,灵魂与精神的区别。

心理学之称为理性的,即合乎理性的,据黑格尔在十九世纪的末叶看来,是因为这时,心理学再不是像从前那样,是对灵魂之作为一种纯是虚无缥缈的不可摸捉的存在去研究,而又未成为一种经验性的东西去研究,而是"凭借抽象思想的范畴去研究灵魂形而上的性质"的,这里之所谓"形而上的"就是根据我国《易经》上"形而上者谓之道,形而下者谓之器"这种说法把道和器,即没有外部形相的道和具有外部形相的器两者区分开来的。可见理性的心理学乃是形而上学,即纯哲学的一个部门,不求其在经验上找到客观现象的证实,而只求其持之有故,言之成理,合乎主观理性之要求罢了,所以就把理性心理学说成是什么"凭借抽象思想的范畴〔这些全是主观的概念〕去研究〔所谓〕灵魂的'形而上的'性质的"。因而"这门学问〔注意,不称科学——原不是黑格尔的话语,而是中译者很正确地按现代的观点加上的〕的目的是在于认识灵魂的内在性质,灵魂之在其本身来说是什么,以及灵魂之对思想来说是什么"。这是第一个问题。

其第二个问题是灵魂与精神的区别。黑格尔指出:"现时[即十九世纪末叶]在[欧洲的]哲学里,很少谈到灵魂了,而主要的乃在谈精神。"依黑格尔当时的看法,精神与灵魂有区别:灵魂好像是肉体与精神[之]间的中介,或[说]两者间的联系。依这种说法,没有灵魂也就肉体和精神脱节了吗?黑格尔并接着说:"精神之沉浸于全身为灵魂,灵魂是身体的生机原则。"这就说明黑格尔关于灵魂的观念,说明他的哲学思想不但是极端的唯心的,而且还具有严重的欧洲中世纪经院哲学的残余的。

说到这里,还剩下一个没说明的问题,那就是什么是"灵魂的形而上的性质"而为"理性心理学"所作为研究的对象的?这有待于本附释的下

① 现在心理学里不但很少而且完全不谈灵魂,并且自从十九世纪末叶以来,是很少谈到心的了。这不是奇怪吗?心理学并不谈心,那是因为现代心理学已进而为一门实验的自然科学而从哲学脱离开来了。

一自然段,其中译文是:

> 114.1 旧形而上学认灵魂为东西或[说]事物。但东西乃是一很含混的名词。所谓东西大都是指一当前存在之物而言,是感官所能表象的,于是人们也就说灵魂为感官所能表象之物。所以会发生灵魂所寄居的方所问题。灵魂既有方所,当然是在空间中,可以用感官去表象的。同样,即认灵魂为一个东西,因此便可问灵魂是单纯的还是复合的了。这问题对于灵魂不灭特关重要,因为灵魂的不灭是被认为以灵魂的单纯性为条件。但其实抽象的单纯性这一范畴和复合性一样,皆不足以表达灵魂的本质。

这一段主要问题是如何证明灵魂不灭这个宗教问题。黑格尔指出,关于这个问题的论证,是完全在于“东西”这词之概念模糊。首先,旧形而上学继承了欧洲中世纪经院哲学的基督教教义观点,认为灵魂是个东西或说是个事物,这也是不止于一种宗教,因没加仔细的思索,由于习惯的势力,就接受了人类未开化以前所形成的一种偏见。可是这种偏见往往把灵魂想象为存在于不知存在何处的一种东西,而“东西”这个概念是含糊的,因而它的名词也是含混的。我们在哲学里之所谓东西,大都是指当前存在之物说的,是人们感官所能表象的,于是人们也就说灵魂乃是感官所能表象之物。这种想法全是由于人们先就习惯于认为灵魂是一种“东西”,而“东西”这个概念是模糊不清的,其名词于是就是含糊的,结果便发生了灵魂是感官所能表象之物,这不是“见鬼”吗? 然而由此就也发生了灵魂寄居的处所这个问题。灵魂既有处所,它当然也就是在空间之中。可以用感官去表象的,首先当然是在想象中予以猜测,猜测这灵魂存在于人体之中而又可以离开人体而“魂游”,如在梦中那样。这就把“灵魂”这个概念具体化了。同样,“既认为灵魂为一个东西”,因此便可提出这个问题:“灵魂的构成是单纯的还是复合的?” 这个问题对于灵魂不灭这个原是宗教的信念是特别具有重要意义的。因为从在古希腊时代以来,欧洲的思想一般认为毁灭就是存在物之基本结构的分解。那么复合的东西才能被分解,而单纯的东西既非复合的,就无分解之可能,所以灵魂不灭是以其原有的单纯性为条件的。在这点上,黑格尔很正确地指出,依他的看法,灵魂是属于精神一类的存在,它的这种只凭思想才能认识的“形而上的”性质,并不是抽象的单纯性或复合性这类感性的“形而下的”范畴所能表达的。

到了这里,附释就可说已经说明了本节正文的主要内容了。可是理性心理学之是理性的,这在名称上之一点还得要加以更详细的说明的。黑格尔说明的办法是拿理性心理学和经验心理学来比较一番。这就是附释的最后一段的内容,其中译文如下:

114.2 说到理性心理学与经验心理学的关系,则前者比后者较为高深些,因为前者的任务在凭借思想以认识心灵,并证明此种思想的所得者的真实性,而经验心理学则以知觉为出发点,只限于列举并描写知觉所供给的事实。但当我们既然以心灵为思想的对象时,却不可太规避心灵的特殊现象。心灵是主动的,这里所谓主动的意义与经院哲学家所谓上帝是绝对的主动性的意义是相同的。今心灵既是主动的,则心灵自必表现其自身于外。因此我们不能认心灵为一个无有过程的存在,有如就形而上学的看法,将心灵之无过程的内在性与其外在的表现分开。我们主要的必须从心灵的具体实在性和能动性去考察心灵,并必须认识心灵的外在表现乃是为它的内在力量所决定。

在这段里,黑格尔提出两个问题:第一,理性心理学与经验心理学的区别和两者的关系;第二,心灵的特殊现象,那就是心灵的主动性。

黑格尔谈到这第一个问题时,遵照古希腊哲人柏拉图唯理派的唯心主义学说,认为理性心理学既是凭借思想来认识心灵的,而经验心理学,即现代的心理学,是以感性知觉为其出发点,而只限于列举知觉所提供的事实从而予以描写的,所以理性心理学就是比经验心理学较为高深。因为理性的功能,依唯理派的说法比感性的功能更为可靠,因而理性心理学就能证明它所凭借的思想所得出来的东西的真实性,而经验心理学只限于知觉所提供的事实之感性的描写而已。这也就处理了第一个问题。

关于第二个问题,黑格尔首先提出他从中世纪经院哲学接受过来的心灵之主动性,作为心灵的一种“特殊现象”,并且指出心灵的这种主动性,其意义是和经院哲学家所说的上帝的绝对主动性之意义相同的,而黑格尔关于这点的论据不过是他在这里没明白说出而为当时崇奉基督教的听众所默认的“摩西神话”，说什么“耶和华神用地上的尘土造人，将生气吹在他鼻孔里，他就成了有灵的活人，名叫亚当”①。这里所吹的气是耶和华上帝的生气，所以有灵的活人也就是和上帝一样有主动性的。

在这里，黑格尔便根据心灵的主动性，或说能动性，而提出“心灵必定自行表现其自身于外“这个重要的见解，从而批判了形而上学的“心灵是一种没有过程的存在”，即一成不变的存在这种错误的看法。所以，我们就不能把心灵的外在表现和它的内在性分开，而必须从心灵的具体实在性和能动性去在心理学里进行对心灵的考察，而且必须认识到心灵的外在表现实是为心灵的内在力量所决定的。这就有力地驳斥了康德关于心灵这个理念的不可知论，而在黑格尔自己的唯心主义认识论向唯物主义的反映论推进了一步，虽然他的认识论不经过马克思主义的改造是绝不能成为唯物主义的认识论的。

这也就结束了作为旧形而上学第二部分的理性心理学了。下面便在第三十五节里研讨旧形而上学的第三部分。

115.1 第三十五节

旧形而上学的宇宙论是在本节讨论的。本节的中译文如下：

115.2 形而上学的第三部分为宇宙论②，探讨世界。世界的偶然性、必然性、永恒性在时空中的限制，世界变化的形式的法则，以及人类的自由，和恶的起源。

这一段简短的文字与其内容，乍看起来不过是说明旧形而上学第三部分所谈的宇宙论是什么，其所探讨的主要内容又是什么，罗列一些名称而已。但是既称为宇宙论，顾名思义，是应该谈一些关于宇宙的问题的，何以又涉及人类的自由和恶的起源呢？其解答要看本节正文的第二段所谈到的“绝对对立的范畴”中有“自由与必然”和“幸福与痛”以及“善与恶”。问题就是宇宙的自然现象既然都要受必然性定律的支配的，那么，人类是自然界的一部分，又怎能有其自由的呢？而所谓恶究竟应作何看

① 见《创世记》第二章七节。

② “宇宙论”这词是德文的 die Kosmologie 之中译，又中译为“世界论”或“宇宙起源学”的。按词的结构之前截 kosmo-源于古希腊文的 κοσμος，是“宇宙”的意思，而后截“logie”是“学说”的意思。

法？何以在有必然性定律的宇宙中又有恶这种现象的出现？这些问题在本节正文中没有予以解答而有待于附释的说明。

现在我们先去看本节正文的第二段，然后再去看附释。

115.3 宇宙论中所认为绝对对立的，有下列各范畴：偶然性①与必然性；外在必然性与内在必然性；致动因②与目的因，或说普遍③的因果律与目的；本质或[说]本体与现象；型式与质料④；自由与必然；幸福与痛苦；善与恶。

这段文字除某些中译词可加考虑，如脚注所指出者外，是不难理解的，其各个范畴之含义，则有待于附释的说明。

兹先看看附释第一段的中译文：

115.4 附释：宇宙论研究的对象，不仅为自然而且包括心灵和心灵的现象，或外在的错综关系。质言之，宇宙论以一切存在，一切有限存在的总体为研究的对象。但形而上学家并不把它的对象认为是一具体的全体，而只凭抽象的范畴去看对象。譬如关于研究偶然性抑必然性支配这世界？或者世界是永恒的抑是创造的等问题，这种宇宙论研究的主要兴趣只在揭示出所谓的普遍的宇宙定律，譬如说，自然界中没有飞跃(sprung)，飞跃[或(说)突变]在这里系指直接而无间接性的质的分别及质的变化而言，反之，量的逐渐变化显然是有间接性的。

附释这第一段首先解答了本节正文之把世界的性质及人类的自由以及恶的起源等问题都作为宇宙论的研究对象这个疑问加以解答，而其解答只是一般的肯定，说什么“宇宙论的研究对象不仅为自然而且包括心灵和心灵的现象(例如人类的自由)，或说外在的错综关系(若社会之称为恶的东西)”，并且概括地说，“宇宙论以一切存在，即一切有限的存在的总体

---

① 这里的“偶然性”是德文的 Zufalligkeit 之中译，这种译法已成习惯，但是不十分确切的，查原德文这词的主要意义是“不一定”的意思。似中译为“不必然性”为较恰当。

② 这里的“致动因”是德文的 Wirkende ursache 之中译，原意是“有效力的原因”的意思。即亚里士多德“四因”的第三种原因，称为“动因”或“致动因”。

③ 这里的“普遍”是德文的 überhaupt 这个副词之译，应译为“一般”。

④ 这里的“质料”是德文的 die Malerie 之中译，请注意这词又作“物质”解。

为研究的对象”。这里加上“有限”这个字样，则神灵、灵魂等就在宇宙论的研究范围之外的了。

其次，附释这第一段并指出，旧形而上学[1]并不把它的对象认为是一具体的全体，而分析其所包括的各种各类的存在并加以考察，却只凭一些从欧洲中世纪经院哲学接受过去的抽象范畴去看对象的一般性，譬如关于世界是受不必然性或必然性的支配的，世界是始终这样或者是由什么创造而有其开端的等问题。可是旧形而上学的主要兴趣无非是在于揭示出一些所谓一般性的宇宙定律，譬如说自然界中没有飞跃，即中世纪拉丁语的 saltus，黑格尔解释这种“飞跃”为“直接而无间接性的质的差别和质的变化”，而且说量的变化是有其间接性的。这种旧形而上学的所谓定律是违反马克思唯物辩证法的，马克思主义是说“旧质态到新质态的变化是逐渐进行的”，而“量变到根本的质变的转化是飞跃的。”[2]

以下看附释的第二段中文译文：

115.5 关于心灵如何表现其自身于世界中的问题，主要的即是宇宙论所讨论的关于人的自由和恶的起源问题。无疑地这是些人人极感兴趣的问题。但要想对这些问题得到一个满意的答复，最紧要的是我们切不可将知性的范畴坚执为最后的范畴，亦即是不可认为对立的任何一方有其本身的自存性，或认为任何一方在其孤立的状态下有其本质性与真实性。但康德以前的形而上学各家，却大都采取这种执着孤立的观点，所以在他们宇宙论的讨论里，便不能达到他们要想把握世界现象的目的。譬如，试看他们对于自由和必然的区别，并如何应用这些范畴来讨论自然与心灵，他们总是认为自然现象受必然定律的支配，而心灵便是自由的。这种区别无疑是很重要的，而且是基于心灵最深处的要求。但自由和必然，认作彼此抽象的对立着，只是属于有限世界，而且也只有在有限世界内才可适用。一种不包含必然性于其自身的自由，或是一种无有自由的纯粹必然性，只是一些抽象而不真实的范畴罢了。自由本质上是具体的，永远自己

① 注意：我们删去中译本误加的“家”字。

② 引自阿历山大罗夫主编：《辩证唯物主义》，北京：人民出版社，1955 年，第 169～181 页。

决定自己，因此同时又是必然的。一说到必然性，一般人总以为只是从外面去决定之意，如像在力学里面，一个物体只有受另一个物体的撞击，才有运动，而且运动所循的方向也是被另一物体撞击所决定的。但这只是一种外在的必然性，而非真正的内在的必然性，因为内在的必然性即是自由。

本节附释这第二段是说明并解决正文所提出的人类自由这个问题的。这个问题比较复杂，不易解决，附释虽说了一些，但还有不尽之处，我们现在将它分为六点来解释：

(1)人类自由的问题之提出。这个问题按正文是和恶的起源的问题一并提出的。黑格尔正确地指出，这两个问题同是关于人类心灵之是如何表现其自身于物质世界里面的，因而谈到人类的自由和恶的起源就涉及心灵与物质或说精神与自然的关系，所以就是人人都极为感兴趣的问题，然而又是十分复杂的哲理问题。此其第一点。

(2)黑格尔指出上述两问题之一是人类自由的问题。这个问题之所以难得解决，除它涉及精神与自然的关系外，是因为人类每每把旧形而上学惯用的知性范畴坚执地看作最后的范畴，而且认为对立两方的任意一方都有其自身的终极的自存性，而在其孤立的状态下依然有其本质性与真在性的。当知知性的范畴，由于它们是属于知性这种分别识的，是在人类认识的复杂过程中处在发展进程里面的过渡阶段上的，因而是得要统观全局才能看到这些范畴的相对作用，而绝不可孤立地去看待它们的意义的，不然的话，问题就会引起更多的矛盾，产生一些不必要的麻烦。这是处理人类自由这个问题所应注意的第二点。

(3)可是康德以前的旧形而上学家们大都采取了上面的批判的那种不正确的执着和孤立的观点，所以在他们宇宙论的讨论中，就不能达到他们所想要把握世界现象的目的。例如他们对于自由与必然的区别这个问题，由于是使用原是有其局限性的知性范畴的，所以就不能认识到大自然和人类的心灵这两个理念都是世界现象所引起人们去追求的目的，而这些目的是和世界现象有其本质的区别的。如果把这种目的和世界现象相提并论，而且使用知性的有限性范畴来企图理解大自然和人类自由，那当然是行不通的。因为世界的自然现象是受必然性的定律所支配，所以是必然的,而人类的心灵不是属于自然现象界的,因而就不受自然的必然性之规律所支配的,所以就是自由的。这是应当考虑的第三点。

(4)然而还有这个问题得要解决的,那就是,心灵既是人类的而人类是大自然的一部分。何以它偏偏是不属于自然界,作为一种自然现象来处理呢? 黑格尔承认这是很重要的问题,可是对于这无疑是很重要的事情,他只说"这是基于心灵最深处的要求"而有这种心灵与物质的区别。但是这样来解释人类的自由是不能说服人的,因这又引起另一问题:"何以心灵深处有这种要求?"于是黑格尔便另作解释,他说:"自由和必然认作彼此抽象地对立着①,只是属于有限世界,而且也只有在有限世界内才可适用。"那就是说,自由与必然的硬性对立,心灵与必然的抽象分开,是由于知性范畴的限制性,黑格尔很正确地指出,这种对立是抽象的,不包含必然性于其自身的自由,和没有自由的纯粹必然性都只是一些抽象的而不是从整体观点看的真实范畴,也就是知性范畴,"自由本质上是具体的[不是抽象片面性的],永远自己决定自己,因此同时又是必然的",这是黑格尔从他的哲学体系中提炼出来的自由的界说,而是我们在这里所应十分注意的第五点。

(6)最后,关于人类自由这个问题,黑格尔并引用力学的一个具体例子来说明一般人是怎样把人类的自由误解为没有和必然性结合起来的抽象自由,而不知道从总体看的人类自由是自己决定自己的,而自己决定自己,从它是自己决定的来看,则一方面是自由的,因是自己决定的,而同时又是必然的,因它是受决定的,因而这种自由所包含的必然性是内在的,和自由并不矛盾的。这样,人类的自由作为宇宙的一种现象也就得到解释了。当然这不过是黑格尔的解释。

但是恶的起源这个问题还有待于在附释的最后一段加以分析和解决。这最后一段的中译文如下:

116.1 同样,善与恶的对立亦复如是。这善与恶的对立,在近代世界中可以说是愈益尖锐化、深刻化了。假如我们认为恶是本身固定的,认恶不是善,这诚然完全是对的,它们两者间实有相反处。即

① 在这段解释里引文的着重点是本编者加上的。

使认善恶的对立只是表面的或者相对的那些人,也不承认善与恶为绝对同一之物,有如近来许多人常说的,一物之成为恶乃只是由于我们[主观的]看法。但如果我们认恶为固定的、肯定的事物,那就错了。因为,恶只是一种否定,虽不断地欲维持其片面的存在,但却没有真实的坚持力,其实,恶只是否定性本身的绝对假象。

在这段里黑格尔表示他对恶的观点并加以他的辩证的阐述,而且批判了对恶的固定之看法。

首先,黑格尔指出善与恶之对立乃是和上段所谈的自由与必然之对立一样的,而且关于善与恶的对立,在近代世界中则愈来愈尖锐化、深刻化了。黑格尔退一步认为,如果认恶是本身就是恶,而且恶不是善,这诚然完全是对的,善恶两者之间实是相反的,善不是恶,恶不是善,不应把这两个观念混为一谈,乃至认为善恶的对立不过是表面上的看法,或者说是相对的那些人也不至于承认善与恶是绝对相同毫无分别的,最多也只能是说,把一物说成是恶的,乃是由于人们的主观看法而已。这样黑格尔就明白表示,一方面他不同意把恶认为是一种固定的观念,而同时在另一方面,他也不承认善与恶之间是没有分别而是同一的东西。

那么他是怎样看待恶的呢? 一句话,很简单,恶只是一种否定,那就是说恶只是绝对的假象。可是恶的东西不断维持它的假象这种片面性的存在,然而这是不可能的事。假的毕竟是假的,终之要暴露它的虚伪性的,用黑格尔的话来说:“恶只是否定性在其本身而言的绝对虚假存在。”①

这就说明了恶的来源这个问题。恶既是否定性的虚假存在,没有真实性的,那就没有来源之可言,而且在整个宇宙中没有它的地位的。这是黑格尔的看法,也是黑格尔宇宙观的表白。

这样也就结束了黑格尔对旧形而上学第三部分即宇宙观的分析与批判,下面便是旧的形而上学的第四部分了,详见第三十六节。

117.1 第三十六节

在本节里,黑格尔谈到旧形而上学的自然神学,分三点说明其主要内

① 引号一句是本编者依据瓦拉士的英译略改原中译。

容，而附释还加上了较详细的论述，兹先看黑格尔的正文之中译。

117.2 形而上学的第四部分为自然神学[1]，研究上帝的概念或研究上帝存在的可能性，上帝存在的证明和上帝存在的特性。

这简短的一段只把自然神学，也就是理性神学[2]的主要内容提出来，然后在下面分为a、b、c三段加以讨论。紧接着的a段就是讨论上帝这个概念的。

117.3(a)从知性的观点去讨论上帝，其主要目的乃在于寻求那些谓词适合或不适合于表示我们表象[3]中的上帝。因此便认真实性与否定性的对立为绝对的。这样一来，这为知性所执着的上帝概念，最后便只是一空洞的抽象的不确定的存在，一个纯粹的实在性或[说]肯定性——这就是近代启蒙思想的一种死的产物。

这(a)段说明从知性的观点去探讨上帝，其结果只能得到一个没有确定性的存在(Wesen)的空洞的抽象，一个纯粹的实在性或说肯定性——这就是近代启蒙思想的一种死的产物。原因就是，只在寻求一些谓词适合与不适合于表示我们想象中的上帝，而那些谓词都是属于知性的，因而都是有限的，所以就是全不适合于表达那没有限制性的上帝的，于是这种寻求的结果就只有唯一的谓词是适合来表示我们想象中的上帝，那就[4]真实性这个谓词，否则上帝就是不真实的这个否定谓词了，因此，对于上帝来说，真实性与否定性就必须被认为是绝对对立的了，这也就是知性的执着性对于上帝这个概念所得出的空洞结果，如上所述。可见用知性的有限性范畴作为谓词是无法表达上帝这个理念的。这是关于上帝这个概念的讨论结果。

(b)段是讨论上帝的存在的。且先看这段的中译文。

117.4(b)用有限的知识去证明上帝的存在总会陷于次序颠倒：目的在寻求上帝存在的客观根据，而这客观根据又被认为系一物以另一物为条件。这种证明系以知性的抽象同一为准则，陷于由有限

① 这里"自然神学"是黑格尔德文本的 die naturliche oder rationatlle Theologie 之中译，直译应是"自然神学亦即理性神学"。

② "理性神学"或"理性"之意义就是"合乎理性的"。

③ 按英译这词是"想象"，中译为"想象"，较切前后文。

④ "就"后疑脱"是"。——整理者

过渡到无限的困难。不是不能将上帝从那存在世界之无法逃避的有限性中解放出来，因而将上帝认作这有限世界的直接的本体——遂流入泛神论；即是认上帝为永远与主体对立的对象，这样一来，上帝也是有限的——遂陷入二元论。

这(b)段原本是以上帝存在的证明为其主题的，而上帝作为一个理念来说，乃是无限的，但关于上帝的存在之证明是运用有限的知识的，结果就是思想沦入次序的颠倒，即原是无限的上帝思想经过这种证明反成为有限的上帝思想了。今试将那证明拿来摆一摆吧。证明的目的本是寻找上帝的存在之客观根据，但这客观根据又被认为是一物以另一物为条件的，可是这里的一物和另一物都是有限性的东西，原则上这证明只能以知性的抽象同一为准则的，因为有限之物，其两物之说是同一，是不能具体相同的，而只能是弃异存同的那种抽象的，即只在某一方面的相同的所谓同一。用作证明的中介都是有限性的，想要从一些有限过渡到无限乃是困难的，故说"陷于由有限过渡到无限的困难"。结果便是：要就是只将上帝看做是有限的，决不能叫上帝从那本身无法逃避其有限性的存在着的世界解放出来，因而就将上帝这样认作这有限世界的直接的本体。这样一来，世界的万有都以上帝为其本体，则万有都是上帝，都是神，结果就是泛神论①，不是这样的话，则只有认上帝为永远是和观察客观世界的人作为主体相对的一个对象，于是一方有人，另一方有上帝，两方永远相互对立，这也就是世界二元论。原本是证明基督教的创造主上帝的客观存在的，而结果不是与基督教的信仰相连的泛神论，就是同样相连的二元论，原因是误认为知性的有限范畴为终极的范畴。这是旧形而上学的自然神学或说理性神学的缺陷。于是便结束了本节的(b)段，而正文只剩下(c)段了，这(c)段的中译文是：

117.5(c)上帝的特性，本应是很多的而且确定的，然而照这样看法也就难免沉陷于纯粹实在或不确定的本质的抽象概念中了。但只要这有限世界被认作一真实的存在，而上帝只在观念中与它对立，于

① "泛神论"是德文的 Pantheismus 之中译，又中译为"万有神论"，这词来自古希腊文的 Pan(所有一切)＋theos(神)＋ism(论)，全词便是"万有(泛)神论"。

是便又引起对于上帝与世界的不同的关系之一种看法。这种种不同的关系,便认作上帝的特性,一方面必须是对于一切有限情状的关系,其本身即是有限的性格(例如说:上帝具有公正、仁慈、威力、智慧等特性);另一方面,它们又必须是无限的。依这个观点,对于这种矛盾,只能藉各种特性之量的增加的说法去得一模糊的调解,而将上帝的各种特性驱入于不确定或徜徉揣测之中。这样一来,便把上帝的特性实际上弄成无物,只剩下一空名了。

在我们读这段的中译文时,即在读者看原德文时,其字句颇有难懂之处,原因乃是,这里的用词是含有黑格尔当时的宗教意义的,例如"上帝的公正、仁慈、智慧"等都是联系着人类的原始犯罪这种"有限的情状"来说的。因而这些"公正"等特性在其本身来说,也是具有有限性的这种性格的。可是谈这些特性时,我们是谈到上帝的特性的,而上帝是无限的,因而他就是"无限公正"、"无限仁慈"等等的。依据这个观念看来,谈到上帝的一切,都是有矛盾的,譬如说,上帝的"公正"是由于人类的原始犯罪,这样在上帝实行其"公正"的原则时,就不得不按其"无限的公正"执行对人类的惩罚,然而"上帝的无限仁慈"又不能这样作,这岂不是一种矛盾?其解决的方法,"只能藉各种特性之量的增加的这种说法",譬如说,"上帝对犯罪的人是无限公正的,但与此同时,上帝在执行惩罚时,也是无限仁慈的",这就是在"无限"里,上帝的两种有关的特性,即公正与仁慈,同在量上增加,同是增加到无限。那么,上帝对犯罪的人是按"公正"执行应有的惩罚,还是按"仁慈"而予以赦免呢?结果是一种模糊不清楚的调解,或者更确切地说,一种模糊不清的困难消灭①。因而这样就把上帝的各种特性通过量的增加到无限,变为不确定的揣测,也就是一种"特殊的意识"②,不知所谓,实际上变为无物③,而只剩下一些空名了。

这就结束了本节正文所谈到上帝特性这个(c)段,其未了之意,还有待附释的补充。

118.1 附释:旧形而上学中的自然神学部分,其目的在于确定理

① 这里的"困难消灭"是原德文的 auflosung 之直译,不应译为"调解"。

② "特殊的意识"是拉丁语组 evcsus emincntion 之中译。

③ "无物"是德文的 Zunichte machen 之中译,直译是"使成为无"。

论的本身究竟能够认识上帝到什么限度。无疑的,凭理性以认识上帝为哲学的最高课题。宗教最初所包含的都是些关于上帝的表象。这些表象汇集为信条,自幼便传授给我们当作宗教的教义。只要个人相信这些教义,觉得它们是真理,则他便算具有作一基督徒应有的条件了。今神学就是研究这种宗教信仰的科学。但如果神学只是一些宗教教义之外在的列举与汇集,则这种神学尚不得称为科学。即以现时极盛行的纯粹对于宗教对象的历史的研究而论(例如关于这个或那个神父所说的话的报告),亦尚不能使神学具有科学性。要想使神学成为科学,首先必须进而对于宗教题材达到思想的把握,但这便是哲学的任务了。所以真正的神学同时本质上必是宗教哲学,即在中世纪,那时的神学亦即是宗教哲学。

本节附释这第一段是关于神学的概论,要有像黑格尔这样的大学神学科的毕业生,才能这样精辟地阐述而非率尔操觚者之所能。黑格尔在这里首先指明自然神学就是理性神学,亦即合乎理性的要求的神学。那么,以理性本身来说,理性这种人类的意识功能能否理解而且把握神的实质,并能把握到什么限度? 他又指出,“凭理性以认识神(上帝)[1]为哲学的最高课题”,这句话是黑格尔讨论当前问题的画龙点睛。不把神学作为哲学看待就无所谓神学。

其次,黑格尔乃至对他当时的听众指出,神学是宗教的产物。宗教最初是没有神学而且谈不上什么神学的。那时,宗教只有对神的一种象征式的观念,一种形相,而这种模糊的宗教观念被称为教会的宗教团体独断为一些所谓信条。教会把这些信条传给教会中的儿童当作宗教的教义。其实,这些信条还没有形成为教义的,因为必须经过教会的权威者集体决定了关于信仰的主要条款,汇成体系,才能称为教义的。但是在一般的宗教信徒来说,只要个人相信那些信条而作为教义,且觉得它们是真理(而不一定理解它们是真理),则这种人便算是具有作一基督徒所应有的条件了。

再次,黑格尔又指明,“神学就是研究上述的宗教信仰的科学”。可

① 请读者注意:欧洲人一般只称所信仰的对象为“神”,即德语的 der Gott,英语的 God,法语的 Dieu 等等,而“上帝”只是我们对欧洲基督徒的“神”之一种中译词,原是采用儒书原有的一个词的。

是，“如果[所谓]神学只是一些宗教教义之外在的[即拼凑的]列举与汇集，则这种神学尚不得称为科学”，因为科学乃是一种有系统的知识①。“即以现时极为盛行的纯粹对于宗教对象的历史的研究而论(例如关于这个或那个神父[即基督教的具有神学知识的说教者]所说的话的报告)，亦尚不能使神学具有科学性。要想使神学成为科学，首先必需进而对于宗教题材达到[通过]思想的把握，但这便是哲学的任务了。”这点是十分重要的，因它肯定了黑格尔关于宗教与哲学的关系，而因此之故，黑格尔在欧西的宗教界是被认为一个唯理主义的神学家的。所以他在这里就继续说：“所以真正的神学同时本质上必是宗教哲学，即在[欧洲的]中世纪，那时的神学亦即是宗教哲学。”正确地说，他在这里应说“神学亦即是基督教的哲学”，因为在基督教之外还有许多的宗教有其神学的，而基督教哲学是以各种宗教的神学为其研究的对象的。

附释的第二段是黑格尔批判旧形而上学的理性神学，不是研究上帝的理性科学而是知性科学。

我们先看看这段的中译文。

> 118.2 试对旧形而上学中的理性神学细加考察，便可见得这种神学不是讨论上帝的“理性科学”，而乃是“知性科学”，且其思想亦仅活动于抽象的②思想范畴之中。这里所说③探讨的是上帝的[换“的”为“这个”]总念④，但却以上帝的表象作为关于上帝的知识的标准。须知思想必须自由运用的，但同时亦须注意，自由思想的结果与基督教的教义应是相谐和的，因为基督教的教义乃是理性的启示。但理性的神学却说不上足以达到这种谐和。因为理性神学所从事的，乃在于凭借思想去为上帝的表象下界说，因此所达到的关于上帝的总念只是些肯定性和实在性的抽象概念，于是上帝便被界说为一切存

① “科学”这词原是拉丁文的 scientia 之中译，而这词是从 scire 这个动词演变而来的，这词本是“知道”的意思；现在“科学”是指有组织有系统的知识说的。

② 请注意“黑格尔”每每虽不完全用“抽象”这词作为“具体”的反词，而“具体的”是“全体的”或“从全面看的”，则“抽象的”便是“片面的”了。

③ “说”字疑衍。——整理者

④ 方括弧里的字样是本编者加的。

在中之最真实的存在。今任何人也易于看出，这个万有中之最真实的存在，没有任何否定性。恰好是祂[①]应当如此，和知性以为祂是如何的反面。祂不惟不是最丰富最充实的存在，反而，由于这种抽象的看法，成为最贫乏最空虚的了。人的性灵很正确地要求一具体的内容。但这种具体的内容之出现，必须包含有决定性或否定性[②]于其自身之内。如果上帝的总念只是被认作一抽象的或万有中最真实的存在，则上帝将因而对于我们只是一飘缈的他界了，更说不上对于上帝可能有什么知识了。因为若果没有确定的性质，则亦无有知识的可能性。纯粹的光明即纯粹的黑暗。

这一段是讨论所谓"理性神学"的性质的。黑格尔首先指出，理性神学(亦即自然神学)乃是旧形而上学的一个部门，而如我们在上面所认识的那样，旧形而上学是局限于知性的思想范围的，所以所谓"理性神学"只能是知性神学。因为它的思想是仅仅活动于表面的抽象思想的范畴即知性的范畴之中的，因而由于知性的局限性，这里的理性神学所探讨的上帝这个总念，是以知性所能表达的关于上帝的表象作为认识上帝的知识之标准从而衡量其正确性的程度的。

其次黑格尔在这段里又提出，人们得要知道思想必须是自由运用的。这里他的唯理主义的启蒙运动思想，决定他的思想之浪漫性质。因此，他才会这么概括地认定，自由思想的结果应该是和基督教的教义相谐和的，所以说，基督教的教义乃是理性的启示。如果基督教的教义真是理性的启示的话，则它就必然是和自由的，即毫无束缚的思想之自由运用之结果相谐和，因为同是理性的产物，而理性当然是产生合理的思想的。可是，事实证明不是这样。

因此，黑格尔就作为这段的第三个论点指出，旧形而上学的理性神学却说不上是足以达到这种[应有的]谐和的。其理由是："理性神学所从事的，乃是凭借思想[且凭借运用知性范畴的思想]去为[知性关于]上帝的表象下界说，[而表象又只是想象性的东西，其本身也不是属于理性的，]

① "祂"，在 Christian 中称上帝、耶稣或神的第三人称代词，也代指不在性别范围内的第三人称，后文出现的"祂"如此理解，不再作脚注。——整理者注

② "决定性或否定性"这种说法，是因为凡是决定什么必定同时是否定另一什么的——斯宾诺莎的基本概念。

因此[这种意识活动所企图]达到关于上帝的总念[就是不成其为具体的、有充足内容和普遍性的总念,]而只是些肯定性和实在性的[片面]抽象概念,于是[为了把上帝这个片面抽象的概念从其它个别的片面抽象的概念作为一个特殊的概念抽取出来而]被界说为一切存在中之最真实的存在。

然后,黑格尔就作为是他在这段里的第四点指出,"任何人也易于看出:'这个万有中之最真实的存在[上帝]是没有任何的否定性的。'[因为他是纯粹真实而且是最真实的。]这是知性对于上帝的认识,然而恰好是他之应该是的之反面①,上帝于是就不惟不是最丰富最真实的存在,反而,由于知性的看法成为最贫乏最空虚的了。"

于是黑格尔就在这段的末尾,作出他自己关于上帝的看法说:"人的性灵很正确地要求一具体的内容,但这种具体的内容之出现,必须包含有决定性或否定性于其自身之内②。如果上帝的总念只是被认作一抽象的或万有中最真实的存在,则上帝将因而对于我们只是一飘缈的世界了,更说不上对上帝可能有什么知识了。因为如果没有确定的性质,则亦无有知识的可能性,纯粹的光明即纯粹的黑暗"③。

上面是本节(第三十六节)附释的第二段的解释,下面便是这附释的第三段的中译文。

119.1 理性神学的第二问题为关于证明上帝的存在的问题。(译者按:此处直译应作第二兴趣 Interesse,采瓦拉士办法意译作问题④。其第一问题为本节附释所提出,即理性究竟能认识上帝到什么程度。)关于这问题的主要之点,即是从知性的观点,所谓证明就是指此一真理依赖另一真理而言。在知性的证明里,有一确定的前提,自此前提推出别的真理,所以须得指出某一真理依赖某一前提。今

① 这一整句是本编者依瓦拉士的英译所作的改译。

② 凡决定性必同时又是一种否定性。"决定性或否定性"这种说法,是因为凡是决定什么必定同时是否定另一什么的——斯宾诺莎的基本概念。没有关于对象的确定性规定下来,那就不能把这一对象和其他的对象区别开来,所以,对它也就没有任何知识之可能。

③ 黑格尔的这种说法是依斯宾诺莎的 veritas norma sui et falsc est(真理是自身的标准而又是错误的标准)这条原理的。

④ 依原德文直译 das Interesse 为"兴趣"亦无不可,理性神学的兴趣原是理性能否认识上帝,且认识到什么程度,以及上帝存在的证明。

上帝的存在，如果须用这种方式去证明，这意思就是说，上帝的存在是依赖另一些真理，这些真理构成上帝存在的依据。我们立即会觉得这显然有些不对，因为上帝乃是一切的一切之绝对的无条件的根据，绝不会依赖别的根据。由于这种关系，所以近代有人说，上帝的存在是不能[用理智]证明的但须直接体认。但理性，甚至健康的常识所了解的证明与知性所了解的证明完全两样。理性的证明诚然须以一个不是上帝的[他物]作出发点，但在证明的进程里，理性不让这作为出发点的[他物]仍仅为一直接存在之物，反之，必须指出此出发点，仅是一权假①的建立之物，最后归结到须认上帝为自己拾掇②权假，包含权假，真正直接原始，自依而不依他的存在。譬如我们说："试向外谛③观自然，自然将会领导汝到上帝，汝将会察见绝对天意之所在。"这话并不是说上帝是从自然中产生出来的，而乃是说这只是我们凭借一有限事物以达到上帝的进程，在这进程里，上帝一方面好像是后于有限事物，但同时又先于有限事物，而为其绝对的根据。因此二者的地位便恰好颠倒。那在初好像是在后的，经揭示出来成为在先的根据，而那最初好像是在先的根据，经指明而降为④在后的结果了，理性证明的进程也就是如此。

附释这第三段首先指出，理性神学的第二个问题，亦即第二种兴趣，是在于证明上帝的存在。其主要的一点，亦即这种证明的致命伤，就是按知性的观点来说，所谓证明是要有它的根据的。根据不真实，则所从而得出的证明也就是不确凿的。所以其所证明的真实性(真理)是依赖根据这个另一真实性的。以知性的证明来说，证明是由一确定的真实前提(根据)从而推论出结论(证明)的真实性的，这也就是"某一真理依赖某一前提"。如果要用这种知性的方式去证明上帝的存在，则这种证明就是依赖

① 中译文这里的"权假"是"权宜假定"的意思，是本诸佛家"权实"这词的。

② 中译文的"拾掇"是"拿来拔掉"的意思，有"批判"义。

③ "谛"按佛学语，是"审究"的意思，转义为"原则"，如佛学的讲"苦、集、灭、道"之"四谛"，以苦而求因得集，集之灭必以"圣道"，是由果追因的回溯。这里的"外谛"，按中译者的用词大概是指佛家的所谓的"外道"(即异端)的说法，是先果后因的，如这里的自然是果，上帝是因。

④ 这里的"降为"是中译者受英人瓦拉士的英译"is reduced"这词组的错引，其实"reduce"这词是 re(复)＋ducese (引)之合，应译为复归。

所用的前提的真实性的。那么,我们便立刻觉得这显然是有些不对的,因为按基督教的教义,上帝不是最高的真实,为一切的一切的绝对的无条件的(其实绝对的也就是无条件的)的根据吗? 那就是绝不会依赖别的根据的,因此,近代就有人说,上帝的存在是不能用知性的理性来证明的,而只能是直接体会出来的,即由直觉去了解的。但是理性之所谓证明,甚至健康常识之所谓证明,和知性如上面所阐述的之所谓证明是有两样不同的含义的。知性的证明和健康常识的证明是由已知到未知的,具如上述。但是理性的证明就不是这样的,理性的证明固然也须要用一个不是上帝的另一存在("他物")作为出发点的。但是在理性的证明之进程中,理性不把这作为出发点的另一存在仍然认为是一直接的存在,不能对它的存在即真实性有丝毫的怀疑的,理性在证明上帝存在的进程中,把它作为出发点,只把它作为一种权宜的假定看,是理性在这证明的进程中自行建立起来的东西,而最后就归结到理性必须对这建立的东西,终究是理性自己在证明上帝的存在进程中之一种为了证明的方便起见,权且作为出发点的"权假",即"权且假定",而认上帝是绝对的,为万有的根据,于是就是根据这点把权且假定的出发点拿来"拔掉",而上帝这个"绝对的观念"便是包含着那"权假"、真正的直接原始,所以就是自依而不依他的存在,对他来说,便无所谓"他物"之为其根据了,譬如我们说:试用由果追因这种"外谛"的方法去看自然,自然就会把你引导到上帝这绝对原因那里去,那你也就会发现"绝对天意之所在",即绝对的最后原因。这并不是说,上帝是从自然那里产生出来的,而乃是说这只是我们在证明上帝存在的进程中凭借自然这个有限事物来达到上帝这个无限的绝对的观念。在这个证明上帝存在的推理进程中,上帝一方面好像是后于自然这个有限的事物的,可是在这个证明当中同时不是先于自然这个有限的事物,而为自然之绝对根据的。因此在证明的开头,自然是一个出发点,是在先的,而在到了作出理性的结论时,自然反为是依赖上帝这个绝对观念而存在的了,自然与上帝二者的地位便恰恰颠倒过来了。那在初好像是最后的上帝,经揭示出来成为在先的最后的绝对根据,而那最初好像是在先的根据即自然,经指明而复归为在后的结果了。理性证明上帝存在的证明进程也就是如此的。这就是理性神学关于证明上帝存在的这第二问题亦即是他的第二种兴趣，在仔细推论之后的结果就是这样。

现在让我们看看本节附释的最后一段是怎样说的，其中译文如下：

> 120.1 根据前此的一番讨论，试再对于旧形而上学的方法加以概观，则我们便可见得，其主要的特点在于以抽象的有限的知识范畴去把握理性的对象，并将抽象的同一性认作最高原则。但须知这种知性的无限性，这种纯粹的本质仍仅是一种有限之物，因为它排斥了特殊性于外面，这特殊性便在外面否定它、限制它，与它对立。这种形而上学未能达到具体的同一性，而只是执着那抽象的同一性。但其贡献所在，乃在于意识到，惟有思想才是存在的本质。这种形而上学的材料是自古代哲学家，特殊经院哲学家那里得来的。在玄思的哲学里，知性亦应是必不可少的一“时段”(Moment)[亦可译作环节或阶段]，但却是不能老停滞不前进的[时段]。柏拉图并不是这种[抽象的独断的]形而上学家，亚里士多德更不是，虽说有许多人常常以为他们也是这样的形而上学家。

这最后一段是结束本节，即第三十六节的附释在补充正文对于旧形而上学的理性神学这个部分的讨论的。在这段里，主要是根据前此的一番讨论之后，再来对于旧形而上学的方法加以概观来看看这种方法的主要特点是在于什么的。照黑格尔的说法，这种形而上学的方法的特点是在于“它用抽象的有限的[既是抽象的，则当然是有限的]知性范畴去把握理性的对象，并将抽象的同一性认作最高原则”。这是所谈的方法的主要特点的第一方面。当知知性是分别识，而分别识总是以非此则彼为其原则的，因而总是抽象的，不能是全面的，然而理性与知性之不同就是要抓事物的全面、事物的整体包括其发展的，因此，用知性的抽象的有限性的范畴来想把握理性的对象，其结果则注定是错误的，从整体和发展的观点看，就是偏差的，可见将知性抽象的同一性，即非此即彼，认作是把握理性的对象之最高原则，那就当然是错误的。仔细地分析起来，其错误是在于知性的所谓无限性，然而知性的无限性其本质仅是一有限之物，因为知性的功能乃是分辨事物，非此即彼，这是一种排斥的作用，在肯定中含有否定，既此(肯定)则非彼(否定)。这样一来，知性的无限性是必然排斥有限性的，既此则非彼嘛。这无限性把有限性，即特殊性排斥在它自身的外边，于是被排斥的有限性，即特殊性就在外边否定那所谓无限性，从而限制它，与它对立起来，结果就是这种形而上学就不能达到具体的即全面的同一性，而只执着那抽象的片面的同一性。

但是，这种知性的执着依然有其贡献的。按思想的发展来说，指出这点，是十分重要的，因为知性的认识依然是全面认识的一个阶段，在整个认识过程中有其应有而且必需的地位的。可是在这里，黑格尔引入作为他自己哲学体系的一种特性，说什么知性在这点上的贡献乃是“在于意识到惟有思想才是存在的本质”。这样一来，没有思想就没有存在，思想在先，存在在后了。这岂不是先后倒置，我们得要把它们再颠倒过来的吗?

不但如此，黑格尔还把这种唯心主义的观点归因于古代哲学家，特别是欧洲中世纪基督教的经院哲学家。我们不是要替经院哲学辩护，但是应该顺便指出，那些经院哲学家不全是唯心主义的，至少以时代论，比较上有些人不是唯心主义的。这是哲学史问题，在这里不应纠缠着太多了。即黑格尔也退一步，说:“在玄思的哲学[即思辨哲学(德文的 spekulative Philosophie)]里，知性亦是不可少的一[时段](德文的 Moment)。但却是不能[在发展进程中]老停滞不前进的[时段]。”他还正确地指出:“柏拉图并不是这种[抽象的独断的]形而上学家，亚里士多德更不是，虽说有许多人常常以为他们也是这样的形而上学家。”

这样就结束“概论逻辑学性质”的甲部分:思想对客观性之第一态度:形而上学。下面便是乙部分了。

乙、思想对客观性之第二态度

一、经验主义①

121.3 第三十七节

上面从第二十六节到第三十六节这十一节当中，是黑格尔把旧的形

① “经验主义”这词是德文中的 Empirismus 的中译，原来这词是从经验这个概念派生出来的，主张一切真理都是来自经验的。

而上学这个思想对客观性之第一态度，即形而上学，分为(1)本体论、(2)理性心理学、(3)宇宙论和(4)理性神学这四个部分，按着这个次序分别加以分析、讨论和批判之后，各各做出总的概论，然后接着提出思想对客观性之第二态度作为“概论逻辑学性质”的第二大部分而冠以乙这个符号。这一大部分占《小逻辑》的一共二十四节，而划分为(一)经验主义，(二)批导哲学(又称为批判哲学)，分别加以讨论。

我们现在开始研究“经验主义”这一部分。这部分从第三十七节起，这节的正文只有一个自然段，其主要内容是经验主义产生的所自来，而在附释中则说明何以旧形而上学不能把握共相中的殊相。

兹先看看本节正文的中译：

121.4 为补救上述形而上学的偏蔽，开始感觉到有两层需要：一部分的需要是要求一具体的内容，以救治知性的抽象理论，因为知性自身无法从它的抽象概念以进展到特殊的确定的事实；另一部分的需要是欲寻求一坚实的据点以反对在抽象的知性范围内，依有限思想范畴的方法，可以证明一切和任何事物的可能。这两层需要皆有助于引导哲学思想趋向于经验主义。经验主义力求从经验中，从外在和内心的当前经验中去把握真理，以代替纯从思想本身去寻求真理。

这段的内容涉及几个关于黑格尔哲学思想的重要问题，而在这里是以“需要”的形式提出来的，黑格尔写道：“为补救上述形而上学的偏蔽，开始感觉到有两层需要。”这里中译文的“为补救上述形而上学的偏蔽”一子句是不见诸原德文，而为中译者为了行文起见加上去的，而“开始”两字是借用原德文用在原文长句的主句上的，“补救”这词组为中译者用来藉以很好地透出“两需要”的含义的，我们把这些中译词句之精辟处指出是为了编注的起见的，既是译者为行文的缘故而加上的，注解就毋须加以解释而略过就是。

黑格尔指出这两层需要，其一是“要求一具体内容[重点符号是原有的]以救治知性的抽象理论”，这是由于如上节附释所说，知性的理论是“以抽象的有限的知性范畴去把握理性的对象，并将抽象的同一性认作最高原则”，所以这种理论的内容就是偏重理性的形式，如传统的形式逻辑那样，只是由概念到概念，从一个公式演出另一个或一些公式来，因之其内容是抽象的，无从“进展到特殊的确定的事实”[①]。其第二种需要，是由于知性的理论，既是由概念到概念，从公式到公式，则其所证明的都是任何事物的可能，而不是事物的实在，因之就在理论中一直缺乏一种“坚实的据点”[②]，所以这种坚实的“据点”还需要“寻求”。这就说明所提出的“两层需要”的缘由。

但何以这“两层需要”有助于引导哲学思想趋向于经验主义呢？

为了解答这个问题，我们首先要问问经验主义是什么？为了说明经验主义是什么，我们又得要弄清楚，依黑格尔看来，经验本身又是什么？因为关于“经验”这个概念，哲学家各有其说法，譬如康德的说法就不是黑格尔所能接受，正如莱布尼茨的说法不能为康德完全接受的那样。因此，我们需要弄清楚的乃是黑格尔关于经验的说法。

在本节的附释的后截有这一句话：“人们便感觉到有转向经验的心理学去求补救的必要。”这里是谈到“经验心理学”的，可见依黑格尔的看法，“经验”这词是个心理学名词，且须从经验的心理学中求它的含义。但在本节的正文里已有这一警句：“经验主义力求从经验中[③][重点是原有的]从外在和内心的当前经验中去把握真理，以代替纯从思想本身去寻求真理。”从这句看来，经验就是“外在的和内心”[原德文是“inner”]的当前[④]。把这中译为现代汉语，则依黑格尔看来，经验就是外在的和内心的现有与纯思想相对的。我们花了许多的字句来这样把黑格尔之所谓“经验”这词的含义初步弄清楚，对于他的思想的理解是有其必要的。这样一来，则依黑格尔的说法，经验主义是一种哲学，它是力求从外来的和内心的现有去把握真理的。换句话说，经验主义是以外来的和内心的现有为真理的依据的。

具如上述，本节的正文，在说明补救前一大段关于旧形而上学的讨论

---

① 原德文的 Zur Besonderung und Bestimmung fortgehen kann。

② 这里的“据点”是原德文的 fester Halt 的意译。

③ 这里“经验”是德文 Erfahrung 之中译。

④ 这里的“当前”是作名词用，是德文的 Gegenwart 这个名词之中译，贺译原作形容词，但译作名词应是“现有”。

中，还有必要去求得理性理论的一种具体的内容以弥补它使用知性的抽象范畴和抽象的同一性所形成的对于一切和任何事物之可能都讲得过去的无坚实性的东西。然而正文所说仍是概括性的，不够具体，有待于附释的补充。

现在让我们看看附释的中译文：

> 121.5 附释：经验主义的起源，由于上述两种要求具体内容和坚实据点的需要，而此种需要非抽象的知性形而上学所能满足。这里所谓具体内容大体上是指，意识的对象，必须认为是本身确定的①，且是许多不同的属性的统一。但我们已经知道，在知性形而上学里，依知性的原则，却并不是这样。那纯粹抽象的知性思想限于抽象共相的形式，不能够进展到共相中的各殊相。譬如，关于灵魂的本质或根本属性的问题，形而上学家便凭借抽象思想作用，得到灵魂是单纯的答案。这里所指的灵魂的单纯性，意思是指抽象的，不包含区别的单纯性而言。区别性便被认作复合性，为身体，进而为凡是物质的根本属性。不用说，这种抽象的单纯性乃是一个异常贫乏的范畴，绝不能藉以把握灵魂或精神的丰富内容。当这种抽象的形而上学思想显得不能令人满足时，人们感到有转向经验心理学去求补救的必要。理性物理学的情形与此亦正相同。譬如说，空间是无限的，自然没有突变等，这种抽象的说法，显然不太能道出自然的充实丰富和生机洋溢处，因而无法令人满意了。

在这段长的附释里，其主要内容略分两段，第一段很简短，只是指出经验主义的起源，无非是由于上述的两种要求，就是要求有具体的内容和要求有坚实的据点，而这两种需要都不是抽象的知性形而上学所能满足的，这是第一段。其第二段是为什么因而就转向经验心理学，从而产生经验主义。

首先，所说的具体内容这个名词指的是什么？答案是：具体内容大体是指意识的对象说的。而这种对象必须是被认为其本身是确定的，即毫不模糊的，而且又是许多不同属性之统一体。

① 此句有语病，应改为“本身是确定的”。

但是我们已经知道在知性的形而上学里，依照知性的原则却不是这样的。在知性的形而上学里面，纯粹抽象的知性思想，是限于抽象的共相的形式的，因而就不能进展到共相中的各种特殊相，所以就知有同而不知同中之异，而是弃异存同的知识。譬如以灵魂这个问题为例，单凭知性的知识来探讨灵魂的本质或者探讨灵魂的根本属性，像在康德的《纯粹理性批判》一书谈道："纯粹理性之误谬推理"的一章那样①，单凭抽象思想的作用而得到灵魂是单纯的这个答案，可是所指的灵魂的单纯性，乃是抽象的片面的不包含区别的单纯性，因而与这单纯性相对立的复合性作为身体，进而作为凡是物质的根本属性了。不用说这种抽象的单纯性与其对立面的复合性都是异常贫乏的两个范畴，是绝不能用来把握物质灵魂或精神的丰富内容的，所以当这种抽象的形而上学思想显得不能令人满足时，人们就感到有转向经验心理学去求补救的必要，因为当时的心理学毕竟是要谈到灵魂的②。理性物理学的情形，在其欧洲十九世纪初叶的时候，与理性心理学亦正相同。譬如说，当时的理性物理学所谈到的空间是无限的，自然界没有突变等这种抽象的说法，显然太不能道出自然界的充实而丰富和生机洋溢之处，因而理性物理学也无法令人满意，所以就转向经验去了。

这也就结束了黑格尔关于经验主义来源的说法。依他看来，旧形而上学不能用纯思想来满足人们对于探索心灵的需要，这是有其道理的。可是在他认为推动哲学思想前进的唯一动力乃是思想，这就不是正确的了。恩格斯曾写道："从笛卡儿③到黑格尔和从霍布斯④到费尔巴哈这一长时期内，推动哲学家们前进的，决不像他们所想像的那样，只是纯粹思

① 可参看康德著，蓝公武译：《纯粹理性批判》，北京：生活・读书・新知三联书店，1957年，第268～272页。

② 因为"心理学"这个名词原是德文的 die Psychologie，而其前半截是古希腊文的 psukhē 即"灵魂"，因之"心理学"原是"灵魂学"。

③ 笛卡儿（René Descartes，1596—1650）是法国杰出的物理学家、数学家、生理学家、哲学家，反对经院哲学的伟大战士。

④ 霍布斯（Thomao Hobbes，1588—1679）是英国的唯物主义哲学家，马克思称他为培根唯物主义的系统化者，他在哲学上批判了笛卡尔关于有神论的论据，克服了培根的神学思想的不彻底性。

想的力量。恰恰相反,实际上,推动他们前进的,主要是自然科学和工业的日益迅速的和日益猛烈的强大发展。这对于唯物主义者说来是一看就明白的。"[①]然而黑格尔站在他的唯心主义的立场上,纵然有了他的概念辩证法这个较为强有力的思想武器,仍然是不能看到的,这点我们在这里就应该指出。但是我们还得要看他怎样在得出经验主义的来源之后,从而解决上面所提出的具体内容与坚实据点的两种需求的问题,现在让我们看看下一节的正文的第一段吧!

122.1 第三十八节

本节在上节说明经验主义的来源之后,从而阐明经验知识的局限并且指出在哲学思想中现实或称现有与应有的区别。

现在我们先看本节正文的第一段的中译文。

122.2 在某种意义下,经验主义之所以兴起的泉源,与形而上学亦复相同。一方面,形而上学为其界说(包括它的前提[②]和它更确定的内容)寻求根据起见,须于表象里,亦即于直接从经验流出的内容里去寻求保证;另一方面,须知个别的知觉与经验有别[③],而经验主义者[④]将属于知觉、情绪和直观的内容提升为概括的观念、命题和法则。但经验主义者抽象化这类具体的内容,只在这种条件下,即是:这些抽象的原则或概念(如[物理学中]力的概念)除了在其所从出的知觉印象[⑤]范围之内,没有更广的意义和效准,而且除了在现象中即可证明的[因果]联系外,也没有别的联系或定律可以认为是合法的,所以经验知识便在主观方面得着一坚实据点,这就是说,意识从知觉

① 引自恩格斯:《费尔巴哈与德国古典哲学的终结》,北京:人民出版社,1962年,第16页。

② 这里的"前提"是作为原德文的 Voraussetzung 的中译,但须注意这个德文名词是"预先假定"的意思,虽与逻辑推理的前提在某些方面有共同的意义,然而前提是推理所假定,从而得出其结论的命题,与预先假定之作为一种事物发生的条件有别。我们在汉语中每每把这两个概念混淆是不应该的。语言固是不断在发展,但原有的术语亦不应破坏。

③ 请注意:黑格尔在上面第三十七节正文结尾处提出他对经验这个观念,定义为"一切从外在和内心的现有"之外,又在这里将经验和个别的知觉区分开来,是重要的一点,关于"经验"参看下面第三十九节。

④ 这里的原德文只是"经验主义"这词,而瓦拉士的英译却用 Empirical School(经验主义派)这词。

⑤ 这里原德文是 die Wahrnehmung(知觉)这词,中译本所加的"印象"是多余的。

里得到它的确定性和它自己当下的可靠性。

黑格尔在这段里首先指出，旧形而上学为了替它的界说寻求根据起见，就在那种直接从经验里流出的内容即表象里去寻求它的界说的保证。可是，虽然表象(即德文的 Vorstellungen)①是知觉过程中所能认识的事物之一种相，因而也就是一种个别性的知觉，然而这种个别的知觉毕竟还不就是经验而是与经验有区别的。这是黑格尔为了明确经验是什么的一种重要的提示。但是他指出，经验主义却把属于知觉、情绪和直观的内容都从感性阶段提升为属于知性阶段的概括性的观念、命题和法则等形式，因而就抽象化了知觉等这类个别性的具体内容。但是在这种抽象化的条件下，这些抽象的原则或概念(有如力这个概念，当然不限于物理学的力概念)，除了在其所从出的知觉范围之内，没有更广泛的意义和效准，而且除了在想像中即可证明的(如因果的)联系外并无别的联系或定律可以认为是合法的。所以经验的知识便在主观方面得着一坚实的据点，这就是说，意识在知觉里得到它自己的直接现实性和可靠性②。

这样，黑格尔便明确而具体地从心理学说明旧形而上学是怎样获得它知性的抽象理论的思想之具体内容和坚实的据点的，可是经验的知识依然还有其局限性的，且看下一段是怎样说的。

122.3 经验主义中有一重大的原则，即是认为凡是真的，必定在现实世界中为感官所能察觉的。这一现实原则便正好与“应有”相反对。凭借应有的原则，能做反省思考的人，常以矜骄的态度提出一[理想的应当的]“他界”观念，而表示对于现实或[说]现在的世界的轻蔑。而这种世界的观念也只有在主观的理智里有其地位和存在。与经验主义一样，哲学③亦只知探索什么是如此(参看第七节)，凡是仅是应如此，而非是如此的事物，哲学亦不过问。再则，就主观方面来看，尚需承认经验主义中还包含有一很重要的自由原则，经验主义昭示我们，凡我们认为应有效准的知识，我们必须亲眼看到，亲身经

① 也就是英文的 Presentation。

② 这一子句是编者依黑格尔的原德文翻译的。

③ 请注意：黑格尔在这里所指的“哲学”乃是他当代在经验主义影响下而反对中古空疏抽象的哲学之实验知识的哲学。

历到。

在上段，黑格尔阐明经验主义在其当时已发展到接近于实证哲学的边缘，而在这当前的一段里他更指出，经验主义认为凡是真的东西，必定是在现实世界中为感官所能察觉到的。这样就过分强调感性在人类认识中的地位而形成的一条重要原则。黑格尔称这条原则为现实原则。依这条原则，人们只知有是如此的东西，而不知，或说不去问什么是应有的东西。因此对于真理就有两种相对立的看法：一方主持上述的那种现实原则而没有什么是还未出现，但在理想中认为是应有的东西。另一方是主持应有原则的，而且认为应有的东西虽没出现，但在理想的境界里是存在的，持这种态度的人，常常对于对方是矜骄傲慢的，认为只知现实而不问理想的人乃是不能作反省思考，眼光如豆的人，于是就白眼相看，加以轻蔑，而且强调除现实世界之外还有一个更高超的理想"他界"，虽然这种世界的观念只有在主观的体会里才有其地位与存在的。这是对抗经验主义的极端发展的。但是从经验主义发展出来的哲学是只知探究什么是如此的东西的，如上面第七节所曾论述过的那种哲学那样。这种哲学对于凡是仅仅应该如此而还不是如此的东西，是一概不去过问的。这是"应该"和"现实"在知性形而上学中所形成的硬性对立，而这种死硬的知性对立在"非此即彼"的原则下是无法调解的。

可是黑格尔在这关键上严肃地指出，"就主观方面来看，尚需承认经验主义中还包含有一很重要的自由原则"①，那就是，凡是人应该认为是在他的知识里有效的，他自己就应看到，而且在那里也就认识到有他自身②。

这是意义深长的一句，其含义得要在下段一直到附释和第三十九节全文才发表出来。

兹先看下段的中译文。

123.1 若将经验主义加以彻底发挥，就其内容仅限于有限事物而言，必须否认一切超感官的事物，至少必须否认对于超感官事物的

① das wichtige Princip der Freiheit。

② 从"凡是人"开始的一复杂句是本编者依黑格尔的原德文改译的，从这改译的一句才能结合下文。

知识与界说的可能，因而只承认思想有形成抽象概念和形式的普遍性或同一性的能力。但科学的经验主义者①总难免不陷于一个根本的错觉，他应用物质、力量、以及一、多、普遍性、无限性等形而上学范畴，更进而依靠这些范畴的线索向前推论，因此他便不能不假定并应用推论的形式。在这些情形下，他不自知觉，经验主义中即已包含了并运用了形而上学的原则了。他只是完全在不批评的、不自觉的状态之中运用形而上学的范畴和范畴的联系罢了。

黑格尔在本节正文的最后一段里，首先指出：经验主义的思想是限于有限事物作为其对象的，因为如上一段开头就指出的那样，经验主义包含着一重大原则，即认为凡是真的，必定是在现实世界中为感官所能觉察到的个别的具体事物，所以它是必须否认一切超感官的事物的，至少是否认人们对于超感官事物的知识之可能性的，因而既没有对于这种事物的知识，那就不可能有对于它们的界说，所以经验主义者就只承认思想有形成抽象概念和形式上的普遍性和同一性的能力。

这样，经验主义就是和形而上学，即探索超感性存在的哲学彻底分裂了。可是在一切经验主义的思想里，都存在着一个根本的错觉，那就是，经验主义也应用“物质”、“力量”这类形而上学的范畴，至于“一”、“多”、“普遍性”、“无限性”等形而上学的范畴就更不用说了②，而且更进一步去依靠这些范畴的线索，向前推论，因此在推论中就不能不假定而且应用推论的形式，而这些形式都是属于超感性的范围，属于形而上学的领域的。可见在这种情形下，经验主义并不知道在它的本身里包含有而且运用了形而上学，而在不加批评和不自觉的状态中使用形而上学的范畴和范畴的联系的。黑格尔是这样指出了经验主义的缺点的，然而这种对经验主义的批判还不够详尽，所以就有附释予以更详细地分析和说明。现在让

① 这里的黑格尔的原德文是用 wissenschaftlich Empirismus（科学的经验主义）而不是“经验主义者”，瓦拉士的英译也是这样（scientific empiricism）。中译者之译为“经验主义者”是否由于后文都用“他”这个阳性代名词？但德文的“经验主义”（Empirismus）是阳性，故其代名词是“er”，指物而不是指人的。

② “就更不用说了”是原中译本所漏译的原德文的 ohnehin 这个副词的中译；这副词本可以中译为“此外”，而原中译本用“以及”，都不能表达原德文 ohnehin 在这里的意义。

我们把这较长的附释分段来阅读和理解。其第一段的中译文是：

> 123.2 附释：从经验主义发出这样的呼声：不要驰骛于空洞的抽象概念之中，注目当前，欣赏现在，把握住自然和人类的现实状况。无人可以否认这话包含有不少真理。以此时，此地，当前世界去代替那空洞虚玄的他界，去代替那抽象理智的空想和幻影，自然是很合算的交易。而且在这里又复赢得了形而上学所憧憬而未能得到的坚实据点，[也就是]无限[性的]原则。知性仅能摭拾一些有限[性的]范畴。有限[性的]范畴本身就是无根据的、不坚实的，建筑在它们上面的结构，必会塌毁的。寻求一无限的原则可以说是理性的通有的驱迫力，但要想在思想中寻到无限原则的时间却尚未成熟。于是这理性的驱迫力便捉住此时、此地、此物。此时、此地、此物无疑地是具有无限的型式的，不过并非无限的型式之真正的表现罢了。那外在世界本身是真实的，因为真理乃是实在的，而且必存在的。所以理性所寻求的无限原则是蕴藏在这世界之中的。不过在感官所见的个别形相里，不足以表现其真正的面目罢了。

附释这第一段，一开头是用很生动的文字写道：经验主义那里发出这样的呼声向着我们的哲学工作者喊着："不要在空洞的抽象概念之中到处乱跑了。注目当前的事物，欣赏现在的景象吧！把握住自然的状况和人类的现实事情才是要紧的。"

谁能否认这种话是包含着不少的真理的呢？拿当前的世界去代替那空洞虚玄的世界，去代替那抽象理智所追求的空想和幻影，这种交易当然是很合算的，而且在这种交易里又赢得了形而上学所向往而没能得到的坚实据点，那就是无限性的原则作为知性的一切有限的对象的依据。因为知性只能捡起一些有限性的范畴，作为思想的工具，而有限性的范畴其本身就是无根据的、不坚实的，因而建筑在它们上面的结构，即知性范围内的思想体系必定是会塌毁的。

因此，寻求一条无限性的原则来做思想最后的而可靠的依据，可以说是理性所通有的驱迫力，因为理性的本质乃是在于力求事物和思想的最后而可靠的依据的。但是，想要在思想中寻到无限性的原则，其时间还没成熟，于是理性的力求思想和事物的最后而可靠的依据的这种急不容缓的驱迫力就只得捉住当前的此时、此地、此物，这种直观的东西。无疑的当前的此时、此地、此物，由于随时随地都有此时、此地的此物，所以这种“此物”是有形形色色不可胜数的型式的，然而这一切的型式全都是有限性事物的型式，其为型式也是有限性的，而并不是无限性的型式的真正表现，因为集合不可胜数的有限性型式总是不能成为无限性的型式，这种有限的集合乃是黑格尔称之为“坏的无限”，坏的无限本不是无限而是错误的或者说消极的无限。(详见下第九十三、九十四节)

在这里，批判了知性的无限之后，黑格尔又回到他的具体事物这个观念来，从而说出他之所指的真无限之所在。附释大概在这里又是引用他的话说：“那外在世界本身是真实的，因为真理乃是实在的，而且必[然是]存在的。所以理性所寻求的无限[性的]原则是蕴藏在这世界之中的，不过在感官所见的个别形相里，不足以表现其真正的面目罢了。”应该指出，黑格尔在这段简短的话里又是流露出他的辩证发展的观点，而且又一次反映着古希腊时代柏拉图哲学思想对他的深刻影响。且看他所说的“理性所寻求的无限[性的]原则是蕴藏在这[外在]世界之中”，这就已经接近唯物反映论的边缘了。他还进而指出：“不过感官所见的个别形相[柏拉图的话]不足以表现其真正的面目罢了。”这是包含着蕴藏在外在世界之中的无限原则的真理有待于感官或说感性的认识之提高而发展到理性认识的更高、更全面的阶段才逐渐接近真理的真正面目这个思想。黑格尔是这样在附释这第一段里从批判了知性的形而上学经验主义对于无限的错误看法之后，就在下一段说明什么才是有普遍性和永久性的要素，作为哲学思想的坚实据点，从而求得其具体内容。现在我们就看看附释第二段的中译文。

124.1 尤有进者，经验主义者[①]以知觉为把握当前实事的形式。这就是经验主义的缺点之所在了。因为知觉之为物总是个别的，总是飘忽即逝的。但知识不能老停滞在知觉的阶段，必进而于被知觉

① 中译文在这里是用“经验主义者”这一名词，似乎不与下文紧密结合。编者手边的黑格尔原德文本是没有附释的，因而不能查对，但据瓦拉士的英译本这里是用“this school”，即经验主义学派，所以还是用“经验主义”这词较适合。

的个别事物中去寻找有普遍性和永久性的原则①。这就是由单纯知觉进展到经验的过程了。

附释这第二段的内容很简单,首先指出经验主义是以知觉为把握当前实事的形式的。这也就是这派哲学的缺点之所在,因为凡是知觉都是属于感性的,都是有其个别的形式的,是这个或那个的,因而是飘忽即逝不能稳定的,所以就是不能作为思想的坚实据点的,因而人类知识就不能老停滞在知觉的阶段上,而必须进一步发展在被知觉的个别事物中去寻找它们的共相,即其中的有普遍性和永久性的要素。这样一来,人类的知识就由单纯的知觉这个感性阶段进展到经验的过程而在思想上发展到理性的阶段了。黑格尔在这里的论证和思想的进程是容易领会的,但"经验"这个观念又在这个当儿提出,还得要在下文加以说明。且先看接着的下一段的中译文。

124.2 为形成经验起见,经验主义必须特别应用分析方法。在知觉里,我们具有一复多的具体的内容,对于它的种种特性,我们须得一层一层地加以分析出来,有如剥葱一般。这种分解过程的主旨,即在于分解并拆散那些集在一起的特性,除了我们主观的分解活动外,不增加任何成分。但分析乃是从知觉的当下性进展到思想的过程,只要这被分析的对象所包含的联合在一起的一些特性,分辨明白了,则这些特征便具有普遍性的形式了。但经验主义于分析对象时,便陷于错觉:它自以为它是让对象呈现其本来面目,不增减改变任何成分,但其实却将对象具体的内容转变成为抽象的了。这样一来,那有生命的内容便弄成僵死的了,因为只有具体的、整个的方是有生命的。不用说,要想把握对象,分别作用总是不可少的,而且心灵的自身本来即是一种分别作用。但须知分别仅是认识历程的一方面,主要之点乃在于使分别开了的各分子复归于联合。至于分析工作之老是滞留在只是分别而不能联合的阶段,下面所引诗人的一段话,颇足证明:

① 这里的"原则"似不确切,兹据瓦拉士英译本中译为"要素"。该英译是用"element"这词,而这词在这里中译为"原则",不如中译为"要素"更妥。

化学家所谓自然的化验，
不过是嘲笑自己，而不知其所以然。
各部分很清楚地摆在他面前，
可惜的，就只是没有精神的系联。
（见歌德著《浮士德》第一部）①

黑格尔在这段里，本应是在上段的结尾结合本节正文的开头所提出了"经验"这个在哲学思想中极其重要的观念之后，对这个观念加以解释或详加说明的，可是他在说到经验的形成时，经验主义必须应用的那分析的方法，于是他便花费较长的篇幅来讨论分析与联合或说综合这个复杂而细微的问题，因而就把经验本身的分析和讨论延至下面第三十九节才去考虑。然而，我们得要记得，《小逻辑》的附释全是在黑格尔逝世后若干年，当他的门人和生前好友，为了补充他的原文且加以某程度的发挥时才根据在课堂听讲的笔记多少按他的原话加入的，所以，如果按第三十八节和第三十九节原有的正文来说，在提出经验这个问题和对它的说明这两者之间有较长篇幅的隔开，并非十分奇怪的，毫无黑格尔思维过程之中断或形成思想散漫的弊病，特此替读者指出。

在附释的这第三段里，首先提出的一点乃是为了形成经验起见，经验主义必须特别应用分析这个科学思想的方法。其原因就是：经验主义的对象，如本节正文所指出，是"从经验流出的内容"（本节正文第一段），所以"经验主义中重大的原则即是认为凡是真的，必定在现实世界中为感官所能觉察的"，即知觉。但是知觉这种现实的存在是具有一复多的具体的内容的，是包含着许多特性于其中的，对于这些特性，我们必须加以分析，有如剥葱一样。这是分析的过程，其主旨乃是在于分解并拆散那些结合在一起的特性，而且正确而严谨的科学分析，是在分析过程中绝不加入我们任何的主观的成分，而只有我们的分解活动是主观的，可是不在所分析出来的各成分之内的。所谓分析，"乃是从知觉当下的性质进展到思想的这个过程。只要把分析的对象所包含的联合在一起的一些特性分辨清

① 原德文如下：Encheiresin Natuzae nennts die Chemie，Spottet ihrer selbst，und weiß nicht wie；Hat die Teile in ihrer Hand，Fehlt leider nur das geistige Band.

楚，则这些被分析出来的特性也就具有普遍性这个形式了”。

这最后一句话，也许是要加以解释的。为什么被分析出来的特性也就具有普遍性这个形式的呢？让我们用一句旧话来说明，雪是白的，白马也是白的，白玉也是白的，但是在雪里的白是雪的白，在白马的白是马的白，而在白玉的白是玉的白，各自有其互不相同的“个别”的白。然而这三种个别的白，通过分析之后，同是白的，总称为白，而这个总称的白便不是个别的白，而是共同的白，“具有普遍性形式”的白了。这是黑格尔清楚地把个别的性质和具有普遍性的形式这同类性质区别开来的一个明显的例子，对于弄清概念以免犯概念模糊的毛病是有其贡献的，同时得要承认这是哲学和科学思维中起码的而又是极其重要的事情。

其次，黑格尔在这里又指出：“经验主义于分析对象时，便陷于错觉：它自以为它[在分析的过程中]是让[所分析的]对象呈现其本来面目，不增减[或]改变任何成分，但其实，却将对象具体的内容转变成为抽象的了。”[这是把对象具体的内容转变——亦即“改变”——为抽象的了。这是上面说没有“改变”之一种]。其次，“这样一来，那有生命的[生气勃勃的]内容便弄成僵死的了，因为只有具体的、整个的，方是有生命的”。[如今把它“弄成僵死的了”，这是上面说没有的“改变”之又一种，哪里是“让所分析的对象呈现其本来面目”？这不也就是“经验主义于分析对象时，陷于错觉”吗?]诚然，在正确而严谨的科学分析过程中，不会在其分析出来的应有成分有所增减，这是完全必要的第一种严格的要求，可是把有生命的内容在分析过程中弄成僵死的，这是一种对于对象的严重“改变”。例如有些科学水平较低的分析化学家说什么某些珍贵而用之有疗效的中药不过是一些化学原素，殊不知把天然的动植物药品加以分析为化学原素，就是根本上改变了那些药物，把那些具体的整个的有生机的动植物分析为各自孤立的原素，其在医药上的疗效自然是不似原物的疗效那样的了，正如亚里士多德曾说过：人有两手，如果把他的一只手砍下来，那被砍下来的“手”，已不是人手而只是一堆皮肉、瘀血、骨头而已。

但是黑格尔又补充地指出：“要想把握对象，分别作用总是不可少的。”依他看来，“心灵自身本来即是一种分别作用”，用佛典的话来说，就是分别识。可是对于事物的认识，“分别仅是认识历程的一方面”，还有综合是与之紧密联系着的，那就是“使分别开来的各分子，复归于联合”。依黑格尔欧洲十九世纪初的化学来说，确是这样，但是，即令分别后而联合起来的东西，毕竟不是原来的具体的整个的东西。诚然，如黑格尔所引的歌德《浮士德》的话那样：

化学所谓自然的化验，

不过是对自己的嘲笑，而不知何以，

手中有了各部分，

却可惜只没有精神的联系！①

那就是说，分析的工作是不应老滞留在只是分别而不能联合的或说综合的阶段上，但是生硬地把分析出来的成分再机械地联合起来，又何曾是有机的联合？这是化学的更高更深的一个科学课题了。

且看黑格尔关于分析后的综合有什么提示以供编附释的后辈引用的。兹看看该附释的下面一段。

125.2 分析以具体的材料为出发点，有了具体的材料，自然比起形而上学的抽象思想似较胜一筹。分析坚执着事物的区别。此点关系异常重要。但究其实，这些区别仍然只是一抽象概念，这就是说，是思想。当其把这些思想认作对象的本身时，便又回复到形而上学的前提②，认事物的真理即在思想中了。

这一段的内容虽较简单，其从而表达的篇幅也很简短，但是其含义是关系到黑格尔哲学思想的立场的，所以我们不可不仔细来加以分析。

首先，这一段指出，经验主义的分析以当前的具体材料为出发点，这是比起形而上学的以抽象思想为内容较胜一筹的。这种以当前的具体材料为出发点的分析坚持着感性事物的区别，从而分析出其所包含着的各种特性，这点也是非常值得注意的。可是，依黑格尔从客观唯心主义，尤其是从他的绝对唯心主义的观点看来，这些由分析方法在主观上得出的事物借以区分为不同的事物的区别仍然只是一种抽象思想性的东西，属于主观思想范畴的，尚没有真正的坚实据点的，因而归根到底还只是思

---

① 本编者按歌德的原德文略加改译。

② 这里用“前提”一词，如前面脚注所曾提出，是不适合的，当以“原理”或“原则”为较妥的中译词。

想，所以从而建立起来的哲学体系也就是主观唯心主义的哲学体系，以思想认作客观对象的本身的。这本是旧形而上学的原理，认为事物的真实性是在思想里面（有如典型的唯心主义的希腊柏拉图思想所从自出的那样）。把当前要研讨的经验主义和旧形而上学在两者的思想方法上相互比较一下，就可明白了。且看看本附释的接着下面一段的中译文吧。

> 125.3 让我们现在试进一步比较经验主义与形而上学的观点，特别就两派的内容来看，则我们便可如前面所说的那样见得，后者以有普遍性的理性对象①、上帝、灵魂和［整个］世界为其内容。而这内容却是自流行的表象接受来的，哲学的职务即在于把这些内容归结到思想的形式。这与经验哲学的方法颇为相同。因为经院哲学接受基督教教会的信条，作为不容怀疑的内容，其职务即在用思想对于这些信条加以较严密地阐明和系统化。经验主义亦接受一种现成的内容为其前提②，不过与经院哲学所接受的内容不同类罢了。经验主义所接受的前提③乃是自然的感觉内容，和有限心灵的内容。换言之，经验主义所处理的乃是有限性的材料，而形而上学所探讨的乃是无限［性］的对象。但这无限性的对象却被知性的有限［性的］形式所有限［性］化了。在经验主义里，其形式之为有限［性］的，与形而上学同，不过它的内容亦仍属有限［性的］罢了。

附释这段的内容几乎完全是谈到经验主义和旧形而上学的思想进程与其思想的对象，而且在这段的前半截特别首先指出，旧形而上学是以普遍性的理性对象，即上帝、灵魂和整个世界为其探讨的内容的。这些内容原来都是些流行的表象，为旧形而上学接受过来作为它的哲学思想的内

① 贺译1954年本与1996年均为顿号，即意为普遍性的理性对象与后面的上帝、灵魂与整个世界并列的，属同一类范畴，但从韦先生的评注来看，此处应为逗号，后面的上帝等为“普遍性的理性对象”的说明或阐释。——整理者注

② 这里的“前提”同上面脚注所不只一次指出的那样是与前后文不适合的，我们手边的《小逻辑》原德文本未加附释，因而无法查对，只能从其前后文来进行判断，而瓦拉士的英译也未译出，仅以facts（事实）来表达，而且下文的“前提”也是这样。

③ 这里的“前提”同上面脚注所不只一次指出的那样是与前后各处不适合的，我们手边的《小逻辑》原德文本未加附释，因而无法查对，只能从其前后文来进行判断，而瓦拉士的英译也未译出，仅以facts（事实）来表达，而且下文的“前提”也是这样。

容,而以思想的形式表达出来的。它的思想进程和欧洲中世纪的经院哲学的思想进程大致是相同的。经院哲学基督教教会原有的信条接受过来作为它的哲学思想不容置疑的内容,然后认为它自己的职责乃是在于用思想来对于这些宗教信条加以较为严密地阐明和系统化。经验主义也是把一种现成的内容作为事实接受过来的,不过这种内容和经院哲学所接受过来的内容有所不同罢了。经验主义所接受过来作事实的内容乃是自然的感觉事实和有限性的人类心灵的事实。换句话说,经验主义所处理的乃是有限性的材料,而旧形而上学所探讨的乃是无限性的[①]对象。但是这种无限性的对象却被知性的有限性的形式所有限性化了。在经验主义里,其形式之为有限性的,与形而上学的形式在这点上是相同的,不过它的内容却仍然是属于有限性的。

这是本节附释前半截的内容。其后半截所讨论的主要是经验主义的思想方法以及黑格尔对这种方法的批判。其中译文如下:

126.1 所以,就两派哲学(即经验主义与经院哲学)皆坚执一种前提[②],作为出发点而言,它们所用的方法可以说是一样的。经验主义既以外在的世界为真实,虽则亦承认有超感官的世界,但又认为对那一世界的知识是不可能的,而认为我们的知识须完全限于感觉的世界。这个基本原则若彻底发挥下去,就会成为后来所叫做的唯物论。唯物论以物质的本身为真实的客观世界。但物质本身已经是一个抽象的东西,物质之为物质是无法知觉的。所以我们可以说,没有物质这个东西。因为就物质之有存在言,必永是一确定的具体的事物。然而,抽象的物质观念却被认作一切感官事物的基础,——被认为普遍的感官世界,绝对的个体化,亦即互相外在的个体世界的基础。就经验主义认感官事物老是一外界给予的材料言,则这学说便是一个不自由的学说。因为自由的真义在于没有绝对的外物与我对立,而依赖一种[内容],这内容就是我自己。再则,从经验主义的观点看来,理性与非理性皆只是主观的,换言之,我们须得接受外界给

---

① 我们认为在这种情况下,用“有限”、“无限”来中译德文的 endlich 和 endlos,即英文的 finite 和 infinite 是易生误会的,不如用“有限性的”和“无限性的”这两译词为确切,下文仿此。

② 这里中译文的“前提”改为“预先假定”才合。

予的事实，是怎样就怎样，我们没有权利去追问，究竟这些事物是否合理或在何种程度内它本身才是合理的。

本节即第三十八节的附释，当前最后一段的后半截，是黑格尔的门人编入他们的听课笔记关于黑格尔乘批判与他同时代即十九世纪初叶欧西流行的经验主义之机而使用英国十八世纪透顶主观唯心主义哲学家贝克莱（1684—1753）的《人类知识原理》的话妄图来驳倒唯物主义的。

当前这段文字的第一句话是简单的，毋须解释。它只说：十九世纪初叶的经验主义和欧洲中世纪的经院哲学都是坚持着一种预先的假定，因而这两派哲学所用的论理方法从形式逻辑来说可以说是一样的。

那么，就当时的经验主义说来，世界和关于世界的知识是怎样的呢？黑格尔的答案是："经验主义既以外在的世界[即感性所认识的世界]为真实的，虽则这派哲学也同时承认有超感官的世界，但又认为对那一超感官的世界的知识是不可能的，因而认为我们人类的知识必须完全局限于感觉到的世界。"于是，黑格尔便抓住这机会，按他自己的唯心主义观点指出，如果按照刚才说到的经验主义的基本原则彻底发挥下去，那就会变成后来所叫做的唯物论或说唯物主义了。其实，这并不是什么后来才叫做唯物主义，而早在十七世纪的伽桑狄（法国唯物主义者本名 Gaosendi，1592—1655）那里的原子说，就是写过《唯物主义史》的F. A. 郎格（Lange）所称为"近代系统的唯物主义之恢复者"的。

黑格尔一想到唯物主义，便歇斯底里地说："唯物论以物质的本身为真实的客观世界。"这是唯心主义者所绝对不能承认，不敢承认的。如果是可以承认这是真凿的话，那么绝对观念就不能成立了，精神哲学像黑格尔的那样说法，也就破产了。从黑格尔的唯心主义立场来说，是可忍，孰不可忍！所以这位以绝对观念为世界一切，包含客观世界，包含大自然的一切之基础的黑格尔，当时充当德国御用哲学教授的就不能不对唯物主义加以批驳。他说："物质本身已经是一个抽象的东西。"好一个逻辑论证之作为出发点的大前提！试问，怎能知道物质本身已经是一个抽象的东西，一个属于意识形态的，因而是抽象的而没有独立具体存在的东西呢？

黑格尔已经从英国后来才当上了国立教会的主教[①]的贝克莱那里学会了批驳物质存在的伎俩，而且几乎是用贝克莱在《人类知识原理》和这书的通俗翻版而标题为《海拉与菲伦诺的对话》的原话说："物质之为物质是无法知觉[到]的。所以[按经验主义的原则]我们就可以说，没有物质这个东西。因为就物质之有存在言，必永远是一确定的具体的事物。然而，抽象的物质观念却被认作一切感官事物的基础，——被认为普遍的感官世界，绝对[②]的个体化，即互相外在的个体世界的基础。"

让我们首先检查一下黑格尔按他的学生笔记所写入这里附释的一段妄图推翻唯物主义物质这个观念的论证。当然一切事物都在我们的主观意识中有其相应的观念的，因之在我们的意识中也有对于物质的观念，否则我们就不能思想到它。但是黑格尔在这里却歪曲了这个物质观念，而把它说成为本身就是一个观念从而否定它的客观独立存在。这显然是玩弄偷换概念的手法，为唯心主义者所惯用的伎俩。我们不可不注意。

可是，黑格尔之妄图推翻物质的客观存在，还利用了他原本不赞成的经验主义的主张。按照这种经验论的主张，凡是存在的东西都是人所能知觉得到的，然而物质是不能为我们人所能知觉得到的，这也就是贝克莱在《人类知识原理》一书中所提出的"存在就是被知觉到"（esse est percipi）这句话，于是他的结论也就是贝克莱的结论："没有物质这个东西。"贝克莱之得出这种谬误的结论，在他的比较通俗的《海拉与菲伦诺的对话》中是尽力予以通俗化的宣扬的[③]。在这本所引书的最后一段里，贝克莱关于感官世界的性质提出了两个命题。其第一个命题是肯定一般人的信念的，而其第二个命题乃是科学的命题。一般人所相信为真的乃是人们所共见所大家知觉到的东西，而科学所提出关于客观世界的性质的

---

① 贝克莱于1710年刊出他的名著《人类知识原理》，1713年刊出他的《海拉与菲伦诺的对话》，而在二十多年后才充当英国国立教会的主教的，任主教后便没有哲学的著作问世了，他是任主教后十九年才死的。引用贝克莱的话时，是应分清时代的。

② 这里的"绝对的"不是指黑格尔哲学体系里的"绝对"说的，而是一个形容词，其意思是"彻底"、"完全"，有如瓦拉士在他的英译里所用的"out and out"那样的。

③ 见该书原英文本 *The Three Dialogues between Hylas and Philonous* 近结尾的一段。参见 George Berkeley, *The Three Dialogues between Hylas and Philonous*, Chicago: The Open Court Press, 1945, pp. 134～136。

命题是说,人们所看见所知觉到的完全是一些现象,如硬性、重量、形状、大小等在人们感觉中的质,因之世界无非是人们的感觉。如果把这两个命题结合起来,所得的结果便是世界无非是人们感觉得到的东西,也就是感觉。可是,“我们所看见所知觉到的东西”这句话究竟是说些什么的,是含有什么意思的?如果认为是指人意识到的感觉本身说的,则上述的科学命题就对了。反之,如果这句话是指那刺激人们感官的先验对象说的,则上述的第一个命题,即一般人的共同信念便是真的了。只有把“人们所感觉到的东西”这个名词的意义随意变更,才能得到上述的两个命题都是真的这个结果。由此可见,贝克莱的论证至少是犯了形式逻辑“四名词”或说“名词意义模糊”的谬误。而且,所谓“感觉”是单独一个人的感觉还是许许多多人大家客观上的感觉呢?如果是后者,则大家在各自不同的情况下所共同感觉的就必是客观真实的,而不是主观抽象的了①,也就是如列宁在他的《唯物主义和经验批判主义》这部哲学著作里所说,“物质不是依赖于我们的感觉而存在,为我们的感觉所复写、摄影、反映。”

黑格尔在本节附释当前最后一段里,在他的唯心主义的错误立场上批评了当时流行的经验主义的外在世界的看法之后,还说经验主义是“一个不自由的学说,因为自由的真义在于没有绝对的外物与我对立,而依赖一种[内容],这内容就是我自己。”黑格尔的这种自由观是令人感到惊奇的。他不也就是陷入唯我主义(solipsiomus)的泥坑里去了吗?且看!依他在这里的说法,自由是要完全没有外物和自我对立的而只依赖自我自身。这不是唯我主义又是什么呢?这话出于主张一切都是联系着而成为一个整体的黑格尔,岂不是太过令人不解而感到惊奇吗?经验主义之不自由,是因为它认为感官事物老是一外界给予的材料,然而要获得自由,依黑格尔的说法,就只得有自我成为一切的一切的那时才行,即成为绝对观念的化身才行。那时确实是自由自在的境界,但是恐怕是佛家的涅槃的全盘否定的境界了!这种的自由观出于黑格尔的思想确是奇怪的。

---

① 参看德人宇伯威希(Friehrich Überweg)著:《哲学史》,英译本 1909 年,美国纽约版,第 88、89 页。(参看 Friedrich Überweg, *Grundriß der Geschichte der Philosophie*, Basel, 1883, George Sylvester Morris (trans.), *history of philosophy*: *From Thales to the Present Time*, New York: Charles Scribner's Sons, *1909*. ——整理者注)

尤有进者，黑格尔在这里还认为从经验主义的观点看来，理性的和非理性的都只是主观的，也就是说，没有客观的标准来据以作判定的，因为我们是要接受外界所给予的事实，是怎样就是现成的怎样，而我们毫无权利去追问究竟这些事物是否合理或在什么程度内它本身才是合理的。当时的经验主义果真是这样看事物的吗？果真好像是从字面上接受了黑格尔自己的话："凡是合理的就是实在的，凡是实在的就是合理的"吗？

黑格尔是最推崇理性的逻辑的，也对于当时的经验主义能够这样一棍子打倒吗？

说到这里，黑格尔对于"经验"这个十分重要的概念还没较为详细地谈到并加以说明。我们关于这个问题，得要向前看看下一节，即第三十九节。这节共有正文的三个自然段。兹分别先后来看这三段，其第一段的中译文如下：

126.1 第三十九节

126.2 依照经验主义的原则，可以抽绎出一个正确的看法，就是所谓经验，就具有以异于仅是个别事实的个别感念①而言，必有两个成分。一为个别的无限杂多的材料，一为具有普遍性与必然性的型式。经验中诚然呈现出很多甚或不可胜数之多的相同的感念，但普遍性与一大堆事实却完全是两回事。同样，经验中呈现许多前后相续的变迁的感念，和地位接近的对象的感念，但这亦没有必然性的联系。如果老是认感念为真理的准绳，则普遍性与必然性便会成为不合法的，一种主观的偶然性，或仅是一种习惯，其内容可以如此，也可以不如此的。

黑格尔在本节的第一自然段里，根据上面第三十八节正文第一自然段所提出的经验这个观念，便把经验的实质进行研究并加以分析。首先他指出，依照经验主义的原则，我们可抓住这条原则作为头绪而作出一种正确的对于经验这种意识形态的看法，那就是经验是和仅只是关于个别事实的个别感念是有区别的。这里的所谓"感念"是指什么说的？这是我们前此没用过的一个名词。按字面便可领悟到它的含义。它指的是一个

① 这里的"感念"是"感性概念"的简称，其含义详见编者的解释。

属于感性范围的一种占短暂时间的念头，因此就叫做“感念”。经验是和这种感念不相同的；经验不是仅只属于感性的，而且不是只占住短暂的时间的。它是由两个成分构成的：第一，构成经验的材料是个别的，各不相同的，而且同时又是无限的杂多的；第二，其型式是具有普遍性和必然性这两种特征的。

其次，按黑格尔对经验的分析，所谓经验，不只是一大堆个别事实的感念放在一起，而是具有普遍性的感念之联成一起的意识。

再次，所谓经验，其所从而构成的许多的甚或不可胜数的相同的感念，不但是有联系的，而且其联系不仅仅是在时间上变迁的前后相续或者是在空间上对象的地位接近，而其为一些感念所构成的经验之真实性，乃在于这种结构是其感念之具有普遍性而其结构是必然性的；就是说，从感念构成经验，不能以感念为经验的真实性之准绳，而是以这构成之是否有感念的普遍性和其自身之是否有必然性为准则，不然的话，则经验中所谈到的感念之普遍性和其构成之必然性就会成为不是经验结构所必须依照的规则，而是一种人们主观看经验的偶然性，或者仅仅是人们看经验的一种习惯，因而在经验的构成上说来，可以是这样，也可以不是这样，并无一定的规定的了。

紧接着这一段话，黑格尔又在下面一段里严重地指出，按照上面那段后截所谈到的说法其后果是怎样的。兹先看看这第二自然段的中译文。

> 127.1 这种理论的一个重要后果，就是纯从经验的立场①，则道德礼教上的规章、法律、以及宗教上的信仰都是显得为偶然性的，而失掉其客观性和内在的真实性了。

这一段的文字与内容都很简单，只评论上段后截的那种“老是认感念为真理的准绳”的理论的一个重要后果，就是：道德礼教上的规章、法律、以及宗教上的信仰都是显得为偶然性的，而失掉它们的客观性和内在的真实性了。

接着第三自然段里黑格尔评论英国十八世纪的哲学家休谟是怎样从

① 这里中译文“纯从经验的立场”这一子句原是黑格尔所用的德文的“in dieser empirischen Weise”之中译。我们认为不如把原德文直译为“按照这种经验性的方法”较妥。

经验出发而达到他的那种哲学怀疑论的。且先看看这段的中译文。

> 127.2 休谟①的怀疑论,亦就是上面这一段推论所自出的学说,却与希腊的怀疑论大有区别。休谟根本上假定经验、感觉、直观为真,进而怀疑普遍的原则和定律,以其在感觉方面找不到证据,而古代的怀疑论却还没有以感觉直观作为判断真理的准则,反而首先对于感官事物的真实性加以怀疑。(对于近代怀疑论与古代怀疑论的比较,请参考谢林、黑格尔合编《哲学评论杂志》一八〇二年第一卷第一期。)

在这段里,黑格尔指出:在本节的第一段里,经验的构成乃是两种成分的结合,其第一种成分是属于感性的,而且是由感官提供出来的,而第二种成分却不是在感官材料中找得到,而是验前的。休谟在他的《人性论》中,承认这里的感官材料是真实的,但怀疑那验前的普遍性和必然性的可靠性,因为他们是超出经验的感性印象之范围以外的,特别是因为它们是人们在经验之前的主观假定的,尤其是关于因果性的这条原则。当然他承认在科学研究中不能按照事物的因果规律进行探讨,然而他要问,这条因果律是怎样得到成立的。这是他使用当时心理学的方法来责难洛克的经验论,因而就有他的那种怀疑论。所以,黑格尔在这里指出休谟的怀疑论"就是上面这一段推论所自出的学说",换句话说,"单纯从经验的立场[来说],则道德礼教上的规章、法律、以及宗教上的信仰都是显然为偶然的,[而不是必然的了]"。这也就是对于一切科学的定律、一切宗教信仰和一切道德信念的彻底怀疑而成为休谟式的怀疑论之特色,与古代希腊哲学中的怀疑论是大有区别的,因为休谟是根本上假定经验、感觉、直观[这些感性的东西]是真实的,只进而怀疑[在感官范围以外的]普遍性原则和规律,因为这些原则和规律是在感觉中找不到证据的,"而古代的怀疑论[在其当时]却还没有把感觉和直观作为判断真理的准则,反而首先对于感官的事物的真实性加以怀疑。(对于近代怀疑论与古代怀疑论的比较,请参看谢林、黑格尔合编的《哲学评论杂志》,一八〇二年第一

---

① 休谟(David Hume,1711—1776)是英国苏格兰的哲学家、史学家,在哲学方面于1739—1740年刊出他的最重要的名著《人性论》(*A Treatise of Human Nature*),而在1749年刊出他的较通俗的一卷《人类知性研究》(*Inquiry concerning Human Understanding*)。

卷第一期。)”这里括弧内提出的参考资料是原文原有的。

到了这里也就结束了黑格尔对经验主义在第三十七至三十九节里的分析与评论,而从第四十节起便开始对“批导哲学”进行批判了。兹先看看这一大段的中译文,其起头是这样的:

二、批导哲学①

这是本大段的标题。批导哲学是个中译词,又中译为批判哲学。本大段自第四十节开始。

127.4 第四十节

本节主要是讨论批判哲学的出发点,共分为四个简短的自然段,其第一段的中译文是:

127.5 批导[判]哲学与经验主义相同,认经验为知识的唯一基地②。不过不以基于经验的知识为真理,但仅认之为对于现象的知识而已。

在这第一段里,黑格尔指出:批判哲学和经验主义同是承认经验是人类知识的唯一基础,不过批判哲学不愿承认经验的知识就是真理,而仅承认它是对于现象的知识。这是黑格尔对于康德哲学之简述,但还没有明白提出康德的名字,要到下面第二第三段才明显地指着康德的哲学说,而在第四段然后点出康德的名而与休谟相比较,其第二段的内容很简单,文字亦简短,中译文如下:

127.6 批导[判]哲学首先以自经验分析中所得来的成分的分别为出发点,将经验分为感觉的材料和感觉的普遍关系(这)两种成分。

这第二段不过是指出批判哲学的出发点只是从经验分析出来的两个成分,那就是感觉的材料和感觉的普遍关系。这原本不能自成一段,须与第三段结合起来才能成文的。查黑格尔的原文本是这两段联在一起的。

接着的中译文就是:

128.1 一方面承认上节所提到的那个看法,认为感觉本身所包

---

① 这里的“批导哲学”是德文的 *Kritische Philosophie* 之中译,又译为“批判哲学”。

② 这里的“基地”是德文的 Boden 这词的直译,但中译为“基础”较适当些。

含的只是些个别的和相续相近的事实。一方面同时又坚持普遍性与必然性，于构成我们所谓经验亦有其主要的功能①。因为这有普遍性和必然性的成分，是不能自经验的或感觉的成分产生的，所以是属于思想的自发性，或说，是先天的②。思想的范畴或③知性的概念构成经验知识的客观性。它们一般包含有联系作用，凭借这些范畴或[说]概念的联系作用，因而形成了先天[验前]的综合判断，这就是说，形成了对立者的原始联系。

这一段话就是说，批判哲学一方面承认上节所提到的那种看法，认为感觉本身所包含的只是些个别的事实，或者可能在发生的事情里所包含着的东西④，而另一方面又同时坚持普遍性与必然性在构成我们所称为经验[这种意识形态]之中，也是有其主要的用途的。由于这有普遍性和必然性的成分是不能自经验的或感觉的成分产生的，所以这种成分是属于思想的自发性的，或说是验前的。思想的范畴，或说知性的概念是构成经验性知识的客观性的。它们一般是包含有联系作用的。凭借这些范畴或说概念的联系作用，就形成了验前的综合判断，这就是说形成了本来是不相联系的东西之原始联系。

这就说明了原来在经验中个别的而不是相互联系的东西如何得到联系，从而说明在上面第三十八节里所谈到的“经验主义者[当知休谟与康德的哲学也是从经验出发的]，如何能把属于知觉、情绪和直觉的内容提升为概括的观念、命题和法则。”因之在下面一段里黑格尔就说到休谟和康德都是承认知识中是有普遍性与必然性的成分这个事实。现在让我们看看黑格尔是怎样提出这件哲学史的事情的。

---

① 这里的“功能”是作为原德文的 Bestimmungen 之中译，但依这里的前后文和德文原词来看，中译为“功能”未免勉强，不如中译为“用途”而与下句相符合，瓦拉士在这里用 function 这词也不够适当。

② 这里用“先天”这词来译拉丁语的 a priori 是不妥当的，应中译为“验前”，参看列宁：《唯物主义和经验批判主义》，北京：人民出版社，1971 年，第 150 页脚注。

③ 这里的“或”是德文 oder 之中译，应照上句中译 oder 为“或说”或者“即”才对，因“思想范畴”在这里就是“知性的概念”。

④ 这里“或者可能在发生的事情里所包含着的东西”这译文的子句是本编者依原德文改译的，供读者参考。

128.2 知识中有普遍性与必然性的成分的事实，就是休谟的怀疑论也并不否认。这一事实即在康德哲学中亦仍然一样地被承认为一前提①。用科学上普遍的话来说，康德只是对于同一的事实加以不同的解释罢了。

这段的文字与内容是不难了解的，但其所谈到的休谟的思想和康德的思想是太笼统了，得要加以约略地说明。

黑格尔在这段里，首先指出，在知识中有普遍性和必然性的断定(原德文的 die Bestimmungen)这种事实就是在休谟的怀疑论中也并不否认。这一事实即在康德哲学中也仍然一样地被承认为预先假定的。用科学上普遍的话来说，康德只是对于同一的事实加以不同的解释罢了。

那么，康德究竟是怎样解释知识中有普遍性和必然性的这种断定的呢？稍微涉猎过康德哲学的人都可能还记得，依康德在他的第一部批判，即《纯粹理性批判》里所阐述的来说，人类的知识都必须以感性认识为基础的，可是感性认识绝不能有知识的普遍性或必然性的，这两种特性不是由人类的经验而来的，不但是感性所不能提供，即知识亦无法保证，而是追求全盘条件总体的人类理性所要求的，但是这种要求，即对于知识具有普遍性或必然性或两者全有的要求，不是人类经验性的知识所能通过归纳而得到的，就以最严谨而彻底的归纳来说，其最好的结果也不过是比较上可称为普遍而必然的东西，一经不同的例证发生，也就推翻前此通过知性的范畴和先验性的空间与时间所能得到的有一定限定性的知识的，因为依康德的看法与推论，这一类的知识毕竟是属于以感性认识为基础的，而感性认识不管其型式是如何具有普遍性的，它也只能是“转来的感性直观”(intuitus derivativus)，而不能是原始的直观(intuitus originarius)，因而就不是纯智的感觉，这种纯智的感觉是康德认为只属于原始的存在者的，而原始存在者是和我们人绝不相同的，我们人类的知识是凭借知性而通过一系列的规定的，通过一整套的所谓原理的，从而利用知性的构思(Conception)来在知性的普遍中得知其特殊的，只有纯粹理性才能窥到

① 这里的“前提”是作为原德文的 vorausgesetztes Faktum 之中译的。这词组似应直译为“预先假定的事实”较妥。

事物的全貌的。依康德的知识观，纯粹的理性是这样超出经验的一切限制来试图求得关于"物自身"的原始真知的[①]。黑格尔在我们前面的第四十节最后一段里说"康德只是对于同一的事实加以不同的解释"，其"同一的事实"就是"知识中有普遍性与必然性的成分这个事实"，而其所"加的不同解释"也就是我们在上面所约略说明的那样，这是与休谟之全部加以怀疑有所不同的。

上面第四十节只谈到批判哲学的出发点，而且这种出发点是怎样引起对于经验性的知识的一些问题的，至于黑格尔对于批判哲学的看法究竟是怎样的，还请看下面的几节。兹先看看第四十一节正文的中译。

128.3 第四十一节

这一节的主要内容是指出康德哲学关于主观性与客观性一般的对立这个观点所引起的种种问题。

128.4 批导[判]哲学于是首先进而对形而上学以及别的科学上和日常观念中所用的知性概念的价值加以考察。但这种批导[判]工作尚未进入于这些思想范畴的内容，和它们彼此相互间的关系，而且只是按照主观性和客观性一般的对立的关系去考察它们。此种对立，就是这里所了解的，乃是关系于上节所说的经验内的两种成分之分别。这里所谓客观性乃指那有普遍性和必然性的成分，亦即指思想范畴的本身或所谓先天的[成分]。但批导[判]哲学把这主客的对立扩大了，它所谓主观性乃包括经验的总体，换言之，将经验的两个成分皆包括在内，除了物自身以外，更没有别的与主观性相对立的客观性了。

黑格尔在这节的第一段里首先指出，批判哲学一开头便着手检查形而上学以及别的科学和日常观念中所用的知性概念的价值。但是这种批判工作还没深入到这些思想范畴[②]的内容以及它们彼此相互间的关系，

① 这一整段的解释是本编者约略阐述康德在其《纯粹理性批判》一书里关于人类知识与经验的论述，请参看约翰·华特生编选，本编者译：《康德哲学原著选读》，北京：商务印书馆，1963年，第34～38页，第109～111页；又康德著，蓝公武译：《纯粹理性批判》，北京：生活·读书·新知三联书店，1957年，第260～261页。

② 这里的"思想范畴"（德文的Denkbestimmungen）也就是指上句的"知性概念"（德文的Verstandesbegriffe）说的。

而只是按照主观性与客观性一般的对立去考察它们。这种对立，就这里所了解的，乃是关系到上节所说的在经验内面的那两种成分之分别的。但是，什么叫做客观性呢？黑格尔的答案是：这里的所谓客观性乃是指那有普遍性和必然性的成分说的，也就是指思想范畴的本身即所谓验前的[成分]说的。但是，这样一来，批判哲学就把这个[主客]的对立扩大了，以致它的所谓主观性便包括经验的总体，也就是说，把经验的两个成分①都包括进去，于是除了物自身②以外，更没有别的是和主观性相对立的[客观性]了。

那么结果是怎样的呢？且看跟在下面的一小段。

129.1 思想的特殊的先天（原德文的 Apriorischen，应中译为“验前的”）③型式虽说是具有客观性，仍被认作为纯粹主观的活动，用一系统的方式列举了出来，而这些有系统性的范畴，乃只是建筑在心理的和历史的基础上。

这里黑格尔指出，康德的思想的特殊验前型式（就是“范畴”），依康德的说法是具有客观性的，因为按康德的思想体系，这些知性范畴是叫人能在验前知道什么对象才是可能对我们的感官呈现出来的，因此这些范畴就是具有客观性而不以人的意志为转移的④。可是，黑格尔指出，康德仍然在实质上认为范畴的作用乃是主观上的活动⑤，看他的范畴表⑥就可以见得，而且他的表上所列举的所谓有系统性的范畴也只是建筑在心理和历史的基础上⑦的而已。

关于这段话最后一截所谈到的有关康德的范畴的问题，除编者脚注

---

① 关于经验的两个成分，请看上面第三十九节第一段。

② “物自身”是德文的 das Ding－an－sich 之中文直译，又中译为“自在之物”。

③ 这里德文的 das Apriorischen 是个形容词作名词用的，应中译为“验前的东西”，关于“先天的”作为拉丁语 a priori 这词组之中译，不如中译为“验前”。

④ 参看康德著，蓝公武译：《纯粹理性批判》，北京：生活·读书·新知三联书店，1957 年，第 115 页。

⑤ 参看本节附释二。

⑥ 参看康德著《纯粹理性批判》上引中译本第 87 页。

⑦ 参看上引的“范畴表”。这表中所列举的范畴如“单一性”、“多数性”、“实在性”、“否定性”、“可能性”、“必然性”等是以前的形式逻辑遗传下来的，故是历史性的，而“总体性”、“制限性”、“相互性”及形相三项都可说是以心理学为基础的。

所提供的参改资料外,并须看本节的两项附释。兹先把附释一的第一段中译文看看并加以必要的说明。

129.2(1)附释一:对于旧形而上学的范畴①加以考察,无疑地是一步很重要的进展。素朴的意识大都应用一些现成的自然而然的范畴,漫不加以怀疑,亦从没有追问过,究竟这些范畴本身在什么限度内具有价值和效准。前面我们已经说过,自由的思想②即是不接受未经考察过的前提③的思想。由此足见,旧形而上学的思想不是自由的思想。因为旧形而上学漫不经心未经思想考验便接受其范畴,认之为先在的或先天[验前]的前提④。今批导(判)哲学正与此相反,其主要课题即在于考察在什么限度内,思想的形式能够达到对于真理的知识。康德特别要求,在求知以前先考验知识的能力。这个要求无疑地是很对的,如果其主旨是认为思想的型式,本身亦必须当作知识的对象,加以考察。但这里立即引起一种误解,以为在得到知识以前已在求知,或是在没有学会游泳以前勿先下水游泳。不用说,思想的型式诚不应不加考察便随意应用,但须知,考察思想型式已经是一种知识历程了。所以,我们必须在认识的过程中,将思想型式的活动和对于思想形式的批评结合在一起。我们必须对于思想型式的本质及其整个的发展,加以考察。

这一段还未完成,但我们先研究这一大截。

这一大截首先指出思想家拿旧形而上学的范畴,即思想对象所分析出来的大类这种思想型式来加以考察,无疑是一步重要进展,因为历来素朴的意识大都只是应用一些现成的、自然而然的范畴,漫不加以怀疑而又从来没有追问过,这些所谓范畴在其本身来说,究竟是在什么限度内具有

---

① “范畴”这词原是古希腊语 κατηγορια,即在拉丁语 categoria 的中译,原是“指定”的意思,而在哲学里演变为“对象分析所归的大类”,其中译为“范畴”是借用《尚书·洪范篇》“九畴”之意。

② 这里“自由的思想”不是泛指的,而是特指欧西十八世纪流行的一种思潮,这种思潮是主张人们的思想不受传统的外来权威的限制的,特别是在宗教的范围内,例如宗教的自然神论者(Deist)和哲学的理性主义者(Rationalist)。

③ 这里的“前提”不是逻辑上的前提,而是指思想中的“所予”说的。

④ 这里的“前提”不是逻辑上的前提,而是指思想中的“所予”说的。

在思想活动上的价值和效准的。所以这个问题在哲学发展的历史上是值得注意的。

在前面曾说过(参看上面第十二节),自由思想这个欧西十八世纪的思潮,是不接受那未经考察而预给材料的思想的。与此比较起来,旧形而上学的思想就不能说是自由的思想,因为旧形而上学,漫不经心地未经在思想上考察过,就接受了它的一些范畴作为是在思想活动中有其价值和效准的,认为它们是预先一直存在着作为验前(所予)的假定。这就是旧形而上学的一个严重的缺点。

可是批判哲学正与此相反。它的主要课题,也就是它之所以称为批判哲学的重要原因,如它的倡导者康德在他的三部《批判》①里那样,乃是在于考察在什么限度内,思想的型式能够达到对于真理的知识。康德特别要求,在求知的开始,先就考察知识的能力。在这里,黑格尔据附释的传达,是说过"这个要求无疑是很对的,如果其主旨是认为思想的型式,本身亦得要作为知识的对象,加以考察"。但是,据说黑格尔接着便又说:"但这里立即引起一种误解,以为在得到知识以前,就已经是在求知,所以其错误就等于在没有学会游泳以前,勿先下水游泳。"②不用说,思想的型式诚然是不应不加以考察便仓促地拿来应用的,但是应当知道,考察思想型式这种活动就已经是一种知识的历程了。所以,我们必须在认识的过程中,将思想型式的活动和对于思想型式的批评结合在一起。我们必须对于思想型式的本质及其整个的发展加以考察。③

这还没到我们面前那附释第一段的结尾,因之我们得要接着读下去:

129.2(2)思想型式既是研究的对象,同时又是对象自身的活动。因此可以说,这乃是思想型式考察思想型式的自身,故必须由其自身以决定其自身的限度,并揭示其自身的缺陷。这种的思想活动,便叫

① 康德的三部《批判》就是他的著名的《纯粹理性批判》、《实践理性批判》和《判断力批判》。

② 根据黑格尔的《康德哲学论述》,即他的《哲学史讲演录》第四卷的"康德哲学"一章,关于这点的话,乃是"这种要求等于是这样的:在人认识之前,他应该认识那认识能力。这和一个人在跳下水游泳之前,就想要学习游泳时同样的[可笑]。"(引文见黑格尔著,贺麟译:《康德的哲学论述》,北京:商务印书馆,1962年,第20页。)

③ 请读者注意,这正是康德的《纯粹理性批判》一书的本旨。

做思想的[矛盾发展](Dialektik),往后我们将加以特殊探讨,此处只消先行指出,矛盾发展并不是外面加给思想范畴的,而乃认为此种矛盾发展即内在于思想之中。

这一截的内容有其重要的一面,即明白提出了思想内在的辩证本质,而又有其混淆的一面,即把一般思想和思想型式混淆起来。

考察思想型式,无疑是把思想型式作为研究的对象。在这种思维的历程中,黑格尔指出,被研究的思想型式不是静止的而是自身在活动着的。这是他的一种重要的贡献。人们在以前大都是认为被考察、被研究的对象,如这里的思想型式那样,是完全被动、完全静止的,其实并不是这样,所以黑格尔说,思想型式在所说的情况下,一方面是研究的对象,而另一方面又同时是这对象自身的活动,也就是说,思想型式乃是在活动着的。黑格尔并且从而指出:“这种的思想活动便叫做思想的‘矛盾发展’①”,并且指出:“矛盾发展并不是从外面加给思想范畴即思想型式的,而是内在于思想之中的。”这是本段文字里的重要一面。

同时我们应该指出,这里还有黑格尔思想的混淆的一面。那就是在他说道“思想型式作为研究的对象时,乃是思想型式考察思想型式的自身,故必由其自身以决定其自身的限度,并揭示其自身的缺陷”,无疑在这个思想的过程中,被考察的思想型式不是静止的而是在被考察时由于受到思想的刺激,它是起某一定的作用,因而是变动着的。可是,在这思想型式之被考察时,主动考察的乃是思想而不是那被考察的思想型式自身。然而在这里,黑格尔却说,“因此可以说,这乃是思想型式考察思想型式的自身”。那他就一方面把“思想”和“思想型式”混淆起来,而另一方面又把在这种思想过程中被考察的思想型式之由于受到进行着考察的思想之刺激而自身起某一定作用的这种活动和这里的思想之考察活动混淆起来。黑格尔的这种概念混淆的毛病是唯心主义者的通病,这是我们不得不着重指出的,不应该因为他在这段里提出了思想矛盾发展这个非常重要的观念就替他隐讳。我们尤其要记住他在这段文字的结尾时所提出的一句

① 即希腊语的 Dialektik,原是用希腊字母写为 Διάλεκτcós 的,原意是“辩论”,在柏拉图和亚里士多德的著述中所常见的,而在唯物主义哲学家赫那克利特那里,才着重提出这词的含义为对立斗争从而作为事物发展的原因的。

十分重要的话，那就是："矛盾发展并不是从外面加给思想范畴的，而乃是内在于思想之中的。"这是我们所必须记住的。

本节附释一的最后一段之中译文是：

130.1 由此足见，康德哲学的要旨，思想应自己考察自己认识的能力。现今我们已超出康德哲学，每个人都想推进他的哲学。但所谓推进却有两层意义，即向前走或向后走。而我们现时许多哲学上的努力，从批导[判]哲学的观点看来，其实除了退回到旧形而上学的窠臼外，并无别的，只是照各人的禀赋的偏向，往前作无批判的思考而已。

这一段是指出康德哲学的要旨的，它的要旨正如康德在他的《纯粹理性批判》一书里的"导言"部分[①]所指出那样，思想应该自己考察自己认识的能力。但是黑格尔指出，"现今我们已超出康德哲学"，因为每个人都想推进他的哲学，但是所谓推进却有两种意义，"即向前走或向后走"。在这段话里，黑格尔在其指出康德哲学的要旨时，是十分正确而扼要的，就是"思想应该自己考察自己认识的能力"，这也就是康德之所谓"批判哲学"的本义。接着，黑格尔似乎是挖苦地说，"现今我们已经超出康德哲学，每个人都想推进他的哲学"。那就是不问他自己的认识能力是怎样就想推进他的哲学，但是，黑格尔又指出，"所谓推进[②]却有两种意义，即向前走或向后走，所以我们现时许多哲学上的努力，从批判哲学的观点看来，其实除了退回到旧形而上学的窠臼之外，并无别的，只是照各人所禀赋的偏向往前作些无批判的思考而已"。这就结束了本节的附释一。接着便是附释二，共有两个自然段，其第一段的篇幅比较长，我们把它划分成两小段来考虑，其第一小段的中译文如下：

130.2(1)附释二：康德对于思想范畴的考察，有一个重要的缺点，就是他没有从这些思想范畴的本身去考察它们，而只是从一种

---

① 见康德著，蓝公武译：《纯粹理性批判》，北京：生活·读书·新知三联书店，1957年，第38～41页，特别是第40～41页。

② 这里的"推进"显然是与"向前走或向后走"不符合的，恐是错译。但本编者手边的德文本是没有附释的，因而就不能查对，但瓦拉士英译本是用 further 这词，而这词的一种意义是"更远的"这个意思，然而不能包含"推进"之义。

观点去看它们，即只是问：它们究系主观的抑系客观的。所谓客观，在日常生活习用的语言中，大都系指存在于我们之外的事物，并自外面通过我们的感觉而达到我们的事物。康德否认思想范畴，如因与果，具有刚才所说的客观性的意义，换言之，他否认思想范畴之为感觉的材料。反之，他认为思想范畴乃属于我们思想的自身或属于思想的自发性，在这意义下，乃是主观的。但他却又称有普遍性和必然性的思想内容为客观的，而称那只是在感觉中的与料为主观的。

这一小段主要指出康德对于思想范畴这一种思想型式的考察有一个重要的缺点，那就是由于康德没有从这些思想范畴本身的实质去考察它们而只是从一种观点去看它们，即只是问，它们究竟是主观的抑或是客观的。什么是客观的呢？黑格尔指出，在日常生活习用的语言中，所谓客观的，大都是指那些存在于我们的外边的事物并且是自外边而通过我的感觉才达到我们的事物说的。可是，康德却否认思想范畴，譬如他的范畴表上“关系”类的第二项的原因及结果这两个十分重要的范畴[①]，是具有刚才所说的客观性的意义的，换句话说，他是否认思想范畴乃是感觉所给予出来的材料，就是说，这种范畴不是在感觉的直观中被给予出来的。反之，康德是认为思想范畴乃是属于我们的思想自身的或者是属于思想的自发性的，而在这种意义下，这些思想范畴，就是主观的了。但是康德却又称凡是有普遍性和必然性的思想内容都是客观的，而反称那只是在感觉中的与料，即被给予出来的材料为主观的。

黑格尔对于康德之所谓主观的和客观的，提出上面的批评意见，这种意见从表面上看来似乎是正确的，但是黑格尔对于康德关于主观和客观的见解还有未了解之处。我们在这里毋须太过详细地说明，而只消从康德的《纯粹理性批判》一书里引用一两段来扼要地提示康德对于当前的问题的“先验观点”。

其第一段是：“十八：自我意识的客观统一性——统觉的先验统一性，

① 见康德著，蓝公武译：《纯粹理性批判》，北京：生活·读书·新知三联书店，1957年，第87页。

乃是在直观中所给予的一切杂多所由之而联结在一个对象的概念中的统一性。故名之为客观的，而且必须以之与意识的主观的统一性相区别，此主观的统一性乃是内感的一种规定——由此主观的统一性，客观的联结所须的直观杂多才在经验上被给予出来。我之能否在经验上意识到这杂多为同时的或前后相继的，就要看情况或经验性的条件如何。”这是我们要引用的第一段①。

其第二段较长，就是："范畴既非我们知识的思维自动所得的验前第一性原理，也不是来自经验，而是造物主在我们最初刹那间所移植于我们内部的思维的主观倾向，而且是造物主所安置就绪，使其运用能完全与经验所依据着来进行的自然律相和谐的——这是一种纯粹理性的预定和谐系统(Praeformations System)。但是，根据这种假设，我们对于这种属于未来的判断之预定倾向的这种假定，就是漫无限制而不能设定的限界了。现在姑且不去谈这个难点。可是对于所提示之中，还是有这样的决定性的难点，那就是：属于范畴的想法的，必然性就要牺牲了。例如原因这个概念即表示在一种预先假定的条件下的事件之必然性，也就会是虚假的了，如果它所依据的只是移植在我们里面的一种把某些经验性的表象，按照因果性的关系，联系起来的任意的主观必然性。如果是这样的话，我就不能说结果是在对象里面和原因联系在一起的，也就是不能说，这联系是由于必然性的，而只能说，我原是如此构成，以致我不能对于这当下的表象有别的想法，而只得是把它想成是这样联系起来的罢了。……这是一种主观的必然性，其为必然性是仅只为人所感觉到的而已。关于仅仅是依据个人自身的构造之东西，诚然是没有别人能和他争辩的。”这就是我们所要引用的第二段②，供读者参考并请据此来查对康德关于主观的和客观的“先验观点”。

我们既然在这里已经提到康德的先验观点，那就不得不趁这机会把康德的先验观点，乃至他的先验论，在这里比较详细地谈一谈，因为在评

---

① 参看《纯粹理性批判》上引蓝译本第104页，有些词句是本编者根据诺曼·康蒲·史密斯(Norman Kemp Smith)的英译本改译的，而又有些词句是本编者修改了蓝译的。

② 请参看上引康德的《纯粹理性批判》的蓝译本第119页。这些译文大都是本编者按照史密斯的英译本翻译的，因为一时手边没有康德的原德文本。

论批判哲学时，关于这个问题迟早是要弄清楚的。

“先验的”这个词究竟是含有什么样的一种意思的？是不是说先验的东西就是在经验之先就是有的东西呢？让我们画一线段而在这线段上作定一点 a：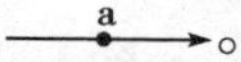。从 a 向右伸长就表示经验的领域，而从 a 向左就是在没有任何经验之先。这样的话，能否就说，所谓“先验”就是在线段上 a 的左边的呢？不能！表示这线段上 a 点的左边的，欧西哲学所用的一个拉丁词组乃是 a priori，而表示在经验领域里的，即在这线段上 a 点的右边的，是用一个拉丁词组 a posteriori。这两个拉丁词组是在欧洲各语言上常见的。在翻译成现代汉语时，国内往往是用“先天”和“后天”这两个词，而用这两个词是不妥当而且是不确切的。第一，这两个词在中医上的用法，其“先天”是指人的禀赋之体制，而“后天”是指人的发育时之调养，都和 a priori 与 a posteriori 毫无共同之处，故不确切。诚然，赞成用这两个词的人还引用《易经》乾卦的两句：“先天而天弗违，后天而奉天时。”可是这里的“天”是指“天时”说的，并没涉及经验。当然 a priori 和 a posteriori 原是两个泛说的词组，原来也是没有指经验说的，但后来在哲学词汇上便用来指经验说的了，所以在列宁的《唯物主义和经验批判主义》中译本人民出版社 1971 年 5 月北京版第 150 页脚注(1)上是把这两个拉丁词组翻译为“经验之前”和“经验之后”的。我们简写为“验前”与“验后”。至于又有把 a priori 中译为“天赋”的，这与法国哲学家笛卡尔所用的“天赋观念”(idea innata 或 idee innée)又重复而且含义也不相同，所以“天赋”这词组也不能用作 a priori 的中译。

那么，“验前”和“先验”又怎样区分的呢？

查“先验”这词原是拉丁语的 trānscendō 或 trāus－scendō 这个动词的转变为德语的 transzendental 这个形容词的。这个形容词和 a priori 之作为形容词用，在意义的一方面是有共同之处的，都是含有“不由经验而来而先于经验”的意思，但是细别起来，虽然在我们上面的那线段里，两者都在 a 点的左边，但是 a priori(今中译为“验前”)是说它在经验之前就已是有的，而康德的 transzendental 是指某种原理或某种观念，其来源虽是在一切经验之前，然而它的用途却必定是在经验之中的，因此，按这后一条件来说，它是和“验前”有别的。试用上述的线段来说明：

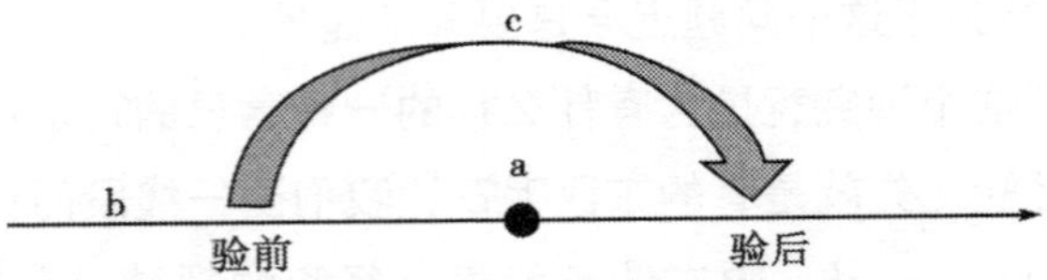

此处验前的东西,设定是某 b,它就是在 a 点的左边的,如图 b 点;但康德的 transzendental,今设定是某 c,则是起因于 a 点的左边而应用在 a 点之右边的,如曲线图 c 点。换句话说,凡是在 transzendental 的东西,依康德的说法,必须是起因于验前,即不由经验而来而必须先于经验的,但它的用途也就是它的能起的实际作用,必须是在经验的范围里面的,所以根据这后一限定,它是和纯粹的 a priori(今译为"验前")有其分别,而在康德的哲学系统里不容混淆的,细看上面的线段图所设定的 b 与 c 两点便知。那么,这种的 transzendental 应如何中译? 既然我们已经用了"验前"来中译 a priori,那么只能用"先验"来翻译康德的 transzendental 这词了。我们十分感觉到,"先验"这词是不足以把康德的 transzendental 之复杂含义从 a priori 这词(康德在他的哲学著述中是兼用这两词的)的含义明确地区分开来,然而又无他译可用,所以只能姑且使用"先验"这词作为康德的 transzendental 这个形容词的中译并加以说明如上,请读者批评指正。

据此,则恩格斯的《反杜林论》中译本人民出版社 1971 年北京版第 31 页上的"先验主义"这词之作为恩格斯的德文本的 Apriorismus[①] 之中译是把 a priori 和 transzendental 混淆了,应中译为"验前主义"方妥。

我们关于康德的"先验"这词已经谈了许多了,但是还有一点得要再来强调指出的,那就是"先验"这词在康德哲学里具体的用法,从而使我们更明确地掌握其意义。"先验的"(transzendental)这词,康德是主要用来作某种知识的称谓的。先验知识不是关于对象的知识,而是我们关于这些对象的验前认识的对象之性质或条件的知识。换句话说,不能只因为某种知识是验前的(a priori),便说它是先验的(transzendental);先验这个形容词只能适用于构成验前的(a priori)东西的一种学说或科学的那种

① 我们这里所根据的乃是恩格斯原德本 *Anti－Dühring*,而所引的词是见于外文出版社出版《北京》1972 年(32 开)第一版第 40 页。

知识。这样看来，先验(transzendental)的知识和先验的(transzendental)哲学就可理解为重合的了；而这样重合起来，它们同是指验前(a priori)知识的可能性、性质与限度的这种科学。这词于是也就同样地适用于《批判》的各个部分。其感性论是先验的，由于它建立了感性的形式之验前(a priori)性格；关于分析论是先验的，乃是由于它确定了知性的验前原理与这些原理在知识构成中所起的作用；辩证论是先验的，由于它明确了和限制了理性的验前(a priori)理念，不使之输出一切虚伪形而上学所因之而起的那种诱惑感性力量。由此可见，先验这词的各种具体用法之共同的主要和基本意义。但是，这种意义却经常为人所忽略。就是马哈士·缪拉(Max Müller，康德《纯粹理论性批判》第一版的著名英译者)也把德文的 transzendentale Sinnenlehre 英译为 Doctrine of Transcendental Sense(据以重译为汉语就应是“先验感性的学说”)而不英译为 Transcendental Doctrine of Sense(据以重译为汉语就应是“感性的先验学说”)。这是歪曲地理解康德的本意的。至于蓝公武的《纯粹理性批判》之中译本所犯的同类错误就更不必提了。

顺便还得要提到，在康德的著述中有 transzendent 这词，应如何与 transzendental(今译为“先验”)这另一个词予以区别开来，而且这里的前一个词又应如何中译？

查拉丁语的 transcendent 和 transcendental(今译“先验”)这两个形容词在康德以前，早在欧洲中世纪的基督教经院哲学中逻辑用语上是常见的，都作为超出亚里斯多德的诸范畴以外的一些特殊概念说的。沿用既久，竟然就成为两个同义词了。在欧洲逻辑史上这种事例不胜枚举，兹不赘述。我们只须说，英国诺曼·康蒲·斯密(又音译为“史密斯”的)在他的《康德〈纯粹理性批判〉解义》一书里所指出，“在经院哲学时代，transcendental 和 transcendent 这两词之起初出现时，是两个完全同义词，而 transcendent 反而是更常见的”[其实 transcendental，因有后缀 al 是带有减弱的意味]。到了康德的时代，他才尖锐地把它们区别开来，而且把一种适合于他的新批判学说的意义强加在它们上面①。他把“先验

① 引自上引书的本编者中译本(商务印书馆 1961 年北京版)第 114～115 页，文字上略加修改。

的"(德文的 transzendental)用来指"构成经验的基础上那些验前(a priori)因素"而言的,而把德文的 transzendent,即原拉丁文的 transcendent 用来指"超越的"或说"超验的"东西说的,那就是不可知的了。所以这两个词,按康德的严格用法,是有其各自不同的意义的,然而康德自己在使用他的专门名词时是这么不谨慎,大致他有时就把"先验"这词用作在意义上恰是"超验"的意思[①]。这又是我们不可不加以注意的一点。最重要的还是好好弄清楚在康德的哲学上什么叫做"先验的",而且把它和"验前"(a priori)这个词严格地区分开来。这并不是说,我们在现代汉语上,用词必须按照康德在十八世纪德文上所规定的意义,而只是说,在我们引用康德的哲学观点和学说时,不可望文生义,把不是他的意思强加在他的用语上面,如是而已。

写完了上面那一些关于康德的"先验"这词的原义之后,我们现在就应该回到原来在讨论的《小逻辑》第四十一节附释二的第一自然段的第二截上面来了。这第二截的中译文(见中译本的第 130 页)如下:

> 130.2(2)康德似乎把习用语言中所谓主观客观的意义完全颠倒过来,因此便有人责备康德,说他紊乱了语言的用法;但这种责备乃是很不对的。试仔细考量一下,实际情形是这样的。通常意识总以为那与己对立、感官可以觉察的,如这个动物,这个星宿等,是本身存在,独立不依的。反之,却以为思想乃是依赖他物,没有独立存在的。但真正讲来,那感官可以觉察之物才是真正附属的、无独立存在的,而思想乃正是原始的、真正独立自存的。因此,康德称那符合思想法则的成分(或有普遍性和必然性的)为客观的,在这意义下,他完全是对的。从另一方面看来,感官所见的事物无疑的是主观的,因为它们本身没有固定性,只是漂浮的变幻的,而思想性便具有永久性和自存性。这里所说的康德对于客观主观所作的区别,现在即在稍受高等教育的人士思想中,亦常可发现。譬如,在评判一件艺术品时,大家总是说,这种批评应该力求客观,而不仅基于主观的嗜好。换言之,我们对于艺术品的品评,不是出于一时的偶然的特殊的感觉或嗜好,

① 参看上引书中译本第 115～117 页。

而乃基于从艺术的普遍性或[美的]本质着眼的观点。在同样意义下，对于科学的研究，我们亦可据以区别客观的和主观的兴趣之所在。

在这较长的一截里，依附释所记载的来说，黑格尔关于康德之对于客观主观的分别，是认为有其可取之处的，然而还不够彻底正确。

首先，黑格尔指出，乍看起来，康德似乎是把人们习用语言中之所谓主观客观的意义完全颠倒过来了，看看上一截的内容便知，因此便有人责备康德，说他紊乱了语言的用法。

可是，黑格尔认为这种对于康德的责备乃是很不对的。他说：试仔细考量一下，就可知道实际的情形是这样的：通常的意识，总是以为那和人的自己对立的、感官可以察觉得到的东西，譬如说，这个当前的动物，头上这颗星宿，等等，就是本身存在的，独立不依的。反之，却认为思想乃是依赖他物的，没有独立存在的。但是，真正讲来，那感官可以觉察的东西，才是真正附属的东西，并非独立自存的，而思想才正是原始的，真正不是附属于别的东西而确是独立自存的。

在这点上，黑格尔便明显地暴露出他的唯心主义观点了，而与洛克的唯物主义经验论观点的正确成分背道而驰，所以他就接着说："因此康德称那符合思想法则的成分（或说有普遍性和必然性的）为客观的，而在这意义下，康德就是完全正确的，是有其正当的理由的。而且从另一方面看来，感官所见到的事物，无疑是主观的，因为这些事物在其本身说来，是没有固定性的，只是漂浮的，变幻无常的，而思想才是具有永久性和自存性的。"

这番话不是完全暴露了黑格尔之肯定了思想这种意识形态为第一性而感官所接触的外在事物反为是第二性的，因而就注定是飘浮变幻无常的了吗？此外，他还继续举出一些唯心主义的例证，来确立他所误解的康德之所谓主观客观的说法。他说："这里所说的康德对于客观主观所作的区别，现在在稍为受过高等教育的人士的思想中，也常常可以发现的。譬如，在评判一件艺术品时，大家总是说，这种批评应该力求客观，而不是只基于个人主观的嗜好。换句话说，就是我们对于艺术品的品评，不应该是出于个人一时的偶然的特殊的感觉或嗜好，而是基于从艺术的普遍性或说[美的]本质着眼的观点。而且在同样的意义下,我们也可以说,对于科学的研究,我们亦可以根据这个观点来区别客观的和主观的兴趣之所在。”

黑格尔是这样从他的唯心主义的观点,表示他对康德的客观和主观区别予以某限度内的赞同,但是还不是彻底的赞同。且看紧跟着在下一段的中译文便知道了。

> 131.1 但进一步来看,康德所谓思想的客观性,在某意义下,仍然是主观的。因为,依康德讲来,思想虽说是有普遍性和必然性,但只是我们的思想,而与事物自身[之]间,却[还]有一个无法渡越的鸿沟隔开着。须知,思想的真正客观性应该是:思想不仅是我们的思想,同时复是事物的本身,或[说]对象的本质。——客观与主观乃是人人习用的流行的方便的名词,在用这些名词时,自易引起混淆。根据上面的讨论,便知客观性一名词实具有三个意义。第一为外在事物的意义,以示有别于只是主观的意味或梦想等而言,第二为康德所确认的意义,指普遍性与必然性,以示有别于属于我们感觉的偶然、特殊和主观的成分而言。第三为刚才所指出的意义,客观性是指思想所把握的事物之自身,以示有别于只是我们的思想,与事物的实质或[说]事物的自身隔绝的主观思想。

在本节附释二这最后一段里,黑格尔是着重提出康德对于客观和主观的分别是如何不够彻底、不够正确的,从而就指出只有他自己的客观和主观的看法才是完全正确的。

黑格尔在如上所说那样做时,首先是说明康德之所谓思想的客观性不过是以其具有普遍性与必然性为依据,可是,黑格尔认为,这种客观性和必然性仍然只是我们个人的主观思想之性质而与事物的自身还有着一个很大的距离,好像为一个无法越过的鸿沟隔开似的。他并强调地指出,思想的真正客观性不应该以人们的个人思想为转移,而必须同时又是依据事物的本身或说对象的本质的,但是,怎样能知道事物的本身,怎样能确定对象的本质,黑格尔到此为止还没有告诉我们。而在这里,他只告诉我们,“客观与主观乃是人人所习用的流行的而又方便的名词,然而在使用这些名词时,是很容易引起混淆的”。因此,客观性这个名词其实就有三个意义:(1)是一般人所想的意义,指在外边的事物说的,不是个人心中的主观想象或者虚妄梦幻;(2)是康德的所谓客观性,这是以思想的普遍性和必然性为标志的,并非人们所感觉到的偶然的特殊的主观的东西;(3)黑格尔的客观性,那就是思想所把握的事物之自身[请注意:不是康德的“物自身”,或说“从其自身而言的事物”,这是黑格尔所绝对否认的],不是我们个人不按照“绝对观念”的发展而想出来的思想,而是“与事物的实质、事物的自身隔绝的主观思想”。说来说去,黑格尔的“正确”的、“其实无妄”的客观性思想依然是“思想”,离不了“思想”这个范畴,这是他的绝对唯心主义的思想体系所限定的,正所谓“万变不离其宗”。当知这不过是黑格尔的哲学思想体系的开端,而要先把和这哲学思想体系不能绝对相容的其他体系逐一彻底予以驳斥之后,才能真正提出“那完全正确的绝对思想体系”的。所以我们还请读者耐心阅读下去,首先就看看紧跟在下面的一大段:(A)理论的能力——论知识之所以为这样的知识,而从第四十二节开始。

131.2 第四十二节

(A)理论的能力及知识之作为理论能力的知识看①

黑格尔在这节里是说康德的范畴乃是来源于他的所谓“自我意识的先验统一性”的。这个概念在康德的哲学体系里是十分重要的,乃至可能说是最重要的基本概念,我们要看黑格尔对康德的这个概念怎样分析和批评。且先看本节正文第一自然段的中译文。

132.2 康德的的批导[判]哲学指出自我在思想中的原始的同一性,亦即他所谓自我意识的先验的统一性,就是知性概念的确切根据。那凭借感觉和直观所给予的表象,就其内容看来,乃是一复多的东西。而且即就其型式看来,就其在感觉中的互相外在,就其在时间和空间两型式中而言,所有一切表象也还是复多的。虽说空间与时间,就其为直观的普遍型式而言,却是先天[验前]的。感觉和直观所呈现的复多体(Mannigfaltige),因为有“自我”与之相关联,且将它联

① 这里的(A)标题是这一大段的标题,贺译之“论知识之所以为知识”这一句不能表达出黑格尔原德文的 Das theoretische Vermögen 的下面之 die Erkenntnis als solche 这一句。大概在这里贺译又为瓦拉士英译的 Cognition qua cognition 所错引了,而且英译也是错译的。

系起来于一个意识(亦即纯粹摄觉)①中,于是便得到同一性或[说]得到一个原始的综合。自我与感觉的复多体相联合的各种特殊形式②就是纯知性概念或[说]范畴。

黑格尔在这段里,乃是说明康德的诸范畴是从他的自我意识的先验的统一性这个基本概念那里演绎出来的,并且正确地指出"自我意识的先验的统一性"乃是"自我在思想中的原始的统一性",因而依黑格尔的看法,这也就是康德的一切范畴之所自来的基本概念。于是黑格尔就依据这样的看法来对康德的范畴加以分析和批判。我们暂且把他的这种分析和批判留在下面,而先就他关于康德的范畴之来历那种说法提出我们的初步意见以清眉目,其细节还有待于下面的适当地方。

首先,我们得要指出康德的"自我意识的先验的统一性"这个复杂的概念,如后文所将显出的那样,是为黑格尔所误解的。其中的"自我意识"是很浅显的一个概念,就是"关于人的'我'的意识",这种意识是有其统一性的,否则按心理学来说,就是变态的意识,甚至分裂的意识了。这是一点,其第二点就是这段开头那里所提出的"自我在思想中原始的同一性"。这一点也是费解的,而且在康德哲学里是十分重要的。我们在这里只须简单地指出,依康德的看法,自我乃是一个理念,不是感性所能感觉得到而又非知性的分别识所能把握,而是原始的,只能为理性所设定并且从而说明其他一些意识形态的,其是原始的也就是在于此。

接着,黑格尔在本段里正确地指出,"那凭借感觉和直观所给予[出来]的表象,就其内容看来,[例如前面一棵杨树]那是一复多[而不是单纯单一]的东西,而且即使就其型式[而不是就其性质]看来,[就是]就其在感觉中的[空间]互相外在,[以及]就其时间和空间[这]两[个]型式中而言,所有一切表象也还是复多的,[不是简单单一的]。虽说空间与时间,就其为直观的普遍型式[而]言,却是验前(a priori)的感觉和直观所呈现[出来]的复多体(德文的 Mannigfaltige),因为有'自我'与之相联系,而且将它[这个复多体]联系起来于一个意识(亦即纯粹统觉)之中,于是便

① 这里的"摄觉"是德文的 die Apperzeption 之中译,今译为"统觉"。

② "各种特殊形式"是黑格尔所用的德文 die bestimmten Weisen 之中译,所以中译为"这些确定的方式"较妥。

得到同一性，或说得到一个原始的综合。[像这样]自我与感觉的复多体相联合的这些确定的方式就是纯知性概念，而纯知性概念也就是康德之所谓范畴”。

紧接着就是本节第二自然段的中译文。

> 132.3 康德有一个很方便的法门以发现那些范畴，乃是很熟知的事。自我，自我意识的统一，既是很抽象而且完全无决定性的，于是问题便发生，我们如何可以得到自我的型式或[说]范畴呢？很幸运的，在普通逻辑学里，已经根据经验，揭示出各种不同的判断了。今判断即是对于某一确定对象的思想。那已经列举出来的各种判断的形式也就同时告诉了我们以思想的各种范畴了。——费希特的哲学却有一个大的功绩，他促起我们注意到一点，即须揭示出思想范畴的必然性，亦即须认真地推演出范畴的必然性和系统性来。——费希特的哲学对于逻辑的方法至少产生了一个效果，就是说，他曾昭示人，一般的思想范畴，或通常的逻辑材料，或[①]概念、判断和推论的种类等，均不能只是从事实的观察所得，或只是根据经验去处理，便算满足，乃必须从思想自身推演出来。如果思想能够证明什么东西是真的，如果逻辑需要理论证明，如果逻辑是教人如何证明，那么，逻辑必须首先能够对它自己的特有内容加以证明，而指出其必然性。

上面一段只是证明康德的所谓范畴是什么，至于范畴是怎样得出来，还有待于进一步加以说明。于是黑格尔就在本段里首先指出，“康德有一个很方便的法门来发现那些范畴。这乃是大家很熟知的事”。原来在上一段里不是已指出过，康德的批判哲学是以自我在思想中的原始同一性，即自我意识的先验统一性，为知性概念的确切根据的吗？但是，“自我”、“自我意识的统一性”这两个概念既然是很抽象的，而且又是完全没有决定性的，所以问题也就发生了：我们如何可以得到自我的型式或说得到范畴呢？很幸运的就是：在普通的逻辑，也就是说，在当时大家知道的传统形式逻辑的教本里，已经根据日久的经验，揭示出各种不同的判断了，如

① 这里的“或”字是原德文所没有，而按照瓦拉士的英译本加入的，而且是错误的。这句中的第一个“或”字应是 oder 之中译为“或说”，即“即”的意思，而这第二个“或”字应用“如”字来代替方妥。

同一般逻辑教本所列的判断表那样。然而，黑格尔在这里指出："判断就是对于某一确定对象的思想。"当然，这是一句很笼统的话，是严格逻辑所不容许的。判断是一种思想的形式，而不就等于思想。判断是人们对于某一确定对象的一种思想形式，而概括地说，判断就是对于某一确定对象的思想，从逻辑来说，这是所谓以偏概全的逻辑性谬误，是唯心主义者的通病，是他们的一种手法，我们不应以为这是小节，因为以后在评注黑格尔的《小逻辑》时，我们还要碰到同样的现象的。可是，在黑格尔紧跟着就指出："那些[在形式逻辑教本里]已经列举出来的各种判断的形式，也就同时告诉了我们以思想的各种范畴了。"这是很对的。康德的范畴确是从普通逻辑的判断形式作为引线而得出来的。[①] 接着黑格尔又指出，"费希特[②]的哲学对于逻辑的方法至少产生了一个效果，就是说，他曾明显地告诉人，一般的思想范畴，就是通常的逻辑材料，如概念、判断和推论的种类等，均不能只是从事实的观察得出来，或者只是根据经验去处理，便算是满足了，而是必须从思想自身推演出来的。"这里，黑格尔提出他同时代的德国哲学家费希特对于逻辑的贡献是有相当重要的含义的，一方面，他的这个提法不但是赞扬了费希特的哲学对于逻辑方法产生了一种效果，也就是，费希特曾明显地告诉了人，一般的思想范畴等等都不能只是从事实的观察得出来，或者只是根据人们的经验去处理就算了事，而是必须从思想自身推演出来的。与此同时，黑格尔在这里的提法是暗地批评了康德的范畴说是不够科学的，而这种批评，的确也是很正确的。而且还有一点乃是对于黑格尔来说是十分重要的，那就是上述的范畴等都应该是从思想自身推演出来的。黑格尔的范畴都是从思想自身，也就是，如我们将要看到的那样，从"绝对观念"这个无所不包的思想那里，一步一步地按照思

① 关于这点，请参考康德著，蓝公武译：《纯粹理性批判》，北京：生活·读书·新知三联书店，1957年，第88、87页。

② 费希特(Johann Gottlieb Fichte，1762—1814)是德国的哲学家，与黑格尔同时，为列宁在《唯物主义和经验批判主义》一书里指出是从右面来批判康德的"自在之物"的(参看该书中译本1971年版第141、191页)，因而就显得是个主观唯心主义者，而且我们还知道他是以唯意论的精神发展了"自我"的主动原则来说明人的道德上之斗争和努力从而建立他的道德学说的，并且列宁根据这点判定费希特的哲学观点与贝克莱毫无区别，而且，必然会走向唯我论的。费希特是1791年才第一次会见康德，因而露头角的。

想的内在辩证法推演出来的。

此外还有一点，正是在这里初步说明上面的辩证法的，黑格尔说：“如果思想能够证明什么东西是真的，如果逻辑需要理论证明，如果逻辑是要教人如何证明，那么，逻辑必须首先能够对它自己的特有内容加以证明，而指出其必然性。”这段话是黑格尔的唯心主义思想辩证法的核心，就是说，一切思想的发展与其所发生的一整套的范畴，都是由于思想所特有的内容之内在矛盾所必定使然的，而这个思想也就是绝对观念。

这也就结束了黑格尔关于康德的范畴是如何以他的自我意识的先验统一性为依据和康德的范畴说之缺点，从而引起黑格尔初步提出他的自己的范畴观，但是，这个题目是非常巨大而且极为复杂的，所以后人在本节正文之外还加上三个附释以资说明。兹把这三个附释如次按中译本来细读并加以必要的解释。

> 133.1 附释一：康德的主张是说，思想的范畴以自我为其本源，而普遍性与必然性皆出于自我，我们试观察近在前面的事物，则所得概是些复多体，而范畴却是些单纯的[格式]，这些复多事实，皆可分别归纳于其中。感官的事物是彼此互相排斥，互相外在的。此为感官事物所特有的基本性质。譬如说，“现在”只有就其过去和将来相联系而论，才有意义。同样，红之是红，只有与黄蓝相反映方显明。此他物乃外在于感官之物，而感官之物之所以存在，乃全凭有他物之存在，且全凭他物与之对立。但思想或自我的情形恰与此相反，无有绝对排斥它或外在于它的对立者。自我乃是一原始的同一，自己与自己为一，自己在自己之内。当我说“我”时，我便与我自己发生抽象关系。凡是与自我的统一性发生关系的事物，都必受自我的感化，或[说]转化成自我之一体。所以，自我俨如一洪炉，一烈火，吞并销熔一切散漫复多的感官材料，而融为一体。这就是康德所谓“纯粹”的摄[统]觉的功能，以示有别于只是接受复杂材料的普通摄[统]觉而言，而纯粹摄[统]觉乃被康德认为是自我化[外物]的动力。

这比较长的一段，是说明康德是怎样说明其种种思想范畴都是来源于自我的，因而当前的事物的普遍性与必然性也就是来源于自我的，因为普遍性与必然性不过是两种范畴。

首先,凡是我们观察所得当前事物都是一些复多体,而思想范畴却都是单纯的单位,为那些复多事物所分别[①]集中在这些单纯单位上面的。

但是,思想的范畴又怎能来源于自我,尤其是事物的普遍性和必然性怎能说是来源于自我呢?这才是本段的主要问题。

据附释说,黑格尔是这样解答的:凡是感官的事物都是在空间彼此相互排斥、相互外在的,都是各自占住不同的空间,成为此事此物和彼事彼物的。这是感官事物所特有的基本性质,因为外感官的事物,即这里一开始所说到的当前感官事物都是有其空间性的。譬如"现在"虽是属于时间的,但要把它和"过去"与"将来"划分开来,总是在我们的想象中予以空间化的,所以就是和"过去"与"将来"虽有联系而毕竟是与之互相排斥、互相外在的。红之是红和黄与蓝之比较,在其互相反映上看来,也是同样如此。至于感官上的此物和彼物亦复如是,因为所谓此物,乃是外在于感官之物,而感官之物之所以存在,乃全凭有他物之存在,而且是全凭他物之与它对立的。

这样,感受事物的为彼此互相排斥、互相外在的这种特有的基本性质,也就说清楚了。但是思想之为思想和自我之为自我,其情形是恰恰与此相反的,因为依黑格尔的说法、思想和自我都是没有绝对排斥思想或自我或者是外在于思想或自我的这种对立物的。

怎样见得呢?黑格尔的答案是:自我乃是一原始的同一,就是说,它自己与自己是一个,自己是在自己之内的,在我说"我"的时候,我便和我自己发生抽象的关系,一方是我说话的主体,另一方是所说的"我"作为对象。而且,凡是与自我这个统一性发生关系的东西,都必定要受到自我的感化的并且必定要转化为自我的一部分的。所以,自我就很像是一个大炉,一堆烈火,能吞并或者销熔一切散漫的复多的感官材料而且把它融为一体。黑格尔认为这就是康德之所谓"纯粹的统觉"的功能,从而表示和只是接受复杂材料的那个普通的统觉有分别的,而且康德又认为纯粹统觉就是使外物变成为"我的"之一种动力。

---

① 在这里我们觉得贺译的"归纳"这词有点矫揉,但手边又没有加附释的德文原本可资查对,只得按照英人瓦拉士的英译本改用"集中"这译词以供读者的参考,尤其是"归纳"乃是逻辑的一个术语,未可随意破坏其原义。

依黑格尔的看法,这就是自我怎样成为思想范畴的来源。黑格尔并进一步把康德的这种学说,说成是必须发展为他自己的绝对观念的学说的。且看下一段的中译文。

133.2 无疑地,康德这种说法,已正确地道出了所有一切意识的性质了。人类的努力,一般地讲来,总是趋向于理解世界,能自己适应并宰制世界,目的总在于将世界的实在加以陶铸锻炼,换言之,加以理想化,使符合自己的准则。同时,须得注意的,这使得感觉的复多体得到绝对统一的努力,并不是自我意识之主观的活动,我们可以说,这同一性即是绝对,即是真理自身。这绝对一方面好像是很宽大,让复多的个体事物各从所好,一方面,它又驱使它们回复到绝对的统一。

附释一的这第二段话是在上一段的基础上关于康德的范畴之来自自我的说法进行发挥的。黑格尔很坦率地认为,“无疑地,康德的这种说法,已经正确地说出了所有一切意识的性质了”。那就是说,所有一切人类意识无非是起着理想化的作用。黑格尔把这个意思引申出来说,“人类的努力,一般地讲来,总是趋向于理解世界”。这是什么意思呢? 什么叫做“理解”? 依黑格尔的正确说法,理解不只是懂得清楚,而且是知道怎样去适应从而并知道怎样去控制世界,其目的总是要拿实在的世界按着人类的意志加以陶铸锻炼,换句话说,要把世界加以理想化,即使之合乎我们的理想,符合我们的准则。这才是真正地理解世界。这是黑格尔关于思想的真谛的一种值得赞扬的贡献。然而黑格尔同时又抓住这个问题来宣扬他自己的认识观。他说:同时,须得注意的,这使得感觉的复多体能够到达统一起来的这种努力,并不是自我意识的主观的活动,而我们可以说,这个同一性也就是绝对,就是真理自身。这个绝对[即绝对观念]一方面好像是很宽宏大量的,能够让复多的个体事物都各从其所好,而另一方面,这个绝对又驱使那些复多的个体事物回复到绝对的统一这里来。

这是黑格尔关于康德的“自我”之说明。但是,在本节的正文里,他还说到康德哲学的“自我意识的先验的统一性”①。这个复杂名词是有待于

① 原德文的 transzendentale Einheit des Selbstbewusstseins。

说明的，而这说明并加以批判就是附释二的内容。我们现在看看附释二的中译文。

> 134.1 附释二：康德所用的名词，如“自我意识的先验统一”，看起来好像很严重，就好像那后面藏匿着有什么巨大的怪物似的，但其实，意义却异常简单。康德所谓“先验的”的意义，可从他划分的“先验的”和“超越的”之区别䌷绎出来，所谓“超越的”是指超出知性的范畴而言，这种意义的用法，最初见于算学里面，譬如，在几何学里，我们必须假定一个圆周的圈线，是为无限多的无限小的直线所形成。在这里，知性认为绝对不相同的概念，直线与曲线，要假设为相同，[这便是超越知性的看法了]。这种意义的“超越”，那本身无限，自己与自己同一的自我意识，亦具有之。因为自我意识有别于[或超出了]受有限材料的限制的普通意义。但康德认为自我意识的统一只是“先验的”，他的意思是说，自我意识的统一只是主观的，而不涉及吾人知识以外的对象自身。

在这节的附释二之一段话里，如果这话确是黑格尔的原话，则黑格尔是不懂得康德之所谓“先验”这个概念的。关于康德这个非常重要的概念，我们曾在解释第四十一节的附释二的第一段时，插入过长到大约三千字关于康德“先验的”这词的说明，并把它和“验前的”(a priori)和“超越的”(transcendent)各各区别开来，而且为了一般读者易于掌握，并曾使用过一条线段来在人们经验的领域中与其外边指出“验前的”、“先验的”和“超越的”或说“超验的”所应占的地位。现在我们再一次请读者注意到，康德原来使用“先验的”这词在其本身说来是没有涉及人们的经验的，而是在其起初为欧洲经院哲学，且比此更早为基督教早期的教父神学使用时，实是没有涉及人们的经验而称为 transcendental 的(今提议中译为“先验的”以别于 transcendent，今提议中译为“超验的”或“超越的”)。夷考其实，此词在其初见于欧洲哲学文献时，乃是指超出亚里士多德诸范畴以外的一些特殊的概念说的。这也就是黑格尔在我们当前的一段话里所引用的关于几何学里的圆周的圈线之一段话所说的“超越”作为“超越知性的看法”，而这种说法，虽早在古希腊时代有柏拉图的《理想国》这篇“对话”本文标准页 509B 上的这一句为其先河，而这一句就是：“数学的每一部门都是从一些不可置疑的假定(公设、公理、定义)出发而从这些假定作出演绎的推理的。"可是这种关于"超越"的说法到了十八世纪就已失去其意义,而为康德把"超越的"或译为"超验的"这词(德文的 transzendent)用作"超出人类一切经验的"这个意思,而有别于"先验的"(德文的 transzendental)这另一个形容词的意义。这个形容词,依康德的用法,是指"来源于人类经验之前但只能在人类知识的范围里和感性的素材结合起来才能起其构成人类知识的作用的"。换句话说,单凭"先验的"因素是绝不能产生任何人类的知识的。这种复杂的"先验的"这个概念是黑格尔在我们当前的一段话里(如果这段话确是黑格尔的原话的话)所完全错解了,于是才有他对康德的"先验的"这词说出什么"其实意义是异常简单"的话来。至于紧跟着后面的一段话,则只显得黑格尔对于康德的哲学的见解肤浅,以致有"康德认为自我意识的统一只是'先验的',他的意思是说,自我意识的统一只是主观的,而不涉及吾人知识以外的对象自身"这种不伦不类的话!要是对这种话加以解释,那就是太过无聊了。读者可以略过吧。让我们看看附释三。

> 134.2 附释三:认范畴为只是属于我们的,只是主观的,这在自然意识看来,必觉甚为奇怪,无疑地这种看法确有些太偏的地方。范畴绝不含在当下的感觉里,这诚然不错。例如,我们试看一块糖。这块糖是硬的、白的、甜的等等。于是我们说,所有这些特质都统一在一个对象里,但这统一却不在感觉里。同样的道理,当我们认为两件事实彼此间有了因果的关系时,我们这里所感到的,只是两件依时间顺序相连续的个别的事实。至于两件事之中,一件为原因,一件为结果,换言之,两件事的因果关系,都不是感觉到的,而乃只是思想所能发现的。这些范畴,如统一性、因果等,虽说是思想本身的功能,但亦不能因此便说只是我们的主观的,而不复是客观对象的性质。但照康德的看法,范畴却只是属于我们的,不是对象的性质,所以,他的哲学就是主观唯心论,因为他认为自我或[说]能知的主体既供给认识的型式,复供给认识的材料。认识的型式出于能思之我,认识的材料则出于感觉之我。

在这段话里,我们看到黑格尔,依附释的编者所记载,对于康德的范畴之说法是分为两截来陈述的。其第一截到“而不复是客观对象的性质”为止，是说明康德之怎样把范畴看为“只是属于我们的，只是主观的，而第二截是到本段的结尾为止，乃是黑格尔关于康德对于范畴的看法之评判，认为这种看法就是主观唯心论的看法。

我们对于黑格尔在这里对于康德的范畴观之两种意见都持有不同的意见，兹分别在解释原文的词句后加以批判，供读者参考。

黑格尔在第一截里首先提出，“认范畴只是属于我们的”，也就是主观的，而不是根据客观事物的分类之为范围较大一类才称为“范畴”的，这种对于范畴的看法，从人们一贯的自然的意识或说意见看来，必定是觉得很奇怪的。黑格尔也认为这种看法无疑地是有些太偏的地方。他并且也承认，所谓范畴绝对不是包含在当下的感觉里面的。例如，我们试看看当下的一块糖。这块糖是硬的[指欧洲人常用的方块白糖说]、白的、甜的等等，于是我们就说，所有这些硬的、白的、甜的等等特质都统一在方块白糖这一个对象里面了，但是这个统一性却不在当下的感觉里面。同样的理论的道理，也可以用来说明事物间的因果性质乃是不在感觉里的，乃是人们所不能感觉得到的。当时研究哲学史的人都知道，这是英国哲学家休谟(David Hume，1711—1776)所凭借来建立他的怀疑主义的说法的。那就是说，当人们认为两件事实，如下雨和地湿，彼此间有着因果的关系时，在这里所感到的，只是下雨和地湿这两件事实是依时间先后顺序相连续的个别事实，即下雨在先而地湿就紧跟着在后面发生。至于说到这两件事之中，下雨这一件事是原因，而地湿这另一件事是结果，换句话说，这两件事，即下雨和地湿，其中在发生上有着所谓因果联系，并不是人们所能感觉得到的。那么，这里的“因果关系”或说“因果性”是从哪里来的呢？休谟说只是从人们的习惯来的，而黑格尔却说“是而且只是思想所能发现的”。这又有些太过笼统了，思想是怎样能发现两件事实之间的因果联系，怎样在当下的“下雨”发现其“原因性”而在“地湿”发现其“结果性”的呢？黑格尔的答复是：“思想本身的功能。”可是“功能”只是一个名词，其所代表的实质是什么？唯心主义者的惯伎就是玩弄名词，而不老老实实地说明所用的名词是在客观现实上指什么说的。

黑格尔且十分自然地接着又说：“[因果关系的发现]虽说是思想本身

的功能，但是也不能因此就说只是我们的主观的而不复是客观对象的性质。”谁说像因果关系的这种范畴只是思想所发现的？而且说范畴是主观的，又是谁呢？说范畴是主观的，这里的“主观的”又是什么意思呢？黑格尔对于这里的最后一问题的答复像是：“不复是客观对象的性质”，所以就是“主观的”。这就是康德原来的说法吗？黑格尔在这里不免把一些严格说来是哲学的问题太过简单化了，并且把康德的思想又太过简单化从而就歪曲了。

这是附释三当前第一段第一截的内容，由我们加以分析并提出疑问的。依我们的初步理解，黑格尔在这小段话里，其说法太过笼统，失掉一位大哲学家、大哲学史家的风度，而且对康德的哲学思想和用词不够深入掌握。何以见得呢？除上面所提的疑问外，我们还不得不指出，康德对于这里所涉及的逻辑范畴的性格，在他的《纯粹理性批判》一书里有十分重要的一段，像是黑格尔没有足够注意到的，我们现在节引如下：

“但此持久者(德文的 das Beharrliche 保持不变的东西)不能为我内部中之直观。盖在我内部中所见其规定我之存在之一切根据，皆为表象，若以表象言，则其自身自必要求一与表象有别之持久者，表象之变易及我在时间中(表象皆在此时间中变易)之存在，皆与此持久者相关而被规定者也。”①

这里康德所提出的“持久者”即“保持不变的东西”(德文的 das Beharrliche)是一十分重要的而与我们当下的问题有密切关系的。让我们从上引注中再引一句：

“我在时间中存在之意识与其与在我以外某某事物有关之意识相联结(合二者为一)[意即‘合一地联结’，德文的 identisch verbunden]，故使外物与吾人之内感联结而不可分者，乃经验而非空想，乃感官而非想象力。盖外感在其自身中已为直观与实际在我以外之某某事物之关系，而外感之实在性，就其与想象有别之点而言，纯依据目前之所发现者，即依据与内在经验联结不可分离而为内的经验所以可能之条件之事物。”②

① 引文见蓝译本第 23 页注(1)上半截。

② 着重号是本编者加的。

在这句里，康德又指出除上面第一引言中的“保持不变的东西”，即与经常变动的表象来说的“持久者”之外，在人们意识中还有“那使外物与吾人之内感联结而不可分离的东西，这东西乃是经验而非空想，乃是属于感官的而不是属于想象力的。因为外感在其自身中已是直观与实际在我以外的某某事物的关系”，那就是说，不以人的主观思想或想象为转移的，“而且外感的实在性，就其和想象有分别的这点来说，单纯是依据目前之所发现的东西，也就是依据内的经验联结而不可分离，且为内的经验所以成为可能的这个条件的事物”。这就是客观的，为内的经验与之联结而不可分离并且是内的经验之所以成为可能的这个条件的事物，丝毫不能说是主观任意的东西。这样一来，还能说康德的范畴只是属于我们的，只是主观的吗？可是黑格尔关于康德之范畴说法是凭空任意设想，没有仔细看到康德的原话而歪曲了康德的学说的。这是当前附释三第一段前截的内容和我们的意见，但是还有后截。

在这后截里，黑格尔是怎样对于康德的关于范畴的看法提出他自己的批判的呢？

黑格尔坦率地认为“康德的哲学就是主观唯心论”。但是我们在这里不是着重地研讨这个问题。简单地说，我们并不否认在某方面，康德的哲学是属于主观唯心论的，因为“先验哲学”无疑是唯心主义的，而先验这个观念在一定程度上也可说是“主观的”。然而我们不能同意黑格尔的说法，认为康德的哲学是主观唯心主义的，乃是“因为康德认为自我或说能知的主体既是供给认识的型式（如空、时、范畴等等），又供给认识的材料。[由于]认识的型式出于能思之我[即出于我的思想]，[而]认识的材料则出于感觉之我[就是说由感觉而来的]”。黑格尔这两句话是很漂亮的话，可惜太不符合事实了。康德的范畴不是康德自己凭空想出来的，关于这点，康德的《纯粹理性批判》的第一编关于先验分析论第二章的“纯粹知性概念[即范畴]之演绎”已明确地说明了，毋庸另赘，请读者参考。至于黑格尔说到什么，依康德的哲学说来，其认识的材料是出于感觉之我的，这岂不是抹煞了康德的著名的“自在之物”吗？黑格尔是不承认康德的“自在之物”之存在的，但是他不应该忘记了一点，那就是没有“自在之物”就没有康德对于事物的感性认识，而且感性认识乃是康德的认识论的不可或缺的基础。

关于本第四十二节附释三的第一段就此结束了，剩下的还有附释三的第二段，其中译文如下：

135.1 关于康德的主观唯心论的内容，此处毋庸赘述。初看或以为对象的统一性既然属于主体，这样一来，则对象岂不失掉实在性了么？如果只是说，对象有存在，这于对象和主体双方均毫无所得。主要的乃是要说明对象的内容，是否真实。只是说事物存在，对于事物的"真实性"并无帮助。凡是存在的，必受时间的限制，转瞬可以变为不存在。人们也许可说，主观唯心论足以引起人的自我夸大的心理。但假如他的世界只是一堆感觉印象的聚集体，则他将没有理由以这种世界自豪。所以，我们最好抛开主观和客观的区别，而看重对象内容的真实性，内容之为内容，既是主观的，又是客观的。如果只是[在时间上]存在便叫做客观实在，那么，一个犯罪的行为也可说是客观实在，但是犯罪的行为本质上是没有真实存在的，由于罪行之被刑罚加以纠正、排除，更足以见得没有真实的存在。

在这段里，黑格尔就他所理解的所谓康德之主观唯心论的内容，来谈"主观的"这个概念。他首先指出，如果对象的统一性只是属于思维的主体的，则对象就会失掉它的实在性了，因为如果按唯心主义的说法，事物的各种性质不过只是感觉的表现而所余剩下来把这些性质统一起来的这个性质又是属于思维的主体而不是属于当下的对象的，则对象所有的性质就只是它的存在而已，然而"存在"的这个单纯的属性依黑格尔看来，只是他的范畴体系中的最初级的一个而且不过是"有"(德文的 Sein)而还未发展到真正是"存在"(德文的 Existenz)这个更高级而属于本质论的范畴。但是关于任何一个对象，人们所要知道的乃是它自身所具有的属性。今一切其他的属性，按黑格尔所理解的康德之看法，全是感觉所提示出来的，也就是属于能感觉的主体的，而现在关于当下的对象，所剩下来的唯一可归之于这对象的只是"有"，虽然是用"存在"这词来说到它，但是只说"有"这对象，则这种说法，即这种内容最贫乏的说法，对于当下的对象既没有揭示出任何有内容的性质，而对于思维主体来说，就是一无所得的，这岂不是对于当下的对象和对于思维的主体这双方均是毫无所得吗？主要的，还是要说明对象的内容，说明它是否真实的，如果只说它是“有”的，则这种说法对于当下事物的“真实性”是毫无帮助的，是丝毫不能满足思维主体的求知欲望的。凡是“有”的东西，都必定会受时间的限制的，此刻是“有”这东西，而转瞬它就可变为“无”的了。黑格尔于是又指出，也许有人会说，这样一来，主观唯心论可能是足以引起人的自我夸大的心理的，因为照这种主观唯心论的说法，所有的东西不过是人们各自感觉到的印象，所以人也就是世界的操纵者。但是这种想法并不会使人感到自豪的。谁会以他的世界只是一堆感觉印象的聚集体来感到自豪的呢？所以黑格尔就作出结论说：我们最好抛开主观和客观的区别，而着重内容的真实性，而内容之为内容并不在乎它是主观的或者是客观的。何以见得呢？譬如，我们可以说，一个犯罪的行为，也可以说是客观实在的，但是犯罪的行为在本质上，是没有真实的“有”或“无”的。如果罪行一经用惩罚来加以纠正并改造而成为排除了的之后，那罪行便消失而再没有其真实的存在了。这是从发展的观点看当下的犯罪行为而不是从旧的形而上学的机械观点去看它的。黑格尔是这样说明范畴之不是一成不变而是不断发展变化之中的。这是完全正确的。但是这是另一问题。原来的问题乃是范畴是不是主观性的。对于这后一个问题，黑格尔的看法和康德的看法就有分歧了。关于这点，不可不加以说明。

黑格尔的哲学乃是绝对唯心主义的哲学而康德的哲学是先验唯心主义的哲学。一个是以绝对观念为一切存在的基础，就是说，一切存在都是从绝对观念根据辩证的方式发展出来的，而且又是终究以绝对观念为其归宿的。因之所有存在的东西，乃至只能思想得到的东西，与其各自的形式都是绝对观念的在一定发展阶段上的表现形式，所以就范畴来说，也就无所谓主观与客观的之区别，其所谓主观的与客观的不过是按其所依据的观点之看法的不同而已，譬如，拿黑格尔的范畴系统中之最初级而内容最贫乏的三个范畴即“有”、“限有”和“自有”为例：“有”是“自在”的，即从其原本是怎样的来说的，因之就可说是主观的，即从其本身来看的；但是，在“有”之发展到“限有”这个更高的阶段来说，从“限有”来看“有”，则“有”是客观的，因在自为的“限有”的阶段上，“有”之为“有”是从“限有”这个观点来看它的，它就反而是自为的了，如此类推，则任何一个范畴，任何一个事物，就其是从什么观点来看它，则它就有主观与客观之分，而在其本身来说，是无所谓主观与客观的分别的。

可是，依康德的先验唯心主义的看法，则主观的和客观的就有其一定的意义。康德并没有把范畴看为某一个别的思维主体的心灵产物，而是看作人类心灵所固有的先验的东西，如果没有这种先验的东西，则人类的知性就无法去在实际经验中对于客观事物进行分析与理解，所以依康德的说法，范畴之为范畴，乃是先验的，那就是说，不只是验前的(a priori)，不只是在任何人类经验之前就须要有的，而是没有它，也就不能有任何人类的经验的，因而就称之为“先验的”以示与验前的(a priori)有其区别，而且验前的概念或原理是能够在任何人类经验之前有其在思维上之作用的(只要在人类经验之前能有思维的话)，不过是和验后的概念或原理在来源上有其分别而已，但是“先验的”，依康德的哲学思想体系看来，就不但是在实际经验之先有其来源，而且又不能像验前的概念或原理那样在没有人类经验的范围里起作用或者有其意义的，而是在人类的实际经验的范围里作为形成人类经验的一种必要的因素而起其先验因素的作用来获得其构成经验这种意义的。由此可见，康德的范畴既非个别思维主体的心灵产物，那就不能说它是主观的。由于照康德说法，范畴之作为知性的一种思维型式来说，乃是人类心灵所固有的而在人类经验的范围里才起其作用且获得其意义的，那么，从个人的观点上看，它是客观的，就是说不以个人的意志或愿望来决定其有无而是人类思维的本质所决定它在人类思维中的地位的。

我们上面的一类话未免有些烦冗，但是，为了弄清楚黑格尔和康德分别对于范畴这种知性思想型式的是否主观的这个问题之看法，也就不能不从他们两人各自的哲学思想立场说起，从而予以不同的解释，以供读者参考及指正。

这也就结束了第四十二节黑格尔关于康德的范畴的看法与其引起的一些问题的讨论。以下就是第四十三节的正文和附释。这节的内容主要是黑格尔对于康德的范畴提出他自己的批评意见，首先看看正文的中译文。

135.2 第四十三节

135.3 一方面，凭着范畴的功能，仅仅的知觉被提升为客观性或经验,但另一方面,这些概念[①],又只是主观意识的综合作用[②],受外界给予的材料的限制,本身[③]乃是空虚的,且只能在经验之内方可应用而有效准。如是,则经验的另一成分,感觉和直观的印象,还不是与范畴一样,仍然只是主观的。

黑格尔在本节的正文里,只谈到一个问题,那就是康德的范畴的性质。据他看来,一方面,通过范畴,仅是知觉的东西就被提升到作为客观性的意识形态,成为有综合性的经验了。但是,另一方面,范畴这些知性概念又只是主观意识的统一作用而为[外界]所给予的材料限制着的,而这些知性概念或说范畴,就其本身来说,乃是空洞无实质的内容,而且只是经验上才有它们的用途和好处的。所以经验的另一成分,感觉和直观这两者的规定,还不是和范畴一样,只是主观的罢了。

这里是黑格尔对康德的范畴按其所看到的性质加以批评。从黑格尔的哲学体系来说,这种批评是很当然的,黑格尔的哲学出发点与基础乃是绝对观念这个唯一无二,无所不包的思想,其所谓一些范畴从"有"到"绝对观念"统统都是思想,即大自然也不过是绝对观念的这个最高的范畴的外化。所以,依这种说法,则一切范畴都是一方面有其形式而同时在另一方面又具有其与之相适应的内容。从这种范畴观的立场出发,无怪乎黑格尔认为康德的一切范畴全都是空洞的,因为依康德看来,所谓范畴无非是知性凭借来理解感性所提供的素材之外加形式,就其本身之作为形式来说是没有外界给予的材料的这种实质的,虽然它是从外界客观事物概括出来的形式,因之从这种实质看来,范畴的内容是空洞的,除了在应用于感性所提供的素材之外,它们只是一些形式而毫无独立的客观意义的。然而依我们在上节的解释中所提供的一些关于康德的范畴的意见,也不能就说康德的所谓感觉和直观与范畴一样都是主观的。

可是黑格尔在本节正文里的关于康德的范畴所提出的批评意见,说它们是空虚的,而在附释里却有所改进,我们现在看看这附释的中译文。

---

① 这里的"概念"是德文的 Begriffe 之中译,指范畴说的。

② 这里的"综合作用"是德文的 Einheiten 之中译,兹按德文这词的原义改译为"统一"。

③ 这里的"本身"是德文的 für sich 之中译,似应中译为"就其本身来说"较确切。

136.1 附释:说范畴本身是空虚的,在某意义下,是没有根据的,因为这些范畴至少是有规范有范围的,亦即有其特殊内容的。范畴的内容诚然不是感官可见的,不是在时空之中的,但这不能认为是范畴的缺陷,反而正是范畴的优点。这种意义的内容(即不是感官可见,不在时空内的内容),即在通俗的意识里,亦早已承认的。譬如,当我们说一本书或一篇演说包含甚多或内容丰富时,大都系指这书或演说中具有很多的思想和普遍性的道理而言。反之,一本书或确切点说,例如一本小说,我们决不因为书中堆集有许多个别的事实或情节等,便称许那书为内容丰富。由此足见,通常意识亦明白承认,属于内容的必比感觉材料为多,而这多于感觉材料的内容便是思想,亦即这里所说的范畴了。但说到这里,另有一面须得注意的,就是说范畴本身是空虚的,也还有它的正确意义。因为这些范畴和范畴的总体(即逻辑的理念)并不停滞不动,而须向前进展到自然和精神的真实领域里,但这种进展却不可认作逻辑的理念借此袭取一外在的生疏的内容,而乃是逻辑理念基于自身的主动,进一步发展并实现其自身为自然和精神。

这里附释的一大段可分为两截来了解。其第一截到"这里所说的范畴了"为止,是接着正文所说康德的范畴是空虚无内容的这点,从而退一步,改换一个调子来按黑格尔的之所谓内容是什么意思。

首先,这截指出,"说范畴本身是空虚的,在某种意义下,这话是缺乏根据的",因为康德的这些范畴如列举在他的范畴表上的那样,是有其规范,或说标准的,如该表上的"量"、"质"、"关系"和"形相"等,而这四种标准也就规定其范围了,所以这就是那十二个范畴的"特殊内容"。但是要知道,这里之所谓内容如那范畴表上的"单一性"、"实在性"、"原因性"、"可能性"等"都不是感官可见,不是在空间之中的",然而不能因此就认为这是康德的范畴的一种缺陷,反之,其实这是它们的优点,何以见得呢?附释以通俗的意识为例,并指出通俗意识早就承认了。譬如说一本书或一篇演讲是有很丰富的内容的,大都是指这书或演讲具有很多的思想和普遍性的道理即原则,而不是说这书或演讲堆集了许多个别的事实或情节。所以通常的意识,即一般人的意见是明白承认,所谓内容主要不是指感觉性的事实和情节,而是指思想性的东西说的。这样,附释就为黑格尔的所谓真正有内容的范畴作了有力的伏笔而在附释的下一截直接地指出来。

这第二截是笔直地说明什么才是有内容的范畴。附释接着写道:当知"另有一面须得注意的,就是说范畴本身是空虚的这种说法,也还有它的正确意义的。因为这些范畴和范畴的总体即逻辑的理念,也就是绝对观念,并不是停滞不动,而是要向前发展一直到自然和精神的真实领域里去",正如这绝对观念作为《哲学全书》的对象之从《逻辑学》继续发展到《自然哲学》和《精神哲学》那样,因而出现着这两个思想领域中的各种自然的范畴和精神的范畴的这一些思想的形态,各各有其适应的内容的。可是这些种种各别不同的内容并不是绝对观念这个绝对的逻辑理念从外面取得来作为己有,而是由于其自身的主动,从而进一步发展并实现其自身为自然和精神的,其为自然也就是绝对观念的外化,而且通过一段的外化,终究回复到精神而作为一系列范畴的归宿的。像这样看待范畴,才能理解它们之不是空洞的思想形式而是在绝对观念的发展之各个阶段上具有其各各应有的内容的。

这样,黑格尔通过对康德的范畴论的批判就提出他的自己的范畴观来,以结束第四十三节,于是也就导致第四十四节关于康德的范畴的进一步的分析和批判。

这第四十四节的正文共分两段,兹分别看其中译文如下。

136.2 第四十四节

136.3 由此看来,范畴是不适宜于表达绝对的,绝对[①]是不在感觉中的。因此知性或凭借范畴得来的知识是不能认识物自身[②]的。

这是本节很短的一段正文。只说从上面所分析的看来,康德的范畴是不适宜于用来表达绝对这个观念的,因为这个绝对观念是不能在感觉中看到的,所以,知性这种人类认识的机能以及依靠知性范畴所得来的知识都不能认识物自身的,就是说不能认识事物之如其本来的那个样子的。

① 请注意:这里的"绝对"是黑格尔哲学的 das Absolute,而这里的"范畴"是康德逻辑的范畴。

② 这里的物自身是康德的 das Ding an sich 的中译文,又译为"自在之物"。

这只是黑格尔陈述康德批判学说的话，要到下段才提出他的批判。下段的中译文是：

136.4 物自身（这里所谓的“物”，亦包含有精神和上帝在内）表示一种抽象[1]的对象。——从一个对象抽出了关于它的一切意识成分，一切感情态度[2]，以及一切的确切思想，便得物自身的概念。这很容易看得出这样的剩余的只是一个极端抽象，完全空虚的东西[3]，只可认作他界，认作观念、感觉、思想等等的否定。而且同样很简单地可以反想到，这个剩余的僵尸，仍不过只是思想的产物、空虚自我的产物或者只是思想不断进行的纯粹抽象作用的产物。这个空虚自我将它自身的空虚同一性当作对象，而这种抽象的同一性就作为对象的否定性，也就列在康德的范畴之中，和那个空虚的同一性一样，为大家所知道的。因此人们就经常反复读到物自身是不可知的东西，那就不禁觉得惊讶，殊不知没有什么东西是比物自身更容易知道的。

黑格尔在这段正文里主要是驳斥康德的物自身的不可知论。他首先是说明，依照康德的说法，所谓物自身究竟是什么。他指出，分析起来，物自身这里之所谓“物”是包含有精神和上帝在内的，表示一种抽象的对象，乃是从一个对象抽出了关于它的一切为人可意识到的成分，一切情态，以及一切的确切思想，那就得出物自身这个概念。这很容易看得出，这样所剩余下来的只是一个极端抽象完全空虚的东西，只可以认作他界（德文的Jenseits），认作观念、感觉、思想等等的否定。而且同样很简单地可以反想到，这个剩余的僵尸，仍不过只是思想的产物、空虚自我的产物，或者只是思想不断进行的纯粹的作用的产物。这个空虚自我将它自身的空虚同一性当作对象，而这种抽象的同一性就作为对象的否定性，也就列在康德的范畴之中，和那空虚的同一性一样，为大家所知道的。因此人们就经常反复读到物自身是不可知的东西，那就不禁觉得惊讶，殊不知没有什么东

---

① 这里的“抽象”是德文 abstrakt 这个形容词之中译。

② 这里的“感情态度”作为德文的 Gefühlsbestimmungen 的中译似不妥，把“态度”删去较合。

③ 从这句起到本段末是本编者按原德文改译的。

西是比物自身更容易知道的。

何以黑格尔说,没有什么东西是比物自身更容易知道的呢?若要答复这个问题,就得要至少初步弄清楚黑格尔的基本哲学观点是怎样和他在这里所批评的康德的基本哲学观点之不同。所以,我们只好请读者暂且保留这个问题,等到在后面适当的地方再予以解决。现在让我们往下看看下面第四十五节的中译文,然而我们还要预先指出黑格尔在这节里是继续阐明康德物自身这个概念是如何不合理的。

137.1 第四十五节

137.2 所以发现经验知识之为有条件的,乃是出于理性的能力——理性即是认识无条件的事物之能力。至于这里所谓理性的对象,无条件的或无限的事物,不是别的,即是自我同一性,或即上面第四十二节所提及的在思想中的自我之原始同一。理性就是以这纯粹的同一性本身作为对象或目的之抽象的自我或思想(请比较前节的说明)。这种完全没有确定性的同一性,是经验知识之所不能把握的,因为经验知识总是涉及确定的内容的。如承认这种无条件的对象,为理性的绝对真理,为理念,则自然会认经验知识不是真理,而是现象了。

上面就是第四十五节的正文全文的中译文。在这段文字里黑格尔主要是说明几个名词几个概念。第一,那能够理会到经验的知识是有条件的(即在条件的范围之内的)乃是理性这个关于无条件事物的认识能力。第二,所谓理性的对象,即无条件的东西或者无限性的东西,不是别的,而是自我同一性(德文的 das Sich-selbst-Gleiche),或即上面第四十二节所提及的思想中的自我之原始同一性(德文的 ursprüngliche Identität des Ich im Denken)。第三,称为抽象的自我或思想的这个理性,乃是以这个纯粹的同一性本身作为其对象或目的的。关于这点请比较前节的说明。第四,这个完全没有确定的同一性乃是和经验的知识不能相称的①,因为经验的知识总是关于有确定性的内容的。第五,如果承认这种无条件的

① 原译的“不能把握”是德文的 unangemessen 之译,今按该词的原义改译为“不能相称”。

东西①为理性的绝对和真实的东西②(为理念③)那么就会因而声称④经验的知识不是真实的东西⑤而是现象了。

这些名词与概念有了说明之后,关于经验性的知识还有待于进一步较深入地解释,所以就有后人加入的附释,这附释分为两大段。兹先看其第一大段的中译文。

137.3 附释:康德是最初确定提出知性与理性的区别的人。他确定地指出,知性以有限的和有条件的事物为对象,而理性以无限的和无条件的事物为对象。指出只是基于经验的知性知识为有限,并称其内容为现象,这不能不说是康德哲学之一重大结果。但他却不可老停滞于这消极的结果,亦不可只以理性的无条件性为纯粹抽象的、排斥任何区别的自我同一性。如只认理性为知性中之有限的或有条件的事物的超越,则这种无限,事实上将会降低其自身为一种有限或有条件的事物了。因为真正的无限并不仅是超越有限,而乃包括有限并扬弃有限于其自身。同样,再就理念而论,康德诚然使人复知尊重理念,他确证理念是属于理性的,并竭力指出理念与抽象的知性范畴或纯粹感觉的表象或观念的区别。(因为在日常生活中,我们大都漫无区别地称感觉的表象为观念,而称理性的理念亦为观念。)但对于理念,他同样只是滞留在消极的阶段,在纯粹"应当"的阶段。

附释的这第一段,首先说明康德是怎样在区别开知性与理性的上面而作出一种重大的贡献,因为他是指出这种区别的第一个人,确定地指出知性是以有限的事物和有条件的事物为对象的,而理性是以无限的事物和无条件的事物为对象的;他指出只是基于经验性知识为有限的知识,并且这种知识的内容为出现在人面前的东西。这不能不说是康德哲学之一重大的结果。但是,他却不应老停滞于这种消极的看法,也不应只是认理

① 这里的原德文是 Unbedingte 这词没有"对象"的含义,故改译为"无条件的东西"以求确切。

② 这里的原译为"绝对真理"的原德文是 das Absolute und Wahre ,应译为"绝对和真实的东西"才合原意。

③ 这里的"理念"是原德文的 die Idee 这词之中译。

④ 这里的原德文是 erkennen 这个动词,不能中译为"认",故改为今译。

⑤ 这里原中译的不是"真理",是原德文的 das Unwahre,似译为"不是真实的东西"较妥。

性的无条件性为纯粹抽象的、排斥任何区别的自我同一性。如果只是认理性为知性中之有限的事物或有条件的事物的超越[①]，则这种无限，事实上就会降低其自身为一种有限的或有条件的东西了。因为真正的无限并不仅是超越有限而乃包括有限并且在它的自身中扬弃了有限，即提高了有限而抛掉其实是有限性部分而吸收其无限性部分。我们同样地再就理念这个概念来谈谈。不错，康德，是使人类知道再来尊重理念的，他是的确证实理念是属于理性的，所以就称为理念，即理性的观念，并且竭力指出理念与那抽象的知性范畴或者纯然是感性的表象或观念的这种区别。因为在惯常上，我们大都是不分区别地称感性的表象为观念，而称理性的理念也为观念。但是，对于理念，康德也同样只是滞留在消极的阶段上，就是滞留在其纯粹“应当”这个阶段上，那就是说依黑格尔的看法，康德的所谓理念乃是“应该是而还不是现实的东西”。

这是黑格尔对康德的知性与理性的区分之评述而又是对康德的理念之批判。我们得要记住，黑格尔和康德对于理念之看法，由于他们两人的哲学基本立场的不同，因而他们关于理念这个观念是无从取得一致的。首先，依康德的看法，知性是必须以感性的直观为基础才能有他之所谓经验性的认识，而对于理念的这个观念，由于感性基础的限制，是可企望而不可及的，是属于经验知识的“彼岸”或说“他界”的，属于物自身之类的，因此，在理性的推动下，其前景中的无限或说无条件的东西，是知性之所永远不能在经验中认识得到而且就知性来说就是永远超出经验范围之外而称为“超越”的。这就是黑格尔所称为“消极的”、纯粹“应当”的阶段，也就是他之所谓“应该是而还不是现实的东西”。

但是，另一方面，从黑格尔的绝对观念说来，康德的理念是决不能在思想领域之外的，而思想却是最现实的存在，因为绝对观念就是一切人类思想的出发点而到头来又是人类一切思想的归宿，那么，认为理性的观念或称理念是人类知识范围之外的东西，可望而不可即的，认为无限或无条件的东西这个观念是“超越的”，是在知识的“彼岸”的，是人类思想的“他

① 请注意：这里的“超越“并不是用在康德的 transzendent 的意义上，而是用在欧洲中世纪经院哲学的一般意义上，作为一般的“超出”说的。

界”的，那就是和绝对观念不相容的了，从黑格尔的哲言立场来说，是可忍孰不可忍！简直是不可想象的！因此，黑格尔从他的概念辩证法发展的观点看来，所谓有限，也就是康德的知性之有限，据理必须是无限的辩证发展的当下之一个出发点，而无限才是（用黑格尔的哲学术语来说）有限之“真理”，才是有限的在其发展过程中终之要达到，而且就是当下为无限所扬弃从而使之成为无限的一个契机，而又永远作为一个不断发展、不断提高的无限之契机，因而从发展来看就已在无限之中的了。由此可见，我们必须认清黑格尔的理念，包括无限这个理念在内，在其哲学含义上是和康德的理念同名异义的一个名词。我们必须看清这个关键性的观点，才能理解黑格尔对于康德的“物自身”或说“自在之物”的学说之批判的真谛，否则我们就会不断碰到一些麻烦，所以在这里我们不避词费而作出上面这一段的解释以供读者的参考，这就结束了本节附释的第一段。

现在我们继续去看第二段的中译文。请读者在阅读这一段的中译文时，注意到附释所记载的关于黑格尔所谈到的“现象”和“事物的自身”的各别含义与两者的关系，而进一步又注意到“事物自身”和康德在严格意义上“物自身”这两者各别的含义，因为这两者在德文上互不相同①。

138.1 认构成经验知识的内容直接意识的对象为仅仅现象的观点，无论如何，必须承认是康德哲学的一个重大结果。通常意识的人，亦即感觉与知性相混的意识的人，总认为他所知道的对象都是各个独立自存的。如果他们明白了这些对象彼此是相互关联，互相影响的事实时，则他们亦复认为这些对象之相互依赖只是外在的关系，而不属于他们的本质。正与此相反，康德确认，我们当下所认知的对象只是现象，这就是说，这些对象存在的根据不在其自身，而在别的事物里。于是须得进一步说明这里所谓“别的事物”是指的什么东西。照康德的说法，我们所知道的事物只是就**我们**说为现象，而这些事物的自身却永远是我们所不能达到的他界。像这种主观的唯心论，认构成我们的意识内容的事物，只是**我们的**，只是**我们**主观建立

① “物自身”或者“自在之物”乃是德文的 Ding an sich 的两种中译，而“事物的自身”是德文的 Sache an sich 的中译。

的，无怪乎会引起素朴意识的抗议。事实上，真正的关系是这样的：我们当下所知的事物并不只是我们说是现象，而乃即就其本身而言，亦只是现象。这些有限事物真确特有的运命，乃系于它们存在的根据不在它们的自身，而在于一个普遍神圣的理念里。这种对于事物的看法，同样亦是唯心论。但却有别于康德的主观唯心论，而应称为绝对唯心论。这种绝对唯心论，远超出通常实在论的观点。但就其内容实质而论，不只是哲学上的特产，而为构成一切宗教意识的基本，因为宗教不相信我们所见到的现实世界，一切存在的总体，都是出于上帝的创造，受上帝的宰制。

在这附释的第二段里，有三重意思是我们得要划分清楚而各别予以体会和分析的。

第一层是到"而不属于它们的本质"这子句为止。在这里的论证，首先是指出康德哲学的一个重要观点，就是认为构成经验知识的内容的直接意识之对象只是现象，而据附释所记载，黑格尔是肯定康德哲学的这个观点是十分重要的。他并指出依常识看来[常识是把感觉和知性混在一起的]人们所知道的对象，[例如桌子板凳，都是桌子是桌子，板凳是板凳]都是各个独立自存的。如果这些只靠常识来进行思想的人从康德哲学明白到这些桌子板凳的对象乃是彼此互相联系互相影响着的，那么他们就也会认为所说的这些对象之所以互相依赖的原因乃是它们处在这种互相关联的外在关系上面，而这些关系原本也就不属于它们作为桌子板凳的本质的。

请注意：在这里所提出的"外在关系"这个哲学术语是十分重要的，我们在后面还会碰见，所以在这里就要把它的意义弄个明白。首先，既有外在的关系，也必有内在的关系，两者的分别在于什么呢?

所谓外在的关系乃是这种的关系，它的存在不是由于关系两方的原有性质而是由于另一外物加给它们的，因而也就可说这种关系是加到关系两方的上面而为一种外加的成分的。兹以 aRb 这个符号来说明。R 代表某一关系，而 a 与 b 是这种关系的两方(为简单起见，现在是谈两方的关系作为一个例子)。在这里，R 并不是 a 或 b 或 a 和 b 这两者之原有性质所产生而是由另一在 a 和 b 之外的东西所产生的，因此：R 并不是从 a

或 b 或 a 和 b 之和所产生的而是由另一外物所产生,因而是加在 a 与 b 之上作为它们的一种外加的性质而称为 R 这种关系的。

反之,内在关系之为 a 和 b 之间的关系,乃是由于 a 与 b 两者之一或两者之和的原有性质而发生的,所以称为内在的关系,意思是说这种关系乃是在于所关联的一方或两方的原有性质的。

这样说来,则外在关系就近似于康德的综合判断的性质,而内在关系也就近似于康德的所谓分析判断了①。为了使读者更容易明了这里的区别,我们还可以用康德的另外两个术语来说明。外在关系对于关系的两方来说,是"扩大的关系",即由于这种关系而"扩大了"关系的两方的,而内在关系是"说明的关系"②,即说明关系的两方的。

初步说明了"外在关系"和"内在关系"两者的意义与其区别之后,我们还想约略地提一提这两种关系在近代欧洲哲学史上所一度引起的理论的争辩,其争辩的焦点乃是世界是一或是多,从而导致哲学上的一元论和多元论③。十七世纪自从英国的经验主义洛克以来,其流派一直到美国的詹姆斯(1842—1910)的实在主义,多元论、激进论等都是在不同程度上认为经验在实际上所能知觉得到的都是些各别的各个独立自存的事物,事物的性质或事物之间的关系,因而这些关系也就是外在的关系,即这事物(或性质)与那事物(或性质)的关系,正如詹姆斯所曾说过的那样,"你所能想到的任何东西,不管是多么大或者是有多么广泛的概括性,在多元论的观点上看来,都是在某一种类上或数量上有其真正'外在的'外围东西的④,既有外围的东西,则关系都是'外在的'了"。

另一方面,一元论,一直发展到绝对一元论,可说从古希腊公元前五世纪的巴门尼德到近代十八世纪末到十九世纪初的德国黑格尔,都是认

---

① 请参考康德著,蓝公武译:《纯粹理性批判》,北京:生活·读书·新知三联书店,1957 年,第 32~35 页。

② "说明"是德文的 Erläuterung 之中译,而"扩大"是德文的 Erweiterung 的中译。

③ "一元论"是德文的 der Monismus 之中译,而"多元论"是德文的 der Pluralismus 之中译。

④ 见詹姆斯著:《多元论的宇宙》(Pluralistic universe),英文本,第 321~326、358~361 等处,为培里教授在其《现代哲学倾向》(*Present Philosophical Tendencies*)原英文本第 244 页上引的。

为，人们当下看到的事物在其背后有一个绝对的确实的理想世界为知识这个意识形态所含蕴着的，而且从这个观点发展下去，结果就是一切以绝对或说绝对观念为出发点而又为其归宿的这派绝对唯心主义的哲学。正如美国哈佛大学哲学教授培里先生(R. B. Perry)在其《现代哲学倾向》一书里所说，当然他是从新实在主义的观点说的，“绝对主义哲学是和思辨的独断主义紧密地关联着，这种主张认为有一条无所不包无不足够的第一性原理，而且这种主张是来自这种倾向的，即它倾向于预期着知识之不断向前进展，就必定要达到它的完全统一。绝对主义的哲学就是这种动机在其单纯性上的表现……这种哲学并不是从唯心主义的基本原理那里来的，其实早在唯心主义出现之前，绝对主义哲学就已经有了它在历史上漫长而饶有意义的发展过程了……古代有柏拉图而近代则有斯宾诺莎……他们的哲学遭到的突出困难，依我看来有三点：形式主义、意义蒙混和独断主义”[①]。培里先生在上引书的第245页上又说“这种一元论作为一种情感来说，是可理解的；但是作为一条假说来说，就不但是还没有证实的，而且是不能证实的。由于用来以公式来表达它的名词，就其可以这样来表达的限度上来说，都是属于那么极端的抽象性的，所以就决不能计划出任何一种决定性的实验来明确地确定它的真实性或虚假性。在其没有以公式来表达的形式上来看，它是一种追求统一性的情感，一种追求秩序的爱好，一种‘对于宇宙的情’(cosmic emotion)。这样说来，所谓‘绝对’，要就是一种意义肤浅的口头禅，大家是说世界是一体而且又是各部分相互关联着的，而实在就是如此的；否则“绝对”就是神秘主义之一种虔诚的符号”。

不管是从詹姆斯的实用主义的立场来看经验主义而得出外在关系的意义，或者是从新实在论的立场来看绝对主义哲学而得出内在关系的意义，两者同是带着哲学派性的观点来译述其所不十分赞成的另一派别的，虽然争辩的双方都是属于资产阶级的唯心主义阵营的货色，争去争来，总是不能得到真理，因之问题还是没有解决。我们在研讨黑格尔对康德哲学的评述时，是得要记住这一点的。然而目前，我们只求把“外在关系”和

① 引自该书英文原本1912年美国纽约版第166页。

"内在关系"这两个哲学术语的意义弄个清楚也就够了。平心说来,离开当前的实际,很难判定一个关系是外在的抑或是内在的。例如,我这个具体的人在研究哲学史,那么,我和哲学史的"研究关系"是外在的,还是内在的呢？由于我是一个人而哲学史是人所研究的,那么,我和哲学史的关系可说是内在的,因为这是由我和哲学史的性质所决定的。但是在我的一生的历史过程中,尽可能会有许多的时间、地点、具体条件的因素是叫我不去把哲学史作为研究的对象的,而从这方面来考虑,我之研究哲学史岂不又是外在的关系吗？但是,关系之为外在的或内在的这个问题,在欧洲近代的哲学界中,尤其是在关系逻辑盛行以后较长的一段时间里,关于这个问题的争辩之那么剧烈并不是毫无理由的。我们暂且不去多研讨这个问题对于道德问题的关系,那是比较麻烦的,因它涉及许多其他的问题。现在我们只考虑一下两个较简单的问题,来说明外在关系和内在关系的问题之重要性。

假定:用符号来表达,有 a+b+c 这种一个情况,其中的 c 不是含蕴在 a+b 之中而又不能从 a+b 推论出来的。在这个情况下就可以正当地说,关于 a+b,可以有 d 而不是 c,用来加入 a+b 的行列去,那就是说,c 或 d 同是可以与 a+b 并列的。有了 a+b+d 和 a+b+c 同是合理的这个事实之后,就不能说 a+b 是只能加上 c 或加上 d 的了。由此可见 a+b 和 c 或 d 的并列关系是外在的。[①]

关于外在关系和内在关系就写到这里为止吧。现在就回头来继续解释第四十五节附释第二段的前三分之一以后的内容,而从"正与此相反,康德确认"这里起。

康德对于对象的彼此互相关联互相影响这个事实的看法,却不是像一般人的常识所认为的那样,把这些事物的关系作为外在的关系看的。依黑格尔在这点上的理解,"认为康德是确认我们当下所认知的对象不过是一些现象,就是说,他认为这些对象的存在之根据不是在于这些对象的自身,而是在于别的事物里"。我们得要体会到,这是黑格尔对于康德的观点的解释,而不是康德观点之确是如此。且看黑格尔是怎样说下去的。

---

① 这个例子是从培里教授上引书的第 250 页摘译下来的。

他说,“于是须得进一步说明这里所谓[别]的事物,是指的什么东西。”依黑格尔的理解,“照康德的说法,我们所知道的事物只是就我们说为现象,[而不是事物的本质或说事物的自身]而这些事物的自身却永是我们所不能达到的[而是属于]他界[德文 Jenseits]的”。

康德确是这样认为的吗？有点像,但不是全像。黑格尔对康德在这里的观点的解释不是完全正确的。让我们加以说明。

首先,我们还得要从康德的 Ding an sich 这个闻名的名词词组说起。这个词组的一般中译是“物自身”和“自在之物”。“物自身”是比较粗糙的意译,倒不如“自在之物”的比较确切,可是也得要加以说明。

我们在上面曾说过,德文的 an sich 是“自在”的意思。但“自在”又作何解？原来“自在”是个佛典翻译名词,指的是“心离烦恼,通达无碍”的意境。但一般不问词源而说什么“自由自在”,且竟以“自在”说成就是“自由”的。但是,这些都不是康德所说的 Ding an sich 的“an sich”之真解。当知 an sich(今中译为“自在”)是“在某物的自身而言”的意思,因而 Ding an sich 就是“从物的本来是那样来看这物,”那么,一般的看法就不是这样的,而是就某人在某时某地据他的思想意识的形态来看任何一物一事的,所以康德就强调指出,这样对物或对事之看法就不是该事物的真相,而其真相乃是要从该物的原来那样去看才行。可是这在人类认识活动的实际上是没有可能的,因为依康德的说法,人类的对事物的认识是必须从感性认识开始而且必须以感性认识为其基础,才有知性通过适应的范畴而对于当下的事物加以了解,因而这种知性认识也就不是该物之如实地被认识,而是受到某一定或说某一些感性的条件,如时空等条件和知性的适应的范畴的条件的,然而不在这些条件下,就不可能对该事物有任何的认识了。可是,对任何事物的如实(拉丁文的 per se 或德文的 an sich)认识是绝对不可能的,这就是康德之对客观事物的不可知论。他的闻名的不可知论不是说他见麦色不知食,且不知他叫做伊曼努尔·康德的这种不可知。

再则,所谓“自在”(an sich)是对“自为”(für sich)的相对而言的。一般的德华字典,例如国内现有的较可用的上海科学技术出版社刊行的为集体所编辑的内部发行的《德华标准大字典》在 das ist eine Sache für sich

这条下就仅注为“此系另为一事”这叫读者如何理解 für sich 这词组呢？可是，不知康德哲学的人又怎样翻译这词组？况且这词组又不是康德哲学的固有物！我们据康德的哲学思想试改译这一句话，不嫌辞费而以“信”为主，就要这样翻译以供读者和德文专家的参考：das ist eine Sache für sich 中译为“这就是一事之在他事的相对下的自为而言”，这样也就比所说的那一事之自在那样发展了一步，而在其与他事的相对情况下而言的。像这样来解释“自在”岂不是太啰嗦吗？然而康德的哲学思想并不是三言两语之所能说得清楚的。因之黑格尔也就不免说得有些不正确而须要纠正的。例如黑格尔的这句话，如果这里附释的这句话确是黑格尔说：“照康德的说法，我们所知道的事物只是就我们说，是现象，而这些事物的自身却永是我们所不能达到的他界。”这句中译的话是有一些语病的，因我的手边《小逻辑》的德文本是还没加入附释的，因而就不知这句话在原文上是怎样说的，而只就中译文来加以考虑。

第一，中译本原有的是“就我们说为现象”，这话比较别扭，改为“就我们说，是现象”便易懂了。第二，“这些事物的自身”，这里的“自身”，不是德文的 sich 而是德文的 selbst 才通。第三，“却永是我们所不能达到的他界”这句里在“是”后面加入“属于”两字才对头，因为“事物自身”不能是“他界”。

把文字问题解决后，上面一小段的大意是说，康德确实认为我们当下所认知的对象只是现象，而所谓现象，就是说，它们存在的根据不是在于其自身而在与别的事物里的。那么，所谓别的事物是指什么说的？黑格尔认为康德在这里的“别的事物”是指现象所表达的事物的自身说的，而且他又认为康德认定这些事物的自身是永远为我们的认识所达不到的，因而就是属于虚无缥缈的他界的。

黑格尔这样说明康德对于我们当前的对象的性质之后，就着手对康德这个观点加以批判。他首先认定康德这样的观点乃是主观唯心论的观点。其理由是：依康德的观点来说，大凡构成我的意识内容的事物都只能是我们的，即属于我们在主观上建立在我们的意识里面的。黑格尔之这样判定康德对于人们所认识的对象的性质，其判断未免太过片面而且歪曲了康德在他的《纯粹理性批判》一书里所提出的种种论证了。

如果要求读者遍读上引的巨帙,则未免太不合情理。我们为了没有读过康德的三部《批判》的读者的方便起见,谨建议不必去看《纯粹理性批判》篇幅冗长的正文而只稍微涉猎一下该书可称为附录而标题为“先验方法论”中的几个片段:即蓝公武中译本第 499 页上的一句:“除由经验以外,无一人能获得与实在之概念相应之直观;吾人绝不能先天(应译为‘验前’)的自吾人自身所有之源泉,及在实在之经验的意识之先,具有此直观。”同译本第 502 页上的三句:“关于普泛[即一般]所谓事物(其直观不容验前授与者)之综合命题乃先验的……此等命题所包含者,仅为吾人依据之在经验上探求所不能验前以直观表现之事物(即知觉)所有某某综合的统一之规律。但此等综合的原理,不能在一特殊事例中,验前展示其所有概念任何之一;仅借经验(此经验自身仅依据此等综合的原理而始可能者)在验后的展示之。”又同译本第 512 页一句:“盖因其[指原理]具有此种特殊性格……乃使为其自身所有证明之根据之经验[为]可能,且在经验中必常以之为前提者。”在这三个片段之外,读者按该《批判》的目录摘阅另一些章节或几句,便可看出黑格尔在这上述一段文字里是怎样不理解乃至歪曲了康德关于现象和现象所根据的“自在之物”的。关于对象的区分为现象与本体的根据,读者还可涉猎一下《纯粹理性批判》蓝译本第 209—220 页,特别是第 217 至第 218 页上截,必要时,其余各页都可不读。至少这样读点康德原话的中译,才能了解“自在之物”。

此外,在附释剩下来的只有一小段了,从中译本第 138 页结尾前一行“事实上”起到附释的结束。

在这一小段文字里,我们很容易看出黑格尔从他自己的哲学观点是不理解康德的所谓现象,而依我们看来,他也不十分有兴趣去真正弄清这个在康德哲学体系上非常重要的问题的,且看他是怎样对付康德的“现象”这个概念的。据说他是这样说的:“事实上,真正的关系是这样的:我们当下所知的事物并不只是我们说是现象,[且看,我们当下所知的事物之为现象是因为我们说它们是现象]是因为我们说它们是现象而乃即就其本身而言,亦只是现象。”这就是说,依黑格尔看来,我们当下所知的事物,就其本身而言,只是现象。我们当要问问黑格尔这样说,其理由何在呢?

首先我们需要记得,黑格尔在这里之所谓“现象”仅只是康德哲学术语的“出现”即康德所常用的 die Erscheinung 这个德文名词，虽然这个德文名词有人中译为“现象”，但是按这词的意义，应该中译为“出现”方妥①。出现是较为朴素的东西，而现象乃是出现之按照范畴的统一性作用的作为对象而为人所思想到的东西。这是康德原来所作出的区别，而按这区别，则出现是属于感性的而现象是属于知性的，因为它是需要有知性概念即范畴的在出现上的作用才能在人们的意识中得到形成的。

这样看来，黑格尔说什么“我们当下所知的事物并不只是就我们说是现象，而乃即就其本身而言，亦只是现象”，则问题就在于这句话里的“所知”这词了。我们手边无黑格尔的原德文，所以无从查对，但按瓦拉士的英译，则贺译的“所知”当是“直接意识”(direct consciousness)的活动，那么贺氏中译的“所知”就是感性的活动而尚没有到知性的地步，所以“所知”的对象只能是出现而不能是现象。由此可见，黑格尔之说“就事物的本身而言，所知的亦只是现象”的这种话就是歪曲了康德的本意而代之以他自己的哲学观念的了。这是我们为了弄清哲学史的发展而在这里不能不指出来的。

那么，黑格尔又何必这样说呢？我们当知在黑格尔任柏林大学的哲学教授时，正是康德哲学盛行的时代，为了在哲学界争一席之地，黑格尔是势所不能不尽力把自己的哲学观点逐渐来替换康德的哲学观点的，因而不管他是否真正了解康德的先验观点，他在“人们当下所知的事物”这个观点上就不能不乘机用上他自己的“绝对唯心主义”的观点来替换康德的“先验唯心主义”这观点了。

结果就是跟着在下面的这句话：“这些有限事物[即人们当下所知的事物]真确特有的运命，乃系于它们存在的根据不在它们的自身，而在于

① 关于 die Erscheinung 的中译，请参看《纯粹理性批判》的下面两段：“出现(Erscheinungen)的在其按照范畴的统一性作用作为对象来为人所思想时，这些出现就称为现象。”(第一版第 248 页)“如果感官把某东西在我们人的面前提出来单纯是像它出现的那样，那么这某东西也必须在其自身来说是一个东西，而且是一种非感性直观的对象，也就是知性的对象。换言之，有一种知识必是可能的，在这种知识里，是没有感性的作用的，而且只有这种知识才是具有绝对客观的实在性的。通过这种知识，对象就如实地表现出来，然而在我们知性的经验性用途中，东西只如其出现的那样为我们所知道。”(第一版，第 249 页)这两段引文是编者按斯密氏的英译本重译的。“现象”是希腊文(phaenomenan)的中译。

一个普遍神圣的理念里。"这里的"普遍神圣的理念"也就是黑格尔的"绝对观念"。所以,他紧跟在后面就有这句话:"这种对于事物的看法,同样亦是唯心论,但却有别于康德的主观唯心论,而应称为绝对唯心论。"黑格尔的这样把康德的唯心论和他自己的唯心论对比起来而称他自己的唯心论为绝对的唯心论,这是正确的,但只称康德的唯心论为主观的唯心论而不冠以"先验的"衔头,则未免美中不足。

最后一点还是重要的,因为黑格尔终于彻底暴露了他的哲学意图,是为了维护那麻痹劳动人民的宗教的。他说:"这种绝对唯心论远超出通常实在论(der Realismus)的观点。但就其内容实质而论,不只是哲学上的特产,而构成一切宗教意识的基本,因为宗教亦相信我们所看见的现实世界,即一切存在的总体,都是出于上帝的创造,受上帝的宰制。"

我们要把这一整段的话通读一遍,才看到它的精神:第一,黑格尔说他的绝对唯心论是比任何所谓实在论都更抱持人们当下所看到的事物之为实在的这种观点。其实,当时的实在论乃是超出了朴素的实在论的原始观点,再不像素朴的意识那样把事物看为是五官所感觉的那样,而是要在其本来的色泽里去看事物的真相的。那么,依黑格尔的绝对唯心主义来说,事物存在的根据是什么呢? 什么才是事物的真相呢? 一句话,是绝对观念按其发展的阶段所表现出来的形式,而且黑格尔认为,照这样去看事物的方式不只是哲学上发展到它的绝对唯心主义的特产,而是构成一切宗教意识的基本,因为宗教也是相信我们所看到的现实世界的形形色色,一切存在的总体,都是出于上帝的创造,受上帝的宰制的。这样一来,不言而喻,绝对观念就是上帝了。其实,"上帝"是欧洲各国语言的 god, got, gott, gud 等,而最适当的中译为"神",即黑格尔这里的"神圣的理念"之"神",而"上帝"乃是借用我国儒家的经书的一个名词而已。

如果要把黑格尔的绝对唯心主义和康德的先验唯心主义概括来说,黑格尔是把人们当下所看到的形形色色的事物都认为是绝对观念的表现,而康德则是认为是由于人类固有的心灵之构造所不得不像那样先验地来看的。

还不得不在这里指出,何以康德的"自在之物"这个学说会导致他的不可知论,而黑格尔的绝对观念则叫他的这个基本观念与其一切的派生范畴都是人们所能知道的。

第一，我们要分别弄清楚在康德和黑格尔看来，所谓“知”是什么意思。两人都认为“知”是人类的一种认识活动，即把当前的某物分辨为此而非彼，换言之，“知”是分别识。但是第二，康德在认识论上是个二元论者，认为认识的主体，心灵，是意识的主体，而认识的对象，其本源是属于客观的外界的。结果就是：外物不通过感官就不能成为意识的对象作为知觉被人类的心灵或说意识所感觉到为意识的直观，没有这种感性直观做认识的基础，就不能从而通过知性范畴提高为知性的认识对象而为知性的意识所辨别的，所以依康德的认识论来说，“知”是必须先有感性从外界接受某种的被给予的对象，然后由知性加工而使之能为知性的分别识通过范畴而确定该对象在意识系统中的地位从而得到它的所谓意义的。那么，照康德的认识论学说来说，自在之物(x)加上感性的先验条件(s)就成为直观，再通过知性的某种适当的范畴这样的先验条件 u 才成为当下所知的对象，这种对象康德称之为“出现”，可见这出现(x＋s＋u)是有条件的，而和自在之物 x 完全不同的，而且不加上 s 和 u 就不能为人类的意识所认识得到的。在这里，我们就看到出现，即人类认识的对象不是原来康德所认定有其存在的“自在之物”，而由于“自在之物”乃是“某认定之物”之如它原来的样子那样而并不外加任何认识所要求的条件的，那么它这个 x 就必然是人类意识所不能知道的了。同时，我们也看清楚康德之所谓“范畴”乃是知性所附加于 x 的某个或某些认识条件，而这种条件有其先验的存在，能起某一定的适当作用，可是在其自身来说是没有具体的内容能为人类的意识所知道的。

在这上述所提到的问题上，黑格尔所持的看法就完全两样了。正所谓“道不同，不相为谋”，基本观念不相同，就不能说同样的话。依康德说来，范畴只是最一般和最基本的认识事物的逻辑概念，只是附着于思想的内容而不是这内容的本身的形式。这种说法是列宁所批判过为“不对的”①而且是属于陈旧的说法。黑格尔则如列宁所指出②，“要求这样的逻

① 引自列宁：《哲学笔记》，北京：人民出版社，1956 年，第 66 页。

② 引自列宁：《哲学笔记》，北京：人民出版社，1956 年，第 67 页。

辑:其中形式是具有内容的形式,是活生生的、实在的内容的形式。是和内容不可分离地联系着的形式"。列宁并指出[1],"思维的范畴不是[像旧逻辑所说的那样为]人的用具,而是自然界的和人的规律性的表现"。可见黑格尔的"范畴",其含义是和康德的"范畴"之含义完全不相同的。黑格尔的范畴从"有"[Sein]一直通过几十个范畴而发展到其最高的形式,即"绝对理念"(die absolute Idee)这个最后的范畴,都是绝对观念的不同表现,因而就不会有康德的认识论二元论的意识与存在的矛盾而一致是属于意识的范围的,或更确切地说,是一致属于精神的范围的,所以这些范畴都不是单纯的形式,而是具有最丰富的内容的绝对观念,亦即绝对精神,在发展上所表现出来而按其发展的阶段有其适当具体的内容的形式,因而形式是和内容密切结合着的,而且各个范畴既是人类意识作一种意识形态所遇到的另一种意识形态,那就没有可知性的问题而全是为人类所能知道的了。

由上面我们关于康德的"自在之物"即"物自身"和黑格尔的范畴的阐述,我们的读者大概就可明白,何以黑格尔是对于康德的范畴说表示不满的。由于这种基本上的不满意情绪,就引起黑格尔对于康德的其他比较重要的学说,其中首要的便是康德的范畴如何应用于无条件的对象,这就是下面第四十六章所提出的问题了。

139.1 第四十六节

这第四十六节是承上启下的一节。黑格尔认为到上面的第四十五节为止,已经略讨论过康德的范畴的性质,而此后从第四十七节起是要看看康德的范畴怎能应用于无条件的对象的。所以我们面前的第四十六节只是把这个问题提出来而且说明何以要提出来这问题的。兹先阅读这节的中译文。

139.2 但单说有理性的对象存在,尚不能令我们满足。求知欲使我们不能不要求去认识这自我同一性或空洞的物自身[2]。所谓认识不是别的,即是要知道一个对象的确定的内容。但确定的内容包

---

① 引自列宁:《哲学笔记》,北京:人民出版社,1956年,第65页。

② 参看中译本第137页第三至第四行。

含许多成分结合于一个对象的自身，而且这种结合是建筑在与许多别的对象的关系上。如今要想规定那无限之物或物自身的性质，则理性除了应用它的①范畴外，亦没有别的认识工具了。但如果设法应用范畴以把握无限，则理性便成为飞扬了，超越了。

在这段话里，所提出的问题是要知道如何去认识物自身。读者大概还能回忆到在上面第四十四节第二段正文里有这样的一句话："这个空虚自我思想的纯粹抽象作用，将它自身的空虚同一性当作对象，因而形成物自身的观念。"这就是说，自我同一性是形成物自身的原因。其次，说到"认识"的意义，这里关于认识的定义，乃是认识"是要知道一个对象的确定的内容"。但是，确定的内容又是什么呢？这里的解释又是十分正确的，然而不是容易达到的，可说是认识的高度要求而为准确科学知识的鹄的的："确定的内容包含许多成分结合于一个对象的自身，而且这些结合是建筑在与许多别的对象的关系上。"这是地地道道的绝对观念发展出来的真正知识的描绘。然而，物自身是人类知识不断发展的最后鹄的，要求知道一物的如其原来的那个样子，即还它的本来面目而不为任何外加条件所改变，而照康德的说法，这是无止境的追求，属于彼岸的对象，所以就称为"自在之物"，又中译为"物自身"。而且按康德的想法，这个"自在之物"是无限性的存在之类的，为理性所追求的，但在这种追求的过程中，理性却不能应用任何知性的范畴的，如果理性试图去应用这种知性的范畴，那就是理性超出了知性范畴的适用范围而成为超越(transcendent)的动作了，结果，照康德看来，就是知性规律和理性规律的"二律背驰"(Antithesis)了②。

不但如此，依黑格尔看来，康德却硬把他未加深究的知性范畴应用于

① 这里"它的"当然是指"理性的"说，但理性没有它自己的范畴，这是康德哲学的说法，而贺译在这里使用"它的"这个字样是无视康德的学说的，况且黑格尔的原文是 hätte diese Vernunft nichts als die Kategorie（理性只是有范畴可用）而并没说"它的"(即理性自己的)范畴，所以这里的原译就不但错译了原文，而且这种错译是歪曲了黑格尔对康德哲学的理解的，请看我们的解释。

② "二律背驰"，顾名思义，就是两条不相容的规律的相互冲突；这里就是知性范畴是必须应用在感性的有限事物上才生效的，而理性的对象，至少是它所不断追求的对象是无限性的，因之这两性的规律是相互冲突的。

理性的无条件的对象上面去。

关于这点，让我们阅读本节第二段的中译文。

> 139.3 说到这里，便进到康德理性批判的第二方面了。这一方面就其本身而论，较之前一部分，尤为重要。批判哲学的第一部分，就是前面所提到的观点，认所有范畴皆以自我意识的统一性为本源，因此凭借这些范畴所得到的知识，事实上不包含有任何客观性。即在前面四十节和四十一节所指陈的范畴的客观性亦只是主观的。所以，如单就这点来看，则康德的批判主义只是一种粗疏的主观唯心论。它并未深究到范畴的内容，只是列举一些抽象的主观的思想型式，而且甚至单偏于主观方面，认主观性为思想之最后的纯粹肯定的性质。但到了批判哲学的第二部分，康德考察他所谓范畴的应用时，即理性应用范畴以求得到关于对象的知识时，他至少曾略略提到范畴的内容了。或至少，他曾给了一个可以讨论范畴的内容的机会。这于我们有特殊兴趣去看，康德如何讨论范畴之应用于无条件的对象，亦即如何批判形而上学。对于他进行的方法，我们在这里将略加叙述和批评。

这一段首先指出，康德的理性有它的两个方面。其第一方面阐述范畴如何都是以自我意识为其本源的，因而靠这些范畴的作用所得到的知识都是不包含任何客观性的，例如在上面第四十节里所谈到的批判哲学把经验作为它的出发点，而且又把经验中的感性作为知识的基础的，但是感性的东西都是个别的在空间为相近的而在时间为相续的事实，而个别的东西是没有普遍性和必然性的，因而其自身就不能真正构成人类的经验的，所以要有经验，就必须有思想来自发地产生事物的必然性和普遍性，可见照康德的说法，普遍性和必然性乃是验前的，就是说，没有普遍性和必然性就没有经验之可能，而普遍性和必然性这两个范畴既然是人类心灵固有的东西，那么人类经验之依靠以得到成立的因素就是主观的，即属于人类的意识的，而不是由于客观事物而来的了。这是前面的第四十节的主要论证，而在第四十一节里则说明批判哲学之所谓客观性也不过是指那有普遍性和必然性的东西，今普遍性和必然性既已证明是属于人类的意识的，那么，这里在批判哲学里的客观性归根还不过是主观的东西而已。所以，黑格尔就肯定地说："如单就这点来说，则康德的批判主义只是一种粗疏的主观唯心论。"其为"唯心的"，乃是经验之成为经验，其主因乃是意识，其为"主观的"，其主因乃是"一切范畴皆以自我意识的统一性为本源"，而普遍性和必然性就是范畴，其为"粗疏的"，就是因为康德的这种批判主义"并没有深入去研究范畴的内容而只是列举出一些抽象的思想型式"，其为抽象的，是因它们是无内容的，纯是由意识而来的一些主观的思想型式。以上这些是黑格尔认为是康德批判主义的第一部分。

其第二部分，依黑格尔看来，主要是关于范畴的应用方面的。康德是怎样把他的范畴应用到理性的追求关于对象的知识呢？首先，我们当知道，理性的对象，至少是它所追求的对象，乃是一些无限性的意象。在读到这些对象或意象时，康德至少也曾略略提到范畴的内容。或者至少曾给了人们一个可以讨论范畴的内容的机会。对于这种问题，我们是有特殊的兴趣的。康德究竟是如何把他的范畴应用于理性的无条件的对象呢？康德是如何批判形而上学的呢？至于康德在讨论这些问题时所用的方法，我们在这里将略略加以叙述和批评，且看下文吧！兹先阅读紧跟在下文的四十七节的中译文。

140.1 第四十七节

在这一节里，主要是讨论康德对于人类灵魂的考察，而在附释里并谈到康德对于所谓理性心理学的批判与其对于这种心理学的意见。

140.2(a)康德所考察的第一个无条件的对象就是灵魂①(参看上面第三十四节)。他指出，在我的意识里，我总是发现(1)我是决定②的主体；(2)我是单一的或抽象地单纯的；(3)在我的一切复多的意识经验中，我意识着我是同一的，一而不二的；(4)我是把我自己想着和一切外在于我的事物有区别的③。

140.3 康德很正确地指出，旧形而上学便将上面这种经验的说法，转译成相应的思想范畴或形而上学名词，于是便提出下面四个新

① 这里的"灵魂"是德文的 die Seele 之中译。

② 这里的"决定的"是德文的 bestimmende 这个现在分词之中译，有进行着的意思，故应中译为"决定着的"或"进行决定的"。

③ 这句是本编者按原德文改译的。

的命题:(1)灵魂是一本体(2)灵魂是一单纯的本体;(3)灵魂于其不同的时间存在里,数目上仍是一而非多;(4)灵魂与空间有关系。

这两段由于其内容的紧密联系,我们就合并着来考虑。

这里第一段的开始有(a)这个标志,是表明这第四十七节的内容要和下面第四十八节以及第四十九节的内容作为三个平列的内容来考虑的。这里的四十七节是考虑灵魂这个问题的。按上面三十四节,形而上学的第二部分乃是讨论理性心理学或称灵魂学的,而这门所谓的灵魂学是把灵魂作为灵解(按"灵"是古希腊文的 pneuma 这词之译)所以就有 pneumatologie 这个名词而后来在欧洲语文中才改用 Psychologie 这词,其实 pneuma 和心理学的 Psychologie 的 psyche,即希腊文的 peukhe 是有分别的,前者原是"灵气"或"灵"的意思,而后者才是"灵魂"的意思。请读者参看上面第三十四节的附释第一第二两段。

在我们当前的第四十七节的头两段里,黑格尔首先指出,康德是在考察灵魂这个第一个无条件的对象的性质的。这就正如黑格尔在上节所指出的那样,康德在谈到理性所追求的关于无条件的对象的知识时,他至少是要略略提到范畴的内容,才能把范畴应用到一些无条件的或说无限性的对象或说意象,如灵魂那样的。因此,康德在谈到灵魂时,不管他对于灵魂是持什么样的见解,他首先也就提到灵魂是一本体,灵魂是一单纯的本体,在数目上灵魂是一而不是多,灵魂与空间有关系,而"本体"、"单纯的"、"一"、"多"、"关系"都是关于性质或说内容的问题,而且是要涉及范畴的内容,才能这样提出的。与此同时,我们在本节开头的两段又看到康德关于灵魂的论述,是把他当时的旧形而上学关于"自我"的说法转译而为相应的思想范畴的。于是便导致下一段关于康德思想范畴的议论,现在我们先看看这段的中译文。

140.4 由前面经验的说法过渡到后面这些形而上学的说法,其缺点显而易见,即是将两种不同范围的说法,将经验中的说法和逻辑上的范畴,弄得互相混淆了,这就陷于一种背谬的理论(德文的 Paralogismus)了。康德认为由经验的性质推到思想的范畴,用思想范畴以代替经验性质的办法,是不对的。

140.5 我们可以看出,康德的批判所表示的没有别的,只是重述上面第三十九节所说的休谟的观点，认思想的范畴总是具有普遍性与必然性的，是不能在感觉之内遇见的，并认经验的事实，无论就内容或形式而言，都是与思想的范畴不同的。

我们在这里又须把两段合并起来去考虑，因为其内容是紧密联合的。

让我们回头看看本节正文第一和第二段。在第一段里，黑格尔写道："康德指出，在他的意识里他总是发现'他是一个在决定着的主体'，'他是单一的'等等，而在第二段里康德又指出，旧形而上学便把上面第一段里的那些经验性的说法[如'他是一个在决定着的主体'，'他是单一的'等等]转译成①相应的思想范畴或形而上学名词②，于是就有了'灵魂是一本体'、'灵魂是单纯的'等等。显然这里的'灵魂'、'本体'、'单纯的'乃是用来把上级的'他'、'主体'、'单一的'等经验性的说法转变成为与之相应的形而上学的名词或思想的范畴的。"

黑格尔像在上面那样写出了之后，便在现在我们所要考虑的第三段里又继续写道："由前面两段里的经验的说法过渡到后面第二段的那些形而上学的说法，其缺点显而易见，即将两种不同范围的说法，也就是把经验中的说法和逻辑上的范畴，弄的互相混淆了[例如怎能把经验中的'主体'变成形而上学的'本体'呢?]，这就陷入一种背谬的理论(德文的 Paralogismus)③了。"康德认为"由经验的性质[例如第一段的'他'或'我'和'同一的']推到思想的范畴[例如第二段的'灵魂'和'一而非多']，即用思想范畴来替代经验性质办法这种背谬的理论是不对的"。这是第三段。

在第四段里，黑格尔继续写的是把康德上述的看法和休谟的观点同一起来的："我们可以看出，康德的对于旧形而上言的这种反常的理论之批判所表示的没有别的，只是重述上面第三十九节正文第三段(见中译本第 127 页第二段)所说的休谟的[怀疑论的]观点，认思想的范畴总是具有

① 这里中译本的"转译成"是原文没有而为中译者加上作为意译的。

② 这里的中译本的"名词"是和上面脚注的"转译成"一样的。

③ Paralogismus 这个德文的逻辑术语是希腊文的 Para－logismos 逐译过来的，其前缀 para 是"反乎"的意思，而词根与后缀是"理性的理论"的意思，于是全个词就是"反乎理性的理论"的意思。但这个词和拉丁文的 fallacia(译为英文的 Fallacy 而中译为"谬论")有别；前者是无意识的而后者是故意的。

普遍性与必然性的，[所以这些思想的范畴]是不能在[个别性的]感觉之内遇见的，并且认为经验中的事实，无论就其内容或者就其形式来说，都是与思想的范畴不相同的。”

说到这里，黑格尔对于康德的灵魂论还有其他的意见，所以我们还得要继续阅读本节正文的第五段如下：

> 141.1 如果把经验的事实认作构成思想之所以为思想的证件，则无疑地必须要能在知觉中去确切地指出思想的根本。——为说明灵魂不能认作是一本体，有单纯性、自我同一，且与物质世界接触仍能保持其独立性起见，康德于批评形而上学的心理学时，特别指出我们在经验中所意识着的灵魂的各种特性与思想的活动所产生的特性并不完全相同。但据上面的陈述，康德认为一切知识，甚至一切经验，皆为经过思想的知觉所构成。换言之，他将原来属于知觉的特性，转变成思想的范畴。

在这段里，黑格尔先是指出康德是怎样说明旧形而上学的心理学在经验中所意识到的灵魂之各种特性[如“灵魂是一本体”、“灵魂是一单纯的本体”等]和思想的活动所产生的特性。这就是说，如果灵魂是一无限性的存在者，则思想必得要承认是它是普遍地存在且是必然存在的这种特性，这两类特性并非完全相同的。如果有人要把前一类的关于灵魂在经验中的事实，认作是构成思想之所以为思想的一种证件，那么毫无疑问就必须要能够在个性的感性知觉中去确定而切实地指出有什么迹象是预先可作为是思想的根据的。但是，这是旧形而上学的心理学所不能做到的，如上面的一番论证所证明的那样。于是黑格尔就肯定，“这样康德就认为一切知识，甚至一切经验[当然经验乃是较长时间的知识所构成的]都是那经过思想[即知性的范畴之思想作用]的知觉所构成的。换句话来说，康德是把原来属于知觉的特性转变成思想的范畴”。如果这里在引号里的一番话是黑格尔说的，则他是又一次歪曲了康德了。康德在他的所有的著述里，从没有“把原来属于知觉的特性转变成思想的范畴”。据我们所知，康德的范畴是属于知性的，而在康德所用的德文哲学术语中，die Wahrnehmung(知觉)、der Verstand(知性)、der Gedanke(思想)和 die Kategorie(范畴)都绝不会被混淆的，那么何得有康德之把原来属于知觉的特性转变为思想的范畴呢？查这里的中译文在“换言之”之后的一句话，依德文①直译，应是：“就是说，那些原是属于知觉的决定性就变化为思想的决定性了。”据此，则令人误解的原因是在于原译文的“范畴”这个词，如果照黑格尔所用的德文 Bestimmung 这词按其原义，改译为“决定性”或“特性”则不会有上述的误解了。可是，黑格尔对于康德这里的批评还在下面两段里。现在我们首先看看这两段的中译文。我们把这两段合并看，也是因为其内容是相连的。

141.2 康德的批评有一很好的结果值得注意的，即是他把对于精神的哲学研究从“灵魂的物事”，从思想的范畴，且因从关于灵魂的单纯性、复合性、物质性等问题里解放出来。这种种型式之所以不能容许，即在一般人的常识里亦皆知道，真的看法不是因为这些型式不是思想，而乃是因为这种思想的本身并未包含真理(或无条件者)②。

141.3 如果思想与现象③彼此不完全相符合，则我们至少可以自由选择，究竟是两者中的哪一个有了缺陷。在康德的唯心哲学里，就涉及理性的世界而论，他把这缺陷归之于思想。他说思想有了缺陷不能符合现象，因为思想[的范畴]不适合于把握知觉或把握限于知觉阶段的意识，且在知觉里亦寻不着思想的痕迹。但对于思想内容的本身，它却并没有提到。

在这里的前面一段里，黑格尔肯定说，康德在上面对于灵魂的问题之批评有一很好的结果是值得注意的，那就是，他在哲学的研究中，把精神从关于灵魂的东西和事情，并且从思想的范畴，于是也就从所谓灵魂的单纯性、复和性、物质性等这些问题统统都分离开来了。这里所提到的关于灵魂的物事，思想的范畴和灵魂本身的性质等等的哲学研究型式都是在精神的问题上所不容许的，因为它们是和精神无关的。即令在一般人的常识里也是知道，从真正的观点来看，上述哲学研究型式是显然和精神无关的。其理由并不是由于这些型式不是思想，而是由于这类的思想在其

① 这句的原德文是：d. h. die Bestimmungen, welche Zunächst dem Wahrnehmen angehören, in Denkbestimmungen verwandelt werden。

② 中译本这里括号内的词是原文所无而所指的又不能确定，故应删去。

③ 请注意：这里的“现象”的原词不是 Phäenomenon，而是 Erscheinung。

自身来说，或者在其与其发展中的对方的关系来说，都不包含着真理，就是说，不涉及关于精神本身的真实性的。

依黑格尔上面的那种说法，“灵魂”这词是有两种含义的：(1)作为精神来说；(2)作为人们在通常的意识里面所认识到的一些出现来说。这两者当然是有所不同的；前者是理性所追求的思想对象而不能在人类经验中出现的，而后者乃是能在人类的内心意识中出现的。因之黑格尔关于灵魂就提出这个问题：如果思想与出现彼此不完全符合，那么，我们至少可以自由选择，这种不能彼此完全相吻合的情况，究竟是应由思想或者是应由经验性的意识来负责任呢？黑格尔认为康德那种唯心主义哲学，一涉及理性的东西①时，就把思想和出现之间的不相符合，即主观和客观的不能取得一致的缺点归于思想，原因就是思想(就是理性)不适合于把握知觉的全面，或者说，不适合于全面掌握知觉阶段的意识，于是也就断定在知觉里或者说在知觉阶段上的意识里完全寻找不到思想的痕迹，也就是完全寻找不着理性的任何作用，而对于在知觉中的思想内容的本身，康德就并没提到了。黑格尔是这样指责康德关于理性的或者说思想的局限性的。关于这点，下面附释另有说明，且看附释一整段的中译文。

141.4 附释：背谬的论证是一种谬误的推论，细究之，其错误在于将两个前提中同一的名词用成不同的意义。据康德的看法，旧形而上学家的理性心理学所秉的方法，就是基于这种背谬的论证，因为他们把仅有经验性质的灵魂复认作灵魂的本质。无疑地，康德是很对的，当他说单纯性、不变性等谓词是不能应用于灵魂上面的。但所以如此的道理，却不是像康德所提出的，说理性超出了指定的范围那个理由所能解释。真正的原因，乃在于这些抽象的知性范畴失之劣拙，不能表达灵魂的性质，而灵魂的内容远较那只是单纯的不变的等性质所指谓的更为丰富。所以，譬如说，一方面自须承认灵魂是单纯的自我同一性，但同时另一方面亦可说灵魂是主动的，自己区别自己的。而凡属“只是”的，或抽象地单纯的，可以说即是死东西。康德于其攻击旧形而上学时，把这些抽象的谓词从灵魂或精神中扫除净尽，

① 我们依德文原本是把 das Vernünftige 中译为“理性的东西”。

诚不失为一大贡献。至于他所陈述的理由,却未尽允当。

附释所补充说明关于康德对旧形而上学的理论心理学之灵魂说的批评是表示黑格尔对于康德这个观点之错误理解的。可见从一种哲学立场来看另一哲学立场的比较复杂的观点是不容易完全正确的。

附释在这里首先说明什么叫做背谬的论证(der Paralogismus),而且同时加以解释说,“其错误在于将两个前提中同一名词[有意地]用成[在]不同的意义[上]”。我们在这里加上“有意地”这个副词词组,是为了表示这里的背谬论证或说推理,是和逻辑上的一般推理谬误(德文的 der Trugschluss 即英法文的 fallacy)有别的。这里附释又接着解释说,依康德的看法,旧形而上学之背谬论证乃是由于它“把仅只是经验性质的,即在人们经验中觉察到的灵魂当作是精神领域里的灵魂之本质,殊不知这两者是在本质上完全不相同的。所以在康德说,单纯性、不变性等纯是一般所用的谓词,拿来用在精神领域的灵魂上面乃是错误的,这种批评是很对的。然而附释又根据黑格尔的说法,指出康德这种批评虽然是很对的,但是他所提出的理由却不是完全正确的。康德的理由不过是说,在这里理性超出了所指定的范围,而把单纯性、不变性等知性的范畴用在精神领域里的灵魂的上面,殊不知这种理由是不充分的,因为单纯性、不变性等知性范畴是抽象的,因而就是不能完全表达灵魂本身的更为丰富的性质的。当然,譬如说,我们自须一方面要承认灵魂是单纯的自我同一性,但是同时另一方面,我们也得要说灵魂是主动的而把自己在其原来的性质里构成种种的区别。所以凡属“只是”的、或说抽象的单纯性的东西,都是脱离整体而成了死的东西。至于康德在其抨击旧形而上学时,把上述的那些抽象的谓词从灵魂这个精神存在那里清除净尽,实在是他的一大贡献,但是他所提出的理由乃是不完全妥当的。这是附释对于康德的灵魂说之批评,这种批评是无视康德理论中的先验成分的。我们仅从康德的《纯粹理性批判》的《先验心理学的第二谬误推理之批判》采译一小段如下说明康德自己的关于灵魂的先验观点:

“通过‘我’,我总是有着关于主体的统一性(即单纯性)的一种绝对的然而是逻辑上的思想。这么多也就是确定的。可是,不能就得出结论说,我从而就知道关于我的主体的真实的单纯性。‘我是个实体’这个命题,如我们已曾弄清楚了的那样，无非是预示这个范畴，而这个范畴是我(在经验上)不能具体使用的；因而我就可正当地说：‘我是一单纯的实体，’也就是说，其表象总是不能含有任何杂多的综合的。但是，由于实体这个概念，在其本身来说，只能用作综合的一种机能，而并没有包含在其基础上的任何直观的，因而也就没有一个对象的，所以实体这个概念，并且‘我是个实体’这个命题也是一样，关于我自己之作为经验的对象，并没有对我们说出了任何东西。实体这个概念只和我们知识的条件有关；它并不能应用于任何可指定的对象。”①

这就结束了黑格尔关于康德第一个无条件的对象灵魂的说法之批判。下面就是关于康德的第二个无条件的对象，即世界的看法和黑格尔的批判意见。这是第四十八节的内容，我们先看其中译文如下。

142.1 第四十八节

这节的正文有三段，后面还有两个较长的自然段的附释，其正文的内容主要是谈康德的世界观，而附释是关于康德的“二律背驰”的。

142.2(b)第二个无条件的对象就是世界(参看三十五节)。理性于尝试体认世界时便陷于矛盾[Antinomie，普通译作二律背反]②，这就是说，对于同一对象持两个相反的命题，甚且必须认为这相反的两个命题中的每一命题都有同样的必然性。对于世界既然有这种矛盾的说法，由此足见世界的内容不能是自在的实在③，只能是现象④，康德所提出的解答认为这矛盾并不是基于对象的本身，而仅是由于认识这对象的理性。

这里第四十八节正文第一段有(b)这个标志，也是如前所指出，是表明和上面的第四十七节以及下面的第四十九节平列的。在当前的第四十

① 这段引文是本编者译自康普·斯密《纯粹理性批判》的英译本第337～338页，请参看该书蓝公武中译本第290～291页。

② 编者按：Antinomie这词原是由古希腊文而转入拉丁文从而再转入英、法、德等欧洲语言的，其前缀anti是“相反”意，而词根nomos是“规律”，简说为“律”的意思，所以这词之中译为“二律背反”或“二律背驰”是完全正确的，而作为“矛盾”解是庸俗而不可为训的。

③ 中译本这里的“自在的实在”是原德文的an sich，只应中译为“在其原来的样子”，简译为“自在”而“实在”是依瓦拉士的英译reality加上的。

④ 请注意这里的“现象”不是原文的das Phänomenon而是Erscheinung，故应译为“出现”。

八节里所考虑的是作者第二个无条件的对象即世界这个问题。关于这点，黑格尔是指示我们去参看上面第三十五节的。读者还记得，这一节的中译文是在中译本的第115—116页上的，而其内容就是形而上学的第三部分，即宇宙论，德文的宇宙论是die Kosmologie这词，其kosmos本是“宇宙”的意思，但Kosmologie又中译为“世界论”，而在这第四十八节的开头，黑格尔也是用“世界”(德文der Welt)这词的。但是，我们得要记住“世界”是指“全世界”说的，如“世界史”的“世界”。黑格尔所以就在这里写道：“理性于尝试认识世界时便陷于‘二律背驰’。”这就是说，对于同一对象，[即世界][理性][1]持两个相反的命题，甚且认为这相反的两个命题中之每一个命题都是有同等的必然性的。因此也就有这一结果，即世界之作为整个世界来说，其内容的特性的说法陷入这种矛盾，这不能是在其原来的情况那样而是只在于他的出现而已。[所以]解答就是：矛盾并不是在于对象的乃至在它发展到的高度(an und für sich)而只在于认识这对象的理性[2]。

这是黑格尔在这一段里不正确地谈到康德的二律背驰的这种现象。但是他的话还没说完. 我们还要继续阅读下去，且先读下一段的中译文。

> 142.3[说明]因此他便提出引起矛盾的乃是内容的自身或范畴的本身的说法。康德这种思想认为知性的范畴所引起的理性世界的矛盾乃是本质的，并且是必然的，必须认作是近代哲学界一个最重要的和最深刻的进步。但康德的见解是如此的深远，而他的解答却又如此的琐屑。他的解答只出于对世界事物的一种过渡的温情主义。他似认为世界的本质是不应具有矛盾的污点的，只好说是矛盾仅是由于思想上的理论，或心灵的本质。恐怕没有人能否认现象界会呈现许多矛盾于观察的意识之前。——这里所谓现象界就表现在主观的心灵，表现在感性和知性之前的世界而言。但当将世界之本质与

① 德文的die Vernunft这词有其广狭两义。在广义言，是指“理性”说，如说“人是理性的动物”，但在狭义言，是指与感性及知性两者分别开来作为人类最高的认识能力来说的。

② 从“因此就有这一结果”起到本段末为止的中译文，是本编者按照黑格尔的原德文几乎逐字直译以代替原有的中译文的。

心灵的本质比较时，我们真会觉得奇怪何以会那样坦率无疑地，竟有人提出并有人附和这种谦逊的说法，认为那本身具有矛盾的不是世界的本质，而是思想的本质，理性。虽转一个说法，谓只有当应用范畴[去把握世界]时方陷于矛盾，亦不足以纠正上说之偏。因为据说范畴的应用乃是必然的，而理性于求知时除了应用范畴之外并无其他认识型式。但其实认识就是规定的和有规定性的思想；如果理性只是空洞的无规定性的思想，则理性将毫无思想。所以如果最后将理性弄成一种空虚的同一性（参看下节），则最后理性只有轻易牺牲一切的内容和实质，以求幸而换取自身矛盾的解除。

在这较长的一段里，黑格尔首先指出康德关于所说的矛盾的说法而认为引起矛盾的乃是话题的本身，或说乃是范畴的本身，而且这种思想的认为知性范畴所引起的理性世界的这种矛盾是属于本质的而且是必然的。于是黑格尔在这里就说，人们必须把康德的这种对于思想中矛盾的发现看作是近代哲学界的一个最重要的和最深刻的进步。他之所以这样评价康德，当然是因为他认为康德的这样谈到思想中的矛盾，是符合于他自己对于矛盾普遍存在的看法的，可见，即使一个伟大的哲学家对于另一个哲学家的哲学思想，或者对于他所认为是另一哲学家的思想只要是符合他自己的口味的，他都难免不从他自己的哲学思想出发来作出批评。这是黑格尔哲学评论的特点之一，是我们在读他的哲学著述时，不可不加以特别注意的。且看他在评述了康德的上述思想之后，就立刻提出另一点意见，认为康德在这里关于矛盾的见解虽然是那么深远，然而他对于矛盾这个问题的解答却又那么只谈到一些细小的事情，对于世界的事物不免还存在着一种姑息的，因而不能深入到本质的看法，好似认为世界的本质不应具有矛盾这种污点似的，于是就把矛盾归咎于有思想活动的理性了，而理性就是人类心灵的本质。可是，谁能否认所谓现象就是把许多矛盾呈现于进行观察的意识之前的东西呢？所谓现象界就是指表现在主观的心灵之前，表现在感性和知性之前的世界说的。所以，黑格尔就严肃地在这里指出，如果我们拿世界的本质和心灵的本质进行比较时，我们就真会觉得奇怪，何以竟然有人会那样坦率无疑地提出而且又有人附和这种轻视的①说法，认为那本身具有矛盾的不是世界的本质，而是思想的本质，也就是理性。即使转一个弯来说法，认为只有在使用范畴时，理性才陷入矛盾，这也无济于事。因为这样说法②也就是说，范畴的使用乃是必需的，而且理性为着知识起见，除了使用范畴以外，也没有其他的预定办法③。其实，认识就是断定，就是断定了的见解；如果理性只是空洞的，没经断定的见解，那么理性就是毫无思想了。所以，如果最后把理性弄成一种空洞的同一性（参看下节），那么理性最后只得轻易牺牲一切内容和实质，来求侥幸换取其自身矛盾的解除。

但是，这一大段也没有穷尽黑格尔对于康德的矛盾说法之批评。我们还得要看本节正文的最后一段，其中译文如下：

143.1 还可以注意的，因为康德对于理性的矛盾缺乏更深刻的研究，所以他只列举了四种矛盾。他提出这四种，因为一如对于所谓背谬的理论的讨论，他是以他的范畴表为基础的。他照他后来所心喜的办法，应用他的范畴表，不从一个对象总念去求出一个对象的性质，而只是把那对象安排在现成的方式之内。康德对于理性矛盾之发挥的缺点，在我的《逻辑学》里（译者按：此指一八一二年至一八一六年出版的两册《大逻辑》而言）我曾顺便有所指陈。主要之点，此处可以指出的，就是不仅那四个特别从宇宙论中所提出的对象里可以发现矛盾，而乃在一切种类的对象里，在一切的表象、总念和理念里均可发现矛盾。知道这点并且认识一切对象之矛盾性乃是哲学思考的本质。这种矛盾的性质构成我们后来将要指名的逻辑学之矛盾进展的时段[或辩证的环节]（das dialektische Moment）。

在这正文的最后一段里，黑格尔关于康德的对于世界的看法就作出他最后的批评了。这批评主要是认为康德对于理性的矛盾是缺乏更为深刻的研究的，因为他只列举了四种矛盾。我们在这里得要指出中译文在这里的“矛盾”，这词是黑格尔所用的原德文的 Antinomie 之一种中译，而

① 这里中译本原用“谦逊的”这个译词，但原德文的 demütig 在其前后文的关系上中译为“轻视”较妥，故改译如此。

② 这里原译文是“据说”，似费解，故按原德文的 dabei 改译为“这样说法”。

③ 这里“预定的办法”是德文的 Bestimmungen 的中译，原中译为“认识型式”似欠确切。

我们在上面脚注的里曾按原词的词源指出①(请读者参看),把这词中译为"矛盾"是不正确的,还得要译为"二律背反"或"二律背驰"才符合康德在其三种《批判》中使用这词的本义,不然的话,也就会误解黑格尔在这里所批判的康德的关于三个主要无条件的对象的了。

首先,黑格尔批判康德在他的宇宙论里"只列举了四种矛盾……因为他是以他的范畴表为基础的"。果真是这样的吗?如果黑格尔真的仔细查一查康德的谈到这个问题的主要著作,即《纯粹理性批判》,他就会看到在该书第二部"先验逻辑"的第二编"先验辩证论"的第二章关于"纯粹理性的二律背驰"的第一节,谈到"宇宙论所有理念的体系"。康德是花了相当长的篇幅和论证才在第二版第443页上"只列举了四种二律背驰",并不是只"以他的范畴表为基础"就获得所说的四种二律背驰的。

读者大都是没有足够的时间来详阅上述的康德原文的。让我们节录几小段来说明康德之所谓真正的二律背驰之意义,从而显示黑格尔是如何歪曲了这种意义的。

第一,康德指出,"我们有两个说法,即世界和自然,这两者的所指有时是相合的。世界是指一切出现之数学总和与其综合的总体说的,不管出现是大的或小的,即由合成进展或由分割进展所得的出现,都是一样。在世界作为力学的全体来看时,这同一个世界就称为自然"②。

在这段里康德是点出"世界"这词的含义,即一切出现(Erscheinungen)的数字总和与其综合的总体,全是在感性基础上的知性认识对象。

其次,有了以感性认识为基础而由知性所认识的世界,于是就有人们的宇宙观。对于世界的这种看法于是也就有了在心理学的谬误推理之后的"第二种的伪辩推理,其目的是在于指向关于任何所予的出现的条件系

① Antinomie这词原是由古希腊文而转入拉丁文从而再转入英、法、德等欧洲语言的,其前缀anti是"相反"意,而词根nomos是"规律",简说为"律"的意思,所以这词之中译为"二律背反"或"二律背驰"是完全正确的,而作为"矛盾"解是庸俗而不可为训的。

② 这一段是本编译自英人斯密《纯粹理性批判》的英译本第392页第一段的,可参考蓝公武中译本第326页第一段。

列之绝对全体这个先验概念的"①。

既然这个概念是先验的，那它就如康德在上引那句话之后所指出，"总是自相矛盾的了"。这就是"二律背驰"。

再次，何以这种二律背驰有四种而且依康德看来只有四种呢？康德自己的答复是："当我们这样选出那些在杂多的综合中必然导致一系列的范畴时，我们就发现仅仅有四种宇宙论的理念是和四类范畴相适应的：

一、一切出现的合成之所予全体的绝对完成性。

二、在出现领域里一个'所予的'全体的分割中的绝对完成性。

三、一切出现的起源之推溯过程的绝对完成性。

四、关于出现领域中可变东西的存在之依属性的由来之绝对完成性。

……凡是理性所指定的东西，所以就是一种绝对的(就是说，在一切方面的)完全综合，从而这出现才可按照知性的规律来显露其自己。"②

由此可见康德的四种二律背驰是这样推变出来的而并不是只"以他的范畴表为基础"得到的，而且二律背驰之为"背驰"是由于人类理性之和人类知性的两者的活动规律的冲突而形成其"背道而驰"的这种现象的。关于这一重要而且实是关键的观点，何以黑格尔就如此草率地略过去，一字不提呢？但是康德虽然不能对这问题作出令人满意的解释，然而他也曾企图过作解释的尝试的。且看下面摘录的两小段吧。

"这样的辩证性的学说并不是在经验性的概念中和知性的统一性有其关系的，而是在单纯的理念中和理性的统一性有其关系的。由于理性的这种统一性含有一种按照规则的综合，所以就得要合于知性；然而由于又要求有综合的绝对统一性，那就同时必须和理性相融洽。但是这种统一性的种种条件是这样的，那就是在它和理性适合时，对知性来说就太大了，在它和知性适合时，对理性来说又太小了。于是无论如何都发生一种不可避免的冲突。"③

这里的"它"当然是指"绝对的统一性"说的。在这里康德也就更明白地指出二律背驰这种冲突的缘由了。这种缘由并不是由于知性范畴的缺

---

① 同上引书英译本第 328 页第一段，由本编者中译，可参看蓝译本第 268 页。

② 同上引书英译本第 390 页由本编者中译，可参看蓝译本第 324 页。

③ 同上引书英译本第 394 页第三段，由本编者中译，可参看蓝译本第 328 页第二段。

陷或者由于其使用的失宜,而依康德的想法,乃是由于知性的墨守成规而理性则要求过甚,但是和我们在上面脚注里所指出康德文的 die Vernunft(理性)这词是有其广狭两义的,而在广义上理性是包括理性和知性在内的。据此,则无怪乎黑格尔说康德这里的矛盾"仅仅是由于认识对象的[在广义上的]理性的了"①。

还要指出,康德在谈到纯粹理性(狭义的理性)的冲突时,还谈到怀疑的方法,他说:"在其他一切的研究范围中虽然也许能够省去怀疑的方法,但是在先验哲学里就不能……凡是先验的断言都是一定要对于一切可能的经验之领域以外的东西进行洞察的。这些断言的抽象的综合是绝不能在任何验前(a priori)直观中被给予出来的,而它们的构成又是如此的,因而其中的错误都绝不能通过任何经验得到发现的。结果就是,先验的理性不容有任何其他检查的标准,而只有靠努力来使它的各种断言得到融洽,可是为着使这种检查的方法行之有效,就必须首先使这些断言交相陷入的冲突继续自由发展下去而不受到妨碍。"②

由此可见,康德对于二律背驰的这种现象,不是不加以注意和进行观察与分析,但是按他的科学态度,虽然是先验唯心主义的,他绝不对任何复杂困难的问题采取踟蹰不前或关门主义的态度,而是迎难而进以力求解决的方法。对于这种悬而未决的态度,绝对唯心主义者黑格尔是不能赞成的,因为他持有万灵的绝对法宝即绝对观念,那他就尽可不待太多的调查分析而就作出他的必然性判断了,任何矛盾都不过是他的逻辑学的矛盾进步的一时段或说辩证的环节。那么,我们就得耐心学习以观后效。但首先还得要看看本节的附释。

144.1 附释:依照旧式形而上学的观点看来,如果知识陷于矛盾,乃只是一种偶然的差错,基于推论和说理方面的主观错误。但照康德的说法,当思想要去认识无限时,思想自身的本性里便有陷于矛盾的趋势。在上节里,已经附带指出,就康德理性矛盾说之破除知性形而上学的独断,指引到思想的矛盾进展过程的方面而论,必须认作

① 见本节正文第一段末。

② 上引书英文译本第 396 页,引文为本编者中译。可参看蓝译本第 329 页下段。

是哲学知识上一很重要的贡献。但同时亦须注意的,就是康德这里仅停滞在物自身不可知的消极结果里,而没有更进一步,达到对于理性矛盾之真正的积极的意义的知识。理性矛盾的真实积极的意义乃在于认识凡一切真实之物都包含有相反的成分于其中,因认识甚或把握一个对象,也就是要觉察到此对象为相反的成分之具体的统一。而旧形而上学,我们已经看到,欲研究一对象以求得形而上学的知识时,总是抽象地去应用一些片面的范畴,而排斥其反面。所以康德却与此相反,乃尽力去证明,用这种抽象的方法所得的结论,总是可以另外提出一些与之正相反对是具有同样的理由同样的必然性的说法,以否定之。但他列举理性的矛盾时,他只限于旧形而上学的宇宙论中的矛盾,他共举出了四种矛盾来加以驳斥,这四种矛盾是建筑在他的范畴表上面的。第一矛盾是关于我们是否要设想这世界为限制在时空中的问题。在第二矛盾里他讨论到一种两难的问题①:须认物质为无限可分呢?抑须认物质为原子所构成呢?第三矛盾涉及自由与必然的对立,他特别提起这样的问题:须认世界内一切事物皆受因果律的支配呢?抑我们可以假定在世界中有自由的存在,换言之,有行为的绝对起点?最后,第四矛盾为这样的两难问题;究竟这世界的总体有一原因呢?抑或没有原因?

这较长的一段,可以划为四个小段来分别予以说明和解释。

其第一小段是到"一个很重要的贡献"为止的。在这小段里,黑格尔据附释所重复上面的正文,是肯定康德之把知识陷于矛盾乃是由于在思想要去认识无限性的对象时,便有了陷于矛盾的趋势,因而矛盾就应归因于思想自身这一点,必须认作哲学知识上一很重要的贡献。原因就是,把这种人类知识中的矛盾,也就是二律背弛,归因于思想自身而破除了旧形而上学一向只对这个问题所作出的独断,这是值得注意的。

但是,附释又加上黑格尔对于康德这种有积极性的见解,有其批评的意见,那就是康德作出他对认识世界的上述贡献后,却"仅停滞在物自身

① "两难的问题"又称"两刀论法",是古希腊语的 dilemma 这词的中译。这是逻辑学的一个名词,指的是论理形式有几种,其简易的一种是;如 a 是 b,则 c 是 d,如 e 是 f,则 g 是 h;今非 a 是 b,则 e 必是 f,二者必居其一;故非 c 是 d,则 g 是 h。

不可知的这种消极的结果里,而没有更进一步去达到对于理性的矛盾的真正的积极的意义的这种知识”。

这是第二小段的中心内容,这内容的主要论点乃是指出康德之对于人类认识的没能进一步发展下去,而停滞在物自身这个消极的观念上面。这是毫不奇怪的。黑格尔是个绝对一元论的唯心主义哲学家,而康德是一直极力主张二元论的先验唯心主义者。首先,黑格尔在其一元论的唯心主义立场上,一接触到康德哲学的不可或缺的物自身,或说自在之物(Ding-an-sich),就总是迫不及待地严厉加以批驳的。其次,黑格尔似乎没有仔细阅读康德的主要哲学著作,因而不能真正彻底理解康德的先验观点,于是在批评康德的哲学论证时,不免抓不住康德哲学缺点的要害,即在当前的问题上,他的所谓“理性”就不是康德的与知性割裂开来的“理性”,而是康德在这里所不涉及的广义的“理性”。从概念含糊的概念出发的哲学论证是不能有很大的说服力的。因为在这里黑格尔未能抓住康德的要害,所以他才提出一个在其本身来说是意义十分重要的论题而且又是完全正确的论题,即“凡一切真实之物都包含有相反的成分于其中”。这个论题的重要性也就是在紧跟在后面的一句话里表达出来的为黑格尔的概念辩证法的一条“合理的”原则:“认识甚或把握一个对象,也就是要觉察到此对象为相反的成分之具体的统一。”关于这条原则的应用,我们在《小逻辑》的正文里将会不断反复接触到的。因此,在这里就毋须多作解释了。至于黑格尔对于康德的先验论未能彻底切实地理解从而加以驳斥和批判,我们在下面两小段里将要予以指出和说明,兹暂不赘述。

第三小段的内容是前两小段的合。前一小段是黑格尔肯定康德对人类认识的一种贡献,这是正题,在第二小段里,它便指出康德的缺点,这是反题,而在当前的第三小段里,就是前两小段的合题。在这合题里,首先是指出,旧形而上学在求知的过程中,总是抽象地应用一些片面性的范畴。例如“有”,而排斥作为“有”的反面的“无”,殊不知在任何“有”之中都必定包含着“无”的另一面的。可是,在这一小段里又指出,康德则与此相反,而尽力去证明,例如,在“二律背驰”一大段的论证里举例证明,在用旧形而上学里用抽象的方法所得出的结论时,总是可以另外提出一反题,即与所证明了的正题相反的却是具有同样的片面性之理由和同样从片面性的说法之同样必然性来否定上面的正题而作为得到证明的一个反题。这样的一种论证把旧形而上学的论证法作为正题而把康德的二律背驰之证明作为反题，岂不就是成立了正反两题的合题的这种形式，于是就结束了黑格尔所惯用的辩证进展的这种论证之整个过程，从而把论证推到一个新的而更高的阶段了吗？

此后，在第四小段里，附释是说“当康德列举理性的矛盾时，他只限于旧形而上学的宇宙论中的矛盾或说冲突而一共举出了四种二律背驰作为实例并加以驳斥”。在这里，附释便按黑格尔的说法，认为“这四种二律背驰［中译本的‘矛盾’］是建筑在康德的‘范畴表’上面的”。于是也就列举了“第一矛盾是关于我们是否要设想这世界为限制在时空中的问题；第二矛盾是论证一种两难的问题，即物质是无限可分的呢？抑是为原子所构成，因而物质就分到原子为止境的呢？第三矛盾是涉及自由与自然的对立的问题，特别是世界内一切事物都受因果律的支配。抑或可假定在世界中有自由的存在，因而就有人的行为作为一种绝对的起点；最后，第四矛盾就是这世界的总体究竟有没有一原因这个两难的问题”。依黑格尔的看法，这四种矛盾都是建筑在康德的范畴表上面的。但是，如果我们仔细检查一下康德的范畴表①，我们并未能看到上述的四种矛盾或说二律背驰是如何可以说是建筑在这个范畴表上面的。其实，依康德的看法，这四种宇宙论中二律背驰不能在哪一种范畴表或哪一个范畴里找到其根源的。诚然在知性看这世界时，它不能不用某个或某几个范畴，如“总体性”、“实在性”、“原因性”及“依存性”等，但是任何一个二律背驰都不是由于使用任何范畴而发生的。如我们在上面所曾指出过的那样，二律背驰，顾名思义，必然是由两类的规律之冲突而发生的，其所说的两类的规律就是人类知性分辨事物的规律和人类理性把握事物的规律，其前一类规律必须有感性直观为其基础，通过范畴的作用，然后知性才起其对经验中有限事物的分辨作用并在其两个有限事物或两个以上的有限事物之间起其联系的作用的，而另一方面，人类的理性之对于事物的把握，为了达到其企图全部掌握起见，有时就进行穷追，有时就进行回溯，而有时又极力分

① 见《纯粹理性批判》斯密氏英译本第113页或蓝公武中译本第87页。

割，且有时又尽力合成，这种理性的活动都是以无限对象作为追求的目的，然而无限对象是超出人类经验领域之外而涉及理性概念的①。而所谓的理念（德文从古希腊文来的 die Idee 之中译）主要是人来想象的产物，没有具体上的真实可靠的对象，于是翱翔于海阔天空的理性就往往超出人类经验范围之外，结果就是两种认识力活动规律的冲突从而产生了二律背驰。这是与康德的范畴表原无关系的，但是，我们不能不认识到康德的范畴系统带有严重的旧形而上学的思想残余，其局限性是很大的，而且康德把人类的认识能力分裂成为感性、知性和狭义的理性三种，这三种能力彼此间时有复合，然而实际上其彼此间的分裂确是太过了，因而依其按分工的规律又难免发生冲突，这才是"二律背驰"这种意识现象的根源，而生硬地把它归属于事物的普遍矛盾这条原理，是不完全符合事实的。这又不能不说是黑格尔对康德哲学批判的一种缺点。所以，我们在解释当前的第四小段之内容时，不嫌辞费而写了上面的较长一段说明以供读者的参考。现在让我们继续阅读本节附释的第二大断的中译文吧。

145.1 康德于讨论理性的矛盾时所遵循的方法是这样的：他并列两难问题中所包含的两个相反的命题，作为正题与反题，而分别加以证明，这就是说，他力求表明着相反的命题都是对于此问题加以反省的思考所应有的必然的结果。如是他便显然自免于建筑论证于幻觉之上，偏为一面辩护的嫌疑。但其实康德为他的正题和反题所提出的证明，只能认作似是而非的证明。因为他要证明的理论总是已经包含在他据以作出发点的前提里，他的证明之所以表面上似有道理，都是由于他那冗长的和惯用证明其反面不通的方法所致。但无论如何，他之揭示出这些矛盾，总不失为批导[判]哲学中一个很重要而值得承认的收获。因为这样一来他说出了，虽说只主观地未充分发挥地说出了，那为知性所呆板地分开了的范畴间之实际的统一性。譬如，在宇宙论的第一个矛盾里，便包含有须认时间与空间有其分离的方面亦有其连续的方面的学说。反之，旧形而上学则老是只承认时空的连续性，因此便认这世界在时间和空间中为无限。的确不错，

① 实际上依康德的先验论，"理性"即狭义的理性，其本身是不产生概念的。

我们可以超出每一确定的空间，并超出每一确定的时间，但须知同样的不错，只有确定的时空（如此时此地）才是真实的，而且确定性即包含在时空的总念之中。这层道理亦可同样的适用于别的理性矛盾。譬如以自由与必然的矛盾为例。真正讲来，知性所了解的自由与必然实际上只构成真自由和真必然的抽象的环节[时段]，将自由与必然截然分开为二事，则两者皆失其真实性了。

本节附释的这较长的第二段也是可以划分为三个小段来进行考虑和解释的。其第一小段到"偏为一面辩护的嫌疑"这子句为止是说明康德在讨论理性的二律背驰时所遵循的方法的。这方法分析起来无非是：(1)把一个两难问题中的两个相反的命题并列起来，如前面脚注中的如 a 是 b，则 c 是 d，如 e 是 f，则 g 是 h 那样，其中的如 a 是 b，则 c 是 d 就作为正题，而 e 是 f，则 g 是 h 就作为反题，因这后一题是和前一题相反的，所以因正而有反。(2)然后，就分别把这正反两题都通过形式逻辑的论证（这就是所谓的"加以反省的思考"）表明其结论（今非 a 是 b，则 e 必是 f，二者必居其一；故非 c 是 d，则 g 必是 h）乃是应有的必然的结果。(3)这样一来，就显然可以免于把论证建筑在幻觉之上而是通过形式逻辑的二难推理的这种"反省的思考"才得到必然的结论的。于是，也就不至有人能说，所得出的结论是偏为一面辩护的这种嫌疑了。这是第一小段的内容，是正面述说康德所用的方法的过程的。

在第二小段里，主要是指出康德的方法是不健全的，似是而非的。其"似是"之处，是它遵循形式逻辑的二难推理的形式的，而二难推理，所谓"两刀论法"，其双刀砍过来，确是无法招架得住的，而"实非"之处，按这里记载黑格尔所说，乃是康德所要证明的理论，即结论里的理论，"总是已经包含在他据以作出发点的前提里的"。而任何三段论式的推理，都可以说其结论是已经包含在其大前提里面的。大前提就是三段论式的出发点。例如："凡人必有死（大前提），今张三是人（小前提）；故张三必有死（结论）。"张三是包含在"人"这个概念里的，所以结论的"张三必有死"乃是已经包含在"凡人必有死"这个推论的出发点的大前提里面的。一般的三段论法是如此，其特种形式的二难推理，也是如此，像这样来批判形式逻辑的演绎推理，早就为逻辑学家指出为把演绎脱离归纳的一种严重的错误，而黑格尔在这里，如附释的转载是正确的，也就是犯了这种错误。此外，据附释所记，黑格尔还对于康德在讨论理性的二律背驰时所使用的方法指出更严重的“实非”之第二个原因，那就是“由于康德那冗长的和惯用证明论题反面不通的方法”。那么，这个是什么样的方法呢？在一般论证里称为“归谬法”[①]，即为了证明某一命题之真而证明其直接反对的命题之谬的方法。这种论证的方法，在正确应用时，是最有说服力的。康德在讨论二律背驰时使用这方法，可能词句是冗长了一点，但以这方法的性质来说，它并非是错误的，而黑格尔以这来责难康德，未免失当。这是当前第二小段的主要内容。

其第三小段是从紧跟在后面的“无论如何”到本大段末为止这一较长的小段。在这最后一小段里，附释是复述了本第四十八节正文第二段里所曾说过的“必须认作是近代哲学界一个最重要的和最深刻的进步”的这句话，虽然其所指的是略有不同的内容。在这里所说的一种“收获”是“说出了，虽说只主观地未充分发挥地说出了那为知性所呆板地分开了的范畴间之实际的统一性”。但是在我们细查康德在讨论二律背驰时，却很难发现康德在哪里曾明显地利用过“范畴间之实际的统一性”。其实康德在这里只“暴露出而未充分地暴露出他把人类认识能力生硬地分割为感性、知性和理论这三种能力的缺陷”，因而就导致知性规律和理性规律这两种不应冲突的规律之间的冲突而使他自己感觉到的所谓“二律背驰”。黑格尔认为在宇宙论的第一种矛盾(即二律背驰)里，冲突或说矛盾的原因是在于时间与空间的分离性与连续性之为旧形而上学的“老是只承认时空的连续性”而忽略了其分离性，“因此便认这世界在时间和空间中为无限”。事情果真是这样的吗？让我们看看康德的原话吧！为了篇幅的有限，我们只拿宇宙论的第一种矛盾正题的证明之第一段作为一个例子吧！在这段里有“世界并无时间上之起始，则达到一切所与的时间点，必已经历一永恒无始之时间，因而在世界中已经过事物继续状态之无限系列”[②]。检查只这一句较长而复杂的中译文(这里的蓝公武之中译是正确

---

① “归谬法”是论理中惯用 reductio ad absurdum 这个拉丁词组来表达的一种论证方法，在使用这个方法时，其证明为谬误的命题必须是原命题的“直接”相反的唯一命题，即在形式逻辑里称为“矛盾”的命题，不然的话，则所谓“归谬”便是错归了的。

② 见康德《纯粹理性批判》蓝公武中译本第 330 页，译自斯密的英译本第 396～397 页。

的)也就足够来说明我们的论点了。且看:"世界"所指的应是知性的"这个世界";"时间上之起始"也应是知性在感性直观基础上所分辨出来的;"所与的时间点"也当然是知性所能认识得到的,但"一切所与的时间点"有了"一切"这个形容词也就在知性范畴之外而为理性所要求的了:"经历"是知性范围内的活动观念,而"永恒无始之时间"只能是理性回溯才是意想到的东西而不是知性所跟得上去的。至于"在世界中已经过事物继续状态之无限系列"之"世界"就不能是知性所能知的"此世界",而是理性所要求的"整个世界";"无限系列"也是就知性说来"太大的"而"事物继续状态"这种知性的东西,要满足理性的"无限系列"这种要求又总是"太小"了。这样一来,上面所引的一句话,也就成为完全无意义的了,其原因何在?在于知性的规则和理性规律之相互冲突,而并不是什么时空的连续性与分离性之为旧形而上学的老是只承认时空的连续性之所致。至于我们当前的附释之第二大段之最后一小段文字从"的确不错"开始,依本编者看来,在这里是没有多大意义的,请读者自行选择读与不读,即读下去也不困难,只自由与必然的矛盾是得要解决的。但在下文还要碰见,这里可不要赘述了。现在让我们往下阅读第四十九节吧。

146.1 第四十九节

我们还记得,从上面第三十节我们知道从旧形而上学说来,哲学所研究的主要对象是灵魂、世界和神,这些对象,其本身都是属于理性的,从而就有当时之所谓(1)理性心理学、(2)宇宙论和(3)自然神学。在上面第四十七节里已经讨论过康德批判哲学的关于灵魂的学说而作为(a)部分,又在第四十八节里讨论康德批判哲学的关于世界的学说而作为其(b)部分,这是刚才结束的。所以,下面在第四十九节里当然就要讨论康德的批判哲学关于神的学说,作为其(c)部分了。

兹先阅读第四十九节的中译文如下:

146.2(c)第三个理性的对象就是上帝[①](第三十六节),上帝也是须得认知的,换言之,也是须得凭借思想去规定的。从知性的观点

① 在这里我们又不得不指出我们的中译本的"上帝"是德文 Gott 这词(即英文的 God 或 god,法文的 Dieu)的中译,但是严格地说来,这词的中译为"上帝",即在我国的翻译界中三百多年来是曾有过激烈的争论的,应只译为"神",但从意义看来,亦可译为"上帝"。

来看，对于单纯的同一性①一切规定或决定却只是一种限制，一种否定。因此一切实在只可当作是无限的或不确定的。于是这一切实在的总体或最真实的存在——上帝便成为一单纯的抽象物，而对于上帝的定义也只剩下一绝对抽象的名词“有”或“在”了。抽象的同一(在这里也叫做总念)和“有”，便是理性想要加以统一的两个环节。完成它们两者的统一便是理性的理想。

这第四十九节开头便指出，在旧形而上学的(c)这部分里所研究的就是神(在我国有一种偏颇习惯用“上帝”这词来表达“神”这个宗教观念)，而关于“神”的研讨，详见上面的第三十六节。由于神或称上帝是表示理性的第三个对象的，所以上帝也是得要凭借思想，也就是在思想上(德语的 denkend 这个副词的意思)加以规定的。这就明白表示了黑格尔在神学上的立场，并且决定他的神学思想是属于唯理派的，那就是通过理智来理解宗教信仰的对象的，于是他在这里就说，从知性的观点，即从哲理的观点来看，对于单纯的即简单的同一性(关于“同一性”这词请看本页脚注①)，也就是对于上帝这个理性的对象，其一切的规定性，也就是一切的决定性，都只是它的一种限制性，而限制就是否定，譬如说“上帝是无形的”，那就是限定了或说限制了上帝，说他不能是有形的了，所以是否定了他是有形的。于是黑格尔就从而得出一个很概括的哲学上的结论说“一切实在的总体或[说]最真实的存在——上帝，便成为一单纯的抽象物，而对于上帝[这个名词]的定义也就剩下一绝对抽象的名词[即]‘有’[或说‘在’](即德文的 Sein)了。抽象的同一性，在这里也叫做总念[德文的 der

---

① 我们在这里把中译本的两个译词，即“同一性”与“同一”合并来考虑。其实，按原德文，这里的“同一”也就是“同一性”(德文的 die Identität)。什么叫做“同一性”？这是哲学尤其是黑格尔哲学的十分重要的一个名词。一般说来，同一性就是两事物或对象相同或绝对一样的性质，其相同的程度有时是不十分确定的，而且即在哲学著作中有时是把“同一性”用作“个性”或“人格”讲的，但这是不确切的用法，查拉丁文 identitas 这词是来自 idem(即“同一”的意思)这词的。可是这并不解决问题，美国近代哲学家罗一斯(Josiah Royce)指出，现在有某东西比自然和精神都更深邃的而为谢林用“绝对”、“同一性”、“主体与客体不分”、“自然与精神的统一”等意义不可思议的名称来表述的那某东西，也就是同一性。绝对唯心主义哲学家是最喜欢使用这一类严格说来不可捉摸的名译的，我们只有从其前后文去了解其意义罢了。上引文是转引自 1914 年版的 *Webster's International Dictionary*。

Begriff,一般中译为‘概念’]和‘有’[德文的 Sein],便是理性想要加以统一的两个环节;而这个统一性[①]就是理性的理想”。

上面简短的论述就是黑格尔关于康德的批判哲学中谈到上帝即神的这个宗教观念的概述。可是在康德的著述中上帝这个观念是占了十分重要的地位的,而关于它的论述是康德花了很长的篇幅来反复说明的。所以黑格尔以其在于这个问题上对他的前辈康德是具有深刻的同情的,然而由于几乎半世纪以来,欧洲,尤其是德国,对于宗教的在于理论上的态度有过不少变更,因之黑格尔关于康德的上帝观就绝不能满足于上面的那种极其简短而十分抽象的概述,于是就在下面较长篇幅的两节里对于上帝这个问题加以发挥从而提出他自己的看法作为上帝观在哲学理论方面的阐述。现在我们先去阅读下面第五十节第一段的中译文。

146.3 第五十节

上面第四十九节的最后一句是以上帝这个名词的定义来结束的,而其结束语就是“抽象同一性”(也就是抽象的个性)和“有”这个范畴的统一。因此,在紧接着的第五十节里就从这种统一开始。

146.4 要达到这种统一,可能有两个途径或形式。我们可以从有开始,由有过渡到思想的抽象物,或者,相反地,可以从抽象物出发而实现为有。

从字面上看来,这段文字很简单,只接着上节所提出的“完成抽象同一性即抽象的个性和有的统一便是理性的理想”这个命题来在“完成”这个观念上做文章的。因此,本节的第一段的第一句话就说:“要达到这种统一,可能有两个途径或两种形式。”这是黑格尔“破题儿”的开始说法,首先把主题点出,然后就按“八股”的方式,接上一道“承题”:“我们可以从‘有’开始”,而“有”是黑格尔范畴体系中最是内容贫乏因而是最简单的一个范畴,即德文的 Sein(中译为“有”或“是”是正确的,而译为“存在”,依黑格尔的范畴体系是不确切的,因“存在”当是 die Exitienz 之中译,属于“本质论”的),从而,过渡到思想的抽象物或说思想的抽象观念,这是第一个可能的途径或形式,是从具体的、现实的东西过渡到抽象的、思想性的观

① 这里的“这个统一性”是原德文的代名词 sie 所指的 die Vereingung 之中译。

念这种意识形态的;而另一个可能的途径或形式是和第一种途径或形式相反的,即从抽象到具体、从意识到客观,可是和第一个途径一样,同是要把主客统一起来而达到无所不包,成为一切实在的最高实在的上帝的。这也就是黑格尔概述康德的上帝观,即对神的看法的简写。当然这种简写是“八股文章”的所谓“起讲”,还有待于发挥,展开来加以阐述的。这就是下两段的主要内容。让我们首先阅读下一段的中译文。

> 146.5 今试采取先从“有”开始的途径,则就“有”之为当下直接的“有”而论,“有”便表现为一具有无限多的性质的存在[“有”],一个无所不包的①世界。这世界还可以进一步认为是一个无限多的偶然事实的聚集体(这是宇宙论的证明的看法),或者可以认为是无限多的目的及无限多的有目的的“有”相互关系的事实的聚集体(这是自然神学的证明的看法)。如果以这无所不包②的“有”作为思维的对象那就必须排除③其孤立性④和偶然性,而认之为一普遍的、本身⑤必然的、依照普遍的目的自决自动的“有”。这个本身必然自决自动的“有”,异于起初那种的“有”,就是上帝。——康德对于这种思想过程的批评,其主旨在于否认这是一种推论或过渡。康德认为,知觉和知觉的聚集体,或我们所谓世界,其本身既然不表现有普遍性(因普遍性乃是思想纯化知觉内容的产物),足见凭借这种经验的世界观念,并不能证实⑥其普遍性。所以思想要想从经验的世界观念一跃而升到上帝的观念,显然是违反休谟的观点的(如在背谬理论之所讨论,参考第四十七节)。照休谟的观点,不容许对知觉加以思想,换言

---

① 这里原德文是用 erfüllte 这个作为形容词用的过去分词,中译应为“充满了的”,我们的贺译是“无所不包”,未免太不确切了,故按德文在解释中改为“充满一切的”。

② 这里康德文是用 erfüllte 这个作为形容词用的过去分词,中译应为“充满了的”,我们的贺译是“无所不包”,未免太不确切了,故按德文在解释中改为“充满一切的”。

③ 这里的“排除”是德文的 abstreifen 这个动词之中译,似中译为“剥去”较确切。

④ 这里的“孤立性”是依瓦拉士的英译而这样中译德文的 Einzelnheit 这词的,似中译为“个别性”较妥,因为这词是与 die Gesamtheit(全体性)相对立的。

⑤ 这里的原德文是 an und für sich 应中译为“按其自身并在其对方的关系上的”。

⑥ 这里的原德文是 berechtigt 这个动词,应中译为“有理由认为”。

之，不容许自知觉中紬绎[1]出普遍性与必然性。

这段较长的论述可以采取瓦拉士英译的办法分为两小段来考虑，其第一小段到“就是上帝”为止。

其第一小段的主要内容是说明：如果我们采取从“有”这个最简单的范畴开始来看“上帝”这个宗教观念的含义，那么我们当下的“有”，即感觉到的客观实在，就是一个具有无数性质的现实的东西，一个充实着一切的世界。进一步来反思这个客观实在的感性世界，我们便看到这个世界是无数偶然事实的聚集体，这也就是有人想要证明上帝的存在所用的所谓宇宙论的方法所从而开始的当前世界。另一个证明上帝存在的论证方法乃是把当前的感性世界加以反思而认为这个世界乃是无数目的以及无数有目的性的东西，即无数相互关系着的事实的聚集体，这也就是有人想要证明上帝的存在所用的所谓自然神学的方法所从而开始的当前的世界。上述的两种证明方法，都是从当前的世界开始的，一个是把这当前的世界看作只是充满着无数感性对象的现实世界，而另一个是通过反思从而看到这个感性的世界乃是无数目的以及带有目的性而且是相互关系的事实所聚集而成的一个世界。如果采取后一种对于当前世界的看法，那就是把当前充满着一切的世界这个“有”（即现实的东西）作为思想的对象了。这样一来，就必须承认世界中各种事实的普遍规律，剥去其个别性和偶然性而且承认它们都各自按其自身并且在其与对方即他物的关系上的必然性，那就是依照其普遍的目的自决自动的一些现实的东西。这里所说的按其本身之发展来说到了必然自决自动的现实的这个“有”乃是不同于在人们认识之初的那个最简单的“有”，而是表现其最充分的“有”，即“万有的真有”，这就是上帝。这也就是黑格尔自己按其发展进程在思想上证明上帝存在的论证方法，从而就结束了第一小段的内容。

接着在第二小段里，黑格尔是批判康德对于上述关于上帝存在的证明所用的自然神学的论证方法的批评的。

黑格尔对于康德的这种方法的批评，首先是指出康德是否认这种证明是一种推论或说是理论的一种过渡，因为康德认为感性的知觉和知觉

---

① 紬 chōu，抽引，理出丝缕的头绪，也作“抽绎”。——整理者注

的聚集体即我们所谓世界，按其本身来说，既然是不表现有普遍性的，由于普遍性乃是理性的思想把知觉的内容加以纯粹化之后才产生出来的。由此可见，凭借这上面所讲的经验性的世界观念(Weltvorstellung)是不能有正当的理由说是能得出普遍性的。所以(依康德的说法)，思想要想从经验性的世界观一跃而就升到上帝这个观念，显然是违反休谟的理论观点的，像在上面所讨论过的“背谬理论”那样的(关于这点，可参看上面第四十七节谈到灵魂时所批判的背谬理论，即该节正文的第三段和附释)。黑格尔在这里并补充指出，照休谟的观点来说，是不容许对知觉进行思维的，那就是说，从知觉得出普遍性和必然性是不合思维的规律的。

这是黑格尔关于康德对于从人们当前感性的世界推论到上帝存在的这种证明的看法之批评。可是他的批评，到这里还没有说完。我们还得要继续去阅读本节的下面各段。兹先看看其第三段的中译文。

> 147.1 因为人是有思想的，所以健康的常识和哲学，都决不会让他放弃从经验的世界观出发并超出之以提高到上帝的权利。这种提高的基础没有别的，只是对于世界之思想的考察，而不仅是感官的动物的直观而已。唯有思想才能够把握本性、本体、世界的普遍力量和究竟目的。所谓对于上帝存在的证明，真正讲来，只应认作是对于整个能思的心灵思索感官材料的过程之描述和分析罢了。思想之超出感官世界，思想之由有限提高到无限，思想之打破感官事物的连锁而进到超感官界的突跃，凡此一切的过渡都是思想自身，而且也只是思想自身的活动。如果没有这种过渡或提高的历程，那就是说没有思想。其实，禽兽便没有这种过渡，它们只是停滞在感官的感觉和直观阶段，因此它们也就没有宗教。

在这一段里，黑格尔首先指出人是有思想的，这条健康常识和哲学所公认的原则作为他深入批评康德关于上帝存在的证明的张本。但是，我们必须仔细分辨黑格尔和康德对于思维的能力与限度的看法。从黑格尔的哲学立场来看，我们在上文里不只一次看到，思想和经验是没有严格的分界的，凡是人想得到而没有不合理的思想都是真实的；但是，康德则严格地把思想和经验性的认识相互分开，而靠得住的知识都必须先有感性直观为其牢固的基础，然后通过知性范畴予以辨别彼此异同而成为人类的知识。我们在《纯粹理性批判》一书的第二版序言里一条脚注里便读到："要知道一对象，我必须能证明它的可能性，或者是从经验所证实为它的现实性来证明，或者是验前用理性来证明。但是我是能想到凡我们想要的东西，只要我不自相矛盾，那就是说，我的概念乃是一种有其可能的思想。"①这段话大致说明了在康德的哲学里，知识与思想的主要区别，而黑格尔作为一个绝对唯心主义哲学家是不强调这种区别的。把握住这点，我们才能理解黑格尔在这里对于康德思想的批评。例如他说："健康的常识和哲学都决不会让一个有思想的人放弃从经验[性]的世界观出发并超出[注意：'超出']之以提高到[试问如何提高到?]上帝存在[的证明]的[这种]权利"，黑格尔在这里并对于这种提高有所说明。且看："这种提高[活动]的基础没有别的，只是对于世界之思想的考察，而不仅是感官的动物的直观而已。"最后一子句是对康德的知识论的批判，但这样的批判是太草率了，还有待下文的说明。可是黑格尔必须先把思想对客观事物的认识能力予以强调。他说："唯有思想才能够把握本性、本体、世界的②普遍力量和究竟目的。"这把思想的能力提得很高了，尤其是有"把握"这种字样，然而看看下一句，他又削弱前一句的想法，只说："对于上帝存在的证明，应认作是对于整个能思的心灵的思索感官材料之过程的描述和分析。"那么，对于上帝存在的证明，便贬低为对于思想过程的描述和分析了。这不是把对于上帝存在的证明放在一边了吗？紧跟在后面的几句话，说什么"思想的超出感官世界，思想之由有限提高到无限思想之打破感官事物的连锁[或系列]而进行到超感官界的突跃"，都是一些华而不实、不切实际的空谈，而"凡此一切的过渡，都是思想自身，而且也只是思想自身的活动"，不过是一些毫无确实根据的主观肯定，不能说服人。且更不足以成立任何哲学观点或原则的。至少我们想要知道思想是怎样超出感官世界，怎样由有限提高到无限，怎样打破客观感性事物的连锁而进到超感官界的突跃的，但是黑格尔只能说"凡此一切过渡都是思想自身，只是思想自身的活动"，这未免太过武断了。如果说"没有这种过渡或提

① 见上引书英译本第27页脚注，见本编者中译。可参看该书蓝公武中译本第17页脚注。

② 这里的"世界的"按原德文应放在"本性"之前，而且本句的"把握"是原德文所没有的，但思想的功能就是"把握"，所以并非生硬加上的。

高的历程,那就是说没有思想",那么,说没有思想吧,又怎样呢?黑格尔只能答复说,那就没有能思想的人,也就没有宗教了。我们要问宗教的产生是由于人类之有思想吗?黑格尔又怎样答复?当然他有一整套的宗教哲学和他的整部《宗教哲学讲演录》,但那是要说明古希伯来人的崇高的宗教,古希腊人的美的宗教,罗马人的用的宗教和他自己的绝对观念的宗教,即人的意识如何与无限人格性的精神的统一,即与神的统一的宗教,然而这是另一个问题,我们当下不能马上就谈到这个极其复杂的问题。可是黑格尔是念念不忘宗教的!然而我们还是把当前第五十节的第四段阅读一下吧!

147.2 对于思想的这种提高作用的批评,无论就一般地和特殊地讲来,有两点须得注意。第一,就形式而论,这种提高表现为推论的形式(亦即所谓上帝存在的证明),则这种推论的出发点,自不免认世界为一偶然事变的聚集体,或为有目的有相互关系的事变的聚集体。这种出发点,就仅作三段论式的推论的思想家看来①,显然似乎是很坚实的基础,始终保持经验的立场。这样,出发点与所欲达到的归宿点[或结论]的关系,似乎纯粹是肯定的,即是由一个存在且保持存在之物推论到另一物,而此物亦一样地存在。但这种推论的重大错误,即在于以为只在这种抽象理智的形式里即可认识思想的真性质。殊不知,对经验世界加以思想,本质上实即是改变其经验的形式,而将它转化成为一共相,所以思想对于其所出发的经验基础同时即展开一否定的活动;感官材料经过思维凭借共相加以规定后,已不复保持其原来的经验形状了。对于躯壳的否定与排斥,则感觉材料的内在实质,即可揭示出来了(参看第十三及第二十三节)。对于上帝存在的形而上学证明,所以只是对于心灵由世界提高到上帝的过程之一种不完善的表达和描述,即因为在这个证明里,未能将心灵的提高过程里所包含的否定成分显著地昭示出来。因为如果世界只是偶然事变的聚集体,则这世界便只是一幻灭的现象世界,其本身即是

① 从这一子句起到本句末,我们所依的贺译本是照英人瓦拉士的英译本的意译而重译成中文的,但我们仍照原德文进行解释以符合黑格尔的原意,以后还有与此类似的翻译情况。

空无的。心灵的提高,其意义在于这世界虽有存在,但其存在只是一假相,非真实存在,非绝对真理,且表示绝对真理只在超出现象之外的上帝里,只有上帝才是真实的存在。心灵的提高固然是一种过渡和凭借[间接性]的历程,但同时也复是过渡和凭借[间接性]的扬弃。因为那似乎足资凭借以达到上帝的世界,也由此而被宣示为空无了。只有借否定世界的存在,认世界为空无,心灵的提高才有了凭借,于是那只当做凭借的事物消逝了,因此即在凭借的过程中便扬弃了凭借(译者按:凭借原文作 Vermittlung,英译本有时译作 Means 工具或手段,有时又译作 Mediation 间接性,黑格尔此处用凭借扬弃凭借的说法以表示得意忘言,得鱼忘筌之意。一方面非凭借言不能表达意,非凭借筌不能获得鱼,但得意得鱼之后,又复扬弃了言筌。故曰,即在凭借的历程中扬弃了凭借。心灵凭借有限的世界,提高其自身以达到无限的上帝,但心灵又认此世界为空无。故心灵提高的历程,一方面有所凭借,一方面亦即扬弃凭借。紧接着下面批评耶柯比,谓耶氏不能谓无限的上帝的依赖或凭借有限的事物,是他的是处。但他不知道凭借有限事物同时复扬弃或拾掇有限事物之理,是他未达一间处。)当耶柯比反对理智的证明时,他心目中所要反对的主要的也只是指肯定两个事物间彼此平等依倚的关系而言。他公允地攻击那种由有条件的事物(世界)去寻求无条件的上帝,因而认无限的上帝为有所依赖,有所根据的那种证明方法。然而在心灵的提高里便校正了这种错觉,也可以说,心灵提高的整个意义即在于校正这个错觉。但耶柯比没有认清本质的思想(das Wesenliche Denken)(译者按:本质的思想亦即黑格尔所谓总念式或矛盾进展式的思想,亦即足以表现思想的本质的思想。)的真实性质,即在此凭借的过程中便扬弃了凭借的自身。因此,他的批评如仅用以攻击反省式的理智证明,虽属切当,但如用以攻击整个的思想,特别是理性的思想,那么,他便陷于错误了。

这是篇幅很长的一段,但其内容主要是黑格尔谈他之一向惯用而十分重要的关于提高的问题。

我们首先应该注意到,提高不止是思想在意识里的活动,而依黑格尔说来,这同时也是被提高的客观事物之由于被提高的一种变动。所以黑格尔在这里讨论思想的提高作用时,叫我们无论是就一般的提高或者是就特殊的提高来说,都得要注意到两点:(1)从形式来讲,这种提高是表现为逻辑上的推论这种形式的,而这种推论的形式是用于证明上帝的存在的。在这种论证的过程中,是把作为一些偶然事变的聚集体称为"世界"的东西,用作推论的出发点,而按宇宙论的观点,通过推论的形式把思想在飞跃的形式上提高到上帝的存在为其结论的。(2)另一方法,就是依然从世界出发,但是把这世界通过反思认作是有目的的而且是相互关联着的一些事变的聚集体,从而就按照目的论或说自然神学的世界观而推论到在宇宙中有上帝的存在作为这种推论的结论。这样的一种出发点,在思想中,就其只在作出结论这点来看,是能像是坚实的基础,而且像这种材料那样,开头是完全经验性的而一直也依然是经验性的。至于出发点对于其所进行到的终点之关系,看来也像只是肯定的,就是从一个是有的而且一直依然是有的东西,推论到另一个也是这一样有的东西。可是,想要只在这种知性的形式里来认识思想的本性,这是一种重大的错误。对经验性的世界进行思想,本质上毋宁说是对它的经验性形式进行改变,把它转化为一共相。所以思想对于它所从出发的经验性基础同时也就对它施加一种否定的活动;感性材料经过思想之凭借共相来加以规定后,它就不再是它原来的经验性形状了,否定并剥去了它的躯壳,感性材料的内在实质也就被人注意到了(参看第十三节及第二十三节)。所以对于上帝存在的形而上学①的证明,只是心灵从世界提高到上帝的这种过程之一种不够完善的陈述和描写,原因就是在这种证明里未能把心灵的提高过程里所包含的否定成分表达和揭示出来。因为如果世界只是偶然事变的聚集体,那么,这世界就只是一幻灭的现象世界。其本身就是空无的。心灵提高的意义就是说,这世界虽然是有的,但是这"有"只是一假相,并不是真"有",并不是绝对的真实性,表示绝对真实性只是在现象之外的上帝那里,只有上帝才是真实的"有"。

到此为止,黑格尔只在一方面说明形而上学对于上帝存在的证明。

① 这里的"形而上学"乃是"思辨哲学"的意思,而不是转义为"反辩证法"的那种形而上学。

表面上看来，它既然是从现实世界出发，其基础像是牢固可靠的，而所采用的感性材料也像是有其肯定性的。可是，另一方面，这种证明还有不足之处，那就是，它还没有把那从现世界提高到上帝的那个“提高”的真谛加以说明，以致对上帝的存在还在怀疑的人，就不能认识到，如何从不必然的世间事物推论到必然存在的上帝。所以黑格尔对于提高的意义还得要加以阐述。而其阐述的重点乃是在“提高”这个观点上提出其中“扬弃”的观念作为从现世到上帝的关键和过渡，这是黑格尔概念辩证法的一个重要契机。

黑格尔因此就继续论证说：“心灵的提高固然是一种过渡和凭借这种间接性的历程，但同时也复是过渡和凭借这种间接性的扬弃。”然而这不过是论题的提出；其论证还得要加以发挥的。且看黑格尔是怎样加以论证的。

究竟“扬弃”是什么意思？这个问题必须弄个清楚。黑格尔在他的《逻辑学》（俗称“大逻辑”）一书里写道：“扬弃和被扬弃的东西（观念的东西）①是哲学最重要的概念之一，是到处决然反复出现的基本规定，其意义须确定把握。”②

按“扬弃”这个中译词，其原德文是 aufheben 这个动词，由副词 auf（向上义）和动词 heben（高举义）结合构成的，一般的意义是“举起”、“取消”、“解散”、“抵消”、“简约”等，但在康德，特别是在黑格尔那里，这词是具有其特殊意义的，按这意义中译为“扬弃”是比较确切的，叫我们联想到农民掀播稻谷时，把谷大力扬起，让风力使其糠秕被吹去，而其实谷下垂下来的这种操作。但是，黑格尔的“扬弃”却不是农民的这种操作所能完全说明的。黑格尔在上引的《逻辑学》一段里还写道：“扬弃在语言中，有双重意义，它既意谓保存、保持，又意谓停止、终结。保存自身已包括否定，因为要保持某物，就须去掉它的直接性，从而须去掉它的可以受外来影响的实有。——所以，被扬弃的东西同时即是被保存的东西，只是失去

① “观念的东西”是黑格尔《逻辑学》杨一之中译本商务印书馆 1974 年北京版第 98 页上的译语。按此书的英译本 the Ideal 须查原德文本才能确定其意义。

② 引自上引书中译本第 98 页。

了直接性而已。”①然而，黑格尔在这段引文里虽是较为生动而缜密地阐说了“扬弃”这词的意思，但他在上引文的紧接在下一段里还补充地说到：“哲学术语每每使用拉丁名词，这或是因为本国语中没有那样的名词，或者即使有，也因为本国语名词使人较多地回想起直接的东西，而外国语则使人较多地回想起反思的东西。”这就叫我们在把“扬弃”和我国农民的操作联想时不可不加以缜密地区别的。这区别就是黑格尔的另一关键的观点在上引各段里都还没有具体地透露出来，那就是，凡百事物，尤其在相互接触时，都是不断在变动发展着，而其变动与发展都是按照辩证法的一定规律与程序的，例如，在上面所引的一段文字里，“保存自身已包括否定”，而保存与否定却是矛盾的，但唯有矛盾才有变化，这是一点。另一点，也是作为举例说，“去掉直接性，从而去掉它的可以受外来影响的实有”，这也是一矛盾，因实有也是直接性，何以去掉一物的直接性的这种否定就可保持它呢？其中的矛盾和矛盾经过物与物的接触中所发生新的矛盾与其解决和变化都是得要分析出来而予以了解以及看到它的解决的。这是复杂而重要的思想过程，都是“扬弃”所包含在其里面的。可黑格尔的“扬弃”这个词与其所表达的观念乃是不易翻译为另一语言的名词的。英人 W. H. 庄士敦(Johnston)和 L. G. 司徒鲁他斯(Struthers)合译的英译本是采用 transcend 这个动词与其派生的 transcendence 这个名词来表达黑格尔德文的“扬弃”这词的，而他们所采用的这两个词都是拉丁语词，恰恰符合黑格尔所说“外国语使人较多地回想起反思的东西”的这种想法。然而 transcend 这词，按其在英文里的意义又怎能适合黑格尔德文 aufheben 这词呢？英文的 transcend 原是个拉丁文动词，其前缀 trans－是表示“成为另一种状态”的意思，而其词根 scendence 即是“上升”的意思，两者结合构成的 transcend，在英语一般辞典里也只能这样注释，即“上升到”，或者用哲学的字样注释为“超越经验，理解力的范围”，等等，还是不能更深刻地表达黑格尔 aufheben 这词的含义的，与中译为“扬弃”亦“鲁卫之政”而已②，所以黑格尔的原词正如康德的 transzendental(一般

① 见上引书中译本第 98 页注释第二段，见英译本第 119～120 页。

② 语出《论语·子路》：“鲁卫之政，兄弟也。”鲁是周朝周公的封国，卫是周公之弟康叔的封国，其两国的政治情况也像兄弟一样差不多，后用来比喻情况相同或相似。——整理者注

中译为“先验”)是得要从各哲学家的思想体系来理解而决不可望文生义地生硬解释的。读哲学史的不可不认真,由此可见一斑。

我们在上面较烦琐地解释了黑格尔“扬弃”这词之后,就要回到这词所从出现的“心灵的提高固然是一种过渡和凭借这种间接性的历程,但同时也复是过渡和凭借这种间接性的扬弃”的这句话上来并加以解释。

我们还记得,这句话是在谈到从经验性的世界加以思想而提高到证明上帝的存在的思想过程中说出来的。问题是:怎能从有限的现实世界的观察,通过人类思想即心灵的提高而达到上帝的存在的证明的,换句话说,是怎能从有限的提高而达到关于无限的认识的。黑格尔的答复是:心灵的提高,一方面是一种过渡,而同时另一方面又是一种凭借,而不管是凭借或是过渡,同是一种间接性的历程,并不是一个目标,不是一个终结。既然心灵的提高,只是以现实世界作过渡,作为凭借的,则那似乎足以作为凭借来达到对上帝存在的认识的现实而有限的世界,也由于它只是一种凭借而被宣示为空无,从而也就被扬弃了。其理由就是,只有凭借有限世界存在之否定,即认识世界为空无的 ,心灵的提高才有其凭借,于是那只当作过渡中的凭借的事物即现实有限的世界便消逝而为空无了。因此即在凭借的过渡这种过程中便扬弃了其凭借。这是黑格尔关于扬弃凭借的解释,从而说明在凭借现实有限的世界,是如何通过所凭借的东西之扬弃,来提高人类的思想,从而达到对于无限的上帝的存在之证明。翻译《小逻辑》的贺麟先生在这里插入他一段十分有价值的按语,这是读者所应注意的。按语说“凭借”这词是原德文 die Vermitt(e)lung,而瓦拉士的英译有时[如在本节里]译作 means[即]工具或手段[的意思],有时[如在下面第 69 节里]译作 mediation[即]间接性[的意思]。[其所以有二义,其实不止于二义,是因 mediation 这词,是 mediate 这个从拉丁语的 meditari 而来的动词所从而形成的名词的,其意义在英语上主要有两种,一种是原义,即“通过某地人或物而成为连结”的意思,而另一种是转义,即“处在两者之间作为中介”的意思。这两义都含有“工具”或“手段”之义,然不是工具或手段]贺译按语又说,黑格尔此处用凭借扬弃凭借的说法来表示“得意忘言”“得鱼忘筌”这两句古语的意思[“言”是表达“意”的凭借,而“筌”是捕鱼的竹器,表达了意,也就不去管言,而抓到鱼,也就忘记掉筌了]。但是一方面非凭借言,就不能表达意,非凭借筌,也不能获得鱼,然而得到了意,或得到了鱼之后,又复扬弃了言或筌,即在凭借的历程中扬弃了所凭借的东西。心灵凭借有限的世界来提高其自身以达到无限的上帝,但是心灵必认此世界为空无。故心灵提高的历程一方面有所凭借,另一方面亦即扬弃这凭借。这是译者的按语。紧接着,译者又指出,下面是黑格尔批评耶柯比的话,说耶柯比认为不能说无限的上帝是依赖,或凭借有限的事物,这种说法是耶柯比说对了的地方,但是耶氏不知道,凭借有限事物同时复扬弃或拿起便放弃有限事物的这个道理,也就是耶氏之未到之处。当耶柯比反对对理智关于上帝存在的证明时,他的心目中所要反对的,主要的也只是指肯定两个事物之间彼此平等依赖的关系说的。他公允地攻击了那种由有条件的事物(即世界)去寻找无条件的上帝,因而就是认为无限的上帝是有所依赖,有所根据的那种证明的方法。然而他不知道在心灵提高的整个意义,即在于校正这个错觉。但耶柯比没有认清本质的思想。(译者又一按语是:本质的思想,也就是黑格尔所谓总念式的矛盾进展式的思想,亦即是以表现思想的本质的思想。)这里的真实性质,即在这个凭借的过程中便扬弃了凭借的自身。因此,他的批评如果仅只用来对反省式的理智证明加以攻击,虽然可算是切当的,但是如果用来攻击整个的思想,特别是理性的思想,那么,他便陷于错误了。

由上面的解释,我们或者可能理解到黑格尔是怎样运用他的“扬弃”这个观念来说明思想的提高过程中的一种否定的成分的。但是,这个否定的成分还得要再来加以阐述。这就是下面一段的内容。现在我们就阅读这段的中译文如下:

149.1 为说明对于思想中否定的成分之忽视,可用一般人认斯宾诺莎学说为泛神论和无神论的攻击,作为例证。斯宾诺莎的绝对本体诚然尚不是绝对精神,而上帝应须界说①为绝对精神,乃是正当的要求。但当斯宾诺莎的界说被认为将上帝与自然及有限世界相混,并且使世界与上帝同一,这就假定了认有限世界具有真正的真实

① “界说”又译“定义”,原是名词,也可作动词用。某事物的定义就是确定该事物的概念的。

性和肯定的实在性。如果承认这个假定，则上帝与世界合而为一，是不啻将上帝纯然有限化了，贬抑成为一仅属有限的存在之外在的复合体了。从这点看来，我们须得注意，斯宾诺莎并没有把上帝界说为上帝与世界的合一，而乃认上帝为思想与形体（物质世界）的合一。即使我们接受他对于合一原来那样异常笨拙的说法，他乃是认这世界仅是一现象，并不具有真实的实在性，所以他的系统并不是无神论，宁可认为是无世界论（Akosmismus）。一个坚持上帝存在，坚持唯有上帝存在的哲学，至少是不应被称为无神论的。何况对于许多把猴猿、母牛、石像或铜像等当作神灵去崇拜的民族我们尚还承认其有某种的宗教，但常人的想象里，总深信这有限事物的聚集体叫做世界的，是有真实存在的。要他放弃这种信念，那他们是决不愿意的。如果要说没有世界，他们[①]很易认之为不可能的想法，至少他们会觉得相信没有世界，比相信没有上帝的可能性还少。人总是相信（这于他们都并不是很光荣的事）一个系统要否认上帝远较否认世界为容易。大家总是觉得否认上帝远较否认世界为更可以理解。

这段是承上段所提出的思想提高的过程中的一种否定成分这个观念来进行讨论，从而说到十七世纪荷兰哲学家斯宾诺莎（Baruch Spinoza，1632—1677）这位伟大的唯物主义者和战斗的无神论者在其著名的著述《伦理学》一书里所谈到的"实体"[②]（这里中译本译为"本体"）这个非常重要而引起许多哲学与神学争论的概念，而黑格尔在这里也发表了他对这个问题的看法。他说："为说明对于思想中否定的成分之忽视，可用一般人认斯宾诺莎学说为泛神论（即 Pantheismus，又译为'万有神论'，认为'自存在自发展的宇宙作为整体看就是神'和无神论

① 这里的中译用复数的"他们"，而在紧紧相连的前一句里却用单数的"他"来作"常人"（德文的 Mann）的代名词，这是费解的，不如依瓦拉士的英译把德文的代名词 man 和名词 der Mann 同作复数。

② 斯宾诺莎在他的《伦理学》（*Ethica*，写于 1662—1665 年）而在该书的第一部分"论神"，定义Ⅲ："实体，我理解为在自身内并通过自身而被认识的东西。换言之，形成实体的概念可以无须借助于别的事物的概念。"引自《西方古典哲学原著选辑十六—十八世纪西方各国哲学》，北京：商务印书馆，1961 年，第 164 页，引文的原文是拉丁文：Per substantiam intelligo id，qusd in se est et per se concipitus，hoc est id，cujus conceptus non indiget conceptu alterius.

(Atheismus,否认有神的说法)的这种说法的攻击,来作为一种例证。何以这能说是一种例证呢?因为如果斯宾诺莎认为宇宙的实体是自然,而自然这个概念本身是无须借助于别的概念而只由其自身就可为人所理解的,那么,凡是自然的东西也就都是这样的实体,这样就不必有宇宙和其中万物的本源而取消了上帝这个概念,结果就是泛神论或者无神论了。这是和黑格尔的宗教信仰,即有神论的基督教的信仰,绝对不能相容的。依他的宗教信仰来说,上帝才是宇宙和万有的本源,为宇宙及万有之所自来,在认识论上如果有他的绝对精神,即绝对观念那样,为一切范畴所从自出而又是一切范畴的归宿,于是就可以作为宗教上的上帝在认识论上的表现。所以他说,"斯宾诺莎的绝对本体,亦即绝对实体(substantia)诚然尚不是绝对精神,而上帝[却]应该界说为绝对精神,这才是在认识论上的正当要求,就是把绝对精神,即绝对观念,作为认识凡百事物之所通过的范畴之依据和归宿。但是,当斯宾诺莎的关于实体的界说(即定义)被人认为是把宗教信仰上的上帝和自然科学中的自然及有限世界相混淆,并且使世界与上帝同一起来,这就假定了承认有限世界是具有真正的真实性(Wirklichkeit,即和 Schein[虚伪]相反的真实性)亦即肯定的实在性(affirmative Realität)了。如果承认这个假定,则上帝与世界合二为一,就简单是把上帝单纯地有限化了,贬抑成为一仅仅属于有限存在的外在的复合体了。"这当然是热衷于有神论的基督教信仰的黑格尔所绝不能承认的,所以他就纠正这种对于斯宾诺莎的实体的这种看法而写道:"从这点看来,我们须得注意,斯宾诺莎并没有把上帝界说为上帝与世界的合一,而乃认上帝为思想与形体(物质世界 der materiellen Welt)的合一。即使我们接受他对于合一的那原来是极其笨拙的说法,他乃是认为这世界只是一现象,并不具有真正的实在性,所以,他的系统并不是无神论,宁可认为是无世界论。"①据此,黑格尔便批驳把斯宾诺莎的哲学体系认为是无神论的说法,而

① "无世界论"是德文的 Akosmismus 这词之中译,这词的前缀 a 是"非"义,其词根 kosmos 据发音变为 kosmis 是"世界"义,整个词在哲学上是"否认世界离开上帝而有其存在"的意思。

说,"一个像斯宾诺莎那样坚持上帝的存在[①],坚持唯有上帝存在[②]的哲学,至少是不应该被称为无神论的"。不但如此,"何况我们对于许多把猴猿、母牛、石像或铜像当做神去崇拜的民族尚且承认是有某种宗教的,[怎能否认斯宾诺莎的哲学是有神论的呢?]"可是,何以还有人主张无神论这种思想呢? 黑格尔根据无世界论的这种思想展开论证说:"但常人的想象里,总是深信这有限事物的聚集体叫做世界的,是有其真实存在的。要他们放弃这种对世界存在的信念,那他们是决不愿意的。如果要说没有世界,像无世界论的那种说法,他们便很容易认为这是不可能的想法,至少他们即使包含在无世界论里面或者在无神论里面的有什么难以把握的理论,是不能分辨其中的是非的,然而总会以常理来推测,觉得相信没有世界要比相信没有上帝的可能性还少些。世人总是相信(纵然这对于他们来说并不是很光荣的事)一个系统要否认上帝,是远远较于否认世界为容易。大家总是觉得否认上帝远较否认世界更可以理解。"这是黑格尔说明无神论这种思想的缘由,但是他的论证是以无世界论为出发点的,因而是牵强的。究竟有多少人会想到这具体而现实的世界可能是不存在的呢? 然而要相信黑格尔所崇信的唯一无二为世界万汇的来源,且一直自有宇宙以来,那就是永恒地操纵着这个宇宙的上帝,那就不是容易而简单的事,但在这里黑格尔却没有乃至提出这个问题,更不见在这里试图作出他的论证,而在提出他的上述所谓对无神论的建立之后,便在本节即第五十节的最后一段里便开始对这个复杂的问题迈出其正面的第一步,这就是关于思想的提高所赢得的内容的批评。现在我们得要先看看这段的中译文。

150.1 第二点是关于思想的提高所赢得的内容的批评。这些内容如果只包含一些说上帝是世界的本体,世界的必然本性,或指导并主宰世界的目的因[③]等特性,当然不切当于表达我们所了解或我们

① 斯宾诺莎的《伦理学》第一部分命题十一:"具有无限多属性各自表现永恒无限的本质的神或[说]实体,是必然存在的。"引自《十六—十八世纪西欧各国哲学》,北京:商务印书馆,1961年,第169页。

② 同上引书第一部分,命题十四:"除了神以外,不能有任何实体,也不能设想任何实体。"(引自上引中译本第173页)

③ 这里的"目的因"乃是德文的 zweckmässig Ursache 之中译,亦即古希腊时代哲学家亚里斯多德在他的《哲学原理》,又中译为《形而上学》里所谈的"四因"的"最后因",又称"目的"。

所应了解的上帝的性质。但除了可将这种对于上帝的普通观念作为初步假定，并根据这种假定以评判结果外，无疑地，这些称谓上帝的特性仍有甚大的价值，而为上帝的理念中所包含的必然成分。所以，如果我们想这样去明白认识上帝的真理念而把握其内容的真性质，那么，我们切不可以较低级的事物为出发点。那世界中纯属偶然的事物，乃是一个异常抽象①的概念，不足以作理解实在的出发点。有机的结构和其互相适应的目的性虽属于较高的范围，生命的范围，但姑无论有生命的自然和自然事物之别的适应目的方面，由于目的之琐屑不足道，甚或由于许多关于目的之幼稚的说法，因而有种种缺陷，即单就有生命的自然之本身而论，实尚不足以表达上帝一理念的真实性质。上帝不仅是生命，祂乃是精神。惟有精神的本性才是思想绝对最有价值且最真实的出发点，如果思想要想采取一出发点而且想要采取一最切近的出发点以理解上帝的话。

这段一开头便说到"第二点"，其第一点是在本书的第四段里提起，谈到就形式上的思想提高的，所以在这里的关于思想的提高所赢得的内容之批评，就作为关于思想提高的评论之第二点。其所要讨论的，不是像第一点所讨论的关于思想提高到上帝存在的论证形式，而是关于所要证明的上帝的性质的，因而就称为这个问题的内容。黑格尔说"这些内容如果只包含一些说上帝是世界的本体，世界的必然本性，或指导并主宰世界的目的因②等特性，这样就当然不切合于③我们崇奉基督教的信徒所了解或者所应该了解的上帝这位神的性质的"，因为上帝对于世界的关系和作用是一回事，而上帝的本身是另一回事，这两者是不容许混为一谈，互相混淆的。然而黑格尔在作出这种声明之后，还是退一步说："但是，除了可以把上述的那些对于上帝的普通的亦即一般的观念作为一种初步的假定，并且根据这种假定来评判其结果之外，这些用来称谓上帝的特性，如说

① 这里的"抽象"是和"具体"相反的意思，是一般德文的 abstrakt 的中译，还没有包含着黑格尔哲学思想的"与整体离开"的这层意思。

② 这里的"目的因"乃是德文的 Zweckmässig ursache 之中译，亦即古希腊时代哲学家亚里士多德在他的《哲学原理》又中译为《形而上学》里所谈的"四因"的"最后因"，又称"目的"。

③ 这里"不切当于"或"不切合于"是原德文 nicht angemessen 的中译，即作"适合于"解。

'上帝是世界的本性'等等,无疑地,仍然是有很大的价值的,而且又是上帝这个理念中所包含的必然成分,虽然是不能适当地使我们完全从而认识上帝的本性和把握上帝这个理念的全部内容的。所以,如果我们想要这样去明白地认识上帝的真正理念而且把握住即完全理解上帝这个理念的全部内容的真实性质,那么,我们就切不可用比较低级的事物为出发点。原因就是,那经验上的世界,其中的纯然属于偶然性的事物,乃是一个异常抽象的脱离具体事物的概念,是不足以作为理解实在存在的上帝的出发点的。把思想提高到存在的阶梯较高的有机体上来寻找认识上帝存在的出发点吧。诚然,有机的结构与其互相适应的目的性,虽然是属于较高的范围,即生命的范围,但是,姑无论有生命的自然和自然事物的其他适应目的的方面,由于目的的琐屑不足道,甚至或者由于许多关于目的的幼稚的说法,因而就有种种缺陷,即使只就有生命的自然之本身来说,实在还是不足够来表达上帝这一理念的真实性质。上帝不仅只是生命,祂是精神[①]。惟有精神的本性才是思想绝对最有价值而且最真实的出发点,如果思想要想采取这一出发点而且想要采取一最切近的出发点来理解上帝的话。"

这也就结束了黑格尔在第五十节开头时所提出达到"总念"和"有"的统一之两个途径的第一个途径(即由具体的"有"过渡到思想的"抽象物")的讨论。下面就必须讨论第二个途径,这就是第五十一节的课题了。兹先看看这节的正文,这节正文分为三段,其第一段的中译文是:

151.1 第五十一节

本节的主要内容如上所指出,是讨论使上帝这个总念和具体"有"统一起来的两个可能途径的第二个途径——从抽象物出发而实现为具体的"有"的这个途径,亦即和上节所讨论的第一个途径恰恰相反的。

151.2 达到抽象的同一和"有"的统一借以实现理性的理想之

① 须知,依黑格尔的范畴系统来说,先有逻辑学的"自在理念",而"生命"这一范畴是属于这理念阶段的最高级的,但在"自在理念"之上还有"自然科学"的"外在理念"和"精神科学"的"自在自为理念",那才是"精神"的范畴,可是"生命"离"精神"是很远的。

另一途径，便是从思想的抽象物①出发，以达到特殊的规定②。为达到这个目的，便只剩下‘有’这个概念比较最合用了。”这也就是对于上帝存在之本体论的证明所取的途径。在这里抽象地主观地所提出的对立，便是“思”与“有”的对立，而在前一途径里，“有”乃是对立的双方所同具的，其对立所在，仅在于个体化的“有”与普遍性的“有”之对立。对于第二个途径之对立，知性提出与反驳第一途径之理论本质上相同的理论以应付之。知性认为在经验事物中既寻不出普遍概念，反之，在普遍概念中亦不包含有特殊事物。所谓特殊事物，此处仅指“有”而言。换言之，从概念中推不出“有”来，亦分析不出“有”来。

这段的内容首先是说明从抽象的观念出发而实现为具体的“有”的这个途径究竟是怎样的。黑格尔说：“达到抽象的同一这个观念和‘有’这个范畴的统一，也就是这两者的联合(die Vereinigung)，这样来实现理性所要求得到的理想(das Ideal)这个另一途径，是从思想的抽象观念出发，从而达到一个特殊具体指定的东西的。为了达到这样一个高超的目标，千方百计所剩下来的只是‘有’这个概念是比较最合用的了。”这也就是对于上帝的存在的本体论的证明所采用的途径。在这里出现的③对立乃是“思”(Denken)与“有”(Sein)的对立，而在前一途径里，“有”乃是对立的双方所共同具有的，而那个对立仅是在于个体化的“有”与普遍性的“有”，这两者之间的差别④，对于这第二个途径所碰见的对立，知性所提出来应付它的理论和反驳那第一途径的理论，在本质上是相同的。知性认为在经验上的事物中，既然寻不出普遍性的概念，反过来说，在普遍性的概念中，

① “抽象物”是德文的 das Abstraktion 这词的中译，原义是“抽象名词”，“抽象的观念”，而译为“抽象物”，即在哲学上也似费解，但姑且将就使用下去。

② 这里的“规定”是德文的 die Bestimmung 这个名词的中译，含有“具体指定”的意思，因而是比一般意义的规定更具体的。

③ 这里我们的中译本是用“抽象地主观地所提出的”这种字样来中译原德文的 vorkommt 这一动词，大概是照瓦拉士英译的 Presented from a merely subjective point of view 而重译为中文的。本编者究不知道瓦拉士这样英译是何所本，所以就按黑格尔的原德文中译为“出现的”。

④ 这里我们的中译本原是用“对立”这词，但原德文是“unterschied”，所以就直译为“差别”更为确切，虽然英译也是用 contrast 这词的。

也不包含特殊性的事物(这里所谓特殊性的事物,是指"有"说的)。换言之,从概念中不能把"有"推论出来,也不能把"有"在概念中分析出来。

这是黑格尔对本体论关于上帝的存在的证明以"有"这个概念为其目的的批判,说明这种证明在其论证中既然一方面不能从概念中把"有"推论出来,而另一方面又不能在概念中把它分析出来,那么,这种证明之作为其目的的"有"是不能成立的,可是,何以本体论的证明又那样行时而康德对它的批判又那样轰动一时为人们所接受呢?黑格尔在紧接着的下一段加以说明。我们首先看看这一段的中译文。

151.3 康德对于上帝存在的本体论证明的批评之所以如此无条件地受欢迎被接受,无疑地大半由于他说明"思"与"有"的区别时,所举的一百元钱的那个例子①。一百元钱就其在思想中言,无论是真实的或仅是可能的,都同是抽象的概念。但就我的实际经济状况而言,真正一百元钱在钱袋中与可能的一百元钱在思想中,却有重大的区别。没有比类似这事更显明的,即我心中所想的或所表象的事物,决不能因其能被思想被表象便认为真实;思想、表象、甚或总念绝不能供给我们以"有"或[说]存在。姑且不说称类似一百元钱的东西为总念,难免贻用语粗野之讥,但凡彼不断地反复抨击那哲学的理念,认思与有不同的人,总应承认哲学家们绝不会完全不知道一百元现款与一百元钱的思想不相同这一回事。事实上还有比这种知识更粗浅的吗?但须知一说到上帝,这一对象便与一百元钱的对象根本不同类,且亦与任何一种特殊概念、表象、或者任何其他名称不相同。

① 这个例子见康德的《纯粹理性批判》德文第二版第626～627页。兹摘译如下:"有"或"是"(德文的sein,即英文的to be或being)显然不是一真实的属性;也就是说,它并非能够加在一事物的概念之上的某一事物的概念……"神是万物的"这命题包含有两个概念,其中每一概念都有其对象——神与万能。命题中的小词"是"并不增加任何新的属性而只起着断定述词在其中关系上对主词的肯定的作用……[在一个肯定的命题中其主词与述词]两者的内容必须是同样的。……真实对象的概念和可能对象的概念所包含的属性是完全相同的。一百元真实的钱币比一百元可能的钱币并不多出一毫钱……然而一百元真实的钱币之影响我的金融地位和一百元可能的钱币之影响也就确实不同了。原因就是,对象之就其现实存在来说,并不在分析上包括在我关于它的概念里面,而是综合上外加在我的概念之上的(因为这概念乃是我的意识形态的一种确定);可是意想的一百元在其本身说来,并不由于被意想就在我的概念之外丝毫获得其存在性的增加。可参考蓝公武中译本第430～431页。

其实，事物在时空中的存在与其总念之歧异，正是一切有限事物的特征，且系唯一的特征。反之，上帝显然应该，只能"认作存在"，上帝的总念即包含祂的存在。这种总念与存在的统一构成上帝的本性①。

在这段里，黑格尔关于康德对于上帝存在的本体论证明的批评之所以那样受到当时人的无条件地欢迎和接受的这种情况，加以解释说："无疑地，这种情况大半是由于康德在说明关于一个概念的思想和同是这个概念的对象之实有的两者的区别，即简说为"思"与"有"的区别时所举的一百元钱的那个闻名的例子"（关于这个例子请读者参看上页脚注①）。黑格尔关于这个例子并加以解释说："一百元钱，就它在人们的思想中来说，也就是"思"，那就无论所说的一百元钱是真实的一百元钱，或者只是有其可能的而还不是现实的一百元钱，两者同是抽象的概念，但是就我的实际经济状况来说，确实在我钱袋中的真正一百元钱和只在我想象之中的一百元钱这两者却有重大的区别的。"正如上面脚注所引康德的原话那样，"意想的一百元在其本身说来，并不由于被意想就在我的概念之外丝毫获得其存在性的增加"，即仍然是在人们主观的意识中而不是在客观的现实中有一百元的钱币的。即使黑格尔在这里也是说："没有比类似这事更显明的，即我心中所想的或表象的事物，绝不因其被思想被表象便认为真实的；思想、表象，甚或总念［即最完整的关于某事物的概念］同样绝对不能供给我的以［在客观现实中的］'有'或［说］'存在'。"黑格尔是这样肯定地承认"思"与"有"的区别的。但是，他在这样肯定了之后，马上就转过来说："姑且［请注意'姑且'，即德文的 Abgesehen davon］②不说称此类似一百元钱的东西为总念，因为如果这样说的话，那就难免会有人批评我们是粗野而不是雅致地使用总念这个名词了。但是，那不断地反复抨击那

① 这种观点早在十一世纪在就为英国坎特布里（Canterbury）大主教这个伦巴底族人安瑟（Anselm）在他的神学著作中所提出而论证说："最高的完善这个观念是必然含蕴着其对象的存在的，所以这个观念就不但是主观性的而且又是客观性的了，因而就是关于上帝这个观念的心理学基础。"其含义就是，如果这个观念的对象不存在，则其完善性便有缺欠，即缺少了存在，所以它是不能不存在的。可是这种所谓本体论的论证受到康德的驳斥，而黑格尔却又在这里企图予以挽救。

② 德文 Abgesehen davon 这个连接词语组的意思是"由上面所说转移视线"也就是"暂且不去管"，所以就是"姑且"。

个哲学的思想①,认为思与有不同的人总得应该承认哲学家们是绝不会完全不懂得②一百元现款与一百元钱的思想是不相同的这一回事的。事实上,还有比这种知识更粗浅的吗?"这是黑格尔在"姑且"的口气转过来说而旨在为他下面的积极表示作准备的,且看他要说的是什么。他说,"但须知一说到上帝,这一对象便与一百元钱的对象根本不同类,且亦与任何一种特殊概念、表象,或任何其他名称不相同。其实,事物在时空中的存在与其总念之歧异,正是一切有限事物的特征,且是唯一的特征。反之,上帝显然应该只能'认作存在',上帝的总念即包含祂的存在。这种总念与存在的统一构成上帝的本性。"

这段话就是黑格尔证明上帝的存在的论证。我们照中译本的译文逐字逐句抄下来,而且查过对过其原来的德文后,认为除"事物在时空中的存在……"这一句是中译者按瓦拉士的英译从而意译的之外,这段的中译文大致上是正确的,完全表达了黑格尔的原义的。那么,我们就可以说,黑格尔对于他所信奉的上帝乃是一种教会教父式的或说神甫说教式的宗教,未曾加以理性的反思的,至少可以说,不能说服任何基督教以外的有哲学思想的人的,正如我们在脚注里所指出,这种关于上帝的观点完全就是十一世纪欧洲未经改革的公教会(die kathöliche Kirche)的教父英国坎特布里大主教安瑟的神学观念,也就是最保守的而且可说是教会中最顽固的神学上本体论的观点,认为"上帝"亦即"神"(Gott)之作为一个对象来说,是和"任何一种特殊的概念、表象,或者任何其他名称的对象根本不相同的","显然应该只能""认作是存在着的"(德文 als existirend gedacht),"只能"是如此,而不容有任何怀疑或争论的,因为黑格尔说,"上帝这个总念(des Begriff)包含祂[上帝]的存在"③,而且"这种总念与存在的统一构成了上帝的总念"④。

---

① 这里中译本是用"理念"这词来翻译黑格尔所用的 Idee 这个哲学名词的。但"理念"似嫌太过高超而与下文不够确切,所以我们改译为"思想"以便结合下文。

② 这里的原德文是 unbekannt,中译为"不懂得"似较原译的"不知道"较合。

③ 这句译文的原文是:Der Begriff das Sein in sich schliesst.

④ 我们在这里把原文中译本的"本性"改译为"总念",因为原德文的这词是 Begriff,而整句的原文乃是 Diese Einheit des Begriffs und des Seins ist es,die den Begriff Gottes ausmacht ,并没有"本性"的意思包含在这句里。

这不是说教的词句，就是独断论的哲学，而出于黑格尔的笔，不能不叫我们感受到惊奇。但是，我们得要记住，黑格尔写这种文字时，是在任柏林大学的哲学教授的时候，而当时普鲁士各大学的教授全都是国王御用的高级知识分子，对于国家的国教只得忠实地借着教授的讲座予以宣扬而不敢越雷池一步，何况黑格尔这位教授原是神学毕业的呢?

我们且继续阅读本节第五十一节最后一段的中译文吧。

152.1 如果上帝的性质就像这里所说的这样，则我们对于上帝只算得到一形式的界说，这界说实际上只包含着总念本身的性质。今即就总念之最抽象的意义言，已包含有存在乃是显而易见的事。因为无论总念的别的性质如何，至少是由于扬弃了间接性而成立，所以总念自身即具有与它自身直接的关系，但所谓“有”或者[说]“存在”不是别的，即是这种“自身相关”。我们很可以说，精神的最深处，总念，甚至于自我或具体的大全，即上帝也者，竟会不够丰富，连像“有”这样贫乏的范畴，这样最贫乏、最抽象的范畴，都不能包括于其中，岂非怪事。因为就内容而言，思想中再也没有比“有”这范畴更无足轻重的了。只有人们最初当作“有”的东西，如果外界感官存在，我面前一张纸的存在，也许还比“有”更无足重轻。但关于有限的变灭的事物之感官存在，谁也不愿无条件地说它“有”。此外，康德书中关于“思与有之区别”的粗浅的说法，对于人心之由上帝的思想到上帝存在的确信的过程，最多仅能予以烦扰，但绝不能予以取消。这种基于上帝的思想和祂的存在之绝对不可分的过程，亦即是近年来关于直接知识或信仰的学说所欲重新恢复其权威的。关于此点，下面将有讨论。

在这段里，黑格尔写道:“如果上帝的性质就是像这里[即在上段里]所说的这样，[即有限的事物之‘实有’是和它的总念——即柏拉图的‘观念’——有歧异的，不能完全把其总念体现出来的，而由于上帝是无限的，与有限的事物不同类的，所以就应该完全体现其总念，因而就应该具有总念的一切属性，包括存在这个属性在内的，因之就是存在的]，则我们对于上帝也不过得到一种形式上的，即按照上帝是无限的而与有限事物不同类的这种界说，而这个界说在实际上只包含着上帝这个总念本身的性质而已。现在就[上帝这个]总念,[像上面所解释的那样,]在其最抽象的意义来说,已是包含有存在[这个属性在内]的,这是显而易见的事。因为无论总念[甚至一般的总念,而关于上帝的总念则更不必说了]别的性质如何,至少是由于扬弃了它的间接性而不依靠别的东西而成立的,所以任何总念的自身就是具有和它自身的直接的关系的;但是一般所谓‘有’或说‘存在’,不是别的,只是这种‘与自身的相关’,[也就是以自身来显示其自己]。[这样一来,]我们[就]很可以说,精神的最深处,也就是总念乃至于‘自我’或者我们称为上帝的具体的整体或说大全,竟然会是不够丰富,连像‘有’这样贫乏的范畴,这样最贫乏最缺乏内容的抽象的范畴,都不能包含在上帝里面,岂非怪事。因为就内容来说,思想中再也没有比‘有’这范畴更是无足重轻的了。只有人们最初当作‘有’的东西,譬如外界感官的认为存在的,如我面前的一张纸,这种的“有”也许还比“有”这范畴更是无足重轻,不必去注意的;关于这类有限的变灭的事物之感官性存在,谁也不愿无条件地说它是‘有’。[因为这种东西可能是一幻相。足见关于上帝的存在乃是包含在‘上帝’这个无限的总念里面的,绝不能和这个总念分割开来的。]”

这是黑格尔稍稍离开关于上帝存在的说教式的说法而对于上帝这个他主观上认为与别不同的总念加以哲学反思的阐述,极力主张,“上帝也者,是精神的最深处,是具体的大全,怎能连‘有’这个最贫乏的范畴尚且不能包含于其中”。这是搬出了他的整套在逻辑学中的范畴法宝来证明上帝的存在的,可是分析起来,依然没有超出那“只能是如此,不容有任何怀疑或争论的”这个范围,丝毫没解决“思”与“有”之区别这个难题,像康德在一百元钱的例子所指出的那样。然而作为柏林大学哲学教授的黑格尔毕竟是不能轻易地放过这点的,所以他也就写道:“康德的《批判》的平凡琐屑意见之陈述,说什么思与有的不同,对于人心之由上帝这个思想,到上帝乃是有的这种确信之进程,最多不过予以扰乱,但绝不能予以消除的。”[1]何以不能消除呢? 在这里黑格尔只能又写道:“这种基于上帝的思想和上帝的存在的绝不可分的过程,亦即近来关于直接知识或说信仰的

① 这一整句是本编者依据黑格尔的原文改译的。

学说所想要重新建立其特权的。”这不也就是以宗教信仰来代替哲学吗？但是黑格尔说：“关于此点，下面将有讨论。”那就是说，暂且不提了。那么，我们往下阅读下一节的中译文吧！

153.1 第五十二节

在这节里，其正文是黑格尔的原话，批评康德关于思想的看法的，而后人所照黑格尔讲课的说法加入作为解释的，一如这书的所有附释那样，是旨在补充并发挥正文的内容，也是关于康德对于思想的看法的。我们先看正文的中译文。

> 153.2 在这种方式下思想的性质即在它的最高点，亦总有一些外在的成分。这种思想的方式，虽说也老是叫做理性，但却只是彻头彻尾的抽象思想。这样，其结果，理性除了提供简单化系统经验所需之形式的统一外，没有别的。在这样意义下，理性只是一真理的“规律”，不是一真理的“工具”。理性只能提供一种知识的“批评”，而不能提供一种关于无限的“学说”。这种批评，分析到极致，可以总结在这样一句断语里，即思想本身只是一无决定性的统一，或只是这个无决定性的统一的活动。

这节正文的第一句中译文有点离开了原德文的原意。据原德文，似应中译为：“在这种方式下[即在谈到思与有的关系下]，关于思想的在其最高点上，它总是某一外在的东西的决定性（德文的 die Bestimmtheit）①，这种总是称为理性的只依然是简单的抽象的思想而已。这样，其结果就是，理性除了提供简单化和系统化的经验以其形式的统一性以外，就没有别的了。因之理性就是一种规律②，[即规定什么是什么]，而不是真理的一种工具③，[工具是用来获得某种东西的]，理性只能提供知识以一种批评④，而不能提供关于无限[的存在者]的学说。这

① 这一整句是本编者依黑格尔的德文改译的。

② 这里的规律是贺译本依德文的 der Kanon 这词的中译，改译为“规范”则更妥。

③ 这里的“工具”是德文 das Organon，从拉丁文的 organum 借来的一个哲学名词，为亚里斯多德的《分析论六篇》的编纂者用来统称这六篇的标题，而培根的著作也有“新工具”之称，请读者注意：据原德文，“真理的”只修饰“工具”而不连“规范”的。

④ 这里“批评”是德文的 die Kritik 之中译，康德的《三批判》就是用这词而中译为“批判”已成习惯了。

种批评，分析到底可用这句断语来予以总结：思想本身只是一无决定性的统一，又可说是：这个无决定性的统一的这种活动。”

这里最后一句话是黑格尔关于思想的一个重要的观点，得要在这里说明一下的。首先，我们认为这里的“无决定性”是德文的 unbestimmt 这词的中译，其中的“un－”与其中译为“无”，不如中译为“未”。其次，思想在意识形态里的作用总是统一的，或更确切地说，是起桥梁的作用，但是在一般的情况下，其所起的桥梁作用，由于是“一般的”，所以就是“未确定其性质的”，因而就是“未有确定性的统一”，而且由于思想是一种活动，所以思想单就其本身来说就是一种活动，而其活动的结果是还没有决定的。那么，依康德的学说，能否从关于上帝的思想提升到上帝的存在，那就要仔细检查康德对于思想的功能是怎样理解的了，于是本节的附释关于这点，就是根据黑格尔的课堂解释加上康德对于思想的功能之说法。现在且看这附释的中译文。

> 153.3 附释：康德诚然曾经认理性为[理解]无条件的事物的能力。但如果理性仅被认作抽象的同一，则理性不啻放弃其无条件性，究其实，除了只是空疏的知性外，没有别的了。理性之能为无条件的，只有由于理性不是为外来的生疏的内容所决定，而乃是自己决定自己，因此，能在它的内容中回复到自己。但康德却明白宣称，理性的活动只在于应用范畴将知觉所供给的材料加以系统化，换言之，使之有一外在的条理，而系统化或条理化知觉材料所依据的原则仍不过仅是那不矛盾的原则。

在这里的附释里说“康德认理性为理解无条件的事物的能力”，这是对的，但是“以为康德把理性认作抽象的同一性”，就是说理性只把 A 认作 A，而无其他，那就不是对于康德思想的正确理解了。关于这点，《纯粹理性批判》有许多的详细说明，兹只引用一处以供读者的参考，那就是该书第一卷“概念分析论”第二十七节第一段脚注有如下的说明：“免得读者由这声明所仓促推论出的令人着急的不良后果，我得要提醒他们，就思想说来，范畴是不限于人类感性直观的条件的，而是有其无限制的领域的。只是人们所思想的知识，即对象的确定，才需要直观。没有直观，关于对象的思想，就思维主体的使用理性来说，仍是可以有其真实而有用的种种后果的,因为理性的使用不是总是指向其对象的确定,也就是,不是总是指向知识的,而是也指向着思维主体之确定与其意志的决定的——关于理性的这种使用因之就不能在这里来处理了。"①难道这是康德的理性"放弃其无条件性",或说无条件的作用吗?黑格尔在这里所谈到的不是康德的理性观而只是他的知性,如果读者有兴趣而又为时间所允许,从详按照斯密氏《纯粹理性批判》英译本关于"理性"不下五六十条的索引浏览一遍,就会知道黑格尔在这里所谈的康德之理性学说并不是那样像知性的"空疏的"。

至于黑格尔是怎样以他自己的关于理性性质与功能的说法来结束他对于康德的理性的批评,阅读这附释从"理性之能为无条件的"开始直至本附释的末尾就会知道的,据附释,黑格尔是说:"理性之能够做到是无条件的一种认识能力,只有由于理性不是被那外来的生疏的内容所决定,而是由自己决定自己的,因此,理性就能够在它自己所决定的内容中回复到自己,因为横直都是它自己。但是康德却不知这个道理,反而还明白宣称,理性的活动只在于应用范畴[是吗?请参看上引文的第一句]将知觉所供给的材料加以系统化,换言之,使它有一外在[而不是实质上]的条理,而且在系统化或条理化知觉材料时其所依据的原则仍然不过是那不矛盾的原则。"这样一来,依黑格尔的分析,则康德的理性就只不过是知性而已。这附释关于康德的理性学说是这样结束其讨论的,同时,黑格尔关于康德的《纯粹理性批判》,亦即关于康德的理论的理性,也就此结束了他的检查与讨论了。以下按康德的哲学程序,就进行关于实践理性的讨论和批评了,这是从第五十三节开始的。我们先看这节的中译文。

153.4 第五十三节

这节是关于康德实践理性的分析与批评的。首先在本节里谈到实践理性之含义与任务。我们须注意到,这里之所谓"实践"(德文的praktische)在康德那里是有其特殊的意义的,不可不留意去和"理论的"区别开来,但先看黑格尔是怎样说的。

---

① 本编者是译自斯密氏《纯粹理性批判》英译本第174页脚注a。可参看蓝公武中译本第118页脚注(1),其中有些错译,请注意。

153.5(B)实践的理性——康德所谓实践的理性是指一能思的意志,亦即指依据普遍原则自己决定自己的意志。实践理性的任务在于建立命令式的客观的自由定律,这就是说,指示行为之应该如此的定律。这样便假定了思想为一有客观性的决定能力(换言之,假定思想为一理性),其证据乃在于承认有凭借经验以证明行为的自由之可能。换言之,有从自我意识的现象以证明行为的自由之可能。与这种意识中的经验正相反对的,如决定论者[①]亦复根据经验所一再提出来的看法,特别从人类所认作权利和义务(亦即从客观的应有的自由定律)之无穷纷歧的事实中所归纳得到的怀疑式的(亦即休谟式的)结论。

从这节起一直到第五十四节的末尾为止,都是讨论和批评康德的实践理性的。本节一开头便有(B)这个符号,是表示关于康德的批判哲学的第二部分。其第一部分(A),我们还记得,是从第四十二节开始的,而下面的第三部分(C)是从五十五节开始的,兹统计一下,第一部分占十一节的篇幅,第二部分只占两节的篇幅,而第三部分也不过占八节的篇幅,足见在黑格尔看来,康德的批判哲学以认识论的《纯粹理性批判》为最复杂最重要,美学与世界观的《判断力批判》次之,而伦理学的《实践理性批判》又次之。我们在当前的第五十三节开始,是讨论康德的伦理学或说道德哲学的。

黑格尔关于康德的实践理性,首先和康德一样,是说明"实践理性"这个名词的含义的。他在这里写道:"康德所谓实践理性是指能思的意志,亦即指依据普遍原则自己决定自己的意志。"这是黑格尔按他自己的观点替康德的实践理性所下的定义。据康德的说法,实践理性只能在与理论理性对比之下才能正确地表现其意义的。例如在《纯粹理性批判》一书第二版序文里,他写道:"如果在所谈的各科学里理性要成为一个因素,那么在它们里面就必有某东西是验前为人所知道的,而这种知识对于它的对象的关系可能是在于两种方式之一,要就是单纯确定它的对象与其概念(这必是从它处提供出来的),要就是使它的对象成为现实的。前一种理

① "决定论者"这里是德文的 der Determinist 之中译,但在黑格尔的原文里是用 der Determinismus(决定论)的,中译本改为"决定论者"是为了翻译行文起见的。查决定论有两义:(1)主张意志必为其先行原因所决定,(2)动机确定意志,但不强迫,而这里似是从第二义的。

性知识就是理论的知识,而后一种就是实践的知识①。又如在上引书的"先验辩证论"第三章第七节里康德又写道:"理论的知识可定义为关于是什么的这种知识。而实践的知识可定义为应该是什么的这种知识。按照这种定义来说,理性在其理论上的使用,就是这种使用,是我从而在验前(作为必然的)知道某东西实是如此,而理性在其实践上的使用就是这种使用,是我从而在验前知道什么是应该发生的②。"由此可见,康德的实践理性是注重其力行方面的,而黑格尔解释康德的实践理性是偏重其思想方面的,而且又是和行动脱离的。两位哲学家使用同样一个哲学名词而含义不同,则其带来的后果也就可能是十分重要的。这个关于实践理性的问题就是一例。现在让我们看看根据黑格尔关于实践理性的看法,他是怎样看实践理性的作用的③,关于这点,黑格尔在这里写道:"它[指实践理性]应该以命令式作出客观的自由规律,也就是说,指示什么是应该发生的。"这就是实践理性的作用。从这点黑格尔便扭转过来,"认定实践理性是假定了思想[在实践理性里]为一种有客观性的决定活动④(其实就是一种理性)而且通过经验就可证明实践上自由之可能,也就是在自我意识的现象里证明实践上自由之可能。和这种在意识中的经验正相反对的,亦即决定论从经验所提出来反对的,特别是从人类所认作权利和义务,也就是从客观上应有的自由规律的无休止的分歧所归纳出来的怀疑式(亦即休谟式的)结论"。⑤

这也就结束了黑格尔关于康德的实践理性在伦理学中的意义和作用的讨论,而在这讨论中,除在康德的实践理性加上思想作为其一种重要的成分外,并没提出任何严重的批评,只指出康德的实践理性所引起的自由学说受到决定论的反对,至少加以怀疑。关于这个问题应如何处理,得要看下面的第五十四节。

---

① 本编者译自斯密氏《纯粹理性批判》英译本第18页,可参看蓝公武中译本第9页。

② 本编者译自上引书的斯密氏英译本第526页,可参看蓝译本第451页。

③ 我们的贺译本在这里是按照瓦拉士英译而用"任务"这词来重译英文的office的,本编者认为改用"作用"这词较妥,反正两者同是意译而这词是原文所无的。

④ 这里是原德文的Thätigkeit,原中译为"能力",兹改译为"活动"似较切当。

⑤ 从"它[指实践理性]"起至此为止的中译文是本编者依黑格尔的原德文翻译的,因原中译本太过依照瓦拉士意译的英译而重译,因而有些地方是离开了黑格尔的原意的。

154.1 第五十四节

这节是黑格尔一方面认为康德的实践理性并未超出形式主义，而另一方面后人所加上的附释却对于康德的伦理学或说道德哲学有所说明，作为正文的补充。兹先阅读其正文的中译文。

154.2 实践理性自己立法所依据的定律，或自己决定所遵循的标准，亦复除了那知性的抽象同一，即：'于自己决定时不得有矛盾'一原则外，没有别的了。因此康德的实践理性并未超出那理论理性之最后成果——形式主义。"

在本节正文的第一段里黑格尔说得很简单，虽然他点出康德的道德律之为自立法的极其重要的一点。所谓自立法者，就是在道德行为上自行决定一个人所应遵循的标准。关于这一点，从道德哲学来说，是有文章可做的，尽可从各种的道德学原理，从各种不同的社会观提出对康德的自立法这种说法的批评和驳斥的。可是黑格尔只是在这里写道："康德的实践理性自立法所依的定律，除了那知性的抽象同一，即'于自己决定时不得有矛盾'这一条原则之外，就没有别的了。因此康德的实践理性并未超出那理论理性之最后一点①，就是形式主义②。"

这里的形式主义也就是上句的知性的抽象同一，即凡事只顾到怎样就怎样，由分别识的知性按它的范畴予以决定的。康德的实践理性果真是如此简单的吗？当知康德根据实践理性这个观念发挥其关于道德哲学的那第二部《批判》，即《实践理性批判》，为康德哲学传播到西欧，特别是传播到英美的第一部名著③。那么，其内容是不应像黑格尔在这里那样描述的，因之他也就得要有所补充，然而在下一段里，依然说不出什么值得道德哲学研究者所十分注意的内容，而仅只在"善"这个观念上约略地谈了几句，实在令人失望。现在让我们看看这下一段的中译文。

---

① 这里的"一点"是译文的一种口气，其原德文只是 das Letzte，直译只能是"最后"，而在汉语来说是生硬的，因之就在行文上加上"一点"。

② "形式主义"是德文的 der Formalismus 之中译，在社会生活中总是小心翼翼地遵循外表的形式，而不顾到其他，就称为"形式主义"，即只顾外表的形式而不问义理这个意思。

③ 其时正是英美两国的哲学界注重道德哲学的时代，即十九世纪中叶，特别是通过 T. H. Green（格林）等人在牛津大学的影响，可参考格林的《伦理学导论》，原英文标题为 *Prolegomena to Ethics*.

154.3 但这种实践理性之建立"善"的普遍原则不仅是自在的(in sich),而实践理性之所以成为真正的实践的理性,只有由于它要求凡善必须在世界中有其实际存在,有其外在的客观性,换言之,理性或思想必须不仅是主观的,而须有普遍的客观性。关于实践理性的这种要求或公设(Postulate),下面再讨论。

这第二段的内容也是简单到令人极其失望的。且看,第一点是实践理性建立善的普遍原则。第二点是善的普遍原则不仅只是照其原来的那样,即自在的,而是发展到在世界中要求有其实际的存在,有其客观性。第三点是说实践理性的这种要求乃是一种公设。关于这第三点,黑格尔写道:"下面再讨论",而关于前两点则一句话都没有说,这不是令人失望吗? 康德在他的第二部《批判》,即《实践理性批判》里果真是这样简单的吗? 当然不是,只是黑格尔在这里似乎认为不屑谈就是了。如果稍微谈一谈,至少也得要涉猎一下《实践理性批判》①第一部分,第一卷第一章的"二、论纯粹理性在其思辨运用中的原不能有而在实践运用中却毕竟有的那种扩充权利",第二章"论纯粹实践理性对象的概念"的第三段②,说到"善的概念不是得自其先行的实践法则,反而是这法则的基础",又如这第二章的第五段③说到德文里"善"的语词,第十四段④谈到"自由范畴"等等以及《纯粹理性批判》第二版第839~840页谈到"至善的理想与幸福"⑤等处,这些都是讨论康德的道德哲学这个问题所至少要涉及的。

可是我们还是看看本节的附释吧! 其中译文是:

154.4 附释:自由自决的能力,康德所否认于理论理性[知理]者,而彰明较著地于实践理性[行理]中保证之。康德哲学的这一方面特别赢得许多人盛大的赞许,这也诚不无理由。要想正确地估量康德在这方面的贡献,我们首先须得明了盛行于康德当时的实践哲学,确切点说,道德哲学的情形。那时的道德哲学,概括地讲来,可以

---

① 《实践理性批判》有关文运的中译本,由商务印书馆于1960年在北京出版。

② 见关译本第59页。

③ 见关译本第60页。

④ 见关译本第66页。

⑤ 见蓝公武中译本第553~554页。

说是一种快乐主义(Eudaemonismus)。当我们问什么是人生的使命和究竟目的,这种道德学说便答道,在于求快乐。所谓快乐是指人的特殊嗜好、愿望、欲求等的满足而言。因此便把偶然的特殊的对象提高成意志所须追求实现的原则。对于这本身缺乏坚实据点为一切情欲幻想大开方便之门的快乐主义,康德乃提出实践理性以反对之,而指出一人人皆应遵守的有普遍性的意志法则之需要。上面几节所讨论到的理论理性,据康德看来,只是认识无限的消极能力,既然没有积极内容,故其功能只限于揭穿经验知识的有限性。反之,对于实践理性,康德却显明地承认有积极的无限性,认为意志有能力在普遍方式下,亦即依据理性的思想,以决定它自身。无疑地,意志诚然具有这种自决的力量,并且最要紧的是要知道惟有具有这种自决的力量,并施展在行为上,人才可以算是自由的。但虽承认人有此种力量,然而对于意志或实践理性的内容的问题却仍然还没有加以解答。因此,当其说人应当以善作为他意志的内容时,立刻就会发生关于什么是意志的内容,换言之,关于什么是这内容的性质的问题。只是根据意志须自身一致的原则,或只是提出为义务而履行义务的律令,是不够的。

这附释是黑格尔去世后,其门徒与好友编纂他的全集时,读到他的《哲学全书纲要》逻辑学部分这第五十五节时,不免感觉其内容的虚空而思有以补充并补救,于是才按黑格尔讲授逻辑学的门人笔记,编成这篇幅较长的附释。可是在我们读后,依然是感觉失望,其内容之空洞决不能说是“青出于蓝而胜于蓝”,而只能说是“有其师,必有其徒”而已。这附释,除我们将要找出的小小一二点是中肯的之外,其余也都是于问题无补的。我们难免感到,听黑格尔当时讲学的人们,大都是没有受到认真读书的锻炼的,不然的话,何以在写这附释时,毫不提到康德关于道德哲学的至少三种重要著作①,或者其所提出的主要问题和解答呢？现在我们只分析

① 康德关于道德哲学的重要著作至少有以下的三种:(1)《实践理性批判》,(原德文标题为 *Kritik der praktischen Vernunft*)出版于 1788 年,有关文运的中译本;(2)《道德形而上学探本》(原德文标题为 *Grundlegung zur Metaphysik der Sitten*)出版于 1785 年,有唐钺的中译本;(3)《正义与伦理的形而上学基础》(原德文标题为 Metaphysische Anfangsgründe der Rechts und Tugendlehre)出版于 1797 年,未有中译。

并解释一下本节附释的内容。

这附释首先提到关于理性的能否自由地决定其自身这个问题，而认为黑格尔的看法，乃是康德对于理论的理性来说，是否认它有自由地决定其自身的能力的，而对于实践的理性，则特别公开辨明它是有这种能力的，那就是说，在知识方面，理性是没有这种能力，而在行为方面，它是有这种能力的。这里的附释又指出，由于康德关于理性能否自由地决定其自身这个问题，把理性的理论方面和它的实践方面加以区别，就特别叫许多人大为称赞，而这是有其理由的。这是第一点。

接着的第二点就是，如果我们想要正确地估计到康德在哲学这方面的贡献，我们首先就要弄清楚，在康德的时候，盛行的实践哲学，也就是道德哲学，究竟是怎么样的。概括地说来，我们可以说，那时的道德哲学就是一种快乐主义(即德文的所谓 Eudaemonismus)。当我们问，什么是人生的使命和究竟的目的时，这种快乐主义的道德学说就会答道，在于追求快乐。什么是快乐呢？快乐是指人特殊的嗜好、愿望、欲求等的满足说的。这样一来，也就把一些偶然的特殊的对象，提高到成为意志所必须追求实现的原则。这就是所谓快乐主义，是对于本身缺乏坚实的据点如嗜好、愿望等东西，作为行为的原则，而为一切情欲和幻想大开方便之门了。于是康德就提出实践理性来反对它，并指出一条人人都应遵守而有普遍性的意志法则，作为人生在行动上的需要。这是附释在谈到在康德的当时盛行着一种快乐主义而康德才因之而提出他的实践理性的学说的。可是我们关于这点不得不指出，康德的哲学思想体系原本就有它的实践理性这一组成部分，而并不是由于其时的快乐主义之盛行才把它插进去的。看看他的《纯粹理性批判》的“先验方法论”第三章关于“纯粹理性的建筑术”和《实践理性批判》的“道德原理中实践的、实质的动机”这一小段①，也就很清楚了，足见这里附释所讲的是不符合实际的。

附释论述了上面的两点之后，还进而在下文里指出，康德的实践理性的实质是和理论的理性根本不同的，因为据康德看来，理论理性只是认识无限的消极能力，而由于这种理性的认识没有积极的内容，所以其功能只

① 见《实践理性批判》关文运中译本第 40～41 页。

限于揭穿经验性的知识之有限性，然而关于实践理性，则康德是明白地承认它有积极的无限性的，而认为意志是有能力在普遍的方式下，亦即依据理性的思想来决定它自身的，而紧跟在下面并且表明，意志也就是实践理性的表现形态，所以，既然意志能自己决定其自身，则实践理性的实质就是能够决定其自身的。由此推论下去，就可以说，实践理性也是具有自决的力量而且像意志那样在行为上施展这种自觉的力量的。人之能够这样运用他的意志或说运用他的实践理性，那就可以算是自由的了。黑格尔在他的《哲学史讲演录》里正确地指出：这是"康德接受了卢梭意志是自在自为地自由的那个看法"①。然而这里的附释接着又指出，"虽然康德承认人是有这种力量的，但是对于意志或实践理性的内容这个问题却仍然还没有加以解答"。这是这里附释较为奇特的说法。难道在康德的道德哲学之论述里对于意志的内容这个问题确实没有作出任何解答吗？不！不能这样说。不必多所引证，只看看上引文的翻过来的一页，也就找到了问题的积极答复了。那页上有着很是意义深长的一句："意志的自由和自主就是道德律的原则。"②这不是意志的内容，又是什么呢？多的不必说了，即这里的附释接着也说道，"当其说人应当以善作为他意志的内容时，立刻就会发生关于什么是意志的内容。"但是，这句话，按我们的中译本来说，是不可理解的。上面刚说过，"康德对于意志的内容这个问题没有加以解答"，而这里又说，"当康德说人当以善作为他意志的内容时，立刻就会发生关于什么是意志的内容。"既然是"人应当以善作为意志的内容"，则意志就已经有了内容了，何以"立刻就会发生关于什么是意志的内容"呢？善不就是意志的内容吗？附释的"换言之"这句话，是极其无聊的话。内容不谈到它的性质，岂不就是空洞的吗？这里附释的一句结束语也是消极的："只是根据意志自身一致的原则，或只是提出为义务而履行义务的律令，是不够的"。那么，怎样才是足够的呢？意志自身不是一致，当前的义务不去履行，还有道德之可言吗？当然我们是不应为义务而履行义务的。如果这样做的话，也就是不"根据理性的思想"，不成其为人的意志

① 见黑格尔著，贺麟译：《康德哲学论述》，北京：商务印书馆，1962年，第49页。

② 见黑格尔著，贺麟译：《康德哲学论述》，北京：商务印书馆，1962年，第50页。读者关于意志的内容可读这书的49～52页。

了。这样结束关于康德实践理性的讨论,才可说“是不够的”。第一,我们当知在实践理性里康德是有其意志的普遍性的内容的,而且这内容作为实践理性的内容,必然是普遍性的,因为实践理性不是像行为上的琐碎决疑论(Casuistry)那样去谈一些行为细节的问题的,而必须谈行为的原则的。第二,康德的道德哲学之缺点不是在于它没有内容,而是在于他没有阶级的内容。在于它的所谓“超阶级的”内容。恩格斯不是曾这样教导过我们吗? 他曾写道:“但是,如果我们看到,现代社会的三个阶级即封建贵族、资产阶级和无产阶级都各有自己的特殊的道德,那么我们由此只能得出这样的结论:人们自觉地或不自觉地,归根到底总是从他们阶级地位所依据的实际关系中——从他们进行生产和交换的经济关系中,吸取自己的道德观念”①,“……所以道德始终是阶级的道德”②,而在“18世纪末德国的状况完全反映在康德的实践理性”③中。当然,在马克思、恩格斯以前,康德不能知道这个道理,黑格尔和及至编纂《小逻辑》而加上一些附释的人们也不能知道这个道理,然而我们今日是应该知道的,因而在读到黑格尔的《小逻辑》这里讨论到关于康德实践理性之全由概念来争论道德的意志的内容时,也就不能不感到康德和黑格尔以及其门人都是在和空气搏斗着的。可是,我们还是回过头来,看看黑格尔在结束了他对于康德的《纯粹理性批判》和《实践理性批判》的讨论和批判之后,对于康德第三部批判即《判断力批判》是提出什么意见的。这就是从《小逻辑》的第五十五节开始的了。兹先阅读这第五十五节的第一段的中译文。

155.2 第五十五节

这节的主要内容是黑格尔论康德的《判断力批判》,他认为康德的反省判断力乃是一种直观的知性原则。

现在我们看看在这节黑格尔原话是怎么说的。

155.3(c)判断力批判—康德认为反省的判断力是一种直观的理智的原则。这就是说,殊相,从抽象共相或抽象同一的观点看来,只

---

① 引文见恩格斯著:《反杜林论》,北京:人民出版社,1970年,第91页。

② 引文见恩格斯著:《反杜林论》,北京:人民出版社,1970年,第91页末二行。

③ 参看马克思,恩格斯著:《德意志意识形态》,转引自《马克思恩格斯列宁斯大林论德国古典哲学》,北京:商务印书馆,1962年,第40页第二段。

是偶然的，是不能自共相中推演出来的，但就直观的理智看来，殊相乃是为共相所决定所形成的。——这种共相殊相的结合就是在艺术的产品和有机的自然里所可体察到的。

这第五十五节是在上面第五十三节和第五十四节讨论过康德的实践理性之后开始讨论康德的《判断力批判》的。

《判断力批判》是康德的批判哲学的第三部重要著作，其主要内容不但是关于康德的美的判断和崇高的判断而且是关于康德的整个世界观为其批判哲学或说先验哲学的总结的。依黑格尔看来，这作为康德哲学的第三个方面，是非常重要的，然而在我国国内的哲学界里是比较不那么重视的，原因就是，《判断力批判》这书是康德的三部《批判》最后才有其中译本于1964年才分上下两卷由北京商务印书馆刊出的，而且内容较为复杂，行文也较为晦涩，可是以本编者的粗浅体会，它是康德的世界观和哲学态度的最明确的表达，因而也受到不同哲学立场的黑格尔所特别注意而在其分析与批判中也是比较慎重的，然而在《小逻辑》的导论部分由于篇幅的限制，其意见的发挥较为紧缩，如读者有条件的话，应与黑格尔的《哲学史讲演录》第三卷近代哲学部分第三段关于耶可比与康德的两节联系着阅读，方能更加领会黑格尔对于康德的哲学观点的意见。①

这里第五十五节的第一段内容不多，然而是十分压缩的。这段开头的(C)这个符号是表示关于康德批判哲学的第三部分或说第三方面的。正如上面第四十二节开头用(A)这个标志和第五十三节开头用(B)这个标志来表示康德批判哲学的第一、第二两部分的开始那样。

在这段里，黑格尔的第一句话写道："康德认为反省的判断力是一种直观的理智的原则。"这话虽然接着有黑格尔自己的解释，但是，我们不预先对这句话予以说明，即黑格尔自己的解释依然也是无济于事的。查关于这点，黑格尔的《哲学史讲演录》第三卷近代哲学部分第三段关于康德的《判断力批判》有这样几句话："暗含着特殊的一种普遍，其观念，按照康德的说法，正是判断力的对象，而康德又把判断力划分为两种，其第一种

① 这《哲学史讲演录》第三卷的中译本似乎还未刊出，读者可参看黑格尔著：《康德哲学论述》，北京：商务印书馆，1962年，第55～66页。

就是：如果普遍是给予出来的，有如规则、原则、法则那样，那个把特殊包摄在普遍之下的判断力就是指定性的，又称直接的判断力。但是还有第二种的判断力，那就是在特殊不是为属所决定的这种情况。如果只有特殊是给予出来，有待于判断力去发现其普遍的，这种判断力就称为反省的”。[①] 没有看到康德关于判断力的这样划分为两种和其划分的根据，突然来一个反省或说反思的判断力，这是难以理解的。但是，何以又称反省的判断力是一种直观的理智的原则呢？在黑格尔这里所引用的康德的《判断力批判》那段里，康德还说到反思的判断力所能发现的普遍性原则乃是经验性的，即从经验概括出来的，而经验是以感觉为基础的，因而就是直观的，而且能发现这种原则的理智也是依照直观起其作用的，所以就称为直观的理智。这种直观的理智在它看事物时，其所看见的事物都是经验中的特殊事物，称为殊相的，而这些殊相，从知性的，亦即直观的理智的“抽象共相”或说“抽象同一”，也就是取一而舍其余的“同一”这种概括的观点看来，只是偶然的，而所谓偶然的就是不能从什么普遍性的原则或原理推演出来，换句话说，就是用归纳法概括出来的，而不是用演绎法推论出来的。然而黑格尔又在这里写道：“但就直观的理智看来，殊相乃是由共相所决定所形成的。”这句话又应怎样解释呢？这又是康德的观点。康德在上引的一段的下面第三段里是这样写道的：“一个对象的概念，就其是同时包含着这对象的现实性之根据来说，就称为这对象的目的，而事物之和事物的应有构成相符合时（但这种构成是按照目的才有其可能的），就称为它的形式的终极性。”这就是康德按直观的理智即知性的说法。在这样说时，事物就是殊相，因事物都是知性理解为特殊的，而且又是知性认识的对象。依康德的说法，认识的对象之概念这个共相，由于它包含着对象之成为现实东西的根据的，所以就称为这对象的目的，就是说，现实的即当前的对象是要发展成为其概念所含的意义的。例如“桌子”这个概念是有一定的正确意义的，而当前的对象之称为“桌子”是应该具备“桌子”这个概念，即其共相所包含的全部意义的，那就是说，对象这个殊相乃是其概念即共相所决定的，同时也为这个概念即共相所形成的。

① 黑格尔的这段话是完全依照康德的《判断力批判》导言第四大段的第一段说的。

这是康德的说法，是目的论的说法，而黑格尔之这样引用，是表示他的赞同的，而原本乃是古希腊时代唯心主义哲学家柏拉图的说法，然而就其含义说来，是正合黑格尔的绝对观念的含义的，因而黑格尔对它当然是欣赏的，而且在这里特别指出，“这种共相殊相的结合就是在艺术的产品和有机的自物里所可体察到的”，也就是说，在艺术的产品和一些有机的自然物品中，是可以观察得到这种目的概念之共相和现实对象之殊相结合着而呈现出来的。这个观点是康德在其《判断力批判》一书的下卷特别予以详尽发挥的①。我们在这里由于篇幅的限制不便多做叙述，且看黑格尔在本段表示对康德的观点赞同外，在下段还有什么意见，现在看看下段的中译文吧！

156.1 康德《判断力批判》的特色，在于宣示给我们什么是“理念”的性质，使我们对理念有一观念，甚或有一理智的思想。关于直观的理智或内在的目的性的观念，提示给我们一种共相，但同时这种共相又被认为一本身即是具体的。惟有在这方面的思想里，康德哲学才算达到了玄思的境界②。席勒以及许多别的人曾经于艺术中美的理念，于思想与感觉表象之具体统一中寻得一逃避支离的理智之抽象概念的出路。另有许多人复于生命（无论自然生命或理智的生命）的直观和意识中寻得了同样的解脱。不过，艺术品，以及有生命的个体，其内容虽属有限制的，但康德于其所设定的自然（或必然性）与自由目的的谐和，于其所设想为实现的世界目的，他所发挥的理念就内容言都是异常赅括的。不过也许由于所谓思想的懒惰罢，使得这一最高的理念只于“应当”中得到一轻易的出路，只知坚持着总念与实在的歧异，而未能注重最后目的的真正实现。但这在思想中所未能达到的，反而在有机的组织和艺术的美感之当前的现实里，表示

① 康德的《判断力批判》有上卷宗白华的中译本，下卷韦卓民的中译本，均于1964年由北京商务印书馆出版。关于康德的目的论，读者为节省时间，阅读下卷最后的“关于目的论的一般解说”便够了。

② 这里的“玄思”的是德文的 spekulativ 之中译，一般在哲学里中译为“纯理论的”，这后一译法似较适当，因为“玄思”在我国哲学史里是含有不大确切的意义的。

给感官和直观以理想的现实性。所以康德对于这些现象的思想[1]，最适宜于引导人的意识去把握并思想那具体的理念。

在这段文字里，黑格尔巧妙而细致地把他在上一段里所表示欣赏的康德认为殊相为共相所决定所形成的说法发挥为他自己所要主张的绝对观念，然而对于康德之不能把他的这个唯一可算达到纯理论的思想发展到它应有的地步，认为是一种遗憾。要看到这点，我们得要把这段文字分为三小段来进行理解。

在第一小段里，黑格尔主要是又一次阐明他的具体共相这个观念。一般人认为共相是抽象的而殊相才是具体的，但是黑格尔从他的绝对知识这个观点看来，共相应该是具体的。为了从这个具体共相的观点来看康德对判断力的阐述，他就首先在第一小段里指出，"康德《判断力批判》这部著作的特色，是在于宣示给我们什么是'理念(die Idee)'的性质，从而叫我们对于理念有一个观念[2]，甚至或者有一个属于理性的思想，而且关于直观的理智[3](即知性)或内在的目的性的观念，提示给我们一种共相，但是这共相同时又被认作在其本身来看即是具体的。黑格尔认为康德的这种说法，尤其是他的具体共相的说法，才能算是达到了纯理论的水平的。这是本节第一小段的主要内容，即黑格尔肯定了康德的具体共相这个重要的观念。

紧接着，黑格尔在下面一小段里指出，"席勒以及许多别的人都曾经于艺术中那个美的理念里，对于思想和感性的表象的具体统一之中去寻求一种能够逃避那是知性所使之成为支离的抽象的概念之出路。还有许多另一些人又在生命(无论是自然界的生命或者是理智的生命)的直观(即自然界的)和意识(即理智的)生命中去寻找同样的解脱。"这是黑格尔说明与他同时代的人如席勒等是怎样在艺术中或在生命中寻找思想和表象的具体统一的，或者在直观的自然界里和在意识的活力里寻找同样的具体统一的，但是始终未能得到圆满的成功。这是第二小段的话。

---

① 据黑格尔的原德文本，这词是 Reflexionen，应照着中译为"反思"才合。

② 这里的"观念"是德文的 die Vorstellung 之中译，和另一德文 die Idee 这词之中译为"观念"不同，前者即这里的"观念"是想象性的，较为具体的，而后者是属于思想，较为抽象的。

③ 这里的"直观的理智"是德文的 intuitiv Vorstllung 的直译，而据上一小段的解释，这个"直观的理智"就是知性。

在第三小段里，黑格尔又转回来谈康德是怎样处理这过于复杂而困难的问题的。他写道："不过，艺术品以及有生命的个体(如动植物等)，其内容虽然是属于有限制的①，但是康德在他们设定②的自然(即③必然性④)与自由的目的之谐和，在其所设想是实现了的世界目的而提出的理念，就其内容来说，都是有非常广博的范围的。⑤ 可是，也可以说由于所谓思想的懒惰，就使得这里的一个最高的理念，只能在'应当'这个观念中得到一个容易的出路，那就是，只知坚持着总念与实际性⑥的歧异，而未能注重最终目的的真正实现。"这是黑格尔对康德的具体共相这个理念的分析与批评，认为康德还是坚持着总念与实际性的歧异，未能注重最终目的的真正实现是一遗憾，但是他又接着写道："但这在康德哲学思想中所未能达到的，反而在自然界的有机的组织和艺术的美感之当前的现实里，却表示给感官和直观以理想的现实性。所以康德对于这里所说的对象的反思，是适宜于引导人的意识去把握而且思想那具体的理念的。"那就是黑格尔自己的绝对观念了。但是，黑格尔对于康德的《判断力批判》并没以此告终，而在下面几节里还有他的较详细的另一些分析和批判，所以我们现在就还得继续阅读下去，而首先是看下面第五十六节的中译文。

156.2 第五十六节

这节的内容只谈到康德关于殊相与共相即特殊与普遍的关系之有限性，而且加以批判。

156.3 这里康德便揭示出对于知性的普遍概念[共相]与感性的特殊事物[殊相]间一种新的⑦关系，有以异于理论理性和实践理性

---

① 这里"有限制的"是德文的 beschränkt 这个作形容词用的过去分词的中译，其含义是其限制乃由外面而来而非原有的。

② 这里的"设定"是德文的 postulirten 这个过去分词的中译，有"假定的"意思。

③ 这里的"即"是原译的"或"，为德文的 oder 之中译，按德文的 oder 和英文的 or 一样，可能是"或"又可能是"即"的意思，而不同于法文的 ou 只能是非此即彼的"或"的意思。

④ 自然是属于必然王国的，所以自然是必然的。

⑤ 这里的"有广博的范围的"是德文的 umfassend 之中译，这中译比原译的"赅括"似较通俗。

⑥ 这里的"实际性"即原译的"实在"，是德文的 die Realität 之中译。

⑦ 这里的原德文是 andere 这个形容词，应中译为"另外的"或"别的"，而译为"新的"似较勉强。

所依据的"对于共殊关系的"学说。但对于这种共相与殊相的关系的新看法,却并未辅之以确认共相殊相合一的关系为真正关系,或真理本身的见解①。反之,他只承认此种共相殊相的合一,为存在于有限的现象界的事实,且只从经验以表明之。就主体之具有此种经验而言,一部分系出于天才②,创造审美理念的能力。所谓审美理念意即出于自由的想象力之意象,有辅助理念,提示思想之力,但其内容却并未用总念的形式表达出来,且亦不容许用总念去表达。审美的经验另一部分则是出于趣味判断(Geschmacksurteil)③,一种对于直观或想象之自由运用,和知性之匀称规律④间的适当配合的敏感。

在这节里,黑格尔首先指出,康德在这里所揭示出来关于知性的普遍概念[即共相]与感性的特殊事物[即殊相]两者之间的一种关系,是不同于理论理性和实践理性所依据的共殊关系的学说的。可是康德对于这种共相与殊相的关系之新看法却没有一并确认共相殊相合一的关系乃是真正的关系并且简直就是真理的本身。反之,他只承认这种共相殊相的合一乃是存在于有限的⑤现象界的事实,而且只从经验来表明这种合一。就主体的具有这种[特殊的]经验来说,一部分是出于天才,而创造审美理念的能力。所谓审美理念,其意思就是自由想象力的意象⑥所自出的理念,是有辅助理念,提示思想的力量的,但是它的内容却并没有用概念的形式表达出来,而且也不容许用概念去表达的。审美的经验的另一部分是出自趣味判断(德文的 das Geschmacksurteil,又译为鉴赏判断),这是一种对于直观或想象的自由运用,和知性的合规律性之适当配合的感觉。

---

① 这里的原德文是 ja die Wahrheit selbst ist,应中译为"简直就是真理了"。

② 这里的"天才"是德文由拉丁文而来的 das Genie 之中译,而原德文在《判断力批判》上卷第 46 节里,解释"天才是其产生的东西并没有任何能预先给予出来的确定规则所决定的一种才能"。见 J. C. Merdiith 英译本第 168 页,引文由本编者中译。

③ "趣味判断"又中译为"鉴赏判断"。

④ "匀称规律"是作为德文的 die Gesetzmässigkeit 之中译的,这是原译者为瓦拉士英译的 uniformity 这词所错诱,应中译为"合规律性"才是。

⑤ 这里的"有限的"是德文的 endlich 这个形容词的中译,即有穷尽的意思,和前面脚注的"有限制的"("有限制的"是德文的 beschränkt 这个作形容词用的过去分词的中译,其含义是其限制乃由外面而来的非原有的)的含义是不相同的。

⑥ 这里的"意象"是德文的 die Vorstellung 之中译,又译为"想象"。

这就是第五十六节的全部内容，表示出黑格尔对康德关于殊相与共相的关系之说法有所不满而提出批评，可是他还有未尽之辞，有待于下面的三节加以补述。我们先只看看紧跟着的第五十七节的中译文。

157.1 第五十七节

这节的篇幅很短而内容也很简单，只谈康德的目的论。何以黑格尔在上节正在讨论康德的共相与殊相之关系而还未尽其所欲言，而在本节里却转而谈康德的目的论呢？原因就是，目的论不但是占了《判断力批判》一书的相当大的篇幅而且又是康德的宇宙观之重要因素，所以不讨论康德的目的论，则康德哲学的最终问题还是弄不清楚的。兹先看这节的中译文吧！

157.2 再则，反省的判断力所据以规定有生命的自然产物的原则，便称为目的。目的乃是一机动的总念，一自决而且能决的共相。同时康德又排斥了外在的或有限的目的，因为在有限的目的里，目的仅是所欲借以实现自身的工具和材料之外在的形式。反之，在有机体中，目的乃是其材料的内在的决定力和推动力，而且有机体的各部分皆彼此互为手段，互为目的。

在这节里，黑格尔首先把目的这个观念列为一种原则(das Princip)，说“称为目的的乃是反思的判断力所据以规定有生命的自然产物的原则”。可是康德之所谓目的，就不是这样来确定其定义的。康德关于目的的性质是这样写道的：“可是一个对象的概念，就其是同时包含着这个对象之现实性的根据的而言，就称为它的目的。”①这样说来，依康德的说法，目的就不是什么原则，而是一种概念，不是“规定”什么的，而是从客观事物所分析出来关于“事物现实性的根据”的。

黑格尔始终认为所谓目的乃是从而认识事物的东西，所以说，“目的乃是一机动的总念②。一自决而且能决的共相”③。这里的“总念”（实则

---

① 引文见康德《判断力批判》上引的英译本(因其德文本不在手边)上卷第19页，由本编者中译。

② 这里的“一机动的总念”是原德文的 der thätige Begriff 的中译，但中译为“这个活动的概念”则较切合原德文。

③ 这里的“共相”和前面这词一样是德文的 das Allgemeine 之中译，亦即与特殊相对的普遍。

在这里应该用“概念”这个译词)和“共相”都是属于人们意识范围的东西而不是康德所说存在于客观“对象之现实性的根据”这种东西。关于目的这个概念,黑格尔在这里接着又写道:“同时康德又排斥了外在的或有限的目的,因为在有限的目的里,目的仅是所欲藉以实现其自身的工具和材料之外在的形式。”那就是说,黑格尔认为关于目的这个东西的性质,康德是不承认有什么外在于所说的事物的成分或者是有限性的成分的,因为在有限性的目的里,目的仅仅是人们主观所想要用来实现他的目的的一种工具和一种材料,这样一来,所谓有限的目的,岂不是在目的实现之后也就消失了的吗? 依黑格尔的看法,这是不符合目的的性质的,因为目的依黑格尔根据柏拉图的说法“是一自决而且能决的共相”,所以不能说在其决定了某一定现实的殊相之后,这共相就消失的。黑格尔所以就认为不可能有这样的一种目的的,而同意于康德之排斥这种外在的或有限的目的的。他接着又十分正确地补充写道:“反之,在有机体中,目的乃是其材料的内在的决定力和推动力,而且有机体的各部分皆彼此互为手段,互为目的的。”这也就是康德在他的《判断力批判》所说的,例如在这部《批判》里,康德写道:“一个有机的自然产物乃是一个产物,其中所有一切部分都是交互为目的与手段的。在这样一个产物里面,没有东西是无用的,是没有目的的,或者说是要归之于自然的盲目机械作用的。”①

很清楚,这也就说明黑格尔是赞同并欣赏其前辈的康德的唯心主义目的论的,只是这种目的论在康德那里是其世界观的一个重要组成部分,而在黑格尔的哲学思想里,如下面将要指出,只是他的绝对观念之一个范畴而已,然而同是一样得要批判的。这种唯心主义目的论错误地认为,世界上一切都是合乎一定的预定目的的,万物都是神所创造,而且“一切所造的都甚好”②。可是,恩格斯在《自然辩证法》里写道:“照这种目的论,猫被创造出来是为了吃老鼠,老鼠被创造出来是为了给猫吃,而整个自然界被创造出来是为了证明造物主的智慧。当时哲学的最高光荣就是它没有被同时代的自然知识的狭隘状况引入迷途,从斯宾诺莎一直到伟大的

① 引自康德著,韦卓民译:《判断力批判》下卷,北京:商务印书馆,1964 年,第 25 页。强调点是原有的。

② 这是基督教圣经旧约《创世记》第一章第三十一节的话语。

法国唯物论者都坚持从世界本身说明世界,而把详细的证明留给未来的自然科学。"[①]这是恩格斯写给我们的伟大教导,可是,在德国十八世纪末到十九世纪初康德和黑格尔来不及学习恩格斯的教导,所以就没坚持从世界本身说明世界的这条极其重要的科学原则,而且不把详细的、为当时尚不能充分得到的科学证明留给未来的而以达尔文为开始的自然科学,却冒昧而错误地提出什么目的论,企图来说明一些暂时从科学不能理解的自然现象。

黑格尔在十九世纪初叶真是主张唯心主义的这种目的论吗?且继续往下看看他的第五十八节吧。

157.3 第五十八节

黑格尔在这节里,只是批评康德的目的论之陷入矛盾而没能起它最大的作用。

这节的中译文是:

> 157.4 有了这种[有机体各部分互为目的互为手段的]理念,自可扬弃知性所执着的目的与手段,主观与客观间的对立关系。但康德至此又不免陷于矛盾,因为目的的理念又仅被解释为一存在并活动于主观中的原因,换言之,仅是我们的观念。于是目的这一范畴便被解释为仅属于我们知性的品评原则。

在这节的前一段里,黑格尔首先指出康德目的这个观念未免失于太过狭隘了。根据他在有机体中所认识到其各部分都互为目的、互为手段的现象,就当然可以扬弃知性之所坚持的目的与手段,主观与客观两者之间的对立关系了。我们知道,从黑格尔的绝对唯心主义哲学系统看来,目的与手段当然是交互的关系,而且主观与客观也得消除其相互对立的,然而却不能对于先验主义二元论的康德作出这同样的要求。可是,主张绝对唯心论的黑格尔,但求哲学系统之完整而往往不问当下事实的黑格尔是不去管这么多的,因而他在这点上便批评康德而写道:"康德至此又不免陷于矛盾。"其陷入矛盾的原因,就是康德把目的这个理念仅仅解释为

① 见恩格斯著:《自然辩证法》,北京:人民出版社,1955 年,第 8 页。

一存在,而这种存在活动于主观的思想中,便成为一种原因。”换句话说,依康德的说法,目的只不过是我们主观上的一个观念,而黑格尔自己却把目的看作他的绝对观念发展进程中的一个范畴,但是“康德却把这个范畴解释为只是属于我们个人的知性的评论①[个人意识活动的]原则”。因此,黑格尔就认为康德的目的观是失于偏颇,而得要纠正的。怎样纠正,那就要看本节的后一段和下面的第五十九节。兹先看看这后一段的中译文。

157.5 于批导[判]哲学得到了理性仅能认识现象的结论之后,这时我们至少对于有机的自然可以于两个同等主观的思想方式之间选择一个了。并且即依康德自己的陈述,也须得承认要想认识自然物品,不仅仅须依照质量、因果、组合、成分等范畴了。内在目的一原则,若坚持加以科学的应用与发挥,对于观察自然,将可以提出一较高而且完全不同的方法。

在这段里,黑格尔指出,康德在他的《纯粹理性批判》这一书里进行对人类理论理性的检查之后,所得出的结论乃是理论理性所能认识的对象只是一些出现②,于是我们对于有机的自然[就发生问题了,因为有机的自然物品,如动植物,是在我们直接观察之下生长变化的,所以]就至少可以于两个同等的主观思想方式之间选择一个了,并且即依康德自己的说法,也得要承认,如果想要认识自然物品,就不但要依照质量、因果、组合、成分等知性范畴去进行对这种物品的识别[而另外加上目的这条原则]。可见黑格尔对康德的目的论是非常赞同的,而且认为在研究有机的自然物品时,除了使用知性的适当范畴之外,还得要加上目的这一原则。若果自然科学研究者能够坚持这一原则并加以科学的应用与发挥,则这条内

---

① 这里原中译本是用“品评”这词来中译原德文的 die Beurtheilung 这个名词而为了翻译行文起见作为形容词中译的。我们把这原词中译为“评论”,是因为目的与手段同是人们意识活动的形态而在主观上被评为目的与手段的。

② 这里的“一些出现”是德文的 Erscheinungen 的中译。原中译本用“现象”这个译词是不妥当的,因为人类知性所始初认识成为知识对象的只是出现的东西,简称“出现”,而还没有进一步,在理性作用的影响下,把这些出现和刺激感性的自在之物(即物的如实那样)区别开来而称之为“现象”。关于现象与本体的区别,可参看《纯粹理性批判》的“先验分析论”第二卷第三章。

在[于有机的自然物品]的目的原则①对于观察自然将会导致②一种完全不同而更高的观察方法③的。这种类于目的的观点之用之于自然科学的研究是符合康德的看法的，但是康德也不同意轻率地把这个观点随意用在自然科学的研究上，而在他的《判断力批判》一书下卷一再提出他的这种意见的。读者可参看《判断力批判》的第 18—19 节④。现在我们还是继续阅读下面的第五十九节来看看黑格尔自己对于目的论再有什么意见。

158.1 第五十九节

这节是黑格尔对于康德的目的论最后的批评以及他自己所提出的补充意见。这节的文字与内容却是很简单的，我们先看它的中译文。

158.2 如果依据内在目的的原则而完全解除其限制，便可见得理念乃是为理性所决定的共相，为在世界中实现的绝对的最后目的，或善，而且理念之实现乃凭借一第三者，一个建立并实现此最后目的的力量——上帝。在上帝中，在绝对真理中，于是举凡普遍与个体，主观与客观的对立均属调解了，且被解释为既不坚定⑤，亦不真实了。

在上段里，不是黑格尔根据他所赞同的而为康德所提出的在自然科学研究里的一条内在于有机的自然物品的目的原则吗？但是依康德的说法这一内在目的的原则却是有限制的⑥。然而黑格尔在这里写道："如果依据内在目的的原则，而完全解除其限制，那就便可见得理念乃是为理性所决定的共相⑦，为在世界中实现的绝对的最后目的，[这就是]善。"这一

---

① 这里"内在的目的原则"是德文的 das Prinzip der inneren Zweckmässigkeit 之中译，其直译当为"内在的目的性的原则"。

② 这里的"导致"是原德文的 herbeiführen 之直译。

③ 这里的"观察方法"是原德文的 Betrachtungsweise 之中译，不应因同句上面已有"观察"这词而在这里省去。

④ 即上引的韦卓民中译本第 76～83 页。

⑤ 这里的"不坚定"应是原德文的 unselbstständig 中译，但中译为"不自立的"似较妥。

⑥ 参看康德的《判断力批判》第七节，韦中译本第 31 至 35 页，特别是第 32 页的第一、二段。

⑦ 这句话就是黑格尔这里论证的毫无根据的关键。

句话是黑格尔作为一个绝对唯心主义哲学家才能臆想出来而不是一直强调自然科学的康德所能承认的。从科学的观点来说，自然物品内在目的的限制怎能完全解除，目的这个理念怎能为理性决定为共相，即决定为绝对普遍存在于宇宙的实在，从而就在世界中实现作为绝对的最后目的？依黑格尔的想法，也就是依绝对唯心主义的说法，“理念之实现［亦即绝对普遍存在的善之实现］乃凭借一第三者——这就是一个建立并且实现此最后目的的力量——上帝，［而上帝也就是绝对真理，所以］在上帝中，［也就是］在绝对真理中，于是所有一切普遍与个体、主观与客观的对立，均属调解了，且被解释为既不坚定[①]，亦不真实了”。那就是说，在绝对唯心主义里普遍与个体、主观与客观的对立，而且任何对立都作为不是自立自存的，也就是不真实的了，所以就无所谓普遍，无所谓个体，更无所谓主观和客观了，于是一切概念都无从说得清楚的了，那么理性又有什么依据，论证又有什么根据呢？可是黑格尔是有他的道理，才这样说的。且往下看看第六十节。

158.3 第六十节

这节正文加注的篇幅较长，而且还有两个附释，须分段来考虑。本节是黑格尔总结他对于康德的批判哲学的讨论与批判，其内容十分精辟，批判异常尖锐而多中肯，表现出他哲学思想中合理的核心，即他纵然是概念性的辩证法，为我们所应注意而批判地学习的。兹先阅读本节正文的第一段之中译文。

158.4 但这些被建立为世界之最后的“善”，自始就被认作仅是我们的善，仅是我们的实践理性所建立[②]的道德律。这样一来，则刚才所提及的主客共殊的统一，仅限于使得世界情况和世界历程与我们的道德观念和谐外，并没有别的开展。（注）并且即使加上这层限制，那最后目的或善，仍然只是一个没有决定性的抽象概念，一如实

---

① 这里的这个形容词是原德文的 unselbstständig，而这词似应中译为“不独立自存的”为较确切，其原译的“不坚定”不能表达原德文这词的意义，故改译以供参考。

② 这里原德文的过去分词 bestimmt 中译为“建立”，毋宁中译为“规定”较切合原义。但本句的第一个“建立”作为德文的 wird gesetzt 之中译是可用的。

践理性中的义务观念。尤有进者，对于这种和谐又重新唤起或引起[①]一内容本身即不真实的对立。由于这种和谐只被认作一主观的东西，一种只是应该如此，但同时并无实在性的事物，或只被认作一种信仰，只具有主观的确定性，但没有真实性，换言之，没有具有符合此理念的客观性。这种矛盾似乎有方法可加以掩蔽，即将理念实现的时间延迟到将来(因为即在将来，理念总是有的)。但一个像时间这样的感觉的条件，恐怕正是解除矛盾的反面[②]，而且知性用来表示时间的表象，一种无穷的延长，也不过老是这种矛盾之无穷的重演而已。

在这段里，黑格尔首先提出康德的被建立为世界最后目的的善是有限制的，因而依黑格尔看来是有缺陷的，因而康德的这个善毕竟只是我们的善，只是“我们的实践理性所规定的道德律”。这样黑格尔就一语道破康德哲学的唯心缺点，所以他就进一步指出：“这样的所谓最后目的的善，也就把上面刚才所提到的主观与客观、共相与殊相的统一只限于使得世界的整个情况和世界的全部历程同我们人的道德观念这个善相和谐之外，就并没有别的开展了。”关于这点，我们还得要看黑格尔在这里下面的脚注[③]的，而且黑格尔又接着写道：“并且即使加上这层限制(即被建立为世界之最后目的的‘善’，自一开头就被认作仅是我们的善，仅是我们的实践理性所规定的道德律)，那最后目的，亦即善，仍然只是一个没有决定性的，因而就是抽象的概念，一如实践理性中的义务观念那样。还有一点，就是对于上面所说的世界的情况和世界的历程同我们人的道德观念这个善的和谐，又重新唤起并宣称一内容本身即不真实的对立。由于这种和

---

① 按原德文这里的两词是 und Behauptet，应中译为“并宣称”。

② 这里的“解除矛盾的反面”是德文的 das Gegenteil von einer Auflösung des Widerspruchs 之中译，其直译乃是“矛盾的一种解除之相反。

③ 黑格尔的原注：依康德自己的话(见《判断力批判》原四二七页)：“目的因只是我们实践理性的一个概念，既不能从任何经验的与料推演出来作为批评自然的理论准则，亦不能应用去求得对于自然的知识。除了唯一可以用在依据道德律的实践理性上面外，没有应用目的因这概念的任何可能。创造世界的最后目的乃表示世界是一种结构，这结构与我们所可唯一依据普遍原则去规定的目的，亦即与我们的纯粹实践理性(就其应该是实践的理性而言)所建立的最后目的相和谐一致。”

谐只被认作一主观的东西，一种只是应该如此，但同时并无实在性的事物，或只被认作一种信仰，只具有主观的确定性，但是没有真实性的，换句话说，没有具有符合这个理念的客观性的。这是一种矛盾，而这种矛盾似乎有方法可以加以掩蔽的，那就是把目的这个理念的实现之时间延迟到将来(因为即使在将来，目的这个理念也总是有的，[因为在其还没实现时，目的还是存在的。])但是一个像时间这样的感觉的条件，恐怕正是和矛盾的一种解除相反的，而且知性用来表示时间的表象，乃是一种无穷尽的延长，这也不过老是这种矛盾的无穷重演罢了。"

这是黑格尔开始系统地批判康德的批判哲学，而从他的目的这个观念作出分析并指出其缺点，认为这种对最后目的的看法是不彻底的。接着在下面的两段里，黑格尔是从他自己的绝对唯心主义观点对康德的二元论进行批判的。现在我们先就看看这两段的中译文。

> 159.2 关于知识的性质，批判哲学所达到的结果，几乎已成为当时共信的成见或普遍的前提①。对于这结果，我们还想提出一个概括的评论。
>
> 159.3 在每种二元的系统里，特别在康德的系统里，有一根本缺陷，可以由联合那即在前一瞬里所宣称为独立自在，不可联合之物，所产生的不一致里，看得出来。即当一方面宣称那联合之物为真实时，但一方面即又说这有联系的两个环节，于其联合中并无独立自存的真实性②，惟有于其分离中，方具有真理性和实在性。像这种哲学思想缺少一种简单的认识，即没有觉察到像这样反复往返，即足以表明是两者中之任一环节，皆不能令人满足。其缺陷即由于没有能力将两个思想(因为就形式看来，只有两个思想)联系在一起。因此这实在是一很大的矛盾，一方面承认知性仅能认识现象，而另一方面又

---

① 这里的德文名词是 Voraussetzungen，按其词义的直译应是"事前假定"[vor(在前)+aussetz(放着)+ung(从动词形成名词的后缀)+en(名词复数的符号)]，而不应用"前提"在这里作为译词，因"前提"之作为从而得出结论的命题这个逻辑术语已成为一习惯语，特别在哲学里不宜破坏其意义以致概念混淆。

② 这里的"独立自存的真实性"是原文的 für-sich-bestehen 之中译，但中译为"独立自存的资格"似更确切。

断言这种认识有其绝对性。如谓“认识至此止步”，“这就是人类知识之自然的绝对的限度”。自然事物诚然是受限制的，而且自然事物之所以为自然事物也唯有由于它们不自知其普遍限制，并由于它们的性质只是从我们的观点是一种限制，不是从它们自己的观点。当一个人意识到或感觉到他的限制或缺陷时，那时他已经超出他的限制或缺陷了。有生命的存在可以说是一种感受痛苦的权利，而为无生命的事物所没有的，甚至在有生命的存在里，每一个别的性质或决定，都可变成一种否定的感觉。因为凡属于有生命的存在都普遍地具有一种生命力，促使他超出其个别性，并包含其个别性。因此于否定其自身仍复保持其自身的过程里，它们感觉到这种矛盾即存在于它们自身中。但也唯有由于在同一主体里包含有两方面：生命情调的普遍性与否定这种生命情调的个别性，这种矛盾才存在于它们自身中。同样，知识的限度或缺陷，也惟有由于有了一普遍的观念，一个全体或完整的理念在前面与之两相比较，才会被觉察到。因此，只有由于不自觉知，才会看不到，说一件事物处于有限或受限制的关系，即包含有无限或无限制之真实到临[①]的证据。并且只有无限的观念已经在我们的意识里面时，我们才会有对于限制的知识。

在这两段里，黑格尔首先在其较简短的第一段里提出他对于康德的认识论所要提出的概括评论，而在第二段里，才直率地指出，说康德的认识论之缺陷，依他看来，是由二元论而来的，而且接着就说出他自己对于思想的性质之看法。

在这两段里黑格尔的思路与其对问题论证的形式是极其清楚的，但是由于篇幅较长，我们把尤其是第二段分成小段来考虑。

在第一自然段里，黑格尔指出，康德在他的《纯粹理性批判》里，关于人类知识的性质，认为人类知识必须以感性在时空限度的直觉为基础，通过知性的范畴和其先验综合的原理来进行对客观事物的认识，然而这种批判哲学认识论所达到的结果，乃是人们所能认识到的仅只是客观如实

---

① 这里的原德文两词是 wirklichen Gegenwart，其 Gegenwart 这个名词似应中译为“存在”才对。

存在的种种出现之所形成的现象而不是客观的如实存在，或称为“自在之物”，可是黑格尔接着又指出，“康德的批判哲学认识论的结果在当时几乎已经成为大家公认的先入之见，也就是一种普遍承认的事前假定，然而对于这种结果，还得要提出一个概括的评论的”。

这就是第一自然段的内容，而在紧接着的下一自然段里，黑格尔便发挥他的评论。

首先，他着重指出：“在每种二元的哲学系统里，特别在康德的这种二元系统里，都是有一根本缺陷的。这种缺陷就是，很明显，在二元论的认识论里，主客双方同是独立自在，互不相容，不可联合之物，否则就不会有所谓二元，然而在认识中一方为主，另一方为客，竟然便联合起来成为知识了，但是这种联合（依黑格尔看来）是不一致的，也就是知识中的两个环节（Moments）毕竟是不能真正联合起来，因为它们两者不是属于一元的。既是分属两元，则自然是各自独立自在，因而当一方面宣称那联合之物为真实的，而另一方面又说这看来是联系着的两个环节，一主一客，在其联合中并非各自抗拒其对方（für sich）而自存（bestehen）的，而只是在其分离中，才主是主，客是客，于是才具有各自的真理性和实在性的。”黑格尔是这样正确地分析二元论的认识论的，从而指出二元论的认识性质之不一致，而且是不可能一致的。这是第二段的第一小段。

在第二小段里，黑格尔便进一步指出二元论的认识论在其本质上是不可能的。他写道：“像在这种的哲学思想活动①那里，缺少一种简单的意识，即没有觉察到像这样的反复往返，而各自独立自在，时而又联合起来，那就足以表明那两者之中的任何一个环节都是不能令人满意地来予以说明的。其缺陷是在于简直没有能力把两个思想（因为就形式看来，只有两个思想[即思想中的主体与对象]）联系在一起。[这也就是意识与存在的认识问题。]因此，[在旧形而上学看来]这实在是一很大的矛盾，一方面[按康德的批判哲学，得要]承认人类知性仅能认识现象，而另一方面又断言这种[知性的]认识有其绝对性，例如说‘认识到此为止’，‘这就是人

① 这里的原德文 Philosophiren 这个动词不定式作为名词用，所以加“活动”两字来表达其含义，否则就会和“哲学的思想”混淆。

类知识的自然的绝对的限度'。"这确是很大的矛盾。那么,依黑格尔看来,这个矛盾,得如何解决呢?黑格尔的答案就是这段文字的第三小段。

在第三小段里,黑格尔写道:"自然事物诚然是受限制的,而且[看黑格尔的辩证思想]自然事物之所以为自然事物,也唯有由于它们不自知其普遍限制,并且是由于它们[作为自然事物]的性质只是从我们人的[主观片面]观点看是一种[自然事物的]限制,而不是从自然事物自己的观点看的。"观点不同,看法当然就是不同的。这是第三小段,提出黑格尔解决上述矛盾的方法,而在下一小段予以发挥的。

在这第四小段里,黑格尔就按他的概念辩证法提出他对于康德的认识论的矛盾之解决的方法了。他写道:"当一个人意识到,甚或感觉到他的限制或缺陷时,那他就已经超出他的限制或缺陷了。"这是在主观意识里的"超出",可是还得继之以行动,否则只是"望梅止渴"。但我们仍须继续看黑格尔是怎样写下去的。他继续这样写道:"有生命的存在[人类或非人类]可以说是有一种感受痛苦的权利,而为无生命的事物所没有的,甚至在有生命的存在里,每一个别的性质[或说决定(性)—原德文的Bestimmtheit],都可变成一种对于感觉的否定。"这种否定是怎样出现的呢?依黑格尔看来,"凡属作为有生命的存在都在它们里面具有生命力这种普遍性,而这种普遍性是超出其各个个别的,并且又同时包含其各个个别的形式。这样一来,有生命的存在就在那否定中仍然保持其自身而且感觉到这种矛盾作为是存在于它们里面的。但是,唯有由于在同是一个主体里,包含有有生命的存在的生命感觉这种普遍性和反乎这种感觉的否定的个别性,这种上述的矛盾才存在于有生命的存在里面。同样,知识的限度,知识的缺陷,也只是由于知识之同在前面存在着的普遍这一全体与完整的理念相比较时,才有其限度、缺陷被确定下来的①。因此,只有由于不自觉知,才会看不到,说一件事物处于有限或受限制的关系,即包含无限或无限制之真实存在的证据。并且只有了无限的观念已经在我们的意识里面时,我们才会有那对于限制的知识"。

① 这里从译文的"但是"起到这个句号为止,是本编者按照黑格尔的原德文并参照瓦拉士的英译重新中译以供读者参考的。

这是黑格尔在评论康德的知识性质与其整个认识论的学说所提出的十分重要的意识，尤其是最后的这一段，是我们应该格外注意的。虽然黑格尔是从绝对唯心主义的立场来批评康德的二元论先验唯心主义，而在唯心主义来说，不过是鲁卫之政，甚或可说是一丘之貉，然而也各有其春秋。可是黑格尔的辩证观点确是突出，远远超出康德的，特别在上面最后一小段里便可看出。两人同在谈目的论，但唯有在黑格尔提出并强调其无限出现在人们的意识里面作为任何有意义的目的之前景时，具体的目的才有其作为前进的里程碑的作用，否则任何目的都是以导致空想而告终的，只有在以无限为不断发展的目的时，人们的具体目的才有其意义。这就是黑格尔批评康德的认识论和目的论的最重要一点。但是黑格尔对康德的批判哲学之批评还不止此，我们当继续往下看下一段的中译文。

160.1 康德关于认识论的学说，其结果还可引起另外一种评论，即是说康德的哲学对于科学的研究没有什么影响。他的知识论使得知识的范畴与一般认识的方法各不相涉。也许偶然于当时科学著作的开首几页里，我们或可发现引用康德哲学几句话，但从全部著作看来，便可显见得所引用康德那几句话只是些装点门面的多余的话。而且即把那开首几页删节掉了，也不会丝毫影响那书的实际内容。(注)①

黑格尔在这段里所提出对于康德的认识学说之结果的评论，说它对于当时的科学研究没有什么影响，因为康德的知识论使知识的范畴和一般认识的方法各不相涉，并以原注中赫尔曼的《韵律学教本》为例。这种批评可能是结合一时的情况，而对于学术的评价还得要看它较长时间的影响，不能只依据一二事实而没有比较广泛的详细的调查与分析便作出结论的。

可是，这不过是黑格尔在十九世纪初叶对于康德的认识学说的结果之评价，然而为时不久便有德国亨利希·海涅(Heinrich Heine，1797—

① 原注：即如在赫尔曼(Hermann)的《韵律学教本》(Handbüche der Metrik)一书中，开首即引用了几段康德哲学。于书中第八节里即申论音节的定律必须是(一)客观的(二)形式的(三)验前规定的定律。试以这几种规定，和下面提到的因果律和相互律的原则，特与书中讨论音节的地方相比较，便可见得这些形式的原则对于内容实毫无影响。

1856)这位著名的诗人和作家在其1833年出版的《论德国宗教和哲学的历史》一书里却这样写道:“1789年康德哲学几乎变成了德国唯一的话题,同时出现了大量关于康德哲学的注释、摘要、解说、批判、辩护等等。人们只要看一下第一流的哲学书刊目录,以及当时出版的有关康德的无数著作,就可以充分地证实单单由康德一人引起的这次精神运动了……”

“康德引起这次巨大的精神运动,与其说是通过他的著作的内容,倒不如说是通过在他著作中的那种批判精神,那种现在已经渗入一切科学之中的批判精神。所有学科都受到他的侵袭。是的,甚而连文学也未能免受他的影响。例如,席勒是一个猛烈的康德主义者,他的艺术观点便孕育着康德哲学的精神。康德哲学由于他那抽象的枯燥性曾给文学和艺术带来了很大损害。幸而康德哲学还没有混入烹饪术中去。”①可见黑格尔一人的意见来作为定论的。可是让我们再往下去看看下一段的中译文吧!

161.2 试以康德哲学与形而上学②化的经验论细加比较:那素朴的经验论虽坚执感官知觉,但仍然承认精神的实在,超感官的世界,不管它的内容是如何形成,或出于思想,或出于幻想。但就形式而论,这种超感官世界的内容有一种基于心灵的权威而来的凭证,一如经验的知识之有一种基于外界知觉而来的凭证一样。但这反省的③,逻辑上有一贯原则的经验论,便反对这种有最后最高内容的二元论,并且否认思想原则和自思想中发展出来④的精神世界的独立性。所以,唯物论、自然主义就是经验论的一贯地发挥出来的系统。康德的哲学,提出一思想的原则和自由的原则,以反对这种经验论而赞成第一种素朴的经验论,且对这种素朴的经验论的普遍原则从未稍有违背。所以在康德哲学中仍保留有二元论的色彩。一方面有知

① 摘录自海涅著,海安译:《论德国宗教和哲学的历史》,北京:商务印书馆,1974年,第113~114页。

② 这里的“形而上学”是指旧的,马克思以前的纯理论的哲学。

③ 这里的“反省的”是原德文的 reflektirend 之中译,以译为“反思的”较适当。

④ 这里的“自思想中发展出来”依原德文以中译为“在思想中自行发展出来”较确切。

觉世界和思索①知觉的知性世界,他虽宣称这是现象世界,但这不过只是一个名称,只是一个形式的说法。因为其本源、其内容实质、其观察方法与经验论大体上都是一样。另一方面有独立的、自我把握的思想②,或自由的原则。这种思想或③原则在康德哲学中,仍与前此一般形而上学相同,但扫空了一切内容,而未能加进④一些⑤新的内容。这种思想此处叫做理性,没有⑥任何特殊性格,因此也就没有⑦任何权威。康德哲学的主要效果在于曾经唤醒了理性的自觉,或思想⑧的绝对内在性。虽说过于抽象,未能使此内在性得充分发挥,亦不能从其中推演出一些或属于知识或属于道德的法则⑨。但它之拒绝接受或容许任何具有外在性之物,却有重大意义⑩。自此以后,理性独立的原则,理性之绝对自立性,便成为哲学上普遍的原则,也成为当时共信的见解。

这一段的篇幅较长,但内容不太复杂,而且条理清晰,可分三小段来予以说明。

在第一小段里,即到"唯物论"、"自然主义"这一句为止,是黑格尔指出,在欧洲哲学史上,经验论大致可以分为两种。其第一种称为素朴的经验论,而第二种在黑格尔那里,称之为反省的[即反思的]经验论。这两种经验论各自以什么为特征,黑格尔是在第一小段中加以说明的。

他首先说要"试试把康德的哲学和取得旧的形而上学形式的经验论比较一下"。什么叫做取得旧的形而上学形式或说形而上学化呢? 那就

① 这里的"思索"即"反思",同是德文的 reflektirend 之中译。

② 这里的"自我把握的思想"是原德文的 das sich erfassenden Denken 之中译,但按原文似中译为"自行实现的思想"才适合。

③ 这里的"或"字是原译者加上的,应改为"即"才能表达原意,所以接着的后一句的"或"字,也应改为"即"方妥,但为汉语的行文计,在后面用"或"字亦可。

④ 这里的"加进"是原德文的 wieder zu verschaffen 之中译,似应改译为"再供给"较宜。

⑤ 这里的"一些"应改译为"任何"方适合原文的 kein。

⑥ 这里的"没有"不能表达原文的 wird beraubt,应改译为"被剥夺"。

⑦ 这里的"没有"是原文的 wird enthoben 之中译,应改译为"被褫去"。

⑧ 这里的"思想"应改译为"意识"才符合原文的 Bewusstsein。

⑨ 这里按原文应是"一些知识或道德的法则"而两个"属于"尤其第一个应删去。

⑩ 这子句不见于原文,应删。

是在主观思想上形成一种哲学体系。

黑格尔先是把素朴的经验论来加以分析及说明的。第一，这种经验论是坚执着感官的知觉而以之为人类知识的唯一基础的，而连贯的知觉成为人类知识的，就称为经验。于是就有经验论这个名称。但是，那素朴的经验论，由于它是素朴的，乃是尚没加以深思的，因而不免在思想上有前后不一致之处。所以由于社会的一般习惯和影响，"也就承认精神的实在，承认有所谓超感官的世界"。可是这种"精神的实在"应如何去理解，"超感官的世界"究竟是什么，有什么样的内容，这是素朴的经验论所没有去管，没有加以深思的。那么，这"精神"，这"超感官的世界"这种思想是从哪里来的呢？可能是素朴的思想随便承认下去，也可能只是一种主观的幻想之想入非非而形成的一种想法。到此为止是黑格尔正确地对素朴经验论的分析，然而他接着就本着他自己唯心主义的想象，加上这一句："单就形式而论，这种超感官世界的内容［注意'内容'这词］有一基于心灵而来的凭证，一如经验的知识之有一种基于外界知觉而来的凭证一样。"[①]这里加上这一句乃是因为黑格尔要用来做他下面第三小段的张本[②]的，而张本就是"心灵的凭证"。这是我们的解释所不得不在这里指出的。

至于第二种的经验论，也就是黑格尔命名为反思的经验论，以黑格尔的看法，是在"逻辑上有一贯原则的经验论"。由于它是"在逻辑上有一贯原则的"[③]，所以它"便反对［其实按原文是攻击］[④]这［在上述第一种经验论的］有最后最高［精神］内容的二元论，并且否认思想原则以及在思想中

① 这里"心灵的权威"的"权威"一词读来颇不顺眼，何以在谈到经验论时，偏偏"心灵有权威"而外界知觉却没有权威呢？这并不是吹毛求疵，而是有关哲学思想的问题，然而在查黑格尔的原德文时，其两处均有中译为"权威"的 die Autorität 这词，但这词的意义已在中译的"凭证"这词里，而"心灵的权威" 的"的权威"三字本可删去，而无伤于译文的。

② "张本"是指事先为事态的发展作好布置，也指文章的伏笔。——整理者注

③ 这里"逻辑上有一贯原则的"这个形容词词组是我们的贺译本按照瓦拉士的英译原文之 die konsequenz 这个名词而在翻译的行文中转作形容词的 konsequent 来中译而且是正确的，故采用。

④ 这里黑格尔的原文本是用 bekämpft 这词，兹中译为"攻击"。这词比"反对"是更激烈的，而更能表达黑格尔的原意。

自行发展出来的精神世界的独立性”。这是黑格尔在评论康德的批判哲学当中所着重批判的。所谓反思的而是反对有二元论成分的经验论，而其所要批判的主要原因，就是“唯物论、自然主义乃是[这第二种]经验论的一贯地发挥出来的系统”。

这就是第一小段的内容，是黑格尔反对唯物论和自然主义，因而就特别提出他之所谓反思的经验论而加以批判的。同时他也是为着这个缘故，才不嫌辞费地写了下面的第二小段，然后再写最后第三小段以结束他对于康德的批判哲学的批判。

在下面的第二小段里，黑格尔大书特书地写道：“康德的哲学提出一条关于思想的原则和一条关于自由的原则来反对上述的这种经验论，以表示他赞成那第一种的素朴经验论，而且他对于这种素朴经验论的普遍原则(即一切的知识都要以感性的直观为基础，而同时也承认有精神的实在亦即他的自在之物)，这是他从来没稍微违背而始终不渝的。”黑格尔在这里所表示欣赏的，当然不是康德的“自在之物”和二元论，而是他之对于“精神实在的承认”从而形成他的超感官的世界。这种承认和康德的特种超感官的世界之为黑格尔所赞成，是有点勉强的，可是为了打击唯物论与自然主义，即带勉强，也不得不为着一时的拉拢而表示赞同。因此，他就继续写道：“所以在康德哲学中仍保留有二元论的色彩[①]。一方面有知觉世界和反思知觉的知性世界[②]，他虽然宣称这是现象世界，但这现象世界不过只是一个名称，只是一个形式的说法。”这句话也是太过武断的，康德在他的《纯粹理性批判》一书中，特别是在“一切一般称为对象之区分为现象(Phaenomena)与本体(Noumena)之根据”这一章里[③]，是十分严肃地把“现象”这词的含义一再说明的，何曾把现象世界只作为一个无意义的或意义不重要的名称，作为不过是形式上的说法？至于黑格尔所举出的理由，说什么：“其本源，其内容实质，其观察方法，与经验论大体上都是一

① 这里的“色彩”是贺译所加入来减轻黑格尔对康德的二元论之肯定的，但在原文是没有的。

② 请读者注意，依康德的哲学，严格说来，知觉世界和知性世界并非复合，更非同一的，而黑格尔在这里却把两者混为一谈。

③ 见蓝公武中译本第209～233页。

样的。"试问这里的"其"重复了三次的代名词,是指什么说的?依黑格尔的原文当然是指康德说的。然而把康德哲学在这段总结性的文字里和经验论笼统地说成是"大体上是一样的",这不是哲学史而是玩笑罢了!但是,这只是康德的哲学的一个方面,其另一方面,依黑格尔在这里的说法,是"有独立的,自行实现的思想,也就是自由的原则"。自由的原则当然是绝对唯心主义者所赞同的。可是黑格尔对于康德这种自由原则,这种能自行实现的思想还觉得有未惬之处,而在这里写道:"这种思想或说原则,在康德哲学中仍然是和前此的一般形而上学那种纯理论的学说相同的,但是有一点的差别,那就是康德的哲学把那种旧形而上学原有的内容一扫而空了,然而又未能另行供给任何别的内容。这种无内容的思想在此处叫做理性(Vernunft)①,任何特殊性格都被剥夺了,因此所有权感也就被褫去了。"这就是黑格尔在康德的哲学里所能看到的第二方面。其第一方面,如上面所说,乃是康德哲学的"本源,内容实质,与其观察的方法,和经验论大体上是一样的",而这里又加上康德的理性,亦即他的纯粹理性和实践理性的理性,乃是毫无内容,毫无权威的,这不是把康德的哲学说成是一钱不值的吗?这里第二小段的内容,简单地说来,就是这样。可是这个结果却和下面第三小段的说法颇有抵牾的。

且看,第三段一开头便说:"康德哲学的主要效果在于曾经唤醒了理性的自觉,或思想的绝对内在性。"这能说在康德那里理性是一钱不值的吗?"虽说它是过于抽象,未能使此内在性得到充分的发挥,也不能从其中推演出一些知识或道德的法则。但它却绝对拒绝接受或容许任何具有外在性之物。于是自此以后,理性的独立原则,理性之绝对自立性,便成为哲学上普遍的原则,也成为当时共信的见解了。"黑格尔最后是这样肯定康德的理性的在哲学上的影响和康德哲学的效果的。这也就结束了黑格尔对于康德的批判哲学之批评,而下面只剩下后人所写的第六十节两个附释。这两个附释是我们还得要看看的。兹先看附释一的中译文。

---

① 请读者注意,这里的"理性"(德文的 die Vernunft),也就是康德的《纯粹理性批判》和《实践理性批判》这两书标题里所用的"理性"这个概念。

162.1 附释一：批判哲学有一很大的消极的功绩，在于使人确信，知性的范畴是属于有限的范围，并确信在这些范畴内活动的知识没有达到真理。但批判哲学的偏处，在于认为知性范畴之所以有限，乃因其仅属于我们的主观思想，而物自身永远超出于我们的主观思想之外。其实，知性范畴的有限性却并不由于其主观性，而其所以有限乃基于其本身性质，即可从其本身以指出其有限性。依康德看来，我们思想的内容，如有错误，乃因为那是我们的思想。康德哲学的另一缺陷，在于对思想的活动只加以历史的叙述，对意识的各成分，只加以事实的列举。他所列举的各项诚然大体上是对的，但他对于这样根据经验得来的材料，并没有说明其必然性。他对于意识各阶段所作的思考，其结果可以总括在“凡我们所认识的一切内容皆只是现象”一句话里面。因为至少凡属有限的思想只能涉及现象的说法既是对的，则他这种结论当然也是对的。但须知到了现象的阶段，思想并没有完结，此外尚有一较高的领域。但这领域对于康德哲学是一无法问津的“他界”。

这个附释的内容，乃是指出康德的知性知识的有限性。但是，附释的话语还是婉转的。它首先说到“批判哲学有一很大的消极的功绩，那就是它使人确信知性的范畴[其实康德的范畴都是属于知性的]，所以就是属于知性的这个有限的范围的。而且他又使人确信所有局限于这种范围内的知识，其进程是不能达到真理的。”这就已经是康德的批判哲学的一种缺陷了，然而这附释还进一步指出，说“批判哲学的偏差是在于它认为知性范畴之所以是有限性的，原因就是这些范畴仅只属于我们的主观而且只对于我们的思想才有其作用的，于是自在之物就永远超出于我们的主观思想之外了”。这不过是附释对于康德的认识论的一种简单的叙述，而其批评还在这里紧跟着下面的几句话：“其实，知性范畴的有限性却并不由于其主观性，而其所以是有限的，乃是基于其本身的性质，那就是说，可以从其本身来揭示其有限性。”这是应如何理解的呢？附释说：“依康德看来，我们的思想内容，如果是有错误的，其原因就是这些思想乃是我们人的思想。”这就是说，人的思想是注定有错误的。这当然是康德哲学的另一种缺陷了。但是，这里附释的编者似乎是没有认真读过康德的《纯粹理性批判》这本书的，而在这书里康德曾仔细地说明人类的知识的限度并且指示我们是应该怎样防止我们的知识越轨的，读者稍微涉猎一下《纯粹理性批判》的“导言”部分[①]便知。

但是附释还指出“康德哲学的另一缺陷”，那就是康德“对于想想的活动只加以历史的陈述”，即只是说明思想的缘起，“而对于认识的各个成分，也是加以事实的列举”，并没有像黑格尔之在他的《精神现象学》一书里那样详尽地描述人类意识的现象是怎样发展出来的。虽然康德的这种“事实上把意识的各个成分列举出来，大体上是对的”，然而他的“这样只根据经验而得出来的材料”，由于它只是经验性的而不是验前性的，所以它就没有必然性，并且康德依他的哲学体系来说，也不能认为它是有必然性的，那么，康德对于他只根据经验而得出来的“意识各阶段的现象，通过一番思考”，其结果可以用这句话来总结：“凡我们人所能认识的一切内容，都只是现象，而不是而且绝不能是本体。”因为依康德对于纯粹理性的批判所得出的结论，就是我们人所能有的思想都是有限性的思想，而“有限性的思想只能涉及现象”，就是说，只能是自在之物之对我们人类意识通过感性的直观而又通过知性的范畴成为对我们出现之物。附释认为这种分析是对的，而分析“既是对的，则他的上述那种结论当然也是对的了”。但是附释依黑格尔的绝对观念的发展学说，“人类的思想到了现象的阶段，它并没有完结其发展的应有过程，此外还有一较高的领域”，但是这个领域是属于绝对唯心主义的想象的，或说想当然的浪漫主义思想的领域，而“对于康德的先验哲学”之必须以感性为基础的思想就是一种“无法问津的‘他界’”了。这当然是这附释的编者只潦草地读过康德的《纯粹理性批判》的前半部而大概没读完，至于其他的两部《批判》则好像从没有认真读过。谓余不信，且看附释二吧！

162.2 附释二：因为在康德的哲学里，思想之为自发自决的原则，只是形式地建立起来了，至于思想如何自决，

① 见蓝公武中译本第27～44页，特别是第27～32页。

163.1 自决的程度如何，康德并无详细指示，所以费希特①出来，便首先发现这种缺陷，而宣扬有推演范畴的需要。同时他也曾经做了这种尝试，而且的确产出了一个范畴推演的系统。费希特哲学以自我作为哲学发展的出发点，各种范畴均须证明为出于此自我的活动。但费希特所谓自我，似并不是真正自由自发的活动。因为这自我被认为最初是由于受外界的刺激而激励起来的，对于外界的刺激，自我须加以反抗，惟有由于反抗外界刺激，自我方能达到自觉。同时，刺激的性质永远是一个生疏的外力，而自我便永远是一个有限的存在，永远有一个"他物"与之对立。因此费希特亦复停滞在康德哲学的结果里，认为只有有限的才可认识，而无限使超出思想的范畴。康德叫做物自身的，费希特便叫做外来的刺激。这外来的刺激是自我以外的一个抽象体，没有别的法子可以界说，只好概括地称之为否定者或非我。这样便将自我认作与非我相关联，凭借这种关联首先激励起自我自决的活动，于是在这种情形下，自我即是不断活动以从外来刺激里求解放，但永远得不到真正的自由。因为自我的存在，既基于刺激的活动，如果没有了刺激，也随之就没有了自我。而且我活动所产生的内容，除了平常经验的内容外，也没有别的，只不过加了一点补充，说自我活动所产生的内容只是现象而已。

在这附释二里，其编者写道："因为在康德的哲学里，[人类的]思想之为自发自决的原则，只是在形式上建立起来，可是这人类的思想究竟是怎

① 费希特(Johann Gottlieb Fichte，1762—1814)，十八世纪末十九世纪初著名的德国唯心主义哲学家，列宁指出，费希特是主观唯心主义的代表。他从右面来批评康德，因他不满于康德的"自在之物"而抛弃它，但继承了康德的"自我"并予以绝对化，作为他自己的哲学出发点，而为世界与其一切规律之所从自出并且与"自我"相对立的"非我"一起便是宇宙间一切的存在。他的这种哲学是在1794年刊出的代表作(原标题为 *grundlage der gesamten Wissenschaftslehre*，中译为《知识学基础》，有洪谦中译本)里所予以详述的。这书的内容大旨是康德的唯心主义的继续，但正像后出的黑格尔哲学那样，丢掉了康德的"自在之物"与其批判的观点，而尽量按照欧洲旧形而上学的精神，根据一些完全验前的原则，企图唯心地利用当时的自然科学之某些范畴，来使经验的素材思想化，从而构成他的所谓知识学。这种在哲学上的作法，正如丹麦的 H. 胡夫丁教授在其《欧洲近代哲学史》一书里所写道："乃是德国的一种特点，强调精神活动的独立性、内在性和有效性的"，而受列宁驳斥为帝国主义时代的反动哲学家所力图利用来宣传其狂妄的反动思想的。

样自决的，它的自决是到了什么程度，康德并没有作出任何详细的指示，所以就有另一德国哲学家费希特出来，首先发现这种缺陷，并且宣声有推演范畴的需要，而且同时也曾作了这种的尝试，从而的确产出了一个范畴推演的系统。费希特的哲学是以作为哲学发展的出发点，各种范畴都得要证明是出自自我的活动的。但是费希特的所谓自我，好像并不是真正地自由的自发的活动。因为这个费希特的自我是被认为在最初时，是由于受到外界的刺激才激励起来的。对于外界的刺激，自我要加以反抗，而只有由于反抗外界的刺激，自我才能达到自觉[作为其后果。]同时，刺激的性质永远是一个生疏的外力，而自我[由于总是要有这种新的外力之刺激，所以也就]永远是一个有限性的存在，[那就是]永远有一个'他物'与它对立着。因此，费希特也就仍然停滞在康德哲学的结果里，就是认为只有有限性的东西才是可以为人类所认识的，而无限性东西就是超出人类思想的范畴[之功用的]了。"到此为止，本附释的编者，关于费希特之如何在某一定方面推演了康德知性范畴的学说，是说得比较正确的。但是接着的下一句，便误解了康德的学说了，这一句就是："康德叫做物自身的，费希特便叫做外来的刺激。"当知就康德的感性出现这个观念说来，自在之物(Ding-an-sich)刺激人们的感受性而产生时空中的直觉，这直觉在知性范畴一定的形式上，便成为人们意识所能认识到亦即意识到的出现，而依康德的认识论，一般的出现作为人类认识论的对象而言是按先验的原则区分为现象与本体的。由此可见，在康德的认识论过程里，从感受性的受到刺激到认识对象之区分为现象与本体是有一较复杂的过程的。费希特在这附释里说为"外来的刺激是自我以外的一个抽象体，没有别的法子可以界说，只好概括地称之为否定者或非我"。这简直不知所云，更粗暴点说，就是胡说八道！"外来的刺激"是人类感受性所感觉到的东西，而只有引起这种刺激的自我以外的"原因"，才可以说是"自我以外的一种[不能说是'一个']抽象体。只有这个抽象体，由于它不是人类感性所能在时空中所感知，而更非人类知性所能运用其范畴去分辨的，所以才是就人类的识别来说，无法可以予以界说或说下定义的"，因而称之为"否定者"则可，但把它说成和费希特的"非我"同是一物，则断然不可，因为费希特的"非我"不是康德的自在之物，而是人们可认识、可识别的对象。关于这点，附释之不能自圆其说，在接着的下文里就情况大白了。

附释的中译文就是："这样便把自我作为和非我相关联。"奇怪的是：附释的编者似乎甚至没有涉猎过费希特的哲学著作，否则何以不知道费希特的非我之为非我只是由于自我的活动，或说自我的能动性，而非我实是由于自我之需要而为自我所设定的①。那么，附释在这里的一句话，说什么"把自我作为和非我相关联"，好像这种关联是假定的而不是由于两者的本性所使之为必然的，这不是奇怪的吗？附释并写道："凭借这种关联，首先激励起自己自决的活动，于是在这种[被激励起来的]情形下，自我就是不断的活动，来从外来的刺激里求解放，但永远得不到真正的自由"。假如我们不读费希特的原著而单凭这里的附释来理解费希特的思想的话，我们也就被误引而认为费希特的自我只在非自我的激励下才有其争取自由的活动的了。且看紧跟着在后面的两句附释吧！"因为自我的存在，既基于刺激的活动，如果没有了刺激，也随之就没有了自我。而且自我活动所产生的内容除了平常经验的内容外，也没有别的，只不过加了一点补充，说自我活动所产生的内容只是现象而已。"重点是本编者加的。并请注意这里附释之所谓补充，也是完全多余的。因为据康德的学说，经验的内容本是现象。

黑格尔与其加上附释的编者，仅仅是这样在从第四十节到第六十节较长的篇幅里讨论并批判了康德的批判哲学，最后并由附释提到康德的继承者费希特。大体说来，黑格尔对康德哲学的批判，是赞同多而反对的少。由于他从右面来批评康德，其所赞同的是康德的唯心主义方面，而反对的当然就是康德二元论的薄弱唯物主义"自在之物"方面，而对于康德批判哲学的先验原理，似乎未能充分理解，因而几乎没有触及。其实这种唯心主义的原理，实质上是和黑格尔的绝对观念不无合拍之处，似乎不应草率被忽略的。

黑格尔批评了康德的批判哲学之后，便进而批判思想对客观性之第三态度，即直接知识，或说直观知识。

---

① 为方便起见，读者关于费希特这种哲学的论述可参考《西方古典哲学原著选辑：德国哲学》，北京：商务印书馆，1960年，第124～127页。

丙、思想对客观性之第三态度

直接知识或[说]直观知识

164.3 第六十一节

这节是黑格尔开始讨论以耶柯比①为代表的德国当代的直接知识这一哲学派,而这一段讨论一共占了《小逻辑》的十四节,可是黑格尔对直接知识的重视。查黑格尔在其《哲学史讲演录》"近代德国哲学"这段中②,是先谈耶可比作为A段而是在B段才谈到康德的,但是在《小逻辑》的"概论逻辑学性质"这"绪论"里,却先处理了康德的批判哲学,然后才讨论耶柯比的思想的。虽然在两处所谈到这两人的哲学思想,其先后的次序有所不同,然而把这两人兼提并论,是有其原因的,那就是尽管这两人的哲学体系以及他们的思想对于后世的哲学之影响,至少在形式上,各有不同,可是依黑格尔的看法,这两人同是认为人类的有限性的思想是不能认知真理,即事物的究竟的。

兹先阅读本节的中译文。

164.4 批判哲学认思考为主观的,且认思想之究极的不可克服的性质为抽象的普遍性,为形式的同一性。于是便将思想当作是与真理相反对的,因为真理不是抽象的普遍性,而是具体的普遍性。在思想的这种最高形态,亦即理性里,范畴没有得到重视——与此正相

① 耶柯比(Friedrich Heinrich Jacobi)1743年生于德国杜塞尔多夫市,在瑞士日内瓦和法国巴黎读书,是个可称为当代人格高尚而文化优秀的人物,长期担任国家的职务,而在法国大革命时期自行退休,在其活动时期内曾作为德国南部巴威略州的官员前往慕尼黑市而在那里于1804年任科学院院长职,到1812年才辞去,其原因是在拿破仑一世时代,基督教新教徒是被污蔑为蛊惑人心之徒的。在那之后,耶柯比便终身居住在慕尼黑而于1819年3月14日死在那里。(节译自《黑格尔哲学史讲演录》英译本第三卷第411页。)据此,则耶柯比与康德大致同时,但在康德的主要著作中似乎没提到过耶柯比的名字。其原因并不是这两位同时代的思想家在思想上各不相涉,而是由于耶柯比关于认识论的著述,如关于斯宾诺莎思想的《致摩西·曼德逊的书信》是刊出于1788年,《休谟的论信仰》是刊出于1787年,《致费希特的公开信》是刊出于1799年,都是在康德几乎绝笔之后,而直接论到康德的思想,如知觉与存在,是在康德死后才刊出的。

② 见所引书第三部分第三大段,英译本第三卷第409~478页。

反对的观点便认思想是一种特别的活动,因此便宣称思想不能认知真理。

黑格尔在这简短的一节里比上面过去批评康德批判哲学的一大段都更能抓住了康德的要害,那就是康德的整套哲学本以综合这个观念为其中心,然而其结果却是分裂,却是意识与存在的分裂,认知能力的感性、知性和理性之又相互分裂,现象之与本体的分裂,思想和行动的分裂,因而就到处寻找弥补协调的先验方法,终之无济于事。黑格尔虽没能切实地认识到这些在康德哲学体系里的致命破绽,然而他在这个简短的一节里尚能体会到康德哲学里的思想的主观性,思想结果的抽象普遍性,理性之不能运用知性的范畴,并与感性割裂,从而指出康德的思想不能认知真理这个极端严重的罪责,并且强调真理是具体的普遍性。这就引起下节对耶柯比对于范畴的看法,以及他对于一般理论知识的抨击。

现在且看下节的中译文。

164.5 第六十二节

在这节里,黑格尔指出,耶柯比是在批评并抨击康德的范畴之外,并说明当时欧洲的自然科学是无法寻到无限的内在的表现的。

这第六十二节的全文,其篇幅是比较冗长的,但原来也分成两个自然段。兹我们按照其内容的性质,分成小段来考虑。

其第一个自然段的中译文是:

164.6 依照[康德的批判哲学在上节所分析出来的]这种理论,思想既是个别的活动,则思想便只能以范畴为其整个的内容和产物。但范畴既是知性所坚持①的,乃是受限制的思想形态,认识有条件的、有凭借的、有依赖性的事物形式。像这样受限制的思想是说不上认知无限、认知真理的。因为这种思想不能超越有限与无限的鸿沟,而达到无限的(这是反对对于上帝存在的证明)。这种思想范畴也叫做"总念"②。依这种说

① 这里的"坚持"乃是德文的 festhält 之直译,但在这句话里,所意指的不是知性紧紧抓住了范畴而是把它"只限于知性的活动范围里面,"有"拘捕"的意思,因而不是"坚持"所能表达的。

② 这里的"总念"是德文的 der Begriff 之译,一般中译为"概念",但在黑格尔的特殊用法,中译为"总念"以表示其特殊的意义是必要的。请参看贺麟先生的译者引言"关于这词中译的说明"(见中译本第 8 页)。但是在这里则不应用"总念"这译词而应该用"概念"才妥。

法，对于一个对象得到总念，即是用一个认识有条件的、有凭借的事物的形式去认知它。因此如果遇着了真理、无限、或无条件的对象，则只有用我们的范畴将它变成一有条件有凭借的东西。这样一来，则我们不唯没有用思想把握住真理，反而将它转变成为不真的了。

在这个自然段里，黑格尔首先指出康德哲学里面所谈的思想乃是一种关于个别东西的活动①，而且只能有范畴为其产物，兼之根据这些知性的范畴决定其内容的。但是这些范畴既然是知性的拘禁，所以它是受到限制而成为受限制的思想形态，因而也就成为认识有条件的、有凭借的、有依赖性的事物形式了。到此为止，黑格尔是正确说明康德的知性范畴的意义与其局限性，但是把知性的这种通过范畴的活动说成是思想的活动②，那就不正确地把两种本是不相同的意识形态混为一谈而且等同起来了。知性固可产生思想，但不能说所有思想都由知性所产生。然而知性所产生的思想确是受到限制的，所以"像这样受限制的思想是说不上认知无限、认知真理的。然而依康德的说法，有限与无限之间是有一条不可逾越的鸿沟的，所以知性的思想就是不能超越有限和无限的鸿沟，因而也就是不能达到无限的。在这里黑格尔在括弧里指出，这就是反对有人认为用一般的知性范畴，如因果关系等，来证明上帝的存在的这种论证。他并且写道："这种思想范畴也叫做概念。依这种说法，对于一个对象得到概念，即是用一个有知识的、有条件的、有凭借的事物的形式去认知它。因此如果遇着了真理、无限或无条件的对象，则只有用我们的[知性]范畴将它改变成一有条件的有凭借的东西。这样一来，则我们不唯没有用思想把握住真理，反而将它转变成为不真的了。"

这是黑格尔说明康德的知性范畴的有限性，因而就是不能用来去认知真理与上帝的。这就引起直接知识的讨论。且看下面的一自然段。这一段的篇幅比较长，我们分成三小段来进行考虑。其第一小段的中译文是：

① 黑格尔的这种说法是把思想和知性的活动等同起来的，结果就是抹煞掉康德的思想与认识的区别。

② 关于这一点，请参看上面脚注。

165.1(1)这就是唯一单纯的论证，提出来借以支持对于上帝和真理只有直接知识[或直观知识]①的说法的。在从前各式各样关于上帝的所谓拟人②的观念，皆认为只是有限的，不配认知无限，而予以排斥。因此，上帝便成为一异常空洞的存在了。但那时尚没有将一般的思想型式认作属于"拟人"③的观念之列。(贺译者按：以人度物，以人的观念情意去揣度神的观念情意，叫做拟人主义。)毋宁说是相信思想为足以扫除④对于绝对⑤的许多表象的有限性。——这种信念颇符合于上面所提及的一切时代共有的成见，即我们唯有凭借反思才可达到真理。但到现在思想型式也一概认作是拟人的⑥，而将思想解释成只是一种有限化的活动了。

本段这第一小段，是黑格尔指出的康德的知性范畴之不能用来证明上帝存在的唯一单纯的论证，其在上段提出来，是借以支持对于上帝和真理这些无限性存在的说法是只能有直接的知识了。从前关于上帝的所谓与人类同感情的想象(Vorstellungen)都作为是有限的，不配认知无限的，而予以排斥。因此，上帝便成为一异常空洞的存在了。但那时还没有把一般的思想型式(Denkbestimmungen)认作属于与人类同感情的这种观念之列；说得更正确一点，是认为思想把有限性从绝对这个观念的一些想象剥去了。——这种想法是符合于上面所提及的一切时代共有的成见，即我们只有通过深思熟虑(nachdenken)才可达到真理。但是到了现在，

① 我们把原中译文这短语加上括弧，因它是这中译按瓦拉士的英译所加上的 or intuitive 而加上，而为原文所无的。

② 这里"拟人"的"拟"是"模拟"、"比拟"的意思，源自希腊文的 ανθρωπόΜορφος = anthrnomorphos，即以人类的模型来想象神或其他非人的存在者，而这词之中译为"拟人"是比较笼统的，因按欧洲各语文有 anthropomosphism，而又有 anthropopathism。其两词所共同的前缀是 anthropo(s)(中译为"人")而其不同的词根，则前者是 morphe(中译为"形")而后者是 pathos(中译为"感")，故两词有其区别，而在这里黑格尔所用的 anthropopathisch 这词，而不是 anthropomorphisch，如把后者中译为"拟人的"，则前者应译为"与人同感的"。据此，则"译者按"之"以人的观念情意去揣度神的观念情意，叫做拟人主义"是文不对题的，读者可略。

③ 同上注。

④ 这里的"扫除"是德文的 abstreifen 之中译，但是按本句的意思，似中译为"剥去"较妥。

⑤ 请注意，这里的"绝对"是个名词。

⑥ 关于"拟人的"之意义，请参看前面相关脚注。根据这里的德文的 Anthropopathismus 这词，则当中译其形容词为"与人同感的"而不用"拟人的"这个较笼统不清的译词。

思想型式一般终之还是认作是与人类同感的，而把思想解释成为一种可说是有限化的活动了。

这样一来，思想也就必须另求出路了。于是就谈到以耶柯比为代表的直接知识了。且看下一小段的中译文。

165.1(2)耶柯比于他《论斯宾诺莎哲学书信集》的第七篇“补录”里，（译者按：耶柯比《斯宾诺莎哲学书信集》初发表于一七八五年，于一七八九年再版时，又加上八篇“补录”。）对于这种评论，曾加以最明确的陈述。他将斯宾诺莎哲学里得来的论证，应用来攻击一般的知识。在他对于知识的抨击里，他将知识认作仅是对于有限事物的知识，认作仅是由有限到有限的一串思想进程，而其中每一有限之物与另一有限之物彼此互为条件。依此看法，解释与理解乃是须得凭借他物方可说明某物的间接历程。因此一切知识的内容皆只是个别的，依赖的，和有限的。而无限、真理、上帝则在这些知识范围所包的机械联系之外。

这就是第二小段，是黑格尔很明确地说明耶柯比是怎样在他于一七八五年所发表的《论斯宾诺莎哲学书信集》的第七篇“补录”里，曾对于上述的那种评论加以最明确的陈述的，而且并说明耶柯比是如何把他从斯诺宾诺莎的哲学里得来的论证应用来攻击一般的知识的。耶柯比在他对于知识的抨击里，把知识认作仅是对于有限事物的知识，认作仅是从有限到有限的一连串的思想进程，而在这进程中每一有限之物与另一有限之物是彼此互为条件的。照着这种看法，解释和理解都是得要凭借他物才可以说明某一物的间接的历程。因此一切的知识之内容就都是个别的，依赖的和有限的了。那么，无限、真理、上帝就是在这些知识范围所包含着的机械性的联系之外的了。

这是耶柯比对于人类一般知识，也就是知性知识的批评。可是他的批评还没终结，有待于这一段的最后一小段和下面的第六十三节的第一自然段。现在我们先把本节的最后一小段的中译文看完。

165.1(3)最可注意的就是康德以范畴之所以有限主要的仅在其形式上的主观性，而耶柯比于其评论里，则就范畴的固有性质加以讨论，认为即就范畴本身而言，亦是有限的。耶柯比心目中所特别着重的，乃是当时的自然科学或精确科学于认知自然力量和自然定律的灿烂的成就。当然在这种有限的知识的基础上，是无法寻到无限之内在的表现的。诚有如拉朗德①所说，他曾[用望远镜]搜寻周遍了整个天宇，但却没有寻到上帝(参看第六十节说明)②。在这种自然科学的范围里，所可得到的普遍性，亦即科学知识的最后成果，只是外界的有限事物之无确定性的聚集，换言之，物质而已。耶柯比很正确地看到了这种只是互相凭借的间接性的知识进程没有别的出路。

黑格尔在这节最后一小段里写道：最可注意的就是，康德以范畴之所以是有限性的，主要的只是在其形式上的主观性，而耶柯比在他关于这点的评论里，是就范畴的固有性质加以讨论的。那就是他认为，就是就范畴的本身来说，范畴也是有限性的。——耶柯比心目中所特别着重的，乃是当时在欧洲的自然科学，即精确科学，在它的认知自然的力量和自然定律的辉煌成就。当然在这种有限性的知识之基础上，是无法寻到无限之内在的表现的，正如法国十八世纪的天文学家拉朗德所说，他曾经用望远镜周遍地搜寻过整个天空，但是仍然没有找着上帝。(关于这层意思，可参看上面第六十节原注的说明)。其实，在这种自然科学的范围里，所可能得到的普遍性的东西，就是科学知识的[当时]最后的成果，只是外界的一些有限性的事物之没有确定性的[即还有待于继续调查研究才能弄个明白的东西之]聚集，换言之，物质而已。[这是黑格尔时代关于物质的观念]，耶柯比很正确地看到了这种只是互相凭借的，因而是间接性的知识进程没有别的出路[的说法]。

那么，耶柯比又企图怎样替人类的知识找到它的出路呢？这就是下面第六十三节的内容。

166.1 第六十三节

这节干脆地提出了耶柯比替人类知识找到他的唯心主义之神秘主义的内容，也就是所谓直接知识，其实就是宗教信仰。

且看看这第六十三节的开头一段的中译文吧！

---

① 拉朗德(Lalande，Joseph Jerome Le Francais de，1732—1807)，法国天文学家。

② 见中译本第159页上“原注”。

166.2 耶柯比同时力持真理仅为精神而有之说,认为人之所以为人,唯因其具有理性,而理性即是对于上帝的知识。但因间接知识仅限于有限的内容,所以理性即是直接知识信仰。

这段的立论当然是以上节的最后一段所作出的结论,说什么“在有限的知识的基础上是无法寻到无限之内在的表现”,因而人类知识也就没有出路为其张本,于是黑格尔为了导致他的绝对主义,就借用耶柯比的“直接知识”和宗教信仰作为一种踏脚石而在这里写道“耶柯比[在‘看到了只是互相凭借的间接性的知识进程没有别的出路’]同时力持其真理只为精神而有之说,认为人之所以为人,唯因其具有理性,而理性即是对于上帝的知识”。好一个巧妙的逻辑论证,何止一箭三雕！耶柯比的直接知识是针对那导致“物质”的科学间接性的知识的,而间接性的知识是“得要凭借他物”,所以就只是“个别的、依赖的和有限的”,所以也就不能达到真理,不能认知上帝的,而耶柯比是力持“真理仅为那与物质相对立的精神而有”的,仅为精神而有,则真理就当然是在物质范围之外的了。况且“人之所以为人,唯因人具有理性”,这是人所共认的事实,然而依耶柯比的说法而为黑格尔的绝对主义所赞同的,“理性即是对于上帝的知识。”看！在简单的一句话里,直接知识就被肯定下来,物质被推翻了,而理性即是对于上帝的知识！不是极端巧妙的绝对主义的论证,何克臻此?然而还不止于此,紧接着的第二句话就是,“但因间接知识仅限于有限的内容,所以理性即是直接知识信仰”。那么,不但直接知识被肯定,而且宗教信仰也同时被建立起来了。

这种论证未免太过简单,因之就有下一段予以补充,而这补充又似乎太过啰嗦,而且把一些名词在混淆之下弄得非常别扭。让我们首先看这较长的一段的中译文,然后加以分析和解释。

166.3 知识、信仰、思想、直观①,便是我们在这一派的观点里所时常遇见的范畴。这些范畴既是②人人所熟知的,只是常常仅凭心

① 请注意这里的“知识”、“信仰”、“思想”和“直观”都是德语的 wissen,Glauben,Denken 和 Anschauen 这些动词作名词用,以强调其活动方面的。

② 这里的“既是”似是原来德文的 indem 之译,但改译为“由于”较妥,而且这整句应改译为“预先假定作为人们所熟知的,而只是……”。

理学的表象和区别，加以武断的使用①，而对其最关重要的性质和总念，却漫不加以考察。② 因此我们常常发现，知识总是与信仰对立，而同时将信仰界说为直接知识，那么，至少，我们也须得承认信仰亦是一种知识。再则这也是经验的事实：第一，凡我们所信仰的，必在我们意识中，这就包含着对于我们所信的，我们至少必有所知。第二，凡我们所信仰的，在我们意识中必有确定性③，这也包含着对于我们所确信的，我们必有所知。又我们特别见得，思想与直接知识和信仰对立，且特别与直观对立。但如果直观可以称为理智的直观的话，则理智的直观唯有指思想④的直观了。不然的话，除非我们对于以上帝为对象的理智的直观，愿意解释成为想象中的影像或表象⑤。

我们先把这一小段予以考虑和解释，然后再处理其下文。

这一小段是说："知识、信仰、思想、直观等心理活动，乃是我们在这一派的观点里所时常遇到的一些范畴。这些范畴乃是预先假定作为人们所熟知的，而只是常常仅凭心理学的表象和区别，加以任意地使用，而对其性质与概念，详细分析起来，却并没有加以审查。因此，我们就常常发现，知识是很寻常和信仰相对立的，而同时又把信仰下定义为直接的知识。那么，至少我们也得要承认信仰也是一种知识。"到此为止，黑格尔的话是不难理解的，只有最后的"信仰也是一种知识"这就似乎有点离奇了！信仰是知识吗？按德文的"信仰"(der Glaube)这词，一般是有两种意义的：(1)宗教的信仰，(2)对于一般事情的置信。显然对于一事的置信，不无某程度的认识作为其根据，这种作为置信的认识根据，固然可以说是一种未经证实的知识，然而随着实践的检验是可确定其确定性之多少的。但是宗教信仰的对象乃是超出人们的经验范围之外的，其真实性，亦即其存

---

① 这里的"武断"是德文的副词 willkürlich 之中译，但改译为"任意"似较妥。

② 这句似应改译为"而对其性质与概念，详细分析起来，却并没有加以审查"。

③ 这里的原文是 als etwas Gewsissen Bewusstsein，应译为"作为在意识中某种毋庸置疑的东西"，原译之"在我们意识中必有确定性"似乎太多肯定了。

④ 这里的"思想的"是原文的 denkendes 之中译，但按这词的原义似改译为"思想着的"较确切。

⑤ 这里的原文 Phantasievorstellungen und Bilder，似应中译为"一些梦幻的想象和形相罢了"。

在,以理性作为标准进行检查,是一向没能确定的。那么,对于宗教信仰的对象之确实性,又有什么丝毫的根据而说对于它的信仰就是知识呢?所以黑格尔的“信仰也是一种知识”的话是难以理解的。且往下看他的下文吧!他接着写道:“再则这也是经验的事实:第一,凡我们所信仰的,必在我们意识中,这就包含着对于我们所信的,我们至少有所知。”[原译这里的“必有所知”的“必”,是原文所无的,故删]这里的“知”字(原文的 weiss,不定式为 wissen,即知道,而还不是识别的知——德文的 kennen)是指某事之“有”说的而还没达到知识的地步。(这种知识是德文的 die Kenntnis 而不是 das Wissen。)黑格尔每每是从文字上讲哲学的,何以在这里竟是这么随便!但他还有他的第二种的“经验事实”:“凡我所信仰的,作为在意识中某种无可置疑的东西,也是人们所知道的。”这句话的意指是明显的,那就是:凡我所信仰的,都是在意识中作为某种无可置疑的,因为如果是可置疑的,那就不可能是我能信仰的,这也是人们所知道的。这里人们所知道,是凡信仰的都是无可置疑的,并不是说知道所信仰的乃是确实的;不过是相信它而不是确知它。这样理解黑格尔的这句话,我们认为是没错误的。紧接在这句话的后面,黑格尔还继续写道:“又我们特别见得,思想是与直接知识和信仰对立的,而且是特别与直观对立。”这就是说,我们有特别见得,思想与直接知识对立而又与信仰对立,并且特别是与直观对立的。这是容易读懂的,因为上文已经指出,我们常常发现,由于人们对于一些心理学的名词随便任意使用,而对于它们的性质与概念却没有加以分析审查,于是就把知识和信仰对立起来,然而又把信仰下定义为直接的知识,所以就当然把那通过媒介的思想和信仰对立起来,因而也就和直接知识对立起来,并且特别与直观对立起来,因为直观是不通任何媒介的。但是黑格尔还又继续写道:“但是,如果直观可以称为理智的直观的话,则理智的直观唯有指思想着的(denkendes)的直观了。”这句话的意义,其关键在于“理智的”这一词,而这词是德文的 intellektuell 之中译,即“需要运用智力的”意思。那么,就要看我们能否认为直观是需要运用智力的了。如果黑格尔在上文所指出,一般人对于心理学的名词每每是任意使用的,究竟“智力”这词之含义是什么,一般说来,是模糊的,结果恐怕就是,不能说人人都会承认直观是可以称为“理智的”,因为至少我们得要承认所谓智力，是能思维而且通过思维进行理论的能力，但是直观，顾名思义，乃是无需通过思维而直接看到的一种认识活动与其成果，更不能谈到理论的推理这种间接性的活动了。既然如此，则我们就不能承认有什么运用思想的直观了，更不去管，如果不承认黑格尔的这种光怪离奇的观点，那么"上帝"就会成为"梦幻的想象和形相了"。何况"以上帝为对象的理智的直观"，唯有耶柯比一派的宗教思想家才是会有的。

这也就是本小段的内容的初步解释和讨论，现在我们再往下去阅读本大段的未了之中译文。这是从中译本中第 167 页起的。

> 167 在耶柯比哲学的语言里，信仰一词也可以用来指谓呈现在当前感觉里的日常事物。耶柯比说，我们相信我们的身体，我们相信感官事物的存在。但是，当我们说对于真理或永恒①有信仰，或说上帝在直接知识或在直观中启示给我们时，我们所涉及的并不是感官事物，而乃是一个本身具有普遍性②的内容，只是能思的心灵的对象。再则，当个体是指自我人格，而不是指经验的自我或特殊的人格时，特别当我们心目中所想到的是上帝的人格时，则我们所说的乃是指纯人格③，本身④具有普遍性的人格而言。像这样的纯人格即是一个思想，且只属于思想⑤(活动)范围之内。无疑的，纯直观亦只完全与纯思想为同一⑥之物。直观和信仰最初总是表示普通意识所赋予的这些字眼的确定的意义，因而直观和信仰实与思想有区别，而它们间的这种区别也差不多是尽人皆知的。但是如今我们要就信仰和直

① 这里的"永恒"是原德文的 Ewige 这个名词之中译。这词是形容词作名词用的。

② 这里的"普遍性的"原是个形容词，为德文的 allgemein 之中译，是"有普遍意义的"这个意思，而不是"属于普遍性"的意思。

③ 这里的"纯人格"的"纯"字是德文的"rein"这个形容词之中译，意指"纯粹不杂"说的。例如说"纯钢"。

④ 这里的"本身"是原文的"in sich 这词组之中译，应中译"在其本身来说"。

⑤ 这里的中译文第二个"思想"不同于其第一个"思想"，按原文第一个思想是"Gedanke"这个名词，而第二个却原是动词而作名词用的"das Denken"含有活动的意思，不可混为一谈。

⑥ 这里中译的"同一之物"是原德文的 dasselbe 之中译，一般这样中译是有语病，易滋误会的，毋宁直译为"同样的东西"。

观的最高意义来看，即是把它们作为对上帝的信仰，作为理智的直观来看，这就是说，我们要排除区别直观信仰[①]与思想[②]间的异点来看。及把信仰和直观提升到这种较高的领域里，便无法再去说它们与思想的区别了。然而一般人总以为有了这些空洞的字面的区别，他们便说出重要的真理了。殊不知他们所攻击的种种说法，实在是与他们所坚持的为同一之物。

接着上一小段，黑格尔就干脆引用耶柯比的话来说明他自己在上面所讲的那段话。他因此便写道："在耶柯比的语言那里，'信仰'这个词也可以用来指那呈现在人们当前的感觉里面的日常事物的。耶柯比说过，我们相信我们有一个身体，我们信赖[③]感官事物的存在。但是耶柯比又说过，当我们说对于真理有信仰或对于永恒有信仰，或者说上帝在直接知识里即[④]在直观中启示给我们时，我们所涉及的并不是感官事物，而乃是一个在其本身说来(in sich)是具有通常内容的，也就是能思的心灵的对象的。还有一点，在'个体'这词是指自我或人格说的，而不是指在经验里面的自我或者特殊的人格说的时候，特别是当我们心目中所想到的是上帝的人格的时候，那是我们所说的乃是指纯粹的人格，在其本身说来是具有通常的人格说的。像这样的纯粹人格也就是一个思想，而且是属于思想活动的范围的。不但如此，纯粹直观也不过是完全和纯粹思想活动全一样的东西[⑤]。"直观和信仰最初总是表示普通意识所给这些字眼的确定的意义，因而直观和信仰就与思想有区别，而它们之间的这种区别也差不多是尽人皆知的了。但是如今我们就信仰和直观的最高意义来看，即是

---

① 这里原中译文在"直观"与"信仰"之间不加标点符号，易生错解，仍以加上逗号为宜。

② 这里的"思想"是德文 Denken 之中译，因而与之相联系的"直观"与"信仰"也同是含有活动意义的名词。

③ 这里的"信赖"是德文的 glauben an 这个词组的中译，而上面同句里的"相信"是德文 glauben 这单词的中译。两者的含义是有区别的；"相信"是有"可靠"的意思，而"信赖"是有"不怀疑"的意思，比较是间接的。

④ 这里的"即"是指直观和直接知识是同一的，按原文这两词是作同位词的，因之原中词"或"字是不确切而且易生误解的。

⑤ 这里的原译文之句头的"无疑的"，不知其原文是什么，而原文句中的 ferner 这词又漏译，兹改译放在句头的"不但如此"。

把它们作为对上帝的信仰,作为理智的直观来看,这就是说,我们要排除区别直观、信仰与思想之间的异点来看。到了[①]我们把直观和信仰提升到这种较高的领域里,我们便无法再去说它们与思想的区别了[②]。然而一般人总以为有了这些空洞的字面的区别,也就是这种在逐渐变化过程中成为空洞的区别,他们就是说出而且坚持了重要的真理了,然而他们所反驳的判定(Bestimmungen)是和他们所坚持的同为一样的东西。"[③]

这只结束了原文的一段话。我们要继续往下去看看下一段的中译文才看出就黑格尔看来,耶柯比派之所谓信仰究竟是什么意思。

> 167.1 耶柯比用信仰一名词却具有特别的便利,由于提到信仰一词便令人想起对于基督教的信仰,总令人觉得信仰一词包含基督教信仰,甚或以为即是指基督教的信仰。于是耶柯比的信仰哲学看来本质上好像是虔诚的而且具有基督教虔诚的热忱。基于这种虔诚,他便得着特殊自由,越是以自负和权威的态度任意下断语。但我们切不可仅因字面的偶尔相同,便被欺蔽,而须谨记两者间的区别。一则,基督教信仰包含有教会的权威在内,而基于这种哲学立场的信仰,却只是凭借个人主观的启示的权威。再则基督教的信仰是一个客观的、本身内容丰富的、一个教义和知识的系统。而他这种哲学的信仰本身并无确定的内容,固可接受基督教的信仰作为内容,复可容许任何内容之掺入。甚且可以包括相信达赖喇嘛、猴猿或牡牛为上帝的信仰于其内。这样一来,他所谓信仰便只限制于以单纯以空泛的神,最高存在,为内容了。于是,信仰一词就是这种自命为哲学的意义看来,应只是一直接知识之干燥的抽象物罢了。只是一个纯粹

---

① 这里的原译文是"及"字,兹按"及"字的原义为"逮"改译为"到了"。

② 这句话是接着上句的意思说的,上句的"信仰和直观的最高意义"就是作为对于上帝的信仰和直观,而在黑格尔说来,上帝也就是绝对观念,而信仰和直观只不过是绝对观念在其发展中的在某一阶段上的意识形态,因而也就是从发展过程来看信仰和直观。这种对它们的看法才是它们的最高意义。然而这样的看法,当然就把它们都看成属于理智的了,从而就有所谓"理智的直观",结果就是"我们要排除直观与信仰和思想之间的异点"了。到了这个地步,那就在绝对主义的观点上一切都没有区别了。这是黑格尔认为一般人所不能体会得到的,于是就有本段末尾的一句较长而较难中译的德语。

③ 这句较长的译文是本编者按照黑格尔的德文改译的,以供读者的参考。

形式的范畴可以应用来指谓许多异常不同的事物，无论就在信仰者的心灵内的信仰言，或就圣灵之内在于人心中言，或就内容充实的神学理论言，皆决不可与具有丰富的精神内容的基督教信仰混为一谈。

在这一段里，黑格尔首先是提出耶柯比的“信仰哲学”这个名词，从而连系到“哲学信仰”与“宗教信仰”，于是就有了三个互相不同的名词了。把这三个名词弄清楚就是本段的任务。

黑格尔在这里写道：“耶柯比用信仰这个名词。却是特别有利[①]的，由于一提到信仰这个名词，就叫人想起对基督教的信仰，总是叫人觉得信仰这个名词似乎是包含有基督教信仰的意思，甚至或者以为就是指基督教的信仰说的。”黑格尔的这种说法，是因为他自己是信奉基督教的。而当时在德国各大学听他讲课的学生大都全是信奉基督教的，至少是熟悉基督教的。因之黑格尔继续写道：“于是，耶柯比的信仰哲学〔即以信仰为基础的哲学〕看来在本质上好像是虔诚的而且是具有基督教的虔诚那种热烈情绪的。有了这种虔诚的宗教热情的人就会叫自己有一种特别的自由，对于任何事情都越是本着一股自以为了不起和一种权威的态度来任意下断语。但是，我们切不可仅仅因为字面的偶然相同，就被蒙蔽了，而是要紧紧记住基督教的宗教信仰和以哲学为基础的信仰这两者之间的区别。”于是在这里，“哲学信仰”和“宗教信仰”这两个概念便被提出来了。那么，它们两者的区别又在于什么呢？依黑格尔的说法：“基督教的宗教信仰是包含有教会的权威在内的，而基于那种哲学立场的信仰，却只是凭借个人主观的启示的权威，这是第一点。”以信奉基督教新教的黑格尔对那以新教的一宗为国教的普鲁士王国的大学学生来讲演宗教的问题而说出这句话来，又是令人觉得奇怪的。稍为知道一点在马丁·路德十六世纪的教会改革之后，罗马教皇的权威被否认了，在新教的各宗，包括普鲁士的路德宗在内，宗教的信仰无不带着信徒的个性并多多少少的怀疑色彩，这就是各宗的共同之处。只是罗马公教在中国自从十八世纪以来由于偶然的错读俗称为“天主教”的里面，才是以教会的权威为信仰所凭借的，而在新教的各宗里则以信教者的个人主观的“启示”的这种黑格尔称

① 原译是“便利”，但原文是德文的 vortheil，应中译为“有利”方合。

为“自我意识”的权威为凭借的。耶柯比则属于后者一派的基督教徒，但黑格尔却对于他的宗教信仰加上一个“信仰哲学”的称号，而且又称之为“哲学的信仰”，结果就是在本段文字里出现了不少的名词和概念的混乱，而这只是在黑格尔的对这信仰的问题之第一点里。且看看他的第二点吧。

“再则基督教的信仰是一个客观的、本身内容丰富的 、一个教义和知识的系统。而他[指耶柯比]的这种哲学信仰本身并无确定的内容，固可接受基督教的信仰作为内容，复可容许任何内容之掺入。甚至可以包括相信喇嘛、猴猿、或牡牛为神(Gott，误译为‘上帝’)的信仰于其内。这样一来，耶柯比所谓信仰便只限制于以单纯空泛的神，最高存在为内容了。”黑格尔这位曾经用过“宗教哲学”为题在大学里做过讲演的教授，竟然这样把某一定宗教的信仰和一般宗教的信仰“混为一谈”，而不把任何事物之类与种分辨开来，难道不又是十分令人惊奇的吗？称为哲学信仰的信仰，必然是从各种各样的宗教信仰，用哲学分析、比较、综合、概括的科学研究方法归纳出来的信仰而作为宗教这类意识形态之共同物，而从其从属的各种宗教之信仰区分开来，所以就可以接受黑格尔教授所信奉的基督教这种宗教之内为其“哲学宗教”内容的一种，同样也可以接受相信喇嘛的这种宗教的内容，相信猴猿的这种宗教的内容，等等为其“哲学宗教”之内容之另外许多种而并不妨碍其哲学宗教的类内容之同时存在。那么，以宗教为其研究对象的耶柯比又何尝不可把他之所谓“宗教哲学的信仰”只限制于单纯广泛的神，一般各自认为是最高存在为其内容呢？至于在宗教哲学上称这种信仰为直接知识，那也是未尝不可的。这种直接知识或称信仰是否“干燥的抽象物”，那就要看从什么的思想角度来评判了。可是黑格尔把这种宗教一类的人类意识形态之对象，这种宗教哲学里的信仰认为“只是一纯粹形式的范畴可以应用来指谓许多异常不同的事物”，如喇嘛、猴猿、牡牛、耶和华、玉皇上帝、上帝、天主，均无不可。这是黑格尔的正确评判。但是他在这段里的最后一句话，说什么“无论就在信仰者的心灵内的信仰言，或就圣灵之内在于人心中而言，或就内容充实的神学理论言”。这里的第一种大概是泛指新教各宗说的，第二种是指新教的德国的虔信派(Pietismus)和英国新教的教友派又称公谊派(Society of Friends，又称 Quaken)等不重仪式的宗派说的，而第三种是指罗马公教

(Roman Catholics)说的。而黑格尔认为这一些各派信仰“都决不可与具有丰富的精神内容的[也就是他自己所信奉的德国新教]的这种基督教信仰混为一谈”。这就未免从宗教哲学上讲来太过于武断了。但是,这也就结束了黑格尔对于耶柯比的信仰这词的使用的批评,而在下面简短一段里便作出一种结论。兹往下看看这一段的中译文。

168.1 耶柯比这所谓信仰或称直接知识,其实也就与别处叫做灵感①,内心的启示,天赋于人的真理,特别更与所谓人们健康的理智或常识,乃是同一之物。凡此种之形式,皆同以一个事实或一个真理之直接呈现于意识为基本原则。

这也就是黑格尔对于耶柯比的信仰作为直接知识的这种说法之批评所作出的结论。他在这里写道:“耶柯比这里所谓信仰或称直接知识,其实也就与别处叫做灵感,内心的启示,天赋于人的真理,特别更与所谓人们健康的理智或常识,乃是同一样的东西,[不过名称不同而已。]凡是这种不同的[表达]形式,都同是用一个事实或者一个真理的直接呈现于意识为其基本的原则。”

这样,黑格尔便按他的绝对主义的观点,系统地把信仰、直接知识、灵感、内心启示、天赋真理②、健康的理智和常识③等一连串的观念不分皂白地举列在一起而认为是同一样的东西。但是,别的在这里我们不必深予追究,而只抓住耶柯比称信仰为直接知识这一句话,便把关于情感的信仰和关于理智的知识等同起来,而且又把宗教上的灵感等观念与常识的健康理智认为是同样的东西,那就未免叫哲学研究者无所适从了。我们还记得康德在他的《纯粹理性批判》第二版序文里曾有这样一句话:“因之我曾觉得必须扬弃知识来为信仰(Glaube)留余地。”④这话在原德文中有aufheben[一般中译为“否定”,但按这里的前后文应中译为“扬弃”才对]

① 这里的“灵感”是德文的 die Eingebung 这词之中译,即“神明的暗示”的意思。与从拉丁文而来的“die Inspiration”这词(也中译为“灵感”)稍有区别,因前者是着重外来的方面,后者是着重自内的方面的。

② 按原文这里是 Natur in der Menschen eingepflanzter Inhalt,应中译为“大自然在人培植的内容”。

③ 这里的“常识”是原德文 gemeinsinn 之中译,重复 common sense 为着强调语气。

④ 见斯密氏英译本第 29 页,引文为本编者中译,可参看蓝公武中译本第 19 页。

又有glaube这个名词[可做宗教的信仰解,又可作一般用语的“置信”解],于是在研究康德哲学的人们中,由于这句话的重要性,曾引起一些争端,而本编者一向是按这句话的前后文与夫康德的思想体系认为应该采用“扬弃”与“信念”的译法的。只此一例便可见得,在德国古典哲学初期的哲学用语是像康德那样有其分寸,一字不苟的。即黑格尔本人也曾指出过:“康德的信仰和耶柯比的信仰是有差别的。在康德那里,信仰是理性的一个公设,是企图解除世界和幸福的矛盾的一种要求;在耶柯比那里信仰本身是一种直接知识,并且也被了解为一种直接知识。”①而且在另一地方,他还这样写道:“人们也称这种知识[按即直接知识]为天启但这是不同于神学的另一种意义的天启。作为直接知识的天启是在我们自身内,而教会却把天启认做一个从外面启示的东西。”②既是这样,何以黑格尔在《小逻辑》这第六十三节里又如此混淆概念呢?

现在让我们往下面看看下面第六十四节的中译文吧!

168.2 第六十四节

本节是黑格尔讨论耶柯比所提出的直接知识,兹先阅读这节第一段的中译文。

> 168.3 这种直接知识所认识的,乃是在我们观念之内的无限、永恒、上帝,也是真实的。这种在意识内的观念即包含有与它们的真实存在直接而不可分的确定性。

这是很简短的一段文字。黑格尔在这里面只提出直接知识这个观念,并对它加以说明而写道:“这种直接知识所知道的就是那在我们的意象③中的无限、永恒、神④,也是有⑤的,而这种在意识内的意象是和它的

① 见黑格尔著,贺麟译:《康德哲学论述》,北京:商务印书馆,1962年,第9页。

② 见黑格尔著,贺麟译:《康德哲学论述》,北京:商务印书馆,1962年,第9页。

③ 这里的原文是德文的die Vorstellung,固可中译为“观念”,但其实按其词源应是属于想象的,故译为“意象”较妥。

④ 这里的原文是德文的Gott即英文的God,应中译为“神”,而不应该译为“上帝”这个俗而不正确的陈词。

⑤ 这里的“有”是按贺麟先生在《小逻辑》采用的译词,其原文是德文的Sein,而不是更高的属于“本质论”的Existenz,这后者才应中译为“存在”的。名词滥用导致概念的混淆,为哲学所忌。

'有',直接地而且不可离地结合在一起的。"

这不过说明直接知识是意识到在意象中有所谓无限、永恒、神这一类的意象而还不能在分辨事物的知性这种认识能力里确定其是存在与否的,因之原译文里的"认识"、"真实"、"存在"等词都是不够确切而易生误解的,所以在我们的解释里不应不这样指出。现在我们请读者再往下看我们所用的中译文之下一段吧!

168.4 要反对这直接知识的原则恐怕是哲学家很少想到的事。毋宁说他们也许会感得欣幸,当他们见得这些足以表示哲学的普遍内容的古哲学说,虽说是在非哲学的方式下,在某种限度内,会成为这时代的普遍信念。我们只应感觉惊异的,乃是何以竟会有人以为这些原则——真理内在于人心,人心可以把握真理(参看六十三节)——是违反哲学的。从形式的观点看来,上帝的存在①与上帝的思想,客观性与思想所特有的主观性有直接而不可分离的联系这一原则,特别令人感觉有兴趣。而这直观中,存在②与吾人对于自己的身体以及外界事物的观念③亦有不可分离的联系。今哲学的职责既须努力证明这种思想与存在④的统一,或努力指明思想和主观性本质上即与存在⑤和客观性有不可分离的关系,如果不管这些证明的性质如何,价值多高,无论如何,当哲学见得它的原则被证明,且被指陈亦为意识中的事实,且因而与经验相符合时,当必然引为异常满意。至于哲学与直接知识所持的说法的区别,只在于直接知识所持的态度过于狭隘,也可以说是只在于它所采取的反对哲学的态度。

黑格尔在这段文字里,是紧接着上面一段的直接知识中有着"无限"

① 在原译文中,这一段就有"存在"这中译词出现过四次,但其在第一处的原德文是 sein,故应中译为"有"。在第二处上原文是 Existenz,是说到人们的身体和外界事物的,自当中译为"存在",而在第三处的"存在"是意指而未明言的,但在第四处又是 Sein,则应中译为"有"。所以统观全段文字,四处全中译为"存在",是混淆了概念,必导致混乱的。

② 即上面所说的第二处"存在",解释如上。

③ 这里的原文是 Vorstellung,但是是指直观中的,因而是属感性的,所以就应中译为"表象",而不可中译为"观念",致令与德文的 die Idee 混淆。

④ 即上面所说的第三处"存在",解释如上。

⑤ 即上面所说的第四处"存在",解释如上。

等的意识这个原则而加以扩充与说明的。他在本段里首先写道:“要反对这直接知识的[思与有统一]的原则,恐怕是哲学家很少想到的事情。不如说哲学家也许会感觉到欣幸,未见得这些[在直接知识里]足以表示哲学的[一种]普遍内容,[即思与有是统一的]这种古老的哲学说法,虽然是在非哲学的方式下说出来的,可是在某种限度内,[也就是至少在耶柯比所代表的直接知识派的限度内,是]会成为这个十九世纪初叶这个时代的普遍信念的。我们只是应该感觉到惊异的,就是何以竟然还会有人以为[直接知识所提出的思与有统一的]这些原则,也就是真理原本是内在于人心,人心是可以把握真理的(参看六十三节)这些原则是违反哲学的。[一方面,]从形式的观点看来,神的有与关于神的思,也就是客观性(有)与思想(即思)之所持着的主观性[这两者]是有其直接的而不可分离的联系的这一条原则,是特别叫人感觉到兴趣的。而[另一方面]这种直观中,即存在和人们对于自己的身体以及外界事物表象也是有其两者不可分离的联系的。当前哲学的职责,既然是得要努力去证明这种思与有的统一,或者说是要努力来指明思与有,也就是在本质上主观性(思)与客观性(有)是有其不可分离的关系的,这样,也就不管这些证明的性质是怎样,它们的价值有多么高,可是无论如何,在哲学见到它的原则,[即思与有是统一的这条原则]是被证明了,而且[在直接知识中]被指出并说明是在人们意识中的事实。并且因为这样,就是和人们的经验相符合的这个时候,当然必定是哲学所认为非常满意的了。至于哲学和直接知识所保持着的说法之不同,只是在于直接知识所持的态度过于狭隘,也可以说是只在于直接知识所采取的态度是反对哲学的。

这不过是黑格尔按他自己的看法来说明耶柯比一派的直接知识的含义,而还没有提出其较详细的解释。这种解释是留待下面本节的最后两段和接着的第六十五节的。现在我们先去看看本节结尾前的一段之中译文。

169.1 但是当笛卡尔提出他的可以说是转移近代哲学兴趣枢纽之“我思故我在”一原则时,他也是用直接自明的真理之方式说出来的。如果有人把笛卡尔的这个命题认作是一三段式的推论的话,则这人恐怕除了认识这命题中的“故”字外,对于三段式推论的性质所知似不甚多。因为在这命题内,你从哪里去找中项呢?而且中项之在三段式推论中,较之那一“故”字,却远为主要。如果我们一定要用“推论”这个名词,便把笛卡尔这类概念的联合叫做“直接的推论”,那么,这多余的一种推论形式,除了将不同的观念,加以完全没有中项作媒介的联合外,没有别的了。

照这样说来,则持直接知识说者所表示的,认存在与观念相联系的原则,亦与笛卡尔的命题一样,皆不多不少地也是一种推论了。——从何佗(Hotho)君于一八二六年出版的关于笛卡尔哲学的论文,我借用他所引笛卡尔自己明白宣称,他那“我思故我在”的命题,并不是三段式的推论的话(散见于《答第二反驳》《方法论》第四章及《书信集》第一信一一八页等处)。从第一段我引用下面一句最切要的话。笛卡尔首先说:我们是能思的存在者(Wesen)“乃是一种本原的观念,并不是从三段式推论而来的。”[①]他接着又说,“当一个人说我思故我在或存在时,他也并非用三段式的推论从思想里推出存在来。”[②]笛卡尔知道三段式推论所须要具备的条件,所以他补充道,要使那命题成为三段式的推论,则我们尚须加上一大前提:“凡能思者皆在或存在”[③]一句话。但这大前提却又须从最初那一命题推绎出来。

这是比较长的一段,但是篇幅虽多,然而理论是清楚明白的。我们可把它分为三小段来考虑:其第一小段到“却远为主要”为止,是黑格尔驳斥把笛卡尔的名言,“我思故我在”,当作一个三段式来看的;第二小段到“也是一种推论了”为止,是黑格尔指出何以笛卡尔的“我思故我在”不能作为三段式看待,而且并不应叫做所谓直接推论;这两个小段外,剩下来到本段末为止,就是第三小段了。在这最后一小段里,黑格尔引用了笛卡尔本人的话来证明“我思,故我在”并不是用什么三段式推论出来的结果。

现在我们就按这三小段的次序来理解黑格尔的原话。而且在必要时,当适当地加以初步的评论。

---

① 这句话原文是一句拉丁文:Prima quaedam notio quae exnullo syllogismo concluditur.

② 原拉丁文是:neque cum quis dicit; Ego cogito, ergo sum sive existo, existentiam ex cogitatione per syllogismum deducit.

③ 原拉丁文是:Illiud omne quod cogitat est sive existit.

首先，黑格尔在第一小段的开头，很准确地指出，“当[法国十七世纪著名的数学家和哲学家]笛卡尔提出他的可以说是转移近代[欧洲]哲学兴趣的重要关键那句‘我思故我在’的名言而作为一条原则时，他也是用直接可以了解的真理的这种方式说出来的，并没有什么论证。如果有人把笛卡尔的这道命题认为是一个三段式的推论，那么，这人恐怕除了在这个命题中认识到‘故’字之外，对于三段式推论究竟是什么东西，所知道的似乎是不很多了。因为在这命题内，你从哪里去找三段式所必须有的中项呢？而且中项在三段式的推论中，和那‘故’字比较起来是远远更加重要而不可没有的。”

这一小段里黑格尔的论证是正确的而又尖锐的。他首先指出笛卡尔的“我思，故我在”这句名言是用直接自明的真理这种方式说出来的。所谓直接自明的真理，乃是所有科学，尤其是数学，在其各科的真理(Axiom)里所提出的不待证明而且又毋须证明的、为学习各科的人们直接明白的真理。这种使用公理作为科学论证的开端，乃是科学研究者一般公认的，然而偏偏有是画蛇添足的人要把笛卡尔的这个命题作为三段式来予与证明。黑格尔便很尖锐的而带有一点挖苦的语气写道：“如果有人把笛卡尔这‘我思，故我在’(Cogito, ergo sum)的命题认作是一[个]三段式的推论的话，那么，这个人恐怕除了认识到这命题的‘故’字之外，对于三段式究竟是什么一回事，其所知道的，似乎是不很多的了。因为你在这个命题里面，从哪里去找三段式的不可或缺的中项作为这种推论的桥梁，而把它的大名词与小名词联系起来去得出一个结论①呢？而中项在三段式的推论过程中，和那‘故’字比较起来是远远更是重要的。”

---

① 这里黑格尔所提到的“三段式”，就是传统形式逻辑里从古希腊文转到古拉丁文的sullogismos这词。这词一般中译为“三段论式”，这种推论方式是以“含蕴”这个词为基础的，不能使用于以其他关系为基础的推论。例如在数学里所常用的“等于”，“大于”，“小于”等的量关系。但是得要指出，三段论式不过是形式逻辑的创始，是亚里士多德在其未定稿《逻辑六篇》里(“逻辑”这词不是亚氏所原用的)所特别着重的间接推论方式，而并不是唯一的方式。其基本原则是：“凡可以之肯定或否定一全类的，亦可以之而肯定或否定其类之任何一事物。”这条原则可中译为“曲全公理”，根据这条公理，三段论式的第一格可用这个符号来表达：$\dfrac{\begin{array}{c}M—P\\ S—M\end{array}}{\therefore S—P}$这里的M是指三段论式所用的中名词，又称中项，S指其小名词，又称小项，而P指大名词，又称大项。中项是小项与大项所借以得到其两者的关系而构成论式的结论的。

这就是这一小段的全文，是黑格尔说明笛卡尔一句名言的本质的。可是在下面第二小段里他又不承认“我思，故我在”之为一种“直接推论”而提出自己别有看法的见解，这是我们得要仔细予以讨论的。其第二小段的中译文是从上面抄录的“如果我们一定要用‘推论’这个名词”开始的。在这第二小段里，黑格尔所写的是说：“若果有人一定要用‘推论’这个名词，把笛卡尔的‘我思，故我在’这类概念的联合叫做‘直接推论’，那么，这个‘直接推论’的一种多余的推论形式，成为什么样的东西呢？其实就是把不同的观念，加以完全没有中项媒介的联合，没有别的了。照这样说来，则持直接知识说者所表示的，认[客观]的‘有’和我们[主观的]观念相联系的这个原则与笛卡尔的‘我思，故我在’这个命题一样，都是不多不少的就是一种推论了。”

初读起来，黑格尔的这段议论是有点令人诧异的。首先，黑格尔不承认笛卡尔的“我思，故我在”这句名言在逻辑的形式上是一种推论，而说它只是一种概念的单纯联合，因而，就推论的形式来说，这种概念的联合，乃是多余的，其理由就是这种概念的联合“完全没有中项做媒介”，所以就不过是一种直接的知识——我思也就有我在。他又说，根据主张有直接知识的人所表示的“认为直接的知识就是认客观的有是和人们主观的观念相联系的”。这恰恰也就是笛卡尔“我思，故我在”这个命题同是一样的，同是推论。表面上看来，说这两者都是推论，并不足为奇，但是他在本小段的开头那里，曾论证过笛卡尔的“我思，故我在”这句名言是“多余的[就是不必要的]一种推论形式”而“不过是一种直接知识”。这也不就是前言不对后语自相矛盾吗？原因就是黑格尔所用“推论”这词，其德文原是“die Schluss”，可做“定论”讲，也可作“三段论式”讲。作为“定论”讲，当然就是一句话，如笛卡尔的那句名言那样，而作为“三段论式”讲，则直接知识，像笛卡尔的“我思，故我在”那样的，就不能是这样的一种推论了。其实笛卡尔这句名言中的“故”字，按其原来的拉丁文“ergo”的意思，可做“那么”讲，又可做“故此”来讲，不限定要作为三段论式的结论之连接词的。把原来拉丁文 ergo 作“那么”讲，则那句名言便是“我思，那就是我是有的了”。（原文的 sum 中译为“存在”之“在”是牵强的，本应译为“是有的”之“有”才确切。）

这第二小段原德文比较晦涩难读，贺译多半是按照英人瓦拉士的英译而重译为中文的。而且笛卡尔的那句名言，原是拉丁文，其中 cogito ergo sum 短短的三个字，其第二、第三两字同是在这里难译的，而又加上黑格尔的 der Schluss 这词之意义暧昧，所以我们就不嫌辞费，多做解释，请读者原谅。

现在请看接着本小段的后面一小段的内容：黑格尔写道："从阿佗(Hotho)①君于一八二六年出版的关于笛卡尔哲学的论文，我借用他所引笛卡尔自己明白宣称，他那'我思故我在'的命题，并不是三段式推论的话。"(散见于《答第二反驳》《方法论》第四章及《书信集》第一信一一八页等处)。从第一段我引用下面最切要的话。笛卡尔首先说：我们是能思的存在者(德文的 Wesen)，"乃是一种本原的观念，并不是从三段式推论来的"。笛卡尔接着又说："当一个人说我思故我在或存在时，他也并非是用三段式的推论从思想里推出存在来的。笛卡尔知道，三段论所须要具备的各种条件，所以他就补充地说道：要使那个'我知，故我在'的命题成为三段式的推论，那么我们还得要加上一个大前提：'凡能思的人都是在的或者存在的'这一句话，但是这个大前提又得要从那最初的一个命题推绎出来，[也就是从'我思故我在'，更确切说，从'我思，那我就是有的'那个最初的命题推绎出来。"]

阿佗在这里所引自笛卡尔自己的话，是有力地说明"我思，那我就是有的"乃是一种直接的知识，不需要从别的命题或事实推论出来的，而是客观的有、和人们的主观观念相联系的，有公理作用的直接自明的真理。关于这点，黑格尔在本书第六十四节的最后一段里并加以阐述，其中译文如下：

170.1 笛卡尔关于我之思想②与我之存在③不可分离一原则的

① 这里的阿佗大概就是 Heinr gust Hotho，他是在柏林大学讲授美学的一位教授，并且是黑格尔死后编辑黑格尔美学的编辑者，生卒年月不详。

② 这里的"思想"是德文的 Denkenden 之中译；这德文名词与 der Gedanke 和 das Denken 均有别，因是个动名词，着重活动方面的。

③ 这里的"存在"又是德文的 Sein 之中译，只作为"有"的意思，还没发展到"本质论"的"存在"的程度，英人瓦拉士英译为"be"或"being"是对的。

种种说法，所谓这种我思和我在的联系即呈现于并涵蕴于意识的单纯直观里，又谓这种联系为绝对的第一，为最确定最明白的原则，因此无法设想任何极端的怀疑思想，可以不承认这一原则。——他这种种说法是如此地明确而确定，致使得近代耶可比等人关于直接联系的许多言论，只可以当作笛卡尔的原则之多余的重述罢了。

黑格尔把这段作为他讨论笛卡尔的“我思，故我在”的结束是含有特殊意义的，那就是本段的最后一段话。笛卡尔的这句名言之不容加以怀疑，那就可导致“绝对观念”之直接建立。所以黑格尔在本段里很高兴地写道：“笛卡尔关于我的思想和我之是有的这种不可分离的原则之种种说法，比如说这种我思与我有的联系[并不需要证明，同时也不能证明，有如科学的公理那样而是]呈现于人们的意识面前并且是涵蕴在人们的意识里面的，也就是在人们感性的单纯直观里的，而且又说这种直接的联系是绝对第一性的，是一条最确定的而又最明显的原则，因此就是无法去设想能有任何过度的怀疑态度去使得人们不承认这一条原则。——笛卡尔的这种种说法是如此地明晰而确定的，于是就使得近代耶柯比等人关于直接联系，也就是思想和客观的有之联系的许多言论，只可当作笛卡尔的原则之可以不必要的重述了罢了。”

这也就结束了黑格尔关于笛卡尔的“我思，故我在”这种直接知识的典范之讨论，然而为了导致他热衷的绝对观念，他是不能满足于笛卡尔的唯理论立场的哲学观点的。于是就有了下节之对于这种直接知识的批判。现在让我们继续往下去看看第六十五节的内容吧！

170.2 第六十五节

在本节里黑格尔对于渊源于笛卡尔而为近代耶柯比一派所强调的直接知识之缺陷进行分析，而为他自己的哲学立场作出初步的准备。

这第六十五节的中译文如下：

170.3 这种直接知识的立场并不以指出单就孤立的间接知识言，不足以把握真理为满足，而其特点乃在于坚持单就孤立的直接知识而论，排斥任何间接性，即具有真理为其内容。这种孤立的排斥性即显得这观点仍然陷于固执着“非此即彼”的形而上学的理智观点里，亦即事实上仍然陷于外在间接的关系中，所谓外在间接的关系，即是基于固执着有限或片面的范畴的关系。对于这种有限的范畴，持直接知识的人，误以为业已超出了，而实际上则尚未达到。但关于此点，让我们此刻毋庸详加发挥。纯粹直接的知识也只被确认为一事实，在此处的导言里，我们也只能从外在的观点去考量它。至于直接知识的本质将俟我讨论直接性与间接性的逻辑关系时再加以说明。但像刚才这种外在的观点并不能帮助我们考察到直接知识这事实的本质或总念，因为这种考察将会引导我们到间接性，甚至于使我们得"抽象"知识。故真正的、基于逻辑立场的考察，须于逻辑学本身以内去寻求。

171.1"逻辑学"第二分的全部，关于本质的学说，便是对直接性与间接性之内在的自己建立的统一的讨论。

这第六十五节全文一共只有一长一短的两段，而且这两段是毋须分开的，所以我们就合并来加以分析和讨论。

黑格尔在这前一长段里，首先说明直接知识的性质，说这种知识的立场不仅仅指出，单从其孤立的情况来说间接知识是不能够把握真理的，而且他自身的特点乃是在于坚持排斥任何间接性而其自己就是具有真理为它的内容的。

依黑格尔看来，这是直接知识的一种孤立的排斥性，这就显出他的观点仍然是陷于固执着"非此即彼"的形而上学的片面的理智观点里，也就是在事实上仍然陷于外在间接的关系之中的。什么叫做外在间接的关系呢？外在的间接关系就是以固执着有限的或说片面的范畴作为它的基础的。

这是黑格尔说明直接知识的性质后，从而指出它的缺点，这就进一步把直接知识推向绝对观念了。且看他怎样说明"持直接知识的人，错误地以为他已经超出了那种有限性的范畴，其实他还没有达到那种境界"。何以这样说呢？这是有关辩证发展的问题，所以黑格尔写道："关于这点让我们不必在这个时候详细地加以说明，而只把纯粹的直接知识确认为一种事实，因为在这里的导言部分，我们只能从外在的观点去考量直接知识，至于直接知识的本质是怎样的，要等到我们讨论直接性和间接性这两种范畴的逻辑关系时再加以说明它。但是像刚才说的那种外在的[而不是根据整体的必需而成为内在的]的观点是不能帮助我们去考察到直接知识的这个事实的本质或说它的总念①的，因为这种考察[是从整体着想，涉及事物的辩证发展的，所以就]将会导致间接性[这个属于“本质论”的范畴]，甚至于使我们得到知识②。所以真正的、以逻辑立场为基础的考察，是必须在逻辑学本身以内来寻找的。

那么，在《小逻辑》里是哪里谈到这个问题的呢？本节最后简短的一段答复了这个问题："逻辑学，第二分的全部[从第一一二节到第一五九节]，关于本质的学说便是对直接与间接性的内在的自行建立起来的统一的讨论"，现在暂且不提，然而还可以一般地来谈谈。

紧接着下面的第六十六节便是这样一般地谈直接性与间接性的。

171.2 第六十六节

如上所说，这一节是从一般熟知的学科以及日常的事物谈到直接性和间接性的关系的。兹先阅读本节第一段的中译文。

171.3 所以我们便只能在这里打住，权宜把直接知识认作一事实。但这样一来，我们的考察便走入经验的范围，涉及一心理的现象了。照这样看来，则我们便可见得，这乃是最普通不过的经验，即许多真理我们深知系由于复杂异常间接思索步骤所得到的结果，却不费力地直接呈现其自身于熟习此种知识的人的心灵之前。算学家，或如每一个对于某一科学有训练的人[对于许多问题]具有直接当下的解答，然而他之得到这些解答，却是经过很复杂的分析。每一有学问的人，大都具有许多普遍的观点和基本的原则，直接呈现于他的意识里，然而这些直接呈现的观点和原则，亦莫不是反复思索和长时间生活经验的产物。我们在任何一种知识，以及在艺术技巧里所得到的熟练，亦包含有这种知识或动作，直接呈现于意识中，甚或直接发动于肢体中，庶可随机应变，因应自如。在一切这些情境中，知识的

① 关于这点请参看上面第六十一节和第六十二节的第一段，而摘录下来可得的是："抽象的普遍性为形式的统一性，是把思想当作与真理相反对的，认思想只是一种个别的活动，不能认知真理，说不上认知无限，而达到无限的这种思想范畴也叫做总念。"

② 按《小逻辑》的"本质论"是从第一一二节到第一五九节，但关于黑格尔的"知识"这个概念，略读第一四二、一四七和一四八这三节就可以了。

直接性不惟不排斥间接性，而且两者是这样结合着的：即直接知识实际上乃是间接知识的产物和结果。

黑格尔是在这段里阐明直接知识和间接知识的关系的。他在这里首先是紧接着上文写道："所以我们[关于直接知识]便只能[暂且]在这里打住，权宜地把直接知识[只是]认作一桩事实，[虽还没彻底理解，然而却是客观存在的。]但是，这样一来，[谈到客观存在的事实，]我们的考察也就走入经验的范围了，[因为所谓经验，无非是客观存在的事实，]而且又涉及一种心理的现象了，[因为所说的经验性的事实，亦即直接知识，乃是人们在经验中直接地'认识到'的'事实'而作为知识看的，这些'认识到'的'事实'，而'作为''知识''看'的，不是心理的现象而又是什么呢？][这些心理的现象乃是人们所常感觉到的，所以]照这样[的常识]看来，那我们便可以见得到，这[种所谓直接知识]乃是最普通不过的经验，那就是许多真理是我们深深知道，是由于异常复杂的间接思索之步骤所得到的结果，但是这种叫作直接知识的思索之结果，是不费力地而且自然直接地，把它的自身[在意识里]呈现于熟习这种知识的人的心灵的面前。例如一个算学家，或者每一个对于某一门科学有训练的人，[对于许多问题，都]具有直接地在当下[能提出]的解答，然而他之得到这些解答，[并不是偶然的]，而是经过很复杂的分析[但是没有那人的自己或者他人之所意识到的，因而也就称这种解答为'直接的'，而不知它是通过很复杂的分析这种间接的活动才得出来的，可见所谓直接的，原是由于间接的得出来的]。[一般说来，]每一个有学问的人，大都是具有许多普遍性的观点和基本的原则，这些观点和原则是直接地呈现于这人的意识里的，然而[事实上]这些直接呈现的观点和原则，都是反复思索和长时间生活经验的产物。[总之，]我们在任何一种知识里，以及在艺术和技巧里，其所得到的熟练，也都能包含有这种知识或动作，直接呈现于意识之中，甚或直接发动于肢体如手足喉舌之中，这样那熟练艺术或技巧的人，才能随机应变，应付自如，这才是熟练。[可见，]在这一切情境中，知识的直接性不但不排斥间接性，而且这两者是这样结合着的：那就是，直接知识在实际上乃是间接知识的产物和结果。"

这是本节第一段的内容，从知识方面说明直接性和间接性的密切联系。接着在第二段里，黑格尔还在存在上指出直接性和间接性的联系。

现在我们看看这节段的中译文。

172.1 依同样的观点,显然直接存在与间接存在也是结合着的。根核①和父母,从其所产生的枝叶和后裔看来,只可以说是直接的肇始存在。不过根核和父母的存在虽说是直接的,但它们仍然是有根源的,是衍生出来的;而枝叶和后裔,其存在尽管是间接性的,但仍然可说是直接的,因为它们存在。譬如,我在柏林,我的直接存在是在这里,然而我之所以在这里,是有间接性的,即由于我走了一段旅程来到这里的。

这段是黑格尔紧接着上段写的,所以他写道:"依同样的观点,[那就是直接性和间接性这两者是相互结合着的这个观点],显然直接存在与间接存在也是结合着的。例如动植物的根核和父母,从它们所产生的枝叶和后裔看来,只可以说是直接的开始的存在。不过根核和父母的存在虽然说是直接的,但是它们也仍然有它们所自出的根源的,所以依然是派生出来的;而枝叶和后裔,它们的存在尽管是从根核和父母一代出来,因而就可说是间接性的,但是它们仍然可说是直接的,因为它们是存在着的。譬如,拿我自己来说吧!我现在在柏林,所以我的直接存在,当下是在这里,然而我之所以在这里,是有间接性的,即由于我走了一段旅程才来到这里的。"

写完这段关于直接存在和间接存在之后,黑格尔还有未尽之辞,所以他在下面一节里就继续讨论直接性和间接性在宗教、法律和道德上的表现,于是我们就要往下看看第六十七节。

172.2 第六十七节

在这节里直接性和间接性所涉及的问题就更深入到哲学的范围了,首先是宗教、法律和道德。且先看本节正文第一段的中译文。

172.3 就关于上帝,关于法律和道德的原则之直接知识而论(这里面包括有从别的方面看来叫做本能,天赋②观念,或先天③观念,常

① 这里的"根核"是德文的 der Keim 之中译,即动物的胚胎和植物的幼芽。

② 这里的"天赋"是德文的 eingepflanzten 这个过去分词之中译,其直译应是"植入的",所以应是属于后天的,而与下面的从法文的 inné(innée)之为先天的而一般中译为"天赋的"即德文之 angeboren 或 angebornen 不同。

③ 这里的"先天"是德文的 angeboren 之中译,应译为"天赋的"即"生而固有"或"与生俱来"才确切。

识，和自然的[1]理性等，总之，除指这种自发的原始性而言，不管其表现的形式是什么。)这乃是极普通的经验，不论这直接的原始性的内容如何，总需要加以教育，加以发挥，才能够使之自觉，(亦可以说才能达到柏拉图所谓“回忆”，又如基督教的洗礼，虽然是一种仪式，亦包含有进一步接受基督教的训诲的义务。)换言之，即就宗教和道德而论，尽管是属于信仰和直接的知识方面之事，但仍然是以间接性为其条件，所谓间接性，即指发展，教育，和学养的历程而言。

黑格尔在这段里有力地指出，从关于上帝、法律和道德的原则来说，其所谓直接知识(包括着从别的方面而来叫做本能，天赋观念或说先天观念，常识和天然的理性等，总之，除了指这一类自发的原始性而言，不管其表现的形式是什么)都不过是极为普通的经验，不论这种直接的原始性的内容是怎样，它总得要加以教育，加以发挥，才能够成为人们自觉的，(也可以说才能够达到古希腊哲学家柏拉图之所谓“回忆”这种意识的状态的，也就是在一种新的事物面前，恍然像是过去曾熟知的，而后来却因日久而忘记了，现在才再碰见的那样，而又像基督教的洗礼，虽然它是加入教会的一种仪式，但是也包含有进一步接受基督教的教诲的这种义务)，换言之，就是从宗教和道德来说，上述的那些经历尽管是属于宗教信仰和直接知识方面的事情，可是它们仍然是以教育的培养和教会的教诲这一类的间接性的东西作为条件的，所以所谓间接性，也就是指发展，教育和学习培养这种历程说的。

这是黑格尔说明直接性和间接性在人们日常生活里的紧密联系，而且直接性是靠间接性之予以培植与发展的。但是笛卡尔的“天赋观念”据说是与生俱来不等待教育与培养的，这又应作何解呢？黑格尔是在下一段里讨论这个问题的，我们先看看下段的中译文。

173.1 主张天赋观念[2]以及反对天赋观念的人[3]，皆同样坚持一双方互相排斥的对立，即坚持某种普遍原则和心灵之本质的直接的

---

① 这里的“自然的”是德文的 natürlich 之中译，即“天然的”之意思。

② 这里所说的“主张天赋观念的人”是指笛卡尔和苏格兰哲学家说的(参看本节的附释)。

③ “反对天赋观念的人”是指英人洛克为代表的经验论哲学家说的，也就是下面所说“对于天赋观念说曾予以经验论驳斥”的人。

联合(如果可以这样说的话),与另一种由外在的形式而产生的,由给予的对象和表象所间接引起的联合之间,有了坚不可破的对立。有人对于天赋观念说曾予以经验论的驳斥,认为既然人人皆具有天赋观念,譬如矛盾原则①既是人人于其意识中所共同具有的,则他们必须意识到这个原则。因为矛盾原则以及别的类似的原则均算作天赋观念。我们可以将这个反驳认作是一个误解。因为这里所说的原则,虽是天赋的,但却并不因此便具有我们所意识着的观念或表象的形式。但这个反驳用来反对直接知识,却完全适当,因为持直接知识说的人明白宣称只有在意识之内任何内容才可谓为具有直接知识的性质。如果我们假定持直接知识说的人也多少承认特别就宗教信仰而言,必然是包含有基督教的或宗教的教育和发展的,那么,当他一说到信仰时又想抹煞间接性,未免濒于偏见。或则,既然承认了教育的必需,而又不知道间接性的重要,这也未免太缺乏思考了。

在这段文字里,黑格尔对于直接性的知识虽表示赞同,但是对它的极端派之排斥间接性是加以批判的,所以他便写道:"主张天赋观念这种与生俱来因而就是不学而有的知识以及反对这种知识的人,都是同样坚持一种双方互相排斥的对立的,在这种双方互相排斥的对立里,其一方是坚持某种普遍性原则是和人类心灵的本质有着直接的联合的(如果我们可以这样说的话),而另一方是坚持有一种由外在的形式而产生的联合的,也就是由给予出来的对象或表象所间接引起的联合的,于是这两种主张之间就各持一端而有了一种坚不可破的对立。例如有人对于天赋观念这种说法曾用经验论来予以驳斥,其驳斥者认为,既然说人人都有天赋观念,譬如拿逻辑学所说的矛盾原则来说,既是人人都是在其意识中生来就是共同具有的,那么人人就必然一直是意识到这条原则,毋须再去学习了,因为矛盾原则以及别的类似的原则都是算作天赋观念,不学而知的。"这是反驳天赋观念或说直接知识的那些人的话。黑格尔却认为这种反驳乃是由于一种误解而来的。原因是:所说的矛盾原则,虽然是天赋的,即

① "矛盾原则"是德文的 der Satz das Widerspruch 之中译,即形式逻辑的所谓"矛盾律",指在言论中不应自相矛盾的这条规定。

与生俱来的，但是却并不因为是天赋的就具备着我们对它所意识到的知性的观念或想象力的表象这种形式，其误解就是在于这点。然而黑格尔在指出了这点误解之后，又指出，如果用这种反驳来反对直接知识，却完全是适当的，因为持直接知识这种学说的人是明白宣称说，只有在意识之内的任何内容，才可以说是具有直接知识的性质的。那就是说，凡是可称为直接知识的，都是在人们的意识中的一种内容。那么，如果我们假定，持直接知识这种学说的人也许会承认，特别是就宗教信仰来说，必然是[在直接知识里]包含有基督教的或者一般的宗教教育和发展的，这样一来，当这种人一说到信仰时，又想抹杀间接性，这就未免近于偏见。或者是既承认了教育的必需，而又不知道间接性的重要，[而教育本身却是一种间接性，]这就显然是缺乏思考了。"

这是黑格尔坚持着直接性和间接性的必然互相联系着的观点，但是犹有未尽的意思是在讲课中进一步提出而为其门人故旧在附释里补充上去的。现在我们再看本节的附释是怎样说的。附释中译文是：

> 173.2 附释：当柏拉图说到观念的回忆①时，意思是说观念是潜伏在人们心中，即非如智者派②所主张，认观念是从外面灌输到人心中的。但认知识为一种回忆，却并不摒绝将那人心中所固有的成分，加以发展，而发展不是别的，即是一种间接的历程。同样的道理可以应用来说明笛卡尔和那些苏格兰哲学家③所提出的天赋观念。这些观念原来亦仍不过是潜伏的观念，只可认作人所固有的能力。

本节附释这一段无非是一般地说明所谓"天赋观念"这个名词是有其

① 古希腊柏拉图的回忆说见于他的对话《美诺篇》(The Meno)，即标准页 81，其中有一句："既然灵魂不死，轮回多次，看见过此间和阴间(Hades)的一切东西，因而获得一切事物的知识，所以人的灵魂在今世就能把它以前所得关于美德及其他事物的知识回忆起来。"(见《西方古典哲学原著选辑——古希腊罗马哲学》第 191 页。)

② 智者派的"智者"，其原希腊文是 Σοφισται，用拉丁字母写出是 sophistes，指古希腊公元前五世纪开始出现的一批职业的政治和道德智慧的教师。其中高尔吉亚(Gorgias)是一突出者。(可参看上引的《古希腊罗马哲学》第 138～143 页。)

③ 这里所指的苏格兰哲学家乃是英国苏格兰十八世纪以常识为哲学基础的哲学家。其中最为典型而影响较大的是罗马·雷德(Thomas Reid，1710—1796)，他的代表作是 1785 年出版的《关于人的智力的论文集》。

各个不同的含义的，例如古希腊柏拉图的观念回忆说，古希腊时代乃至早于柏拉图而在公元前五世纪开始出现的一批职业政治和道德智慧的教师，统称为智者的观念学说，一直到法国十七世纪的笛卡尔和苏格兰的哲学家的天赋观念之含义，所以这附释便写道：当柏拉图说到观念的回忆时，意思是说，观念原来是潜伏在人的心中的，那就是说，不像智者派所主张的那样，说观念是从外面灌输到人的心理来的，所以就像其中一位智者名字是高尔吉亚所主张的那样，说什么"即使有什么东西是可以被认识的，也无法把它说出来告诉别人"①。黑格尔是倾向于承认柏拉图的观念回忆说的，因此附释的编者才这样写道："但认为知识是一种回忆，却并非拒绝承认能够把人心中所固有的成分，即潜伏的成分，加以发展，然而发展也就是一种间接的历程。用这同样的道理也可以说明笛卡尔和苏格兰的"常识"哲学家们所提出的天赋观念学说。这些天赋观念原来也依然不过是潜伏在人们的心中有待于发展的观念，因此只可以把它们认为是人的固有的能力罢了。

这是本节附释的内容，只说明"天赋观念"的含义。现在我们往下去看紧接在后面的第六十八节。

173.3 第六十八节

这节只有两段，主要是在上面所说的那些经验里，向与直接知识相联结的对象中，即在对于神或者对于神圣事物的知识中去寻求真理这个观点予以初步的证明。这也就接近黑格尔自己的观点了。

现在我们首先看看其第一段的中译文。

174.1 在上面所说的这些经验里，总是向与直接知识相联结的对象中去寻求真理。即使这种联结最初仅不过是外在的经验②的联系，但只要从经验③的观察，这联系是常久的④，即足以表明这是本质

① 见上引的《古希腊罗马哲学》第138页。

② 这里的"外在的"和"经验的"是两个德文的形容词。

③ 这里的"经验的"也就是上脚注的形容词，即德文的 empirisch 这词之中译，又中译为"经验性的"或"依据经验的"。

④ 这里的"常久的"是德文的 konstant，即英文的 constant（它是从拉丁文的 constare"常住"这个动词变来的）这个形容词之中译，也可中译为"常住的"。

的和不可分的联系。再则，当这种直接知识本身之在经验中，就其为对于上帝或神圣事物之知识而言，则这种意识一般地将被认为系高出于感官的，有限的事物以及自然心情中当下的欲求与嗜好。这种提高历程乃是过渡到并且归宿到对于上帝或神圣事物的信仰。所以这种信仰乃是直接知识或确定性①。但它不因此便没有间接的过程为其前提②或条件。

黑格尔在上面的第六十七节里不是谈到关于神（上帝）、法律的和道德的原则之直接知识的这种“极普通的经验”作为“心灵之本质的直接的联合”吗？这些所谓“经验”和“心灵的直接联合”是有利于导致他自己的绝对观念的，所以在本节的第一段他首先就抓住这点而写道：“在上面所说的这些经验里，总是向那些和直接知识相联结的对象，如神、心灵之中去寻求真理的，即令这种联结在其初时不过是外在的而只是经验性的一种联系，还不能确定是实在的联结（因联系和联结是有其区别的③），但是只要从依据经验的观察来看，这种联系却是恒久常住的，那就足以表明这种联系是本质的和不可分离的联系，那也就是联结了。这是一点。再则第二点：当这种关于神和心灵的直接知识，其本身之在人们的经验中，就其对于神或说上帝或者对于神圣的事物的知识来说，则这种在人们心里的意识，一般地将被认为是高出于即提高到过于感官的，有限的事物以及那种自然心情之中当下的欲求和嗜好。这种欲求和嗜好是偶尔发生而不是常住的。不但如此，这种提高的历程乃是过渡到并且归宿到对于神或神圣事物的信仰的，而信仰却是常住的，所以这种信仰也就是直接知识之被认为是确定的一种性质。但是，虽然如此，这种信仰并不因此而就是没有间接的过程作为它的预先假定④和条件的。

这是第一段的内容。现在我们往下去阅读第二段的中译文。

---

① 这里的“确定性”是依英人瓦拉士的 certainty 中译的，其原德文是 Fürwahrhalten 这个动名词，带有主观的意思，与确定性有别，中译为“认为确实的性格”方合。

② 这词的德文原词是 die Voraussetzung，应中译为“预先假定”。

③ “联系”是德文的 Zusammenhang 之中译，即“依附在一块儿”的意思，而“联结”是德文的 Verbindung 之中译，是“结合起来”的意思，其两者的结合程度是有深浅之别的。

④ 这里贺译为“或”，但原文是 und 这词，即英人瓦拉士也英译为 and，因此我们在这里改译为“和”。

174.2 我们已经指明过，那从有限者出发的所谓对于上帝存在的证明，亦是表示这种提高①。从这个观点看来，这些证明并不是矫揉造作的理智作用所臆创，而乃是心灵自身所固有的必然的曲折进展的历程。虽则在通常的形式里，这些证明没有得着充分而正确的表现。

黑格尔在这段里写道："我们不但在上面第五十节最后一段里指出过，而且在本节上面一段里之'再则'下面又阐述过，那从有限事物作为出发点的所谓对于上帝存在的证明，也是表示这里的提高的。但是须知这种提高②是含有只是一种活动过程的开始的意思而有待于向上向深发展的，因为它的出发点是有限的事物，而从有限到无限是得要经过一段较长的历程的，因而所谓对于上帝这个最高存在者的存在之证明，也就是表示在人们认识的这种开始提高。可是从这个发展的观点看来，所曾在上文里讨论过并分析过的种种对于上帝存在的证明，并不是矫揉造作想入非非的人类理智作用所臆度创作出来的，而是人类心灵自身所自然就有且是必然的种种曲折欲罢不能的进展历程，从而表现为那些证明的，虽然从通常理论的形式上说来，那些证明是还没有得到充分而正确的表现，使人心悦诚服的。"

这是黑格尔不但在某一定程度上肯定了一般所谓对于上帝存在的理论证明，而且对他自己来说更重要的一点就是绝对派的哲学思想所需要作为预先假定的"人类心灵自身所固有的必然的进展"，而这也就和笛卡尔的"天赋观念"所差无几了。且看下面的第六十九节，黑格尔的思想状态也就大白了。

174.3 第六十九节

本节的主要内容是接着上节所提出的人类心灵所固有的必然进展而阐述直接知识所强调的理念与存在之间的原始直接联系，这对于黑格尔的绝对观念又逼近一步了。

现在我们首先看看这节的全文之中译文。

174.4 直接知识论③的主要兴趣乃在于指出从主观的理念到[客

① 请参看上面第五十节最后一段，即贺译本第150～151页。

② 这里的"提高"乃是德文的 Erheben，这原是动词而作名词用的一个词，与 die Erhebung 这名词是有区别的，因它是看重其提高之动作而不问其结果的。

③ 这里的"直接知识论"的"论"字是贺译依英人瓦拉士英译的 doctrine 而重译的，其原词是德文的 der Standpunkt，中译为"观点"方妥。

观的]存在的过渡(有如上面第六十四节之所昭示),并确认理念与存在间有一原始的无中介性的联系。但即完全不考虑由经验中表现的联系,单就这由理念过渡到存在的中心点而论,亦是包含有间接性的。而且这种间接性,既然是纯的,故并不是一凭借外在事物的间接性,而乃是自己包含自己的间接性。

这一节是黑格尔进一步阐明直接知识在其本身所包含着的间接性。他写道:"就直接知识的观点说来,其主要兴趣乃是指出那从主观的理念到[客观的]存在的过渡(正如上面第六十四节所昭示的那样),并且宣称[1][在理念与存在之间]有一原始的无中介性的[也就是直接的]联系。但是,即令完全不去考虑那在经验上表现出来的联系,而单只就这[由理念过渡到存在的[2]]中心点来说,也是包含有间接性的。而且这种间接性既然在其规定中[3]乃是真实的,那么它就并不是一种凭借外在事物的间接性,而是在其自身中自行决定的[4]的间接性。"

黑格尔在这节的较为简短的一段文字里,还没充分阐明直接知识这个观点是在其自身包含有间接性的,所以就得要在下节接着说明。现在我们就往下阅读下面的第七十节的中译文。

174.5 第七十节

174.6 这种理论所主张的是这样:单就理念之仅为一主观的思想言,或单就自为的存在[5]言,本身皆算不得真理[6]。一个仅是自为的存在,一个与理念无涉的存在,只是世界中有限的感官存在。故此种说法,不过欲直接表明,理念惟有凭借存在,存在唯有凭借理念,方

---

① 这里的"宣称"是原德文的 behauptet 之中译,原译的"确认"是不确切而且与后文不联系的,故改译。

② 这里两个方括号里的字样,其前者是加入以明确"联系"之双方,而后者是意译原文的 in ihm selbst 这词组的。

③ 这里"在其规定中"是原中译文漏译的 in ihrer Bestimmung 这德文词组之补译,因不译出这词组则"既然"的子句就不通了。

④ 这子句是本编者依原文改译的。

⑤ 这里的"存在"是德文的 das Sein 之中译,但在黑格尔的范畴系统中,这里的 das Sein 只可中译为"有"而不应译为"存在",其理由在上文不止一次指出过。

⑥ 这里的"真理"是德文的 das Wahre 这词之中译,按这词的原义只可中译为"真实的东西"而尚未达到"理"的地位。

为真理罢了。直接知识的原则自应排斥无确定性的空洞的直接性，抽象存在或纯粹的自身统一①，而力持理念与存在的统一。恐怕只有由于不用思想才会看不见，举凡两个相异的项目②或范畴的统一，并不仅是纯粹直接的或漫无确定性的空洞的统一，反之需得认定其中之一项只有凭借另一项才会有真理，或者可以说，其中之一项只有通过另一项的媒介才得与真理相结合。至于间接性的介质即包括在直接性自身之内，在这里便指出是一事实，对于此种事实，知性，依照直接知识的根本原则，即依照凡在当下意识中有证据者，即不无错误的原则，亦不能反对。那只是一般的抽象的理智作用[知性]，将直接性与间接性双方，每一方皆认作绝对，以为两者之间有一坚固的区别。因而于设法去联合双方时，自己造成给自己一个不可克服的困难。这个困难，有如我们所昭示，事实上并不存在，而在玄思的总念里亦立即消失了。

黑格尔在本节里主要是阐明直接性与间接性是相互结合着而不可分开的这个观点，所以他就写道："这种理论所主张的是这样的：单就理念之仅仅是一个主观的思想来说，或者单就自为的，即只在发展到知有其对方而还没体验到对方与此方的紧密联系的那种仅仅是"有"来说，那就是双方脱离联系的"有"，主观理念和客观的'有'，依其本身来讲，都算不得是真实无妄的东西。原因是：一个仅仅是自为的，只知有其此方的'有'，一个与其对方那个理念无涉，因而是自为的'有'，那它就只是世界中在人们的认识上有限的且极其素朴的感官的'有'而已。此种从事物发展的观点立论的说法，不过是要直接表明，主观的理念惟有依靠客观的'有'，客观的'有'也只有依靠主观的理念，这样的主客统一才是真实的东西。所以上面所讲的直接知识，其原则当然是要排斥那无确定性的，空洞的直接性③，那抽象的即只知有其此方而没体会到其与之联系的地方的'有'，或

① 这里的"自身统一"是原文的 die Einheit für sich 之中译，在黑格尔的思想系统中应中译为"自为的统一性"，即统一之只达到发展的反而未到合。

② 这里的"项目"是德文的 Bestimmung 之中译，意指"规定"，译为"项目"则不可，不能是范畴。

③ 这里贺译是用顿号，但须用逗号才符合原文而表示意义的正确性。

说纯是自为的即开始发展到的统一性，而极力主张主观的理念与其原有联系的客观的‘有’之统一。恐怕只有由于一种无思想性①，也就是由于只凭感性认识而忽略了提高到理性的发展，才会看不见这点，即大凡两个相异的项目的统一，并不仅仅就是单纯的直接东西，就是说完全未曾经过确定因而是空洞的统一，反而得要认定所有两个相异的项目，其中之一项只有通过另一项作为媒介才得与真实性②相结合。至于间接性的性质就包括在直接性的自身里面，而在这里所指出的就是一个事实，对于这种事实，就是知性，依照直接知识的根本原则，也就是依照凡是在当下意识中有证据的东西都是不会错误的这条原则，也不能反对。那将直接性与间接性这双方的每一方都认作绝对的，以为两者之间有一种坚固的区别的，只是一般的抽象的不够全面的理智作用[知性]，因而在它设法去[按照形而上学的方法]进行联合双方时，就自己造成给自己一个不可克服的困难。这个困难，有如我们所昭示，事实上并不是存在③的，而在纯粹思想的观念里也就立即消失了。”这种消失是指上述困难的消失，看到双方的联合，就是看到直接与间接的辩证统一，那么就没有两个绝对的冲突而发生困难了。

这是第七十节的主要内容，为黑格尔从直接知识的直接性所引申出来的辩证统一性，替他自己的绝对观念哲学奠定了初步的基础，因而他也就必须予以发挥，这就是紧跟在下面第七十一节的课题了。现在我们带着这个观点往下阅读第七十一节。

175.1 第七十一节

在这节里，黑格尔首先是谈直接知识这种观点的片面性所造成的第一个恶果，而在紧接着的第七十二、七十三两节又继续谈这片面性的另外两种恶果，一共三节都是从消极方面讨论直接知识的性质，直到第七十四

① 这里的“无思想性”是原德文的 Gedankenlosigkeit(原手稿为 Gedanklosgkeit，经查对疑为笔误。——整理者注)这个名译之中译，表示没有思想活动的情态，贺译的“不用思想”是不足以表达这层意思的。

② 这里原译是“真理”，但原文是 das Wahrheit，应中译为“真实性”才表明与“真实的东西”的区别并保持其原义。

③ 这里的“存在”不是原德文的 Sein(有)，也不是 Existenz(存在)，而是 Vorhanden 这个形容词，即“在手边的”意思，也就是英语 at hand 这个词组。

节才着实指出直接知识的直接性在形式上的性质，然后在第七十五节才结束直接知识的讨论，从而提出正确思想的含有间接性而又能够摒弃其间接性，于是就从而结束直接知识的讨论和分析，也就结束《小逻辑》的概论或说导论部分了。这部分占该书的 64 节，为贺麟中译本的 124 页，而关于直接知识的讨论所占的篇幅竟至 17 页之多，可见黑格尔对于直接知识这个问题的重视，而其原因也是值得我们的注意的。

现在我们首先看看第七十一节的中译文。

> 175.2 直接知识论①的片面性引起一些特性和结果，除了其基本原则已于上面讨论外，其要点尚须略为指出。第一，既然真理的标准，不在于内容的性质，而在于意识的本身，如是则凡被宣称为真理的，除了主观的知识或确信，我在我的意识内发见②有某种内容外，没有别的基础了。凡我在我的意识内发现的道理，因而扩大为在人人意识内发见的道理，并且甚至说这就是意识的本性。

这是第七十一节第一段的中译文。黑格尔从这段起，是要在上面所已经讨论过的直接知识的观点之片面性所引起的一些特性和其后果的基本原则之外，对于直接知识的重点（Hauptzüge）这得要略为指出的，但是在这里只指出其第一点而黑格尔便写道："既然真实性的标准不是在于知识内容的性质，而是在于当下意识的本身，那么凡被宣称为真实性的，除了主观的知识或确信，我在我的意识内发见有某种内容外，没有别的基础'可凭'了。把这条原则扩而充之，那就是凡是在我的意识内发见的道理，也就是人人在意识内发见的道理，并且甚至说这就是意识的本性。"

能够说这是黑格尔所赞成的说法吗？他果能同意说，"我在我的[一个人]的意识内发见有某种内容，就没有别的基础可凭了"吗？而且扩充到甚至说："凡是我一人在我的意识内发见的道理，也就是人人都在其意识内发见的道理"，乃至并且像康德这样的先验论者那样说，"这就是人类意识的本性"吗？这些问题都是我们在后文要弄清楚的，不然的话，黑格

① 这里贺译的"观"是原文的 Standpunkt，似应直译为"观点"较妥。

② 这段译文有三处是用"发见"或"发现"这词的，其第一处的原文是 vorfinde，第二处亦是 vorfinde，而第三处是这词的不定式 vorzufinden，而译文却在两处用"发见"，而一处用"发现"，虽无不可，但对于读者来说，却会引起疑问的，所以应一致用"发见"为宜。

尔不但是唯心透顶,他之唯心是肯定的,但我们不能也就相信他的唯心论真能到这种地步,且看下面的这节和以下的内容吧! 这里第二段的中译文是:

175.3 从前对于上帝存在的证明常提出“众心一致”(即拉丁文的 consensus gentium)①的论证,西塞罗②最早即曾引这种论证。“众心一致”诚不失为极有意义的权威③,而且要援引这种权威④,说某种道理即在人人意识中,因而必系基于意识的本性,出于意识的必然,乃是极自然而且容易的事。但在这众心一致的范畴内却含有一主要看法,这即那最无教化的人也可以看得到的,就是个人的意识同时是一特殊的偶然的意识。如果对于这种意识不加以考察,不将意识中特殊偶然的部分排除掉,换言之,如果不藉反思的坚苦工作,将意识固有的普遍的成分揭示出来,则所谓众心一致不过仅是大家对于某一个道理之共同赞成,足以建立起一个合乎礼俗的成见,便说这是属于意识本性之必然罢了。所以,如果思想的要求,在于从普遍常见的事物中,更进而寻求其必然性,则众心一致的说法决不足以满足其要求。并且即使承认事实上的普遍性可以作为一个充足的证明,但根据这种论证亦不足以证明对于上帝的信仰,因为经验曾经告诉我们,有些个人和民族并没有对于上帝的信仰。(注)但只是单纯的断言,我发现一个道理在我心中,我确知这道理是真的,并且宣称这确定性并非出于特殊的主体,而乃基于心灵的本质。恐怕天地间没有比这种办法更简捷便宜的了。

在这段文字里,黑格尔是引用“众心一致”的成语作为上帝存在的证明,而且指出即早在公元前一世纪这个成语就已为罗马作家西塞罗所曾援引过的,而黑格尔因而便写道:“这个成语诚不失为极有意义的根据,而且说某种道理是在人人的意识中的,因而就一定是基于意识的本性,出于人类意识之所必然如此,这样援引‘众心一致’作为根据,就是极为自然而

① 直译为“民族的一致”。

② 西塞罗(Marcus Tullius Cicero,公元前 106—前 43)罗马的政治家、演说家及作家。

③ 这里的“权威”是德文的 die Autorität 之中译,但在这上下文里,中译为“根据”似更适当。

④ 同上注。

容易的事了。"但是黑格尔接着又指出:"但是在这'众心一致'的成语之作为一个范畴来说,是含有一种主要的看法的,就是那最没有教化的人,也可以看得到的,也就是,个人的意识同时也是一种特殊的偶然的意识。那么,如果对于这种意识,不加以考察,不将意识中那特殊偶然的部分排除掉,换句话来说,如果不是借助于反思的坚苦工作,来把意识中固有的普遍的成分予以揭示出来,那种所谓'众心一致'的东西,就仅仅是人们大家对于某一个道理的共同赞成,从而可以建立起一个合乎当时当地的礼俗的成见,于是就说这是属于意识本性之必然罢了。"这是黑格尔对于"众心一致"这个成语,作出了社会和心理的分析,说明它的社会背景和心理的由来的,其实并不是什么人类意识的本性,出于意识之所必然的,而是属于特殊的和偶然的范畴的。于是黑格尔才作出他这段议论的结论,从而继续写道:"所以,如果思想的要求乃是在于从普遍的常见的事物中,更进一步去寻求其必然性,那么'众心一致'的说法就决不足以满足这种思想的要求。况且进一步说,即使承认在事实上的普遍性是可以作为一个充足的证明的,但是根据这种论证,也不能够证明对于上帝的信仰,因为经验曾经告诉我们,说有些个人和民族是没有对于上帝的信仰的。[看下面的原注就清楚了。]所以,只是单纯地断言,我发现一个道理在我的心中,因而我就认为我是确知这道理是真的,并且宣称这种确知的确定性并非出于特殊的主体[比如我这个主体],而是基于人的心灵的本质的,恐怕天地间没有比这种做法更简捷而又便利的了。"

这样,黑格尔便结束了对于直接知识以"众心一致"这种成语为例的讨论和分析之第一个要点,而在下面的第七十二节便谈第二个要点,但在看第七十二节的中译文之先,我们还得要看看第七十一节的原注:

175.4 原注:要想知道根据经验的调查无神论或信仰神[上帝]①之普遍程度的大小如何,得要看我们人是仅仅以有神[这个]空泛的观念作为已经是够了的呢,还是要求对于神[上帝]有确切的知识方

① 这里贺译的"上帝"乃是德文的Gott之译词,但要知道,欧洲各国语文的god、Gott、dieu等,只在我国的基督教某宗派中才中译为"上帝"的,而特别在这里谈到一般的宗教信仰时,Gott这词须译为"神"才适当,而黑格尔在这里也是把一般的神和基督教的神混为一谈才有这话里的的一番无谓的议论的。

合标准。在信仰基督教的社会里，决不会承认印度人和中国人所崇拜的偶像，非洲人的拜物教，甚或[古]希腊人的诸神，作为是神[上帝]。足见相信诸如此类的"偶像"的人，决不能说是相信神[上帝]。反之，也许有人认为像这类"偶像"的崇拜，亦多少潜伏有某种对于神[上帝]一般的信仰，一如种之于类然，如是，崇拜"偶像"不仅是对于偶像的崇拜，而也可算对于上帝的信仰了。但是至少[古]希腊人的看法却与此相反。[希腊的]雅典人把那些认"宙司"(Zeus)等仅为云气，而持唯一的神之说的诗人和哲学家，皆斥为无神论者。

这种讨论的错误在于只问人的意识对于那对象怎样想法，而不问那对象本身所包含的性质。如果我们忽略了这个区别，则人的最普通的感官印象，都可以算作宗教。因为每一感官印象，甚至每一心灵活动，都潜伏地包含有一原则，这原则如果加以纯化，加以发挥，却可提升到宗教的领域。但是有宗教潜能是一回事，具有宗教信仰又是一回事。未经发挥的宗教，只是宗教的潜能或说可能而已。

所以近来有许多旅行家曾发现一些部落(有如罗斯及巴利两船长所发现的爱斯基摩人)，据他们说，就连非洲的巫师所有那一点宗教的痕迹，或赫罗多斯(Herodots)①所谓 Goëtes② 也没有。但另一方面，一个英国人在前几个月在罗马参加天主教五十年举行一次之大纪念会，据他对于近代罗马人的叙述，他说，罗马的普通民众都是些执迷的信徒，而那些能读能写的人差不多③全是无神论者。

在近代已很少听见用"无神论"一词来攻击人了。主要的是因为宗教的内容和所必具的条件已减至最低限度了(请参看第七十三节)。

176.1 第七十二节

黑格尔在上面第七十一节里，从"众心一致"这种说法，讨论了直接知识的含义，从而并且谈到宗教的信仰，作为直接知识的第一个要点，而在

① 古希腊历史家，又拼写为 Herodotus，公元前 484—前 425。

② 歌特斯是 Yons 的复数，一种流浪的犹太人魔术师，他们是盛行于公元前后时期的。

③ 按原文这里的词是 sämmtlich，即现代德语的 sämtlich，应中译为"全数的"，即瓦拉士英译的"total man"。

他讨论这第一个要点时，对于宗教的本质却完全没有讲到，即在较为详细的原注中，也未能涉及，虽然这原注是表现他对于宗教的博学多闻的，然而他毕竟没能摆脱他自己所信奉的基督教的偏见，因而就不可能站在人类社会发展的科学立场上讨论宗教的本质，这是我们所不得不指出以供读者的参考的。

现在我们就往下去看看黑格尔在本节所谈到关于直接知识的第二个要点，而首先阅读这一全节的中译文。

> 176.2 第二，持直接知识为真理的标准尚可引起另一种结果，即是对于一切的迷信和偶像崇拜均可解释为真理，并且对于任何毫无道理并违反道德内容的意志要求，均可加以辩护。印度人即是不根据我们所说的间接知识，不根据理论和推理而只是单凭信仰，便直接承认母牛，猿猴，或婆罗门①，喇嘛②为神。但自然的意欲和倾向皆天生寄托其兴趣于意识之内，而那些违反道德的目的也未尝不完全直接基于意识之内。无论善的品性或恶的品性都所以表示意志的确定的存在③，而意志的确定存在，均在兴趣④和目的中被意识着，而且最直接地被意识着。

在这节的全文里黑格尔较为简单直率地批判了某些宗教信仰，认为这一些所谓宗教信仰就是把直接知识之(把其知识的)直接性看做真实性(或说真理)的标准所引起的第二种要点，是某些人欲替迷信和偶像崇拜解释且甚至替任何毫无道理或违反道德的意志要求加以辩护的。黑格尔于是举出印度人和我国的西藏人的宗教信仰为例。他说，印度人是不根据哲学的间接知识，不管任何理论或推理而单只任凭所谓信仰作为直接知识的表现而承认母牛，猿猴，婆罗门为神，而中国[过去]的西藏人也同

① 这里的“婆罗门”是印度梵语的 Brahmin 即 Brahman 的音译，原义为“净行”，是印度四姓之首。凡有座席，并不与其余三姓同行，印度的婆罗门教从婆罗门之尊奉而得名。

② “喇嘛”是西藏语 Lama 的音译，原义为“最胜无上”，为男子出家者之称，而喇嘛的爵秩有十等，曰国师，曰禅师，曰大喇嘛等等。

③ 这里的“存在”是 Sein 之中译，应译为“有”，而“意志的确定存在”就是原文的 das bestimmte Sein des Willens。

④ 这段文字的中译文有两处是用“兴趣”这个词的，但按原文是 das Interessen 这词，而在这里的用法，则应中译为“利害关系”或“利害”。

样承认喇嘛为神,予以信奉。因此,黑格尔便指出,人们自然的意欲和倾向都是把他们某些利害天然地即自然而然地寄托在意识之内的,于是有些违反道德的目的的意欲和倾向也就是完全直接以意志是怎样就作为是怎样的了,因为依这种说法,就无论是好的合乎道德的品行或者是坏的不符合道德的品性,都可以作为意志的表现,作为意志所确定的东西,因为凡是直接为意志所确定的,都是在利害和目的上为意识所确定的,并且是最为意志所直接确定的。这不就是所谓信仰的实质吗? 黑格尔是这样指出直接性的第二个要点的,但是他还有第三个要点在下面第七十三节里提出来加以说明和批判。现在我们就往下看看这下一节的内容和中译文。

177.1 第七十三节

黑格尔在本节里,是说明直接知识这个观点的片面性所造成的第三个恶果,并且说明直接知识在宗教信仰上只能谈到宗教信仰所崇奉的神的是有,而不能谈到神的性质是什么的。

让我们看看本节第一段的中译文。

177.2 第三,对于上帝的直接知识只告诉我们上帝存在,而未告诉我们上帝是什么。因为如果能说出上帝是什么,将为一种知识,且足以引导间接性的知识。因此,便把宗教上崇拜上帝明白地缩小为一空泛的神,限制到不确定的超感官的事物上面去,于是便把宗教的内容缩减至最小限度了。

黑格尔在本段的文字里,主要是根据他的知识这个观念的意义来进行讨论直接知识的限度的。关于知识这个观念,黑格尔在《小逻辑》的第四十五和第四十六两节里讨论过,而关于我们目前的问题,引用第四十六节的两段中译文也就够了。其第一段是:“所谓认识不是别的,即是要知道一个对象的确定的内容。但确定的内容包含许多成分结合于一个对象的自身,而且这种结合是建筑在与许多别的对象的关系上。”第二段是:“但如果设法应用范畴以把握无限,则理性便成为飞扬了,超越①了。”

① 这里的“超越”是德文的从拉丁文的外来语 transcendent 即“超出经验范畴以外”的意思,在这里说明“飞扬”(德文的 überfliegend)这词的意思。

根据这两段的说法，黑格尔是认为人类的知识乃是意识形态一种联系的结果，没有这种联系，就没有知识，而对于一个对象的知识，是必须在许多与之相联系的别的对象之关系上的，脱离这种关系，则无所谓关于那对象的知识了，因此关于一个孤立无倚的对象是没有人类知识之可言的。据此，则宗教信仰中那最高的神(上帝之在基督教信仰里)，其所谓直接知识，由于只是对于最高的神这个信仰对象来说的，充其量只能是叫人们知道这神的在那里，即神是有的，而并不能因之而知道这神的性质是什么。原因是：人类对于一个对象的知识，如上引文所说，其确定的内容是包含许多别的对象之关系上的，然而最高唯一的神，即独一无二，无与伦比的神，乃是无限的，但是无限是理性的，而不是知性的对象，如果理性设法去应用知性的范畴来把握独一无二最高的神，结果便是想入非非，无从把握，成为一种超出人类经验范围的虚无飘渺，莫从捉摸的幻影了。所以如有对于最高的神的知识，就必须是间接的，而间接的知识是贬低最高的神之无与伦比的地位的。因此，间接知识是要把宗教上所崇拜的上帝明白地缩小到一种空泛而毫无确定内容的神，把他限制到不确定的、超感官的事物上面去，于是便把宗教的内容也就缩减到最小的限度了。

这就是直接知识的要点之三，对于宗教信仰是十分不利的。这就是黑格尔所提出的关于直接知识片面性所造成的第三个恶果。但是这种恶果的严重性还有待于说明。这就是本节(第七十三节)第二段的内容了。让我们往下去看看这段的中译文吧！

> 178.1 如果真正有必要(即要对于最高的无与伦比的神保持其信仰)，只须办到能保持相信有一个神或者能发生有一个神那种信仰，便算是满足，则我们便不能不惊异于这个时代的贫困，这时代以赢得一些浅陋的宗教知识为无上收获，且于其教堂的神龛中反回去供奉千百年前在雅典即已供奉过的莫名其妙的神！①

在这第七十三节的第二段里，黑格尔谈到对于基督教的上帝的直接

① 这里的“莫名其妙的神”是德文的 der unbekannten Gotte 之中译，但这词出于基督教《圣经·新约》之《使徒行传》第十七章第 23 节，一般承认的中译是“未识之神”或“未认识的神”，按其原文的前后文并没有“莫名其妙”的意思，而只是“不认识的”或“不熟悉的”而已，在这里“莫名其妙”这个译词是不能用的！

知识，从它的作为直接知识来说，只能告诉人们上帝是有的，而未能乃至不能告诉人们上帝是什么，于是他几乎生气地写道："如果真是有这种的需要的话，那么只须做到能够保持有神论，就是只相信有一个神，或者只是能够发生有这样一种关于神的信仰，便可以算是满足，那我们便不能不对于这个时代的贫乏感到惊奇了，这个贫乏的时代是以赢得一些浅陋的宗教知识为无上的收获的，而不知道去求得更深邃的宗教信仰，那么简直就回去教堂的圣坛①上，供奉公元一世纪时，早在一千八百年前，耶稣门徒保罗在当时雅典就已看见在供奉的不认识的神罢了"，怎还有什么关于神的知识可说呢？

当然，黑格尔对于这种片面性的直接知识是要加以哲学上的驳斥的。这就是下面第七十四节的内容，所以我们还得要再往下读下去。

178.2 第七十四节

这节有一较长的正文，接着还有后人加上的一段附释。在正文里黑格尔对于直接性这个哲学观念在形式上予以说明，从而阐述凡是可以作为真理的东西都是自为中介而无待于外的，所以就是间接性与直接性的统一。这才是对于黑格尔的绝对观念推进一步。附释并说明片面的直接性乃是抽象的普遍性。且先看看正文的中译文。

178.3(1)我们尚须对于直接性的形式之性质略加说明。因为由于直接性的形式之太偏于一面，致使其内容自身偏于一面，且因而成为有限的了。第一，直接性使得共相成为一偏的抽象性，且使得上帝成为一无确定性的存在；但就上帝之被意识着为自己在自己，自己凭借自己而言，上帝只可说是精神。只有这样，上帝才是具体的，有生命的，才是一个精神。像这样知道上帝是一精神，即包含有间接性在内。第二，直接性的形式给予殊相以一种独立性或自我相关性。但须知殊相之自身乃与外在于它自己之他物相关联者。从直接知识的形式看来，则有限的殊相便被执持为绝对了。而且既然直接性是异常抽象的，对于每一内容都抱中立态度，因而亦可接受任何不同的内容。所以直接性既可承认偶像

① 这里的原文是德文的 der altar，一般中译为"圣坛"或"祭坛"，与神龛有别，所以贺译是错误的。

式的违反道德的内容，亦可承认与之正相反对的内容。

黑格尔不是在上节里已经阐述过直接性在形式上的性质吗？但他对于这个题目还有未尽之辞，所以他在本节的开头便写道："我们尚须对于直接性的形式之性质略加说明。"但是，我们还可以回忆到，在上节里他对于直接性这个问题是联系着宗教信仰来谈的，而在本节里，他是着重直接性这个观念在其形式上来谈的，因之在这里他首先是谈到直接性的形式未免"太偏于一面"了，而结果就是"直接性的内容自身也就偏于一面，而且就因而成为有限的了"。何以由于偏于一面就成为有限的呢？原因是：凡是偏颇而不是全面的东西，都是片面性，而既是片面性的，也就必然限于那所偏的一面，因而就受到片面性局限，于是也就是有限的了。且进一步更深入地来说明，黑格尔写道："第一点，直接性导致一个共相（das allgemeine，普遍）的成为一偏的抽象性"，因为共相即普遍性的东西原来并不是什么具体的而是指谓一类的，由于直接性的东西是偏于一面的，所以直接性的共相也就是"一偏的抽象性了"。据此，则"上帝"这个观念，既是指最高无上之神说的，如果一切确定性却不包括在这个观念之内，毫无所指而只是指这神的存在，像上面第七十三节"第三"这段所说，那么，人们所能意识到的"上帝"，不过是一个自己从其自己来说（德文的 sich in sich selbst），亦即自己凭借自己来说（德文的 mit sich vermittelnd）的神，只可说是精神（Geist）而已，别无其他认识的内容。然而依黑格尔的说法，只有这样，"上帝"这位最高无上的神，才是具体的，有生命的，才是一个精神。因为只有这样，上帝才是所有一切确定性的统一，否则就是具此失彼，而不是涵盖一切的了。但是像这样来知道上帝、认识上帝是个精神，那就是包含有间接性在内的知识了，因为所谓"一个精神"，其含义是特殊的，是指某一个说的，包含有与之不同的而在它以外的"他"的，所以在"上帝"这个无限之中是包含有有限在内的，是蕴含着间接性的。这不是明显的吗？此其第一点。其第二点，依黑格尔所写的，也不过是这第一点的发挥。他写道："第二，直接性的形式给予殊相以一种独立性或说自我相关性"，也就是自我中心性。但是黑格尔继续写道："须知殊相之自身乃与外在于它自己之他物相关联者。"既然殊相是个与他物相关联的东西，而他物又与另一他物相关联，则殊相却有着普遍的联系，因而就是共相，且是绝对了。但是黑格尔接着便提出："从直接知识的形式看来，这就是有限的殊相被执持为绝对了。"这不也就是矛盾吗？这是形而上学所不能理解的。还有一层：既然直接性，如上所说，是非常抽象的，不单指一物而言的，每一物都可是直接知识的认识对象，所以直接性对于每一内容都是持中立的态度的，毫无偏袒的，因而是可以接受任何不同的内容的，毫无选择的。所以直接性既可承认偶像式的违反道德的内容，也可以承认与之正相反的即合乎道德的内容①。这是第七十四节正文的第一段之第一小段，而下面便是这段的第二小段的中译文：

> 178.3(2)只有当我们识透了直接性不是独立不依的，而须凭借他物的，才足以揭破其有限性与虚幻性。这种见识，以其内容包含有间接性在内，亦是一包含有间接性的知识。因为真正可以认做真理的内容不是凭借他物之物，亦不是受他物限制之物，而乃是自己凭借自己，或间接性与直接性的自我相关性的②统一。那执着的知性，自以为足以解除有限知识，超出形而上学③和启蒙思想之理智④的同一，仍不免直接地以直接性或抽象的自我关系，或抽象同一性作为真理的原则和标准。抽象的思想（反思的形而上学的形式）与抽象的直观（直接知识的形式）实是同一之物。

在一小段里，黑格尔反复阐明直接性的性质不是自己凭借自己的一种内容，也就是说不是以其身为媒介，或者说以自身为凭借的内容，而是不能离开间接性的，因而不是单纯的自我关系而是间接性的自我关系和直接性的自我关系的统一。什么是自我关系？以符号的公式来表达，自我关系（假以 a 为一事物，R 为关系的符号）就是 aRa，即 a 对其自身的关系，因而是不凭借他物的，所以 a 是独立不依的。但是黑格尔认为所谓直

① 这里黑格尔把"偶像式的"即"供奉偶像"的宗教说成是"违反道德的"。这种说法在宗教哲学上来看未免不够正确，有哪种宗教不是讲"偶像"的？而且又有什么道德不是有阶级性的？

② 这里"间接性与直接性的自我相关性的"这个较长而晦涩的形容词词组，如果我们先就对于上面的"自己凭借自己"理解为"其内容是以自身为媒介或说凭借的"，然后才把紧接着的这个形容词词组读为"那间接性的和直接性的两种以自身为媒介的"，也就可以易于理解了。

③ 这里的"形而上学"是指偏重于分析方法的当时之旧形而上学说的。

④ 这里的"启蒙思想之理智"是指欧洲十七八世纪的时候，以理性即理智为万能，崇实利，重实际，打破当时所沿袭的中世纪思想，开拓蒙昧，普及文化为目的的。

接性不是这样独立不依的，而是必须凭借他物的，所以按一般错误地理解直接性，认为它是独立不依，像 aRa 那样的，那就是虚幻而毫无根据的了，其实直接性的真正性质是包含有间接性在内的，依赖间接性的，因而原本就是有限性的，所以直接性的知识也就是包含有间接性的知识。因为真正可以认作真理的内容的，不是凭借别一物的这种物，也不是受别的物限制着它的而是自己凭借自己的，或者说其间接性的自我关系和它的直接性的自我关系是统一的。这就是黑格尔的绝对观念。绝对观念的间接性的自我关系，即“自为”的自我关系，和它的直接性的自我关系，即“自在”的自我关系是统一的，同是绝对观念的表现。要认识到这点，依黑格尔的说法，是要凭借辩证法的发展观点的，但是那执着的即拘泥的知性，自以为能够解除有限的知识，通过直接知识就超出旧形而上学的同一性（亦即 aRa 这种同一性）而又超出启蒙思想的唯理主义的同一性，这是办不到的，因为这种如耶柯比之流的直接知识仍然不免是直接地以直接性或抽象的即没考虑到斗争与发展的 aRa 这种的自我关系或说抽象的同一性作为真理的原则和标准，所以就不能达到真理或说真正的知识。而抽象的思想（这是反思的形而上学的形式）和抽象的直观（也就是耶柯比之流的直接知识的形式）同是一样的东西，执着一偏而失掉全面的，所以就不能达到真理，即事物的全面性的。

这就是第七十四节第二小段的内容，是黑格尔关于耶柯比一派的直接知识的尖锐批判。但是为了更进一步说明直接性的性质，黑格尔的门生故旧还想加上一段的附释，可是对于黑格尔关于直接性或直接知识的原有阐述并无增补，兹看看这段附释的中译文。

> 179.1 附释：假如坚持着直接性的形式与间接性的形式正相对立，则直接性便陷于一偏，且使得凡隶属于直接性的形式下之每一内容亦趋于一偏了。大体说来，直接性即是抽象的自我相关，因此同时亦是抽象的同一性，抽象的普遍性。今真实无妄的普遍性既仅能采取直接性的形式，则亦仅能是一抽象的普遍性。且从这种观点看来，上帝亦只能具有完全无确定性的存在的意义①。像这样，我们也许

① 这里的“存在”应中译为“有”。

尚可说上帝是精神，但这只是一句空话，因为就精神之为意识和自我意识而言，它即包含有意识自身的区别和与他物的区别，换言之，即包含间接性在内。

这里的附释无非是对于黑格尔在第七十四节和前面第七十三节里所说明的几个名词略加补充而已。第一，如果生硬地把直接的和间接的在形式上对立起来，当然直接的就在对立的一方而间接的则在另一方，结果直接的便是偏于一方的，而且凡是采取直接的这种形式的也都是和间接的相对立而属于偏于一方的。但是，大体说来，直接性，即直接表现出来的东西都是形式上的一种自我相关，即上面所引用过的那 aRa，其 R 这个关系可能是一种相关，也可能是比较；如是相关，那就是自身与自身相关，如是比较，那就是自身与自身比较，当然就是同一；如是种类的关系，则 a 总是 a，那么就是一种普遍性了。于是附释的编者便指出，既然真正的而且又是当然的普遍性只能在直接性这种形式上表现出来，千篇一律，别无其他，而只是这样就是这样，这也就是空虚而无内容的了，所以说是抽象的普遍性。如果人们是这样直接地认识上帝，那么其所认识的上帝也就是不过“那”，或说“有”，而没有任何确定性的，像最初的“有”这个范畴那样而已。这样一来，我们说上帝是精神，这只是一句空话；因为精神是涵蕴着意识和自我意识的，所以说上帝是精神，乃是含有上帝意识到其自身，并且意识到其自身之外的他物的，而这样也就意识到他自己作为意识者与所意识的自己之区别，并且意识到他自己与所意识到的他物之区别，但是这种意识也就是间接性。

这就结束了第七十四节关于直接性与间接性的统一，但是对于思想对客观性的第三种态度的批评，黑格尔还有未尽之辞，这就留待本《小逻辑》概论的最后第七十五到第七十八节予以讨论。兹先看看第七十五节的中译文。

179.2 第七十五节

这一节只有篇幅较为简短而文字也甚清晰的一段正文，其内容是紧接上面第七十四节关于直接性本身包含有间接性的因素的这种论断而进一步指出并阐明思想是凭借他物而同时又是扬弃其所凭借的他物的这种辩证过程的。这节的中译文是：

179.3 欲批评思想对于真理所取的第三态度，只能采取这种观点本身所直接表示并承认的方式。直接知识论承认①直接知识乃是一事实。但我们很可以表明说：假如说有一种直接知识，但又没有间接性不凭借他物，亦不凭借自身，这乃是不可靠的事实②。同样，复可表明说：思想只是凭借其他间接的、有限的、有条件的范畴而进展，在事实上亦是不可靠的，因为这就忘记了当思想凭借他物时，复能扬弃此种凭借，换言之，思想固有其间接性，但复能扬弃其间接性。要指出事实上有一种知识的进展，既不偏于直接性，亦不偏于间接性，这就须以逻辑学自身和全部哲学为样本了。

黑格尔在本节里言简意赅地说出了他自己之所谓直接知识是什么，而且认定凡是知识都必是思想的一种形式，因而想要知道直接知识究竟是什么，那就得要知道它是怎样的一种思想形式。所以他就在本节里写道："想要批评思想对于真理所取的第三态度，[这第三态度也就是持直接知识论者对于认识真理的说法的那种态度，]我们只能采取这种直接知识的观点本身所直接表示并承认的方式。持直接知识论的人断言直接知识乃是一种事实。但是，我们也很可以表明说：假如说是有一种直接知识，而这种知识是没有任何间接性作为媒介的，也就是不凭借任何他物的，而且并不凭借它的自身的，这在事实上并不是真实的。我们同样又可以表明说：[凡是知识都是思想的一种形式，如在上面第六十四节里所阐明的那样]，而思想只是凭借其他间接的、有限的、有条件的范畴而进展，可是这种说法在事实上也是不可靠的，因为这样也就忘记了当思想凭借他物时，它同时也能扬弃这种凭借的，换句话说，思想固然是有它的间接性，但是它也能同时扬弃它的间接性。我们如果要指出，在事实上是有一种知识，其进展既不偏于直接性，而又不偏于间接性，那就得要以我们的逻辑学自身和全部哲学为样本了，而不是三言两语就能说明的。

这就是第七十五节的内容，加上了我们的解释的。但是，虽然可说这就是黑格尔对于耶柯比派的直接知识的批评之结束，然而他在正式结束

① 这里贺译的"承认"是有问题的。但本编者手边的《小逻辑》德文原本残缺了这一段，故未能按原文查对，而按瓦拉士的英译，应是"断言"。

② 这里的"不可靠的事实"，按其前后文，似应是"事实上不真实的"，但未能查对原文。

直接知识的评论之先，还要把耶柯比的直接知识论和笛卡尔的“我思故我在”之说比较一下。这就是下面第七十六节的内容了。现在我们就往下看看这第七十六节。

180.1 第七十六节

这节是黑格尔谈到耶柯比和笛卡尔两人的哲学思想的相同之点的，我们首先阅读这节中译文的第一段。

> 180.2 假如我们试将直接知识的原则与我们上面所据以出发的、素朴的形而上学①比较观察，便可以见得耶柯比的直接知识论乃是退回到这种玄学②在近代的开端，即笛卡尔的哲学里面。耶柯比和笛卡尔两人皆主张下列三点：

这一段话是说：如果我们尝试一下，把直接知识的原则和我们在上面③所根据来作为出发点的素朴形而上学来比较地观察，我们就可以见到，耶柯比的直接知识理论，乃是退回到，也就是落后于作为近代欧洲哲学开端的那种形而上学（又称玄学）的，那就是法国十七世纪笛卡尔的哲学。耶柯比和笛卡尔这两人同是主张下面的三点的。哪三点呢？

> 180.3 (1)：思想与思想者的存在之单纯的不可分性。“我思故我在”之说与“有”，“实在”和“我的存在”直接启示在我的意识里之说是完全相同的。（同时笛卡尔曾明白宣称他所谓思想系指一般的意识而言。见《哲学原理》④第一章第九节）。此种思想与思想者的存在不可分，乃是绝对第一的（而非间接的证明的）原理，最确定的知识。

这第一点就是说：思想和思想主体这两者的存在是单纯不可分开的。笛卡尔的名言：我在思想着，所以我[这个思想的主体]是有的；这种说法是和那主张“有”，“实在”和“我的存在”都是在我的意识里直接启示出来的说法是完全相同的。（同时笛卡尔也曾明白地宣称过，他的所谓思想，

① 参看上面第二十六节，贺氏中译本第105页。

② “玄学”作为名理之学，本是我国南北朝时代道家之学的一种称呼，近人借用此名来称中译为“形而上学”的Metaphysic，这是不妥的，详见上面几处的脚注。

③ 参看上面第二十六节，贺氏中译本第105页。（素朴的态度是指认为只凭反思的作用便可认识真理的态度。——整理者注）

④ 笛卡尔的《哲学原理》一书原拉丁文标题为*Principia Philosophiae*，是作者关于物理学和心理学的哲学论著，其形式是用形式的命题逐一表达出来的，原刊于公元1644年。

是指一般的意识说的，也就是说，思想和意识是同一范围的，思想就是意识，意识也就是思想。这种说法见于他的名著《哲学原理》一书的第一章第九节里。)此种思想和思想主体这两者的存在之不可分开的说法，乃是绝对第一的原理，而不是间接地由别的更高的原理证明出来的，乃是最确定的知识。

180.4 (2)：上帝的存在和上帝这个观念之不可分。上帝的存在即包含在上帝的观念中，换言之，上帝的观念决不能没有存在的属性，因此上帝的存在是必然的并永恒的。(注一)

注一：笛卡尔《哲学原理》第一章第十五节：读者将会更相信有一无上圆满的存在，假如他能注意，他不能在任何别的事物里面去发现一个观念，包含有必然存在于其内，有如上帝的观念一样。他将可能知道，上帝的观念表示一真实而不变的本质，此本质不能不存在，因为它包含有必然存在于其内[1]。紧接这段话下面还有几句话，好似含有证明和间接性之意，但不足影响根本原则的大旨。

"在斯宾诺莎书中，我们遇着同样的话头，说："上帝的本性，换言之，上帝的抽象观念，即包含存在。"斯宾诺莎的第一个界说，即关于自因(causa sui)的界说，即谓"自因之物，其本性包含存在，其性质除认作存在外，不能设想"。总念和存在的不可分，亦是斯宾诺莎系统中的根本思想和前提[2]。但与存在不可分的总念，究竟是什么东西的总念呢？当然不是有限事物的总念，说上帝存在是必然的，这无异于说上帝是总念与存在不可分的存在。

这第二点的正文是说："上帝的存在和上帝这个观念之不可分开"作为论题的，其论述就是：上帝的存在是在包含在上帝这个观念(或说概念)之中的，也就是说，上帝这个观念决不能没有"存在"这个属性被包括在其中，因此，上帝的存在乃是必然的并且是永恒不变的，因为"存在"是作为一种属性包含在上帝这个观念里面，所以说"上帝是存在的"这个命题乃

① 这段话原是引自笛卡尔的《哲学原理》的原拉丁文，而贺译是从英文瓦拉士的英译重译出来的，瓦拉士的英译是意译，与原文的意义稍有出入，可是大体可用，故未修改，读者见谅。

② 这里的"前提"似不适当，但我们手边的原德文本缺了这一大段，因而无法查对，但看来瓦拉士的英译为"基本假设"(fundamental hypothesis)似是较正确的。

是一个分析命题，即必然是正确而且永远不会改变的命题，详见原注一。

原注一：笛卡尔的《哲学原理》一书第一章第十五节有这一段话："假如读者能注意到，他不能在任何别的事物里面发现一个观念是包含有必然性的存在它里面，有如上帝这个观念那样的，他就得要更加相信是有一个无上圆满的存在了。他将会可以知道，上帝这个观念是表示一个真实的而不变的本质的，这个本质不能不存在，因为它包含有必然存在在它里面。"紧接着这段话，而在下面还有几句话，好似是含有证明和间接性的意思的，但是不足以影响到根本原则的主要意义，所以在这里就不必引了。

"在斯宾诺莎的书中，我们也碰到同上面一样的说法：'上帝的本性，换句话说，关于上帝的抽象观念是包含着存在这个属性的。'斯宾诺莎的第一个界说，也就是关于自因(即以自身为原因——causa sui)的界说，是说'自为原因的东西，其本性是包含着存在的，其性质除了是认作存在之外，是不能设想的'。这样看来，总念和存在之不可分开，也就是斯宾诺莎系统中的根本思想和基本假设了。但是和存在不可分的总念，究竟是什么东西的总念呢？当然不是有限性事物的总念。说上帝[这位无限者]的存在是必然的，这就是说上帝是总念与存在[即主观与客观]的不可分开的[这种]存在。"依英人瓦拉士的英译，这最后两句话是："不是有限性事物的总念，因为有限性事物是这样构成的，以致它们是有一种不必然的，而且一种被创造的存在的。"瓦拉士还跟着这两句指出：斯宾诺莎在这两句之后还有他的第十一道命题，带着上帝必然存在的证明，而只有他的第二十道命题，说明上帝的存在与其本质乃是同一的东西，而这两道命题实际上都是多余的，而那所谓证明，与其说是实在的，不如说是形式上的。说上帝是实体，是唯一的实体，上帝作为实体来说，就是自为原因(causa sui)，所以上帝就是必然存在的——这一切不过是说上帝乃是那样的，其总念与其本质是不可分开的。

180.5 (3)：就对于外界事物的存在之直接意识而论，他们[①]都认为除了指感性的意识外，没有别的了。我们之具有感性意识乃是最无关重要的知识。唯一值得我们知道的事，就是对于外界事物的存

① 这里"他们"是指笛卡尔和耶柯比。

在之直接知识乃是错误的、虚幻的，而感官事物的本身是没有真实性的。外界事物的存在亦只是偶然的、幻灭的假象。外界事物本质上只有存在，而它们的存在与它们的总念和本性是分离的。

这第三点是就笛卡尔和耶柯比之对于外界事物的存在之直接意识来说的。黑格尔认为，笛卡尔和耶柯比都认为，关于外界事物的存在之直接意识，除指感性的意识之外，就没有别的了。他们认为，我们之具有感性意识乃是最无关重要的知识；唯一值得我们知道的事情就是：对于外界事物的存在之这种直接知识，乃是错误的、虚幻的，而感官事物的本身是没有真实性的，而且外界事物的存在也只是偶然的、幻灭的假相。外界事物本质上是只有存在，而这种存在是和它们的总念以及和它们的本性分离开的。

这也就说完了笛卡尔和耶柯比两人所主张的共同之点，一共有三，如上述。在下面第七十七节里是说明笛卡尔和耶柯比的相异之处的。

180.6 第七十七节

黑格尔认为笛卡尔和耶柯比有两点不同，那么，现在让我们先看他们的第一点之不同。其中译文如下：

181.2 (1)笛卡尔的哲学从这些未经证明且认为不能证明的前提[①]出发，进而达到更扩充发达的知识，这样一来，便产生了近代科学。反之，近时耶柯比的学说(参看第六十二节)，却得到一个本身异常重要的结论，认凭借有限的范畴而进行的知识，只能认知有限事物，而不能把握真理，且亟愿关于上帝的意识老停留在纯全抽象的信仰的阶段。(注二)

原注二：反之，安斯兰[②]说过，“依我看来，这乃是由于懈怠，如果当我们业已承认一个信仰之后，而不努力去理解我们所信仰的对象”。(见氏著《神人论》)[③]安斯兰这番话，对于基督教[④]义的具体内

① 这里的“前提”应是“公设”。

② 这里的安斯兰是 Anselm 的错误音译，按这是英国十一至十二世纪坎提伯利大主教安瑟其人的名字。

③ 这是安瑟的最著名的一本用拉丁文写的名著，标题为 Cur Deus Homo，应中译为《何以神成为人》。

④ 这里显然脱漏了一个“教”字。

容在知识上提出一远较耶柯比所谓信仰更为艰巨的任务。

笛卡尔和耶柯比相同的主张有三点，如上述，但还有两点的区别，其第一点是：笛卡尔的哲学是从上节所阐述的那些未曾经过证明而且认为是不能证明的公设出发，进而达到更加扩充而发达的知识的。这样一来也就产生了欧洲近代科学。但是，与此相反，近时的耶柯比学说(请参看上面第六十二节，即贺译本第164～166页)却得到一个本身非常重要的结论，那就是：认为凭借有限的范畴而进行的知识，只能够认知有限性的事物，而不能把握得住真理，并且那总是想要知道关于上帝的意识，一直就是停留在完全抽象的信仰那个阶段。(注二)

原注二：可是英国十一至十二世纪的坎提伯利大主教安瑟却这样说过："依我看来，这种关于上帝的意识之停顿不前，乃是由于个人的懈怠。如果，在我们的信仰得到坚定之后，不去努力理解我们的信仰对象[才是有上述的情况的]"。(见安瑟著《何以神成为人》)。安瑟的这番话对于基督教的教义的具体内容，在知识上，提出一种远远比耶柯比之所谓信仰更为艰巨的任务。

两家学说之间第二点的区别是：

181.3 耶柯比的学说，一方面，并未改变笛卡尔所提出的通常求科学知识的方法，其进行研究的方式亦复采取与产生经验①科学和有限科学相同的方法。但另一方面，此说一遇到以无限为内容的知识时，便舍弃了这种科学方法，且因它另外不知道别的方法，所以对于把握无限，便放弃一切方法。因此，耶柯比的观点便放纵于想象与确信②之狂妄的任意中，沉溺于道德的夸大和情感的矜骄中，或流入于一无准则的独断和枯燥的辩论中，凡此习气，皆强烈的反对哲学和哲学的研究。哲学当然不容许单纯的趋于确信③或夸张，亦不容许任意无端的往复辩论。

① 这里的"经验"依英人瓦拉士是experimental这词而不是empirical，那么就应中译为"实验的"或"实验"。但编者手边的德文本残缺了这一大段的原文，莫从查核，然以前后文来说，当以"实验的"较妥。

② 这两处的"确信"依瓦拉士是assertion，而按前后文，这词应中译为"断言"。

③ 同上注。

依黑格尔的看法，耶柯比的学说，与笛卡尔的学说比较起来，并没有改变笛卡尔所提出的通常寻求科学知识的方法，而且用来进行科学研究的方式也是采取那和产生实验科学和有限性科学相同的方法。但是另一方面，耶柯比的学说一遇到以无限作为其内容的知识时，它便放弃了这种只适合于有限性事物的科学研究方法，而且因为这种耶柯比的学说又不知道另外一种的方法，所以它对于把握无限，就只得放弃一切方法。既然如此，耶柯比的观点就是放纵于想象与断言这种狂妄的任意之中，沉溺于道德的夸大和情感的傲慢之中，或者就是流入于全无准则的独断和枯燥的辩论之中。但凡这种习气，都是强烈地和哲学而且和哲学研究相反的。哲学当然是不容许单纯趋于断言或夸张的而且又是不容许那种任意无端的不断争辩无休的。

这样，黑格尔也就结束了他对于耶柯比一派的直接知识这种哲学主张的分析和批判，而按上面的最后一段话来看，他在宗教上而尤其在哲学上，是反对耶柯比派的直接知识论的，虽然他在直接知识这种观点中，是看到他自己的绝对观念的苗头，因而便反复加以讨论的。但是，黑格尔在《小逻辑》这篇篇幅较长的概论中，讨论过思想对客观性的三种态度。其第一种，即经验主义是他反对的，因他自己是个极端的理性主义者；其第二种，即康德的批判哲学，是他反复讨论，半信半疑，有点依依不舍的，但是康德这个二元论者是黑格尔的绝对主义所不能相容的，因而他便改变了他在哲学史讲演中原来所采取的次序，而把耶柯比摆在康德之后，表示他对耶柯比的接近比对康德的接近更容易些。经过这一书的分析研究，对三种哲学态度先后表示过他的看法之后，然后在第七十八节才提出他自己的观点和立场，所以我们得要格外注意这不长不短的一节的内容。

现在让我们看看这一节是说些什么的。

182.1 第七十八节

这节的主要内容是讲必须放弃独立的直接性和一个同等是独立的间接性这两者之间的对立，而且又讲到各种怀疑论的科学意义以及自由的真正性质。黑格尔在本节里强调纯粹思想的普遍联系，作为他的逻辑学的关键。

这一节分成两段。现在我们先读其第一段的中译文。

182.2 所以我们首先必须放弃，在知识或内容方面，有一个独立的直接性与一个同等独立无法与直接性联合的间接性间的对立。因为这种对立乃只是一个假设,一个任意的武断。并且所有一切假设和成见,不论其出于表象,或出于思想,于走进哲学的大门之前,概须摒弃不用。因为哲学对于类此的范畴,首须加以考察,而于其意义所在和对立之点,亦须加以理解。

在这段里黑格尔首先指出,思想对客观性的正确态度必须放弃在知识或其内容方面的一种妨碍联系的对立,那就是一个独立的直接性出现在那里,跟着一个同等独立而无法和这直接性联合的间接性对立起来。放弃这种对立的缘故,乃是因为这种对立乃只是一种假设,一个任意的武断,凡是假设和成见是不切合实际的,所以不论它们是出于表象的,或者是出于思想的,都是和哲学不相容的,在走到接近哲学大门之前,都得要丢掉不用的。因为哲学乃是这样的一门科学,在它里面,每一个范畴都必须首先加以考察审核,而对于它意义之所在以及对立之点都必须加以理解。

这是黑格尔所提出的正确思想对客观性的态度的消极方面,即放弃妨碍思想联合的直接性与间接性的对立,然后在接着的下一段提出对于怀疑论的正确处理。这第二段的中译文是:

182.3 怀疑论就其为彻底怀疑一切的知识形式之消极的学问①而言,也许可以作为一个导言,以揭破一切假设的虚妄性。但是怀疑论的导言,不惟是没有意趣的工作,而且也是一多余的路程,因为,有如下面即将指陈的、矛盾进展的历程,本身就是一积极的科学之主要的环节。再则,怀疑论只能在经验中去寻求有限形式,且只能将这些形式当做给予的材料,而不能加以逻辑的推演②。对于这种完成的③怀疑论的需要,犹如坚持科学的研究必须先有普遍的怀疑,或者完全不需任何前提④。真正讲来,在要求纯粹思想的决心里,这种需要实

① 这里原译“学问”这词瓦拉士英译为 science,按其本意,应译为“知识”更妥。

② 这个子句颇为费解,疑有错译,但编者手边的德文本是残缺了一大段的,不能查对,然按瓦拉士的英译,这子句应中译为“而不是用科学的方法把它们推演出来”。

③ 这里“这种完成的怀疑论的需要”也同样费解,按瓦拉士的英译,应中译为“要求这样一种怀疑论得到完成。”

④ 这里原译的“前提”似应依瓦拉士的英译 presupposition,中译为“预先假定”。

借自由而满足了。所谓自由,即从一切事物中抽离出来,把握住事物的纯粹抽象性,或思想的单纯性。

黑格尔在这一段里写道:“怀疑论,就其是一种彻底怀疑一切的知识形式的消极的知识来说,也许可以作为一种导言来揭破一切假设的虚伪性,因而只是消极的。但是怀疑论的导言,不但是一种没有报酬的工作,而且也是一种不必要的行动,因为有如像下面就要说明的那样,辩证发展的过程,其本身就是一种积极的科学之主要环节,虽然它是有其否定的方面的。还有一点,怀疑论只能在经验中去寻找有限性的形式,而且只能把这些有限性的形式当作给予出来的材料而不是用科学的方法把它们推演出来的。要求这样的怀疑论得到完成,就正像坚持科学的研究必须先有普遍的怀疑或者完全不需要任何预先的假定那样,而这是不可能并且无补于科学研究的进展的。严格地来说,在要求纯粹思想的决心里,这种需要是凭借自由而得到满足的。所谓自由,就是从一切事物之中抽离出来,光靠思想去把握事物的纯粹抽象性或者说把握住思想的单纯性。”这也就明白地透露了黑格尔的绝对唯心主义的立场,说明在他的逻辑学里,并且在他的全部哲学体系中,他是要“从一切具体的客观事物之中抽离出来”,“凭借自由”“光靠主观的思想”,即“绝对观念”的“辩证发展”,也就是唯心的概念的“矛盾进展”,来“得到满足的”。如果黑格尔的辩证法之合理核心,不经过马克思把它头脚倒置的本质,在唯物主义改造中彻底改造过来,则黑格尔的全部哲学体系就像他的“自然哲学”和“精神哲学”一样,全都成为欧洲哲学史演变过程中的历史陈迹,无多可值得一盼的了。

现在我们在《小逻辑》第七十八节里也就结束了黑格尔逻辑学的概论部分,进而研讨他的逻辑学作为他的《哲学全书》第一部分,即逻辑学本身。首先就是标题为“逻辑学性质详究及部门区分”这一导论,这是从第七十九节起到八十三节为止的。

逻辑学性质详究及部门区分

183.2 第七十九节

本节主要是略谈逻辑思想形式的三方面并说明这三方面并不是构成

逻辑学的三部分，而是每一逻辑的各环节。

兹先阅读全节的中译文。

183.3 逻辑思想就形式而论有三方面，(a)抽象的或知性[理智][1]的方面，(b)辩证的或消极理性[2]的方面，(c)玄思[3]的或积极理性的方面。

183.4 这三方面并不构成逻辑学的三部分，而乃是每一逻辑真实体的各环节，亦即是每一总念或每一真理的各环节。它们可以被全部被安置在第一阶段或知性的阶段，如是则它们便被认作彼此孤立，因而不能见到它们的真性质。我们此处所提出来的关于逻辑学的性质和部门的讨论，在现阶段只能说是预拟或历史性的叙述。

在这节里黑格尔是从逻辑思想的发展形式来考虑逻辑思想的三方面的。这三方面是：(a)抽象的或说知性的方面，这方面之称为抽象的，是因为在这初步的阶段上，逻辑思想还未发展，仍然在其自在的形态上，即如其当时那样的形态上，并未和它的他物或说对立面发生关系而受到影响，所以就是潜在的，未发展的，自在的(an sich)，因而就是属于知性这个分别识的阶段上的，各物都是和它的“他物”分别开来，各物都各自为其原本那样的。(b)辩证的，即由于内在的矛盾而不能安定下来，发生了内部的斗争而力求这矛盾的解决从而向前发展，但是，由于急待矛盾的解决，所以就有阻力的消除，因而当下的消极因素是突出的，而消除这种阻力是合理的，所以就称为辩证的消极理性方面，这是思想发展的进程中第二个阶段。(c)详审的，也就是积极理性的方面，其称为详审的(德文的spekulativ)也可以称为“思辨的”，即“思想辩证的”，是因为发展到这个阶

---

① 贺译在这里方括号内加入“理智”来作为知性的代词是不正确的，难道理性不是理智吗？按“知性”是德文 Verstand 的中译。从我国的哲学名词来说，尽可用“分别识”这词作为解释“知性”的一词。

② 关于“消极理性”这词可看下面第八十一节正文的开头三行。

③ 这里的“玄思”一译词，似不恰当，因为它的道家意味太深，易滋误解，查这词在德文是 die Spekulation，而由拉丁文的 specere 这个动词的过去分词 specualatus 演变而来的。据拉丁文这原词是“侦察”或“细查”的意思，可中译为“详审”，以表示对一事物从各方面审查之意，或译为“思辨”即“思想辩证”。

段时，逻辑思想是得要高瞻远瞩，从各方面考虑周详，以求顾到全面的，因而也就是积极理性的方面。

这是本节的第一段的内容，约略提出逻辑思想从其发展的形式上看它的三个方面的，而由于这三方面是从发展看的，因而这三方面也就是发展的三个前后相继的三个阶段。

因此之故，黑格尔就在接着的第二段写道："这三方面并不构成逻辑学的三部分"，也就是下面第八十三节(贺详本第 195 页上)所列举的"有论"，"本质论"和"总念论和理念论"这三个从范畴逐步演变而成的三部分，而在本节初步所讲的三个方面，其如上述，"乃是每一逻辑的真实体的各环节"，意思是说，无论逻辑里所谈的是什么真实的东西，例如一个概念，或一个范畴，或一个表达思想的命题，乃至一种推理，都是它的环节的。请注意这里的"环节"乃是黑格尔所常用的一个德文的 der Moment 这个哲学术语，是不易确切地中译的。译为"环节"似嫌勉强，有译为"契机"的，虽较生硬，但尚确切。黑格尔在这里的所谓环节(或说契机)也就是每一总念或每一真理的各环节(也就是构成其为总念或真理的不可或缺的因素)。"它们(即这三种因素)可以全部被安置在第一阶段或者说知性的阶段，这样一来，由于知性原是分别识，把事物各各分别开来的，那么'它们便被认作彼此孤立的'各不相涉的了，结果就不能见到它们的真性质。"因为不能见到它们彼此间的关系，而离开事物的彼此关系，那就没有事物的性质可说的了。可是，这个问题是不能一言两语说清的，因此，"我们此处所提出来的关于逻辑学的性质和部门的讨论，在现阶段只能说是一种预行的或历史性的叙述"。

这是第七十九节的内容，确是预拟的而带点历史性的叙述的。其详当在下面说明。现在让我们看看谈知性阶段的逻辑思想之第八十节吧！

183.5 第八十节

这一节主要是谈逻辑思想的知性阶段上的形式。其附释并说明知性的性质和作用。

这节的正文比较短，只有一段，而附释则较长，共有七段，兹先看看正文。

183.6(a)就思想之为知性[理智][1]言,坚执着固定的特性,和各特性间彼此的分别。知性式的思想将每一有限的抽象概念当作本身自存或存在的东西。

在这节的正文里,黑格尔首先指出:“思想之作为知性来说,是坚执着事物的固定性以及各特殊之间的彼此分别的。”因此,知性乃是分别识,所以“知性式的思想是把每一个有限的[从整体]抽出的概念当作其本身就是自存的或者是存在的东西。”

这段正文是言简意赅的,因而后人就加上较长的附释予以说明。其第一段的中译文是:

183.7 附释:当我们一说到思想或确切点说总念时,我们心目中平常总以为只是指知性的活动而言。诚然思想无疑地本是知性的运用,但思想不仅是老停滞在知性的阶段,而总念亦不仅是知性的功能[2]。知性的活动,概括言之,可以说是在于赋予其内容题材以普遍性的形式。不过由知性所建立的普遍性乃是一抽象的普遍性,此普遍性与特殊性坚执地对立着,致使其自身同时亦成为一特殊的了。知性对于其对象既持分离和抽象的态度,故知性乃是当下的直观和感觉的反面,而当下的直观和感觉纯全涉及具体的内容,且始终停留在具体性里。

附释这第一段是说明知性从它的活动与作用来表示出它的特质的。首先,我们平常是往往以为思想乃至总念的形成是由于知性的活动的。不错,思想无疑是由于知性的运用,但是思想是不断发展的,它不能老停滞在知性这个初步的阶段上,而形成总念是不仅仅由于知性的功能的。知性的活动,概括说来,可以说是在于赋予其对象的内容题材以普遍性的形式。这是怎样说的呢? 知性不是分别识吗? 把一对象分别为属于某一

① 这里放括号内的“理智”作为知性的代词是不妥当的,理由见前面的脚注。(即用“理智”来作为知性的代词是不正确的,难道理性不是理智吗? 按“知性”是德文 Verstand 的中译,从我国的哲学名词来说尽可用“分别识”这词作为解释“知性”的一词。——整理者注)因此,在这种情况下,我们一律把理智改回为原文的“知性”。

② 这句话读来颇觉费解,但我们身边的德文本是残缺了这一大段的,因而无从校正,而读瓦拉士的英译,特别结合紧跟在后面的一句,这句话似应中译为“而形成总念是不仅仅由于知性的功能”。

类以别于他类，那就是以类的这种普遍性赋予其对象当下的内容题材了。不过另一方面，由知性所建立的普遍性乃是一抽象的普遍性，即从类别形成的特殊一类的普遍性，所以这种普遍性是和特殊性坚执地对立着的，也就是这一类而不是别的一类，因之其自身也就同时成为一种特殊的了。知性对于其予以分别的对象，既然是保持分离的和抽象的态度，如上所说，所以知性就是当下的感性直观和感觉的反面，而当下的直观和感觉纯然是涉及具体的内容，而且始终是停留在具体性里的。

这是附释的第一段，说明知性的性质的。但是由于知性是具有这种性质的，而一般又认为思想纯是由于知性的活动而来的，所以人们也就从而对思想加以抨击，于是附释在第二段里就予以答复和辩护。且看看这段的中译文。

> 184.1 许多常常一再提出来的对于思想的攻击，皆可以说是和知性与感觉的对立有关，这些对于思想的攻击大都不外说思想太固执，太片面，如果加以一贯发挥，将会引致有危害的破坏性的后果。这些攻击，如果其内容有相当理由的话，可这样加以回答，说它们并没有涉及思想的一般，更没有涉及理性的思想，而只适中于知性式的抽象思想。但尚有一点必须补充者，即无论如何，我们必须首先承认知性式的思想之权利和优点。大概讲来，无论在理论的和实践的范围内，没有知性，便不会有坚定性和确定性。

附释的第二段是这样叙明有些人对于思想的抨击从而予以解答的：那些许多常常提出来对于思想的攻击，都可以说是和知性与感觉的对立有关的。这些对于思想的攻击，大都不过是说思想太固执了，太片面了，如果加以一贯的发挥，那就将要导致有危害性和破坏性的后果。这些攻击，如果其内容果真有相当的理由的话，那就可以这样来予以回答：这些攻击并没有涉及思想的一般，更没有涉及从理性所发生的思想，而只是适合于知性式的抽象思想。但是还有一点是得要补充的，那就是无论如何，我们必须首先承认知性式的思想之权利和优点，那就是，大概讲来，无论在理论的和实践的范围内，没有知性，那就不会有思想的坚定性和确定性了。

这是对于知性在思想上的作用之肯定，而这种肯定是十分正确且必要的，不然的话，思想也就会模糊不清，概念混淆，不知所云了。由于知性这种分别识在思想发展过程中的重要性，附释在接着的第三段还加以发挥。且看这段的中译文。

184.2 先就理论方面来说，知识起始于认识当前的对象而得其确定的区别。例如在自然研究里，我们必须区别质料、力量、类别等，将每一类孤立起来，而确定其形式。在这里，思想作为分析的知性来进行，而知性的定律为同一律，为单纯的自我相关。也就是由于根据这种同一律，知识的历程才能够由一个范畴推到别一个范畴。譬如，在数学里，体积就是排除了它的别的特性而据以进行的范畴。所以，在几何学里，我们持一个图形与另一个图形比较，藉以求出其同一性。同样在别的知识范围里，例如在法学里，亦是主要地依据同一律而进行研究。在法学里，我们由一特殊的法理推到另一特殊的法理，这种推论，除了依据同一律而进行外，没有别的了。

上段不是已经写了"无论在理论的和实践的范围内，没有知性便不会有坚定性和确定性"的吗？所以附释现在就得要"先就理论方面来说"了。"知识是起始于认识当前的对象而得到其确定的区别的。"例如在关于自然的研究里，我们必须要把质料、力量、类别等等都区别开来，把每一类孤立起来，为的是确立这类的型式。在这里的自然研究中，思想是作为分析的知性来进行的，而知性的定律就是同一律，而"同一"这词组按其所自出的拉丁文①原是有"各自性格"的含义，所以同一律就是单纯的自我相关，即一物与其自身的关系。因此，就是由于根据这种同一律，甲就是甲，知识的历程才能够由一个范畴通过这种关系推到另一个的范畴，因为二者是同一的，甲原本就是甲。譬如说，在数学里，以体积为研究的对象，那就暂且排除了这对象除体积以外的别的特性，而只把体积这个范畴作为根据来进行运算。所以，在几何学里，我们拿一个图形与另一个图形相比较其体积，从而求出它们两者的同一性，那就可以暂且不问这相互比较体积的两个图形同是三角形与否而只计算其体积。同样在别的知识范围里，

① 按拉丁文的"同一性"是 identitäs 这词，而这词是从 idem 这词演变出来的，欧洲语文常用的 i. q 主要就是 idem quod 的缩写，而 idem 也就是同一的意思。

例如在法学里，也是主要依据同一律而进行研究的。在法学里，我们由一特殊的法理推到另一特殊的法理，这种推论，除了依据同一律而进行外，就没有别的可依了。

这是附释第三节从理论方面谈知性的重要性，而在下一段里，便从实践方面来谈知性的重要性。且先看这一段的中译文。

> 185.1 在理论方面，知性固属重要，在实行方面，知性亦复不可少。品格是行为的要素，一个有品格的人即是一个有辨别力的人。由于有辨别力，他心目中有确定的目标，且坚定不移地以求达到他的目标。一个志在有大成就的人，他必须，如歌德所说，知道限制自己。反之，彼什么事都想做的人，其实什么都不能做，而终归于失败。世界上有趣味的事异常之多：西班牙的诗、化学、政治、音乐皆很有趣味，如果有人对这些东西感觉兴趣，我们决不能说他不对。但一个人在特定的环境内，如欲有所成，他必须专注于一事，而不可分散他的精力于多方面。同样，无论那一项职业，主要的是用辨别力去从事。譬如法官必须专注于法律，依照法律来判决案件，不可为这样那样的考虑而迟疑，不可左顾右盼而有所宽假。此外，知性又是学养（德文的 Bildung）中之一主要成分。一个有学养的人决不以混沌模糊的印象为满足，他必力求把握对象而得其确定的性质。反之，一个缺乏学养的人，每游移无定，而且浪费许多麻烦才能理解他所讨论的是什么一回事，并促使他集中视线专注于所讨论的确定论点。

关于知性在实践方面的重要性，附释的第四段按其为分别识，亦即辨别的能力，是这样写道的："在理论方面，知性固然是重要的，而在实行方面，知性也是不可少的。品格乃是行为的要素。一个有品格的人也就是一个有辨别能力的人，而辨别能力也就是知性。由于一个人有辨别能力，他在心目中就有确定的目标，因为确定的目标是在明确分辨之后才选定的，而且有辨别能力的人，目标确定后就坚定不移地去求达到他的目标的，一个立志要有伟大成就的人，就必须如歌德所说，知道限制他自己的。反之，那什么事都想去做的人，到头来什么都不能做，那就终归于失败。世界上有趣味的事是非常之多的：西班牙的诗、化学、政治、音乐这些都是饶有趣味的。如果有人对这些东西感觉兴趣，我们决不能说他不对。但是,一个人在特定的环境内,如果想要有所成就,他就必须专心注意于一事,而不可分散他的精力于多方面。同样地,无论哪一项职业,主要的是用辨别力去从事这一项职业。譬如,法官必须专注于法律,依照法律来判决案件,不可为这样或那样的考虑而迟疑不决,不可左顾右盼而有所宽容或借口。此外,知性又是学养中之一个主要成分。一个有学养的人决不以混沌模糊的印象为满足,而必定是力求把握住所学的对象来得到它的确定性质。与此相反,一个缺乏学养的人,每每是游移不定,而且得要花费许多的麻烦才能够弄清楚他所讨论的是什么一回事,并且去促使他的视线去专心注意于他所讨论的确定论点。这些都是说明知性这种分别识在实践方面的重要性的。

这就是第八十节附释第四段的内容。下面就是紧接着的附释第五段。这段是说明在逻辑里理念的作用。现在我们看看这段的中译文。

185.2 照前面的解释,逻辑的理念一般地讲来并不仅是一主观的活动,而乃是十足的[①]共相,且因而同时可以认作是客观的。这种说法,现在在这表示逻辑真理之第一形式的知性里,却得着一适当的应用或说明。在这里,知性的意义约略相当于我们所说的上帝的仁德,就上帝的仁德之被了解为有限事物的存在或自存而言。譬如,在自然界,我们可以认识,上帝的仁德在于对于一切不同种类的动物以及植物,凡于保持其存在,增进其生活所需要的一切事物,皆一律供养。对于人类,上帝亦一视同仁。无论就个人言,就整个民族言,举凡于人类之维持与发展有关的条件,一部分为直接的环境如气候、土壤的性质和出产等,一部分如人所具的禀赋和才能等,皆出于上帝的恩赐。像这样的知性,可以说是表现在客观世界的一切领域里。而且一个对象之完善与否,完全视它能否满足知性的原则为准。譬如,一个国家就是不完善的,如果这个国家尚没达到阶级[②]与职业的确定区分,并且如果在这国家那里性质上各不相同的政治的和行政的功能,并没有发展出特殊的机构去加以

① 这里的“乃是十足的”之译文颇令人费解,编者无从查对其原文,但据瓦拉士的英译,似改为“毋宁说实在正是”(is rather the very)较妥。

② 这里的“阶级”按当时的社会实况应中译为“等级”。

治理，如像那高度发展的动物的机体，均有特殊的机构以行使感觉、运动、消化等功能一样。

在这段里，附释的编纂者如果是正确地记载了黑格尔在课堂讲学的内容，那就是把黑格尔哲学思想的唯心主义之目的论暴露无遗了。这段附释的内容与其思想的精神，很可以和康德的《判断力批判》下卷①之第一部分和“关于目的论的一般解说”这一部分合并着来研讨并予以批判。如果时间不容许，则读者光看该书下卷的第4(65)节的最后一段(中译本第24～25页)和接着的第5(66)节的第一段(中译本的第25页)，也可见其一斑了。

这段的篇幅较长，但除了开头的两句不易理解外，其余的文字与内容也较容易把握，无非是唯心主义的目的论。我们试试把它略为通俗化如下：照前面讲到知性的性质和知性式的思想怎样是趋于固定的，因而就是以同一律来确定事物的，然而从人们的理论和实践这两方面来说，没有知性的这种固定的作用，也是不行的。那么，逻辑的理念作为思想的准则其与知性的关系又是怎样的呢？附释的当前第五段就是要答复这个问题，而在其答复中黑格尔的唯心主义目的论也就暴露出来了。依附释所记载，黑格尔是这样说的：“逻辑的理念或说逻辑的原理，一般说来，完全不仅只是人们意识中的一种在主观上的活动，而且应说实在正是普遍性的表现(或称共相)，因此就同时可以认为是客观的东西，因为它是普遍存在着的。这种说法，现在在这个表示逻辑真理之第一形式的知性里，却得着一种适当的运用或者说适当的说明。”[这里说知性是表示逻辑真理的第一种形式，其理由就是，黑格尔依据康德的把人类认识活动分为感性、知性和理性这三种，其感性是纯粹接受性而尚没有表现人类意识的思想活动的，所以知性就是逻辑性的真理之第一种形式而理性则为其更高一级的第二种。]何以在知性里得着逻辑的原理之不仅只是人类意识中一种主观上的活动而且实在是普遍性或说共相的表现呢？理由就是：在这里，知性的意义，依黑格尔说来，大约相当于基督徒所说的上帝的仁慈，而所谓上帝的仁慈是指上帝的仁德之表现为有限事物的存在或者有限事物之尚

① 康德的《批判力批判》下卷有韦卓民的中译本，由商务印书馆于1964年出版。

未具有具体存在的形式而只有其存在之可能性的①。譬如举例来说，首先在自然界里，我们在一切不同种类的形形色色的动物和植物那里，都可以认识到上帝的仁德在有限事物上有形或无形的存在，那就是，凡是保持动植物界芸芸众生的存在以及增进其生活所需要的一切条件与资料，无不一律供给备至。则对于人类来说，上帝也是一视同仁，爱护备至的。无论就人类的个人来说，或者就整个民族来说，凡是有关人类的维持与发展的种种条件，一部分是直接的环境，例如气候、土壤的性质以及出产等等，另一部分譬如说人之所具的禀赋和才能等等，都是出于上帝之所赐。这一切都是知性的范畴，知性范围的品物。像这样的知性，可以说是表现在客观世界的一切领域里，不胜枚举的。而且一个对象是不是表现了它的应有完善的性质，这是完全要看它能不能满足知性的原则所要求。譬如说，一个国家如果没有达到当时的社会等级和职业的确定区分，并且在这个国家里那些性质上各不相同的政治的和行政的功能并没有发展出特殊的机构去加以治理，如像那高度发展的动物的机体均有特殊的机构来行使感觉、运动、消化等功能那样，那么这个国家就是不完善的了。

附释这里最后的一段话，就不但是反映了黑格尔好像鹦鹉学舌地重复了他的前辈康德的唯心主义目的论的话语，而且又是几乎字句复述了古希腊柏拉图的客观事物为理念摹本这种唯心主义的谬论。黑格尔是这样在知性问题上充分表现他向往柏拉图与康德的唯心主义思想的，然而他毕竟是生活在欧洲十八世纪末十九世纪初叶，因而在附释的最后两段里他的门人还提出了他对于知性的想法之比较正确的一面。现在让我们看看本节附释的第六段的中译文。

> 186.1 从前此的一番讨论，我们还可以见得，即在依通常意见，以为距知性最远的活动范围里，如在艺术、宗教和哲学的领域里，知性亦复不可缺少。如果这些部门愈益缺乏知性，则将愈有缺陷。例如，在艺术里，凡是那些在性质上不同的美的形式，皆得严加区别，且得明白揭示，此皆知性活动之力。即就每一件艺术品而论，知性的活

① 这里从这长句的“或者”起到“可能性的”这一长词组是意译德文的 die Subsistenz 和英文的 subsistence 这词的。这词含义很微妙，贺译的“自存”或其他的译法如“潜存”等皆不足以尽其含义，似乎只能意译如此。

动情形亦复相同。因此一出剧诗之完美，在于对不同的剧中人的性格将其纯粹与确定性加以透彻的描绘，且在于将支配各人行为之不同的目的和兴趣，加以明白确切的表达。其次试再就宗教领域而论。希腊神话所以较优于北欧神话之处（除了题材和认识方面的其他异点不论），即在于希腊神话中的每一神灵皆有极清楚的雕像式的轮廓，而北欧神话中的诸神灵，则模糊不清，彼此混淆。末了，试就哲学来说，经过上面这一番讨论之后，哲学之不可缺少的知性，似已用不着特加论列了。在哲学里，最紧要地，就是对每一思想必须加以充分确切的把握，而决不容许有丝毫空泛和不确定之处。

本节附释的第六段补记了黑格尔在艺术、宗教、哲学这三个意识形态领域里知性的作用，而反映了黑格尔在这三个部门中对于知性的认识之正确鉴定的。

这一段首先是论述了知性在艺术、宗教、特别是在宗教的神话里，以及在哲学的思想里，虽然照通常的见解说来，像是远离知性的活动的，其实不是这样。如果这些部门愈益缺乏知性，那就会愈有缺陷。

首先谈谈知性之在艺术里。凡是在艺术的操作里，那些在性质上不同的美的形式，都不能混淆而必须通过知性的辨别能力严格地区别开来，明白揭示出来。这就是知性在辨别上活动的能力。就是在每一件艺术品来说吧，在这里，知性的分辨性活动，其情形也是一样重要的。所以，就一出剧诗的完美来说吧，其完美就是在于不同的剧中人的性格能够把它们各各不同的特点，如实纯粹地和确定地加以透彻描绘，而且在于把那些支配各人的行为之不相同的目的和兴趣，加以明白而确切的表达。这就是知性在艺术领域的作用，那就是严格区别美的形式，确定诗剧中人性格的描绘，确切表达各人行为的目的和兴趣，不容有丝毫的混淆和紊乱，以致损害艺术的优美。

其次就是知性在宗教领域里的作用，这特别在神话里表现出来。例如古希腊神话之所以较优于北欧神话（除了其题材和认识方面的其他异点姑且勿论外）就是希腊神话中的每个神都有极其清楚的雕像式的轮廓，而北欧神话中的神就是模糊不清，彼此混淆的。这也是知性在两族神话中所起之作用不同所致。

最后,试从哲学方面来说。关于这个问题,经过了上面一番讨论之后,哲学之不可缺少知性,似乎已经是用不着再特别详加论列了。在哲学里,最紧要的,就是对每一思想,都必须有充分而确切的把握,而决不容许有丝毫空泛或不确定的地方,否则就失去哲学的意义了。

可见从上面的艺术、宗教和哲学这三个意识形态的范围来说,知性这种分别识是不可缺少的。但是虽然如此,知性却不是人类意识活动的最上乘而是有待于发展的。这就是本节附释的结束语。且看看这附释最后一段的中译文。

187.1 再则也常有人说,知性不可太趋于极端。这话也是相当对的。因为知性并非究竟至极之物,而乃是相对有限之物,且知性的发挥,如果到了极点,必至转向它的反面。青年人总喜欢驰骛于抽象概念之中,反之,有生活阅历的人,决不容许抽象的[非此即彼]的观点之闯入,而保持其自身于具体世界之中。

这一段便结束了本第八十节的附释关于思想在知性阶段的特性之分析和讨论。这段是作为知性的思想过渡到思想的辩证阶段的。首先附释这最后一段写着什么"常有人说,知性不可太过于趋于极端"。这附释的编者认为这话是"相当对的"。何以是对的呢? 因为知性[在人类的意识活动中]并非是究竟的到了极点的活动,而是相对的有限性的活动,而且知性的发挥,如果是到了极点,那它就会[按照辩证发展的规律]转向到它的反面。例如,青年人总是喜欢向往于抽象的概念的,可是有生活阅历的人是和青年人相反的,决不容许抽象的"非此即彼"这种脱离实际的观点闯进他们的思想中来,而保持他们的思想在具体世界之中。

这样,知性的有限性的概念就过渡到它们的反面了,这就是下面第八十一节的内容。现在我们看看这第八十一节是怎样说的。

187.2 第八十一节

这节主要是谈逻辑思想的从其知性阶段发展到辩证阶段的。我们首先看看这节的正文,然后再去看这节较长的两个附释。正文的中译文是:

187.3(b)在辩证的阶段,这些有限的概念扬弃它们自身,并且过渡到它们的反面。

187.4(1)当辩证法原则被知性加以孤立地独立地应用时,特别是当它这样地被应用来处理哲学上的总念时,它就成为怀疑主义了。在怀疑主义里,运用辩证法的结果乃是纯粹的否定。(2)辩证法通常总是被认作一肤浅的技术,单凭主观的意见,使确定的概念发生混乱,或发生表面上的矛盾。于是便认这表面上的矛盾为虚妄,而反以那知性的抽象概念为真理。辩证法又复常被认作一主观任性的往复辩难之术。这种辩难乃出于机智,缺乏真实内容,徒以机智掩其空疏。但就辩证法的固有特质而言,矛盾进展乃所以构成知性所规定的一切事物的真实本质,为支配一切事物和整个有限世界的法则。辩证法与反思不同。反思一方面乃所以超出一物之孤立的特性,加以关联,使与别的性质有关系,但一方面仍保持那特性的孤立的效准。反之,辩证法乃是一种内在的超越(immanente Hinausgehen),由于这种内在的超越历程,知性概念的片面性和狭隘性的本来面目,换言之,知性概念的自身否定性就表明了。因为,凡有限之物莫不扬弃其自身。这样看来,辩证法构成科学进步之推动命脉。唯有凭借辩证法,科学内容才能达到内在联系和必然性,并且惟有由于辩证法,知识方面或实在方面,才能有真正的超出有限,而不只是外在的超出有限。

这第八十一节开头的(b)是接着上面第七十九节的逻辑思想形式之划分为三个方面而在第八十节讨论过其第一方面知性之硬性分别识之后而进行逻辑思想的在辩证法使用上只从其消极性一方来看问题,因而就陷入怀疑主义这种纯粹否定里的。这就是(b)的阶段。

在简短的第一段里,只提出逻辑思想辩证形式消极一面的矛盾进展的第二步,说明在辩证的阶段上逻辑思想的一些有限的概念是扬弃它们自身,作为辩证发展的正、反、合之反这个形式,而且按辩证发展的过程是必然要过渡到它的反面而成为下一形式之合的。

在第二段里,只有一段而包括了以(1)和(2)标明的两层意思,其(1)层是说到辩证法在逻辑思想上被使用,由于矛盾的进展,首先是表现其否定的作用,着重思想所含的引起斗争之成分,而在两方冲突的场面上,两方都是互相限制,因而同是有限性的,其概念则由于发展而同时因为对方的影响而有所变动从而扬弃其自身,表示一种消极的形态,于是起分别作用的知性便加以孤立的独立的片面看法，特别是在这种影响下来看事物的整个概念(或说总念)的时候，所看到的只是构成的整个概念部分被摇动，整体变了形，于是就认为一切都在被否定的过程中，任何都无从把握而抓不住了，结果就是对真理乃至对客观事物的怀疑，充其量就成为了怀疑主义这种全盘否定的思想态度。可是这是错误的看法，因而黑格尔便在本段的(2)之一层里指出其错误而予以纠正。在(2)的这层里，黑格尔写道："辩证法通常总是被有些人称作是一种肤浅的技术。"有如古希腊时代缺乏哲学头脑的人们批评苏格拉底那样，说他"单凭主观的意见"，和当时的智者辩论时，"弄得已是确定的概念发生混乱或者发生[至少是在]表面上的矛盾了"。于是便认为这种表面上的矛盾是虚妄的，反而以那些[片面性的]知性的抽象的[没看到全面的]概念是表达真理的[东西]。辩证法是这样被[一些人误解而歪曲了，所以就是这样常常被有些人]当作是一种主观的任性的往复辩难的[争论]技术，其实质无非是出于机智、缺乏真实的内容，实在是空疏的，不过用机智来掩盖他的空疏[从而欺骗人]罢了。但是[这不过是对辩证法的诬蔑]，就辩证法的原有特质来说，[辩证法乃是矛盾的进展，而]矛盾进展正是构成知性所规定的一切事物的真实本质，是支配一切事物和整个有限性世界的法则。[这才是辩证法的真谛，当知]辩证法和反思不同。反思一方面[的作用]是使一物超出它的孤立特性，从而与他物相互联系，而这样就和别的性质发生关系；但是反思另一方面是依然保持着那原来的特质而孤立地发生效力的。[所以反思还是属于知性的范畴的。]辩证法就与之不同，辩证法是要超越的，即超出原有的范围的，而它的这种超越乃是内在的超越(德文的 immanente Hinausgehen①)，而由于这种内在的向外走出的历程，知性概念的片面性和狭隘性的本来面目，换句话说，知性概念的自身否定性就表明了。因为，凡是有限之物，都要扬弃其自身[而不能老是停留在原来的阶级上的]。这样看来，辩证法是构成科学进步的推动命脉的。只有依靠辩证法，科学的内容才能达到它的内在联系和它的必然性，并且只有由于辩证法，知识方面或实在方面，才能有真正的超出有限而不只是外在性的超出

① 这个德文词组可直译为"内在的向外走出去的性质"。

有限。

这就结束了黑格尔关于辩证法的阐述。但是，在他死后，他的门人还觉得他在这里对于辩证法这个极其重要的问题，还有进一步说明的必要，而且又觉得黑格尔对于怀疑论还有待于说明的，所以就在本节加上两个附释，其附释一是进一步说明辩证法的性质的，而且并叙述辩证法的来历，而在附释二里，谈到古今的怀疑论之各不相同，并且说明惧怕怀疑论的只有抽象的片面的有限性思想，现在我们先把附释一逐段来研讨而首先看看其第一段的中译文。

> 188.1 附释一：正确地认识并把握辩证法的性质是极关重要的。辩证法是实在世界中的一切运动，一切生命，一切事业之推动的原则。同样，辩证法又是知识范围内一切真正科学知识的灵魂。在通常意识里，抽象的知性的概念之不可呆板执着，似乎只当做是一种聊备一说的看法。譬如照“自己生活与让人生活”（德文的 Leben und leben lassen①）的谚语，似乎自己生活与让人生活，各有其轮次，前者我们固然承认，后者我们亦不得不承认。但其实，细究起来，凡有限之物不仅是受外面的限制，而乃为它自己的本性所扬弃，由于自身的活动自己过渡到自己的反面。所以，当我们譬如说，人是要死的，似乎以为人之所以要死，是由于外在的环境，照这种看法，人具有两种特性：有生亦有死。但这事的真正看法应该是说，生命本身即具有死亡的种子。凡有限之物即是自相矛盾的，由于自相矛盾而自己扬弃自己。

本节附释一的这第一段，是从客观世界和主观的意识形态两方面来说明黑格尔之所谓辩证法这个极其重要的观点的意义与其性质的。附释的编者是这样写的：“正确地认识和把握辩证法的性质是极其重要的事情。从客观世界讲，辩证法是一切运动，一切生命，一切事业的推动原则。同样在主观世界里，辩证法又是知识范围里的一切真正科学知识的灵魂，没有辩证法就不会有真正的科学知识。”可是在一般的意识里，却把“抽象

① 这个德文的谚语之中译为“自己生活与让人生活”的这种直译似嫌过于呆板，未能表达其原意，毋宁改译为“自己生活还得要让别人也生活”更确切，虽然英文也有同样的一个谚语为：Live and let live，不知孰先孰后，其措辞是完全一样的。

的知性概念不可呆板地执着"这句话,似乎只是当作一种"不过是这么说的一句话"来看,而并不认真地去体会这话的真谛。譬如照"自己生活,还得要让别人也生活"的这句谚语,似乎只是说,自己生活和让人也去生活是两码子事,各不相涉,各有它的轮次的,前者,即自己生活,我们固然是承认的,而后者,即让别人也生活,是我们所不得不承认的另一回事。但是,其实不是这样的。仔细地考虑起来,我们会看到:凡是有限性的东西,不仅只是受到外面的限制,而实是被它自己的本性所扬弃,由于自身的活动而自己过渡到自己的反面,所谓扬弃,也就是指这个反面说的。譬如当我们说,人是要死的,这样的说法,似乎是以为人之所以要死,是由于外在的环境使他这样的。照这种看法来说,人是具有两种特性的:有生也有死。但是,对这事的真正看法,应该是说,生命本身就是具有死亡的种子。这也就是内在的矛盾。凡是有限性的东西都必然是自相矛盾的,于是由于自相矛盾而自己就扬弃自己,使自己变为不是自己那样。

附释一的第一段是这样阐明辩证法的性质以及它所起的普遍作用的。跟着在第二段里,附释的编者就根据黑格尔的意思说明辩证法并不是什么诡辩,因为辩证法按古希腊的原词本是含有辩论技术的意思,因而就有些人把它和诡辩混淆起来,所以就不可不予以辨别。且先看看这第二段的中译文。

188.2 又辩证法切不可与诡辩相混淆。诡辩的本质乃在于承认孤立的片面的抽象原则本身即是对的,只要这原则能够适合个人当时特殊情形下的利益。譬如,就我生存和我有生存的工具为行为之一主要动机来说,假如我单注重考虑我个人福利的本身,而排斥其他的原则,就推出这样的结论,说为维持生活起见,我可以偷窃别人的物品,或可以出卖祖国。这就是诡辩。同样,在行为上,我须保持我主观的自由,这就是说,凡我所作所为,我都有我的见解,我的自信,这当然是一主要原则。但如果单独根据这一原则,就要来作我一切自由行为的辩护,那就会陷于诡辩,会推翻所有一切的道德原理。辩证法与这类强词夺理的诡辩完全不同。因为辩证法的出发点,是就事物本身的存在和过程加以客观的考察,藉以揭示出片面的知性范畴的有限性。

附释一的这第二段首先是点出辩证法切不可和诡辩论相混淆①，而且提出诡辩的本质就是承认孤立的因而是片面的所以就是抽象的错谬原则，只要这种原则能够适合使用它的个人当时在特殊情形下的利益，其本身也就是对的，这种做法不只是机会主义的表现，而且简直是横蛮无理了。譬如拿个例子来说，我是要生存的，而我要生存就得要有生存的工具，所以这也就是行为的一种主要的动机。假如我单只注意到考虑我个人的利益之本身而排斥了其他的原则，并且把这种想法作为前提，那就会推出这样的结论，说为了维持生活起见，我就可以偷窃别人的物品，甚或可以出卖祖国了。这就是诡辩。同样，在行为上，我得要保持我主观方面的自由，这就是说，凡是我的所作所为，我对我自己的作为都有我的见解，而且自信我之这样做是对的。这在个人的行为上当然是一条主要的原则。但是，如果单独根据这样的一条原则，而且要把它作为我的一切自由行为的辩护，那就会陷于诡辩，就会推翻所有一切的道德原理。当知辩证法与这类强词夺理的诡辩，是完全不相同的。原因就是：辩证法的出发点，是就事物本身的存在和过程而加以客观的考察，从而揭示出片面的知性范畴的有限性。

这就是附释所点出的辩证法的本质，从而说明它是完全和诡辩之不相同的。接着在下一段里，附释一的编者还不嫌辞费地追述辩证法在西欧哲学史上的发生与其历代的演变。现在让我们谈一谈这段的中译文以及原译者的一段按语。

189.1 须得附带说明的，辩证法在哲学上并无何新奇之处。在古代，柏拉图被推为辩证法的发明者。就其指在柏拉图哲学中，辩证法第一次以自由的科学的形式，亦即以客观的形式出现而言，这话的确是对的。辩证法在苏格拉底手中，与他的哲学探究之一般性格相一致，仍带有强烈的主观色彩，叫做讽刺的风趣(德文的 die Ironie)。苏格拉底常运用他的辩证法以攻击一般人的通常意识，特别攻击诡

① 按两词的词源，“辩证法”是古希腊文 dialektiko 这词，指的是“辩论”，而“诡辩”是 sophistes 这词，指的是“虚伪或不合理的论辩”，因而两词原是含有不相同的意义而指的是不相同的对象，但自从古希腊时代公元前五世纪苏格拉底那时，有些人就是一向故意把这两词混淆起来的了。混淆用词是无知的一种伎俩。

辩者。当他谈话时,他总是采取虚心领教的态度,好像他想要向别人对于当时所讨论的问题,得一些更深切的启示似的。根据这种意向,他向对方发出种种疑问,将与他谈话的人,引导到他们当初自以为是的反面。譬如当诡辩者自诩为教师时,苏格拉底便借一串的问题使得有名的诡辩家普洛泰戈拉斯①自己必须承认一切的学习只是回忆。(译者按:在《普洛泰戈拉斯对话》中,普氏以青年导师自命,自诩欲教训青年的道德,苏氏与普氏问难的结果,使得普氏自己承认道德不可教。今以教训青年道德自命的人,而被苏氏用辩证法问得自认道德不可教,岂非自陷于矛盾?至学习是回忆之说,在《曼诺②篇》中始加发挥,在《斐都③篇》中亦有讨论。黑格尔此处只是想当然耳,并不全契合柏拉图原著。)在他较严格的纯哲学性的对话里,柏拉图运用辩证法以提出一切坚执的知性概念之有限性。譬如,在《巴曼尼得斯④篇》中,他从一推演出多,但仍然指出如何多之所以为多,复只能界说为一。柏拉图之处理辩证法,大都是采用这种宏大的方式。在近代,主要的代表人物是康德,他使得辩证法复兴,且重新回复它光荣的地位。他提出辩证法是借我们上面已经提及的(第四十八节)对于理性的矛盾⑤之发挥。在理性矛盾的讨论里,他并不是只在揭示出两方论据之反复辩驳,或评论两方主见的辩难;而他所研讨的,毋宁可说是,在于指出如何每一抽象的知性概念,如果单就其自身的性质而论,立刻就会指向它的反面。

---

① 普洛泰戈拉斯(Protagoras,公元前 481—前 411 年),希腊智者派,原文称为 Σὸφιὸτοι(直译为"有智慧的人")之一,富有唯物论精神而带有相对主义的思想家。在柏拉图的《对话集》的第四卷第一编第四篇的《对话》是以"普罗泰戈拉斯"为标题的,而其内容是德行的统一性。

② "曼诺"是柏拉图《对话集》第三卷首篇的标题 Meno,其主要内容是"学习就是回忆",其所谓"回忆",指的是回忆未生出之前在神界灵魂所见的事物。

③ "斐都"是柏拉图《对话集》第三卷第五篇的标题 Phaedo,其主要内容是追述苏格拉底狱中最后一天执行饮毒的死刑之前的谈话情况。

④ "巴曼尼得斯"是柏拉图《对话集》第四卷第二编第三篇的对话的篇名,其内容是苏格拉底和巴曼尼得斯讨论观念这个问题,按这两人的生活时代查其能否晤谈,这是颇难断定的,但是这问题并不影响这篇对话的重要性,这篇对话有陈康中译本,为商务印书馆于 1944 年刊出,1946 年在上海出版,可读。

⑤ 这里的"理性的矛盾"是康德的拉丁文式 Antinomie 之错译,应改为"二律背驰"。

附释一这第三段是在前两段里分别说明了辩证法的本质与其所起的广泛作用以及辩证法和诡辩的区别之后，在本段声明所要说的是附带的说明："辩证法在哲学史上早就有它的滥觞。远在古代的希腊时期，柏拉图就被推为辩证法的发明者，其原因就是，在柏拉图的哲学里，辩证法是第一次自由地以科学的形式，也就是以客观的形式出现的。所以说柏拉图是辩证法的发明者，这话的确是对的。辩证法在柏拉图的《对话》里所描述的苏格拉底是非常生动的。据这种描述，辩证法在苏格拉底的辩证中虽然是和他的哲学探究之一般性格相一致，但是仍然带着强烈的主观色彩，叫做讽刺的风趣(那就是德文的 die Ironie)①。苏格拉底是经常运用他的辩证法来攻击一般人的通常意识的，特别是攻击诡辩者的②。当他谈话时，他总是采取虚心领教的态度，好像对于当时所讨论的问题想要从别人得到一些更深切的启发似的。根据这种意向，他向对方发出种种疑问，将那些和他谈话的人引导到他们当初自以为是的反面。譬如当论辩者自诩为教师时，苏格拉底便借着一连串的问题，使得当时有声望的诡辩者，名叫普洛泰戈拉斯这人自己不得不承认一切的学习只是灵魂在降生为人之前还在神山那里看见过的事情之回忆③。柏拉图在他的较为严格的哲学性的对话④里，他是运用辩证法来指出一切坚执知性概念之有限性的。譬如，在《巴曼尼得斯篇》中，他是从"一"推演出"多"来的，但是仍然指出怎样"多"之所以为多的，然而"多"只能界说为"一"。柏拉图处理辩证法，大都是采取这种出色的方式的。在近代来说，辩证法的主要代表人物就是康德。他使得辩证法复兴起来而且重新回复它的光荣地位。

① 按德文 die Ironie 这词原是从古希腊文 ειρωνεια(eironeía)这词演变出来的。原来古希腊文这词是"佯为无知"的意思，其这种态度是为激怒当前的论敌而使之惊惶失措，狼狈难堪的，是苏格拉底在柏拉图各《对话》中所描绘为常用的伎俩，例如在《共和国》又中译为《理想国》这篇对话里的第一部分(第一卷)第三章标准行 1.337 的两句话："这样，斯拉雪李拉，就让我们听听你的定义吧。"斯说："呀，是的；这样来使苏格拉底可以玩弄他的提问以驳击别人，而自己老是不提出答复的这种把戏吧！"(本编者中译)

② 这里的诡辩者是"Sophiste"的中译。

③ 关于这点可参看北京大学哲学系编译的《古希腊罗马哲学》三联书店 1957 年版第 190 页"知识就是回忆"一段，其结论就是："一切学习都只不过是回忆罢了。"

④ 例如《巴曼尼得斯篇》。

他之提出辩证法是凭借我们在上面(第四十八节)已经提到的对于二律背驰的发挥。在二律背驰的讨论里,他并不是只在于揭示两方论据的反复辩驳,或者评论两方的主观辩难;他所研讨的,毋宁可说是在于指出如何每一个抽象的知性概念,如果单是从它自身的性质来说,是立刻会转向它的反面的。

附释一的编者,在第三段里写完了辩证法在西欧哲学史上的发生与其演变之后,接着在下面的第四段里又反复阐明辩证或说矛盾进展的原则,乃是在各级意识和普遍经验里的法则,而矛盾之作为辩证进展的原动力,乃是一种普遍存在而是人无法抵抗的力量。这就把辩证法按黑格尔的学说进一步说明了。让我们看看这第四段的中译文,然后考虑它的含义吧!

> 190.1 无论知性如何常常竭力去反对辩证法,我们却不可以为只限于哲学意识里才有辩证或矛盾进展原则。但须知它乃表示一种遍在于其他各级意识和普遍经验里的法则。举凡环绕着我们的一切事物,均可以认作是矛盾进展法则的一个例证。我们知道,一切有限之物并不是坚定不移,究竟至极的,而乃是变灭无常的。而有限事物的变灭无常不是别的,即是有限事物的辩证[或矛盾进展]。有限事物,本来以他物为其自身,由于内在的矛盾,便被迫而超出当下的存在,因而过渡到它的反面。在前面(第八十节)我们曾经说过,知性可以认作包含有普通观念所谓上帝的力量。当我们说"一切事物(即指一切有限事物)皆命定了免不掉矛盾"的话时,我们确见到了矛盾是一普遍而无法抵抗的力量,在这个大力量之前,无论表面上如何稳定坚固的事物,没有一个,能够支持不摇。虽则力量这个范畴不足以穷尽神性,或上帝的总念之深邃;但无疑的,力量是任何宗教意识中之一主要环节。

附释一的第四段是这样写的:"无论知性如何常常竭力去反对辩证法[1],但是我们却不可以为只是在哲学的意识里才有辩证(或说矛盾进

[1] 这句似是没有确实根据的说法,但编者手边的原德文本残缺了这一段,所以无从查对,但据英人瓦拉士的英译,这句应是"知性无论怎样迟迟不愿承认辩证法的作用。"

展)的原则的,须知辩证法乃是表示一种普遍存在于其各级意识和普遍经验里的法则。我们周围无论什么事物都可以认作是矛盾进展法则的一个例证。我们知道,一切有限性的东西,都并不是坚定不移、究竟至极的,而是变灭无常的。而且有限性的事物之是变灭无常,不是别的而是有限性的事物的辩证「或说矛盾进展」。有限性事物本来是和它的他物同一的,但是由于它的内在矛盾,便被迫而超出当下的存在,因而过渡到它的反面。在前面(第八十节)里我们曾经说过,知性可以认作是包含在普通观念里所谓上帝的力量。在我们说'一切事物(指一切有限性的事物)都是命定了免不掉矛盾的'这句话时,我们确实是见到了矛盾是一种普遍而无法抵抗的力量。在这个大力量的面前,无论在表面上是怎样稳定坚固的东西,没有一个是能够支持而固定下来的。虽然力量这个范畴不足以穷尽神圣的性格(或说上帝的总念)之深邃;但是无疑的,力量乃是任何宗教意识中的一个主要要素。"

附释一的编者在本段这样阐述了辩证法的普遍作用之后,还觉得有未尽之辞,于是在这附释结尾的第五段就举出自然界和精神界的领域里一些辩证法作用的实例。让我们先看看这段文字的中译文。

190.2 除了矛盾进展之一般的客观性而外,即在自然界和精神界之各特殊形态内,亦复莫不受矛盾进展原则的支配。例如,在星球的运动里,一个星球现刻在此处,但它本身又有在另一处的可能。它凭借运动,使得它又存在于另一处。同样,物理的元素亦是矛盾进展的,又气象变化的过程亦可说是内在矛盾的表现。同一矛盾原则乃是构成其他一切自然现象的基本原则,由于内在矛盾,自然被迫而超出其自身。就在精神界中,或质言之,就在法律和道德范围内之有矛盾法则而论,我们只有记起,如何一般经验足以昭示我们,一事一物到了极端常会转向到它的反面。这种矛盾法则在流行的谚语里,亦有了多方面的承认。譬如在 summum jus summa injuria(大法即大害,或至公正即至不公)一谚语里,意思是说抽象的法律如果坚执到了至极就会转为不公正,而害及人民。同样,在政治生活里,人人都知道,极端的无政府主义与极端的专制主义是可以相互转易的。在道德范围里,特别在个人修养方面,对于这矛盾法则的认识表现在许多著名的谚语里:如"太骄则折","太锐则缺"等。即在生理方面或心理方面的感觉亦有其辩证性。最熟知的例子,如极端的痛苦与极端的快乐,可以互相过渡。心里充满快乐,会喜得流出泪来。最深刻的忧愁常借一种苦笑以发泄出来。

附释一的最后第五段写道:"除了矛盾进展的一般的客观性而外,就在自然界和精神界的各种特殊形态之内,也是都没有不受矛盾进展这条原则的支配的。举例来说,在天空上星球的运动里,一个星球在运动之中,现在的一个时刻它是在这里的,但是它本身又有在另一一处的可能,因为由于运动,就使得它又存在另一处地方。同样,物理的元素,也都是矛盾进展着的,而且气象变化的过程也可以说是内在矛盾的表现。同一条矛盾的原则就是构成其他一切自然现象的基本原则,这就是,由于内在矛盾迫使自然超出它的自身。[这是关于自然界的矛盾进展,即辩证作用的例子。]说到精神界或者依据事实,拿法律和道德的范围内的矛盾法则来说,我们只消记起,一般的经验是怎样能够告诉我们,一事也好,一物也好,它到了极端就常常会转向到它的反面的。这就是矛盾的法则。这种矛盾法则在流行的谚语里,也有了多方面的承认。譬如说,summum jus summa injuria 这条拉丁语中的谚语,它是说,'最崇高的法律就是最大的危害',或者说,'至上的公正也就是最大的不公正'。在这条谚语里的意思,是说,把一条抽象的[即不顾当前具体的情况的]法律硬性地推行到极点,那就会转变为不法的不公正,而害及人民了。同样,在政治生活里,人人都知道,极端的无政府主义和极端的专制主义是可以相互转换的。在道德范围里,特别是在个人的道德修养方面,对于这条矛盾的法则,人们对于它的认识,在许多著名的谚语里表现出来,如:'太骄则折','太锐则缺'等。就是在生理方面或者在心理方面,人们的感觉也是有辩证法的性质的。最为人所熟知的例子中有这样的一条:极端的痛苦和极端的快乐是可以互相过渡的。心中充满着快乐,就会欢喜到流出眼泪。最深刻的忧愁常常是用一种苦笑来发泄出来的。"

这就结束了附释一对于辩证法的补充说明,然而关于黑格尔在本节正文的(b)(1)部分里(贺译本第四段)所提出的怀疑论问题,还有待于更充分的处理。这就是附释二的内容。现在让我们首先把附释二的第一段的中译文阅读一下。

191.1 附释二:怀疑主义者亦有其绝对确信不疑之点,即确信一切有限事物的虚妄不实。一个单纯怀疑的人,仍然抱着希望,希望他的怀疑终有解决之时,并且希望着在他所徘徊不决的两个确定的观点之间,总有一个会成为坚定的真实的结论。反之,真正的怀疑主义,乃是对于知性所执着为坚定不移者加以完全彻底的怀疑。由于这样彻底怀疑所引起的心境,乃是一种不可动摇的安定,和内在的宁静。这是古代的高尚的怀疑主义,有如塞克滔斯. 恩披里加斯(Sextus Empiricus)①的著作之所陈述。在晚期的罗马时代,这种怀疑主义被斯多亚学派②和伊壁

① Sextus Empiricus是欧洲的所谓"高尚"怀疑主义,公元第一、二两世纪的第三时期的代表人物之一,大约是活动于公元200年左右。(今译为塞克斯都·恩披里柯,罗马帝国时期的希腊医生,怀疑论者。其生平不详,据说在罗马住过一个时期,也到过雅典和亚历山大里亚。他属于经验派的医生,因此得到了"恩披里柯"(经验派)的绰号。但他在哲学上并不是经验派,而是古代怀疑论的最后一个代表。他有3种哲学著作流传下来:1.《皮浪学说要旨》3卷;2.《驳独断论者》5卷,第1～2卷驳逻辑家,第3～4卷驳自然哲学家,第5卷驳伦理学家;3.《驳教师》6卷,依次驳斥语法学家、修辞学家、几何学家、数学家、天文学家和音乐家。《驳独断论者》和《驳教师》又合称《驳数学家》。他在这些书中指出:人的各种感觉互相矛盾,各种思想互相矛盾,感觉又与思想互相矛盾;不同哲学家的意见互相冲突。所谓自明的公理其实只是假设,其反面同样是可能的,因此真理是得不到的,这些冲突矛盾只能使人烦恼,只有采取怀疑态度,不作任何判断,杜绝一切信仰,才能得到安宁。恩披里柯的著作记载了古代怀疑论者的主张以及他们对各派学说的反驳,是研究古代哲学的重要史料。——整理者注,引自百度百科词条)查这里所说的古代怀疑主义,可划分为三个时代,按其思想的特点就是:(1)第一个时代,约为公元前300年—前200年,其思想主要是反对亚里斯多德的哲学,认为除人们的主观情感外是无法认识事物的原来性质的,从这时期怀疑主义者比罗其人(Pyrrhon,公元前365年—前275年)得名而称为比罗学派;(2)第二个时代约为公元前280年—前129年,其思想主要是代表中期柏拉图学园的怀疑主义而反对斯多葛学派的直接知识的,一般认为堪尔尼亚的斯(Carneades,公元前214年—前129年)为其杰出的代表,以反对斯多葛学派为己任,认为只能以可能性为行为的准则,包括道德与宗教在内;(3)第三个时期约为公元第一、二世纪,其主要人物大都是医生,哲学思想则回复到其第一时代的比罗主义,以上述的塞克滔斯·恩披里加斯为代表,古代怀疑主义在欧洲占优势前后的五百年,表示思想的衰退。

② 这里的斯多亚是德文的der Stoizismus(英、法文的Stoicism)的中译,其音译为"斯多亚"是由于这学派的创始人芝诺是在当时古希腊的一个画廊那里讲学的,而这种廊古希腊语称为ετοα,但又写为στοια,而芝诺时代都称这种廊为στους(拉丁化为stoic),故仍从一般之音译为"斯多葛",这学派的经历很长,盛行于希腊罗马约有五百年之久,而通过基督教,其思想可说是一直到现代还可追溯到其影响的。其思想主要是追求内心的宁静。

鸠鲁学派①加以系统化，作为他们的独断系统之辅助。这种古代的高尚的怀疑主义切不可与前面(第三十九节)所提到的近代怀疑主义相混淆。后者乃是一部分先于批导哲学，一部分又出自批导哲学的怀疑主义，其主旨仅在于否认超感官事物的真理和确定性，并指出感官的事实和当前感觉所呈现的材料，才是我们所须注意的。

附释二的编者，关于怀疑主义，提到了古今的约略三种不同的态度。其第一种是一般的怀疑态度，这种怀疑态度“也有其绝对确信不疑之点，那就是确信一切有限事物的虚妄不实”，所以这种怀疑是以确信为基础而其实是矛盾的，因为怀疑而又有其所确信嘛！所以“一个单纯怀疑而不是彻底怀疑的人，是仍然抱着希望的。”有希望，就不是彻底怀疑的了，因而是矛盾的，所以“就希望他怀疑终归是有解决之时，并且希望在他所徘徊不决的两个确定而也就不是可疑的观点之间，总是有一个观点会成为坚定的真实的不可疑惑的结论的。”与此种一般的怀疑态度相反的，就是第二种的态度，这是“真正的怀疑主义”。这种真正的怀疑主义是对于知性所执着为坚定不移的东西，加以完全彻底的怀疑的，而由于这样的彻底怀疑所引起的心境，乃是一种不可动摇的安定，有如后面所提到的伊壁鸠鲁学派的“ataraxia”即“不动心”和斯多葛学派的“内心宁静”，就是最可为古代高尚怀疑主义的代表人物塞克滔斯·恩披里加斯的著作之所陈述的那样。“古代的高尚怀疑主义”在罗马时代的晚期就由斯多葛学派和伊壁鸠鲁学派加以系统化而作为他们的独断系统之辅助。但是“这种古代的高尚怀疑主义又切不可和前面(第三十九节，即贺译本第127页第二段里)所提到的近代怀疑主义相混淆。这后者一部分[是像休谟的怀疑主义那样]先于[康德的]批判哲学的，而另一部分又是出自批判哲学的怀疑主

① 伊壁鸠鲁学派(德文的der Epikurëesmus，法文的epicuréisme和英文的Epicureanism)是从其创始人Epicurus(公元前341年—前270年)得名的。伊壁鸠鲁对他的门人影响极大，而且据说他曾着有三百种论述，其最杰出的是他的《论自然》，但后世只见这些部分著作的残篇，东鳞西爪，依然闪烁着他的唯物主义思想，虽然表面上他是“在动荡时代中追求人的可能之恒久愉快”以及人的安宁生活的。北京大学哲学系编有《古希腊罗马哲学》一书，为三联书店于1957年在北京出版。关于伊壁鸠鲁，可参考第343～370页，尤其是《格言》部分的六页可读，借以见伊壁鸠鲁思想之一斑。总的来说，伊壁鸠鲁的人生观可用古希腊语拉丁拼音ataraxia这词来表达，意即“不动心”。

义，[如谢林、黑格尔合编的《哲学评论杂志》一八〇二年第一卷第一期里所评论的那样的。]这种近代的怀疑主义的主旨，仅在于否认超感官事物，[如康德的“自在之物”的]真实性和确定性①，并且指出感官的事实和当前感觉所呈现的材料，才是我们所须注重的②”。这就是附释二第一段对于古今怀疑主义的一般介绍，而还没有加以分析和批评，其分析和批评有待于下面的第二段。兹看看这第二段的中译文。

192.1 即在今日，怀疑主义尚常被认作寻求一般的积极知识之一不可抗拒的仇敌，因此又复被认作以寻求积极知识为职志的哲学之仇敌。但须得指出的，事实上，只有抽象理智的有限思想才畏惧怀疑主义，才不能抗拒怀疑主义。反之，哲学包括怀疑主义于其内，作为其自身之一环节，是即辩证的阶段。但哲学不能如怀疑主义那样，仅滞留在矛盾辩证的消极结果。怀疑主义又没有认清它自己的真价值，它坚以为怀疑的结果只是单纯的否定。因为，否定既是矛盾思辨的结果，就其是一结果而言，至少同时可说是肯定的。因为否定中即包含有它所自出的肯定，扬弃其对方，没有对方即不能自存。但这种矛盾的消极的阶段就具有逻辑学的第三形式，亦即玄思的形式或积极理性的形式了。

附释二的第二段是这样写的：“就是到了今日，怀疑主义仍然还常常被人认作是寻求一般的积极的即正面的知识的一种不可抗拒的仇敌。而哲学，即真正的哲学是以寻求积极知识为其职志的，因此怀疑主义又被哲学认作是仇敌。但是，须得要指出，事实上，只有抽象的即不全面看事物的知性，其有限性的思想才是畏惧怀疑主义的，才是不能抗拒怀疑主义的。与此相反，真正的哲学是包括着怀疑主义在它里面而作为它自身的一个主要因素，就是作为它的辩证发展之一个阶段的。但是辩证的哲学不能像怀疑主义那样，仅仅滞留在矛盾辩证的消极结果这种否定性上面。其实怀疑主义没有认清它自己的真价值；而坚执着以为怀疑这个结果只是单纯的否定。[这是错误的。]因为，否定既是矛盾思辨[即辩证发展]的

① 这里所说的“真实性(贺译的“真理”)和确定性”之“否认”，对康德的“自在之物”来说，是没有充分表达康德的关于“自在之物”的学说的，依康德说来，不是“否认”而是无法确定。

② 这里的“须注重”，依瓦拉士的英译是“keep to”(固守)，不知按原文孰是。

结果,[那它就是从肯定而来的,]就它是一个[这样的]结果来说,至少它同时可以说是肯定的。因为否定中即包含有它所自出的肯定,它是扬弃了它的对方[这个肯定的],无对方也就不能自己存在。但是这种矛盾的消极的阶段也就具有逻辑学的第三形式[也就是正反合的合]这个思辨的形式或说[从积极到消极,又从消极到]积极的理性形式。”

第八十一节连同两个附释是这样结束了关于上面第七十九节所列举的逻辑思想形式上三个方面的第二个方面,即辩证的或说消极理性的方面,从而过渡到其第三个方面,即玄思的方面或说积极理性的方面了。这就是下面第八十二节的内容了。现在让我们先去看看这第八十二节的正文之中译文。

192.2 第八十二节

这一节有正文一段、附释三段,其正文主要是说明积极理性阶段的逻辑思想的性质,而附释是进一步补充正文的阐述的。

正文的中译文是:

192.3(c)玄思的阶段或积极理性的阶段于概念的对立中而认识到它们的统一,或于对立双方的分离和过渡中,而认识它们所包含的肯定。

192.4(1)辩证法具有积极的结果,因为它有确定的内容,或因为它的结果不是空的,抽象的虚无,而乃是对于某种特定概念的否定,而这些被否定的概念亦复包含在结果中,因为这结果乃是一结果,而不是直接的虚无。(2)由此可知,这结果乃是理性的,虽说只是思想的产物,是抽象的,但同时亦是具体的,因为它并不是单纯的形式的统一,而乃是别异的概念之统一。所以对于仅仅的抽象概念或形式思想,哲学简直毫不相干涉,哲学所从事的乃纯全是具体的思想。(3)玄思逻辑内即包含有单纯的知性逻辑,而且从前者即可抽得出后者。我们只消把玄思逻辑中之辩证法的和理性的成分排除掉,便可得到知性逻辑。这样一来我们就得着普通的逻辑,这只是各式各样的思想形式之排比在一起的事实记录,但却错把这些有限的思想形式当作无限之物了。

这节正文开头(c)这个标志是和上面第八十节的标志为(a)与第八十

一节的标志为(b)而在本节的标志为(c)并列作为逻辑思想的第三种形式之玄思的阶段或称积极理性的阶段而特别与(b)的消极理性阶段相对立的，其称为“玄思”者，是用我国原有的一个哲学术语“玄学”而取其“玄”之出于《老子》一书与“思”字搭配来中译出自拉丁文 speculativa 这词的德文 spekulativ 这个形容词的。但当知读中国哲学史的人们是当然把“玄”这一词和道家，尤其是南北朝的道家联系起来的，所以与其用“玄思”(“玄”原是“深黑色的”的意思，从《老子》：“玄之又玄，众妙之门”，才有“深奥不测”之义，这两者都不适合这里“玄思”这词)不如译 spekulativ 为“思辨的”较妥。译词不慎，每每会引出许多不必要的麻烦，所以在这里不得不指出。现在我们还是用“思辨的”来代替原译的“玄”，而说在本节的正文里，首先是指出“推测的逻辑思想阶段，或说积极理性的阶段，在概念的对立中认识到对立的概念是统一的，或者说，在这种概念对立的双方的分离和过渡的过程中认识到是包含着肯定的。”

这段正文是言简意赅，不易理解的，但乃是全节的纲要，得要较为详细地加以解释。概念的对立是什么？孤立的东西是没有意义的。一个概念必须和它的对立面比对来看，才能抓住它本身的意义，这就可以说，它本身的意义是从它的对立面而来的。依黑格尔的辩证思维，首先出现的东西称为“正”。刚只有“正”这个“自在”(an sich)的东西，即在其自身来说的东西，是毫无意义的，至少是人们所不可理解的。要等到这“正”的东西发展到有和它对立面的“在那里”的地步，而和它的“反”对立着来看，它才有其对于对方的意识，于是它就是“自为”的即 für sich 的了。这东西(此)与其对立面(他)是对立然后统一的，相辅相成的，无此则无他，而无他则无此的，但在对立的意识中是先有“分离”为彼此的过程然后才有“过渡”的过渡，过渡到统一的过程的，无“分离”的意识在先，怎能有过渡的意识在后？“自在”是无“他”的，只是“在其自身”而言，发展到“他”(对方)之有，即有了他，于是就有对他的意识。那！有“那”才有“这”，这是过渡，但过渡是以“这”与“那”之“分离”，此与彼之“分离”为必要条件的。因此黑格尔在这段正文里十分正确地指出：概念在对立中认识到对立双方的统一，这种统一的认识也就是“自在自为”的即 an sich und für sich 的认识，而这种通过斗争，“分离”而过渡到统一的结果就是“自在”与“自为”的

“合”，然而须要记住，在“合”之前是必有“自为”中双方的斗争的，否则辩证的进展就是从“自在”而直接到“统一”，这“统一”缺乏了“双方”的“自为”阶段，就不但不能有“自在自为”的统一，而且简直是无我、无他、无此、无彼、无这、无那，哪会有统一？所以，在统一中双方是在其统一过程中的“分离”与“过渡”里面认识到“它们”即彼此双方，而且“分离”与“过渡”，都是包含着肯定的。

这简短一段纲要的话无非是概述，经过我们不嫌辞费如上面的解释，也许能够比较容易地进行阅读并理解下面分为三截的一段了。

其第一节是说：(1)“辩证法是有其积极的结果的，不似上面第二种抽象的辩证或说消极理性阶段的逻辑思想那样仅仅滞留在矛盾辩证的消极结果上面的。原因就是：这第三种的积极理性的逻辑思想是有其确定的内容的，或者说是因为它的结果不是空的，不是抽象的虚无，而乃是对于某种特定的概念之否定，而这些被否定的概念并不是由于否定而取消的，而仍然是包含在结果之中的，因为这结果乃是一个合成的结果①，而不是直接性的虚无。”直接性的虚无乃是为人们感觉到为一无所有的空虚。这第一截是说明辩证法的内容是确实的，其结果不是空虚的，而是特定的，即为具体事物所特别具有的性格所反映出来而形成的概念作为其合成的结果的。

(2)这第二截是说：“从上截所说的就可以知道，辩证法的结果乃是合乎理性的要求的，虽然它是思想的产物，是抽象的，但是同时也是具体的，即是思想抽象的形式而具有客观事物的具体内容，如上面第一截所说明的那样的，因为辩证法的这种结果并不是单只是形式上的统一，而是个别不同的一些概念的统一②。所以我们可以说，对于仅仅的抽象概念，或者说形式上的思想，即脱离确实的客观事物的概念或思想，哲学，即辩证的哲学，是简直完全不与之有任何干涉的，因为辩证的哲学所从事的乃是完全具体的思想。”这第二截就是这样接着上截重申辩证法所得出结果的确实性并阐明其是确实的理由，虽然如下面我们所将要指出黑格尔这里所

---

① 这里我们用“合成的结果”来代替贺译的“结果”，否则这句译文是说不通的，但编者手边的原德文残缺了这段，无从查对，只得依瓦拉士的英译而重译为“合成的结果”(resultant)。

② 这里的“个别不同”也是依上引的英译来解释贺译的“别异”的。

说的理由在本质上是唯心主义的。现在我们姑且首先去看看本节正文详说的第三截的内容。

(3)这第三截是谈到辩证法的逻辑是怎样和一般的知性逻辑之不相同的,这就接近黑格尔逻辑概论的结束了。第三截是说:“推测性的思想,其逻辑是包含着单纯的知性逻辑在它里面的,那么从推测性的辩证逻辑就可以抽取出来一般的知性逻辑了。我们只消把辩证逻辑中的辩证法和理性的成分排除掉,剩下来的就是知性逻辑了。这样一来,我们也就得到了普通的逻辑,这只是各式各样的思想形式的排比在一起的事实上之记录,但是,竟然错误地把这些属于知性范围的有限性的思想之形式当作了无限性的东西”,其结果就是,无论如何,知性逻辑是不能用来推论,或者甚至充分理解那些无限性的存在者,例如神、灵魂之类的东西的。这样,黑格尔在这里就接触到逻辑本身的性质问题,可是依他当时所掌握的关于逻辑的性质的知识,他在十九世纪初叶是无法充分解决逻辑本身和当时的所谓普通逻辑,或者更确切地说,当时的传统形式逻辑的问题而阐明其各别的特性的。乃至在他逝去后,他的门生故旧在编纂他的全集时,在他原来《哲学全书纲要》逻辑学部分(今称《小逻辑》)里加上一些附释来补充老师的遗稿,那时自当在这问题上会感到不足的,然而为时代所局限,却依然无丝毫的增加,这也是当然的。现在让我们把本节的附释分段来看看吧!

193.1 附释:就其内容来说,理性不仅是哲学所特有的财产①,毋宁应该说,理性乃人人所同具。无论在什么阶层②的文化或精神发展里,总可在人心中发现理性的。所以自古以来,人就被称为理性的存在③,实在是很有道理的。从经验以认识理性的法则的普通方式,大约最初不外于凭借成见和假定;而理性的性质据前面的讨论(第四

① 这里原中译文的“财产”这词似太生硬,正如瓦拉士的 property 那词一样,因无原文查对,我们只好改译为“东西”。

② 这里的原译“阶层”也似觉不妥,因像上注同样缘故,只好改译为“等级”,即瓦拉士的英译 grade。

③ 这里的“存在”也是太过生硬,不如把原译的“的存在”改为“者”。瓦拉士英译为“being”。

十五节),乃是一无条件的,因此乃是一自包自决者。在这个意义下,当人知道上帝为一绝对自决的存在时,他便首先知道理性的法则了。同样,一个公民对于他的祖国和祖国法令的知识,亦可以说是对于理性法则的认识,只要他认为这些法令是无条件的,而且是有普遍效准的,他自愿抑制他的个人意志,去遵循它们。在同样意义下,一个儿童的知识和意志也可以说是合乎理性的,只要他知道父母的意志,并且以父母之意志为意志。

附释的这第一段主要是解释“理性”之在通用的语文中的意义。所以附释的编者一开头便指出,“就它的内容来说,理性这个观念并不仅仅是哲学所特有的东西,不如还是应该说,理性是人人同样具有的。因为无论在什么的等级的文化或者精神上的发展里,总是可以在人心中发现理性的。所以从古到今,人类就被称为有理性者,这实在是很有道理的称呼。从经验来认识理性的法则,其普通的方式大约最初不过是依靠大家公认的见解或一般假定是对的见地;可是按我们在前面(第四十五节即贺译本第137页这节正文的第一行:“理性即是认识无条件事物之能力”)所讨论的,理性的性质乃是无条件的,因此,理性乃是一个自己包括自己在内而不依赖他物,而且又是自己决定自己的。在这个意义下,在人知道上帝,并且知道上帝是一个绝对自决的存在者时,这人便首先知道理性的法则了,[因为理性就是像上帝一样是无条件的。]同样,一个公民对于他的祖国和祖国的法令的知识只要他认为这些法令是无条件的,而且是有普遍的效力的,那他也可以说是对于理性法则的认识,于是他也就自愿去抑制他的个人意志,来遵循这些无条件的,而有普遍效力的法令。在同样意义下,一个儿童的知识和意志也可以说是合乎理性的,只要他知道他父母的意志,并且以父母的意志作为他自己的意志”。

这就是本节附释编者对理性和什么是合乎理性的之解释。本编者认为这种解释是不符合理性的原来意义的,然而附释的编者是忠实地传达了黑格尔对于理性的理解的。我们只要回忆一下黑格尔在《小逻辑》第六节即贺译本第55页上“在我的《法权哲学》的序言里,我曾经说了这样一句话:

凡是合理的就是实在的,

凡是实在的就是合理的。"①

那么,我们便可相信这第八十二节附释里关于理性的性质所引用的公民对于他的祖国和祖国法令的绝对遵循而不问其实质的例子乃是忠实传达了黑格尔在讲学时的意见的了。

但是,让我们往下继续看看这附释的第二段话之中译文吧!

193.2 再则,玄思的真理不是别的,只是经过思想的理性法则(不用说,积极理性的法则)而已。在日常生活里,"玄思"一名词常用来表示推测或悬想的意义,殊属空泛,且无关重要。譬如,当大家说到婚姻的推测或商业的推测(Handels－spekulation,译者按商业推测,普遍又叫做商业投机)时,便是如此。但这种日常用法,至多仅可表示两点意思。一方面,玄思或悬想表示凡是直接呈现在前面的东西须得超出,另一方面,这种悬想或推测的内容,最初虽只是主观的,但不可听其如此,而须使之实现,或使之客观化。

这一段话是解释原译文的"玄思",其原文的含义究竟是什么的。于是附释的编者便写道:"再来谈谈,所谓思辨的,也就是积极理性所推测的,其真实性不是别的,而不过是经过思想的理性法则罢了。不用说,这也就是理性在其积极作用而言的法则。在日常生活中,积极理性的思辨[即贺译的'玄思']这个词组常常是用来表示悬想这种意思的,顾名思义,所谓'悬想'是表示还未落实的主观思想,因而多少是空泛的,而且这词组所表示的意义似乎是次要的东西,即推测出来而不是原本的东西。譬如说,当大家说到婚姻的推测或商业的推测(德文的 Handels spekulation)时,其意思也就是一种还未落实的思想。但是,这种日常的用法至多仅只可以表示两点的意思:一方面,这种方面,凡是直接呈现出来的东西都得要被超过的,而另一方面,这种悬想或说推测的内容,在其未落实时,虽只是主观的,但是它不能老是这样,而是得要落实,或说叫它客观化。"

这就是本节附释的第二段关于黑格尔所用而中译为"思辨"或"悬想"的这个名词之一般性的解释,说明悬想的东西是有待于落实而且又是按发展的规律必须落实的。可是,可能还会有人认为这无非是一种理论,未

① 两行的行下重点是原文原有的。

必能够见诸实行的。为了答复这种疑问，附释的编者便增加了最后的两段。我们现在先看看紧接着在下面的一段，即附释的第三段。其中译文如下：

194.1 前些时候，关于理念所说的话，很可以适用于"玄思"一名词的普通用法。于此尚须补充一点的，就是许多自命为有学问的人，当他们说到"玄思"时，甚至亦明白当作只是纯粹主观的意义。他们总以为关于自然或心灵的现象或关系的某种理论，单就其为纯粹的玄思或悬想而论，也许很好，很对，但却与经验不相符合，事实上，这类的理论却无法可以接受。对于这种看法，我们可以说，玄思的真理，就其真义而言，既非初步地亦非确定地仅是主观的，而明显地乃是包括了并扬弃了知性所执着的主观与客观的对立，因而证明了自身是整全具体的真理。因此玄思的真理决不能用片面的命题去表示的。譬如，我们说，绝对是主观与客观的统一。这话诚然不错，但仍然不免于片面，因为这里只说到绝对之统一性，也只着重绝对之统一性，而忽略了，其实在绝对里，主观与客观不仅是同一的，而且又是有区别的。

附释的第三段是说："前些时候，关于[比方说上帝这种]理念[即理性的观念]所说的话，是很可以适用于'玄思'[或说'思辨']这一名词的普通用法的。在这里还得要补充一点的就是：许多自己认为是有教养的人[①]，当他们说到'思辨'或'悬想'时，甚至也明白地当作只是纯粹主观的这种意义来说的。这些人总以为关于自然的或心灵的现象或者这些现象的关系之某种理论，单只就这种理论之为纯粹的悬想来说，也许是很好的，很对的，但是它们却与经验不相符合，因此在事实上这类的理论是无法使人去接受的。那么，我们对于这种看法就可以说，思辨的真实性，就它的真正的意义来说，它不是作为初步的来说是单纯主观的，也不能确定地说它是单纯主观的，而它是明显地包括着而又扬弃了知性所执着的主观与客观的对立，因而就证明了其自身是完整而全面的具体真理。所以思辨的

① 这里"有教养的"是重译瓦拉士英译的"educated"这词而作为贺译的"有学问的"之代替。

真理决不能用任何片面性的命题来表示的。譬如我们说，绝对乃是主观与客观的统一。这种说法确是不错，但是仍然不能免于是片面的，因为这里只说到绝对的统一性，而且也着重了绝对的统一性，然而却忽略了在绝对里，主观与客观其实不仅只是同一的，而且同时又是有区别的。”

这就是本节附释的第三段关于“思辨”这词的说明，然而附释的编者认为只是说到绝对之为完整而又全面的具体真理，那还是不足够的，于是才加上了最后的第四段来进一步按黑格尔的学说来说明思辨真理的真谛。现在先让我们看看这段的中译文。

194.2 玄思真理，这里还可略加提示的，意思颇与宗教意识和宗教学说里所谓神秘主义相近。但是现时一说神秘主义，大家总一律把它当做与神奇奥妙和不可思议的同一意义。由于各人的思想路径和前此的教育背景不同，对于他们所了解的神秘主义，有不同的估价。在虔诚信教的人，大都相信以为真实无妄，而在思想开明的人，却又认为迷信和虚幻。关于此点，我们首先要指的，只有对于那以抽象的同一为原则的知性，神秘的真理才是神奇奥妙的，而那与玄思真理同义的神秘真理，乃是知性认以为真之分离的对立的概念之具体的统一。若是那些承认神秘真理为真实无妄的人，亦同样听任它纯被当作神奇奥妙之物，而不加思想的发挥，这只足以表示，他们亦与他们的反对者一样，皆同认为思想只是建立抽象的同一之功能罢了。因此，依他们看来，为达到真理起见，须得摒弃思想，或如一般人所常说的，将理性的活动禁闭起来。但我们已经见得，知性式的抽象思想并不是坚定不移，究竟至极的，而乃是不断地陷于自己扬弃自己的历程中，有如它自己过渡到它的反面的历程所表示的那样。反之，理性的玄思真理即在于将对立的双方统摄在自身之内，作为两个构成的环节。因此一切理性的真理均可同时称之为神秘的，但这只是说这种真理是超出知性范围的，而并不是说，全然非思想所能接近，所能把握的。

这里第八十二节附释的最后一段，是接着上段说明了“思辨”这词的意义之后而结束思辨真理的真谛之讨论的。我们得要知道，对黑格尔的客观唯心主义的绝对观念来说，思辨真理乃是一个关键问题，太过着重概念的确定性，就难免和绝对这个观念发生冲突，所以本节附释编者的意向亦只得乞援于宗教的神秘主义，因而在这最后而具有关键性之一段话里首先就是离开哲学的严正立场而以“略加提示”的语气来这样写道：“玄思即思辨的真理，这里还可以略略加以提示，那就是思辨真理的意思有点和宗教的意识以及宗教的学说那里所说的神秘主义相近似。但是，在德国现时［指十九世纪四十年代初期，在康德的‘批判哲学’出现后并在开明运动的影响下，哲学与宗教在意识形态的领域里屡次交锋以来］一说到神秘主义，大家就总是一律把这当做是和神奇奥妙或者不可想象是同一意思的来着想。而且不但如此，由于各人的思想都有其思想的路径和以前的教育背景各不相同，所以对于这些人所了解的所谓神秘主义，也就有不相同的看法。比如，在那些虔诚相信宗教的人来说，大都相信神秘主义是真实的，不会骗人的东西，可是在思想开明的人来说，却又认为所谓神秘主义就是一种迷信和虚无飘渺的东西。然而，关于这种不同的看法，我们首先得要指出，只有那些以抽象的同一，即 A 就是 A，作为原则的知性的人，神秘的真理才是神奇奥妙的，而那与思辨真理在意义上相同的神秘真理，其实也就是知性这种分别识认为真实的分别离开从而成为对立的概念之具体的统一。假使那些承认神秘真理是真实无妄的人，也同样听任神秘真理纯然被当作神奇奥妙，不可理解的东西，而并不去用自己的思想来把它加以发挥，那么这些人虽然是承认神秘真理是真实的，但是他们的态度也是和他们的反对者一样，认为思想只是建立抽象同一的功能，建立 A 就是 A 便算了。因此之故，依他们看来，思辨是无益的，不过多此一举，为了达到真理，须得摒弃思想，或者就像一般的人所常常说的那样，把理性的活动完全禁止关闭起来。但是，这是错误的。我们已经看到，照着知性那样所了解的思想，其实是抽象的，不能老是坚定不移的，不是已经到了尽头的，而是要不断发展，不断陷入于自己扬弃自己，从‘自在’的正，发展到‘自为’的反，而又到‘自在自为’的合的这种辩证的历程中的，就是它自己通过发展而过渡到它的反面的这种历程所表示为正反合的那样。与知性不同的是：理性的思辨思想就是在于把对立的双方，也就是正与反，统摄在其自身之内而成为合，而把那在前的正反作为构成这合的两个环节。所以，照这样说来，一切理性的真理都可以同时称为神秘的，但是这只是说，这种理性的真理是超出知性的非此即彼，各各分别的范围，而并不是说，理性的真理是全然不是思想所能领会，所能把握的。”

到此为止，黑格尔《小逻辑》的导言部分从第一节起一共八十二节，可说是结束了。但还有第八十三节是引起黑格尔《哲学全书纲要》的《逻辑学》的一节。现在我们就看看这导言的最后一节的中译文。

195.1 第八十三节

这节的内容是简单明了的，一看便知，乃是逻辑学的划分，可是还在原来的正文之外，有一附释，是说明何以逻辑学是这样划分的。

195.2 逻辑学可分为三部分：

1. 有论。

2. 本质论。

3. 总念论和理念论。

196. 这三部分，在思想的理论里可分为：

1. 思想的直接性——意念之自在或潜在性。

2. 思想的反映或间接性——总念之自为和映现。

3. 思想之回复其自身、思想在自身中的发展——总念之自在自为。

关于逻辑学之分为三个部分和这三个部分之从理论上划分，除下面的附释有所说明外，其余的问题得要在《逻辑学》本文中从第八十四节以后才能详细解释以求答复的。我们现在看看附释的中译文。

196.1 附释：这里所提出的逻辑学的分目，与前面关于思想的性质的全部讨论一样，只可当作一种预设。对于它的证明或说明须俟对于思想本身的性质加以详细的发挥时方可办到。因为在哲学里证明即是指出一对象之所以如此，是如何由其自身的本性而有以使然。这里所提出的思想或逻辑理念的三个主阶段，其彼此的关系可以这样去看：只有总念才是真理，或更确切点说，总念是“有”和“本质”的真理，这两者若坚执在其孤立的状态中，决不能认作真理。——一经孤立之后，“有”，因为只是直接的“本质”·，因为只是间接的，皆不能是真的。至此，也许有人要提出这样的问题，既然如此，为什么要从不真的阶段开始，而不直接从真的阶段开始呢？我们可以回答说，真理既是真理,必须证实其自身为真理,此种证实,这里单就逻辑学范围之内来说,乃在于证明总念乃是自己凭借自己,自己与自己相关联的间接性,换言之,证明总念同时乃是真正的直接性。这里所提出的逻辑理念中三阶段的关系,其真实而具体的形式可以这样表示:上帝既是真理,我们要认识祂①的真面目,要认识祂是绝对精神,只有赖于我们同时承认祂所创造的世界,自然与有限的心灵,当它们与祂分离别异时,皆是不真实的。

本节的附释,其内容部分是预先的声明,而另一部分是解释正文第二部分之从思想的理论上又划分为逻辑学之有,本质和总念的三部分之理由的。因此,附释首先就声明,"这里所提出的逻辑学的分目,即分为有论,本质论和总念论与理念论,是和前面关于思想的性质的全部讨论一样,只可当作一种预先提示来看,不能有更多的说明的。至于在所提示的当中,有什么观念或名词要有证明或说明的话,就得要等到对于思想本身的性质加以详细的发挥的那时,才能这样做的。为什么缘故呢? 其理由就是:在哲学里面,证明就是指出一个对象之所以如此,是如何由于它自身的本性叫它是如此的。特别是在本节的分目里所提出的思想或逻辑理念的三个阶段,其彼此之间的关系可以这样来看:只有总念才是真理,更确切地说,总念是'有'和'本质'的真理,这两者如果坚执在它们各自的孤立状态之中,那就决不能认作是真理。原因就是,在孤立之后,'有'只是直接的;什么是有的,就是说,'它在那里'而没有涉及到别的;同样,'本质'是要倚赖别的东西去证明它是本质的,因而就是间接的;所以说,孤立地来看,'有'和'本质'都不是因其自身而是真实如此的。可见'有'和'本质',离开整体就不是真实的,而只有表示整体的总念才是真实的。这样一来,也许会有人要这样提出一个难题了:既然是这样,为什么在逻辑学里要从'有论'这个不真的阶段开始,而不直接从总念这个真的阶段开始呢?"请读者注意:附释对这个自拟的难题替黑格尔作出的答案,也就是黑格尔全部哲学体系的关键,充分表示出黑格尔哲学的充塞着基督教的宗

① 在基督教中称上帝、耶稣或神的第三人称代词。也代指不在性别范围内的第三人称。——整理者注

教气氛而且是为他所崇信的基督教说教的。附释对他所自拟的难题之答复是:“真理既是真理,那就必须证实它自身是真理,此种证实,这里单只就逻辑学这个范围之内来说,乃是在于证明总念乃是自己凭借自己,自己与自己相关联的间接性,换句话说,证明总念同时乃是真正的直接性”,[即无须别的东西来证明它的真实性的。]到此为止,附释只说明总念之直接性是无须别的东西来证明的,这就是黑格尔哲学思想体系的客观唯心主义的独断性和绝对性。独断地建立了这点之后,附释又继续成立了黑格尔逻辑思想的宗教性:“这里所提出的逻辑理念中三阶段的关系,其真实而具体的形式可以这样表示:上帝既是真理,我们就要认识上帝的真面目,要认识上帝是绝对精神。”这就是把逻辑学的所谓总念和基督教的上帝,即基督教的神同一起来而且叫人去认识它为绝对精神,从而引起下面从黑格尔哲学来说,最为重要的一句话,也就是黑格尔《小逻辑》导言结束的最关重要的一句关键性的话:“只有倚赖我们同时承认基督教的神所创造的世界,即自然和那神以外的灵。当这些自然物和神以外的灵或说精神,与这神分离开而成为别异的时候,它们就都是不真实的。”这道道地地是为基督教说教。而且不但如此,这一句话也就是黑格尔《哲学全书纲要》的概述。先是以逻辑出现,用种种从“有”到“总念”来说明等于一切实在的“自在”的理念,即逻辑的理念;其次,从逻辑的“总念”过渡到“外在”的理念,即自然,从而构成“自然哲学”;最后就从“自然哲学”范围“最高动物”即人类的精神现象之发展而达到“自在自为的理念”,即精神,从而就有《哲学全书》的第三部分,标题为“精神哲学”,其最高的领域便是“哲学”,而以“绝对精神”或说“绝对观念”统摄着黑格尔的全部思想。这不就是很明显的吗?黑格尔的逻辑学之真谛也就是在于此。

但是,黑格尔的逻辑学体系虽是如此,它还有其概念辩证法作为它的合理核心,为黑格尔所猜测到而予以唯心主义形式的发展,但是在马克思的手中便把它的头脚颠倒过来,得到马克思的唯物主义之彻底改造并和唯物主义结合起来,就成为了人类思想史中崭新的唯物辩证法这个改天换地的思想武器了。这样,让我们鼓起科学的勇气,来从《小逻辑》的第一篇以第八十四节开始的“有论”,逐节去研讨黑格尔的逻辑学吧!

第一篇　有论(Die Lehre vom Sein)

本篇首先划分为三个部分,即甲质、乙量和丙尺度。

197.2 第八十四节

这是黑格尔逻辑学本论的第一节,虽按《逻辑学》的整部纲要计算乃是第八十四节,因为从导论的"导言"起算是有八十三节的。[①]

这第八十四节的内容是阐述黑格尔逻辑范畴的第一个范畴,即"有"这个最是内容贫乏而意义最浅显的范畴,何以黑格尔的逻辑学,也就是他的整个范畴系统要从"有"这个最简单的范畴开始,其理由已在导论的最后一节,即第八十三节扼要地指出而在该节的附释里说明。现在我们就首先阅读第八十四节的中译文。[②]

197.3"有"[③]只是潜在[④]的总念。凡具有"有"的性质的事物都可用"是"[⑤]去指谓。将这具"有"性的事物分别开来看,它们是彼此互相对立的。从较广的观点或[⑥]辩证法来说,它们的特征是互相过渡到对方。这种特性一方面是一种进展,因此可说是潜在的总念之展开,同时也可说是"有"之向内回复或"有"深入于其自身。因此在"有"[⑦]论

---

① 曹方久批注:"第一段似无必要。"——整理者注

② 曹方久批注:"此段要等'有',应把'有论'全篇加以提要,只等八十四节,似无放在前面的必要。"——整理者注

③ "有"这个中译词的德文原词是 das Sein,有人把这德文名词在黑格尔的逻辑范畴系统里中译为"存在",这是错误的,因为"存在"应该是"本质论"的 die Existenz 这个远远是更高而更复杂的范畴之中译。

④ "潜在"是西欧语文 implicit 这词的中译,而这个西欧语文的词是源出古拉丁语的 plicare 这个动词,而有"隐含"的意思的。

⑤ 这里的"是"也就是德语的 Sein 之作为谓词用的,因而在黑格尔的选择范围里就和"有"是同义词,所以说某物之为"有",不全是单纯说它只是"在那里"的意思,因而其内容是最贫乏、最起码的,而其意义却又是最深刻的。

⑥ 请注意汉语的"或"字亦即德语的 oder 与英语的 or,有析取义,即非此即彼的意思,但在汉语的"或"和英语的 or 还有另一意义,就是"即"或者"或说"的意思,这里中译本的"或"和本节最后一句里的"或"都是"或说"的意思。

⑦ 这里的"有论"是指"谈到"有"的这个意思,严格说来,有论的范围也就是逻辑学之划分为三部的"有论"。

的范围内去解释总念固然要发挥“有”的全部性质，同时也就是要扬弃[①]“有”的直接性或扬弃“有”的原来形式。

黑格尔在本节里，开宗明义地按照他秉承古希腊时代亚里斯多德的发展这个观点，来从“有”这个内容最是贫乏而意义又是最是浅显的范畴开始去谈他的范畴逻辑学，也就是他的唯心主义的概念逻辑学的。何以我们这样肯定地说呢？且看他在这里所用的几个意义深邃的名词，如“潜在”、“辩证法”、“过渡”、“对方”、“进展”、“回复”抑或“深入”、“发挥”、“扬弃”这一系列有关发展的名词，我们也就会体会得到的。

于是这节的全文可以说是这样的：“我们作为开始的‘有’这个范畴，不过是逻辑思想的全面概念亦即尚隐含着而尚未发展出来的萌芽式的范畴，其所蕴藏着的深义还有待于整部逻辑学予以发展的。可见这里的‘有’是一个含义广泛的范畴，而作为谓词用，是凡具有‘有’的性质的事物，都可用‘是’去指谓它的，也就是可以说它是‘有的’，即在那里的。但是，这种事物的范围是非常之广泛的，如果把这些事物分别开来，即从知性的观点来看，这些无限多的形形色色的事物，都各自有其形色，是彼此各不相同，互相对立的，即是此而非彼，不可混淆的。可是，从较为广泛的观点，或说从我们在紧接着的第八十一至八十三节的辩证法［即黑格尔的概念辩证法］来看，这些形形色色的事物，其特征就是互相过渡到其对方，亦即过渡到其对立面那里去的。这样看来，所说的形形色色的事物，其特征却有两方面：其一方面乃是一种进展，并不是一成不变的，因而就可以说乃是‘有’这个潜在的总念之展开，有如植物的发芽（苴长[②]）那样，同时另一方面，也可说是‘有’之向内回复，或者说‘有’的深入到其自身。”

到这里为止，黑格尔之从“有”这个“潜在的总念”，根据发展的观念，萌芽苴长地向前展开，好像是说到一种客观事物的发展[③]，然而接着的另

---

① “扬弃”是黑格尔在德文里常用的 aufheben 这个动词之中译，这动词有时也作名词用，但须注意黑格尔使用这词作动词或当作名词用的特别意义，详见前面的几处脚注，即舍弃糟粕取其精华的意思，亦即否定中的肯定而统一起来。

② 苴长，苴读 jū，后人在原手稿上批注为：“拟改用菹长”。但经查阅并与前后文相联系，采用“滋长”较妥。——整理者注

③ 曹方久批注：“黑格尔不谈客观事物的发展。‘有’的向前展开，仍是概念、总念的展开。”——整理者注

一方面，同时又说到"有"之向内回复，什么深入其自身，这"自身"当然就是总念，也就是黑格尔的绝对观念。这就是黑格尔一开头就说出他的唯心主义的以绝对观念为开端而又以绝对观念为归宿的主观立场了。于是他就接着写道："因此在'有'论，也就是在谈到'有'的范围内去解释总念，就是把总念或说绝对观念的意义宣示出来，固然是得要发挥'有'的'潜在的'全部性质，而同时在这种'发挥'的过程中，要扬弃'有'的原来之直接性，或者说扬弃'有'的原来形式。"我们要注意黑格尔这里最后的一句话：扬弃"有"的直接性，扬弃"有"的"原来形式"。固然，发展是必须扬弃事物的直接性和原来的形式而演变之为更高而更复杂的性质与形式的，但是"有"的直接性是一种客观性，如果在发展的过程中，黑格尔通过他的概念辩证法把原来是客观性的"有"转变为主观性的绝对观念之一种形态，那就是主观的，唯心主义的东西了①。这是我们一开头就得要注意到的。但是让我们往下去看紧接着的第八十五节吧！

197.4 第八十五节

这节和上面第八十四节都是关于《逻辑学》的第一篇"有论"的"有"的阐述，而且在本节的附释里，是结合着"有论"的"有"之三个阶层，即"质"，"量"和"尺度"来予以较详细的说明而作为本篇的导论的。

我们现在首先就看看本节的正文之中译文。

> 197.5"有"之自身以及从"有"中推出的各范畴，不仅是属于"有"的范畴，而乃是一般的逻辑上的范畴。这些范畴也可以认作对于绝对②的界说③，或④对于上帝之形而上学的界说。至少在每一正反合的方式中，第一和第三范畴可以这样看，因为第一范畴表示那范围⑤内的单纯性质，而第三范畴则表示由分化而回复到单纯自我相关。

---

① 曹方久批注："黑格尔的'有''绝对观念'都是客观观念。能否说他由客观性的'有'转变为主观性的绝对观念？"——整理者注

② 这里的"绝对"是个名词。

③ "界说"又称"定义"，同是逻辑名词，即法、英、德的 Definition，源自拉丁语的 Definitio，而德文又有时用 die Begriffsbestimmung 这词，同是概念规定的意思，而所谓"界说"是使一事物与别一事物划清界限的意思。

④ 这里"或"是"即"的意思。

⑤ 这里的"那范围"指的是上面所说的"正反合"这个三进方式的范围。

因为对上帝予以形而上学的界说，即将祂的性质表示在思想里，而逻辑学即包括一切思想的形式。每一个三进方式中的第二范畴表示那范围内的思想之分化阶段，因此只是对于有限事物的界说。但当我们应用界说的形式时，则这形式便包含有一种基质(Substrat)①的观念浮起在我们心中。这样一来，即使绝对——这是用思想的意义和形式以表示上帝的最高范畴——它与用来界说它的谓词或确定的真实的思想中的名词之关系，亦不过仅是一揣测的思想，一孤立而无确定性的基质罢了。因为这里所专注讨论的对象或思想，只是包括在谓词里，所以命题的形式，一如刚才所说的那主体或绝对，都完全是多余的(比较第三十一节，及下面讨论判断部分)。

在这节的正文里黑格尔写道："'有'的自身以及那些从'有'推出来的各个范畴，这些范畴不仅只是属于'有'的派生出来的范畴，而且是和一般在逻辑上的范畴一起都可以认作是对于那含蕴一切之绝对的界说的，也就是对于最后的神(上帝)的形而上学形式的界说②。至少，在每一个正反合的三进方式中，其第一个即正和第三个即合的范畴是可以这样看的，理由就是：那第一个正的范畴是表示那正反合的三进方式之范围内的单纯性质的，而合的那第三范畴就是表示由分化，即由演变成为在形式上与之不同之反而回复到单纯自我相关，即正的直接性和从而分化出来的反的间接性之统一这个形式的合的。何以又说'有'以及其他范畴都可认作是对于最高的神(上帝)之形而上学的界说呢？原因是：对最高的神予以形而上学即纯哲学的界说，也就是把这神的性质用思想的形式表示出来，而逻辑学亦即包括一切思想形式的学问。但是，为何在这里只说到正反合的第一个正的范畴和第三个合的范畴，而却没有说到其第二个反的范畴呢？原因就是：那第二个反的范畴，以其是反的，因而就是属于思想的分化即演变成为在形式上的与正的范畴不相同的阶段上的。因此这反的范畴只是对于有限事物才能作为界说来说明它的，其所以如此，就是因为反之为反是对正说的，而正则原是单纯的，只有在其对于反来说，才是以

① 这里的substrat是一个拉丁语的名词，由sub(在下边)＋strat(质)而构成的，是性质和现象所依托的基质，依形而上学说来，这基质可是物质性的亦可是精神的。

② 这一长句是本编者据瓦拉士的英译而改译贺译本这段的开头两句的。

'正'来描述它的。"①

到此为止,黑格尔只是谈到"有"以及其他在逻辑上的范畴都可看作是绝对或说最高的神(上帝)之界说。而接着,他便指出这里所说的所谓"界说"究竟是什么意思。"黑格尔认为,一切界说都是思想分化的表现,因此都是有限的。当我们应用界说的形式时,不论这个界说的范围有多大,它总是被它自身的范围所限定。因此对表示上帝的最高范畴——绝对,不可能以任何一个范畴来加以界说,因为这样便等于把绝对(或上帝)限制在某一特殊谓词里了"②。黑格尔又认为:"绝对用思想的意义和形式以表达上帝的[一个]最高范畴。但当我们应用界说的形式时,则这形式便包含有一种[是这形式的]基质(拉丁文的 substrat)之观念浮起在我们心中。"那么在我们说最高的神(上帝)就是绝对时,我们的心中所想到的最高无上的神(上帝)和用来界说这神的谓词绝对,或说这个确定的真实的思想中的名词这两者之间的关系,也不过仅是一种揣测的思想,一孤立而没有任何确定性的基质罢了。因为这里所集中讨论的对象或思想只是包括在[用来界说的]谓词里,所以命题的形式,即用来做界说的判断式之命题的形式,一如刚才所说的那主体(上帝)或说绝对,都完全是多余的,因为所专要注意的在讨论中的对象,只是如上所说,在界说的谓词里而没有思想到其主体的。关于这点,可以请读者比较一下上面说明一般判断的形式之不适用于表达具体的思辨的真理的那第三十一节,以及下面讨论判断的部分,从第一六六节到第一八〇节,即贺译本第 342——360 页。

这就是第八十五节一段较长的正文和我们加上的解释。下面便是本节的附释,其中译文如下:

198.1 附释:逻辑理念的每一范围或阶段,皆可证明其为思想形式之一系统的全体,或绝对之一种表明。譬如,在"有"的范围内,就

① 曹方久批注:"怎么'反'的范畴不是对'绝对'的界说,而是对有限事物的界说?尚未说清。后面的解释亦不通俗。"——整理者注

② 引号里的一段是引自姜丕之编著:《黑格尔〈小逻辑〉浅释》,上海:上海人民出版社,1963 年,第 233 页。

包含有质、量和尺度三阶层。“质”[1]首先就具有与“有”相同一的性质，两者的性质相同到这样的程度，如果一物失掉它的质，则这物便失其所以为这物。反之，“量”[2]的性质便与“有”相外在，量之多少，并不影响到“有”。譬如，一所房子，仍然是一所房子，无论大一点或小一点。同样，红色仍然是红色，无论深一点或浅一点。“尺度”[3]，第三阶层的“有”是前两阶层的统一，是有质的量，一切事物莫不有“尺度”，就是说，一切事物皆是有量的，但量之大小并不影响“有”。不过这种“不影响”是有限度的。假如由于更加增多，或更加减少，就会超出此种限度，而那物就会停止其为那物。从尺度进展，就可达到理念的第二个大范围，本质[4]。

本节附释的这一段是说：逻辑的理念(die Idee)[在其发展进程中]的每一范围或说阶段，都是可以证明它是思想形式的一系统的全体，或者说是那最高而最完备的理念，绝对的一种表明[或说形相]。何以见得呢？譬如说，在“有”这个范畴的范围内，就包含有质、量和尺度这三个“有”的阶层，其所以说是阶层，是因为质是演变为量，而量又演变为尺度的。在这种演变或说发展的进程，首先拿质来看，它是和“有”具有同样的性质的，而且这两者是相同到这样的程度，如果一物失掉了它的质，那么这物也就失去它之所以是这物的性格了。量就不是这样的。量的性质就是与“有”彼此相外的；量是多是少，并不影响“有”。譬如说，一所房子，无论它是大一点，或者小一点，它仍然还是一所房子，不因其大小而受到作为一所房子的改变。同样，红色可能是深一点或浅一点，红色依然是红色，不因它的深浅而影响到它是红色。那就是说，量变，在一定范围内的变，不影响到原来的那质。质是“有”的第一阶层，量是“有”的第二阶层，而第三阶层是“有”的尺度。什么叫做“有”的尺度？尺度就是“有”的有质的量，所以就称它为质与量这前两阶层的统一。一切事物莫不有“尺度”，就是说，凡是事物都是有量的，但是量之大小并不影响当下的“有”。不过这种

① 这里的“质”是德语的 die Qualität 这个名词之中译。

② 这里的“量”是德语的 die Quantität 这个名词之中译。

③ 这里的“尺度”是德语的 das Mass 这个名词之中译。

④ 这里的“本质”是德语的 das Wesen 这个名词之中译。

“不影响”是有它的限度的。假如由于更加增多，或者更加减少，那到了一定的限度以外，就会影响“有”，而那“有”就会不是那“有”了，那“有”之为物就会再不是那物了。这就说明一种进展。但是从质到尺度，也是一种进展，而从尺度这个“有”的第三阶层的继续进展，那就超出单纯的“有”之范围而过渡到理念之更高的一范围，达到理念的第二个大范围，也就是本质的范围了。从“有论”过渡到“本质论”，这样也就像是“有论”的结束了，但还没有，由于这第八十四节和第八十五节不过是“有论”的一种导论，因而在阐述“有”的三阶层之先，附释编者认为得要加上一段来强调说明“有”的性质。这最后一段的中译文如下：

> 198.2 这里所提及的“有”的三个形式，就因为它们是最初的，所以又是最贫乏的，亦即最抽象的。当下的感觉的意识，就其同时包含有思想的成分而言，乃特别限于质和量的抽象范畴。因此这种感觉意识通常被认作最具体的，同时亦即最丰富的。但这仅是就其材料而言，倘若就其所包含的思想来看，其实可说是最贫乏的或最抽象的。

在附释这最后一段里，请读者又一次注意到在黑格尔的哲学思想里“抽象的”这个形容词的意义。何以说“有”的三个形式在感觉的阶段上，即“有论”的阶段上，是最抽象的，因而也就是最贫乏的呢？原因就是：“有”的质、量和尺度都是凭借感觉在感性的阶段上被意识到的，是关于事物的表面的，而还没有通过思想而和当下事物的许多其他方面、其他成分相联系的。正如我们伟大的领袖毛主席在其光辉的杰作《实践论》里写道：“原来人在实践过程中，开始只是看到过程中各个事物的现象方面，看到各个事物的片面，看到各个事物之间的外部联系……这叫做认识的感性阶段，就是感觉和印象的阶段。”“有”的质、量和尺度也就是属于这个初步的阶段的，因而就是最贫乏的，亦即最抽象的。本节附释的编者正确反映着黑格尔的哲学思想而继续地写道：“当下的感觉的意识，就其同时包含有思想的成分而言”——我们当记得黑格尔认为意识的活动多少必是包含有思想的——“乃特别限于质和量的抽象范畴。因此这种感觉意识通常被认作最具体的，同时亦即最丰富的。但这仅是就其材料而言，倘若就其所包含的思想来看，其实可说是最贫乏的或说是最抽象的。”

这就是本节附释之补充了上面第八十四和八十五两节的对"有"之论述而去谈到"有论"关于质的甲部分了。

甲、质

199.1 甲　质(die Qualität)

黑格尔《小逻辑》本论共分三篇。其第一篇是"有论",即关于"有"(Sein)的论列,而"有论"又分甲、乙、丙三部分,其第一部分是讲"质"的,即甲部分。这甲部分细分为A、B、C三小部分。我们当前的甲部分之A小部分就是:

199.2 (A)有 (Sein)①

请读者注意:"有论"的"有"是个大范畴。从上面第八十四节起到下面第一一一节为止是讨论这个大范畴而属于"有论"的。在"有论"的甲部分里是论"质"的,其第一小部分(A)是讨论"有"这个小范畴的,这个小范畴作为黑格尔范畴系统的第一个范畴之"有",称为"纯有"。

现在我们首先阅读第八十六节的中译文。

199.3 第八十六节

本节的内容是讲"纯有"这个范畴,主要是讨论何以黑格尔的逻辑学是以纯有这个范畴作为其开端的。本节除三段正文外,还有两个附释。现在我们首先看看正文第一段的中译文。

199.4 以纯有作为逻辑学的开端,因为纯有既是纯思,又是不确定的单纯的直接性,而最初的开端不能为任何有间接性之物,亦不能为可更进一步予以规定之物。

这段的文字虽然是简短而赅备的,但仍然是不十分容易理解的。首先,我们要理解几个名词:(1)"纯思"就是纯粹的思想,关于这个词组,详见下面的附释一,我们在这里就不必多说了。(2)"直接性"就是感官所能接触得到的性质。(3)"间接性"是直接性的对立,是需要另一东西为其中介,才可以为人意识到的。黑格尔在上面曾详细讨论过这个观念,特别是

① "有"是德语作为名词的Sein之中译,也有中译为"存在"的,如人民出版社1956年北京版的列宁《哲学笔记》,但我们在本评注中一律依贺译本中译das Sein为"有"。

在他谈到直接知识的时候。(可参看上面第六十二节的第一段。)

黑格尔在本段里是着重解答"何以要以纯有作为逻辑学的开端的"这个问题。他说:"因为纯有是一纯思,即纯粹的思想,而且又是不确定的,即没有规定性的,单纯地为人们直接感觉得到,如'那就是'的东西。这才可以作为逻辑系统思想的开端,因为最初的逻辑思想的开端决不能是任何有间接性的东西,如是有间接性的东西,则这东西,既是间接性的,则需要另一东西做它的中介,那么岂不是先就要说明那东西,但说明又要另一东西,如此类推,有间接性的东西就显然不能作为逻辑思想的最初的开端了。此外,作为逻辑思想的最初开端的纯有又是不能给以任何规定的,因为用来规定它的那东西也是得要加以说明的,因之就应是在纯有之前,而且既有规定性,则纯有就不是单纯的直接性了。"可见只有在想像中的纯有,才能作为逻辑思想的最初开端。

这就是本节正文第一段的内容,经过我们加以解释的。下面就是本节正文第二段的中译文。

199.5 举凡可以提出来反对用抽象空洞的"有"作逻辑学开端的一切怀疑和责难,都会消失,只要我们能意识到开端的性质所包含的意义。"有"可以界说为"我即是我",为"绝对的①无别②",或同一等。只要感觉到有从一绝对确定性,亦即自我确定性开始③,或从对于绝对真理的界说或直观开始的需要,则这些形式或别的同类的形式就可认作必然应是最初的出发的。但这些形式之每一个都包含有**间接性**,因此不能为真正的最初开端。因为间接性包含有由第一进展到第二,由别一物出发到此一物的过程。如果"我即是我",甚或理智的直观真的被认作只是最初的开端,则它在这单纯的直接性里仅不过是一"有"罢了。反之,纯有,若不复是抽象的,而是包含间接性在内的"有",亦是纯思或纯直观。

① 这里的"绝对的"和下句的"绝对"都是作形容词用的。

② 这里的"无别"是瓦拉士英译的 indifference 这词的重译,其原德文词是什么,因手边的德文本残缺了这里的一大段,故此无从查对。

③ 贺译本这里的子句比较模糊,而按瓦拉士的音译以及上下文,则应是"亦即从自我的确定性开始"。

本节正文的这第二段是说："凡是可以提出来反对用抽象的空洞的'有'作为逻辑科学开端的一切怀疑和责难，只要我们能够意识到所谓开端的性质所含蕴的意义，则那些怀疑和责难也就都会消失了。当知'有'是可以给它下个定义为'我就是我'，为'绝对没有任何差别'，或'同一'，等等。只要我们感觉到必须从一绝对的确定性，也就是从自我的确定性开始，或者从对于绝对真理的界说或说直观开始，那么这些形式或者别的同类的形式，就都可以认作必然应该是最初的出发点了。但是这些所说的形式的每一个都是包含着间接性的，而间接性，如上面已经指出并且反复说明过，是不能作为真正的最初开端的。因为，且再说明一次，间接性包含有从第一进展到第二，也就是从别一物出发而到此物的这种过程的。如果'我就是我'，甚至或者说理智的直观，即用理智才得到的直观①，真的被认作就是②最初的开端，则它在这单纯的直观里仅仅不过是一'有'罢了。反之，纯有，如果已经不是抽象的了，而是包含间接性在内的'有'③，那这纯有也就是纯思或说纯粹的直观了。"

黑格尔在这第二段里为"有"或说"纯有"之作为逻辑思想系统或说逻辑范畴体系的开端而予以阐述，其论证是有些模糊不清而不易说服人的，因而他就加上下面的第三段，现在让我们看看这第三段是怎样的。其中译文是：

200.1 如果我们宣称"有"是绝对的④一个谓词，则我们便得绝对之第一界说为："绝对"就是"有"。这就是(在思想中)纯全最初的界说，最抽象亦最空疏。这就是伊里亚学派⑤所首先提出来的界说，同

① 这里的"用理智才得到的直观"是原译"理智的直观"的说明，因为一般认为直观是属于感性，而黑格尔却认为理智之运用也可产生直观。所以得要加以说明。

② 这里编者把原译的"只是"改为"就是"，因原译大概是瓦拉士英译所用的 no more than 之重译，然而与其上下文颇为不合，故改。

③ 这里的一子句是下句的"纯思"的缘由，因而也是"纯粹直观"的缘由，虽然这种说法是牵强的。

④ 这里的"绝对"是个名词。

⑤ 这里的"伊里亚学派"是德文的 der Eleaten 之中译，又中译为"埃里亚学派"，两名词是歧异的音译，指的是古希腊以巴门尼德斯(Parmenides)和芝诺(Zeno)为代表的唯心主义哲学派，繁盛于公元前六世纪中叶到前五世纪初，认为实有是真，无有是空无，所以变化是没有的，而且惟有实有的才是可思维的，而只有可思维的才是实在的。

时亦是最著名的界说，认上帝为一切实在的总和。简言之，依这种看法，我们须排除内在于每一实在中的限制，庶可以见得，只有上帝才是一切实在中之真实者，最高的实在。但假如我们认为实在已包含有反映在内[或认实在为有间接性]，则较直接原始的看法，可于耶可比对斯宾诺莎的上帝的说法中得到，因为他说斯氏的上帝，在一切存在中，为"有"之原理。

黑格尔在本节正文的最后一段里，原本是想要说明何以"有"或说"纯有"可作为逻辑演绎的最初开端的，但我们细读这段后，依然觉得他的论证未免还是近于牵强。首先，"绝对就是有"这个界说并不解决当下的问题，即援引伊里亚学派巴门尼德的"实有是真"这个"最著名的界说"。即认"最高的神(上帝)[即黑格尔的绝对]是一切实在的总和"，也无济于事，因之黑格尔最后也就不得不求援于耶可比了，因为耶可比说斯宾诺莎的上帝是在一切存在中为"有"之本源①。这样一来，黑格尔对于"有"之作为逻辑演绎的最初开端，其论证只得最后引用斯宾诺莎这样含义模糊曾引起欧西哲学界三百年来争论不休的一句话罢了。难怪即编写本节的附释的黑格尔的门生还觉得要加上两个附释来予以补充的说明。现在我们首先看看附释一的中译文。

200.2 附释一：当思想开始时，除了纯粹无确定性的思想外，没有别的了，因为在确定性中已包含有"其一"与"其他"；但在开始时，我们尚没有"其他"。这里我们所有的无确定性的思想乃是一种直接性，不是间接的无确定性，不是一切确定性的扬弃，而是无确定性的直接性，先于一切确定性之直接性，最原始的无确定性。这就是我们所说的"有"。这是不可感觉，不可直观，不可表象的，而乃是一种纯思，即以这种纯思作为开始。本质亦是一无确定性的思想，但乃是经过间接的历程，已经扬弃了确定性并包括之于其内的无确定性。

本附释一的编者，在这里补充黑格尔把"有"作为逻辑思想演绎的开

① 这里的"原理"是原拉丁文的 principium 这词之中译，但现代汉语把"原理"这个名词一般作为规则所根据的原则，或作为各种法则的基本法则来理解，这可说是正确的，然而还是不够的。查拉丁文的原词，其本义是指事物的起始或本源说的。因此，我们就在这里改用"本源"以符合全句的意思。德语的 das Prinzip 和英语的 principle 同是古拉丁语 principium 之译。

端之说明，确是费了一番苦心的。这附释一，一开始便写道当思想开始的时候，除了用那纯粹的无确定性的“纯有”这个思想之外，是没有别的思想可用的了，因为在任何确定性的思想中，必须有用来确定这思想的东西，这就是这思想的“其他”，由于这用来确定的东西，对于所确定的思想就是“其他”，所以说，在确定性中是已经包含着所确定的思想作为“其一”，和能确定的东西作为“其他”的。但是，在开始的时候，因为是个开始，我们就只有作为开始的“其一”，而还不可能有另一东西作为“其他”的。因之，在这里逻辑思想演绎刚开始的时候，我们的“有”这个无确定性的思想，乃是一种直接性，而不是什么间接的无确定性，不是一切确定性的扬弃，因为它本来是没有任何确定性的，又何得有确定性的扬弃呢？所以它只是一无确定性的直接性，这直接性是先于一切确定性的直接性，是最原始的无确定性。这也就是我们所作为逻辑思想演绎的“有”。

且看，这附释一的编者是怎么煞费苦心，不嫌辞费地在为他或他们的老师作出一个观念的补充说明而把康德的“先于”[可能是“先验”的]和“最原始的”字样都用上了，而且还接着写道：“这[即最原始的无确定性]是不可感觉，不可直观，不可表象的，[即不是感性和想象所能接触到的莫须有物]然而乃是一种纯粹的思想，也就是越过意识初步形态的感性和想象而以齐天大圣式的筋斗，一跃而达到“一种纯思”，也就是以这种纯思作为开始。可说这也是黑格尔的神秘主义吧！

不但如此，附释一的编者突然还加上令人难解的一句话说：“本质[即‘有论’以后的‘本质论’的‘本质’，这个在黑格尔范畴系统颇为高级的本质]也是一无确定性的思想，但是这个本质作为思想[当然本质乃是思想]是经过间接的历程[且是很长远而复杂的历程]，是已经扬弃了确定性并包括了确定性在它里面的一种无确定性。”关于这种辩证的矛盾统一的过程，可看上面的第六十九节和第七十四节。

细读起来，并加以深入的思索，上面的附释一是并没有解决黑格尔之以纯思或说“有”或说乃至“纯有”作为逻辑思想或说逻辑理念演绎的最初开端的这个难题的，其结果就只是说“纯有是无确定性的直接性，先于一切确定性之直接性。最原始的无确定性、不可感觉、不可直观、不可表象的，然而所说的“无确定性”、“最原始的无确定性”、“不可感觉”、“不可直观”、“不可表象的”这一系列的否定词句都不过是“不可思议”、“不可名言”的绝对否定的一种说法，怎能解决“纯有”之作为逻辑思想演绎的最初开始呢？只有极端暴露黑格尔的逻辑思想系统之为唯心主义的产物而已，整套的范畴全都是以纯思发展出来而没有客观事物作为其基础的嘛！这不是十分明白的吗？而且纯粹思想也就是赤裸裸的思想，并不反映任何客观存在的。其实，这里的所谓“纯思”，无非就是“绝对观念”而已。

但是绝对观念从何而来？这个我们认为是黑格尔哲学思想最关重要的关键问题，黑格尔与其编写附释来补充他的解释的门生故旧，如这里的上面第八十六节的正文与其附释一所暴露，是陷入不能自圆其说的思想窘境的。这种窘境原是黑格尔的唯心主义之绝对主义和其他同性质的绝对主义所共同的。《周易·系辞》不就是另一个鲜明的实例吗？《周易·系辞上》有“太极”这个名词，说什么“易有太极，是生两仪”，两仪就是天地。但是宋代周敦颐就认为太极还不够古远，而在《太极图说》里加上什么一个“无极”来说“无极而太极”，就是说“太极”乃是从“无极”而来的。他的这个“无极”，却是《老子》一书早在《反朴章第二十八》里说过：“知其白，守其黑”这种权术里说是“为天下式”[做天下的法则的]，而“为天下式”的时候，就会分毫不错，而“常德不忒”了，到了这时也就“复归于无极”这个最原始的状态了。这是《易经》的前汉时期《易传》的思想。到了魏晋时期的《列子》一书的《天瑞第一》这篇里，出现了“太易”，“太初”，“太始”，“太素”这一系列的名词，并说明“太易者，未见气也；太初者，气之始也；太始者，形之始也；太素者，质之始也”。而且接着又说：“气形质具而未相离，故曰浑沦。浑沦①者，言万物相浑沦而未相离也。视之不见，听之不闻，循之不得，故曰易也。易无形埒②，易变而为一，一变而为七，七变而为九，九变者，究也③，乃复变而为一。一者，形变之始也，清轻者上为天，浊重者下为地，冲和气者为人；故天地含精，万物化生。”这是我国早在欧洲黑格尔的大约一千四五百年以前，哲人揣测宇宙演变过程而用太易、太初等等的范畴来描绘其在各个大阶段上的进展，而且较之黑格尔与其门

① 浑沦，道教教义名词。指宇宙形成前的迷蒙状态。义同“浑沌”。——整理者注

② 按《康熙字典》，“埒”音“劣”，“划界分程”的意思。

③ 这里的“究”是“穷尽”的意思，常言“究竟”。

人还有更接近于唯物的想法，然而这里所谓太易也并不能被认作是宇宙演变的最初开端，因为我国古代的思想如儒、道等占优势的“显学”都是周而复始的循环观念的，可是这样揣测性的“无极”、“太极”、“太易”等的开端之能和唯物的天、地、人结合，揆[①]其转变的形态，似觉比黑格尔的逻辑学过渡到自然哲学还自然一些。谨提出以供读者的参考。

上面是我们对于本节第八十六节附释一的解释和批评意见。现在就进而阅读本节的附释二。

200.3 附释二：在哲学史上逻辑理念的不同阶段，以前后相继的不同的哲学系统之姿态而出现，而其中每一系统皆基于绝对之一特殊的界说。譬如，逻辑理念的发展是由抽象进展到具体。同样在哲学史上那最早的系统每每是最抽象的，因而亦是最贫乏的。故早期的哲学系统与后来的哲学系统之关系，大体上相当于前阶段的逻辑理念与后阶段的逻辑理念的关系。这就是说，早期的为后来的所扬弃并包括于其中。这种看法才表明了哲学史上常被误解的现象——一个哲学系统为另一哲学系统推翻，或前面的哲学系统为后来的哲学系统推翻的真意义。每当说到推翻一个哲学系统时，总是常被误认为单纯抽象的否定的意义，以为那被推翻的哲学已经毫无效准了，被置诸一旁，或根本完结了。如果真是这样，那么，哲学史的研究必会被认作异常苦闷的工作了，因为在哲学史所能昭示的，将会只是所有一切在时间的过程所发生的哲学系统如何一个一个地被推翻的情形罢了。虽然我们自当承认一切哲学系统都曾被推翻了，但我们同时亦须坚持，没有一个哲学是被推翻了的，甚或没有一个哲学是可以推翻的。这有两方面的解释：因为，第一，每一值得享受哲学的名义的哲学，皆仍以理念为内容；第二，每一哲学系统均可表示理念发展之一特殊阶段或一特殊环节，因此所谓推翻一个哲学，意思只是指超出了那一哲学的限制，并将那一哲学的特殊原则降为较完备的系统中之一成分罢了。所以，哲学史的主要内容并不是涉及过去，而乃是涉及永恒及纯属现在的材料，而且哲学史的结果，并不似人类理智活

① 揆读“kuí”，揣测之意——整理者注。

动的错误陈迹的展览，而只可与众神像的庙堂相比拟。这些神像就是理念在矛盾发展中依次出现的各阶段。所以哲学史家有责任去确切指出哲学史中的内容，实际上在哲学史上的开展，与纯逻辑理念的矛盾开展一方面如何相同，另一方面又如何相异。但这里须略加提示的，就是逻辑开始之处实即真正的哲学史开始之处。我们见得，哲学史开始于伊里亚学派①，或确切点说开始于巴曼尼得斯②的哲学，因为巴曼尼得斯认“有”为绝对。他说，惟“有”在，“无”不在。这须得认作哲学的真正开始点，因为哲学总是据思想以认识，而在这里第一次将纯思坚执住，并即以纯思本身作为认识的对象了。

这是本节(第八十六节)附释二的第一段。这段篇幅较长，可分为五个小段来加以考虑。

其第一小段是从开头到“与后阶段的逻辑理念的关系”为止，这小段的大意是说：“哲学史上的在逻辑理念的不同阶段，乃是用哲学系统各不相同的哲学系统之姿态出现的，而这些哲学系统之中，其每一个都是基于绝对之一个特殊的界说的，譬如，逻辑理念的发展是由抽象进展到具体的，而在哲学史上也是这样的，即最早的哲学系统每每是最抽象的，因而又是内容最贫乏的。所以早期的哲学系统与跟在后面的哲学系统两者之间的关系，大体上是相当于前阶段的逻辑理念与跟在后面的阶段的逻辑理念的关系。”这就是说，哲学史上的各阶段之哲学系统乃是按照逻辑理念之发展程序而发展的。跟着在第二小段到“一个一个地被推翻的情形罢了”为止，是说明这种发展程序的形式。其形式就是“早期的[哲学]为后来的[哲学]所扬弃并包括于其中。[这是研究哲学史的一种人的看法，而]这种看法恰恰就表明了哲学史上常常被误解的一种现象。这种被误解的现象的真意义就是：前期的哲学是被后来的哲学所推翻的。可是，当每说到推翻一个哲学系统时，总是常常被误认为单纯抽象的否定的这种

① 这里的“伊里亚学派”见上面相关脚注。

② “巴曼尼得斯”又音译为“巴门尼德”，原名是 Parmenides，他是古希腊伊里亚学派的最杰出哲学思想家，生卒年代大约在公元前六世纪上半叶，生年大约在公元前 515—前 510 年。他的思想是极端唯心的，认为只有“有”才有，“无”是没有的。可参看北京大学哲学系：《古希腊罗马哲学》，北京：生活·读书·新知三联书店，1957 年，第 48～55 页。

意义，以为那被推翻的哲学已经毫无效准了，被放置在一旁了，或说根本完结了。如真是这样的话，那么，哲学史的研究就必定会被人认作是异常苦闷无聊的工作了，因为这样一来，在哲学史所能揭露出来的就会只是所有一切在时间的过程中所发生的哲学系统是怎样一个一个地尽都被推翻罢了。这又有什么意思呢"？

这也就是第二小段的内容，接着前面第一段引申前段之意而叙述哲学史有些人所误解的情况的，紧跟在后面的第三小段是附释二的编纂者正确地反映了黑格尔关于哲学发展史的辩证理解的，这小段是说："虽然我们自然应当承认过去一切哲学系统都是曾经被推翻了的，但是我们同时也得要坚持，没有一个哲学是被推翻了的，甚至或者要说，没有一个哲学是可以推翻的。关于这点。有两方面的解释：第一，因为每一个值得享受'哲学'这个名称的哲学，都仍然是以理念做它的内容的；第二，每一个哲学系统都能表示理念发展的一个特殊阶段或说一个特殊环节。因此之故，所谓推翻一个哲学，其意思只是指超出了那一个哲学的限制，而且把那一个哲学的特殊原则降到为一个比较更完备的系统中之一个成分罢了。"这就是第三小段的内容，说明所谓在哲学史上推翻一个哲学的正确意义。

下面第四小段是在关于推翻一个哲学的正确意义这个基础上进一步说明哲学史本身的意义并且又指出哲学史的发展和逻辑理念的矛盾开展是怎样在形式上相同而又相异的。这四小段是说："按照上第三小段所说，哲学史的主要内容并不是谈到过去的哲学思想就算了的，而是谈到永恒的东西以及纯是属于现在的哲学思想的材料的。而且哲学史的结果并不好像是人类理智活动的错误陈迹之展览，而只可与众神像的庙堂相比拟。这些神像也就是理念在矛盾发展中按照次序出现的各个阶段。所以哲学史家有责任去确切地指出哲学史中的内容，其实在哲学史上的开展与纯粹逻辑理念的矛盾开展，其一方面是如何相同，而另一方面又是如何相异的。"可见哲学史在实际上是和逻辑的理念之矛盾开展相联系着的。

到这里为止，我们和附释二的编者之反映黑格尔关于哲学史之正确见解是完全一致的。但是附释二的企图看来在谈到哲学史时，不过还是一种衬笔，其意图乃是证明黑格尔的逻辑范畴之以“有”或说“纯有”为其开端的正确性，且看附释二最后第五小段是怎样说的。

第五小段是说：“但这里须得要略加提示：逻辑开始之处实即真正的哲学史开始之处。[请注意‘真正的哲学’这种字样。]我们见得，哲学史开始于[古希腊而鼎盛于公元前六世纪末的]伊里亚学派的巴曼尼德斯的哲学。因为巴曼尼德斯是认‘有’为‘绝对’的，他说：只有‘有’才是有的，‘无’是没有的，这就得要认为是哲学的真正开始点。因为哲学总是依据思想来认识实在的，而在巴曼尼德斯这里，是第一次把纯粹的思想[即‘有’]坚执住，并且就以纯粹思想的本身[即‘有’]作为认识的对象的。”

这就是第八十六节附释二第一段第五小段亦即这段的结束了。这一段是以古希腊伊里亚学派的巴曼尼德斯的“有”这个观念为“真正的哲学史”之开始的。这种的历史观点果能是德国著名的柏林大学讲哲学史和历史哲学的黑格尔教授之观点吗？首先，我们得要问，黑格尔教授所说的“真正的哲学史”这词是何所指？是就全世界的哲学史来说的吗？讲历史哲学的教授当然应该是从全世界的范围来看哲学而归纳出历史的哲学的。查他的《历史哲学》①，即他的《历史哲学讲演录》的内容，在其绪论和本论里，都是涉及我国、印度、波斯、亚述②、巴比伦、米太③等这些古老的帝国的，而且谈到它们的思想时，很正确地由于它们是古老的，就结合其宗教与民俗来谈的。这岂不也就是发生而且盛行在这些地方里的哲学吗？在亚洲的这些古老的帝国里，哲学是否也从巴曼尼得斯的“有”开始

① 这书有王造时中译本，第一版由三联书店于1956年在北京刊出。

② 亚述(Assyria)古代西亚奴隶制国家，位于底格里斯河中游。公元前三千年代中叶，属于闪米特族的亚述人在此建立亚述尔城后逐渐形成贵族专制的奴隶制城邦。——整理者注

③ 米太(medes)，也称为米底、玛代和米底亚。米底人和波斯人同属印欧语系人，它于公元前2000年代后期从中亚进入伊朗西北部，过着分散的部落生活。公元前8世纪，曾臣服于亚述帝国。在反抗亚述的战斗中，米底诸部落加强了联盟，于公元前七世纪初建立国家，首都埃克巴塔那，从此脱离亚述而独立。米底第三代国王库阿克撒列斯统治时期，改革军队，与新巴比伦王国结成联盟，共同抗击亚述，于公元前605年联盟灭亡了亚述，后又占领了乌拉尔图和小亚一部分地区，达到全盛。公元前6世纪以后，波斯人兴起，居鲁士于公元前550年建立阿黑门尼德王朝，推翻米底的统治，至此，米底王国灭亡。公元前330年，亚历山大大帝占领米底。后公元前152年，米底又被安息国王密特拉达梯一世夺取，从此臣属于安息人。约公元226年，米底转归萨珊王朝。此时米底人已失去自己的特性，混合到伊朗民族中。——整理者注

呢？恐怕完全不是吧！我国《老子》一书庶乎近之，然而《老子》这书，据我们详细而正确的研究，却不能说是我国最早关于意识形态的书了，再拿印度的“精神梦幻的形态”①来看吧！黑格尔认为这就是“不动、不想、不欺”。大概他所想要说的乃是佛家的“涅槃”，即梵语 nirvana 之音译，可是涅槃乃是佛家的究极而不是其起头。至于波斯、亚述、巴比伦、米太等，黑格尔没有提到它们的哲学思想，即使关于它们的宗教和民俗，也不过是表面的细节，其原因是因为在它们那里，没有巴曼尼得斯的“有”之任何迹象可寻吧！如果要在那些民族中寻找意识的主要形态，恐怕是在波斯之与古希腊米利都学派的朴素唯物主义哲学家赫拉克利特②的“火”这个很形象的观念里而不在其同时代的巴曼尼得斯的“有”那里了。

古老的国家，除了上述者外，至少关于欧洲的哲学史还得要提到非洲的埃及吧！黑格尔在其《历史哲学》这书里这样写道：“在埃及，自然和精神的权力被看做是极其密切地结合一致。”“人生历程和尼罗河、‘太阳’、奥赛烈司三者的并列，不能算是一种纯粹的比喻……事实上，在[生、长、病、老]这些差异中间，想象力看到一个主体，一种生机……这些不同的现象乃是一种特别的不含诗意的现实的内容。”③且看！这里引用的最后一句，亦即关于“三者的并列”之整个自然段的最后一句，是说想象力在一些生长病老的现象中间看到一个主体，一种生机，而这里的主体，生机都不是什么内容最贫乏的“有”，而是“不含诗意的现实的内容”。这就是埃及哲学思想的基本调子，而根据欧美，即今是资产阶级的世界史编写家们的研究结果，古埃及的文化与思想对于古希腊的影响是巨大的。关于大约公元前十四世纪盛行于希腊部分小亚细亚和地中海东部的某些岛屿的称为买斯尼(Mycenae)④的史前文化于公元前 468 年在希腊被毁的安哥里斯(Argolis)⑤这座古城于公元 1876—1877 年由考古家挖掘出来的遗迹

① 见黑格尔著，王造时译：《历史哲学》，北京：生活·读书·新知三联书店，1956 年，第 212 页。

② 赫拉克利特(Heraclitus，鼎盛年约在公元前 504—501 年)又被译为赫拉克利图斯。他是米利都学派(即以地中海滨的米利都[Miletus]市为其学术中心的古希腊学派)之主要杰出人物。认为“一切东西换成火，火又换成一切东西”。

③ 引文均见黑格尔著，王造时译：《历史哲学》，北京：生活·读书·新知三联书店，1956 年，第 252 页、253～254 页。

④ 今译迈锡尼，古希腊南部古城。——整理者注

⑤ 今译阿尔戈利斯，希腊南部的一个古代地区，位于伯罗奔尼撒东北部。——整理者注

所表明的种种,我们在这里姑且勿论了。但是,埃及文化与思想对于古希腊的哲学家毕泰戈拉①的影响,乃至对于更后的柏拉图的影响,都是欧洲哲学史的研究者和编纂者②所不能忽视的。所以我们认为黑格尔与其门人在谈到哲学史时,竟然就以巴曼尼德斯之“有”为其开端,这确是未免太过主观,而为一己或一派的偏见所迷住心窍了,然而从历史的时序和希腊哲学史的发展,并不能成立巴曼尼德斯之“有”是希腊哲学史的开端这个论点,而谈到世界哲学史,那就更是谬论了。黑格尔与其门人之提出这个论点只不过是他们与巴曼尼德斯的同是唯心主义者,而巴曼尼德斯的“有”至少是和黑格尔作为逻辑第一个范畴的“有”同一名称而已。但是黑格尔之以“有”或说“纯有”作为逻辑学的开端,其较好的理由毋宁说是在附释二的第二段,即最后一段里。让我们现在来看看这段的中译文。

> 202.1 人类诚然自始就在思想,因为只有思想才使人有以异于禽兽,但是经过不知若干千年,人类才进而达到认识思想的纯粹性,并同时在纯思里把握住真正的客观对象。伊里亚学派是以勇敢的思想家著称。但与这种表面的赞美相随的,常常就有这样的考语,说这些哲学家太趋于极端了,因为他们只承认惟有“有”是真的,而否认意识中一切别的对象的真实性。说我们不应老停滞在“有”的阶段,这当然是很对的。但认意识中别的内容好像是在“有”之旁或在“有”之外的某种东西,或将“有”与别的事物等量齐观,说有“有”,亦有别的事物,那就未免太无意识了。真正的关系应该是这样:有之为有并非固定之物,亦非究竟至极之物,而乃是有矛盾性,要过渡到它的对方的。“有”之对方,亦就其直接性而言,即是“无”。总结起来,“有”是第一个纯思,无论从任何别的范畴开始(如从我即我,绝对无异,或上帝自身开始),皆只是从表象的形象,而非从纯思的产物开始;而且就这种出发点的思想内容而言,仍只是“有”。

① 毕泰戈拉(Pythagoras,又译作“毕达哥拉斯”——整理者注)的鼎盛年约在公元前532—前529年,当他年少好学时游历了埃及,进过一些神庙,在那里学了关于神灵的秘密,回到希腊后,建立了毕泰戈拉学派,特别注重灵魂轮回与不死的学说。

② 例如英国牛津大学哲学教授佐伟(B. J. Jowett)在其《柏拉图对话集》的《柏拉图生平》一文中所谈到埃及和柏拉图的关系这个问题。

这段的附释二乃是很精辟的一段，能表达黑格尔的辩证思想。可是措辞中带着些沙石，如我们将要指出的那样，但是我们手边的原德文本恰恰是残缺了当前的一段的，莫从查对，细看起来好像不能是黑格尔本人即在课堂上一时所表达的思想形式。兹先按中译本解明这一段的内容，然后提出我们可能是不成熟的意见。

这附释二的最后一段是说："人类自从成为人类那时开始，就是运用思想的，因为我们知道，只有思想才是使人类和禽兽有所不同的。但是即以人类来说，也得要经过不知多少个千年，才进而达到能认识思想的纯粹性，而且同时在纯思里面把握住真正的客观对象。"附释二的编者的这种关于人类思想发展的进程之说法是正确的。他或他们不是在描述人类本身的发生而是在叙述人类思想之发展到远用纯思的阶段。接着便谈到"古希腊伊里亚学派的思想家特别是巴曼尼德斯，是以思想的勇敢，言人之所不敢言而闻名的，但是这种名声只是表面上的赞美，伴随着而来的，常常就是这种考语，说这些哲学家的思想太过趋于极端了，因为他们只承认惟有'有'才是真的，而就否认意识中一切别的对象的真实性。若说我们不应老停滞在'有'的阶段上，这当然是很对的，但是，认为在意识中别的内容好像是在'有'之旁，或者是在'有'之外的某种东西，或者把'有'与别的事物等量齐观，就是说有'有'，而又有别的事物，那么，这种说法就未免太过无意识了。"这是附释二的编者，按黑格尔的思想说明一般人对于古希腊的伊里亚学派的哲人的思想勇敢，竟然勇于说出别人所不敢说的话来，因而称赞他们，但是这种称誉只是表面上的，跟着就有抨击他们的考语，歪曲他们的立论。以为在"有"之外，还存在着别的东西，而把"有"与别的事物同一看待，这就是太过无意识了。这是黑格尔自己的意思吗？我们理解黑格尔之所谓"范畴"不过是一些用来认识事物的思想形式而不就是所认识之物。如果是的话，则范畴之外就确是无物，那么就难怪有人是这样批判伊里亚学派的哲人，说他们的主观唯心主义的思想太过趋于极端了。其实，依我们的理解，黑格尔的哲学思想和巴曼尼德斯的哲学思想是不一样的，即黑格尔的"有"也不是巴曼尼德斯的"有"。前者是一个发展着的范畴，而后者是指那完整、唯一、不动、无限。它没有过去和未来，因为它整个在现在，作为完整、统一、联系的(连续内)的东西。[1] 我们认为巴曼尼德斯的这样的一个"有",决不能是黑格尔的作为第一个范畴之"有",乃至不能是黑格尔的"绝对观念"。而我们当下所讨论的附释二编者所评论的巴曼尼德斯的"有",好像就把这个"有"和黑格尔的"有"这个范畴等同起来,这是完全无视哲学史的发展并无视黑格尔的"有"之辩证发展性了。

可是这附释二还有其最后的一小段,而这小段的内容和论调是和上面一小段相矛盾的,好像两小段不是同一个人的思想,不是同一个人的手笔。且看这最后一小段是怎样说的:"真正的关系[即真相]应该是这样:有的作为有,并不是固定的东西,也不是究竟的至极的东西,而是有矛盾性,因而就是要发展,从而过渡到它的对方的。'有'之对方,就其直接性来说,即是'无'。总结起来说,'有'是第一个纯思,无论从任何别的范畴开始(如从'我即我','绝对无差异',或'上帝自身'开始),都只是从人们想象出来的一个表象的形象开始,而不是从纯思的产物开始;而且就这种出发点的思想内容来说,仍然只是'有'[只是'在那里嘛'而已,却并没有任何由思想而来的规定性的]。"

这也就结束了本第八十六节附释二的内容,而我们认为这结束的小段的说法,大体上是正确的,但是仍然是暴露出黑格尔的逻辑系统的唯心主义性质的。这也就经过很冗长的篇幅和讨论,才初步弄清楚黑格尔逻辑开端的"纯有"这第一个范畴。下面就要看"有"这个范畴是如何演变发展的。且看看紧接在后面的第八十七节。

202.2 第八十七节

如上面第八十六节正文第三段里所说把"有"说为绝对的第一界说那样,在当前的第八十七节的正文里是把"无"说为绝对的第二界说的,而在附释里是说明"有"与"无"这两个范畴的区别的。

兹先看看本节正文的第一段。

202.3 但这种纯有乃是一种纯粹的抽象,由此只是一绝对的[2]否

---

① 引文见北京大学哲学系编译的《古希腊的罗马哲学》巴门尼德(又翻译为"巴曼尼德斯")著作残篇(论自然)的第 8 条[D8]。这里的 D 指的是柏林版第尔斯(Diels)辑《苏格拉底以前哲学家残篇》标准序数。

② 这里的"绝对的"是一个形容词。

定。此种否定,同样地就其直接性而言,即是“无”。

这一段的文字是很简洁的,可是很不容易懂的,需要我们深思才理解其深邃的意义的。何以纯有是一纯粹的抽象呢?首先,“抽象”就是摆脱了一切对于他物的关系[①]而单纯就其自身来说的意思。所以“纯有”就只是一绝对的否定,即否定了和任何对他物的关系,因而这样的纯有,既然是否定了对一切他物的关系的,那它就其直接对人们的意识来说,也就是毫无规定性的了,所以就是“无”,即与“有”对立的东西,而“有”只是“在那里”的意思,丝毫不包含任何规定性而使人识别的,那也就是“无”了,无法为人识别的了。于是“‘有’即‘纯有’和‘纯无’是……同一个东西”。“这似乎是‘不经之谈’”[②],即不合常理的说法。然而黑格尔在本节正文的紧接着的第二段里是有他自己的解释的。现在我们看看这段的中译文。

202.4(1)因此便推演出对于绝对[③]的第二界说:绝对即是“无”。其实,这个界说所包含的意思,不啻说:物自身是无确定性的,因此纯全是形式而毫无内容的。或是说,上帝只是最高的本质,此外什么东西也不是。因这实无异于说上帝仍然只是同样的“否定”。被佛教徒认作万事万物的普遍原则,究竟目的和最后归宿的“无”,也是同样的抽象体[④]。

这段是说明“无”的意义的。其第一句是说,说明“有”、“无”是同一个东西,那么,既然在上节正文第三段里有绝对之第一界说为“绝对”就是“有”,则绝对的第二界说就是“绝对即是无”了。其实,这第二个界说所包含的意思,无非是说:“物自身[即康德‘自在之物’,也就是物之从它的本身那样如实地来看]是没有任何确定性的,因此,它就纯然地完全是空洞

① 这是引自列宁《哲学笔记》所引自黑格尔《大逻辑》的一子句。见《哲学笔记》人民出版社1956年北京版(以后简称“北京版”)第85页中段。

② “不经之谈”就是“不合常理的说法”。

③ 这里的“绝对”是指黑格尔的“绝对观念”说的。

④ 这里的“无”是指佛教徒的涅槃、圆寂、如来等说的,涅槃即大灭度的意识;涅是不生,槃是不灭;这词原是梵语nirvana之音译。所谓“圆寂”者即“德无不备,障无不尽”的意思,亦即“生死永寂灭”的意思,所以也是“无生死”之义。“如来”,依《金刚般若波罗蜜经》的“威仪寂静分第二十九”所说,就是“无所从来,亦无所去”,这又是无。而这究竟“无”乃是佛家的万有原则,究竟的目的和最后的归宿,说尽了佛家的宇宙观了,其消极的影响对东亚各民族最深而且大的。

的形式，而毫无内容的了。或者是说，上帝[即至高的神]，只是最高的本质，[这不过是同语反复，]此外什么东西也不是[意思是：没有说出别的]。因为这样的说法，其实无异于说上帝仍然只是同样的'否定'，犹如那些佛教徒认为万事万物的普遍原则，究竟目的和最后的归宿的'无'，也是同样的抽象体。"如我们的脚注(编者注：即对于本段中"无"的脚注)所大略解释的那样。这是本节第八十七节第二段关于"无"的第一步说明，而下一段是第二步的说明，且看这段的中译文。

203.1(2)如果将这种直接性中的对立表示为"有"与"无"的对立，因而便说这种对立为虚妄不实，未免太令人诧异，遂使得人不禁欲设法去固定"有"的性质，以防止它过渡到"无"。为达到这目的起见，我们的反思作用自易想到为①"有"去寻求一个确定的界说，庶可藉以将"有"与"无"区别开。譬如，我们认"有"为万变中之不变者，为可以容受无限的规定之质料等，甚或漫不加思索地认"有"为任何个别的存在，任何一个感觉中或心灵中偶然的对象，但凡是这种种想对于"有"加以进一步较具体的规定的说法，均是以使"有"失其为刚才所说的最初的直接性的"纯有"。只有就"有"之为纯粹无确定性言，"有"才是"无"，——一个不可言说之物，其与"无"的区别，只是一单纯指谓上的区别。

这(2)一段是说，"如果把'有'与'无'在思想中的对立表示为在上面所说的那种直接性中的对立，因而便认为这种对立是虚妄的、不实在的，那么就未免太过令人感觉诧异，于是就会叫人不得不想办法去固定'有'的性质，来防止它过渡到'无'了。为了达到这个目的，人们反思的作用就很容易想到替'有'去寻找一个确定的界说，从而或者可以就把'有'与'无'区别开来。譬如说，我们认为'有'就是万变中的不变的东西，就是那可以接受无限多的规定性的质料，等等，甚至也就是那不假思索地认为'有'是任何个别的存在，任何一个感觉当中或者说心灵之中的偶然性对象。但凡是这样的种种想要对于'有'加上进一步较为具体的规定的说

① 请读者注意：原译这里的"为"是读作去声的 wèi，而不是原来平声的 wéi 的，因而就作"替"字讲，如"为人民服务"的"为"。

法，都是会使得‘有’失去它刚才说过的那种最初的直接性的‘纯有’。只有是就‘有’之作为纯粹无确定性来说，‘有’才是‘无’。——这就是一个不能用语言来表达的东西，它之和‘无’的区别，只是一个单纯在语言上的区别”。这里说“纯有”是不能用语言来表达的东西，其原因就是：“有”或正确点说“纯有”，乃是没有确定性的，既是没有确定性，也就不能对于它说什么的话语了。

这就是第八十七节正文第三段(2)的内容。下面便是本节正文的最后一段，其中译文是：

> 203.2 凡此所说，目的只在于使人意识到这些开始的范畴只是些空虚的抽象体，两者中，彼与此都是同样的空虚。我们想要在“有”中，或在“有”和“无”两者中去寻求一确定的意义的要求，即是那将“有”和“无”加以进一步的发挥，并给予一真实而有具体意义的必然性。这种进展就是逻辑的推演，或依逻辑次序表明的思想历程。那能在“有”和“无”中发现更深一层含义的反思作用，即是将此种含义加以发挥(但不是偶然的而是必然的发挥)的逻辑思想。因此“有”和“无”获得一更深一层的意义，只可认作对于“绝对”之一更确切更真实的界说。于是这样的界说便不复与“有”和“无”一样，只是空虚的抽象体了，而乃是一更具体的范畴，在此范畴中，“有”和“无”两者皆只是其有机的成分。“无”之最高形式，就其为一独立的原则而言，可以说是“自由”。但这种自由，乃是一否定。因为它深入于它自身的最高限度，自己本身即是一肯定，甚至即是一绝对的肯定。

这段主要是说：“上面所讲的一切，其目的只是要人意识到这些用来做开始的范畴不过是一些空虚不实的抽象体，即‘有’与‘无’，这两者当中，彼此同是一样的空虚。[这里说‘有’与‘无’这两个开始的范畴是抽象体，其理由是从它们不是在整个范畴体系来说而只在范畴发展之初步阶段上来说，乃是抽象的东西，因而它们同是在意义上没有确定的，如果]我们[像有些不明范畴的真谛的人那样]想要在‘有’这个范畴之中，或者在‘有’和‘无’两者之中，去寻找一种确定的意义的这种要求，也就是那想要把‘有’和‘无’加以进一步的发挥的这种愿望，并且从而给予它们以一种真实而有具体意义的必然性，那么，这种发展就是逻辑的推演或者是依照逻辑的次序来表明的思想历程了。那能在‘有’和‘无’之中发现更深一层含义的反思作用，就是把这种含义加以发挥的(但不是偶然的而是必然的发挥)的逻辑思想。因此，‘有’和‘无’就获得一种更深一层的意义，而也就可以认作对于‘绝对’的一更确切更真实的界说了。于是这样的界说便不再是和‘有’与‘无’一样知识空虚的抽象体了，而是一更具体的范畴，并且在这种范畴之中，[例如，在‘本质论’里的‘存在’或‘事物’这种范畴之中。]原来的‘有’和‘无’[这未发展的]两个范畴就都只是在其已发展了的更高级的范畴之中的有机成分罢了。[‘有’和‘无’都是要逐步发展的，到了‘无’发展到它的最高形式，即到了理念外在化的‘自然’之‘人类学’的‘灵魂’阶段，而又向前发展到‘意识’，再到了‘心’这个第三阶段才是自由的‘心’，那就过渡到‘自在与自为的理念’这个‘精神哲学’的范围了。]关于‘无’这个最高形式，[黑格尔写道：]就其为一个独立的原则来说，[也就是说，就其作为自成一个范畴来说，]就可以说是‘自由’了。但是这种自由，[也就是说作是人类学里的‘灵魂’发展到‘心’而又更进一步、两步，从‘理论的心’通过‘实践的心’到‘自由的心’，而最后从‘自然’转到‘精神’的这种飞跃，乃是否定了自然而进入精神范围里来的，所以就说‘乃是一否定’。]因为这种否定性的自由是深入到它自身[发展]的最高限度的，就是说，从自由的心这个自然界之人类学的角度来说，乃是发展到原来的自然界的最高限度从而过渡到精神界的，而就其是过渡到了精神的这个更高的境界来说，则它自己本身即是一肯定，甚至即是一种绝对性的肯定了。”

黑格尔按其哲学全书的体系，是这样说明他的“无”这个范畴之发展到“自由”这个最高形式的。我们为了供读者的理解黑格尔在这里极其简短的说法之资料，就不能不多费篇幅按我们自己的理解来这样地反复加以说明，而免致错认为“黑格尔把‘无’本身的最高形式规定为‘自由’，便是一个任意下界说的晦涩例子”。① 这也就解释完了第八十七节的正文了。紧接着的就是本节一较长段的附释。这段附释的中译文是：

① 这种错误地看黑格尔之说从“无”发展到“自由”的过程为“一个任意下界说的晦涩例子”，这句引号里的话，乃是姜丕之《黑格尔〈小逻辑〉浅说》第 243 页上面的话。可见我们的解释是必要的。

204.1 附释："有"与"无"，最初只是应该有区别罢了，换言之，两者间的区别最初只是潜伏的，尚没有真正发挥出来。一般讲来，所谓区别，必含有二物，其中每一物具有一种特性，而此特性为他物所无有的。今"有"，既只是纯全无确定性者，而"无"，亦复同样的没有确定性。因此，两者间的区别只是一称谓上的区别，或完全抽象的区别，这种区别同时又是无区别。凡在其他区别中，必有包括相异双方之一共同点。譬如，试就两个不同种的事物而言，则"种"便是两种事物间的共同点。依据同样的道理，我们说，有自然存在，亦有精神存在。在这里"存在"就是两者间的共同点。反之，"有"与"无"的区别，便是没有共同基础的区别。因此两者间可以说是没有区别。因为没有基础就是两者共同的特性。如果有人这样说，"有"与"无"既然两者都是思想，则思想便是两者间共同基础，那么说这话的人便忽视了，"有"并不是一特殊确定的思想，而乃是一完全尚未确定，因此尚与"无"没有区别的思想。——我们有一很自然地趋向，将"有"表象为绝对富有，而将"无"表象为绝对贫乏。但是，如果我们试观察全世界，我们说在这世界中一切皆有，外此无物，如是，则我们便抹煞了所有的确定性，于是我们所得的，便只是一绝对的空无，而不是绝对的富有了。同样的批评复可以应用到将上帝界说为单纯的"有"的说法上面。这种界说与佛教徒的学说，认上帝为"无"，因而推出人求与上帝一体，必须毁灭他自己的结论，表面上好似对立，但实际上凭借的乃是同样的根据。

这个附释的整整一大段乃是附释的编者反复说明"有"与"无"的区别之所以成为区别的这一点，可是读起来，其不够说服人的论证反而把"有"与"无"之所谓"潜伏的"区别说成没有区别了，当知黑格尔最初的范畴这个"有"乃是无确定性的，仅仅"在那里"，有如霹雳一声雷之使人忽然感觉到而还没有分别出是何物那样，而"无"也就是"没有分别出是什么东西"的消极感觉。试看，"还没有分别出是何物"之那物和"那没有分别出是什么东西"，一有一无，一正一反，细思起来，确是不能明辨的。"有"与"无"作为黑格尔的最初两个相反相成的辩证范畴也就是这样的。然而这节的附释却反复用了不下七小段的言语反而越说越弄不清楚。

附释首先是说,“有”与“无”最初只是应有的区别,也就是潜伏着而还没有发挥出来的区别。其次,“所谓两物的区别乃是在于其一物具有一种特性,而为其另一物所没有的”。第三点,“有”与“无”的区别不过是语言上的区别,完全抽象而没有具体上的区别,所以就是没有区别。第四点,“大凡区别的意义是含有不相同的双方之一种共同点的,例如,两种不同事物的‘种’,‘自然’与‘精神’之间的‘存在’,而‘有’与‘无’是没有这样的共同基础的”。第五点,“‘有’与‘无’则连这种的共同基础都没有,虽说同是思想,但是,同是没有确定性思想”。这样附释也就越说越说不出什么东西来,越是举不出任何道理来了。到了第六点,则乱了手脚了,把“有”说成是富有,把“无”说成是绝对贫乏!并说这就是抹煞了所有的确定性!这就与“有”、“无”之间的区别之应有说法离题万丈了。最后,本附释的编者,也就是黑格尔教授的及门弟子,又搬出他毫无所知的“佛教徒的界说”,说佛教徒认上帝[毋宁说最高的存在]为“无”,因而想求得与这最高的存在成为一体,就必须毁灭其自己。可见基督徒对上帝的界说和佛教徒对涅槃的界说,依本附释的编者说来,“表面上好似对立,但实际上凭借的乃是同样的根据”。这真是胡说,至少是不知所云!

这才是以上面的附释结束了第八十七节关于黑格尔之“有”、“无”两者的关系和其间的区别之讨论。然而依黑格尔的概念辩证法,“有”是正,是自在的(an sich),“无”是反,是自为的(für sich),而正、反同是运动的,发展着的,有正之反,就有反之合,正反之合,即自在与自为的结合,萌芽与茁壮①的结合,就必然是有“更上一层楼”的“有”与“无”的统一,那就是“变”这第三个范畴,且是黑格尔辩证逻辑的关键性的范畴了。这就是下面紧接着的第八十八节的内容了。那么,就让我们往下看去。

205.1 第八十八节

本节有一较长的正文,包括着一段关于“变”或说“变易”的概说和五段的较详细的说明而另有三段的附释,说明“变易”是一个具体思想,因而就是第一个总念的。我们首先看看正文的概说那段的中译文。

① 原手稿为“苴壮”,曹方久等人批注时打了问号,高新民教授认为是“滋长”,整理者疑为“茁壮”。——整理者注

205.2 若只是"无"之为这样的自身相等的直接性而言,则反过来说,"无"与"有",正是同一的东西。因此,"有"与"无"的真理,乃是两者的统一。这种统一就是"变易"。

要了解这段正文的意思,我们首先就得要说明这里黑格尔所用的几个名词:(1)"自身相等的直接性"。所谓"自身相等"也就是"那就是那",并无任何确定性可说,这也就是初步感觉到的"直接性"。所以,自身相等的直接性之对"无"来说,不过就是"没有任何确定性的没有,就是没有,毫无别的可说的"。这样说来,"无"与"有"正是同一的东西了。(2)什么叫做"真理",这里不是指知识与实际相符合的这种真理,而是指一种思想形式的发展到其指向的更高阶段,也可说是原思想形式的真谛。因此,在本段里,"有"与"无"的真谛乃是这两者之发展到其统一,而这种统一也就是"变易"或说"变"。

这一段在黑格尔的《逻辑学》(俗称《大逻辑》)[①]里是这样写道的:"所以'纯有'与'纯无'是同一的东西。这里的真理既不是有,也不是无,而是已走进了——不是走向——无中之有和已走进了——不是走向——有中之无。但是这里的真理,同样也不是两者的无区别,而是两者并不同一,两者绝对有区别,但又同样绝对不曾分离,不可分离,并且每一方都直接消失于它的对方之中。所以,它们的真理是一方直接消失于另一方之中的运动,即变(Werden);在这一运动中,两者有了区别,但这区别是通过同样也立刻把自身消解掉的区别而发生的。"

这里我们得要记住,依黑格尔的辩证法的看法,不只是"有"与"无"是"走进"其对方,而且是"有"、"无"同是在运动着的。恩格斯曾教导我们说:"在黑格尔那里,自在包含隐藏在某种事物、某种过程或某种概念[如这里的'有']之中的尚未发展的对立所具有的原始同一性,而在自为[如这里的'无']之中,这些隐藏的因素的区别和分离已经显现出来,它们的抗争也开始了。"[②]列宁在《哲学笔记》[③]里并加以发挥说:"对于通常看起来似乎是僵死的概念,黑格尔加以分析并指出:它们之中有着运动。……

① 黑格尔著,杨一之译:《逻辑学》,北京:商务印书馆,1974年,上卷第70页。

② 恩格斯著:《反杜林论》,北京:人民出版社,1970年,第56页。

③ 列宁著:《哲学笔记》,北京:人民出版社,1956年,第87页。

以致存在[又译‘有’]＝非存在[‘非有’]。概念的全面的普遍的灵活性，达到了对立面同一的灵活性——这就是问题的实质所在。这种灵活性，如果加以主观的应用＝折衷主义与诡辩。灵活性，如果加以客观的应用，即反映物质过程的全面性及其统一，就是辩证法，就是世界的永恒发展的正确反映。”列宁并在这段笔记的栏外加上“注意”这个标记。

我们解释第八十八节正文的第一段就到这里为止。我们继续阅读下面一段的中释文。

205.3(1)“有即是无”，这命题从表象和知性的观点看来，似乎是太离奇矛盾了，甚至也许会以为这种说法，其用意简直是在开玩笑，要承认这话为真，实在是思想所最难做到的事。因为“有”与“无”，就其整个直接性看来，乃是根本对立的。这就是说，两项中任何一项都没有具有任何特性，足以使其与另一项发生关联。但有如上节之所昭示，两者亦包含有一共同的特性(即无确定性)。从这点看来，推演出“有”与“无”之统一性，乃纯全是一分析的推演①。但一般的哲学推演之整个历程，亦均保如此。哲学②推演的历程，如果要有方法性或必然性的话③，只是把涵蕴在总念中的道理，加以明白的发挥罢了。说“有”与“无”是同一的，与说“有”与“无”是绝对不同的，亦一样是对的。其一不是其他之所是。但是，既然两者间的区别在这里尚没有确定的形式，因为“有”与“无”皆仍是一种直接性，则它们的区别，真正讲来，乃是不可言说的，乃只是指谓上的区别。

这段是紧接着上段“无”与“有”是同一的东西，也就是“有即是无”这个命题来得出“有”与“无”在本质上是统一而推演出“变”这个范畴的。可是这是辩证法的推论，而从形而上学感性的表象和知性的观点看来，“有就是有”，“无就是无”，而“有”与“无”是对立的，绝不能混淆成为同一的。所以，从表象和知性的形而上学观点看来，“有即是无”这个命题似乎是太过离奇古怪，实在是矛盾而不能说得过去的，甚至也许会有人认为这种说

① 这里的“分析的推演”是从原有的概念推演出来，而和“综合推演”之加上新的概念从而作出综合的这种推演相区别的。

② 这里的哲学是指黑格尔自己的哲学说的，读下文便知。

③ 这里的“或”字是“或说”的意思，就是说“有方法性”就有“必然性”，看接着的字句便知。

法，其用意简直是在那里开玩笑，如果要承认“有即是无”这句话是真的，这实在是思想上最难做到的事情。原因就是，“有”和“无”，从两者的直接性来看，乃是根本对立的。

何以这样说呢？当知对立的两项当中，任何一项都没有任何特性是能够叫它和那另一项发生联系的。但是，照上节所说明的那样，“有”与“无”两者也包含着一个共同的特性，那就是无确定性。那么，从这点看来，既然两者都是没有确定性的，那就从这两者推演出它们的统一性，不过就是一种分析性的推演①，也就是从两者共同所有的特性，即无确定性，抽出它们之共同点，从而归属于一类而统一起来罢了。这不过是一般的哲学的推演之整个历程。我们只须看看，如果哲学的推演历程要有其方法性，从而得到它的必然性，它不过是把那被涵蕴在总念中的道理[即必然之理]，加以明白的发挥罢了。说到这里，我们就不得不指出，黑格尔是把他自己的以“绝对观念”为基础，以演绎法为唯一的哲学推论方法，并以涵蕴[又写为“蕴涵”]关系②为逻辑的唯一关系的这种绝对主义的哲学作为唯一的哲学看，而不是尽人都能承认而且也是于情于理所说不通的。然而他的哲学体系就是完全依据这种以一概全的手法来进行推演的。我们只提出这点可能是不完全正确的意见供读者的参考。

且往下再看他的这段论证是怎样进行的。他继续写道：“说‘有’与‘无’是同一的，和说‘有’与‘无’是绝对不相同的，同一样都是对的。”这也得要加以解释的。他自己的解释就是：“说‘有’与‘无’是同一的，和说‘有’与‘无’是绝对不相同的，都一样是对的。这两个说法之一个并不是另一个所说的。但是，既然两者之间的区别在这里还没有任何确定的形式，因为‘有’与‘无’都仍然是一种直观性，那么，它们的区别，真正讲来，乃是不可能用言语说出来，而只是意想到的区别。”

这就是本节正文(1)段的内容和本编的解释与意见。现在让我们往下看看(2)段对于“有即是无”这个难解的命题还有什么话要说的。兹先看看这段的中译文。

---

① “分析性的推演”也就是上面的脚注的“分析的推演”。

② “涵蕴关系”即“蕴涵关系”，是关系逻辑用英语来表达的 relation of implication，关系逻辑一般认为亚里士多德逻辑的推理其根据是 implication 这个关系。

205.4(2)用不着费好大的机智,即可以取笑"有即是无"这一命题,或可以引出一些不通的道理来,而误认之为由这命题所推得的结论①,所产生的后果。反对这话的人可以说,如果有与无无别,那么,我的房子,我的财产,我所呼吸的空气,我所居的城市②,太阳、法律、精神、上帝,不管它们存在(有),或不存在(无),都是一样的了。在上面这些例子里,提出反对意见的人,是从个人的特殊目的和一物对他个人的利益出发,而去问这于己有利之物的有或无,对他有什么差别。但涉及一己利害问题,则这"有即是无"之说,倒有相当好处。因为其实哲学的教训就是欲使人从那无穷的有限目的与小己愿望中解放出来,并使他觉得不管那些东西存在或不存在,于他简直完全无别。但须知一提到一个有实质的内容,便因而与别的存在、目的等建立一种联系,这联系是被假定为有效准的。根据这些假定,遂可藉以判别一个确定的内容之有或无,是否一样的。这样就可以藉一充满内容的区别去代替那有与无之空虚的区别了。但有一部分的联系,实际是将主要的目的、绝对的存在和理念安置于单纯的"有"与"非有"的范畴之下。但这种具体的对象当不仅是"有"或"非有",而另有较丰富的意义。像有与无这样的空疏的抽象概念,——它们是空疏的概念,因为它们只是开始的范畴,——简直不能正确地表达这种对象的性质。有真实内容的真理远超出这些抽象概念及其对立之上。每当一个具体的真理表现于有与无概念时,便会引起由于不用思想而常犯的错误,如说我们心目中除了现在所说及的仅仅抽象的有与无之外另有某种事物的表象。

这段的文字浅白,易于理解。可是其内容还有些得要解释的地方。我们把这整段分作四层来说明。首先,其第一层是指出有些人对于"有即

① 这里的"结论"可能是错用的词,不知原文是否如此,或者是错译,我们手边的德文本是残缺了一大段,包括本节在内,故无从查对,但从单独一个命题不能推论出"一些不通的道理",如下文所举的各例,而这些举例都不能是由所谓直接推理得出来的,因此瓦拉士很正确地在英译中用 adduce 这个词,不用 deduce,而只后者才有结论可言的。

② 原中译文在这里开始用顿号(、)是叫读者误会的。从本句"那么"起到"上帝"要么统统用顿号(、),要么一律用逗号(,)。

是无"这个命题不能真正理解而把它当做笑话来谈的,至少是从而引出一些讲不通的道理来,例如说,如果"有"与"无"是没有分别的,那么,其后果就是,我的房子、我的财产、我呼吸的空气、我所在的城市、太阳、法律、精神、上帝,不管它们是有或无都是一样的了。这是对"有即是无"提出反对意见的人,从他们切身的利害出发,列举出一些实际的例子,黑格尔说,这对于"有即是无"这个命题之理解是有好处的。原因就是,其实哲学的教训就是要叫人从那不可胜数的有限性目的和一个人的愿望解放出来,并叫他觉得不管哪些东西,例如房子、财产等,是存在或不存在,对于他来说,毕竟是完全没有分别的。这是理解"有即是无"这个命题的第一层意思,即就"有即是无"之一般来说的。

第二层就是:我们应该知道,一提到一个有实质的内容的时候,譬如说一所房子,那时,"一所房子"也就和别的意识里的存在、目的等建立一种联系了,譬如说,我想要使用这所房子,那么这种"想要使用"这个关系就是被假定为有其实效的了。这样一来,也就可以借着这种如"我想要使用"的这个联系来判别一个确定的内容,如所说的一所房子,事实上是有或者是无的了,在这种情况下,"有"与"无"就不是一样的了,就是这样来把一个充实内容的"有"与"无"之区别去代替那"有"与"无"的空虚的区别。这就是要弄清"有即是无"这个命题的含义之第二层,即把有实质的"有"与"无"和空虚的只是思想形式(范畴)的"有"与"无"分别开来谈。

第三层意思就是,另有一部分的联系,其实就是黑格尔哲学的范畴之从属的联系,例如把主要的目的、绝对的存在和理念安排在"有"与"非有"这两个基本范畴之下。但是要知道,依黑格尔说来,主要目的、绝对存在和理念等并不是抽象的、空虚的概念,而是具体的对象,即具有丰富意义的对象,那就不是仅仅单纯的"有"或"非有"所能表达其性质的了。

最后一层意思是本段的小结:"有真实内容的真理,乃是客观的真理,远远超出那些抽象的概念与其对立,如'有'与'非有'这种概念之上的。"但是黑格尔继续又写道:"每当一个具体的真理表现于有与无这种概念的时候,就会令人引起一种错误,而这种错误是由于人不用思想而常犯的,譬如说,我们的心目中,除了现在所说及的仅仅是抽象的有与无之外,还另外有某种事物的表象在那里。"在我们这样把原来的中译文加上一些据我们所理解其字面上的意义作为解释之后，这小段文字依然是不易理解的。瓦拉士的英译似较易明，但我们手边没有原德文可以查对，只得引用《大逻辑》的几句话来帮助我们去理解这一小段文字。在《大逻辑》，黑格尔在"有与无的统一"之注释一里有这样的几句话："无论天上地下，都没有一处地方会有某些东西不在自身内兼含有与无两者。这里所谈的，当然是某一个现实的东西。"注意，这是谈到现实的东西的。"只有空洞的思想物，如有与无本身，才是分离的。前面所说的那种知性之偏爱他们[①]，却远过于真理[②]，远过于我们到处面临的有与无两者的不分离性。"这是谈有无本身这种空洞的思想物。"意识对这样的抽象逻辑命题[③]，带来了某一具体物的表象，忘记须要谈的不是这样的东西，而只是有与无的纯粹抽象。所须要把握住的也只是它们[即有与无的纯粹抽象]。"

从这三个从《大逻辑》的引文[④]，我们就也许可能明白那令我们觉得模糊的一小段作为第八十八节正文(2)段的小结了。这(2)段的正文最后是说，当我们谈到"有即是无"这样的抽象逻辑命题时，我们的通常意识是会带来了一个具体物的表象的，而忘记了我们这里所谈的不是这样的东西，而只是有与无的纯粹抽象。这也就结束了(2)段的内容。接着就是本节正文的(3)段，且看这(3)段的中译文。

> 206.1(3)也许有人易于提出这样的反对说：我们不能形成有与无的统一的总念。但须知有无统一的总念已于前面几节里阐明了，此外更无别的可说了。要想把握有无统一的性质，你就须得明了前几节所说的道理。或许这反对者所了解的总念，比真正的总念所包含的意义更广泛些。他所说的总念大约是指一个复杂的，内容丰富的意识，一个表象而言。他以为这样的总念庶可陈述一具体的情形，且亦为思想于其通常的运用里所熟习的情形。只要"不能形成总念"

---

① 我们是理解何以作为分别识的知性是偏爱互相分离开来的"有"与"无"之本身的。

② 黑格尔往往是用 die Wahrheit（中译为"真理"）这词作为"真实性"或"真相"或"真谛"这种意思说的。

③ 即"有即是无"这样抽象逻辑命题。

④ 上面从《大逻辑》的三个引文均见黑格尔著，杨一之译：《逻辑学》（上卷），北京：商务印书馆，1974年，第73页。

仅表示不习于坚持抽象思想而不混之以感觉，或不惯于把握玄思的命题而言，如是则只须说哲学知识与吾人日常生活所熟习的知识以及其他科学的知识乃完全不同类，则可解答明白了。但如果不能形成总念，只是指我们不能想象或表象有与无的统一而言，则这话事实上并不可靠，因为宁可说没人对于有无的统一均有无数多的表象。说我们没有有无统一的表象，只是指我们从任何一个关于有无统一的表象里，不能认识有无统一的总念，且亦不知道这些表象是代表有无统一的总念之一例子，足以表示有无统一之最接近的例子为变易(das Werden)。人人都有一变易的表象，并且人人甚至均可承认变易是一个表象，包含有"有"的属性，同是复包含与"有"正相反对之"无"的属性，而且这两种属性在变易这一表象里，又是不可分离的。所以，变易就是有与无的统一，——另一同样浅近的例子就是"开始"这个总念。当一物在其开始时，尚没有实现，但亦并不是纯全的"无"，而乃已有其"有"了。开始之本身亦是变易，不过"开始"表示尚顾及向前进展之意。为使逻辑学更适用于通常的科学方法起见，我们必须自抽象思想中的"开始"一观念出发，也就是自"开始"开始，而将"开始"一观念加以分析的意思。由于这样分析的结果，我们或许更易于接受有与无是不可分的统一体之理论。

这(3)段的理论是这样的：首先，有人是拿不能把有与无统一的这个思想形成为一个总念，作为反对有与无的可能统一。但是得要知道，关于有无统一的这个总念，我们在前面的几节里已经阐明了，此外就没有别的话可说的了。如果要把握有无统一是什么性质的，人们就得要弄清楚前几节所说的道理。另一方面，也许反对有无统一的人所了解的那个有无统一的总念，乃是比真正所说的有无统一的总念所包含的意义要广泛得多。这种人所说的有无统一的总念大概是指一个复杂的，内容丰富的意识，即一个表象说的。他以为这样的总念才可以说出一个具体的而不是抽象的情形，而且又是人们的思想在通常的运用里所熟悉的情形。这是一点。

还有一点就是：只要所说的"不能形成总念"的这种说法，仅只是表示不习惯于坚执抽象的思想，不习惯于不把感觉的东西混淆在那里面，或者不习惯于把握住思辨的命题,那么,就干脆地说,哲学知识和人们日常生活所习惯的知识以及其他科学的知识,是完全不同类的东西,这样就可以把问题解答清楚了。这是第二点。

黑格尔在这(3)段里还指出第三点,那就是,人们不是不能想象到或表象出有与无的统一的。他写道:"但是如果不能形成[有与无统一的]总念,只是指我们不能想象或表象有与无的统一说的,那么这话在事实上并不是可靠的,因为我们宁可说,每一个人对于有无的统一都有无数多的表象。说我们没有有无统一的表象,只是指我们从任何一个关于有无统一的表象里,都不能认识到有无统一的总念,而且又不知道这些无数多的表象都是代表有无统一的总念之一些例子,而足以表示有与无统一的最现成的例子就是'变易'(das Werden)[1]。人人都有一个变易的表象,并且人人甚至都可以承认变易是一个表象。人人又可以进一步来承认,如果对变易这个表象加以分析,它是包含有'有'的属性,同时也包含有与'有'正相反对的'无'之属性,而且这两种属性在变易这一表象里,又是不可分离的。因此,变易也就是有与无的统一。——另一个同样浅近的例子[可以说明有与无的统一的]就是'开始'这个总念。当一个事物正在开始的时候,它还没有实现,可是又并不是纯粹的'无',纯粹的'没有',而是已经'有了'。开始的本身也就是变易,不过'开始'是表示还顾向前进展这个意思,[是有方向性的]。为了使逻辑学更适用于通常的科学方法,我们必须从抽象思想中的'开始'这个观念出发,也就是从'开始'开始,而把'开始'这一观念加以分析罢了。我们或许由于这样的分析就更加容易来接受有与无乃是不可分析的统一体的理论。"这也就结束了(3)段的内容了。下面便是(4)段。让我们先去看看这段的中译文。

208.1(4)还有一点须得注意的,就是"有与无是一样的",或"有

---

① 德语 das Werden 有不止一种意义。即按黑格尔《逻辑学》来说,《小逻辑》的贺译是用"变易"这词,列宁《哲学笔记》中译本是用"生成"这词,而《逻辑学》杨一之中译本却只用"变"这词,但在上海科学技术出版社内部发行的《德华标准大字典》里,这德语词作为名词用又列有"在变化中的"和"在过程中的"这两义,当然大凡外语一词的翻译是不应固定的,须按其前后文及所处的个句。一般说来,本编者认为"齐一变至于鲁"的"变"在黑格尔逻辑学中较为适当。

无统一”这种说法，以及其他类似的统一体，如主客统一等，其令人反对，也颇有道理。因为这种说法的偏颇不当之处在于太强调统一，殊不知两者间仍有殊异者在(因为，此说所欲建立的统一，譬如说，乃是有与无的统一)，但对于殊异却未同时加以承认和说明。因此似乎太不应分地忽视了殊异，没有考虑到殊异。其实，玄思原则，是不能应用这种命题的形式所能正确表达的。因为须借殊异，才能理解统一，统一同时即包含了并建立了殊异。变易就是有与无的结果之真实的表明。变异就是有与无的统一。变易不仅是有无的统一，而又是内在的不安息，——统一既不仅是没有运动的自我关系，而乃是由于包含有“有”与“无”的殊异性于其内，而自己反对自己的。——反之，“限有”就是这样的统一，或者变易在这样形式中的统一。因此“限有”是片面的，是有限的。在“限有”中有与无的对立好像是消融了，其实，它只是潜在地包含在统一中，而尚未明显地发挥于统一中罢了。

这(4)段是十分重要的，乃是包含着许多辩证法的原理，纵然是黑格尔在其唯心主义概念辩证法中猜测到的辩证法原理。

首先，在这段里，黑格尔强调指出在辩证发展的过程中，到达了统一的合这个阶段时，其所从自来的正与反之殊异性是依然存在并要继续起其作用来不断推动事物的向前发展的。且看他在这段的开头是怎样写的：“有与无是一样的”，或者说“有无统一”。这是说到“有无的统一体”的。他指出这种辩证的说法，以及其他类似的统一体，例如“主客的统一”，即主观与客观，比方说在目的之到达时，或任务之完成时，就是统一的，等等。这种说法，乍听起来，是有其道理来叫人反对的。原因就是这种说法是有其偏差的，那就是它们太过强调统一这一面，而没有考虑到统一的两方，彼此之间，仍然是有其殊异这另一方面的。在说到有无的统一时，主要是想要建立其统一的，但是对于有无的殊异，却没有同时加以承认和说明，因此就似乎太不应分地忽视了殊异，没有考虑到在统一之中还存在着的殊异。

黑格尔在指出了统一中的有殊异之后，他还接着强调说“人们不借着殊异，就不能理解统一”。这样他就进一步发展他的辩证法的思想了。他写道:“其实,思辨的原则,是不能应用只强调统一的命题形式所能正确表达出来的。原因是,必须借着殊异,才能理解统一,统一同时即包含了并且建立了殊异。[这也就是具体的辩证的同一性这个范畴的作用。]从有之转变到它的对立面这个无,即从正到反,而由有无统一所发生的变这个合,就是有无统一的结果之真实的表现。但是变不仅只是有无的统一,而又是由低级的合之提升或说升华到更高一级的正,于是作为这个正,它又是有其内在的不安息的①。这种在正里的内在之不安息也就又是内在的矛盾使其转变为其对立面的反,正反之相互斗争,相互在某种形式上的转化,就推进事物的向前在高深度上发展。所以,统一既不仅是没有运动的自我关系,不是一种死板的、永远和自身相等的同一性②,而乃是由于包含有有与无的殊异性在它自身里面的,而就自己反对自己,不断斗争以求再得到发展过程中的又一次统一而再向前升华的。”

紧接着关于有无辩证统一的说明,黑格尔就提前拿下面第八十九节所要详细阐明的“限有”③这个范畴作为“有无统一”的一个例证,他于是就这样写道:“反之[即在另一方面],‘限有’这个范畴也就是这样的统一,或者说变就是在这样的形式中的统一。因此,‘限有’这个范畴就是片面的,是有限的。在‘限有’中,有与无的对立好像是消融了,其实,它的对立只是潜伏在统一之中而还没有显明地发展于统一之中罢了。”其详细的说明见下面的第八十九节,我们在这里也就不必多说了。现在我们往下去看看本节正文的(5)段之中译文。

208.2(5)有过渡到无,无过渡到有,为变易的原则,与此原则正

① 这种“不安息”就是德语的 die Qual,含有痛苦到烦恼至极的感觉而求解脱的意思。这就是矛盾的推动力,就是一切事物向前发展的动机,使那表面上看来似是一时静止的自在的正急于转化到其对立面的反,即由“有”这个开始的范畴,转化到其与之对立的“无”,而这里之所谓“无”,只是标志着称谓与“有”对立的“非有”而并不是空洞的抽象的“无”,所以黑格尔就说“有与无的区别是不可言说的”,是知性的分别识之语言所无法表达的。

② 自身相等用符号来表达就是 A=A,这也就是知性的机械的同一性,就是说等号两边的 A 同是死板不变的。

③ “限有”这个名词是德语的 das Dasein 这个名词之中译,杨一之在《逻辑学》里中译为“实有”,而列宁《哲学笔记》的中译本是译为“有限的存在”,比较起来,本编者认为“限有”这个中译词较确切。据原文的 Dasein 之前缀 da 本为个副词,指“这里”即“此处”,而“这”与“此”都是有限定义的,Sein 仍以中译为“有”比中译为“存在”较确切,而“实有”的“实”则较之“限”似更固定些。

相反对者，为泛神论①“无不能生有，有不能变无”的物质永恒的原则。古代哲学家曾经见到这简单的道理，即“无不能生有，有不能变无”的原则，事实上将会取消了变易。因为它所自来之物，与它们变成之物，乃同一之物。照这样解释，则此命题即是表现于知性中的抽象同一原则。但不免显得奇异的是，我们现时也听见“无不能生有，有不能变无”之说，完全自由地传播着，而毫不觉察到这些原则乃构成泛神论的基础，并且复不知道古代哲学家对于这些原则已经发挥尽致了。

这(5)一段所谈到“有过渡到无，无过渡到有，是变的原则”是黑格尔语重心长的一段话，作为他的概念辩证法之基本原则的。但是他在本段的后一截里，又说到什么“与此原则正相反对者，为泛神论‘无不能生有，有不能变无’的物质永恒的原则”，那就是利用当时德国的大学生大都是信仰基督教的人而听见泛神论这个名称就会起反感的，从而污蔑唯物主义的物质永恒之学说，这也就不免使我们对于黑格尔教授的学术态度感觉到奇异而提出学术上的驳斥的了。

何以黑格尔在这里特别提出“无不能生有，有不能变无”这条原则作为泛神论的原则而与他和他的听众所信仰的基督教对立从而引起对唯物主义的反感呢？查“泛神论”是黑格尔时代所盛行的哲学学说，按这种学说来说，神并非是人格的，而作为万物的本原的神，不是在自然界以外而是在自然界之中的每一部分，是和自然界等同的，其实在欧洲曾有一度，这种泛神论是唯物主义的自然观，如布鲁诺②和斯宾诺莎③的学说就是这样的，泛神论是主张“无不能生有，有不能变无”的，但是基督教继承并发

① “泛神论”是个古希腊语名词，用拉丁字母写出就是 pan(泛)＋theism(神论)这个词，为法、英、德等各用语言所共用，其德语形式是 der Pantheismus，又见解释文中。

② 布鲁诺(Giordano Bruno，1548—1600)欧洲文艺复兴时代的意大利哲学家，进步的新世界观的先驱者，反对罗马教会、经院哲学和罗马教会的反动势力的不屈不挠的战士，著有多种哲学和神学的论述，风靡一时，大为当代士林所敬仰，而卒之被罗马宗教裁判所在罗马判刑而焚死。

③ 斯宾诺莎(Baruch de Spinoza，即 Benedictus de Spinoza，1632—1677)是伟大的荷兰哲学家，唯物主义者和无神论者，认为自然界本身就是神，即是主张泛神论的。恩格斯在《自然辩证法》里对他有较高的评价。他的杰出的著作是《神学政治论文》(刊出于 1670 年)和《伦理学》(刊出于 1642—1675 年)。

展了古犹太教的宗教观，相信宇宙的一切都是神所创造，从无生有，而且到了“审判的末日”，旧世界全都要毁灭，神再造出一个新天地来，也就是有变无，而又从无到了有了。这岂不是与泛神论的主张完全相对立。怎能不叫听黑格尔讲学的基督徒愤恨呢？黑格尔之提出泛神论这词其用意就是在于此。

黑格尔在本节正文最后的(5)段之前截里深恶痛绝地批评了泛神论的“无不能生有，有不能变无”这条唯物主义的原则之后，还觉得气愤未尽，而继续写道：“事实上，这条泛神论的原则还会取消了变易，即取消了辩证发展的推动力，因为反对有无统一而生变的泛神论者之流是认为变之所自来之物与它所变成之物，乃是同一之物，因而变来变去还是那原有之物，所以照反对变易者的这样解释，那么有无统一而生变的这个命题就是表现于知性中的抽象同一这条原则了。”这岂不是黑格尔强词夺理地歪曲了布鲁诺和斯宾诺莎等的学说吗？

不但如此，黑格尔在结束他关于有无统一而生变的叙述之先还对他的大学生听众指出：“但不免显得奇异的是：我们现时也听见‘无不能生有，有不能变无’的这种说法完全自由地传播着，而人们却毫不觉察到这些原则乃是构成泛神论的基础，并且又不知道古代哲学家对于这些原则已经发挥尽致了。”可是黑格尔在这个《纲要》里并没有说明他所说的古代哲学家是谁，和他们是怎样把那些所说的原则发挥尽致的。在他死后，编纂他的全集的门生故旧在这节之末加上一个附释共有三段，而在这三段的附释里仍然没有我们这里所提出的问题，我们是不必越俎代庖地去赘述了。现在让我们看看其第一段的中译文吧！

> 209.1 附释：变易是第一个具体思想，因而也是第一个总念，反之，有与无只是空虚的抽象。所以当我们说到“有”时，我们所谓“有”，也只能指“变易”而言，不能指“有”，因为“有”只是空虚的“无”，也不能指“无”，因为“无”只是空虚的“有”。所以“有”中有“无”，“无”中有“有”，而在“无”中能保持其自身之“有”，即是变易。在变易的统一中，我们却不可抹煞了有无的区别，因为没有了区别，我们将会又回复到抽象的“有”。变易只是“有”的真理之明白的发挥。

这一段主要是阐明“变易”或说“变”的意义。首先我们还记得具体的而不是抽象的东西,是比较全面的,是在整个中看的,而抽象的东西是不和其他东西结合着的,因之其意义是空虚的,因为所谓意义,就是从一事物与他事物的关系或联系上取得的。这样一来,则“变易”就是一个具体的思想,因为变易必有其所从而变的东西而且又有其变之结果,因而不是孤独的。变易是在黑格尔的辩证系统中第一个具体的范畴,而范畴就是思想,虽然严格讲来,它是个思想的形式,但是形式,依黑格尔的看法,是不离内容的。这里,在黑格尔的辩证系统中,变易是从有无的统一而来的,统一的东西必须有其所统一的至少两个成分,所以有与无之统一所产生的变易就是一总念。我们还记得“总念”和一般的“概念”同是德语 der Begriff① 这词之两个中译词。这里说变易是第一个总念的说法是正确的,因为变易是有与无的统一,因而有与无也就只是空虚的抽象。于是附释的编者就说,“当我们说到‘有’的时候,我们之所谓‘有’,也就只能是指‘变易’中之‘有’说的,而不能是指单纯的‘有’说的,因为单纯的‘有’只是空虚的无确定性的‘有’,那便是‘无’了,同时也不能是指‘无’说的,因为‘无’只是等于‘非有’,或说‘没有’,那就是空虚的‘有’。所以,总结地说,‘有’中有‘无’,‘无’中也有‘有’,而在‘无’[的发展]中能够保持它自身的‘有’[之本质,而一直在演变,]那就是变易了。[但得要]在变易的统一[之过程]中,我们反而不可抹煞掉‘有’与‘无’的区别,[因为‘区别’就是上段里所强调指出统一中的‘殊异’,如果抹煞了这种‘殊异’,]我们就会又回复到[无殊异的同一之]‘有’了。[当知]变易只是‘有’之所发展出来的真实意义罢了”。

这就是本节附释第一段所阐明的变易之真正意义,而在接着的下一段里,又提出“有”的真正意义这个问题并加以说明。这段的中译文是:

> 209.2 我们常常听见说,思想与有是对立的。对于这种说法,我们首先要问,“有”是什么意义?如果我们采取反省的思想对于“有”的界说,那么,我们只能说“有”是同一和纯全肯定之物。但我们试考

---

① Begriff 这词是源自 begreifen 这个德语的动词的,其词根是 greifen,是“抓住“的意思,因之,der Begriff 之本义是“抓住”,转而为“包括”,又转而为“了解”、“理解”,但理解这个意识形态就是概括,而概括所涉及有深浅、多少之分。则较片面的可称“概念”,而较全面的就可称“总念”,可惜的,黑格尔这位爱好造词的却统统全用 der Begriff 这一个词。

察一下思想的性质，则我们不免会见得，思想亦至少是纯全自身同一之物。故“有”与思想，两者皆具有相同的性质。但有与思想的同一却不能认为是具体的意思，我们不能因而便说：一块石头既是一“有”，与一个有思想的人是相同的。一个具体事物总是不同于一个抽象范畴的，当我们说“有”时，我们并没有说到具体事物，因为“有”只是一纯全抽象的概念。这里所说，对于上帝之有(上帝是本身无限具体之有)的问题极少关涉。

在附释的这第二段只提出思想与有是否对立的这个问题。这个问题是有其道理的，尤其是对于唯心主义者，这个问题是正当的。“有”是个范畴，存在于人的意识之内的，而思想也是这样。可是，一般认为思想是主观性的，属于意识范围的，而“有”即作为范畴说，黑格尔与其门人也得承认，是指“那”的意思，因而使客观现实，客观存在的，因而认为思想与有是对立的，这种看法不无有其合理之处。

因此，附释的编者说，首先要问所谓“有”是什么意思？如果答复是按反思的思想对于“有”的界说那样，我们就只能说“有”是同一的[即自身同一的，直接性的]而且又纯全是肯定性的东西，这就是“有”。至于思想呢？我们试试来考察一下思想的性质，那么我们就免不了会见到，至少思想也是纯全自身同一的东西。所以“有”这个范畴和思想这个意识活动形态同是具有一样的性质，说到这里，我们附释的编者是完全正确的，但是接着，他或他们便模糊了。

且看！附释在这段里是这样接着写道的：“但有与思想的同一却不能认为是具体的意思。”当然，从具体的意义上讲来，有是有，思想是思想，只在某方面是同一而不能就因之认为它们是全面等同的。但是这里附释所举出的例证也就太过不讲乃至起码的形式逻辑了。谁会把一块石头和一个有思想的人同一起来呢？谁都知道一个具体的事物是不同于一个抽象的范畴的。谁都知道梨子是水果之一种，而梨子当然不能是和水果等同起来的，由于“有”只是一个纯全抽象的概念，所以，当我们说到“有”时，我们并没有说到具体的事物，这就是不必写在附释里的了。但是，这里附释的编者是想到附释是会由信仰基督教的人去看，乃至去用的，于是就顾虑到宗教信仰的问题。所以也就在这段的末尾加上一般讲来很是可以不必要的一句："这里所说[关于抽象概念的'有'和具体事物的关系]，对于上帝的有这个问题极少关涉，因为上帝是本身无限具体的有。"然而附释的这样画蛇添足，并不解决有人会联系到康德的著名的"一百元"的问题，至于意识与存在的问题，则更是谈不到的了。可是，由此也可以看到这里附释的编者在思想上概念之模糊了。但是当前的附释还有结束的第三段。这段的中译文是：

> 209.3 变易既是第一个具体的思想范畴，同时也是第一个真正的①思想范畴。在哲学史上，赫拉克利图②的系统约当于这个阶段的逻辑理念。当赫拉克利图说，"一切皆在流转"时，他已经道出了变易是万有的基本性质了。反之，伊利亚学派③的人，有如前面所说，则认"有"，认坚硬静止之"有"为真。针对着伊里亚学派的原则，赫拉克利图于是继续说："有不比非有更有。"这句话已说出了抽象的"有"之否定性及其与同样站不住的抽象的"无"在变易中所建立的同一性。从这里我们同时还可以得到一个哲学系统为另一哲学系统所真正推翻的例子。对于一个哲学系统加以真正的推翻，即在于揭示出这系统的原则所包含的矛盾，而将这原则贬抑而吸收在理念之较高的具体形式中作为一构成的环节。但进一层就变易的自身来说，仍然是一个高度贫乏的范畴，它须得尽量深刻化，并充实其自身。例如，在"生命"里，我们便得着一变易之深刻化其自身的范畴。生命是一变易，但变易并不能穷尽生命的意义。在较高的形式里，我们还可见得在精神中的变易。精神亦是一变易，但较之单纯的逻辑的变易，却更为丰富与充实。构成精神的统一的各环节，并不仅是有与无的抽象概念，而乃是逻辑理念与自然的系统。

本第八十八节附释第三段可分为三小段来考虑，其第(1)小段到"在

① 这里原中译的"真正"这个形容词，看来似不适当，而瓦拉士的英译是用 adequate 这词，而这词作为"适当"讲，是符合上下文的搭配的，但本编者手边的德文本恰恰残缺了包括这段的一大段，因之无从查对，有待于高明校正。

② 赫拉克利图(Heraclitus)又音译为赫拉克利特。他的生卒年代是公元前 563—470 年，他把存在着的本质认为是火之作为过程的实在的形态，一切都由火的转变而形成。

③ 关于伊利亚学派和这派的"有"之学说，请参看上面相关脚注。

变易中所建立的同一性"为止，是阐明"变易"或说"变"这个第一个具体的思想范畴，同时也是第一个适当的思想范畴，其为"具体的"是因它乃是"有"与"无"这两个相对说来是抽象的范畴所统一而成的。而同时它又是适当的思想范畴，乃是因为它的性质是表示范畴系统之不断向前演变的。因此之故，这里附释的编者才写道："在哲学史上，古希腊公元前六世纪小亚细亚希腊移民地爱菲索人赫拉克利图的系统约当于这个阶段的逻辑理念①。[其所以如此，是因为]当赫拉克利图说，'一切皆在流转'时，他就已经说出了'变'就是万有的基本性质了。在与此相反方面，伊利亚学派的人，有如前面所曾说过那样，是认'有'，即认坚硬静止的'有'做真的。针对着伊利亚学派的原则②，赫拉克利图于是就继续说：'有不比非有更有'。这句话就已说出了抽象的'有'之否定性以及它与那同样站不住的抽象的'无'在变中所建立的同一性。"附释的这个第三段是这样阐明"变"这个思想范畴的性质与作用的。

接着，附释这第三段并从"变"这个范畴进一步谈到黑格尔哲学史观的一个哲学系统为另一个哲学系统所推翻的真正意义而写道："从'变'的这里，我们同时还可以得到一个哲学系统为另一哲学系统所真正推翻的例子。[其推翻的过程是怎样的呢？下面就是黑格尔的答复，从而并且说明'变'之作用的]。""对于一个哲学系统加以真正的推翻，即在于能推翻的系统揭示出所推翻的这系统的原则所包含的矛盾，而把这原则贬低而吸收到理念的较高的具体形式之中作为一个构成[那较高而更具体的理念之形式的环节]。"这里也就表示出"能推翻的哲学系统"在哲学史发展

① 这是根据黑格尔的哲学史观，认为哲学史上的各个相继出现的哲学系统，全部是按照他的逻辑学的一直演变出来的主要范畴作为理念发展的阶段而出现的。

② 我们当前的附释的编者在这里说赫拉克利图的"变动"学说是针对着伊里亚学派的原则而形成的。查古希腊哲学史的伊里亚学派，一般认为其主要哲学家至少有三人，即克塞诺芬尼(Xenophánes)，小亚细亚希腊移民地科罗封人，生于公元前大约569年，卒年不明，鼎盛年是公元前540—前537年，规定本质为一，认为"一切是一"，"无起始，无中间，无终结"的，是不动的。其次而更重要的是巴门尼德(Parmenides)，伊里亚学派从而得名的现为意大利岛西的伊里亚人，大约生于公元前515年，而鼎盛于公元前504—前501年，与赫拉克利图同时。柏拉图说他坚决主张整个"存在"是一，并是不动的。第三个是芝诺(Zeno)，也是伊里亚人，生卒年约为公元前490—前430年，以诡辩著名而反驳变动的，所以伊里亚学派是主张本体不动说的。

中的作为“反”的形式之“无”而揭示出“所推翻的哲学系统”之作为正的形式之“有”之所包含在其本身里面的矛盾，而把“有”的原则贬低为从属的原则而吸收到以“合”为形式的“变”里作为“变”一个构成环节，这样就说明哲学史上“有无统一而成为变”的一个例子。但是附释第三段在说明“变”的真谛而又拿哲学史的发展作为一个实例来证明之后，还在其结束的最后一小段里阐明“变”这个范畴怎样是上面所说的第一个适当的发展范畴，贯通着全部黑格尔的哲学的。

附释在其结束时是这样写道的：“但是不但如上面所说，且进一层就变易的自身来说，仍然还是一个高度贫乏的范畴，因为它只属于逻辑学的‘有论’作为开始的第三个范畴，而有待于尽量向前深刻化并且从而充实其自身。”例如在辩证的思想在逻辑学发展到绝对理念，即《小逻辑》最后的第二四四节时，就按进展的历程，“我们所基以起始的是‘有’，[即]抽象的有，而现在我们[就]是以理念为‘有’。但是这存在着的[具有‘有’的特性的]理念[即绝对理念的这个理念]就是自然”①而过渡到《自然哲学》②的范围里面去了。在《哲学全书》这第二大部分里，“变”在“生命”里，“我们便得着一个‘变’之深刻化其自身的范畴。生命就是一种变，但变也不能穷尽生命的意义，而更要向前向上发展的。在较高的形式里，我们还可见得在精神中的“变”。这就进展到《精神哲学》③，而《精神哲学》就是《哲学全书》的第三而且最后的大部分了。精神也是一种‘变’，但是较之单纯的逻辑的‘变’，却更为丰富与充实。构成精神的统一的各环节，并不仅是有与无的抽象概念，而乃是逻辑理念与自然的系统。”我们应知道，按黑格尔正反合，或说自在、自为和自在自为的三步曲的发展形式，逻辑学是正，自然哲学是反，而精神哲学就是正与反之合，而到了精神之发展到“绝对精神”(der absolute geist)的合之阶段，即“哲学”，也就是黑格尔绝对唯心主义的哲学，也就再不能发展，而就此终结了。由此可见，正如恩格斯所正确指出的那样，黑格尔的辩证方法是和他的在自己的哲学体系里就终结了的绝对唯心主义哲学这两者之间是矛盾的。这一点是我们在研究

① 这段引文除本编者加上方括号的字句外，是贺译第二四四节的原文。

② 《自然哲学》是从《哲学全书纲要》的第二四五节到第三七六节。

③ 《精神哲学》是从《哲学全书纲要》的第三七七节到第五七七节。

《小逻辑》的过程中，以及在进一步研究黑格尔的整个哲学体系时，我们所必须格外加以注意的。

这也就结束了黑格尔《小逻辑》第一篇"有论"的"甲"关于"质"的第一部分之(A)，即"有"的第八十八节，而接着的就是 (B)关于"限有"的第八十九节了。现在我们就往下继续把中译文读下去。

210.1(B)限有(das Dasein)

"限有"就是从"有"发展出来的一个范畴，其意义在第八十九节正文的开始两句里予以说明。

210.2 第八十九节

这节阐明"限有"是什么，而附释是补充说明"变"的结果就是"限有"这个范畴。

现在我们看看这节的正文之中译文。

210.3 在变易中，与无为一之有及与有为一之无，都只是消失着的东西。变易由于自身的矛盾而过渡到有与无皆被扬弃于其中的统一。由此所得的结果就是限有。在这第一个例子里①，我们必须长此记着前面第八十二节及附释里所说的话。要想为知识的进步②与发展奠定基础，其唯一的方法，即在于坚持结果的真理③。天地间绝没有任何事物我们不能或不必在它里面指出矛盾或相反的特性。知性的抽象作用坚强地执着一片面的性质，且竭力抹煞并排斥对其中所包含的另一性质的意识。只要我们与任何对象或总念里发现了矛盾，总惯常作这样的推论说，这个对象既然有了矛盾，所以就是无物。如芝诺首先指出运动的矛盾，便推论没有运动。又如古代哲学家④根据太一或太极⑤为不生不灭之说，因而承认生与灭(此变易的两方面)为虚妄的范畴。这种辩证法仅注意到矛盾过程中之消极的结果，

① 这里的"第一个例子"是指"有无皆扬弃"的例子说的。

② 这里的进步是德文 Fortgang 中译，但按词义应中译为"进展"。

③ 这里的"结果的真理"其原德文是 die Resultate in ihrer Wahrheit 应中译为"在其真正的意义而言的结果"。

④ 这里的古代哲学家是指以上脚注中的巴门尼德说的。

⑤ 这里的太极是原德文的 das Absolute 之中译，但太极这个中国哲学名词是不应用作这里的 das Absolute 中译的，因太极之上还有无极，因此还是把这个德文词直译为"绝对"方妥。

而忽略了那同时真实呈现的确定的结果，这里其结果为一个纯粹的无，但无中却包含有，同样，亦为一个纯粹的有，有中却包含无。因此，第一，限有就是有无的统一。在限有中有无两范畴的直接性，以及两者的矛盾性，皆消散①于其相互关系中了。在这个统一体中，有无皆只是构成的环节。第二，“限有”既然是扬弃了的矛盾，所以乃是一单纯的自身统一，或可说，亦是一个有，但却是具否定性或确定性的有②。换言之，限有乃是变易之表明在它的一个环节的形式中，亦即“有”的形式中。

这段正文可分为四个小段来考虑并加以适当的说明。其第一段是说：“在‘变’这个范畴中，从而演变成为‘变’的‘有’与‘无’都是在演变的过程中消失的，因为这里的‘有’与‘无’都只是相对而言的，其实，在演变中，‘有’是与‘无’为一的，就是说‘有’之没有确定性就等于‘无’，而‘无’与‘有’是同样虚空的，所以‘无’就等同于‘有’。但是，‘有’‘无’统一时，‘有’毕竟是有的，‘无’毕竟是非有的，因而这两者是相互矛盾的，而矛盾就有斗争，斗争就促进变化，所以自身的这种矛盾就必然过渡到‘有’与‘无’都同时被扬弃，那就是说不是消灭而是改造、提高、从而统一起来，其所得出的结果，就是有限制的‘有’，即‘这有’或‘那有’(德文的 das Dasein)。这‘限有’也就是矛盾统一的一个例子。在这个第一个范畴的矛盾统一的例子里，是它所从出的‘有’与‘无’之同时被扬弃的结果。关于这点我们必须长此记着前面第八十二节以及其附释里所说到的理性的玄思即思辨的真正意义(或说真理)即在于将对立的双方[如这里的‘有’与‘无’]统摄在自身之内[即统一起来]，作为两个构成的环节[而并不是消失掉]。如果想替知识的进展与其发展奠定基础，唯一的方法也就是在于坚持其进展与发展的真正意义上之后果，那就是，进展之不断前进而一直发展下去。”这是第一小段。

其接着的第二小段就是：“天地间没有任何事物是我们不可能或者不必要在它的里面指出它的矛盾或者说相反的特性的。但是知性的抽象的

① 这里的“消散”是德文的 verschwundenist 的中译，但译为“消失”似更合适。

② 这里的“或”是原德文的 oder，中译为“即”或“或说”才妥当，否则就有误会了。

作用却根据它的分别识坚强地执着一种片面的性质，并且尽力抹煞掉而且排斥掉对其中所包含的另一种性质的这个意识。其结果就是，大凡我们在任何对象或者说总念里发现有矛盾，那就总是一贯作出这样的推论说，这个对象既然是有矛盾，所以就是不成为什么实在的东西。例如在古希腊公元前五世纪的芝诺(Zeno)，首先就指出运动是有矛盾的，于是就推论说，运动是没有的。又如古希腊时代巴门尼德(Parmenides)这位哲学家，根据'太一'这个观念，或说绝对是不生不灭的这种说法，因而就认为('变'的两方面之)生与灭是虚妄的范畴。"巴门尼德和芝诺都是有人认为是运用一种辩证法的古代哲学家。这就是第二小段所说的一种辩证法，而黑格尔在下面第三小段里是对于这种所谓辩证法提出他的驳斥的。

第三小段是这样写的："这种辩证法仅只注意到矛盾进展的过程中的消极结果，而忽视了那同时是真实地呈现出来的确定的结果，而在这里的结果乃是一个纯粹的无，但是这里的无之中却包含着有的，同样也是一个纯粹的有，而在这有之中又包含着无。"

黑格尔在上面第三小段里驳斥了那种所谓辩证法，指出其片面性之后，就在本第八十九节正文的最后第四小段里提出他自己对"变"的正确看法而得出"限有"这个范畴作为其应有的结果。他是这样写道的："可见，第一点，限有就是'有'与'无'的统一。这是怎样说的呢？就是在'限有'中，'有'与'无'这两个范畴的直接性以及这两者的相互矛盾性，都消失在其相互的关系中，而在这个统一体中，即'限有'这个更高级的范畴，在其中有与无都只是构成限有的环节。另外第二点就是，限有既然是扬弃了的矛盾，所以就是一个单纯的自身统一，或者可以说，也是一个有。何以这样说呢？'限有'是'有'与'无'被扬弃之后彼此统一而成的，而统一并提高之后，它便由前级的合，前级的自在自为，向前发展而成为后级的有，后级的自在的限有，而有了初步'限定性的有'了，但是既然是有限定性的，则它就是否定性的了，然而同时它又是有确定性的，因为'限'也就是确定的。这都是由有无统一的成为变这个演变过程而来的，所以用另一方法来说'，限有'就是'变'的在它一个环节的形式中，即'有'这个形式中表明出来。"

本节黑格尔的正文也就此完结了。但是，"限有"是怎样从"变"而来作为其结果的，听来还似有待于说明，而附释也就是补充说明这点的。且看其中译文。

211.1 附释：即在我们通常对于变易的观念里，亦包含有某种东西由变易而产生出来的意思。所以变易必有结果。但这种看法会引起这样的问题，变易如何不仅是变易，而会有结果呢？对于这个问题的答复，可以从前面所昭示的变易的性质中体会得到。变易中既包含有与无，而且两者总是互相回转，互相扬弃。由此足见变易乃是纯全不安息之物，但又不能保持其自身于这种抽象的不安息中。因为既然有与无消失于变易中，而且变易的总念或性质只是有无的消失，所以变易自身亦是一消失之物。变易有如一团火，于烧毁其材料之后，自身亦复消灭。但变易过程的结果并不是空虚的无，而是与否定性同一之有，我们称之为限有。限有的最初意义显然经过变易之意。

这里附释不过是反复申明何以变是以'限有'(德文的 das Dasein)为其结果的。首先附释的编者写道："即在我们通常对于变这个概念里，也包含有某种东西由变而产生出来的这个意思，即由能变而到所变。所以变是必定有其变成的结果的。这本来是很明显的，但是这种看法也会引起这样的问题：变如何不仅只是变就算了，而又会有结果呢？编者答：对于这个问题的答复，可以从前面所明白指出的变的性质中就可以体会得到的。变不是包含有与无，而且这两者总是互相回转，有成为无，而无又成为有，而又互相扬弃的吗？由此就可以见到，变乃是一个纯然是不安息的东西，但是又不能保持其自身在这种单独的抽象不安息之中，因为既然有与无都是消失于变中，而且变的整个概念或说变的性质，只是有无的消失，从而成为变，那未变的自身也就是要变的，因而就是要消失的东西。变就像一团火那样，总是在烧，烧完了它的材料之后，它自身也就消灭了。可是，变这种过程的结果并不是空虚的'无'，而是和否定性同一的那个'有'，但不是还原到它所从自出的'有'，而是升华了的'有'，我们称这个'有'为'限有'。什么是'限有'呢？按原德文这词是 das Dasein。Dasein 是由 da+sein 构成的。原是个'有'，这里加上一个 da 即'这里'，意思是：就在这里，这显然是经过变这个意思的。"

这样，这里的附释就说明了何以'变'是以'限有'为其结果的了，并且说明这个结果并不是消极的而是积极的。根据这个限有的积极意义，黑格尔就在下面第九十节里指出“限有”乃是有“质”的“有”。

212.1 第九十节

到了这一节，我们得要请读者注意，这是《小逻辑》第一篇的甲部分谈到质这个大范畴的，而在这个甲的部分里，上面的第八十六节谈到“有”，第八十七节谈到“无”，第八十八节谈到“有无统一”之成为“变”，都是为“质”这个大范畴作准备的。现在经过第八十九节之讨论过“变”的以“限有”为其结果，然后才到达“质”的问题，而这个问题又分为两部分来予以较详细的研究，其第一部分是(B)，以“限有”为开始而达到“质”，一直从第八十九节到第九十五节才结束了“限有”作为形式的“质”，其中又细分为(a)(b)(c)这三个小部分。现在我们就开始考虑“限有”是如何达到“质”这个观念的。这是第九十节的课题。兹先看看这节的简短的正文的中译文。

212.2(a)限有是具有一种性格①的有，而这种直接存在的性格就是质。限有反映在它自身的这种性格里就是限有之物，或②某物。——由分析③限有而发展出来的范畴，只须加以概略的提示。

这段的文字冠以(a)这个标志，是表明它是与下面的第九十二节标志为(b)和第九十五节的标志为(c)并列去看的，这也就是本段的正文最后一句话所说的“限有”发展出来的范畴，[而在这里]只须加以概括的陈述，那就是，要知道这里所说的从限有发展出来的一些范畴是什么，我们就得要细看从这里的第九十节一直到第九十五节为止，才能够明了的，这也就是说，“限有”这个较大的范畴，是得要这么长的篇幅，即在《小逻辑》的六节里，才能阐明，然后才由“质”的(B)段“限有”过渡到从第九十六节开始的(C)段之“自有”的。这样分清眉目，我们庶可不会只见木而不见林。看一本比较意义丰富的书，看到其关键的地方，应注意到书上如 A、B、C，

① 这里的“性格”作为原德文的“die Bestimmung”之中译是依瓦拉士英译的“character”这词之重译的，但是依德文，则英译是不妥当的，故中译亦须改正为“规定性”。

② 这里的“或”是德文的“oder”，但在原文是没有的，所以“限有之物”和“某物”是同位词。

③ 这里的分析是依瓦拉士的英译加上的，而原文的 entwickeln 这动词也不含有“分析的”意思，故应删。

a、b、c 等标志，从而翻之上文而又略为翻之下文以便不致迷失本书的方向与程次。现在就略谈我们当前的简短的一段文字与其内容吧！

首先，本编者将要指出，贺译的这段中译文，似乎过于依照瓦拉士的英译而没有把黑格尔原文的意义较缜密地迻译出来。我们因而在原中译文加上脚注外，并在全文的解释在括弧里另加某些词句从而表达原文的意思，希望读者明察。

中译文这段话按原德文是说："限有是带有规定性的有，而这个规定性作为直接性的，亦即无中介的规定性来说，就是质（德文的 die Qualität）。限有之作为在其这种规定性里自行反映，也就是当下有的东西，即某物——由限有自行发展出来的一些范畴只能概括地陈述。"

这一段话是引起下面各节的内容的。但后人加上一段附释，现在让我们看看这段附释的中译文。

212.3 附释：质是与有同一之直接的性格①，与即将讨论的量不同，量虽亦同样是有之一性格，但不复是直接与有同一，而乃是与有不相干，且外在于有的性格。——某物之成为某物，乃由于其质，如失掉其质，便会停止其为某物。再则，质只纯全是一有限的范畴，亦因此之故，质只在自然界中，有其适当的地位，而在精神界中则没有这种地位。例如，在自然中，所谓元素，氧气、氮气等，都被认作存在的质。但在精神的领域里，则质便只占一次要的地位，并不是好像精神之质可以穷尽精神之某一特定方面。譬如，我们试一考察构成心理学研究的对象的主观精神，我们诚可以说，普通所谓[道德上或心灵上]的品格，其在逻辑上的意义，相当于此处所谓质。但这并不是说，品格是弥漫灵魂，且与灵魂直接同一的性格，如像刚才所说的，在自然中与诸原素同一的性格那样。但在心灵中，质的本身亦有较显着的表现，即当心灵陷于不自由及病态的状况之时。这特别是如此，当感情发动并当感情爆发到了疯狂之时，一个发狂的人，他的意识为猜忌、恐惧种种感情所浸透，我们很可以正确地说，他的意识可以描

① 这里与下面在本附释里的"性格"全都应依上面的脚注改为"规定性"以符合原德文的 die Bestimmung 本义。

写为“质”了。

这段附释之原中译，看来很像是完全依照瓦拉士的英译，然而即按这英译来说，不止是有些模糊而且是有某些错译的。可惜我们手边的原德文本是没有附释加入的，因而就无从校正，只能据英译予以修改并在必要时加上意想的解释如次：“质可以描述为直接性的规定性且与有是同一的——这就与即将要看到的量有所不同。量虽然也是有的一种规定性，但不复是直接与有同一的，而是与有没有一定的关系并且外在于有的。——某物之成为某物，乃由于它的质，如果失掉它的质，它就会不是那某物了。再则，质完全只是有限性的东西的范畴，而且因此之故，质就在自然界中有其适当的地位，而在精神界中却没有这种地位①。例如在自然中所谓元素，如氧气、氮气等，都被认作实际存在着的质。但是在精神领域里，则质只在一种次要的方式上出现，并不是好像精神的质是能与精神的某一特定方面相等同的。譬如，我们试来考虑一下那构成心理学研究对象的主观精神，我们固然可以把普通所谓[道德上和心灵上]的品格用逻辑的话语描述为与质同一的。但是这并不是说，品格是弥漫灵魂而且与灵魂是直接同一的，有如刚才所说的在自然界中规定性与原素同一的那样。但是在心灵中，质的作为质来说，也有其较为显著的表现，那就是当心灵陷于不自由及病态的状况的时候。当感情发动并当感情爆发到了疯狂的时候，则特别是如此。一个发狂的人，他的意识被猜忌、恐惧这种种感情所浸透时，我们就很可以正确地说，他的意识可以描写为‘质’了。”

本节的附释只指出质与量的作为“有”的规定性有其区别并且又指出质之在自然界里与其在精神界里所占的地位不同，然而还没有谈到正文里所概括提出的由“限有”发展出来的一些范畴。这些范畴是从紧跟在后面的第九十一节开始讨论的。让我们往下看看这些节的中译文，首先是第九十一节的中译文。

212.4 第九十一节

① 依原中译，上面有“质在精神界则没有这种地位”，而接着在后面一句里却又有“但在精神的领域里，则质便只占一次要的地位”，这不是语文上的前后不一致吗？故按英译改正。

本节主要是说明具有否定性的质就是实在这个似非而实是的命题，而在附释中并说明实在这个概念的两种含义。

本节有一段正文和一段附释。兹先看正文的中译文。

212.5 就质之具有“有”的或肯定的性质以与包括于其中且与之有别的“否定性”相反对而言，质就是实在。否定性并不是抽象的虚无，而乃是一种“限有”，或某物。否定性只是限有之一形式，一种别有(Anderssein)。这种“别有”既然是质之特有性质，而最初又与质有别，所以质就是“为他之有”(Sein-für-anderes)，亦即限有或某物的扩展。其质之“有”的本身，就其与他物或别有无联系言，就是“潜在之有”(Ansichsein)。

这段正文的文字有着许多的黑格尔哲学的术语，兹首先予以扼要的初步说明，然后从而解释文字的意义。大凡一物都是具有一定的性质的，这就是它的质如上文所指出那样。一物或称某物，亦即此物，既然具有它的质，那就和不具有这种质之物区别开来，而这种区别也就是此物的否定性，指出它不是彼物。这样限界划清之物才称为“实在”。由于这否定性把它从所区别开来的他物相互分开，所以那他物对它来说就是别物或称“别有”(德文的 das Anderssein)，但此物之就其确定性之质而言，就称为“自在之物”(das Ansichsein)即“在其自身而言之有”。

据此，我们当前第九十一节的正文按原德文是说：“质之作为是规定性来说，和那包括在其中但与之有区别的否定性对照起来就是‘实在’了。否定性并不仍然是抽象的虚无，而乃是一种”限有“，也就是某物，而与这某物相对来说，就只是一种形式而作为别有了[1]。既然别有是质的特性而最初又是与质有别的，所以质也就是‘为他之有’(德文的 Sein-für-anderes)[2]——这是限有的亦即某物的扩大[3]。质之有，就其是质之有来

① 否定性是规定性在实在中的一种某物，但是毕竟否定性是否定的，而某物或说限有是肯定的，所以只作为形式上说，否定性对“实在”说来乃是“别有”与“自有”相对的。

② “为他之有”的意思，乃是“有了他物，此物与之相对才有其自身之有的”，没有他则无所谓自，自与他相对才是现为自，否则是“自在”。

③ 这里说“扩大”，因为“限有”或说某物，不过是“这个有”，“这个物”而已，别无所指，今说是“为他的”。这个谓词不是“这”之扩大吗?

说，与其和它的别物的关系对照起来就是‘自在之有’①（德文的Ansichsein）。”

这也就是本节正文的结束。下面是附释。且看看这附释的中译文。

213.1 附释：一切规定（或性质）的基础就是否定（有如斯宾诺莎所说，一切规定皆是否定）。不加反省②的观察者总以为确定的事物只是肯定的，且坚持凡确定的事物必属于“有”的形式。但得到纯粹的“有”并不是就完事了，因为我们前面已经见到，纯粹的有乃是纯全的空虚③，同时又是不安定的。并且如果像这里所提及的这样将抽象的虚无的有与限有或确定的有混淆起来，这便足以表示无在限有中亦包含有否定的成分，这一否定成分最初只是隐伏着的，惟当在“自有”的阶段，才开始自由出现，达到它应有的地位。——假如我们进而将“限有”当作具有“有”的性质，则我们便可得到一般人所了解的实在。譬如，我们常说到一个计划或一个目标的实在，这里的意思是指这个计划或目标不只是内在的主观的观念，而乃实现出来存在于某时某地的“限有”。在同样意义之下，我们亦可以说，肉体为灵魂的实在④，法律为自由的实在⑤，或普遍地说，世界为神圣理念的实在⑥。此外我们还用实在二字来表示另外一种意思，即用来指谓一物之遵循它的本性或总念而活动譬如，当我们说：“这是一真正的[或实在的]事业，或‘这是一真正的[或实在的]人。这里‘真正’，[或实在]并不指直接的外表的存在，而乃是指一个存在之符合其总念而言⑦。

① “自在之有”是德文的an-sich-sein之中文直译，申言之是：“是在其自身来说的有”，也就是不从为何别的方面或角度来看的本来之有，所以中译为“潜在之有”不是完全正确的，因潜在是尚未发展的意思，这个潜在的观念要在“本质论”的“存在”这个范畴里面才能出现的。

② 这里原中译者把“反省”与“反思”用作同义词来中译拉丁语reflexio即德文的die Reflexion这词的，其实在汉语中“反省”是不同于“反思”的意义的，在这里的以“反思”为确切的中译。

③ 请注意，原中译的“空虚”和“虚无”都是和“有”对立的，也就是“无”。

④ 这里是“身心二元论”的反映，属唯心论的逻辑。

⑤ “法律为自由的实在”纯是“资产阶级法权的反映”。

⑥ 这句是反映黑格尔的基督教神学观点，也就是他的以自然为主观理念的外在化之《自然哲学》的主要观点，完全唯心主义的。

⑦ 这是黑格尔沿袭柏拉图的思想之客观唯心主义的说法。

照这样说来，则实在性便不致再与理想性不同了。这里所说的理想性立刻就会以‘自有’，(或‘自为之有’)的形式为我们所熟识。”

这段附释，在其前一小段是重申规定性与否定性之不可分，正如斯宾诺莎所正确地指出那样：“所有规定都是否定(拉丁文的 Omnis determinatio est negatio)。”很明显，规定也就是划清界限，而在划清界限时是必须指明这是而同时那不是的，所以有无，是否总是联系在一起的，而且必须是相互转化，因而就说“有”这个第一个范畴是势必转化为其对立面，否则就像是不安似的。附释到了中译文的——这个破折号那里就转入第二小段便以“实在”这个观念作为论题了，而在这小段里，附释的编者是充分反映出黑格尔的客观唯心主义的思想而一段是以古希腊客观唯心主义哲学家柏拉图的思想为其依据的。现在我们来看看这附释是说些什么的。它写着：“一切规定而规定就是性质，其基础就是否定，有如斯宾诺莎所曾说过，‘一切规定都是否定’的那样。但是不加反思的观察的人，总以为确定的事物都是肯定性的，而且坚持说，凡是确定的事物就一定属于‘有’这个形式的。可是，得到了纯粹的‘有’并不是就完事了，[因为‘纯有’这个第一个范畴还得要向前发展的，像]我们在上面已经见到的那样，纯粹的有乃是纯全的无，而同时又是不安定的，[迫切要求发展的。]并且，像这里所提到的那样，往往把抽象而不顾全面的那种空虚的‘有’和‘限有’或说‘确定的有’混淆起来的这种看法，也就足以表示虽然在‘限有’中也是包含着否定的成分的。这一种否定成分最初只是隐伏着[而还没有为一般人所见到的]，只有在‘自有’的阶段上，[即‘自为之有’的阶段上]，也就是有了他物与之对立的阶段上，这种否定成分才开始活跃起来而起其作用，从而达到它应有的地位。”

这就是本节附释前一小段的内容。下面的一小段是谈“实在”之两种意义的。它写道：“如果我们进一步把‘限有’当作具有‘有’的性质的来看，那么我们就可以得到一般人所懂得的所谓‘实在’了。譬如我们常常说到的一个计划的实在或者一个目标的实在，这里的意思是指这个计划，或者这个目标不只是内在的主观的观念，而是指着实现出来而存在于某时某地的‘限有’说的。在同样的意义下，我们也可以说，肉体这个现实的东西就是灵魂的实在，法律是表现自由原则的实在，或者普通的说法，客观世界就是主观神圣理念的实在,这些都是客观之体现主观的例子。除此之外,我们还用'实在'这两个字来表达另外第二种意思,那就是用来指着一个东西遵照着它的本来的性质或者说它的总念来活动说的。譬如说,当我们说:'这是一种真正的或者说实在的事业。'或者说:'这是一个真正的或说实在的人。'这里的'真正'或者'实在'并不是指着直接的在外表上的存在说的,而是指着一个存在是符合它的总念说的。照这书说来,实在性就不致再和理想性不相同了。这里所说的理想性就立刻会在'自有'的形式或说'自为之有',即德文的 Fürsichsein 的形式上而作为我们所熟识的东西了。"

这后一小段不过是说明"实在"这个限有的范畴之意义,而且举例来阐明。这就结束了第九十一节的关于规定性与否定性,而又关于实在这个范畴的阐述,接着的第九十二节又提出"限有"的另一些范畴。

214.1 第九十二节

这节主要是谈到事物的有限性和变化性,而在附释里是说明限度的意义的,这也就涉及限有之另外三个范畴了。且先看看本节的正文之中译文。

214.2(b)"有"如果坚执着与它的性质[确定形态][1]区别开,亦即潜在之有(Ansichsein)[2],将[3]只是有之空洞的抽象。在限有里,其性质[或[4]确定形态]与有为一,但同时就性质之被建立为否定而言,这性质就是一种限度,或限制。所以"别有"并不是"限有"之外的一种中立[5]的东西,而乃即是限有的固有成分。某物由于其某种质:

---

① 这里的"确定形态"是硬性地依照瓦拉士之把原德文的 die Bestimmtheit 这词英译为 determinate mode 而中译为这词的,而在下句里也是依照瓦拉士之英译为 determinateness,而中译为"确定形态"的。查原德文在这两处的 die Bestimmtheit 中译为"确定性"方妥。

② 这里"潜在之有"是生硬地依照瓦拉士之把原德文的 das Ansichsein 这词英译为 Being implicit 而翻译为这词。关于"潜在之有"这个中译词,我们在上面的脚注中曾指出其错译的所在,兹仍改正为"自在之有",后仿此。

③ 这里的"将"字也是原中译者不理解瓦拉士所用的 would be 这词组之 would 不是 will 的过去形,而是它的假设形,原德文是用 wäre 这个假设形的动词,所以得要中译为"会"方妥。

④ 这里的"或"字是"即"的意思。

⑤ 这里的"中立"是原德文的 gleichgültig 这个形容词之中译,但按这个德文词的原义是"同等效力"的意思,所以以中译为"不关重要的"较妥。

第一是有限的，第二是变化的，因此有限性与变化性即属于某物的存在[①]。

这里第九十二节的正文在开始时有(b)这个标志，是表示关于限有的第二部分之讨论的。用带有解释的词句来说，这段正文是说："如果坚执着和它的性质，也就是它的确定性区别开来，那么'有'就是'自在之有'，即'有'之在其自身来说的'有'，这样一来，这'有'就会只是有的空洞抽象。然而在'限有'里，其性质也就是它的确定性，是和有同一的，但是同时就所说的性质是被建立为否定性来说，这个性质却是一种限度或说限制。由于这个限度或说限制，那就有了对'有'来说的'别有'，因为相对来说，有此就有别的。可见'别有'并不是'限有'之外的一种不关重要或说可有可无的东西，而就是'限有'本来所有的成分。由此可见，某物由于它的某种质，而质就是确定性，但确定的东西就是被限定是这样而不是别样的东西，所以说是某物有了它的质，那么它：第一是有限的，第二是变化的，因此有限性与变化性也就同属于某物的有。"

上面的叙述，看来是明显的，但是，何以是有限的也就是变化的呢？这个问题的解答见本节的附释。这个附释一共有两段，兹让我们往下去看看这附释第一段的中译文。

214.3 附释：在限有里否定仍是直接与有为一，这否定就是我们所说的限度。某物之所以为某物，只是由于它的限度，在限度之内。所以我们不能将限度认作只是外在于限有，但须知限度乃贯穿于全部限有。认限度只是限有之一外在的性格的看法，乃基于混淆了量的限量与质的限度的区别。这里我们所说的本来是质的限度。譬如，我们看见一块地，三丈宽，这就是它的量的限度。但此外这块地也许是一草地，而不是森林或池子，这就是它的质的限度。——一个人如欲成为真正的人，他必须是限有(存在于某时某地)，为达此目的，他必须限制他自己。凡是那厌烦有限的人，决不能达到实在，而只沉溺于抽象之中，而消沉暗淡以终其身。

这段的附释首先是阐明"限度"这个范畴的意义而这样写道："在'限

① 这里的"存在"是原德文的 das Sein 之中译，但似仍中译为"有"较妥。

有'里有它的否定性,而这否定性是直接与'有'是同一的。这个否定性也就是我们所说的'限度'。[什么叫做'限度'呢? 它是决定某物之为某物的。]某物之所以为某物,[其所以然之理]只是由于它的限度,[由于它]在这限度之内。所以我们不能把限度认作只是外在于限有的,须知限度是贯穿于全部限有的。认限度只是限有之外在的性格,这种看法乃是基于混淆了量的限度与质的限度这两者的区别。这里我们所说的本来是质的限度。譬如,我们看见一块地,这地有三亩大小。这三亩就是它的量的限度。但是另外,这块地也许是一块草地,而不是森林或者一个池子,这就是它的质的限度,[决定它的为这样东西的]。——一个人若果想成为真正的一个人,他就得要是个限有(就是说生存于某时某地的)。为了达到这样一个目的,他就得要限制他自己,[即这种事可做,那种事不可做。这就是限制他自己的意思。]大凡是厌烦这种限制的人,是绝对不能达到他的为人之实在,而只沉溺于一种抽象而非实在的里面,一生都是消沉暗淡,一事无成而已。"

这是附释第一段的内容,说明"限度"的意义与作用的。其第二段是阐明"限有"之变化性的。这段的中译文是:

> 214.4 如果我们试进一步,细究限度的意义,则我们便可见限度包含有矛盾于其内,因而昭示其自身的辩证进展性。一方面限度构成限有之实在性,另一方面限度又是限有之否定,但此外就限有之为某物的否定言,并不是一个抽象的虚无,而乃是一个有存在的虚无,或是我们所谓"别物"。假定有某物于此,立即有别物随之。我们知道,不仅有某物,且亦有别物。但别物的性质,并不是可以离开它而单独思想某物,而某物潜伏地即是其自身之别物。某物之限度客观化于别物中。今我们试问某物与别物间之区别,则会见得两者是同一的,两者间的这种同一性,在拉丁文便用 aliud-aliud 来表示。(译者按:这两个拉丁字约相当于中文所谓"彼——此"。拉丁文用同一 aliud 字来表示彼此,黑格尔认为这是从语言上足以见得彼此或某物与别物的同一性。)与某物对立的别物,其本身亦是一某物。所以我们常常说:"某种别的东西";同样,反过来说,那最初的某物与被认作某物的别物相对立,其本身亦是一别物。当我们说"某种别的东西"

时——我们最初的印象总以为某物单就它本身而论，只是某物，它之具有别物的性格，只是由于外在的看法所加上的。譬如，我们以为月亮是太阳以外之别物，即使没有太阳，月亮仍然一样的存在。但真正讲来，月亮(就其为某物言)具有它的别物于其自身，而它的别物就是构成它的有限性的原因。柏拉图说过：上帝借“其一”与“其他”的性质以造成此世界(译者按：其一相当于此处所谓某物，其他即指此处所谓别物)；它把两者合拢一起之后，便据以造成第三种东西，这第三种东西便具有其一与其他的性质。——柏拉图这些话已一般地道出有限事物的性质了。有限事物或限有既为某物，它与别物的关系并不是中立而不相干的，而其本身即包含有别物，因而[陷于矛盾]引起自身的变化。在变化中，限有即表现出固有的内在矛盾。内在矛盾驱迫着限有不断地超出自己。据一般表象的看法，限有似乎最初即是一单纯的肯定的某物，同时静止的保持在它的限度之内。我们诚然亦知道，一切有限之物(而一有限之物即是一限有)皆免不了变化。但限有的这种变化，自表象的观点看来，只是一单纯的可能性，而这可能性的实现，并不基于限有的自性。但其变化即包含在限有的总念之自身，而变化仅不过限有之所以为限有的本性之表现罢了。有生命者必有死，简单的原因即由于生命的本身即包含有死灭的种子。

这附释的第二段，其篇幅比较长，看来是可分为前后两截来考虑的。其前截到“柏拉图这些话已一般地道出有限事物的性质了”这句为止，乃是其后截的根本，从而从“限有”的“限度”来说明“限有”之作为某物是有其有限性而又必然同时有其变化性的。但是在这种说明的过程中，附释的编者遵照黑格尔的基督教神学的“三位一体”这条教义的思想来阐明黑格尔的概念辩证法的演变，据我们现在看来是插入了一种神秘主义的，然而对德国十九世纪的读者来说是有其说服力的。在解释中我们将于必要时在方括号内加上一些词句以帮助我国今日的读者之了解。

本段附释的前截是比较易明的。这截写道：[在附释的第一段里不是已经说明“限有”是必然有其“限度”的吗？]如果我们试进一步，仔细研究一下限度的意义，我们就会见得限度是包含有它的内在矛盾的，因而就显出它自身的辩证进展性。[这种辩证的进展性是从何而来而成为限度的内在矛盾呢？其实是这样的。]一方面，限度构成限有之实在性，没有限度来限制着限有，限有怎能成为有限之“有”呢？但是另一方面，限度又是限有之否定。[原因就是：限度限制着限有，则限有只能是此而不能是彼，但不能是也就是否定。]但是，还有一点，就是就限有之作为某物的否定来说，它并不是一个抽象而虚无的东西，而是一个在那里的虚无，也就是我们称为“别物”那个东西。[别物是什么呢？]大凡有了某物在这里，那就立即有别物在那里的。所以有某物那也就有别物，这是我们知道的。但是[还要知道]所谓别物，其性质并不是可以离开它而能单独去思想某物的，而且某物在潜伏上说来，也就是它自己的别物，因为这某物看到它的限度在别物中成为对它自己是客观的了①。现在我们试问，某物与别物这两者之间的区别是怎样的，那么我们就会见到这两者是同一的，这两者之间这种同一性，在拉丁文里是用 aliud-aliud 这双重根词来表示的。(原中译者按：这两个拉丁字[的重复]相当于中文所谓“彼——此”。拉丁文用同一个 aliud 字重复一次来表彼此。[于是]黑格尔就认为这是从语言上是以见得彼此或某物与别物的同一性。)和某物对立的别物，它的本身也是一某物。所以我们常常是说：“某种别的东西”，同样又反过来说，那最初原本是某物，在它被认作是某物的别物，这样相对立起来的时候，这原来的某物也是一别物了。可见所谓某物与别物是相对说的，正如彼此之是相对说时，才有彼与此的。可是，当我们说到某种别的东西的时候，我们最初的印象总是以为某物单就它本身来说，只是个某物，而它之具有别物这个性格，纯是由于外在于它的一种看法才把这个别物这性格加到它上面去的，譬如，我们以为月亮是太阳以外的一别物，意思是说，即使没有太阳，月亮依然一样是月亮。但是真正讲来，月亮就它是某物来说，是在它自身原本就有它的别物的。这个它的别物，也就是构成它的有限性的原因。柏拉图曾说过：“最高的神是凭借‘其一’与‘其他’的性质来造成这个世界的(原译者

① 这里的子句之原中译是“某物之限度客观化于别物中”，但“客观化”这个词组与其所表达的观念，在这里的附释出现似太突然，所以本编者因手边的原德文本是未加上附释的，只得将瓦拉士的比较合理的英译予以重译作为代替以供读者的参考。

按其一相当于此处所谓某物，其他即指此处所谓别物）①；神把两者合拢一起之后，便藉以造成第三者，这第三者于是就具有‘其一’与‘其他’的性质。”因此附释的编者就写道：“柏拉图这些话已经一般地说出了有限事物的性质[是根据矛盾的发展而形成的]。”

这就是附释第二段前截的内容，阐明“限度包含有内在的矛盾，因而就显出它自身的辩证进展性的”。接着在后截里就说明限有作为某物的如何是必然具有变化性的。附释这第二段的后截是这样写的：“有限事物也就是限有。既然是个某物，那它和别物的关系[如上所说]并不是毫无相干的而是它本身就包含有与它相对的别物的，因而就陷入于‘此’与‘反此’这种矛盾而引起它自身的变化，就在这变化中，限有便表现出它固有的内在矛盾。内在矛盾就驱迫着限有不断地超出它自己。依据一般表象的看法。限有似乎最初就是一个单纯的肯定的某物，同时又是静止的，保持在它的限度之内的。我们诚然也知道，一切有限的东西（有限的东西也就是限有）都免不了变化的。但是限有的这种变化，从表象的这种观点看来，不过是一种单纯的可能性。而这种可能性的实现并不是基于限有的自性。但是，当知这种变化是包含有限有的原来整个概念的自身里面的，而变化仅仅不过是限有之所以为限有的本来的性质之表现罢了。凡是有生命的东西都一定要死亡的，其所以然的简单原因，就是由于生命本身是包含有死灭的种子的。”

这就结束了第九十二节的附释，说明了某物之由于它的某种质，第一是有限的，第二是变化的，而且这种有限性与变化性原是属于某物之为“有”的。接着是很简短的第九十三节。

216.1 第九十三节

这节是承先启后的简短一节，指出从上节所讲的有限必是发展，而发展到极点是什么呢？发展的终极是什么？

且看看这节的中译文。

216.2 某物成为一别物，而别物自身亦是一某物，因此它亦同样

① 其实按希腊文的“其他”是 τοὐέτέρου（由于整理者手中没有希腊文方面的字典，如有错讹，由整理者负责。——整理者注）这词，即“反此”的意思，所以“其一”就是“此”，而“其他”就是“反此”，“此”与“反此”的统一就形成第三者，这是辩证发展的意义，因此，附释才有接着的下一段。

成为一别物，如此递推以至无限。

细看本节的简短一句正文，某物之变成为它的别物这个进程是十分明显的了。譬如以符号来表示：$a \rightarrow b$，$b=a$，所以 $b \rightarrow b^2$，$b^2 \rightarrow b^3$，如此递推，其进程是没有穷尽的。但是，确是如此的吗？无限确是能从有限演变出来的吗？黑格尔认为不可能，因这样演变出来的无限，乃是他著名的所谓“坏无限”。且继续看下面的第九十四节，这节的中译文是：

216.3 第九十四节

216.4 这种无限是坏的或［说］消极的无限。因为这种无限是空虚的，只是有限之否定，而有限性仍然重复发生，还是没有被扬弃。换句话说，这种无限只表示有限事物之应该扬弃罢了。这种无穷进展只不过表示出有限事物中所包含的矛盾，即谓有限之物即是某物，复是它的别物。这种无限乃是互相转化的某物与别物两项彼此交互往复之无穷进展。

这段本节的正文，其主题就是最后这一句话：“这种［坏］无限乃是互相转化的某物与别物两项彼此往复之无穷进展，”也就是上节附释所引用的 aliud-aliud，用中文来简化就是“这个，这个”的不断重复，因“这个”是泛指词与“那个”另一泛指词相对来说的。有“这”就必有“那”，而“那”的本身也可称为“这”，所以总是不断地重复着“此”，因而就是“坏”的无限，而坏的无限也就是消极的，即无实际的无限，徒有其表而已，所以黑格尔本节的正文是这样写的：“这种［上节所说的］无限是坏的，也就是消极的［徒有其表的］无限，［实际上并不是无限］。其原因就是：这种无限是空洞的，不过是有限之否定，［即拿掉有限的限制，］然而有限性仍然重复发生，［因为拿掉一个界限，立刻就有另一界限在前面，否则有限也就消失了。］但是，凭空拿掉一个有限的界限，它的有限性还是［在那另一个地方］没有被扬弃①。换句话说，这种无限［并不是实际的无限而］不过是表示出有限事物的内部所包含的矛盾，也就是说，有限之物既是某物，又是它的别物，就是说，有限之物既是‘此’，那立刻它又是‘彼’，因彼此是相对来说

① 这里的“被扬弃”是德文的 aufgehoben ist 之中译。德文 aufgehoben 这个的动词原是“举起”转为“取消”的意思，但黑格尔经常用作“扬弃”，即舍其糠秕而取其谷实的意思，因之我们在方括号里加上“在那另一个地方”以示它受着改造而保存之意，下句的“扬弃”仿此。

的，有此也就有彼的。这样一来，当前之所谓无限，就是彼此这两项之称为某物与别物之互相转化，交互往复的无穷进展而已[并不是真正的无限]。”

那么，真正的无限是怎样的呢？答案见本节的两段附释。我们分别两段来考虑，现在先看看其第一段的中译文。

216.5 附释：如果我们将现有的两个环节，某物与别物分开来看，则我们就可得下面这样的结果：某物成为一个别物，而别物自身又是一某物，这某物自身同样又起变化[①]，如此递进，以至无穷。这种情形从抽象的观点看来，似乎已达到很高甚或最高的结果。但类似这样的无穷进展，并不是真正的无限，真正的无限乃包含“在别物中即是在自己中”，或从过程方面来说，“在别物中回复到自己”。对于无限的总念得一正确的认识，而勿滞留在无穷进展的坏无限中，乃至关重要之事。譬如，当我们谈到空间和时间的无限性时，我们最初所想到的总是那时间的无限延长，空间的无限扩展。譬如我们说此时——现在——，于是我们便进而超出此时的限度，继续不断地向前或向后延长。同样，对于空间的看法亦复如此[②]，关于空间的无限，许多喜自树新说的天文学家曾经提出了不少空洞的宏论。他们常宣称，要思考时间空间的无限性，我们的思想须穷尽到了至极。无论如何，至少，这是对的，我们必须放弃这种无穷地向前进展的思考，但并不是因为作这种思想太崇高了，而乃因为这种工作太繁琐无聊了，乃因为同一之事无穷的重演。我们先立定一个限度，于是我们又超出这限度。其次，我们又立一限度，继又超出这限度，如此递进，以至无穷。凡此种种，除了表面上的变换外，没有别的了。在这种过程中，我们从来没有离掉有限的范围。假如我们以为踏进这种无限就可以从有限中解脱出来，实无异于从逃遁中去求解脱。但那逃遁的人尚

① 原中译文这里的“又起变化”有语病，首先某物自身是没有改变，其成为别物只是所从看的角度不同，而且这种从某物成为别物的改变，并不是某物自身的变化，所以瓦拉士的英译也不过是 as such change 而已，本编者手边无附释的原文，莫从校正。

② 应该指出，这里的逗号应改为句号才妥，其中译文之用逗号大概是受瓦拉士英译的影响。

不是自由的人,在逃遁中,他仍然受他所欲逃避之物的限制。此外还有人说,无限是达不到的,这话诚然是对的,但只是因为无限的观念中包含有抽象的否定的成分。对于这种空洞的单纯他界的东西,哲学与之毫无干涉。哲学所从事的永远是具体的,并且是绝对现在的。——当然哲学亦有职责去解答如何无限会决意自己从自己中发展出来。这个问题根本上假定了有限与无限之坚固对立,只好这样加以答复说,这种对立根本就是虚妄的,其实无限永恒地从自身发出,亦永恒地不从自身发出。如果我们进而说,无限是"非有限",那么便可算得真正道出真理了,因为有限本身既是第一个否定,则"非有限"便是否定之否定,是即自己与自己同一之否定,因而同时即是真正的肯定。

本节附释第一段的篇幅较长,但理论尚易明了,我们可以分为三个小段予以考虑,从而弄清其思想的程序。其第一小段到第一个"以至无穷"为止,是指出某物成为别物,这别物又成为某物,如上面第九十三节所提出的那样,乃是"如此递进,以至无穷"的。但是第二小段接着便指出"这种的无穷进展,并不是真正的无限,真正的无限乃是包含'在别物中,即是包含有其自己中的'"。这就点出真正无限的真谛而在最后第三较长的小段里反复予以阐明的。

这第三小段首先写道:"对于无限这个总念得出一种正确的认识而不滞留在无穷进展的坏无限之中,这是极其重要的事情,试举例说明:譬如当我们谈到空间和时间的无限性的时候,我们最初所想到的总是那时间的无限延长,或空间的无限扩展。譬如在时间上我们说此时——也就是现在。于是我们便进一步去超出此时的限度从而继续不断地一步一步向前或者向后延长我们的时间。同样,我们对于空间的看法亦是如此。关于空间的无限这个问题,许多喜欢自树一种新说的天文学家曾经提出过不在少数的空洞宏论。他们常常宣称,如果我们要思考时间或空间的无限性①,我们的思想必须穷尽到了至极。无论怎样,这至少可说是对的,就是我们必须放弃这种无穷地向前进展的思考,但是并不因为作这种思

① 当然这里附释的编者在德国十九世纪的初叶还是把时间与空间分开来考虑的。

想乃是太崇高了，而是因为这种思想工作太过繁琐无聊了，其实是因为这是同一个事的无穷重演，也就是我们先立定一个限度，于是就超出这个限度。然后，我们又立一限度，继又超出这限度，如此递进，以至无穷。所有这一切，只不过是表面上的变换由一个限度到又一个限度而已。在这种变换的过程中，我们一直没有离掉有限的范围，如果我们以为在踏进这种的无限也就可以从有限中解脱了出来，那就无异于从逃遁中去求解脱。可是，那个逃遁的人还不是一个自由的人，因为在逃遁中，他仍然是受着他是想要从而逃避的东西所限制的。此外，还有人说，无限是达不到的。这种话无疑是对的，但这种话之所以是对的，只是因为无限这个观念是在它里面包含着抽象的否定成分的。[这种成分是抽象的，因为它并不是从整体来看的具体东西，所以是空洞的。]对于这种空洞的单纯属于他界的东西，[而和具体的现实的东西之此界无关的，因之有关此界的]哲学就是与之毫无干涉的了。哲学所从事的总是具体的事物，并且是绝对现在的事物。——当然哲学也有它的职责去解答无限何以要自己从自己发展出来这个问题。但是这个问题是根本上假定了有限与无限的坚固对立的。因此，哲学就只好这样来加以答复：这种对立根本就是虚妄的。其实，无限永恒地是从它的自身发出来的，又永恒的不是从它的自身发出来。[这是什么一回事呢？这岂不是矛盾吗？]那么，如果我们进一步又说：无限是'非有限'。这就可算得是真正说出真理了。因为有限本身既然是第一个否定，[其所以是个否定，因为说它是有限的，就是说它是此而不是彼]，那么，'非有限'就是'不是有限'，这也就是否定之否定，[而两者同是否定，所以在否定这方面上是同一的，因而否定之否定]也就是自己与自己同一之否定，[而两个否定就是等于一个肯定，]因此[否定之否定]同时也就是真正的肯定。"

可是，到此为止，关于无限这个非常复杂而重要的哲理问题依然没得到实际的解决，所以我们还得要往下去看看本节附释的第二段。这段的中译文是：

218.1 这里所讨论的抽象思想中的无限只可说是达到真无限的一种尝试，一个不幸的既非有限亦非无限的中间物。一般说来，这种对于无限之抽象看法，近来在德国甚为通行。他们认为，有限是应该加以扬弃的，无限不应该只是一否定之物，而应该是一肯定之物。在这种“应该”里，总显得没有力量将那被承认为正当的要求，使之实施有效。康德和费希特的哲学，就其伦理思想而论，从没有超出这种“应该”的观点。那无穷尽的逐渐接近理性律令的假定，就是循这种应该的途径所能达到的最高点。根据这种假定，他①又去证明灵魂的不灭。

附释的这个第二段，其篇幅虽是不长，但有些地方是不易从欧洲或德国的十九世纪之哲学史予以说明的。例如在德国当时甚为通行的对于有限与无限的看法，实际上究竟是什么，是谁的主张而成为在当时通行的，至少本编者的肤浅知识是无从替一般读者弄清楚的②，所以就只得敬告不敏而仅只照译文进行解释如下。

这第二段是说：“我们在这里所讨论的在抽象的思想中之无限，只可说是达到真无限的一种尝试。所说的无限，其实就是一种不幸的东西，它既非有限，又不是无限，而是这两者的中间物。一般说来这种对于无限之抽象看法，近来在德国甚为通行。持这种看法的人们，认为有限是应该加以扬弃的，而无限制不应该只是一个否定的东西，而应该是一个肯定的东西。可是在这种‘应该’里面总觉得没有力量来把那被承认为正当的要求叫它在实施中发生效力，成为现实的东西。康德和费希特的哲学，就他们的伦理思想来说③一直都没有超出这里所说的‘应该’这个观点，[只是想象到]那无穷尽的逐渐接近理性所规定的道德律的假定，而这个假定也就是循着这种应该的途径所能达到的最高点。而康德根据这种假定，又去证明人的灵魂的不灭。”认为那无穷尽的逐渐接近理性的道德律，既然是绝对的要求，那就需要无穷尽的时间，因之灵魂也就必须无穷尽地存在下去，所以就是永恒不灭的了。

这也就是康德在他的《实践理性批判》所提出的关于无限之想象的一种尝试，而这种尝试也是不能成功的。可见毫无内容的永恒持续性不过

① 原中译本这里的“他”，依上文是模糊的，只可臆想为是指康德说的。

② 曾查过黑格尔的《哲学史讲演录》，却没找到关于这种史实的有关材料。

③ 譬如说康德在他的《实践理性批判》里和费希特在他的《知识学》(Grundlage der gesammten Wissenschaftslehre 直译应是“知识总论基础”，简称“知识论”，原刊出于 1794 年)里。

是一种假定的状态而已。这就是恩格斯在《反杜林论》所指出的那样而写道："我们早已知道，测度这种毫无内容的持续性，将一无所得，就像毫无目的和目标地测度虚无缥缈的空间，也是一无所得一样；正因为这种做法很无聊，黑格尔才把这种无限性称为恶的无限性。"恩格斯在同一著作中又写道："正因为无限性是矛盾，所以它是无限的，在时间上和空间上无止境地展开的过程。如果矛盾消灭了，那就是无限性的终结。黑格尔已经完全正确地看到了这一点。"①

这就是第九十四节附释的结束，而本节的内容主要是谈关于无限的说法之一种尝试，而黑格尔的真无限是在下面的第九十五节里予以阐明的。现在我们就往下去看第九十五节了。

218.2 第九十五节

本节的内容主要是说明黑格尔的所谓真无限并谈到二元论之对于这个问题的无从解决而最后又提出理想性这个范畴作关于限有的讨论之结束。本节正文共有四段，其第四段是过渡性的。

兹先看看其第一段的中译文。

> 218.3(c)事实上摆在我们前面的，乃是某物成为别物，而别物一般地又成为别物。某物既与别物相对，则某物本身亦是一与别物对立之别物。既然过渡达到之物与过渡之物是完全相同的(因为二者皆具有同一之性质，则同为**别物**②，则因此可以推知，当某物过渡到别物时，只是**和它自身在一起**罢了。而这种在过渡中，在别物中而达到的自我关联，就是**真正的无限**。或者从消极方面来看，凡变化之物即是别物，它将成为别物之别物。以就"有"之为否定的否定言，便回到它的肯定性，而成为**自有**③了。

---

① 这里两段引文同是引自恩格斯《反杜林论》1971年版第48～49页。

② 在中译本圆括号里即原文破折号里的一句之"二者皆具有同一性质"是指"是别物的"这个性质说的，所以就说二者"完全相同"是原文的 eine und dieselbe 之两个同义词为了强调而重复，故中译为"完全相同"。这是黑格尔绝对主义派的混淆概念手法，我们细看起来，原说的过渡到之物当然是第一个别物，而"过渡之物"，原是"某物"，只在其与它的别物相对这种情况下才成为"第二个别物"，两别物之为别物固是相同，但一个是"第一别物"，而另一个是"第二别物"，混为一谈就是概念混淆了。

③ 这里的"自有"是德文的 das Fürsichsein 之意译，直译应是"自为之有"。

第九十五节正文之开始有(c)这个标志，是表示本节应与上面第九十节关于“限有”和标志为(a)和第九十二节关于“自在之有”(贺译依瓦拉士英译重译为“潜在之有”，而我们改译为“自在之有”，见前面的脚注)之标志为(b)一并去考虑来看出范畴的发展的。

本节正文共有四段，如上面已指出，而其第一段的文字虽属浅白，但内容在初读时却有些复杂，兹除两脚注外，另在方括号内加上一些必要的词句以供读者的参考如下：“事实上，摆在我们前面的，乃是某物成为别物，而别物一般地又成为别物。[这是上面第九十三节所指出而在第九十四节里加以讨论过的。]现在某物与别物相对，[有此即由彼，对立起来，此之对彼而言，则彼便转过来作为此，而原来的此反为彼了。所以]某物本身也是一个与别物对立的又一别物。[这里某物乃是过渡之物，而别物就是过渡达到之物。因为如上所说]这两者同是具有作为别物的这个性质的，所以也就是完全相同的了。这样说来，就可以由推论知道，当某物过渡到别物的时候，这某物便成为它原来的别物之别物，而这就是它原来的自身。所以在它过渡别物时，只是和它自身在一起罢了。而这种在过渡之中在别物里面达到的自我关联就是真正的无限了。或者从消极方面来看，凡是更换[①]地位的东西就是别物，它成为别物之别物。这样一来，它之作为否定之否定就复元为[②]‘有’而就是‘自为之有’，[简称为‘自有’了。]”

这样再第一段里突然由“限有”过渡到“自有”，未免过于唐突，所以黑格尔在后面两段里复加以说明而最后在第四段里才指出向“自有”的过渡。

现在我们先看看第二段的中译文。

218.4 认为有限与无限间有不可克服的对立之二元论，却没有明了这简单的道理，因为照二元论的看法，则无限只是对立的双方之一方，因而无限亦成为一特殊之物，而有限便是与之相对的另一特殊

---

① 这里的原译本是用“变化”这词组来中译原德文的 verändert wird 的，但德文的这个词组不是仅仅 andern 的改变意思，而有其前缀的 ver 和后面的 wird 的，故我们认为中译为“更换地位”方妥。

② 这里的“复元为”是原德文的 wieder hergestellt ist 之中译。

之物，像这样的无限，只是一特殊之物，与有限并立且以有限为其限制或限度，而并不是应有的无限，并不是真正的无限，却只是有限。在这样的关系中，有限在这边，无限在那边，前者属于现界，后者属于他界，于是有限与无限皆认作有同等的永久性和独立性的尊严了。有限之有被这种二元论造成绝对的有了，且得到固定性和独立性了。这种固定的独立的有限，如一与无限接触，将会消融与无形；但二元论决不使无限有接触有限的机会，而认两者间有一深渊，有一无法渡越的鸿沟，无限永远在那边，有限坚持在这边。主张有限与无限坚实对立的人，并不像他们所想象那样，超出了一切的形而上学，其实他们还是站在普通的知性形而上学的立场。因为这里的情形与无限递进所表示的是一样的：有时他们承认有限不是独立自在的，没有独立实在①，没有绝对存在②，而只是一暂时过渡之物。但有时他们又完全忘记这些，而认有限与无限正相对立，与无限完全分离，将有限从变灭无常中拯救出来，当作独立的，自身坚持的东西。如果我们以为这样一来，思想便可提高到无限，殊不知适得其反。因为这样，思想所达到的无限，实仅是一有限，而思想所遗留在后面的有限，将永远保持着，被认作绝对③。

这段不过是说明上面所讲的上面第九十四节的附释中的坏无限之所以为坏的原因而写道："那认为有限与无限之间有不可克服的对立的二元论④，却没有明白这一简单的道理，因为照这种二元论的看法，无限只是对立的双方之一方，因而无限便成为一特殊的东西，而有限也就和它相对，于是就是另一特殊的东西了。像这样与有限对立的无限，只是一特殊的东西，与有限并立的，并且以有限做它的限制或限度的，而并不是应有的无限，不是真正的无限，却只是有限罢了。在这种二元论的无限与有限

① 这里的"实在"是原德文的 Wirklichkeit 之中译，似仍中译为"实在性"较妥。

② 这里的原文是 Sein，应中译为"有"以符合上下文。

③ 这里在"绝对"前面应加上"一"这字以符原文，因"一绝对"与"绝对"是有别的。

④ 这里的所谓"二元论"是德文的 der Dualismus 之中译，指无限与有限并排存在着的这种说法，所以与其中译为"二元论"，毋宁中译为"二元说"较妥，因为这种二元并立的说法还未成立为一种哲理的学派。

的关系中，有限在这边，无限在那边，有限属于现界，无限属于他界，于是有限与无限同是被认作有同等的永久性和独立性的这种尊严了。有限的‘有’就被二元论造成为绝对是有的了，而且叫这种‘有’得到固定性和独立性了。这种固定的独立的有原是限有，如果它一旦和无限接触，那它就会被消灭了；但是它乃是不能为无限所接触到的，因为在这两者之间有一条深渊①，有一道无法逾越的山峡②，于是无限就永远在那边，有限就坚持在这边了。”

到此为止，黑格尔是说明坏无限的实况的，而以后他便进一步，说明主张这种坏无限的人是永远不能超出知性形而上学的范围的，他于是便继续写道："主张有限与无限坚实对立的人，并不像他们所想象的那样，是超出了一切的形而上学的，其实他们还是站在普通的知性形而上学的立场。因为这里的情形与无限递进所表示的是一样的：有时这些人承认有限不是独立存在的，没有独立性的，没有绝对之‘有’的，而只是一种暂时的过渡的东西。但是有时他们又完全忘记了这些，而认为有限与无限是正相对立的，是与无限完全分离的，这样来把有限从变灭无常中拯救出来，当作独立的、自身坚持的东西。如果我们以为这样一来，思想就可提高到无限，殊不知适得其反。因为这样，思想所达到的无限，实在仅只是一有限，而思想所遗留在后面的有限可能总是保持着在那里而被认作一绝对。"

黑格尔是这样在第二段里批驳了那种坏的无限的，而在接着的第三段里才正式提出他之所谓真无限这个观点。他写道：

219.1 当我们经过上面这番考察，指明了知性所执着有限与无限的对立之为虚妄后（关于此点，试比较柏拉图的“菲里蒲斯篇”，当不无益处③。），我们自易陷入这种的说法，谓既然无限与有限乃是一事④，则真

① 这里的“深渊”是原德文 der Abgrund 之中译。

② 这里的“山峡”是原德文的 die Kluft 之中译，并请读者注意，在这字句以前从“那它就会被消灭了”起的中译文是本编者依原德文翻译以代替贺译之从瓦拉士的英译之重译的。

③ 《菲利蒲斯》(*Philebus*)是柏拉图的晚年所作的一篇对话，其主题是讨论逻辑的划分与再划分这个辩证法的初步问题，而指出哲学所需要的不能只是这种分析的方法，而必须还有更尖锐的思想武器的。

④ 这里的“一事”是原德文的 Eins 之中译，即“同一个东西”的意思。

理或真正的无限须得宣称并界说为无限与有限的统一。这种说法诚然不错，但也足以引起误解和错误，有如前面关于有无统一所指出的那样。此外，这种说法并可引起有限化无限或无限化有限的正当责难。因为在这种说法里，有限似乎只是原样保留在那里，并未明白说出有限是被扬弃了的。——或则，我们试着略加反省，有限即被假定为与无限统一，则它无论如何，决不能保持当它在此统一关系以外时的原样，它的性质至少必有所改变(就好像碱质与任何一种酸质化合，必须失掉它的一些原有的性质一样)，同样，无限亦免不了改变，当有限与无限统一时，这具有否定性的无限亦在对方之前失掉其尖锐性。(译者按：此处意谓无限亦改变其单纯的尖锐化否定性，亦可谓其否定性变成钝化，失掉其尖锐性因而具有肯定性了。)实际上对于知性之抽象的片面的无限性，确发生这样的变化。但真正的无限并不仅是像那片面的酸质，却能保持其自身。否定之否定并不是一种中性之物。无限是肯定的，只有有限才会被扬弃。

本节正文的第三段是黑格尔在上段批驳了坏无限之后，更进一步说明他自己的真无限的性质，而首先是指出，真无限之界说为“无限与有限的统一”这种说法还会引起误解和错误，所以就得要加以更详细的阐明。他写道：“但我们经过上面的这番[关于有限与无限的]考察，指明了知性所执着的有限与无限之对立乃是虚妄不实的之后，关于这点黑格尔写道，试比较一下柏拉图的《菲里蒲斯》这篇对话，应当会有好处的。[好处在哪里，请看上面关于菲里蒲斯篇的脚注]我们自然易于陷入这种的说法，说什么既然无限与有限是同一回事，那么真理，或说真正的无限，也就宣称为，或者解说为‘无限与有限的统一’。诚然这种说法是不错的，但是也会引起误解和错误，有如前面关于有与无的统一所曾指出的那样[读者可回头去看看比如第八十八节关于有无的统一，特别是该节的(4)段]。这是一种误解。此外，这种[无限与有限的统一的]说法，又可引起‘有限化为无限或者无限化为有限’的这种正当的责难[何以这是一种责难呢？原因就是]在这种说法里面，有限似乎是原样地保留在那统一那里，而没有明白地说出[在那统一里]有限是被扬弃了的。——或者我们这样试试略为加以反思一下：既然有限是被假定为与无限统一的，那么这有限，无论如何,都绝不能把它还在这统一关系的以外的那个原来的样式,保持到有了与无限统一的关系里面,它的性质至少也得要改变的(就好像碱质与任何一种酸质化合了,它就必须失掉它的一些原有的性质一样),同样,无限也不免要改变,那就是,当有限与无限统一时,这个具有否定性的无限,也在它那方①失掉它的尖锐性。(译者按语,请读者照原译阅读。译文浅易,毋须解释了。)实际上,对于知性的抽象的片面的无限性,[在其与有限统一时]的确是发生了这样的变化的。但是真正的无限,也不仅只是像那片面的酸质那样,而是能够保持它的自身的。否定之否定并不是一种中性的作用②。[由于无限是否定之否定,所以即在它和有限统一时]它是肯定的,而只有有限在于无限统一时才会被扬弃的。

这就是本节第三段的内容,说明黑格尔的无限这个观念的含义。但是有一点,我们在解释时在这里是要指出,以便理解下面的第四段的。那就是,我们面前的第九十五节是从有限这个"自在"的范畴过渡到它的反面,即否定性的"自为"范畴,正反统一,即有限的正与无限的反,两者统一起来,就是否定之否定之合,而否定之否定当然是肯定的"自在和自为"的更高一级的范畴了。我们记得在黑格尔的范畴系统里,以质这个大范畴来说,它是以"有"作为正,而有其否定的"限有"为反,而进一步按辩证法发展,就有否定之否定作为合,这就是"有"之"自在"和"限有"之"自为"两者之统一为更高一个"自为"的范畴了。这个范畴是德文的 Fürsichsein,应中译为"自为之有",而简写为"自有"。"自有"是在下面第四段由"限有"过渡到的一个范畴,但是要等到下面第九十六节才有其详细的讨论,现在我们就首先看看本节第四段的中译文。

220.1 在"自有"里,已经渗入有理想性的范畴③了。限有最初只就其存在④或其肯定性去看,具有实在性(第九十一节),所以有限性

① "在它那方"是本编按黑格尔原德文的 seinerseits 改译的。

② "中性之物"是原德文的 eine Neutralisation 之译,但改"之物"为"作用"对于"否定之否定"在这里似较适当。(曹方久先生批注:"但改'之物'这'作用'似乎不妥。"——整理者注)

③ 这里的"范畴"是德文的 die Bestimmung 之中译,我们认为还是照这词的原文中译为"决定性"为较妥,下句的"范畴"同此。

④ 这里的"存在"是原德文 das Sein 之中译,我们认为在这里还是中译为"有"以免与 die Existenz 之中译为"存在"相混淆。

最初即包含在实在性的范畴①里。但有限事物的真理乃是其理想性。同样的道理,知性的无限,与有限平列的无限,其本身只是两个有限之一,乃是抽象②而不是真实之物③。这种认有限事物具有理想性的看法,乃是哲学上的主要原则。因此每一真正哲学必是理想主义④。但最要紧的是,勿将凡本身性质为特殊或有限之物当作无限——因此,关于这点区别,这里才加长篇讨论,借以促起注意。哲学的基本概念,真正无限,即系于这种区别。这个区别是借包含在本节前面所提出之简单的,因而似乎不显著的,但却无可反驳的思想给弄清楚了。

这里的本节正文的第四段,是黑格尔一气呵成的对于他关于真正无限之阐述。原译文有些错译,我们已按黑格尔的德文加以改正了。在这第四段,即本节的结束之关键性一段是这样写道的:"在上段所提到的'自有'里面就已经有理想性这个决定性渗入去了。限有最初只有它的有或说它的肯定性来看,是具有实在性的(见上面第九十一节的正文),所以有限性最初就是包含在实在性这个决定性里面的。但是有限事物[是发展的,所以它的]真谛乃是它的理想性。[根据]同样的[发展这个]道理,知性的无限,即与有限平列的无限,其本身只是两个有限之一⑤,乃是一个不真的东西而且又是属于思想的东西。这种认有限事物是具有理想性的看法,乃是哲学上的主要原则。因此,每一个真正的哲学必定是观念主义(德文的 der Idealismus)。"写到这里,黑格尔又一次露骨地表现他的唯心主义立场而且同时是对唯物主义的诬蔑,且看,"每一真正的哲学必是观

① 参看上面关于"范畴"脚注。

② 这里的"抽象"是原德文的 ein unwahres 这个形容词作名词用的中译,毋宁直译为"不真的东西"较妥。

③ 这里的"不是真实之物"是原德文的 ein ideeles 这个形容词作名词用的中译,毋宁又直译为"仅只属于思想的东西"较妥。查瓦拉士的英译之"范畴"与"存在"两词组 no whole truth 和 a non-substantial element 也是很牵强的翻译不可为训的。

④ 这里的"理想主义"是原德文的 der Idealism 之中译,一般中译为"唯心主义"或"唯心论",而德文这个原词,其词根是 Idee,故中译为"观念主义"为较正确,其中译为"理想主义"者是错把词根认作 ideal 的。

⑤ 无限与有限平列,则无限为有限所限制,因而变为有限了。

念主义或说唯心主义!”由此类推,则他的绝对唯心主义哲学体系也就是绝对的真正哲学了!

黑格尔的本节之最后一小段文字谈到哲学上的主要原则虽比较隐晦,然而细读起来也是毒辣的。他写道:“但是最要紧的是:不要把那本身的性质是特殊的东西或者有限的东西,当作是无限。”我们要注意,黑格尔之所谓特殊的东西或说有限的东西乃是指眼看得见、手摸得着的,概言之,凡是人类的能在经验上接触到的东西都不是“真正哲学”的对象。这就是他在这里的所谓“区别”(德文的 der Unterschied),即真正的哲学以人类经验上不能接触得到的无限为其对象的这种特征以别于其他哲学体系的。所以他就写道:“因此,关于这点区别,这里才加以长篇的讨论,从而促起人们的注意。[因为]哲学的基本概念,真正的无限,就是以这种区别为转移的。这个区别是靠[本节第一段正文]所提出的那个简单的,因而由于它是简单就似乎不是打眼的,但却是无可反驳的‘自我关联’的思想,即‘有’之为否定之否定,就回复到它的肯定性而成为‘自有’的这个思想,把本节所提出的问题都弄清楚而过渡到下节作为主题的‘自有’这个范畴了。”

现在我们就往下去看看关于“质”这个大范畴在其(A)的“有”和(B)的“限有”之后的(C)的“自有”这大段了。我们首先把中译文逐节逐段来看。

221.1 (C)自有(Fürsichsein)

我们再次提出原德文的这个 Das Fürsichsein 直译应是“自为之有”,而简写为“自有”,可是这里的“自”是指“自为”说的,而先有“有”或说“纯有”之发展为“限有”,但“限有”是为其别物即其对方所限制的,而在这种限制与被限制的双方,则被限制的“限有”首先又因它的别物而唤起其对自身的“自为”的态度,于是就有“自为之有”。“自为之有”或说“自有”这个中等范畴是分为三大段来讨论的,即第九十六节为第一大段,标志为(a),第九十七节为第二大段,标志为(b),最后第九十八节为第三大段,标志为(c)。三大段都有其发展的进程,我们得要注意其从一大段过渡到另一大段的关键。兹先看看第九十六节与其内容。

221.2 第九十六节

这节有一段简短的正文，主要是阐明“自有”的特性，而又包括两段的附释，是补充说明“自有”并以“我”作为一个实例来说明实在性与理想性的关系的。我们首先看看本节的正文之中译文。

221.3(a)自有，就其为自身关系言，既是直接性，就其否定性之自身关系言，既是自身存在之物①，亦即一。一就其自身无别之物，因而亦即排斥他物之物。

这个正文之简短的一段文字，是充满着黑格尔的一些哲学术语的，不加以解释，就比较难解，所以我们就适当地在脚注外用方括号加上一些解释的词句，通俗地重写如下：“[首先以(a)作为标志来在这节谈谈‘自有’的特性。自有是由于‘纯有’发展到有了其对方的别物，它就在别物之影响下有其自为的意识，而这就是自己对自己的意识，因而就是一种自身的关系，]而就自有之为自身的关系来说，[乃是赤裸裸地摆在人们的意识面前的，所以]就是一种直接性，而就自有[之由于有了别物而否定其自在的自身之这种]否定性之自身关系来说，它也就是一种作为自为的东西了，[但是既然这个自有是以其自身为中心的所以]就是一。一在其自身里是没有其他的，因而也就是[只有己而没有他所以就是]排斥他物的东西。”

这种言简意赅的文字，即令是作为讲课用的纲要或说提纲来说，是有其补充之必要的，所以后人就有了比较长的两段附释。我们先看看较短的第一段之中译文。

221.4 附释：自有是完成的质，既是完成的质，故包含有与限有于其自身，为其理想的环节。就自有之为“有”言，只是一单纯的自身关系，就自有之为“限有”言，亦②是有确定性的。但这种确定性并不

① 这里“自身存在之物”是贺译依照瓦拉士英译之 self-such-existent 这词而重译如此的，但瓦拉士原是曲解了黑格尔的 es Fürsichseiendes 这个词组的，这词组应中译为“作为自为的东西”，其所以是如此，是因为“自有”乃是由于有了其对方的别物，所以对自身来说，是由别物否定其自身的，因而就其这样的自身关系就必定是为其自身而言了。然而这种自为之有就必是以自身为中心而成为“一”。

② 这里的“亦”字一般是作“也”字解的，但在这里不能联系上文，所以只能按其语气作“也可算作”解。

是有限的确定性，有如某物之与别物有区别那样的确定性，而乃是包含区别并扬弃区别的无限的确定性。

附释这第一段只把几个名词按黑格尔的发展思想弄清楚了，也就容易读懂了。第一是什么叫做完成了的？就质这个观念来看，完成了的质就是有其确定性或说规定性的质，也就是知性之所谓这样的质，而与其他的质有其区别的质。其次就是单纯的自身关系这种说法。自身关系是不涉及其他的东西而只从某物之自身来看的。再次，就是有限的确定性和无限的确定性。问题就是：既是确定性，何以又有其有限与无限的区别呢？其有限的确定性是那就是那，而无限的确定性是在确定之中还含有其向前发展的这个意思，因而在当前还是不可能完全决定它是怎样的。至于原中译文的"亦"字我们已在上面对原文中"亦"脚注里说明了。

于是，这段文字通俗点写出就是：自有是具有一定确定性的质。它既然是具有一定的确定性的质，所以它是包含着"有"和"限有"在它自身里面做它的在思想上的环节的。所以就自有是"有"来说，它只是一种单纯的自己和自己的关系[并不涉及别物的]，而就它是"限有"来说，它也可算作是有确定性的。但是它的这种确定性并不是有限度的确定性，像某物和别物的一个是此，而另一个是彼那样的确定性，而是还有演变中包含着区别，但同时又在扬弃着这种区别的无限度的确定性[也就是说还没有达到实在性的确定性。]（参看下面的第九十七节）。

这是谈到自有之为"自在之有"的第一步发展而为"限有"之反的阶段的。让我们继续往下去看本附释是怎样阐明自有之继续发展的，兹先看看这段附释第二段之中译文。

221.5 我们可以牵出"我"作为自有最切近的例子。我们知道我们是有限的存在，首先与别的有限存在有区别，并且与它们有关系。但我们又知道这种存在的广度缩小得到了"自有"的单纯形式。当我们说我时，这个"我"便表示无限的同时又是否定的自我关系。我们可以说，人之所以异于禽兽，且因而异于整个自然，即由于人知道他自己是"我"，这就无异于说，自然事物没有达到自由的"自为存在"或自有，而只是限于限有[的阶段]，永远只是为他物而存在——再则，自有之为自有，只可认为是理想性，反之，限有如前面所说便被指陈为实在性。实在性与理想性常被认作一对有同等独立性，彼此对立的范畴。因此常有人说，在实在性之外，还另有理想性。但真正讲来，理想性并不是在实在性之外或在实在性之旁的某种东西，而理想性的本质乃显然地即在于为实在性的真理。这就是说，若将实在性的潜伏性能加以显明发挥，便可证明实在性本身即是理想性了。因此当我们仅承认，实在性尚不能令人满足，于实在性之外，我们尚需承认理想性时，我们切不可因此便相信以为这样就足以表示对于理想性的尊崇了。像这样的理想性，在实在性之旁，甚或在实在性之外，其实只是一空名，惟有当理想性是某物的理想时，则这种理想性方有内容或意义，但这种某物并不仅是一无确定性的此物或彼物，而乃是被确认为具实在性的限有。这种限有，如果孤立起来，并不包含真理。一般人区别自然与精神，认为实在为自然的基本性质，理想为精神的基本性质，这种看法，并不大错。但须知自然并不是一个固定的自身完成之物，可以离开精神而独立自存，反之，惟有在精神里自然才达到它的目的和真理。同样，精神这一方面亦并不仅是一超出自然的抽象之物，反之，精神惟有扬弃并包括自然于其内，方可成为真正的精神，方可证实其为精神。说到这里，我们顺便须得记取德文中“奥伏赫变”(Aufheben)一字的双层意义。扬弃一词有时含有取消或舍弃之意，依此意义，譬如我们说，一条法律或一种制度被扬弃了。其次，扬弃又含有保持或保存之意。在这意义下，我们常说，某种东西是好好地被扬弃了。这个字的两种用法，使得这字具有积极的和消极的双重的意义，实不可视为偶然之事，亦不能因此便责斥语言的混乱。反之，在这里我们须得承认有超出知性的非此即彼的抽象方式，且足以表示德国语言之富有玄思的精神。

附释这第二段篇幅较长而且内容不完全一致，因此我们把它划分为四个小段来进行考虑。其第一小段从开头到“永远只是为他物而存在”为止，是用“我”作为一个例子来说明“自有”的特性的。第二小段到“并不包含真理”为止，是说明理想性与实在性之关系，而且又说明这两者孤立起来便失去其应有的意义的。第三段到“方可证实其为精神”为止，是上小段的引申，但同时又强调黑格尔哲学系统之认为自然必须发展到精神才达到它的目的和真正意义的这种学说，而证明他的哲学体系乃是客观唯心主义的。最后第四小段到本段末为止是解释黑格尔常用的那 aufheben (音译为奥伏赫变)一词之双重意义来证明德国语言的思辨作用的。

现在我们为了读者的方便起见，把这整大段的文字较通俗地加上一些解释的词句来这样写出："我们可以把'我'这个观念作为'自有'这个范畴之一个最切近的例子来谈谈。我们知道我们这些称为'我'的这些人都是一些'有限之有'。这些'有限之有'首先是和别的'有限之有'有区别的，并且又和它们有关系的。但是我们又知道这种'有限之有'即'限有'，其广度缩小，就到了称为'自有'的这种单纯的形式。当我们说'我'时，这个'我'是表示一特种的自我关系的，也就是我只就我来说说，所以就是'自为之有'而不涉及其他的，而这种自我关系，一方面是没有一定的限度的，而同时另一方面是否定性的。何以这样说呢？因为我们可以这样说：人之所以异于禽兽，因而并且异于整个自然，那就是由于我们人知道自己是'我'，这就等于是说，我们作为人是知道我们达到了自有的既无限度的'自为之有'，或说'自有'这个较高的发展阶段，而自然事物则不同，它们没有达到'自有'的阶段而仅只是限于'限有'这个阶段。自然事物只是永远为他物而有的。"这是第一小段。

第二小段是说："再有一点就是：'自有'之作为'自有'来说，只可以认为是理想性，反之，'限有'，像上面所曾说过，是作为实在性来说的。这理想性和实在性两者是有区别而同时也有关联的。可是常常有人把这两者认作一对有同等的独立性的彼此对立的两个范畴。因此也就常有人说，在实在性之外，还另外有理想性。但是真正地讲来，理想性并不是在实在性之外或者在实在性之旁的某种东西，而理想性的本质显然就是在于它是实在性的真理，就是说，理想性乃是实在性的究竟意义。这就是说，如果把实在性的潜伏性能加以显明的发挥，那就可证明实在性本身就是理想性。因此之故，在我们仅仅承认实在性是仍然不能令人满足的，而在实在性之外还得要承认有理想性，在这个时候，我们切不可也就相信这样就是表示对理想性的尊崇了。像这样在实在性的旁边的，甚至或者在实在性的外边的理想性，其实只是一个空名。只有在理想性是实在的某物之理想时，这种理想性才有其内容或说有其意义的。但是这种某物并非仅仅是一种没有确定性的此物或彼物,而是人们确认为具有实在性的限有。这种限有,如果孤立起来,就并不是包含真理的。”这也就是第二小段了。

其第三小段是说:“一般人把自然和精神区别开来,认为实在性是自然的基本性质而理想性是精神的基本性质。这种看法,并不是大错。但是得要知道,自然并不是一种固定的自身完成的东西,可以离开精神而独立自存的,恰恰和这相反,只有在精神里面,自然才能达到它的目的和真理的。同样,精神这一方面也并不仅仅是一种超出自然的抽象的东西,正与此相反,只有精神扬弃了自然并且把自然包含在它里面,才可以成为真正的精神,才能够证实它是精神。”这就是第三小段。

最后的第四小段,读来像是附加的。它是这样写的:“说到这里,我们顺便得要记取德文中‘奥伏赫变’(aufheben)这一个字的双层意义来谈谈。[这字中译为扬弃。]‘扬弃’一词有时含有取消或者舍弃的意思。依这个意义,譬如我们就可以说,一条法律或者一种制度被扬弃了。其次,‘扬弃’又含有保持或者保存的意思。在这种意义下,我们是常常说,某种东西是好好地被扬弃了。这个字的这两种说法,使得这字具有积极的和消极的这双重意义,实不可看作偶然的事,也不能因此就斥责语言的混乱。相反,我们在这里得要承认这是超出知性的‘非此即彼’的抽象方式而且是足以表示德国语言是富有思辨的精神的。”

这也就结束了第九十六节和它的附释所谈的“自有”的特性是怎样和“限有”之特性不相同,而且又把实在性和理想性两者的区别和联系都讨论完了。但是,在这节的正文里不是有这样的一句话吗?“自有”就其为否定性之自身关系言,即是自身存在之物,亦即一。这句话,看起来是不太过容易理解的,可是正文虽有“一就是自身无别之物,因而亦即排斥他物之物”的这种解释,然而仍然不十分令人读懂的,所以就接着在下面的第九十七节是专以“一”为主题来补充第九十六节未尽之处的。现在让我们看看这节的内容。

222.1 第九十七节

本节有一段正文和一段附释。其正文是谈“一”之如何是自身的区别,而附释是讨论“一”是如何自己排斥自己从而把自己建立起为“多”的。

现在我们先把正文的中译文来看看。

223.1 (b)否定性的自身关系是一种否定的关系,也即是一之自身区别,一之抗力,或多数的一之建立。就自为之有的直接性看来,这些多数的一是有存在性的;而这些有存在性的多数的一之抗力,将以它们之彼此相互反抗而成为现有的单位,或相互排斥的单位。

这里的(b)是上面第九十六节标记为(a)的"自有"之发展为"一",在《大逻辑》[1]里有'一'就是自为之有[自有]对自身的关系,它的环节在这种关系中消融了,因此它在这种关系中有了直接性的形式,因此它的环节变成了实有的[2]。在《大逻辑》的更上一节[3]关于"一"的说明中是这样写道的:"自为之有的环节在无区别中[4]一齐融合了,这种无区别性就是直接性或有,但是这一个直接性是以进行否定为基础的,而这种否定被建立为直接性的规定。所以自为之有是自为之有物[5];并且由于它的内在意义在这种直接性中消失了,所以它就是它自身的完全抽象的界限,即一。"

有了《大逻辑》的这两段之比较详细的说明,我们《小逻辑》的当前的第九十七节之比较难读的正文也就可以读懂了。在这节里黑格尔是谈到"一"之作为"自在之有"之发展为"自为之有物"的。大凡在发展中之物,都是由于该物的本身之环节的相互矛盾而进行对其对方之斗争从而把它消灭掉的,这就是"否定性的自身关系",而这种关系之为"否定性的",乃是因为一对矛盾的东西,其一必是否定其他的。这也就是"一"的"自身所包含的环节"之演变过程。在"一"里面,由于它是有内在矛盾的,所以就在它的环节中有其彼此相对的"抗力",由于这种相互发生的抗力,就建立了其"多数之一",也就是有了几个"一"。但是"一"原来乃是"自为之有物",然而"自为之有"本来就是"有",从这"有"发展出来的各个"一"之作为"有"来看,即"多数之一"或说"多数之有"当然是"有存在性的"。所以"这些有存在性的多数的一之抗力"就必然会把它们之彼此相互反抗而成

① 见杨一之中译本。商务印书馆 1974 年版上卷第 167 页。

② 这里的"实有"是原德文的 das Dasein 之中译,贺译为"限有"。

③ 指杨译的这一节,即该译本的第 166 页。

④ "无区别"就是"直接性的没有规定性",不必要据某物之质而就看到的,所以说"这种无区别性就是直接性或有"。

⑤ "自为之有物"是"自为之有的被决定下来的东西"之意思。

为现有的(Vorhandener)一(Eins)或说单位,即一个一个的东西,也就是相互排斥的(gegenseitiges Ausschließen)单位。

这就是本节的正文,经过我们结合《大逻辑》有关的两段进行了解释的。但本节原有一段附释乃是为了解释这节的正文的。现在让我们看看这段附释的中译文。

223.2 附释:只要我们一说到一,我们常常就会立刻想到多。这里就发生“多从何处来?”的问题了。在表象里,这问题是寻不着答复的,因为表象认多为当前直接的[与料],同时亦只认一为多中之一。但反之从哲学上总念的观点来看,一为形成多的前提[①]且即在一的思想里便包含有建立其自身为多的必然性。自有之非如“有”那样的毫无联系,而乃是近似“限有”那样的联系的。但自有的联系又非如某物与别物的关系,因自有为某物与别物的统一,故自有乃是自身的关系,而此种自身关系却是否定的关系。因此一显得是一个纯全自己与自己不相融,自己反抗自己之物,而它自己所竭力建立者,即是多。我们可以用一个比喻式的名词“抗力”以表示自有这一方面的历程。“抗力”这一名词原来是用来研究物质的,意思是指物质既是多,而多中之每一单位,与其余的单位,皆取排斥的行动。我们切不可将抗力的过程认作一是反抗者,多是被抗者。毋宁应该认作是这样的,有如前面所说,一自己排斥自己,并自己建立自己为多。但多中之每一单位本身却是一,由于这种相互排斥的关系,这种全面的抗力,因而便转变到它的反面——引力。

我们读了本节这段的附释,尤其是前面的一半段文字,是颇为感觉到,这里的附释,是没有好好地起其附释的作用,来帮助读者更好地去理解黑格尔上面正文的含义的。让我们把这段附释分开做三小段来考虑吧!

其第一小段到“建立其自身为多的必然性”为止,是这样写道:“只要我们一说到‘一’,我们[就]常常会立刻想到‘多’。这里就发生‘多从何处

① 这里的“前提”显然是错译,按前后文应是“预先的假定”,但本编者手边的德文是没有加上附释的,所以无从校定,但瓦拉士的英译是用 pre-supposition 这词,因而用“预先假定”这种中译是正确的。

来?’的问题了。”当然这就是当前的问题,而附释的编者却首先企图从一般意识的表象中来寻找答案,这自然是失败的,因而就写道:“在表象里,这问题是寻不着答复的,因为表象认为‘多’是当前直接[在感性中]的给予出来的材料,同时[一般意识]也只认为‘一’是‘多’中之‘一’,[因而多就反在‘一’之先了]。但是,从与此相反的方面来看,也就是从哲学上普遍联系的概念这个观点来看,‘一’是形成‘多’的一个预先的假定,[这样,‘一’又是在‘多’之先的了,]而且[哲学认为]就是在‘一’这个思想里面,便包含有把它自身建立为‘多’的必然性。”于是这第一小段便不但把“一”与“多”的关系这个哲学问题提了出来,而且指出问题的复杂性和矛盾性了。

且看附释的第二小段到“它自己所竭力建立者,即是一”为止,是怎样进行解决它之所提出的这个复杂问题的。附释编者在这里是想在“一”这个观念所从自来的“自有”,即“自为之有”(das Fürsichsein)的性质来找到解答问题之线索的,其方法的开头是把“自为之有”和“纯有”以及和“限有”相互比较,这样来用分析的方法去理解“自为之有”的性质从而掌握“一”之所以为“一”,而看它是怎样产生“多”出来的。这就是附释第二小段的主要内容而是这样写出来的:“‘自有’即‘自为之有’,并非像‘有’,即‘纯有’那样的毫无联系的。因为‘纯有’乃是‘自在之有’,只从其自身着想而不联系到其自身以外的东西的,而另一方面,‘自为之有’却近似‘限有’,因为‘限有’之为‘限有’是由于它是某物而为它的别物所限制,而‘自为之有’之为自为,是由于它意识到它的对立面,它才意识到它之是它从而成为‘自为之有’的。这样说来,‘自为之有’乃是作为某物之它和作为别物的它之对立面这两者的统一了,而不像‘限有’那样为它的别物所限制。所以说‘自为之有’只近似‘限有’,而不是完全与‘限有’相似。通过‘自为之有’即‘自有’和‘限有’这样的比较而加以分析,其所得出的结果就是:‘自有’乃是自身的关系,其为自身的关系,是由于它的意识到它的对立面才意识到自身的从它意识到它的自身这点来看,它的意识就是自身的关系,而从它之意识到它的对立面才意识到它自身这又一点来看,它的自身意识就是**否定性**的意识,因为不是直接从其自身意识到它的自身,而是由不是它的自身之对立面而意识到它的自身的。可是‘一’原是从

‘自有’发展出来而为‘自为之有物’,即自为之有这种形式的东西,如上面在解释正文里所曾指出的那样,因此所谓‘一’就显然是一个纯全在它里面有其自身这一环节,而同时又有其对立面的另一环节,这两者原是彼此互不相融的,在内部自己反抗自己的。”附释的第二小段到此为止,是写得十分正确,加以我们较为详细的解释就是可以理解的了,可是这小段的原本中译文之“而它[即‘自有’]自己所竭力建立者,即是‘多’”这一句,却是不能成立的一个命题,因为“多”是“自有”的内在矛盾所形成,由于它的内部环节之相互反抗而形成其各个的“一”,而这些各个的“一”也就是“多”,所以“多”并非自有自己“竭力”或说有意努力所建立起来的,而乃是其内部矛盾的斗争之结果,这是不可不指出的。这也就解释完了附释的第二小段了。

其最后的第三小段到本附释的末尾为止,是说明“抗力”这一名词而这样写道:“我们可以用一个比喻式的名词‘抗力’来表示‘自有’[即‘自为之有’]这一方面的[辩证进展]历程。[何以在这里说‘抗力’是一个比喻式的名词呢?原因就是]‘抗力’这一名词原来是用来研究物质的,意思是指物质既是‘多’,而‘多’中之每一单位,与其余的单位,都采取排斥的行动。[可是在这里]我们切不可把抗力的过程认作‘一’是反抗者,‘多’是被反抗者,[也就是说,‘一’不是与‘多’对立的。]毋宁应该[把斗争的过程]认作是这样的,有如前面所说:‘一’自己排斥自己。[即它的内部不相融的各个环节相互排斥,]并且就自己把自己建立起来成为‘多’。但是[这里的]‘多’,其中每一个单位本身就是‘一’,而由于上面所说的那种相互排斥的关系,这种全面的彼此间发生的抗力,也就转变到‘抗力’的反面,那就是引力了。”这最后一小段是说明怎样从“抗力”之过渡到“引力”,从而就是由“质”之过渡到“量”的,即从黑格尔的一个较大的范畴,即“质”过渡到“量”这另一个同等大的范畴的,因而是我们所得要仔细看清楚的一种过渡的进程。但是,首先我们在这里还得要看清楚“抗力”是如何转变为它的反面之“引力”的。这就是下面第九十八节的问题。那么,就让我们接着往下去看看这下面的一节吧!

223.3 第九十八节

本节有两段黑格尔的正文,其第一段是谈抗力如何转变为引力,第二段主要是谈原子论在哲学上的学说地位。此外还有后人加入的两种附释,其第一种是补充说明原子论在哲学理论中的地位和演变,而第二种才谈到由质到量的过渡。现在我们首先看看第一段正文的中译文。

223.4(c)但多是一之对方,每一方都是一,或甚至为多中之一;因此它们乃是同一的。或试就抗力的本身来看,则就抗力之为多数的一彼此相互的否定态度而言,同时亦即主要地表示它们的相互关系。因为凡一于发挥其抗力而发生关系之单位,仍然是一个一个的单位,所以在这些单位中,一就与其自身发生关系了。因此抗力本质上亦同样是引力;排他的一或自有扬弃其自身。质的性质于[自有之]一里充分达到其本身固有的性能,因而过渡到扬弃了的质,亦即量,或作为量的有。

黑格尔在本节正文里这第一段所说的一番话,是非常晦涩难懂的。为了好好地分析这番话,让我们把它分成三个小段来进行理解。其第一小段到“因此它们乃是同一的”为止。我们依它的中译文,而这里的中译文,据我们按原德文的对照看来,可说大致是正确的。那它就是这样说的[其开头(c)的标志是指出本节乃是“自有”之发展为三个阶段的第三阶段的,其详请参看本中译文第221.1的本编者之注释]:“但是‘多’乃是‘一’的对方,而每一方都是‘一’,或者甚至是‘多’中之‘一’;因此,它们[指‘多’和‘一’]乃是完全相同的了。”这小段里的“每一方都是‘一’”,其“一”是指“一个”说,这还可以勉强理解,而接着“甚至是多中之一”的“一”,也是作为“一个”说,还是勉强可以理解,因为“一方”也可能是许多的“一方”的“一方”,所以就是“多中之一”。可是得到的结论是:“‘多’与‘一’乃是完全相同的”;这就似乎是把“一”这个概念混淆起来的诡辩了。这就是第一小段。

其第二小段是说:“或者试试就抗力的本身来看,那么,从抗力的为抗力来说,它是多数的‘一’,即许多的‘一’,在它们彼此之间相互的否定态度,这就是抗力的意义,而与此同时,抗力主要是表示它们[指许多的‘一’]的相互关系[因为两物相互对抗,则这对抗也就是这两物之间的一种关系。]”接着是说:“因为凡是‘一’,在它发挥它的抗力的过程中,是对于一些单位的‘一’发挥其抗力的,所以就和这些个的‘一’发生了关系,而且是和这些一个一个的‘一’作为单位而发生关系的。既然是原本所说的

‘一’,即凡是‘一’,和这些一个一个的‘一’发生关系,岂不是‘一’和‘一’发生关系吗? 所以就是‘一’和它自身发生关系。关系是联系两物的,联系两物成为关系,也就是引力的作用了。因此就可以说,抗力在本质上也同样就是引力。这就是说,排他的抗力这个一,也就是‘自有’,因为‘一’原是‘自有之物’,如上面所曾指出并说明过的那样,所以排他的抗力这个‘一’就是‘自有’,而在这里‘自有’是在扬弃其自身,使得排他的抗力变成吸他①的引力的。”这是黑格尔在这第二小段里弯弯曲曲地,得到抗力之转变为引力的这个结论。但是,他的主要课题并不在此,而乃是在于由“质”这个较大的范畴过渡到另一较大范畴的“量”的。

因此,本段的第三小段就企图如下那样进行“质”过渡到“量”的论证的。他写道“质的性质于[自有之]一里,充分达到其本身固有的性能,[如从‘纯有’到‘限有’,再从‘限有’到‘自有’,又从第九十六节的‘自有的特性’说到‘自有之物的一’,最后才在当前的第九十八节的第一段谈到‘一的抗力如何转变为其反面的引力’。这不就是自有之来源与其充分地达到其本身固有的性能吗?]因而也就过渡到被扬弃了的质,那就是量,而也就是作为量的有了。”

黑格尔在这里的由质过渡到量的过程确是十分别扭的。因之,列宁在他的《哲学笔记》里写道:“一般说来,黑格尔之所以用得着自为的存在②这一套东西,想必也是为了引申出‘质是如何转化成量的’——质如何是规定性,对自己的规定性、设定的东西,如何是单位——这些东西给人一种非常勉强而又空洞的印象。”③

诚然,黑格尔的谈到质的转化为量是非常勉强而又空洞的,但是这只是他的概念辩证法从一个范畴过渡到另一范畴的勉强别扭的一个例子,往后我们还要碰到别的同样例子的。可是,在自然科学里,质之转变为量有不少的实例。关于这点,伟大的革命导师恩格斯在他令人至今还不断赞叹的《自然辩证法》这部杰出的遗稿里,曾有不少是我们得要好好学习的关于黑格尔从质转变到量的教导。我们在下面谨摘录几段以供读者的

① “他”疑当做“它”。——整理者注

② 这里的“自为的存在”即贺译的“自为之有”。

③ 引文见列宁著:《哲学笔记》,北京:人民出版社,1956年,第92页。

参考和作为进一步钻研的宝贵材料：

"从量转化为质和从质转化为量的规律。……在自然界中，质的变化……只有由于物质或运动(所谓能量)的量的增加或减少才能发生。"①

"但是，黑格尔所发现的自然规律，是在化学的领域中得以庆祝其最伟大的胜利。化学可以称为研究种种物体由于变化了的量的构成而发生的质的变化的科学。黑格尔本人已经知道这一点。"②

"门德列也夫不自觉地应用黑格尔的从量转化为质的规律，完成了科学上的一个勋业，这个勋业可与莱维利叶之计算尚未知道的海王星行星的轨道居于同等的地位。"③

"第一次把自然界发展、社会发展和思维发展的一般规律在其普遍适用的形式中表明出来，这始终是具有世界历史意义的勋业。"④

从这几段引自《自然辩证法》的恩格斯的话，我们就可以看出恩格斯是怎样从发展方面很高地估价了黑格尔的"从质转化为量和从量转化为质"这条规律在科学和人类历史发展上的重要性的，虽然恩格斯是着重其在自然科学里的从量到质这个侧面的。这是又一次说明恩格斯和马克思一样，是把黑格尔的唯心主义的概念辩证法头脚再颠倒过来并加以改造而取其合理的核心的，而至于黑格尔的"自为之有"这一套非常勉强而又空洞的东西，便作为糟糠予以置之不理了。这是我们应该从伟大革命导师所学习的教导之又一极其宝贵的教训。

这也就结束了黑格尔这里第九十八节正文第一段的解释和讨论，现在就要往下去看看其第二段的中译文了。

224.1 原子论的哲学就是这种学说，将绝对界说为自有，为一，为多数的一。在一的总念里展示其自身的抗力仍被假定为这些原子的根本力量。但使这些原子聚集的力量却不是引力，而是"偶然"，亦即盲目的力量。只要一被固执着为一，则一与其他单位之

① 摘自恩格斯著:《自然辩证法》，北京:人民出版社，1955年，第40页。

② 摘自恩格斯著:《自然辩证法》，北京:人民出版社，1955年，第42页。

③ 摘自恩格斯著:《自然辩证法》，北京:人民出版社，1955年，第44页第二段。

④ 摘自恩格斯著:《自然辩证法》，北京:人民出版社，1955年，第44页第四段。

聚集一起无疑的只能认作纯全是外在的或机械的。虚空,原子的另一补充原则,实即是抗力,不过被假象为存在于各原子间的虚无罢了。——近代的原子论——物理学虽仍然保持原子论的原则——就其信赖微粒子或分子而言,已放弃原子了。这样一来,使得这学说比较接近感官的表象,但失掉了思想的严密。——像近代科学这样于抗力之外假设一个引力与之并列,如是则两者的对立诚然完全建立起来了,而且对于这种所谓自然力量的发现,还是科学界颇足自豪之事。但两种力量的相互关系,亦即是两者所以成为具体而真实的力量的相互关系,尚须自其隐晦的紊乱中拯救出来,此种紊乱即在康德的"自然科学之形而上学的原理"里,亦未能加以廓清者。——在近代,原子论的观点在政治学上较之在物理学上尤为重要。照原子论的政治学看来,个人的意志本身是国家的创造原则。个人的特殊需求和嗜好就是政治上的引力,共相或国家自身只是一外在的契约关系。

这段的正文多半是讨论原子论的。何以黑格尔在这里忽然由抗力与引力转到原子论这个论题来呢? 原因就是在古希腊时代公元前五至四世纪的德谟克里特(Democritus,公元前 460—前 370 年)对于巴门尼德(Parmenides 大约生于公元前 515 年)所主张的"存在必然是一,没有任何别的东西存在"这种学说的反抗而强调他的老师留基波(Leucippus)的原子学说作为"一"的分解体。正如在近代欧洲十七世纪到十八世纪初的莱布尼兹(Leibniz,1646—1716)在其《单子论》一书中把斯宾诺莎(Spinoza,1632—1677)的唯一实体(die Substanz)分成为一些独立存在的单一体那样。这就是黑格尔在本节正文第二段这里的写道那样:"原子论的哲学就是这种学说,把绝对[的一]界说为自有,为'一',为多数的'一'。在'一'的总念里[也就是从'一'的这个概念的普遍联系来说],'一'的自身之抗力,仍然是假定为这些原子的根本力量,[就是说,没有抗力,就不能有原子的存在。]但是使这些原子聚集起来的力量却不是引力,而是不必然的事①,也就是茫

① 这里的"不必然的事"是原德文的 der Zufall 这词之中译,贺译依一般的翻译是译为"偶然"的,但查原文的意义,不是"偶然"所能正确表达的,因原德文这词是和 die Notwendigkeit(必然性)对立的,所以就中译如上。

然不知所以的事情①。只要'一'被固执着作为'一'。那么'一'和其他别的东西之聚集在一起，这就无疑的只能认作一种纯然，是完全外在的事情了②。[至于那古代原子论者所争论其有无的]虚空③，这是原子[之存在]的另一条补充的原则，[因为有些原子论者认为没有虚空，就不能有原子的。]实在就是抗力，不过被假想为存在于各个原子之间的虚无罢了。"这就是黑格尔为了从抗力而引起引力，从而由质过渡量而提出他对于原子的看法的，这种看法是和古希腊的各种原子论都有其不同的，可是黑格尔之所以在这里提出原子论来，其原意并不是讨论宇宙间实在的存在与其结构这个问题而是要使用原子之间的抗力这个观念，所以他接着便写道："近代的原子论[即十九世纪初叶的物理学的原子论]，在物理学里虽然还保持着原子论的一般原则，但是就物理学之相信而且依赖微粒或说分子这种存在来说，那么物理学就是已经放弃了原子这个观念了。放弃了不可分割的原子这个假定，而求取微粒的说法，就使得原子论这个学说比较接近感官的表象，[因为微粒就是微小的粒子，这是感官表象之一种，]但是这样一来，也就失掉原子论原有的思想性而趋向于感官的表象。于是思想也就不那么严密了。

这是黑格尔对于其当代的原子论，如意国的波士柯维兹(R. G. Boscovich，1711—1787)，英国的道尔顿(John Dalton ，1766—1844)、法拉第(Michael Faraday，1791—1867)等物理学家的原子学说之认为他们都是偏重于实验科学而对于哲学的理论不够重视的。至于他的前辈康德关于这个抗力与引力的问题则更不符合他自己的哲学口味了。因而他便写道："像近代科学这样于抗力之外还假设一个引力和它并列起来，那么这两者的对立也就真正完成了，而且对于这种所谓自然力量[即引力]的发现，还是科学界所十分引为自豪的事。"这是黑格尔对于当时的原子论所发出的浩叹，而且认为是思想的一种可为之惋惜的紊乱，因为是没有按

① 这里贺译为"盲目的力量"，但德文的原词是 das Gedankenlose，似应译为"茫然不知所以的事情"较妥。

② 这里贺译还有"或机械的"这个词组，是依瓦拉士的英译外加而原文所无的，故删去。

③ 这里的"虚空"是原来德文的 das Leere 之中译，与全句下面的虚无(德文的 das Seinde Nichts)即"实有的空"有别。

照他的概念演变的秩序进行的,所以他就接着又写道:“但是[这抗力与引力]两种力量的相互关系,也就是使这两者所以成为具体而真实的力量的相互关系,[既然是没有按照范畴的演变的,]那就是模糊不清成为一种思想上的紊乱,所以就还得要从这种不明不白的混乱中拯救出来,而这种混乱就是在康德1755年写出,而在1786年才刊出的《自然科学之形而上学的基本原理》一书里也没有能够加以廓清。”

这是黑格尔所谈的当时原子论在物理和哲学中所起的作用。但是他又认为“在近代[即十九世纪前后几十年]原子论的观点在政治学上却较之在物理学上尤为重要。照原子论的政治学看来,[如法国的卢梭(对黑格尔影响很大的Jean-Jacques Rousseau,1712—1778),在他的《民约论》里,认为]个人的意志本身就是国家的创造原则,而个人的特殊欲求和嗜好就是政治上的引力,至于共相或国家自身只是一种外在于个人的契约关系而已。”这才是适合黑格尔唯心主义的国家起源说之思想,说明引力是由个人的抗力而来,而政治结合的引力原是由个人的欲求与嗜好所形成的。这也就结束了第九十八节黑格尔的正文。而下面是后人加入的两种附释,其第一种附释的中译文就是:

225.1 附释一:原子论的哲学在理念之历史的发展里构成一主要的阶段。而这派哲学的原则就是在“多”的形式中的自有。现今许多不欲过问形而上学的自然科学家,对于原子论仍然大为欢迎。但须知,一面投入原子论的怀抱中,一面又想避免形而上学,或确切点说,避免将自然追溯到思想里,是不可能的。因为,事实上原子本身就是一个思想。因此认物质为原子所构成的学说,就是一个形而上学的理论。牛顿诚然曾经明白的警告物理学,勿陷入形而上学窠臼。但同时我们必须说,他自己却并没有严格遵守他的警告,这于他乃是很荣幸的事。唯一纯粹的物理学者,事实上,只有禽兽,因为唯有禽兽,不能思想,反之,人类乃是能思想的存在,天生的玄学家。真正的问题,不是我们用不用玄学,而是我们所用的玄学是否是一种正当的玄学。换言之,我们是否放弃具体的逻辑理念,而去采取一种片面的为知性所固执的思想范畴,以作我们理论和行为的基础。这种责难才是恰中原子论哲学之弱点的责难。古代的原子论者认为世界为一多元的集聚体(直至今日原子论的继承者仍坚持此种见解),而认偶然为将浮游于空虚中的原子聚集起来的功能。但众多原子彼此间的联系却并不仅是偶然的,反之,有如上面所说,这种联系乃基于这些原子之自身。这不能不归功于康德,他是第一人完成了物质的理论,认物质为抗力和引力的统一。他的理论是正确的,因为他承认引力为包含在自有中的两个环节之一,因而确认引力为物质的构成因素,与抗力有同等重要。但他这种所谓机动的物质构造仍不免有一缺陷,就是,他只是现成地假定了抗力与引力,未能进一步加以逻辑的推演。有了这种推演,我们就可以理解这两种力量如何并为什么会统一,而不仅是独断的肯定了。康德虽曾明白地再三叮咛说,我们决不可认物质为独立存在的,好像只是偶然的具有刚才所提及的两种力量,而须将物质认作纯全为两种力量的统一所构成。德国的物理学家在有一期间内,曾接受这种纯粹的动力学。但近来大多数的物理学家似又觉得回复到原子论的观点较为便利,不顾他们的同道开斯纳 K25.1 附释的警告,认物质为无限的小分子,叫做原子所构成,这些原子于是又被假定为由于属于它们的引力和抗力的活动,或任何别的力量的活动,使其彼此发生关联。这种说法才同样的是一种形而上学,由于这种形而上学的毫无意识,我们才有充分的理由加以提防。

这第一项附释篇幅较长,是反复论述原子论在哲学理论的历史中所发生的思想影响的,它首先在第一小段里,谈到原子论的形成哲学上的多元论①而这样写道的:"原子论[无论在古代希腊哲学里或者在近代的西欧哲学里]都曾形成过多元论的这个主要阶段,以多元作为自为之有的一种形式的,即多元之相互排斥不能融合的形式出现的。即使在欧洲黑格尔的当时,许多不想过问称为形而上学②的,也就是纯哲学的自然科学家,对于原子论的观点,也仍然是大为欢迎的。但是得要知道,这些人对

① 多元论是一种唯心主义的观点,认为万物都是由多种独立的,各起其作用的实质构成的,如莱布尼兹的单子论就是一例,而许多古希腊时代和近代的原子论也属这一派。

② 我们知道"形而上学"是 Metaphysik 这词的一种中译,其实这词的原文乃是"纯粹的哲学",即在物理以外的学科。

于纯哲学是半心半意的，一方面投入原子论的怀抱中，而另一方面却又企图避开纯哲学，或者更确切地说，不想把自然科学追溯到关于自然的思想的终极那里。这是不可能的事。因为，在事实上，所谓原子，其本身也就是一种思想，因此认为物质就是原子所构成的这种学说，就是一种纯哲学而称为形而上学的理论，牛顿[这位英国的伟大物理学家]诚然[在其十七十八世纪的当时]曾经明白地警告过研究物理学的人们，切勿陷入形而上学的窠臼里。但是同时我们得要说，牛顿自己却并没有严格遵守他的警告，这对于他来说，乃是一件很荣幸的事，[因为是对于物理学的思想有极大的积极贡献的。]唯一纯粹[不问思想的]物理学家，事实上，只有禽兽。因为唯有禽兽，才是不能思想的。人类倒是能思想者，天生的形而上学家。真正的问题并不是我们用不用形而上学，而是我们所用的形而上学是否是一种正当的形而上学。换句话说，我们是否放弃具体的逻辑理念，而去采取一种片面的为知性所固执的思想范畴作为我们理论和行为的基础。这是这里附释的编者对于某些人在思想上持有偏见的责难而且认为这种责难恰恰是打中原子论的弱点的。

黑格尔接着便这样写道："古代的原子论者认为世界是一个多元的聚集体(而直至今日，原子论的继承者们仍然保持这种见解)，而认为一种不必然而然的力量乃是把浮漂于空虚中的一些原子聚集起来的功能。但是众多的原子彼此之间的联系并不是仅仅偶然的，反之，有如上面所说，这种联系原是基于这些原子的自身的。这就不能不归功于康德。康德是第一个人完成了物质的理论的。他认为物质是抗力和引力的统一。他的这种理论是正确的，因为他承认引力是包含在自为之有里面的两个环节之一，因而就确认引力是物质的构成因素，和抗力同等重要的。但是他的这种所谓的动力的物质构造仍然免不了一种缺陷，那就是，他是不深入追究而就假定了有抗力和引力的，并没有进一步加以逻辑的推演。有了这种推演，我们才可以理解这两种力量是怎样而且为什么会统一起来的，而不是仅是独断地这样肯定。康德诚然也曾明白地再三叮咛地说过，我们决不可认为物质是独立存在的，好像只是偶然具有刚才所提到的两种力量，而得要把物质认作纯全是两种力量的统一所构成的。德国的物理学家在有一段期间内也曾接受过这种纯粹动力学。但是，近来大多数的物理学家似乎又觉得回复到原子论的观点较为便利,而不顾他们的同行开斯纳(Kästner)的警告,认为物质是无限小的分子叫做原子的所构成的,而这些原子于是又被假定为由于属于它们的引力和抗力的活动或者任何别的力量的活动而使它们彼此发生关联的。可是这种说法同样是一种形而上学,而由于这种形而上学是毫无理由的。我们就有充分的理由加以提防。"

这就是本节附释一的全文加上我们一些认为较通俗的词句借以解释的。接着在下面就是附释二的中译文了。

226.1 附释二:前面这一节所提示的由质到量的过渡,在我们通常意识里是寻不到的。通常意识总以为质与量乃是独立地彼此平列的范畴。所以我们总习于说,事物不仅有质,而且亦是有量的。至于质量这些范畴从何处来,它们彼此间的关系如何,又是大家所不愿深问的。但今指明,量不是别的,只是扬弃了的质,且即根据这里所讨论的质的"矛盾进展"(Dialektik),才发挥出质的扬弃。我们曾经首先提出"有",有之真理为"变易",变易形成到"限有"的过渡,我们知道,限有的真理为"变化"(Veränderung)。但变化在其结果里表示其自身为于别物不相关联,且不过渡到别物的"自有"。而这"自有"最后表明为于其"矛盾发展"过程的两面,抗力与引力,扬弃其自身,因而在其全部发展阶段里扬弃其质。但这被扬弃了的质既非一抽象的无物,亦非一同样抽象且无任何确定性之有,而乃只是中立于任何确定性的有。这种形式的有,在我们通常的表象里就叫做量。我们观察事物首先从质的观点去看,而质就是我们认为是事物之有同一的性格。如果我们进一步去观察量,则我们立刻就会得到一个中立的外在的性格之观念,根据这种观念,一物,虽然量的方面有了变化,变化更大或更小,但此物仍然保持其原有的存在。

这里的附释二是解释本节里黑格尔正文的第一段的。这附释二是这样写的:"当前一节所提出来的由质到量的过渡,是在我们通常的意识里寻找不到的。通常的意识总是以为质与量乃是彼此独立着平列的两个范畴。所以我们就习惯于这样说:'事物不仅有质,而且也是有量的'。至于质与量这两个范畴是从何处来的,它们两者彼此之间的关系如何,是大家所不愿深问的。但是当前很明白，量不是别的，而只是扬弃了的质，而且就是根据这里所讨论的质的‘矛盾进展’(Dialektik)，才发挥出来质的扬弃的。[究竟质之辩证扬弃的过程是怎样的呢?]我们曾经首先就提出‘有’这个范畴来，而‘有’的究竟含义就是‘变’，这个变就形成了到‘限有’的过渡。我们知道，‘限有’的究竟含义就是‘变化’①。但是变化在它的结果里时表示为‘自有’即‘自为之有’，而这‘自为之有’在其自身是不含有别物的意思的，而又不含有过渡到别物的意思的②。而且这个‘自为之有’最后是表明在它的‘矛盾发展’的过程中之两个方面，即抗力与引力，就是扬弃其自身的，因而在它的全部发展的各个阶段里就毕竟扬弃了他自为之有的质。③ 但这被扬弃了的质既非一个抽象的无，也不是一种同样抽象而且没有任何确定性的有④，而只是对于任何确定性都没有关联的有⑤。这种形式的有，在我们通常的构想⑥中就叫做量。我们观察事物

① 这里的“变化”和同句上面的“变”即原译的“变易”不同。“变”是德文的 das Werden 这个动名词英译为 becoming 之中译，是“形成的过程”，而“变化”是德文的 die Veränderung 这个名词之中译，瓦拉士英译为 alteration 的即此。

② 这个长句的意思是有点难懂的。大意是说：变化的结果是“自有”或说“自为之有”。我们在上面曾解释过“自为之有”是“限有”之由其自在之有而发展到有其对立面的存在，因而“自为之有”之“自为”也者，就是由于有了关于对立面之意识而从自己看自己，但是并不直接包含对立面来看自己而且还没有过渡到其对立面即它的别物的趋势，而只因有对立面而加强其“自为”的意识的。

③ 这个长句尤其句之后半截，是因为附释原是解释黑格尔的教学纲要的，所以也就没有把句中的各种特殊意义全部表示出来，像《大逻辑》关于“排斥和吸引的关系”那样(见杨一之中译本第 180～185 页及直到第 191 页)，读者可参考。我们在这里只摘录一小段，但首先得要说明“自为之有”最初是演变为“一”而再到“各个的一”，然后才有“多”的，记住这点在看杨一之中译本第 183 页从页底倒数第四行起“‘一’就是这样的过程，这个过程所建立的一，所包括的一，到处都仅仅作为已经扬弃了的东西。这种扬弃最初只被规定为相对的扬弃，是对别的实有[即限有]物的关系，这种关系因此本身是不同的排斥和吸引[贺译的‘抗力与引力’]。这种扬弃同样又表现出由于否定了直接物和实有[即限有]物的外在关系。而过渡到中介的无限关系，其结果是变，这种变由于它的环节[即所由变和所变到]不安定而沉浸到(或不如说是自身融合到)单纯的直接性之中。这种有，根据它现在所获得的规定，就是量。”我们从这里就可体会到附释当前的所谓“全部发展的各个阶段”了。

④ 在这句的中译文里，我们把原译的“无物”改为“无”，和后面的“有”相对。

⑤ 这里我们把原译的“中立”改译为“对于……都没有关联的”似较妥。由于手边没有加上附释的德文本，故只按瓦拉士英译的 indifferent 这词予以改译。

⑥ 这里我们也是依瓦拉士英译的 conceptions 改译了原译的“表象”的。

首先是从质的观点上去看,而质就是我们认为和事物之有同一的性格。如果我们进一步去观察量,那么我们就立刻会得到一个无所谓的[①]外在于该事物的性格的这种观念。虽然一物的量这个方面有了变化,变化得更大或更小,可是这物却仍旧保持它原有的那样。"

这也就结束了本节附释二的内容,而加上我们解释的一些词句以便读者的理解,其主要的一点就是在这里所提出的"量变在某限度内,质是不变的"这条重要的辩证法规律。接着在下面,就是谈到量这个较大而与质同等重要的范畴了。

乙、量

227.1 乙　量(die Quantität)

量这个范畴是和中译本从第199页起的质平列的。量这个范畴也是同质那个范畴一样分为(A)纯量,(B)限量和(C)等级三个中级范畴的。我们当前的第一个中级的范畴就是:

227.2 (A)纯量(Die reine Quantität)

关于纯量有两节,其第一节是:

227.3 第九十九节

本节共有两段的正文和三段的一种附释。正文主要是谈量的特性而附释则讲到量这个概念在思想发展中所占的地位和所起的作用。

兹先看本节正文第一段的中译文。

227.4 量是纯粹的有,不过这种纯有的性质不复被认作与有之本身为一,而乃被认作扬弃了的或无关轻重的有罢了。

严格地说来,这里黑格尔的第一段正文,并非是量这个范畴的什么一种逻辑上的定义或说界说,而是关于量的一种扼要的简短说明,有待下文加以解释的。其第一句是说:"量是纯粹的有。"量之作为"纯粹的有"说来,是和上面第八十六节的"纯有"一方面是相同的,那就是两者同是单纯的直接性的东西[②],但是另一方面,量确是有其决定性(die Bestimmtheit)

---

① 这里的"无所谓的"也是照瓦拉士英译的 indifferent 这个形容词而重译。较原译的"中立"更切原意,而又与以上脚注之"没有联系"稍有区别。

② "直接性的东西"就是感性所直接能感觉得到的东西。

的，然而依黑格尔说来，在量的“纯粹之有”的“决定性”再不是和它的有之本身同一的①，而是被扬弃了的，或说是对于它的“有”无关重要的，也就是说，量之这种决定性是不影响到量之为量的，所以在这点上量之作为纯粹的有是和纯有不完全相同的。

可是即使经过我们的解释，本节这第一段正文还是有待更详细的说明，所以我们就得要往下看黑格尔自己补充的话，那就是接着的下面第二段。

227.5(一)体积②这名词大都特别指确定的量而言，因此不适宜于用来表示量。(二)数学通常将体积界说为可增可减者③。这个界说的缺点，在于将被界说者重复包含在内。但这亦足以表明体积这个范畴显明地被认作可以改变的和无关轻重的，因此不论体积的外延或内含方面有了增减或变化，一个东西例如一所房子或红色，房子决不失其为一所房子，红色决不失其为红色。(三)绝对是纯量。这种观点大体上与认物质为绝对的观点是相同的，在这观点里，诚然仍有型式，但型式仅是一无关轻重的特性④。量亦是构成绝对的基本特性，如果我们认为绝对为一绝对的⑤无别，一切区别，只有量的区别⑥。此外，则纯空间和纯时间等，均可当做量的例子，如果我们认实在为无有质的差别的充满空间或充满时间⑦的量。

这段的正文原分为三小段：(一)，(二)，(三)。其第一小段是说：“明确的大小既是确定的量，[量就是大小]，因而就能用来表示纯粹的量。[这是明显的，因为不应以偏概全]。”第(二)小段是说，“数学通常把明确

① 一事物的质才是和该事物之有，即该事物之为该事物，完全是一样的，就是说，事物之质变动了，则该事物也随着变动了。量之增减在一定的范围内是不影响事物之为该事物的，所以说“纯粹之有的量之决定性，不再是和质之决定性那样，同它的有之本身同一的”。

② 这里的体积是原德文的 der Ausdruck Größe 之中译本的中译。但这个德文词以中译为“明确的量”较确切，又译为“明确的大小”。

③ 这里的“可增可减者”是确切的直译，但据其前后文可译为“可增可减的量”。

④ 这里的原德文是 die Bestimmung 这词之中译，但依这德文词的原义则应中译为“决定”，其中译本之译为“特性”是受了瓦拉士之英译为 characteristic 的错译之影响的，似应改正为“决定”，而又不应用“决定性”这个译词，因“决定性”是德文 die Bestimmtheit 的中译。

⑤ 这里的“绝对的”是个副词，得要与本段上文的“绝对”这个名词区别开来。

⑥ 这里依原文应中译为“只是在量上的区别”。

⑦ 这个较长的形容词依原文应中译为“不管怎样充实了的空间或时间的”。

的大小界说为可增大或可减小的量。这个界说的缺点是在于它把被界说的东西[即明确的大小]重复地包含在界说里面。”我们得要指出，在这点上黑格尔是没有正确体会他所引用的形式逻辑关于界说的规定的。界说固然不应全部重复被界说的词，然而部分重复是可以的，例如“四边形就是被四边包围住的形”，并不违犯逻辑规定的。

黑格尔在这第(二)小段继续写道：“但这种[即使是有缺点的界说]也足以表明明确的大小，这个范畴明显的被认作是可以改变，而这种改变是无关轻重的，因此，不论明确的大小，其外延[即所指的对象之范围]或内包[即所含的意义之增减]任何一方面有了变化或增加①，一个东西，例如一所房子或红色，[房子的大小或红色的深浅]，而房子决不失其为一所房子，红色决不失其为红色。”

第(三)小段是说：“绝对是纯量。这种观点大体上和认物质为绝对这个观点是相同的。在这个观点里，诚然还是有型式的，但是型式这种决定是一种没有什么关系的决定。量也是构成绝对的基本决定，如果我们把绝对理解为一种绝对的没有区别的东西，即一切区别都只是在量上的区别。此外纯空间和纯时间等，都可以当做量的例子，如果我们是认实在就是不管怎样充实了的空间和时间的量的话。”

这就结束了第九十九节黑格尔的正文，以下就是共有三段的附释。其第一段的中译文就是：

> 228.1 附释：数学里通常将体积界说为可增可减者的说法，初看起来较之本节所提出对于这一概念的解释，似乎是更为明晰而较可赞许。但细加考察，在假定和表象的形式下，它包含有与仅用逻辑发展的方法所达到的量的概念相同的结论。换言之，当我们说体积的概念在于具有可增可减的性质，则我们不啻说体积(或正确点说，量)与质不同，具有一种特性，即“量的变化”，不会影响到事物的质或存在。至于上面所提及的通常对于量的界说的缺点，乃在于增减实则体积的另一说法。这样一来，则量将被界说为仅是一般的可变化者。

① 原中译这里的“增减”之“减”是错译，因原文只是 vermehrten 并没有 verminderten，虽然对于上下文无大关系，但译文仍应以信为主，不宜草率。

但须知质亦是可变化的，而上面所说的量与质的区别，在于量有增减，其意义将为，无论量向增的一方面或向减的一方面变化，那事物仍保持它原来那样的存在。

附释的这第一段，不过是对于明确的量（又中译为“体积”的Ausdruck Größe）之被界说为可增可减者的说法所提出的一些责难加以解答而已。这段的编者写道：“数学里通常将明确的量界说为可增可减的东西之这种说法，初看起来，和本节所提出对于这一个明确的量的概念之解释[也就是在本节正文（一）这小段里的解释]，比较起来似乎是更为明白清楚，而且又较为可赞许的。但是仔细加以考察，这个明确的量之界说在其预先假定和表象的形式下所包含着的东西，看来好像是和仅只用逻辑发展的方法所达到的量的这个概念乃是相同的①。换句话说，当我们说明确的量之概念是在于它具有可增可减的性质。那么我们就不过是说，明确的量（或者正确点说，量）是与质不同的，它具有一种特性，那就是，量的变化不会影响到那事物的②。至于上面所提及的通常对于量的界说的缺点，乃是在于增减其实就是明确的量之另一种说法。这样一来，量就会被界说为仅只是一般可变化的东西了。但是得要知道，质也是可变化的。可是在上面所说的量与质的区别，乃是在于量是有增减的，这种说法的意义就会是这样的了：无论量是向增加这一方向变化，或者是向减少这一方向变化，而那具有这种量的事物却仍然保持着它的原来的那个样子的。”③

这就是本节附释一的第一段，其主要内容如上述。兹继续看附释的第二段，其中译文如下：

228.2 还有一点须得于这里提及的，即在哲学里我们并不仅寻求表面上不错的界说，更不仅寻求由想象的意识直接感到可以赞许的界说。而乃在于保证这些界说的内容，不仅是接受一给予的材料，

① 贺译本在这里的“结论”这词似是原文所没有而在译文的行文上外加的，查瓦拉士的英译也没有这词，故从略。

② 这里原译文还有“质或存在”这几个字，但按这句的意思乃是不需要的，而查瓦拉士的英译也没有这种字样，故删。

③ 这里的原译文有“存在”的字样，也根据上脚注所说的理由予以删去。

而须是在自由思想中有其根据，因而同时有其自身根据的原则。应用这点来讨论量的问题，无论数学里通常对于量的界说如何不错，如何自身明白，但它仍未能满足一种要求，即要求知道在何种限度内这一特殊思想(量的概念)是以普遍的思想为根据，因而具有必然性。此外，尚另有一种困难，如果量的概念不是凭借思想得到，只是直接从表象里接受而来，则我们易陷于夸张它的效准的范围，或且甚至于将它提高到绝对[①]范畴的地位。事实上实有陷于这种观点的情形，即如认为只有那些科学，其对象可以容许数学的计算，方得称为严密的科学的看法，即是如此。于是前面(九十八节附释)所说及的，以片面的抽象的知性范畴代替具体理念的坏的形而上学，又复在这里出现了。这对于我们知识将有不小的害处，如果类似自由、法律、道德、甚或上帝这些对象，因为它们便须以模糊的表象为满足，而让它们详细特殊的内容，听任每一个人的高兴，加以任意的揣测或玄想。这种理论对于实际生活的恶劣影响，当可立即看出。仔细看来，这里所说的极端的数学的观点，将逻辑理念之一特殊阶段量的概念，认作与逻辑理念本身为同一之物的观点，不是别的，即是唯物论的原则。这样的唯物论，在科学思想史里，特别在十八世纪中叶的法国，极为活跃。在这种抽象的物质观念里，诚然具有型式的观念，不过型式只是一外在的不相干的特性罢了。

这里在附释第二段里所讨论的内容，不但是引申了本节正文(二)的界说之意义和(三)里提到型式这个特性观念，而且是进一步，提出了哲学思想的形式必须有思想自由发展的这条原则的保证，这对于黑格尔逻辑学之理论是有其极大的重要性的。

这一段附释篇幅较长，可分为五个小段加以考虑。其第一小段到“有其自身根据的原则”为止，是着重阐明哲学里真正界说的意义的。这一小段是这样写的：“[除了在上面一段里说明了明确的量之界说为可增可减的量的意义之外]还有另外一点得要在这里提及，那就是在哲学里，我们并不是仅仅寻求表面上不错的界说，而又不仅仅寻求那种由想象的意识

① 这里的“绝对”是个形容词。

所能直接感觉到是可以赞许的界说，而乃是在于能够保证这些界说的内容不仅仅是接受一种在感性上给予出来的材料，而必须是在思想自由发展中有它的根据，因而就是同时是它的自身根据的这条原则。”

这就是第一小段泛论哲学上界说的真正意义，而在接着的第二小段到“因而具有必然性”为止，是谈到怎样应用上面所提出的哲学上之界说的原则的：“应用这条原则来讨论量的问题，那么就无论在数学里通常对于量的界说是如何没有错误，所提出的界说在其自身说来是如何明白，可是这种界说仍然没能满足这一要求，就是要求知道，在什么一种限度之内，这一种特殊的思想，即量的概念，是以普遍性的思想为根据的，因而就是具有必然性的。”

这就是由经验性的界说，即感性的界说，提高到思想性的界说，也就是理性的界说了。但是，除此之外，附释这第二段还在其第三小段里谈到经验主义的思想另一种困难而写道：“此外，还有另一种困难，那就是，如果量这个概念不是凭借思想得到的，而只是直接从带着感性成分的表象那里接受过来的，那么我们就容易陷入夸张这种概念的有效性的范围，或者甚至于把这种经验性的概念提高到绝对性的范畴那种地位上去了。”

这就是第三小段所提出的经验主义思想的危害性，而在第四小段到“当可立即看出”为止是讨论这种经验主义思想之发展为坏的形而上学的。这第四小段是这样写的：“事实上，实在是有陷入上面所说的那种观点的情形，也就是例如有人认为，只有那些科学，就是它们的对象是可以容许数学的计算的，才能够称为严密的科学的一种看法，这不也就是那种观点的情形吗？于是前面(九十八节附释，即中译本第225页前三行)所说及的以片面的，因而就是抽象的知性范畴代替了具体的理念的这种坏的形而上学，又一次在这里出现了。这对于我们的知识会有不是小的害处的，如果类似自由、法律、道德、甚至或者上帝这些对象，因为它们就得要以模糊的表象为满足[而不能从思想上弄个明白]，于是就让我们的详细而特殊的内容，任凭每一个人的高兴加以任意的揣测或者不易理解的想法。这种的理论，对于实际生活的恶劣影响，是应当立刻可以看出的。”

这就是第四小段所指出的经验主义的思想之发展为坏的形而上学的恶劣影响，而在最后的第五小段里是指出这种坏的形而上学之一个例子就是法国十八世纪中叶的机械唯物论。这第五小段是这样写的:"仔细看来,这里所说的极端的数学观点,把逻辑理念的一个特殊阶段,即表现为量这个概念,认作和逻辑理念本身同一的东西,而这个观点不是别的,而就是所谓唯物论的原则。这样的唯物论,在科学思想史里,特别是在十八世纪中叶的法国,是极为活跃的。在这种抽象的物质观念里,确实是具有型式的观念的,不过型式只是一种外在[于本质]的[与本质]不相干的特性罢了。"

这也就结束了本节附释的第二段之内容。往下还有第三段,其中译文是:

> 229.1 这里所提出的说法将会大大地被误解,如果有人以为这种说法会损害数学的尊严,或由于指出量仅是一外在的不相干的范畴,便以为会使懒惰和肤浅的求知者得以妄自宽解地说,我们对于量的特性可以置之不理,或认为我们至少用不着加以精密的研究。无论如何,量是理念的一个阶段,因此它亦有它的正当地位,首先作为一逻辑的范畴,其次在对象的世界里,在自然界以及精神界,均有其相当地位。但这里亦立即表现出一种区别,即量的概念在自然界的对象里与在精神界的对象里,并不具有同等的重要性。在自然里理念在它的"他物化"和"外在化"的形式中,因此比起在精神界或自由的内界里,量亦具有较大的重要性。我们诚然亦用量的观点,以观察精神的内容,但立即可以见得,譬如当我们说上帝是三位一体时,这里三这个数字比起自然方面的三具有远较低级的意义,譬如空间三度或三角形的三边,因为三角形的基本特性乃是为三条线所规定的平面。且即在自然之内,量的概念,亦具有较大或较小的重要性之别。在无机的自然里,较之在有机的自然里,量可说是占据一较重要的地位。甚至即在无机的自然之内,我们亦可以区别机械的亦即狭义的物理的范围与化学的范围,而发现量在两者间,亦有不同的重要性。力学乃公认为最不能缺少数学的帮助的科学,而且在力学里若无数学的计算,几可说寸步不能行。因此,力学常被认为仅次于数学的最严密的科学。这种看法又使我们须得重新谨记着上面因唯物论与极端的数学观点相符合,而提出的警告。总结上面所说的一切,为

寻求严密彻底的科学知识计，我们必须指出，那惯于仅在量的规定里去寻求事物的一切区别和一切性质的办法，乃是一个最有害的成见。无疑的，心灵较多于自然，动物较多于植物，但如果我们以求得较多的量的知识为满足，不进而去把握它们之特有的，亦即质的性格，则我们对于这些对象和其区别所在的了解，亦复异常之少。

这里本节最后一段的附释，其篇幅比较长，而行文的转折则不是那么清楚，以致读起来较为难懂，所以我们适当地加上一些词句，意在帮助读者掌握本段的大意，其误解原文望文生义之处，还希谅察！

本段是这样写出来的："上面所提出[量之增减不会影响某物之为那某物，而且有些科学的对象是不适合于用数学来计算的]这种说法将会大大地被人误解。原因就是，有人以为这种说法会损害数学的尊严，或者由于指出量仅仅是一种外在于当下的对象而且和那对象不相干的一种范畴，于是就会使得一些懒惰和肤浅的求知的人妄自宽解地说，对于量的特性，我们可以置之不理，或者可以认为是用不着加以精密研究的。当然，量是[绝对]理念①[发展]的一个阶段，而作为这样一个阶段来说，它是当然有它的正当地位的，首先作为一个逻辑范畴，然后在自然界以及在精神界中作为一个对象②。但是在这里也立即表现出一种区别，就是量的概念在自然界的对象里与其在精神界的对象里并不具有同等的重要性。在自然里，理念在它的'他物化'和'外在化'的形式中，因此比起精神界或说自由的内界里，量也具有较大的重要性。我们诚然也用量的观点来观察精神的内容，但是我们立即可以见到，譬如当我们说上帝是三位一体时，这里三这个数字比起自然方面的三，是不具有那么显而易见的地位的③，譬如空间的三度或者三角形的三边，因为三角形的基本特性乃是它是三条线所规定的平面。而且就是在自然的里面，量的概念也是具有较大的

① 这里原中译本只是有"理念"这词而不是"绝对理念"，但是依黑格尔哲学思想，这里应该是指绝对理念说的，即瓦拉士的英译，其"理念"这词也是"the Idea"，而且Idea的I是大写，并有the这个定冠词的。

② 这里从"而"字起的这个子句是本编者因手边没有加入附释的德文原本，只得关于附释的词句按瓦拉士的英译加以重译，以改正认为贺译是于原意看来有不妥的地方。

③ 这里的"不具有那么显而易见的地位的"是本编者按原文的意味，而因手边没有加入附释的原德文本而依瓦拉士的英译来重译，以代替贺译的这句之中译作为读者的参考的。

或者较小的重要性的这种分别的。在无机的自然里，较之在有机的自然里，量可以说是占据着一个较为重要的地位的。而且甚至就是在无机的自然的范围内，我们也可以区别开机械的，也就是狭义的物理的范围和化学的范围，而且发现量在这两者之间，也有着不同的重要性。力学乃是大家公认为最不能缺少数学的帮助的一门科学，而且在力学里，如果没有数学的计算，那就几乎可以说寸步不能行了。因此，力学就常常被人认为仅仅次于数学的最严密的科学。但是，这种[对于量和数学的]看法，又叫我们得要重新谨慎地记着上面因为唯物论和极端的数学观点之相符合而提出的警告了。总结上面所说的一切，我们为了寻求严密彻底的科学知识起见，就必须指出，那惯于仅只在量这个规定里去寻求事物的一切区别和一切性质的办法，乃是一个最有害的成见。无疑的就是，这种有害的成见在心灵里较多于在自然里，在动物的研究里较多于在植物的研究里。但是，如果我们把求得较多的量的这种知识认为满足了而不进一步去把握住这些事物的特有的，也就是它们的质的性格，那么我们对于这些对象和它们的区别之所在的了解，也就是非常之少的了。"

这也就是第九十九节关于量的特性和量这个概念在思想的发展中即在科学的历史中所占的地位与其作用了。至于量的其他性质还有待于说明，而关于这种问题，就要往下去看下面的第一〇〇节了。

230.1 第一〇〇节

这节主要是谈量的连续性与分离性的。兹先看看黑格尔的正文。其第一段的中译文如下：

> 230.2 量有两方面，一为孤立的单位，一为多数单位的相同或相等。就量之直接的自身关系言，或就量之为引力所形成的自身同一的特性来说，便是连续的量。就量之另一特性，就量所包含之一或单位来看，便是分离的量。但连续的量亦是分离的，因为它只是多之连续；而分离的量亦仍是连续的；它的连续性，乃因为它的一乃是多数的一或单位之同一或统一。

本段的原文是比较难读的，而我们所依的贺译大致是依瓦拉士的英译而重译如上面的中译文的。这中译文仍有些不符原文之处，我们就参照原文与瓦拉士的英译并加以必要的词句作为解释如下："量是从两个方面而形成的：首先是量之为排他的单位[即自为一单位而不问其他的]，这就是量的直接性之自身关系①，也就是引力所形成的量与其自身同一的那种特性②，即量的连续性③；[这是量之所从而形成的第一方面。]而另一方面就是量所包含的一些[单位，或称为]一，这就是量的分离性④。但是那连续的量也是分离的，因为它只是一些多之连续；而分离的量也仍然是连续的，其连续性也就是它的多数之一的作为一之同一或一致。"

这是我们所解释的本节正文之第一段，主要是初步说明量的连续性和分离性的意义以及两者的关联，而在接着的下一段里并进而指出，量的这两种性质只是同一个量的两方面。其中译文如下：

231.1(一)因此连续的和分离的体积，必不可视作两种不同的体积，好像其一的性格并不属于其他似的。两者间的区别仅在于对同一整个的体积⑤，我们有时用它的这一性格，有时又用它的另一性格以指示之。(二)关于空间、时间或物质的矛盾理论(Antinomie)⑥所讨论关于认它们可以无限分割，或认它们为绝不可分割的单位所构成的问题，其实不过是有时持量为连续的，有时持量为分离的看法之不同罢了。如果我们假设⑦空间、时间、物质等仅具有连续之量的性格，则它们便可分割至无穷，如果我们假设它们仅具有分离之量的性

---

① 这里"直接性的自身关系"就是不假思索而便看到的事物之只和其自身所有的一种关系，而与他事物无涉的，例如一斗谷子就是谷子的自身构成一斗之作为一个单位的那样。

② 这里的"特性"是德文 die Bestimmung 这词之中译。

③ 这里的"连续性"是德文的 die Kontinuität 之中译，有时原文只用一形容词来代替，即 kontinuirliche 或拼为 kontinuierliche。

④ 这里的"分离性"是德文的 diskret 这个形容词之中译，这里的原文是 die diskrete Größe，本应中译为"分离量"，但因子句已有"量"这词，所以为行文计，姑译为"分离性"。

⑤ 这里原译的"同一整个的体积"是重译英人瓦拉士在其英译黑格尔原德文的 dasselbe Ganze 所用的 the same whole(of quantity)这个词组的，但是瓦拉士的英译并没把括号里的 quantity 作为重点，而且把 quantity 中译为"体积"在这里是不适合的，所以我们认为把原德文的 dasselbe Ganze 中译为"同样的全体"较为确切，且免误会。

⑥ 这里的 die Autinomie 这词，从其原拉丁语的原文就是 anti(反)＋nomie(律)的意思，而原德文使用这词是在知性与理性两律之相反这个意义上的，因此中译为"矛盾理论"是不正确的，还中译为惯用的"二律背驰"为适当。

⑦ 这里的原文是 Werden gesetzt，是"如果使某人或某物有某一资格"的意思，那么在这句里用"假设"这词，则失于太泛，毋宁用"使"这词较妥。

格，则它们本身便是已经分割了的，而为不可分割的单位所构成。两说皆同样偏于一面。

这里黑格尔正文的第二段，按其原有的(一)与(二)这两个标志所划分的内容来说，其第(一)小段是说明量之连续性和它的分离性本是不可割裂的两种性质，只是人们有时侧重其一个性质而有时却又侧重其另一个性质罢了。其第(二)小段是黑格尔企图应用量之上述两种性质来解决康德的二律背驰这个问题的，可是黑格尔却没能理解康德所原用的Antinomie这个拉丁语词的意义，如我们在关于这个词的脚注所指出那样，而把康德的知性定律与理性定律两者之法则在性质上之不相同应用到随意拈出量之连续性和分离性上面，这是当然不能生效的。所以这段的正文可改译为："(一)因此连续的和分离的量①必不可看做两种不同的量，好像其中的一种量之性格②并非属于其他的一种量似的。这两种量之间的区别仅只在于我们对同样的量，有时把它属于这一性格，而有时又把它属于另一性格。(二)关于空间、时间或物质的二律背驰所讨论的关于它们是可以无限地分割的，或者是为绝对不可分割的分子所构成的这个问题，其实不过就是有时主张量是连续的，而有时又主张量是分离的这两种的看法之不相同罢了。如果我们使空间、时间、物质等具有连续之量的性格，则空间等便可分割以至无穷；如果我们使空间等仅只具有分离之量的性格，则它们本身也就是已经分割开了的，而是一些不可分割的分子所构成的。这两种主张都同样是偏于一方面的主张。"

这也就结束了黑格尔在我们当前的第100节的正文，主要是讲到量的连续性和分离性这两种性格，而且并谈到它们两者之联系与其不可彼此分开的，但是没有对于它们之何以是这样还没有按辩证发展的规律和程序说明这两个范畴是如何产生的。这就是本节的附释的任务。这附释一共有两段。我们首先看看其第一段的中译文。

231.2 附释：量就其为自有之逻辑发展的切近结果，包含着自有发展过程的两方面，作为它自身的两个成分，因此量既是连续的又是

---

① 这里的"量"是德文的der Größe这词的中译。

② 这里的"性格"是德文的die Bestimmung这词的中译。这词一般是中译为"规定"，因它是个动名词而与德文的名词die Bestimmtheit(中译为"决定性")有别的。

分离的。两成分中的每一成分都包含另一成分于其中，因此没有只是连续的量，亦没有只是分离的量。我们也可以说两者为两种特殊的彼此互相反对的体积[①]；但这只是我们抽象反思的结果，当我们的反思作用于观察确定的体积时，对于那不可分的统一的量的概念，有时单看它所包含的这一成分，有时又单看它所包含的另一成分。譬如，我们可以说，这间屋子所占的空间为一连续的量，而集合在屋子内的一百人[②]为分离的量。但那屋子的空间却同时是连续的又是分离的量。因此我们可以说空间点，并且可以将空间加以区分[③]，譬如，将它分成某种长度，若干尺若干寸等，这种办法只有在空间本身亦是分离的这前提之下，方为可能。

为了说明量之连续性和分离性如何从量这个概念产生出来的，在黑格尔死后其门生故旧，按他们听讲的笔记汇集，把黑格尔的思想编纂为附释，来解释他们先师的正文所有待于补充之处，因而附释所提到的观点是应和黑格尔在正文里所提出的思想一致的。那么，按辩证逻辑的发展程序，量又怎样有其连续性与分离性的呢？附释的编者在这里也只能搬出黑格尔曾为后来列宁所认为“给人一种非常勉强而又空洞的印象”[④]的自有这个在黑格尔哲学思想体系中非常重要的逻辑范畴，用来解决黑格尔在本节正文里所未曾解决的问题，那就是，何以量是有其连续性而又有其分离性的这个问题。

我们还记得，黑格尔思想发展的程序大都是按正、反、合的次序的，而正、反、合所包含的意识形态乃是德语的 an sich，für sich 和 an und für sich 这三个词组，一般中译为“自在”、“自为”和“自在自为”。较详细点说，就是“事物尚未发展而只从其自身来说”，“事物初步发展到有其对立面，而带着这种意识从其自为的立场来说”，最后就是，“事物与其对方从

① 这里的“体积”是德文的 die Größe 这词之中译，我们一直认为还是中译为“量”较妥，因“体积”的含义太狭。

② 这里的“一百人”应是“一百人各自所占的空间”，否则其含义就似乎说不通了。

③ 这里的“区分”改译为“划分”似较通俗，因我们手边的德文本是没加上附释的，所以无从查对这里和上脚注的原文究竟是什么，而只从文字上考虑。

④ 引语见列宁著：《哲学笔记》，北京：人民出版社，1956 年，第 92 页。

彼此相互的关系而更进一步发展到该事物可说的全面地步。因而便是既从其自身而又从其对方的自为来说”。到了“自在自为”的阶段，则事物就螺丝形地向更高的阶段发展，那它便又是一“自在”的了。依黑格尔无止境发展的观念，其绝对观念是永远依这种程序向前向上发展的。

那么，“自有”依上述的程序是什么一个范畴呢？

我们在本《评注》的“黑格尔《小逻辑》”部分的开头那里，曾把贺氏中译本第14—16页上所列的《小逻辑》本文的目次抄录下来。请读者参考一下“有论”的目次：

甲　质

(A)有

(B)限有

(C)自有

乙　量

(A)纯量

(B)限量

(C)等级

丙　尺度

可见黑格尔的《小逻辑》(其《逻辑学》又称《大逻辑》也是一样)全部是按正反合的三步法发展其所有各范畴并把这些范畴表列出来的。因之“量”是“有论”的“反”的阶段且是从“质”的合的即“自有”阶段过渡而来的。所以要了解“量”这个较大范畴的性质，就得要从“自有”的内容与其蕴含着的意识活动开始。“自有”原只是“自为之有”的简写。所谓“自为之有”就是“有”之发展到有其对立面(即上面所称为“别有”或称“他物”)的阶段。而带着这个对立面的意识，从其“自为”的立场来看其自身的。既然这样，则本节附释的非常难懂的第一句就不那么难懂了。“量，就其是‘自为之有’的逻辑发展的最接近的结果来说，是包含着‘自为之有’发展过程的两方面，作为它(即量)自身的两个成分。”可是，什么是“自为之有”的发展过程的两方面呢？答复是：“自为之有”一方面是为己排他的，因而就是本节正文所说的“直接性之自身关系而为引力所形成的量之连续性。”①其另一方面就是“自为之有”的“自为”是带着其对立面的意识的,因而就是包含着“自”与“他”而成为两个对抗的成分的,所以就“量”之是“自为之有”来说也就是分离性。于是本节的附释就接着写道:“因此之故,量既是连续的又是分离的。这两个成分当中的每一个成分都是包含着另一成分在其里面的,因此就没有什么只是连续的量,也没有什么只是分离的量。”到此为止,附释的文字,加以解释,还是可以理解的,但是跟着在后面的一句是说,“我们也可以说两者[即连续的量和分离的量]为两种特殊的彼此互相反对的量”,这又是什么意思呢? 附释的编者是这样解释的:“这只是我们抽象的反思之结果。当我们的[知性]反思作用于观察确定的量时,对于量的概念里的那不可分开的统一,有时单看它所包含的这一个成分,而有时又单看他所包含的另一个成分,[于是就有了两种特殊的彼此互相反对的量。]譬如拿一个例子来说:我们可以说,这间屋子所占的空间是一个连续的量,而集合在屋子里的一百人所占的空间是分离的量。但是那屋子的空间却同时是连续的量而又是分离的量。因此我们就可以说到空间的点,并且可以把空间加以划分,譬如把它分成某种长度,如多少尺、多少寸等。这种办法,只有在空间原本也是分离的这种条件之下,才是可能的。”

这也就是本节附释的第一段内容,而其几乎不可与第一段分开的第二段,是补充第一段关于连续量和分离量两者之联系的说法的。其中译文如下:

> 231.3 在另一方面,同样,那由一百人构成的分离之量同时亦是连续的,而其连续性乃基于人之所共同的成分,人之类性,这类性弥漫于所有的个人,并将他们彼此联系起来。

这是很短篇幅的一段,其内容是补充上面第一段关于连续的量和分离的量之相互联系而这样写道的:“[上面是说明连续的量也是分离的量这一方面的。]在另一方面上,同样地,那个由一百人构成的分离之量,同时也是连续的,而它的连续性乃是基于人人所共同的一种要素,即人类的类性,这类性是遍在于所有的个人的,并且是把一切的个人彼此联系起来

① 请参看本《评注》关于本节正文第一段的解释。

的”。

这样也就结束了第一〇〇节附释的内容,而从“量”在本节正文一开头所谈到的排他性就从这量的本身,即“纯量”过渡到“限量”了。“量”在德文是 die Quantität,“纯量”是 die reine Quantität,而“限量”却是另外一词,即 das Quantum。其实这两个德文词都是从拉丁文的 quantus 这一个词而来的。在拉丁文来说,Quantitat 是“大”的意思,而 Quantum 却是“多么大”的意思,于是黑格尔就把“大”(即量)用 die Quantität 来表达,而“量之大小”则用 das Quantum 来表达,结果 das Quantum 就在贺氏的《小逻辑》里中译为“限量”,而在杨一之氏的《逻辑学》里却中译为“定量”。我们因为是据贺译来注解《小逻辑》的,所以就采用“限量”这个中译词。

“限量”就是“量”这个较大的范畴所从划分出来的第二个,即目次表上标志为(B)的范畴,而这个范畴是在《小逻辑》的第一〇一和一〇二两节里探讨的。我们现在先看看其第一〇一节的内容。

232.1(B)限量(Quantum)

限量是量之大小的意思。关于限量,其第一〇一节是我们首先要看的一节。

232.2 第一〇一节

本节有很短的篇幅之一段正文和只有一段的附释,其正文和附释都只是谈“限量”的性质的。兹先看看正文的中译文。

232.3 量本质上具有排他的性格,具有这种排他的量便是限量,或有限度的量。

这一段简短的正文是黑格尔对于“限量”所下的定义。他首先叙明量在本质上如上面第一〇〇节开头所说的那样,是具有排他的性格的,然后就据以下“限量”的定义说,“具有这种排他性的量便是限量,或说有限度的量”。

这就是本节黑格尔的正文。后人所加上的附释也不过是说明这里正文所下的定义罢了。且看这附释的中译文。

232.4 附释:限量是量中的限有,“纯量”则相当于纯有,而下面即将讨论的“等级”则相当于自有。由纯量进展到限量的详细步骤,是基于这样的情形,即在“纯量”里连续性与分离性的区别,只是最初潜在着的，反之在“限量”里，两者的区别便明显地建立起了。所以到现在阶段，量一般地是表现为有区别的受限制的了。但这样一来，“限量”同时分裂为许多的限量或确定之量的一不确定聚积体。每一确定之量，以其与其他的确定之量有区别，各自形成一单位，但从另一方面看来，这种确定之量所形成的单位仍然是一个复多体。于是限量便被界说为数了。

这是附释对于限量的较详细的分析。它首先把“质”的“纯有”、“限有”、和“自有”同“量”的“纯量”、“限量”和下面第一〇三节所讲要讨论的“等级”——对比起来，意味着由“量”之“纯量”发展到“等级”，是和“质”之“纯有”的发展到“自有”同一进展的程序的，而特别指出“量”这个较大的范畴，其下面的较小范畴之“由‘纯量’进展到‘限量’的详细步骤，是基于这样的一种情形的，也就是在‘纯量’里面，其连续性与分离性这两种性格的区别。最初只是潜在着的，而在‘限量’里，这两者的区别却明显地建立起来了”。“这样一来，到了‘限量’的阶段，‘量’就一般地表现为有区别的受限制的①了。但是到了这样的地步，‘限量’同时就分裂成为许多的‘限量’或者说许多确定的量之一个未确定的聚积体。在这当中，每一个确定之量，由于它是和其他的确定之量是有区别的，于是就各自形成一个单位，但是，从另一方面看来，这些确定之量所形成的单位，在其自身来说，却是一个复多体，也就是‘多’了。于是‘限量’便被说为是数了。”

这段文字，从“到了‘限量’的阶段”起，到本段的末尾，读起来，还觉得不是十分易明似的。让我们用一个具体的例子来加以说明。“量”在“限量”的阶段上一般说来都是有一定的区别，如地积的亩或顷那样的，因而也就是有限制的或说有限度的，如亩就是亩而不是其他的地积量。于是“限量”，比如说“顷”这个限量，也就分裂成为许多的“限量”，比如地积的“分”，或者别的许多确定的量（比如说“厘”）之一个尚未确定的聚积体，而在我们的举例里就是“亩”，但是其所分裂成为的较小的地积量是“分”或是“厘”，在未确定的时候，“亩”是什么较小的地积量所积聚起来的，这还没有确定。在“亩”的范围里，每一个确定之量，比如说“分”，这和其他的

① 既有区别则这里的区别也就是限制，因为凡区别都是这而不是那，所以就是限制。

确定之量,比如说"厘",是有其区别的,于是"分"与"厘"就各自形成一个单位,借以计算的。但是从另一方面看来,这些确定之量,其所形成的单位,在其自身来说,不管是"分"或是"厘",却又是一个复多体,比如说,"分"就是十个"厘",而"厘"就是十个"毫",这不就是"多"吗? 所以凡是"限量"都是要有其计算的方式,而那方式就是数目的"数"。

这样一来,"限量"这个范畴在其分析中也就过渡到"数"这另一个范畴了。因此在紧跟在下面的第一〇二节里就得要讨论"数"这个范畴的。让我们看看这后面一节的具体内容。

232.5 第一〇二节

本节有黑格尔的正文,一共有七段,而后人外加上简短一段的附释,都是讨论"数"这个观念作为"量"之一个范畴的。兹先看看黑格尔正文的第一段的中译文。

> 232.6 在数里限量达到它的充分发展和完善形式。数也像构成数的基本成分一,包含有两方面,或两个规定它的性质的因素:就数之分离的方面说为总数①,就数之连续的方面说为单位②。

这段的内容,其关键在于"基本成分一"这个短语中的"一"这一个词。在数学里,尤其是在算术里,"一"是一个基本数。但是我们一般知道的算术是以十进法为其基本原则的,而在这原则下,其基本数是"一"。然而也可用另一个数,如"二"或"三",作为基本数来计算。所以这里的"基本成分一"的"一"是代表"基本成分"的一个具体数。抓住这点,我们当前的一段文字也就容易理解了。现在我们就这样来把这段文字通俗点写出来:"在'数'这个概念里,'限量',即有一定限度的量,也就达到它的充分发展和完善的形式了,因为一个数是必须有它一定的限度而且又是用确定的形式如 3 或 5 那样表达出来的。凡是一个数,都有它的基本成分,而由这个基本成分就构成我们当前的数。我们一般的算术里的数是由'一'作为一个单位而构成的,比如 3 就是 3 个 1。当知任何作为基本单位的数,都包含有它的两个方面,或者说两个规定它的性质的,即规定它是什么样的

---

① 这里的"总数"是德文的 die Anzahl 这词的中译,但这德文是含有计算的意思,故在这里应中译为"计算"才妥。

② 这里的单位是德文的 die Einheit 这词之中译。

数的因素。这两个方面，或说因素，也就是数的分离性和它的连续性，如上面第一〇〇节里所说明的那样。就数的分离性这方面来说，它是计数；就数的连续性方面来说，它就是单位；也就是说，1 这个数，乃是十个 0.1 所构成，而 1 就是计数所得，但是它又是一个连续的 1，所以它就是它自身的一个单位。”

这就是本节正文的第一段之内容。往下是第二段的中译文。

> 232.7 在算术里各种计算方法常被当做处理数的偶然方式。如果这些计算的方法亦具有必然性，且具有可理解的意义的话，则必须基于一原则，而这原则只能于数的概念的特性①中求之。兹试将此种原则略加揭示：数的概念的特性即是计数和单位，而数之本身即是计数和单位二者的统一②。但单位如果应用在经验的数目上③，仅是指这些数目的相等。所以各种计算方法的原则必须将数目置于单位与计数的比例关系，而求出两者的相等。

这一段的内容是黑格尔在其当时的一段关于粗浅数论的话。我们在上面三条脚注里曾把一些中译词按数论的意义予以改译，现在就用较为通俗的话语把这整段重写出来如下：“在算术里有各种的计算方法，一般人是认为处理数的偶然方式。如果要这些方式具有必然性而不是偶然的，而且又具有可理解的意义的，那么这种方式就得要有一种原则为基础，而这种原则只能在数的规定因素当中去找出来。我们现在试一试把这种原则约略地揭示出来：数的概念之规定因素就是计数和单位，而一个数，其本身就是计数和单位这两者的合一。但是单位如果是应用在经验性的数上面，那么单位不过是一些数的相等。[这是什么意思呢？譬如拿 3 这个数作为我们计算的单位，而 4 是计数的多少次，那么有 4 个相等的数即 3，计算在一起，其结果就是 12。]可见各种计算的方法，其原则就必须是把一个数，如这里的 12，放在单位 3 和计数多少次即这里的 4 之一种

---

① 这里的“特性”，其在原文是 die Bestimmungen（计数），在这上下文来说似应中译为“规定因素”方妥。

② 这里的“统一”，按原文是 die Einheit，和上面“单位”之脚注的“单位”同样的一个词，而在这里中译为“合一”比“统一”较合。

③ 这里的“经验的数目上”是原文的 empirische Zahlen 似中译为“经验性的数上”才合。

比例上,如 4 倍的 3 那样的关系,从而求出 12 是 3×4 这样的相等。”

这是黑格尔说明算术里计算的方法,从数的概念分析起来,是有其一定的而且是必然的原则的。可是这只是关于计算方法的一般说明,其各个规定因素还得要较详细地加以分析的。接着的下面第三段就是指出单位不确定就无从计数。让我们看看这第三段的中译文。

> 233.1 数的单位或数目①本身是彼此互不相干的,因此由于数学的计算所得到的统一,一般的只是一种外在的凑合②。所以计算(Rechnen)实即是计数(Zählen)。各种不同的计算之区别,只在于所计数的数之质的③结构④不同,决定数之质的结构的原则即以我们规定单位和总数⑤的方式为准。

这段是说:“任何一个数的单位即数,其本身作为一些数来看,乃是彼此没有一定的关联的,因此由于算术的计算所得到的统一,一般的只是一种外在的凑合。[例如 3+5+7=15,这里 15 就是算术加法这种计算所得到的统一,而由于这里所加上的项目,而在加法上所加的各项也是加法的单位。如这里的 3,5,7 都是彼此没有一定的关联的,因之其加法的结果一般只是一种互相外在的数,如这里的 3,5,7 那样,凑合而成为 15 罢了。当然这是离开十进法的一般的说法。]所以计算也就是计数,[即把一些数,算在一起,无论加减乘除都是一样,上面以加法为例,只取其简单而已。]各种不同的计算,其区别只是在于所计数之数的质上的结构有所不同,而决定这种数的从质上说的结构,其原则是以单位和计数所规定的方式为标准的,譬如说单位是如何规定的,计数的方式是加减或乘除或开方等等。”

---

① 这里的“数目”,其原文是 die Zahlen,中译为“数”便可,一般的数目是一系列的数之位置。

② 我们得要注意,黑格尔在这里是谈一般的计算,不论是加减乘除或更复杂的计算,但所计算的都是数。

③ 这里“质的”是个形容词,是德文的 qualitativen 这词的中译。

④ 这里的“结构”是德文的 das Beschaffenheit 这个名词之中译,其所含的一义是“性质”,即本来就有的性质,因此“质的结构”也就是在质上原本形成的性质。

⑤ 这里的“总数”是德文的 die Anzahl 之中译,而这个名词是从 zahlen 这个动词(中译为“计数”)而来的,故也可中译为“计数”。

这也就是黑格尔正文的第三段，指出计数而单位不明确，那就无法计算。在下面几段就是解答这个问题的。现在先看看第四段，其中译文是：

233.2 构成一般的数的第一条件就是计数（德文的Numerieren），将随便的许多单位①加在一起，但一种计算的方法②乃是计算那已经是数目③的东西，而不复仅是数的单位④。

这段的文字只依我们脚注所说明的几点来阅读，则其整段的内容便是下面这样的了，并不难懂，不用再加以解释："构成一般的数的第一个条件就是计数，即把随便的许多单位或项目加在一起。但是有一种计算的方式乃是把那些已经是数的东西拿来计算，而并不是计算一些单只是一般的单位。"

这是黑格尔关于计数或说操算的一般的说法。以下的三段是分说各种操算方式的做法的。我们就把这三段的内容联系在一起来考虑，其中译文如下：

233.3 第一，数目就是直接的，而且最初是完全不确定的一般数目，因此大体上是不相等的。对于这些数目的凑合或计数，就是加法。

233.4 第二，数目的另一种特性⑤是：数一般的都是相等的。因此它们便形成一单位，于是我们便得到这些数目的总数，对于这种的数目加以计算便是乘法。在相乘的过程里，不论总数和单位如何地分配于两数或两成分，不论以那一数为总数，或以那一数为单位，其结果都是一样的。

---

① 请注意黑格尔在这里谈到计数时是不管计数是加减或其他更复杂的方式的，所以他这里所说单位可能只是一些项目。

② 这里的原文是 die Art，所以改译为"方式"才合。

③ 这里的"数目"之原文是 die zahlen，改译为"数"较正确。

④ 这里的"仅是数的单位"作为原文的 bloße Eins 之中译似嫌模糊，所以改译为"一些单只是一般的单位"。

⑤ 这里的"特性"是德文的 die Bestimmung 之中译，意思是"规定"作动名词用，但又不应与 die Bestimmtheit 混同，这后一名词应中译为"规定性"。

233.5 第三，数之第三种特性①是总数②和单位的相等。对于这种性质的数目加以计数③，就是自乘法，而求出其方根④。求一个数目的较高方，即是将那数目与它自身相乘到无限多的次数。这第三种的计算方法既然是数目之唯一现存的区别的完全相等，亦即总数和单位的区别之完全相等，因此除了这三种计算方法，更没有别的了。与数之积乘相当，依数之同样的特质，我们复有数之分解。因此除了上面所提及的三种，亦可说是积极的计算方法外，复有三种消极的计算方法。

这里第一条里的词，乍看起来是不易理解的，比如说"完全不确定的"指的是如"三座山"的"三"，并非说三中之每一都是完全一样的，只是计数中算作一而已。因此"大体上是在实质上不相等的"，可是每一个还是作一个算，所以这样的项目凑合起来操算就叫做加法，譬如计家具的数，三把椅，两张桌，一张床，那么，3＋2＋1 也就是 6 件家具了。依此，这第一条的读法就易懂了，毋须另写。

第二条里原中译的"数目"这词仍如上面应作"数"看，其原文也是 zahl，故不必另有中译为"数目"的这一译词。第二句中的"总数"是原文的 die Anzahl 之中译，但在这里是讲不通的。查这词 Anzahl 是(an＝ad)＋zahl 而成的，而其意义就是"数之加多"的意思，所以在这里应中译为"倍数"，下仿此。于是这第二条便改译成为"数之另一种规定是：数，一般来说，是相等的。因此数便形成一种单位性(Einheit)而就有了倍数。对于这种数加以计算便是乘法(Multipliciren)。在相乘的过程里，不管倍数和单位如何地分配于两数或说两成分，即不管用"那一数做倍数[即乘数]，而以哪一数为单位[即被乘数]，都是一样的"，也就是 ab＝ba。

第三条是说，"数之第三种规定性就是最后倍数[即乘数]和单位[即被乘数]的相等。这种规定性的数其总计就是幂方即自乘法；开始到二次

---

① 这里的"特性"是德文的 die Bestimmtheit 这词之中译，按该词的含义应改译为"规定性"。

② 这里的"总数"是德文的 die Anzahl 之中译，但按其前后文，这词在这里应中译为"倍数"。

③ 这里的"数目加以计数"是原文的 das Zusammenzählen 的中译，似应改译为"数的总计"。

④ 这里的"方根"应改为"方"。开方才有方根，而这里是自乘法。

方，自乘到更高的方，在公式上就是数的自乘到无穷尽次数。这种倍数与单位完全相等的唯一存在的特征(unterschied)也就是这样得到了，此外便没有别的计算方式了"①。与数的积乘相当，依数的同样规定性，我们还有数的分解。因此，除了上面所提及的三种可说是积极的计算方式外，还有三种消极的计算方式。

这就结束了黑格尔第一〇二节的正文，但后人还加上简短一段的附释，其中译文如下：

234.1 附释：数，一般讲来，既是限量之完全的规定性，所以我们可以不仅应用数来规定所谓分离之量，且亦可用数来规定所谓连续之量。因此即使几何学，当它要指出空间之确定图形和它们的比例关系时，亦须求助于数。

这段附释是说，"既然一般讲来，数乃是限量之完全的规定性，[也就是说，数就是限量的规定性发展到圆满，即把它的规定性全面发展出来了，那么数既然有其分离量而是可数的，而又有其连续量而作为一个数看的。]所以我们就可以不但用数来规定所谓分离之量，[也就是数所包含的多少单位或项]而且也可以用数来规定所谓连续之量，即某数的本身]。因此之故，就是几何学，在它要说明空间的确定图形和它们的比例关系时，也得要求助于数"。例如在三角学里那样。

说到这里，限量就从"自为"发展到"自在自为"而达到其在本阶段上圆满的发展；于是"质"与"量"也就联合起来成为"等级"了。至于"等级"这个较大的范畴，其性质是怎样的，那就是"量"的第三个阶段的问题了。

234.2 (C)等级(der Grad)

"等级"这个较大的范畴，黑格尔用了《小逻辑》的四节，即第一〇三至一〇六节来讨论，然后才过渡到与"质""量"平列的"有"之第三个较大的范畴"尺度"。

现在我们先看看讲"等级"的第一节。

---

① 这里"从这种规定性的数"到此为止是我们依黑格尔的原文参照瓦拉士的英译改译了贺氏的中译的。

234.3 第一〇三节

本节一共有黑格尔的两段正文,其篇幅较短,和两段篇幅较长的附释。全节都是讨论等级这个范畴的性质与其形成的。

兹先看看第一段正文的中译文。

234.4 限度与限量的全体是同一的。就限度本身之为复多性言为外延之量(或广量),但就限度本身之为单纯性言,为内包之量(或深量),或等级。

在这段里我们主要是首先理解什么叫做限度。在上面第一〇一节的正文里,黑格尔说,"限量就是有限度的量"。譬如说,温度表摄氏的三十度(又写为30℃)乃是温度达到了30℃这个限量的度数,而这个限量是以第30度为其限度的。但是以数来说,60℃也是60,所以说"限度(这里的第60度)与限量(这里的60℃)两者的全体(Gange)或说全部是同一的。但是就限度本身是一个复多性(这里的60是复多的)来说,第60度就是从外延说的量(或说广量即以广阔来说的量)。但是从限度(第60度)本身原是一种单纯性的东西,即这样高的度而不是别的,那它就是内包①的量(或说深量),也就是等级。

这里黑格尔关于等级这个范畴的扼要说明是可以理解的,但是还有待于更详细的说明,何以等级要涉及外延之量和内包之量这两个形式逻辑的观念。这就是何以要有正文的第二段。这第二段的中译文是:

234.5 连续之量和分离之量不同于外延之量和内包之量,由于前者关涉于一般的量,而后者只应用于量的限度或量②的规定性。内包之量和外延之量,一如分离之量和连续之量,并非两种不同之量,其一绝没有包含其他③的特性,凡属外延之量亦同是内包之量,凡属内包之量亦同是外延之量。

这第二段正文里有两种不同的内容,其第一种内容,黑格尔只说明,"连续之量和分离之量是关涉到[也就是说适用于]一般的量的,[就是说,

① 这里的"内包"是德文的intensive之中译,而这词的意思是指一种性质的深浅说的,所以就是说这种性质所包含的有多少,而简称为"内包"。

② 这里的原译显然是把原文的derselben(同这东西)误作"量"而应该是"限度"。

③ 这里原译漏掉了原文的nicht这词,故应改为"其他所无的"。

凡量都有其连续之量和分离之量的，]而外延之量和内包之量则只适用于量的限度或说限度的规定性。"这就是说，譬如上面的60和60℃：60如所有的数一样都有其连续性与分离，可是60℃的外延之量和内包之量则只是限量的限度或者说这限度的规定性[即这里的第60度或者任何这种限度的规定性，即某某度之为70或其他]才有的。至于这段正文的第二种内容是说明内包之量和外延之量那样，正像上面所曾说过的分离之量和连续之量那样，并不是两种不同的量，其一个决不会包含其他所无的特性的，也就是说，凡是有外延之量的东西，也正是有内包量的，反过来也是一样。

总而言之，黑格尔在这节里无非是指出限量的限度就其作为一种规定性来说是有其深量这一方面的，这就是"等级"这个量之最高范畴的特性，而是量之有质而其质也含有量这一方面的，于是在这里，"量"的范畴就从"纯量"之"自在"发展到了"限量"之"自为"而最后又显出"限量"的"限度"之为"自在自为"的这发展最高阶段，而得要向更上一个范畴阶段升华了。且看本节附释的编者在其第一大段是怎样说的，其整段的中译文是：

234.6 附释：内包之量或等级，就其本质而论，与外延之量或限量有别。因此不容许，像许多人的办法，拒绝承认这种区别，遂将这两种形式的量漫不加以区别。在物理学里①，对于两者是未加区别的，譬如，当物理学解释比重的差别说，一个物体有了两倍于另一物体的比重，则在同一空间内包含有两倍多于另一物体的物质分子(或原子)的数目。关于热和光的比重，亦复如此，如果用较大或较小数目之热和光的粒子(或分子)以解释不同等级的温度或亮度。采取这种解释的物理学家，当他们的说法被指斥为不能坚持时无疑的常自辩解道，这种说法并无妨于那现象之著名的不可知的本质，他们之用上面这些名词，纯因较为方便之故。所谓较为方便系指较容易计算而言，但我们很难明白，为什么内包之量既有其确定的数目的表示，何以不会一样地便于计算有如外延之量。如果目的纯在求方便的

① 当然这里指的是欧洲十九世纪初叶的物理学。

话，则干脆不要计算，也不要思想，那就最方便不过了。此外还有一点，足以反对刚才所提及的物理学家的辩解，即照他们那种解释便业已超越知觉和经验的范围，而涉及形而上学的范围了，而形而上学有时被他们认为是无聊的甚或危险的玄想。这诚然是经验的事实，如果两个装满了钱的钱袋，其中一个钱袋重一倍，这情形必因为一个钱袋中装有譬如说两百元，另一个仅装有一百元，这些钱币我们可以看得见，并且可用感官感得到。反之，原子和分子之类却在感官知觉的范围以外，只有思想才能决定它们是否可被接受，有何意义。但有如上面第九十八节的附释所提及，抽象的知性将自有一概念中所包含的复多这一环节，固定成原子的形式，并坚持为最后的原则。同一抽象知性，在目下的问题中，与朴素的知觉以及真实具体的思想冲突，认外延之量为唯一之量，对于内包之量不承认其特有的性质，仅据一本身不可支持的假设，力图将内包之量归结为外延之量。

本段篇幅较长，但主要是要说明“等级”即“内包之量”是和“限量”即“外延之量”有其区别的，大致全段可略分为五小段来考虑：其第一小段从起头到“漫不加以区别”为止，是说明不应把“内包之量”和“外延之量”的区别抹煞掉的；第二小段到“以解释不同等级的温度或亮度”为止，是指出在当时十九世纪欧洲的物理就是上述的态度之一种实例；第三小段到“那就最方便不过了”为止，是附释编者驳斥这种“漫不加以区别”的态度的；第四小段到“并坚持为最后的原则”为止，是进一步指出上述态度之不能自圆其说的；最后到本段末尾的第五小段是说明上述态度的不可支持性从而指出“力图把内包之量归结为外延之量”之荒谬而结束本段的主题之议论。

现在我们使用解释的语气把这整段连贯地重写出来，如下：“就其本质来说，内包之量即等级是和外延之量即限量有分别的。所以就不容许，像许多人的办法，拒绝承认上述的那种内包之量和外延之量即等级和限量的区别。而把这两种形式的量随便作为没有区别的东西来对待。这是一种不正确的态度，而当代的欧洲物理学就是其一例。在这种物理学里，在其解释比方比重的差别这个现象时，便说，一个物体有了两倍于另一物体的比重，那么，在同一大的空间之内，这个物体所包含的物质分子（或原子)就比那另一物体所包含的有两倍之多。这是一例。再拿热和光的比重来说,如果用较大或较小的数目之热和光的粒子(或分子)来解释不同等级的温度或亮,也是这样。这是第二个例。可是,采取这种解释的物理学家,在他们的说法被人指斥为不能坚持的这个时候,他们就经常自行辩解,说他们的这种说法对于那种现象之著名的不可知的本质并没有什么妨碍,而他们之所以使用上面的那些名词,不过是为了较为方便的缘故。但是,他们之所谓较为方便,乃是指较为容易计算说的。可是我们很难明白,为什么内包之量,既然是有其确定的数目这种表示的,何以不会像外延之量那样方便于计算。如果其目的单纯是在于求方便的话,那么就干脆不去计算,不去思索,那就最方便不过了。可见他们的说法是毫无理由的。此外还有一点,是足以反对刚才所提及的物理学家的辩解的。那就是按照他们的那种解释来说,他们就已经超出了知觉和经验的范围而涉及到形而上学即纯哲学的范围了。但是纯哲学是他们有时认为是无聊的东西,甚至认为是一种危险的思辨想法。所以他们的那一番辩解,到了尽头,乃是自败立场的。现在让我们拿经验的事实来说吧!譬如说两个装满钱币的钱袋,其中一个钱袋比另一个钱袋重了一倍。这种情况必然是因为一个钱袋装着比如说二百块银元,而另一个只装有一百块银元。那就是一个钱袋比另一个钱袋重一倍了。这是容易了解的。但是,钱币是我们可以看得见,并且是可以用感官来感觉得到的。于此相反,原子和分子这一类的东西却是在感官的知觉之范围以外的,而只有思想才能决定这类的东西是否可以为人所承认为可以接受的,是否有什么意义的。这是一种抽象的属于知性的知识而不是感性所能达到的。可是,有如上面第九十八节的附释所提及的那样,抽象的知性把自有即自为之有这一个概念当中所包含的复多的这一个环节像铅版那样固定下来使之成为原子的形式,并且把它坚持为最后的原则那才行的。同样一种抽象的知性,在当下的问题上,是和朴素的知觉以及和真实的具体的思想相冲突的,然而这种抽象的知性是把外延之量认为是唯一之量的,对于内包之量是不承认它有其特有的性质的,只是凭着一种本来是完全不可支持的假设来力图把内包之量归结成为外延之量。这就是当代物理学家抽象知性的对于内包之量的态度。"

这就是本节附释的第一段,接着第二段的中译文是:

235.1 对于近代哲学的许多攻击中,有一个比较最常听见的斥责,即认近代哲学将任何事物均归纳①为同一。因此近代哲学便得到同一哲学的绰号。但这里所提出的讨论却在于指出,唯有哲学才坚持要将逻辑上和经验上有别的事物加以区别。反之,那号称经验主义者却将抽象的同一性提升为知识之最高原则,所以只有他们那种狭义经验主义的哲学,才最适当的可称为同一哲学。无论如何那是十分正确的,即认没有仅是外延之量,亦没有仅是内包之量,一如没有仅是连续之量,亦没有仅是分离之量,并认[为]量的这两种特性并不是两种独立的彼此对立的量。每一内包之量亦是外延的,反之,每一外延之量亦是内包的。譬如,某种程度的温度是一内包之量,有一个完全单纯的感觉与之相应。我们试看一体温表,我们就可见得这温度的程度便有一水银柱的某种扩张与之相应。这种外延之量同时随温度或内包之量的变化而变化。在心灵界内,亦复有同样的情形,一个有较大内包的性格,其影响较之一个有较小内包的性格亦达到一较广阔的范围。

这段的内容主要是指出,哲学在逻辑上和在具体的经验当中,都是坚持把不同的事物区分开来而不随便就不加以区别的,所以内包之量和内包的即强度很大的性格,是应当予以注意的。这种理论不过是沿袭本节黑格尔的正文第二段的后截之说法而已。

用较通俗的话语来解释这一段的文字无非就是这样的:"对于近代哲学曾有过许多的攻击,其中一个是我们比较常常听见的斥责,那就是认为近代哲学把任何事物都归结为同一性的。因此近代哲学就得到'同一哲学'这个绰号。可是这里所提出的讨论乃是指出唯有哲学才是坚持要把逻辑上和经验里面有分别的事物加以区分开来。然而自认是热衷于经验的人却与此相反,而把抽象的同一性提高到成为知识的主要原则。因之只有这些人的那种狭义的经验主义哲学才是最适当可称为同一哲学的。

① 这里的"归纳"不知原文是什么,但瓦拉士的英译是用 reduces 这词,较合理,故当改译为"归结"。"归纳"是个逻辑术语,不应乱用,而在这里是不适合的。

但是这才是十分正确的，就是主张没有仅只是外延之量，也没有仅只是内包之量，就像是没有仅只是连续之量也没有仅只是分离之量的那样，而且又主张量之这两种特性并不是两种彼此对立而成为独立的量。每一内包之量也就是外延之量，反过来也是一样。譬如某种程度的温度是内包之量，而有一个完全单纯的感觉和它相适应。让我们看看一个体温表就可看得到这温度的程度是有一条水银柱之某种扩张和它相适应的。这种外延之量同时随着温度，也就是内包之量的变化而变化。在心灵的范围里，也是有同样的情形：一个有较大内包的性格，其影响和一个有较小内包的性格比较起来，也是有一较宽大的范围的。"

这就结束了附释的第二段从而也就结束了第一〇三节，下面就是接着的第一〇四节的中译文。

236.1 第一〇四节

本节有黑格尔原来的正两段而另有附释三则，其中正文之第一段分析出等级里的限量之内外两方的矛盾性，因而就有无限的量性之进展。于是就有向第二段里的数这个观念之过渡。且先看看本第一段的中译文。

236.2 在等级里限量的概念便建立起来了。限量就是独自中立[①]而且单纯的量，但这样一来，使量之所以成为限量的特性[②]，便完全在它的外面，在别的量里了。在这种矛盾里，那独立存在[③]的中立[④]的限度便是绝对的外在性，而无限的量的[⑤]进展便建立起来了。——一个直接性，直接转变到它的反面，间接性（即超越方才建

① 这里的"独自中立"这个形容词组是原德文的 gleichgültig für sich 之中译，但是其原文却是"自为而无所偏倚"的意思。把"自为"译成"独自"便失掉黑格尔的主要意义，应改。

② 这里的"特性"是原德文的 die Bestimmtheit 这个名词之中译。在这里应中译为"规定性"。

③ 这里的"独立存在"其原德文是 fürsichseiende 这个作形容词用的分词，应中译为"自为之有式的"。

④ 这里的"中立"也是上脚注的 gleichgültig 之错译，仍应改为"无所偏倚"。

⑤ 这里的"量的"是原德文的 quantitative 的中译，应改为"量性的"以免误解。

立起来的限量），反之，亦即一个间接性，直接转变到它的反面，直接性①。

加上本编者的脚注之后，这里一段的文字改写为下文比较易读："在等级里，限量这个概念便建立起来了。（这里是黑格尔用回溯的笔法来分析等级的性质的。）限量之量原是自为而无所偏倚且是单纯的量。譬如4这个数目是单纯的，4就是4而不管其他的数，并且又是'自为'的，从'自在'演变出来的。然而作为限量来说，4乃是有其限度的量，那么，由于它是不偏不倚，不管别物的，从自身看的，它之所以成为限量的规定性就完全是在它的外边，在别的一个量里面的了。这就是它的限度，可是矛盾便发生了。在这种矛盾里，那个自为之有式的无所偏倚的限度，便是绝对的外在性，而无限的量性之进展也就建立起来了。——一个[像4这个数那样的]直接性，也就直接转变到它的反面[而成为了绝对外在性]即间接性了。（这是通过超越，即从自身走出去，才建立起来的限量），反过来从一个间接性也是这样直接转变到它的反面即直接性的。"

这是本节正文的第一段。接着其第二段的中译文就是：

236.3 数是思想，但是思想在其自身的完全外在存在②之中③，因为数是思想，所以它不属于直观，但仍是具有直观的外在性作其特性的思想。——因此不仅限量可以增加或减少至于无穷，且限量的本质即是向外不断地超出其自身。无穷的量的进展乃即是同一的矛盾之无意义的重复，这矛盾是限量之一般性及其特有性④所建立起来的，这既是级量⑤。至于说出这种无限进展的矛盾乃属多余之事。亚里士多德所引芝诺的话说得好："对于一句话，只说一次，与永远说它，乃是一样的。"

---

① 这里从"反之"起一字句在原文里是"und umgekehrt, umschlägt"，即颠倒过来也随着转变的意思，一般中译为"反之亦是一样"。

② 这里的"存在"乃是原德文的 das Sein，还是译为"有"较妥。

③ 依原文这句应中译为"但乃是思想之作为自身完全外在之有"。

④ 这里的"特有性"依原文就是原文的 die Bestimmtheit，仍中译为"规定性"使前后文之译词一致。

⑤ 依原文这里是 der Gräd，还是中译为"等级"较妥；"等量"较生硬，"等量齐观"之"等量"有不同的意义。

这第二段的内容，依我们按原文的校正和改译应该可以如下用较通俗的话语写出："数是思想，但乃是思想之作为自身完全外在之有。这就是说，思想作为其自身完全外在化，也就是数了，比如说，我们心里想到两个东西而用符号表达出来便是 2 这个数。因为数是思想，在人们心里的意识中的，所以它不属于感性的直观，但是仍然是具有直观的外在性作为其决定之思想。——因此限量就不但是可以增加或减少，以至于无穷，而且它本身通过它的概念也就是不断超出其自身的，因为限量也者，就是不断突出其限度，一方面成为更大的限量，而另一方面成为更小的限量，比如 5 突破 5 的限度，则一方面可成为 6 而另一方面却成为 4。这种无穷的向前或向后的无穷进展不过是同一样的矛盾，即量与其限度的矛盾，不断突破限度而新的限度又在前面，于是这种突破就成为一种无意思的①重复。上面的矛盾乃是限量的两个成分，即量之作为一般的量和它的规定性所建立起来或说构成的。这就是等级，即一级一级的增加或减少。至于把这种无限进展的矛盾叙说出来乃是多余的，亚里士多德曾关于芝诺正确地说过：'说一次，和总是那样说，反正是一样。'"

上面就是本节黑格尔正文的第二段中阐明限量是怎样由于它的概念本身之两个成分即量与其限度的矛盾而进展为等级这个范畴的。如上指出，本节在黑格尔的两段正文之外还有后人加入的三种附释，各有其内容以补充正文之不足的，兹先看看附释一的中译文。

237.1 附释一：如果我们依照上面第九十九节所提出的数学通常对于量的界说，认量为可增可减者，谁也不能反对这界说所根据的看法之不错，但问题仍在于我们如何去理解这种可增可减者。如果我们对于这问题的解答单是求助于经验，这却不能令人满意，因为除了在经验里我们对于量仅能得一表象，而不能有思想外，则量将仅会成为可能性（可增可减的可能性），而我们对于量的变化的必然性将缺乏真正的见解了。反之，在逻辑发展的过程里，量不仅被认作自决思想历程之一阶段，并且复指出，即在量的概念里便包含有超越其自身的必然性，如是则我们这里所讨论的量之增减，不仅是可能的，而

① 这里的"无意思的"是德文的 gedankenlose 之中译，贺译为"无意义的"。

且是必然的了。

在这附释一里，主要是说明上面正文第二段所提到的而照我们依原文所校正而改译的“量本身通过它的概念也就是不断超出其自身的”这个观点来阐明量的概念是包含有超越其自身的必然性的。

现在我们就按这种观点来解释这附释一的本文：如果我们依照上面第九十九节正文(一)那段所提出的数学通常对于确定的量所下的界说，是认为量就是可增可减的东西，那么谁也不能反对这个界说所根据的看法是不错的，但是问题仍然是在于我们怎样去理解这种可增可减的东西，如果我们对于这个问题的解答单是求助于经验，比如说，从经验就可知道5是可增加为8而又可减少为4的，这是对的，但是却不能令人满意，因为除了在经验里我们仅只对于量能够像上面所说那样得到一个表象，而不能有关于这种量的一个思想，那么量就仅只成为一种可能性(即可增可减的这种可能性)，而我们对于量之可增可减的这种变化的必然性就会缺乏真正的见解了。正和这相反，在逻辑发展的过程中，量是被认为有自身决定得要超出其自身即突破其限度而成为或大些或小些的另一个量的这种思想之变化历程的一个阶段，而且并曾说明，正是在量的概念里就包含有超出其自身，即突破其限度的这种必然性，这样一来，我们这里所讨论的量之增减就不刚只是可能的而且是必然的了。

这就是附释一的主要内容，阐明了第九十九节所提出的量是可增可减的东西之可增可减的必然性，而在下面的附释二里是分析本节一〇四节正文里所提到的“无限的量之进展”这个观点的，兹让我们先去看看这附释二的中译文。

237.2 附释二：量的无限进展每为反思的知性所执持，用以讨论关于无限性的问题。但这种形式的无限进展，我们前面论质的无限进展时所曾说过的话，亦一样可以适用。我们曾说，这样的无限进展并不表示真的无限性，而乃表示坏的无限性。它绝对没有超出仅仅的“应当”，因此实际上仍然陷于有限。这种无限进展之量的形式，斯宾诺莎曾很正确地称之为仅是一想象的无限性,常有许多诗人,如哈勒[①]及克罗斯托克[②]当作一意义,用来描写自然甚至上帝的无限性。譬如,我们发现哈勒,在一首描写上帝的无限性之有名的诗里,说道:

我们积起庞大的数字,
一山又一山,一万又一万,
世界之上,我积上世界,
时间之上,我加上时间,
当我从极高的山巅,
仰望着你,——以眩晕的眼,
所有数的力量,
再乘以万千,
距你的一部分还是很远。

238.2 这里我[③]便首先遇着了量,特别是数,之不断地超越其自身,这种超越康德形容为"可怕的"。其实这唯一可怕之点乃在于永远不断的规定界限,又永远不断的超出界限,而并未进展一步的厌倦性。上面所提到的那位诗人,于他所描写坏的无限性之后,复加一结语道:

我摆脱它们一切,你整个儿呈现在我的前面。

238.3 这意思是说,真的无限性不仅是超出有限的一个地界,如果我们再想获得对于它的意识,我们必须放弃无限的进展。

这里附释二的话语加以解释就是这样的:"反思的知性每每把量的无限进展这个形式片面地执着用来讨论关于无限性的问题。但是这种形式的无限进展,我们在前面第九十三、九十四两节里论到质的无限进展时,所曾说过的话,在这里也是一样可以适用的。我们曾说过,这样的无限进展并不表示真的无限性,而是表示坏的无限性。(可回头去看看第九十五节的正文。)那里所说的无限性绝对没有超出仅仅是一种'应当',因此实

① 哈勒(A. Haller,1708—1777,应音译哈勒尔),瑞士的自然学家和诗人,可参看恩格斯《自然辩证法》1955 年版第 292 页注 56。

② 克罗斯托克(Friedrich Gotlieb Klopstock,1724—1803),德国抒情诗和史诗的诗人。

③ 这里的"我"是误刊,应是"我们"。

际上仍然停滞在有限上面。这种无限进展之量的形式,斯宾诺莎曾很正确地称之为仅仅是一种想象中的无限性。常常有许多诗人,例如瑞士的哈勒尔和德国的克罗斯托克,把这种无限进展之量的形式当作一种意义用来描写自然的无限性,甚至用来描写上帝的无限性。譬如,我们发现哈勒尔在一首描写上帝的无限性的有名的诗里,是这样写的:'我们积起庞大的数字,一山又一山,一万又一万,世界之上,我积上世界,时间之上,我加上时间,当我从极高的山巅,仰望着你,——以眩晕的眼,所有数的力量,再乘以万千,距你的一部分还是很远。[用佛家的话语来说就是:恒河沙数的恒河沙,三千大千世界。]这里我们便首先遇着了量,特别是数的不断超出其自身,如 1——2——3——4——5——x,这种超出康德形容为'可怕的'。其实这唯一可怕之点就是在于它永远不断的规定限度,又永远不断的超出限度,然而并没有进展一步的这种使人厌倦性,上面所提到的那位诗人,在他所描写坏的无限性之后,又加上一句结语说:'我摆脱它们一切,你整个儿就呈现在我的前面'。(其原来的德文是:Ich zieh sie ab, und Du liegst ganz vor mir。)这意思就是说,真的无限性不仅只是超出有限的一个世界,如果我们再想要获得对于真正的无限性的意识,我们就必须放弃无限进展。"

接着就是附释三了。这第三个附释主要是讨论古希腊公元前六世纪以数为万物的根本原则的毕泰哥拉斯①的哲学思想的。现在我们首先看看这附释三的中译文,而先看其第一段。

238.4 附释三:毕泰哥拉斯,如人们熟知,曾经对于数加以哲学的思考,他认数为万物的根本原则。这种看法对于普通意识初看起来似乎很费解,甚至显得很不正常。于是就发生了究竟什么是数这个问题。要答复这问题我们首先必须记着,哲学的职责在于由事物回溯到思想,而且回溯到确定的思想。今数无疑的是一思想,并且是最接近于感官事物的思想,或较确切点说来,数就是感官事物本身的

① 毕泰哥拉斯是 Pythagoras 这个人名的音译,又有音译为"毕泰戈拉斯"的。按毕泰哥拉斯的生卒年代早就不可考,一般认为他的鼎盛年约在公元前 532—前 529 年,相当于我国周代春秋末叶,为时甚早。关于毕泰哥拉斯的哲学可参看北京大学哲学系编译:《古希腊罗马哲学》,1957 年,第 32~40 页,特别是第 38 页。

思想。就我们将感官事物理解为彼此相外和复多之物而言。因此我们于将宇宙事物解释为数的尝试里,发现了到形而上学的第一步。毕泰哥拉斯在哲学史上,人人皆知道,站在埃翁里亚[①]及伊里亚[②]哲学家之间。而前者,有如亚里士多德所指出,仍然停滞在认事物的本质为物质[③]的学说里,但后者,特别巴曼尼得斯[④],已进展到提出纯思,亦即纯有的阶段,所以毕泰哥拉斯哲学的原则在感官原则与超感官原则之间,其地位实好像一道桥梁。

这附释三的主要内容是本附释三的编者提起在希腊公元前六世纪的哲学家毕泰戈拉斯用数来说种种观念和现象的形式之形成,主要是阐述其老师黑格尔的唯心主义世界观的,且细玩他在本附释的"我们把宇宙事物解释为数的尝试就发现了形而上学即纯哲理的第一步"这句话,也就知道他本其老师的哲学思想是对于宇宙站在什么立场上的了。让我们把这项附释用较通俗的话语并加以解释来重写一遍以帮助读者的理解吧!

"毕泰戈拉斯,人所熟知,是曾对于数加以哲学的思考的。他把数认作万物的根本原则"。[有像我国《易经》的"天数五,地数五,五位相得而各有合,天数二十有五,地数三十,凡天地之数五十有五,此所以成变化而行鬼神也",这种神秘的说法,当然]"这种看法对于普通意识",不但"初看起来,就是反复思考,都不但'似乎'而实在是'很费解',甚至显得很不正常的。于是就发生了在哲学里究竟什么是数这个问题了。"答案是什么呢?本附释编者本着他的老师黑格尔所传授的心法,根据听讲的笔记,就又写道:"要答复这个问题,我们首先必须记着,哲学的职责是在于由事物回溯到思想,而且回溯到确定的思想。"这种答案就又一次充分暴露了黑格尔的唯心主义了。依这种答案说来,思想不是反映客观的事物而是像唯心主义典型的哲学家拍拉图的哲学观念那样,先有不知来自何处的称

① "埃翁里亚"是古希腊移民地小亚西亚西岸之一地区 Ionia 之音译,又音译为"伊奥尼亚",以后者为准。

② "伊里亚"是古希腊在地中海西部今意大利半岛西岸之另一移民地的 Elea 这一城市的名称之音译,又音译为"爱利亚",以前者为准。

③ 这里的"物质"是古希腊语的 ὑλη 这词之中译,但非今称物质的意思而乃指一般木柴说的,即粗糙的东西。

④ "巴曼尼得斯"是 Parmenides 的音译,又音译为"巴门尼德",以前者为准。

为理念的思想，而后才有模拟这种理念的人世间事物，总而言之，思想在先而客观事物在后，这不是唯心主义的观点又是什么呢？

附释的编者还继续写道："即数也无疑是一个思想，并且是最接近于感官的事物[可以看得见]的思想，或者更确切些来说，数就是感官事物本身的思想，这就是从我们把感官事物理解为[像数那样]是彼此互相外在[一个一个分离开的]并且是多数的东西这点来说的。因此在我们把宇宙间的事物解释做数的这种尝试时，也就发现了到达纯哲学的第一步。人人都知道，毕泰戈拉斯在欧洲的哲学史上是站在伊奥尼亚[像泰利士[①]那样的]哲学家[认事物是有形的东西所形成的]和伊里亚[像巴曼尼得斯那样认事物是无形的只能思想得到的]哲学家之间的。但是就是伊奥尼亚的哲学家，像亚里士多德所指出，也是仍然停滞在认事物的本身是粗糙的东西的这种学说，而伊里亚的哲学家，特别是巴曼尼得斯，就已经进展到提出了纯粹的思想，这就是纯有了这个阶段。所以毕泰戈拉斯的哲学，其原则是在感性的原则和超感性的原则之间的，因之毕泰戈拉斯哲学的地位就好像是那两派哲学之间的一道桥梁似的。"

这也就是本节附释三第一段说明毕泰戈拉斯的数论哲学是古希腊东西两移民地一方的哲学是以有形的东西作为万物的根源，另一方的哲学是以无形的观念来说明一切的，而毕泰戈拉斯的哲学是以有形无形之间的数为万物的形式的，所以毕泰戈拉斯就不但是活动于当时地中海的伊奥尼亚与伊里亚两地的东西之间而且其哲学思想也是处于有形无形之间的。可是有人对于毕泰戈拉派的数论认为过于极端而附释接着的第二段就是对于这点的反对意见作出分析的。兹看看附释第二段的中译文。

239.1 由此我们可以知道何以有人会以为毕泰戈拉斯认数为事物的本质之说显然太趋于极端。他们承认，我们诚然可以计数事物，但他们争辩道，事物却不仅是数。就事物之不仅是数而言，当然谁都可以承认，但问题乃在于事物之不仅是数或较多于数的地方是什么。依照普通感官意识的观念，决不犹豫即可对于这里所提出的问题指

① 泰利士是欧洲古希腊的一位自然哲学家，其年代一般认为是公元前646—前546年，以水为万物的根源，为欧洲最早的一位哲学家，原名是Thales。

向感官知觉方面去求解答，因而说道，事物不仅是可计数的，此外并且是可见的、可嗅的、可触的等等。依近代的语言来说，他们对于毕泰戈拉斯哲学的批评，可归结为认他的学说为太偏于唯心。但就我们刚才对于毕泰戈拉斯哲学在历史上的地位的看法，事实上，乃恰好相反。我们姑且承认事物不仅是数，但这话应理解为仅仅数的思想尚不足以充分表示事物的总念或确定的本质，所以，与其说毕泰戈拉斯的数之哲学太偏于唯心，毋宁反过来说他的哲学还不够唯心。而直至伊里亚学派才进一步达到了纯思的哲学。

附释三这第二段文字是完全站在黑格尔的唯心主义立场来分析古希腊毕泰戈拉斯的数哲学而认为这派哲学是不够唯心的。关于这点的问题比较复杂，为了帮助读者理解起见。我们在这里只引用黑格尔在其《哲学史讲演录》里的一段话如下："毕泰戈拉(斯)用数学观念来达到他的目的，因为数学观念是介于感性事物与思想(普遍、超感觉的存在)之间的中介，是自在自为者的预备形式。""因为毕泰戈拉(斯)派[①]不能清楚地通过思想表达'绝对'和第一原则，所以他们求助于数、数学观念，因为这样范畴就容易表达了；""例如，用'一'来表达统一，相等，原则，——用'二'来表达不相等。""这种凭借数的讲法，因为它是最初的哲学，由于其中捉摸不定的性质，所以已经消失了。"[②]从这段引文又可看出黑格尔的唯心主义哲学观点，"数是中介于感性事物和思想之间的"，而就是"毕泰戈拉斯派也不能清楚地通过思想来表达'绝对'和第一原则，所以他们来求助于数。"但是本节附释三的编者一本其老师黑格尔的思想体系从听讲的笔记抄录成附释时，便写道："由[于上段的分析]我们就可以知道，何以有人会以为毕泰戈拉斯之认数为事物的本质这种说法是显得太过趋于极端。这样想法的批评者也承认，我们确是可以计数事物的，但是他们这样争辩说：可是事物不仅仅就是数。把事物不仅只作为数的这种说法，当然谁都可以承认，但是问题就是，事物不仅只是数，或者说是较多于数，是在于

① 请注意，毕泰戈拉斯本人活动在公元前六世纪，而继承并扩大了他的思想的后人称为"毕泰戈拉斯派"的最早也在公元前350年才有其文献流传下来。

② 引自黑格尔著，北京大学哲学系外国哲学史教研室译：《哲学史讲演录》，北京：生活·读书·新知三联书店，1956年，第219页。

什么呢？普通的感官意识，依照它的观点是决不会迟疑地对于这里所提出的问题指向感性知觉那方面去求解答的，因而就说，事物不仅只是可计数的，而且还是可见的、可嗅的、可触的等等。照近代的话语来说，依照普通感官意识这样提出问题的人们，其所对于毕泰戈拉斯哲学的批评，可以归结为认毕氏的学说太偏于唯心了。但是，就我们刚才对于毕泰戈拉斯的哲学在历史上的地位的这种看法，事实上恰好就是和上面的批评相反。就说承认事物不仅只是数吧。但是这种说法应该理解为仅只是说，数的思想还不足以充分表示事物的总念或其确定的本质。所以，与其说毕泰戈拉斯的关于数的哲学太偏于唯心，就不如干脆反过来说他的哲学不够唯心。我们要一直等到伊里亚学派像巴曼尼得斯的哲学那样才进一步达到了纯思的哲学，而毕泰戈拉斯的数论不过是一道前进的桥梁罢了。”

这就是本节附释三第二段的内容。可是，毕泰戈拉斯与其学派对于数的观念还有未彻底了解之处而有待进一步的分析与说明的。这就是附释三第三段的内容，我们现在首先看看这段的中译文。

> 240.1 此外，即使没有事物，亦会有事物的情状，一般的自然现象，其特性主要的亦建筑在确定的数和数的关系上。音的差别与音之谐和的配合特别是具有数的特性，大家都知道，据说毕泰戈拉斯之所以认数为事物的本质，即是由于观察音调的现象所启示。虽说将音调的现象追溯到其所依据的确定的数，于科学的研究极关重要，但亦绝不可因此便容许将思想的特性全认作仅是数的特性。我们诚然觉得有趋于将思想之最普遍的特性与最基本的几个数字相联系，因而说一是单纯直接的思想，二代表思想的区别和间接性，三是二者的统一。但这种联系乃完全是外在的，这些数的本身并没有什么性质足以表示这些确定的思想。我们愈是进一步采用这种傅会①的方法，则确定数目与确定思想的关系将愈趋武断。譬如我们可以认4为1与3之合，也为这两种②数的思想之联合，但4同样亦可说是

① 这里中译文的“傅会”一般是用“附会”这个词组的，即把原是互不关联的事物勉强拉到一起。

② 这里的“种”字应是“个”字。

2的两倍[①]。同样9亦不仅是3的平方，而又是8与1，7与2等等的总合。认某种数目或某种图形[②]有特殊的重要性，如近年许多秘密团体之所为，这一方面固会妨作为消遣的玩艺，但一方面亦是思想薄弱的表征。我们固然可以说在这些数字及图形的后面含有很深的意义，亦可引起我们许多思想。但就哲学而论，不重我们可以思想，而重我们真实思想，思想的真正质素不在于武断地选择的符号，而须自思想的本身去寻求。

这里附释三的第三段的内容主要是本节附释三的编者根据其老师黑格尔的唯心主义哲学观点把世间的一切事物都说成是主观思想所形成的这种显然是古希腊典型唯心主义哲学家柏拉图的说法，即以本段的开头一句来说，"即使没有事物也会有事物的情状"，其唯心主义的观点是昭然若揭的了。事物所表现的情状哪能离开客观事物而有其存在的呢？我们得要本着这种毫无事实根据的观点来看本节的内容才能看到其真相。那么，本段的文字用较通俗的话语来重述，也就毋须更加以解释了："还有一点，就是纵然没有客观的事物，也一样会有事物的情状的，而且又会有一般自然的现象，而这些情状与现象的特性主要也是建筑在确定的数和数的关系上的。至于音的差别以及音的谐和之配合是特别具有数的特性的。大家都知道，毕泰戈拉斯之所以认为数是事物的本质，据说就是由于他观察音调的现象之所启示。可是，虽说把音调的现象追溯到其所依据的确定的数，对于科学的研究是极关重要的，但是却绝不可因此就可以把思想的特性全都认为就仅只是数的特性。"这也就是附释编者反映黑格尔的观点，认为思想才是事物的根据，而毕泰戈拉斯与其流派之把数来说明事物不过是过渡到事物的真谛之第一步或说桥梁而已，但还未达到终点，那就是纯思，而更露骨地说，还未达到黑格尔以绝对理念为基础的绝对唯心主义[③]体系。然而我们还是继续来看这段余下的话语吧！附释的编者接

① 这里的"两倍"是因2×2得4，于是6=2×3，即2的三倍了。

② 这里以及接着下句的"图形"应中译为"符号"方合。

③ 在这里我们得要指出汉语的"唯心主义"这个哲学名词原是法语的 idéalisme，英语的 idealism 和德语的 der Idealismus 的中译，其词根不是 ideal（理想）而是 idea，即古希腊语的 Ιδέα，就是柏拉图的"观念"，idealism 这词的 I 是为了发音而加上去的。idea 一般也中译为"思想"。

着写道:"我们确是觉得有着趋向于把思想的最普遍特性与最基本的几个数字联系起来,因而就说一是单纯直接的思想,二是代表思想的区别和间接性的,三就是一与二的统一。但是这种联系完全是外在的,因为这些数的本身并没有什么性质是能够表示这些确定的思想的。我们越是进一步采用上面这种牵强附会的方法勉强拉在一起,结果就是确定的数目和确定的思想的关系就会越来越趋向于武断了。譬如说,我们可以认为4就是1和3的结合,也是这两个数1和3的思想之联合。但是,4同样又可说是2的加倍。同样9也不仅仅是3的平方,而又是8和1,7和2等等的总和。认为某种数目或代表某种数目的符号,如8,9等等是有特殊的重要性的,像近年来许多的秘密团体的那样做,一方面这固然是可以作为一种消遣时间的玩意,但另一方面这也是薄弱思想的表征。我们固然是可以说在这些数字和符号的后面,是包含着很深远的意义的,又可以引起我们许多的思想。但是从哲学讲来,重要的不是我们可以思想,而是我们真正在思想。思想的真正质素不是在于任意选择的符号,而是在于从思想本身来寻找。"

这第一〇四节的正文和附释用了很长的篇幅来阐述等级里的限量,从而引起限量的无限超出其限度,于是就引用古代毕泰戈拉斯与其流派的数论学说来分析数的本质,说明数依然不能表达思想的真正素质,而得要在限量之外在化里才能构成它的质的。这就是紧接着在下面的第一〇五节的内容。现在我们首先看看这节的中译文。

240.2 第一〇五节

本节紧接着上节谈到在限量外化里构成它的质而形成质量结合这个问题,从而附释并谈到量的无限进展形成量的比例。本节一共有一段正文和一段附释。兹先看看正文的中译文。

240.3 限量之外在化之在其自为的特性①里便构成它的质。在它的外在性,它就是它自己,自己与自己相关。在限量里,外在性亦即量,自为性②,亦即质,得一联合③。限量这样地建立其自身,便是

① 这里的"特性"仍是德语 die Bestimmtheit 这词,应中译为"规定性"。

② 这里的"自为性"是德语的 das Fürsichseienden 之中译,应译为"自为之有"。

③ 这里的"得一联合"是德语的 darin vereinigt 之译,还以中译为"就此联合起来了"较明白而确切。

量的比例,——这种特性既是一直接的限量,比例的指数,亦是一间接性,即某一限量与另一限量的关系,形成比例的两端①。这比例的两端虽其直接的价值未经公认②,但其价值仅在于这比例的关系中。

这段正文,即使按其原来的德文像我们的脚注那样子以改译了某些词句之后,依然是难懂的,因之我们得要按照黑格尔的术语之含义加上某些解释的话语才是可读的。所以我们就如下给以重写:"限量在它的外在化里,仍有其自为的一个契机,而这自为的契机乃是'自为之有'而不是自在的,不是从它本身来说的,而是与其对立面有着意识上的联系的;作为量来说,限量固然是自在的,直接性的,量就是量,然而由于它的限度,它也就有了为它的限度所限定,于是它就有了质,就是它的自为之一种规定性。所以说在其自为的性质里便构成它的质。作为量来说,限量本是自己与自己的关系,而作为限量说,它却是带有与它的关系,即与其限度的关系。所以限量之作为量就是量,而作为限量就是质,可是整个说来,限量就是量与质的联合。"这就是本段正文前截之说明限量的含义。其第二截是用比例这个数的形式来说明在限量里量与质之联合的。

这后一截是说,"限量是如上截那样建立其自身,作为量性的一种关系,也就是数学上的比例。这种比例的规定性,既有其直接性的限量如6∶3=2,其中的6∶3就是一种有限定的量,而又有其等号后面的2,作为这比例的指数③。这也就是一个间接性,于是就有了一个限量,如6∶3,与另一个限量如2,这两个限量的关系,而形成比例的两端,或说两边。严格点说,两率。这个比例的两端即两率,即6∶3和2,并不是按它们表面上的价值而生效的,而是仅只在于比例的关系中有其价值的。"

这里的比例这个数的形式在黑格尔的正文中只是作为一个在数上的实例来说明限量之为量与质的联合的。然而量的比例之本身还有待于进一步的述说,这就是本节一段附释的内容。现在让我们看看这段附释的中译文吧!

---

① 这里的"端"是原文的 die Seiten 之译,但在这里作为数学的比例之一名词则应译为"率"。

② 按原文这字句应中译为"并不是按它们表面上的价值而有效的"。

③ 这里的"指数"是德文的 der Exponent 之中译,英语常用 index 这词。

241.1 附释：量的无穷进展最初似为数之不断地超出其自身。但细究起来，则量便显得在这一进展的过程里回复到它的自身。因为从思想看来，量的无穷进展所包含的意义只是以数规定数的过程罢了。而这种以数规定数的过程便是量的比例。譬如以 2∶4 为例，这里我们便有两个数，我们不能直接确定其价值，而我们所寻求的只是这两个数彼此间相互的关系。但这两项的关系（比例的指数）本身即是一数，这数与在比例的两项的区别，在于此数（即指数）一变，则两项之比例即随之变，反之两项虽变，而其比例却不受影响，而且只要指数不变，则两项的比例不变。因此我们可以用 3∶6 代替 2∶4，而不改变两者间的比例，因为在两个例子中，2 的指数仍是一样。

这段附释的文字极为显浅，无须再加解释，其内容也不过重复上面业已讲过的数之不断进展和数之规定数的过程就是比例而已。现在我们略把这段文字通俗化一点重写出来如下："数之无穷进展，最初看起来，似乎是数之不断超出数的自身。其实不然，只细究起来，量就显然是在这一种进展的过程里回复到数本身来，因为从思想看来，量之无穷进展所包含的真谛只是用数来规定数的过程罢了。然而，这种用数来规定数的过程也就是量的比例。譬如拿 2∶4 作为一个例子来说，在这里我们便有两个数，即 2 与 4，是我们不能直接确定其价值的，而我们所寻求的却只是这两个数 2 与 4 的彼此之间的相互关系。但是这两个项的关系（即比例的指数）本身也是一个数，可是这个数（即比例的指数）和所说作为两项的数之区别就是在于指数这个数一有改变，两项的数之比例就随着改变了。反过来说，作为两项的两个数虽有改变，它们的比例也能不受影响，然而只要指数这个数不变，则作为两项的数之比例也不变，因此，我们可以用 3∶6 来代替 2∶4，而并不改变两项之间的比例，因为在这两个例子中的指数仍然是 2。"简单地说，比如 6∶3＝2，2 变则比例变，但比例的两项之数可变而 2 却不变，比如 4∶2 可变为 8∶4，而一样是 2 作为指数。"

这就结束了第一〇五节的附释，同时也就结束了全部第一〇五节了。紧跟在下面的第一〇六节就是关于"量"这个较大的范畴之向前发展的过渡性之一节，所以我们得要首先阅读这节的中译文，从而注意到从"量"过渡到"尺度"的关键。

241.2 第一〇六节

这节是旨在阐明从“量”过渡到“尺度”的过程的，可是黑格尔以其作为讲课提纲的正文所占的篇幅甚短，以原来的德文计只 47 个单字，而以贺氏的中译文计，也不过两行多，因而不免是晦涩难读的。可是其中的所从出发的观念仍是“限量”这个作为范畴的一个观念，而在这个列宁评为“给人一种非常勉强而又空洞的印象”①的“自为之有”的这个“限量”之契机中，却有着其“外在而似是无所轩轾的即无所轻重的一契机”②而又加上其本质所在的“自为之有”③，因而也就更加不易理解了。然而，若果抓住这两个特性而预先细看本节附释的第一段，则本节的从“量”过渡到“尺度”的关键也不难掌握。兹先看看黑格尔正文的中译文。

> 241.3 比例的两项仍然是直接的限量，因为质的特性和量的特性彼此仍然是外在的，但就质和量的真理来说，量之自身在它的外在性里即是它的自我关系，或量的独立性④及中立性⑤两特性的联合，则量便是尺度⑥。

黑格尔本节正文是为了写出由“量”过渡到“尺度”。故其行文多是引申上节正文的词句从而点出“尺度”这个过渡到的范畴，因之第一句便指出比例的两项如 6∶2 之 6 与 2，仍然都是直接的亦即一望而知不假思索便知的有限度之量，然而上节正文曾说到“量”与“质”的联合便是量的比例，那么，如上那样说来，量的比例中之“质”又怎样予以处理呢？黑格尔的答复是：“质的规定⑦和量的规定仍然是互相外在而非本来联系着的，

---

① 列宁：《哲学笔记》，北京：人民出版社，1956 年，第 92 页。

② 这个较为复杂的形容词是德文的 die Gleichgültigkeit 之中译，贺氏译为“中立性”是根据瓦拉士的 indifference 之英译而未能尽其义的。

③ 这里的“自为之有”即“自有”是德文的 Fürsichsein 之中译，贺氏译作“独立性”，是根据瓦拉士的 independence 的英译而未能透露其主要含义的，其 Fürsich 似是独立的“自为”但又有其意识到其对立面才“自为”的。

④ 见上条脚注。

⑤ 参见上面“自为之有”脚注。

⑥ “尺度”是黑格尔所用的德文 das Mass 之中译，又中译为“度”，见列宁《哲学笔记》中译本，人民出版社，1956 年北京版。

⑦ 这里的“规定”是原德文的 die Bestimmung 之中译，贺译为“特性”未免太泛，是依瓦拉士英译的 characters 这词的。

所以就得要另有处理。”但是就“质”和“量”的究竟意义①来说，量的自身，如上节正文所曾指出，“限量”之外在化，之在其自为的这种规定性里②便构成它的“质”，于是便点出了“质”来。可是上节正文又曾指出，在“限量”之作为“量”来说，在它的外在性里，它就是它自己，比如 5 这个量也就是 5 而不是别的量，因之这个数量无非是自己说明自己的这种自己与自己的自我关系，即 aRa 的关系，所以就是③“量”的自为之有与其无所轻重的两个规定性的联合，也就“量”与“质”的联合，那就是“尺度”了。

这也就是第一〇六节黑格尔正文之加上我们的根据第一〇五节正文之解释。可是即令加上初步的解释，其所含蕴之意义还有未曾透漏出来的地方得要往下阅读后人加上的两段附释才能深入理解。我们就先看看其第一段的中译文。

> 241.3 附释：量凭借前面所究察的它的各环节之矛盾进展的运动，而表明为回复到质。我们见得量的总念最初为扬弃了的质，亦即是与“有”不同一的质，而只是“有”的外在的不相干的特质④。对于量的这种看法，如像前面所说的，乃是通常数学对于量的界说认量为可增可减者⑤的看法的基础。初看起来，这界说似乎是说量只是一般可变化者（因为可增可减仅不过是量的另一说法）⑥，因而也许使得量与限有（质之第二阶段，就其本质而言，亦同样可认作可变化者。）没有区别。所以对量的⑦界说的内容可加以补充说，在量里我们有一个可变化之物，这物虽经过变化，却仍是同一之物，这种对于量的看法因此便包含有一内在的矛盾。而这矛盾就是构成量的矛盾

① 这里的“究竟意义”是德文的 die Wahrheit 之中译，比一般之译为“真理”，在这里较确切。

② 这里的“规范性”是德文的 die Bestimmtheit 之中译，这词与上面译为“规定”的 die Bestimmung 有别，前者是名词，后者是动名词。

③ 这里的原文是德文的 oder 这词，有如英语的 or 那样，在这种情况下应中译为“即”或“就是”，而贺译为“或”是错的。

④ 请参看上面第九十九节的正文第一段，见贺译本第 227 页。

⑤ 见上节第九十九节正文标志为(二)之一段里。

⑥ 按“量”这词从欧洲的法语之 quantite，英语之 quantity 和德语之 die Quantität 来说都是源自拉丁语之 quantus 这词的，而这词的原意乃是“多少”的意思，也就是“或多或少”。

⑦ 这里应加上定冠词“这”，原译太泛了。

进展的因素。但量的矛盾进展的结果并不是仅回复到质，好像是认质为真而认量为妄的总念似的，而乃是进展到质与量两者的统一和真理，有质的量或尺度。

这附释的第一段文字是不难读懂的，大意是说，“根据前面关于量的各个环节所研究得到的矛盾进展的辩证运动来说，量之变化是回复到质去的。始初呈现出来的量之概念原是被扬弃了的质，也就是和‘有’不相同的‘质’，而只是对于‘有’来说是外在的而且是无关重要的一种规定性[①]。这样来看‘量’，也就是通常数学之对于‘量’的界说，把‘量’认为是可增可减的东西，或多或少的东西。初看起来，这种界说好像是说量只是一般可以变化的东西，因为按量这词的语原就是或多或少的意思，因而就可能使‘量’和‘质’的发展之第二阶段的‘限有’没有区别，因为“限有”同样是可以认作可变化的。这样原定关于量的界说，未免太泛了，所以对于量的这个原来的界说之内容就可以补充一点来说：在量里，我们有一个可变化的东西，而这东西即使经过变化了它之为多少，其为量则仍然是量。像这种对于量的看法，既然量含有一可变化的成分，那它就是有一种内在的矛盾了，从而构成量的矛盾进展的因素。可是量的矛盾进展的辩证过程之结果，却不是仅只回复到它原来从而变化的‘质’，好像认为‘质’是一个真的总念而认为‘量’是一个不真的总念似的，其实量的矛盾进展的结果乃是达到质与量的统一，达到质与量的究竟意义，成为有质的量这个更高的范畴，也就是‘尺度’。”

这样我们就终之由“有论”的“量”这第二个大范畴过渡到“尺度”这第三个大范畴了，可是第一〇六节的附释还有其第二段是说明在人们用‘量’这个范畴时，其目标总是要达到关于尺度的知识的。现在就让我们看看这段的中译文吧！

242.1 这里我们还可以说，当我们观察客观世界时，我们便是用的量的范畴。事实上我们这种研究所念的目标，总在于达到关于尺度的知识。这点即在我们日常的语言里也常常暗示到，当我们要确

① 这里的“规定性”是德文的 die Bestimmtheit 这个名词之中译，贺译为“特性”又是根据瓦拉士的 character 这个不正确的英译的。

知事物之量的性质即关系时，我们便称之为度数或尺度。例如，我们衡量在振动中的不同的弦的长度，而着眼于知道各弦的振动所引起的与弦的长度相应的音调之质的差异。同样，在化学里，我们设法去确知各种资料相化合的量，藉以求出决定这些化合物的尺度或比例。这就是说，去知道那些产生确定的质之量。又如在统计学里，研究所用的数字之所以重要，仅由于这些数字所代表的质的结果。如果只是些数字的堆集，没有这里所提及的指导的目标，则这只可以算作无聊的玩意儿，既不能满足理论的兴趣，亦不能满足实际的要求。

这附释的第二段的内容是说明人们用量这个范畴是为了达到一种关于尺度的目标的，不但在日常生活里还是在科学研究里都是这样的，所以附释的编者大都根据听黑格尔讲课的笔记就这样写道："我们在这里还可以说，在我们观察客观世界的时候，我们就是用量的范畴的。事实上，我们这种研究所树立的目标总是在于达到关于尺度的知识的。就是在我们的日常生活里所用的语言也常常暗示到这点。譬如，在我们想要确实知道事物的量之特色和关系的时候，我们就说是在找尺度。例如，我们在衡量振动中的不同的弦的长度时，就是要知道各弦的振动所引起的音调之差异，是怎样与弦的长度相适应的。同样，在化学里，我们设法去明确知道各种化学物质在化合中的数量，从而求出决定这些化合物的尺度或说比例，这就是说，去知道那些产生确定的质之数量。又如在统计学里，研究所用的数字之所以是重要的，仅只由于这些数字所代表的从质来说的结果。如果只有一些数字堆集起来而没有这里所注意的目标，那就只可算作一种无聊的玩艺，既没有满足理论的兴趣，也没有满足实际的兴趣的。"

这也就结束了关于"量"的部分之讨论，而接着的就是"尺度"的部分了。

丙、尺　度

243.1 丙　尺度(Das Mass)

"尺度"这个"有论"的第三大部分是不似其第一大部分的"质"之标志为甲和第二大部分的"量之标志为乙，各有若干从属的范畴分别标志为

A,B,C 的,而只有一个"尺度"的总标志,包括有一共从第一〇七至一一一节的五节。兹先看看第一〇七节。

243.2 第一〇七节

这节只有黑格尔的一段简短的正文,只一句话,说明"尺度"是有"质"的"量",而后人加入一段较长的附释,是阐明"尺度"就是完成的"有"这个命题,并举出若干的例证,兹先读正文的中译文。

243.3 尺度是有质的限量,尺度最初乃是一直接性的限量,不过是具有一确定的限有或质之限量。

尺度本是以之为准的东西,如缝衣必定量身的尺码,因为身材的大小宽狭就是衣服的尺度,所以黑格尔在作为讲课提纲的正文,就只是写道:"尺度是有质的限量。"一人的身材是有它的大小宽窄的度数作为质的,而这种质也就限定了它的尺码这种量,故为限量,但是任何这样的尺度最初就是一种直接性的,即不费思索而看得到的限量,例如身长二尺半,袖长多少,是一量便知道的,不过在量身的时候,就有了一个确定的"限有",而具有一定性质的"限量",这是易明的。

下面的附释就比较详细而同时是用例证来说明的。现在首先阅读这段附释的中译文。

243.4 附释:就尺度之为质与量之统一而言,因此也同时可以说是完成的有。当我们最初说道"有"时,"有"显得是一纯全抽象而无性格的东西;但有的本性即在于决定其自身,而它在尺度中达到其完成的性格尺度,一如其他各阶段的有,亦可被认作对于绝对之一界说。因此有人便说,上帝是万物之尺度。这种看法亦是构成许多古代希伯来①颂诗的基调,这些颂诗大体上认上帝的光荣即在于它能赋予一切事物以尺度——赋予海洋与大陆,河流与山岳,并且赋予各式各样的植物与动物以尺度。在希腊人的宗教意识里,尺度之神圣性,特别在社会伦理方面的神圣性,便被想象为一个司公正复仇之纳美西斯(Nemesis)女神。在这个观念里,包含有一个一般的信念,即

① "希伯来"是 Hebrew 这个种族名之音译,以色列犹太人属之,其语言就称为希伯来语。这里所说的颂诗大体是见诸基督教《圣经》的《旧约》部分里的,如《诗篇》《雅歌》等部,但今中译本是采散文体裁的。

举凡一切人世间的事物,财富、荣誉、权力、甚至快乐痛苦等——皆有其确定的尺度,超越这尺度就会招致毁灭,即在客观世界里亦有尺度可寻。在自然界我们首先看见许多存在,其主要的内容乃系为尺度所构成。譬如太阳系即系如此,太阳系我们一般的可以认作有自由尺度的世界。如果我们进一步去观察无机的自然,则在这里尺度便似乎退避于后面去了,因为我们时常发现无机物之质的特性与量的特性,彼此显得好像互不相干。譬如一块崖石或一道河流,因为有了某种的质,却并不限定于有某种的体积。但即就这种无机物而论,若细加观察,也不是完全没有尺度的。因为河里的水和构成崖石的各个成分,若加以化学的分析,便可见得它们的质是与它们所包含的元素之量有比例的关系,而在有机的自然里,尺度就更为显著,可为吾人所直接察觉到。不同类的植物和动物,就全体论以及就其各部分而论,皆有某种尺度,不过尚有须得注意者,即那些比较不完全的或比较接近无机物的各种有机的型式,由于它们的尺度之不大分明,与较高级的有机物亦有部分的区别。譬如,在化石中,我们发现有所谓帆螺壳(Ammonshörner),其尺度之不分明,只有用显微镜才可以认识,而许多别的化石,其尺度之大有如一车轮。同样的尺度之不分明,还表现在许多低级的有机发展之植物中,例如凤尾草。

这个较长一段的附释主要一方面是指出尺度乃是决定各类存在东西的性格的,而另一方面,其尺度是在各种程度上不甚分明的。这段的附释首先是判定,尺度,由于它是质与量的统一,所以就可以说是"有"之到了完成的程度,因之尺度就是万象的标准。可是作为万象的始点之"有",是一种纯全抽象而没有确定性格的东西,然而"有"的本质却在于决定其自身的。只有"有"之在尺度中,才是达到它的完成性格的。尺度作为质与量的统一来说,是万象整体发展之一个阶段,所以它像各个阶段的"有"一样,也可以说得上是绝对观念的一种界说,在其所在的阶段上说明绝对观念的。譬如就有人说上帝是万象的尺度,这种说法于是就构成了许多古代希伯来人的颂赞上帝的诗歌之基调,这些颂诗大体上是认为上帝的光荣乃是在于它之能赋予一切的事物以其应有的尺度——赋予海洋与大陆,河流与山岳,以及各式各样的植物与动物以其尺度。在古希腊人的宗教意识里，把尺度之神圣性，特别是把社会伦理这方面的神圣性想象为一个司理公正复仇的纳美西斯(Nemesis)女神。在这个观念里包含有一个一般的信念，那就是所有一切人世间的事物——财富、荣誉、权利甚至快乐与痛苦等——都莫不有确定的尺度，一超出这尺度，就会招致毁灭。即令在客观的世界里，也是有一定的尺度的。在自然界里，我们首先就看见许多存在的东西，其主要的内容也就是尺度所构成的。譬如太阳系就是这样。我们一般认为太阳系是有其自己范围内的尺度的①。如果我们进一步去观察无机的自然，这里的尺度就似乎退到后面去了。因为我们时常发现在这里的无机物的质之特性与其量之特性显得好像是彼此互不相干的。譬如一块岩石或者一道河流，有了某种的质，并不限定有某种的量②。但是甚至就这种无机物来说，如果我们加以仔细地观察，也不是完全没有尺度的。其所以是如此，乃是因为河里的水和构成岩石的各个成分，如果加以化学的分析，就可以见到它们的质是同它们所包含的元素之量有比例的关系的，而在有机的自然里，尺度就更为显著了，这是可以被我们直接察觉得到的。不同类的植物和动物就全体来说也好，就各部分来说也好，都是某种尺度的，不过还有得要注意的地方，那就是，那些比较不完全的或者比较接近无机物的各种有机物的型式，由于它们的尺度之不大分明，也同较高级的有机物有着部分的区别。譬如，在化石中，我们就发现有叫做帆螺壳(Ammonshörner)，其尺度之不分明，只有用显微镜才可以认识得到，而许多别的化石其尺度之大是像一个车轮那样的。同样的尺度不分明，还表现在许多低级的有机发展之植物当中，例如凤尾草。

这就是第一〇七节附释的内容，于是也就结束了这全节的内容了。接着就是第一〇八节，谈到质与量的两种可能之关系的。我们现在首先看看这下面一节的中译文，但是先要明了这一节的主要题目。

---

① 这里贺译是“有自由尺度的世界”，看来颇费解，但本编者手边的德文本是没有任何附释的，因之无从校正。然而瓦拉士的英译是 The realm of free measures，而这里的 free 这个形容词不能生硬地中译为“自由”产生误会，故按此词之原来的意义之为“不受外来的束缚”而改译为“有其自己范围内的”。

② 这里的“量”是德文的 die Grosse 之中译。

244.1 第一〇八节

本节有黑格尔简短的一段正文加上后人编写的较长一段附释。其正文只提出上面所提过的质与量的两种可能的关系，而附释是讨论量变超过一定限度时就会引起质变这条十分重要的规律，而且是举出一些例证来说明的，兹先看看正文的中译文。

> 244.2 就尺度之只是质与量的直接的统一而言，则两者间之区别，亦同样表现为直接形式。于是质与量的关系便有两种可能。第一种可能的关系，为那特殊的限量或限度只是一单纯的限量，而那特殊的存在或限有是可增可减的，而不至于因此便取消了尺度，尺度在这里即是一规律。第二种可能的关系为限量的变化，亦是质的变化。

这段黑格尔的正文，初读起来，不易理解，但参看又称为《大逻辑》的黑格尔《逻辑学》关于“特殊的量”之一章，是有帮助来看这里黑格尔讲课提纲的词句的。在《逻辑学》这章里有：“这种特殊的定量，与别的定量相比，成为一种量的特殊化，是漠不相关的①定量的扬弃②。尺度既是如上面所阐明乃是‘质’与‘量’的直接的统一，那么这质与量之间的区别，也同样表现为一种直接性的形式。”那就是“成为了一种量的特殊化的无足轻重的定量的扬弃”，而扬弃了定量，所以它就是一个单纯的量，因而就是表现为量的直接形式，即不假思索便一看而知的。

在这段正文这里紧跟在后面的中译本之一句：“于是质与量的关系[在这种尺度之为单纯的量的里面]便有两种关系之可能”。这是原文所没有而贺译根据瓦拉士的英译外加上去以便引起下文的，不无可取。其两种关系中的“第一种是那[尺度之作为]特殊的限量即限度[来说]只是一个单纯的限量[如三十等]，而那特殊的存在或限有是可增可减的[例如可增为为三十一，又可减为二十九]，而不致因此[的增减]便取消了尺度，因为尺度在这里不过是按条件可增可减的一种规律③。这是两种可能关系之第一种。第二种可能的关系是限量的变化也是质的变化”，也就是量

---

① 这里的“漠不相关的”似是英译的 indifferent 这词之重译，但我们认为中译为“无足轻重的”较合其前后文。

② 见杨一之的中译本，商务印书馆 1974 年北京版第 361 页。

③ 尺度限定了某物的结构，因而就限定该物的质，所以就是某物的一种规律。

变在一定条件下质也随之而变。

这是正文的全文加上必要的解释的。以下便是本节的附释，篇幅较长，兹先看它的中译文。

244.3 附释：在尺度中具有质与量的统一，最初是潜伏的，尚未显明地实现出来。换言之，这两个在尺度中统一起来的范畴，每一个都要求其独立的效准。因此一方面现有之量的特性可以改变，而不致影响它的质。但同时另一方面这种不影响质的量之增减亦有其限度，一超出其限度，就会引起质的改变。譬如水的温度最初是不影响水的流动性的。但流动的水的温度之增加或减少，却有一个限度，到了这限度，这水的凝结状态就发生质的变化，而这水一方面会变成蒸汽，另一方面会变成冰。一种量的变化之发生，最初好像是完全无关重轻似的，但后面却蕴藏着别的事物使得这表面上无足重轻的量的变化，好像是一种机巧，藉以把握住质[或引起质的变化]。（译者按：黑格尔认量变以达到质变为目的，质变藉量变为实现其自身之手段，这叫做总念的机巧，亦即理性的机巧，这是他藉目的论的看法，以指出质变量变好像是目的与手段的关系。参看《大逻辑》第一篇第三章论限量部分[1]，并参看本书下面第二〇九节论理性的机巧。）这里所含蕴的尺度的矛盾，古代希腊哲学家已经在不同的形式下表明了。譬如，问一粒枣是否可以形成一堆枣，又如问从马尾上拔去一根毛，是否可以形成一秃的马尾？当我们最初想到量的性质，以量为"有"之外在的不相干的特性时，我们自会倾向于对这两个问题予以否定的答复。但是我们亦须承认，这种看来好像不相干的量之增减亦有其限度，只要最后一达到这极点，则继续再加一粒麦就可形成一堆麦，继续再拔一根毛[2]，就可产生一秃的马尾。这些例子与一个农人

① 这里是贺译在按语中的错引，应是《大逻辑》的第二篇第二章，查《大逻辑》的杨一之中译本或 W. H. Johnston 与 L. G. Struthers 的英译本都可知道。本编者手边无《大逻辑》的德文本，故不能查对。

② 这里和下面农人故事里的"继续再加一粒麦，再拔一根毛"和"继续一两一两地不断增加"和"一粒麦，一根毛，一两"是根本上的不同概念，两者混淆便是思想混乱的一种诡辩，所以实在是涉及思想的。

的故事，颇有相同处，据说有一农人，当他看见他的驴子拖着东西愉快地行走时，他继续一两一两地不断增加它的负担，一直到后来这驴子担负不起这重量而倒下了。如果我们只是把这些例子解释为学究式的玩笑，便会陷于严重的错误，因为它们实在是涉及思想，而对于思想的性质有所认识，与实际生活，特别伦理关系①皆属异常重要。譬如，就用钱而论，在某种范围内，多用或少用，并不关紧要。但是当对一件事在特殊情形下，所应费用的尺度，一经超过，用得太多，或用得太少，就会引起质的改变(如像上面例子中所说的由于水的不同的温度，而起的质的变化一样)，而原来可以认作节俭的行为，就会变成奢侈或吝啬了。同样的原则亦可应用到政治方面。在某种限度内，一个国家的宪法可以认为既独立于亦依赖于面积的大小，居民的多少，以及其他量的特性。譬如，当我们讨论一个具有一万方英里面积及四百万人口的国家时，则我们无庸迟疑地当即可承认几方英里的面积或几千人口的增减对于这国家的宪法绝不会有重大的影响。但反之，我们必不可忘记，当国家内的面积或人口之不断的增加或减少，一达到某一极限点时，除开别的情形不论，只是由于量的变化，就会使得宪法的质不能不改变。瑞士一小邦的宪法决不适宜于一大帝国，同样罗马帝国的宪法如果移置于德国一小城，亦不会适合。

这一段的附释，其篇幅比较长，然而其思路与论证是清楚而易读的，只要读者注意到我们所加上的几条脚注，从而改正原译，并且注意到我们在分析这附释的内容作为几个小段时所另加上的意见，读时就无须别有解释了。

看来，这一长段的附释是可略分为下列的几小段的：第一，到中译本第245页的起头之“会引起质的改变”为止，是指出尺度之作为质与量的统一，其限有可增减之量可变而并不影响其质，然而却有其一定的限度，超出这限度，也就会影响到质了。在这一小段里，请掌握“限有之量”即“限量”的性质，它既是“限量”，那就是“有限度的量”(第一〇一节)而这个限度是随该量之大小而变动的，故在限度之内，量之变不影响其质，然而

① 这里的“伦理关系”的“伦理的”应是德语的 sittlich 之中译，但 sittlich 从 die Sitte 而来，是有“伦理”的“伦常”的意思，但这个德语词 die Sitte 还有“习惯”、“风尚”、“品行”等意思，而在这里中译为“伦理的”是不适宜的，中译为“品行的”较妥。

超过这限度,则量变质亦变。第二小段到"会变成冰"为止,是以水为一实例,说明第一小段所提出的一般原则,无须另有解释。第三小段到方括号内的"[或引起质的变化]"为止,是说明何以超出限度,就有量变而质变,而在限度以内就没有。附释的编者把这说成是"一种机巧"。贺氏的"译者按"说这种所谓机巧是"目的论的看法",这未免是没有抓到黑格尔与其门人的本意。我们认为这里的"机巧"就是黑格尔思想中经常存在着的"神意"这个基督教神学的观念,这就是第三小段的主要内容。其接着的第四小段不过是用几个颇为生动的例子来说明限度的意义罢了,一直到本附释末为止的。其中有几处在文字上或中译文上是本编者认为得要略加解释的,就是:(1)"量为'有'之外在的"这个短语是说,量是外在于质的意思。(2)中译本的"伦理关系"之"伦理"这词殊不适合,我们在脚注里业已说明,请读者注意。显然,严格说来,用钱的问题,一般说来,不是伦常的问题而是行为的问题。(3)最后谈到"国家的宪法"之"宪法"这个词不应死硬地作为"宪法"来理解,而应理解为一个国家的制度和组织,其中国体是其最基本的一项。附释的编者写到这点时,强调疆土的面积和人口的多寡,是受到亚里斯多德的《雅典政制》这书的影响的①。

这就是第一〇八节附释的主要内容,接着便是第一〇九节。让我们往下看吧!

246.1 第一〇九节

本节的主要内容是谈"无尺度"这个观念的,其黑格尔的正文亦较简短,而其后人加上的附释是阐明"突变"这个非常重要的现象的。现在我们首先看看本节正文的中译文。

246.2 就质与量的第二种可能的关系而言,所谓"无尺度"(Das Masslose)就是由一个尺度[质量统一体]之量的变化②超出了它的质的范围③而来,不过这第二种量的关系,与第一种质量统一体的关

① 这里的亚里士多德之《雅典政制》,又可中译为《雅典宪法》,为亚里士多德生前刊出的唯一著作,有日知、力野的中译本,由生活·读书·新知三联书店于1957年在北京出版。

② 依原文这里应中译为"量之变化的性质"。

③ 依原文这里是 Qualitätobestimmtheit 直接中译为"质的规定性"较妥。

系相比，虽说是无尺度①，但仍然是具有质的，因此无尺度仍然同样是一种尺度[质量统一体]。这两种过渡，由质过渡到限量，由限量复过渡到质，可以表象为无限进展，为尺度之扬弃其自身成为无尺度，而又回复其自身成为尺度的无限进展。

这段黑格尔的正文主要是说明有所谓“无尺度”之范畴依然同样是一种尺度，而且由于它的尺度之不断向前推移，因而就形成一种无穷的进展罢了。在文字上这段正文似乎不易读懂，所以我们加上一些解释性的词句重写如下以求通俗：“从质与量的第二种可能的关系来说，所谓‘无尺度’，就是通过它的尺度之[变化的]性质，从而向外越出它的质之规定性。可是这第二种的量的关系和第一种尺度的关系比较起来，虽然是说为无尺度的，然而它仍然是具有质的，不过原来的尺度的质之成分被超出罢了。而在超出原来的尺度之后，又复有另一尺度发生，因此，无尺度这个范畴仍然也有其尺度。于是始初是由质[即有]过渡到量，而限量，复由限量又过渡到质，这两种过渡，循环反复，表象为无穷的进展，成为尺度之不断被超出而又富有尺度，这是尺度之不断扬弃其自身成为无尺度”，而作为一种过渡性的范畴。

这是黑格尔范畴的辩证方面，借以推进范畴的不断进展之一个实例。含义甚深，有待阐明，这就是后人加上一段附释的用意。现在我们往下看看这段附释的中译文。

246.3 附释：有如我们之所见得，量不仅是可以变化的，即可增可减的，而乃是不断超出其自身的趋势。量之这种超出其自身的趋势，即在限度中，亦一样的保持着。但如果在某一质量统一体或②尺度中之量超出了某种极限，则与它相应之质，亦随之被扬弃了。但这里所否定的并不是一般的质，而只是否定了这种③特定的质，而这一特定的质的地位即被另一特定的质所代替了。质量统一体[尺度]的这种变化的过程，即不断地交替着由单纯的量的变化，而突然由量的改变转为质的改变的过程，我们可以用静线(knotenline)作比喻，来

① “无尺度”是原来德文 das Masslose 这个名词之中译。

② 这里的“或”应是“即”。

③ 这里的“这种”似嫌太泛，应写为“这个确定”的。

帮我们了解。像这样的静线(译者按:静线亦有译作关节线或交错线的)我们首先可以在自然里看见,具有不同的形式。我们前面已经提到水由于温度的增减所表现的不同的凝结状态。由于金属的氧化程度之不同亦表现出同一的状态。即音调的差别亦可认作尺度[质量统一体]由最初单纯的量的变化而突然转变为质的变化的过程。

这一段的附释,在中译文上和其内容的论证上,都是浅显易明的,毋须多所解释,参照我们对于本节正文的解释便可读懂的。在读完这段附释之后,请读者如时间许可时,参看导师恩格斯《自然辩证法》,特别是人民出版社1955年北京版的第40、41、42、44各页的几段,兹为读者方便起见,抄录如下:

"量和质在这里双方是互相适应的。直到现在还不能够在单独的孤立的物体内部把运动从一种形态变化为另一种形态。"(第40页)

"这样我们看到:纯粹的量的分割是有一定极限的,到了这个极限它就转化为质的差别。质量纯粹是由分子构成的,但它是在本质上不同于分子的东西,正如分子是在本质上不同于原子一样。"(第41页)

"物理学的所谓常数,大部分不外是这样一些关节[即本段'译者按'的'静线'之'静'(Knoten)]点的名称,在这些关节点上,运动的量的(变化)增加或减少,会引起该物体的状态的质的变化,所以在这关节点上,量就转化为质。"(第42页)

"门德列也夫不自觉地应用黑格尔的从量转化为质的规律,完成了科学上的一个勋业,这个勋业可与莱维利叶之计算尚未知道的海王星行星的轨道居于同等的地位。"(第44页)

由此可见,渊博的革命导师恩格斯在十九世纪的末叶,距离黑格尔之死后半世纪,是怎样重视黑格尔的量转化为质的这条规律的。现今时再过了一世纪,量转化为质之规律是有更丰富而更精确的自然科学以及社会科学的实证的了。我们且应记得这条规律乃是辩证法三个主要规律之一,为黑格尔逻辑学"有论"的精华,又为化学的伟大胜利。

我们讨论这里《小逻辑》第一〇九节关于量的变化而突然转变为质的问题,到此告一段落。接着便是第一一〇节和第一一一节,同是补充第一〇九节的内容,而且讲到"有论"向"本质论"的过渡,为黑格尔范畴论之一大关键，为我们所不可不格外重视，兹先看看第一一〇节。

247.1 第一一〇节

本节只有一段黑格尔的正文，是讲到尺度的直接性是怎样在发展过程中被扬弃的。我们先就看看这段正文的中译文。

> 247.2 这里所真正发生的只是将属于尺度[①]的直接性予以扬弃罢了。在尺度里质和量的本身最初只是直接的，而尺度只是它们的相对的同一[②]。但在“无尺度”里，尺度显得[③]是被扬弃了，然而无尺度虽说是尺度的否定，其本身却仍是一质量的统一体，所以即在尺度里，尺度仍然只是与它自身相结合[④]。

本段黑格尔的正文，是接着上节正文的“不过这第二种量的关系，虽说是无尺度，但仍然是具有质的，因此无尺度仍然同样是一种尺度”这句话加以引申而说明罢了。我们现在按照我们在四条脚注就较通俗地重写如下作为解释：“在尺度之量的变化超出了它的质的范围的过程中所发生的事情，事实上[⑤]只是把那属于尺度之作为尺度[即质量的统一体]的直接性予以扬弃罢了。在尺度里面质和量的本身最初只是直接的，而尺度只是这两者的相对的同一体。但是在‘无尺度’这个范畴里面，尺度显出是被扬弃了的，然而无尺度虽然说是尺度的否定，但是其本身却仍然是一个质量两者的统一体，所以就是在尺度里，尺度仍然只是与其自身的配合。”

这样，第一一〇节仅只说明“无尺度”的性质仍然是一种质与量的统一体，可是“有”之如何发展到“无尺度”之后是怎样就过渡到“本质”这个大范畴，这是有待于阐明的。这也就是“有论”的最后一节，即第一一一节的任务了。现在我们就得要仔细地阅读这节的正文。

247.3 第一一一节

---

① 按本文这里应是“尺度之作为尺度”。

② 这里的原文是 die Identität 这个名词，应中译为“同一性”。原译的“同一”是个形容词，在这里易生误会，把“质”与“量”分开了而只有性质上的同一。

③ 这里的“显得”是有语病的，其原文是“zeigt sich”，应中译为“显出”。

④ 这里的“结合”作为原文的 Zusammengehen 是不够确切，应改译为“相配合”，因“结合”意味着成了一个，这就不通。

⑤ 这里的原文是 in der Tat，应中译为“事实上”，原译“真正”不确切。

如上面所已经提到,这节是谈如何从黑格尔的逻辑之“有论”过渡到“本质论”的。本节有一段黑格尔的正文,而后人又加上一段附释。其正文是阐明质之如何向本质过渡,而附释主要是论述“有论”的各范畴是如何不同于下面“本质论”的各范畴的。我们先看正文的中译文。

247.4 具有否定之否定的肯定意义的无限,除了“有与无”,某物与别物等抽象的方面外,今又出现于质与量的方面。而质与量(a)最初由质过渡到量(第九八节),并由量过渡到质(一〇五节),因此两者皆被表明为否定。(b)但在两者的统一(亦即尺度)里,它们原来又是有区别的,这一个只是凭借另一个方可区别出来。(c)及当这种统一的直接性一经被扬弃后①,则这种统一便被建立起来作为它潜伏的性质②,作为单纯的自我关系,而这里包含着经过扬弃的一般的“有”,以及“有”之一切型式③。——本质就是“有”或直接性,由于自身的否定而形成的自我调解和自我关联,而这种直接性或自我关联亦系间接性之经过自身的扬弃而回复到的自我关系或直接性。

这段黑格尔的正文,只要掌握住他的正反合的演变形式那就是易懂的了。正是肯定,反是肯定的否定,而合就是否定之否定,因而便是升华的肯定了。无限是不断向前发展的,所以就是具有否定之否定的肯定。这种三步法的演变,最初是出现于“质”即“有”之“有”与“无”,然后出现于“某物”与其对立面的“别物”这些不够联系事物的全面来看的抽象方面,而现在又出现于“量”之“质”与“量”的关系这个方面,而这个方面即是“质”与“量”联系着的。那便是较为不那么抽象的了。质与量的关系(a)最初是由“质”过渡到“量”(见上面的第九十九节),而且又由“量”过渡到“质”(见上面第一〇五节),而由此过渡到彼[请注意:“过渡”这个演变的形式乃是在这里的辩证进展之阶段才出现的],因此此与彼,质与量两者

① 这里的“被扬弃”是中译原文的 sich aufhebend,而这个德文词组应中译为“自我扬弃”。

② 这里“作为它的潜伏的性质”是中译原德文的 als das, was sie an sich ist 这一短句的,但这短句似中译为“作为它在其本身来看的那样”较确切。原译是为瓦拉士英译的 implicitly 这词所错引的。

③ “有”之一切形式指的是“质”的“有”、“限有”、“自有”以及“量”的“纯量”、“限量”、“等级”和“尺度”等。

都是以否定的形式表示出来的,就是说,“质”是“量”之否定,而“量”也是“质”之否定。但是(b)在两者的统一里,也就是在尺度里,原来有区别的“质”与“量”,其一个是以另一个为中介才可以区分开来的,这一点是“有”之范畴演变中所没有的一种形式。(c)到了当这种统一之在尺度里的直接性,一经它的自我扬弃之后,这种统一便建立起来作为它在其本身来看的那样的,而就是作为单纯的自我关系的[即 aRa 这种关系]。而在这里却包含着经过扬弃的一般的“有”以及“有”的从“纯有”到“自有”,“量”的从“纯量”到“等级”和“尺度”等一切型式。——这样就是“有”或说“直接性”,由于其自身在演变中的否定了自己而形成的以自身为中介的关系以及自我的关联。当知这种直接性,也就是自我关联,就是间接性之通过其自身的扬弃而回复到的自我关系或说直接性——这也就是本质。

这就是第一一一节即“有论”最后一节的正文加上我们某些脚注和必要的解释的释义,其中尚有更待详加解释,然后才过渡到黑格尔《小逻辑》的“本质论”去的。所以我们就得要看看后人在本节所加上的一段附释,其中译文是:

> 248.1 附释:尺度的历程并不仅是无穷进展式的坏的无限,无止境地采取由质过渡到量,由量过渡到质的形式,而乃同时是在它的对方里与自身同一的真正的无限。质与量在尺度里彼此最初处于某物与别物的互相对立的地位。但质潜在地就是量,反之量潜在地亦即是质。所以当两者在尺度里互相过渡时,实即不啻两者间之每一种只是回复它潜在地本来是如此的状态。于是我们便得到一般的被扬弃的“有”,以及被否定的有之各种型式。——这种被扬弃之有就是本质。尺度潜在地即是本质。尺度的发展过程即在于将它的潜在的性质实现出来。普通意识认事物为有,而依据质、量和尺度等范畴来把握事物。但这些直接的范畴证实其自身并不是固定的,而乃是过渡的,而它们“矛盾进展”(Dialektik)的结果便是本质。在本质的阶段里的各范畴已不复过渡,而只是相互联系。在“有”的阶段里联系的形式或只是我们的反思;反之,在本质的阶段里,联系的形式乃是本质自身的特性。在“有”的范围里,当某物成为别物时,则某物便消逝了。但在本质的范围里,便不是如此。在这里我们没有真正的别

物，但只有殊异，一个范畴与它的对方的联系。所以本质的过渡同时并不是过渡。因为在由殊异者过渡殊异者的过程里，殊异者并不消逝，而那些殊异的范畴仍然保持着它们的关系。譬如，当我们说“有”与“无”时，有是独立的，而无亦复是独立的。但肯定与否定[或积极与消极]的关系便与此不同。诚然，它们具有“有”和“无”的特性。但单就肯定自身而言，实毫无意义，而乃纯粹与否定相对待，相联系。否定的性质亦复如是。在“有”的范围里，各范围间的联系只是潜伏的，反之，在本质里各范畴间的联系便明白地建立起来了。大体上说来，这就是“有”的型式与本质的型式的区别。在有里，一切都是直接的，在本质里一切都是相对的。

这一段的附释，其篇幅虽是比较长，但条理清楚，把整段略分为四个小段来看，加上一些解释的词句从而点出每小段的关节，这样来阅读，那就是更易读懂的了。我们就这样把全段重写如下：“尺度的过程不仅仅是如上所说，无止境地采取由质过渡到量，由量过渡到质的这种无穷进展方式的坏的无限的形式(见上面第一〇九节的正文)，而乃是同时在它的对方与其自身的同一，即[第一一〇节里所指出的]在‘无尺度’里，尺度仍然只是与它自身相结合而为一，这也就是真正的无限了。”这是第一小段点出尺度之发展为无尺度时，便成为真的无限进展了。

其第二小段里到中译文的破折号之前的“各种型式”为止，是说明“一般的被扬弃的‘有’以及被否定的‘有’之各种型式，即从‘质’的最初之‘纯有’一直到通过‘量’而达到的‘无尺度’这个‘有论’的最后一个范畴的历程的；且看，质与量在尺度里彼此最初是处于某物与别物的互相对立的地位。虽是如此，其实质潜在地就是量，反过来，量潜在地也就是质。所以当质与量这两者在尺度里，就互相过渡。可是这时，其实也就是两者之间的每一个都只是回复到它潜在地本来就是这样的状态。于是我们就得到一般的扬弃了的‘有’以及被否定了的‘有’之各个型式”，如“纯有”等等以至于“无尺度”，那就是“有论”的结束。以上就是第二小段。

第三小段，于是一开始便写到：“上小段所说的被扬弃之有也就是本质。”这是本小段作为全段主题之画龙点睛的警句，那么紧接着就写道：“尺度潜在的就是本质。”何以这样说呢？其答复就是：“尺度的发展过程就是把它的潜在的性质实现出来。”这又是什么意思呢？答复是：“普通的意识原来是认事物都作为‘有’，即在那里的意思，这就是依据‘质’、‘量’和‘尺度’等这些范畴来理解事物的。但是这一些直接性的范畴，即不假思索而一望而知的范畴却由于它们的辩证发展而证实它们的自身原来并不是固定的，而是由一个过渡到后面的又一个的，这就是辩证进展的结果，这也就是本质。”从“有”即大范畴这个“有”，“有论”的“有”过渡到又一大范畴的“本质”，“本质论”的“本质”，其进程就是如上所说那样的。这是黑格尔辩证法的核心，对立统一的规律。恩格斯认为这是黑格尔的逻辑学的最宝贵的财富，最重要的部分。列宁在《哲学笔记》里也这样写道：“关于本质的认识是一种间接的知识，因为它不是直接在本质那里，在本质之中，而是从他物，从存在出发的即从‘有’出发的，并且要通过[从‘纯有’开始一直到‘无尺度’的]一条先行的道路，即超出存在[‘有’]之外或者更确切地说进入存在[‘有’]之内的路”①，才是可能的，到此为止，我们便对于第三小段解释完了。

其第四小段，也就是本附释的最后一小段，是把“本质论”的各范畴和上面“有论”的各范畴综合地作比较而写到：“本质这个阶段里，各范畴已经不再是过渡的，而只是相互联系的。”这是本小段的警句。以下都是这句的发挥：“在‘有’这个阶段上，如有联系的形式，那只是由于我们的反思；反之，在‘本质’这个阶段上，联系这个形式就是‘本质’自身的特性。在‘有’的范围里，当某物改变其地位成为别物时，其作为某物的原有地位便消逝了。但是在‘本质’的范畴里，就不是如此。在这里我们没有真正的别物，而只有殊异，即一个范畴之联系到其对方那个范畴。所以‘本质’之过渡同时并没有什么过渡。理由就是：在殊异过渡到殊异的这种过程里，殊异依然是殊异而没有消逝。因而那些殊异的范畴，其殊异的两项仍然在所谓过渡后保持着它们原来的关系。[此转变为彼，其彼此间的关系未变。]譬如在我们说到‘有’与‘无’时，‘有’是独立的，而‘无’也是独立的，都是从其‘自在’的，即从其自身来说的之为有或无。是‘有’之两个范畴的关系，而‘本质’的两个范畴肯定与否定[或说‘积极’与‘消极’]其关

① 引言见列宁著：《哲学笔记》，北京：人民出版社，1956年，第107页。

系也就不同了。不错，‘肯定’与‘否定’也具有‘有’与‘无’的性质。但是单就‘肯定’从其自身来说，实在是毫无意义的；只有在其联系到‘否定’来说才有其相对待的这种意义。‘否定’这个范畴也是这样。在‘有’的范围里，各个范畴的联系都只是潜伏的，反之，在‘本质’的范围里各个范畴之间的联系就明白地建立起来了。大体说来，这就是‘有’的型式与‘本质’的型式的区别。在‘有’里，一切都是直接的，在‘本质’里，一切都是相对的。”[因而就是从他方才取得其意义，所以就是间接的。关于这点，其详见下面的“本质论”。]

现在我们就往下去研究“本质论”了。①

① 按韦先生之子回忆，《〈小逻辑〉评注》生前已经完稿并做了修订，但经整理者仔细查找，原稿只到“本质论”之前。个中原因，不得而知，实为憾事。——整理者注

精 神 哲 学

《哲学科学百科全书纲要》第三部分

黑格尔　著　韦卓民　译
储昭华　刘明海　整理

目　录

一、导　言①

§377

关于精神的知识是最高超而又最困难的原因，恰恰是因为它是各种科学中最“具体的”。“要认识自己”这条“绝对”诫语的意义，无论是从它本身来看，或者是从它第一次说出时所处的历史环境来看，都并非是要人对于单独自我的特殊能力、性格、倾向、弱点等的自我认识有所促进。这条诫语所要求的知识意味着关于人的真正实在性的知识、关于什么是本质上和最终真正实在的东西的知识、关于精神作为真正和本质的存在的知识。同样地，精神哲学的意旨很少是要谈到所谓关于人的知识，即旨在发现别人的特性、情欲和弱点，揭发所谓人心深处的那种知识。首先，这一类的知识是毫无意义的，除非假定我们已经知道了那普遍的东西，即人是一个人，而且必须始终是精神。其次，如果它只是从事研究精神生活的那些偶然的、无重大意义的和不真实的各方面，那么它也是不能达到所有这些方面的基础上的本质，即精神本身的。

§378

灵魂学，过去也称为理性心理学，曾经在逻辑学导论中提到过。它是关于主体的抽象的和概括的形而上学。经验的（即归纳的）心理学则不同，它是和“具体的”精神打交道的。科学复兴之后，观察和经验已成为关于具体实在的研究的特殊方法，这样的心理学就和其他科学取同样的途径了。这样一来，形而上学的理论就被排斥于归纳科学范围之外，不能得到任何具体的体现或评述；同时，归纳科学只紧紧抓住老一套的常识形而上学，只知分析为能力和种种活动等等，而拒绝做任何“思辨”处理的尝试。

亚里士多德论灵魂的种种著述，和许多关于灵魂的种种特殊方面和

① 韦先生是在 William Wallace 英译本基础上翻译的。在整理过程中，整理者参考了杨祖陶先生翻译的黑格尔《精神哲学》（2006 年人民出版社出版）。——整理者注

状态的讨论，至今仍然是关于这个题目的最令人钦佩、有哲学价值的著作，或者可能是唯一的著作。精神哲学的主要目的只能是把思想和原理的统一重新引入到精神理论中去，从而把亚里士多德那些著述的教训加以重新解释。

§ 379

甚至我们自己对于精神活生生的统一的感觉，也自然地反抗任何想把精神打碎成为种种不同的性能，不同的力量，或者结果一样的种种不同的、看成是互相独立的活动的企图。我们不久就碰到精神自由和精神的被决定性的种种区别，碰到自由心理作用和心理作用以外的形体两者之间的对立，而我们又同样地看到那两者的紧密的相互依赖，因之我们对于统一的理解的那种渴望就又进一步受到刺激，特别是现代动物磁力的种种现象，即使在经验中，也曾替灵魂基础上的统一，而且对它"理想性"的能力，给了活生生的、令人可见的证实。在这些事实面前，讲究实际的常识中那些死硬的区别就惊慌失措了；于是，研究的人就更直接地感到不得不有一种"思辨"的检查来除掉一些困难了。

§ 380

关于精神的"具体的"性质问题，对于观察者来说，含有特别的困难，那就是在细节上发现其理性统一的各个等级与特殊的类型并非和它更发达的形态相对照，而是表现为许多分别的存在。在外部自然界就不是这样。在自然界中，例如物质和运动都有它们自己的一种表现——那就是太阳系；而和这相类似地，感性知觉的种种种差，在物体的性质中就有一种早期的存在，而在四元素里就更加独立地存在着，但精神进化中的种别和级别就不是这样。它们在发展过程中较高的等级里是失去它们各自的存在而成为更高的等级中的因素、形态和特征的。这样一来，精神的较低而较抽象的方面，甚至对于人们的经验，都不自觉地露出其更高的一个等级存在于它的里面。例如表面上是感觉，我们可能发现最高精神生活本身就是它的一种变化或一种体现。因之感觉，其本身不过只是一种形式，一种传递工具，而某些肤浅的看法，则把感觉看成像是充满着它的那些道德与宗教原理的所在处，而且像是它们的来源似的；而这样被变更了的那些道德与宗教原理就好像得要作为感觉的一种种类来处理，可是与此同时，当我们检查精神生活的较低等级时，如果我们想要在经验中指出其实际的情况，就必须注意到它们所作为的只是形式的那些较高的等级。像这样，应该属于发展后期的种种题目，得要预先加以处理（例如，在处理从睡眠中自然醒觉时，我们就预先谈到意识，在处理心理错乱时，就预先谈到理智）。

（一）精神（又称心灵）是什么

§381

从我们的观点来看，精神是假定先有自然，而为自然的真理的，因之而为自然的先行绝对（absolute prius）。在它的这个真理里面，自然消失了，而结果精神就作为"理念"占有了自己。在这里，理念的主体与客体是同一的——任何一个都是理性的统一，都是总念。这个同一性是绝对否定性——因为在自然里面，理性的统一得到了它的客观性的完善，可是形相化了，而这自形相化[①]取消了，这样统一就和其自身变为同一了，无异无别了。同时这样一来，只是就它从自然转回来而言，它才是这个同一的。

§382

因之精神的主要特征就是自由，可是这无非是形式上的主要特征，那就是说，它是总念的绝对否定性，或者说总念的自同一性。作为这个形式的方面而言，它是可能把自己从一切外面的事物抽出来，从它自己的形相抽出来，从它的存在本身抽出来；它能够这样忍受无穷的苦楚，就是它个别的直接性的否定；换言之，它能在这个否定性中保持自己为肯定的，而具有它自己的同一性。只要就它的抽象的、独立自足的普遍性来考虑它，这一切都是有其可能的。

§383

这普遍性又是它的存在的确定范围，有了它自己的存在，普遍一方面自特殊化；而另一方面，仍然是自同一的。因之精神存在的特殊方式就是

① 杨祖陶先生译成"已外存在"，整理者认为不如韦先生"自形相化"妥切，因为黑格尔不承认独立的客观存在。可参见前面的《小逻辑》评注的部分。——整理者注

"表现"。精神并不是一种方式或一种意义,只在和它自己不同的一种形式上表达出来,或有其形相的;它并不表现或显露为某一东西,而它的方式和意义就是这种显示。这样,则就它的可能性来说,精神同时是一个无限、"绝对"的现实。

§384

当显示作为抽象理念的显示来理解时,乃是向自然的直接过渡,而自然就因之出现。精神既是自由的,它的表现乃是把自然提出作为它的世界;但是因为精神是反思,所以,在它这样把它的世界提出时,它同时预先假定世界是一个独立存在的自然,在理智的范围里,显示就是这样创造世界作为它的存在——在这存在里面,精神取得它的自由的肯定与真理。

【说明】 绝对就是精神(心灵)——这是绝对的最高定义。发现这条定义和掌握它的意义与主旨,可以说就是一切教育和一切哲学的最终目的;它曾是一切宗教和科学的冲力所指向的点;而说明世界历史的也就是这种冲力。"精神"(心灵)这词——和它的意义的某种瞥见——早期就已曾发现了的;而上帝的精神性就是基督教的教训。要等到哲学在理性的统一这个它自己的活动范围里,才抓住这样作为心理的影儿而给出的东西,抓住隐而不现的最后真实;而在自由和理性的统一还未成为哲学的主题,还未成为哲学的灵魂之先,那条问题是不能真正地和用理性的方法来加以解决的。

(二)分　题

§385

精神(心灵)的发展分为三个阶段:

(1)自关系的形式阶段。在这个形式上,它具有理念的理想总体——就是说,在它面前,它具有凡它的总念所包括的一切;它的存在是要独立自足而且自由的。这个就是主观的精神。

(2)真实性的形式阶段。它是实现了——即在产生的世界之中实现了——而又要为世界所产生。在这个世界里,自由是以必然性的形状而出现的。这个就是客观精神。

(3)在这个阶段上,精神作为客观性和精神作为理想性和概念统一起来,在本质上和实际上精神就是自己而且永远产生自己,精神在其绝对真理之中,这个就是绝对精神。

§386

精神论前两部分包括着有限的精神。精神是无限的理念,因之这里有限性是意味着概念和真实的不相称,可是得要说明,这是精神自己的亮光所投出的一个影儿——精神暗中对自己强加上的一种外表,一种幻相。作为障碍,使得障碍清除之后,实际上就可以实现自由,而且能意识到自由是它自己存在的本身。换言之,可以尽量地表现自己,这个活动有几个不同的步骤,每一步骤都有着存在的模样,而有限精神的任务是要在每一个步骤上停滞一个时期,是要通过每一步骤。这些都是它得到解放的步骤。在解放的圆满意义中,三个阶段就成为同一化——发现在我们面前预先假定的世界,产生作为我们自己创造的一个世界。从这世界而且在它里面获得自由,对于这圆满意义的无限形式,外表逐渐纯洁它自己,直至它成为圆满意义的意识。

【说明】 在关于精神与理性的处理中,主要可看见抽象逻辑学家死板地应用有限性这个范畴,把拘泥于有限性的观点看成不只是严谨逻辑的事情,而且把它看作为道德和宗教所关心的事,并且把想前进一步算作思维的狂妄,至少也是思维的不知起止的标志。当知事实上把有限看成完全是固定绝对的东西,这种思维的谨慎是品德中最坏的;而死守着毫无可靠根据的岗位,其本身是理论中最不健全的。有限性这个范畴很早在《逻辑篇》中有关的地方曾经说明过、解释过了。那种说明,在逻辑里面是为着有限性的比较更特别,纵然仍是简单的思维形式而言的,而在哲学的其余部分里则是为着具体的种种形式而言的,不过是要指出有限的东西不是什么,即不是真理,而只是向更高的东西的过渡,是更高东西的一种出现。在已经考查过的各种范围里面,这个有限性是辩证法,即使一个东西因为另一个东西而且在这另一个东西里面而有它的休止的。但是精神,即理性的统一,含蕴着的无穷,本身就正是使无效为无效、使空虚为空虚的那个无穷行动的总和。这样一来,上面所说的谨慎就是这个空虚的保留——即有限的保留,它和真的东西相对立,因之它本身就是空虚。在精神发展过程中,我们将看到在精神达到它的极端、浸入到其主观性里面,达到其最中心的矛盾这个转折点时,所说的这个空虚就以邪恶出现了。

第一部分　主观的精神

§ 387

精神在它的发展的理想阶段上，是作为识知的精神的，可是识知在这里不是仅只作为理念的逻辑范畴讲(第 223 节)，而是在其适合于具体的精神的意义上讲的。

主观的精神是：

(A)直接的或者说含蕴的；是一个灵魂——自然中的精神——是人类学所研究的对象。

(B)间接的或者说明显的；仍是向自身和向他事物的同一性反思；是相关或特殊化的精神；是意识——是精神现象学所研究的对象。

(C)精神以自己来下自己的定义，是独立的主体——是心理学所研究的对象。

在灵魂中有意识的觉醒：意识把自己作为理性而提出，一跃而觉醒到它的理智性的感觉，而这理性以其活动而对客观性解放自己，对它的可理解的统一的意识而解放自己。

【说明】　对于一个理性的统一或理性的原理来说，它所提出的每一个变化都是发展的前进一步，因而在精神里面它所因之出现的每一个性格都是特别化和发展过程中的一个阶段，前进到它的目标的一步，使它自己成为它含蕴中原来的东西，在自己中实现。其次，每一步本身就是这样的一个过程，而且它的成果就是开始时精神在含蕴上原来便是的那个东西(因之对观察者来说)，它是自为的——为着这特殊形式，即精神在那步上的所有的形式。心理学寻常的方法乃是陈述精神或灵魂是什么，对它有什么事情发生，它做的是什么。灵魂是预先假定为现成的作因，显示一些特征作为它的动作与话语，我们从而能知道它是什么，它具有哪种官能，哪种能力——而并不觉知灵魂是什么，其动作与话语实际上在我们的概念中就使它带有那种性格，而使它达到比它从前外表上已有的更高阶段的存在。

然而我们必须把这里研究的进程和我们称为教育与教导的过程区分开来,不使两者混淆起来。教育的范围只是个别的人,而其目的乃是使普遍的精神存在于个别的人里面。但是在精神的哲学理论中,精神是作为自我教育和自我教导在其本质上而研究的;而其动作与话语是过程中的各阶段,这个过程是把它向自己推进的,把它和自己联系为一体的,因而使它成为实在精神的。

一、人类学 灵魂

§388

灵魂(心灵)成为自然的真理,但是作为这样一种结果,它不但首先要被认为是先于它的真正而真实的东西,而且在总念的范围里,这个变易、这个过渡负荷着"自由判断"的特别意义。这样成立的精神因之就意味着自然在其自身里面体会到它的非真而抛弃自己;它意味着精神再不预先假定自己为总是在形体个别性中自形相化的普遍性,而是在其具体化和总体中是同一而简单的普遍性。在这样的一个阶段上,它还不是精神,而是灵魂。

§389

灵魂不是什么与别的东西分开的非物质个体,凡有自然的地方,灵魂就是它的普遍非物质状态,它的简单"理想"生命。灵魂是精神一切特殊化和个别化的实体,"绝对的"基础:精神在灵魂中发现用来完成其性格的质料,而灵魂一直是这一切的遍在的同一的理想性,但是由于它还是这样抽象地被想象到,所以灵魂只是精神的睡眠,只是亚里士多德所称为潜在于一切的 νοῦς(心)。①

【说明】 灵魂的非物质性这一问题是没有兴趣的,除非一方面把物质看成是真的东西,而另一方面把心想象为一个东西。可是近时甚至物理学家都发现物质在他们手中变得越来越稀薄了,他们碰到有不可量性的物质,如热、光等,而另外空间与时间恐怕也属于这一类。这些"不可量

① 即理性,音译为努斯(Nous)。罗马语为 ratio,英语为 reason。——整理者注

的东西”已失去作为物质特有的重力那个属性，而且在某种意义上，并失去其能抵抗的能力，然而，仍然有其可感觉的存在与其部分与部分之间的外在性。可把“有生命的”物质也算在这些东西之中，而这种物质不但缺乏重力，而且缺乏甚至任何其他可能被我们当作物质的存在样子。其实在生命的理念里，自然的自形相化性质已在不言中完结了：主观性是生命的实体本身，是生命的概念本身——然而有这个条件，即它的存在或客观性同时因自形相化那性质的势力而丧失。精神则不然。在精神那里，在作为自由而存在的理性统一里面，在作为绝对的否定性而不是作为直接的或自然的个体而存在的理性统一里面，理性的统一之对象，或真实性就是这统一的本身；因而作为物质的基本特征，这自形相化性质就完全消散而变化为普遍性，变化为概念性的统一的主观理想性。精神是物质关于存在的真理——即物质本身没有真理这条真理。

同性质的一个问题就是灵魂与身体共通的问题。人们是把这共通(相互依存)作为事实而认定的，而唯一问题乃是怎样理解它。恐怕通常的答案就是称它为一种不可理解的神秘。诚然，如果我们认为两者是绝对对立的，绝对独立的，那么它们便互相不能侵入，正如一块物质不能侵入另一块一样，便应该认为一块物质只能在另一块的细孔里面，换言之，在另一块物质所不在的地方。因之伊壁鸠鲁认为神们住在细孔里，这是和不勉强神们与世界有任何关联的想法相一致的。自从精神与身体的关系成为公开讨论的问题以来，所有哲学家已曾提出与上述有些不同的答案。笛卡儿、马勒伯朗士、斯宾诺莎和莱布尼兹①都曾指出上帝是两者之间的联系，他们的意思是说，灵魂和物质的有限性只是观念上的而非实在的区别；有着这样的主张，这些哲学家们就不把上帝理解为只是不可思议的另一名词，如常见的见解那样，而将上帝理解为有限的精神和有限的物质的唯一真正的同一。但是这个同一，要就像斯宾诺莎那种说法，太过抽象，要就像莱布尼兹那样，虽然他的单子的单子使一切东西出现，而能这样做只是靠一种判断或选择的行为。因之，莱布尼兹的结果就是灵魂和

① 即笛卡尔的身心交感论、马勒伯朗士的偶因论、斯宾诺萨的身心平行论和莱布尼茨的前定和谐论，他们都坚持心灵与身体是不同的实在，因而其相互作用都借助于上帝的操作。——整理者注

那形体的(或称物质的)东西之区别,而同一不过是像判断的系词那样,不能上升到或者发展为系统,发展为绝对的三段论式。

§390

灵魂始初是:

(a)在它的直接的自然的方式上——是自然的灵魂,只是是而已。

(b)其次,是能感觉的灵魂,个别化了,和它的直接存在发生相关,而在那种存在的方式上,保留一种抽象的独立。

(c)再次,是它的直接存在——或者说形体性——在它里面形成了,而有了那形体,它便以实现①的灵魂而存在。

(一)自然的灵魂②

§391

被描写为可能是一种拉丁文所谓 anima mundi③ 世界灵魂的普遍灵魂,绝不可因之而固定为一个单一主体,毋宁说它是普遍的实体,只在个别单一的各主体中有其实在真理的。因之,当它体现为一个单一的灵魂时,它只是是的一个单一灵魂;它的唯一方式是自然生命的方式。这些方式好比在其理想性后面有一种自由的存在,就是说,就意识而言,它们是自然的对象,可是灵魂本身对这样的对象并不像对外在的东西那样行动,毋宁说这些特征是灵魂自己发现为自己具有的物理性质。

1. 物理(自然)性质④

§392

当它仍然是一种"实体"(就是说,一种物理的灵魂)的时候,精神(1)参加一般行星上的生命,感到气候的差异、季节和一日各时的变动等,自然的生命主要只在心理的偶然的紧张或障碍上表现出来。

---

① 杨祖陶译成"现实"。——整理者注

② 德文 Natürliche Seele.

③ 即世界灵魂,希腊语为 ψυχήκόσμου,拉丁语为 *anima mundi*,它是指这个行星上所有有生命的生物之间的内在关联,是起源于柏拉图的思想。——整理者注

④ 德文 Natürliche Qualitäten.

【说明】 近时谈到许多什么人的宇宙生命、恒星生命和地球的生命的问题。动物主要是生活在和自然的一种相互同情的关系中：它们的特别性格和成长的特殊各相，在许多情况下，是完全依赖着这一点的，而多多少少总是依赖着这一点的。谈到人类的话，按着文化的不同，这些依赖点便失去其重要性，而人类灵魂的整个结构是奠基于心理自由的基础上面的。世界历史和太阳系的各种旋转的关联并不多于各个人的命运和各行星的部位之间的关联。——气候的差异有着更确实而有力的影响。但是对于季节和每日时间变动的反应只在心情的轻微变动中表现出来，而且只是在病态的情况（包括疯狂）中和自我意识的生活感到沮丧时，这些心情的变动才显得特别突出。在智力上得到解放比较少，因而在更与自然和谐地生活的民族当中，我们发现他们的迷信和因低能而犯的过失有一些实在就是这种和自然的同步，因而就发生像是对于未来的情形和由这些情形所产生的事件的令人惊奇的预见。可是当心理的自由获得比较深一点的把握时，甚至这些为数很少而微薄的感受性都消失了。这些感受性是基于与自然共通生活的。然而动植物则不同，它们一直是受到这样的影响的。

§393

(2)按照地球上种种具体的差别，为自然所控制的精神，一般行星上的生命就分化而成为好几种的自然控制精神。一般说来，表现着地理各大陆的性质而构成种族的多样性。

【说明】 地球两极之间，接近北极一端，陆地比较集合而多于水，南半球就突出一些尖端，彼此距离甚远，这种对比就使得各大陆的差异更为显著，关于这一些，梯里费拉那（Treviranus）①在他的生物学一书的第二部分关于动植物群一章中有专门的论述。

§394

这种差异再变而为特性，可称为地域精神，表现于生活和职业的外部方式，身体的构造和性情的倾向，而在各个民族的智力和道德性格上的内

① 杨祖陶先生译为特雷维拉努斯（Treviranus, Gottfried Reinhold. 1776—1837），他是德国自然主义者和植物学家，主要著作是《生物学》（*Biologie; oder die Philosophie der lebenden Natur für Naturforscher und Aerzte*）。

部倾向与能力中表现得更多。

【说明】 远在民族历史的起头，就已经发现各个民族具有其自己的一种不变的类型。

§395

(3)进一步的结果是，灵魂再离去其普遍性而形成个我的主体。但是这里只把这主体性看成是自然所赋予的各方式的分化与挑选而已；其表现是特别的气质、天资、性格、面相或其他的倾向与特技。家族如此，个人也如此。

2. 物理[①]的转变

§396

把灵魂作为一个个体来看时，它的多样性都是在它一个不变的主体中的转变，都是它的发展中的各阶段。对于这些既然都是同时属于物理的而又属于心理的多样性，要对它们做出更具体的定义或说明就得要预先了解那已经形成和已经成熟的精神了。

首先：(1)人类的生命是许多时期的自然推移，开始时是童年——精神完全贯注在自身里面。下一步就是完全发展出来的对立，还是主观的普遍性(表现在理想、幻想、希望、野心)和他的直接的个性挣扎与斗争；而那个个性在世界和个人自己的处境都打上它的烙印，世界按其现状是不能满足个人的理想的要求的，而个人又尚没有独立，尚没有完全准备好来做他所要做的(少年)。第三，人和他的环境已建成真正的关系，认识到当前的世界有其客观的必要性和合理性，再不是不完全的一个世界，而是在它集体所成就的工作当中能够提供个人以他工作的地位和保证的。由于在这个集体的工作中有了他的份，他便第一次是真正的一个人，获得他有效的生存和客观的价值(成年)。最后才是这个和客观性统一的结束一笔：在其现实方面陷入叫人沦于死亡[②]的习惯的惰性里面，而在理想方面，又从有限度的兴趣和外在环境的纠缠中获得解脱这种统一(老年)。

① 杨祖陶先生译为“自然”。如果译为“自然”则很难与心灵或精神相对应。——整理者注

② 杨祖陶先生译为“麻木的”，参见中译本《精神哲学——哲学全书·第三部分》，北京：人民出版社，2006年，第74页。

§397

(2)下一步,个人遭到一种真实的对立,使他在另一个人里面寻求而发现其自己。这——性的关系——在物理基础上,一方面表示主体性仍然处在道德生活与爱情及本能与情感的和谐上,并不把这些趋势在政治、科学、艺术上的种种目的推到一种极端的普遍相去;另一方面表示一种主动的一半,这里个人是普遍而客观的利益和当前的情况(他自己存在的情况和外面世界的情况)相斗争的负荷物,把这些普遍原理和他自己所工作的那个世界统一起来,在家庭里面,性的连结便取得其道德与精神的意义与作用。

§398

(3)当个性,或者说自我中心的存在,把自己从它的纯粹存在区分开来时,这直接的判断就是灵魂的醒觉[①],面对着它的凝神于自我的自然生命,首先是一种自然性质与状态面对着另一种状态,即睡眠状态——这醒觉不只是就观察者而言的,或者说只外表上有别于睡眠的;它本身就是关于该个别灵魂的判断(主要是区分)——这灵魂只有当它把它的自存在和它的纯粹存在联系起来,把自己从它还未分化的普遍性区分开来时,才是自存在的。醒觉状态一般说来,包括精神体会到自己的与别的不同的自我那一切自我意识的和合理的活动——睡眠是这种活动的加强——不仅仅只是活动后的消极休息,而是从特殊化,从分散到它因而变硬变僵的各相的归回,归回到主体性的一般性质,而这性质本就是这些特殊化的各种力的实体,就是各种力的绝对主人。

【说明】 关于睡眠和醒觉之间的区别问题常常是对哲学提出的诸多难题之一:例如拿破仑在访问巴菲亚大学[②]时向观念论班所提出的问题就属于此类。本节中给出的特征描写只是抽象的;它主要把醒觉只作为一种自然事实来处理,即把它作为含有含蕴着的心理成分而还未赋有其自己的一种特别存在来对待。如果要更具体地谈到这个区别(根本上它依然是这个区别),我们就必须把个别灵魂的自存在在其更高方面看成是

① 杨祖陶先生译为"觉醒"或"醒着"。当代心灵哲学中一般把这种状态称为"有意识的状态"或者"觉知或知晓"。——整理者注

② 杨祖陶先生译为"巴维亚大学"(意大利北部城市的一所大学,建于1361年)。——整理者注

意识的自我，看成是有理智的精神。关于这两种状态的区别问题所包含的困难，只是当我们既估计到睡眠中的梦而又想述说这些梦，还估计到清醒的醒觉意识中的心理复现表象，又想以心理的复现表象同一的名称来述说它们的时候才会发生的。这样肤浅地将二者同列为心理复现表象，两者便重合而为一，因为我们这样便忽视了其差别；如果在醒觉意识中有任何可指定的区别的话，我们总能退归到这微不足道的区别，说这不过只是心理的观念而已。但是醒觉的灵魂的具体理论在其实现的存在上是把它看作意识和理智的；而理智的意识世界是和单纯观念和意象的图画很不相同的东西，后者主要无非是按所谓观念联合律用一种不可理解的方法外表地结合在一起的；虽然在这个与那个地方逻辑原理当然也可能起作用，但是人在醒觉状态中，其行为在本质上是一个具体的自我，一个智力的行为。而因为这个智力，他的感性知觉在他面前便表现为种种特征的一个具体总和，其中每一部分、每一个点，都占着应有的地位，而同时是通过其他一切而又和其他一切一起被决定了的。所以体现在人的感觉中的一些事实是有证据的，原因不但是由于人的主观复现表象和作为与个人不同的外面一些事实相互区别，而且是由于这个复杂体中每一部分与其余一切部分有着具体的相互联系。醒觉状态是这互相证实的具体意识，其内容的每一单个因素是为所知觉的图画中所有其他因素所证实的。这个相互依存的意识不一定是明白而清楚的。然而一切感觉的这个一般背景，在自我的具体感中，依然是在含蕴中存在的。为要看到梦和醒的分别，我们得要记住康德在心理复现表象的主观性与客观性之间所作的区别（后者是依靠着通过范畴而有的限定）；要记住如上所指出的，实际上精神中所存在的不一定因此便明白地在意识中实现，正如理性感觉提高到上帝不一定在意识面前表现为上帝存在的种种证明的样式。虽然，如上所说明，这些证明只可作为表达那种感觉的纯净价值与内容而已。

3.感觉[①]

§399

诚然，睡眠和醒觉不只主要是转变，而且是交替的情况（无穷的进

① 德文Empfindung。（杨祖陶先生译为“感受”。参见中译本《精神哲学——哲学全书·第三部分》，北京：人民出版社，2006年，第94页。——整理者注）

展)。这是它们形式上消极的关系:但在这关系中也含有积极的关系。在醒觉灵魂的自证明之存在中,有其仅只作为一个“理想的”因素含蕴于其中;组成它的睡眠性质的种种特征,以实体而论是含蕴地在这性质里的,而醒觉灵魂则发现它们在它自己里面,而且,注意,是为它自己的。这些特殊虽然作为精神的一种方式而言是有别于我们自我中心存在的自我同一,然而不过是包含在它的简单性里面。这一事实就是我们所称为的感觉。

§400

感觉(感)是精神通过其非意识的、非理智的个性的模糊活跃、不清楚的呼吸,其中一切明确的特征仍是“直接的”,既不是特别在它的内容上有了发展,也不是有主观与客观的区分,而是作为属于它极其特别的、自然的特殊性。感觉的内容是这样有限制的、片时即逝的,实际上属于自然而直接的存在——即所属于质的、有限的。

【说明】 一切都在感觉(感)中,也可以说,凡出现于有意识的理智中和理性中的东西,其根源与发端都在感觉里面;因根源与发端不过是指一个东西出现的第一个直接的样子,不应只在头脑中有了原则与宗教就算够了;这一些也得要在心中,在感觉里,只在头脑中的东西是一般地在意识里的:它的事实都是客观的——和意识对立的,因而当它是放在我里面时(放在我的抽象的自我里面时),它也是能和我(我的具体主体性)离开而且和我分别开来的。可是如果放在我的感觉里面,那事实就是我的个性的一种方式,不管在这种形式上那个性是怎样粗糙的;这样它就被看成是我自己的。我自己的是和那实在具体的自我不可分开的,而灵魂和它基础上具有一切明确内容的自我的这个直接的统一,正是这种不可分离性;然而这个还不能算是发展了的意识的自我,更不能算是合理的精神生命的自由。意志、良心和性格之为我们的,其强度与持久性是远非感觉与感觉群(心)所能及的,而这是并不需要哲学来告诉我们的。说心首先必须是良善,这无疑是正确的。但是感觉与心并不是什么形式,可以用来判定什么东西是宗教的、道德的、真的、正当的等等,而诉诸心或感觉,要么就毫无意义,要么就是坏的东西,这是无须坚持的。说有些感觉和有些心也是坏的、恶的、不敬神的、卑鄙的等等,难道还有什么经验比这更平凡吗？心只是这种感觉的根源，已由这句话说出来了："从心里发出来的有恶念、凶杀、奸淫、苟合与狂妄等。"在"科学的"神学和哲学把心和感觉作为良善、道德与宗教的东西的标准的时代，以这些平凡的经验来提醒人们是必要的；正如今日有必要来重述思维是人类和野兽区分开来的特征，而感觉却是人与野兽所共同的东西一样。

§401

具有原始感觉的灵魂，在它里面所发现的，一方面是那自然直接的，作为"理想上"是在它里面而成为它自己的东西；另一方面，而且相反地，原来属于中心个性（进一步深化而扩大时就是有意识的自我和自由精神）的，就取得自然形体的特征，而且所感觉的便是这样。这样一来，我们就有感觉的两个范围。一个范围开头是一种身体的情感作用（例如眼睛或身体的任何一部分），由于向内推移就变为感觉，在灵魂的自我中心部分留在记忆里面。另一范围，开始于精神而且属于精神的一些感情，赋以形体才能被感觉到，才能像是被发现。这样，方式或感情在主体中便获得一个地位，在灵魂里被感觉到。感觉的前一支的详加特殊化出现于感官系统，但是另一种即内部开始的感觉方式，也同样把自己系统化；而它们的形体化，放在有生命的具体地发展了的自然存在里，就按照心理方式的特别性格，成为身体器官的特别系统。

【说明】 一般说来，感觉乃是个别精神在其身体部分的生命中健全的和合。感官形成特别化的形体的简单系统。(1)物理的东西的"观念"方面分开为二——因为在它里面，依然是直接的，尚未成为主观的观念性，只以多样性而表现其区分为——明确的光器官（参阅上§.287）与声器官（参阅上§.300）。(2)"真实的"方面同样地有它的双重区别：嗅和味器官（参阅§.321、§.322）。(3)立体实在器官，重物质器官，热与形状器官。围绕着原始感觉个性的中心，这些特殊化比他们在自然形体里发展了的时候，更简单地安排着自己。

内部感觉因而能够给自己以特别的身体形式的那个系统，值得在一门特殊科学——心理生理学——中详加研究。在感到一种直接的感觉对于内部感觉（愉快和不愉快）的适当性与不适当的里面便含蕴着某种东西指向这样一个系统:在一些感觉符号式的使用——例如色、音、嗅的基础上——的清楚的平行状态之中也是这样。但是心理生理学最饶有兴趣的方面不只是在于研究同情,而是在于研究某些心理变化所采用的明确的身体形式,尤其是热情或情绪。我们得要比方解释愤怒和勇敢,因而在胸口和血液,在"兴奋"系统觉得的联系线,正如思维和心理工作是在头脑,即"感觉"系统的中枢中感觉到的一样,我们需要有比前此更令人满意的解释,指明最为人所熟悉的联系。眼泪、一般的声音和具有各种各样的语言、发笑、叹息,以及许多其他在病相学和人相学途径上的特殊状态,这些联系是怎样从它们的心理根源形成的也应该进一步详加说明。在生理学里面,只把内脏和各种器官看成单纯从属于动物有机体;但是它们同时也形成为表达心理状态的一种物理系统,而这样就应该有完全另一种的解释了。

§402

感觉,正因为它们是直接的而实际上存在着的,所以就是精神生命的单个暂时形态,——是在灵魂实体性中的转变,其位置就在它自己中心生命里,而那实体和它是一致的。但是这个自我中心的存在不只是感觉的一种形式因素;灵魂实质上就是各感觉的反射总体——它在自己里面感到那总体的实体性,而它实质上也就是这实体性——它是有感觉的灵魂。

【说明】 在寻常言语的使用上,感觉与感是没有明晰地区分开来的,可是我们不是说权利或自我的感觉,而是说权利感、自我感;情感生活(感受性)是和感觉相联系的;因之我们可以说感觉强调被动方面——是我们发现我们自己有所感受,即在感中方式的直接性这个事实,而感所注意的毋宁说是感受的是我们自己这一事实。

(二)能感的灵魂——(将灵魂作为原始感觉体来看)[①]

§403

感或原始感觉的个体是感觉的简单"观念性"或说主观方面。因之它

① 德文 Die fühlende Seele。(杨祖陶译为"感觉灵魂",可参看中译本《精神哲学——哲学全书·第三部分》,北京:人民出版社,2006年,第123页。——整理者注)

所要做的就是要把它的实体性、即它的不过实际上的充满,提高到主体性的性格,占领它、实现它对自己的东西之控制。作为有原始感觉的灵魂再不是徒然自然的个体性,而是一个内部的个体性了;从前在只是实体的总体里对它只是形式上的那个个体性,得要加以解放而变为独立的了。

【说明】 没有什么地方像在灵魂的情况下(而更加是在精神的情况下)那样,如果我们要了解它,就必须把那观念性的特征记住,把它作为实在的否定。可是这否定即是把实在推将过去,而实际上加以保留,虽然它并不存在。这特征是我们在心理观念或记忆中所熟悉的,每一个体都是种种感觉、观念,所获得的知识、思想等等的宝藏;然而自我是一是非混合的、一个深邃的无特征、无性格的矿藏,在其里面储藏一切,而并不显露其存在。只当我想到一个观念时,我才把它从那内部提出来放在意识面前。有时,在病中,原以为多年曾已忘记的观念和知识,虽然那么久没有带到意识中来,却突然再一次出现了。这些东西原来不是我们所掌握的,也不因在病中发生这样的再生而在未来变为我们所掌握;可是它们是在我们里面,而且还继续在我们里面。这样看来,一个人总不能知道他曾学习过的东西多少是实际上在他里面,如果他曾一度忘记了的话,这些东西不属于他的实在,不属于他的主体性本身,而只属于他的蕴藏的自我。在一切上层建筑的特殊化、作为工具的、可能后来加上的意识底下,个体性一直仍然是这个单一灵魂的内部生命。在现阶段上,主要是把这个单一性说成感的单一性——它含蕴着形体的东西在其里面,这样一来就否定了那种认为身体是物质的东西,一部分在另一部分之外,而各部分都在灵魂之外的见解。正如心理复现表象数目之多和多样性不能因而证明在自我中有一种延展的真实的多数性一样,同样地,身体的各部分之所谓"真实"的外在性,对于原始感觉灵魂来说,并非什么真理。就它是有原始感觉来说,灵魂是以直接性为特征的,因而是自然的、有形体的。但是它的各部分的外在性和这形体性感性的多数性对灵魂来说(正如它对于理性的统一来说)不能算是什么真实的东西,因之并不是什么障碍。灵魂就是在存在中这个理性的统一,就是存在中思辨的原理。可见在身体中它是同一的、简单而无所不在的统一,正如从表象的官能来讲,身体只是一个复现表象,而它的物质构造与组织的无限多样性则只能归结为一个明确的概念的简单性。同样地，在有原始感觉的灵魂里面，其形体性和属于它的部分与部分之间的互相外在性的一切，就归结为观念性（自然的多数性的真理）。实质上，灵魂乃是自然的总体：就个体灵魂来说，它是一个单子，它本身就是它的特殊世界明白摆出来的总体——那个世界是包含在它里面而充满着它的；它对于那世界只是对它自己而已。

§404

就其是个体来讲，灵魂是排他的而且总是排他的：凡有什么差别，它都归在它自己里面。从它分别出来的仍然不是什么外部的对象（像在意识里那样），而只是它自己原始感觉的总体之各个相，等等。在进行这个自己的划分（判断）时，它总是主体。它的客体是它的实体，而同时这实体又是它的陈述。这实体还是它的自然生命的内容，可是转变为个体充满着感觉的灵魂的内容；然而因为灵魂在那内容里面仍然是特殊的，这内容就是它的特殊世界，这只是就那世界在其含蕴方式上，是包含在主体的观念性而说的。

【说明】 从它本身来讲，精神这个阶段乃是它的黑暗阶段，它的特征未发展到有意识的可理解的内容，到此为止，它是形式的而且只是形式的。在某些情况下，它获得一种特殊的兴趣，那些情况就是灵魂已经进展到意识和理智而再降落到一种特别的精神状态（参阅上§.350），而它就作为这种精神状态而出现，成为一种形式。但是当精神的更真的一种相，这样在一种更次级而更抽象的相上面存在着时，它就带有难于适应的状态，那就是疾病。在现阶段上，我们必须首先仅去处理抽象的心理变化本身，然后再把它们作为精神病态来处理，后者只能以前者来说明。

1. 感性的灵魂在其直接性上

§405

αα）虽然感性的个体性无疑是一个单子的个体，而因为是直接的，它仍然不是它的自己，不是向自己反射的主体，因之是被动的。所以它真正的自己的个体性是和它不同的一个主体——甚至可能是作为另一个体而存在的主体。因后者的自我身份，它——只是一个非独立的陈述的实体——就从而被强迫震动起来，被控制着而自己毫不抵抗，它这样被它控制的另一主体可称为它的精灵(genius)。

【说明】 在自然的通常过程中，这就是儿童在母腹中的情况：既不只是身体的又不只是心理的，而是精神的一种情况——是灵魂对灵魂的相关。这里有两个个体，可却是在不分不解的精神统一中的两个个体，一个还不是自我，还不是什么都不能侵入、不能有抵抗的东西；其他一个是它的驱使着的主体，两者的单一自我。母亲乃是儿童的精灵。因为所谓精灵，我们通常是指整个心理的自我身份而言的，因为它有它自己的实存而又是另一个只在外表上作为一个个体而只在名义上是独立的个体的主观实体性。精灵在其基础上的本质乃是存在、生命和性格的总和，不只是可能性，或能力，或实效性，而是实力，是实现的活动，是具体的主体性。

如果我们只看儿童存在的空间与物质各方面，作为在其特种色波里的一个胎儿，它是借助于脐带、胎盘等和母亲相连的，那么一切都是对于五官和反思而成为某些解剖学和生理学的事实，都是感觉上和物质上的外形和工具，它无关于主要之点，即对于精神的关系并无大的意义。关于这个精神的连结，我们所应注意的不只是母亲的剧烈情绪、所受的伤害等传达到儿童，在儿童身上打上烙印的惊人后果，而是其基础上的性质的整个精神的判断(划分)。由于这个划分，女人(像植物中单子叶植物那样)能被一分为二，因之儿童不仅是有着病态的倾向和其他形状、气质、性格、天资、特异体质等素质传递给它，而且原来就接受了的。

这种不可思议的连结之不时发生的实例与痕迹在沉着的有意识生命范围里的其他地方也出现，例如在朋友之间，尤其是神经脆弱的女朋友之间(其连结甚至达到似乎具有“磁力”现象的程度)，在夫妇之间和家庭成员之间也同样会出现这种情况。

这种感受性是在一个与他个体分开的主体性里有它的自我。这个自我在上面所说到的自然通常过程中，——在这种情况下，即是有原始感觉的生命——是以另一个不同于其他的个体而显然存在的。但是这个感受性的总体原来是要把它的自我身份从它自己提出来，提高到在同一个个体里的主体性上面去的；这就是它的沉着的、有理智的而合理的内在意识。这仅仅是有原始感觉的生命，只是在上述的意识的基础上面的、而且只是含蕴着的存在质料；而沉着的主体性是它的合理的、自意识的控制的精灵。但是这有感觉的核心所包括的，不只是纯粹无意识的先来的倾向和气质，而且在它周围的简单性之中，它又取得并保留下来（在习惯中，详见后文）一切其他的连结和各种主要关系、幸运①、原理——总而言之，一切属于性格的东西，都在这些东西的精制中作为自意识的活动极有效地参加了进去。可见感受性是整个心理生命在其里面压缩着的灵魂。在这集中方面，整个个体是有别于他的意识、他的世俗观念、发展了的兴趣、性格倾向等现存而实际的活动的。和种种手段与方法的这种比较不紧密的集合体相对比，有那更集中的个体形式，称为精灵②，不管更公开的意识宽大处理的种种理由、意向、手段等一些东西如何，最后决定还是由精灵作出的。这集中的个体还以另外一种面貌显示其自己，那就是称为心和感的灵魂。如果一个人对于任何事情，不管是多么重大目的或细小而不应有的利益，都以冷静的态度按照其一贯的意图来行动，人们就称他为无心肝的，漠无感情的；反之，一个好心人是指一个随他个别的情操来行事，甚至那情操的范围很狭窄，而完全是一些琐碎的东西的那一种人而言的。这种好性情或好心肠可以说不是精灵本身而是徇情的鬼怪了③。

§.406

ββ）感性生命变成自意识的、教育过、沉着的一个人时，它就是一种病。在这种病态的状态中，人是和他自己的具体内容直接接触的，而同时又把自我和事物的因果秩序的冷静意识分开成为另一种不同的精神状态。这种病态的情况在催眠的梦游和与之同性质的状态中可以看见。

【说明】 在这种简略而广泛的叙述中，不能提出什么证明关于本节所讲的主要为动物磁力所产生的那种奇异情况的性质，就是说明它是和事实一致的。为要达到那目的，首先要把性质这样复杂而又彼此极不相

---

① 杨祖陶先生译为“遭遇”。参见中译本《精神哲学——哲学全书·第三部分》，北京：人民出版社，2006年，第127页。——整理者注

② 杨祖陶先生译为“守护神”。参见中译本《精神哲学——哲学全书·第三部分》，北京：人民出版社，2006年，第127页。——整理者注

③ 即 indulgere genio。杨祖陶先生没有译出，而是在脚注中说是“放纵自己”。

同的一些现象从一般来看一看，好像这些事实首先是需要证实的。可是必须附带地说，对于提出那些事实的那些人来讲，这种证实会是多余的：因为便于他们自己的探讨，他们申明所述说的事情，纵然是极其之多且又是提供事实的人的教育程度与人格所保证的，也不过是欺诈和哄骗。这些研究者的验前概念是那么根深蒂固，没有什么证据能说服他们，他们甚至否认他们亲眼看见的东西。为要相信这部门里人们亲眼看见的东西，首先就必须不为日常理智的死硬范畴所束缚。如果想理解的话，更须如此。讨论的要点如下：

α）属于个人的具体存在的东西有他根本利益的集合体，使他和别的人，和整个世界相联系的主要的和特殊经验的连结。这总念形成他的现实性，意思是说，事实上它是在他里面内在的；曾称这为他的精灵。这精灵不是要什么、想什么的自由精神：这儿，个人像是潜入在里面的感受性形式，并不是自由的，而与此相反，是把他的冷静有理智的存在放弃掉了。从这些考虑所得出的第一个结论，关于梦游阶段上意识的内容的，就是个人的个别形成的世界（他的私人利益和狭隘关系的世界）在其广度上的表现。科学理论和哲学概念，或者说一般真理所需要的土壤则不同，它们需要有从仅仅是感受性的模模糊糊的一大堆出来而达到自由意识程度的智力，因之希望从梦游状态获得更高的观念的显示，因为那一切显然是无聊的。

β）如果一个人的五官和理智是健全的，他便会对于具体充满着他的个性的实在性是完全而理智地发生敏感；但他知道，这是他自己和作为外界而分开的世界的那个实在的一些特征之间的一种相互联系形式，而且他并觉知到这个世界自身也是一种实践上可理解的许多相互联系的复杂体。在他的主观观念和计划中，他也面对着他称为世界的这个因果联系着的事物组织和使他的观念和意图能与客观实存调整的一系列手段，而那些客观存在也是互为手段与目的的。但同时这在他外面的世界，也在他里面有千丝万缕的线索，以致这些线索变成使他成为他自己的东西：如果这些外面的东西消失了的话，他也会变得没有了，除非他借着宗教、主观理性和人性，能高度地自我支持而不依赖它们。可是，那么一来，在后一种情况之下，他就不那么多为这里所谈到的精神状态所影响——我们可以提出这种情况作为个人与周围环境合而为一的实例，就是亲爱的亲戚朋友等之死亡如何影响遗留下来的那些人，甚至一人的死而致别人憔悴(例如罗马灭亡后，加都[①]再也活不下去，他的内部实在是和罗马一而二，二而一的)。试和思家等情况比较一下。

γ)但是当占住醒觉意识的一切，当外面世界和与世界的关系受到遮蔽的时候，灵魂陷入睡眠之中(在催眠状态中，在全身僵痫症中，或其他疾病中，类似和女性发展有关的情况，或临终时等情况)，那时候个人的内在实在性还是像从前一样的那个实体总体，可是现在是纯然感性的生命，带有一种内部的光景和内部的意识。而因为是成年的、形成了的、发展了的意识降低为感性的这种状态，它和它的内容一起还保留着某一种名义上的自我身份，保留着一种形式上的光景和觉知，可是不能达到有意识的判断和辨别，像在它健全而清醒时其内容可因之而作为对它是一种外部客观性而存在的那样。所以个性是一个单子，在其内部觉知其实在性，是一个能看自己的精灵。在这种知识里，有特色的一点就是同样的事实(对健全的意识而言，是一种客观的实践的真实性，要认识它，在清醒的情态里，是有待于一连串的手段和条件在其所有的真实扩展中)而现在却是直接地认识到而且在这种内在性中知觉到的。这知觉是一种千里眼的透视(Clairvoyance)；因它是活在精灵的完整的实体性里的意识，在相互联系的本质里的，因而能够不需要引导到结果的那一系列的彼此外在的条件，那些是冷静反思所接连着的必须经过而在这过程中感到自己个别外在性的限度的条件。但是这种千里眼透视——正因它的模糊而混浊的光景不把一些事实在一种理性的相互联系中提供出来——于是就完全为种种个人感情和幻想的临时事件等所支配。至于外来的种种暗示干扰到它的光景里去(详后)就不必说了。因之不能辨别究竟千里眼所实在看见的是否超过他们欺骗自己的。可是把这种幻想的状态作为能够传递一般真理的

① 加都(Cato, Marcus Porcius，今译加图，这里指小加图，公元前95—前46)，罗马共和国末期的政治家和演说家，是一个斯多葛学派的追随者。他因为其传奇般的坚忍和固执而闻名(特别是他与盖乌斯·尤利乌斯·恺撒长期的不和)，他不受贿、诚实、厌恶当时普遍的政治腐败，并且以自杀表达对当局和社会的不满。——整理者注

崇高心理的一个相，作为更真正的一种状态，那是荒谬的①。

δ)这种感受性的一种主要特征，除了它缺乏理智的和意志的人格外，就是在于，它是一种被动性的状态，像儿童在胎中一样。在这种情况下的病人因之是为另一个人，即被催眠者的能力所控制，而且继续是如此的；所以当这两者是处在精神的感通时，那无自我的个人，其实不是一个“人”，而是以另一个人的意识为其主观意识的。这样一来，后者这个冷静的个人是前者的有效主观灵魂，它可能甚至向前者提供一连串的观念。梦游者在自己里面知觉到在和他感通的那个人里面的种种味和种种嗅，而且他又觉知到后一个人的其他内部种种观念与当时的种种知觉像是他自己的一样。这样事实就说明灵魂(在其甚至具体性里还是真正非物质的)能够和另一个灵魂有着实体上的同一。当两者的实体这样变为一个时，只有一个意识的主体性：病者是有一种个性，可它是空虚的，不在现场的，不是实在的。而这个名义上的自我，因之从其他一个自我的感觉与观念取得其整个观念的资本，而在其他那一个自我里面嗅着，尝着，看着，听着，在这点上还得注意到，梦游者是这样和两个精灵感通，有着两套观念，自己的一套，催眠者又一套，但不能精确地说，他在这种名义上的知觉里，那些感觉，哪些所见的是从他自己内部自我得来、看见而知道的，哪些是从他与之发生关系的人的暗示而来的。这种不明确的情况，可能就是许多欺骗的来源。除其他问题之外，并说明何以在许多梦游者之中有不可避免的分歧，由于他们是来自不同的国家，而且与之感通的人，在关于他们对病态和治疗的方法，对症所发的药剂，以及科学和理智种种题目的看法上，都有不同的教育背景。

ε)正如在这感觉的实体性中没有和外部客观性的对比，同样地在它

① 柏拉图的观念对于预言一般和清醒意识状态的关系比许多现代人都好些。这些现代人认为柏拉图关于灵感的话语使他们有权来相信梦游光景所显示之崇高。柏拉图在其《蒂迈欧篇》(斯特方本，第Ⅲ卷，第71页及下一页)说道：“我们存在的创造者安排我们的下级部分是使这些部分还能获得某种程度的真理的，而在肝里就放着预言者(梦中得到预言的能力)。这里就证明上帝把预言术并不给予智慧的人而给予愚蠢的人，因为没有人在神态清醒时能得到预见的真理与灵感；但是在他受到灵感的话语时，他的理智是为睡眠所控制或为某种不健康或着魔(灵感)使之发狂的。”柏拉图很正确地看到不只这种幻想知识所依赖的种种身体条件，和睡眠中得到真理的可能性，并且它们和精神合理情态比较起来是低级的。

里面，主体是那么完全同一，结果是一切感觉的种种多样性都消失了，因而当感觉器官的活动在睡眠时，"常识"或"一般的感觉"就特殊化为几种官能：一个人能用手指来看，尤其是能用心窝[1]来看、来听，等等。

【说明】 所谓理解一种事物，就是从实践的理智上说，能够追踪在一个现象和这现象所依靠的某另一种存在之间的一系列手段，就是要按照理智的法则和关系，例如因果关系、理性等，来发现所谓自然的常识。纯粹感觉生命则不同，它甚至在保留那只是名义上的意识的情况下，如同在上述的病态情况下一样，正就是直接性这种形式，没有主观和客观的区别，没有理智人格和客观世界的区别，在它们之间又没有上述的有限连结。所以我们还是依然假定独立的人格，假定人格是彼此互相独立的，而又独立于作为人格内容的客观世界，如果我们依然假定存在的一部分对于另一部分的绝对空间的和物质的外在性，那么想要了解这个紧密的关联是不可能的，因这关联虽然无所不涵盖，可是没有什么明确的依附点。

2. 自我感(自我感觉)[2]

§.407

αα)感觉总体，以其个别的资格而言，主要是在自己里面辨别自己的这种倾向，而唤起在自己里面的判断。它是靠这种判断而有其特殊的感情，对于自己这些方面成为一个主体的。这主体本身给这些感情在自己里面以其作为它的自己的一种地位，它是潜入于这些私有的个人的感觉之中，而同时由于这些特殊东西的"观念性"，它在它自己里面和它自己结合起来作为一个主观单位。像这样，它是自我感觉，而同时它的为自我感觉只是在这特殊感觉里面。

§.408

ββ)由于仍然为自我感觉标志的这个直接性，即由于仍然不和心理生命分离的形体因素，而且因为这感觉本身也是特殊的，和一特别形体形式结合在一起的，结果就是，虽然这主体已能获得理智的意识，可是它仍然

---

① 杨祖陶先生译本中指"胃"，参见中译本《精神哲学——哲学全书·第三部分》，北京：人民出版社，2006年，第138页。——整理者注

② 德文 Selbstgefühl.

易变疾病，这是就它坚定在它自我感觉这一特别相上面而不变这点来说的，就它不能把它提炼到“观念性”而超出它这一点来说的。理智的意识的一切齐备的自我是一个有意识的主体，其本身是一致地遵循着一个秩序与行为的，而这秩序与行为是从它的个别地位与其和外部世界的联系而来的，这世界同样也是一个有规律的世界。但是当它沉迷于感情的单独一个相时，它就不能指定那个相在原是一个有意识主体的世界的个别系统中的应有地位和应有的从属。这样一来，主体就陷入矛盾之中，陷入在其意识中系统化了的总体和未归结到应有的地位与行列那个单独的相或固定了的观念这两者的矛盾之中。这便是疯狂，便是心理错乱。

【说明】 在考虑到疯狂时，像在考虑其他情况一样，我们必须先考虑到那完全长成而有理智的有意识的主体，那同时也就是自我感觉的自然自我。在这个相上，自我是能易于陷入其自己的自由主体性和一种特殊性的矛盾，因那特殊性不是在前者里面得到“观念性”，而是在自我感觉中停留为一种固定了的因素。精神本身是自由的，因而不会具有这种弊病。但在旧时的形而上学里，是把精神作为一个灵魂来处理，作为一种东西来处理；而只是作为一个东西，就是作为某一个自然的存在的东西，它才易染上疯狂病，即在它里面的某一有限因素的安定的固定物。因之疯狂是一种精神病，就是说，同时是身体的病，而同时又是精神的病，其起头可能在一方面多于其他方面。对它的治疗也是如此。

凡是冷静的、健全的主体对于他个人世界的有秩序的整体，都具有活泼实在的意识，他把每一个特别的感觉、观念、欲望、倾向等内容，在其一旦发生时，便放在那整体之下，将它们安置在应有的地位。这主体是这些特殊的东西的统治精灵。这和疯狂之间的差别有如醒与梦之间的差别一样。只是在疯狂中，梦是在醒着的限度内，因而成为实在自我感觉的一部分。错误一类的东西是一种命题，并不矛盾地纳入事物的客观相互联系中而有其地位的。可是具体上，常常很难说在什么地方它开始成为发狂。一种剧烈而无理由、无意义的仇恨爆发等，和预先假定的更高级的人格的冷静与稳定相对比，可能使患者看起来是因狂暴而疯癫了。但是发狂的主要点，乃是一种感情和一种固定的形体体现的矛盾对形成具体意识的种种调节发生的反抗。原只是存在的一种情况的精神，而这个存在不能使之在其意识中流动,那便是有病的。在这种像只是自然倒退而得到自由的内容,乃是心寻求自己的情感作用,例如虚荣心、自尊心和其他热情等,都只是幻想与希望,是纯然的个人的爱与恨。当冷静态度和一般原理、道德的原理和理论的原理的影响松弛了而停止了它对于自然暴躁的关锁,尘世的因素便得到释放,那便是一直潜伏在心里的罪恶,因为作为直接东西的心是属于自然而自私的。疯狂中占优势的,乃是人的这罪恶的精灵,但是与在心里也是存在的那比较好而更理智的部分,是有分别而对抗的。因之这种状态是心理的扰乱和痛苦。因而正确的精神处理,必不忘记这条真理,就是疯狂也并非是理性抽象的丧失(不管是在理智这点上或者是在意志与其职责这点上),而只是扰乱,只是仍然存在于理性中的一种矛盾,正如身体的疾病并非从健康的抽象上来讲的丧失,即纯然的完全的丧失一样(因为如果是那样,它会是死亡),而是在健康中的矛盾。这种合乎人道的处理(宾那尔[①]对它的贡献是值得最高的谢意的),首先是假定患者的理智性,而在这种假定里就有了在这方面处理他的健全基础——正如在身体疾病的情况下,医生把他的治疗奠基于本身尚含有健康的活力上面一样。

3. 习惯[②]

§.409

自我感觉潜入在种种琐碎的感情里面(在简单的感觉里面,而又在欲望、本能、热情和它们的满足里面)是和这些感情无异无别的,但是在自我里面,潜伏着有观念性的一种简单自我关系,一种名义上的普遍性(这就是这些琐碎东西的真理),而自我作为这样普遍性的,就得要在感情生命上打上它的烙印而使之在感情生命中表现出来,然而又要把它自己从特殊的那些琐碎东西中区别开来而成为一种实现的普遍性,但是这普遍性不是那些特别的感情和欲望的完全和纯净真理;它们特别含有的东西依

① 宾那尔(Philippe Pinel,杨祖陶先生译成皮内尔),1745—1826,法国医师、精神病学家,以人道主义态度对待精神病患者的先驱,现代精神医学之父。他出生于法国南部塔恩(Tarn)省的圣—安德烈(Saint—André)的一个乡村家庭,逝于法国巴黎。

② 德文 Gewohnheit。

然没有算进去。其特殊性也是一样,像现在那样是形式上的;它只算为是灵魂的特殊存在,或者说直接性,和它同样是形式上抽象的实现对立起来。灵魂的这特殊存在乃是它的形体的因素,这里它就和这形体分开,把它从它自己分别开来——它自己是简单的存在——而成为它的"观念的"、主观的实体性——正如它在其潜伏的总念里(参阅§.359)是形体的实体,而且只是它的实体。

【说明】 但是灵魂的这种在其形体的负荷物里抽象的实现仍然不是自我——不是为普遍的存在。它是归结于它的只是观念性的形体;而只到这限度内,形体才属于灵魂本身。那就是说,正如空间和时间——那抽象的相互外在一样。总而言之,像空洞空间和空洞时间那样——只是主观形式——直觉的纯粹动作;同样地,那纯粹存在(通过形体的特殊性在它里面的废弃或直接形体在它里面的废弃就实现了自己)而只是直觉而不是别的,它缺乏意识,而只是意识的基础。然而它成为意识是在它作为主观实体的形体仍然继续存在,却作为它的一种障碍的那个形体,已经为它所吸收的时候,是在它曾取得自我中心主体的性格的时候。

§.410

灵魂把自己变为一个抽象而普遍的存在,把感情的特殊东西(和意识的特殊东西)归结为它的存在的不过一种特征时,它便是习惯。像这样,灵魂就占有内容,像这样含有这些内容,结果就是在这些特征里,它不是有原始感觉的,并且它和这些内容的关系并非把自己区别于它们的那种关系,也不是在它们里面被吸收,而是据有它们,在它们里面活动,可是并不感觉到或意识到这件事。只要灵魂对它们无兴趣,或不为它们所占住时,灵魂是不为它们所束缚的;而且一方面存在于这些形式里作为它的据有物,而同时它又可别有所忙碌,例如有所感觉,有一般的心理意识。

将感情的特殊和形体的表达形式培养成灵魂的实质这个过程,看来像是这些表达形式的重复,而习惯的产生像是实践。因为如果关于自然的特殊的相,一方面,灵魂称为抽象的普遍性是特殊相所对之变化的,灵魂本身就是一种反思的普遍性(参阅§.175),就是说,在一系列的感觉单位中翻来覆去的同一东西变为统一,变为明白说出的这个抽象统一。

【说明】 习惯像记忆一样,是心理组织中的一个难题:习惯是自我感觉的机构,正如记忆是智力的机构一样。年龄、睡眠与醒觉的自然性质与转变是“直接”自然的,习惯则不同。它是感情的方式(像智力、意志等,只要这些是属于自我感觉的)变为一种自然的机械的实在存在。习惯被称为第二天性是正确的;称为天性,因为它是灵魂的一种直接的存在;称为第二天性,因为它是灵魂所创造的一种直接性,把加入在感情方式本身里面和加入在取得形体形式的范围内的复现表象与意志的形体,予以印象和模型(参阅§.401)。

在习惯里,人的存在方式是“自然的”,因而是不自由的;可是,只要感情只是自然的一面,由习惯而变为他的一种实质,而他再不为它不自主地诱导或觉得它讨厌,因而对它再不感兴趣,再不为它占住神,或依赖它时,便仍然具有自由的一面。习惯中缺乏自由,一部分只是形式上的,因为习惯只依附于灵魂的存在的;而一部分只是相对的,因为严格地说,只就其对于坏习惯的发生而言的,或者就习惯和另一种意图对立而言的。至于正当和良好的习惯则是自由的体现。关于习惯,主要一点乃是借助习惯,人就不为感情所束缚,即使它是有感情的影响。这种情况的不同形式是这样的:

α)直接的感情被否定而看为是无可无不可的。一个人惯于不管外界的感觉(冷、热、四肢疲倦等,以及甜味等),对于不幸的事情硬起心肠,就能获得一种力量,虽然感觉到冷热等,或感受到不幸,而所感受的贬为身外物直接性的东西;而在这一切之中普遍的精神生命保持其抽象的独立自主,而自我感觉本身,意识、反思与任何其他的种种意图和活动,再不为它所动。

β)对于满足漠不关心:由于习惯于满足,种种欲望与冲动都变钝了。这就是从欲望与冲动中的合理解放;可是修道院的苦行和强力的干涉是不能从欲望等得到自由的,在思想中也是不合理的。当然在这一切里面,是假定着能保持种种冲动,作为它们原本如此的一些有限的方式,而且假定着这些冲动与满足都是作为局部的因素从属于合理的意志的。

γ)在作为能力倾向或技能看的习惯里面,不但抽象的精神生命得要保持其自身完整,而且要强力成为一种主观的目的,在身体部分成为一种力量,使身体隶属于它,服从它,看成有了主观的灵魂之内部目的这样强加在它上面时，身体便是作为一种直接外界的东西来处理，作为一种障碍物来处理的。这样一来，灵魂作为简单的自我集中和它的早期自然性、直接性之间就发生了更明确的破裂；它就丧失它和身体的性质原有而直接的同一性，而既是外在的，首先就得要降到那种地位上去。特别的种种感情只能在一种完全特定的方法上（参阅§.401）获得其身体的形状；而身体的直接部分是一种特别目的的特殊可能性（它的分化构造的一种特殊的一面，它的有机系统的一种器官）。在有机的身体中塑成这样一个目的乃是把一直含蕴在物质里面的"观念性"揭露出来而予以表达，尤其是把一直含蕴在特别身体部分的"观念性"表达出来，而这样就能使灵魂在其意志与概念的性格方面，在其形体中存在为实体。像这样，一种能力倾向就显出变为完全服从，成为一种工具的形体，结果就是当（例如一连串的音色）这种构想在我里面时，身体就毫无抵抗地而容易地给它们以表达。

习惯的形成适用于心理动作的一切种类和一切级别。特别是属于外部的，即一个人的空间方向，他的挺直姿势，由意志成了一种习惯——无需调整，不假意识而就有的状态——就是属于该人坚持其意志的一种体现；因为一个人站着，只是因为他决定要站着，而且只在他决定站着时才站着，只在他无意识地决定站着时站着。同样地，我的目力①是具体的习惯，不假借明显的调整而在一种动作中结合着感觉、意识、直觉、智力等构成它的各种变化。思维，不管在其原来纯粹的质素里变成怎样自由与活泼，也是同样需要习惯和熟练（这种临时动作或直接性的形式），因而成为我独自个人自由地达到四面八方的一种属性，那在这里，在自我中心的思维之自发性里，也有灵魂和身体的合力（所以缺乏习惯和继续太久的思维能使人头痛）；习惯由于使自然机能成为灵魂的一种直接性，便减少了这种感觉。习惯在更广的规模上，实行在严格的智力范围里，乃是回忆与记忆，关于这点，后文再述。

人们常常轻视地谈到习惯，说习惯是无生命的，无准则的、特殊的。诚然，习惯的形式像在任何其他形式一样，是我们随便把任何东西都可放

---

① 杨祖陶先生译为"看等等"，整理者认为这相当于当代认知科学提到的"视觉注意"问题，即看到什么不是单纯的视觉问题而是涉及各种活动。——整理者注

进去的;而且导致死亡的是生活的习惯,如果很抽象地说的话,生活习惯就是死亡。可是习惯对于个人的一切理智生命存在是不可或缺的,是使主体成为具体的直接性,成为灵魂的一种“观念性”——使意识的内容,宗教的、道德的等等内容成为这个人的,这个自我,这个灵魂,而不是其他,成为既非只是一种潜在可能性,也不是转瞬即逝的情绪或观念,也不是一种抽象和动作与实在相脱离的抽象的内在性,而是成为这个人的实质之重要部分。在灵魂与精神的科学研究中,通常是不讲习惯的——或者认为这是可蔑视的东西——或者出于另一理由,说它是心理学中最困难的问题之一。

(三)现实的灵魂

§.411

灵魂当它的形体已经模塑而成为彻底是自己的时候,就发现自己是一个单一的主体;而形体便是作为一个述词的外在性,对于这而言它是对自己有了关系。换言之,这外在性所代表的不是自己,而是灵魂,而它就是灵魂的符号。在这里外的同一之中,外服从于内,灵魂是现实的:在其形体里,它有自由的形状,在这形状中它感觉到自己而又使自己被感觉到,而且这形状作为灵感的艺术成品有其人类的病相与生理相的表达形式。

【说明】 人类表达形式包含例如一般挺立的姿势,四肢的形成,尤其是手,作为绝对的工具,又有口的形成——啼、笑等,又有散布全部的心性特征,那就立即宣示身体是高级性质的外在性。这特征是这么轻微、不定,而不可表达的一种变更,其原因是这形象在其外在性是直接的和自然的东西,因而只能是精神的一种不明确而很不完全的符号,不能在其现实的普遍性上代表它。从动物界看来,人像是精神出现的最高状态。但对精神来讲,它只是第一个出现,而语言是它的完全表达形式。而人像,虽是它的实在存在的近似的一相,然而同时在其病状的和生理状的质上是对它为偶性的东西。所以,企图把人相学,尤其是头盖学(骨相学)提高到科学的水平是最空的幻想之一,比认为例如一种植物的状态能提供它的药力征兆这种物证术(signaturarerum)还要虚幻些。

§.412

就其含义而言,灵魂显出物质的非真性和非实在性,因为灵魂在其集中的自我上,把自己从它的直接性实质分割开来,把后者和它对立起来作为一种不能对它的型塑影响有所抵抗的形体。这样把它的实质和它的有意识的自我对立起来时,灵魂就丧失了只是灵魂的意义,丧失了精神的“直接性”。现实灵魂的感觉与具体自我感觉变成了习惯,就不言中实现了它的种种质的“观念性”。在这外在性中它镇定了自己,内化了自己,而且是无限的自我关系。这样成为明显的自由普遍性显出灵魂醒悟到自我的更高阶段,或说醒悟到抽象的普遍性,这是就它是为抽象的普遍性而言的。这样它就取得了思维者和主体的地位——特别是这种判断的主体的地位,在这种判断中,自我从自己排出作为对象的只是自然特征的总和,外在于它的世界,可是关于那个对象,它在那对象里是直接反射进自己中去的。这样灵魂便上升而变为意识了。

二、精神现象学

意 识

§.413

意识构成精神反射或相关的等级:精神作为形相的等级。自我是精神的无限自我关系,可是作为主观的或作为自确定性、自然灵魂的直接同一已提高到这个纯粹的“观念性”自同一;而前者所含有的,对这自存在的反思而言,是提出作为一个对象的,精神的纯净抽象自由放弃掉它种种特别的质——灵魂的自然生命——而到达作为一个独立对象的同等自由。自我最初是觉知(意识到)独立对象乃是外在于它的,而这样它便成为意识。自我作为这种绝对否定性,含蕴上是在他性里同一:自我本身就是那个他,而且扩张越过对象(好像那对象暗中被取消掉似的)——它是这关系的一方而又是整个关系——是亮光,显示自己而又显示别的东西。

§.414

这样开头作为自我而表明出来的精神的自同一性只是它的抽象的形

式上的同一。作为灵魂,它过去是实体的普遍性那一相;现在作为主观的反射进入自己里面,它对这实体性来讲,是对于它的否定的,对于黑暗而超过它的一种东西。所以意识像一般的相互依存一样,一方面两方是独立的,而另一方面,两者合并为一,意识是这两方的矛盾。作为自我而言,精神是本质;但是实在性既然在本质范围里是作为在直接存在里而同时又作为"观念性的"表现出来,它作为意识而言只是精神的形相(现象)。

§.415

由于自我本身只是一种形式上的同一,它的理性的统一的辩证运动,即意识的连结着向前特别化的各步对它看来不像是它自己的活动,而是含蕴的、而且对于自我像是对象的一种转化。因之意识像是按照当前对象的差别而有不同的变化;而意识的逐渐特别化,好像是它的对象特征上的变异似的。自我,即意识的主体,是思维的。改变对象的逻辑过程就是主体和对象同一的东西,就是它们的绝对相互依存,使对象变为主体自己的那个东西。

【说明】 康德的哲学可以很正确地被说成是把精神看作意识,是只包含有精神现象学(而不是精神哲学)的一些命题。康德把自我看成是"谈到离开而在那边"的东西(在其抽象的叙述中被称为物自身);他是只从这种有限观点来处理智力与意志的。虽然在谈到反思判断能力这种想法时,他接触到精神的观念——一种主体客观性,一种直觉的理智等,甚至自然的理念。可是这理念仍然又降为一种形相,降为一种主观的准则(参上§.58)。所以当莱因贺尔(Reinhold)①把康德哲学作为意识学说来看(称为"观念作用的才能")时,可以说是正确体会到康德哲学的。费希特遵照着这同一的观念:他的非我只是和我对立的东西,只在意识中下它的定义的;它不过是一种无限的"震荡",亦即物自身而已。所以这两种体系清楚地表明没有达到理性的统一,没有阐明精神在其现实上和本质上是什么,而只是谈到精神关于别的东西是怎样的之类的问题。

谈到斯宾诺莎的哲学,我们又一次要指出精神在它借以把自己"构

① 杨祖陶先生译为"赖因霍尔德"(Karl Leonhard Reinhold,1758—1823,德国哲学家,康德哲学较早传播者之一)。——整理者注

成"一个自我(一个和它的质的感情作用对比而为自由的主体)的那个判断里,已经从实体显露出来,而把这判断作为精神的绝对特征作出的这种哲学,已从斯宾诺莎哲学挣脱出来了。

§.416

有意识的精神,其目的是要把它的形相变为与其本质同一,把它的自确定性提高到真理上去。在意识阶段上的精神的存在是有限的,因为它只是一种名义上的自关系;或者说只是确定性。其对象只抽象地说成是它的,换句话来讲,在对象里面,它只作为一个抽象的自我精神才向自己反射的,因之它在那里的存在仍然是有内容的,这内容不是作为它自己的。

§.417

确定性提高到真理有三个等级:

首先(a)一般的意识,即其自身和对象是对立的。

(b)自我意识,自我是其对象。

(c)意识与自我意识的统一,在那里,精神见到自己体现在对象里面,并且见到自己是含蕴地而又明白地确定,是理性,是精神的总念。

(一)意识本身[1]

1. 感性意识

§.418

意识首先是直接的意识,因之它所提到对象的是简单的而不是它的从其他得来的确定性,对象也是如此。既是直接的,一个存在的,在自己反射的,它便更标志为直接单一性的,这就是感性意识。

【说明】 意识——作为相关的一种情况——只包含属于抽象自我或者说形成思维的那些范畴;而它把这些范畴作为对象的种种特征来对待(参上§.415),因之感性意识觉知到对象是一个存在的东西,一个东西,一个实存的东西,一个单一的东西等等。它是以质料上最丰富、思维上最

[1] 德文 Das Bewusstsein als solches:(a)Das sinnliche Bewusstsein.

贫乏的东西出现的。质料的丰富是感觉所构成的:感觉乃是意识的材料(参上§.414),乃是实体的和质的,就是灵魂在人类学范围里是什么,在那里发现在其自己里面的。自我(即灵魂向自己的反射)把这材料从自己分别开来,而把它归在存在的这一范畴之下。空间的单一性和时间的单一性,这里和现在(我在《精神现象学》——全集第二卷,第73页[1]——用来描述感性意识对象的名词)严格意义上是属于直觉的。现在这对象首先是看成只是对于意识的相关上面,作为外在于意识的东西,而还不是在其自己方面是外在的,或者说离开自己而在自己之外的。

§.419

感性的作为某一东西就成为一个他,这某一东西,这事物,其对自己的反射,具有许多性质;而作为一个单一的(事物)在其直接性上有种种的属性。感性单一的多这样就成为幅[2]——多种多样的关系,反思的属性和种种普遍性。这一些都是逻辑名词为思维原理所引入,在这种情况下为自我所引入,用来描述感性的东西的。但是自我作为表面上的自己在这一切性格描写里面看见对象的变更;这样构成对象的自我意识就是感性知觉。

2. 感性知觉[3]

§.420

当意识超过感受性时,就要在其真理上来看对象,不只把它作为直接的,而是作为间接的,在自身反射的,是普遍的。这样一个对象是感性种种质和思维用来说明具体关系和联系的范围更广的属性的一种结合。因之意识和对象的同一就从"我敢断定"这种抽象同一过渡到"我知道,而且我觉知"这种明白的同一。

【说明】 康德哲学在其上面想象着精神这特殊的意识阶段就是知觉。这也正是寻常意识和或多或少科学所采取的一般观点。单一的统觉

---

① 参见《精神现象学》上卷,贺麟、王玖兴译,北京:商务印书馆,1981年,第65页以下诸页。——整理者注

② 疑为"复多"。——整理者注

③ 德文 Wahrnehmung。

或观察的感性深信成为出发点:这种深信是被认为要提高到真理上去的,在考虑其种种关系时,反复地回思,而同时在一定的范畴路线上变为必然的普遍的东西,即经验。

§.421

个别的与普遍的这种汇合乃是混合——个别的实际上依然是强硬而不为普遍的所影响,可是对于普遍的是有关系的,所以它是一连串的矛盾——感性统觉的单一事物(那是形成一般经验所作为根据的)和有更高要求作为本质与根据的普遍性,这两者之间的矛盾——一个东西的个别性(以其具体内容而言是构成其独立性的)和种种不同的性质(这些性质脱离这否定性联结而又彼此脱离时,便是独立的普遍的质料——参上§.123)——这两方的矛盾,当那某一东西明确为对象时(参上§.194以下),有限的这个矛盾就成为极其具体的。

3.理智①

§.422

知觉的最近真理就是它是一个形相的这种对象,而对象的反射对其自己则反为向内而普遍的一种自存在的东西。这样一个对象的意识就是理智。我们所称为东西的向内一方面乃是感性东西的复合的抑制,而在那方式上就是一个抽象的同一;然而另一方面,由于这个缘故,它包含着这复合,可是作为一种次等的"简单性"差别,而这差别在形相的变迁中是依然自同一的。这简单的差别就是现象的规律的范围——是现象的副本,但变为休止,变为普遍性。

§.423

规律,起初陈述着普遍的不变的各项的相互依存,而在其区别上是内部的范围的,在这一方面也有其必然性;一项既不是外表上有别于其他一项,便直接处在其他一项里面。但是这样它的内里的区别乃是它自己方面的区别,这就是它在真理上原本如此的,或者它是不成为什么的区别。有着这新的形式特征,整个说来,意识暗中便消逝了,因为意识本身是含

① 德文 Der Verstand。

蕴着主体与对象的交互独立的。自我在它的判断中有一个和它不区分的对象——它有它自己。意识已过渡到自我意识。

(二)自我意识①

§.424

自我意识是意识的真理:后者是前者的一种后果,因为凡另一对象的意识都又是实事上自我意识。对象是我的观念:我觉知对象是我的;而这样在它里面我觉知我。自我意识的公式是:我=我;抽象自由,纯净"观念性"。到此为止,它缺乏"实在性":因为它既然是它自己的对象,严格说来就没有对象,因为它与对象之间无异无别。

§.425

抽象的自我意识乃是意识的第一个否定,而因那缘故负荷着一个外来对象,或者名义上说,负荷着它的否定。这样一来,它同时是意识的先行的阶段:它是自己的矛盾,是自我意识而又是意识。但是后一个相和否定,一般说来,是在我=我里面潜伏地被抑制了;而因之作为和对象对立的自我这个确实性,它就是一种冲动,以给予其抽象自我觉知以其内容和客观性这方法来实现其含蕴的性质,而另一方面它要从感觉性中把自己解放出来,放弃当前的客观性而把它和自己同一起来。这两种过程是一而二,二而一的,是它的意识和自我意识的同一过程。

1. 欲或本能的欲望②

§.426

自我意识在其直接性里面是一种单一,而且是一种欲望(欲),——含蕴在它应该仍是客观的抽象里面的那种矛盾,——或者说含蕴在它有一个外面对象的形相而应该是主观的直接性里面。从只是意识的抑制而出来的一个人的自我的确实性宣称对象为不存在的;而自我意识对于对象的看法同样地把这样的自我意识的抽象观念性当作是不存在的。

① 德文 Selbstbewusstsein。

② 德文 Die Begierd。

§.427

因之自我意识在对象里面,在含蕴上认识自己,而对象在这种看法里面是顺从欲的。在这两个片面契机为自我的活动所否定里面,这同一就成为自我的。对于这个活动,含蕴上和对于自我意识而言是没有自我的对象,是不能抵抗的:含蕴在它里面的辩证,对于自我抑制在这种情况下,是作为自我的活动而存在的。这样,当当前的对象变为主观的时候,主观性就脱去其片面性而成为对自己是客观的。

§.428

这个过程的成果就是自我和其自己的牢固汇合,其满足就得到实现,自己就成为现实。在外部方面,它继续下去,在这样回复到它自己,主要可描写为一个个体而这样保持着;因为它对于无自我的对象是完全消极的,所以这对象只是被消灭的。所以"欲"在其满足上总是具有破坏性的,其内容是自私的;而满足只发生于个人(那是转瞬即逝的),在满足这动作本身中又产生了"欲"。

§.429

但是在内部方面,或者说在含蕴方面,自我在满足中所得到的自我感不逗留在抽象的自我集中上或只在个体性上;恰恰相反,直接性和个别性的否定,其结果含有普遍性和自我意识与其对象同一的这种性格。这自我意识的判断或拆离乃是一个"自由"对象的意识,其中自我觉知到自己是自我,可是所觉知的自我仍是在它外边的。

2. 认识的自我意识①

§.430

这里是一个为自我意识的一个自我意识,起初是直接作为两个东西的一个为其他一个的。在那个他作为自我里面,我看见我自己,然而又是一个直接存在的对象,另一绝对独立于我而和我对立的自我(自我意识单一性的抑制只是抑制的第一步,只导致它的性格作为特殊而描写)。这矛盾给予任一个自我意识以冲动来显示其自己为一个自由的自己,而对其

① 德文 Das anerkennende Selbstbewusstsein。

他一个自我作为一个自由的自己而存在——这是认识的过程。

§.431

这过程是一场战斗。只要我在那其他看见的是一个其他,而且是一个直接的实存,我就不能在另一个个人里面觉知我作为我自己,因之我必要设法抑制他的这个直接性。在同等程度上,我也不能被认识为直接的,除非我能克服我一方面的单纯直接性而因之使我的自由得到存在。但是,这直接性同时乃是自我意识的形相,在这形相里,如同在它的符号和工具里一样,后者有其自己的自我感,有为种种的他而存在,有其和那些他建立关系的方法。

§.432

认识的斗争是你死我活的斗争:两个自我意识的任何一个都是危及其他一个的生命的,而又对其自己的生命招致同样的危险——可是只是危险而已,因为两者都同样设法维持其生命作为它的自由的存在,所以一个的死亡,虽然由于直接性的抽象的,因而是粗暴的否定,而解决了矛盾,然而从本质的观点来看(即从外面可见的认识来看),这死亡是一种新的矛盾(因为那认识同时也为其他一个死亡所遭受),而且有甚于其他那个矛盾。

§.433

但是因为生命是这种矛盾解决所必需的,正如自由是其所必须的一样,斗争的结果首先是不平等作为一种片面的否定而产生。一方面,一个斗争者宁可要生命,并保持其单一的自我意识,而只放弃其被认识的要求,其他一个坚执其自我主张而认为前者认识优越于自己,于是就发生了主与奴身份的差异。

在求得认识的战斗中和对主人的屈服中,我们在两者的现象方面看见人类社会生命的出现和政治结合的起源。强力,这是这种现象的基础,却不因之而为权力的基础,而只是从沉埋在欲之中和自私的孤立之中的自我意识过渡到普遍自我意识的过程之必要而合法的因素。可见强力是国家的外表或者说现象之起源,而不是国家基本的和本质的原理。

§.434

首先这种情况是含有共同的需要和关心于需要的满足的——因为有

主必须有奴，而也得要维持奴的生命的。代替直接对象的粗暴毁灭的乃是这对象的占有、保存与形成，作为独立与非独立这两极端结合在一起的工具。在满足需要中发生的普遍性形式就创造出来一种不变的方法和一种设备以备未来而且保证未来。

§.435

但是其次，当我们看一看这两者的区别时，主人在奴隶和奴役中看到他单独自我资格的霸权，而这霸权是由于直接自我资格的抑制而来，可是这抑制是落在另一自我身上的。然而这另一方，即奴隶，在主人的奴役之下，消耗其个人的自我意志，克服“欲”的内部直接性，而且在丧失了自己，在所谓“敬畏主人、就是智慧的开端”中过渡到普遍的自我意识。

3. 普遍的自我意识

§.436

普遍的自我意识乃是在一个其他自我里正面地自己觉知：每一个自己的作为一个自由的个别性是有其自己的“绝对”独立的，然而同时由于没有把它自己从那其他一个自己区别开来，因而又否定其自己的直接性或者说否定其本身的“欲”。所以每一个都是普遍的自意识的而又是客观的；每一个都在相互性的形状中有其“真实的”普遍性，只要每一个知道它自己在其他一个自由人里面被认识，并觉知到这一点，而且只要它认识其他一个并知道他是自由的。

【说明】 自我意识这个普遍的重现——在其客观性里面觉知到它自己作为和自己同一的主观性而且为那缘故是普遍的这个总体——是在一切真正心理或精神生命根本上的意识形式——在家庭、祖国、国家里和一切品德、爱情、友谊、英勇、光荣、名誉等的根本上的意识形式。

§.437

意识和自我意识的这个统一首先含蕴着各个人彼此光照。但是这样同一的个人之间的差异只是模糊的不同——或者说这不同乃是不存在的差异，所以它的真理乃是自我意识的完全而真实的普遍性和客观性——这就是理性。

理性作为在这里出现的观念(参上§.213)应作这样的理解：就是它

所统一的总念和实在之间的分别有着自集中的总念或意识和存在于外面而与之对立的对象之间的分别的特别一种相。

(三)理 性[①]

§.438

理性是本质的和现实的真理,而这真理是在于总念的主观性和它的客观性与普遍性的简单同一。所以理性的普遍性,一方面它表示只在意识作为意识里面给出的对象现在是普遍的,充满着自我而又包含着自我,而另一方面表示纯粹的自我乃是纯粹形式,一部分和对象相一致而在它外面又包含着它。

§.439

自我意识这样有了它的种种确定性保证为客观的,或者说是事物存在本身的确定性,不减于它们是它自己的思想,这个自我意识就是理性,这理性作为这样一种同一不只是绝对实体,而且是知道这个实体的真理。因为这里真理有着作为它的特别方式与内在形式的那自为中心纯粹的总念、自我、自己作为无限普遍的确实性。觉知到它是什么,这真理就是精神(心灵)。

三、心理学 精神[②]

§.440

精神自己表现为灵魂和意识的真理,——前者是一个简单直接的总体,而后者现在是一种无限的形式,此时的意识已不局限于那内容,而且对它不再只有像对它的对象那样的相关关系,而体现为这种实体总体的一种觉知,既非主观的,又非客观的。所以精神只从它自己的存在出发,而且只和它自己的特征相关。

【说明】 因之心理学研究心理活动之作为心理的之种种机能或一般

---

① 德文 Die Vernunst。

② 德文 Der Geist。

的种种方式——心理视觉、观念作用、记忆以及欲望等——不管在现象方面发现于经验的观念作用，思维、欲望与意志的内容，而又不管这些方式所存在的两种形式，即在灵魂里面作为一种物理的方式和在意识本身作为那意识的一个分开存在的对象。然而这并非心理学家的一种武断的抽象，精神正是这样抬高到自然和物理方式之上，抬高到和外部对象混杂之上的——总之抬高到物质的东西之上，如它的概念刚才已表明的那样。它现在所要做的不过是实现它的自由这个念头而且除去它再次从而开始的直接性形式，抬高为直觉的内容的就是它的感觉，改变而为复现表象和变而再为思想的它的那些复现表象等也都是它的直觉。

§.441

以其各特征是直接的或与自然合共的而言，灵魂是有限的。意识以其有对象而言，是有限的。精神是有限的，是就其虽再不是有对象而在它的知识里是有一种方式的，就是说，它是由于它的直接性，或者(还是同样的东西)由于它是主观的或只是一个念头，而为有限的，而且那个被称作是它的念头，那个被称作那念头的实在性，是没有关系的事情。如果说它的念头是完全无限客观的理性，那么它的真实性便是知识或理智。如果说知识是它的念头，那么它的真实性便是那理性，而知识的实现乃是在于使用理性，因之精神的有限性应归咎于知识(一时)不能取得它的理性之充分真实性，或者(那也是一样)归咎于理性(一时)不能达到在知识中充分表现。理性同时以其是“绝对的”自由而言，只是无限的；就是说，以其预先假定有自己为其知识活动的依据而言，它就自己降而为有限性，而体现为废除这直接性的不断运动，体现为理解自己，而作为一种合理知识的不断运动。

§.442

精神的进行是发展，这是就它的存在一面，即知识，作为它的内在意图与负担含有纯属合理性的那完全而圆满的自律而言的，在这种情况下，把这意图变为其真实性的这种动作，严格地说，只是过渡到名义上的表现过程，而即在这里也是回复到其自己。只要知识还没有摆脱它原来只是知识的那种性质，它只是抽象的或者说形式的，精神的目标是要给它以客观的实现，而这样同时产生其自由。

【说明】 这里发展所指的不是个人的发展(个人是有某种人类学性格的),在个人发展中是把种种机能、种种力量看成在外部实存中一个接着一个露出而呈现的——一系列的步骤,曾长期大大地被注意到其确定(为孔狄亚克①体系所注重),好像猜想的自然出现能显示这些机能的发生并说明它们似的。在孔狄亚克的方法中,其目的无疑是要指出怎样可以把心理活动的各种方式变为可以理解而不忘记其心理的统一性,而且要显示这些方式的相互联系。但是这样做所使用的范畴是实在不行的。这些范畴的主导原理乃是把感性的东西(很恰当地)作为第一性或开始的基础,而随着这出发点之后的后期各相,出现为在一独种肯定方式上而生出的,而误认了并忽略了心理活动的否定方面。靠这否定方面,这质料才变为精神而作为感性的东西而被毁灭。正如孔狄亚克的理论所说,感性的东西不只是经验上居先的,而且遗留下来像是真正本质上的基础似的。

同样地,如果把精神种种活动看成只是表现、力量、或者用述说它们为头脑或心情某些其他的利益而有的功用或适宜的话语来陈述,那么就不能指出这整个事情的真正最后的目的。那目的只能是精神的理性统一,而其活动只能以其自己为目的;就是说,它的目的只能是要除去直接性的形式或主观性的形式,达到并抓住自己,把自己从自身中解放出来。像这样,所谓精神的种种机能像这样区分开来,只得看成是这解放的各步。而这就是研究精神与其各种各样活动之唯一的合理方式。

§.443

正如意识以先于它的阶段,即自然灵魂(参上§.413)为其对象,同样地,精神以意识或者说使意识为其对象,就是说,意识只是自我和它的其他(参上§.415)的实质上同一,而精神却实现那同一作为它而且只是它所知道的具体统一。它的种种产生是为一切理性的原理所管制的,那原

① 孔狄亚克(Etieme Bonnot de Condillace,1715—1780)法国哲学家,自然神论者,生于法国格勒诺勃,就读于格勒诺勃神学院,1740年任牧师职,后成为法国科学院和柏林科学院成员。他从J.洛克的经验论出发,指出感觉是知识的唯一来源,但否认有"反省"的经验,并以感觉论的观点批判了R.笛卡尔的唯理论和天赋观念论。他对洛克反省观点和笛卡尔天赋观念论的批判,为发展唯物主义扫清了道路。但他受牛顿力学影响,把一切认识能力都归结为感觉,表明了形而上学的局限性。著有《人类知识的起源》、《感觉论》等。——整理者注

理乃是内容都同时在自由中潜在着而且是精神自己的。这样，如果我们考虑精神的开始一相，那一相是双层的——是存在而又是它自己的，因着前者，精神在自己中发现某东西是在那里，因着后者，而肯定这只是它自己的，所以精神的方法是：

a）理论的：它和理性的东西打交道，作为它的直接的动情[①]，而它必须使那动情变为它自己的，或者说，它要把知识从它的预先假定性中解放出来，因而从它的抽象性中解放出来，而使动情变为主观的。当动情已经成为它自己的，因而知识被描写为自由的智力，即在它自己里面有着充分的而自由的特征描述时，它就是

b）意志，即实践的精神。首先也同样是形式的——就是说，它的内容在起初只是它自己的，而且是直接冀求的；它再进而把它的意志从它的主观性中解放出来，这主观性是它的内容的片面形式，所以它

c）面对自己为自由的精神，而这样就除去它两种片面性的缺点。

§.444

理论的和实践的精神仍属于主观精神这总范围内。不能区别它们为主动与被动的。主观精神是生产的，但这只是一种名义上的生产力。在内部，理论的精神只产生其"观念的"世界，在里面获得抽象的自治。作为实践的精神，虽则它和自治的产物有关，是和它自己的质料有关，然而所有的质料只名义上是如此，因而是有限度的内容，因之它获得普遍性的形式。在外面，主观的精神（作为灵魂与意识的统一也就是一种真实性，——同时是人类学的而又遵照意识的真实性）在理论范围内有话作为它的产物，而在实践范围内（还没有行为和动作而只是）享乐。

【说明】 心理学像逻辑学一样，是一种在近代从更一般的心理培养和理性更深刻的概念中，几乎没怎么获得益处的科学。它还感到十分困苦。康德哲学的转变已经给了它更大的重要性。它在经验的情况下认为是形而上学的基础，而形而上学不过是人类意识种种事实的经验上之理解和分析，事实只作为事实，只如所予那样。心理学这个地位，把它和属

① 杨祖陶先生译为"规定性"，参见中译本《精神哲学——哲学全书·第三部分》，北京：人民出版社，2006年，第244页。——整理者注

于意识和人类学范围的一些形式混在一起,并未在它自己的情况中导致什么改善,但是对于精神本身和对于形而上学与哲学一般地说,曾有另一种后果,即放弃一切试图来确定本质和现实真实性的必要性,来达到总念与真理。

(一)理论的精神

§.445

智力[①]发现自己是被决定的:这是它表现上的一个相,是在其直接性上所从而出发的,但是作为知识看,智力是在于处理发现为它自己的东西。它的活动是和空洞形式打交道的——借口为寻找理性,而其目的是实现它的概念,成为实现的理性,和这一起,内容也实现为合理的。这种活动乃是识知。名义上的知识,那只是确定性,抬高自己到明确的和概念性的知识,因为理性是具体的。这种抬高的过程本身是合理的,乃是理性活动的一个等级或一个项(所谓精神的机能)到另一个(为概念支配)的必然过渡。这种识知对于貌似合理的已获得之反驳,其出发点是智力的确信或信念对于它能够获得合理的知识,可能占有理性,其实它和它的内容就是那理性。

【说明】 常常有人误解智力和意志的区别,以为各有其自己固定而彼此分开的存在,好像意志能没有智力,或智力活动无待于意志似的。可能培养理智而完全不顾到心情,像有人那样说,或者培养心情而不顾理智——可能有心的片面培养而无理智,或者全无情感的理智——这只证明最多不过是坏的和根本不是真的存在是有的,可是把这种非真的存在和只是想象的作为真理——把毫无价值的作为本质的——那就不是哲学。一大堆用于理智的其他词句,如理智受到而且接受外来的种种印象,如理念是通过外物的因果操作对理智的影响而发生的,诸如此说,都是属于一种观点,是和心理的水平或哲学研究的立场毫不相干的。

人们喜悦的一种反射形式就是灵魂、理智或精神的能力和机能的形式,机能像能力或力量一样,是思维任何对象的固定品质,可以看成是向

① 德文 Die Intelligenz。

自己反射的。力量(参上§.136)无疑是形式的无限性——内部与外部的无限性,但它的本质上的有限性含有内容对于形式的无可无不可(见同节注)。因之就有有机统一的缺乏,这缺乏因着这反射的形式,把精神作为"一堆力量"来处理,就带到精神中来,像它以同样的方法带到自然中去一样。任何一种可以在心理动作中分辨出来的一个相都固定下来作为一种独立的个体,而这样精神便变为骷髅式机械的一个集合体。如果我们用"活动"这说法来替代能力与机能,是绝对没有什么分别的。只要把活动孤立起来,便同样地把精神变为只是一种聚合体,而把它们的本质相关作为一种外部的事情来看待。

人们曾称理智作为理论的精神的动作为识知(知识),然而这不是说理智除其他活动外只有识知,除此外还有直觉、想象、记忆、构想等。采取这种立场首先就是刚才批判过的那种孤立心理活动的看法之原来部分;但它另外还与近时那重大问题联系着,那问题就是真知识或对于真理的知识有无可能,——如果答案是否定的,就得放弃追求知识的努力,外部的反思用以膨胀这问题的许许多多的方面、理由和词句的方式在适当地方都澄清了。问题中理解的态度越是外部的,它就越把一个简单的对象变为散漫。在这里,识知这简单概念,就是面对这问题所采取的很通常的假定,这假定就是认为真知识的可能性一般地说还是在争论中的,而且认定我们可以随意从事或放弃识知。识知的概念或可能性已作为理智本身出现,作为理性的确定性出现。识知的动作本身因之就是理智的现实性。由此可得出结论说,谈到理智而又同时谈到认识或不认识之可能性与选择,是荒谬的。但是识知是真正的,这是只以它实现它自己,或者说把概念变为它自己的而言的。这种名义上的描述有其具体意义正是识知有其具体意义的所在。它的实现活动各阶段是直觉、概念作用、记忆等。这些活动没有内在的意义,其目的只是识知的概念(参上§.445)。可是如果它们被孤立起来,那么就含有一种印象以为它们是为识知以外什么别的东西有用的,或者以为它们是分别追求它们自己的识知满足的;而那就导致直觉、记忆、想象的愉快之赞美。固然就是被孤立起来(即作为非理性的)的话,直觉、想象等还能提供某种满足的。就是物理自然靠它的基本性质——它的从自己而出的性质——所能作成的,显示出互相外在的内在理性的成分或因素，——显示出理智以其随意的动作所能够做的一切，但是这需要理智自己只是自然的并且未受过训练，这同样的结果才可能发生。但是大家承认，真正的满足只能为理智与精神所浸透的一种直觉所提供，为合理的概念所提供，为理性所浸透的想象产物、表示观念的想象产物所提供——总而言之，为识知的直觉、识知的概念作用等所提供，以之归于这种满足的真理是在于直觉、概念作用等都不是孤立的，而只作为识知本身的总体里面的"契机"而存在的。

1. 直觉(理性的知觉)①

§.446

作为灵魂而为物理所限制，——作为意识而在对外面对象之同样条件上受到这种限制——可是作为理智，发现自己具有这样特征的那个精神是(1)一种不明晰的原始生命，在这生命里面它对于自己像是明显而具有它的知识的全部质料的。由于它原来就是这样在其里面的直接性，它在这阶段上只是一个个体而具有一种平凡的主观性，这样它在感情的模样上体现为精神。

【说明】 如果感情从前体现(参上§.399以下)为灵魂的存在的一种方式，则现在具有一种直接性的体现。在那种情况下，主要是要将其想象为一种原来的或形体的情况，而在现时，它便只得从抽象地在其直接性的一般意义上来进行理解。

§.447

感情特有的形式就是虽然它是某种"动情"②的方式，而这方式却是简单的。所以感情即使它的用意可能是极其纯净与真正的，还是有其偶然特征性的形式，更不必说它的用意也可能是极其缺乏、极其不真的。

【说明】 有不少人认为精神在它的感情里面具有它的观念性的材料，但是人们对这种说法更通常的理解，是正与这里所说的意思相反的。和感情的简单性相对立的就是通常多少认定，主要的心理方面是一般的

① 德文 Anschauun。

② 杨祖陶先生译成"规定性"，似不妥。参见中译本《精神哲学——哲学全书·第三部分》，北京：人民出版社，2006年，第255页。——整理者注

判断，或者说意识的区分为主体与对象。而感觉的特别质是取之于一个外部或内部的独立的对象。我们的看法就是，在精神的真理里面，仅仅只是意识的观点，其与真正心理的“观念性”相反，已经被吞没了，而感情的质料多多少少是认为内在于精神里面的——通常大家默认，谈到内容，感情所含的是多于思想所含的：特别是道德的和宗教的感情，尤其是这样。可是材料，当精神感觉时它就是关于自己的材料，这里就是一个组织完备的理性的结果，而且是成熟的结果，因之在感情项目下包含一切理性的，其实乃是一切精神的内容。但是感情把精神归结到的那个自私单一性的形式乃是它能有的最低级的而又最坏的负荷物——在这里面，它不是体现为自由而无限普遍的原则，而更恰当地说，乃是主观的、个人的，其内容与价值则完全是偶然的。受过训练而可靠的感情，是曾获得关于事物真正差别的意识，获得关于事物本质上的种种关系和实在性格的意识。那种有教育的精神的感情，纠正过的材料是和这样的一个精神一起进到其感情里面去而接受这形式的。感情乃是思维主体对于当前内容之最直接的接触，因为是最接近的接触。对于那内容，主体首先是以其特殊的自我感情进行反应，这自我感情虽则可能是有更真正的价值而比一种片面理智观点范围更广，却可能同样趋于狭隘而贫乏；而且无论如何，总是特殊和主观东西的形式。如果一个人谈到任何题目，不上诉于事物的性质与总念，不上诉于至少理性——不上诉于常识的一般性东西——而只问他的感情，那么只得别管他，因为以他的行为来讲，他是自外于共同的理性，而把自己关闭在自己的孤立主观性里面，关闭在他的个人特殊的自我里面的。

§.448

(2)当这个直接的体现分解为因素时，一个因子就是注意——精神的抽象同一的方面(在感情里而又在精神的一切其他更向前的发展形态里)——一种主动的自我汇聚——把它固定为我们自己的一种因子，可是还只是智力的名义上的自主。离开这样的注意，则精神一无所有，其他一种因子就是从某种存在的东西之性格赋予感情的特别的质，而和精神的内部性相对立，因而成为其自己的否定的或抽象的其他性。智力这样就把感觉的内容下定义为在它之外的东西，把它投出到时间与空间中去，时空就是它作为直觉的两种形式。从意识来看，材料只是意识的对象，相对的他:从精神那里,它就被接受作为它的其他的本身那理性的特征(参上§.147、§.254两节)。

§.449

(3)当智力达到这两因子的具体统一时,就是说,当它在这个外边存在的材料里一方面是自我汇聚,而同时又在这自我汇聚中沉没在自己之外在性里面,它便是直觉,即心理视觉。

§.450

在这个它自己的自己之外在性上面,而且向着这个,智力同样主要地指导它的注意。在这个它的直接性里面,它是对自己的醒觉,是自己的回忆。这样,直觉就变为材料和智力的凝结,这就使它成为自己的。这样一来,它就再不需要这直接性,再不需要去寻找内容。

2. 复现表象(或心理的观念)[1]

§.451

复现表象是这个回忆的或说内面化的直觉,而作为这样时,它是介于智力体现为其直接受到改变的阶段和智力是在其自由里面,或者说,智力作为思想的阶段两者之间的。复现表象作用是智力的所有,可是带着一种占优势的主观性,因为它的所有权和直接性对比仍是受着限制的。而复现表象作用按其现况是不能称为存在的。智力在复现表象的途径上是要使直接性向内,使它自己在自己里面具有直觉的动作,而同时除去内部性的主观性。在内部脱去它,以致在其自己的外在性里能变为在自己的里面。但是由于复现表象作用开始于直觉和直觉的原有材料,直觉的对比依然继续影响其活动,使它的具体成果依然是一些"综合",这些综合在其达到思想阶段之前,是不能成长为总念的具体的内在性的。

αα)回 忆[2]

§.452

智力当它始初回忆直觉时,把感情的内容放在它自己的内部性

① 德文 Vorstellung。

② 德文 Die Erinnerung。

里——放在它自己的空间与时间里。这样一来，那内容就是(1)一个意象或图画，从它的原来直接性和在其他事物之中的抽象单独性解放出来而被接受到自我的普遍性里去。意象丧失了直觉特有的整套特征，而成为任意的或说偶然的，并可以说已孤立于直觉出现的外面地方，即时间与直接的周围关系。

§.453

(2)意象以其自身而言，是转瞬即逝的，而智力自己作为注意是它的时间而又是它的地方，是它的什么时候，什么地方。但是智力不但是意识和现实的存在，而且作为智力而言，是它自己的种种特别化的主体与潜能。意象存储在精神里，再不是存在的，而是储存在意识之外的。

【说明】 对于智力，要将其理解为一种像黑夜里的矿或坑，储藏着无量数的意象和复现表象，然而又不在意识里。从一个观点看，就是这普遍的一条公认准则，让我们把总念当作具体的来看待。例如像我们看待胚种之肯定地在实在可能性中含有一切品质，以后在树的发展中都要出现的一样。人们不能掌握一个像这样普遍的东西，它虽然原本是具体而依然继续是简单的。即使他们谈到什么特别的纤维和特别的区域作为特殊观念的贮藏所，有人觉得我们所分散的，在物的性质中，也应有它特定的住所。但是胚种的从它现在特别化形态回复到纯粹潜在的存在之简单性去，只能在另一胚种中出现，即在果实的胚种中出现；而智力作为智力显出在其发展中由潜在变成自由存在的现象，而同时又在其内部性中能汇聚其自己。所以从另一观点来看，智力得要想象为这种下意识的矿藏，即**存在的**普遍东西，其中不同的东西还没有实现在其分别中的。其实，在心理复现表象中提供的普遍性的第一个形式就是这种潜在性。

§.454

(3)这样抽象地储藏起来的意象，如果要存在的话，需要一个现实的直觉，而严格上称为回忆的状态就是把意象认为是由于直觉的，而那就是把直接的单一直觉(印象)包摄于形式上普遍的东西，包摄于有同样内容的复现表象(观念)。这样智力承认特别感觉和这感觉的直觉为已经是它自己的东西，在它们里面它仍然是在自己里面。同时它觉知到，只是主要是它的内部意象而这又是直觉的一个直接对象,靠直觉才能得到证实的。在智力的矿藏中从前只是它的所有物的这个意象,现在它被赋予了外在性,就实际上把这所有物得到手了。这样一来,意象既能从直觉分辨出来,同时又有别于它原来潜没在其中的黑夜。这样,智力是能提出其所有物的力量,而为这所有物在它里面存在又不需要外在的直觉。这个内部意象和回忆的存在的"综合"就是复现表象本身。借助于这个综合,内部的东西现在有资格能够出现于智力面前而在智力中有其存在了。

ββ)想象力[①]

§.455

(1)在这种占有中活动的智力就是复现想象,在那儿种种意象从属于自我的内部世界出来,而自我现在就是控制这些意象的能力。这些意象首先是归到和它们一起储藏起来的这个外部直接性的时空。但是只在储藏它的有意识的主体里,意象才有它的个性,形成它的一些特征,并在这个性中联合在一起。而这些特征原来的凝结,就是说,起初只在空间与时间的凝结,作为直觉的一个单位,已经打散了。复生的内容,事实上属于智力的自同一的统一的,而又是从智力的普遍性矿藏产生出来的,有一个共同的观念(复现表象)为这些意象提供联合的环节,而这些意象原来按其情况是更为抽象,或更为具体的观念。

【说明】 所谓观念联合律是饶有兴趣的东西,尤其是在与哲学衰退同时的经验心理学的爆发那个时期。首先,所联合的并非(正当称为)观念的东西。其次,这些关系的方式并非规律。其理由是,关于同一事物有那么多的规律,好像是一种任性,一种偶性,正和规律的性质相反。联合的环节是图画的东西,或者是一种理智的范畴。例如相似与相反,理由与结果完全是碰巧的。联合所提示的一连串的意象和复现表象是无聊观念作用的玩耍,其中虽然智力显示某些形式上的普遍性,而内容完全是图画式的。——意象与观念,纵然不去管上面做出的对于那些形式的更严密的定义,在内容上还是有区别的。意象乃是更在意识上具体的观念,而观念(复现表象),不管它的内容是什么(从意象、念头或观念而来),总是在

① 德文 Die Einbildungskraft。

其内容方面是所予的和直接的这种特性，虽然是属于智力的。所有智力是如此，这种观念或复现表象仍然如此。就是事实上，它的材料是如此等等的，而上述的材料所从观念作用接受的普遍性仍然是抽象的。心理的复现表象是智力上升三段论式里的中词，是自我关系的两种意义——即存在与普遍性之间的联系，而在意识中，存在与普遍性就称为对象与主体。智力对于只是体现的东西就以普遍性归于它来补充，而对于内部和它自己的就以存在归之于它来补充，可是这存在是智力自己设立的（关于复现表象与思想的区别，参见逻辑导论§.20注释）。

发生于共同观念所由产生的观念作用活动中的抽象作用（而观念作为观念而言实质上是有共同性的形式的），常常被解释为许多类似的意象相互的部分重合，而认为这样便可理解了。如果这样重合不是纯粹偶然而毫无原则的事情，那么，在类似的意象中必须假定有一种吸引力，或这一类的东西，它同时具有那消极的能力，把不相同的因素相互磨掉。这种力量其实就是智力本身，——即自我同一的自我，靠它内部化的回忆在事实上给这些意象以其共同性，而把那单一的直觉包摄于已经内部化的意象之中（参上§.453）。

§.456

这样，甚至观念联合得要看成是个体包摄于普遍性的东西，而这普遍性的东西形成它们的联系环节。但是这里智力就不只是一种共同的形式，它的内部性是一种内部明确的、具体的主观性，有其自己的实体与价值。这是从某种利益、某种潜在的概念或观念性的原则而来，这当然是我们预先这样谈到的。智力是支配属于它的那些意象和观念的储藏之能力，这能力就(2)自由地把这些储藏加以结合和包摄，使之服从其特定的步调。创造性的想象[①]就是这样的——它是符号的、寓意的、或有诗意的想象——在这种想象里，智力在这观念的储藏中得到明确的体现而以其一般的品格赋予它们。这些或多或少是具体的个体性的创作，依然是“综合”，因为在其里面，主观原则和观念得到一种心理上图画式的存在之材料，乃是得之于直觉所予的。

---

① 德文 Phantasie。

§.457

在创造性的想象中，智力得到完善已达到这种程度，它就无须直觉的帮助。它的自生的观念具有图画式的存在。这个为它的直觉自发性所出的图画式创作是主观的——还缺乏存在的一面。但是由于这创作把内部的观念和具体化的负荷统一起来，智力从而便暗暗地同时回到同一的自我关系和直接性里去。作为理性看，它的第一次出发乃是占领在它自己里面的直接所予(参上§.445、§.455两节)，就是说，把它普遍化；而现在作为理性，它的动作(参下§.458[①])是从现点上朝着给一个存在的东西的性格与在它里面已完善到具体自动直觉地步的东西，换言之，它是旨在使其自己是一个东西而且是一种事实。按这看法行动，它是自表示的，产生直觉的，是创造符号的想象。

【说明】 生产的想象是普遍的和存在的，自己的和拾得的，内部的和外部的，完全结合为一的中心。前此直觉、回忆等的那些"综合"乃是同一因素的合一，可是它们是"综合"，要等到创造性的想象，智力才再不是那模糊的矿藏和那普遍的东西，而变为一种个性，一种具体的主观性，在其里面它对于存在和对于普遍性的自我准据都是明确了的。各方面都承认想象的创造是精神自己内部的东西和直觉的质料相结合。这些创造还有什么更明确的方面，便是其他部门的问题了。现在，智力这内部的工作场，只能从这些抽象方面来看——作为这合一的作因看待的想象就是理性，但只是名义上的理性，因为它体现的质料或题材对于想象本身是无可无不可的。然而理性本身也是要计较其内容的真理的。

另一个需要特别注意之点就是，当想象把内部意义提高到一个意象和直觉时，而这一点表达的就是说想象给内部意义以一个存在东西的性格。智力让自己成为一个东西。人们必不要以这种话为可惊奇的，因为它的观念性的含意原是其自己，因而就是它加在它上面的一个相。想象所产生的一个对象的意象，只是心理的或者说主观的直觉。在符号或标志上，它加上可直觉性本身；而在机械的记忆里，它在其有关范围内完成存在这个形式。

① 经对照原文，应是第458节，而杨祖陶先生中译为第438节，不知为何？——整理者注

§.458

在(智力所开始的)独立复现表象和直觉的统一里面,后者的质料首先是被接受的东西,多多少少是直接的或所予的(例如帽徽的颜色等)。但是在两种因素的混合中,直觉不正面算作什么,或者代表其自己的,而是代表别的东西的。它是一个意象,接受了一个独立心理的复现表象作为它的灵魂和意义的。这直觉就是标志。

【说明】 标志是某种直接的直觉,代表着一种完全与自然属于它的含意不同的含意,它是一个金字塔,曾有外来的灵魂放在它里面,在那里保存起来。标志不同于符号,因为在符号里,可见的对象之原来种种性格(在本质上和概念上的性格)或多或少是和它作为符号所带有的含意相一致的。而在严格地称为标志的里面,直觉的自然属性与其为标志的内涵是彼此毫不相干的。所以智力在处理直觉作为指示的(表示的),而不是作为符号的那时候,在直觉的使用上就显出更广范围的选择和更大的权力。

在逻辑和心理学里,标志和语言是安插在某个地方作为附录的,并不花费什么力量来显示其必要性和在智力组织系统中的地位。标志的适当地位就是刚才所指出的,在那里,智力——它在直觉时产生时间与空间的形式,但显然是感性质料的接受者,并由这感性质料形成其观念——现在给它的原来便有的观念以一种从它自己而来的存在,把直觉(即充满了的时空)看成它自己的所有物,删去正当而自然属于它的内涵而给上另一种内涵作为它的灵魂和含意。创造标志的活动可以特别地称之为“生产的”记忆(原来抽象的“记忆”①);因为日常生活中常常用作与记忆作用(回忆)可以互换或同义的记忆,甚至与概念作用和想象也相类似的记忆,总是只与标志有关的。

§.459

直觉——在其自然相上是所予的而且是在空间所予的东西——当其作为标志使用时,取得那特别的特征,只作为被替代和被升华的而存在。智力的否定性是这样;而直觉的更真正的相是在时间的存在,如果它是用

① 原文引用希腊语“Mnemosyne”即“记忆”义。——译者注

作一种标志的话(但它的存在在存在的契机中消逝了),又如果我们考虑到它其余的外部精神上的质,它是智力所作的设立,可却是从它的(人类学的)自己自然性长出来的一种设立。自然的东西的这种设立是声音的音色,其内部的观念表现于足够的发声,得到进一步发音的声音音色来表达其特别观念——话语和话语的系统,即语言——就给感觉、直觉、概念以一种第二性而比其自然具有的更高的存在,赋予它们以在观念作用领域中存在的权利。

这里讨论语言,只是在其特别一方面,作为智力的产物,在外部媒介中来表示其观念的。如果语言要在它的具体性质上受到处理,那么,它的词汇或物质部分就必须从人类学的或心理生理学的角度来考察(参上§.401),而对其语法或形式部分的分析就得要预先设定分析理解的立场。关于语言的基本材料问题,一方面,认为它只是偶然的那种理论已绝迹了,而另一方面,模仿的原理被限于它实际包含的很小一个范围——声音对象的范围。可是人们还听到德语因它的丰富而受赞美——那丰富是在于它对于特别的声音之特别表达——Rauschen①, Sausen②,Knarren③等,大概曾搜集了100多个这样的词,一时的兴致又随意创造出一些新的词来。有意思和无意思的领域中那么多的东西,对于一种高尚语言并没有什么贡献来形成其真正的财富。语言真正的原料本身,依靠内部的符号作用,比依靠由于外部对象而来的符号作用更多,就是说,它依靠人类学的语音形成,因为它是发音的身体动作中的姿态。因之,每一个元音和每一个辅音,与其更抽象的音素(每一个音之中唇、颚、舌的姿势),以至它们的种种结合,人们都得要设法找出其适当的意义。但是这些模糊不清下意识的种种发端都丧失了它们原来的重要性和杰出的意义,原因是有了新的影响,可能是外力的影响,也可能是文化的需要。原来是感性的直觉,而已降而成为标志,其原来的意义,即使没有完全消失,也只留下一些痕迹而已。至于形式的因素,这也是分析理智的工作,分析理智是赋予语言以其各种范畴的:发生语法的原是这种逻辑的本能。我们近代实际上

① 沙沙的声音。——整理者注

② 嗡嗡之声。——整理者注

③ 嘎嘎作响。——整理者注

首先开始认识的各种语言还在它们原来的状态下，这些语言的研究曾在这点上显出它们含有一种很精巧的语法而且其所表达的一些区别是文化更高的民族语言所已丧失或大都忘却了的。好像文化最高的民族，其语言有最不完善的语法，而当民族在那不那么文明的情况下，同样的语言则比民族达到更高文化时有更完善的语法(参阅威廉·冯·洪堡关于论双数的论文①)。

在谈到声音的语言时(那是原来的)，我们可顺便提到书写的语言，——这就是在语言特殊的范围里更进一步的发展，假借了一种外面实践活动的帮助的。语言拿来而且产生的标志是从书写语言朝着前进的直接空间直觉领域而来的(参上§.454)。特别是象形文字使用空间图形来表示观念，字母书写则不然。它用图形来表示音色，而声音的音色已经就是标志。可见字母文字乃是标志的标志，——词或者说声音语言的具体标志分析为其简单的因素，各个都有其名称——莱布尼兹的实际精神使他误入歧途，夸大了以象形方法形成的完全书写语言作为民族间交往，尤其是学者们交往的一种世界语所能有的长处(而象形文字甚至有字母写法的地方也有采用的，如我们对数目、行星、化学元素等的标志)。但是我们可以断言，产生字母书法而引致其形成的，乃是民族间的交往(大概在腓尼基②的情况下曾是

① 洪堡(Friedrich Wilhelm Christian Carl Ferdinand von Humboldt，1767—1835)德国教育家、政治理论家、语言学家，洪堡大学的创始人。洪堡认为语言是人类最重要的特征："语言是人类情绪的摇篮、家乡和住地，因此在语言里包含和隐藏着人类的情绪。""理解不是不可分割的点与点之间的接触，而是不同人的思想圈之间的部分重叠。这样才会有人类的思想进步，每个思想的扩展可以进入到另一个人的思想圈内，而同时又不会束缚另一个的思想。对思想的束缚只会导致反感。这是思想扩展的必需条件。"他是最先提出"语言左右思想"的学说的学者之一，认为"每一个人，不管操什么语言，都可以被看作是一种特殊世界观的承担者。世界观本身的形成要通过语言这一手段才能实现……每种语言中都会有各自的世界观"。——整理者注

② 腓尼基(Phönicien，Phoenicia)是古代地中海东岸的一个地区，其范围接近于如今的黎巴嫩。腓尼基人是闪米特人的一支，乃犹太人的近邻。腓尼基人善于航海与经商，在全盛期曾控制了西地中海的贸易。他们的腓尼基字母，与希伯来字母、希腊字母和拉丁字母同源。腓尼基人最初使用苏美尔人创制的楔形文字。后来为了提高效率，在公元前1000年左右他们以原始迦南字母为基础，合并埃及的部分象形文字和简化后的楔形文字设计出了22个腓尼基字母。腓尼基字母牺牲了前人文字的华丽外形来换取更高的书写效率。希腊人学会了腓尼基字母之后，又加上了几个元音，完成了字母的作用，成为后来欧洲各类字母之祖。——整理者注

如此，现在广州仍是如此——参看斯汤顿[①]著的《马嘎尔尼[②]游记》)。无论如何，一种一直是完备的包罗万象的象形语言是行不通的。感性对象无疑是能有固定的标志的。但是谈到心理对象的标志，思想的进步和逻辑的不断发展，就导致它们内部关系见解的变动，因而也导致它们性质的变动。而这就不免有一种新的象形名称的发生。即使在感性对象的情况下，它们的名称，即它们在声音语言中的标志，是常常变动的，例如在化学和矿物学里。现在人们已经忘记了名称本来是什么，忘记了名称本来是本身没有意思的外形，只作为标志才取得其意义的，而人们现在就不问名称的本身而要求有表达一种定义上的名词，而定义是时常任意地偶然地改变的。名目，即以类性格的标志或其他认为是特征性质的标志而构成的混合名称，也按照关于类或其他认为是特别性质的看法之不同而加以变更。只有一种静止的文化，像中国的文化那样，才能有那民族的象形语言的。而其书写的方法也只能是一个民族中独占着智力修养的少数人的事情。声音语言的进展紧密依赖着字母书法的习惯，只借助于字母书法，声音语言才能获得其表达的精确性和纯洁性。中国声音语言的不完备是人所共知的。它的许多词具有几个完全不同的意义，多至 10 个、20 个，结果在说话时，叫人认清它的分别只靠重音和强度，说话的声音高低、较硬或大声叫出。学习中国语的欧洲人在其掌握这些无稽的重音微妙差别之先，是笑话百出的。这里的完善正与说话无须重音相反，而说话无须重音在欧洲是正当地要求于一个受过教育的说话人的。象形的书法使中国人的声音语言不能达到

---

① 斯汤顿(George Staunton，1781—1859)，英国旅行家和东方学家。生于索尔兹伯里市(Salisbury)附近的米尔福德，父亲是称为外交家、东方学家的老斯汤顿(George Leonard Staunton，1737—1801)。12 岁时，他的父亲作为外交大使马嘎尔尼的秘书访问中国，他也随同前往中国并到了广州。期间，小斯汤顿学习中国文化，并且得到了乾隆皇帝的礼物。后来，他曾经出版了许多关于中国见闻和思想文化的著作。——整理者注

② 马嘎尔尼(George Macartney，1st Earl Macartney；1737—1806)，英国政治家、外交家。1792 年 9 月 26 日，英国政府任命马嘎尔尼为正使，乔治·斯汤顿为副使，以贺乾隆帝八十大寿为名出使中国，这是西欧各国政府首次向中国派出正式使节。马嘎尔尼经广州到北京后，与中国礼部官员发生了“礼仪之争”。马嘎尔尼和他的随从团员撰写了大量的回忆录，成为了欧洲研究清朝的珍贵资料。——整理者注

字母书法在表达中获得的那种客观正确性。①

从各方面来讲,字母书法是更易理解的:在它里面,词——最足以表达其观念而尤其适合于理性的方式——带到意识中来而成为反思的对象。像它那样占住智力的注意就得到分析,标志作出的工作减低到它的少数简单因素(发音的主要姿势),其中在言语里的感性因子成为普遍性的形式,同时在这初步的相上,它取得完全的准确性和纯洁性。这样,字母书法同时能保持声音语言的长处,而观念都有严格称为名称的东西。名称是正确观念的标志,即简单明了观念的标志,而不是分解为其特征或从特征混合而成的东西的标志。象形文字不是像字母那样,从感性标志的直接分析而来,乃是从先行的观念分析而来的。这样一来,很容易就有一种理论,说一切观念都可变为它们的因素,或简单的逻辑名词,因而从选择来表达这些因素的基本标志(正如中国的卦那样,简单的直画和一简单的画而分为两段),用它们合成的方法就可产生一种象形系统。象形文字这特征——观念的分析名目——错引莱布尼兹把它看成比字母文学更为可取,毋宁说它和语言的基本迫切要求正相反对,那就是名称的要求。需要一个名称的意思,就是对于直接的观念(不管它包含的内涵是怎么充分,对于精神来说,在名称上依然是简单的),我们要求一个简单的直接的标志,它为自己并不暗示什么而以表示并感性上代表那简单的观念本身作为它唯一的任务。不止于那爱意象和为意象所限制的智力留恋于观念的简单性而把这些观念从更抽象的各因子恢复其原状,因这些因子是从它们分析出来的。思想也是把那具体的内涵变为一个简单思想的形式,而这具体的内涵是那思想所"拿回来"而从分析曾把它变成的只一堆的属性重新加以结合。两者一样需要这样的标志,在其意思上是简单的标志。这些标志纵然是几个字母或几个音节所构成而甚至分解为这样的字母或音节,可是并不显出几个观念的结合——上述的就是决定这些书写语言的价值的原则。从而又可做出结论说,在象形文字里,具体的心理观念的相互关系必然是纷乱而复杂的,而且它们的分析(这种分析的最近结果又

① 这里表达了黑格尔的"西方中心主义"思想。象形文字和字母文字各有特点,如果按照语言学家洪堡来说,每种语言都表达了一种世界观,它们实际上表达了不同的世界观,而且中国的汉字绝不仅是象形文字。——整理者注

须再加以分析)看来在极其多样而分歧的方法上才是可能的。分析中每一分歧又引起书写的名称的又一次形成,正如在现时(如已指出,甚至于感性领域中)盐酸曾有过几次名称的改变。一种象形的书写语言必须有一种静止的哲学,像中国人的文明那样。

以上所说的,证明学会读和写一个字母的过程具有难以估量却又未被人充分认识到的教育价值。它引导精神从感性的具体的意象转而注意那声音的词的更是形式上的构造和其抽象的因素,对于给心理生活内部范围以其稳定性和独立性有很大的贡献。以后所养成的习惯把字母文字的特殊性抹煞了。字母文字是靠这些特殊性,为着视觉的好处出现而为通过听觉的一种迂回的方法以达到观念的。它把观念变为对我们是一种象形的东西,因之在使用这些观念时,我们不必有意识地通过音色来体会它们。然而不习惯的人们,在读书时大声读出,以便在声音中得到其意思。这样一来(用字母文字转变为象形文字的机能),第一次实践所取得的抽象作用能力虽然存在,而象形法的阅读本身就是聋子的读法,哑巴的写法。诚然,(在时间的)可听见的和(在空间的)可看见的各有其基础,没有哪个权威更大些。但是在字母文字中只有一单个基础:两方面占有其相互合理的关系:可见的语言对于声音的语言只是一种标志,而智力用说话便直接地无条件地表达自己——音色较之非感性的因素的工具作用,对于一切观念性的工作,在记忆中更显出其特殊的重要,而记忆是从复现表象向思想的过渡。

§.460

名称把直觉(一种理性的产生)和它的意义相结合,主要是一种单个的转瞬即逝的产品;而观念(内部的)和直觉(外部的)的汇合,其本身是外部的。这外部性变为内部性就是(言语的)记忆。

γγ)记 忆[①]

§.461

在记忆的形状下,智力的途径是通过对关于词的直觉同样地内部化(回忆)进行一系列综合作用,正如复现表象在处理第一次直接的直觉时

① 德文 Gedächtnis。

的一般做法那样(参上§.451)。

(1)智力把标志中所做成的综合变为自己的,而用这种内部化(记忆活动)把单个综合提高到一种普遍的,即永久的综合。在这永久的综合中,名称与意义对它而言,是客观地统一在一起的,而使直觉(原来就是名称)变为一个复现表象。这样,含意(内涵)与标志,既同一了,就形成一个复现表象。复现表象在其内部性中就变为具体的而为它的含意取得存在了。这一切都是记忆的工作,记忆是保持名称的(保持性记忆)。

§.462

这样名称在其存在的范围内就是事物,而在观念性领域中是有价值的。

(2)在名称中,复现记忆有着事物而认识事物,并且有事物就有名称在一起,不靠直觉和意象。名称既然在智力中给一种存在以内容,它对自己就是智力的外在性。而名称的内部化或记忆,就是说智力起源的一个直觉的内部化或回忆,同时也是智力由于自己而把自己变成的一种自我外在化。特殊名称的联合是在于感性的,复现表象的,或思考的特征的意义——智力在其感觉、复现或思维时所经过的一连串的东西。

【说明】 有了狮子这名称,我们就无须在现实上看见狮子,甚至无须狮子的意象。单独一个名称,如果我们了解它的话,就是没有意象简单的复现表象。我们用名称进行思维。

近时的企图——已经如所应该那样被忘记了——想要恢复古人的记忆法,就是要把名称变为意象,这样重新把记忆贬到想象的水平上去。记忆能力为固定于想象中的一系列之意象的永久图画所替代,然后加上一连串的观念构成要死记的作品。由于这些观念的含意和那些不变的意象之间彼此性质不同,而两者的相连又须那么快,其相连的方法只得依靠一些肤浅、无聊、完全偶然的环节。不但精神要受到为极无意思的材料所烦恼的痛苦,而这样死记而学会的东西很快便会忘记掉,因为同样的图画是用来也去死记其他连串的观念,于是记得一种就把前一种抹煞了。凡从死记而得的印象,并不同于实际上心所获得而保留在记忆里的东西,那是真正从内而外产生的,从自我的深处而来的。因此可以说,虽然是背诵,可是从心象的图画读出来的。——记忆法是和一般对于记忆的成见分不开的，是记忆比之于幻想和想象的；好像后者是比记忆更高级而更理性的活动。恰恰与此相反，记忆再不对付从直觉得来的意象——直觉是智力直接的不完善的方式，记忆是多少和智力的产物那种对象打交道的——在外面的①，却留存在智力里面②关锁起来的那类东西，是在智力里面，却只是在它的外面而存在的一方面。

§.463

(3)由于名称的相互联系是在于意义，它们的意义和作为名称的实在性之汇合仍然是一种(外在的)综合，而智力在它这个外在性中还没有完全而简单地归回到自己中去。但是智力是普遍性的东西——是它的特别自我剥夺的单个明白的真理，而它占用它们达到极点，就取消了意义与名称之间的区别。复现表象这个极端的内部化过程乃是智力的最高的自我剥夺。在这自我剥夺中，智力使自己成为只是存在，成为名称本身的普遍空间，就是说成为无意义的词。自我原是这个抽象的存在，因为主观性同时又是控制不同名称的能力——是自己里面一无所有而在自己里面固定一系列的名词，把它们保持在稳定秩序中的环节。就它们“只是如此”而言，而智力本身在这里是它们的这个存在，智力的能力只是抽象的主观性——即记忆。这记忆，由于这种系列的各项彼此之间的完全外在性，而又因为它自己就是这个外在性(纵然那是主观的)，就称为机械的(参上§.195)。

【说明】 我们知道，一篇文章，除非对它的词句毫不加上意义，不得算是完全死记的。这样熟读的东西之背诵，因而当然是没有重音的，如果加上重音，就暗示某种意义。但是这种把一个观念的意义加入，就扰乱其机械的联系，因而就易使背诵者错乱。死记一连串的词那种能力并无什么价值，那些连串的词既无决定其连续的原则，分别来看又无意义，例如

① 德文原用 Auswendiges。(杨祖陶先生注释为：“德文原文为 auswendig 的名词化，auswendig 的另一义为‘凭记忆’、‘熟记’。黑格尔在此用了这个词的上述两种意义：‘外部东西’即指‘熟记的东西’。”参看中译本《精神哲学——哲学全书·第三部分》，北京：人民出版社，2006年，第288页。——整理者注)

② 德文原用 Inwendiges。(杨祖陶先生注释为：“德文原文为 inwendig 的名词化，以便与下文的 auswendig 相对。参看中译本《精神哲学——哲学全书·第三部分》，北京：人民出版社，2006年，第288页。——整理者注)

一连串的专有名词，是使人极端惊奇的，因为这是精神显示其才智的本质。然而在这种情况下，精神实则在自己里面隔膜起来，而它的动作是像机器一样的。只在主观性和客观性统一的时候，精神才是显示其智巧的。可是在我们面前的情况下，开头在直觉中它是外在的，只把现成的事实拾起来，而在复现表象中，则把这种材料内部化或回忆而使它成为自己的——然后作为记忆再进而使自己在自己里面成为外在的，结果是原是自己的，反装成是体现出来的东西。这样，思维的两个有力因子之一，即客观性，在这里就被放入智力里面作为它的一种质——这不过是进一步把记忆作为机械的看待——不含有智力的动作——在这种情况下，只能说是为着精神的其他意图与作用有好处，或者为着这一些是必不可少的。但是这样做时，我们便漠视了它在精神里面应有的意义。

§.464

如果名称要作为事实，作为真正的客观性，那么这种关于存在的名称还有待于别的东西——还得要有能表示的精神来解释它，可是在机械的记忆的形状里，智力同时是外在的客观性而又是意义。这样，智力就明白成为这同一性的一种存在，就是说，作为这样的一个同一性，它是明白的主动的，然而作为理性，它是暗中如此的。这样记忆就是过渡到思维的作用，思维作用再不是有意义的，就是说，它的客观性再不是与主观分割开来的，而它的内部性是无须向外找它的存在的。

【说明】 德国语言在语源学上指出了记忆(Gedächtniy)直接和思维(Gedanke)之间具有同种的关系，而对于记忆在言语上的蔑视已成为不可避免的结局了。青年人比老人的记忆要好些，青年人的记忆也不是仅仅只是为着功利而使用，这并非偶然的事。青年人有良好的记忆，因为他们还没有达到反思的阶段；他们的记忆是有计划或无计划使用的，是要把他们内部生活变为纯粹存在或把纯粹空间变为平坦，使得事实，使得含蕴着的内容，可在其中行使其主权而表露其自己，从而不与主观内部性构成对立。青年时期真正的才能一般是和良好的记忆结合在一起的。但是这类的经验之谈，对于认识记忆本来是什么，帮助是不多的。要理解记忆的地位和意义而且要了解它和思维的有机相互联系是最困难的一件事，而且是前此在精神论中最为人所忽视的。记忆之作为记忆而言，本身只是思维的外在方式,或者说存在方面,因而是有待于一种补充因素的。从它到思维的过渡,按我们的看法,而含蕴上也如此,乃是理性和这个存在方式的同一:从这同一得出的结论就是,理性只存在于一个主体,而且作为那个主体的作用而存在。可见主动的理性就是思维。

3.思 维[①]

§.465

智力是一种认识形式:它识知一个直觉,但是只因那直觉已是它自己的(参上§.454);而在名称里它重新发现这事实(参上§.462)。可见它现在发现它的普遍性东西具有双重意义:即普遍性东西本身和作为直接的或者说作为存在的普遍性东西——就是说,发现那真正的普遍性东西,它是它自己的统一,和它的它,即存在部分相一致而包含着它。这样智力明白地而且在其自己方面是认识的。实际上它就是那普遍性东西,——它的产物(思想)就是事物,它是主观性和客观性的明显同一。它知道凡思维的都是是[②],而且凡是是的,只在其是一个思想范围内才是的(参上§.521)。智力的思维乃是要有思想,这些思想是作为它的内容和对象的。

§.466

但是靠思想的认识首先仍是形式的:普遍性和它的存在是智力的明显主观性。所以思想还不是完全而自由地确定的,曾经内部化到思想的复现表象,到此为止,仍是所与的内容。

§.467

在处理这个所予的内容时,思想乃是(α)理解带有其形式的同一,把曾记忆的复现表象制成种、类、规律、力量等,总而言之,制成范畴——这样就指出原料除在这些思维形式外,并不取得其存在的真理。作为原本是无限的否定性来说,思想乃是(β)一种本质上分裂的动作——判断。可是这判断并不把概念再次分解为普遍性和存在这种旧时的对立,而是照

---

① 德文 Das Denken。

② 即"凡是思维都是存在的",韦先生译"存在"为"是"。——整理者注

着概念特有的相互联系所提出的路线进行区分的。(γ)思维替代了形式的区别而同时建立一个差异的同一——这样就是推理或者说推论的理解。智力作为思维的动作是认识的。而(α)理解从它的概括(范畴)来解释个体,那么就说是掌握或理解自己;(β)在判断中,它解释个体为一种普遍性东西(种,类),在这些形式上,内容作为所与的东西出现;(γ)但是在推论(三段论式)中,它从自己来描述一种内容的特征,其方法是替代了那形式差异。有了必然性的知觉,仍然依附于形式的思维之最后的直接性就消逝了。

【说明】 在逻辑里有思维,但在其含蕴性里面,而且是当理性在这缺乏区别的媒介中发展自己的时候,这样在意识中,思想便作为一个阶段出现了(参上§.437节说明)。这里的理性,在其精神自己的限度内已经成形时,就是作为对立的区别的真理。这些思想在哲学这些不同部分中一次又一次重现,因为这些部分之不同只是由于它们所在的环境和它们含蕴着的对立;而思想乃是同一的中心,对立归回到它作为它们的真理。

§.468

智力作为理论的占取存在的一种直接的方式,而现在在它已经完全占领了,那就是在它自己的所有物之中了:直接性最后一个否定曾不言中要求智力应该自己决定其内容。这样,思想作为自由的总念,现在在于内容这点上也是自由的。但是,当智力觉知到它是决定其内容的时候(内容是它的方式,同样也是存在的一种方式),它就是意志。

(二)实践的精神[①]

§.469

作为意志而言,精神觉知到它是它自己的结论的作者,是它的自我完成的根源。这样完成了的这种独立性或个体性就为精神的理念形成存在或说实在的一面。作为意志而言,精神步入现实性里去。而作为认识而言,它是在意念的一般性的土壤上了,并自行供给其内容。意志是冷静的,而且在最广的意义上是自由的。这是它特有的品质。它的有限性是

---

① 德文 Der praktische Geist。

在于这种形式的性质，就是它的自我完成的自发性不过意味着一种一般的抽象的自有性，还没有和成熟的理性同一起来。本质的意志的作用是要在形式的意志中使自由出现，因而那形式的意志的目的是要以它的本质的性质充实自己，就是说，使自由成为它的普遍性格、内容和目的，同时又是它存在的范围。意志的本质的自由乃是而且必须是一个思想，因之意志能够使其自己成为客观精神的方法乃是上升为一个思维的意志——给自己以那内容，而这是只有当它思想自己时才能有的。

【说明】 真正的自由在道德生命的形态上是意志在一种普遍性的内容里，而不是在主观的或自私的利益里找着它的意图。但是这样的内容只在思想中而且通过思想才有其可能性，企图从道德、宗教和守法的生活中驱除思想是荒谬的。

§.470

实践精神起初作为形式的或者说直接的意志来看，含有双重的应该——(1)在意志所向外投出的存在之新方式对其旧实存与情况的直接正面性所提出的对立——这种对立在意识中成长为和外在的对象相关。

(2)那第一个自我决定，由于自己是直接的，不是立刻提高成分成为一种思维的普遍性，因之后者实际上构成在形式上对前者的一种责任，正如它在质料上也构成一种责任一样——这种区别是只对观察者存在的。

1. 实践的感觉或实践感①

§.471

实践精神的自治起初是直接的，因而是形式的，就是说，它发现自己是一个个性在它的内部性质上被决定了的。这样它就是“实践感”或说动作的本能。在这相上，由于它根本是一种主观性，只和理性同一，无疑它是有一种合理的内容，可是还是个性的一种内容，因这缘故也是自然的、偶然的、而且主观的——尽可能只为欲望与意见等的人格所决定，而且为自私地与普遍性东西相对抗的主观性所决定，正如它可能在实际上是依照理性决定一样。

① 德文 Der praktische Gefühl。

【说明】 有时人们解决问题要以一般认为人所具有的正义和道德感来决定，正如以宗教的感觉来决定一样——又要以人的慈善倾向为决定——甚至以人心一般来决定——就是说，以主体就其各种各样的实践感觉通过结合在主体里面而言来决定。只要这种上述的含义是指(1)这些观念是内在于人的自己里面，而且是(2)当感情是和逻辑的理解相对立，而不是后者的可以成为总体的局部的抽象——那么，这种上述是有其正当的意思的。可是另一方面，感情也可能是片面的，不是本质的，而是坏的。那理性的东西，当它为思想所领会时，存在于理性的形状上面，其内容是和好的实践感情的内容一样的，只是在它的普遍性和必然性中呈现出来，在客观性和真理中呈现出来。

所以一方面认为从感情过渡到法律与责任就失掉什么含义和美点①，这种看法是无聊的。其实这种过渡才让感情第一次达到其真理。另一方面，认为理智是多余的，甚至对于感情是有害处的、对于心与意志是有害处的那种看法也同样是无聊的。真理、心和意志的现实的理性(这是同样的说法)只在理智的普遍性中才是自如的，而不是在感情作为感情之中。如果感情是对头的，就是因为它们的质或者说它们的内容——质或内容是对头的，就是由于它本来是普遍的，或者说它的根源是在思维的精神里面的。逻辑的理智就难于丢掉它武断地硬加在感情和思维的精神的不同机能之间的隔离，而看到在人类实质中，在感情、在意志、在思维之中，只有一个理性。另一种困难与此相连结着的，就是在于这一事实，原是思维的精神所特别固有的种种观念，如上帝、法律、道德都是可以感觉到的。但是感情只是主体直接特别个性的形式，这些事实像任何客观事实一样(这些事实也是意识把它们和自己对立起来的)，都是可以放在这形式上的。

另一方面，紧紧抓住感情和心情而不顾法律、正义和责任的所谓可理解的理性是可令人怀疑而且更坏的，因为前者比后者更多的，不过是具有特殊的主观性与其虚荣心和无定性。因为同样的缘故，在感情的科学研究中，除感情的形式之外来研究，来讨论其内容是不适当的，因为后者在

① 杨祖陶先生译成“优越性”，综合韦先生的翻译，可能译为“优点”较好些。——整理者注

思维看来,恰恰就是在其普遍性与必然性上构成心理自治真正作品的那些权利和责任。在我们特别研究实践的感情与倾向时,我们只须处理那些自私的、坏的和恶的东西。只有这些东西是属于个性的,而个性是保持其与普遍性的东西之对立的。这些东西的内容是权利与责任的反面,而它们正是这样——但只和后者相对立——才保持它们自己的一种特性。

§.472

实践感情的"应该",就是它的本质上自治要求控制事实的某种存在的方式——这事实是被认为除作为适合于那要求外毫无价值的。但是由于两者在其直接性上都缺乏客观的决定,要求对于存在事实的这个关系是极端主观而肤浅的愉快与不愉快感。

【说明】 欢喜、快乐、痛苦等,羞愧、懊悔、满意等,部分地只是属于一般形式的"实践感情"的某些改变,但是部分地则是在其给予它们的"应该"的特别情调和性格方式的那些特征上所表现出的差异或不同。

关于世界上罪恶本原何在这个著名问题,就将罪恶理解为只是指不愉快的和痛苦的而言,就是在形式的实践感情这阶段上发生的。所谓罪恶无非是实在是什么和应该是什么两者之间的不相合。"应该"是一个含糊的名词——考虑到偶然的目的也可列在应该的形式之下,这名词实在是无限含糊了。可是如果所追求的对象原是这样偶然的,则罪恶只是做出了正当为计划的虚无空洞所应有的东西,因为那些对象本身根本是罪恶的。生命与精神的有限性在它们的判断中可以看见。从它们分开出来的对立,它们在它们里面也是作为否定而有的,因而它们是矛盾而被称为罪恶。在死的东西里面,无罪恶,亦无痛苦,因为在无机的自然中理性的统一(概念)并不面临着它的存在而在差别中并不同时还是它的永久的主体。可是在生命里,尤其是在精神里,我们就有这内在的区别,因之就有应该;而这个否定性、主观性、自我、自由就是罪恶与痛苦的原理。雅各布·布玛[1]就把自我性(自我资格)看成是痛苦与苦恼的自然与心灵的泉源。

---

① Jackob Böhme(杨祖陶先生译为"雅各·波墨",1757—1624),德国基督教神秘主义者、神学家,路德主义的较早思想家,代表作《曙光》(Aurora)。——整理者注

2. 冲动与选择①

§.473

实践的“应该”乃是一个“真实的”判断。意志，它本质上是自决定，在所存在的方式对它的要求的顺从中——直接而唾手而得的——发现否定乃是不适合于它的东西。如果意志要满足自己，如果普遍性和特别方式的本来的统一要得到实现，它内部的要求和存在的事物的顺从应该是它的动作和设立。意志，在它的内容和形式方面，起初仍是一种自然的意志，直接和它特别的方式同一的：即自然的冲动和性向。可是，如果实践心灵的总体把自己投到冲动等许多被限定的形式之单独一种里面去(原来那许多形式总是互相冲突的)，那么它就是热情了。

§.474

性向与热情所体现的组成特征是和实践感情一样的，所以一方面，它们是以精神的理论性质为基础，作为还是主观而单一的意志之重要部分而为偶性所感染，而对于个人及其相互对待则是在一种外在关系上体现为某种特殊形式，而且带有一种造成束缚的必然性。

【说明】 热情中的特别一点是它限定于意志的特别一种方式，在这方式里，整个个人的主观性沉没在里面，不管那方式的价值是什么。由于这个形式的性质，热情无所谓好坏，这称号只说明一个主体把整个灵魂——他的理智、才能、性格、享乐的兴趣——都投到一个目的和一个对象上面去。没有热情，任何大事都没有而且任何大事都不能成功。只有一种没有生气的、常常事实上是一种虚伪的假道士才攻击热情本身的。

但是，谈到性向，立刻便产生这样的问题，即哪些是好的，哪些是坏的？——到什么程度，好的继续是好的——它们怎样得要受到至少相互的限制？因为它们都是同在一个主体里而且经验证明，很难一切都能得到满足(由于性向有许多而每一种都有其各自的范围)。而且，首先，关于这些冲动和脾性之多，情况是和精神能力一样的，种种精神能力的集合是要形成理论的精神的——这一堆集合现在为着许多的冲动又增加了。冲

① 德文 Der Triebe und die Willkühr。

动与脾性所具有的名义上的理性只在于它们一般都不要只是主观的，而且要以主体自己的动作克服主观性而得到实现。它们真正的理性不能对一种外面反思的方法显示其秘密，那种方法是预先假定有许多独立的天生的趋向和直接的本能，因而在一单个原则和它们的最后意图里是没有的。但是精神的内在“反思”本身超过它们的特殊性与它们的自然直接性，而给它们的种种内容以一种理性和客观性，在其中它们存在着作为社会关系的必要连接，作为权利与责任，证明它们的实在价值，它们的相互联系，和它们的真理性的正是这种客观化。因而那是一种真正的理解，当柏拉图(尤其是像他当时那样把精神的整个性质包括在它的权利里面)证明正义的完全实在性只能在正义的客观一相上面，即在国家构成伦理的生命上面，才显示出来。

所以对于什么是好的而合理的脾性，怎样它们才能彼此调和这个问题的答复就变为精神发展为客观的精神时所产生的关于共同生活的法律和形式的阐述——在这个发展过程中，自主的动作的内容就消失了它的偶然性和选择性。可见冲动、性向和热情的真正本来的价值之讨论，本质上乃是法律、道德和社会责任的理论内容。

§.475

主体就是满足种种冲动的动作，(至少)是形式的理性的动作。由于它把这些冲动从内容的主观性(到此为止是意图)变为客观性，在那里，主体就须和自己相一致。如果冲动的内容是作为和完成它的这个动作相区别的事实或事情，而我们把已经引起的事物看成是含有主观个性与其动作的因素的，这就称为兴趣。所以没有什么东西是没有兴趣而引起的。

【说明】 一种动作是主体的目的，而完成这目的的乃是他的力，除非主体是像这样最公平地行动着，就是说，除非他在这动作中是有兴趣的，那就简直没有动作。有时人们把种种冲动、性向和无根据的快活怪念头对比起来而贬低其价值，而这种怪念头是自然的随意给予，需要得到满足而无待于动作者做什么来产生直接存在与其自己的内部要求相适合。人们有时把它们和责任为责任的缘故这种道德相对比，整个说来是对它们不利的。但是，冲动和热情乃是一切动作的活力。如果动作者实在是在他的目的和目的的完成里面，冲动和热情便是需要的。关心于目的的内容的那道德，本身是普遍性的东西，是不动作的东西，在动作者里面找到它的实行力的，它找到这力量，只是当目的是内在于动作者里面，是他的兴趣，而且——如果它要求独占住他的整个有能力的主观性的话——则是他的热情。

§.476

当意志作为思维的而且绝对是自由的，把自己对种种冲动的特殊性区别开来，并把自己作为思维的简单主观性放在冲动的各种分歧的内容之上时，这样，它就是“反思”的意志。

§.477

这样的冲动的一种特殊性于是就再不只是材料：反思的意志将它看成是它自己的，因为它与之相一致并因之给自己以特别的个性和现实性。它现在就站在选择性向的立场上，而且是取舍或选择了。

§.478

作为选择的意志要求为自由的，反思到自己作为它仅仅只是直接自主性的否定性。然而它从前的普遍性在其里面所结束为现实性的内容既然不过只是冲动和欲的内容，它实际上只是一种主观的偶性的意志。它在一种特殊性中实现自己，而它是把那特殊性同时又看成一种不存在的东西，并同时从由此出来的东西里面找到一种满足。作为这样矛盾的东西，它就是用一种欲望或享乐来扰乱或暂停另一种欲望或享乐的过程——用一种满足来扰乱或暂停另一种满足，而这种满足又不成其为满足，反而会变得没有止境。但是特殊满足的真理乃是普遍性的满足，思维的意志把它作为目的而称之为幸福。

3. 幸 福[①]

§.479

在反思和比较所引出的一种普遍性的满足这种观念中，以其特殊性而言的一些冲动就变为只是否定的；而且人们主张，它们部分是要为着那目的彼此相对着牺牲的，部分又为着那目的直接地牺牲，完全或部分地牺

① 德文 Die Glückseligkeit。

性。一方面，它们的互相限制是从质上和量上考虑而混合而来的；另一方面，由于幸福是在动作的泉源上有其肯定的内容，其决定因素是在于那些动作的泉源的。至于幸福在什么地方，主观的感情和良好的愉快就要作最后的决定。

§.480

幸福只是抽象的而且只是想象为所欲望的事物的普遍性——只是应该的一种普遍性。但是那是的而又是被取消了的满足之特殊性，和那抽象的单一性，即（随它喜欢）在幸福中给予或不给予自己一个目的的那个选择，是在意志的原本普遍性中找着它们的真理，就是在它的自主或自由中找着这个真理。这样，选择只是作为纯粹的主观性才是意志，这主观性由于只以那存在的无限方式——自由本身——为其内容与目的，才是纯粹而具体的。在它的自主这个真理里面，那里概念与对象是同一个东西，意志便是一个实际上自由的意志。

（三）自由的精神①

§.481

现实自由的意志就是理论的精神和实践的精神的统一，即一个实现它自己意志自由的自由意志。由于现在那实践的内容的形式性、偶然性和被收缩性，到此为止已经被替代了，由于替代了那里面所包含的方法的调整，意志就是直接的个性自己设立起来的——然而这乃是又纯洁了一切干扰的普遍性作用，即干扰自由本身的一个个性。意志有这个普遍性作用作为它的对象与目的，只是就它思维它自己，知道它这个概念而言，而且是就它作为自由智力的意志而言的。

§.482

知道它自己是自由的并决意自己为它这个对象而追求的精神，就是以它的真正存在为特征与目的的精神。首先就是一般的合理的意志，或者说含蕴的理念，而因为是含蕴的，就只是绝对精神的总念。再则作为抽象的理念，它只在直接的意志中是存在的——它是理性的存在方面——

① 德文 Der freie Geist。

单一的意志作为识知到它的这个普遍性构成着它的内容与目的,而且它只是这普遍性的形式上的活动。所以如果意志,即理念在其中必然出现的意志,只是有限的,那意志又是发展这理念的动作,而且是以一种存在赋予其自己展开的内容的动作,而这存在由于是实现观念的,就是现实性。这样,它便是"客观的"精神了。

【说明】 没有什么理念像自由这个观念这样,这么普遍地被认为是不明确的,含糊的,而且易遭受最大的误解的(因之它实际上是误解的牺牲品):没有什么通行的观念,它的意义是这么少被人体会到的。只要记得自由精神乃是现实的精神,我们就会了解对它的误解在实践中有多么严重的后果。只要个人和国家在其头脑中得到完全发展的自由这种抽象的概念,便没有什么东西像它那样有其不可遏止的力量。这正因为它是精神的本质,而且那就是它的现实性本身。整个的几个大陆,非洲和东方,从来没有过这个观念,而且现在依然没有。古希腊人和古罗马人,柏拉图和亚里士多德,甚至古斯多葛派①人都没有这观念。正与此相反,他们曾看见,只有靠出身(例如出身为雅典公民或斯巴达公民),或靠人格、教育或哲学的力量(智者即使是奴隶而且在枷锁之中也是自由的),人才实际上是自由的。这个观念到世上来是通过基督教的。依基督教的说法,个人本身有无限的价值作为神爱的对象和目的,精神命中注定要和上帝自己在绝对的关系上生活,并有上帝住在他里面。就是说,人本来是命定有最高的自由的。如果在宗教本身,人觉知到这个对于绝对精神的关系是他真正的存在,那么甚至他进到世俗的范围中去,他也有那神的精神和他同在一起,作为国家、家庭等的实体。这些制度都是由于那个灵的引导而来,而且是按照它的尺度而形成的;而由于这些制度的存在,道德的气质就成为住在个人之中,在这个特殊存在的范围里,在现在的感觉和意志的范围里,他实际上是自由的。

如果觉知到这个观念——觉知到人们觉知到自由是他们的本质、目的和对象——就是思辨的质料,然而这个观念本身仍是人的现实性——不是人们作为人所有的什么东西,而是他们所是的。基督教在其信徒中

① 即斯多亚学派(Stoiker),可参阅前面的《〈小逻辑〉评注》的脚注。——整理者注

体会到一种长存的感觉，认为人们不是而且不能是奴隶；如果他们被迫为奴隶，如果关于他们的财产的决定是在一种武断的意志手中，而不是由法律或法院所决定，他们就会觉得他们的生命的实体本身受到了暴行。这个要求自由的意志再不是一种要求得到满足的冲动，而是不变的性格——是精神的意识成长为一种非冲动性的性质了。但是自由的内容与目的，所有的这个自由本身只是一个总念——精神与心的原理，必定要发展成为一个客观的相，发展成为道德的、宗教的，而且同一程度地要发展为科学的现实性的。

第二部分　客观的精神

§.483

客观的精神就是绝对理念,但只是在可能上存在的:而由于它是这样在有限的地域上,它的现实理性保持着外在外观性的面貌。自由的意志发现自己直接碰到一些差别,这些差别是从这种情况而来的,即自由是它的里面的作用与目的,而且是和一个外在而且已经是潜存的客观性有关系的,这个客观性分拆为不同的项目:即人类学的材料(就是个人私自的需要),对为意识而存在的外在自然事物,与意识到它们自己的多种性与特殊的个人意志之间的关系上实现联结。这些方面构成意志体现的外在材料。

§.484

但是这个意志的有意图的动作是要实现其概念,即自由的,在这些外面是客观性的各方面,使后者成为前者所模塑的一个世界,而前者在这世界中是这样感到自如,而且是和它不解不分的:于是概念就完善为理念。形状变为世界的现实性的自由,变成必然性的形式,这必然性的实质就是自由的原理系统或组织,而它的现象联系乃是能力或权力以及在意识中唤起的服从情操。

§.485

理性意志和单一意志(这是由前者所变成的现实的特别与直接的媒介体)的这个统一就构成自由的简单现实性。由于它(和它的内容)属于思维,而且实际上是普遍性的,内容只在普遍性的形式上有其权利与真正性格。当其对理性的意识而言赋有这种性格,或者设立为一种权威的能力时,它就是法律[1]。另一方面,当内容脱离在实践感情和在冲动中附属于它的那种混淆性和偶然时,而且安置在个人意志中与之接合:不是在冲动的形式上而是在其普遍性上,于是,它便成为它的习惯、脾性和性格,它

---

[1] 德文 Gesetz。

就作为生活方式和习俗或惯例而存在[①]。

§.486

这“实在性”,一般地说,在自由的意志中有其存在的地方,就是法律(公道),——这名词还须在其广泛的意义上来理解,而不只作为有限制的司法的法律来理解,即是作为自由的一切情况之现实体现来理解的。这些情况在主观的意志的关系上而言,既是普遍性的,就应该有而且只能有其存在,它们就是它的责任;而作为它的脾性与习惯来讲,它们就是生活方式。凡是权利都是责任,凡是责任都是权利。因为存在的一种方式只作为自由的实质的意志的一种后果才是一种权利;而同样事实的内容连及到分辨为主观的个人的那个意志时,就是一种责任。主观意识承认为责任而在这些意志里使之有其存在的,乃是同一的内容。这样,客观的意志的有限性生出权利与责任的区别之一种外貌。

【说明】 在现象范围内,权利与责任是相类物,至少是在对于我的权利必有另一个人与之适应的责任这意义上来讲是这样。可是从概念来看,我对于一个东西的权利不只是占有,而是作为一个人的占有,它便是所有物,或说是合法的占有,而占有东西作为所有物乃是责任,就是说,就是要做一个人。变成现象的关系,即对于另一个人的关系来讲——这就成为另外某一个人尊重我的权利的责任。在良心的道德上,责任一般地说是在我里面——我这个自由主体——同时是我的主观意志或倾向的一种权利。但是在这个以个人为主的道德的范围内,就划分有只是内部意图(倾向或意向)——这是只在我里面有其存在而只是主观的责任——和那意图的实现,这两者之间的区别;而这一划分就发生偶然性和不完善性,使制止以个人为主的道德变为不足够的。在社会伦理上这两部分已达到它们的真理,它们绝对的统一;虽然权利与责任甚至彼此归回以某种调整在必需的外貌上结合起来。家长管理家庭成员的权利亦即对他们的责任,正如儿女们服从的责任是他们受教育而成为成年的自由的权利一样。政府的刑事司法权、行政权等等,同样是它处分、行政等的责任,正如国家成员的纳税、兵役等义务是责任然而也是他们私人财产得到保护的

① 德文 Sitte。

权利和他们之有其根底的一般实质生命得到保护的权利。社会和国家的一切目的都是个人私人的目的,但是他们的责任回到他们那里作为权利的行使与享受所凭借的一套调整产生分歧的外貌:而且这种分歧为价值在交换的过程中所采取的多种多样形状所增加,虽然本质上它依然是一样的。可是没有权利就没有责任,反之亦然,这根本上依然是有效的。

分 配

§.487

自由的意志是:

A.本身起初是直接的,因而是一个单一的存在——即人。人与他的自由的存在就是财产。权利本身(法律)是形式的,抽象的权利。

B.当意志反思到其自己里面去,使得其存在是在它的里面,而这样同时可以描述为一个特殊的东西时,它就是主观的意志的权利,个别良心的道德。

C.当自由的意志是实质的意志,在主体里面成为现实的而且符合于它的概念而又变为必然性的一个总体时——它就是现实生命在家庭、在社会和在国家中的伦理。

一、法 律

(一)财 产

§.488

精神在它的自保证的自由之直接性上乃是一个个别,而且知道它的个性是一个绝对的自由的意志的一个个别:它是一个人,在其里面,这个自由的内部感觉,由于在自己里面仍是抽象而空洞的,其特殊性与完成仍然不是在它自己方面,而是在一个外在事物方面。这事物,既没有意志,则没有反抗智力与意志的主观性之权利为那主观性变作对它的一个形容词,变作它的自由的外部范围——即所有物。

§.489

由于所有物的判断,起初是在外部的占领,事物就获得“我的”这个陈述。但是这个陈述,在其自己只是“实践的”,这里所有的意义乃是我把我个人的意志输入事物中去。作为这样描述的所有物就是财产,而财产作为所有物乃是手段,但是作为人格的存在就是目的。

§.490

在其财产里面,人就和自己合一。但是事物乃是一个抽象的外部的东西,而我在事物里面乃是抽象的外在的。我的具体归回到我中来。而在外在性里面,乃是说那无限自我关系的我,以一个人而言,是我从我自己的反斥,而在别的人的存在中有我的人格之存在,在我和他们的关系和我为他们所认识之中有我的人格之存在。于是,那认识就是相互的。

§.491

事物乃是两端借以会合为一的中间。两端是两人,他们在认识他们的同一性之中乃是自由的,而同时他们又是互相依存的。对他们来讲,在一个事物里面,我的意志有其明确可为人认识的存在,原因是由于那占有它的直接身体动作,或者由于这个事物的形成,或者亦可能由于那事物的指定。

§.492

财产的偶然,一方面乃是我将我的意志安放在这个东西里面:以我的意志是任意的来说,我能把它安放在这个东西里面,也能不安放它在这里面——能把我的意志从这东西中抽取出来,也能不抽取出来。但是以我的意志是在一个东西里面来说,只有我才能把它抽取出来:只有凭我的意志,这东西才能过渡到另一个人手中,而只凭他的意志,这东西才变为他的财产:这就是合约。

(二)合 约

§.493

两个意志和它们的在合约里面同意作为精神的内部形态来说,是不同于其在执行中的实现的。合约在规定中比较“观念性”的话包含有一个意志对于一种财产的放弃,它的交易和另一个意志的接受。所以合约是完全有约束力的:它无须这个意志或那个意志的执行才变为有效——否则我们就要无穷地后退或对东西、劳动和时间的无穷分割。合约的规定是完整的,穷尽的。放弃财产的意志和接受财产的意志,两者的内部性都是在观念作用的范围里,而在那范围里所说的话便是行为,便是实事(参上§.462)——即充分而完整的行为,因为这里意志的诚实性并不在考虑之列(事情是诚心诚意的或属于欺骗的),而意志只是指外物而言的。

§.494

这样在合约的规定中,有合约的实质显著地和执行的实际话语不同,而执行只是其结果的招致。像这样,在那事情或说执行里面进去了它的直接的特别的质和它的实质或价值两者之间的区别。所谓价值就是指那质的特征已用量的话语表现出来的东西。一宗财产这样就变为和另一宗财产相比较,而且可以使之等值于(在实质上)和它完全不同类的东西。它这样就被看为一般地说一种抽象的普遍性的东西或货物。

§.495

合约作为从意志生出而关于一种偶然货物的协定,同时也含有赋予这个"偶然"以意志一种肯定固定性的意思。这意志尽可以不符合于法律(正轨),而在那情况下,产生一种错误:然而绝对的法律(正轨)不因之而被替代,不过发生正轨与错误的关系而已。

(三)正轨与错误

§.496

法律(正轨)作为自由外在物的实现来看,分散为对这个外部区域和其他的人的许许多多的关系(参§.491、493以下各节),这样一来,就有(1)好几种在法律上的所有权或根据,其中只有一种是正轨(由于财产在个人和实在方面完全是个人的),但是这一种所有权,因为各种所有权互相对抗,每一种都有着正轨的模样,对于这些,前者就定义为本来的正轨。

§.497

可是只要(和这种模样比较时)唯一本来的正轨仍然是认为和几种所有权是同一的而被肯定了,决定了,而且是承认了,其唯一的分歧乃是在于这特别的东西为这些不同的特殊的意志把它包摄在一种法律或正轨之下。这就是朴素的非恶意的错失。这样的错失就不同的几个申诉人而言是一种单纯的消极判断，表示为民事诉讼。判决的办法须有第三种判断作为本来正轨的判断，它是不偏不倚的，而且是给予那唯一的正轨以其存在而反对假相的权力。

§.498

但是(2)如果正轨的假相为特殊意志所坚执来反抗本来的正轨，它于是就变为恶意的，那么正轨的表面承认是和正轨的真正价值分开的；而只尊重前者，则违反了后者，这就成为欺诈的错失——无穷判断作为同一判断(参上§.173)——在那里保留着名义上的关系而纯粹的价值便溜走了。

§.499

(3)最后，特殊意志否定了那正轨本身和它的承认或它的假相，便和本来的正轨相对立。"这里有一种消极的无穷的判断(参上§.173)，在这判断里否认整个类，而不只具特殊的方式——在这种情况下就是表面的承认。"这样一来，意志便是极端恶意的，并因而犯了罪。

§.500

违反了正轨，这样的行为在本质上和实际上是无效的。在这种行为中，行为者作为一个有意志有理智的人设立一种法律——然而是名义上而且只为他一人所承认的法律——即一种普遍性的东西而对他有效的，而且他同时以他的行为把自己包摄在这普遍性的东西之下。揭露这种行为之无效，同时把这名义上的法律和本来的正轨一并执行，首先借助于一种主观的个人意志，乃是报复的工作。但是报复从一个直接的特殊个人的利益出发同时也不过是一种新的暴行；循环往复，没有底止。这种进展和上面一种一样，在第三种判断中取消了，那第三种判断是不偏不倚的——这就是刑罚。

§.501

借以授予本来正轨以权力的工具乃是(1)一个特殊意志，法官的意志，既符合于正轨，是旨在反对犯罪(犯罪起初在报复中是偶然的事情)，而(2)行政权力(起初也是偶然的)否定犯罪人所造成的正轨的否定。正轨的否定是存在于罪人的意志之中的；因而报复或刑罚是针对着罪人的人身或财产而对他施以强制。强制一般地说是在法律范围里有其可发挥的能力——对于东西的强制是在反抗另一个的掠夺而没收它和保持它：

因为在这范围里，意志直接存在于外在物本身，或说存在于形体，而只在这里是可以抓住它的。但是多于可能的强制是没有的，因为我还能把我自己作为脱离一切存在的方式，甚至脱离一切存在的范围，即脱离生命而抽掉出来。只是取消第一个原来的强制才是合法。

§.502

这样，法律（正轨）和主观的意志的区别就出来了。正轨的“真实性”就是个人意志起初在直接方式上给予自己的，可见是由于主观意志的帮助而来的——一方面这主观意志表现其作用于本质的正轨，同样它又另一方面把自己与之断绝并与之对立。反之，主观意志的要求在这抽象作用中作为控制正轨的一种法律能力，本身是无效的、空虚的：只有在那意志在其本身实现合理的意志范围内，它在本质上才得到真理与真实性。作为这样的意志，它就是道德本身。①

【说明】“自然律”或“自然权”②这短语在法律哲学用途上含有歧义，它可能是指在自然中现成存在着某种东西，也可能是指事物本性所规定的，即意念所规定的正轨。前者原来是通常的意思，伴随着有自然状态这个假定，在自然状态中是统治着的，而社会和政治的状态反要有而且含蕴着自由的限制和自然权的牺牲。事实上，整个法律体系和每一条款都是只基于自由的人格——基于和自然决定正相反的自我决定与自主。自然律——严格称为自然律的——因之就是强权的优势和暴力的统治，而自然状态乃是暴力与罪恶的状态，只有说必须脱离开它才是真理。社会状态则不同，它是另一种情况，只有在这种情况之下正轨才有其现实性：它所要限制而牺牲的只是自然状态的任性与暴行。

二、良心的道德③

§.503

自由的个人只是在法律中算作一个人，而现在就取得主体的性

① 德文 Moralität。

② 德文 Naturrecht。

③ 德文 Moralität。

格——即反射进入自己的一个意志，不管它所感受的是怎样，它（作为在所感受的里面）是它自己的而有别于自由的实在存在于一种外在物。因为意志所感受的就这样内部化了，意志同时成为一个特殊的东西，而就发生它的种种进一步的特殊化和这些特殊化的相互关系。这个所感受的部分是本质的和含蕴的意志，是意志的理性，是法律与道德的本质基础部分，它又是存在的意志，在我们面前提出成为现实行为，因而与前者发生关系的。这些特质是它的内部设立，是它自己的，并具有为它们所决定的范围。因为主观的意志在道德上是自由的。它在行为上有着这种自由而表现出的便是行动，在其外形上它只在它所曾有意识地决定的程度上承认是它自己的，而允许别人把它算为它的行动。

【说明】这个主观的或者说"道德的"自由就是欧洲人所特别称道的自由。由于有这种自由的权利，一个人必须具有善恶一般的区别的个人知识：伦理与宗教的种种原则不能只对他作为外在的法律和权力的命令而要求他服从，而需要在他的内心里有对于这些法律等的同意、承认，甚或认为是正当的。在他的情操、良心、理智等里面有他的同意等等。意志的主观性在意志里面是它的最高目的而且对它是绝对必要的。

所谓"道德的"必须在其广义上来理解而不仅仅是指道德上好的而言。在法语里面，道德的（Le moral）是和物理的（Le physique）相对立的，而指一般的心理的或理智的而言的。但是在这里，道德的是指在意志一般内部而言的意志方式；因之它包括意图与意向——而且包括道德的恶劣。

（一）意 图①

§.504

在行动和实在存在直接地接触的范围内，我在它里面的一份在这个程度上是形式的，那外在的存在也是独立于行动者的。这种外在物能够使其行动反常而揭露不止于在它里面存在的东西。可是，纵然任何这样

① 德文 Der Vorsatz。

的转变,是为主体的行动所推动的,固然是它的行为[1],然而主体不因之而承认是它的行动[2],而只承认在行为里面所存在于它的知识与意志里的那部分(即它的意图),才是它自己的。它只使自己对于那部分负责。

(二)意向与福利[3]

§.505

关于它的经验上的具体内容,(1)行动有各种各样的种种方面与联系。以形式而论,行动者对于行动的主要特征,包括这些个别各点,必须认识到而且决定这行动的。这是意向的权利。意图只影响实在存在的直接事实,而意向则想到基础上的本质与其目的。(2)在同等程度上,行动者有权看到行动中内容的特殊性——看到它含有他的需要,利益和目的。这些目的,同样地包括在一单个目的时,如在幸福里面(上第479节)便构成他的福利。这就是福利的权利。幸福(好命运)不同于福利只在这点。幸福只意味着某种直接实在存在,而福利则看到它在道德着想上也是正当的。

§.506

但是性向的本质性首先是在于共通性的抽象形式。反思能够把这个或那个特殊方面在经验上具体行动里放在这形式里面去,因而使它成为意向所必需的,或者把意向限定于它。这样一来,所认为意向的本质性和行动实际上的本质性可能发生最大的矛盾——例如犯罪中的一种良好的意向。同样地,福利是抽象的而可能定于这个或那个的。作为属于这单个的行动者而言,它总是特殊的东西。

(三)良善与不道德[4]

§.507

这些特殊性的真理以及它们形式特性的具体统一是普遍性的、本质

① 德文 That。
② 德文 Handlung。
③ 德文 Die Absicht und das wohl。
④ 德文 Das gute und das Böse。

的而又是现实的意志的内容——是意志作用每一个相的规律和基础上的本质,是本质的和现实的善。所以它是世界的绝对最后的目的,是凡对于这善应该有顿悟的行动者的责任来把它作为他的意向而在他的活动中使之完成的。

§.508

但是虽然这善是意志的普遍性的东西——在自己里面决定的一种普遍性的东西——因而包括特殊性在它里面的——可是以这种特殊性起初还是抽象的而言,手边是没有原则来决定它的。所以这样的决定也是在那普遍性的东西之外起来的。而作为一个自由的而有其自己的权利的意志的他律或决定性的性质,在这里就突起了最深刻的矛盾。

(α)由于这善的不决定性的决定性,就总是有几种的善和许多类的责任,其多样性是彼此辩证并使之冲突的。同时因为善只是一个,它们应该是协调的。然而它们的每一个虽然都是一种特殊的责任,而作为善又作为责任而言,都是绝对的。它就落到行动者的身上要作为辩证的,在废弃了每一个绝对要求的同时,缔结它们的一种结合来排斥其余的。

§.509

(β)就行动者来说,他在他的现存的自由领域中,本质上是一个特殊性的,由于那现存的自由领域,他的利益与福利必须是一种目的,因而必须是一种责任。但是同时在以善为目的时,而善不是意志的特殊的而只是普遍性的东西,特殊的利益就不应该是一种组成动机。由于行动的两种原理具有这种独立性,它们是否协调,同样是偶然的事。可是它们是应该协调的,因为行动者作为个人和作为普遍性的而言,基本上总是一个同一。

(γ)但是行动者不但只是在他的实在存在中是特殊的,它又是他的实在存在的一种形式,得要为一种抽象的自确定性,它是自由的一种抽象的对他自己的反思。这样,他是有别于意志中的理性,而能使普遍性的东西本身成为一种特殊性的,而这样就成为一个假相。因之对行动者来说,善就被贬为一种只是“可能发生的”水平,而行动者就因而能够变成多多少少和善相对立的,即能够是不善的。

§.510

(δ)随着主观意志中所发生的区别而来(上第503节),外在的客观性便构成它自己的一个特别的世界——和内部的意志决定作用毫无关系的另一个极端。因之它是否和主观的种种目的相协调，善是否实现；恶，这本质上和实际上无效的目的是否在它里面成为无效，这都是偶然的事情。行动者在它里面是否找到他的福利，更确切地说，在世界上好的行动者是否幸福，坏的是否不快乐，也同样是偶然的事情。但是同时，世界应该容许好的行动这个主要的东西，在它里面实现；它应该让良善的行动者得到其特殊利益的满足，而不许不道德的行动者得到满足，正如它应该也让不道德的东西无效一样。

§.511

这个一再为应该所表达的全部矛盾，又有着那同时又还不是它的绝对性，含有精神在其自己里面的最抽象的"分析"，是它深深降落到自己里面。自矛盾的一些原理彼此间的唯一关系乃是在自己的抽象的确定性里面。就主观性的无穷性来说，普遍性的意志、善、正轨和责任都同样地存在而又不存在。只有主观性是觉知到自己在选择着、决定着。这纯粹的自确信性上升到它的顶点，就以两种直接交换的形式出现——良心的形式和不道德的形式。前者是良善的意志，但是这对于这纯粹的主观性而言，是非客观性的，非普遍性的，不可说出的一种良善。而对于它，行动者意识到他在他的个性中是能决定的。不道德是同样的觉知，觉知到单一自我具有这决定作用，就是说，单一的自我不是只停留在这抽象性里面，而是吸收了反乎良善的一种主观利益的内容于自身之中的。

§.512

意志的"现象"这个最高顶点——把自己提高到这绝对的浮夸上去——提高到一种良善，没有客观性，而只对自己有把握，一种使普遍性东西成为无效的良善——就因自己的力而崩溃。不道德作为主观性自身的最亲切的反思，和客观的、普遍性的对立起来（它是把客观的和普遍性的看成只是虚伪的），是和抽象的良善替主观性保留着决定能力的那种良善的情操一样的……是极端抽象的假相，是它自己毫不掩蔽的恶化与消灭。结果，即这个假相的真理，就是在其消极方面打算极力反抗良善的那种意志作用的绝对取消，而且只是抽象的良善的取消。在其积极方面，在总念里面，这样崩溃下来的这个假相乃仍然是那个意志的简单普遍性，那就是良善。主观性在它和良善这个同一里面只是无穷的形式，这形式是使它成为现实而发展它的。这样一来，两独立方面赤裸裸的交互作用立场——应该的立场，就被放弃了，而我们便过渡到伦理生活的范围里去。

三、道德生活或说社会伦理①

§.513

道德生活乃是客观精神的达到完善——主观的和客观的精神自己的真理。客观精神的失败是在于——部分因有它的自由直接在实际里面，因而在外在的东西，在一个东西里面——部分又因是在它的良善的抽象普遍性里面。同样地，主观精神的失败是在于这点，就是它作为反对普遍性的东西，乃是在它的内部个性中是抽象地自决定的。当这两个不完善性都被压抑下去时，主观的自由就作为隐蔽的而又公开的普遍理性意志而存在，这意志是感觉到自己而主动地安置在个别主体的意识中的，而它的实践操作和直接的普遍性的现实性是同时作为道德的惯例，生活方式与习俗而存在——在这些惯例等里面，自我意识的自由就已成为天性了。

§.514

有意识地自由的实质，在它里面那绝对的"应该"同样地是一个"是"的，就作为一个民族的精神而有其现实性。这个精神的抽象分裂把它单一化而成为各个人，然而民族精神还是控制其独立性而完全从内面统治着。但是个人作为一个有理智的人感觉到那基础上的本质是他自己的实质——当有心时就再不为它的只是一个偶发的事件——把它看成是他的绝对最后目的。在其现实上，他见到的不亚于一种已成的现在，而不但是他的行动所使之发生的——可是又无疑是是的东西。所以这样，毫不假借什么选择性的反思，个人履行他的责任作为自己的责任而又作为原本便是的东西，而在这必然性里面，他有其自己和他实际上的自由。

§.515

因为实质是个性自由与普遍性自由的绝对统一，结果便是每一个个

① 德文 Die Sittlichkeit。

人保持和维护其自己的存在的现实性与行动,一方面是为他在其复杂中必须存在的预先假定的总体所限制,而另一方面,乃是向一种普遍性的成果的过渡。各个人的社会倾向乃是他们感觉到总体的实质和他们一切利益和总体的同一;而其他个人互相认识而且只在这同一里面才是现实的,这就是信任(相信)——这就是真正的伦理的性情。

§.516

各个人在这实质所特殊化而成的各个境遇里彼此之间的关系就形成他们的伦理责任。伦理的人格,就是说实质生命所充满的主观性,就是美德。对于外在境界各朴素的事实的关系,对于命运,美德并不只是作为否定看待,而这样是宁静地休息在自己里面的。对于实质的客观性的关系,对于伦理现实性的一切,它存在为信任,为有意为着公众的工作,为着公众而能牺牲自己;而对于社会环境偶然的关系,美德首先就是公道而后才是仁慈。在后一范围内,和它对于自己可见的存在与形体,个性表现为其特别性格、气质等属于个人的种种美德。

§.517

伦理的实质是:

(a)作为“直接的”或自然的精神——家庭。

(b)各个人在一个形式的普遍性里——公民社会——作为互相独立的人之“相对”关系的“相对”总体。

(c)有自我意识的实质,作为发展为一个有机的现实性——政治组织。

(一)家庭

§.518

伦理的精神,在其直接性上,含有自然的因素,即个人在他的自然普遍性,即在其种类中,有其实质的实在存在。这就是性的联系,然而是提高到一种精神的意义上的——爱情的一致和相信的性情。在家庭的形状中,精神体现为感情。

§.519

(α)性的物理差别这样一来同时作为理智的和道德的类型之差别而

出现。这些人格以它们互相自外的个性而结合为一单个人。心的主观合一,变成一种"实质的"统一时,就把这合一成为一种伦理的联结——婚姻。心之"实质的"合一把婚姻变为不可分割的个人与个人的结合——一夫一妻制婚姻;身体的联合乃是道德依恋的后果。进一步的后果就是个人与私有利益的共有。

§.520

(β)由于构成家庭的各个成员关于财产的共有关系,代表家庭这个人的财产就获得了一种伦理性的关系,正如家庭的勤劳、劳动和对未来的打算一样。

§.521

儿女自然产生的结合而形成的伦理原则,而儿女的产生是被认为在起初构成婚姻关系时具有首要地位的,在儿女的第二次即精神上的生出——在教育他们成为独立的人格上——才实际上实现。

§.522

(γ)儿女这样取得了独立,离开他们原来所属的家庭具体生活与行动,获得他们自己的实在存在,然而是命定又要重新建立这样一种实在的家庭的。随着夫妻的死亡,这婚姻中的自然要素便消失了,婚姻也就破坏了。但是甚至他们心的相契,既然只是感情的"实质性",也含有易于受到意外事件冲击的可能。由于这种意外性,家庭的各成员彼此之间便变得处在人与人的地位;而这样一来,家庭就第一次引入原来与之无关的一要素,即法律的规定。

(二)公民社会[①]

§.523

当实质,因为是一种理性的实质,把自己抽象地特殊化为许多人格,即许多家庭或个人时(家庭只是一个人格),而这些家庭与个人是作为私的人格而独立自主存在着的,这实质就丧失其伦理的人格:因为这些人格

① 德文 Die bürgerliche gesellschaft。

本身在它们的意识里面是作为它们目的的，不是绝对的统一，而是它们自己的小我和特殊的利益。这样就发生了原子的系统：由于这系统，实质就变为一种普遍的调节系统来联系自存在的极端与它们特殊的利益。这个联系系统的发展总体就是国家，亦称为公民社会或外在国家。

1. 需要的系统

§.524

(1)人格的特殊性首先包括它们的需要。这里满足这些需要的可能性是靠社会组织的，那是大家从而获得满足的储备。在事物的情况下，即在以间接调节这种得到满足的方法的情况下，直接夺取(参上§488)外在物作为取得满足的手段是很难或完全不存在的：东西都已经是私有财产了。取得东西一方面只有由于所有者的意志之干涉才有可能，而所有者的意志作为特殊的东西是企图得到它们各种方法规定的利益之满足的；另一方面，它是受限制于不断为交换者自己的劳动所产生的新的交换手段。大家的劳动这个借以促进需要的满足的工具，就构成共同的储备。

§.525

(2)在需要的特殊性里面，普遍性原理的一丝微光就是在于理智创造出需要中的差别，而这样就引起无限多的需要与手段的不同面貌，于是两者都变得越来越抽象。它们的内容由于抽象作用而分割便发生分工。这种抽象作用的习惯在享受、知识、感情与动作中就构成在这范围里的训练或称一般的名物文化。

§.526

这样变为更加抽象的劳动，一方面，由于它的一律性趋向于使劳动变得容易些，而且增加生产，另一方面，又趋向于把每一个人限制于一单种的技术技巧，而这样就产生更无条件地依靠社会的系统。这样一来，技巧本身就变为机械的，并导致使机器替代人工的可能。

§.527

(3)但是将公共储备具体分配——这具体分配也是(整个社会的)共同的事情——到为总念的因素所决定的各个特殊的人群——每个人群具有其各自生活的基础，和与之适应的劳动、需要以及满足需要的手段之方式,而又具有各自目的和利益的方式以及精神文化与习惯的方式——就形成阶级的差别(等级或品位)。各个人之所以被分配到这些阶级中是按其天资、技能、选择和意外等各方面情况而定的。在属于这样明确而稳定的范围里,各个人都有他们实际上的存在,这种存在本身本质是特殊的,而在这实际上的存在里面,他们有他们的社会道德,那就是诚实,有他们的承认,他们的光荣。

【说明】 凡是有公民社会存在的地方,随之就有国家存在,都会分为各个不同的阶级:因为普遍性的实质,作为有生命的、是在它有机地把自己特殊化的范围内才存在的。政体的历史就是这些阶级成长的历史,个人对它们法律关系的历史,及这些阶级相互对待和对于它们的中心的历史。

§.528

对于"实质的"自然的阶级,多产的土地供给了一种自然的稳定的资本;它的动作通过自然的特征而得到方向与内容,而它的道德是以信仰和信任为基础的。第二种是"反思的"阶级,有它自己的一份社会资本,这种社会资本是中间人的行动得以产生的媒介,它只是作为行动者所产生的,以及一大堆的偶性所产生的,而在那里个人得要依靠他主观的技能、天资、理智与勤劳。第三种是"思维的"阶级,它的事情乃是公共的利益;它像第二种阶级一样,生活是由它自己的技能而获得的;又像第一种阶级一样,有一定的生活,所谓"一定",是因为它是由整个社会所保证的。

2. 法律的执行[①]

§.529

当偶然自由的原理通过自然需要的作用和自由选择,成熟为一个普遍性的关系系统和外在必然性的有规律的过程时,就得到自由所需要的在形式的正轨形状上的稳定表示。

(1)正轨在只是实践理智这个范围里面所得到的表达,就是它带到意识上来作为稳定的普遍性的东西,是为众所周知而且以权威的声音在它

① 德文 Die Rechtspflege。

的特别形式上的说明——这就是法律[1]。

【说明】 法律中正面因素只涉及它们公开和权威的形式——这就使它们有可能在一种习惯上和外在上为众人周知。它们的内容本身可能是合理的——否则是不合理且因此是错误的。但是当正轨在其明确表示的过程中发展为细目,而它的内容分析自己以求明确时,这种分析由于材料的有限性就陷入错误无穷的进展:绝对必需而打断这个非实在的进展的最后明确性在这个有限性范围内只能以一种带有偶然性和武断性的方法才能获得。例如或者3年,10塔勒[2],或只 $2\frac{1}{2}$、$2\frac{4}{3}$、$2\frac{4}{5}$ 年等以至无穷等等是对的而正确的东西,绝不能按理智的原理而决定——然而它是应该要决定的。所以虽然自然只在决定的最后各点上,在外在实存的方面,“正面的”原理自然就把法律算为偶然性和武断性。在一切立法上现在是这样,从古至今也是这样,唯一的是需要清楚地觉知到这一点而不为一些言说和虚伪所诱惑,好像法律的理想是在每点上,或是可能在每点上,通过理性或法律的智慧,按纯粹合理而可理解的根据而得到确定似的。怀着这种希望和在有限的范围里作这种要求是无异的完全论。

有些人把法律看成是罪恶、亵渎,认为只有以自然的爱来统治,以世袭的神权与贵族,按信仰和信任来统治,才是生命的常轨,而法律的统治是一种腐败与不公平的秩序。这些人忘记了星辰——牲畜也一样——就是法律所统治而且统治得好;可是这些法律只是在这些东西内部,不是为它们的,不是为它们而设的——而认识他的法律乃是人的权利。他们所以忘记了人只能真正服从这种已认识的法律——甚至只有是被认识的法律才能是公正的法律;纵然在其他方面上它必须在其主要内容上是偶然的和任意的,至少是和这些成分混杂在一起而被玷污的。

同样空洞的要求也用在与之相反的命题上——即用来支持这种意见,认为法典是不可能或者不能实行的。这里更有一种荒谬,就是把本质的和普遍性的规定和特殊的细目同放在一类里面。有限性的材料一步一步地加以说明以至达到假的无限,但是这种前进不是像在空间的心理想

---

① 德文 Gesetz。

② Taler,德国18世纪通用货币单位。——整理者注

像那样，产生与前面同一质的新的空间特征，而是由于分析理智的聪明前进到越来越大的特别性。分析理智是发现新的区别而又使新的区别成为必要的，可以给这种规定名为新的决定或新的法律；但是随着向特殊逐步进展，这些规定的意义和价值也就下降了，它们归到已经潜存的“实质的”普通法律里去，像房屋内地板或门户的改善一样，纵然是新的，但不是一座新的房屋。可是有一种相反的情况。如果一个粗野时代的立法是从单个条款开始，按其性质本身一直总是增加它们的数目，越来越多，就有较简单的法典之必要——就是需要把一大堆单一东西按其共通的特征包括起来。发现而且能够表达这些原理是和一个理智的有文化的民族相称的。这样把单一的规条集合为共同的形式，首次真正配称为法律的，最近在有些方向上已为英国大臣卑鲁(Peel)①所创始，他这样的做法博得了他的同国人的感谢，甚至博得了赞美。

§.530

(2)法律的正面形式——公布为法律俾众周知——是外面服从法律的义务之一种条件。由于作为严格上正轨的法律，它们只触及抽象的意志——抽象的意志本身根本是外面的——并未触及道德或伦理的意志。在这一方面，意志对之有权的主观性在这里只是公开性。这个主观的存在，作为在正轨的这范围内的本质的而且发展出来的真理的存在，同时是一种作为普遍性的权力与必然性的外面客观的存在。

财产和关于财产的私人手续——由于一切法律必须公布，被大家承认，从而变为有权力的这条原则——是通过正式手续而得到它的普遍性保证的。

§.531

(3)在司法系统中，法律形式得到客观存在决意自己要有的必然性。抽象的正轨得要向法庭显示其自己——对个性化的正轨显示其自己——是证明了的。在这种过程中可能有抽象的正轨和可证明的正轨的差别。法庭为正轨本身进行受理与执行，除去正轨存在中的偶然性，而特别把这种存在——因它是作为报复而存在的——变为刑罚(参上§.500)。

【说明】 司法定罪中有关于案件对于被告的实在情形之两类或说两

① Sir Robert Peel，1788—1850，英国1841—1846年间的首相，保守党的创始人。他曾对英国刑法做了重大调整。——整理者注

种因素的比较——(i)按那定罪根据的只是情况或只是别人的证据——或者(ii)此外还须有被告的承认,这比较就构成所谓陪审法庭问题中的要点。最重要一点乃是司法受理的两种因素,关于实情的判断和关于引用法律的判断,根本是不同的两个方面,应该作为不同的任务来处理。根据上述的规定,这两种任务是分派于具有不同资格的团体的——属于官方的法官是特意排斥于某一团体之外的。把任务的分开实行到这种在法庭的隔离,多多少少是根据额外重要考虑的:重点只是这些本质上不同的任务有分别的执行。更重大一点乃是被告的供状是否要成为刑事处分的一种条件。陪审法庭的设立无视这个条件。问题乃是根据这点确实性就完全和真理分开。但自供是要看成给出确实性的顶点,而自供的性质是主观的。所以最后决定是在于自供。所以被告对此是有绝对权利的。如果证明是要成为最后证据而审判员是要说服的话,无疑这个因素是不完全的,因为它只是一种因素。但是其他因素还更不完全,当它同样地抽象地来估计时,即只是情况证据。陪审员本质上就是审判员而宣告判决的。所以既然他们作为凭据的一切都是这种客观的证明,而同时又承认它们确实性之不足(不完全因为确实性只在它们之内),陪审法庭就显出它的野蛮来历的痕迹,因它把客观证明和主观或所谓"道德的"定罪混淆在一起,混合在一起——称非常刑罚为荒谬是容易的;可是差错是在于只对于一个名称而生气这种肤浅态度。实质上,这原理包含的,乃是客观查验按其在自供里面是否存在的绝对证实及其差异。

§.532

司法行政的任务只是把公民社会中个人自由的抽象方面现实化到必然性程度。但是这现实化首先是在于审判员的特殊主观性,因为这里还没有这种主观性和抽象中的正轨之间必然的统一。相反地,需要系统的盲目必然性没有提高到普遍性东西这种意识上来,而从那种看法阶段进行工作。

3. 公安机关与法人[①]

§.533

司法行政当然不管只属于特殊性的行动与利益的那部分,而是尽力

① 德文 Die Polizei und die Corporation。

防止犯罪的发生,而且把对公共福利的维护视为自己的职责。在公民社会中唯一的目的是要满足要求——而那就是因为它是人的要求,所以在一种一律共同的方法上来保证这种满足。但是社会的必然性之机构关于这种满足是在许多方面上还有一种偶然性的。这是由于要求本身的多样性,其中意见与主观的高兴是起很大作用的。还有一种原因就是地方的情况,国家与国家之间的联系,社会流通成员被加在身上的错误和欺骗是能在社会中造成混乱的,原因完全是由于各个人都有利用那共同储备的不同能力。这种必然性的进行又牺牲了借以使这必然性发生的各种特殊性,而自己并不包含有保证个人满足的正面目的。以关于个人来说,它可能远不是有利的。然而个人在这里是道德上被认为正当的目的。

§.534

经常注意到这个共同目的,确定组成那社会必然性的各种力量是怎样动作,和那些力量的各种成分,而且把这目的维护在它们里面而又反对它们,是一种制度的工作。那制度在一个方面,对于公民社会的具体而言,是以一种外在的普遍性地位出现的。这种组织是以一个外在的国家的权力而行动的。这组织就其生根于更高级的或者说实质的国家而言,是以国家“公安机关”而出现的。另一方面,在特殊性这个范围内,实质的普遍性的目的唯一被承认的和这目的的唯一执行是限制于特殊部门和特殊事业的事情。这样我们就有法人。而在法人里面,特殊公民在其私人资格上找到他的资本的保证,而同时在法人里面,他的资本又从他的单个私有利益挣脱出来,而有其作为比较普遍性的目的的一种有意识的活动,正如在他的法律和职业的责任上有其社会的道德一样。

(三)国家

§.535

国家乃是自我意识的伦理的实质,乃是家庭原理和公民社会原理的合一。在家庭中作为爱情的感情的那同样的统一就是它的本质,然而同时通过有意识的和自发活动的意志那第二条原理,接受着有意识的普遍性这个形式。这条普遍性原理,和它的一切详细的演进,乃是有知识的主体的绝对目的与内容，这样这主体在其意志作用上就和合理性的系统同一起来。

§.536

国家是(α)它的内部结构作为一个自关系的发展——宪法(内部国家法)；(β)一个特殊个体，因而和其他特殊个体有联系——国际法(国家外部法)；(γ)但是这些特殊精神只是精神在其现实性一般发展中的各阶段：通史。

1.宪法[①]

§.537

国家的本质乃是自我发生、自我发展的普遍性的东西——乃是意志的理性精神。但是作为自认识的自现实化，它不过是一个主观性，而作为一个现实性，它是一个个体。它的工作一般地说——对个性作为多数的个体——是在于一种双重任务。首先，国家维护它们作为个人，这样就使正轨成为一种必然的现实性，然后再提倡它们的福利。福利原本是每一个人自己照顾的，但有其完全共同的一方面；国家保护家庭、指导公民社会。其次，国家把两者和个人的整个倾向与行动——个人的趋向是要变为他自己的中心的——都带回到普遍性的实质之生命中去；而在这个方面，作为一种自由的力量，它干涉那些从属的范围而保持它们在实质的内在性里面。

§.538

法律表达对客观自由的特别规定。首先，对当前的行动者来说，对他的独立自我意识和特殊的利益来说，法律是限制。但是，第二，法律是一种绝对最后的目的和普遍性的工作，所以法律是那些把自己越来越多从共同的特殊化区分出来的各种组织的“作用”之产物，而且是各个人一切行为与私人关系的成果。第三，法律是各个人意志作用的实质——这种意志作用因法律而是自由的——而且是他们的倾向的实质。作为这样的实质是以通行的惯例表现出来的。

---

① 德文 Jnneres Staatsrecht。

§.539

作为一个有生命的精神，国家只作为一个有组织的整体而分化为特殊的种种动力。这些从理性的意志的同一个总念（虽然不以总念为人所认识）而发出的动力不断产生国家作为它们的结果。宪法就是国家权力的发声或组织。它准备条件使那理性的意志——就它在各个里面而言，只含蕴地为普遍性的意志——能来到一个意识和对自己的了解之中而为人们所发现；而且使那意志通过政府与其各个部门的行动而放在现实上，不让它消灭而对它们（即政府与其各个部门）的偶发主观性和各个人的主观性得到保障。宪法乃是存在的公道——是自由在一切它的合理规定的发展中之现实性。

【说明】 自由与平等乃是简单的红字标题，在其里面常常集中了应该形成基本原理的东西，集中了宪法的最后目的与结果。不管这是如何的真的，这些名词的缺点就是它们的极端抽象性。如果墨守着这种抽象的形式，它们作为原则就要使国家的具体性不能抬头，即作为国家的表达的宪法和一般的政府不能实现，就要毁灭它们。随着国家，便有不平等，便有统治的各种权力和被统治的差别，便有官吏、权力和政权等。平等的原则，按逻辑来实行，是否认一切不平等的，因而不容许任何政治情况之存在。自由与平等诚然是国家的基础，可是因它们是最抽象的，所以也是最肤浅的，而为着这缘故自然也是人们最熟悉的，所以仔细研究它们是必要的。

首先谈到平等，所有人都是生来平等的这个人们所熟悉的一道命题，其错误是由于把“生来”（自然的）和“总念”混在一起。这命题应该是说：以天性而言，人只是不平等的。但是自由这总念，以它作为存在而言，而不加以另外的规定和发展，乃是抽象的主观性，正如人能有财产一样（上第四八八节）。这个单独的抽象的人格之特征构成人的实际上之平等。但是这个自由应该存在，所承认而在法律上看成是人的应该是自然人（而不是像在古希腊、古罗马等那里是有些人），这是很少出于自然的，毋宁说它只是精神最深刻的原理的意识之结果与产物，而且是这个意识的普遍性与扩充的结果与产物。在法律面前公民都是平等的，这含有重大的真理，可是像这样表达出来乃是同语反复：它只说法律地位一般是存在的，法律是统治的，但是谈到具体，公民——除他们的人格之外——只在这些点上在法律面前是平等的，就是当他们在法律之外也是平等的时候。只有他们按实际在财产、年龄、体力、天资、技能等上面——甚至在犯罪上面，具有平等，才能而且应该使他们得到法律的平等待遇；只有这样才能使他们在具体上是平等的，比如在纳税、兵役、任职的资格方面，甚至在受处分等方面。法律本身，除就法律关于人格的那狭隘圈子而言之外，是预先假定不平等的情况，而规定不平等的法律责任和从这些责任产生出来的附属物。

谈到自由，原来它部分地在消极意义上被理解为反对武断的不容异议和无法无天的待遇，而在积极意义上被理解为主观的自由；但是这种自由有很大的宽度，从关于行动者为他自己的特殊目的所有的自我意识与行为，到关于他在公共事情上有个人的了解和个人的一份要求都属于此列。从前，凡法律所规定的权利，私人的权利和国家、城邦等的权利都称为“自由”。事实上，凡真正的法律都是一种自由，它含有客观精神的一种合理的原则，换句话说，它体现一种自由。反之，人们最熟悉的观念就是，每一个人为了别人的自由必须限制他自己的自由。国家就是这种互相限制的情况，而法律就是限制。对这种精神的习惯来说，自由只是偶性的高兴和自我意志。因之又有人曾说，“现代的”国家只能有平等，或平等多于自由；而且只是为着那个缘故，有了自由的一种假定的定义（主要是大家参加政治工作和行动），就不可能在现实上使事实相符——这就比抽象的预先假定更为合理且更为有力。反之，应该要说，恰恰是在现代国家里形式的大大发展和成熟才产生实际上各个人之间极其具体的不平等，而通过法治国家的更大的稳定性和法律的更深刻的合理性，才有更大而更稳定的自由。这是它毫无矛盾地所能容许的，甚至自由与平等这两词的肤浅分别也指向前者趋于不平等这个事实。反之，流行的自由想法却只把我们带回到平等的观念上去。但是我们越巩固自由，如财产的保证，如每一个人有可能发展而且尽量利用其天才与美质，就越把这些东西认为是当然的。而这样一来，自由的意义与价值就特别转到主观的一种方向上去。这个所指的乃是自由地在各方面尝试行动，按各人的意思为着特殊的和公共的智力兴趣投身到动作里去，清除对于个人特殊性的一切阻碍，清除主体在其里面有种种原理的内部自由之一切阻碍，在其里面有自己顿悟与坚信的内部自由之一切阻碍，而这样取得道德上的独立。但是这种自由一方面本身意味着极大的分化，在其中人们是不平等的，而由于教育把他们自己变得更不平等；而另一方面，它只在那客观的自由情况下成长起来，而且是，并且能够只在现代国家里才成长到这样的高度。如果随着特殊性这种发展，有要求的同时而又无底止地增加，又有满足这些要求的困难的增加，而且增加了争论的欲望和侦察过错的嗜好，连带着不能满足的虚荣心。这一切都不过是那产生一切复杂而必须尽力来处理这些复杂的个性在这范围内的那种松弛之一部分。这样的范围当然也是限制的范围，因为在那里自由是受着自然的自我意志和自我纵欲的感染，因而得要限制自己的。而那不只是因为别人的自然性、自我意志和自高自大，而且特别是，甚至主要是因为合理的自由。

政治自由这个名词，却又常用来指由于某些个人的意志与行动而正式参加国家的公共工作的。这些个人原来的主要作用是在公民社会的特殊目的和事务上的，而且部分地变为习惯地把宪法这名称只给予关于这些个人参加公共事务的国家那一方面，而认为不是正式这样做的国家是没有宪法的国家。关于名词的这种用法，只需说，所谓宪法必须理解为权利，即一般自由权的确定和它们现实化的组织；而在上述的意义上，政治的自由无论如何只能是它的一部分。关于这点在后面几段要谈到。

§.540

宪法的保证（就是说，法律必须合理而法律的现实化必须有保证）是在于民族的集体精神，——尤其是在于这精神本身意识到它的理性的特别方法（宗教乃是那意识之在其绝对的实质性上面）。但是这个保证同时又是在于那原理实际上在适当的制度里面的组织与发展。宪法以集体精神的那个意识为其先决条件，而反之，那精神又以宪法为其先决条件，因为实在的精神只有它的种种原理的一种明确的意识，这是就其有这些原理实际上存在于它的面前而言的。

谁有权（什么权力并且如何组织的权力）来制定宪法这问题，亦即是谁得要作成一个民族的精神的问题。如果把宪法的观念和集体精神的观念分别开来，好像后者存在着或者曾经存在过而没有宪法似的，你的想法只证明你对精神在其自我意识上和它在其现实性上两者的联系的理解是何等的肤浅。所谓“宪法的制定”就是——正因为这个不可分离性——在历史上从来没有发生的东西,正如法典的制定一样。宪法只是“民族精神”真正随着那个精神自己的发展而发展的,而同时是随着它通过它的概念所要求的形成与转变的各等第。一切宪法所从而制定的一直就是民族的内在精神与历史(而且要附加说明,这历史只是精神的历史)。

§.541

实际上有生命的总体——保持着,换句话说,不断产生着,一般地说的国家和它的宪法,就是政府。自然的必然性所给予的组织在家庭的出现和公民社会各“阶级”的出现中已看见了。政府乃是宪法的普遍性部分,就是有意以保持那些部分为目的的那部分,但同时是抓住并且实行超出在家庭与公民社会的作用之上的整体之共同目的的那部分。政府的组织同样又是它的权力的分化,因为这些权力在原理上是有其基础的;可是那种差别并未和它们在总念的主观性中所有的现实统一脱节。

【说明】 由于总念最明显的各范畴乃是普遍性和个别性的范畴,而它们的关系是个别包摄于普遍的关系。于是在国家中就把立法权与行政权区分开来,使前者作为绝对上级而单独存在,而又按照法律是施于私人事务或施于公共事务的,把后者再分而为行政(政府)权与司法权。这些权力的划分曾被看成是政治平衡的唯一条件,而所谓划分就是指它们在存在中彼此的相互独立——然而总是服从于上述的个人权力包摄于公共权力的原则。这种“划分”的理论无疑是意味着总念的要素,但是为“理性”这样结合起来,结果是一种荒谬的安排而不是有生命的精神之自我恢复,使得自由又深又实在的唯一重要规准,就是给国家的公共利益所属的每一种事业以一分开的组织,只要这些事业在本质上是各别的。这样实在的划分是必然有的:因为自由能够深入,只是当它尽量地分化,而这些分化出来的差别都是在存在中予以表现的。可是使立法事务成为一种独立的权力——使它成为第一种权力,而且带有另一种条件,即所有公民都参加立法,而政府只是执行而且是从属的,这是预先假定不知道那真正的观念,因而也就不知道那有生命而属于精神的现实性,乃是自恢复的总念,换句话说,不知道含在它里面有普遍性的主观性只是它的契机之一

(如果连带又有这种幻想,认为宪法和根本法还等待一天——在已经包含有存在着的差别的发展这种社会情态中——来制定,那么错误就更大了)。个别性是第一条和最高的原理,是通过国家的组织而使自己崩溃的。只有通过政府而且由于它把特殊的事务(包括单独分开也是特殊的那种抽象的立法事务)都包含在自己里面,国家才是整体的。这些,如永远是那样,就是各种不同因素在“理性”的逻辑中主要地和真正地彼此对待的关系,作为它们在“理解”中所处的外在立场与之对立的,而理解总不能超过把个别与特殊包摄于普遍的。凡破坏逻辑理性的统一的都同样破坏现实性。

§.542

在作为有机的总体看的政府里面,主权(公国)乃是(1)作为总念在其发展中的无限自统一之主观性;——国家的无不支持、无不命令的意志,它的最高峰和无不遍及的统一。在国家的完善形式上,其中总念的每一因素已经达到自由的存在,这个主观性不是所谓“道德人”,也不是多数人的命令(命令的意志之统一还未有现实存在的一些形式),而是一个现实的个体——一个发命令的个体——君主政体。所以君主宪法乃是发展了的理性之宪法,其他一切宪法都只属于理性的低级发展与实现。

一切具体的国家权力统一在一个存在里面,像在家长制社会里面,——或者像在民主政体里面,一切人都参加在一切事务里面——是抨击权力划分的原则的,就是说抨击理念组成因素之发展了的自由。但是这种划分必不能丝毫更少地变为“观念的”统一,即主观性(这种划分就是这些因素每一个变成一种自由的总体)。成熟的分化,或说理念的实现,主要的意思是这主观性应成长为一个真实的契机,一种现实的存在,而这个现实性无非是君主的个性——存在于一个人的抽象的最后的决定之主观性。一切那些集体发命令和定意志——要作为单一意志的原子体(按贵族或民主原则)的总和与合成的公共意志,在其上面都有着一种抽象作用非实在性之记号。只有两点是无上重要的,第一,要看见总念各因素每一个的必然性;第二,要看见它成为现实的形式。只有思辨性总念之性质,才能在实际上使人在这问题上看得清楚。那主观性——由于是强调一般作出抽象的决定之需要——部分就导致这个条件,就是君主的名字表现为政府一切工作的依据与准则;——部分又由于它是简单的自我关系,带有直接性,然后又带有自然的特征——个人接受君权的尊号是因之为继承所决定的。

§.543

(2)在特殊的政府权力中出现了,第一,国家事务划分为它的各部门(另有说明),立法权、司法行政或称司法权,行政与警察,和它因而分配到特殊的部或厅,其事务是法律所指定的,而为着那目的和为着那缘故,就拥有行动的独立,却同时仍受上级的监督。第二,还出现有几个人参加到国家事务里去,他们一起构成那"公共组织"(参上§.528),这是就他们负起普遍性的一些目的的管理作为他们特殊生活的主要职责——他们能够个别参加到这种事务,这另一情况是由于某种锻炼、能力倾向和对于这种目的的技能而然的。

§.544

阶级委员会或地方会议是一种制度,凡属于一般公民社会而按那程度是私人的,都可因之参加到政府的权力,特别是立法权中去——就是说关于那些利益的普遍性范围的那种立法权力,而不像战争与和平那样牵涉到可以说国家作为一个人那样的个人利益与行动,因而不特别属于主权的范围。由于这种参加,主观的自由和负责,按这些人的一般意见,就能证明他们是明显地有能力而得到感觉他们有某些价值的满足。

政体分为民主政体、贵族政体和君主政体,对主权来说仍然是政体的差别之最明确的说法。同时必须将它们看成是处于发展途径中,总而言之,是在国家的历史中必需的结构,所以把它们说成是选择的对象,是肤浅而荒谬的。这些纯粹的形式——演变过程所必需的——以其是有限的而且在变动的过程中而言,是和它们的恶化的种种形式,例如暴民政治等和更早期的过渡形式相结合的。这两种形式不得和那些合法的结构混淆起来。所以,也可能——如果我们只看在国家首脑上只有一个人的意志这个事实——东方专制就包括在君主政治这模糊名目之下,——封建君主制也如此,其实甚至不能不以"君主立宪"这为人所爱好的名称加之于封建君主制。这些形式之不同于真正的君主制,是在于这种政治体制在国家权力中有其现实性与保障的那些权利原则的真正价值。这些原则是上面所阐述的，它包括财产自由权，尤其是个人自由权，以及公民社会与其工业与团体、特殊厅局在法律规定下的有节度的效能。

最为人所讨论的一条问题，是私人参加国家事务应作何解释。因为阶级团体的成员主要作为私人而言，是应该看作只是个人抑或是一些人或民族的代表。常常把一些私人的集合体说成是民族，但是一大堆人是群众（拉丁文 vulgus），而不是人民（拉丁文 populus）。而在这一方面，国家的唯一目的乃是使一个民族不再只是各自掌握权力而进行行动的一堆人。民族的这种状态乃是无法律、道德败坏、野蛮的状态。在这种状态下，民族只会是一种无形状、野蛮的、盲目的力量，像暴风雨、自然力的海一样。但海还不是像民族——一种精神的质素——那样是会自我毁灭的。可是常听到人描述这种状态作为真正的自由。如果要讨论这个私人参加公共事务的问题是有什么意义的话，所应预先假定的不是一种野性的人群，而是一个已经有组织的民族——有政府权力存在的民族。然而，这种参政之所以值得为人所向往不是在于某种特殊智能的可贵，认为在这方面私人胜于国家官吏的——情况可能正与之相反——也不在于私人对于公共最大利益更有善意。公民社会本身毋宁说是这样一些人，他们的最切身的责任是在于他们私人的利益而且（尤其在封建社会里面）在于他们享有特权的法团之利益。以英国为例。人们以英国为例，因为私人在公共事务中才是占有支配力量的，才是政体中最自由的。经验证明，那个国家——和欧洲其他文明国家比较——在民事与刑事的立法上，在财产的法律与自由上，在艺术和科学的安排上，都是最落后的；而且客观的自由或者说合理的权利都多多少少为形式上的权利和特殊的私人利益而牺牲掉；而且甚至在认为奉献于宗教的制度与财产上也是有这样的事情发生。私人参加公共事务之值得为人所向往，部分是在于他们对公共的要求有其具体的、因而更迫切的感觉。但是真正的动机乃是集体精神有权利作为一个外在普遍性的意志而出现，以有秩序的明显的效能为公共事业而行动。由于这权利得到满足，它便加速其生命而同时使行政的官员感到新鲜的生命；这样这些官员就因而深深地认识到他们不但要厉行职务而且也要尊重权利。私人资格的公民在国家里面是无比的大多数，形成被认为是法律上称为人的大众。所以意志理性在他们之中表现其存在作为自由人的占优势多数,或者说在它的“反思作用的”普遍性中是这样,而这普遍性作为参加到主权里面的保证就有了它的现实性。但是,我们已经注意到,作为公民社会的一个“契机”(参上 §.527、534),个人才从外在的普遍性上升到实质的普遍性,而形成一特殊类——即阶级;而他们参政并非在只是个人本身的无组织的形式上(按照选举的民主方式),而是作为有机的因素,作为阶级而参与的。在国家里面,一种权力或动力永远不能作为一种无形式、无组织的形状,即根据多少和只是数目的原理而出现的。

阶级的会议曾错误地被称为立法权,因为它们只形成那立法权的一支,——在这支里面,特别的政府官员有其依据职权的份子,而主权则有最后决定的特权。而且在一个文明的国家里,立法只能是现有法律的进一步的修改,而所谓新法律只能处理细目的小节和特殊事件(参上 §.529 说明),其主要的趋势已经为法院的实践所准备好或初步解决了的。所谓财政法,就其需要阶级的同意来说,实际上是政府的事务:它只不正当地被称为法律,是在广泛的意义上包括着政府的外在措施之一个广大(实则整个)的范围而言的。财政按其性质只是处理某些一直有新的复现的特殊的需要,甚至它们所触及的是这种需要的总和。如果所需要的主要部分被认为是固定的——很可能是这样——则它的规定就会更多的是法律的性质,但是要成为法律,它就须一成不变,而不是每年或每几年重新制定一次。随着时间与情况之不同而转变的部分其实是有关数目中最小的一部分,而关于它的规定则更少有法律的性格。然而就是、而且可能只是这微小常变的部分是有争论的问题而能付诸每年常变的估计的,就是这最后部分错误地负有预算“承认”,即财政总额的极其好听的名目。每年而且每年制定的法律甚至对于常人来说都显然是荒谬的,因为他把本质上发展的作为真正法律内容的普遍性东西,从只是表面上包括性质上属于许多的那个观念作用的普遍性区别开来,把法律的名称加之于财务需要每年的决定,只有求助于——假定立法从行政划分开来——保持那划分有实在存在的假相,而掩蔽立法权。当它关于财政作出命令时,实际上只是从事严格说来只是行政的事务。但是附加在时时批准预算这权力的一种重要性,认为阶级会议在这里面具有防范政府的力量,因而防止不公道与暴行——这重要性有点好像说得过去而不是实在的。国家存在所必需的财政措施不能以任何其他情况为条件,国家的生存也不能每年予以怀疑。如果政府,比方说,批准司法制度而替它安排总是只限于一定的时期,因而以停止这种制度的活动而致有抢劫的惧怕作为威胁,从而替自己保留压制私人的手段,这是和上述平行的一种荒谬。不但这样,试想象事情的某种情景,保持在手中强制的手段可能是有用而且必需的,这是部分根据于统治者与被统治者之间的一种合约的错误概念,而部分是预先假定在这两方面有这种精神上分歧的可能,因而使宪法与政府成为完全不可能的事。如果我们认为以这种强制的手段见于实行而有得到帮助的空洞可能性,这种帮助毋宁说是国家的捣乱和瓦解,政府再不能存在而只有党派,而且以一个党派的暴行与压迫代之以另一党派的同样行动。把国家的各个部分凑合在一起,成为按照只是理解的方式上的一种宪法——即在其里面调整原是彼此外在的权力使之成为平衡的机器——乃是违反什么是国家这个基本观念的。

§.545

国家的最后的局面,就是在直接的现实中,体现为带有种种物理条件的一个单一民族。作为一单个个体,它是排斥其他同类的个体的。在它们的相互关系中反复无常和偶性是有的,因为在集体中每一个人都是自主的。在它们之间法律的普遍性东西只能认为是当然而不是实际上存在的。既不依靠一个中央权力,彼此间的争执就变为相互暴行的交涉,变为战争的状态,而应付战争团体中的一般阶级就负起在其他国家面前维持国家的独立的职责,从而变为勇敢的阶级。

§.546

战争的状态证明国家在其个性上的万能——这是进入甚至抽象的否定性的一个个性。邦国与祖国于是就以一种权力而出现,个人的特殊独立和个人之沉没在所有物与自然生命的外表存在都为这权力宣告其无效。这种权力之所以能够维持公共的实质是靠作为这种自然的特殊存在的这些个人爱国地牺牲自己——这样就把面临它的无效性成为无效的。

2. 外部国家法①

§. 547

在战争的挣扎中，国家的独立是孤注一掷的。在一个事件中，结果可能是自由的民族个别性(参上§. 430)得到相互承认，而用认为是一劳永逸的和平会议方法，这个一般的承认和民族彼此间的特别要求都解决了而且固定下来了。外部国家法一部分是基于这些正面的条约，但在那个程度上某些纯粹的权利没有得到真正的现实性(参上§. 545)，一部分是基于所谓国际法，其一般原理就是它预先已为各个国家所承认，它这样就限制了否则便会发生的彼此毫无制止的行动，因而尚留得和平的可能性，而把个人作为私人(非交战者)和国家分开，一般地说，国际法是基于社会惯例的。

3. 世界史②

§. 548

由于某一定的民族的精神是现实的而且它的自由是有自然的条件的，它在这自然方面可能受到地理和气候的影响。它是在时间之中；而关于它的广度与范围，主要地有一条特殊的原理必须按着这原理的途径走过它的意识和现实性的发展。总而言之，它有它自己的历史。但是作为一个有限制的精神，它的独立性是次要的东西；它过渡到世界通史里去。世界通史的事件显示出各个民族精神的辩证——世界的判断。

§. 549

这个运动对于精神的实质而言乃是解放的道路，乃是一种行为，绝对最后的世界目的而在它里面得到释放，而且那只是包摄着的精神达到意识与自我意识。所以它是它的最重要而完成了的本质之显示与现实，从而变为对于外面的观察来说是一种普遍性的精神——一个世界精神。由于这个发展是在时间里面而又在真实的存在里面，由于它是历史，它的各

① 德文 Das aüssere staatsrecht。

② 德文 Die Weltgeschichte。

个阶段,各个步骤都是民族精神,其中每一个作为单一的而为自然赋予以一种特别性格,都是注定只占住一个等第而完成在整个行为中之一个任务。

【说明】 历史有一个主要的实际的目的。从它的各种原理就出来了某些特征作为它的逻辑结果。这种预先假定被称为对历史的验前看法,而哲学就因为验前的历史写法而受到责难。关于这一点,并且关于一般的历史写法,必须详细地考虑这个意见。说起历史,尤其是世界史,是以一个主要的实际的目的为基础,而这个目的实际上而且将来是要在它里面实现的——这就是天命的计划。总而言之,说在历史中有理性,这种说法必须根据严格的哲学理由来决定,从而证明是本质上和事实上所必然的。只是当所假定的概念或思想是武断地采取的而且当断然地企图迫使事件与行动要和这种概念相符合时,预先假定这个目的才是应受责难的。然而现在这种验前处理历史的方法主要是由那些人负责,他们宣称纯粹是为着历史,而与此同时,趁着机会明显地大声疾呼反对讲哲理的习惯。首先是一般的讲哲理,进而是在历史中讲哲理。对他们来说,哲学是一个讨厌的邻居,因为哲学是和武断与轻率的提议为敌的。这种验前的历史写法有时从某些地方冒出来是最出人意料之外的,特别是在哲学方面,而且在德国多于在英国。可是在德国,写历史的技术,已经通过了纯洁的过程,达到更稳固更成熟的性格了。各种虚构,例如认为在上古时代与上古时代原始的阶段,就开始具有关于上帝正确的知识和一切的科学的人民——僧侣的种族;又有一种罗马的史诗,认为是流行为古罗马史的传说之来源的,诸如此类,已经替代了发现心理的动机和联想的那种合理的解释。有很大一派人好像认为一个有学问天才的历史学家的责任,是从原始材料虚构出种种的奇谈,而从奇特微不足道的事实的学问渣滓堆中,大胆形成奇谈的种种结合来反抗最可信的历史。

把历史的这种主观处理放在一边,我们就发现正和这相反的看法,是禁止我们把一种客观的意图投到历史中去的。这究竟是和像是更为合理的要求具有同一意义的。那要求就是历史学家应以不偏不倚的态度来进行工作。这常常而且特别是对于哲学史的一种要求:在哲学史中,人们坚持不应该有偏袒于一个观念或意见的任何成见,正如一个法官不应对于争执的一方有特别的同情一样。论到一个法官,如果他不是为着公道而且只为着公道,如果他不以此作为他的目的而且作为他的唯一的目的,或者如果他完全推诿作出判决,人们就同时认为他没有好好地而是愚蠢地履行他的职责。我们对于法官所要求的,可以称为对公道的偏爱;而把这和主观的偏心区别开来是没有困难的。但是谈到要求于历史学家的不偏不倚的态度时,这种自觉满意而毫无趣味的絮语是无视这种区别而是否认这两种利益的。他要求历史学家不得带着什么一定的目的和见解借以选出、叙述和批评史实,而只在如他发现它们那样,是在偶然的、不相连贯的、不可理解的特殊性上来叙述。可是至少得要承认,历史必有其对象,例如罗马与其兴衰,或罗马帝国的由繁盛而衰落便是罗马史的对象。但是无须多加思索便会发现,这就是在史事基础上的预先假定的目标,也是在研究它们时在比较重要的基础上的预定目标,然后判定史实和这个目标之间的距离究竟是远还是近。没有这种目的和这种批评的历史不过是一种低能的心理流浪,比神仙故事都不如,因为甚至儿童在故事上也希望有一种作为主题的东西,至少是模模糊糊可猜到的意图来把事件和动作联系在一起。

一个民族存在的实在目的就是要做一个国家且保存它自己为一个国家。没有国家组织的民族(只是一个总念),严格说来,就没有历史,像国家发生前存在着的一些民族和现在还在蒙昧状态存在着的其他民族一样。民族所遭遇的和民族里面所发生的,其重要意义都是和国家有关系的,而各个人的只是特殊性的东西,是离开历史的真正目的很远的。诚然,一个时代的一般精神在它的出色的个人之性格中留有它的痕迹,而甚至这些个人的特殊性也无非是集体的亮光仍然在那里以比较微弱的颜色出现于极远而暗淡的媒介物。其实,甚至微不足道的这类事情,一句话,都不是表达一种主观的特殊性,而是以惊人的肖像方式、短促的时间,表达一个时代、一个民族、一种文化,而选出这种小事就显出天才历史学家的能力。但是,另一方面,许多单个的事实只是琐碎的无用的一堆,如果只是将它们辛辛苦苦地堆积起来,便会把有真正历史价值的一些事物都淹没而且使之模糊了。在大的事件里总含有精神与其时代的主要特征。把特殊性东西的描写和无关大体的痕踪都驱逐到小说里去(例如斯各德的著名传奇小说等),这种企图是正确的本能,所描述的是生活中不重要的一方面,而把它和不重要的材料结合起来,这是很风雅的,所以传奇小说多取材于私人事件和主观的种种热情。但是,拿一个时代的个人琐碎的东西和时代中的人物,为着所谓一般真理而把它们编成一般意义的描绘,这就不但有伤大雅而且违反客观真理的原则。对于精神来说,唯一的真理是实质的在基础上的本质而不是外面存在与偶性的琐碎。所以这种无关大体的小事是否为文献所充分证实,或者像在传奇小说中只是虚构出来以符合于一个人物而把它归之于这个或那个名字与情景,这是完全无足轻重的事。

这里要提到一句,传记的有意义一点,看来好像是恰恰违反任何普遍性范围与目的的。但是传记也是以历史的世界作它的背景的,而个人是和这世界紧密地联结在一起的。即使纯粹的个人的创见,一时的兴致等,都暗示到那中心的实在,而它的意义是为那暗示所提高的。反之,只是情操的作用,它的根据和意义就不在于历史了。

对于哲学史(我们可以附加地说,对于首先是一般的宗教史,再则对于教会史)所要求的不偏不倚性,一般地说,是含有更确定的禁止,不得有任何客观目的的预先假定。既然国家乃是政治史中被判定为一切事件中作为标准的一点,同样地在这里,"真理"必须是精神的各种事实和事件所作为标准的对象。可是实际上所做的乃是预先假定与之相反的东西。将以宗教或哲学为对象的历史理解为只有主观的目的作为主题的,就是说,只有意见与观念,而不是一种本质的和实现了的对象如真理作为其主题的,而其借口只是没有什么真理。假定了这一点,对真理的同情就好像只是通常的一种偏见,对意见或只是观念的一种偏见,一切都同样没有什么实质在它里面,而都被看成是无足轻重的。这样一来,历史的真理就是正确性的意思——就是外面东西的正确报道。除关于这种正确的批评之外,毫无批评性的处理——而在正确的批评中只承认质与量的判断,而没有必然性或总结的判断(参上 §. 172、175 两节的说明)。但是,实际上,如果罗马或日耳曼帝国等是政治史的实际上和真正的对象,是种种现象要与之发生关系的目的,而且是以之为标准来加以判断的目的,那么在世界史中,真正的精神,对于它的意识和对于它的本质的意识,就在甚至更高程度上是一个真正和实在的对象与主题,是一切其他现象主要地和实际上所服从的一个目的。所以只有通过它们对这精神的关系,即通过它们包摄在它之下的判断,而它却内在于它们,它们才有它们的价值与存在。不只像笼罩在水面一样笼罩着历史,而且住在历史里面而单独作为历史的运动原理的,就是精神;而在那精神的道路上,自由,即精神的总念所决定的发展,就是主导的原理,而只有它的总念是自由的最后目的,就是说,是自由的真理,因为精神是意识。这样一种学说——或者用另一种话说,理性在历史时面——部分地至少将是一种说得过去的信念,而部分地则是哲学的识知。

§.550

精神的解放,在解放中精神进而觉悟到自己并且实现它的真理的和这样做的事情,乃是最高的权利,绝对的法律。某一特殊民族的自我意识乃是集体精神在其实际上存在的当时发展之一种传递物,它是那精神在其当时授与其意志的客观现实性。对于这绝对的意志,其他特殊性的自然意志是无权反抗的,那民族就横行于世界,可是普遍性的意志依然暂时认定它的所有物,像认定一个特别的等级那样,然后把它交给予命运与定数。

§.551

照着现实性这事情体现为一种动作的程度,因而照着它作为个人的工作的程度,这些个人以他们劳动的实在结果而论,都是工具,而他们的主观性,那是他们所特有的,就是活动的空洞形式。所以他们个人通过他们在实在的事情里面个人所参加的份子(不依靠他们而准备好或派定的)所获得的,乃是一种形式的普遍性或主观的心理观念——即名声,这就是他们的酬报。

§.552

自然的精神含有自然必然性,而且是在外面的实存里面的(参上§.423)。伦理的实质,潜在的无限,实际上是一种特殊被限制的实质(参上§.549、550两节);在它的主观方面,它是受偶性的限制,这偶性是取它的非反思自然的惯例这形状,而它的内容是以在时间中而连结于一个外面的自然和外部的世界存在着的东西而出现。然而(在这个道德的有机体里面思维的)精神对那在它的国家和国家的种种暂时利益里面,在法律和惯例的系统里面作为民族精神而依附于它的有限制是藐视的,而要把它吸收到自己里面来,并使它上升到理解自己在其本质性里面。然而这种理解还是有民族精神的内在被限制的性质的。但是在世界史里面,思维的精神,既同时剥掉各民族精神的那些限制,而它自己一时的限制就抓住它的具体普遍性,而上升到把绝对精神作为沉思理性在它里面享受自由的那个永远在实际上的真理来理解,而自然的必然性和历史的必然性,只服务于它的显示作为它的光荣的器皿。

在逻辑导论(参看§.51说明)中曾谈过精神上升到上帝那种严格上属于专门的一面。关于那上升的出发点,大体上康德所曾采用的是最正确的,因他把对上帝的信仰看成是从实践理性出来的,因为那出发点含有构成关于上帝的总念的内容之材料或内容。但是真正具体的材料既不是存在(如在宇宙证明中所说的),也不是只是计划的行动(如在物理神学证明中所说的),而是精神,其绝对特征与作用就是有效的理性,即自决定自实现的总念本身——即自由。这些考虑所提示的主观精神向上帝的上升又被康德贬为一条公准——只是一个"应该"——这是从前曾指出的有限性的对立本身,作为是真的而且有效的,平心静气地而且简单地再陈述出来的特别的曲解,而这有限性的对立被扬弃于真理之中就是那上升的本质。

关于如已在上面指出(参上§.192,又参看参上§.204说明)的那样,向上帝的那种上升所包含的"间接性",特别要注意的一点就是否定的"契机",通过它,出发点的主要内容便清洗了它的有限性而自由地出现。在逻辑形式处理中是抽象的这个因素现在就取得其最具体的解释。现在所从而出发的有限的东西,乃是实在伦理的自我意识。意识通过它而把它的精神提高到它的真理的那个否定,乃是在伦理世界实际上完成的清洗,是它的良心因而清除其主观意见,而它的意志因而从欲望的自私中解脱出来的那个清洗。真正的宗教和真正的宗教性只是从道德的生命而来:宗教乃是那生命上升到思维,即变为觉知到它的具体本质的自由普遍性。只有从道德的生命而且由道德的生命才看见上帝的理念是自由精神,所以在伦理的精神之外寻找真正宗教和宗教性是枉然的。

但是——正如一切思维过程那样——一个东西从另一个东西出来的这个发展,其意思乃是,表面上像是在后的,派生的,却是绝对先于它,像是它借以作为间接的、而就是这里在精神里面称为它的真理的东西。

所以这就是要更深入研究国家与宗教相互关系的地方,而在研究中阐明人所熟悉及关于这题目所流行的术语。从上面显而易见,道德生命乃是国家缩到它的内心和实质里去,而国家就是道德生命的组织与表达;显而易见,宗教就是道德生命本身与国家的实质本身。这样一来,国家是以伦理的情操为基础,而伦理情操又是以宗教情操为基础的。如果宗教是"绝对"真理的意识,那么凡可算为正义而公道的,凡可算为法律与责任的,即在自由意志世界中是真的,只在其参加到那真理里面去,包摄在真理之下而且在它的后果的限度内,才可作为这样看的。但是如果真正的道德生命是要作为宗教的后果,那么宗教就必定有真正的内容,就是说,它所知道的上帝观念必须是真正的实在的。伦理的生命乃是神圣的精神住在自我意识里面。这个自我意识从它的经验的现实性退回到自己身上来而把它的真理带到意识那里去,在它的信仰中和在它的良心中所有的只是它在它的精神现实性里有意识地保持的。这两者是不可分开的:不能有两种的良心,一种是宗教的,另一种是伦理的,而后者和前者在真理的实体和价值上是有所不同的。可是在形式上,就是说,对思想和知识而言——(而宗教与伦理生命是属于理智而且是属于一种思维与认识)——宗教真理的实体作为纯粹自维持的因而是最高的真理,对于在经验的现实性里的道德生命是有制裁力的。所以对自我意识来讲,宗教乃是道德生命与国家的"基础"。我们的时代最可怕的错误,就是企图把这些不可分离的东西看成是可以彼此分开的,甚至看成是互无关系的。人们关于宗教与国家的关系的看法是,国家有其自己的独立存在,从某种力量与权力而来,而宗教是后加的,作为巩固政治的保障也许是有好处的,他是纯粹个人中的主观的,不然的话,宗教则被看成一种东西,对国家的道德生命,即对它的以其自己的根据为基础的合理的法律与宪法,是毫无影响的。

既已指出上述两方面的不可分离性,再来看看在宗教方面所出现的分开,可能是值得的。这主要是形式的问题,即自我意识对于真理实体的态度问题。只要真理的这个实体是自我意识在其现实上的实质或住在里面的精神,那么自我意识在这个内容上就对自己有其确信而且是自由的。如果缺乏这个现存的自我意识,那么在形式上可能创造出一种精神上受奴役的情况,纵然宗教的本来的内容是绝对的精神。这个大的差别(引一个特别例子)在基督教本身也出现,纵然这里不是关于上帝的观念所体现的自然因素,而且虽然没有这类东西作为一个因素掺进基督教的中心教义和唯一的主题——即上帝是以灵、以真理为人所认识的——之中。然而在天主教中,一切真理的这个精神在现实上是坚强地和自我意识的精神相对立的。首先,上帝在"圣体中"对宗教的崇拜作为一种外在的东西出现。(在路德教会中,则正好与之相反,圣体本身不是先就分别为圣的,而是在领受的片刻中才分别为圣,那就是在其外在性被消灭时,而且是在信仰的动作中,即在自由的自我确定的精神里面。只有那时圣体才分别为圣而升高为现存的上帝。)从外在化那第一个且最高的地位就生出外在性其他每一个相——束缚的相,非精神性质的相,和迷信的相。结果是一种普通的信徒阶级从外面而且从一阶级接受它对神圣真理的知识,及其意志的和良心的指示——那另一阶级又不是在一种纯粹精神的方式上掌握那知识,而为了掌握那知识主要还需要一种外在的分别为圣的仪式。结果又引起非精神的祈祷式样——一部分只是口唇的单纯动作,一部分就是祈祷者放弃其直接向上帝说话的权利而祈求别人来做祷告——把他的虔诚投向能做出奇事的偶像、甚至死者,并从这些东西那里希望真有奇事做出来。一般说来,它导致人们认为靠外表的工作便可得称为义,可以从行动便获得功劳,而且这功劳甚至可以转移给别人。这一切把精神束缚在外在化的东西之下,因而精神的意义在其源头上已被歪曲而且误解了,而法律与公道,道德与良心,责任与本分都在其根本上腐败了。

与精神束缚这条原理及其在宗教生活中这些现实应用相一致,在立法与宪法的系统中也应该有法律与道德的束缚,因此,针对政治生活中无法无天违反道德的状态,人们曾大声称颂天主教而且还常常称颂它——作为唯一能保证政府稳定性的宗教——在逻辑上是完全合理的。但是实际上这只是适用于以精神的奴役为基础的制度相结合的一些政府(那精神是应该有法律和道德的自由的),那些制度就是指那些体现不公道的制度，而且与之相结合的政府还有其社会在道德上腐败而野蛮的情况。但是这些政府不觉知到它们在狂热中有一种可怕的力量，这力量不起来与它们为敌，只是在它们中而且只是在这条件下，它一直沉埋在不公道和不道德的奴役之中。但是在精神中有一种极不相同的能力可以和假宗教所引起的外在化与分割相反对。精神把自己集合起来成为它的内部自由的现实性。哲学在各政府和各民族的精神中唤起智慧来洞察在实在世界中什么是本质上和实际上是对的和合理的。在特别的意义上将思维这些成果的哲学称为世界的智慧①是可以的，因为思维使精神的真理成为一种实际上的现存，领导它进入实在的世界中去，而在它的现实性中和在它自己里面，这样就使它得以解放。

这样变为自由的之后，宗教的内容就现出很不同的另一形状。只要形式，就是说我们的意识和主观性，缺乏自由，其必然的结果就是把自我意识看成不是内在于宗教所体现的伦理原则里面，而把这些原则放得远远的，好像它们只作为否定现实的自我意识才有其真正的存在。在这种非实在性里，伦理的内容就有神圣的名称。但是神圣的精神一经把自己引入现实性中去之后，现实性便把自己向精神解放，那么在世界中是神圣的公准的东西就为道德生命的现实性所替代。婚姻已替代了贞节而列为伦理的关系，因而家庭就列为人性方面的最崇高的体现。再也不谈什么安贫的许愿（这与那种认为凡施舍济贫，即凡使穷人富有才是功德的说法构成矛盾），而有了关于通过一个人的聪明与勤恳以行动而获得财富的告诫——总而言之，有了在社会经济范围中的道德生命，而再也不谈什么服从的许愿。而有了真正宗教赞许对法律和对国家法律施舍的服从——这种服从本身就是真正的自由，因为国家是属于自己、实现自己的理性——总而言之，有了在国家中的道德生命。这样，而且只有这样，法律与道德才能存在。“该撒的东西归于该撒，上帝的东西归于上帝”②这条宗教的告诫不够了：问题是要决定什么是该撒的东西，什么是属于世俗的权力的。尽人皆知，世俗的权力和教会的权力一样，认为几乎一切都属于它自

① 德文 Weltweisheit。

② 即“凯撒的东西归于凯撒，上帝的东西归于上帝”。——整理者注

己的。神圣的精神必须渗透整个世俗的生命，因而智慧在它里面是具体的，而且具有自己辩护的条件。但是那具体的内在只是上面所讲的伦理组织。它就是婚姻的道德而不是独身主义的神圣——它是经济和工业的道德而不是安贫和懒惰的神圣——它是忠于国家法律的服从而不是没有法律、没有职责，良心受着奴役的一种服从之神圣。越来越需要法律与道德，越来越感到精神的必须自由，于是精神和不自由的宗教就冲突起来了。一天不丢弃宗教中的不自由原则，组织政治法律与设施在公平与合理的原则上是没用的。自由的国家和奴役性的宗教是不能并立的。认为可以试图把它们分派到分开的范围中去，以为不同的性质的双方可以彼此之间维持一种平静的态度而不破裂为矛盾与斗争，这是一种愚蠢的想法。只要在智能中的原理，错看了宗教以至于认识不到理性的准则在包摄于“绝对”真理的意识之下，实际上在宗教的良心中有其最后而最高的制裁，公民的自由各原则便只能是抽象而在表面上的。而政治的制度从这些原则演绎出来的，如果孤立地看，必然是不能维持的。让我们假定，甚至不管怎样，一个法典成立，比方说是验前的，在理性的原则的基础上，和基于精神上不自由的国立宗教相矛盾；然而执行法律的职责是在政府的个别成员和行政干部中各种各类的人手中，我们以抽象的空洞的假定来欺骗自己，认为个别的人只按照法律的词句或意思，而不是按照他们心里深处的良心和最高的责任所在的宗教精神来行动，那是枉然的。和宗教宣称为神圣的对立起来，法律看来是人手所制定的东西：纵然有刑罚的支持而从外面引入，法典仍然不能持久地抵抗宗教精神的矛盾与攻击。这种法律，纵然它们的种种规定都是合理的，是以良心为基础的，而良心的精神不同于法律的精神而且不肯赞同法律的。试图变更政治的宪法和法典而不改变宗教以变更一种腐败的道德组织，这无非是现代的愚蠢，——这种试图就是没有宗教的改革而想有政治的革命，认为与旧宗教对立的政治宪法能够和这旧宗教与其种种制裁方式和平共处，而且认为法律由外面的保证，例如所谓“议会两院制”和授予两院以决定预算权等(参上§.544说明)，可以得到稳定。充其量，这也不过是一时的权宜之举——只是当要深入到宗教精神的深处而把那精神提高到它的真理上去——要把法律与公道从宗教分开，显然是太大的一个工作的时候，才有这权宜之举的。和负有法律行政责任的人们之良心对比，那些保证无非是腐朽的提防——这一些保证也是包括在法律之内的。想要把宗教的良心拘束而服从于世俗的法典，而按良心来讲，人为的法律只能是亵渎的东西，所以这种想法其实是矛盾的顶点和亵渎。

柏拉图早已清楚地开始有这种认识，在他那里当时已有这条鸿沟把国立的宗教和政治的体系，一方面从那些更深刻的要求分割开来，而另一方面，已经认识到其内部生命的自由对宗教和政治又会作出这些要求。柏拉图抓住这个思想，认为一个真正的政体和一种健全的政治生命必须有其更深刻的基础在理念上面，——在永恒的正义之本质的现实的普遍和真正的原理上面，而看见并确定这些原理是什么当然就是哲学的任务与事情。柏拉图是从这个观点高谈出那著名的或者说人所皆知的一段文章的，在那里面他借苏格拉底的口吻强调地说明哲学与政权必须重合，只有理念成为统治者，民族的灾难才有终止之一日。柏拉图所这样明确地摆在他的心眼面前的就是理念——其实含蕴上就是自由的自决定的思想——除在一个思想的形式外，是不能进到意识中来的；只有当它提出来作为一种普遍性的东西，而且以这形式在其最抽象的形式上带到意识上来，思想的实质才能是真的。

要把柏拉图那么明确的立场和国家与宗教在这里被人们所看成的相互关系那个观点来比较，就必须回想到作为其一切分歧的转折点的观念差别。第一种差别就是在自然的东西里面，它们的实质或者说类，是不同于那实质在其里面作为主体的存在；其次，这个主观的类之存在又有别于它当特别突出作为类，或者简单地说，作为在一个心理的概念或观念里面的普遍性的东西时，所得到的存在。这个另外的“个别性”——普遍性的和基础上的原理自由地而明白地在其上面存在的土壤——乃是理智的思维的自我。在自然的东西的情况下，它们的真理与真实性不是通过它们自己而得到普遍性和本质性的形式的，而它们的“个别性”本身不是形式，形式只在主观的思维中才能发现，而哲学就是在主观思维里给那普遍性的真理与真实性以其自己的存在。在人的情况下则不同：他的真理与真实性乃是自由精神本身，而且是在他的自我意识中成为存在的。人的这个绝对核心——原本是具体的精神——恰恰就是这个——有这形式（有思维)本身作为一种内容。亚里士多德在他的思想的圆满实现(这就是——理性的理性)这个总念中就上升到这原理的思维意识的高点,这样便超过柏拉图的理念(类,或者说本质的存在)。但是思想总是——而那恰恰就是由于这条原理——含有主观性的直接自生存,不亚于它含有普遍性;原本具体精神的真正理念本质上属于它的条件之一(主观的意识),正如属于其另一条件(普遍性)一样,而且在一个条件里正如在另一个里面一样,它同时是实质的内容。然而属于主观形式的有感觉、直觉、图画式的复现表象;其实以时间而论,绝对理念的意识必然是应该在这个形式上首先达到并得到理解的,换句话来讲,它必须在其直接的真实性中存在为宗教,早于它存在为哲学。哲学是从这基础上的更高层次上才发展出来的(正如希腊哲学本身是后于希腊的宗教一样),而且事实上它达到完备是靠抓住那首先在宗教中表现出来的精神那条原理而且在它一切的本质性上理解它。可是希腊哲学只能在反对希腊宗教的前提下而成立,思想和理念的实质性的统一,对于想象的多神教和对于多神教的有诗意创造之带有愉快而好儿戏的心情,是不得不采取一种敌对的态度的。形式在其无穷的真理上,精神的主观性,始初只作为一种主观的自由思维而发出,这思维还没有和实质性本身同一起来——因之这在基础上的原理还没有作为绝对精神而被理解。因之看来宗教好像始初是只通过哲学才得到纯洁,——通过纯粹的自存在的思想而得到纯洁,但是遍及这条在基础上的原理之形式——哲学所攻击的形式——原是那创造性的想象。

同样从宗教发展出来却较早于哲学的政治权力则表示一种片面性,在现实世界中可能感染了它的原来是真的理念,成为道德的颓败的源泉。柏拉图和他所有同时代的思想家一样,看出这民主政治中道德的颓败和甚至它的原理之缺点,他因而把国家在基础上的原理显著地摆出来,但是不能把他还没理解到的主观性的无穷形式加进他对于国家的观念里面去,因之他的国家,按其所表示的,是缺乏主观的自由的(参上§.503说明,§.515等)。由于这些理由,他对于应该内在于国家的真理,只抓住思维出的真理的形式,哲学的形式,因而他就作出这个说法:“只要哲学家们不统治国家,或者现在称为君主与执政的人不是健康地全面地进行哲学思维,人们的国家或种族是不能从罪恶中解放出来的,——政治机构的观念是落后于其可能性而看不到天日的。”柏拉图没有什么可以保证他进一步指出:只要真正的宗教不在世上兴起并统治政治生命,国家的真正原理就还没有变为现实性。但是还有,只要这原理甚至不能在思维中出现,思维也就不能抓住国家的真正观念,——不能抓住实在的道德生命观念,和这观念一个独立自我意识的自由实现同一。只有在觉知到它自己的本质的精神的原理中,在原来就是在绝对自由中而在自我解放的行动里面有其现实性的精神原理之中,绝对的可能性和必然性才对政治权力、对宗教和对于重合为一的哲学原理而存在,并且完成一般的现实性与精神的调和,完成国家与宗教的良心与哲学的意识之调和。自实现的主观性在这种情况下,是绝对和实质的普遍性同一的。所以宗教本身和国家本身——两者都是原理在其中存在的形式——各含有纯粹的真理,所以真理在其哲学这一状态上究竟只是它的形式之一种。但是甚至宗教当它成长与壮大时,也让人类的理念的其他方面成长与壮大(参上 §. 500 以后各节),因之当它掉在后面,还在这开头的、直接的,因而又是片面的方式上,宗教可能,或者应该说*必须*,在其实存上像是堕落于感性的外在性。而这样一来,结果就变为一种压迫精神的自由,败坏政治生命的影响。然而这原理在它里面仍有“绝对”形式的无穷“伸缩性”,而因之能克服形式确定的败坏力(和以这些方法败坏内容的力量)而导致精神在其自己里面的调和。这样最后在反抗天主教的良心里,宗教的和伦理的良心之两种原理就变为同一而无分别的了。自由精神渐渐在它的合理性与真理中看见自己。在反天主教的国家中,宪法与法典,以及它们的各种应用,都体现道德生命的原理与发展,而道德生命是从宗教的真理出来而且只能从宗教的真理出来。这是宗教在其原来的原理上,重新得到说明的时候,因而也正是作为重述的宗教第一次变为现实的时候。这样,国家的道德生命和国家的宗教的精神性就互为其力量的保证了。

第三部分　绝对的精神[①]

§.553

精神的总念在精神中有其实在性。如果和那总念同一的这个实在性要作为绝对理念的意识而存在,那么必然的一面就是原本自由的理智得要在其现实性上相对于总念得到解放。如果那现实性是要配作它的一种器皿的话,主观的精神和客观的精神则是要被看成实在性或存在这一相上升到成熟的道路。

§.554

绝对精神,它一方面是以自我为中心的同一性,却总是回到自己中来而且不断回到自己中来的同一性。如果它是唯一的普遍性的实质,则它是作为一个精神才如此的,是看出自己为一个自我和一个意识的,而它就是意识的实质。

这个最高的领域一般可称为宗教。如果一方面它要作为从主体出来而在主体中有其住处的东西而被研究,就必须同样地被看成是客观地从绝对精神出来,而绝对精神作为精神是与之感通的。

【说明】 在这里,如同在其他各处一样,信念或信仰不是和意识或知识相对立,而只和一种的知识相对立,而且信念只是后者的一种形式,这一点已经谈过了(参上§.63说明)。如果现时关于上帝的意识只是这么少,而且这么少考虑到上帝的客观本质,而人们更多谈到的是宗教的主观方面,即上帝内在于我们里面,并且如果是那样而不是真理本身所需要的——在这里至少有这正确的原理,就是上帝必须在其感通中作为精神来体会。

§.555

对于绝对精神的主观意识,本质上和原本上是一个过程。它的直接的实质的统一乃是相信精神的见证是客观真理的确实性。信念,同时是

① 德文 Der absolute Geist。

这个直接的统一而又包含着它作为这些不同的项目的一种相互依赖，在皈依中——即崇拜的不明显或明显的行动（宗教仪式）中——过渡为替代了这相对立两面的一种过程，直至它变为精神的解放，一种过程以这种居中调解来证实那开头的确实性，而获得它的具体确定，即调和，这便是精神的现实性。

一、艺术

§.556

当绝对的这个意识第一次有其形状时，它的直接性便在艺术中产生有限性这因素。那就是一方面它分解成为外在共同实在的一种工作，成为产生那工作的主体，而且是沉思与崇拜工作的主体。但是另一方面，它是理想而为原本是绝对精神的具体沉思与心理的图画，在这个理想中，或者说在主观精神所产生的具体形状中，只是理念的一个符号的它那个自然的直接性，为赋予活力的精神改变其具体形状使之表达理念，而形状就显示理念而且单只显示它：这就是美的形状或形式。

§.557

依附于美的东西的感性外在性——直接性的形式本身——同时又限制它所体现的：而（艺术的）上帝和他的精神性同时在一起，有一种自然的媒介或存在的自然之一个相的烙印在他的身上——他含有所谓自然与精神的统一——就是说，直接地统一在感性的直观形式里——所以并不是精神的统一，该自然的东西只是作为"理想"，作为在精神中被替代了的东西被放进去的，而精神的内容只在自我关系里面，进入这个意识中去的并不是绝对的精神。在主观方面，感性当然有伦理的生命，照事实来说是觉知它的本质的精神性的：而它的自我意识与现实性是在它里面提高到实质的自由的。但是由于带有直接性的烙印在它身上，主体的自由只是生命的方式而没有无穷的自反思和良心的主观内部性。这些考虑在进一步的发展中就支配着美术的宗教中之皈依与崇拜。

§.558

为着所要产生的沉思对象，艺术所需要的不只是一种外在的所与的材料——(主观的,意象与观念包括在内)——而且为着精神真理的表达还必须有一种意义来使用所与的自然形式,而这意义是艺术所必须推测出来并掌握的(参考§.411)。在一切这样的形式中,人类的形式是最高尚的而且是真的,因为只有在这种形式里,精神才能有其形体,因而有其可见的表达。

这就处理了艺术中自然模仿的原则:关于这点,当一个区别还是这样抽象时,是无法取得一致的,——换句话说,只要自然的只在其外在性上理解而不作为对精神有意义的"特征的"有意思的自然形式来理解,是无法取得一致的。

§.559

在这样的各单一形状中,"绝对精神"是不能成为明白的显现:所以在艺术中和对于艺术来说,精神乃是一个被限定的自然精神,它的原本的普遍性,当没法详细说明其丰富内容时,就拆开为一种不确定的多神教。带着内容的本质上的被限制性,美一般地说——不能越过精神原理对于所见或意象的洞察——是形式上的东西,因之所体现的思想或观念,像它所用来工作的材料那样,可能是集其各种各样而且不是本质的东西之大成,然而所做出的可能是美的东西而且是艺术的作品。

§.560

理想方面直接性的片面性含有对立面的片面性(参上§.556)。在艺术家所做出的东西中,主体或作者的行动只是技术的活动:艺术的作品所以只是那个神的表达,当它里面没有主观特殊性的记号的时候,内在精神的净能就受孕而生出在世上,毫无掺杂,不为偶然性所玷染。但是由于自由只达到有思想的地方,为这个内在能力的满量所鼓舞的行动,艺术家的热情所鼓舞的行动,是像外来的势力一样,他是为其所束缚而被动的;艺术成品在它的方面有着自然直接性的形式,属于艺术家的天才或者说特殊禀受的——而同时又是一种有关于技术的聪明和力学的外在性的工作。所以艺术的成品是由于自由选择而来的,而艺术家是神的主人。

§.561

在这样受着鼓舞的工作中,在其始初的阶段,调和像是这么明显,它毫不费力地就在主观的自我意识之中成功了,这自我意识所以是满怀自信心和愉快的，并无深度而且毫不感觉到它和绝对本质的对立。在进一步完成那方面工作时(例如在古典艺术的美里面，这种调和便达到这样的境界)就有绝顶的艺术——象征的艺术产生出来，其中适合于理念的形状还没有找着，而思想在其发出与形状挣扎的时候就显出作为形状的一种否定态度，可是一直是力求把自己成功地体现在形状里面的。这样，意义或者说主题证明它还没有达到无限的形式，还不是已知的，还没有意识到自己就是自由精神。艺术家的主题只作为纯粹思想的抽象神，或者作为向这神的努力——是一种不能休息不受制止的努力，把自己投入一个又一个的形状里，枉然地试图找到它的目标。

§.562

在另一方式上，理念和它们所出现的感性形状是不一致的；而那就是无限的形式，即主观性，不像在第一个极端里那样，只是一种肤浅的人格，而是它内部的深处，神确在那里不只是在寻找它的形式或者想在一种外在的形式里满足自己，而只在自己里面找着自己，只在精神世界中这样来给自己以适当的形状。浪漫派的艺术放弃把神作为神在外在形式中用来显示出神的那种工作：这种艺术把神只作为屈己来出现而表现它，而作为人心的内心的神在一种外在性里来表现它，而这样神总是要脱离外在性的。这样一来，外在的在这里就能作为对于它的意义为偶性的而出现。

【说明】 宗教哲学是要在称为绝对的存在借以取得更圆满而且更牢固的特征的那过程里，发现其逻辑的必然性；它要指出某一种宗教崇拜仪式是相当于什么特殊的特征的——它要看到世俗的自我意识，人的最高使命是那种什么意识。总而言之，一个民族的道德生命，它的法律的原理，它的现实上的自由，和它的宪法，以及它的艺术与科学的原理，这一切是怎样和构成一种宗教的实质相应的。这一切作为一个民族现实性的因素构成一个有系统的总体，有一个精神创造它们使它们赋有活力，这是一个真理，从而另得到一个真理，就是各宗教的历史是和世界史重合的。

关于艺术和各种各样的宗教之间的密切联系，我们可以特别指出，美术只能属于在其里面的精神原理，虽然是具体的而且原本自由的，然而还不是绝对的那些宗教。在一些宗教里，理念还没有在其自由的性格上显示出来而为人所知道，虽然感觉到追求艺术，来把最高存在的观念，在想象的可见性上，带到意识上来，而且虽然艺术是唯一的机关，在其里面抽象的而根本不清楚的内容，从自然和精神的种种根源而来的掺杂，能试图把自己带到意识上来——然而这种艺术仍是有缺陷的；它的形式有缺陷，因为它的题材与主题是有缺陷的，——因为题材中的缺陷是由于形式不是内在于它而来的。这种象征艺术的描画总是有某种无趣味与愚钝的性质——因为它所体现的原理本身是愚钝而无趣味的，因而不能自由地把外在的变为意义与形状。反之，美术有自由精神的自我意识为其条件，——这是种意识，自然的和感性的和它相比是没有自己的地位的。它把自然的完全都变成为精神的表达，这样精神就是只替自己表达的内面形式。

但是当我们进一步而更深入地研究时，我们就看到艺术的到来，还在感性外在物的束缚中的宗教里，证明这样的宗教是在衰退的。正在它好像给宗教以崇高的赞美、表达和光辉时，它已把这宗教提到越过它的限度。在艺术作品能够给它以表达的最高神圣里，艺术天才与看的人是觉得安适的，他们的个人感觉与感情是得到满足和解放的。对于他们来讲，自由精神的视觉与意识有了保证并达到了。美术从它的方面，就这样像哲学一样，完成同一的任务：它把精神从它的束缚中纯洁出来。美术的要求，也正为那缘故，第一次产生美术的古老宗教，在其原理上仰望一种感性的无意思的来世。这种宗教的皈依者所崇拜的“像”乃是可怕的偶像，看成是能行奇迹的咒符，指向着那来世的非精神的客观性，而死骨头比这样的偶像能做同样的甚至更大的事情。但是甚至美术也只是解放的一个等级而不是最高解放本身。——真正的客观性，那只是在思想的媒介里面的，只在思想的媒介里，纯粹精神才是为精神的，而在那里，解放是有虔敬伴随着的——真正的客观性在艺术作品的感性美里面还没有出现，在那外在的非美的感性里面更是不存在的。

§.563

美术，像它特有的宗教一样，它的将来是在真的宗教理念的受限制的价值中完全地、自然地过渡到和无限形式同一的普遍性——意识在其里面得要依靠五官的视觉过渡到自为媒介的知识里去，过渡到本身就是知识的存在里去——过渡到启示里去。这样，给理念以其内容的原理就是它体现自由理智,而作为"绝对"精神,它是为精神的。

二、启示的宗教[①]

§.564

本质上在宗教的总念里面——即其内容是绝对精神的宗教——它是要启示的,不但如此,它是要为上帝所启示的。知识(实质借以为精神的原理)乃是一条自确定的原理,作为无限的自实现的形式——所以它完全是显示。精神是精神只在它是为精神的限度内,而在绝对的宗教里,它是绝对的精神,所显示的再不是它的存在的抽象因素而是它自己。

【说明】 由于人类生命片面观察而来的报应的旧看法,把神的性和它在世上的行动只作为一种拉平的力量,把一切崇高伟大的打得粉碎,——柏拉图和亚里士多德用上帝不是忌妒的这教义来反对它。对于现代的那种说人不能确定上帝的说法,也可以予以同样的答复。这些说法(它们不过是一种说法)更为不合逻辑,因为是在明明称为启示的宗教以内说出的;因为按照这些说法,毋宁就是这种宗教,在它里面,毫没有关于上帝的启示,上帝没有启示自己,而属于这种宗教的人都是"不认识上帝"的异教人。如果在宗教里,上帝的话是严肃理解的话,只有从他,这个宗教的主题与中心那里,神圣知识的方法才可以而且必须开始。而且如果不肯让他有自启示,那么,剩下来构成他的性质的东西便只能是以忌妒归之于他。可是显然地,如果精神这词是有意思的话,它是意味着他的启示的。

如果我们回忆一下,关于神的精神的知识对于不满意于信仰的平常叙述而进行到思维的人是如何复杂——起初只是"作出合理解释的"反思,后来就不得不有思辨的理解,几乎要使人奇怪,有这么多人,尤其其职责是要处理这些理念的神学家们,曾企图欢欢喜喜地接受任何向他们提出来作为神的精神的知识的东西而就算了事。回避责任最好的方法莫过于采取这一结论,说人对于上帝是一无所知的。想要知道上帝作为精神

① 德文 Die geoffenbarte Religion。

是什么——在思想中正确地而清楚地了解这点——需要仔细而彻底的思辨。在其最前线，它包括有这些命题：上帝是上帝只是因为他认识自己；其次，他的自我知识乃是他在人里面的自我意识和人关于上帝的知识，而这知识又进而达到人在上帝里面的自我知识。要参考这些命题所以引用出来的著作里面关于这些命题的渊博解释，可去读一读 C. F. G① 著的《关于知识或无知的格言》第一卷，1829 年柏林出版。

§.565

当形状和知识的直接性与感性的性质被废弃之后，上帝在内容上就是自然与精神的主要的和现实的精神，而在形式上他首先对于意识就作为一个心理的表象而出现。这个半图画式的表象，一方面使他的内容诸因素有一个独自的存在，使它们互为假定，使它们成为一个跟着一个的现象；它使它们的关系成为属于有限的反思范畴的一系列事件。但是另一方面，有限的表象情况，在体会一个精神的信仰中和在崇拜的虔敬中，都被压倒并被替代了。

§.566

在这种分离中，形式就从内容分开，而在形式中总念的不同作用就分开而为种种特别的范围与媒介物，在每一个之中绝对精神都显示自己：

(α)作为永恒的内容，甚至在它的显示中也一直是以自己为中心的。

(β)作为永恒的本质不同于其显示，显示于是就变为内容加进去的现象世界。

(γ)作为它丢弃的世界之无限形式和与那永恒实质的调和——所谓丢弃的世界乃是永恒的从现象的退出到它的满量之统一里去。

§.567

(α)在普遍性——即纯粹思想范围或者说本质的抽象媒介——的“契机”之下，它因而就是绝对精神，那是首先的预先假定原理，然而不是漠不

---

① 即 Carl Friedrich Göschel（卡·弗·格舍尔）：Aphorismus über Nicht-wissen und absolutes Wissen im Verhältnisse zur christlichen Glaubenserkenntinis, Ein Beitrag zum Verstandnisse der Philosophie unserer Zeit。杨祖陶先生译为《关于与基督教信仰知识有关的不知和绝对的知的箴言，论对我们时代哲学的理解》。参看中译本《精神哲学——哲学全书·第三部分》，北京：人民出版社，2006 年，第 379 页。——整理者注

关心、毫无动作的，而(作为在反思的因果性范畴之下)是天地的创造者。然而在这永恒范围内只自己生出为他的儿子，他虽然与之不同，却仍然一直是在原来的同一性之中——正如又一次他从普遍性的本质出来的分化中永恒地丢弃自己，而虽然有自己丢弃自己的间接作用的间接，但首先的实质，本质上，乃是具体的个别性和主观性——乃是精神。

§.568

(β)在特殊性的“契机”之下，或者说在判断之下，它是这个预先假定的具体永恒存在。它的运动就是现象世界的创造。永恒间接作用的“契机”——独生子的间接作用的契机——把自己分开为两个分别世界的对立。一方面有天与地，即基本的具体的自然，——另一方面，则是和这自然在作用与反作用关系上的精神，这精神因之是有限的。那精神，作为内在否定性的极端完成其独立直至它变为罪恶，而通过它和一个对立的自然构成那个极端，而且又是通过它自己的自然性因而赋予自然以其自然性的。可是，在那自然性之中，当它思维时，它是指向着永恒的，虽然由于那缘故，它对之是在一个外在的联系上的。

§.569

(γ)在个别性本身这“契机”之下，——即在主观性与总念本身之下，在这里面普遍性的和特殊性的之对立下降到它的同一根据上，预先假定的地位(1)就为普遍性的实质所替代，这普遍性的实质是从它的抽象作用现实化为一种个别的自我意识的。这个个体，他本身是和本质同一的——(在永恒的范围里他称为儿子)——就移植到时间的世界中来，而在他里面罪恶是绝对地被克服了的。不但如此，这个直接的、因而是感性的绝对具体的之实在存在，是被描写为受到审判而在否定性的痛苦中死了的，他在否定性中作为无穷的主观性保持自己不变，而这样作为绝对就从那否定性归回而作为普遍性和个别性的本质性之普遍性统一，实现其实质作为精神的观念，永恒的然而是活生生的，而存在于世界里面。

§.570

(2)精神的理念的神人之这个客观总体，就是单个主体的有限直接性的本来预先假定。所以对于这样的主体来说，它起初是一个他，一个沉思的所见之对象，——可是原本真理的所见，通过它而有在他里面的精神之见证,他由于他的直接性性质,起初是把自己描写为不算什么而罪恶的。但是,其次,随着他的真理的榜样,借助于依靠的和个别性的本质之统一(原来就已在那榜样中完成了的)的信仰,他又是一个运动,把他的直接性抛弃掉,把他的自然人和自我意志抛弃掉,使自己在否定性的痛苦中和那榜样结合而为统一(那榜样就是他的本来生命),因而认识自己是和本质的存在成为一个的。这样存在的存在(3)通过这间接作用就能有它自己的内在于自我意识,而且一切在一切中的本质的自维持的精神之现实存在。

§.571

这三个三段论式中,构成精神绝对自间接作用的一个三段论式的,乃是那个精神的启示,那个精神的生命在图画式的思想中体现为一些具体形状的循环。从它这里开始分开为各部分,有其时间与外在的先后次序,间接作用的展开就把它自紧缩为这个结果——在那里,精神和自己结合而为统一——不但对于信仰与虔敬的感情是如此,而且甚至对于思维也是如此。在思想的内在简单性中,这展开仍有其扩张,可是一直被认识为普遍性的,简单而永恒的精神在其自己里面有着不可见的首尾一贯。在真理的这个形式上,真理就是哲学的对象。

【说明】 如果这结果——在其里面一切间接作用已丢弃了自己的实现了的精神——只在一种形式上、无内容的意义上来理解,以致精神不是同时被认识为本来存在而客观上自己展出的,那么那无限的主观性便只是形式上的自己的意识,在自己里面认识自己为绝对的,——那便是讥讽。讥讽,它能把任何客观实在变为毫无价值而又虚空的,本身也就是一无所有、虚空的,从它自己,因而偶然地或由自己的高兴,给自己以方向和内容,一直能控制它,而不为它所束缚,——而说它站在宗教与哲学的顶峰,毋宁说就是退回到虚空与任性那里去。只有按照纯粹的无限的形式,以它自己为中心,按比例把它在其里面所具有的思想的虚空的主观性之片面性抛弃掉,它才是有其同时是本质的现实的内容,而且有那内容作为它在其里面又是自由的对象的那个无限的特征。到此为止,思维还只是绝对内容形式上之一面。

三、哲　学

§.572

这门科学乃是艺术与宗教的统一。由于艺术的视觉方法,形式上是外在的,不过是主观的生产把实质的内容打碎为许多分开的形状,而又由于宗教有其各部分的分开,是把它敞开为心理的图画,并将所敞开的图画加以调和;哲学不但把它们保持在一起来作成一个总体,而且甚至把它们合成为简单的精神的光景,然后在那里面把它们提高到自意识的思维。这样的意识因此是(思维所承认的)艺术与宗教的理性的统一,其中在内容中的不同因素是识知为必然的,而这个必然便是自由。

§.573

这样,哲学以识知绝对图画式的观念内容里的必然性,而且又以识知两形式里的必然性为其自己的特征——一方面是直接性的所见,以及诗歌和表象所预先假定的客观与外在的启示——另一方面有首先主观的向内退回,然后信仰的主观运动与其最后和所假定的对象之同一。因之这个识知是这个内容与其形式的承认;它是从形式的片面性下的解放,它们从此提高到绝对形式,这绝对形式对内容的确定,仍然和它同一,而在那里面是那本质的现实的必然性之识知。哲学就是这个运动,它发现自己已是完成了的,当其在结束时它抓住它自己的总念——就是说,它回头看它的知识。

【说明】 这里像是要以明确的阐述来处理哲学与宗教的相互关系的地方。整个问题完全以思辨思维的种种形式和心理表象与“反思的”智力的种种形式的差别为其转折点。可是哲学的整个循环,特别是逻辑的整个循环,不只是说明而叫人知道这个差别,而且批评它,或者应该说让它的性质发展而以这些范畴本身来判别它。只有靠一种顿悟到这些形式的价值才能获得宗教与哲学的内容是一样的这种真正而必需的深信——当然是把那在宗教范围以外的外在自然与有限的精神之更详细的节目放在一边。但是宗教乃是为一切人的真理:信仰以精神的见证为基础,而精神在作见证时乃是在人里面的精神。这种见证——在整个人类里的基础上的本质——当不得不阐明其自己时,其起初的明确形式乃是那些思维所形成的习惯,这些习惯也是人的世俗意识与智力所使用的。这样一来,真理就变成为可能受到一般有限性的种种限制与条件。这个并不妨碍精神甚至在使用思维的感性观念与有限的范畴时,通过违背它们,对它们不一致行动的坚持性以保留其内容(那内容作为宗教本质上是思辨的)。通过这个不一致性,它就纠正它们的偏差。所以对于"理性主义者"而言,最容易的,是指出在信仰的阐述中的种种矛盾,从而为它的形式同一性原理准备胜利。如果精神向这个有限的反思让步,而这种有限的反思僭取了理性与哲学的称号——理性主义——它就剥夺了宗教真理的无限性而实际上使它成为无了。在那种情况下,宗教为保卫自己,将这样的理性和哲学视为仇敌,是完全正确的。但是当宗教反对了解的理性,反对一般的哲学,尤其是反对其学说是思辨的,因而是宗教的哲学,那就是另一回事了。这种对立的由来是由于不能体会到所指出的差别和一般的精神形式,特别是逻辑的形式;或者说得更准确一点,对立的由来是由于仍然不能注意到可能在两者之中是同样的内容而这些形式却大有差别。宗教方面的人责难与谴责哲学是以形式为其根据的;正如反转过来,它的思辨内容曾经从一种自称为哲学的东西那里带给它同样的改变——而从一种没气力的正宗所带来的也是如此。对于前者,它里面太少涉及上帝,而对于后者则过多地涉及上帝。

一向常用来反对哲学,说它是无神论的这种非难(说哲学涉及上帝太少)已渐渐少见了;说哲学是泛神论,而说它过多涉及上帝,越来越普遍了。到了这个地步,人家的看法便是,与其说它是一种转嫁,毋宁说它是已证明的事实,或者是毋须证明的绝对事实。虔诚尤其是如此。它带着自高自大的虔诚气派,以为它自己尽可不用证明,就和空洞的理性主义携手——理性主义本来是极其反对虔诚的,虽然实际上两者同是安于同样的心理习惯的——来作出任性的说法,几乎好像它只提到一个人所周知的事实,说哲学乃是一切都是一的这种学说,就是泛神论。必须要说,当虔诚与神学非难一种哲学体系(例如斯宾诺莎的哲学)说它是无神论而不是泛神论时,虽然前者突然一看像是更为无情,更为阴险(参上§.71说明),而这种非难对虔诚与神学是更有光彩的。以无神论归之于一种学说是预先有了一个圆满而实在的上帝之明确观念,而这样看法的由来是因流行的观念在哲学的总括中看不出来它所依附的特别形式。其实哲学在宗教的意识之各范畴中能认识到它自己的种种形式,而且认识到它自己的教义在宗教的教义里——所以它是并不轻视宗教的教义的。但是反面并不是真的:宗教的意识并不以思维的批评加之自己,并不理解自己,因而照事实来说,它是排他的。硬把泛神论而不把无神论归之于哲学乃是近代心理习惯的一部分——新虔诚与新神学的一部分。对它们来讲,哲学涉及上帝的太多了,多到这地步,如果我们都相信的话,它是说上帝是一切,而一切都是上帝。这新神学,使宗教成为只是一种主观的感情而否认对于神的性质有什么知识,于是剩下的只是一般的上帝而没有什么客观的特征。对于上帝的具体的而应验的观念,它自己既然没有什么兴趣,它就把兴趣作为只是他人曾有过的兴趣,于是就把凡属于上帝具体性质的教义都作为只是历史的东西。这不确定的上帝在一切宗教里都可以寻得;任何一种虔诚(参上 §.72)——印度人对于驴、对于牛的虔诚——对于达赖喇嘛的虔诚——埃及人对于公牛的虔诚——总是崇拜一个对象,不管如何荒谬,也都含有那一般的抽象,含有一般的上帝。如果这种理论所需要的不过是这样一个上帝,因而在凡称为宗教的东西里都能找着上帝,它就必须至少找着这个甚至在哲学里都被承认为的上帝,而再不能以无神论来非难它。所以对于无神论的责难减少而为泛神论的根据是在于这种温和把上帝越变越稀薄,越变越空虚而成的肤浅观念。流行的观念既然紧紧抓住它的抽象普遍性,从而排除一切明确的质,凡这样的明确性只不过是非神圣的,事物的世俗性,剩下来的则站在固定下来的,毫不受干扰的实质性里面。按这种预先假定来说,甚至哲学是主张上帝的绝对普遍性,和因之得出的外在各物的存在之非真性,而听者仍然照从前一样,紧紧抓住他的信念,认为世俗的东西依然保持它们的存在而形成一切在神圣普遍性中的明确的东西,于是他就把那普遍性改变为他所称为泛神论的:一切都是——经验中的东西,毫无分别,不管是高些的或低些的等级,一切都是——一切都具有实质性。这样一来,——这就是他所理解的哲学——凡一切世俗的东西都是上帝。产生这种泛神论的想象和主张的只是他自己的愚昧和由于这种误想而来的种种曲解。

但是,如果说出来某种哲学是泛神论的那些人不能又不愿意看到这点——因为他们不肯的,恰恰就是看到总念——他们首先得要证实所作为确实的事实,有任何哲学家,或者任何一个人实际上曾把实质性或客观而本有的真实性归之于一切的东西而且看它们为上帝:证明这样一个观念什么时候,除他们自己之外,曾到过任何人的手。我将要在这公开讨论中进一步说明这种主张,而唯一的方法就是摆出证据来。如果要把所谓泛神论在其最有诗意、最高尚,或者愿意说的话,最显著的形状上来理解,我们必须,如人所熟知的那样,参考东方的诗人,而关于它最丰富的描写是在印度的文学里面。关于这个题目在我们可以使用的丰富材料之中,我选出《薄伽梵歌》(Bhagavat－Gita)[①]——可得到最有根据的陈述——而在它的冗长重复,甚至令人作呕的流露之中,有一些最动人的章节。在第10课里(舍勒格尔 Schlegal 的第162页)[②],克里什拿(Krishna)[③]谈到自己说[④]:"我是自己,坐在一切有情的心中。我是一切的开始、当中和结束……我是发光者之中的光闪的太阳,诸月府中的月亮……在吠陀典(Vadas)中,我是萨马吠陀典(Sma—Veda);我是感官中的心;我是有生命的意识;而且我是红色者(Rudras)[⑤]中的山之客拉(Sankara),即希法(Siva 或 Shiva)[⑥]……高

① 梵文 Bhagavat-gitā,意译"世尊歌",印度教经典之一,主要讲述克里什拿对阿周那的说教,是一种综合性的哲理诗。参阅杨祖陶先生中译本《精神哲学——哲学全书·第三部分》,北京:人民出版社,2006年,第387页。——整理者注

② August Wilhelm von Schlegel(今译施莱格尔),德国文学批评家、浪漫主义运动思想的传播者,莎士比亚作品的译者,东方学家和诗人,曾编译《东方圣典》三卷,在德国建立了梵文研究机构。参看杨祖陶先生中译本《精神哲学——哲学全书·第三部分》,北京:人民出版社,2006年,第387页。——整理者注

③ 梵文 Krsna 的译名,德文译为 Krischna,杨祖陶先生译为"黑天"。他是印度教中大神之一,是阿周那王子的谋士,一位足智多谋的英雄。——整理者注

④ 黑格尔从舍勒格尔(Schlegel)的译本引来的引文,在这里是用《东方圣典》第八卷的译文替代(有一二点不同)——英译者注。

⑤ 杨祖陶先生注释为:"梵文 Rudra 的音译,意为'暴怒',婆罗门教、印度教所崇拜的较为次要的神,为后来大神湿婆的雏形。"参看杨祖陶先生中译本《精神哲学——哲学全书·第三部分》,北京:人民出版社,2006年,第387页。——整理者注

⑥ 杨祖陶先生注为:"梵文 Siva 的音译(湿婆),婆罗门教和印度教的主神之一,是毁灭之神,苦行之神和舞蹈之神。"参看杨祖陶先生中译本《精神哲学——哲学全书·第三部分》,北京:人民出版社,2006年,第387页。——整理者注

山中的莫鲁山(Meru)①……坚定山中的喜马拉雅山(Himalaya)……兽中的兽王……字母中的A……我是四季中的春……我也是万物的种子。没有什么可动或不可动的东西没有我而能存在。"

即使在这些完全感性的描写之中,克里什拿(而我们必不能认为克里什拿之外还有上帝或者另外一个上帝;如他曾说过,他是希法或天帝,因之后来有人说,梵天——Brahma②——也在他里面)把他自己了解为——不是一切的东西,而只是——每一种东西中最好的。到处都显出关于外在的、非本质的种种存在和他就是在一切之中的那唯一的本质的东西之间的这种区别。甚至在引文的开头,当他说他是有生命的东西之开始、当中和结束时,这总体是区别于有生命的东西自己作为单一的存在的。甚至这样把神性在它的存在中广泛扩张到各处的图画也不能称为泛神论。我们毋宁必须说,在无限多样的经验世界中,一切都归结为有限数目的本质存在,归结为多神论。但是甚至上面的引文也证明这些外面存在的东西之种种实质性也并不持有使它们得称为上帝的那种独立性,甚至希法、天帝等也融化为一个克里什拿。

这种归结在下面一幕中显得更为明白(第7课第7页以后)。克里什拿说:"我是整个宇宙的产生者和毁灭者。没有什么高于我的;一切都编织在我上面,像许多珠穿在线上面一样。我是水中的味……我是日月的光;我是在一切吠陀里面的'唵'……我是一切存在的生命……我是辨别者的辨别……我也是强壮者的力。"然后他再说:"整个宇宙为心从这些质(贪、嗔、痴)发展出来的三种情态所迷惑,不认识我,我是超过它们而不是穷尽的,因为我这个迷惘〔甚至迷神(Māyā)③〕也是他的,没有独立于他的东西。从质发展出来

① 杨祖陶先生注为:"梵文Sumeru的音译,德语原文简作Meru,印度教神话所传屹立在宇宙中心的金山,为世界之轴,其余脉即喜马拉雅山。"参看杨祖陶先生中译本《精神哲学——哲学全书·第三部分》,北京:人民出版社,2006年,第387页。——整理者注

② 杨祖陶先生注为:"梵文Brahmā的音译,婆罗门教、印度教的创造之神,与湿婆、毗湿奴并称为三大神。认为世界万物、神和人都是它所创造。相传他自金胎(梵卵)出生,随卵克分为两半,从而创造了天和地,也创造了魔鬼、灾难。"参看杨祖陶先生中译本《精神哲学——哲学全书·第三部分》,北京:人民出版社,2006年,第388页。——整理者注

③ 梵文māyā的音译,印度哲学中的正统派吠檀多派中不二论(非二元论)派的一个用语,指魔力,神用以使人相信实际上是幻相的东西,后指如此呈现的虚妄的现实。因此幻就是把无限的梵(最高存在)表现为有限的现象世界的一种宇宙力量,就个人而言则表现为对自我的真正本质之无知,误认自我是经验的个人,而实际上自我与梵是一回事。参看杨祖陶先生中译本《精神哲学——哲学全书·第三部分》,北京:人民出版社,2006年,第389页。——整理者注

的，是神圣的而难于超越的。只有皈依我的才越过这迷惑。”然后这描绘总结为一个简单的表达：“在许多轮回之后，拥有知识的人接近我，（相信）法首遮法（Vasudeva[①]）是一切。这样高尚的心是难得的。那些为种种情欲剥夺其知识的人就接近别的神……不管一个人以信来崇拜的什么形式的神，他从这种所想得的好处其实都是我所赐的。但是判断微少的人们这样所获得的果实是要毁坏的……不明辨者们，不知道我的超越的不可穷尽的本质，没有比这更高的本质，认为不可见的我变为可见的。”

克里什拿所称自己的“一切”，像伊里亚德派的“一”和斯宾诺莎的“实质”一样，并不是所有东西。这所有东西，毋宁说，有限的森罗万象感性的多样是在一切这些描绘里面，但被定义为“偶性的”，没有自己本质的存在的，在实体中，在一之中，才有其真理，而这个一是有别于那偶性的。唯有这个一才是神圣的，才是上帝。印度教却对梵天有更高的思议。梵天是思维的统一性本身。在那里，世界上一切经验的东西和那些接近于实质性称为神的都消失了。因之柯里布鲁克（Colebrooke[②]）和许多其他人都曾描述印度教根本为一神教。这种描述并非不正确，从这些引文中是看得清楚的。但是这神圣的统一性是这么不够具体——虽然它关于上帝的观念是精神的——它的掌握，可以说，是这么无力——因之印度教带着一种极端的不一致性又是多神教之最疯狂的。可是可怜的印度人的偶像崇拜，拜猴子或其他动物，还远胜于泛神论可怜的幻想，因为在后者那里，无论什么都是上帝，上帝是任何东西。如果上帝的观念不是在本身有深刻的确定，从单纯一神教出来的多么少，印度一神教又是一例。因为那统一性，如果它原本是抽象的，因而是空洞的，就自己趋向于让凡是具体的东西，在它的外边都保持其独立性——不管是一大堆的神或者非神的经验

---

① 梵文 Vāsudevā 的音译。在《薄伽梵歌》中，对婆苏提婆的崇拜，亦即对克里什那（黑天）的崇拜，婆苏提婆—黑天完全与大神毗湿奴融为一体。参看杨祖陶先生中译本《精神哲学——哲学全书·第三部分》，北京：人民出版社，2006 年，第 389 页。——整理者注

② H. T. Colebroke，具体生平不祥，曾发表多篇关于印度哲学的论文，如 H. T. Colebrooke，“The pandits and their manner of teaching”，Benares Magazine (Calcutta)，1850，432—44；H. T. Colebrooke，“The gist of Vedanta as a philosophy”，Benares Magazine (Calcutta)，1850，325—333；H. T. Colebroke，“On the ontology of the Vedanta”，Benares Magazine (Calcutta)，1851，94ff. ——整理者注

的个别东西。其实那种泛神论——按关于它的肤浅想法——可能带有逻辑的模样,也称为一神教。因为如果上帝,照它所说,是和世界同一,那么既然只有一个世界,所以在那泛神论中也只有一个上帝。恐怕要以空洞的数目的"一"来陈述世界,但是这种抽象的陈述是再没有特别的兴趣的;反之,只是数目的"一"不过意味着它的内容是有限性的无限多与杂。但是就是那个对于空洞的"一"之迷惑才能使泛神论有其可能而惹起它的错误观念的。只是漂浮在苍穹之中那个世界作为一个东西,那个一切的图画才有人曾把它和上帝结合起来;只有在那假定上,才可以认为哲学可以以上帝就是世界这教义来教人的,因为如果把世界照它实在那样来理解,作为一切东西来理解,作为经验上的存在之无穷许多来理解,就很难有人主张可以认为泛神论说出世界是上帝这种梦话。

可是让我们再回到事实的问题上来。如果我们想要看见关于"一"的意识——不是像印度人那样把一方面抽象思维无特征的统一,和另一方面它的特殊细目冗长而令人讨厌的故事分开,而是在它的上好的纯洁性与崇高性上来理解,我们就必须请教回教徒。例如,特别在那杰出的耶拉罗丁·鲁密(Jelaleddin－Rumi)那里①,我们发现有灵魂和"一"的统一这种表达,而且那统一被描写为爱,在那里,这精神的统一是高出于有限和粗俗的东西的,是自然的与精神的东西之变形,在其里面直接性的自然之外在性与暂时性和经验中世俗精神的外在性与暂时性,都被扬弃而吸收了②。

---

① 耶拉罗丁·鲁密 Jelaleddin－Rumi(Jalāl ad－Dīn Muhammad Balkhī,亦称 Jalāl ad－Dīn Muhammad Rūmī)是一位波斯的回教徒,生于公元1207年,卒于1273年。活动于小亚细亚的鲁密 Rumi,他在其抒情诗里用鲁密 Rumi 为笔名。——中译者注

② 为了对它有一种更清楚的印象,我不得不引用几段诗,同时也可以多少指出鲁克亚特作为一个译者的惊人技巧。这几段诗是从鲁氏(Rückert's)的译本中摘录的。(这里用另一种译文来替代鲁氏的原译,对此我得感谢梅·肯德女士(May Kendal)的慷慨帮助——英译者)

三

满天星辰闪烁着,我只见那唯一;
海洋汹涌着狂浪,我只见那唯一。
透入心的深处,大千世界荒凉,大海,——
迷梦万千——唯一也在迷梦里。
地水火风,你一发出号令,
四大化而为一,谁都不抵抗你。
有生命的心跳搏着,
同声歌颂着你,从人间到天上。

五

日正当空，像你的光辉一线，
你我的光，永远是一体。
上天旋转，只是你脚下的微尘；
而你我同体，永远是同一。
尘土变为天，天化为尘土；
而你我同一体，永远总是一。
装满天空的生命语言，
怎能止息在一个可怜人心小盒里？
太阳的光线射出更美的光明，
怎能藏在卑微外壳里，珍宝的外衣？
烂烂盛开的玫瑰林，怎能
饮于污泥，食于粪土？
吸于海流咸水的个壳怎能
构成闪亮的珍珠，光的快乐？
心啊！遇风扇着你，你应忍洪流，
水风原是一，但愿你纯洁。

九

告诉你上帝如何用土造成人，
他将爱的气吹到泥土中去；
告诉你诸天何以开始旋转，
它们日日反映爱的光到天座边去；
告诉你晨风何以吹拂小林，
要嘱爱的玫瑰花盛开将去；
告诉你何以黑夜笼罩着大地，
要用神盖作洞房的被；
地上诸谜你都要揭破吗？
只有爱是解谜的一把锁匙。

十五

生命悲痛地回避死神，
但死亡结束生命的苦味。
爱走近时心却躲避，
百事都像是那死。
只有给爱住处的人，
就没有我也没有专横。
让他死在惨淡里，
你在自由曙光中兴起。

在这首诗中，它是超出一切外在的和感性的东西的。谁会认为有所谓泛神论流行的无聊观念，让神圣的下沉到外在的和感性的那种观念呢？苏腊克（Tholuck）在其《东方神秘家精华录》

我制约自己不再堆积于想到的通常称为泛神论的宗教与诗歌的一些例子。人们以那名称所称谓的哲学有伊里亚特派和斯宾诺莎派。上面已经说过(参上§.50说明),这些学派远不是把上帝和世界同一起来,而是把上帝变为有限的,而在这些学派的体系中,这个“一切”是没有真理的,并且我们应该称它们为一神论的,或者以普通的关于世界的观念来说,应该称它们为非宇宙的。最正确的是称它们为将绝对理解为实体的体系。东方看上帝的方式,尤其是回教的方式,我们毋宁说是把绝对描写为住在种或实存之内的最普遍性的类,可是它住在种里面是那么强有力,使得这些存在没有现实的真实性。所有这些思想的方式和体系的缺点乃是它们不进一步把实体下定义为主体、为精神。

这些体系和图画式想法的种种方式,都是起源于一个共同的需要,即一切哲学和一切宗教都要得到一个上帝的观念,其次是关于上帝和世界的关系的一种观念。(在哲学中,特别认为上帝的性质之确定就确定了他对世界的关系。)“反思的”理解一开头就否认表达上帝与世界的相互联系的一切体系和想法的方式,不管它们是从情感、想象还是从思辨来的。为要在信仰或意识中有纯然的上帝,上帝就是从现象分开来的本质,从有限分开来的无限。可是,这种划分之后,就发生一种深信,认定现象对于本质有其关系,有限对于无限有其关系等等……于是就有关于这种关系的性质这个反思的问题。事情的整个困难是在于这种反思的形式,因而不可知论者称这种关系是不可思议的。甚至在一般的公开讨论里,到了哲学的结束阶段,也不是要关于“总念”作何解再说一句废话的地方。但是

(*Anthology from the Eastern Mystics*)中摘录了许多诗,是从耶拉罗丁(Jelaleddin)和其他人的诗而来的,都是从现在我们讨论的观点出发的。苏腊克(Tholuck)先生在他的导言中证明他的灵魂是如何深刻地体会到神秘主义,而且他又在那里指出神秘主义的东方面貌的特色是不同于西方和基督教的神秘主义之特点的。可是不管两者怎样不同,而神秘主义的性格是它们所共同的。如他所说(该书第53页),神秘主义与泛神论的汇合意味着灵魂与精神内部的振作,不得不趋向于消灭通常认为是泛神论所崇拜的外在的一切。但是过此之外,苏腊克(Tholuck)先生并没有把泛神论比一般论述得更明确。更深刻地讨论这问题,对作为重感情的基督教徒来说,是不会有直接的兴趣的;但是我们看到,以个人来说,他对于神秘主义有那无限的热情,使他不能自主,而神秘主义又在其平常的面貌上是完全配称为泛神论的。然而在他企图以哲学来思维的地方(第12页),他就不能超出带着缺乏批评性范畴的“理性主义”形而上学的观点。——原注

由于关于这种关系的见解紧密地和关于一般哲学及对它的种种诬蔑联系着，我们还可附加地说，虽然哲学确是和一般的统一有关，然而它并不和抽象的统一有关，和只是同一有关，和空洞的绝对有关，而是和具体的统一（总念）有关；而且在它的整个经过中并不和其他东西有关；在它的进程中，每一步都是这具体统一的一个特别的项或方面，而统一的最深刻、最后的表达乃是绝对精神本身的统一。可以建议自称为哲学的裁判员和批评人的人去精通统一的这些方面，费点力去熟悉它们，至少要知道有许许多多这些项目，而且它们当中是多种多样的。但是事实上他们对这些是很不熟悉的——更不肯费力来熟悉它们——而当他们听见别人谈到统一时——而关系自然是意味着统一的——他们宁可墨守着很抽象的不确定的统一，而无视有意义的主要一点——统一被限制的特别方式。因之他们对于哲学所能说的，无非是那干燥无味的同一，就是哲学的原理和结果，而且哲学就是同一性的体系。因为他们墨守着同一性的食而不化的思想，他们抓住的不是具体的统一，不是哲学的总念与内容，所抓住的毋宁说是它的反面。他们在哲学范围里进行的像物理学家在物理学范围里所进行的一样。物理学家也深知道，在他的面前多种多样的感性性质与物质——通常或者只一些物质（元素）是相互有关系的。但是问题乃是，这关系是属于哪一类的？自然东西的每一种特殊性和整个差别，不管是无机的或是有生命的东西，只是以这统一的不同方式为转移的。但是普通的物理学家（包括化学家），并不确定这些不同的方式，而只拿一种方式，拿最外在而最不好的方式，即合成来进行考察。在自然结构的整个范围中来应用它，因而他就使这些结构变为不可理解的了。

上述的肤浅的泛神论是从这肤浅的同一性所得出的同样明显的推论。那些用自己杜撰的方法来非难哲学的人们，从上帝对于世界的关系之研究中所得到的结果无非是这种关系范畴中的一个，而且是唯一的一个因素——并且是无确定性的因素——即同一性。于是他们陷入这个半知觉里而肯定——作为事实是错误的——说上帝和世界是同一的。而因为在他们的判断中，两者中任何一个——世界也好，上帝也好——都同样地有着牢固的实质性。他们推出结论说，在哲学的理念里，上帝是上帝和世界所构成的。可见他们形成的泛神论的观念是这样的，而他们就把这归之于哲学。他们不习惯于在他们自己的思想的思考中和理解中超过这样的范畴，于是就把这些范畴搬到哲学中去，而在哲学那里是完全不知道这些范畴的，这样他们就以他们后来叫嚷着反对的病来感染哲学。如果在了解上帝对于世界的关系时出现了什么困难，他们马上而且很容易地逃避它，只须承认这个关系对他们来说，是含有不可思议的矛盾的；而且因之他们就必须停留在这种关系的模糊想法上面，大概借着比较更为人所熟悉的名称，例如无所不在，天命等等来敷衍了事。在他们对名词的用法上，信仰的意思不过是拒绝下这种想法的定义，或者更细微地讨论这问题。智力未经锻炼的个人和阶层满足于这样的不明确性乃是意中事；可是当一个受过锻炼的头脑和对于反思的研究有兴趣的人，在大家承认是有很大的、纵然不是最大的兴趣的一些问题上，满足于不明确的观念，那就难于决定那思维者是否真正严肃地对待这题目。但是如果坚持这种粗糙的“理性主义”的人们，对于上帝的无所不在是认真的话，到了他们关于这点的信仰是实现于一种明确的心理观念的程度，他们由于他们的信念，在感性事物的真正的实在性中是陷入何等的困难啊！他们很想像伊壁鸠鲁那样，愿意让上帝住在东西的空隙之中，就是物理学家所说的毛孔之中。那毛孔是消极的，认为是和物质的实在性并列而存在的。这个“并列”本身就会给他们的泛神论以其空间性——就是将他们的一切，想象为空间中部分与部分的相互排斥。但是把一种作用于空间而又在这样充实的空间中作用于世界并且在世界中存在的作用，归之于上帝在其与世界的关系上，他们就把神的现实性无穷地分裂为无底止的物质性。实际上他们这样便对他们所称的泛神论或一切都是一这种教义产生误解，而这种误解正是他们对上帝和世界的误解的必然后果。但是把这种东西，这种统一性或同一性的陈腐杂谈，归咎于哲学，这显然是对于公道和真理的漠不关心，只能解释为难于使人领悟思想和总念不是抽象的统一而是详明的多形状的种种方式。如果提出关于事实的叙说，而所说的事实是思想与总念，就不得不抓住它们的意思。可是甚至这种要求的实现都早已是多余的，因为很久就已成定论，说哲学是泛神论，是同一性的体系，是一切都是一的教义，因而不知道这事实的人就会被看成不是不知尽人皆知的事情,就是故意支吾搪塞。由于许多人众口一声地这样说,那么我认为我不得不更详细地谈谈而且公开地谈谈这被作为事实看的内外非真实性,因为公开讨论是可能有的唯一方法来处理只作为事实的总念之外在理解——这外在的理解已把总念歪曲为其反面了。关于上帝与同一性的秘密研究,像识知与总念的研究一样,就是哲学本身。

§.574

哲学的这个总念乃是自思维的理念、真理知道自己(参上§.236)——就是逻辑性的系统,但带着这种意义,就是它在具体内容上像在它的现实性上一样,为人普遍地承认而证明的。这样一来,科学就已回到它的起点那里去,它的结束便是逻辑性的系统,可是作为一条精神的原理:从预先假定的判断出来,在这里面,总念只是含蕴着的而起点是直接性的——而且这样又从它在那里原有的现象出来——它就上升到它的纯粹原理,而这样也上升到它自己的媒介物。

§.575

原来给出进一步发展的动机的,就是这个出现。第一个出现是为这个三段论式所形成的,而这个三段论式则是以逻辑性系统作为其出发点,以自然为其中名词,而这个中名词是和精神相联系的。逻辑性的原理转向于自然,而自然则转向于精神。自然站在精神与其本质之间就分裂自己,固然不是分裂为有限抽象的极端,也不是自己成为远离于这两极而独立的东西——而这东西既不同于它们,而只作为它们之间的联系,因为这三段论式是在这理念里面而自然主要是被说明为一个过渡点和消极的因素,而且含蕴上是这个理念。然而总念的间接作用有着过渡这种外在形式,而自然的科学作为必然性的过程而出现,因之只在一个极端上总念的自由才明白成为一种自我合并。

§.576

在第二个三段论式中,这个出现既已被废弃掉,结果就是那个三段论式乃是精神本身的立场,而这精神——作为过程中间接作用的作因——预先假定有自然而且把它和逻辑的原理联系起来。这就是那个三段论式。在那里,精神在理念中反思到自己;哲学体现为主观的识知,自由是这识知的目的,而识知本身则是产生自由的方法。

§.577

第三个三段论式就是哲学的理念,这理念有自我认识的理性,它以纯粹的普遍性,作为它的中间项。一个中间项,划分自己为精神与自然,使前者成为它的预先假定,作为理念的主观活动的过程,而把后者作为它的普遍性的极端,作为客观地含蕴地存在着的理念。理念的自我判断作用使它成为两个现象(§.575/6),把两者作为自己的(自我认识的理性的)表现。而在这自我判断作用里,有着两个相的合一——事实的性质、总念,是运动与发展的原因,然而同一这个运动又同样是识知的作用。永恒的理念在其本质的充分实现中,永恒地使自己工作,产生并享受自己成为绝对精神。

译后记

《精神哲学》一书是黑格尔《哲学科学百科全书纲要》(*the Encyclopaedia of the Philosophical Sciences*)中的第三部分。作为其整个哲学体系的最终归结,其内涵最具体,也最高级,涉及人类精神活动的各个方面及其历史发展过程,因而一直是研究德国古典哲学特别是黑格尔的哲学思想不可或缺的原始文献。长期以来,一直未见这部名著的中译本。本译本是从华雷斯(William Wallace)的英译本重译出来的。我本想找到德文原本作为参考,可惜一直没有找到,所以在翻译过程中常常感到英译有些不够明了之处,可是没有德文原本参考,只得按前后文和黑格尔的哲学体系予以揣测而力求公允,然而总觉有点不惬意。

译文务求忠实和通俗。关于心理学部分,尽量采用科学出版社 1958 年出版的《英汉心理学名词》中的译词。关于逻辑学部分,则大都采用贺麟译黑格尔《小逻辑》中所用的译词,但有时也不能苟同。如英语的 being 未译为“有”。虽然“有”这译词是用“有生于无”的意思,极其确切,可是对一般读者来说,似嫌有些生硬,故译为“存在”。但“存在”又和英语的 existence 与德语的 das Dasein 的一般译词重合,故有时译后者为“实存”,以别于“存在”。诸如此类的委曲求全,都是限于译者业务水平不高的缘故,请读者原谅。其余各科学的译词,如经济、政治、法律、社会、艺术、宗教、哲学等,则尽量采用一般通用的术语。但是译文的缺点是很多的,希望读者随时加以批评指正。

一九六〇年五月二日于武昌华中师范学院

关于《小逻辑》的通信[①]

韦卓民　著
刘明海　整理

① 参考王元化著:《读黑格尔》,南昌:百花洲文艺出版社,1997年。据王元化先生回忆,上世纪60年代初,韦卓民利用暑假到沪探亲访友。作为晚辈的王元化向韦卓民请教黑格尔哲学问题,约定书信讨论,韦卓民慨然应允。二十天左右通一次信,书札来往频繁。韦卓民每次复信,都极为详尽地陈述自己的观点,对黑格尔的著作从体系、用语、体例直到读法和参考资料都一一提出指导。王元化说:“先生指导后学是不辞劳苦,不怕厌烦的。他回答我问题的复信往往多至十页以上,且正反两面书写,笔画清晰,端正,几乎从无圈改涂抹之处……有一次接到他的复信较迟,读了之后,才知道他有好几天发高烧,已卧床多日,这封信是他起床不久,就连忙作复的。我一边读信,一边感动不已。”——整理者注

目 录

通信之一

元化世兄：

《小逻辑》的第一篇是有论（有论译为存在论者，是不确切的，因“存在”是第二篇本质论的一个较高的范畴，而“有”①是黑格尔逻辑学中最初而最没发展，因而以内容论是最贫乏的，故以贺译之“有”为正确）。所谓“有”者，有如点名时，唱名的对象，应声曰“有”之有，即“在这里”的意思，不涉及此人的其他性质或情况。

从“有”发展到“本质”，再从“本质”发展到“总念”的这个过程是长期而复杂的，所以总念论的发展之C大段，“推论”是概念，黑氏辩证逻辑的主观概念，亦即认识论的几乎最高阶段了。

在研究黑氏的《逻辑学》又称（《大逻辑》）或他的逻辑讲授《大纲》（又称《小逻辑》）必须知道：（1）贺译的“概念”与“总念”同是原德文的der Begriff之两种用法：作为“概念”讲，是知性的片面思想，而作为“总念”讲，是理性的全面掌握；（2）黑氏的“推论”是der Schluss② 的中译，而黑格尔在《小逻辑》里（在《大逻辑》里亦然）是作为“推论”或“推理”，又作为“结论”，又作为形式逻辑（即传统的亚里士多德逻辑）中的“三段论式”（即原德文的der Syllogissmus）用的。

在《小逻辑》里，“推论”这一大段计占13节，即第181—193节。

黑氏的“质的推论”是以“质”（参看“有论”的“质”die Qualität③）为其中介的（贺译原德文的das Vermitteln④ 为“调解”，英译为mediation是错误而且是引致思想的模糊的，虽然“调解”是此词的原文，但在逻辑里应用其转义，即“中介”方妥。中介就是推论的，尤其是“三段论式”中词，一

① 原德文的Sein直译为“是”。

② 参照贺麟译黑格尔《小逻辑》改为现在的拼写。——整理者注

③ 参照贺麟译黑格尔《小逻辑》改为现在的拼写。——整理者注

④ 经查德文辞典为现在的拼写。——整理者注

般用 M 作为符号)。

《小逻辑》第 183 节[①]说“质”的推论，其形式为 E—B—A。这就是说，一个个体的主词(E)凭借一种特性(B)与另一种普遍性(A)相结合。

以符号表达，则为：

大前提：M(中介，即特殊 B)——P(结论的谓词即大项 A)

小前提：S(个体，即结论的主词 E)——M(如上)

∴推论的结论为 S—P

此所谓：“遍有遍无”的公式，即凡类所有或无，亦种(属)所有或无。

今既 M 是 P

而 S 是 M

所以 S 是 P

(即《小逻辑》的第一式 E—B—A)

此为三段论式的第一格，直接由上公式所得结论。

这段的附释[②](说“这里……是从主词(S)里挑出任何一特殊方面(M)，一种特性(M)，即根据这种特性而证明这个体(S)是普遍(P)的。……从前大家认这种推论为一切知识的绝对规律。……现今三段论法(式)各种形式，除了在逻辑教科书外已不易遇见……被认作空疏的学院智慧。

实际上诚然是如此. 但黑格尔不知道这只是亚氏的探讨形式逻辑的在当时希腊语中之一种发现，并未给以普遍化。后世遇过欧洲中世纪之给以普遍化，是一种对亚氏的歪曲，因而是错误的。

在第 184 节里[③]，黑氏指出三段论各项。即 S、M、P 的偶然性。因为未考虑到总念的性质，所以空疏无用。这里黑格尔当然是从总念这个观念看三段论式，不免失之于未了解亚氏的三段论式所依据的关系，这里关系是蕴含的关系。依现代关系逻辑的分析，蕴含(英文的 implication)这个关系是可传递的，但不是对称的。譬如 A 蕴含着 B，B 不一定是蕴含着

① 黑格尔著，贺麟译：《小逻辑》，北京：生活·读书·新知三联书店，1954 年，第 363 页。

② 黑格尔著，贺麟译：《小逻辑》，北京：生活·读书·新知三联书店，1954 年，第 363～364 页。

③ 黑格尔著，贺麟译：《小逻辑》，北京：生活·读书·新知三联书店，1954 年，第 365～366 页。

A。然而不排斥B之蕴含着A。因此,从蕴含关系说来,便有上述亚氏之“遍有遍无”公式。有人不完全理解这公式,乃以“火柴在盒里,而盒在提包里,所以火柴在提包里”作为这公式的一例,其实非是,盖“包含”不等于“蕴含”,因在关系的性质言,包含是传递的,但不能是对称的,如A包含B,则大于B,故B就不能包含A。关系逻辑认为,且正确地认为亚氏以蕴含关系为依据的逻辑系统的极小一部分,但黑格尔在十九世纪初叶,未能见及此,故有上述第184节对亚氏逻辑的批评。

第185节只说明三段论式所选的中项(M)的重要性,结果是所谓连锁的三段论式,兹不赘述。

第186节说明推论项在其身矛盾中发现其进展的途径,但由于黑氏不理解亚氏逻辑,尤其是三段论式是依据蕴含关系的,故说其第二格(A—E—B),即$\dfrac{\begin{array}{c}P-M\\ S-M\end{array}}{S-P}$与第187里的第三格(B—A—E),即$\dfrac{\begin{array}{c}M-P\\ M-S\end{array}}{S-P}$的谬误是由其所选的中介(M)(即贺译之“调解”)是偶然性的,而不知这两格却是第一格的转化,即“遍有遍无”公式之间接使用。他指出第四格是多余的,为后人所附加的,这是正确的。

第188节阐明质的推论如何过渡到数学推论,即量的推论。

贺译本第226页上把量定义为“只是中立于(即不管)任何确定性的‘有’”,并且说明[①]“虽然量的方面有变化,变成更大或更小,但此物仍然保持其原有的存在”。譬如屋的由小变为大,依然还是屋。

所以量的推论“最初就以(相等),或外在的知性同一(即只看其同而不管其异的同一)作为它的联系”[②],“如两物与第三者相等,则这两物相等”。

在这第188节的附释里,说到“量的推论是完全没有形式的推论”。[③]这里黑格尔只想到三段论式的论式之三个格作为推论的形式,而忘记了量的推论形式还有“大于”或“小于”的形式,这两种形式是和“相等”的形式不相同的,因后者的关系是传递性的而又是对称的,但前面两者是传递

① 黑格尔著,贺麟译:《小逻辑》,北京:生活·读书·新知三联书店,1954年,第227页。
② 黑格尔著,贺麟译:《小逻辑》,北京:生活·读书·新知三联书店,1954年,第369页。
③ 黑格尔著,贺麟译:《小逻辑》,北京:生活·读书·新知三联书店,1954年,第360页。

的而不能是对称的，如 A 大于 B，则 B 不能大于 A。

第 189 节只是黑氏的繁琐论述，可略过。

英国近代逻辑学家 Sir W. Hamilton 说：如果我们反映一外界对象，那就是说我们首先已经看到那对象而那对象已成为我们智力内容之一重要部分。意思是说，我们已掌握了那对象，掌握了那对象的全部，所以是具体的理解。据此，则反映的推论之从全称（一切这样的具体的全类）大前提出发，其所得出的结论就是预先假定在大前提之内的，在形式逻辑来说便是拉丁文之所谓 Petitio Principii 英语 bectoe question① 以假定为根据。这是形式逻辑演绎推理的关键问题。当知，演绎在其本质上是不能孤立的，必须和归纳相结合，其大前提须来自反复的实践，来自科学的归纳，枚举归纳法是不足以成为正确演绎的根据的，因为枚举（即黑格尔在贺译《小逻辑》第 370 页上所说的归纳）是永远不能完成的。黑格尔未能见及此点，没能把简单枚举法与科学归纳法区分开来，遂陷入可笑的说法，说什么“于是归纳推论又建筑在类推上面”！②

殊不知科学归纳法，即现代自然科学与社会科学所依赖的找出事物发生中为其发生的正确因果的关系的这种方法是大别于类推法的。所谓类推，即从具体事物推论到另一类似的具体事物，如果其所依据的事物之某一定方面或属性确是本质的方面或属性，则其结论是大概正确的，否则是一种不可靠的类推结论，所以类推最多不过是归纳推理的一种途径的暗示，而不是别的。黑氏所见不足，因有第 190 节的谬误，应注意黑格尔原是研究历史的而在自然科学上根底薄弱，所以不知什么是科学，他的辩证法的合理部分只是“猜测”的，“臆中”的，即他所谓“预感”③。在科学研究中，预感是可贵的，但不足以其自身建立什么。

在第 191 节中，黑格尔的“必然推论”的“必然”只是形式上面非实质上的“必然”。他说的是必然取直言三段论式时，如说 A 是 B，则结论是通过从属（种与类）的关系而取得的；如取假言三段论式时，譬如说如果 a 是

---

① 疑为 become question 之笔误。——整理者注

② 黑格尔著，贺麟译：《小逻辑》，北京：生活・读书・新知三联书店，1954 年，第 370 页。

③ 黑格尔著，贺麟译：《小逻辑》，北京：生活・读书・新知三联书店，1954 年，第 372 页。

B,则 c 是 d,则其结论是通过因果关系取得的;如取选言三段论式时.比如说 A 或是 a 或是 b,如 A 是 a,则必不是 b。

在读第 191 节的中译文时,记住“调解”均应改为“中介”。最后一行的“两项”之“项”字,应改成“支”,如 A 或是 a,其 a 与 d 便是由 A 所分出互相排斥的两支,而且所分出的两支必是穷尽无余的,在分出多支时亦然,否则结论就错。

愚 卓民手上

73.12.24 于华中村

通信之二

元化世兄：

六月三日手书早于六月八日得读，迟迟未报，深为歉仄。原因是，近几个月来，在辅导翻译联合国历年积累文件。于此项工作外，我仍然坚持黑格尔《小逻辑》评注的编写，而到此为止，时已大半载，只编了全译本的五分之二弱，初稿已有30万字(连贺译抄上). 是即还须再写45万字，需时大约十一个月，因不时遇有干扰，不能整日编写，而且参考工作费时亦多，旧译错误不少，亦须细读原德文予以纠正，否则于心有所不安。

六月来书，翻出重读，提出问题，略有三道：其一乃是关于亚氏逻辑含蕴关系的一表。该表只试以两种性质为例，从而显出含蕴这个关系只是不胜枚举的关系之一，可见亚氏形式逻辑是可能发展出来的逻辑种类之九牛一毛。

所用的关系之两种性质乃是“通过性”和“对称性”。所谓“通过性”者，乃是a大于b，b大于c……则a必大于c，其“大于”这性是“及他的”，而a是b之父. b是c之父，则a必不能是c之父。然而a是b之友，b是c之友，则不能就此肯定a是c之友，这是可能而不是必能的。从此可见关于“通过性”则有三种关系，即(1)通过，(2)可能通过，(3)不通过。关于“对称性”亦然。于是有：

	通过性		
对称性	①√√	④×√	⑦? √
	②√×	⑤××	⑧? ×
	③√×	⑥× ?	⑨? ?

例如“含蕴”是通过性的，但只是可能对称的，故属第三格，“朋友”属第七格，“父子”属第五格，余类推。每格可能有不胜枚举之例，而此九格只以二性质之结合为准，但亦可有三性质、四性质之结合，虽结合的性质越多则情况越复杂，然而当前的问题不过是说明亚氏逻辑所以为基础的

含蕴关系不过是不可胜数的关系之一,则其在关系逻辑中以数量为标准,的确是九牛一毛,然而由于历史与习惯的关系,其重要性不可小视,但是不能如不谙数理逻辑的人,包括培根、康德、黑格尔,且可说大都十九世纪末叶前的谈逻辑者在内,之如此只见逻辑森林之一叶而无视其森林也。

黑格尔逻辑的缺点:第一,黑格尔对于过去的逻辑及可能的逻辑只知"形式逻辑"即亚氏逻辑的被歪曲者,而不知例如我国之有多种思想过程的形式而尚未予以整理成系统化的(这方面的工作者切忌张冠李戴,如把墨家逻辑套上亚氏的形式,因为所据的关系可能不相同)。第二,黑格尔自己的逻辑牵强之处亦是一缺点。凡属"绝对派"的思想家、哲学家都不可免有概念模糊、原则不定、结合笼统的毛病。

黑格尔的判断分类,其可取的很多,但不可与形式逻辑之判断分类同日语,因为后者仅以主谓判断(a 是 P)为准而未如亚氏在其"六篇"中所涉及的其他判断形式,虽然由于"六篇"是未定稿,其中许多观点尚未受到应有的发挥,以主谓作为标准判断而且只有主语的量,其分类之局限自如传统形式逻辑的那种。英国苏格兰十八—十九世纪哲学家 Sir Milliam Hominlton(1788—1856)曾提出此点,并拟予宾语以量化,然不大适用,未被逻辑界所采纳。另一方面,黑格尔的判断形式是有下面的各种形式的:

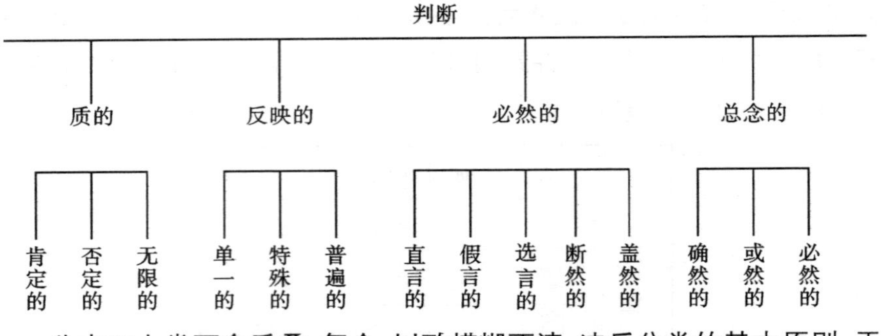

此中四大类不会重叠、复合,以致模糊不清,违反分类的基本原则,于是结论笼统,当知亚氏形式逻辑虽甚简单朴素,然其创始人筚路蓝缕,在当代的希腊语文中,寻找思维的具体形式,并非黑格尔之闭门造车,但从主观之想象,以拼凑其所谓总念所应有的模式的,故说,不可与亚氏逻辑同日语,盖唯物观点与唯心观点,大都是名同实异,上所云之判断分类,是

其一例，世兄云何？此是来信中所提问题之二，约略如上述。

其三是关于布拉德莱、鲍桑葵等的逻辑。这种逻辑在英美二十世纪初极其风靡一时，一般称为“心理逻辑”，其实是康德与黑格尔逻辑学的变种。世兄如于暇时略读布拉德莱的《逻辑原理》中译本便足矣。毋须深究。

粗躯犹昔，但恨不能畅谈一切耳！

临书不尽欲言，即颂

合家愉快！

愚　卓民手启

74.10.2 晚于武昌华中村

通信之三

元化世兄：

今日得空，细读来信，分析之下，见提出不下十道问题，而且提得十分中肯尖锐，表现一种认真钻研的哲学头脑，不胜钦佩！兹谨按来书的顺序，作答如次：

1. 公元三世纪魏晋间何晏与王弼相继注解《老子》一书，根据“有生于无”的说法，以“无”为万有之本，裴頠非之。在《崇有论》中提出“有”的学说，引起后世对于《老子》(鄙见半世纪以来，只谈《老子》一书，而认为作者时代地域迄未确定，而书盖为长江地域的作品，与黄河流域文化隔绝，故孟轲诸儒未曾涉及)唯心唯物之争，鄙意一向是主张《老子》是唯心的，而“人法地，地法天，天法道，道法自然”的“自然”与今日自然哲学的“自然”毫不相涉，指的无非是不加“人为”而已，亦即《论语》的“无为而治”的“自然”，所以王弼、裴頠“有无”之辩，确是本体论的问题，而与黑格尔范畴之“是”、“无”又当有别。

2. 恩格斯在《自然辩证法》这一遗稿中是赞成黑格尔的“判断分类”之由低级到高级的。但在恩格斯和黑格尔的著述译本中，每每将“一切”、“任何”与“凡是”未能区分开来，导致认真读书的读者发生一些不必有的思想混乱。

通常惯用的“一切”和“所有”，指的是经验中的所有种种事物，并不能说是普遍的称谓而是限于到当下为止的范围的，例如《自然辩证法》中译本页 185 第一段第三、四行里的“这一切方法”和“一切科学研究手段”便是有局限性的，不是概括无余的。但同页最后一句的“一切人是会死的”的“一切”则和上面的“一切”有意义上的不同。在这里则应译为“凡是”，其含义是和页 186 第六行的假言判断式的“如果……便是”同义的。因此，“凡是”或“任何”都含有“如果……便是”的意思。“凡人皆有死”，其含义是说：“如果这是人，他就会死的。”若说“一切人皆有死”那就只是：“在我的经验范围中，所有的人都是要死的”，并涉及实际经验范围以外，那就不能据以建立一项原则或规律。所以我们说，科学是从经验出发，但不是匆忙经验的总结，而是经验之从感性阶段提高到理性更高阶段。且看《自然辩证法》中译本 187 页第一段中恩格斯所写的，“在对每一场合的特定条件下(即‘如果’)，任何一种运动形态都能够而且不得不直接或间接地转变成其他任何运动形态。”(这里的着重点是我加的，请注意“每一”，“任何”(即“凡是”)的用法，其含义是和“一切”有别的)这才是必然的判断，是基于经验的理论(亦即理性的)认识的发展。(恩格斯中译本 187 页第二段的话)这是正确的。

《小逻辑》第 187 节里第二句中译本错译了，原因是原德文的 Schluss 是“推理”又是“推断”，即“结论”。“个体特殊化”就是 S—M，而“普遍性发挥成特殊性”是 P—M。这两者作为前提而结合起来，便有$\frac{P-M}{S-M}$，在传统的亚氏形式逻辑里列为第二式，而黑格尔却为第三式，这是错误的，所以说是缺陷，而且这只是黑氏运用亚氏逻辑的缺陷之一例。

3. 但黑氏指出“红是一种颜色，这玫瑰花是红的，所以这玫瑰花是有颜色的”这三段论式是空疏无用的，因为“红”也就是有颜色的。而且这一种三段论式所选择的假如颜色这一性质不一定是一种本质属性，即主体之为这个主体不一定是由于这种性质的，因之就不一定符合总念的推论。

4. 蕴含关系——蕴含关系是关系逻辑中的一种关系，可是在形式逻辑中，几乎是唯一的关系。

研究关系逻辑的人. 首先要分析关系的性质，从而分辨关系的异同。这是形式逻辑所不管的，因而由于不管，或不知道去管，就引起不少难解的问题。譬如说，“甲大于乙，乙大于丙，所以甲大于丙。”如何证明？因为“大于”这个关系是有传递性的，那就甲大于乙的“大于”，可传递到乙所大于丙的“丙”，并且一直传递下去，此其一种性质。其二，“大于”这个关系是不“对称的”。所谓“对称”者，即是如果甲对乙有某种关系，则乙对甲也有同样的关系，比如甲等于乙，则乙等于甲。但，如果甲大于乙，则乙不能大于甲，这是不对称的关系，如上述。关系之有传递性，也有不传递性，有同等性，也有不同等性。可是关系既有传递性，不传递性，但还有不必传递性，即可传递亦可不传递，然而一个关系有“大于”，“不大于”，但不能同时亦有“不定大于”。据此，则以两种关系而论的最简单分析可以下表说明：

	第一性质		
第二性质	√√	×√	？√
	√×	××	？×
	√？	×？	？？

√表示“是”
×表示“不是”
？表示“不定”

而且每格中如√√或×√等，可能有多种同类的关系。于是关系就有不可胜数的种类了。

蕴含关系是可传递的，但是不一定对称的。如以“可传递”为第一性质，而以“对称”为第二性质，则“蕴含”是属于上表的√？这一类，因为如果 S—P 是蕴含的，则 S^1—P^1，S^2—P^2，S^3—P^3 是能得出 S^1—P^3 的结论，但蕴含不是一定“对称”的，因 S^1—P^1 蕴含 S^2—P^2，但 S^1—P^1，不一定 P^1—S^1；然而“同等”既是“传递的”而又是“对称的”；所以蕴含就在“传递”与“对称”两性质结合上不同于“同等”。

在一般欧洲语言上，多半是用蕴含的质的关系来推论，而在数学上，多半用“等同”、“大于”、“小于”等量的关系。

三段论法在亚氏形式逻辑里全是用蕴含关系，因而亚氏在逻辑研究的尝试中，所得出的思维与判断，推理等形式是以“蕴含”关系为基础的，没涉及其他关系。因之，他就规定了一个三段论式只能有三个概念，三个判断，不能更多。可是，这种规定是不适于数学的。比如甲大于乙，乙大于丙，丙大于丁，则当然甲大于丁，然而这并不是一种三段论式，因其中有多于三个判断，即甲大于乙等，而且有了甲，大于乙；乙，大丁丙；丙，大于丁，丁这七个概念，因为“大于乙”不是等于“乙”。“甲大于乙”详说当是：“甲”是“大于乙”（这判断的 S 是甲，宾词是“大于乙”，而“是”是系词）。

关系逻辑是数理逻辑的一部分，而数理逻辑虽滥觞于欧洲十七至十八世纪的莱布尼兹，但须到十九世纪末叶才成立，二十世纪初才盛行。黑格尔怎能知道？因之从数理逻辑的较新且较正确的观点看，黑氏关于形式逻辑不能深入看的地方是难免的；他尤其不知道什么是蕴含关系，亚氏形式逻辑何以全是基于蕴含这一个关系的。

5. 遍有遍无律：关于这点，不必看拙著《亚里士多德逻辑》，这书是为形式逻辑教师或研究生作补充参考用的。

所谓遍有遍无律是亚氏形式逻辑的三段论式的基本公式。“凡普遍所有或无的，则特殊必所有或无。”S是P，而M是P，所以当然S就是P。因而黑氏认为这种推理是“空疏无用的”，即并没有得出新的知识来。既知普遍，何必谈其特殊？

6. 继续谈谈“判断分类”：上面约略提到恩格斯基本上是赞成黑氏判断分类的，因这分类是由低级到高级的，因而是辩证的。可是恩格斯关于这种辩证的发展，在《自然辩证法》尚未详述。

黑格尔在《小逻辑》里，把判断划分为四类，即质的判断，反映判断，必然判断和总念判断[①]。

质言之，质的判断就是只凭感性（经验）所作出的判断。反映判断是知性（俗称“悟性”是错译）判断。何以如此说？黑格尔是根据康德用这词的。康德在他的《纯粹理性批判》一书里，关于“反映”这词这样写道：“Reflection（反映）即古拉丁语的 reflexio 这个动词（即如光线反射的意思）所涉及的不是有关对象的自身，从而直接得出某种概念，而是一种心理情态，在这种心理情态中，我们首先是要找出我们自己的一定条件，而只在这些条件下我们才能得到某些概念的。这是一种意识，是当下所予的表象（representations）对于我们知识的各种来源的关系的意识。在我们进一步处理当下所予的表象之前，必须就问到：当下的表象之联系起来是在我们中的哪一种认识的机能里面进行的？其得到结合或比较是在知性中，还是在感官中的？”康德认为这就是所谓反映，或译反思[②]。上面引文是临时拙译，因蓝译有不妥处。[关于这点参看《小逻辑》贺译本第98页第一行，谈反思方法。但按英译（比较更正确）在“用”字下应加上“条件与受条件限制的”等字样，“表明”应译为“下真理的定义”。并读完这段。又参看《小逻辑》关于反思与辩证法之不同。]反思（反映）是知性的活动，

---

① 黑格尔著，贺麟译：《小逻辑》，北京：生活·读书·新知三联书店，1954年，第342～359页。

② 详见康德《纯粹理性批判》斯密英译版第226页。蓝公武中译本，第223页起。

恩格斯判定为特殊性的判断,而把黑恪尔的"必然判断"和"总念判断"统属为第三的普遍判断,从而得出规律。由此见得恩格斯只谈"个别性","特殊性"和"普遍性"作为"全部的"概念论(贺译"总念论"较妥),而略过"总念判断",原因是黑氏是以总念为其概念辩证法的归结,但恩格斯是从自然科学着想,而自然科学尚在发展过程中,故不能有什么归结。鄙意认为恩格斯是正确的,而黑格尔是独断的,因为他是唯心的,主观的,其哲学体系和他的辩证法是矛盾的,有待于马、恩把它倒过来,吸取其合理部分的。即黑格尔在谈到推论时也只有三分法,即质的推理,反映推理和必然推理这三种。

7. 关于归纳法:

(1)亚里士多德谈到归纳法时,曾首先写道:"归纳法是通过尽数枚举而进行的。"(见亚氏《逻辑六篇》)(这标题是后人加上的,亚氏并未用过"逻辑"这词,而只用"分析法")(标准页 686 第 15—29 行)"尽数枚举法"又称"完全归纳法"以别于"简单枚举法"。黑氏忽略这区别,所以就说"每一种归纳总是不完备的"[①]。他在这页上(中译本)写道:"我们总无法观看到所有的事例,所有的个体。"这是黑氏把"简单枚举法"和亚氏的"完全归纳法"混淆起来的一种缺陷。

因此,他便提议,由"类推来弥补归纳",这是极其荒谬的[②]。

(2)黑氏关于"类推"的估计[③]:(a)他说什么"类推可说是理性的本能……植基于一个对象的内在性质或类里,即根据这种预感而作进一步的推论"。我们要问:"他怎能说类推是理性的本能?""怎能说类推是植基于一个对象的内在性质呢?"跟着的下一段文字是黑氏自相矛盾!(补说在后文)

(3)黑氏在《小逻辑》第 191 页里说明"必然推论是怎样取三种形式的:(a)取直言三段论式,通过从属关系(种与类),即"遍有遍无的关系"而得出结论:M 是 P,而 S 是 M;∴S 是 P。(b)取假言的形式,通过因果关

---

① 黑格尔著,贺麟译:《小逻辑》,北京:生活·读书·新知三联书店,1954 年,第 372 页。即 190 节"附释"。

② 黑格尔著,贺麟译:《小逻辑》,北京:生活·读书·新知三联书店,1954 年,第 372 页。

③ 黑格尔著,贺麟译:《小逻辑》,北京:生活·读书·新知三联书店,1954 年,第 372 页。

系：如S是M。则S是P；今S是M；∴S是P。但何以知S是M，又何以知如S是M，则S是P？这是循环不已的无限，无法解决的。那就要求援于亚里士多德的"四因学说"。亚氏提出四种因：物因、式因、动因、极因（参看亚氏《形而上学》章三）。自然科学所求的只是物因，而亚氏要求达到的是极因，即最后的"为什么"，这便是纯哲学的问题，康德在他的第三部《批判》，即《判断力批判》里是研讨这个问题的，恩格斯从自然科学与其他实践科学出发，当然是批判这种极理的追求是捕风捉影，无聊的白耗气力。(c)取选言的形式，通过全与分的关系，而得出结论：A是P或Q，或R……；如A是P，则不能是其他任何一种。这里假定P、Q、R……等是概括无余的，而且各项都是相互排斥的，但是在实践科学中这是达不到的，除非亚氏那样认定物是有一定的种属的。若果不这样认定（现代科学是不能这样认定的），那就不能有这种必然推论之可能。

这样一来，必然的推论，根据黑格尔的论证，就是不可能的了。

这个难题，黑格斯从自然科学的实践立场上用"造成现象间的一定顺序"这种"人的主观能动性"的原则，是能解决得很好的①。应细读。可是从哲学的观点来看，这仍是没彻底解决问题。近代哲学家和逻辑家大都采取所谓"始终一致的理论"（Theory of constency）作为接近必然性的根据，那就是说，如果所有经验性的事实和哲学界新主张的理论，大致都不能推翻某一种哲学的主张，便可能是接近正确的了，有人称这为"真理的盖然性"，但这词易滋误会，不如还用"始终一致的理论"这个词。这个理论的详细解释，比较复杂而且抽象，兹不赘述，只说黑格尔的"总念"与之颇接近。

8. 类推与归纳——黑格尔在《小逻辑》第190节的"附释"里有一句话是说："归纳推论的这种缺点便引导我们到类推。"如果说类推能消除那缺点，这句话的后文便与之相矛盾，所以是荒谬的。如果他的原意不是这样，则这句又似毫无意思。我想查对原德文，但我手边的《小逻辑》德文本是旧版，附释缺此，莫从查对，而查英文 Wallace 氏的较正确的英译本也是这样，因之不得其解。按形式逻辑的对于类推的说法，也就是类推的说

① 参看《自然辩证法》中译本第191页。

法,也就是这第190节“附释”后段所说,即类推是绝不能弥补归纳法的缺陷的。

9.“归纳法的全部混乱是英国人惠威尔所(造成的)”——我手边没有惠威尔的著作,只有惠威尔的《培根〈新工具〉新释》,细读,并不能说明惠威尔曾说过什么使归纳法造成混乱。诚然在亚里士多德和欧洲中世纪的逻辑家以后,关于归纳法有其重要著作的逻辑家,多半是英国人,以培根为首,继之而有牛顿、穆勒·约翰、惠威尔、耶方斯等。这些人的逻辑著作,我大都曾涉猎过,而手边的残书中尚有,但目前不能看。不但惠威尔,即其他各家,确曾有造成归纳法的混乱的现象,而都是归纳与演绎结合着谈逻辑的,故不知恩格斯所说是何所指而云然。

10.(略)

啰啰嗦嗦在三日内空闲时草出各题的答复如上,不到之处,还希谅察!

顺颂

新年愉快!

卓民手上

71.2.6上午于武昌华中村

整理者后记

黑格尔哲学向以晦涩难懂著称，研读其哲学对哲学爱好者来说无疑是一场挑战，也是一种锤炼。吾辈虽心向往之，思之维艰，望而却步，每念于此，颇生憾意。赖华中师范大学重新整理韦卓民先生之有关黑格尔哲学手稿之契机，感高新民先生垂青，幸以便捷之门而徜徉于黑格尔哲学思想之殿堂。

在整理期间，我们得知韦先生在 1957 年被打成“右派”情况下，虽白天遭受批斗，但他仍然淡然面对一切，而忘情于哲学的殿堂，利用各种间隙思考康德、黑格尔的哲学，纵年届古稀，仍笔耕不辍，此种纯粹的学术精神为后人所敬仰。面对发黄的书稿，从清晰而工整的字迹中，我们读到了一个真正的学者的灵魂：淡泊名利，宁静致远。

仰先生之精神，展先生之学术，我们尽量认真地校对原稿中的每个字词，以忠实于原文。对于每个难以辨识的词，我们参照国内不同译本，各种辞典，网络词条，并且向华中科技大学的张廷国教授、武汉大学的杨云飞教授请教，逐一核实。

本卷整理分工如下：《黑格尔〈小逻辑〉讲义》由刘明海整理；《黑格尔〈小逻辑〉评注》由吴峰、胡子政整理；《精神哲学》（译著）由储昭华整理；《与王元化关于〈小逻辑〉的三封通信》由刘明海整理。刘明海、赵小芳最后对照韦先生手稿进行整体校对，统编。

由于整理者水平有限，如有错讹，责任全在于整理者，而与韦先生无关。

整理者：刘明海　赵小芳

出版后记

韦卓民先生(1888—1976),广东珠海人,我国著名的翻译家、哲学家、教育家,曾长期担任华中大学校长(1929—1951年)。韦先生毕业于文华大学,曾留学美国、英国,先后获哈佛大学哲学硕士学位和伦敦大学哲学博士学位,精通英、德、法、俄等多种外语,学贯中西,尤其是在康德哲学、黑格尔哲学、逻辑学、宗教学方面造诣很深。他毕生致力于沟通中西文化,在西学东渐、弘扬中国传统文化方面作出了巨大贡献。整理、出版《韦卓民全集》(11卷)对全面展示、传承韦卓民先生的学术成就,弘扬他的爱国精神和教育思想具有重要的文化价值和现实意义。

华中师范大学有一批富于抢救保护学术珍品责任感的领导和学者,一直在不计得失地付出。如上世纪八九十年代,以章开沅教授为首的校领导组织成立了韦卓民遗著整理小组,与韦先生一同工作过的曹方久(已去世)教授,敬仰韦先生学问与人品的唐有伯、高新民、王宏维等教授,一直在搜集、整理韦先生的遗著。华中师范大学出版社从20世纪90年代起就开始陆续编辑出版韦卓民先生的译著系列及相关研究,出版有"韦译哲学名著研究系列"及关于韦卓民研究的重点图书260多万字,包括《康德哲学讲解》、《康德〈纯粹理性批判〉解义》、《康德哲学原著选读》及《韦卓民学术论著选》等书。其后,由于经费和人手的紧张,仍有约700万字的译稿和文章等未能整理出版。所幸2013年湖北省新闻出版广电局启动了湖北省学术著作出版专项资金资助项目,11卷本的《韦卓民全集》获得资助;一贯重视韦卓民著述出版的珠海市委宣传部对该套书的出版也给予了高度重视和经费上的有力支持;还有马敏、余子侠、高新民、刘家峰等老师也为全集的出版不计名利地做了大量工作。特别要说明的是,韦卓民先生的后人对全集出版给予了无私的帮助,他们承诺放弃稿酬。根据他们的建议,出版社和他们商定全集出版后开付的稿酬,将作为"韦卓民奖励基金",用于研究韦卓民先生著述的出版及相关的学术活动。在此,对这些一直关心、支持全集出版的所有同仁一并致以诚挚的谢意！

《韦卓民全集》的书稿形式繁多而复杂，除有大量手稿外，还有一些是从图书馆和档案馆拍摄的图片资料；手稿的大部分存放于华中师范大学档案馆，少部分保存在韦先生亲属手中，还有部分资料被收藏在英国和美国的大学图书馆。韦卓民遗著整理小组力求尽量把海内外所藏相关文献搜罗完备，整理出版。此次出版的《韦卓民全集》包括韦卓民生前已公开出版的各类作品和从未刊发的手稿、书信等，总体上分为翻译书稿和研究论著两大类，并按照哲学、逻辑、教育、宗教及文化等板块进行分卷，共11卷。

由于《韦卓民全集》绝大部分为翻译作品，如康德的《纯粹理性批判》、《康德的经验形而上学——〈纯粹理性批判〉上半部分注释》、《判断力批判》及卡斯拉的《康德〈判断力批判〉解义》、《康德哲学原著选读》，斯密的《康德〈纯粹理性批判〉解义》等，都是深奥难懂的哲学著作；加之韦卓民先生生活的年代和当时的行文习惯，书稿中有些说法和表述与现在的语言文字规范及出版规范有较大出入，但又不能按现在的要求径改，只能采取尊重历史、适当变通的原则进行特殊处理，现分述如下：

1. 关于标点符号。书稿中有很多不是分句而使用分号，不必断句而使用逗号，在“与”、“和”等之前使用标点的情况，还有在破折号前使用逗号和句号，以及括号中的内容单独列出并在句末用句号的情形等。这是当时的行文特点及作者的表达习惯，只要不影响对文意的理解，一律保持原貌；但如果导致无法理解，甚至是明显的错误，才按现在的规范予以改正。

2. 对书稿中的有些字词与现在的说法有出入的处理。如把“钥匙”写作“锁钥”、“介绍”写作“绍介”、“终究” 写作“终久”等，都一仍其旧；还有一些不符合现在的用词规范的，如“已曾”、“看成是”、“涉及到”等，只要不影响对内容的理解，亦未作改动。

3. 全集的注释很多，且形式繁杂。有大量简写的，如“A713 即 B741”是指康德《纯粹理性批判》两个不同版本的页码；有很多注项不全的，如“见书之第 12 节”；同一文献资料有多种说法的，典型的如华特生的 The

Philosophy of Kant Explained 一书，韦先生有时简译为《解康德》，有时译为《释康德》，更多的时候译为《康德解》等等。编审人员不宜按照现有的规范统一，注项不全的也因资料有限而没法补充完整。为了尽可能保持原貌，更为避免造成新的错误，只能大致统一。

4. 正文内容的层次复杂，很多并没按现在通行的层次表达形式。同一层次的内容，有用 A、B、C…… 表示的，也有用 a、b、c…… 表示的，还有用(1)、(2)、(3)……表示的等，甚至同一层次的内容，其表现形式也不统一。考虑到没有错误，均未径改。

5. 有些表述虽不合适，但明显属于个人的写作习惯。如书稿中经常用“而”表递进关系，还有很多“是……的”句式，但有的“是……”后面没有“的”字等。虽然改了更符合现在的规范，但文中此类表述甚多，考虑到这种表述不影响读者的理解，亦未擅改。

6. 全集中还有少部分英文内容，原稿中同一个英文单词既有英式拼写，也有美式拼写，专用词的大小写亦不统一，同一地名的写法不尽相同，还有作者在书信后的署名写法不尽一致，为了保持作品原貌，亦未全书统一，仅在同一篇章或同一书信中统一。

韦卓民先生行文的特殊性还有不少，书稿的编校需要特别对待之处也很多，在此不一一赘述。

与大多数 20 世纪上半叶人物文集整理出版的难度大一样，《韦卓民全集》书稿的整理、编审难度远远超乎我们的想象。书稿除了少部分成书外，绝大部分都是图书馆和档案馆存放多年的手稿，编校这类书稿的难度有三：一是书稿中有大量非规范的简化字、繁体字、异体字，并夹杂有德文、英文、法文、拉丁文、希腊文等外文，且字迹难以辨认；二是书稿存放时间太久而导致的字迹脱落或模糊不清；三是由于书稿的专业性太强而难于理解。这不仅给书稿的收集整理增加了难度，对编审和校对人员也是极大的挑战。为了使文集尽量保持韦先生写作的原貌，也为了最大限度减少书稿的差错，编校人员反复查阅原件，并多次到图书馆、档案馆通过复印、拍照等方式获得资料进行核对和辨认。这仅仅有负责、敬业的精神和认真、细致的态度是不够的，编辑同人是怀着对韦先生的景仰之情和对学术的敬畏之心来做这套书的。我们有理由相信,《韦卓民全集》的出版将为学术界提供一个全面研究韦卓民先生的最佳文本,也将为西方哲学、教育学和宗教学等的研究提供重要的学术资源。同时,韦卓民作为研究中西方文化的先贤,其全集的刊行也将进一步推动中西方文化的交流与合作,为我国当下的学术发展与文化建设起到积极作用。

本社

2016 年 3 月 10 日